AA

ROAD ATLAS
FRANCE

GW00420078

Scale 1:250000
or 3.95 miles to 1 inch
(2.5km to 1cm)

8th edition November 2005

© Automobile Association Developments Limited 2005

Original edition printed 1999.

Maps © Institut Géographique National (France)

All rights reserved. No part of this publication may be reproduced, stored in a retrieval system, or transmitted in any form or by any means - electronic, mechanical, photocopying, recording or otherwise - unless the permission of the publisher has been obtained beforehand (A02719).

Published by AA Publishing (a trading name of Automobile Association Developments Limited, whose registered office is Fanum House, Basing View, Basingstoke, Hampshire RG21 4EA, UK. Registered number 1878835).

ISBN-10: 0 7495 4679 4

ISBN-13: 978 0 7495 4679 3

A CIP catalogue record for this book is available from The British Library.

Printed in Spain by Printer Industria, Grafica, Barcelona.

The contents of this atlas are believed to be correct at the time of printing. However, the publishers cannot be held responsible for loss occasioned to any person acting or refraining from action as a result of any material in this atlas, nor for any errors, omissions or changes in such material. This does not affect your statutory rights.

Atlas contents

Key to map pages	inside front cover
Route planner	II–V
Legend	VI
France road maps	**1–201**
Corsica road maps	**202–207**
Town plan legend	208
Paris environs	209
Central Paris	210–211
Town plans	212–227
Département map	228
Place name index	229–282
Distances and journey times	inside back cover

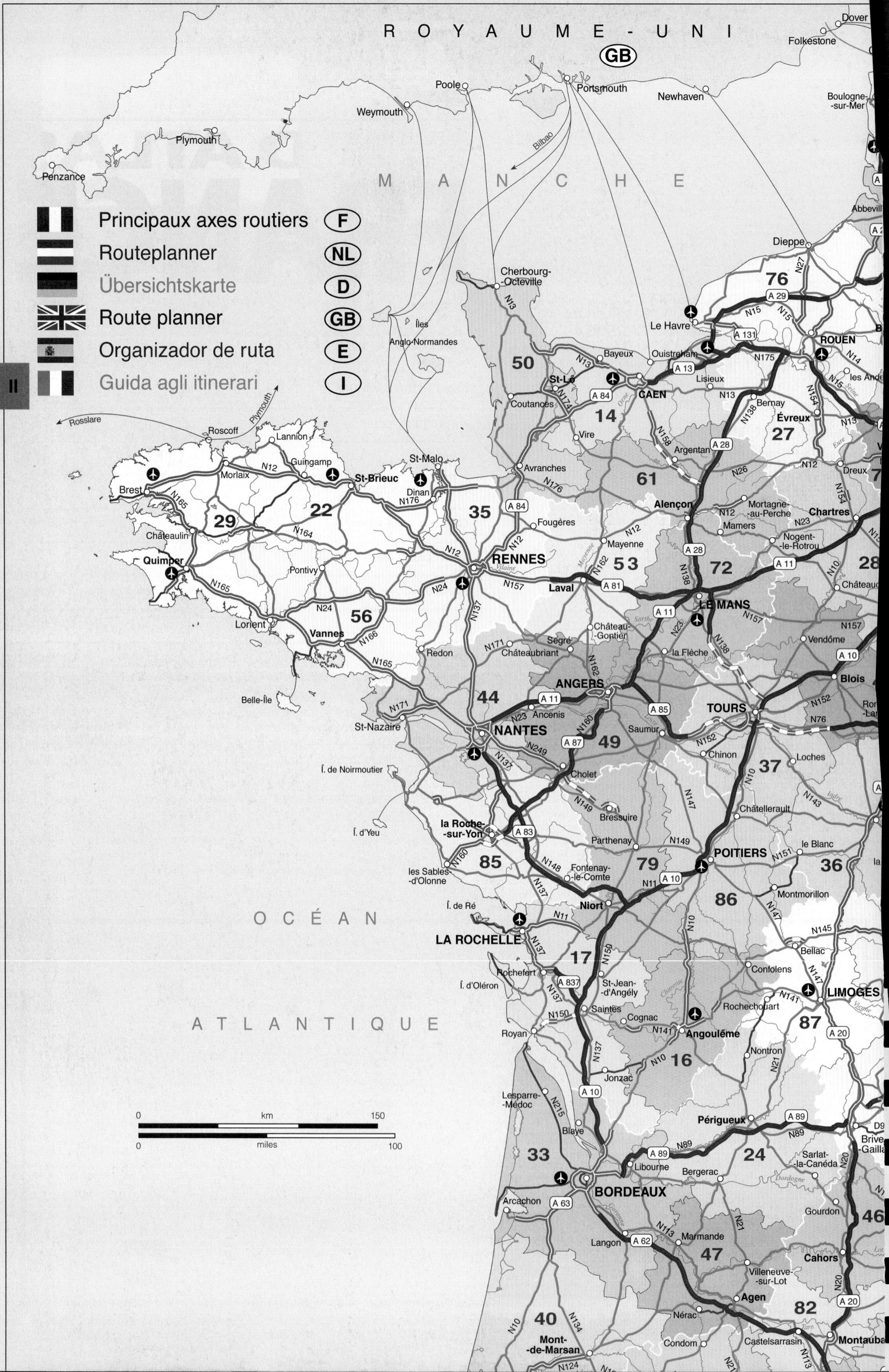
Principaux axes routiers F
Routeplanner NL
Übersichtskarte D
Route planner GB
Organizador de ruta E
Guida agli itinerari I
ROYAUME-UNI
GB
MANCHE
OCÉAN
ATLANTIQUE
0 km 150
0 miles 100
Dover
Folkestone
Poole
Portsmouth
Newhaven
Boulogne-sur-Mer
Weymouth
Plymouth
Penzance
Bilbao
Abbeville
Dieppe
Cherbourg-Octeville
Le Havre
Îles Anglo-Normandes
Bayeux
Ouistreham
ROUEN
CAEN
Lisieux
St-Lô
Coutances
Bernay
Évreux
Vire
Argentan
Rosslare
Roscoff
Lannion
Guingamp
Morlaix
St-Malo
St-Brieuc
Brest
Dinan
Avranches
Dreux
Alençon
Mortagne-au-Perche
Chartres
Mamers
Nogent-le-Rotrou
Fougères
Châteaulin
Quimper
Pontivy
RENNES
Mayenne
Laval
LE MANS
Châteaudun
Lorient
Vannes
Château-Gontier
Vendôme
Redon
Segré
Châteaubriant
la Flèche
Belle-Île
ANGERS
Blois
TOURS
Ancenis
St-Nazaire
NANTES
Saumur
Chinon
Loches
Î. de Noirmoutier
Cholet
Bressuire
Châtellerault
Î. d'Yeu
la Roche-sur-Yon
Parthenay
POITIERS
le Blanc
les Sables-d'Olonne
Fontenay-le-Comte
Montmorillon
Niort
Î. de Ré
LA ROCHELLE
Bellac
Rochefort
St-Jean-d'Angély
Confolens
LIMOGES
Î. d'Oléron
Saintes
Cognac
Angoulême
Rochechouart
Royan
Nontron
Jonzac
Lesparre-Médoc
Périgueux
Blaye
Brive-la-Gaillarde
Libourne
Bergerac
Sarlat-la-Canéda
BORDEAUX
Arcachon
Gourdon
Langon
Marmande
Cahors
Villeneuve-sur-Lot
Agen
Nérac
Mont-de-Marsan
Condom
Castelsarrasin
Montauban
76
50
14
61
27
29
22
35
53
72
28
56
44
49
37
85
79
86
36
17
87
16
33
24
46
47
40
82
A 29
A 131
A 13
A 84
A 28
A 11
A 81
A 10
A 85
A 87
A 83
A 837
A 20
A 89
A 63
A 62
N 27
N 15
N 13
N 14
N 175
N 138
N 158
N 174
N 12
N 26
N 154
N 176
N 165
N 164
N 23
N 24
N 157
N 162
N 137
N 166
N 171
N 160
N 249
N 152
N 76
N 10
N 147
N 143
N 149
N 148
N 11
N 151
N 150
N 141
N 145
N 21
N 89
N 215
N 113
N 134
N 124
N 20

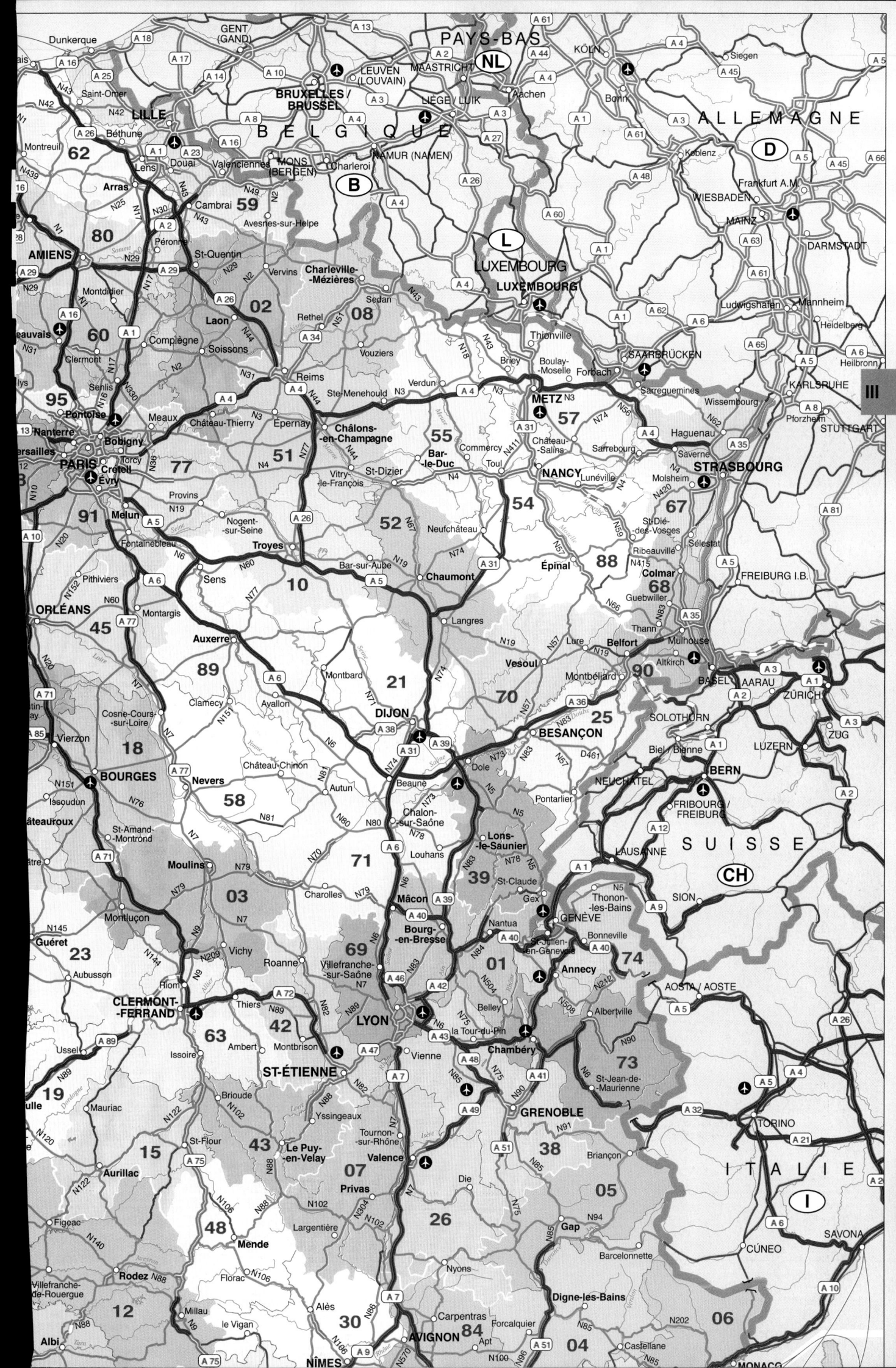

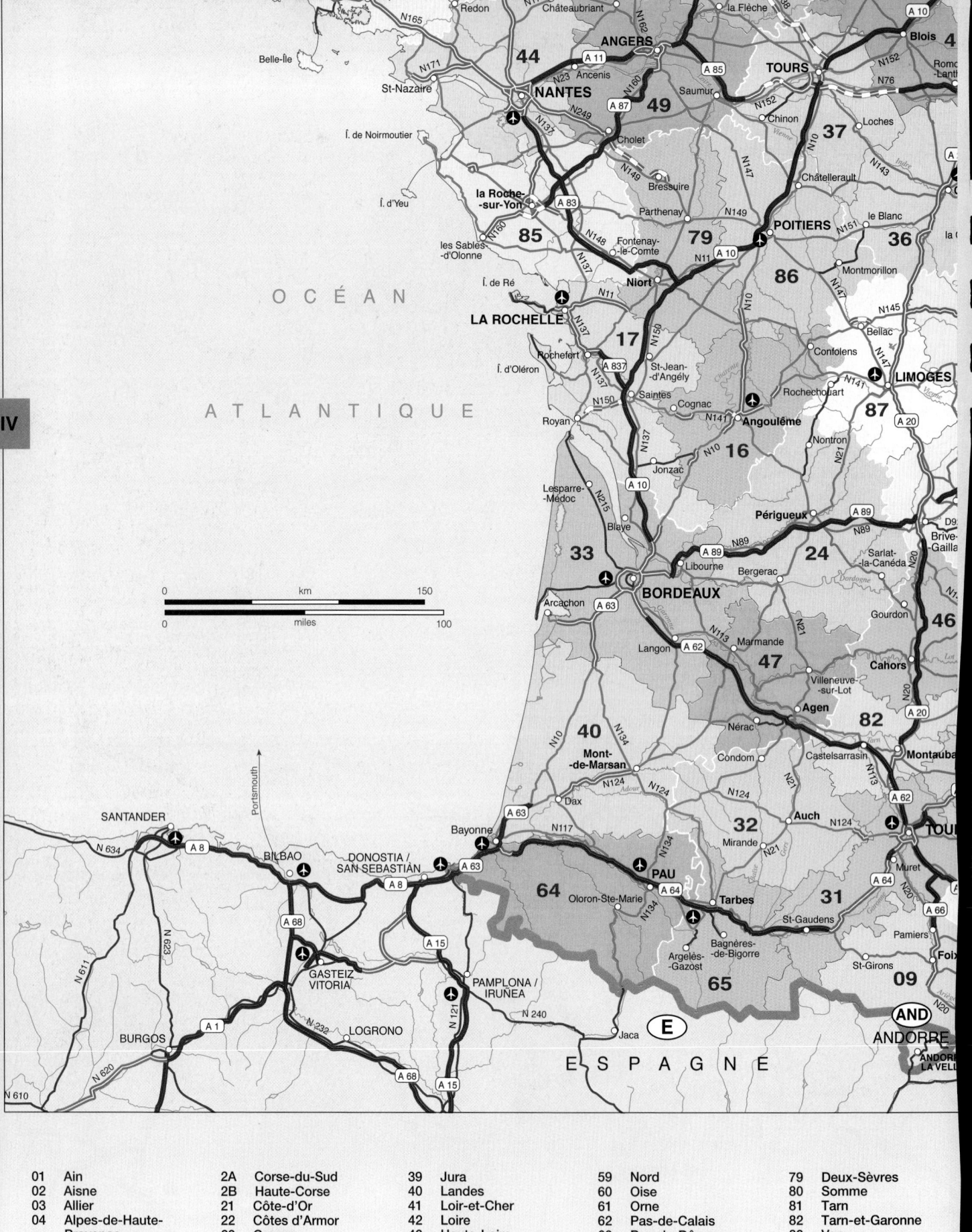

01	Ain	2A	Corse-du-Sud	39	Jura	59	Nord	79	Deux-Sèvres
02	Aisne	2B	Haute-Corse	40	Landes	60	Oise	80	Somme
03	Allier	21	Côte-d'Or	41	Loir-et-Cher	61	Orne	81	Tarn
04	Alpes-de-Haute-	22	Côtes d'Armor	42	Loire	62	Pas-de-Calais	82	Tarn-et-Garonne
	Provence	23	Creuse	43	Haute-Loire	63	Puy-de-Dôme	83	Var
05	Hautes-Alpes	24	Dordogne	44	Loire-Atlantique	64	Pyrénées-Atlantiques	84	Vaucluse
06	Alpes-Maritimes	25	Doubs	45	Loiret	65	Hautes-Pyrénées	85	Vendée
07	Ardèche	26	Drôme	46	Lot	66	Pyrénées-Orientales	86	Vienne
08	Ardennes	27	Eure	47	Lot-et-Garonne	67	Bas-Rhin	87	Haute-Vienne
09	Ariège	28	Eure-et-Loir	48	Lozère	68	Haut-Rhin	88	Vosges
10	Aube	29	Finistère	49	Maine-et-Loire	69	Rhône	89	Yonne
11	Aude	30	Gard	50	Manche	70	Haute-Saône	90	Territoire de Belfort
12	Aveyron	31	Haute-Garonne	51	Marne	71	Saône-et-Loire	91	Essonne
13	Bouches-du-Rhône	32	Gers	52	Haute-Marne	72	Sarthe	92	Hauts-de-Seine
14	Calvados	33	Gironde	53	Mayenne	73	Savoie	93	Seine-Saint-Denis
15	Cantal	34	Hérault	54	Meurthe-et-Moselle	74	Haute-Savoie	94	Val-de-Marne
16	Charente	35	Ille-et-Vilaine	55	Meuse	75	Paris	95	Val-d'Oise
17	Charente-Maritime	36	Indre	56	Morbihan	76	Seine-Maritime		
18	Cher	37	Indre-et-Loire	57	Moselle	77	Seine-et-Marne		
19	Corrèze	38	Isère	58	Nièvre	78	Yvelines		

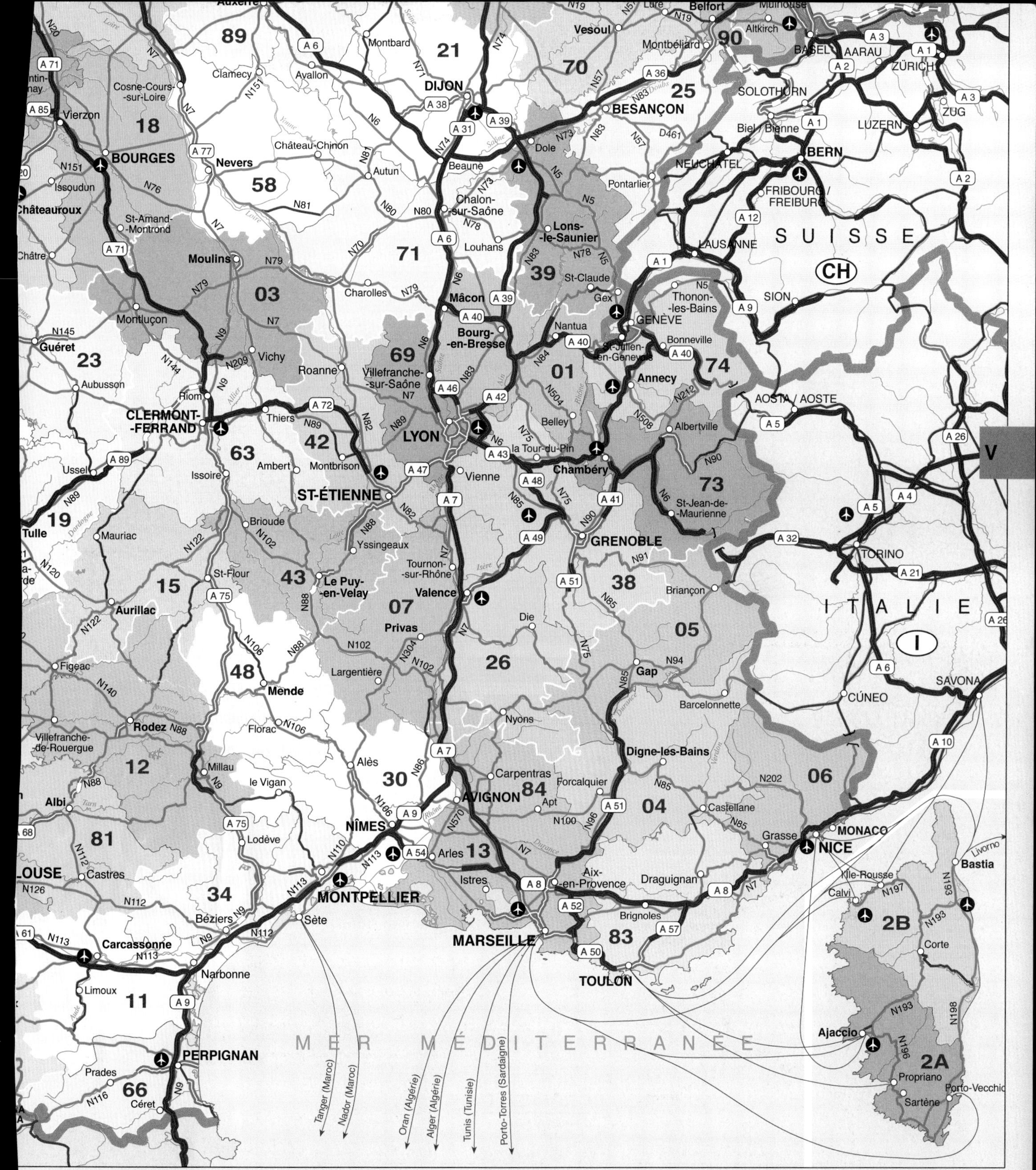

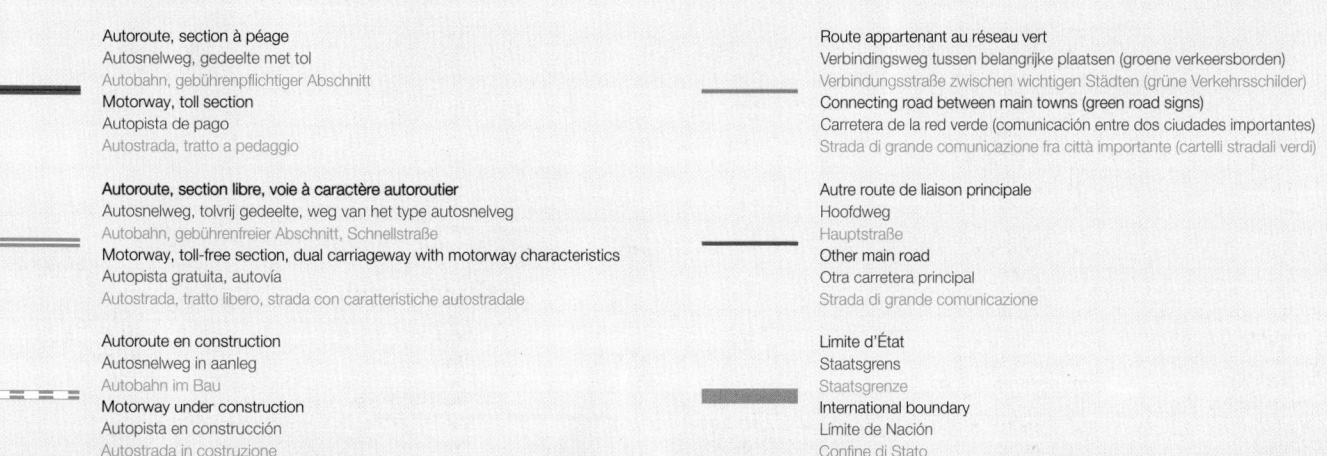

Légende (F)   (GB) Legend
Legenda (NL)   (E) Leyenda
Legende (D)   (I) Legenda

(F / NL / D)		(GB / E / I)
Autoroute, section à péage (1), Autoroute, section libre (2), Voie à caractère autoroutier (3) Autosnelweg, gedeelte met tol (1), Autosnelweg, tolvrij gedeelte (2), Weg van het type autosnelweg (3) Autobahn, gebührenpflichtiger Abschnitt (1), Autobahn, gebührenfreier Abschnitt (2), Schnellstraße (3)	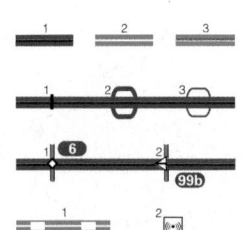	Motorway, toll section (1), Motorway, toll-free section (2), Dual carriageway with motorway characteristics (3) Autopista de pago (1), Autopista gratuita (2), Autovía (3) Autostrada, tratto a pedaggio (1), Autostrada, tratto libero (2), Strada con caratteristiche autostradale (3)
Barrière de péage (1), Aire de service (2), Aire de repos (3) Tolversperring (1), Tankstation (2), Rustplaats (3) Mautstelle (1), Tankstelle (2), Rastplatz (3)		Tollgate (1), Service area (2), Rest area (3) Barrera de peaje (1), Área de servicio (2), Área de descanso (3) Barriera di pedaggio (1), Area di servizio (2), Area di riposo (3)
Échangeur: complet (1), partiel (2), numéro Knooppunt: volledig (1), gedeeltelijk (2), nummer Vollanschlußstelle (1), beschränkte Anschlußstelle (2), Nummer		Junction: complete (1), restricted (2), number Acceso: completo (1), parcial (2), número Svincolo: completo (1), parziale (2), numero
Autoroute en construction (1), Radar fixe (2) Autosnelweg in aanleg (1), Verkeersradar (2) Autobahn im Bau (1), Radarkontrolle (2)	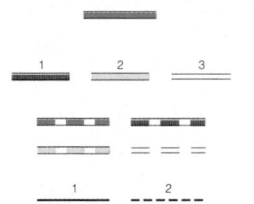	Motorway under construction (1), Speed camera (fixed radar) (2) Autopista en construcción (1), Radar (2) Autostrada in costruzione (1), Radar (2)
Route appartenant au réseau vert Verbindingsweg tussen belangrijke plaatsen (groene verkeersborden) Verbindungsstraße zwischen wichtigen Städten (grüne Verkehrsschilder)		Connecting road between main towns (green road sign) Carretera de la red verde (comunicación entre dos ciudades importantes) Strada di grande comunicazione fra città importante (cartelli stradali verdi)
Autre route de liaison principale (1), Route de liaison régionale (2), Autre route (3) Hoofdweg (1), Streekverbindingsweg (2), Andere weg (3) Hauptstraße (1), Regionale Verbindungsstraße (2), Sonstige Straße (3)	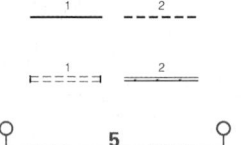	Other main road (1), Regional connecting road (2), Other road (3) Otra carretera principal (1), Carretera regional (2), Carretera local (3) Strada di grande comunicazione (1), Strada di collegamento regionale (2), Altra strada (3)
Route en construction Weg in aanleg Straße im Bau		Road under construction Carretera en construcción Strad in construzione
Route irrégulièrement entretenue (1), Chemin (2) Onregelmatig onderhoude weg (1), Pad (2) Nicht regelmäßig instandgehaltene Straße (1), Fußweg (2)	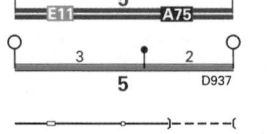	Not regularly maintained road (1), Footpath (2) Carretera sin revestir (1), Camino (2) Strada di irregolare manutenzione (1), Sentiero (2)
Tunnel (1), Route interdite (2) Tunnel (1), Verboden weg (2) Tunnel (1), Gesperrte Straße (2)		Tunnel (1), Prohibited road (2) Túnel (1), Carretera prohibida (2) Galleria (1), Strada vietata (2)
Distances kilométriques (km), Numérotation: Autoroute, type autoroutier Afstanden in kilometers (km), Wegnummers: Autosnelweg Entfernungen in Kilometern (km), Straßennumerierung: Autobahn	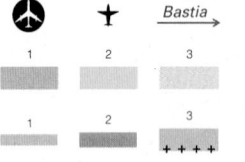	Distances in kilometres (km), Road numbering: Motorway Distancia en kilómetros (km), Numeración de las carreteras: Autopista Distanze in chilometri (km), Numero di strada: Autostrada
Distances kilométriques sur route, Numérotation: Autre route Wegafstanden in kilometers, Wegnummers: Andere weg Straßenentfernungen in Kilometern, Straßennumerierung: Sonstige Straße	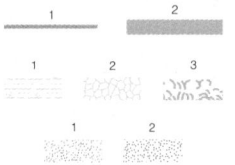	Distances in kilometres on road, Road numbering: Other road Distancia en kilómetros por carretera, Numeración de las carreteras: Otra carretera Distanze in chilometri su strada, Numero di strada: Altra strada
Chemin de fer, gare, arrêt, tunnel Spoorweg, station, halte, tunnel Eisenbahn, Bahnhof, Haltepunkt, Tunnel		Railway, station, halt, tunnel Ferrocarril, estación, parada, túnel Ferrovia, stazione, fermata, galleria
Aéroport (1), Aérodrome (2), Liaison maritime (3) Luchthaven (1), Vliegveld (2), Bootdienst met autovervoer (3) Flughafen (1), Flugplatz (2), Autofähre (3)		Airport (1), Airfield (2), Ferry route (3) Aeropuerto (1), Aeródromo (2), Línea marítima (ferry) (3) Aeroporto (1), Aerodromo (2), Collegamento marittimo (ferry) (3)
Zone bâtie (1), Zone industrielle (2), Bois (3) Bebouwde kom (1), Industriezone (2), Bos (3) Geschlossene Bebauung (1), Industriegebiet (2), Wald (3)		Built-up area (1), Industrial park (2), Woods (3) Zona edificada (1), Zona industrial (2), Bosque (3) Zona urbanistica (1), Zona industriale (2), Bosco (3)
Limite de département (1), de région (2), limite d'État (3) Departement- (1), gewest- (2), Staatsgrens (3) Departements- (1), Region- (2), Staatsgrenze (3)		Département (1), Region (2), International boundary (3) Límite de departamento (1), de región (2), de Nación (3) Confine di dipartimento (1), di regione (2), di Stato (3)
Limite de camp militaire (1), Limite de Parc (2) Grens van militair kamp (1), Parkgrens (2) Truppenübungsplatzgrenze (1), Naturparkgrenze (2)		Military camp boundary (1), Park boundary (2) Límite de campo militar (1) Límite de Parque (2) Limite di campo militare (1), Limite di parco (2)
Marais (1), Marais salants (2), Glacier (3) Moeras (1), Zoutpan (2), Gletsjer (3) Sumpf (1), Salzteiche (2), Gletscher (3)		Marsh (1), Salt pan (2), Glacier (3) Marisma (1), Salinas (2), Glaciar (3) Palude (1), Saline (2), Ghiacciaio (3)
Région sableuse (1), Sable humide (2) Zandig gebied (1), Getijdengebied (2) Sandgebiet (1), Gezeiten (2)		Dry sand (1), Wet sand (2) Zona arenosa (1), Arena húmeda (2) Area sabbiosa (1), Sabbia bagnata (2)
Cathédrale (1), Abbaye (2), Église (3), Chapelle (4) Kathedraal (1), Abdij (2), Kerkgebouw (3), Kapel (4) Dom (1), Abtei (2), Kirche (3), Kapelle (4)		Cathedral (1), Abbey (2), Church (3), Chapel (4) Catedral (1), Abadía (2), Iglesia (3), Capilla (4) Cattedrale (1), Abbazia (2), Chiesa (3), Cappella (4)
Château (1), Château ouvert au public (2), Musée (3) Kasteel (1), Kasteel open voor publiek (2), Museum (3) Schloß (1), Schloßbesichtigung (2), Museum (3)		Castle (1), Castle open to the public (2), Museum (3) Castillo (1), Castillo abierto al público (2), Museo (3) Castello (1), Castello aperto al pubblico (2), Museo (3)
Localité d'intérêt touristique Bezienswaardige plaats Sehenswerter Ort	**LA ROCHELLE** Baou-des-Blanc	Town of tourist interest Localidad de interés turístico Località di interesse turistico
Phare (1), Moulin (2), Curiosité (3), Cimetière militaire (4) Vuurtoren (1), Molen (2), Bezienswaardigheid (3), Militaire begraafplaats (4) Leuchtturm (1), Mühle (2), Sehenswürdigkeit (3), Soldatenfriedhof (4)		Lighthouse (1), Mill (2), Place of interest (3), Military cemetery (4) Faro (1), Molino (2), Curiosidad (3), Cementerio militar (4) Faro (1), Mulino (2), Curiosità (3), Cimitero militare (4)
Grotte (1), Mégalithe (2), Vestiges antiques (3), Ruines (4) Grot (1), Megaliet (2), Historische overblijfselen (3), Ruïnes (4) Höhle (1), Megalith (2), Altertümliche Ruinen (3), Ruinen (4)		Cave (1), Megalith (2), Antiquities (3), Ruins (4) Cueva (1), Megalito (2), Vestigios antiguos (3), Ruinas (4) Grotta (1), Megalite (2), Vestigia antiche (3), Rovine (4)
Point de vue (1), Panorama (2), Cascade ou source (3) Uitzichtspunt (1), Panorama (2), Waterval of bron (3) Aussichtspunkt (1), Rundblick (2), Wasserfall oder Quelle (3)		Viewpoint (1), Panorama (2), Waterfall or spring (3) Punto de vista (1), Panorama (2), Cascada o fuente (3) Punto di vista (1), Panorama (2), Cascata o sorgente (3)
Station thermale (1), Sports d'hiver (2), Refuge (3), Activités de loisirs (4) Kuuroord (1), Wintersport (2), Schuilhut (3), Recreatieactiviteiten (4) Kurort mit Thermalbad (1), Wintersportort (2), Berghütte (3), Freizeittätigkeiten (4)		Spa (1), Winter sports resort (2), Refuge hut (3), Leisure activities (4) Estación termal (1), Estación de deportes de invierno (2), Refugio (3), Actividades de ocios (4) Stazione termale (1), Stazione di sport invernali (2), Rifugio (3), Attività di divertimenti (4)
Maison du Parc (1), Réserve naturelle (2), Parc ou jardin (3) Informatiebureau van natuurreservaat (1), Natuurreservaat (2), Park of tuin (3) Informationsbüro des Parks (1), Naturschutzgebiet (2), Park oder Garten (3)		Park visitor centre (1), Nature reserve (2), Park or garden (3) Casa del parque (1), Reserva natural (2), Parque o jardín (3) Casa del parco (1), Riserva naturale (2), Parco o giardino (3)
Chemin de fer touristique (1), Téléphérique (2) Toeristische trein (1), Kabelspoor (2) Touristische Kleinbahn (1), Seilbahn (2)		Tourist railway (1), Aerial cableway (2) Tren turístico (1), Teleférico (2) Ferrovia di interesse turistico (1), Teleferica (2)

1:250 000

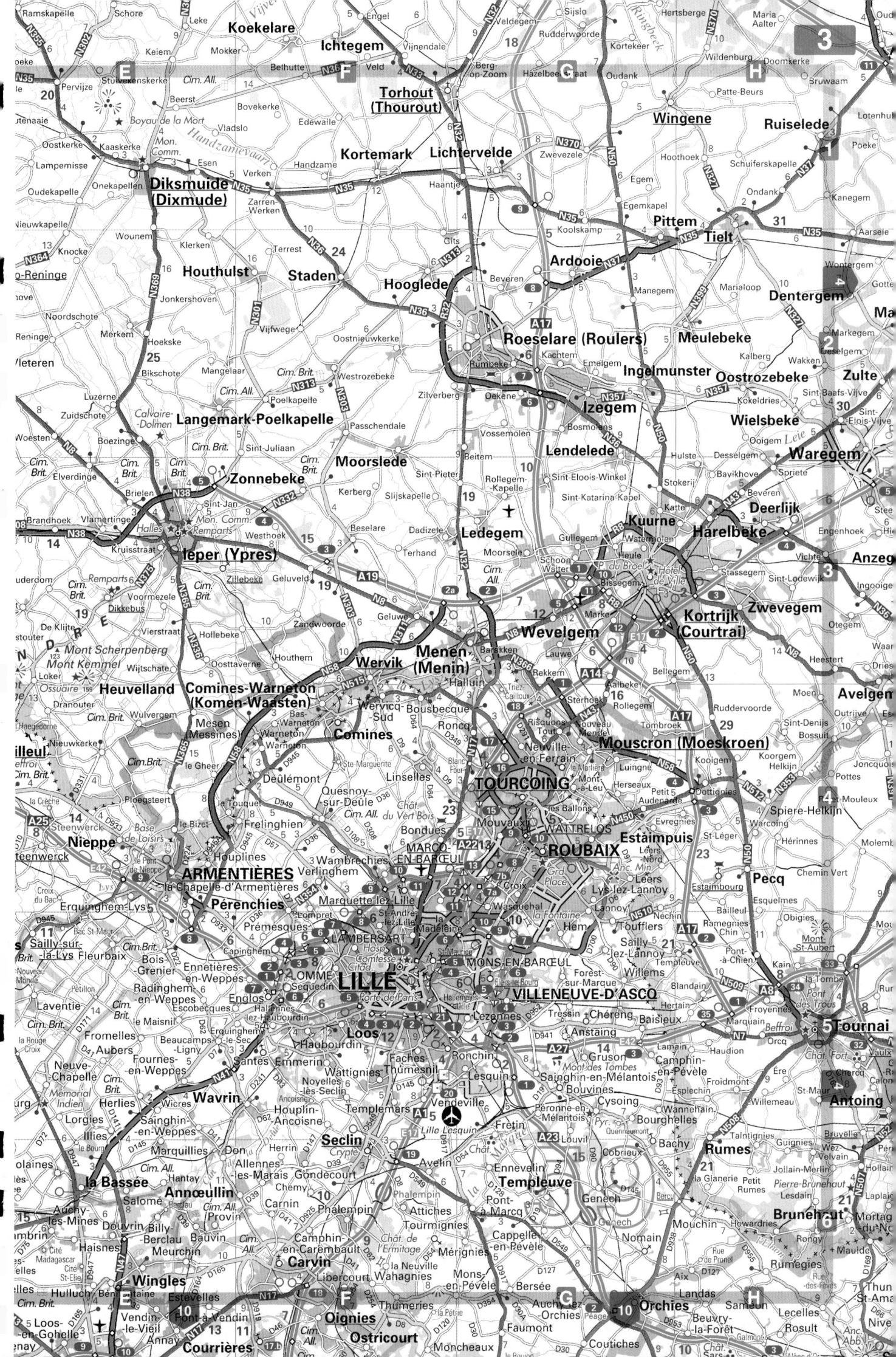

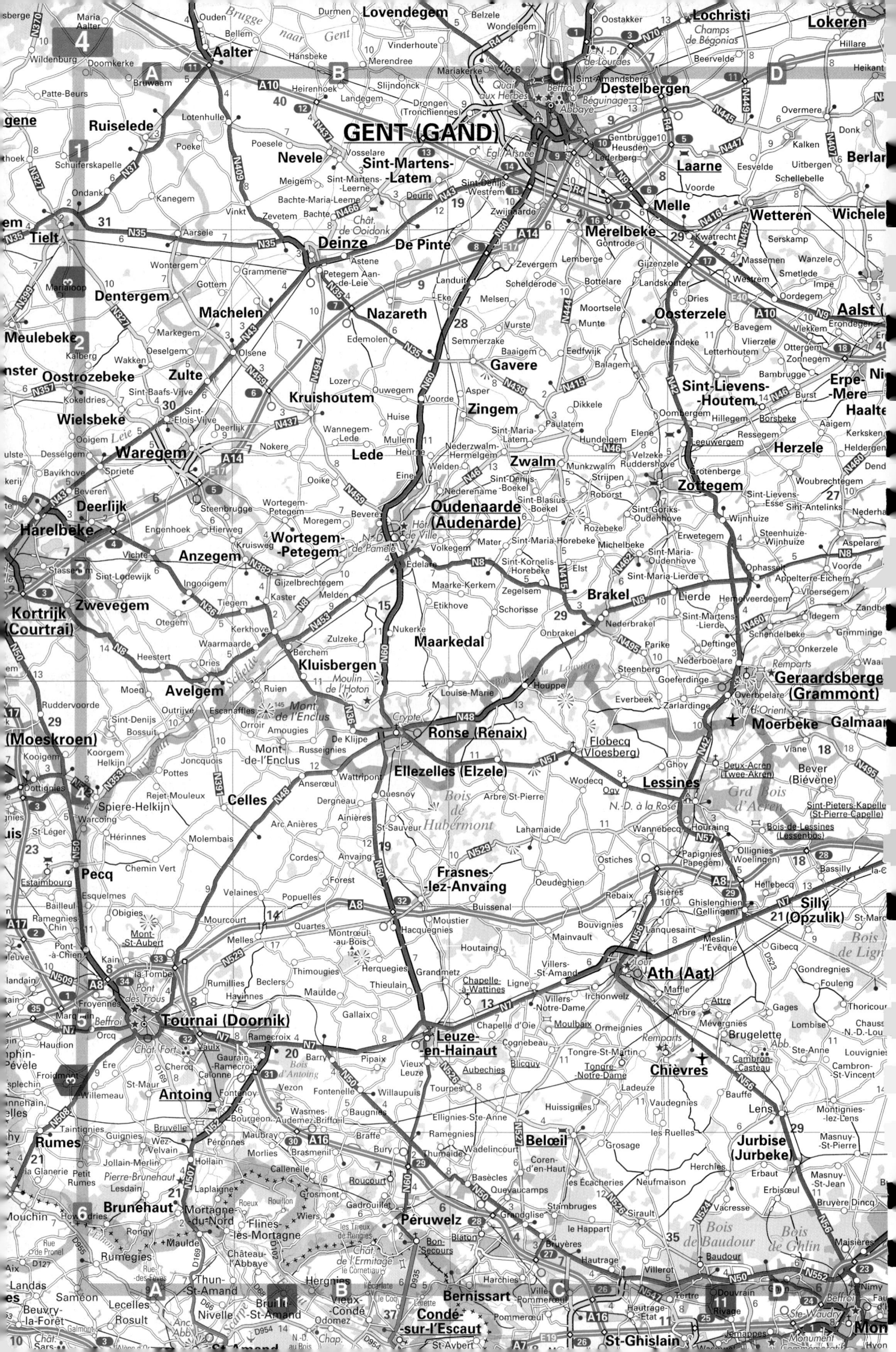

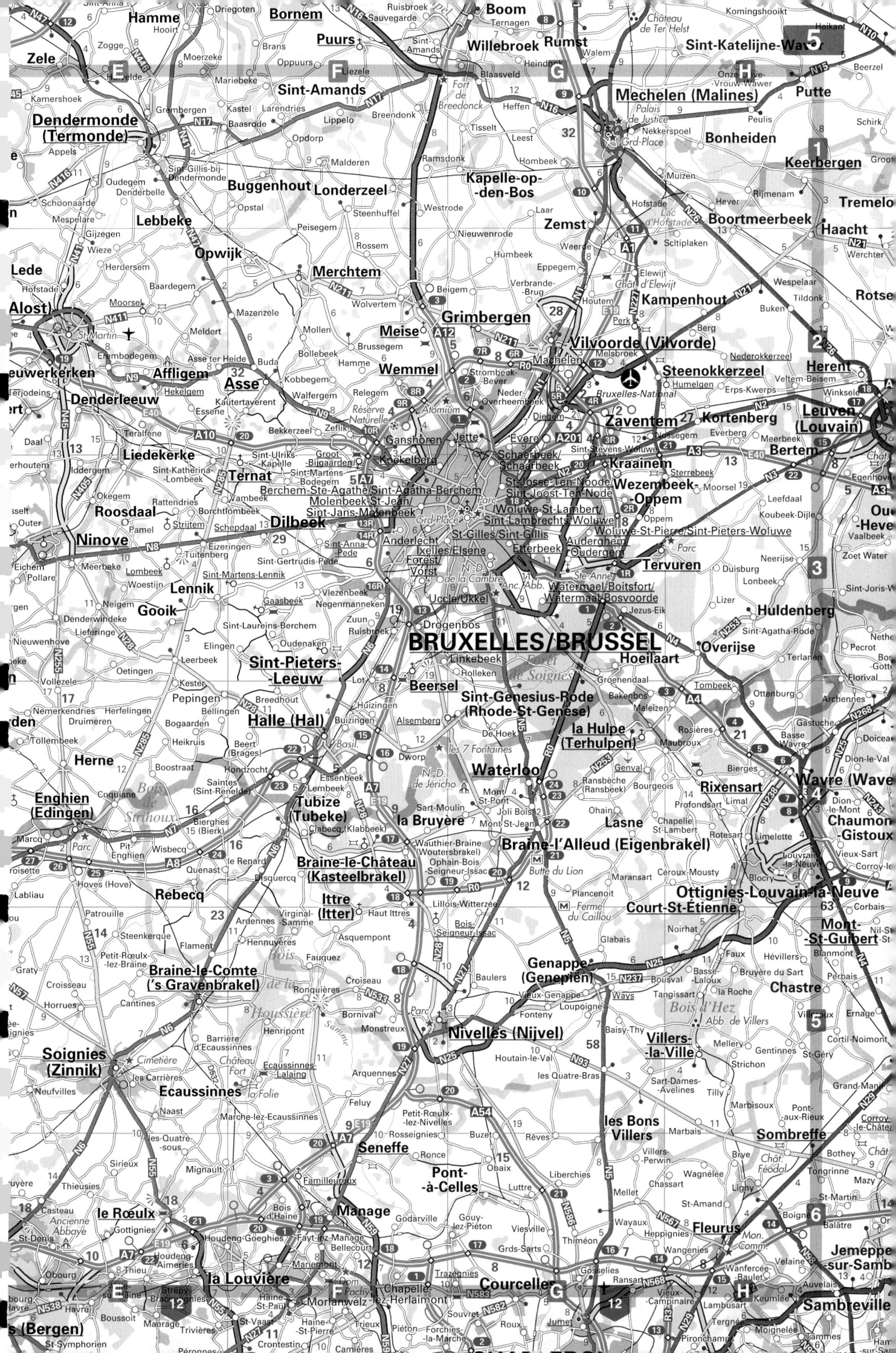

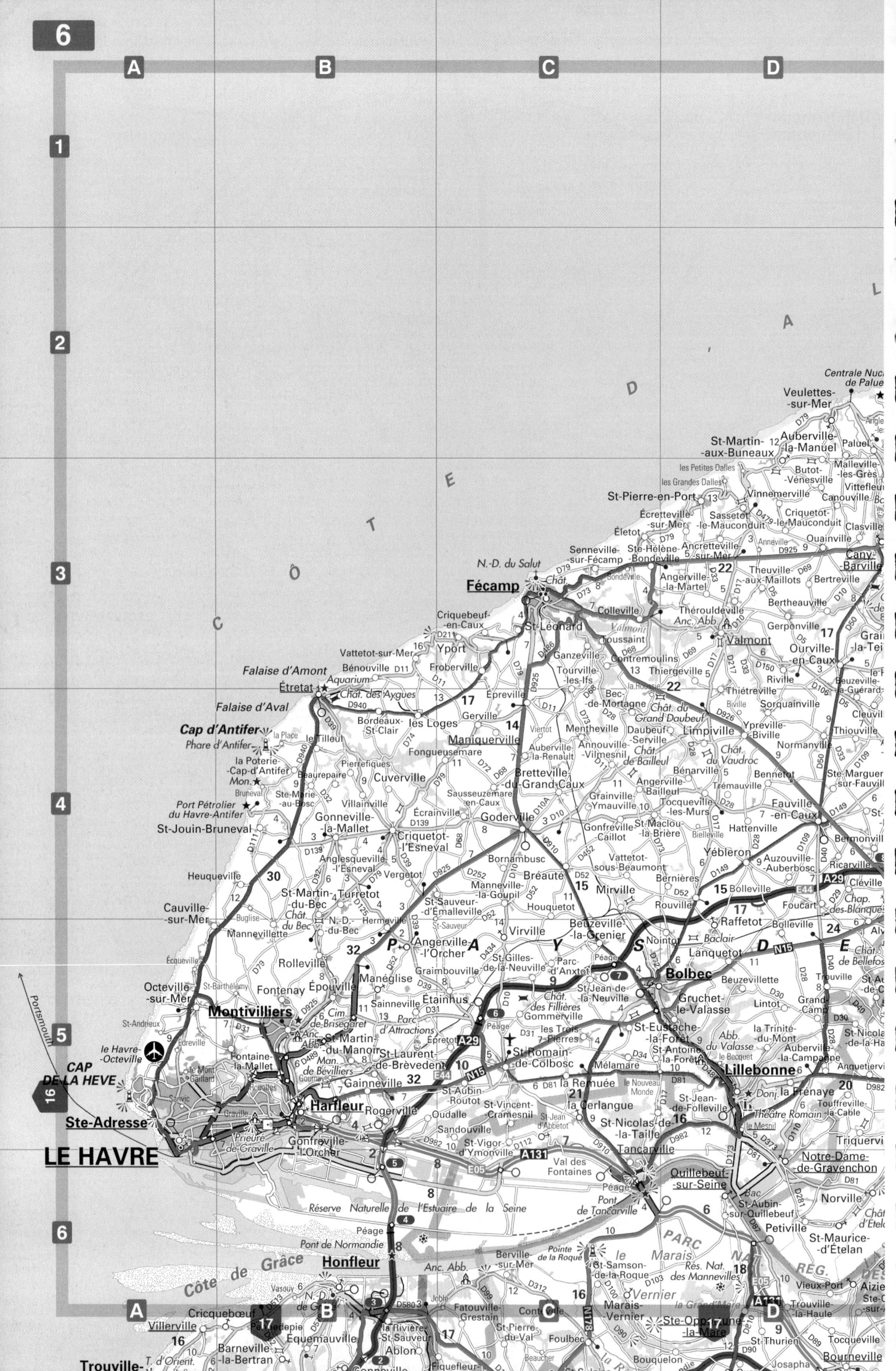

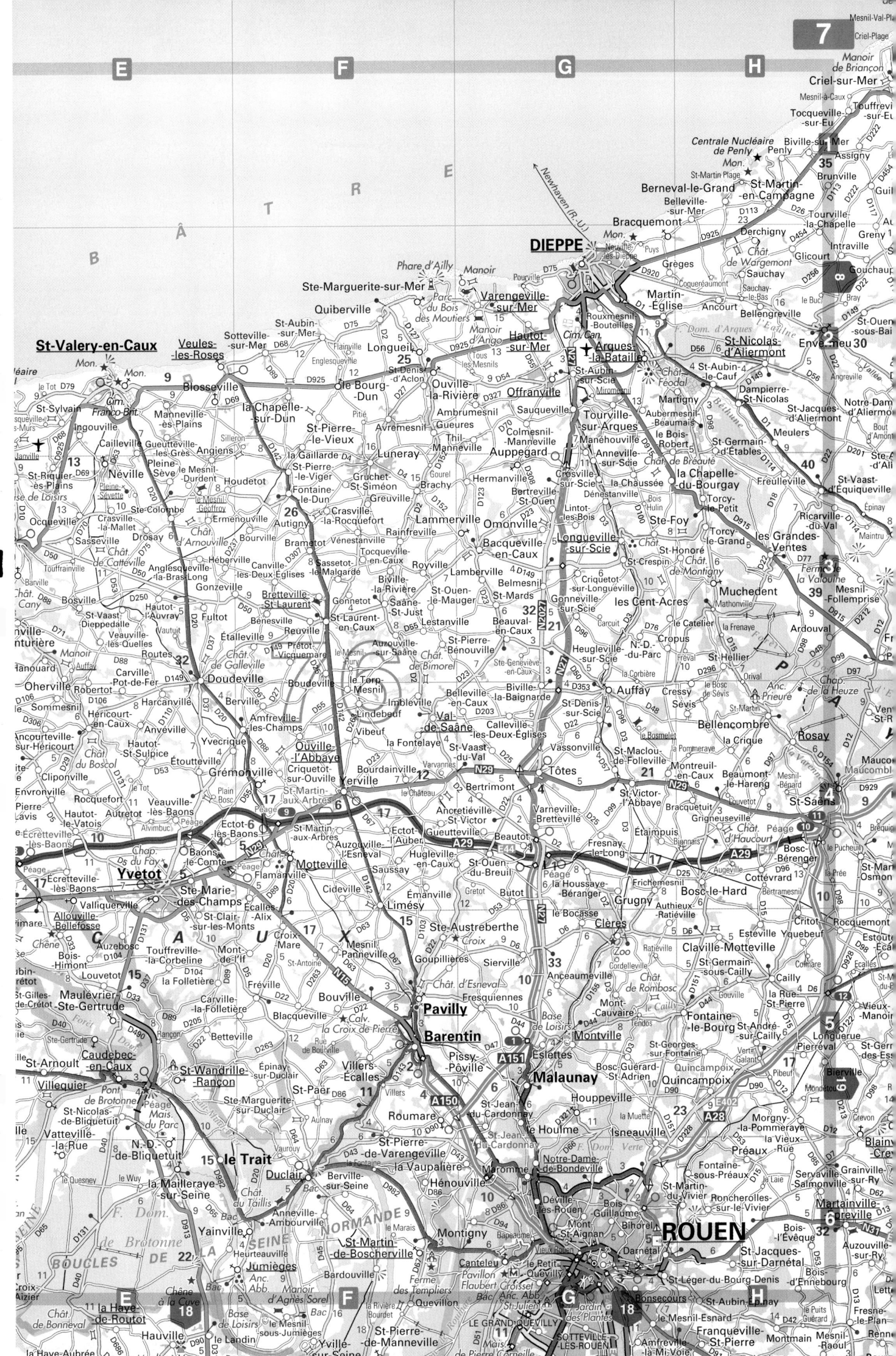

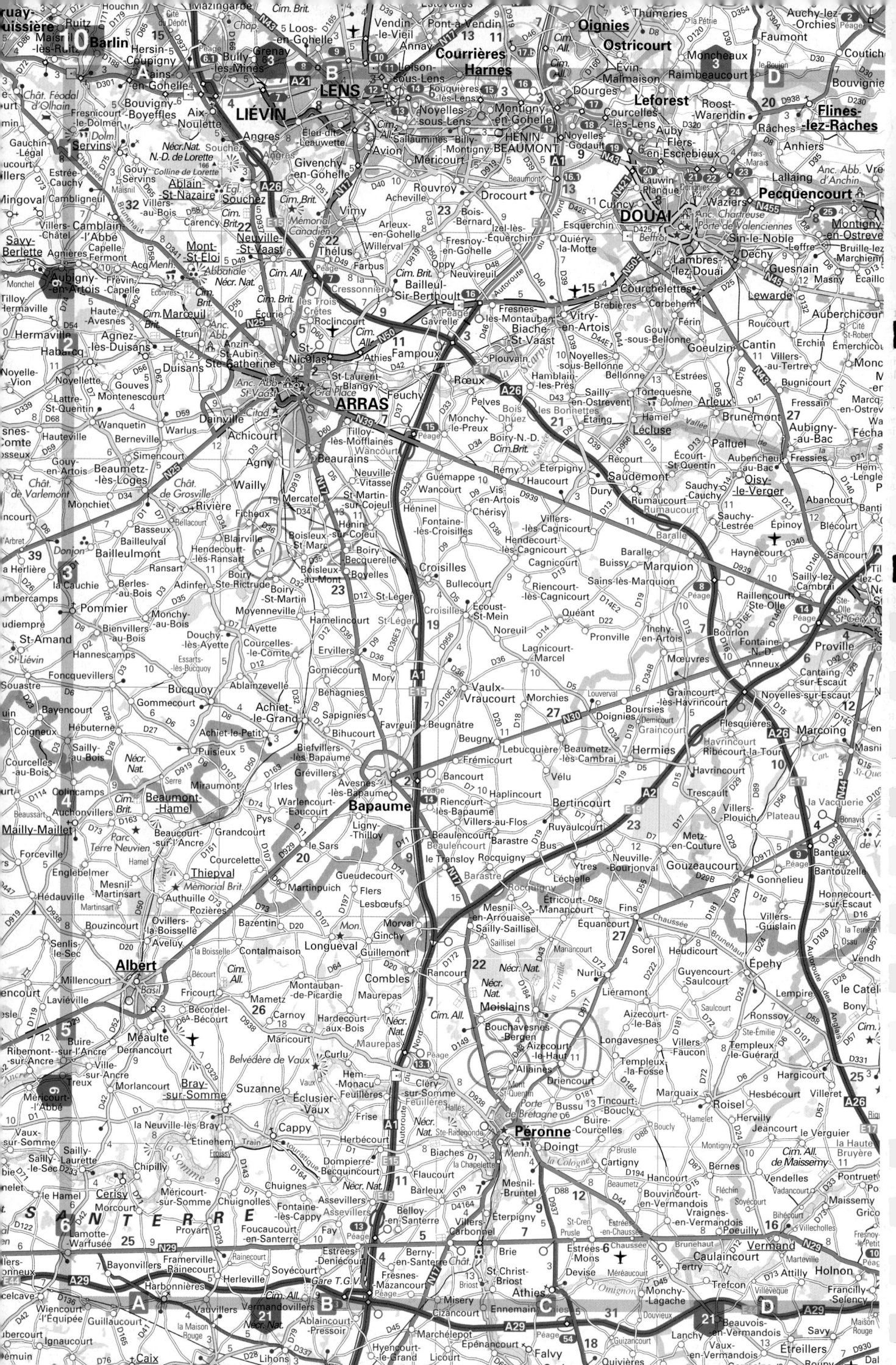

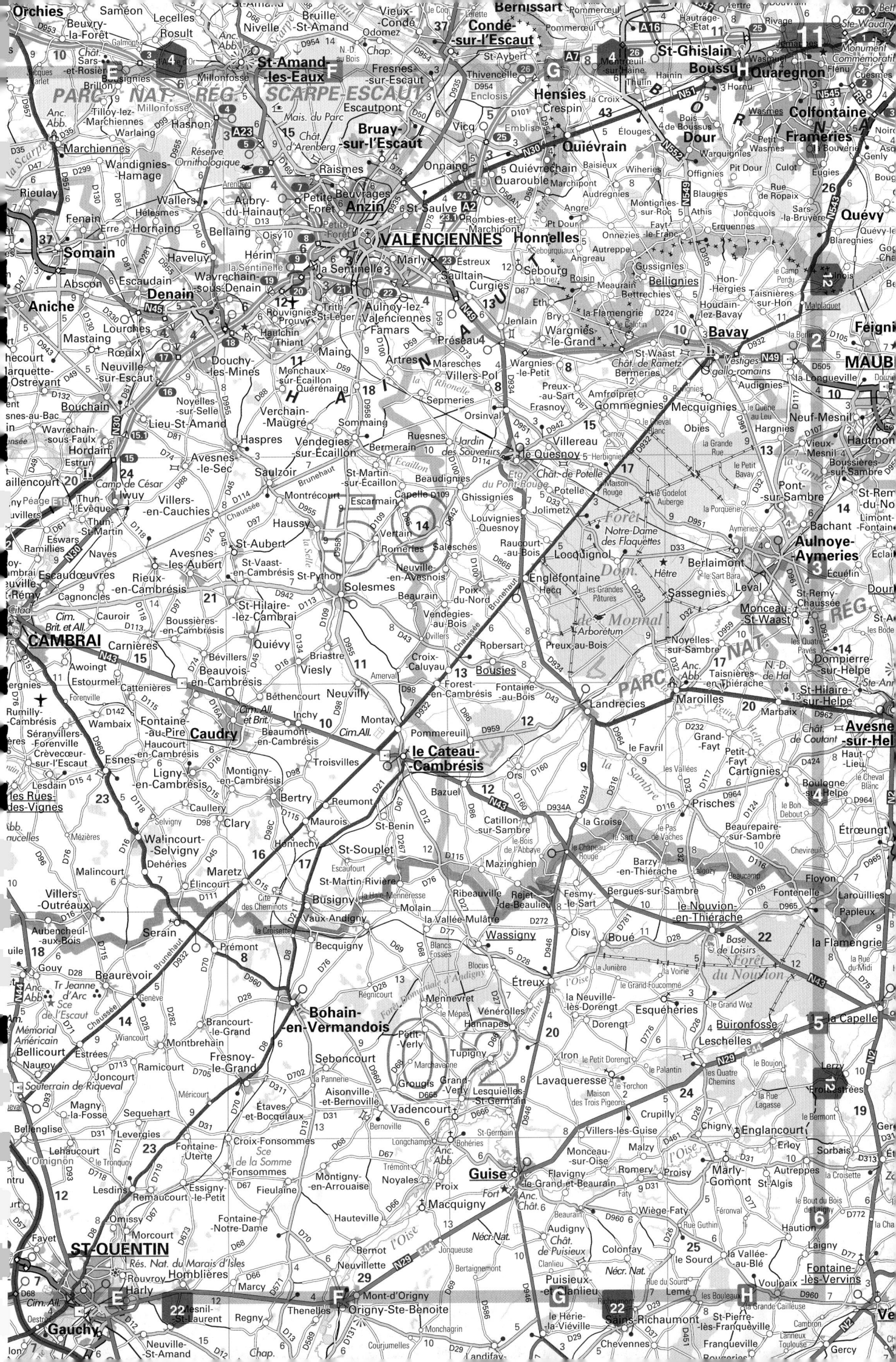

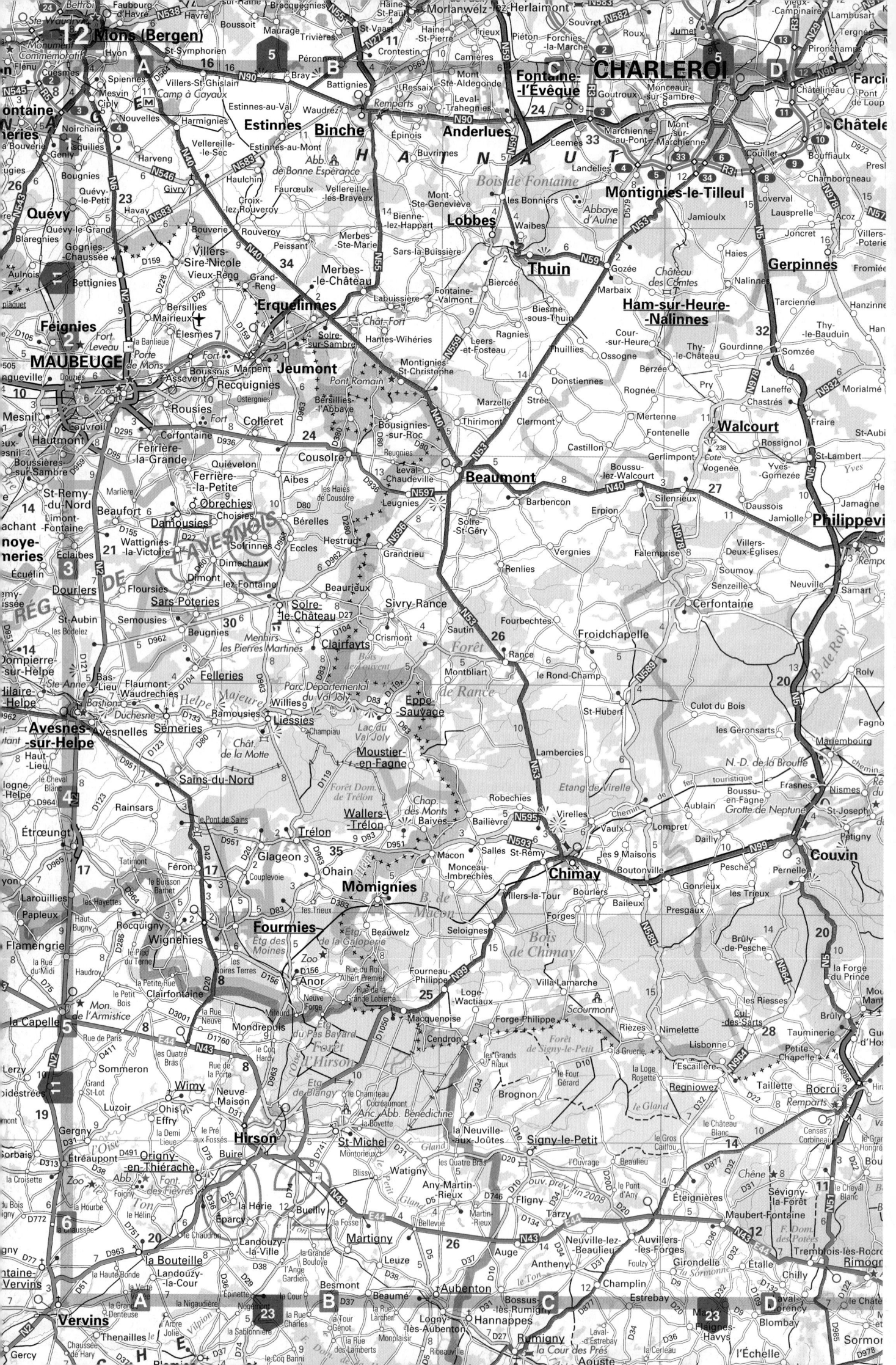

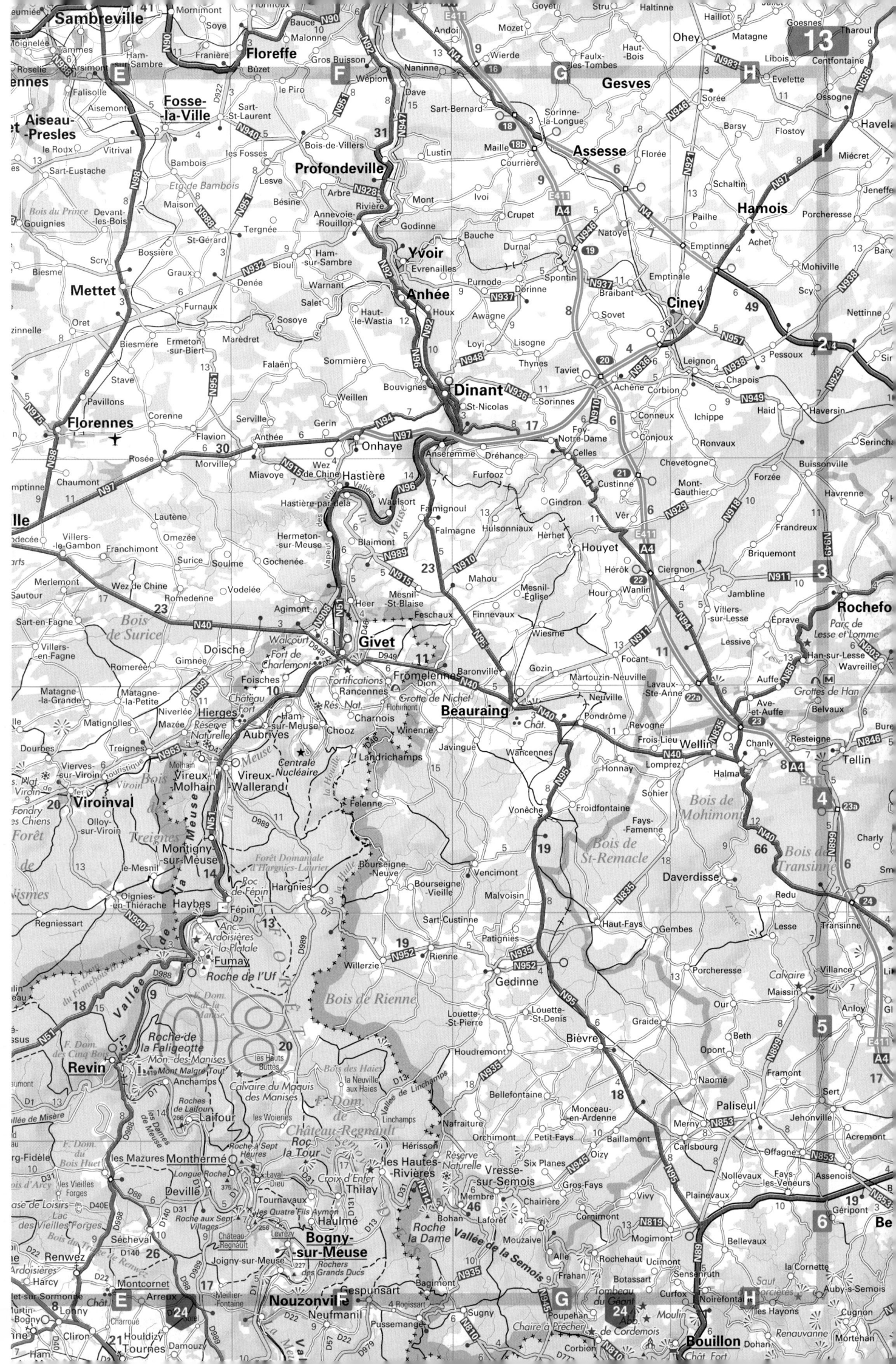

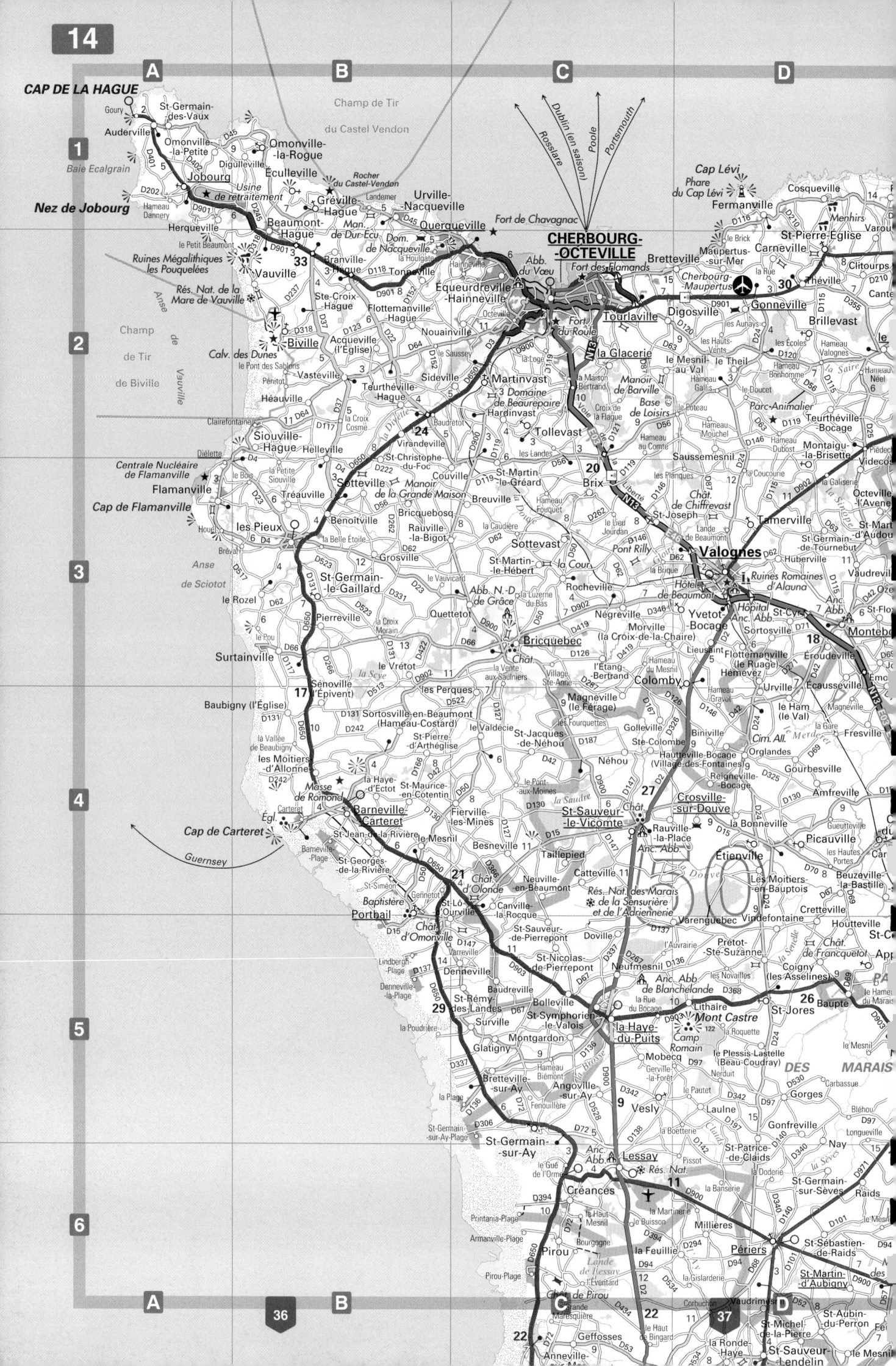

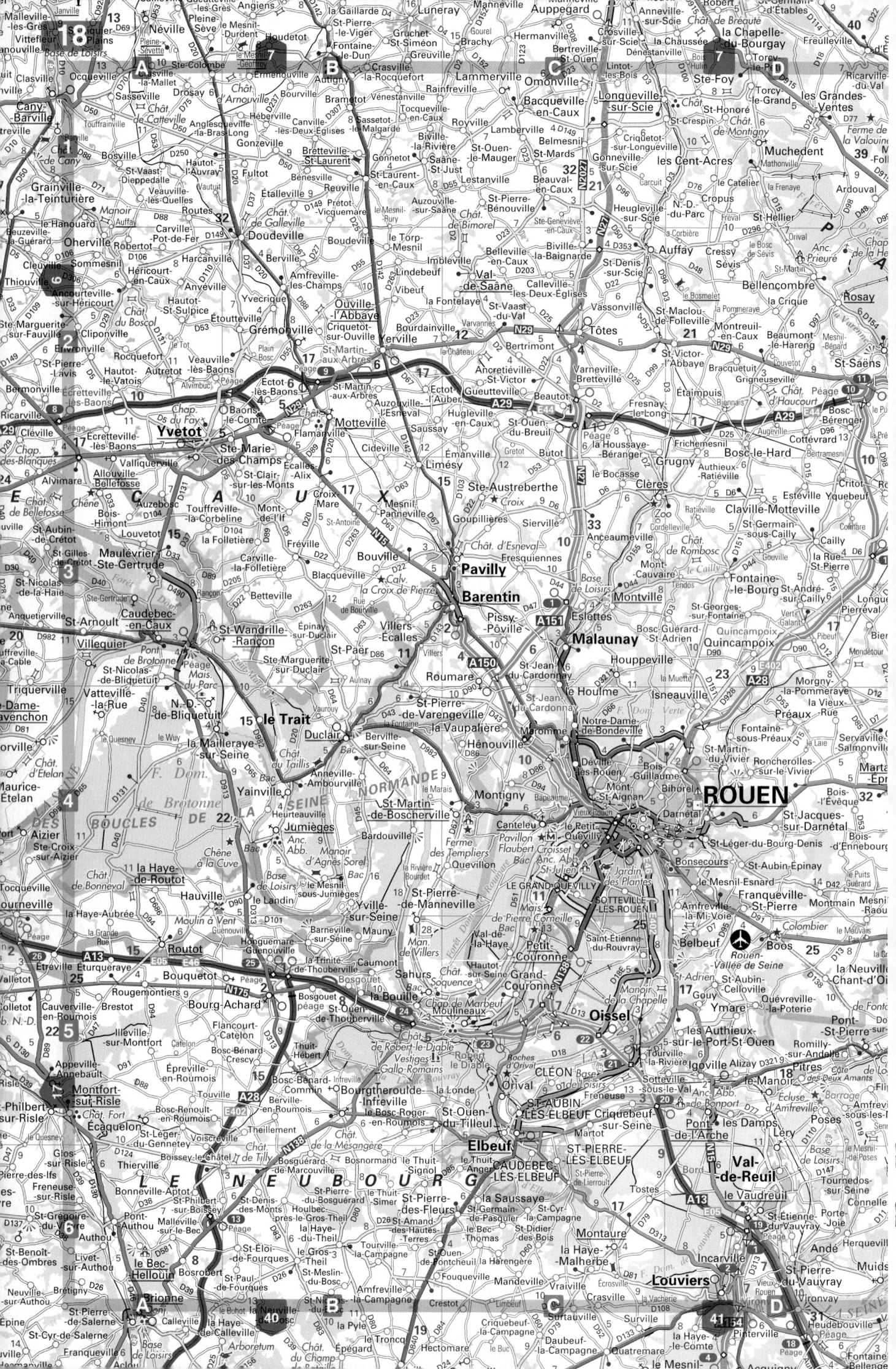

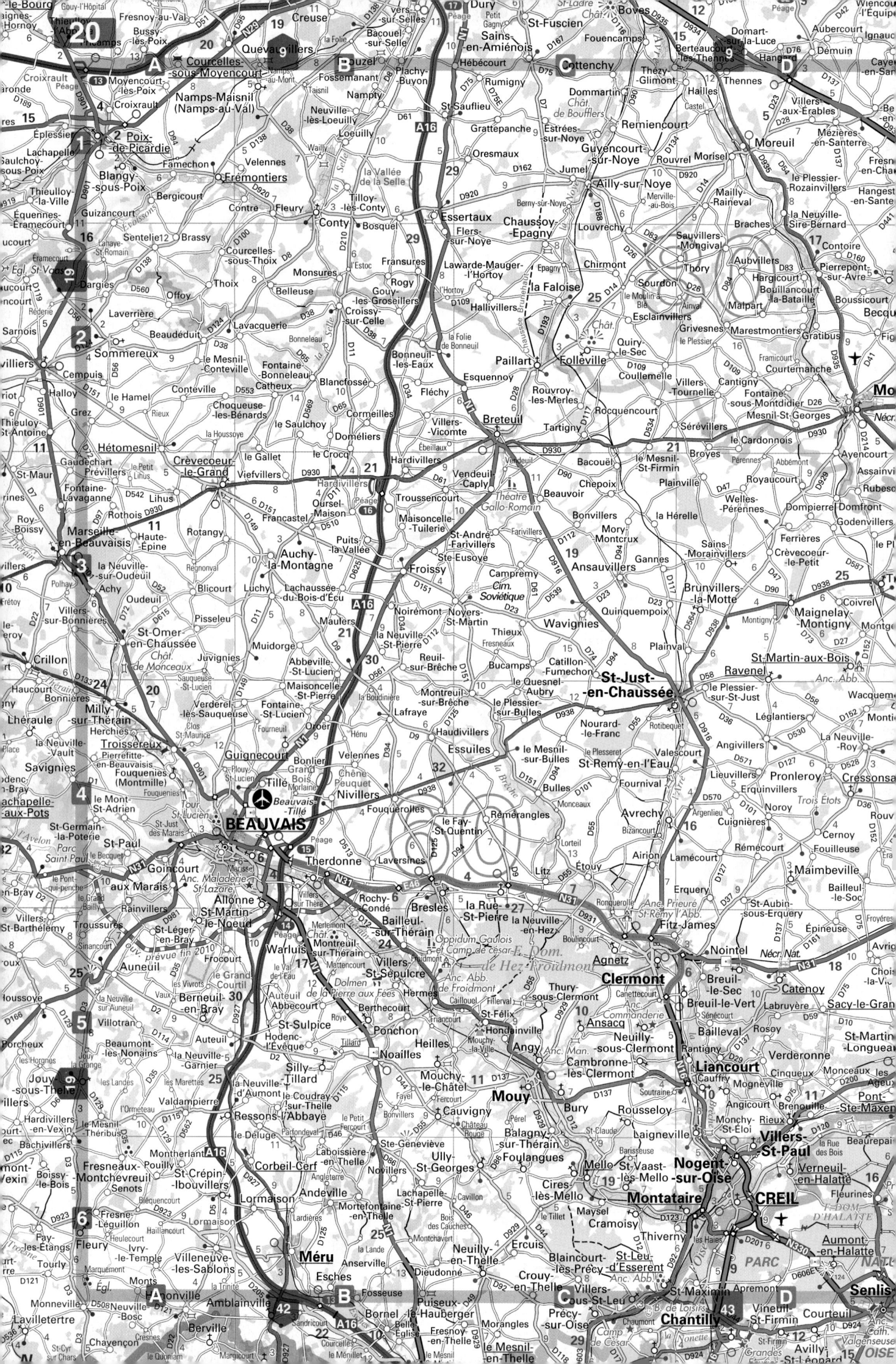

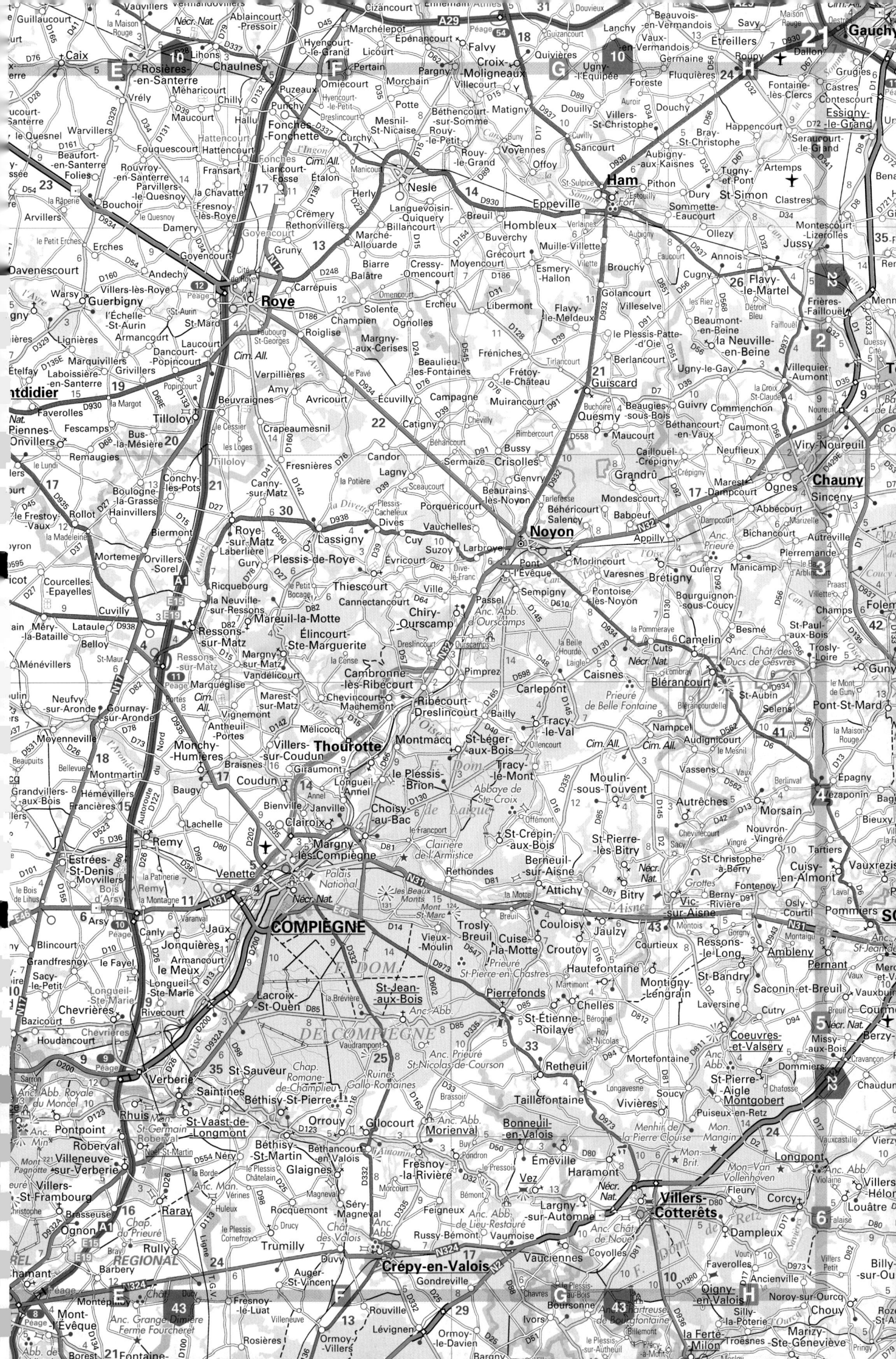

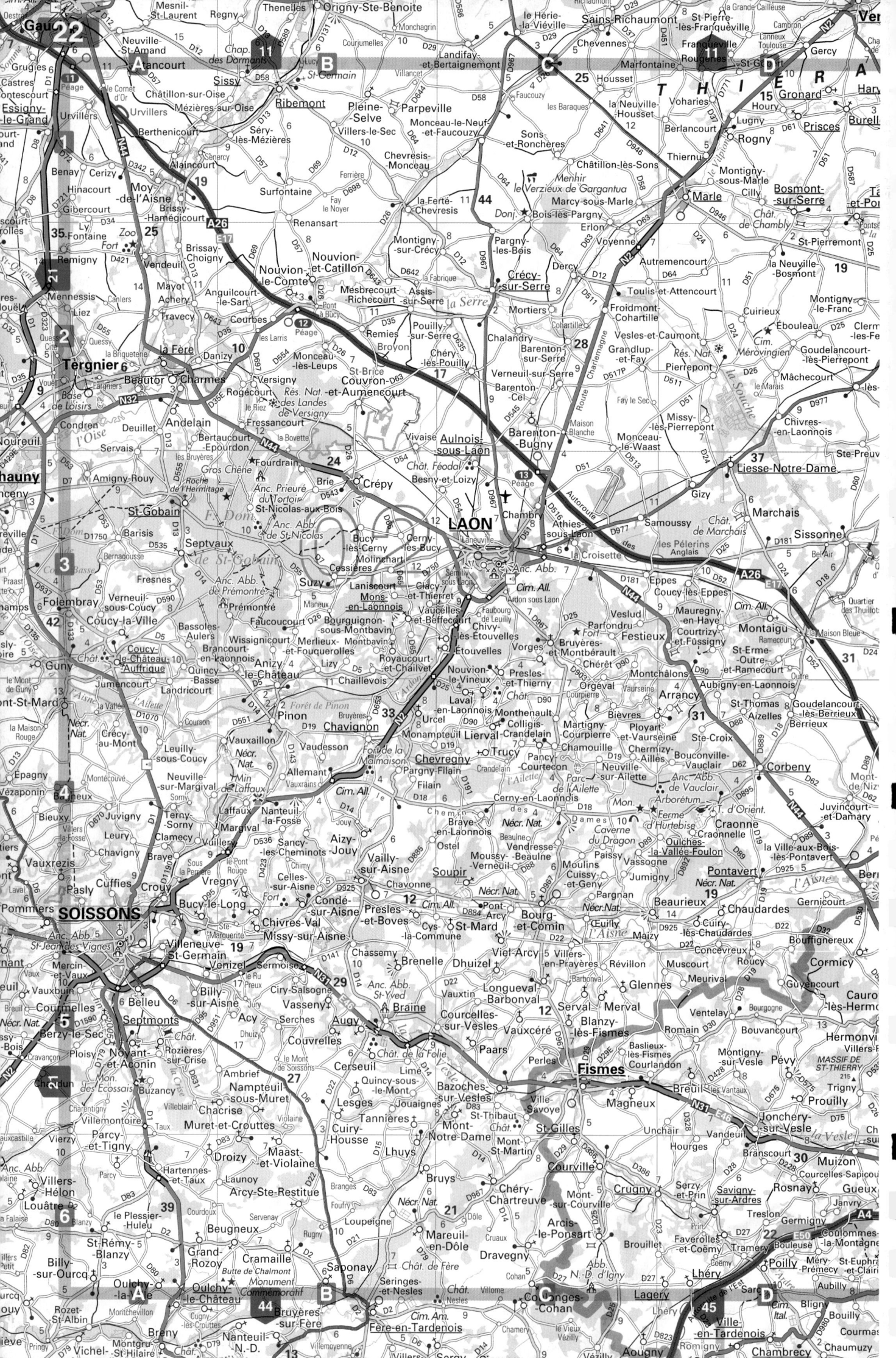

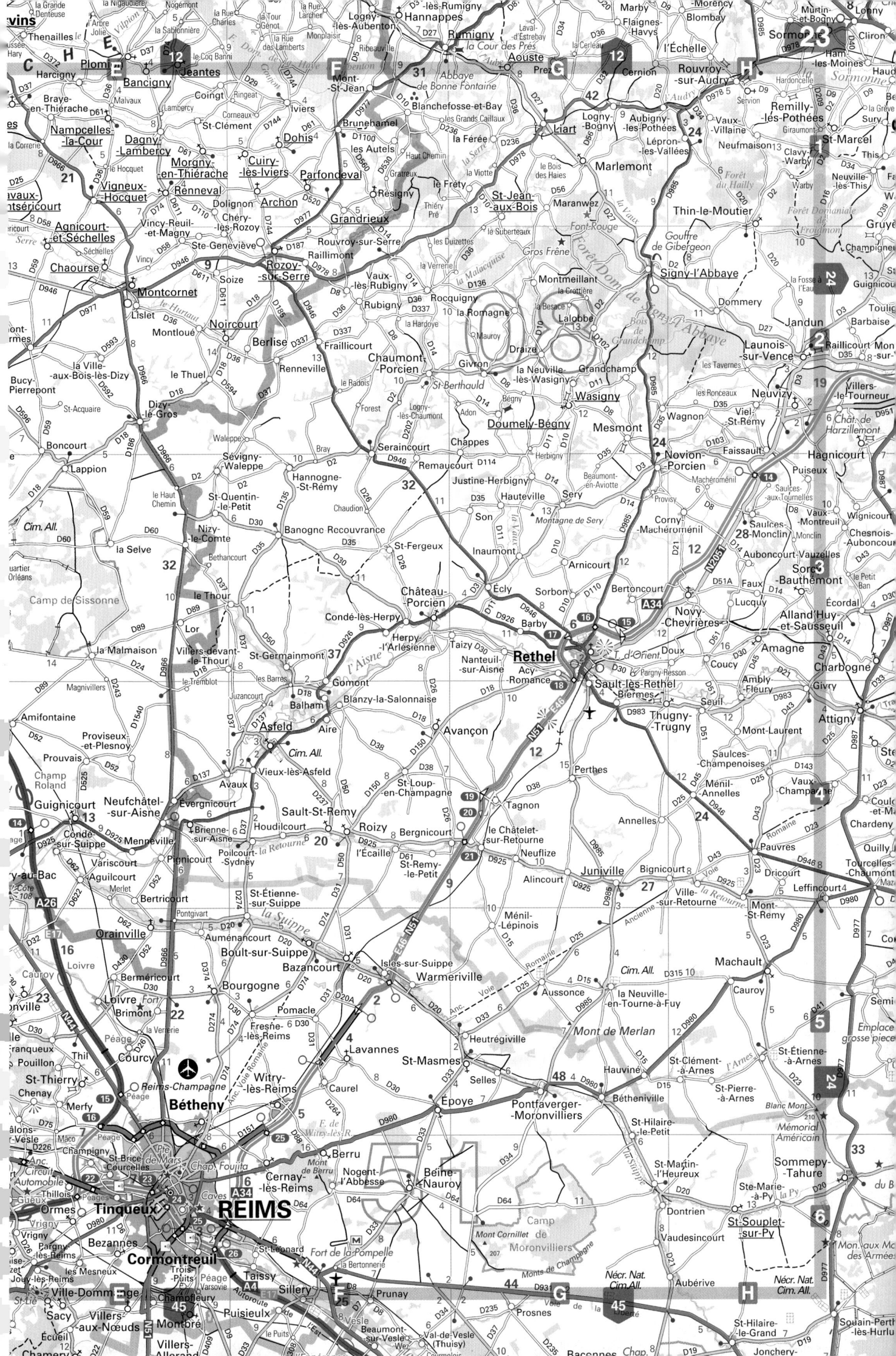

CHARLEVILLE-MÉZIÈRES

BOUILLON

Sedan

Carignan

Mouzon

Vouziers

le Chesne

Buzancy

Grandpré

Varennes-en-Argonne

Montfaucon-d'Argonne

Montcy-N.-D.
Aiglemont
la Grandville
Gernelle
Rumel
Bosseval-et-Briancourt
Fleigneux
la Chapelle
St-Menges
Illy
Vrigne-aux-Bois
Vivier-au-Court
Floing
Glaire
Givonne
Villers-Cernay
Francheval
Pouru-aux-Bois
Escombres-et-le-Chesnois
Muno
Fontenoille
Douzy
Pouru-St-Remy
Rubécourt-et-Lamécourt
Lamécourt
Balan
la Moncelle
Daigny
Bazeilles
Parc
Noyers-Pont-Maugis
Thelonne
Remilly-Aillicourt
Brévilly
Tétaigne
Osnes
Sachy
Matton-et-Clémency
Pure

Warcq
Prix-lès-Mézières
Anc. Abb. des Sept Fontaines
Villers-Semeuse
la Francheville
les Ayvelles
Lumes
Nouvion-sur-Meuse
Donchery
Vrigne-Meuse
Flize
Dom-le-Mesnil
Villers-sur-Bar
Hannogne-St-Martin
Cheveuges
St-Aignan
Chaumont
Angecourt
Bulson
Haraucourt
Villers-devant-Mouzon
Autrecourt-et-Pourron
Raucourt-et-Flaba
Beaumont-en-Argonne

Boulzicourt
Étrépigny
Boutancourt
Sapogne-et-Feuchères
Élan
Chalandry-Élaire
St-Marceau
Vendresse
Chémery-sur-Bar
Malmy
Maisoncelle-et-Villers
Artaise-le-Vivier
la Neuville-à-Maire
Stonne
la Besace
Mouzon
Moulins-St-Hubert
Malandry
Olizy-sur-Chiers
Inor
Nepvant
Martincourt-sur-Meuse

Poix-Terron
Singly
Villers-le-Tilleul
Omicourt
Connage
Rocan
Chéhéry
Omont
Baâlons
Bouvellemont
Omont
Terron-lès-Vendresse
la Cassine
Louvergny
Sauville
le Mont-Dieu
Tannay
les Grandes-Armoises
la Berlière
Belval-Bois-des-Dames
Nouart
Beauclair
Wiseppe
Stenay
Laneuville-sur-Meuse
Beaufort-en-Argonne

St-Loup-Terrier
Wignicourt
Chagny
Marquigny
Jonval
Guincourt
la Sabotterie
Lametz
Suzanne
St-Lambert-et-Mont-de-Jeux
Montgon
Neuville-Day
le Chesne
Sy
Les Petites-Armoises
Oches
Sommauthe
Vertières
St-Pierremont
Vaux-en-Dieulet
Anc. Abb. de Belval
Belval-Bois-des-Dames
Fossé
Halles-sous-les-Côtes
Tailly
Montigny-devant-Sassey
Mont-devant-Sassey

Tourteron
Rilly-sur-Aisne
Semuy
Voncq
les Alleux
Noirval
Brieulles-sur-Bar
Châtillon-sur-Bar
Authe
Autruche
Germont
Bar-lès-Buzancy
Barricourt
Nouart
Villers-devant-Dun
Doulcon
Dun-sur-
Cléry-le-Petit

Chuffilly-Roche
Coulommes-et-Marqueny
Chardeny
Quilly
Tourcelles-Chaumont
Mazagran
Mars-sous-Bourcq
Vrizy
Grivy-Loisy
Quatre-Champs
Vandy
Ballay
Toges
Boult-aux-Bois
Briquenay
Harricourt
Buzancy
Thénorgues
Bayonville
Sivry-lès-Buzancy
Verpel
Chennery
Remonville
Andevanne
Aincreville
Cléry-le-Grand
Bantheville

Vouziers
St-Maurille
Bourcq
Ste-Marie
Falaise
Bagot
Primat
Longwé
la Croix-aux-Bois
Chestres
le Morthomme
Beffu-et-le-Morthomme
Imécourt
St-Georges
Landres-et-St-Georges
Cunel
Brieulles-sur-Meuse
Vilosnes-Haraumont

Contreuve
Sugny
Savigny-sur-Aisne
St-Morel
Brières
Brécy-Brières
Olizy-Primat
Grandpré
Champigneulle
St-Juvin
Sommerance
Romagne-sous-Montfaucon
Gesnes-en-Argonne
Cierges-sous-Montfaucon
Nantillois
Septsarges

Semide
Mont-St-Martin
Liry
Monthois
Challerange
Mouron
Termes
Senuc
Vaux-lès-Mouron
Grandham
Marcq
Cornay
Fléville
Exermont
Épinonville
Ivoiry
Butte de Montfaucon
Cuisy

Orfeuil
Marvaux-Vieux
Ardeuil-et-Montfauxelles
Gratreuil
Fontaine-en-Dormois
Rouvroy-Ripont
Cernay-en-Dormois
Servon-Melzicourt
Binarville
Condé-lès-Autry
Chatel-Chéhéry
Lançon
Autry
Apremont
Baulny
Charpentry
Véry
Cheppy
Varennes-en-Argonne
Vauquois
Avocourt
Montzéville

Aure
Manre
Séchault
Bouconville
Vieux
la Mare-aux-Bœufs
Montcheutin

Mont-aux-Morts des Armées
Souain-Perthes-lès-Hurlus
Suippes
Minaucourt-le-Mesnil-lès-Hurlus
Virginy
Berzieux
Massiges
Malmy
St-Thomas-en-Argonne
Vienne-le-Château
Lachalade
Vienne-la-Ville
Neuvilly-en-Argonne
Boureuilles

Forêt de Muno
Rés. Nat. de la Roche à l'Appel
Lombart
Messincourt

Forêt des Ardennes
Forêt Dom. de Belval
Forêt de Dieulet
Parc de Vision de Belval
Forêt Dom. de Remonville
Forêt Dom. de la Croix-aux-Bois
Forêt d'Argonne
Bois Abris du Kronprinz
Ossuaire
Forêt Dom. des Hauts Bâtis

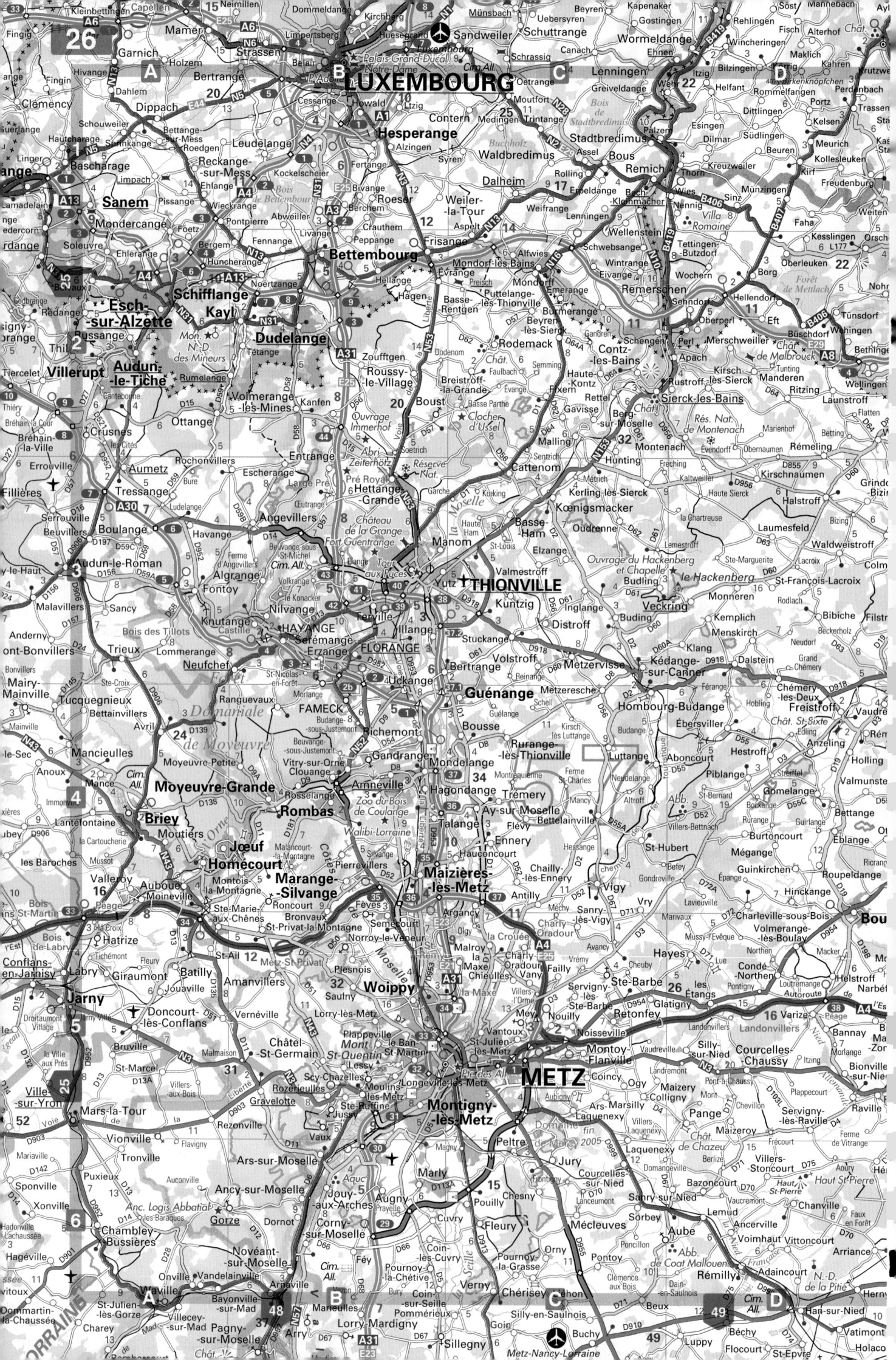

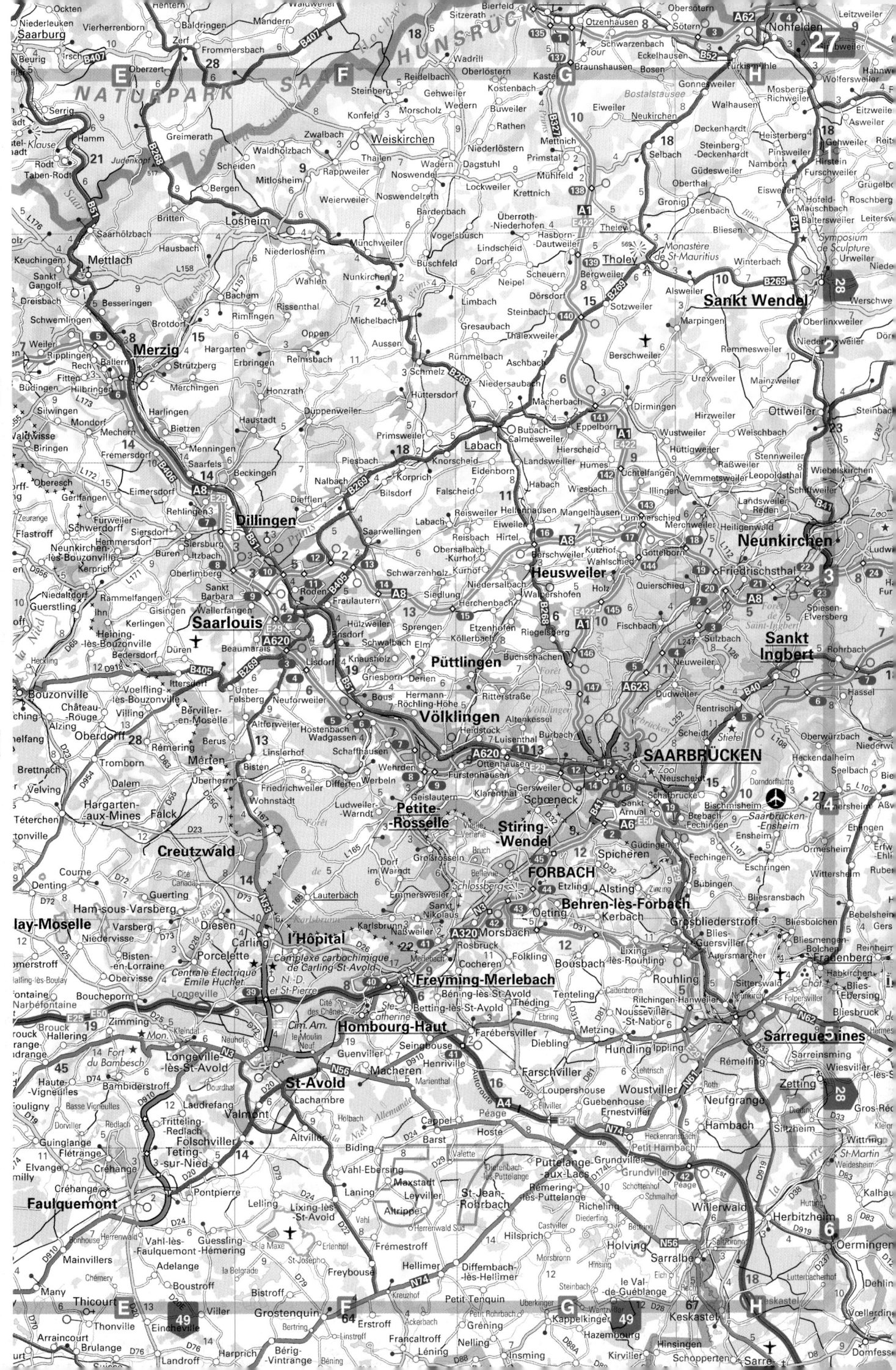

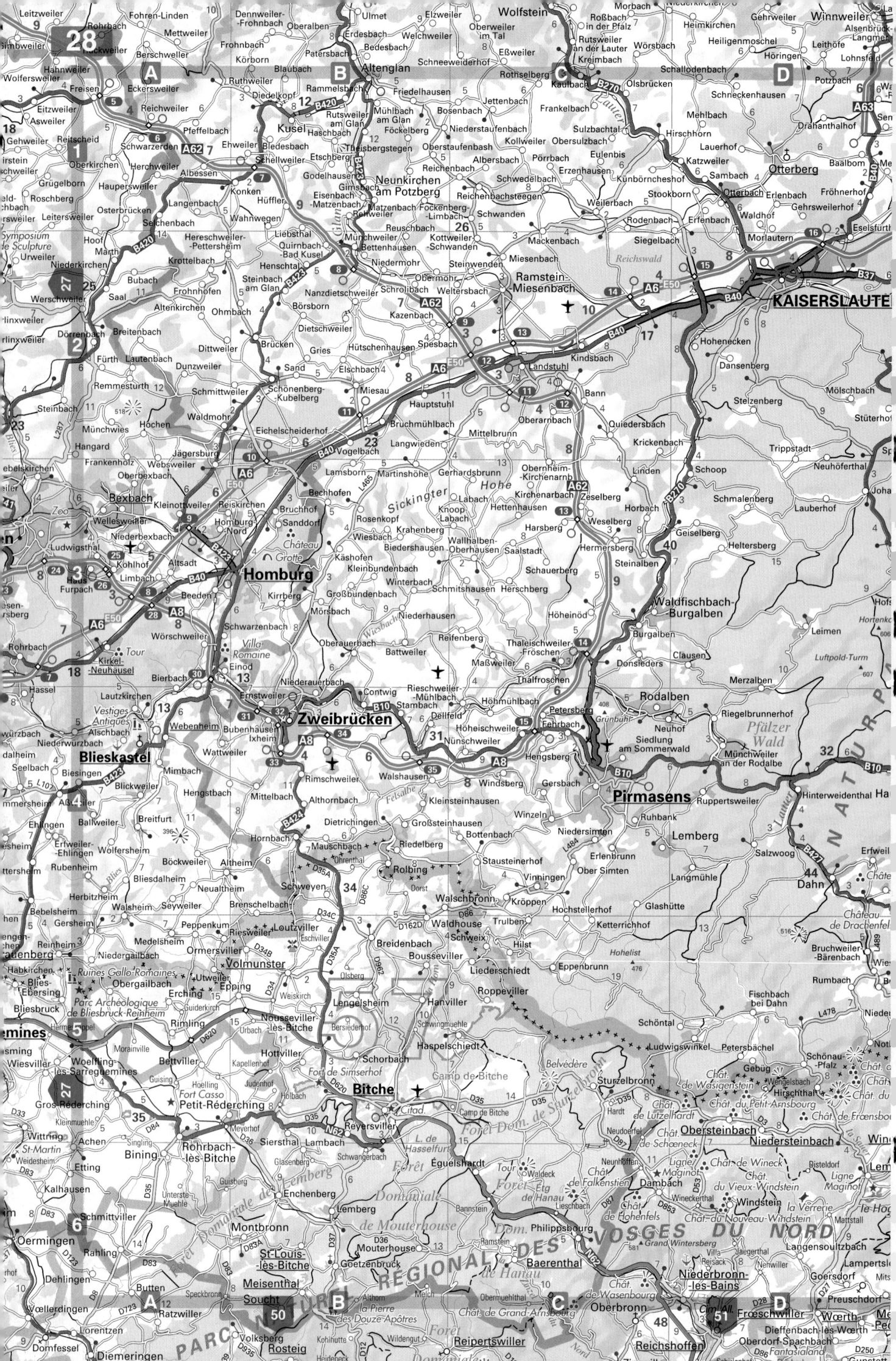

A   B   C   D

1

2

CÔTE DES LÉGE

Île Vierge ☀ *Phare de la Vierge*
Kélerdut   St-Mi
St-Cava
Presqu'Île ☀ **Plouguerneau**
Ste-Marguerite
Aber-Vrac'h   la Ma
Morgan   Coum   Landéda
3 D128 D113 D13
Trémazan   Portsall **Lampaul-** St-Pabu Lannilis 8
Château   D26 **Ploudalmézeau** D28 14
3   Parc Animalier
11 Kersaint D168
Pointe de Landunvez 6 D27 **Ploudalmézeau** Tréglonou 3
Phare   6   Menhir **Plouguin** D26 Coat-Méal
du Four Argenton **Landunvez** de Kervignen Kerda
Radénec Kerazant **Plourin** 15 Tréouergat Bourg-
Porspoder 5 D68   D168   **Blanc**
Melon D27 Menhirs **18** Guipronvel D3 16
Perros Manoir **Brélès** Kergroades Lanner les Trois D13
  Lanildut 12 Lanvénec **Lanrivoaré** Curés
  D28 l'Aber Ildut D27 D68 **Milizac** la Récré **Goues**
Lampaul- Erragounan 12 Domaine des Trois Curés
Plouarzel 4 D5 des Cerfs D38 Kerviniou
Phare 3 **15** 12 **St-Renan** D67 D26 **GUILERS**
de Trézien ☀ **Plouarzel** D5 Lamber 5 **Bohars**
Ruscumunoc Menhir D105 D5 Penfeld 12
Pointe de Corsen de Kerloas 6 Trégorff D105 8
Kerhornou 4 7 le Bougu
Ploumoguer Kerlazou D38 le
Illien D38 **Arsenal**
  3 **19** D67 **Plouzané** St-Pierre-
  7 5 Kerarmazé D205 Quilbignon **BR**
  Trébabu **Locmaria-** la Trinité D789 9
  4 **Plouzané** 5 D789 RADE
le Conquet D789 **27** Ste-Anne- DE
  4 Lochrist Portsmilin du-Portzic BRES
St-Mathieu le Trez Hir Trégana D38
☀ D85 6 **Plougonvelin** *Pointe du* 9 *Pointe*
  Abbaye *Petit Minou* ☀ *des Espagnols*
POINTE DE ST-MATHIEU D355
Phare des Pierres Noires ☀ 1h00 *Goulet de Brest* DE
  Fort ★ **Roscanvel** ☀
  Lanvernazal

Île d'Ouessant
Rochers
Phare de ★
Créac'h Frugulfou *Phare du Stiff*
Niou Uhella 3 2
3 2
Notre-Dame **Ouessant**
de Bon **(Lampaul)**
Voyage Feunteun Vélen
Phare *Passage du Fromveur*
de la Jument *Phare de Kereon*
30mn
☀ *Phare*
des Trois Pierres
☀ **Île-Molène**
Île
Molène 35mn
Réserve Naturelle
d'Iroise
Île de Béniguet

N.-D. de Roc'h Quéfern
Amadour St-Fiacre Taladerc'h
Camaret- ★ 6 D55 **Lanvéo**
-sur-Mer Tour Vauban
Alignements de Lagatjar D8 D355 D55
POINTE DE PEN-HIR D8
les Tas de Pois Gaoulac'h **PRESQU'ÎLE D**
Château de Dinan **Croz**
Rochers D887
Pointe de Dinan D308 Morgat *Pointe*
la Palue *des Grottes*
Grottes
St-Hernot *Maison*
des Minéraux
Rostudel
BA

4

5

6

A   B   C   D

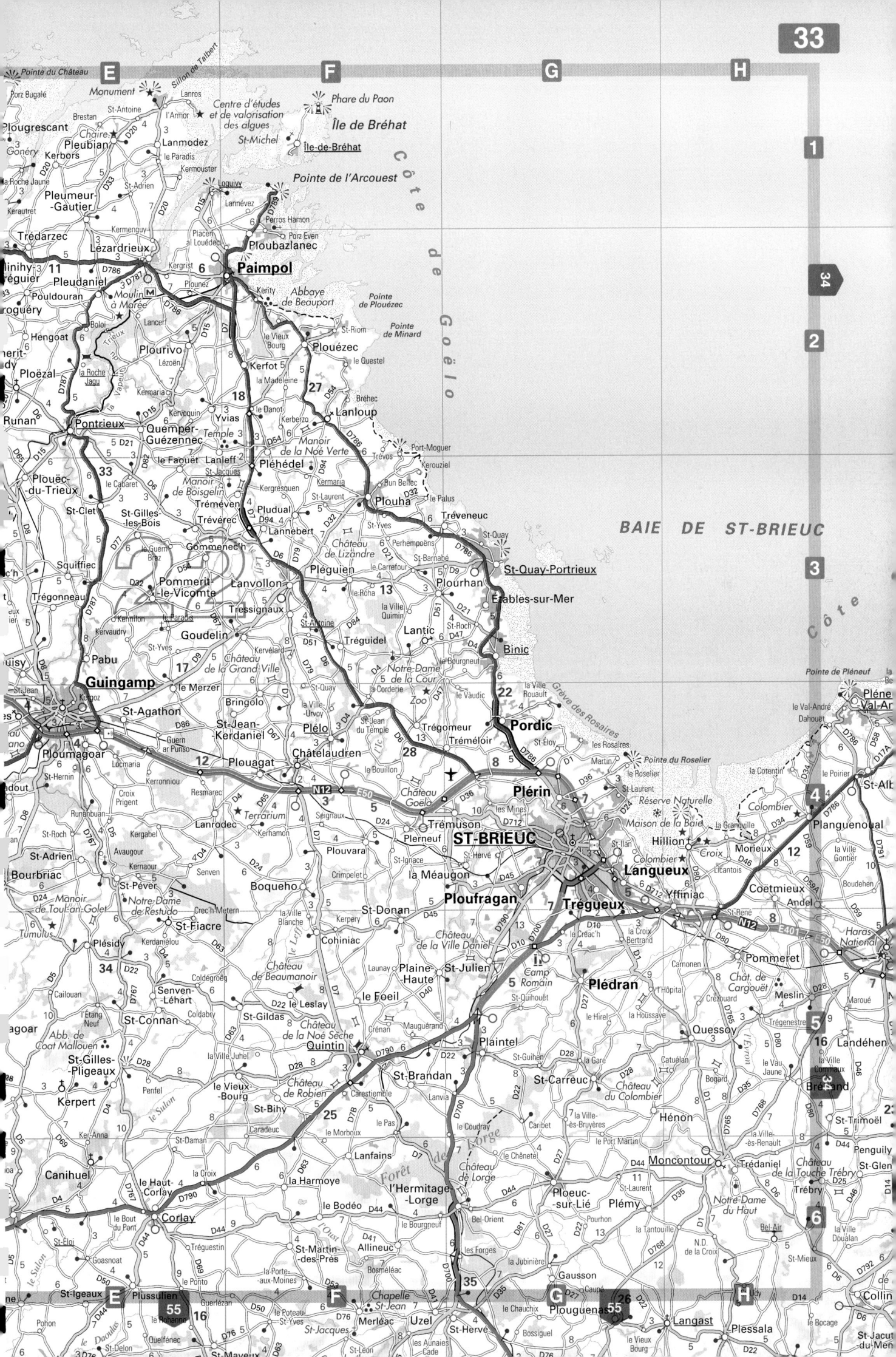

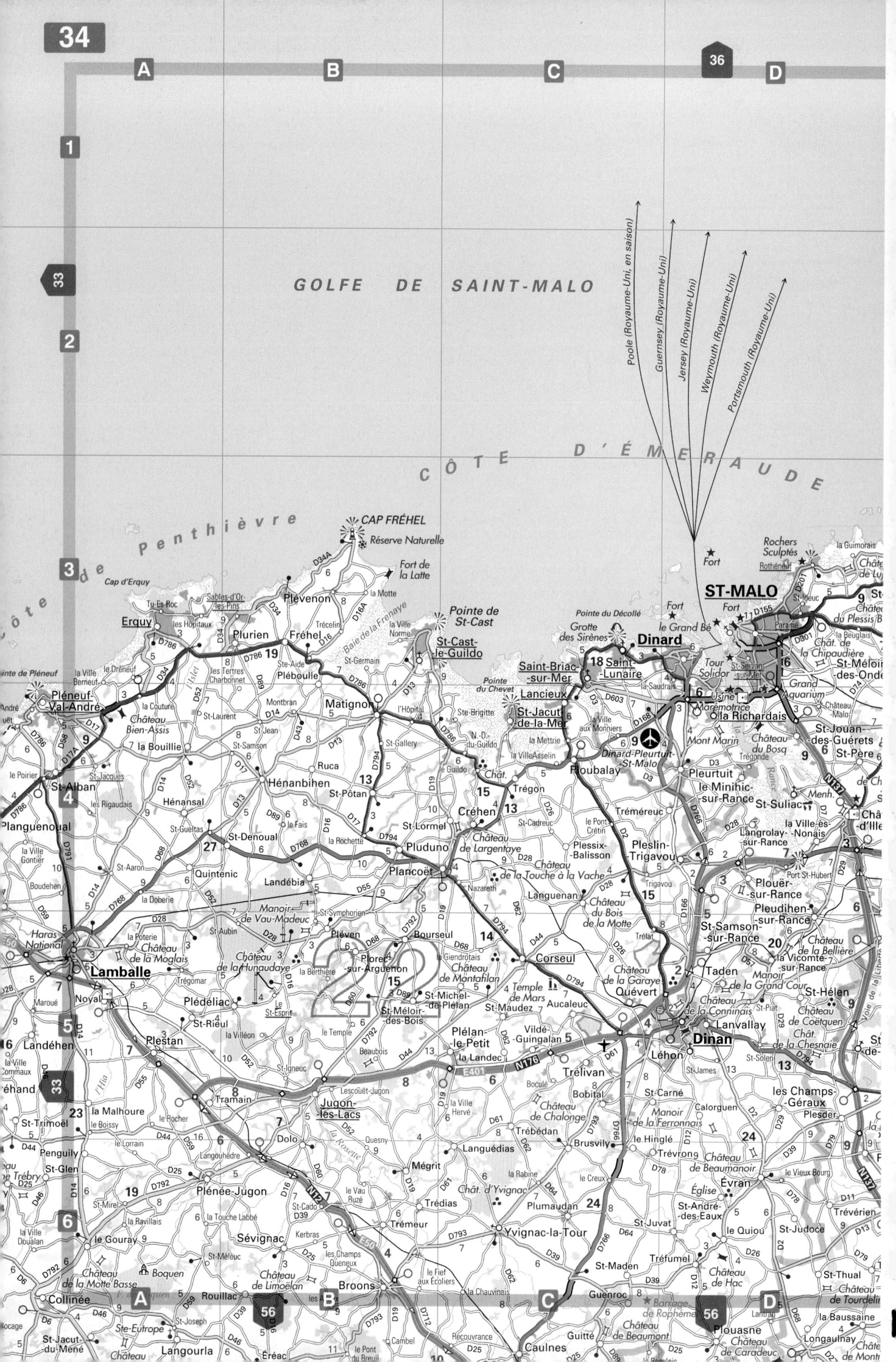

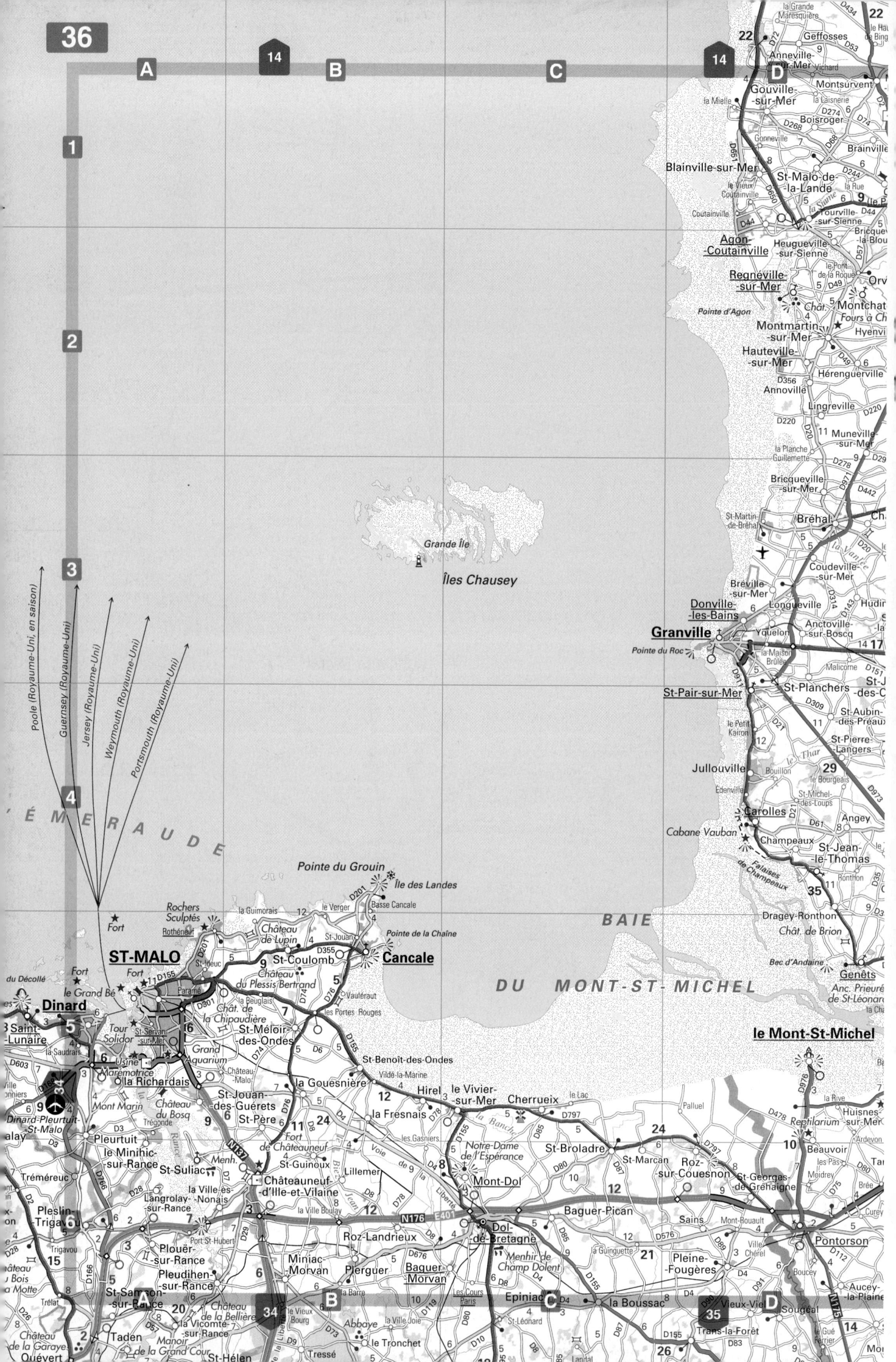

A   14   B   C   14

22   22

D

1

2

3

4

la Grande
Maresquière
Geffosses   D434   22
D53
Anneville-   D72   D53
sur-Mer   vichard
Montsurvent
Gouville-   la Laisenie
sur-Mer   D74
la Mielle   Boisroger
D268   D274   D68
Gonneville   D57
Blainville-sur-Mer   D244   St-Malo-de-
le Vieux   -la-Lande
Coutainville   D650   la Rue
Coutainville   la Tourville-   9
D44   sur-Sienne   D44   Île-l'
D44
Agon-   D57   Bricquev
Coutainville   -le-Blou
Heugueville-
sur-Sienne
Regnéville-   le Pont
sur-Mer   de la Roque   Orv
D49
Chât.
Pointe d'Agon   ★   Montchat
Fours à Ch
Montmartin   ★
-sur-Mer   Hyenvi
Hauteville   D356
-sur-Mer   Hérenguerville
D356
Annoville
Lingreville   D220
D220
la Planche   11   Muneville
Guillemette   D20   -sur-Mer
D278
Bricqueville-   D29
sur-Mer   D371   D442

Poole (Royaume-Uni, en saison)
Guernsey (Royaume-Uni)
Jersey (Royaume-Uni)
Weymouth (Royaume-Uni)
Portsmouth (Royaume-Uni)

St-Martin-   Bréhal
de-Bréhal   Ch
5
Bréville-   D314   Hudir
sur-Mer   Coudeville-
sur-Mer
Donville-   6   Longueville   Anctoville-
-les-Bains   sur-Boscq
Youelon   14 17
Granville   ★   la-Maison   D151
Pointe du Roc   Brûlée   Malicorne   St-J
D911   5   -des-C
St-Planchers
St-Pair-sur-Mer   D309   St-Aubin-
le Petit   D21   -des-Préaux
Kairon
12   St-Pierre
Langers
le Thar
Jullouville   29
Bouillon   le Bourgeais
Edenville   D973
St-Michel
-des-Loups
Carolles   D61   Angey
Cabane Vauban   ★   Champeaux   St-Jean-
le-Thomas
Falaises   11   Rontfion   D35
de Champeaux   35

ÉMERAUDE

Grande Île

Îles Chausey

BAIE   Dragey-Ronthon
Chât. de Brion
Bec d'Andaine   Genêts
Anc. Prieuré
de St-Léonard
la Ch

DU MONT-ST-MICHEL

le Mont-St-Michel

Pointe du Grouin
Île des Landes
Rochers   la Guimorais   12   le Verger   Basse Cancale   D201
Sculptés   St-Jouan   Pointe de la Chaîne
Rothéneuf   Château   D355
ST-MALO   de Lupin   9   St-Coulomb   Cancale
Fort   St-Ideuc   D201   5
du Décollé   St-Servan-   Château   D74   D78   Vauléraut
Fort   Fort   sur-Mer   du Plessis Bertrand
le Grand Bé   17 D155   Paramé   Chât. de   les Portes Rouges
Dinard   Tour   la Chipaudière
Solidor   16   la Beuglais
D301   St-Méloir-   D155   St-Benoît-des-Ondes
3 Saint-   5   Grand   -des-Ondes   D6
Lunaire   Aquarium   7   Vildé-la-Marine
la Saudrais   6   Usine   Château-   la Gouesnière   Hirel   le Vivier-   le Lac   Cherrueix   Palluel
Marémotrice   Malo   7   12   sur-Mer   D797
D603   7   la Richardais   4   la Fresnais   D78   D155   Notre-Dame   10   24   D478 Repilarium   la Rive
9   St-Jouan-   les Gasniers   de l'Espérance   24   D797
Mont Marin   des-Guérets   6   D4   D155   St-Broladre   D80   Beauvoir
Dinard-Pleurtuit-   Château   9   St-Père   11   24   Voie   8   Mont-Dol   D797   St-Marcan   10
St-Malo   du Bosq   Fort   de 9   D81   Roz-   D81   St-Georges-
alay   Trégonde   de Châteauneuf   sur-Couesnon   de-Gréhaigne
3   9   Pleurtuit   Châteauneuf-   Baguer-Pican   Sains   Mont-Rouault
le Minihic-   St-Guinoux   d'Ille-et-Vilaine   9   Boucey
Pleslin-   sur-Rance   Lillemer   Voie   D80   12   Pleine-   D89   Brée
Trévagou   St-Suliac   de 9   D576   Fougères   D91
Trigavou   Port St-Hubert   Roz-Landrieux   Dol-   Pontorson   Ville   D112
15   Langrolay-   3   de-Bretagne   Chérel
sur-Rance   la Ville Boulay   Aucey-   N175
Plouër-   Miniac-   la Ville-ès-   12   N176 E401   Dol-   la-Plaine
sur-Rance   Morvan   Nonais   de-Bretagne   Vieux-Viel   14
Pleudihen-   Plerguer   Baguer-   21   D80   14
sur-Rance   Morvan   Menhir de   Pleine-
St-Samson-   Château   Champ Dolent   Fougères
sur-Rance   de la Bellière   34   le Vieux   10 D19   Épiniac   D4   la Boussac   35
Taden   2   la Vicomte-   Bourg   St-Léonard   Trans-la-Forêt
sur-Rance   Abbaye   la Ville Joie   D155   D83
Château   Manoir   le Tronchet   Sougéa
de la Garaye   de la Grand'Cour   26
Quévert   St-Hélen   Tressé

A   34   B   C   35   D

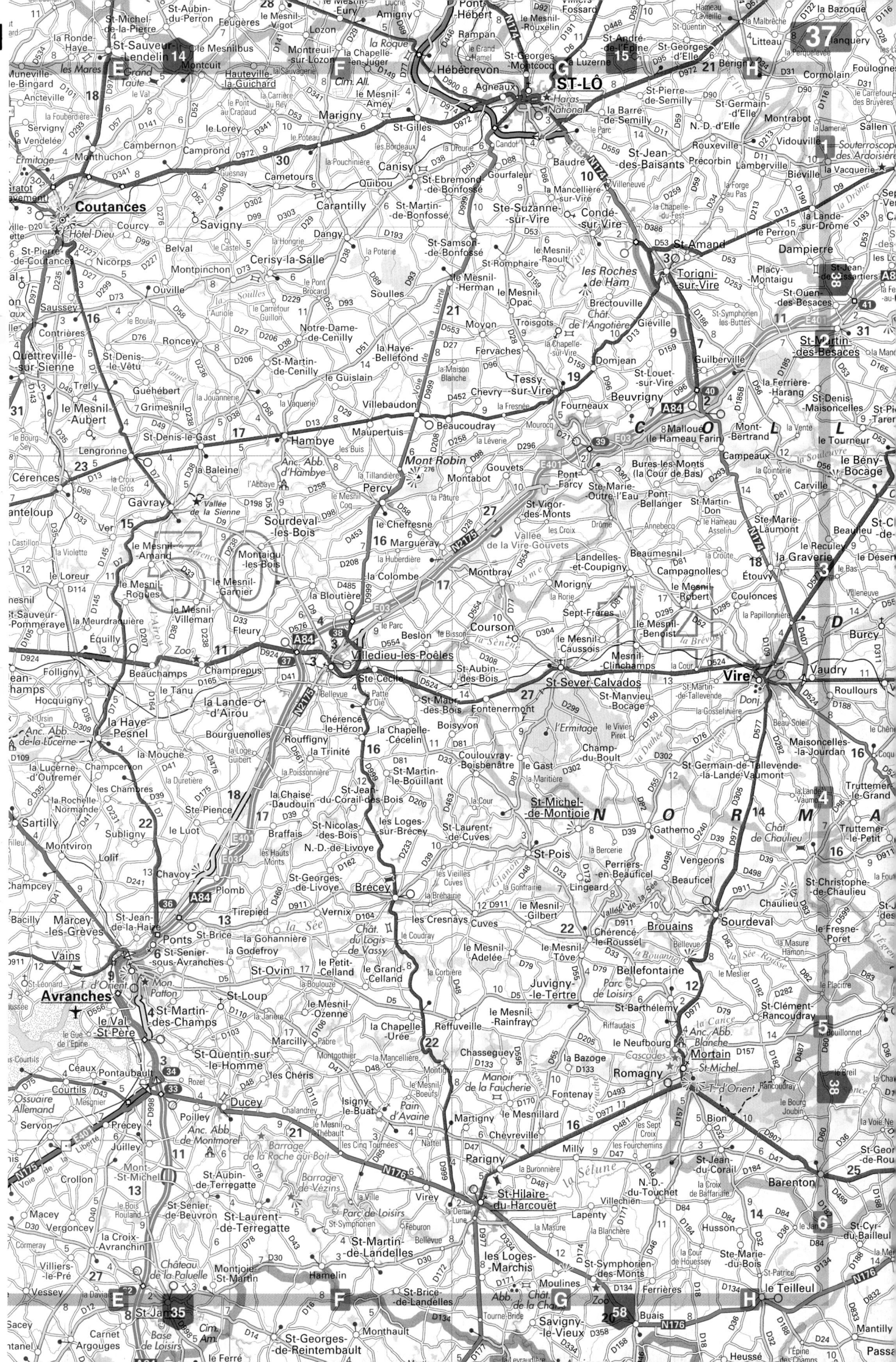

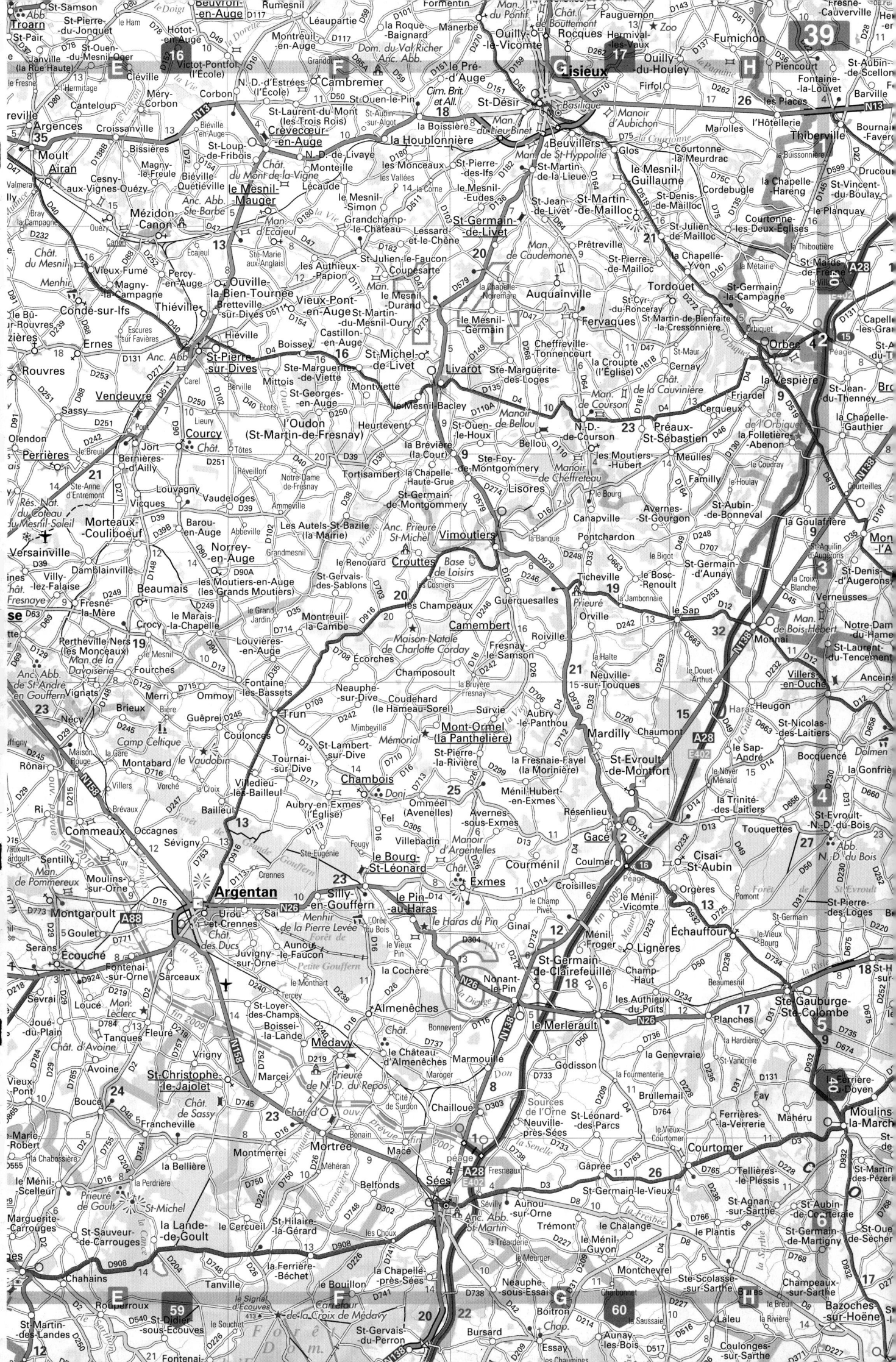

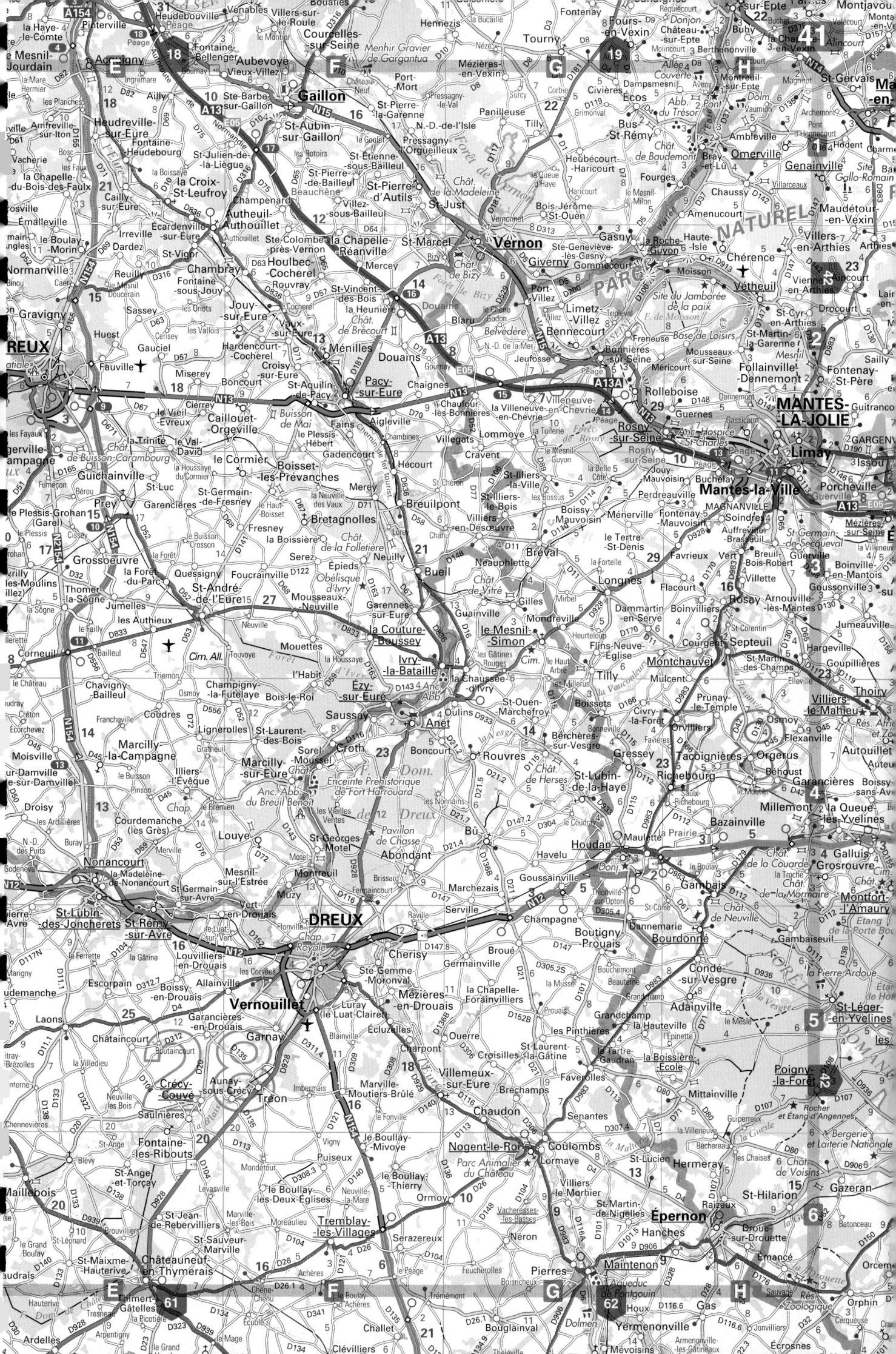

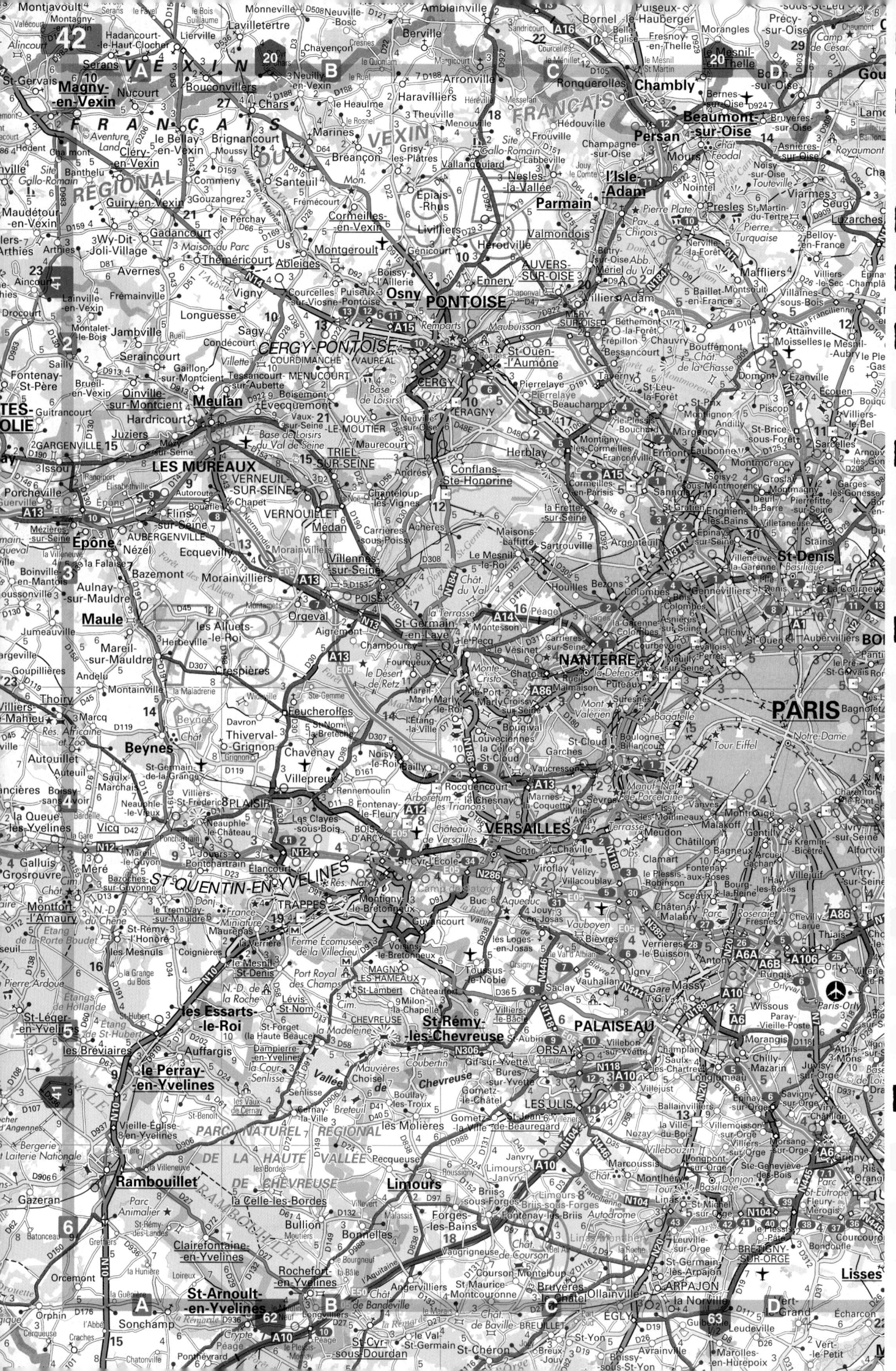

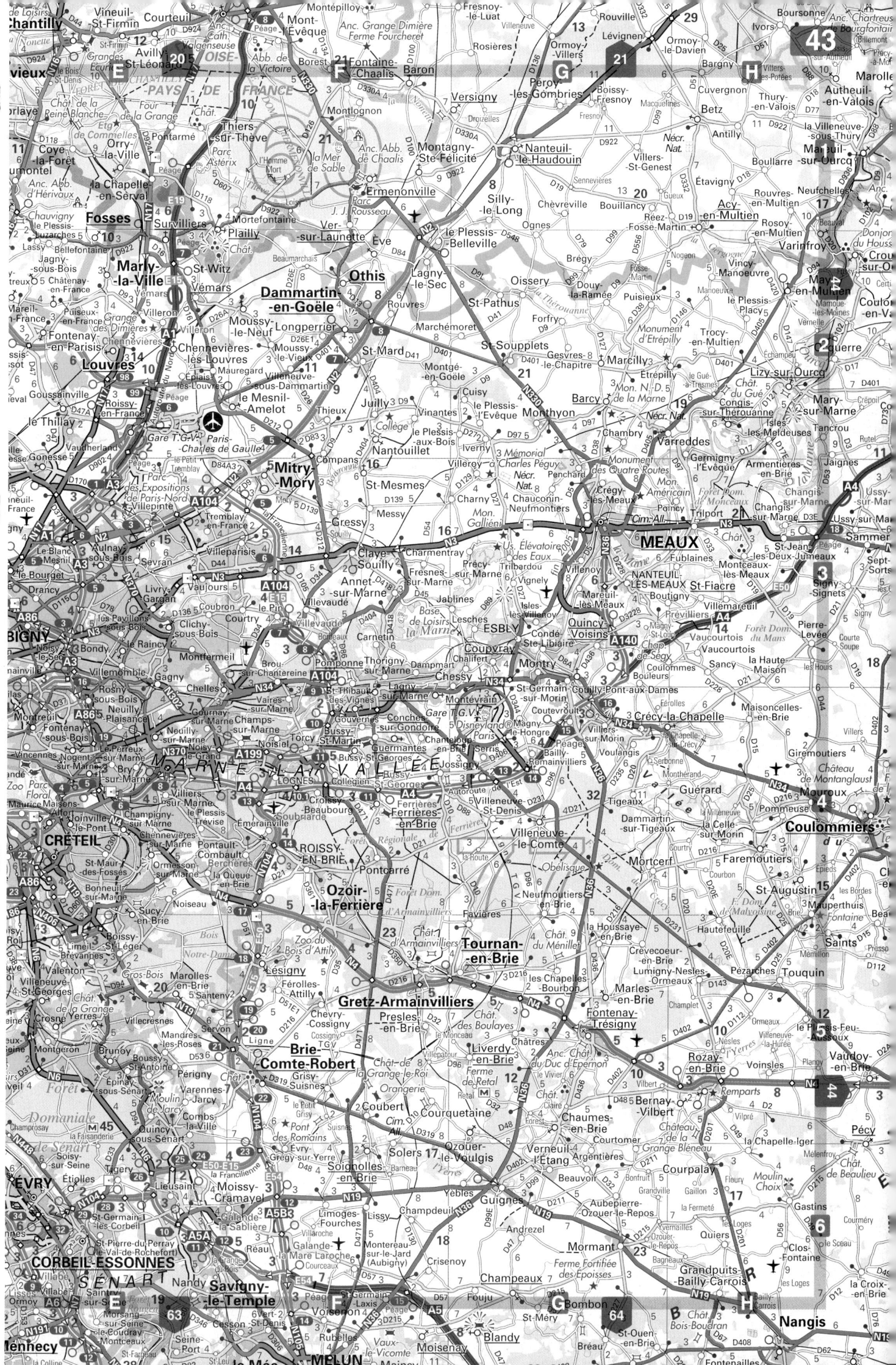

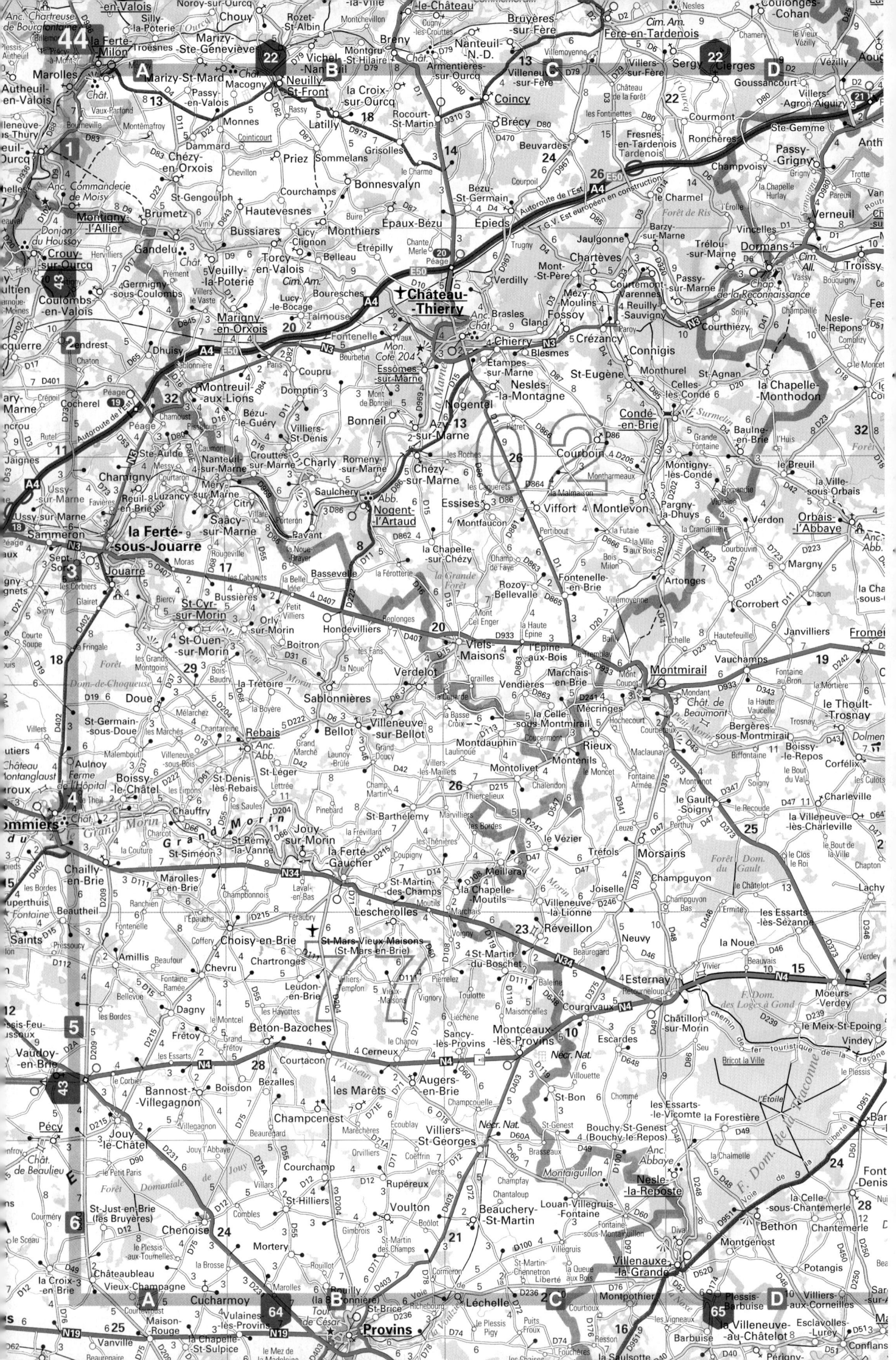

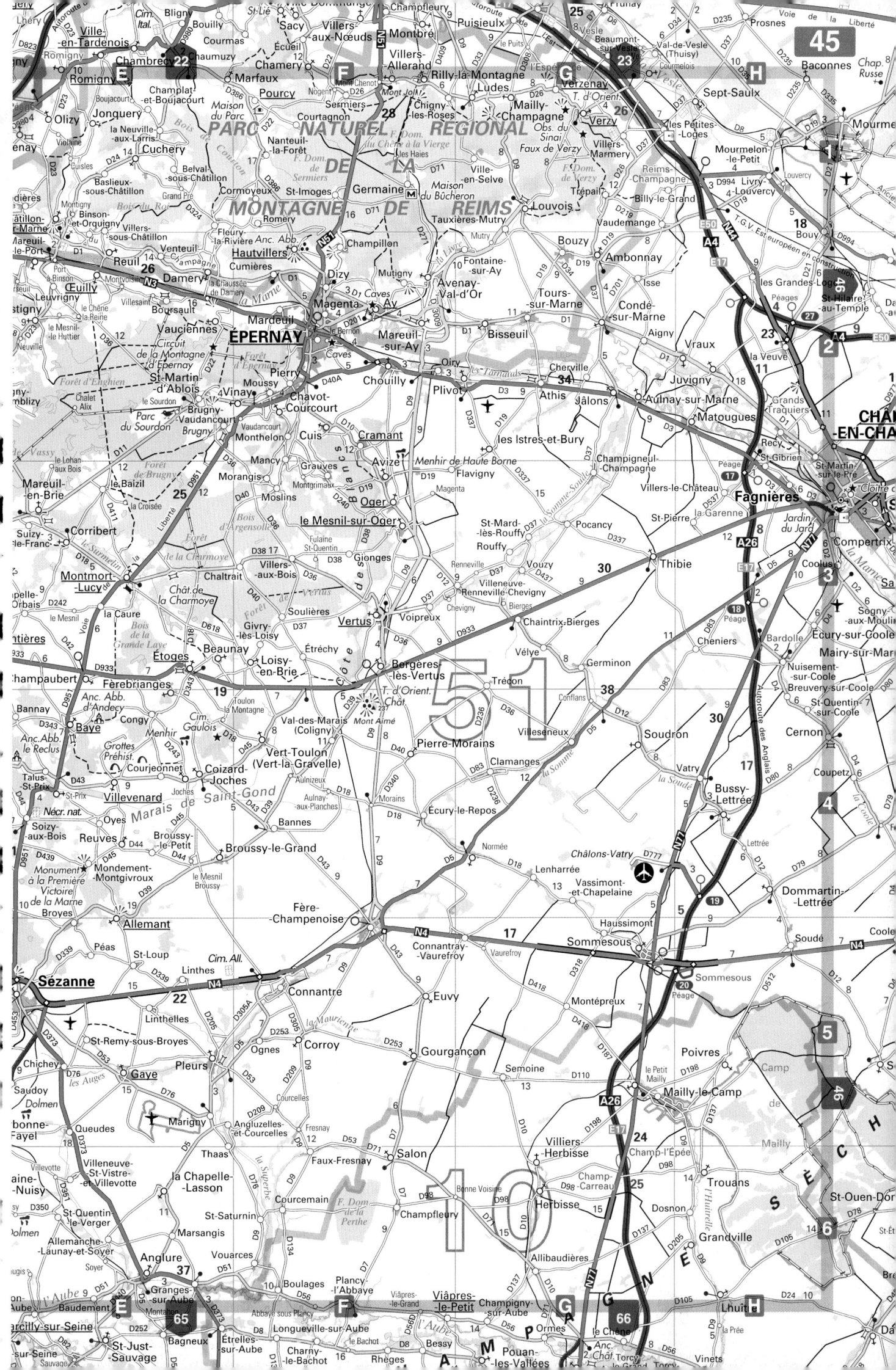

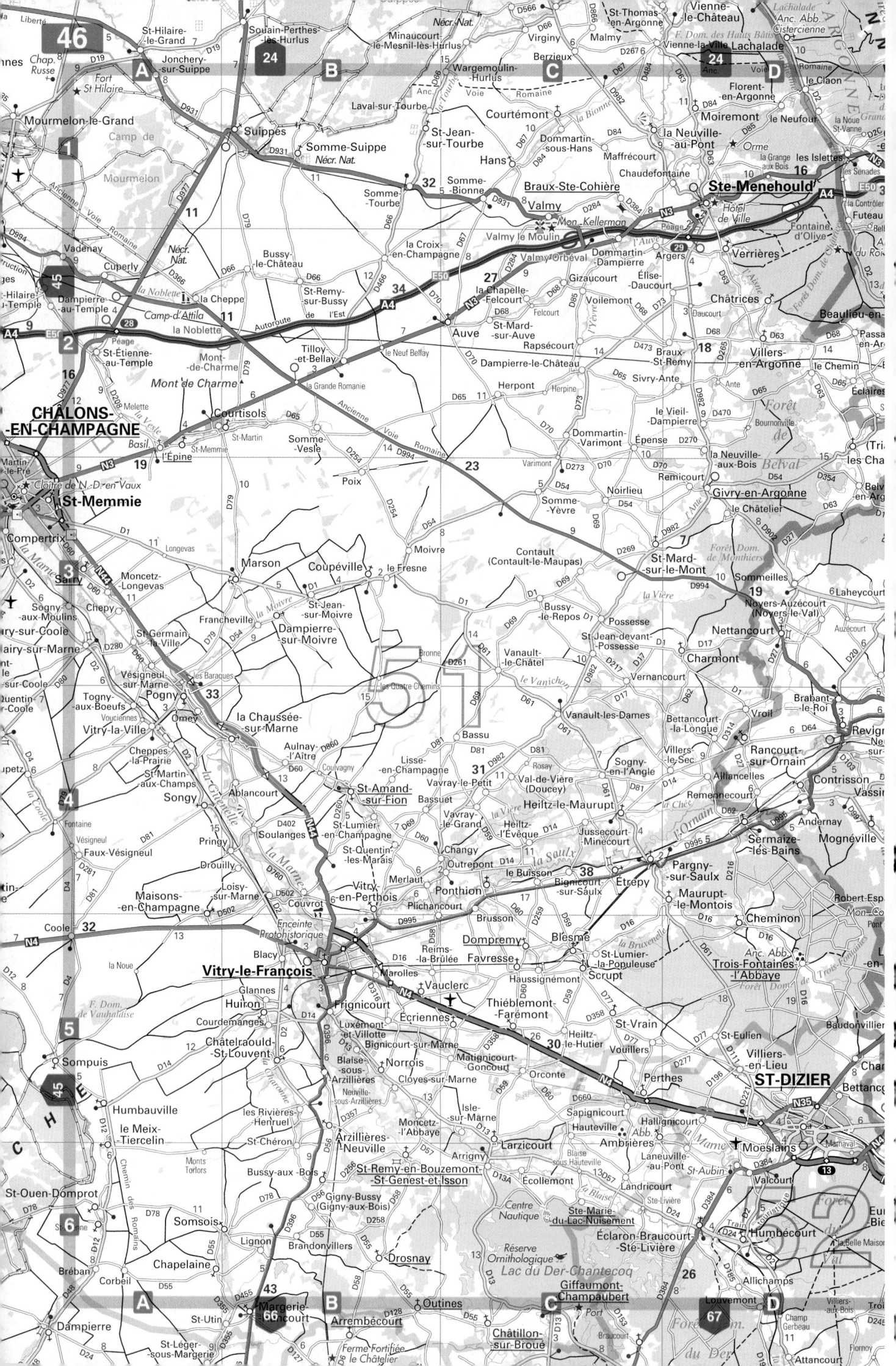

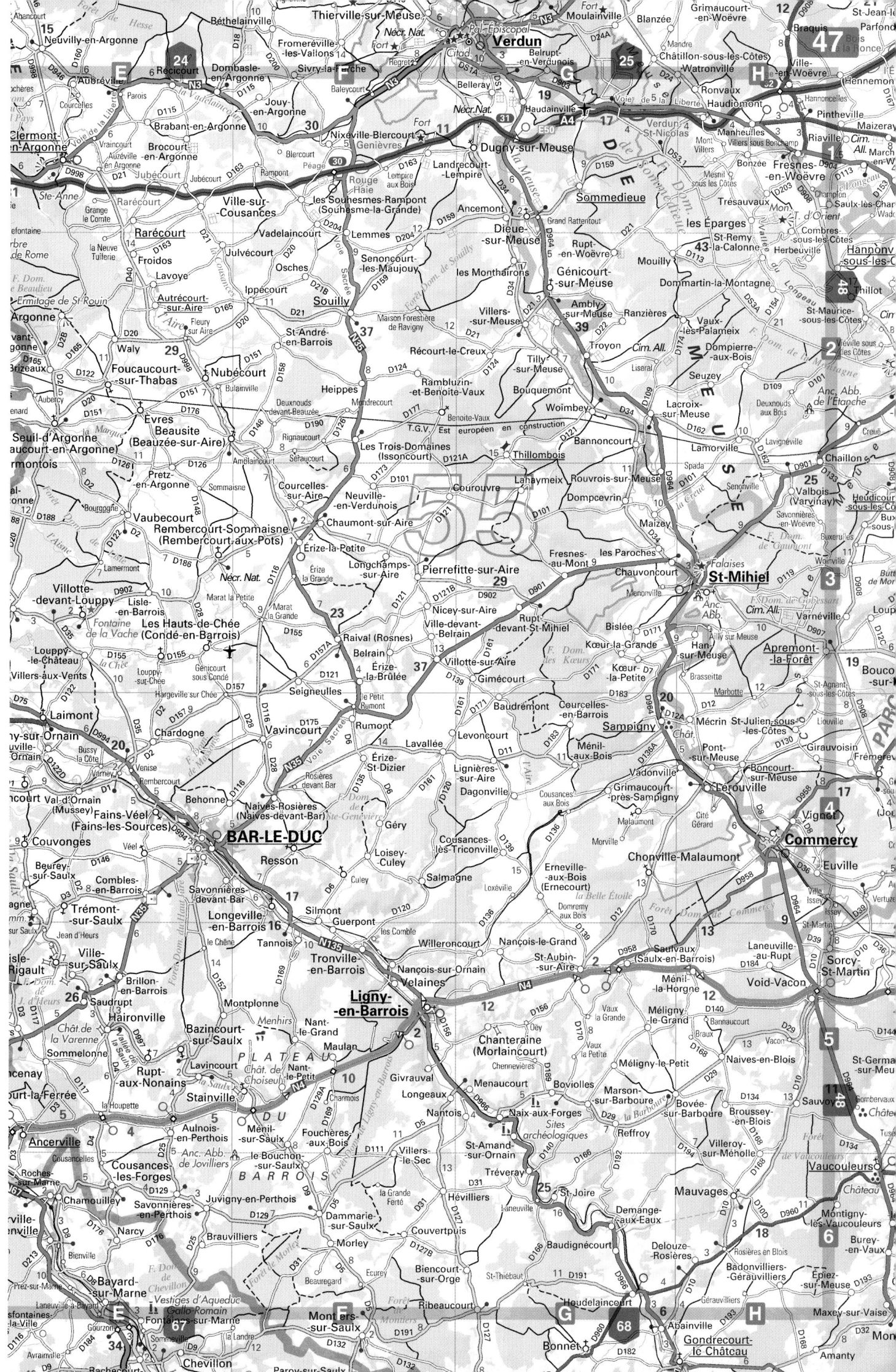

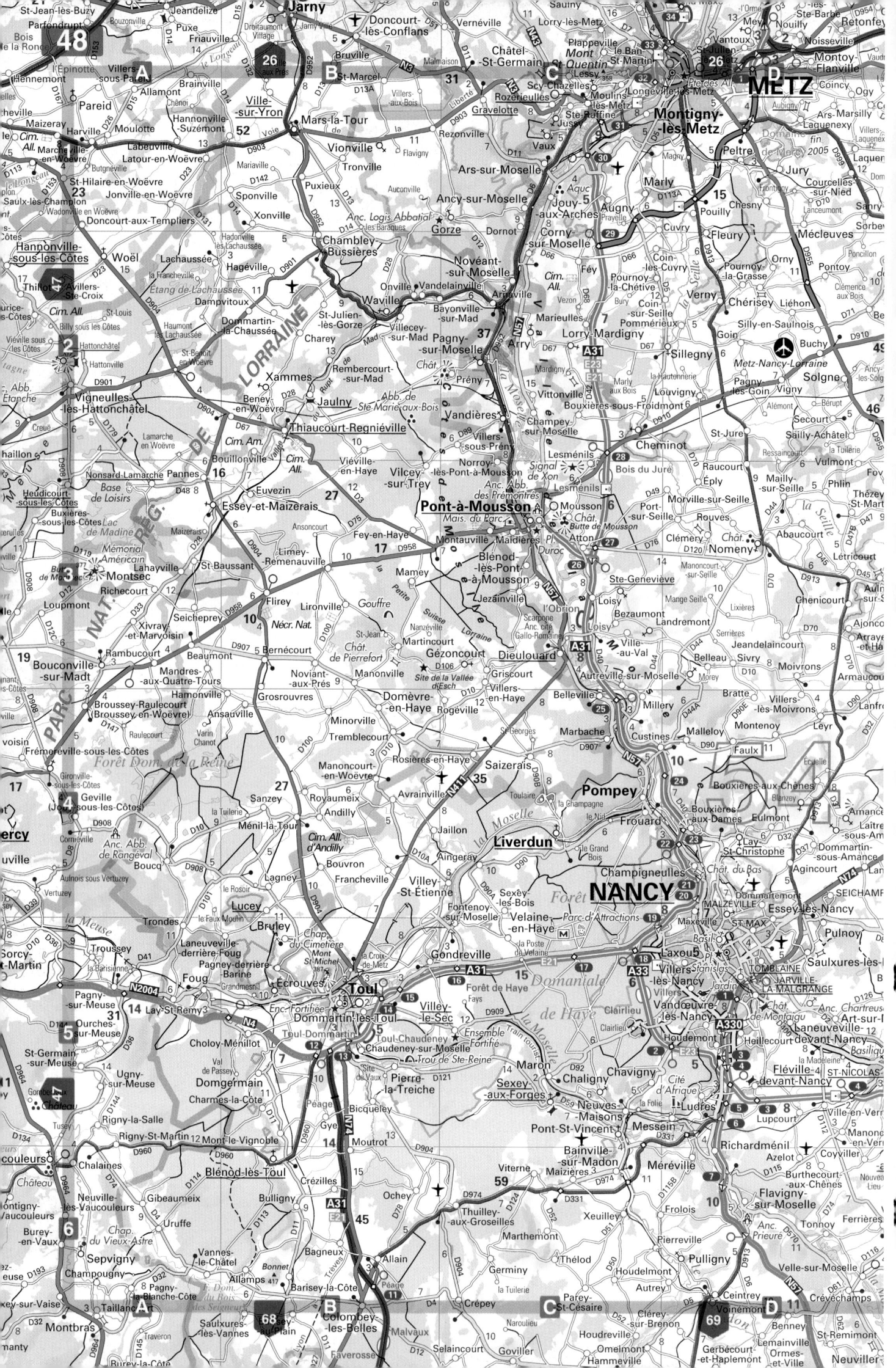

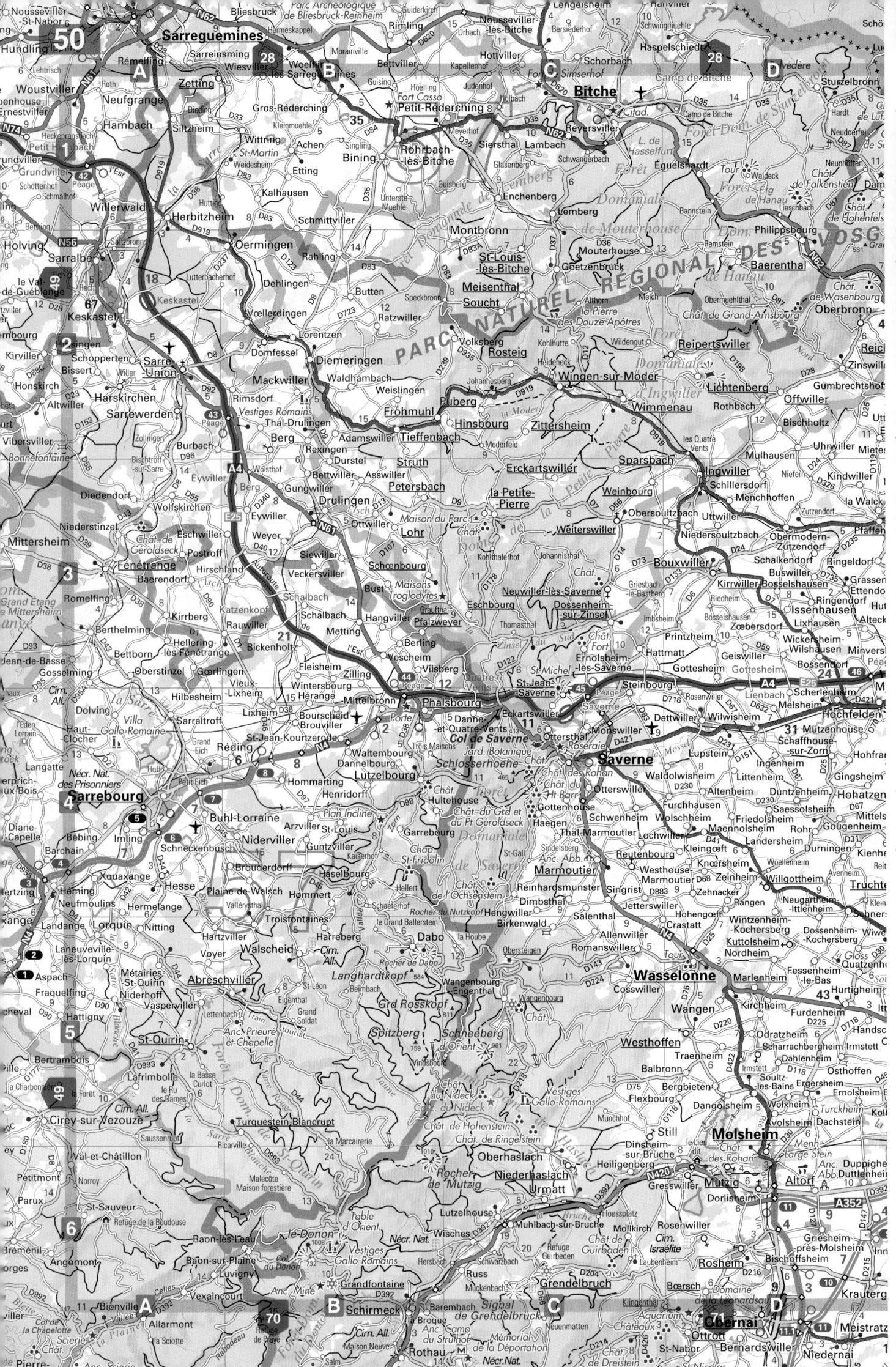

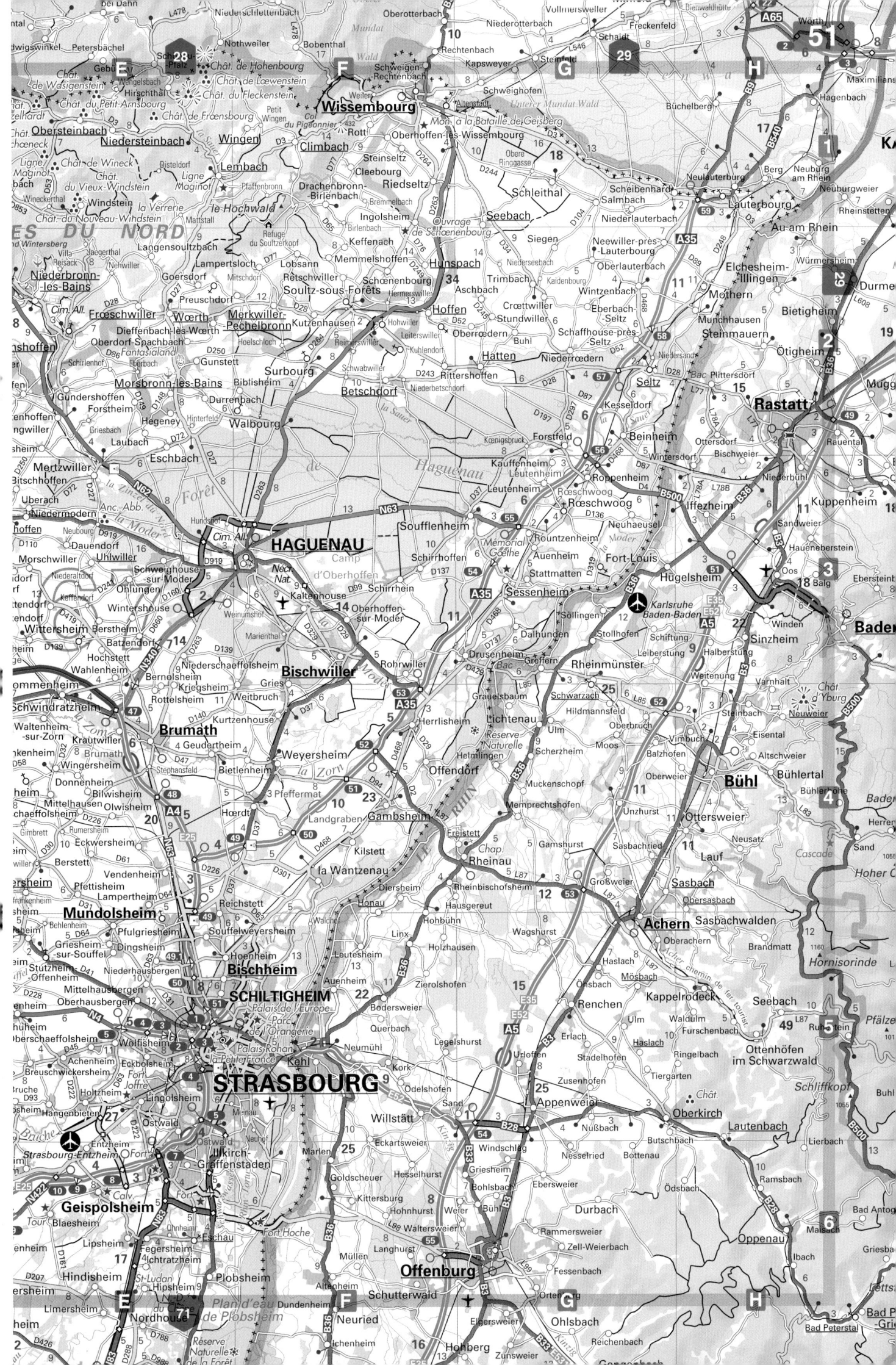

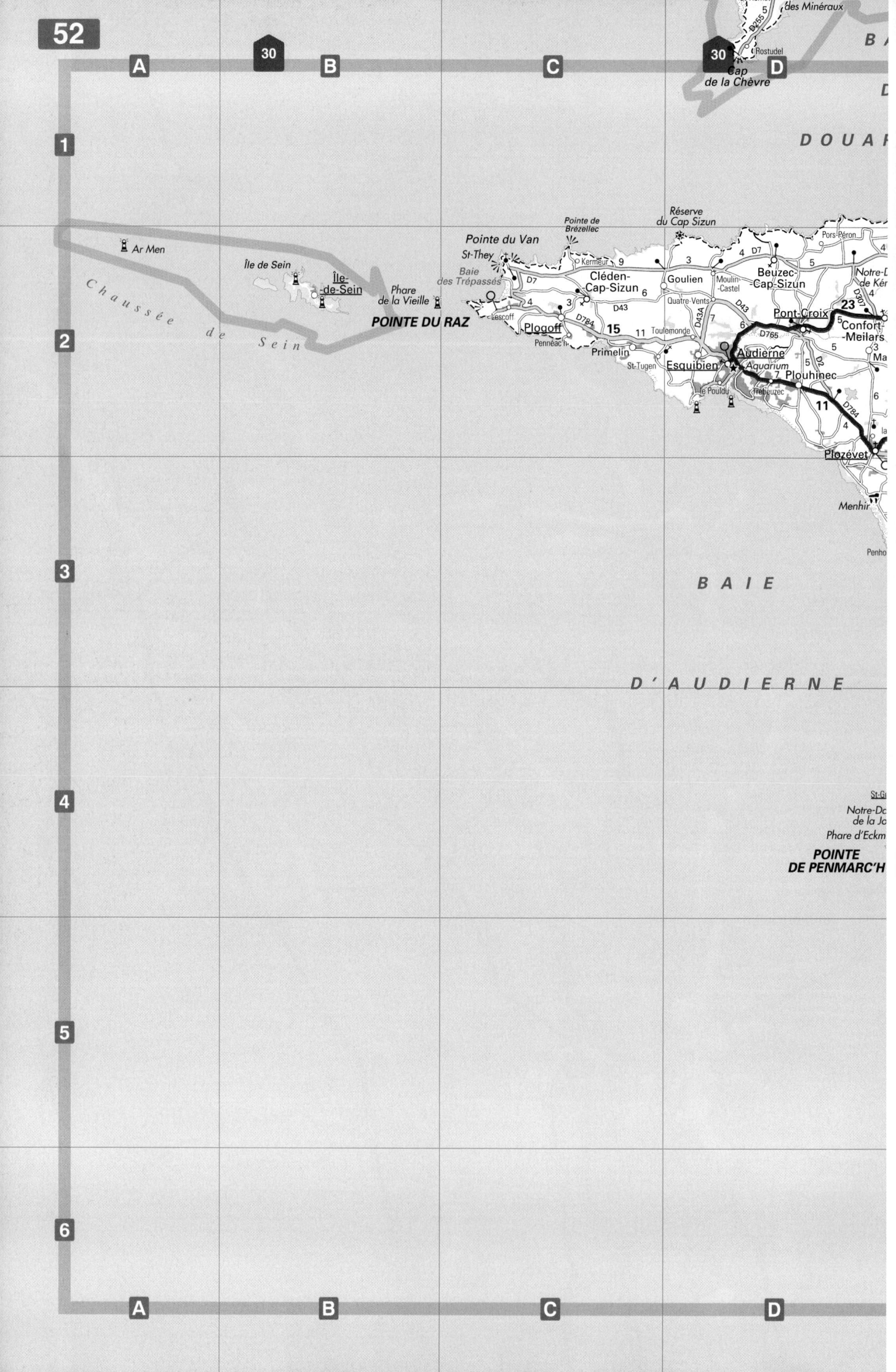

Ar Men

Chaussée de Sein

Île de Sein

Île-de-Sein

Phare de la Vieille

POINTE DU RAZ

Pointe de Brézellec

Réserve du Cap Sizun

Pointe du Van

St-They

Baie des Trépassés

Kermeur

Cléden-Cap-Sizun

Goulien

Moulin-Castel

Beuzec-Cap-Sizun

Pors-Péron

Notre-D de Kér

D7

Quatre-Vents

D43

D43A

D43

Pont-Croix

23

Confort-Meilars

D907

Lescoff

Plogoff

D784

D43

Toulemonde

D765

D2

Ma

Pennéac'h

15

Primelin

St-Tugen

Esquibien

Audierne

Aquarium

Plouhinec

Trébeuzec

le Pouldu

11

D784

Plozévet

Menhir

Penho

BAIE

D'AUDIERNE

St-Gu

Notre-Da de la Jo

Phare d'Eckm

POINTE DE PENMARC'H

des Minéraux

D255

Rostudel

Cap de la Chèvre

DOUAR

BA

DOUARNENEZ

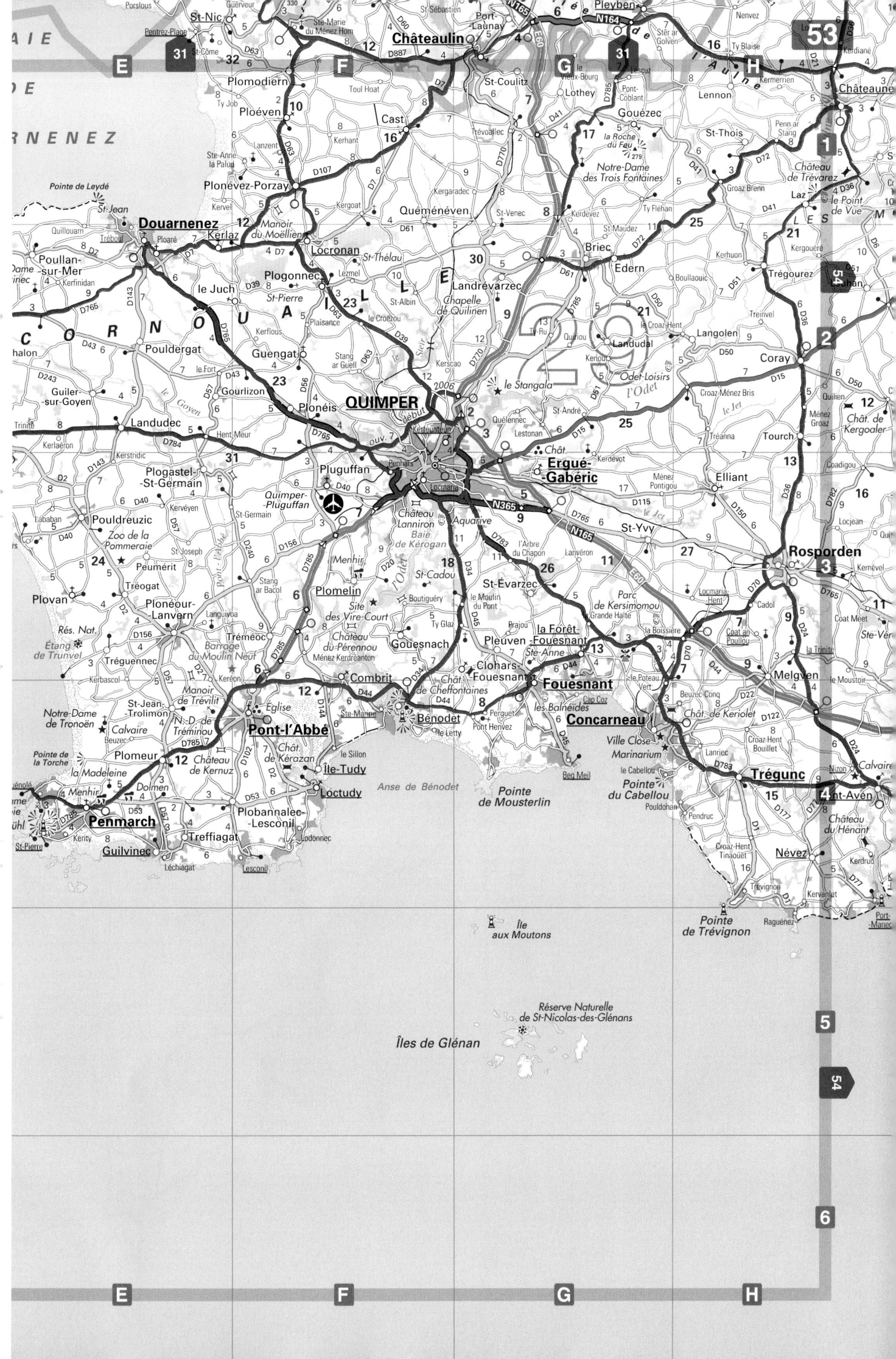

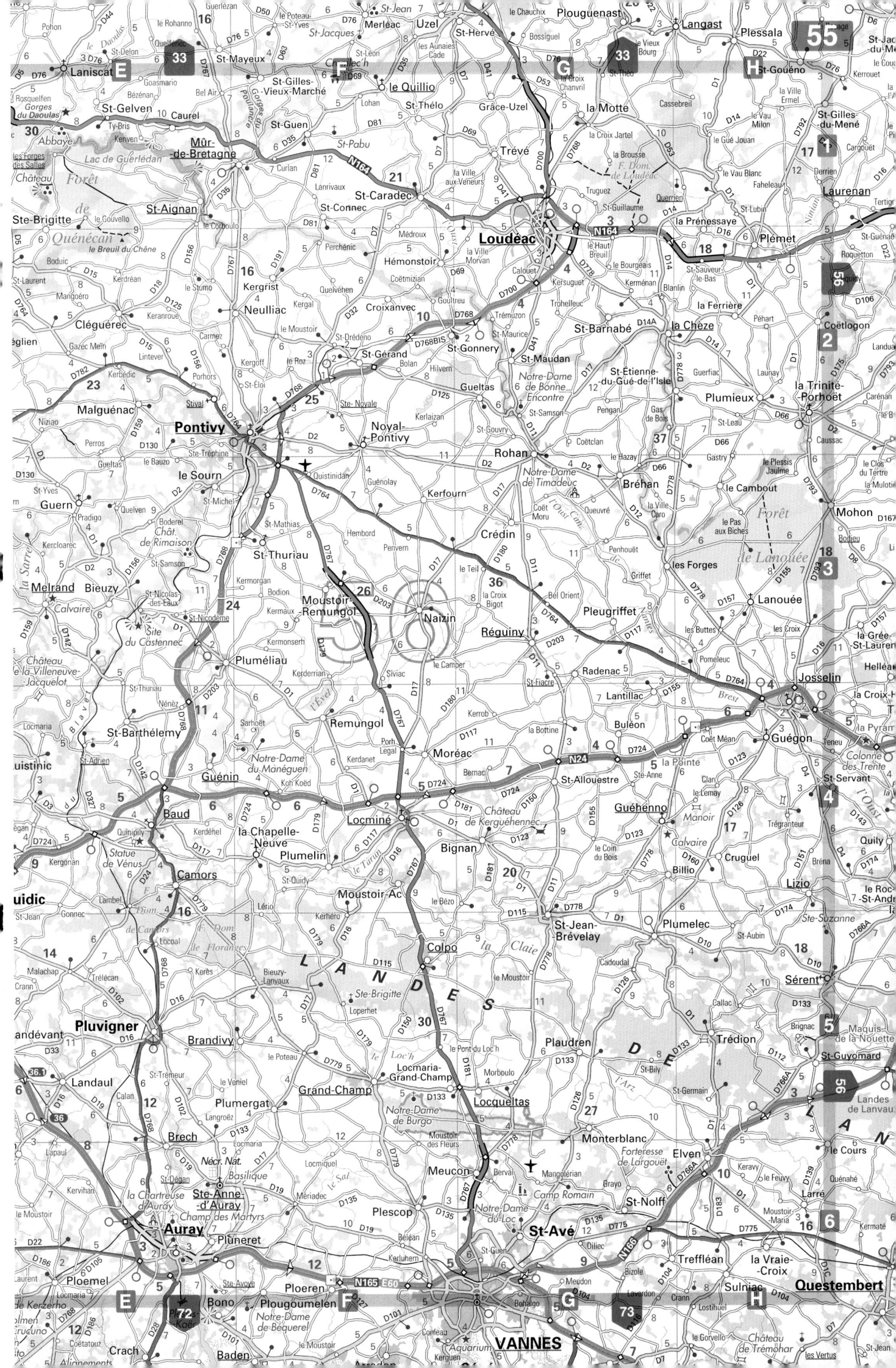

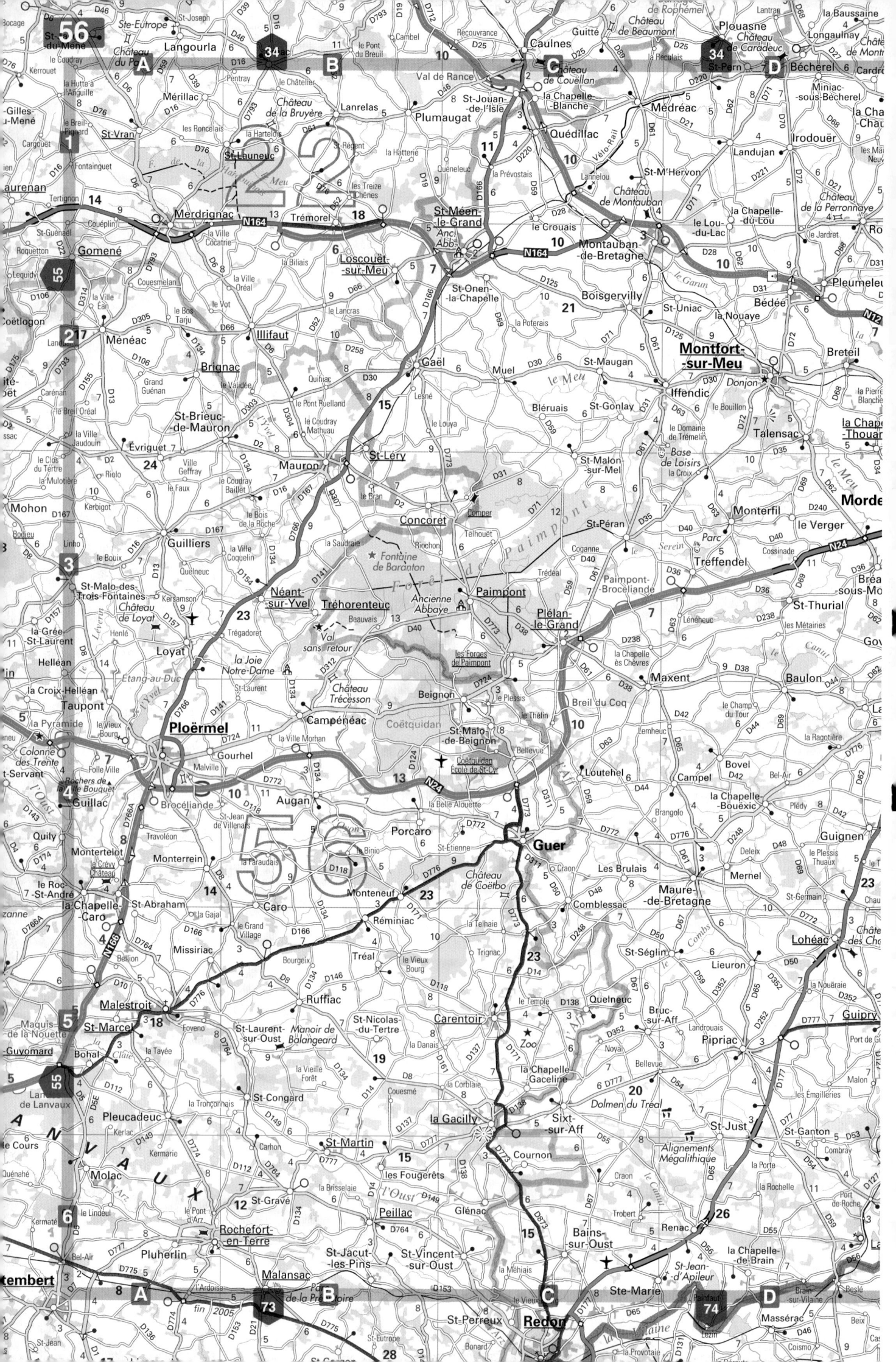

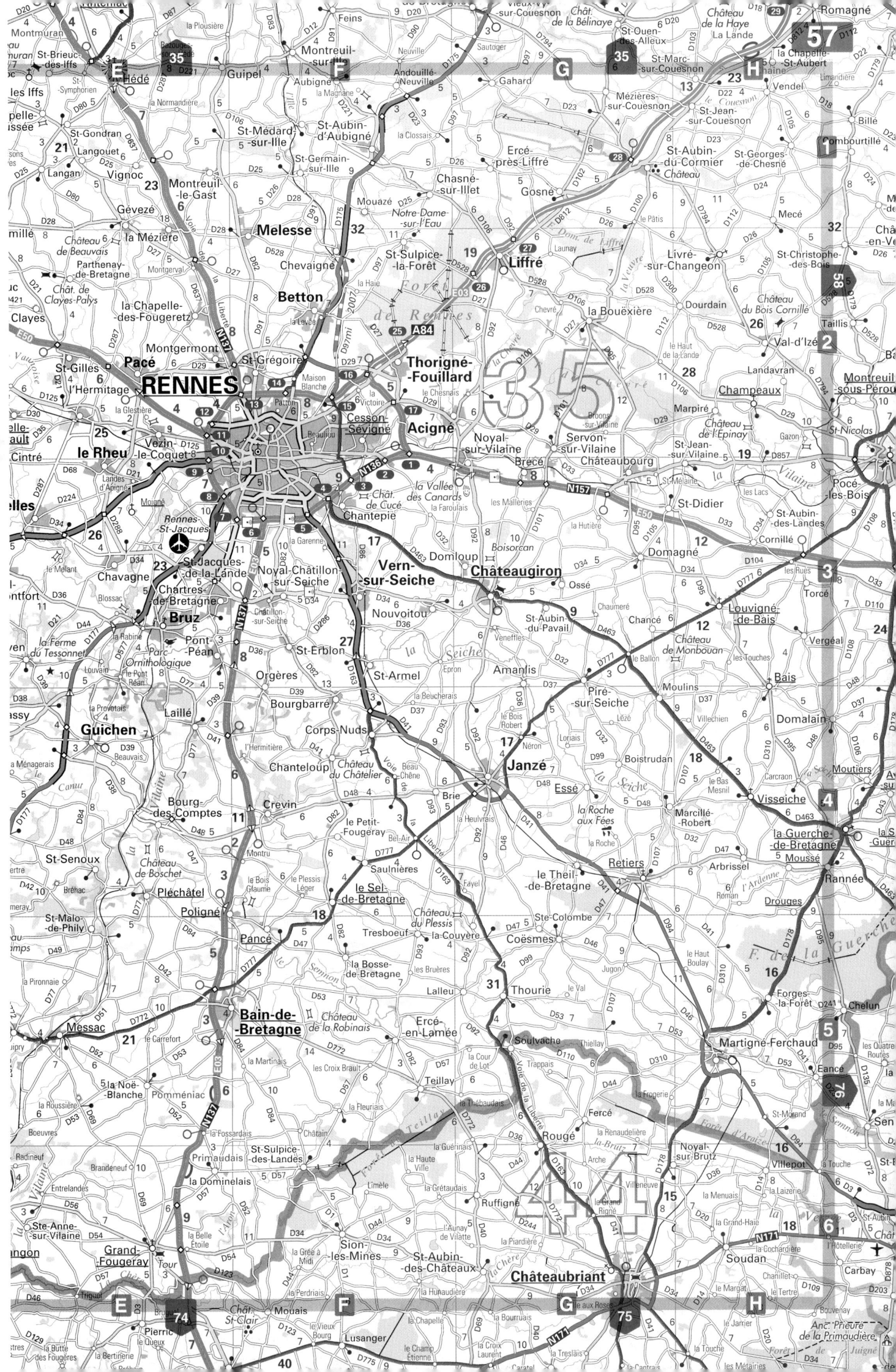

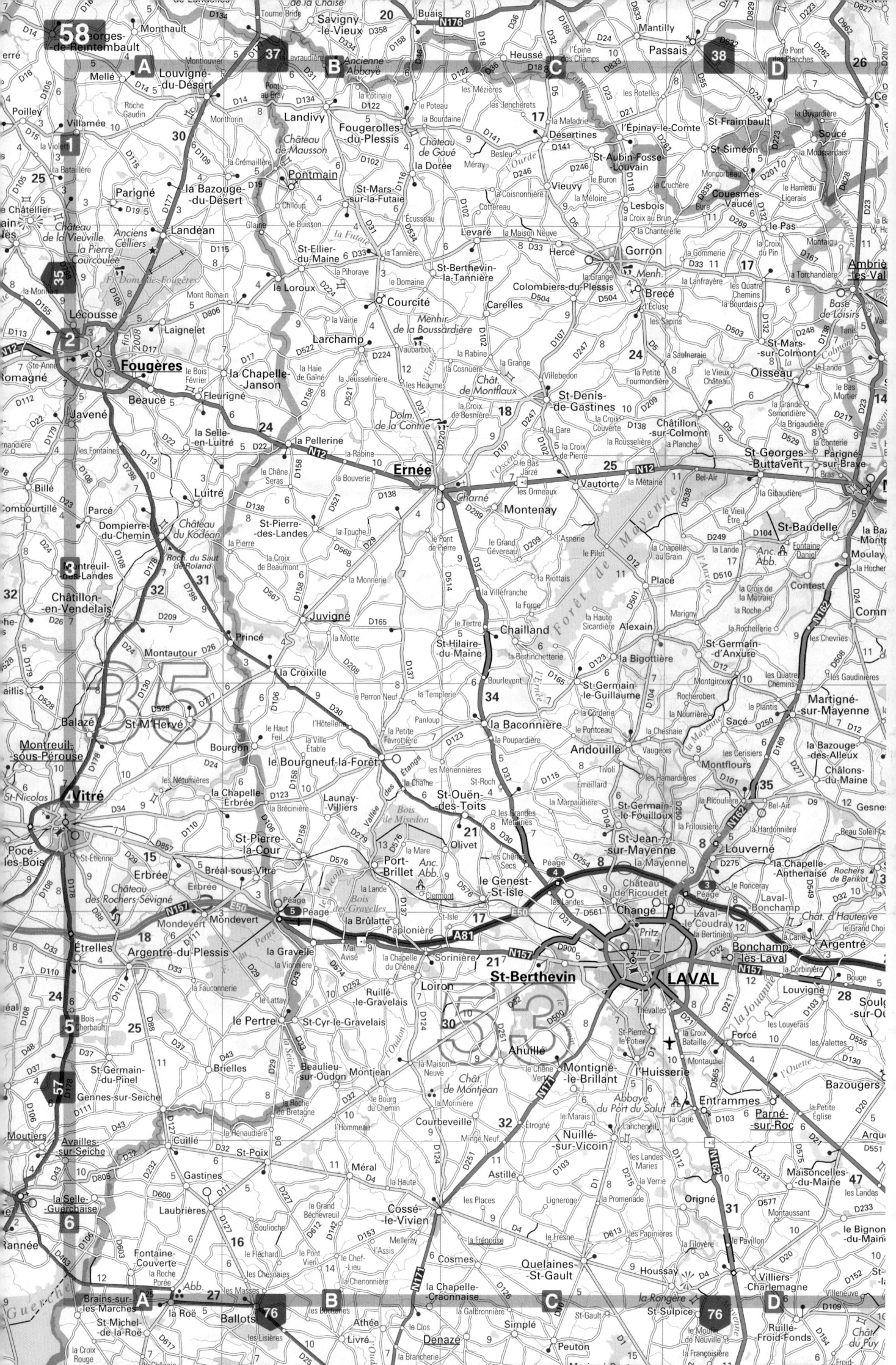

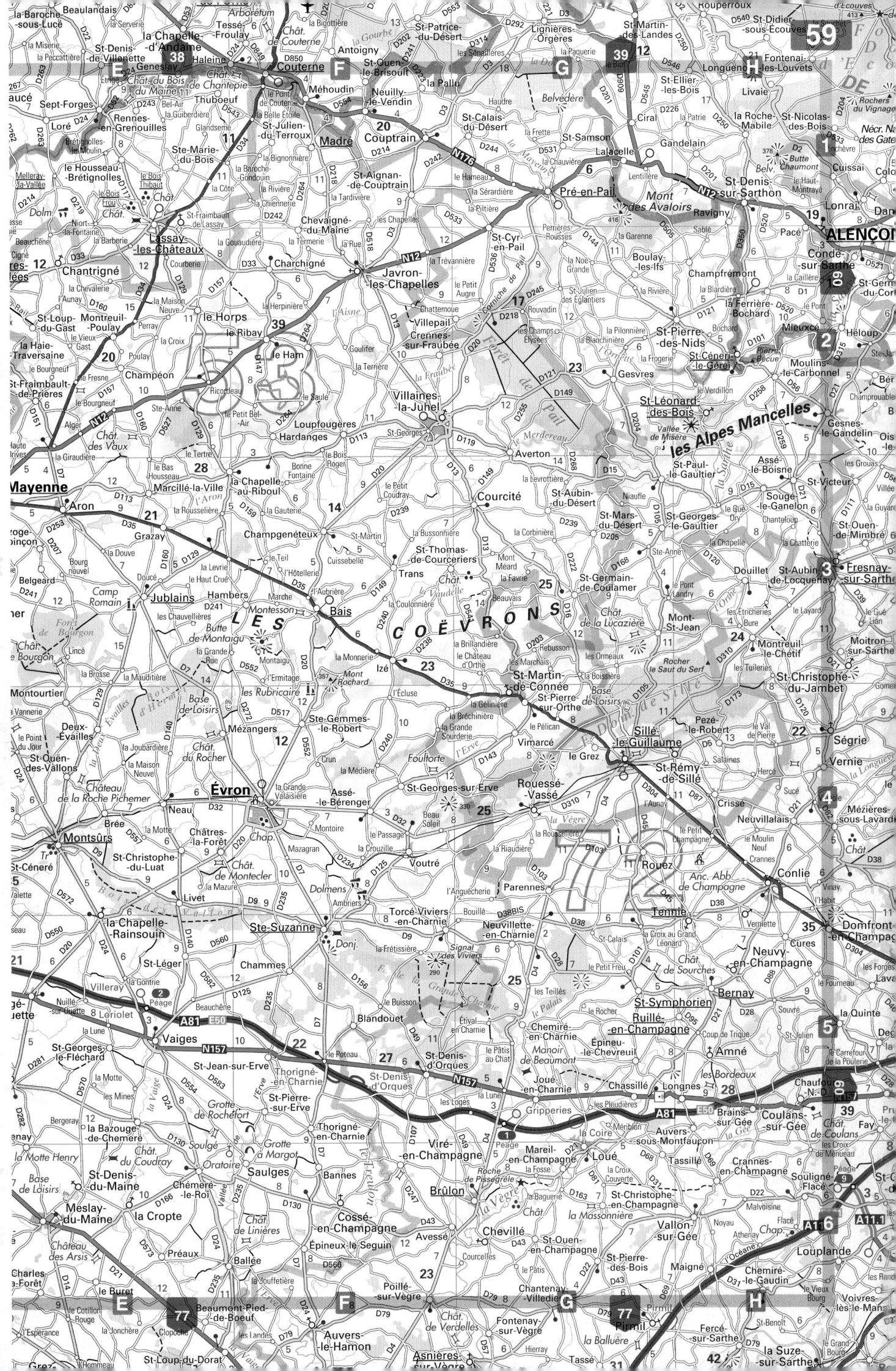

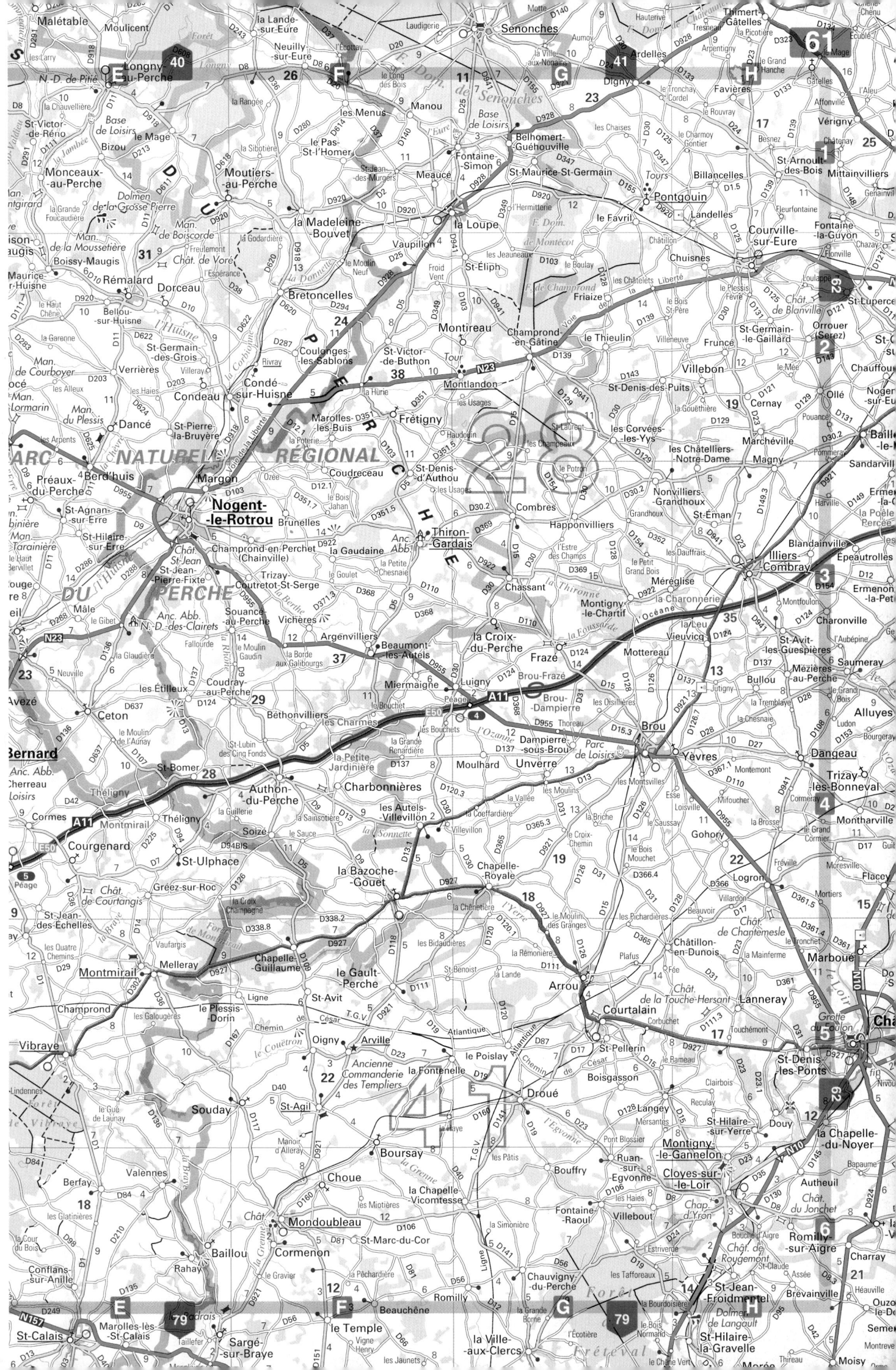

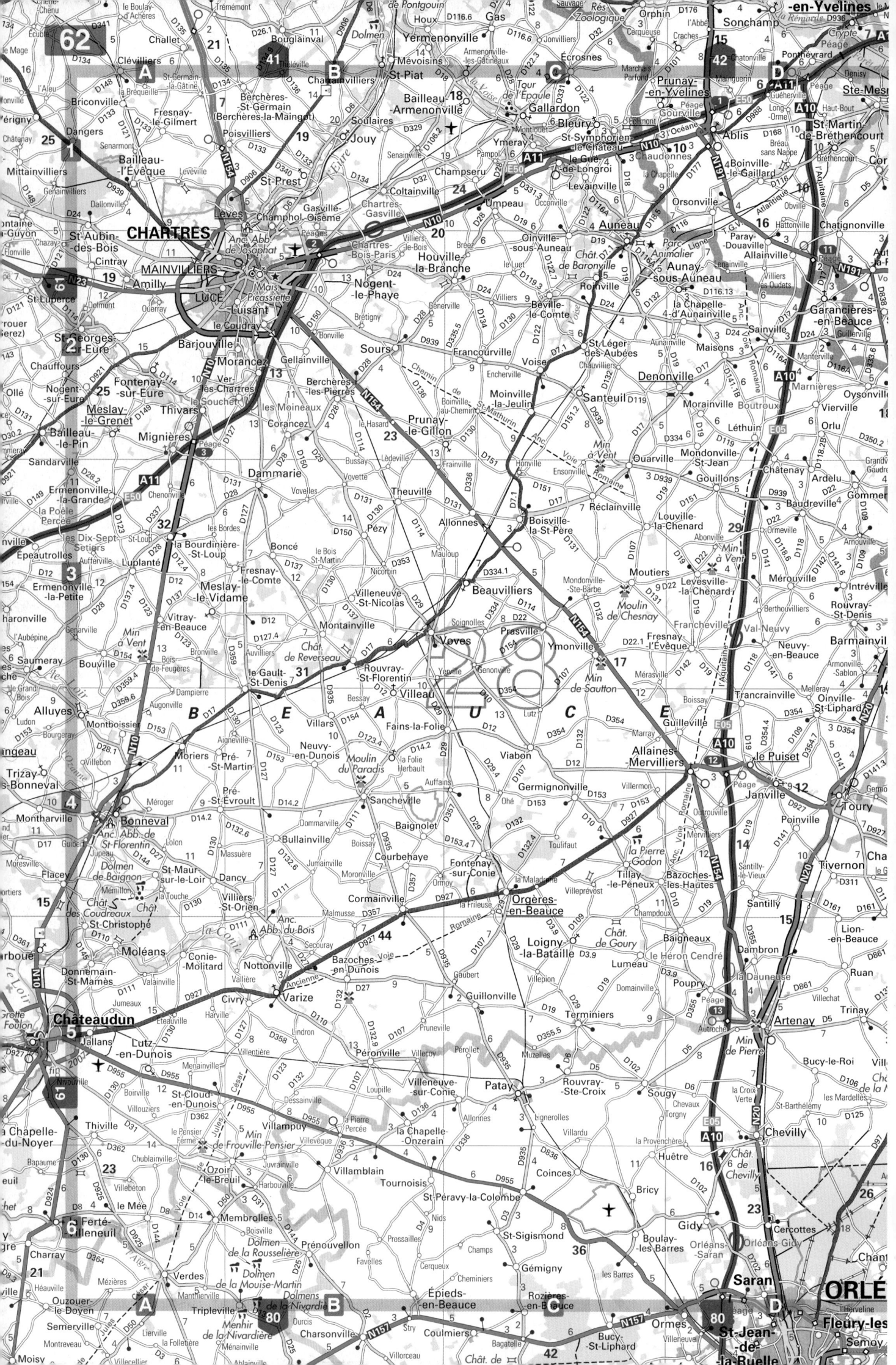

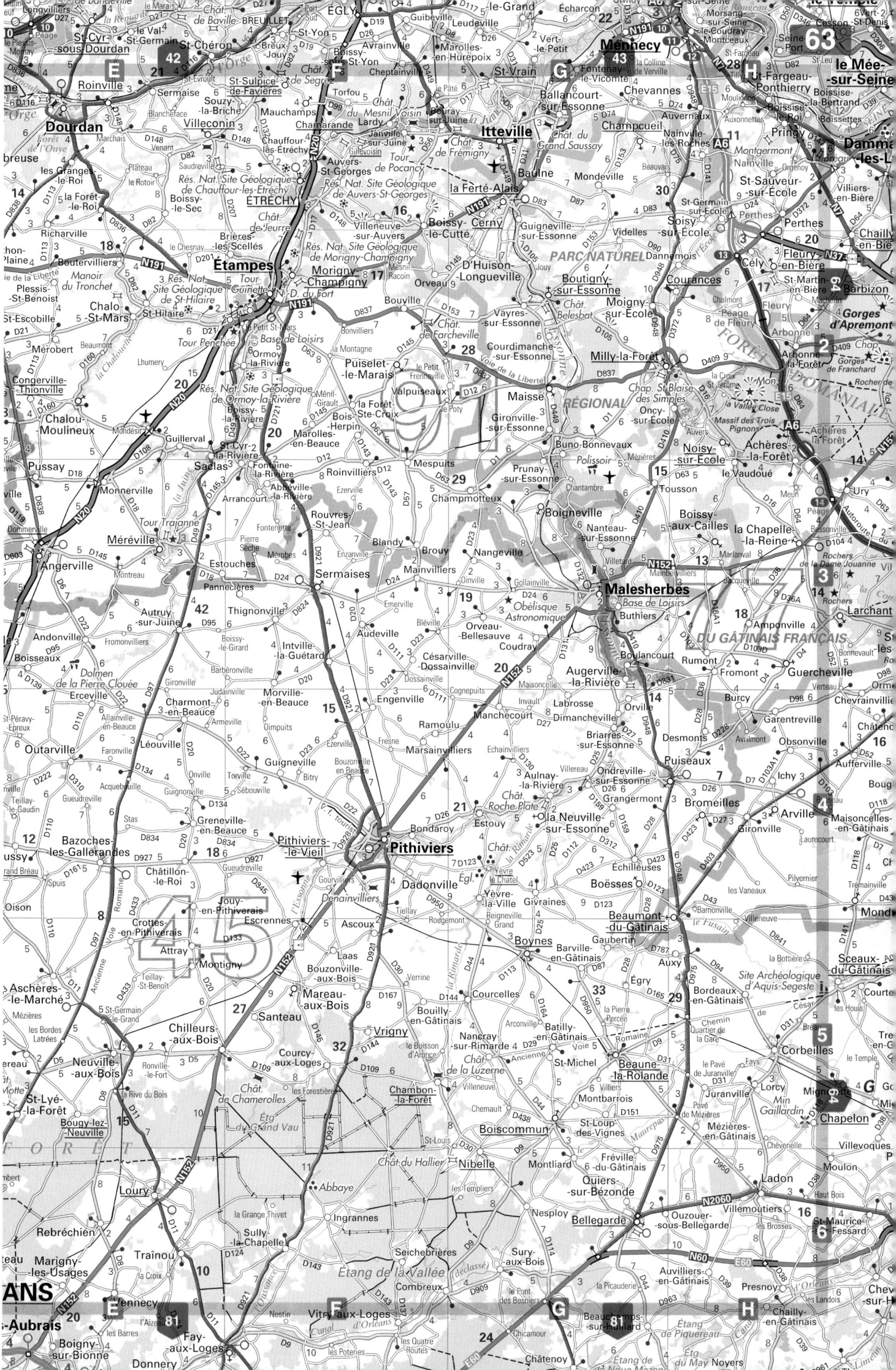

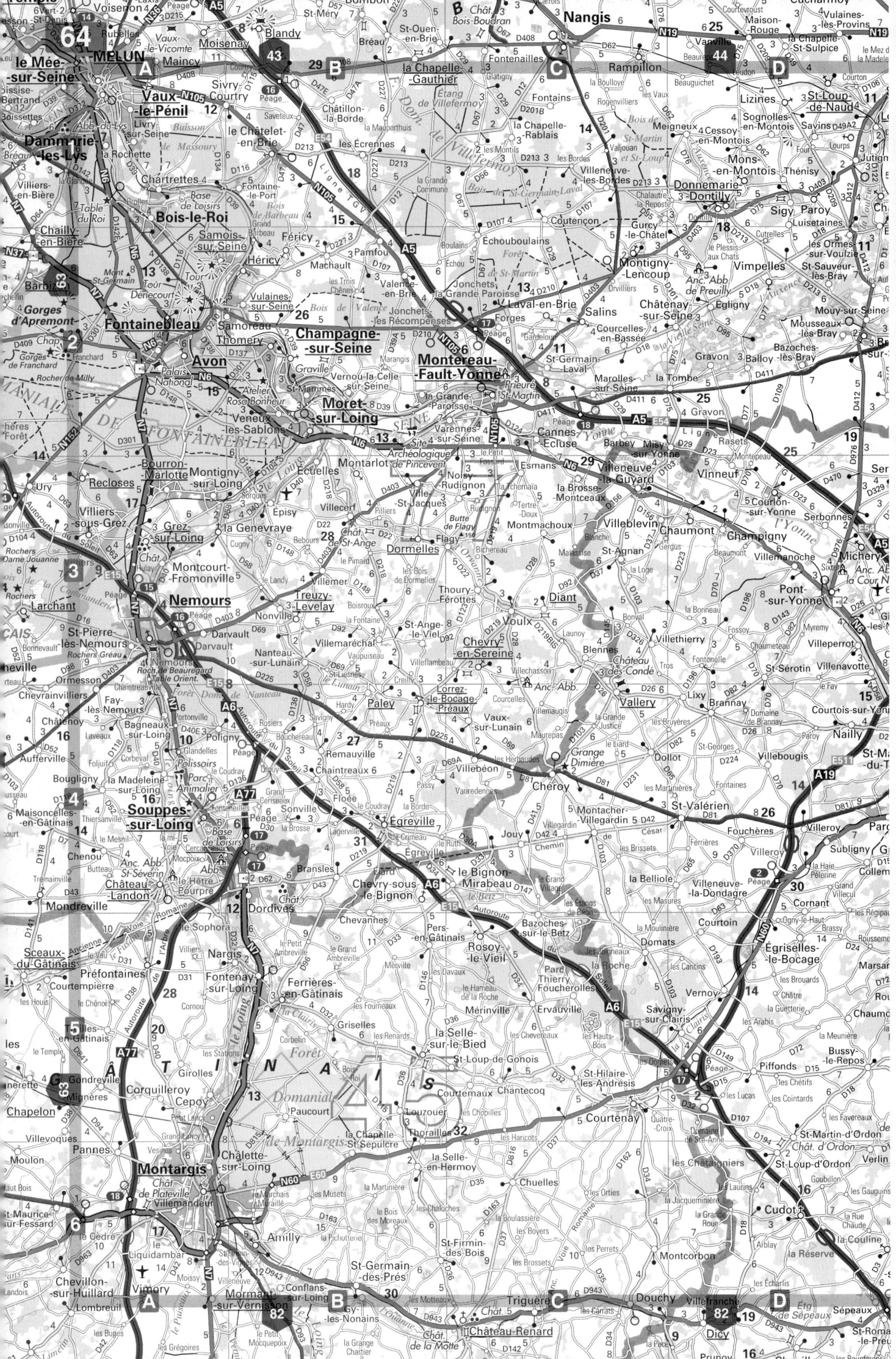

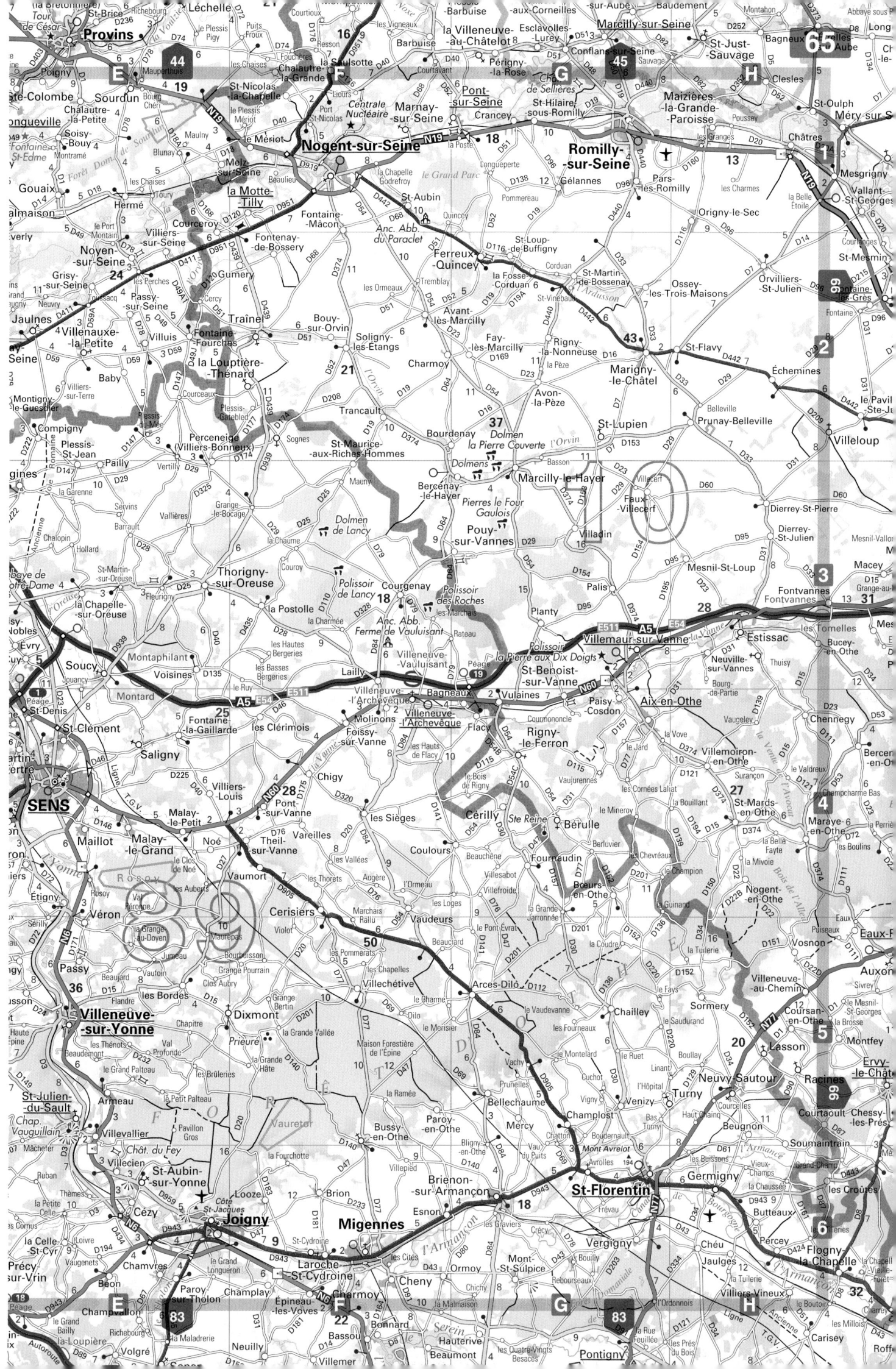

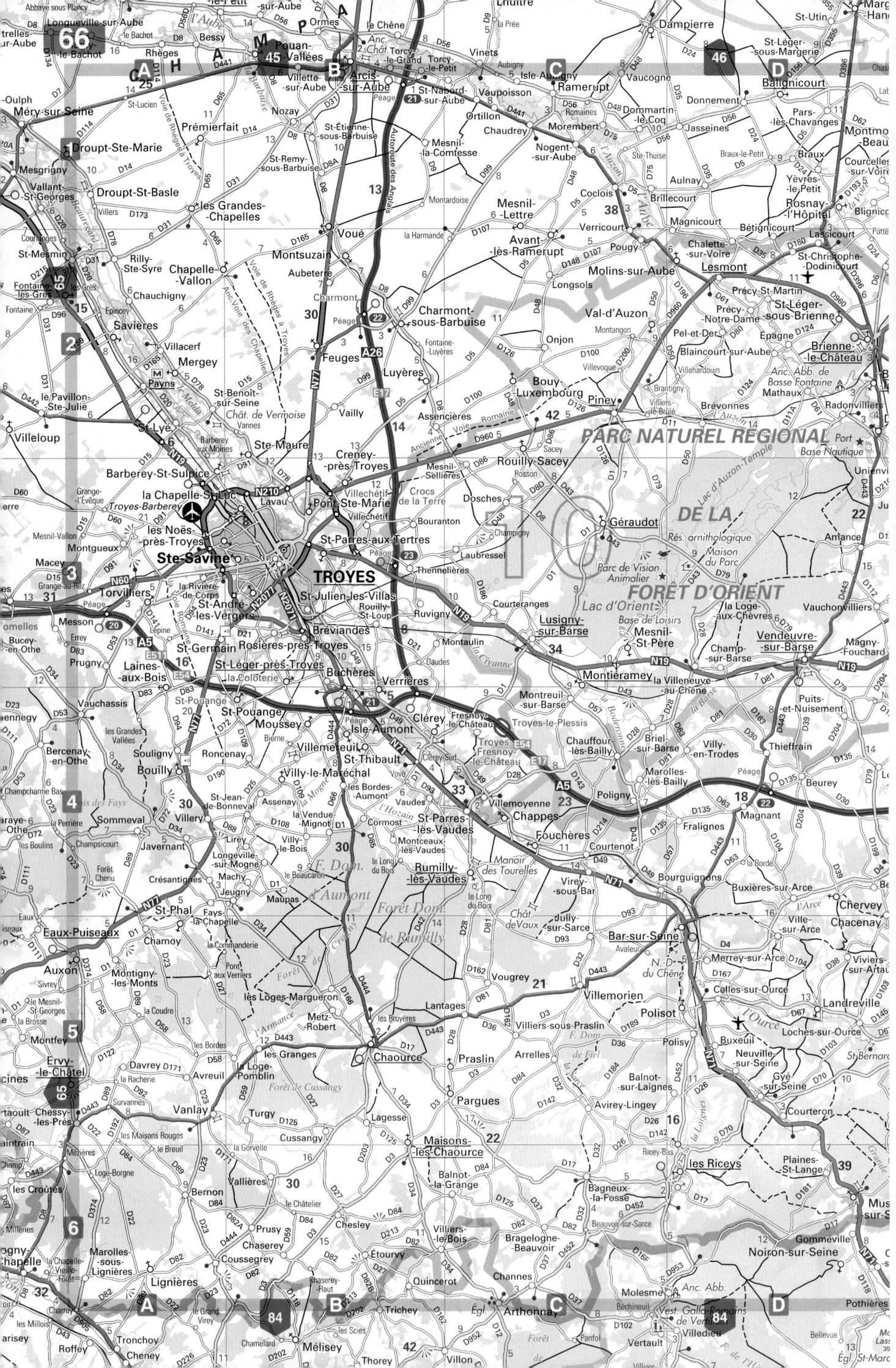

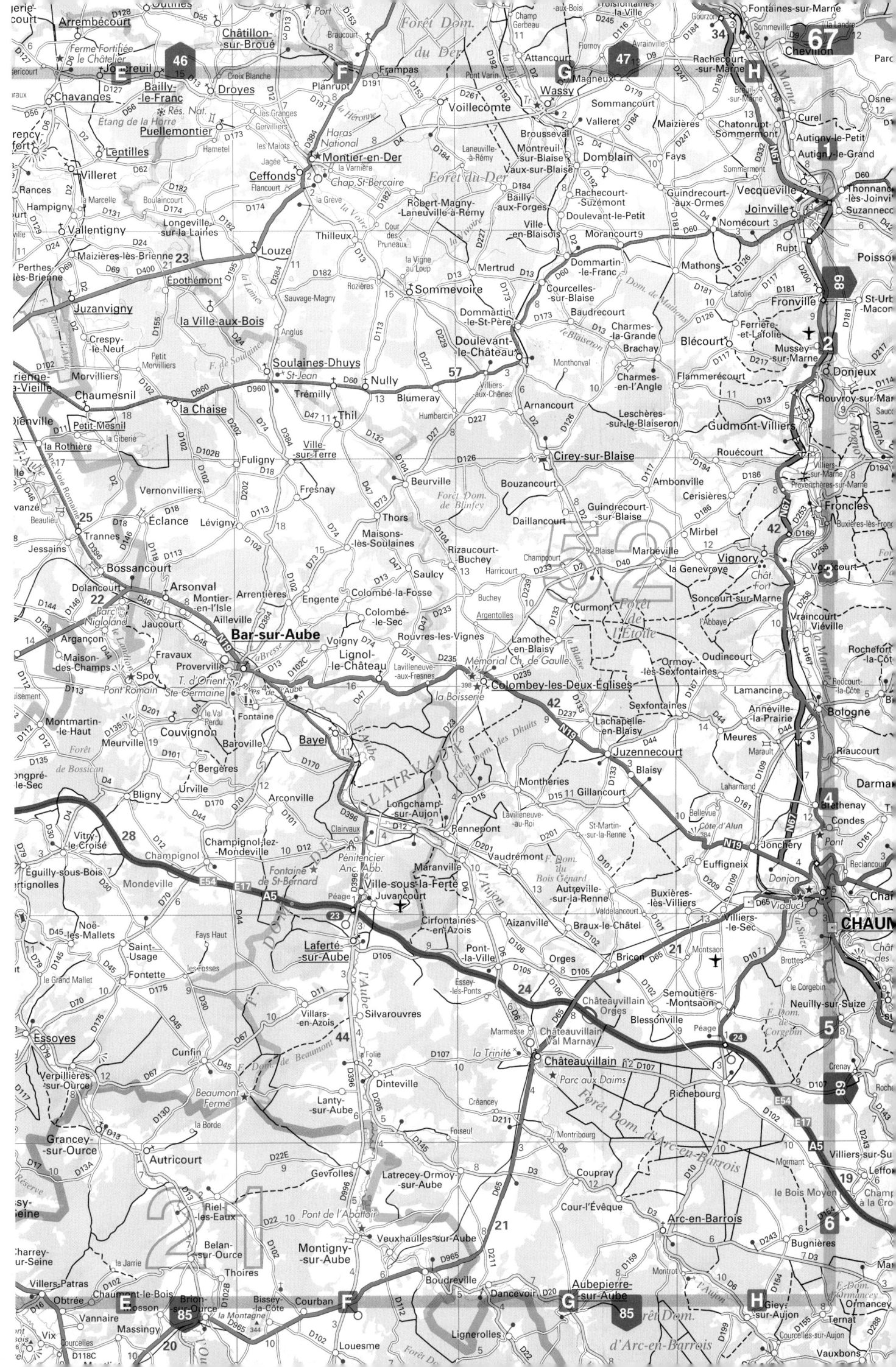

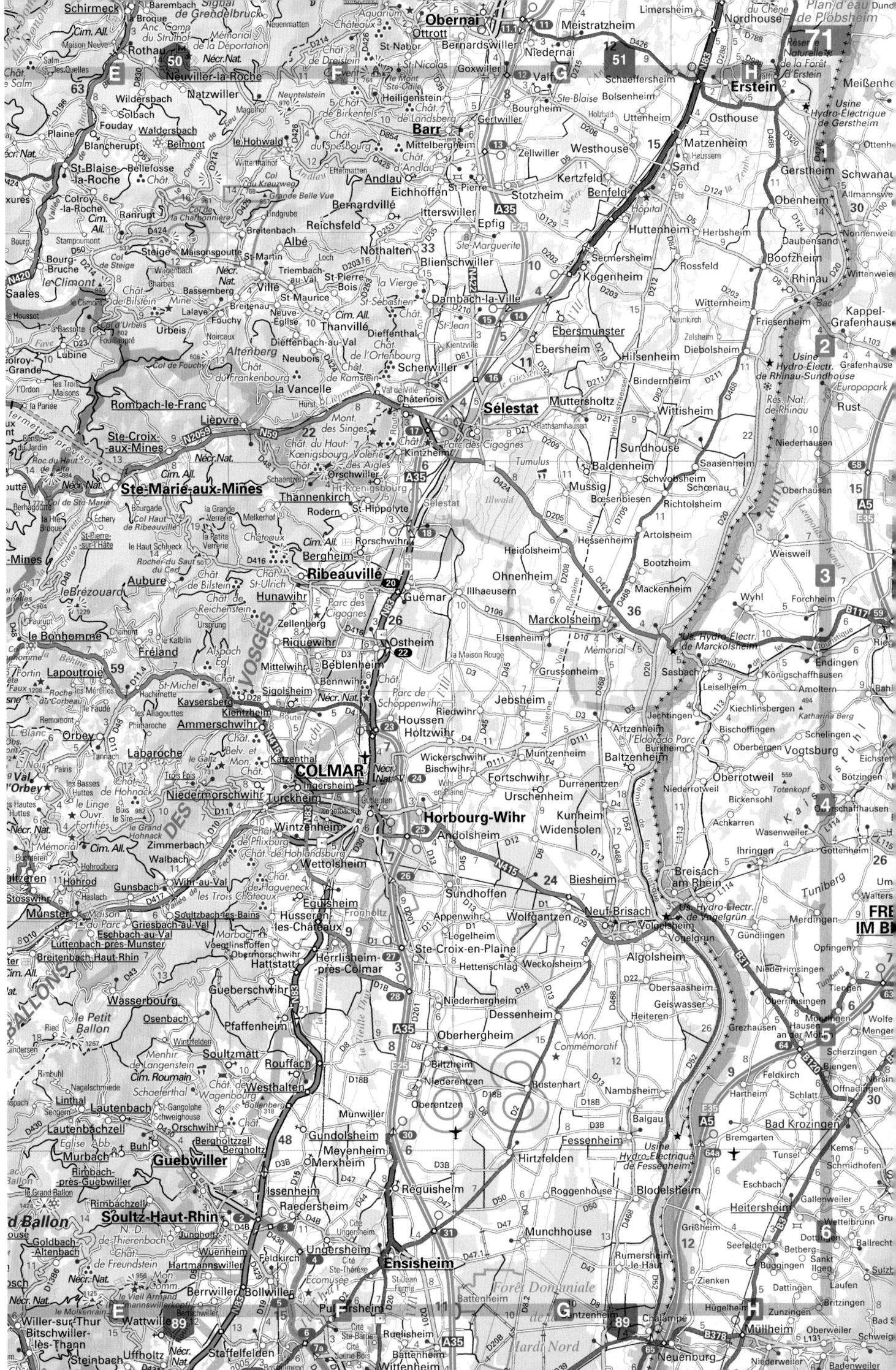

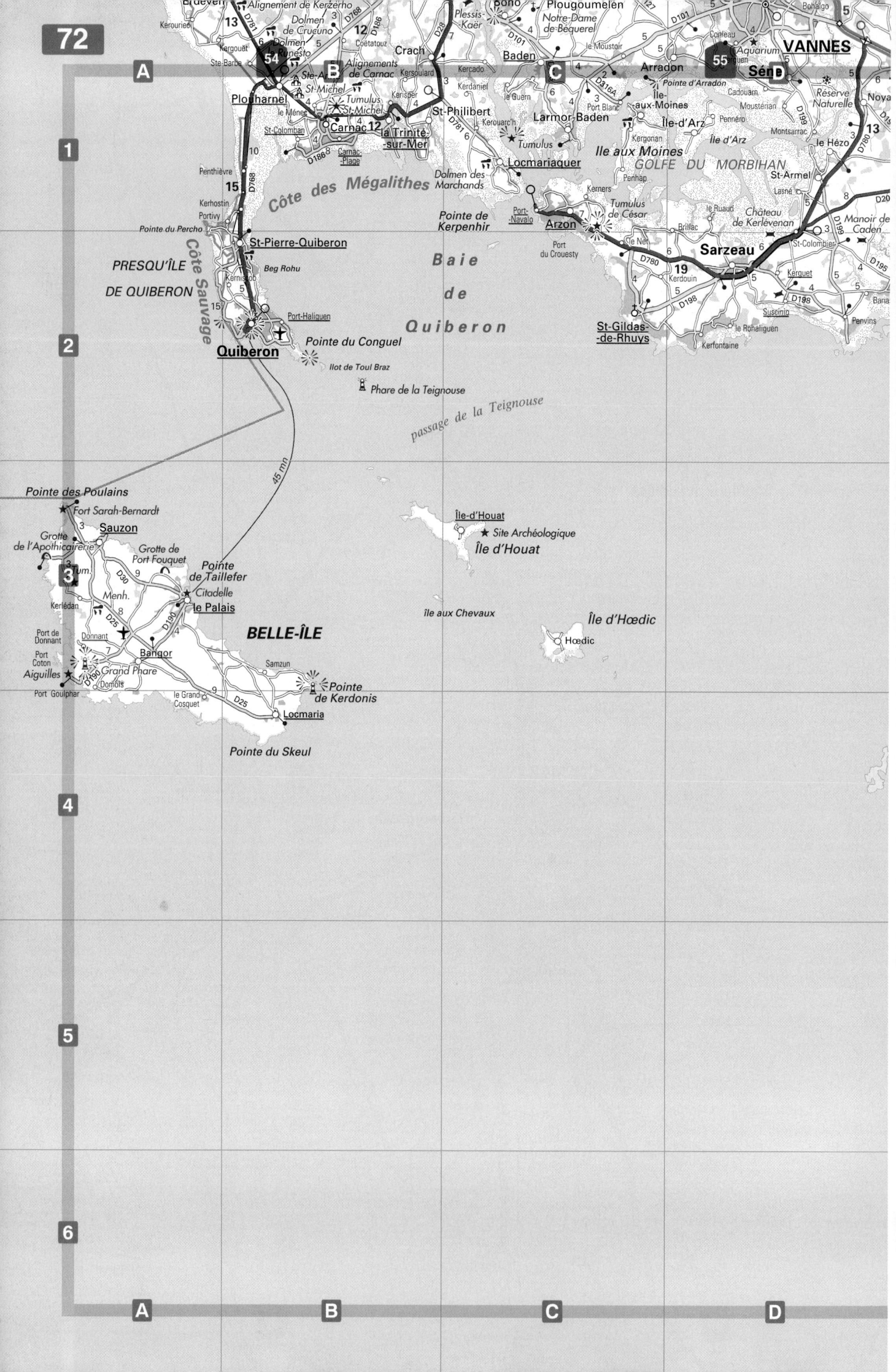

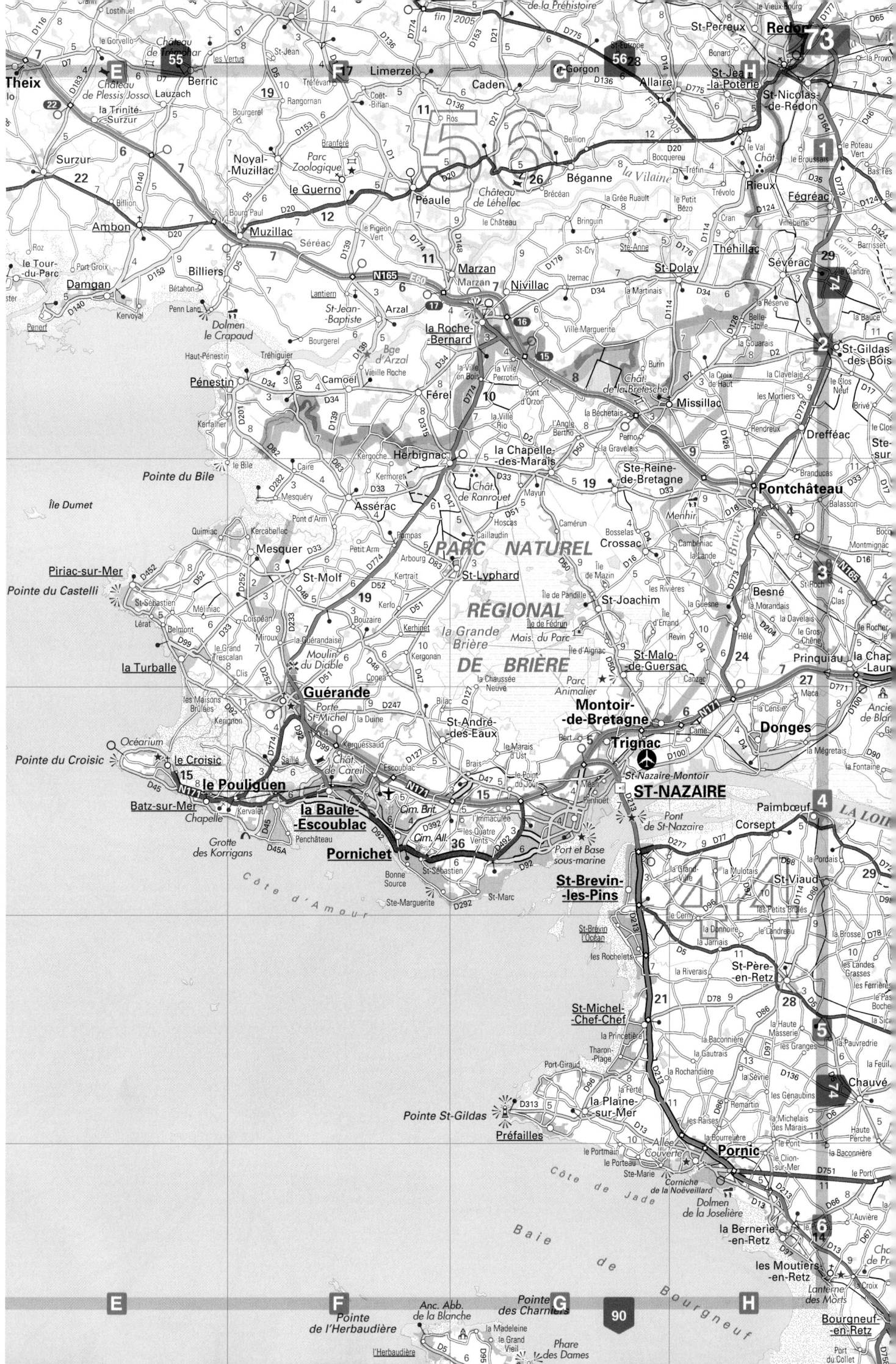

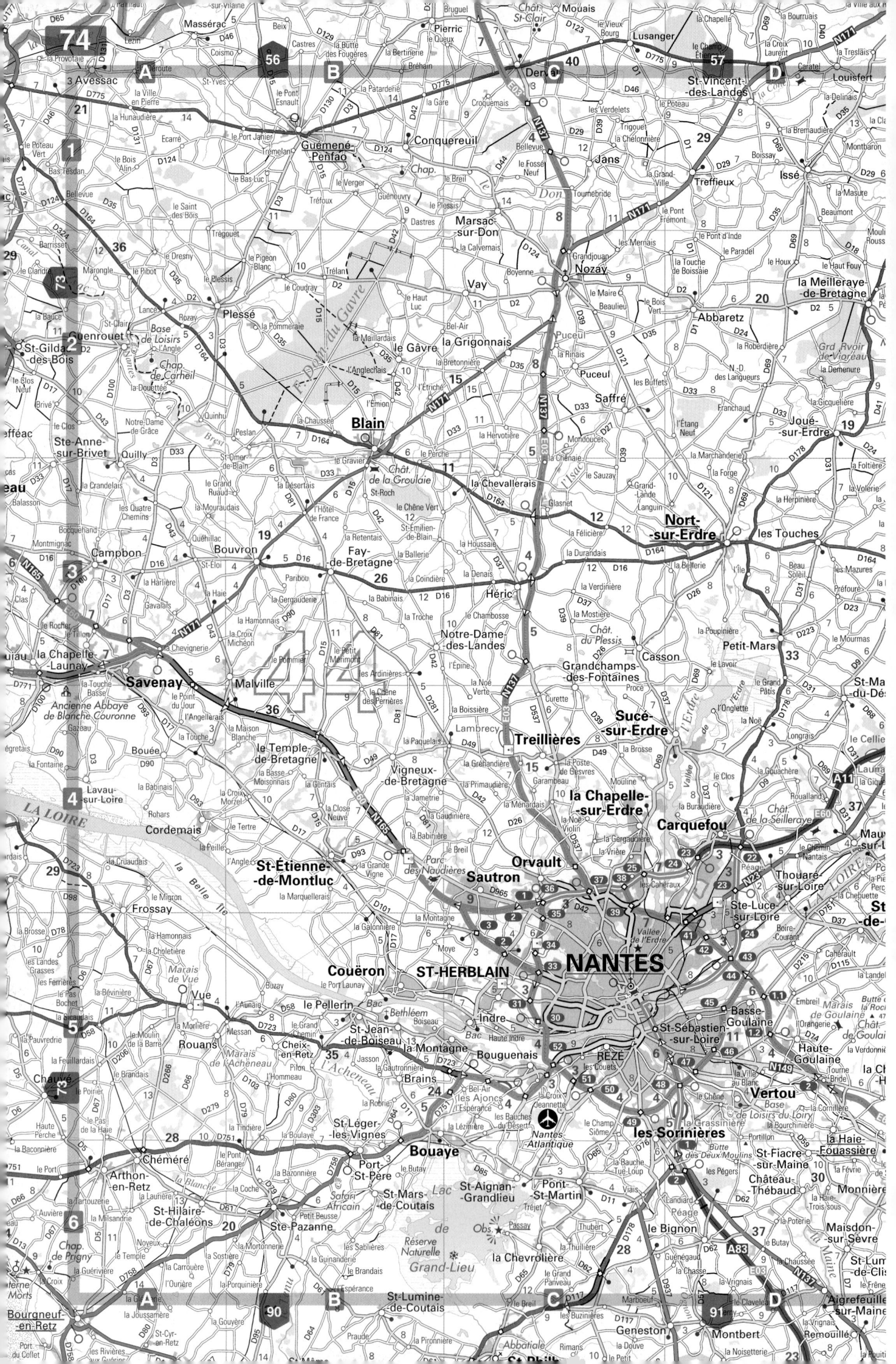

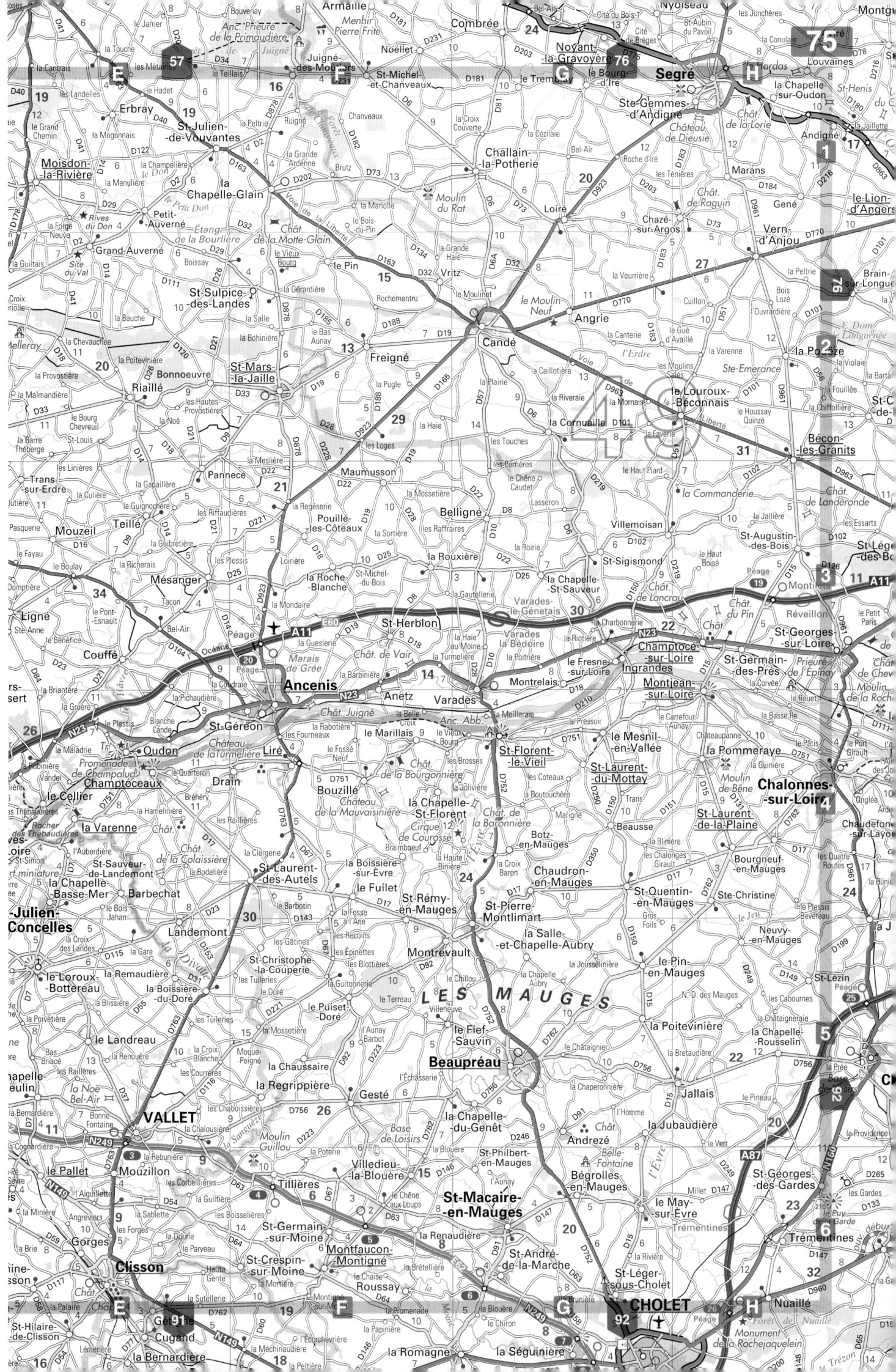

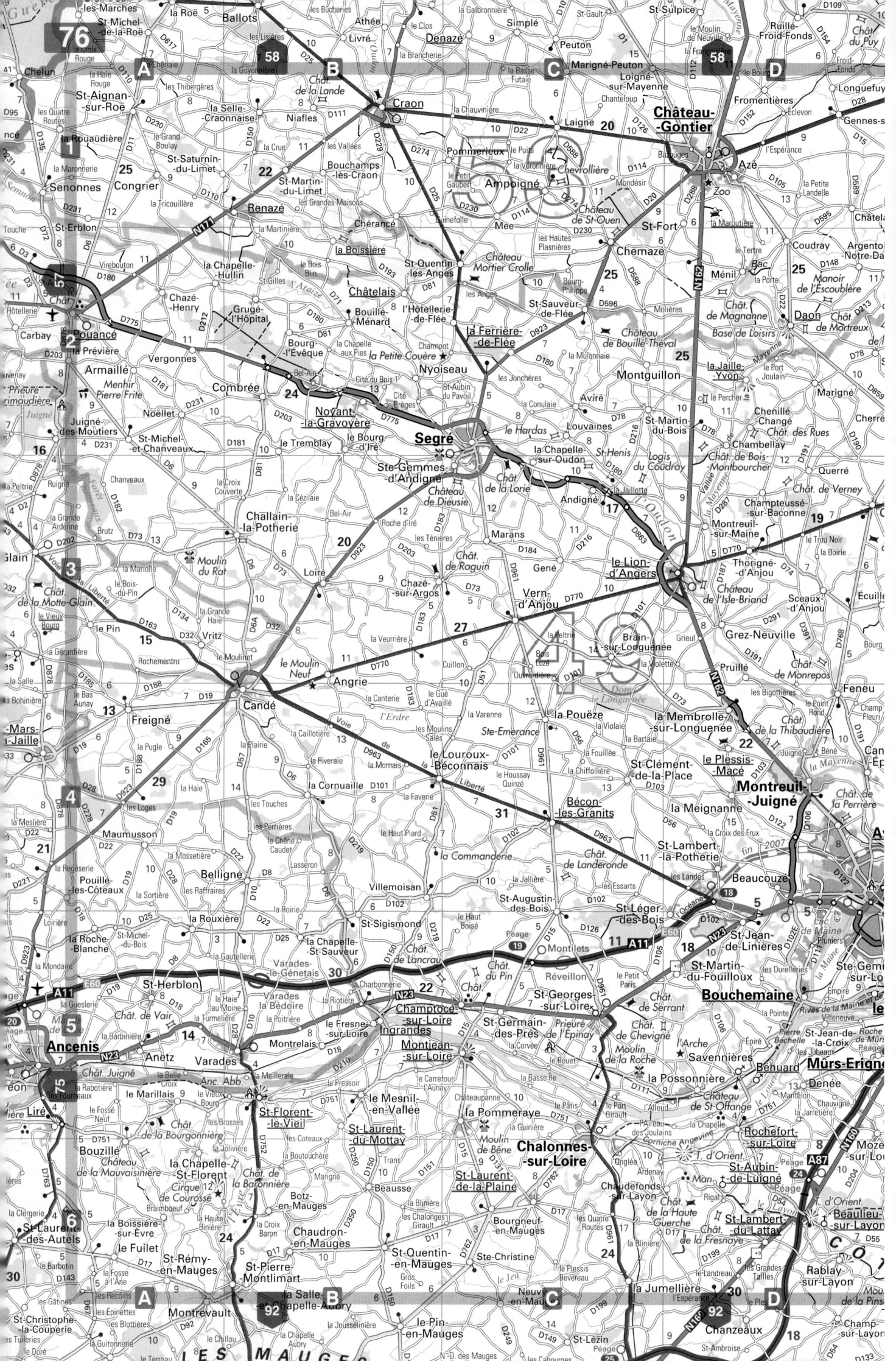

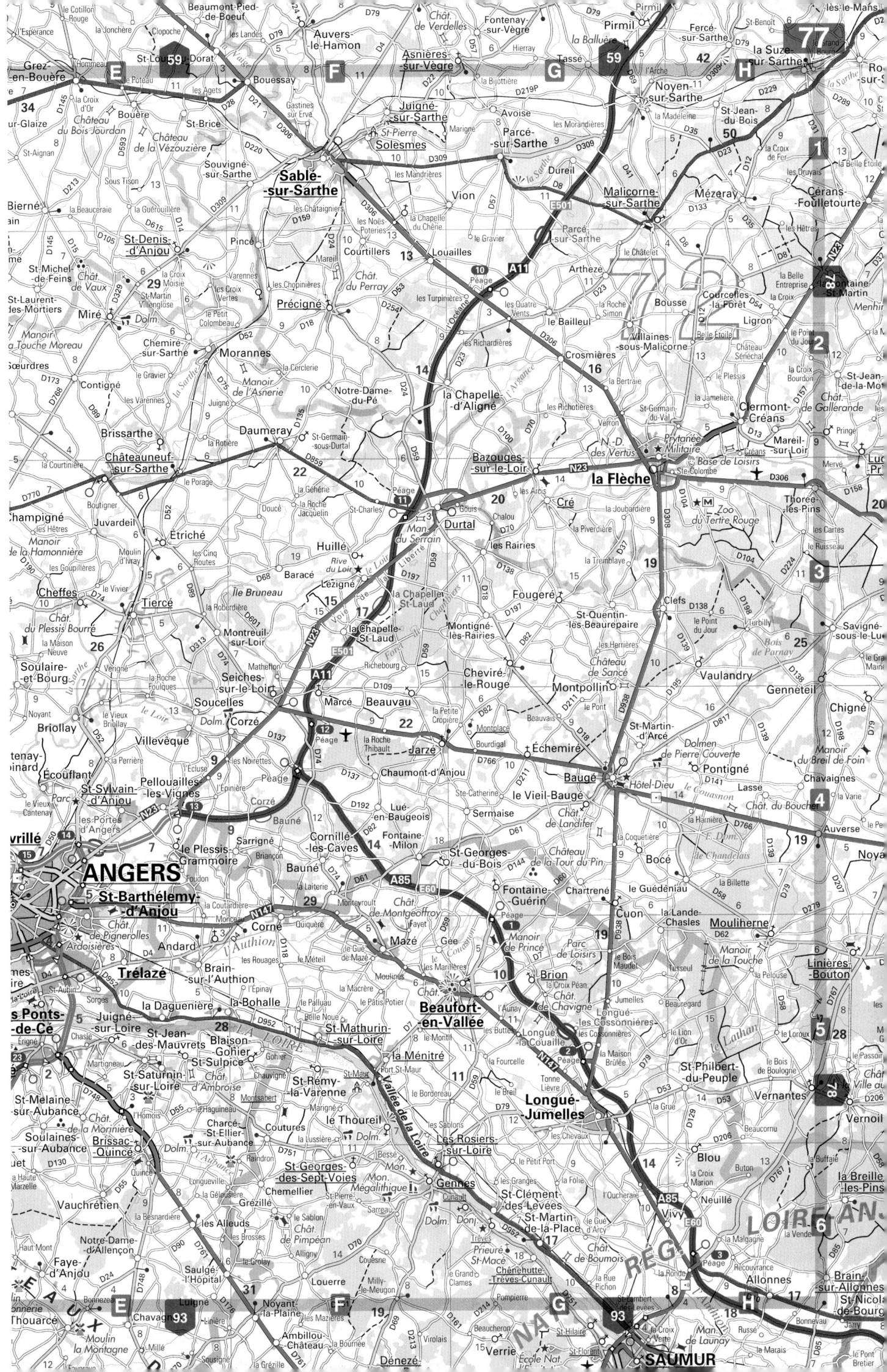

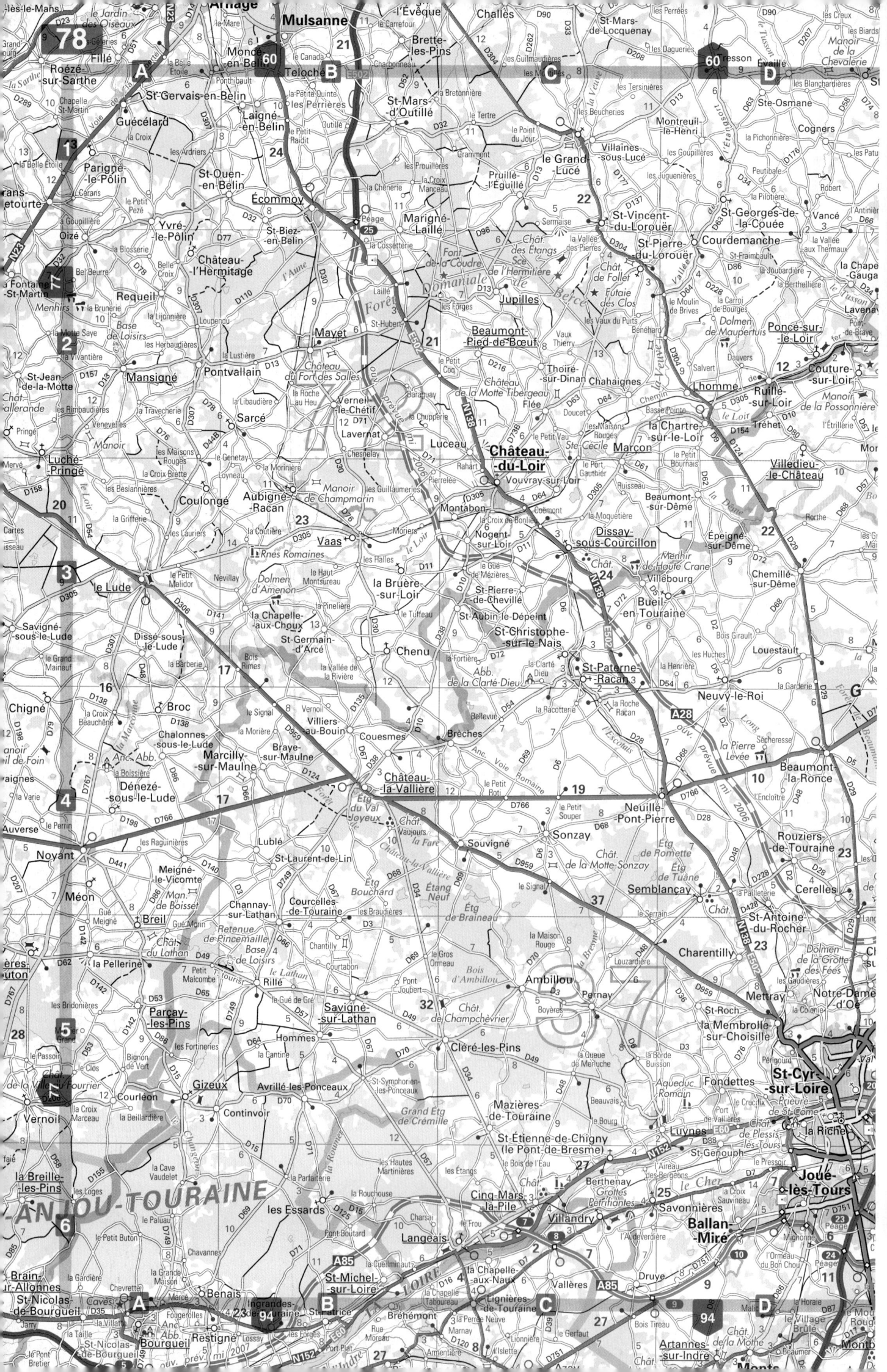

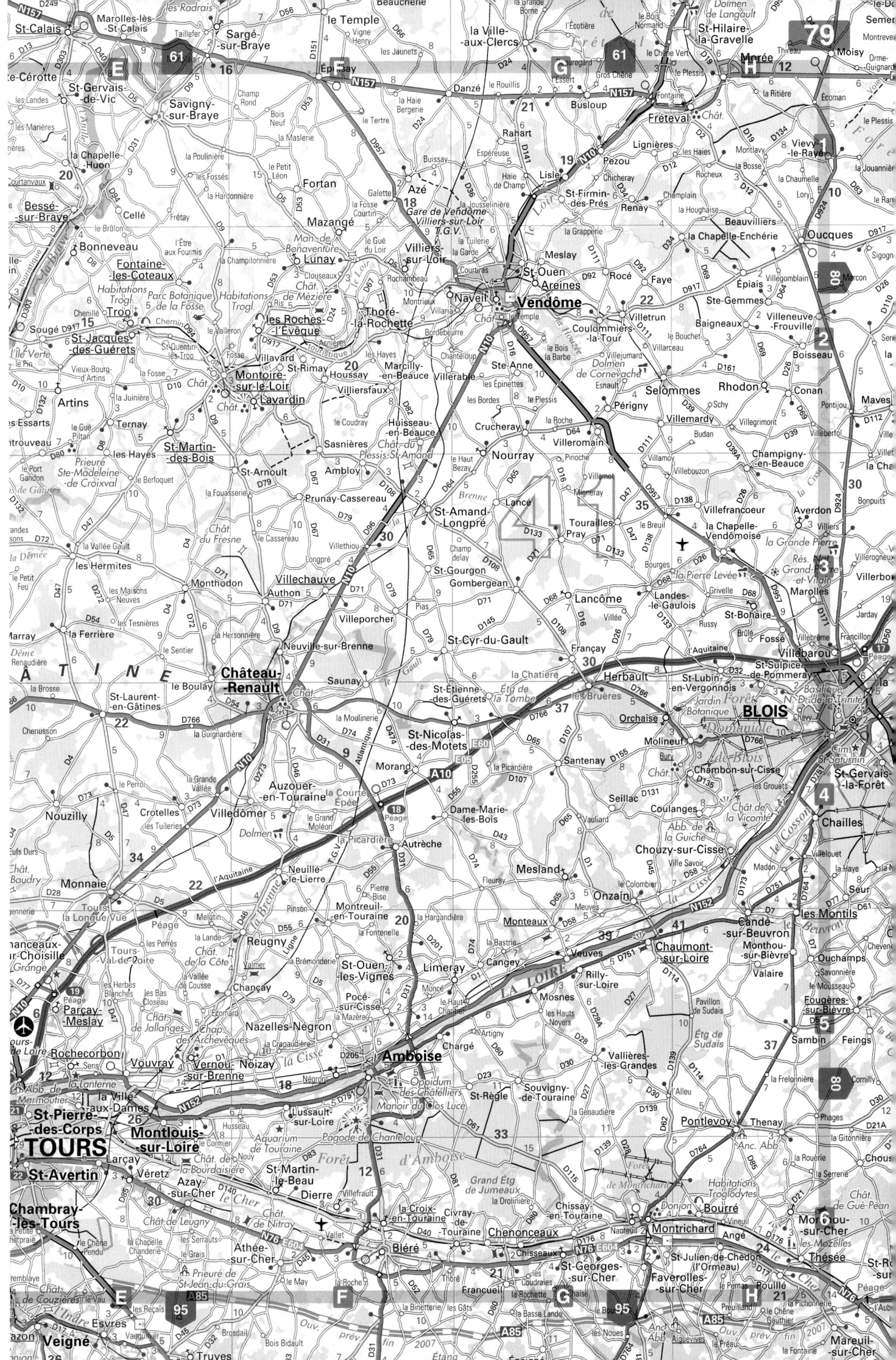

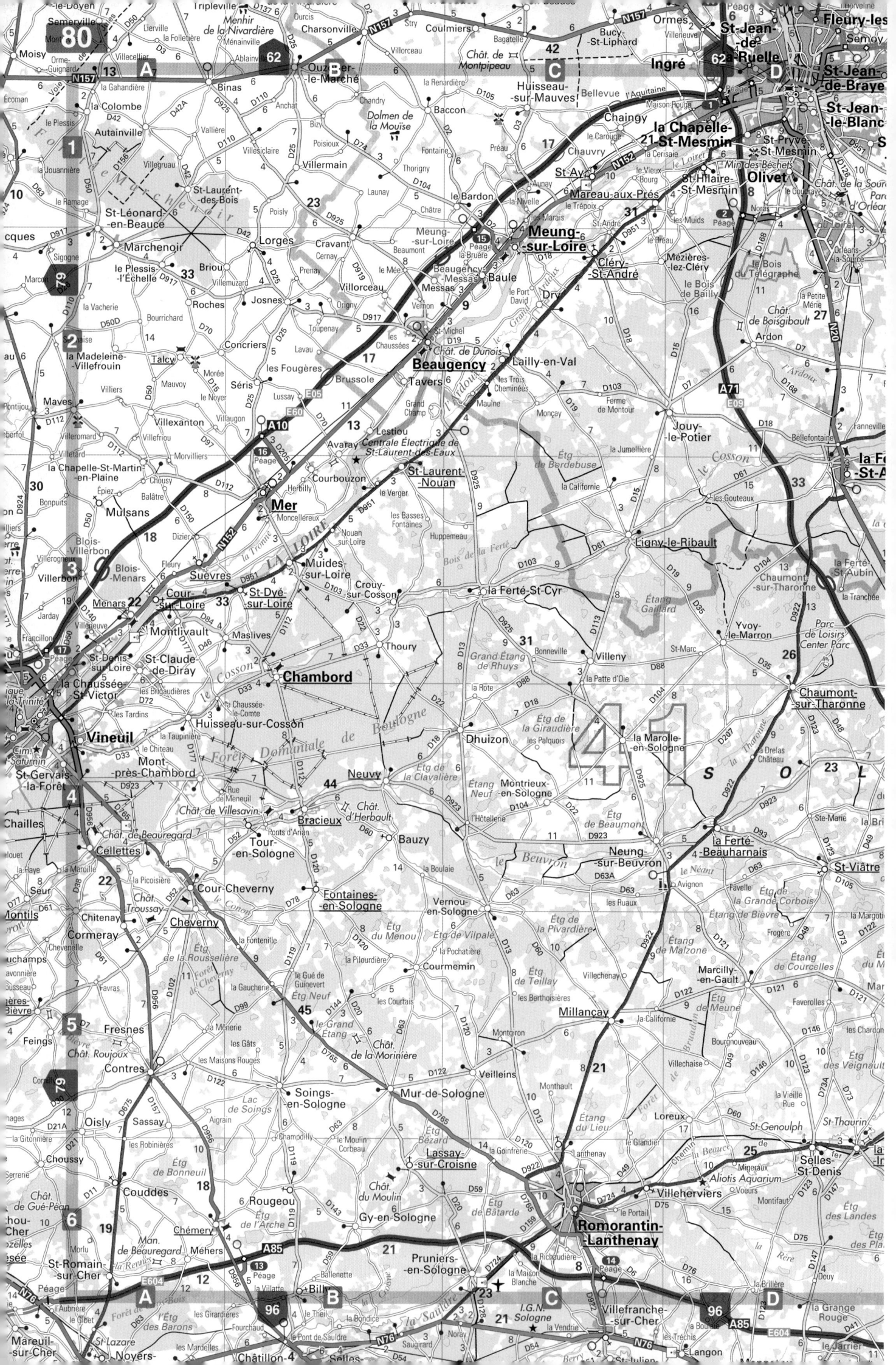

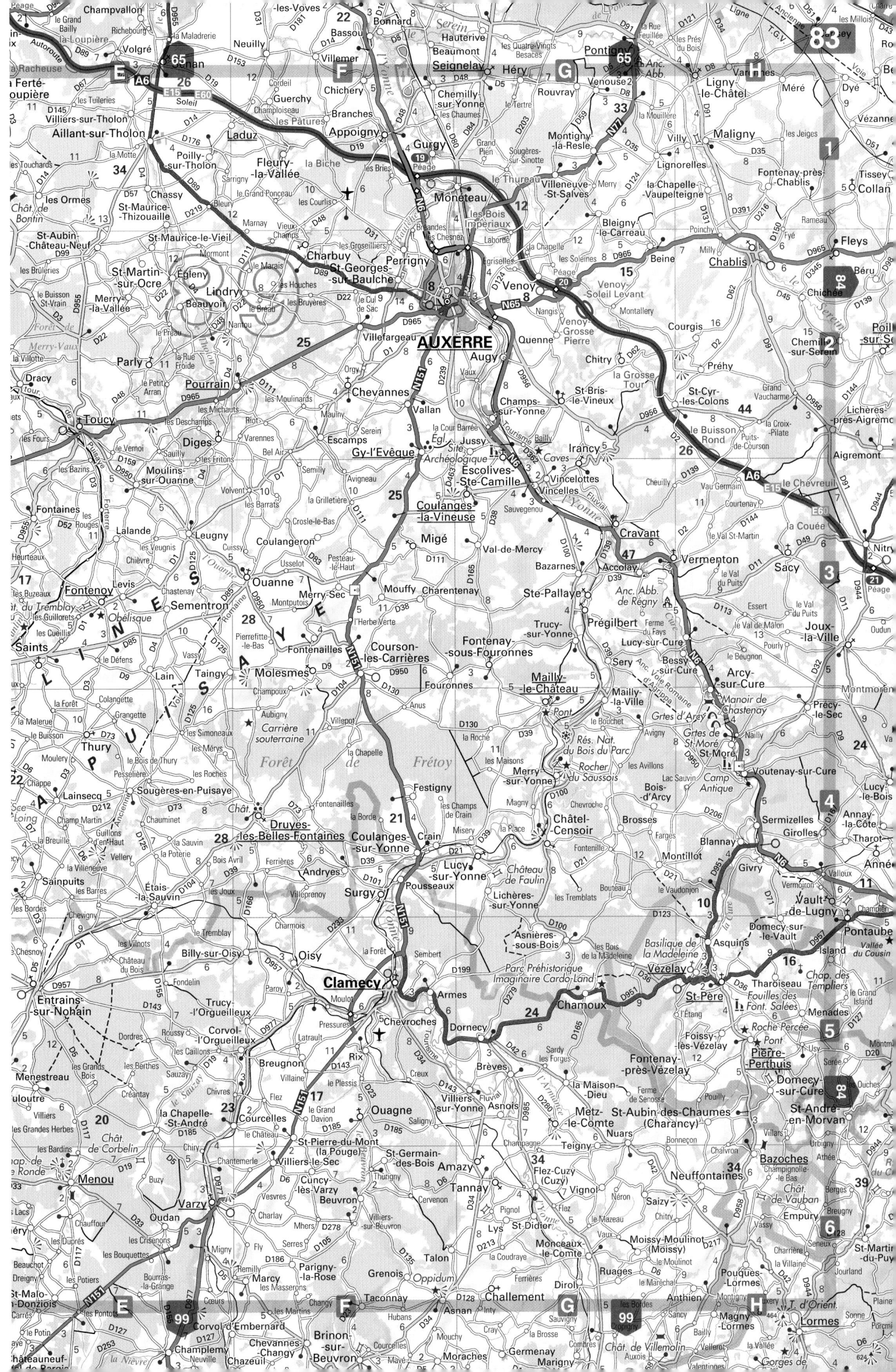

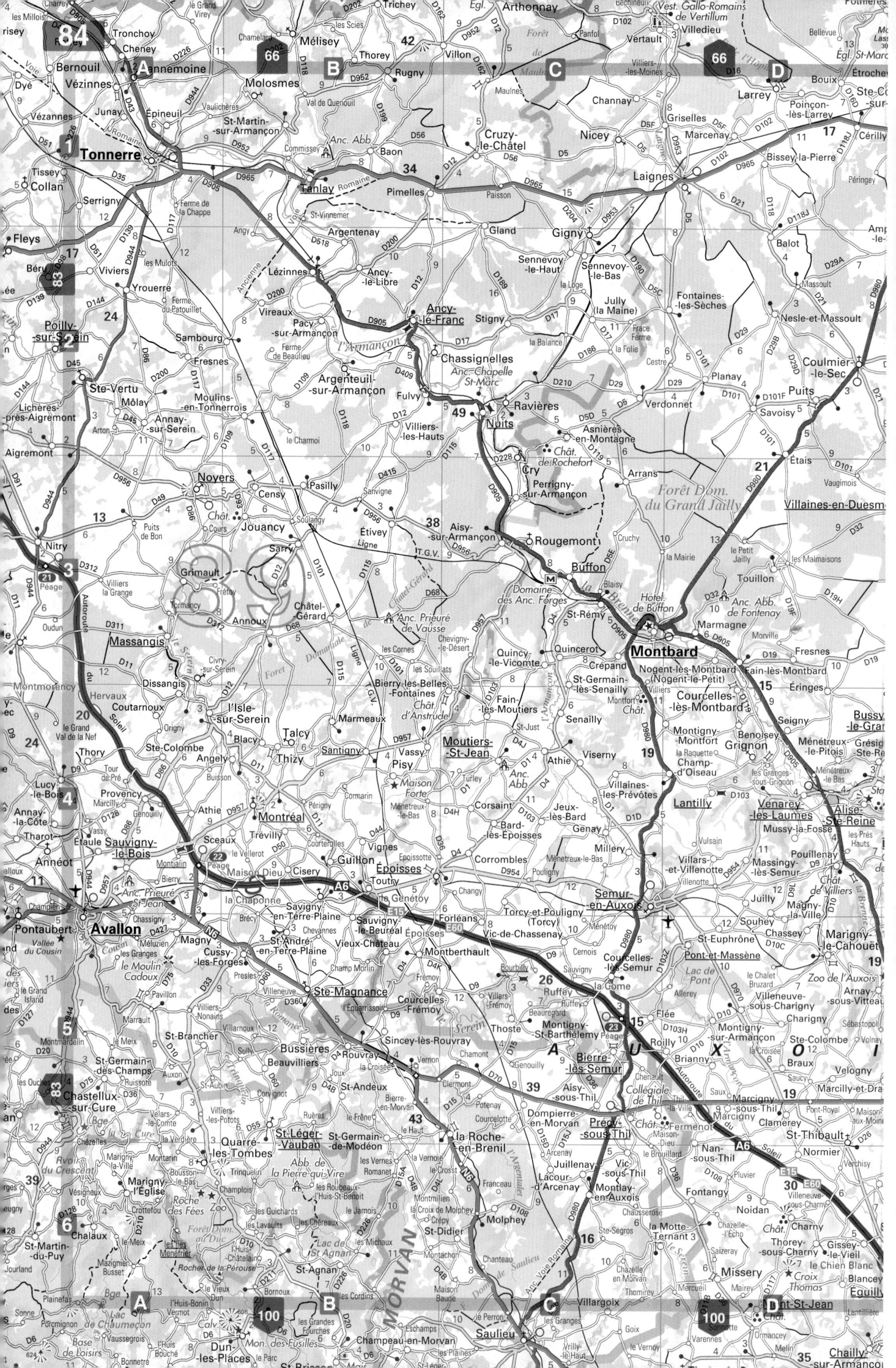

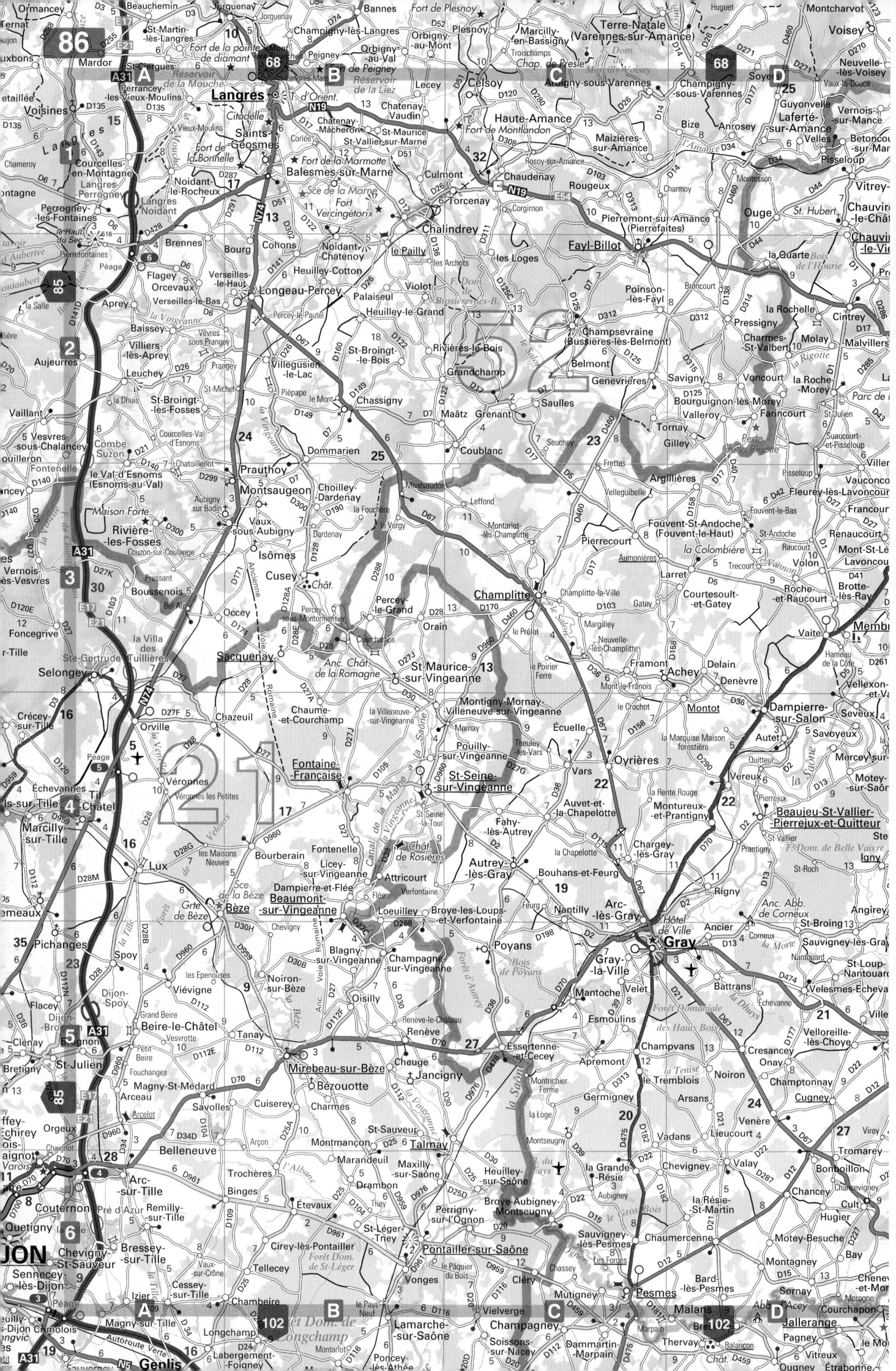

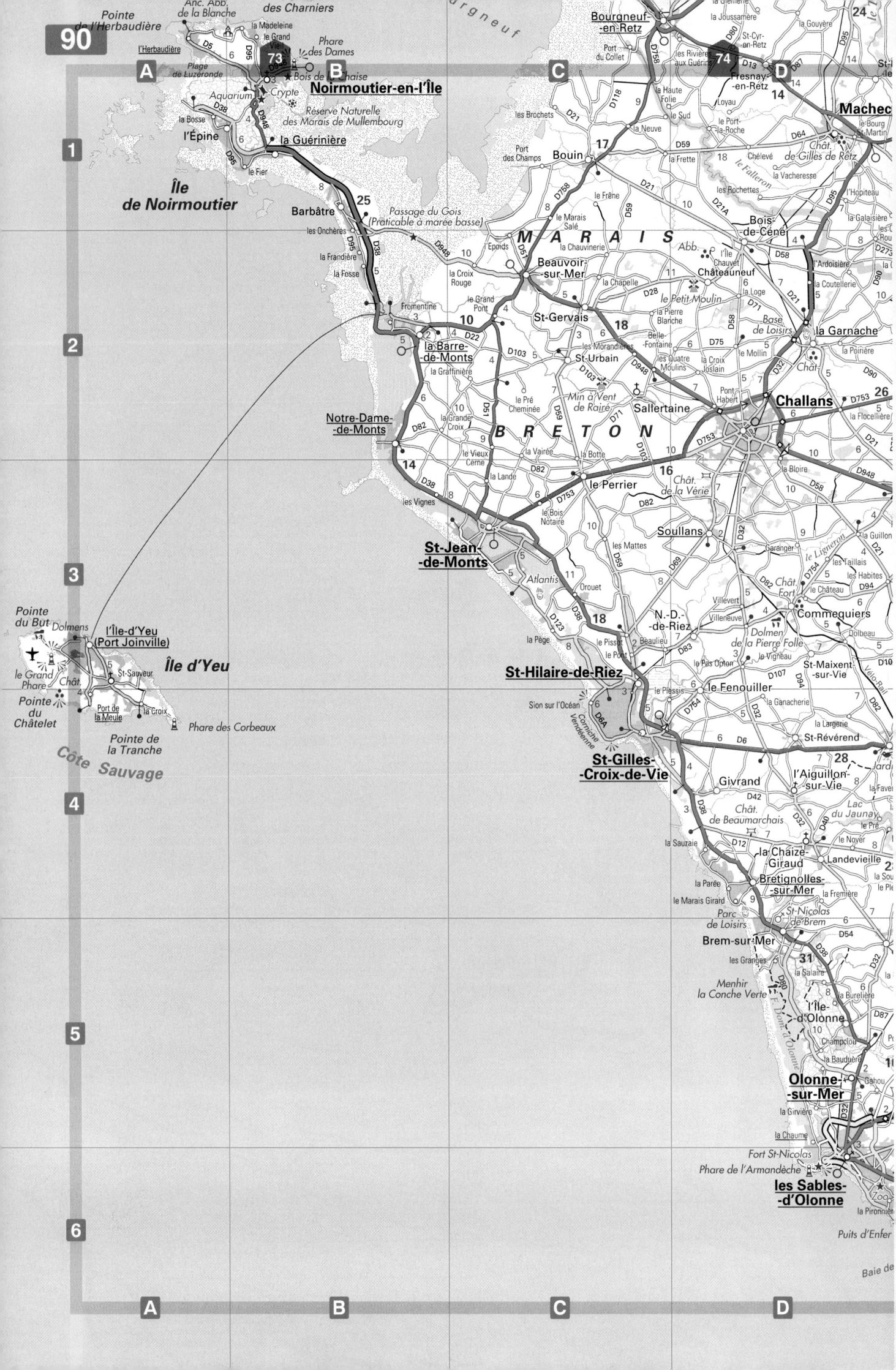

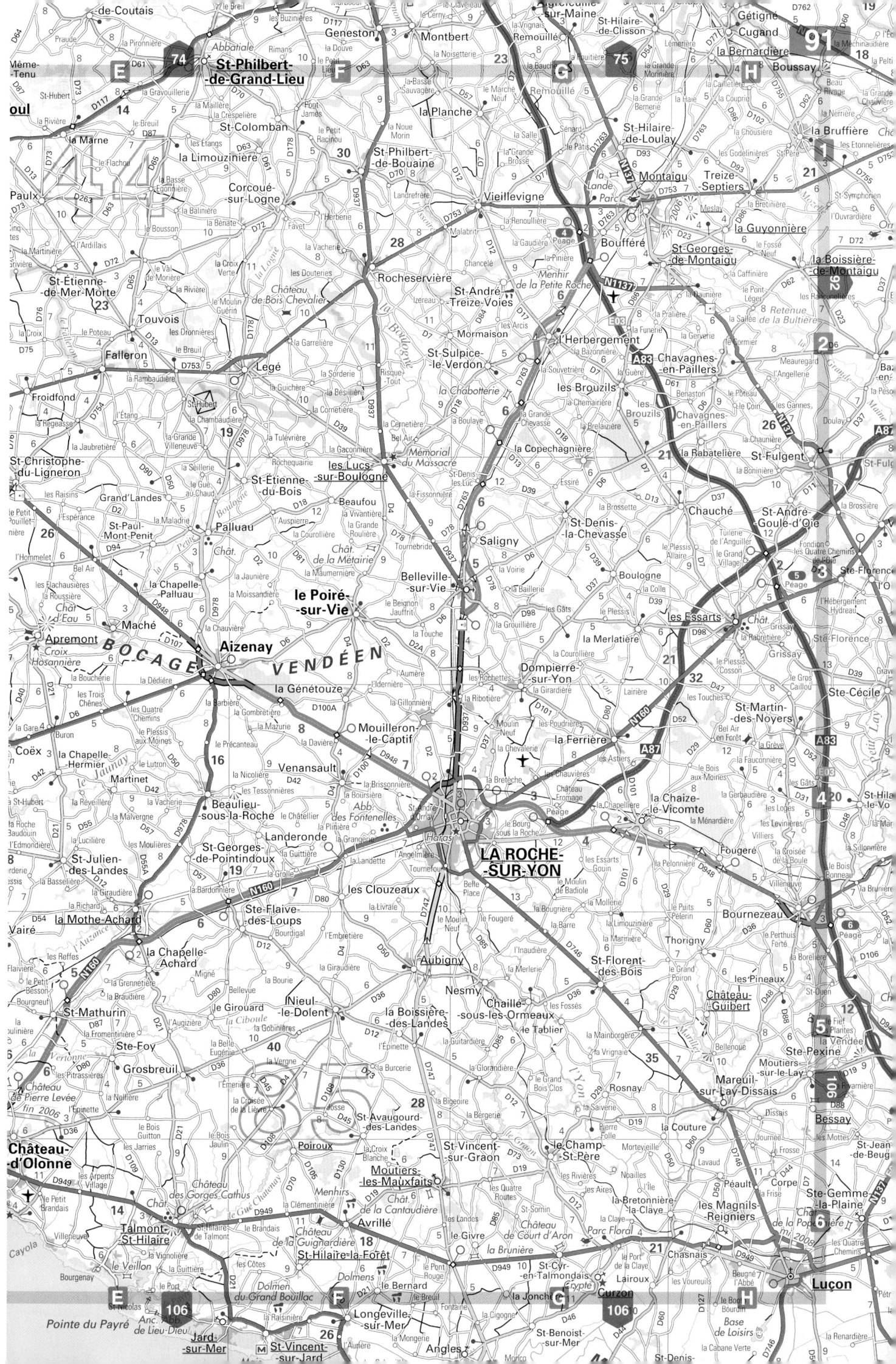

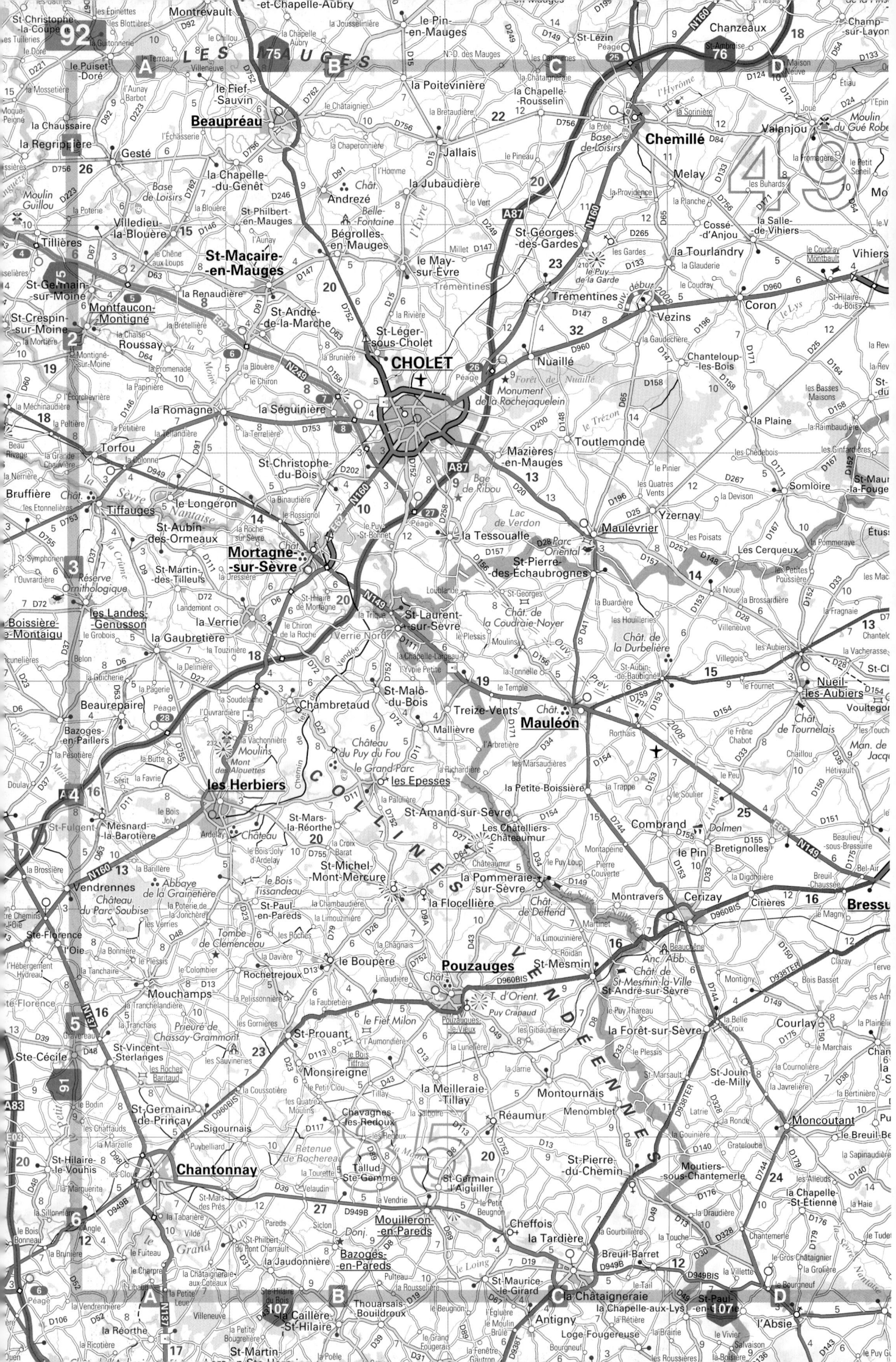

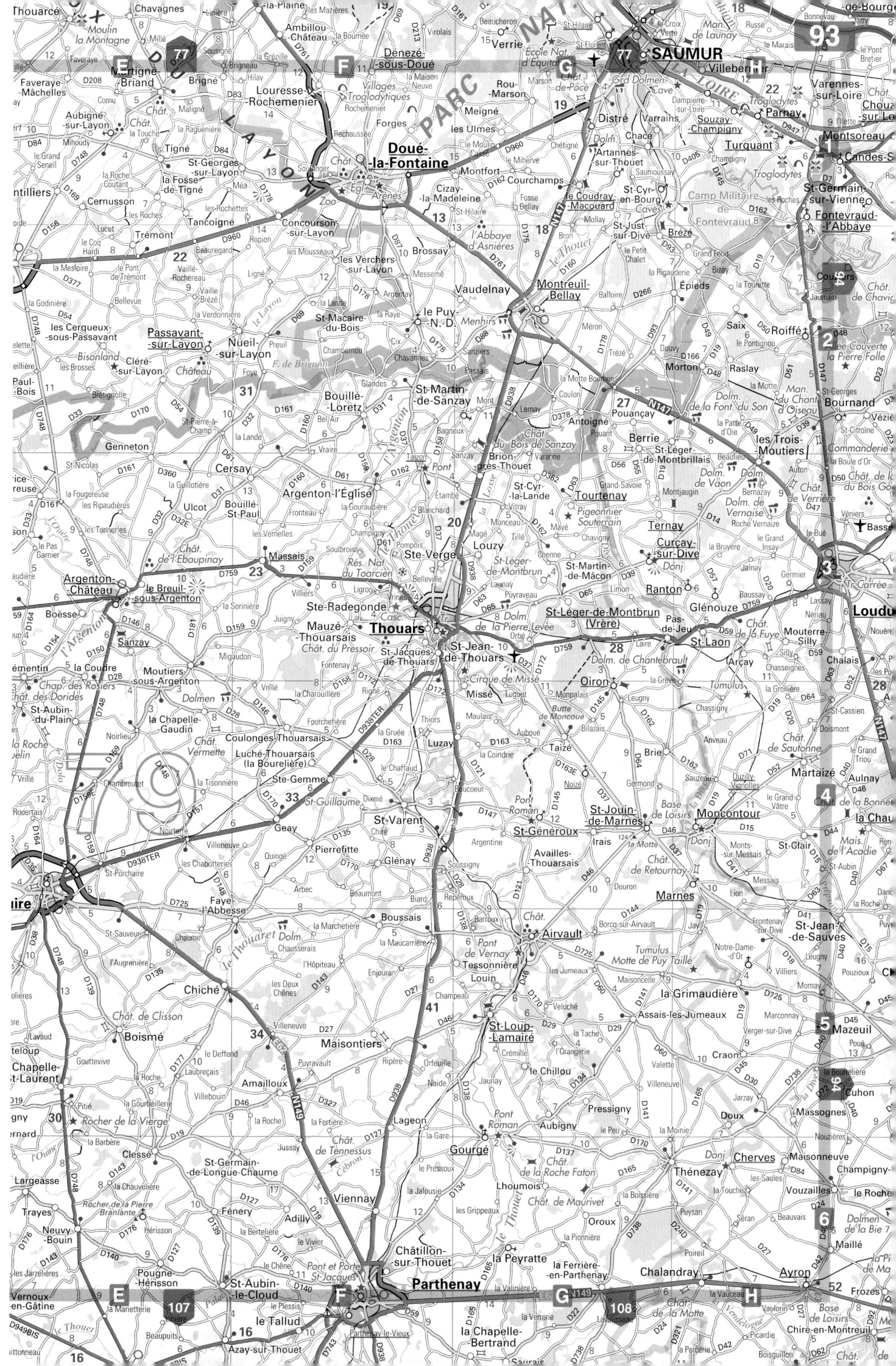

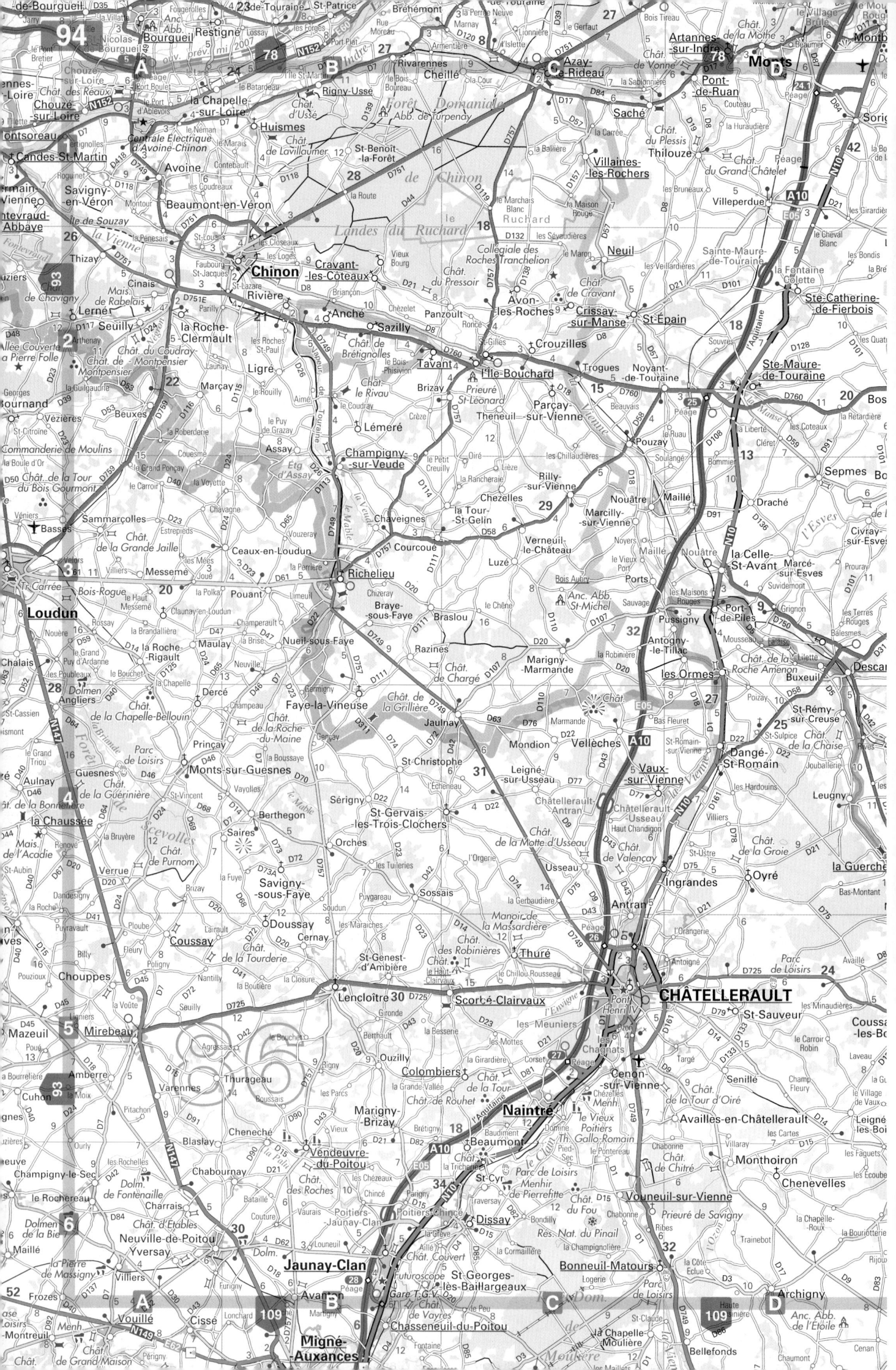

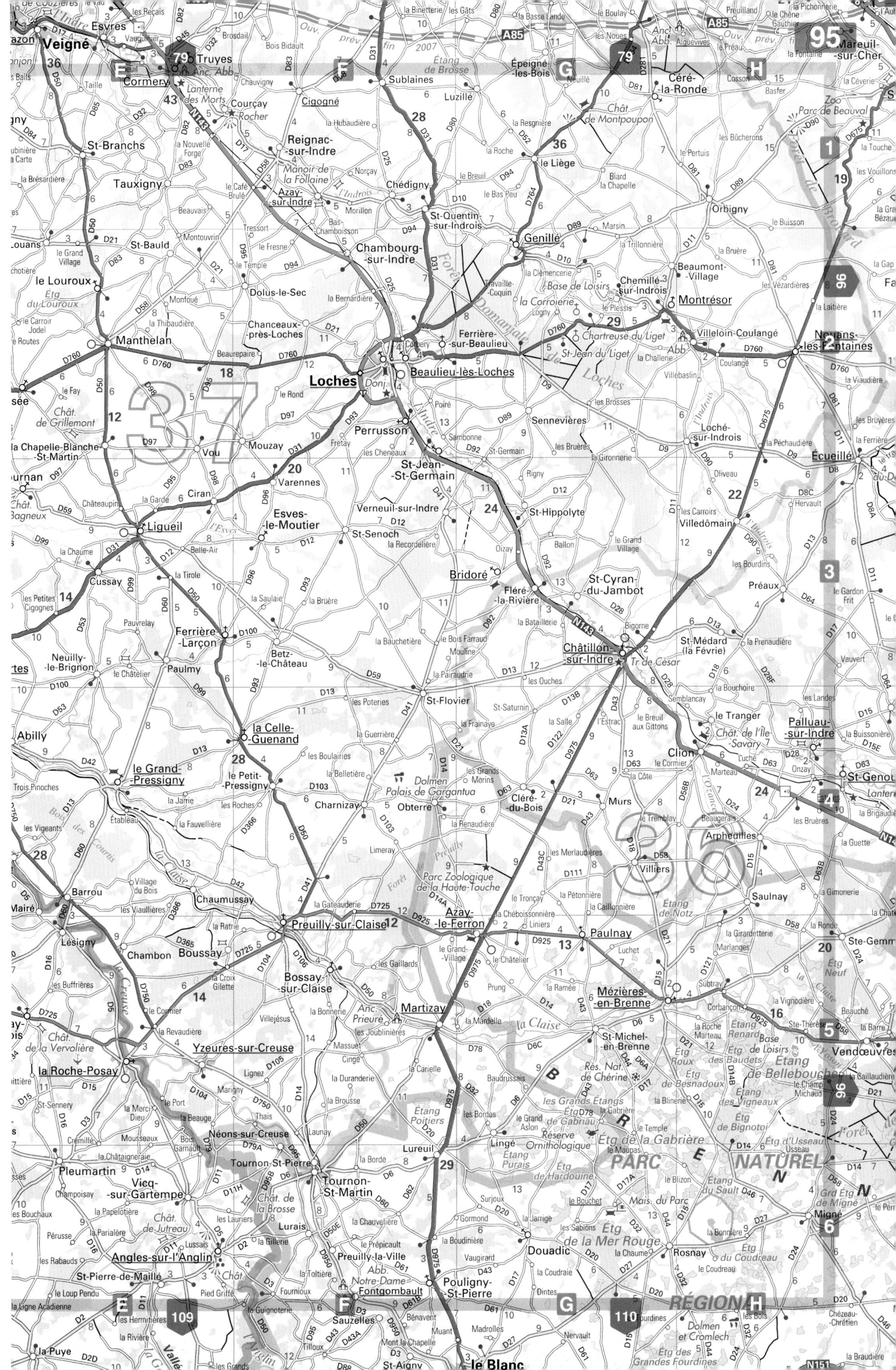

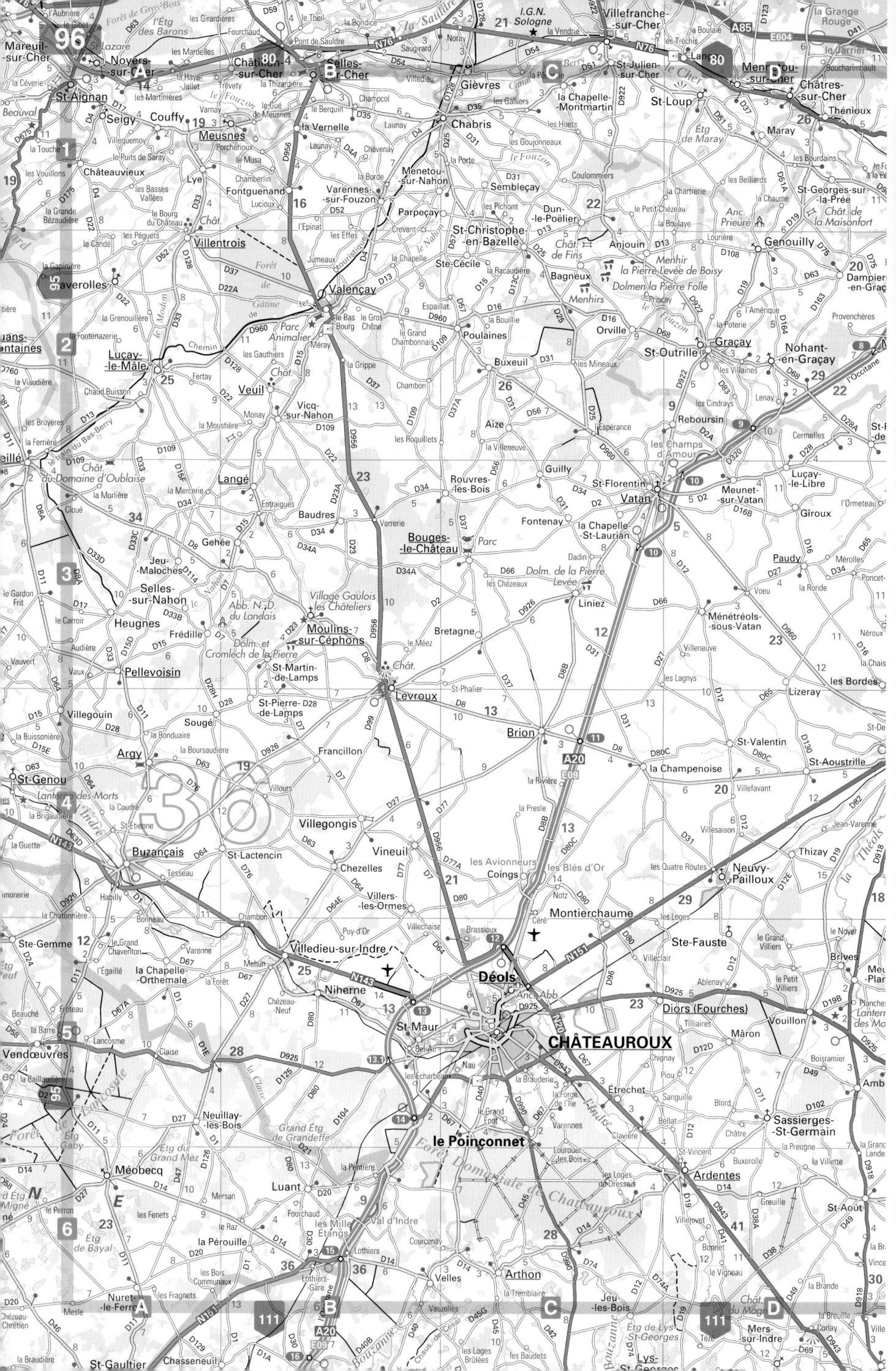

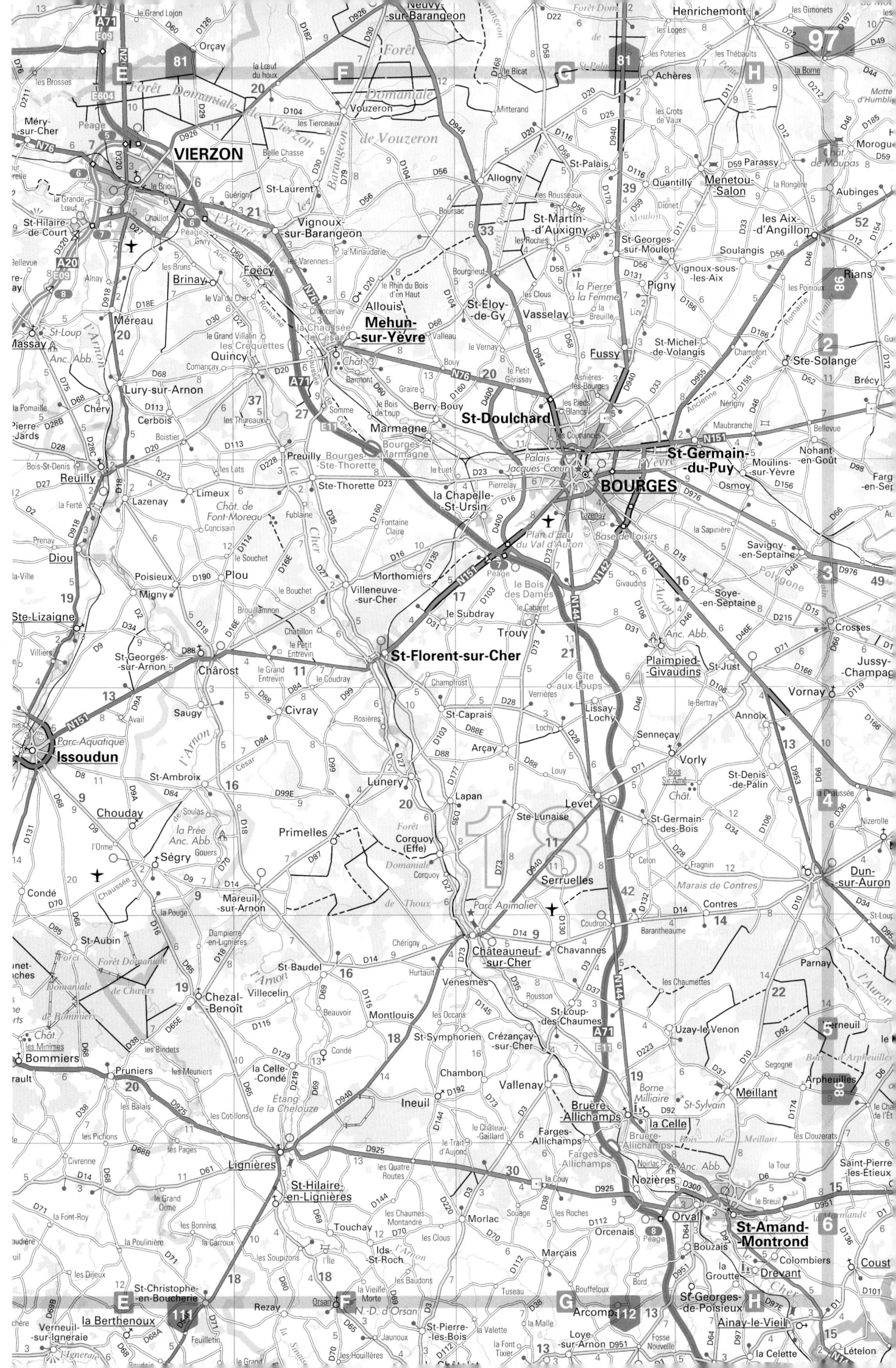

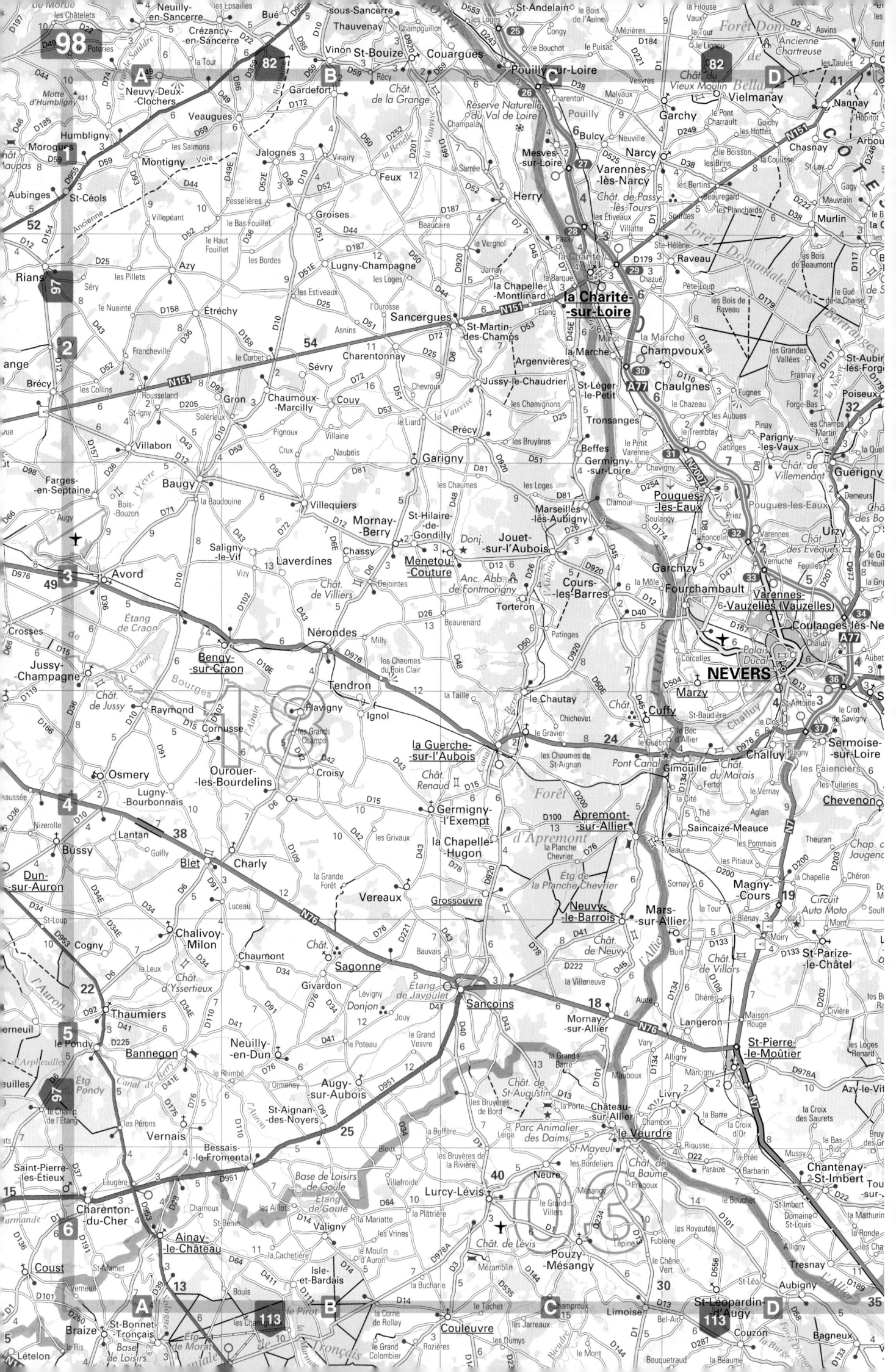

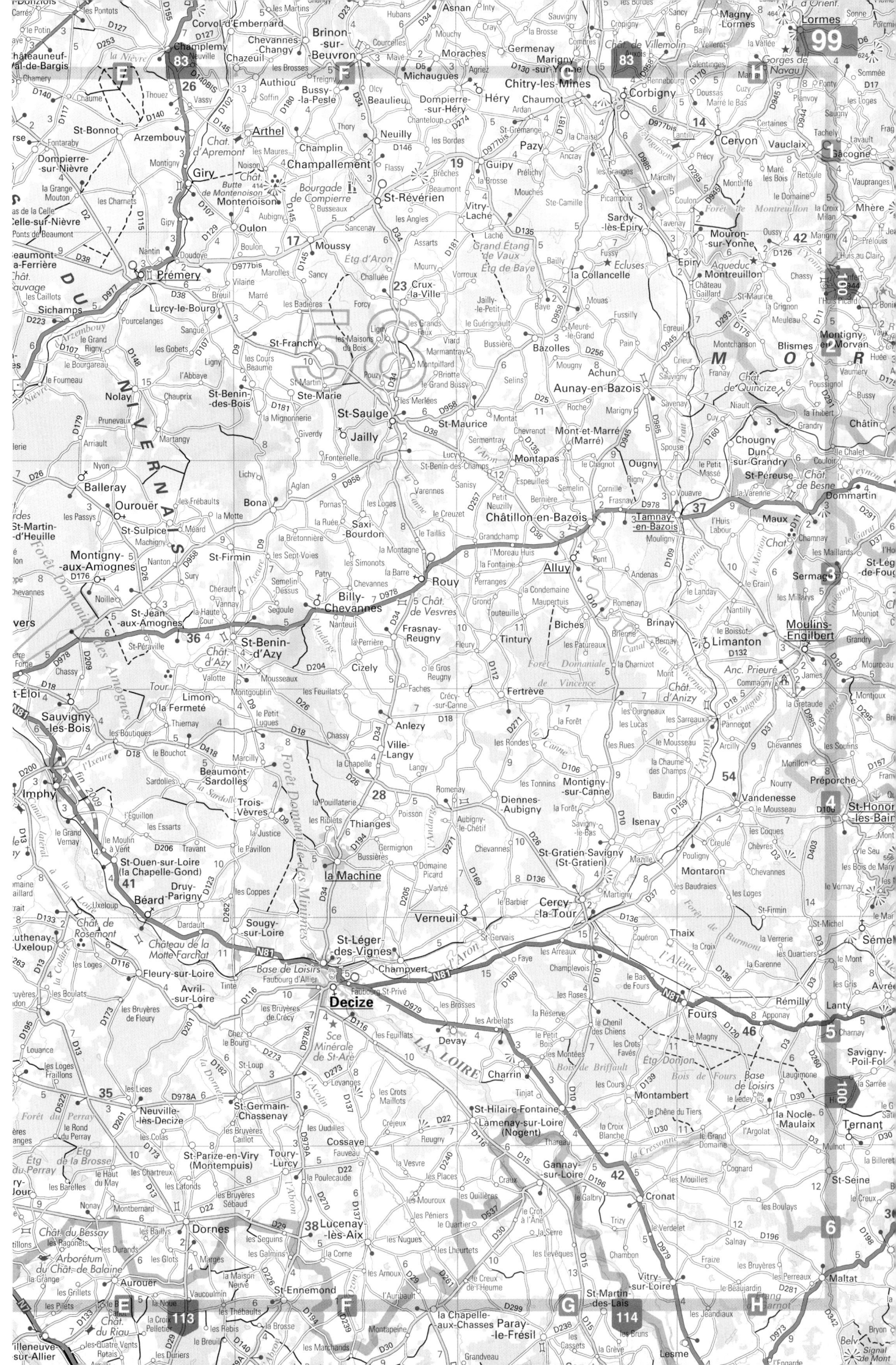

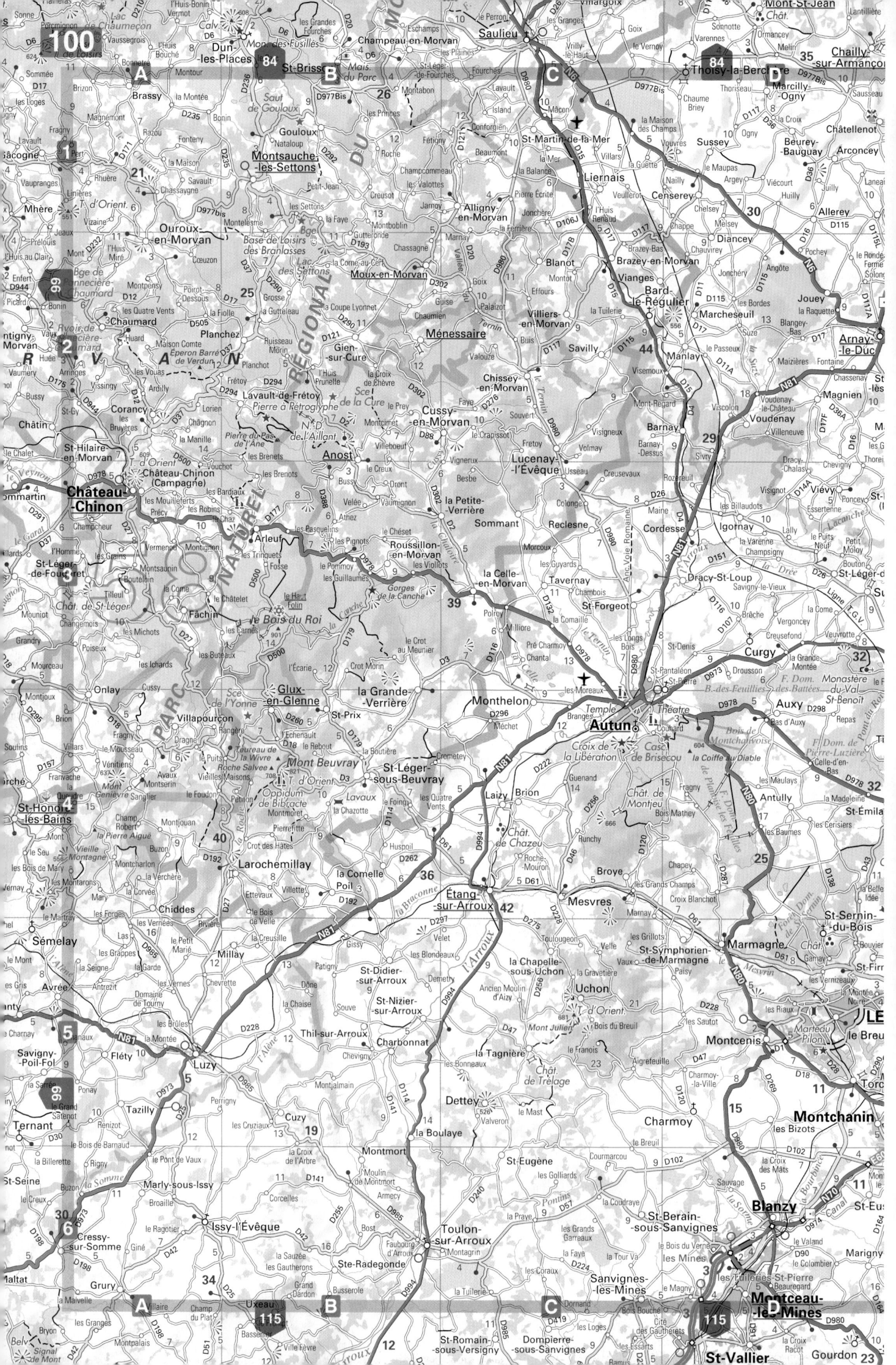

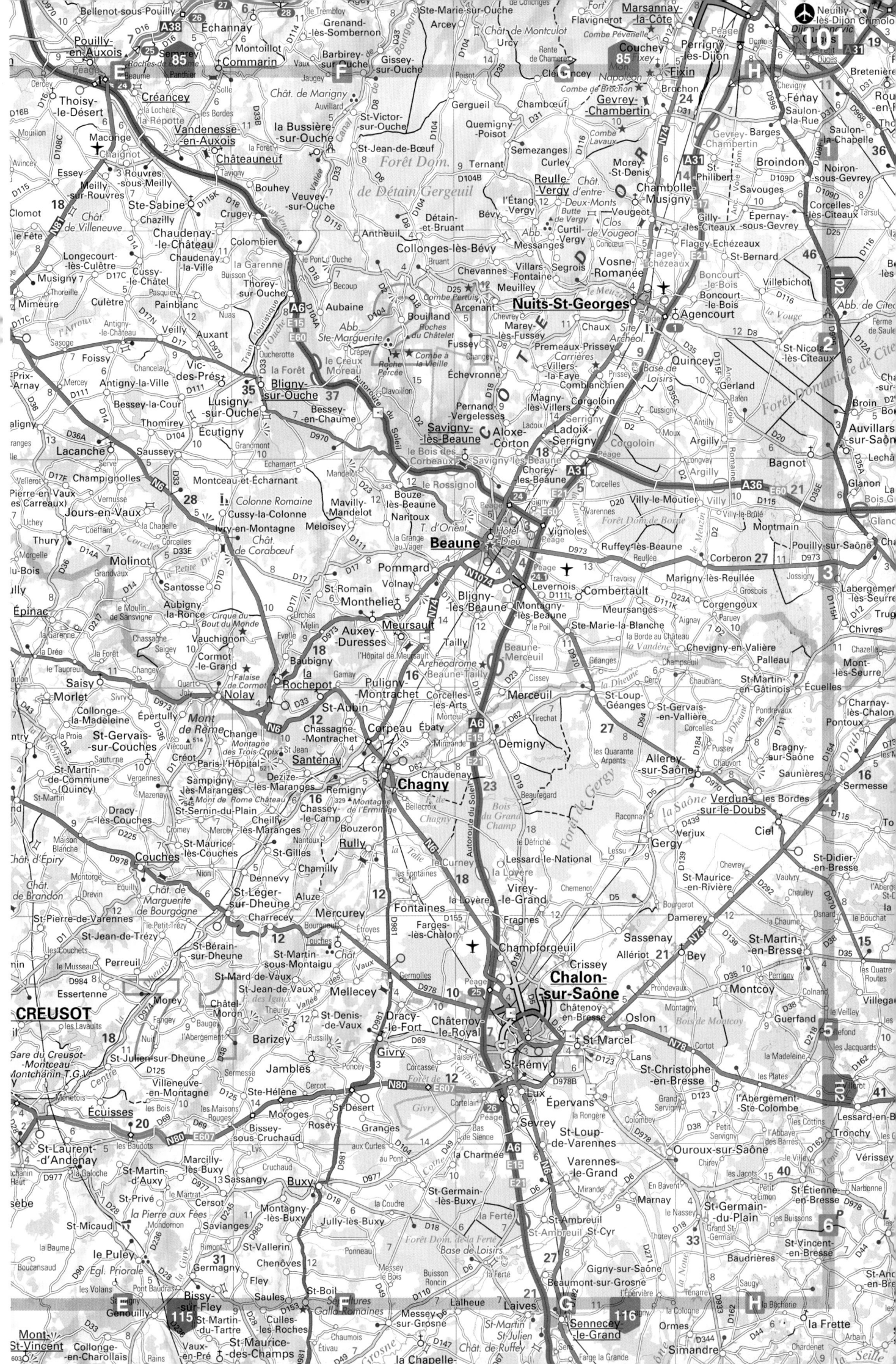

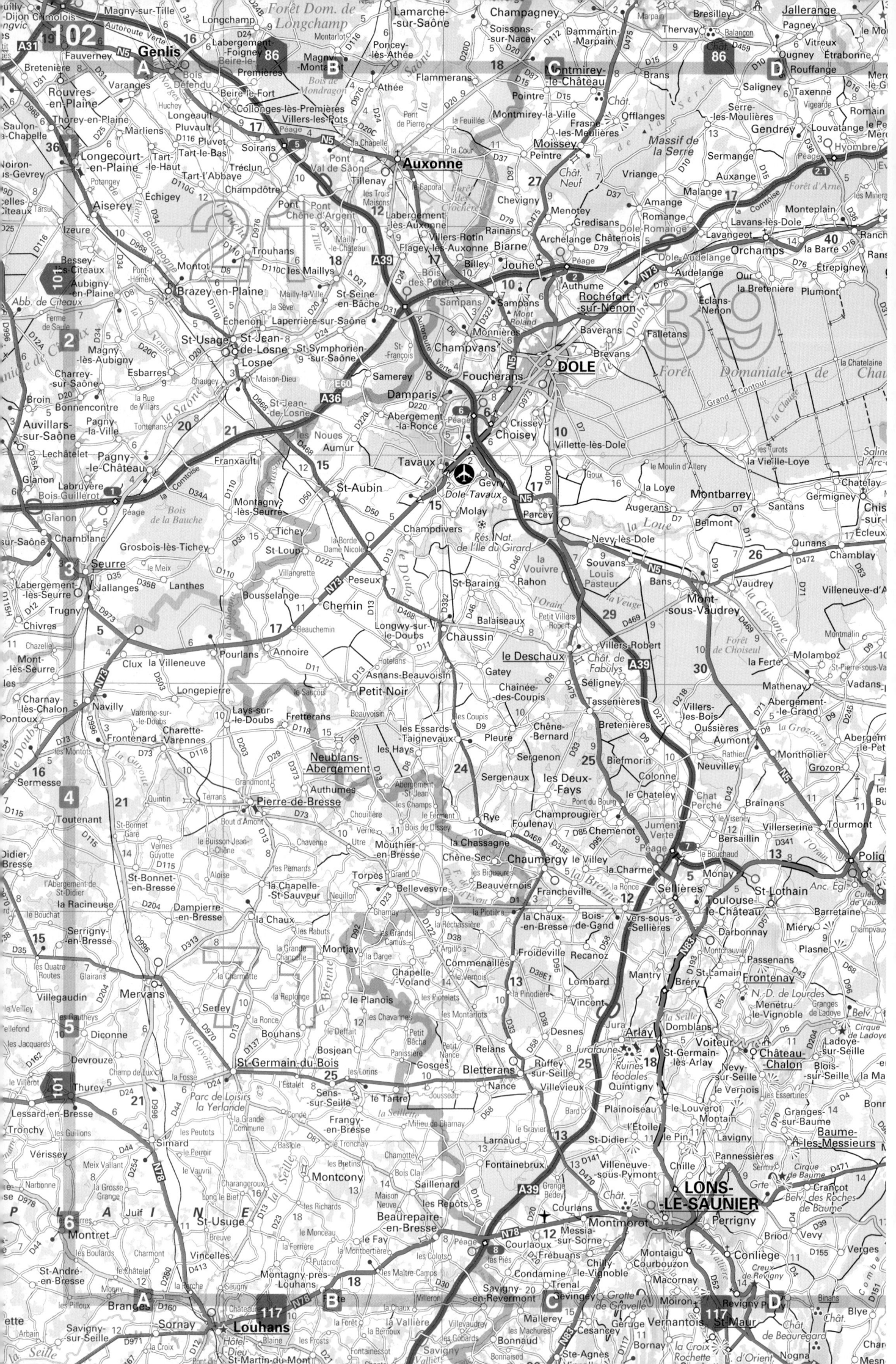

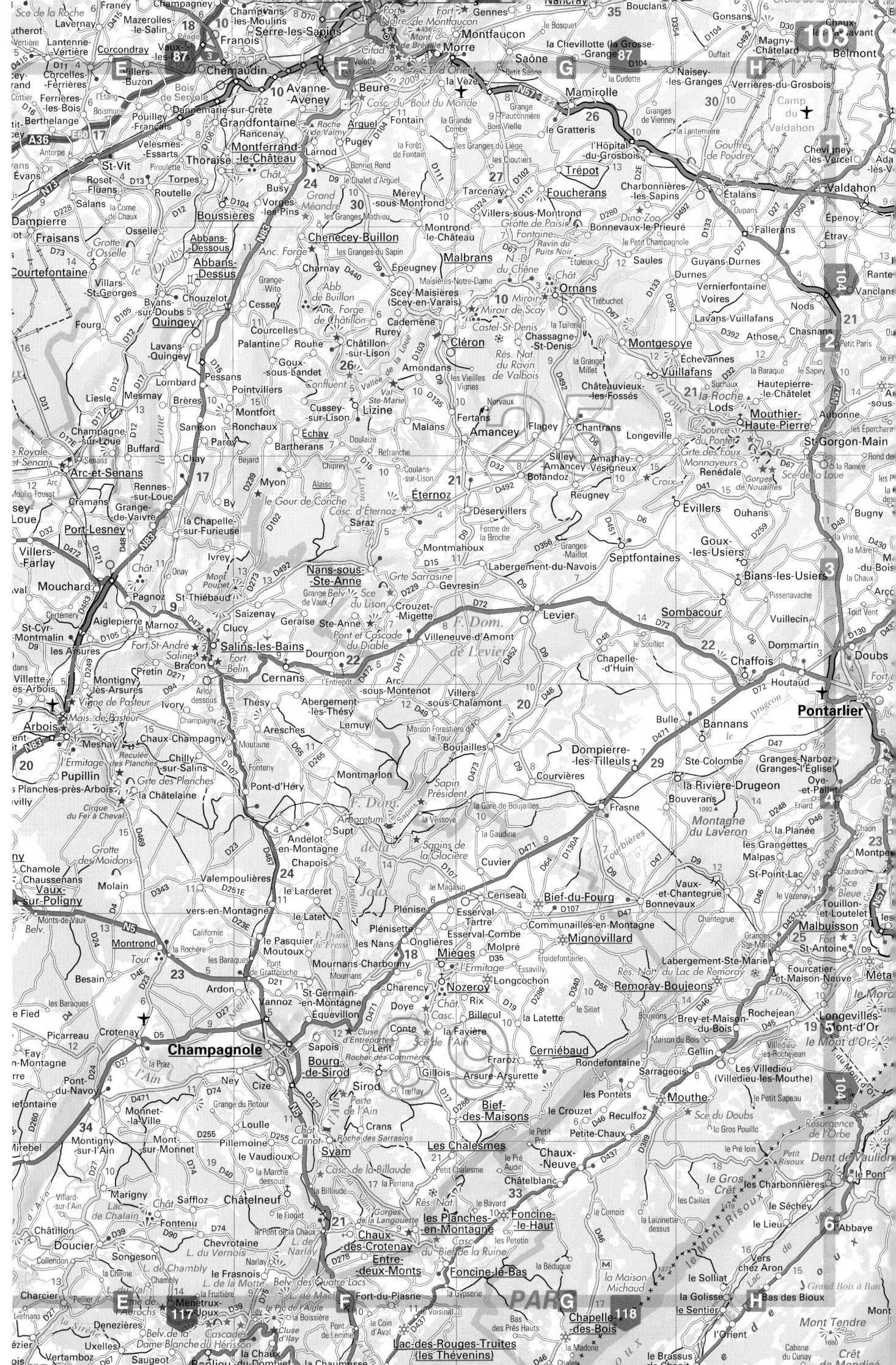

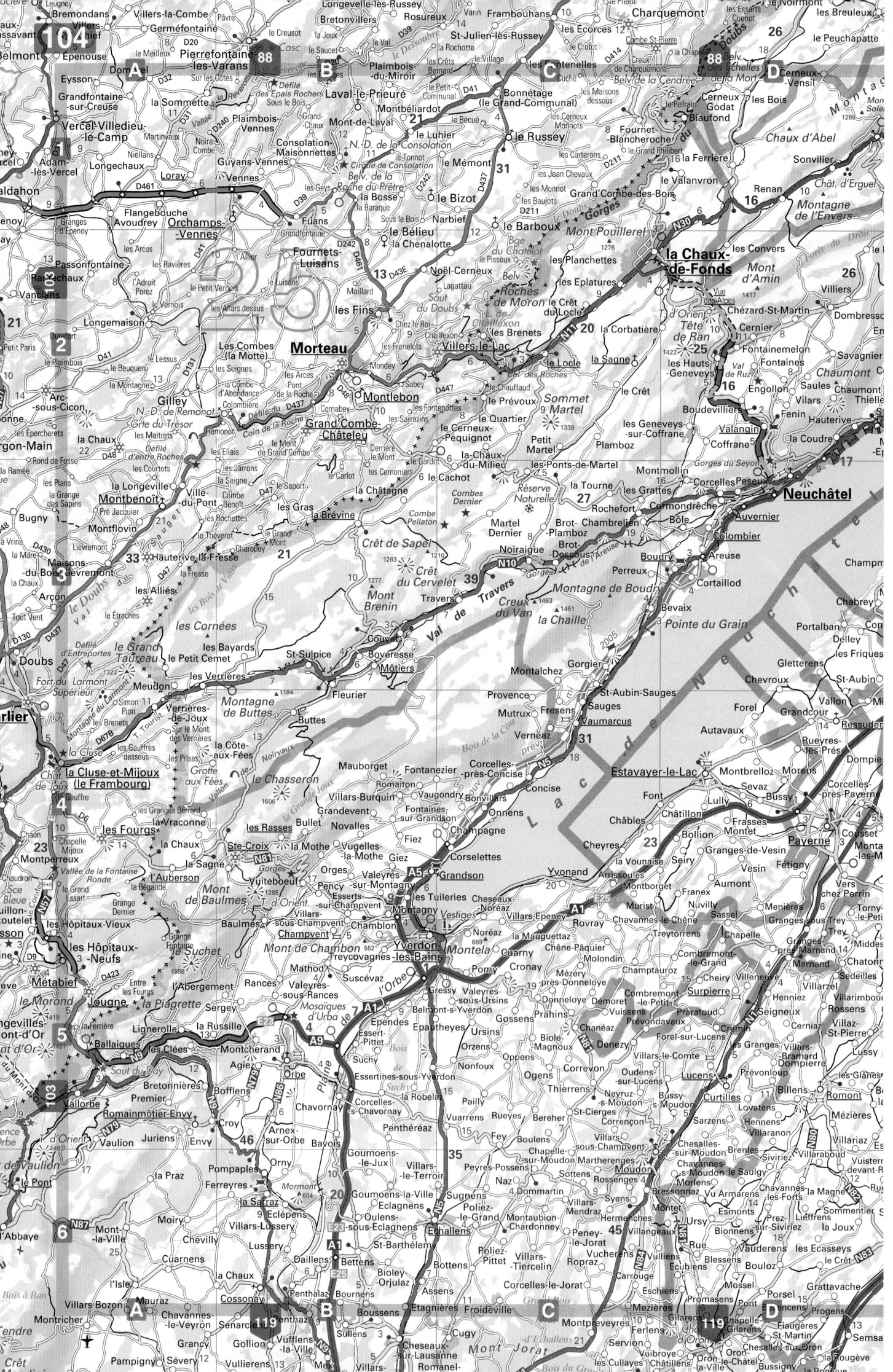

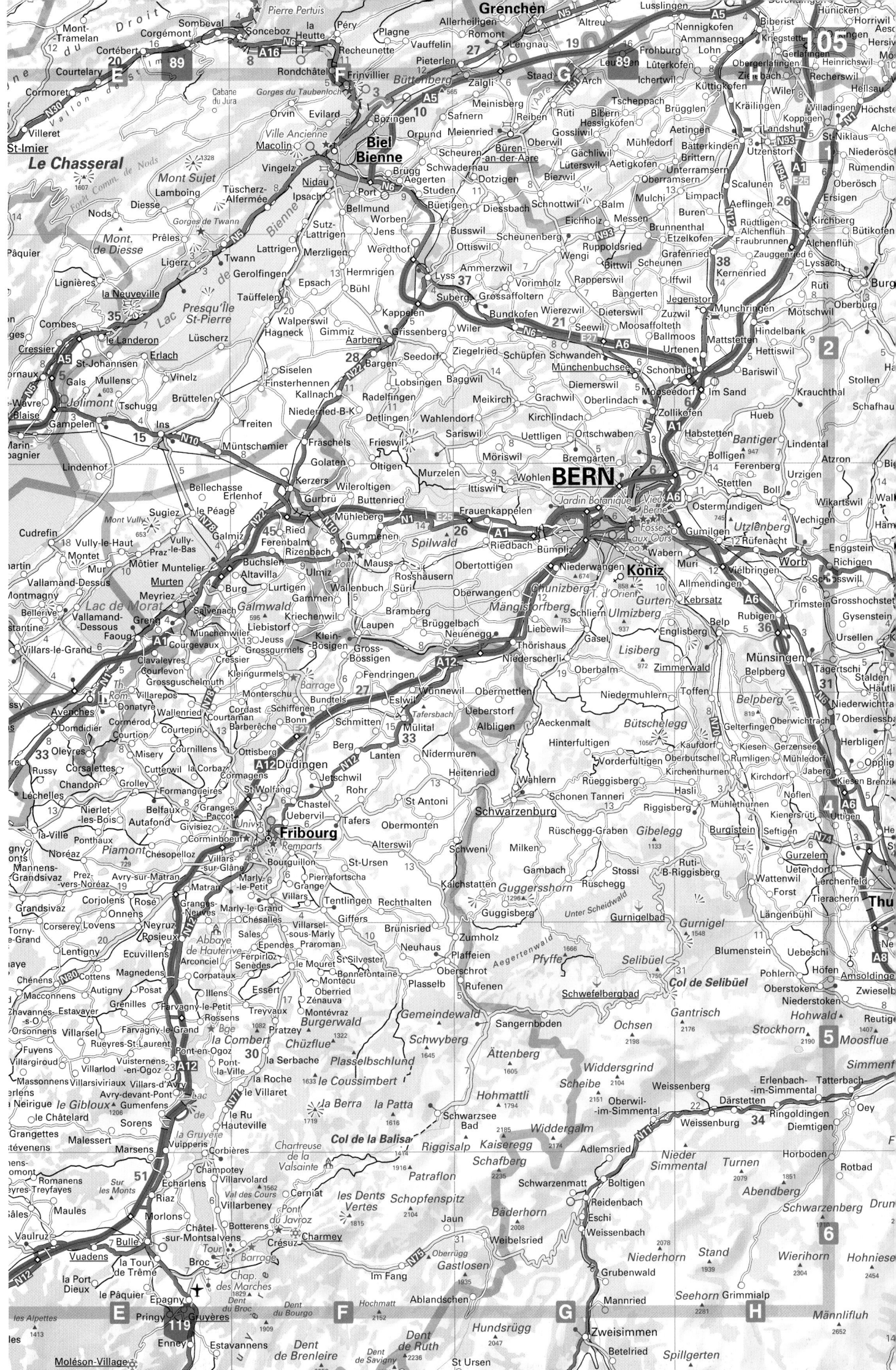

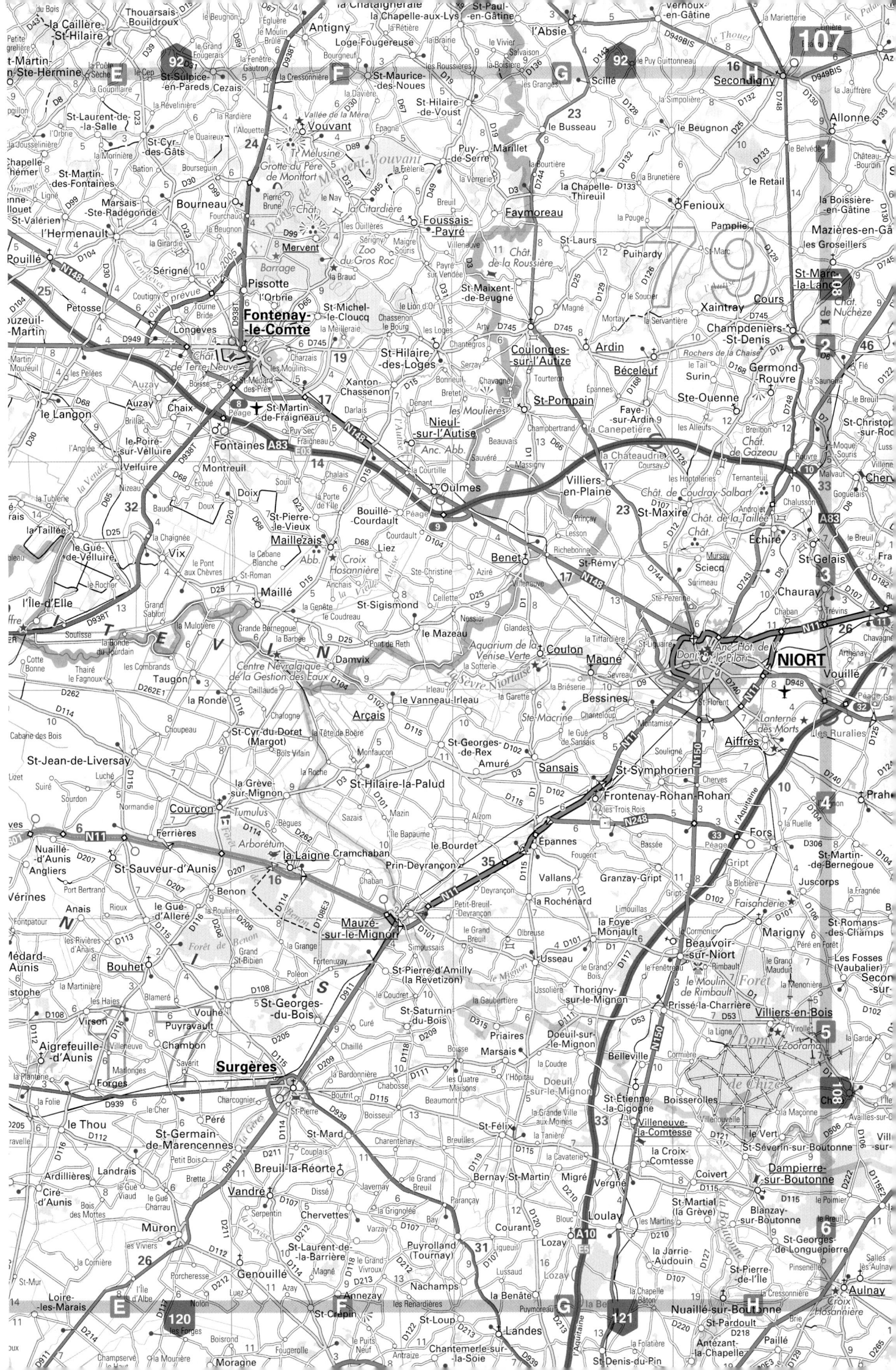

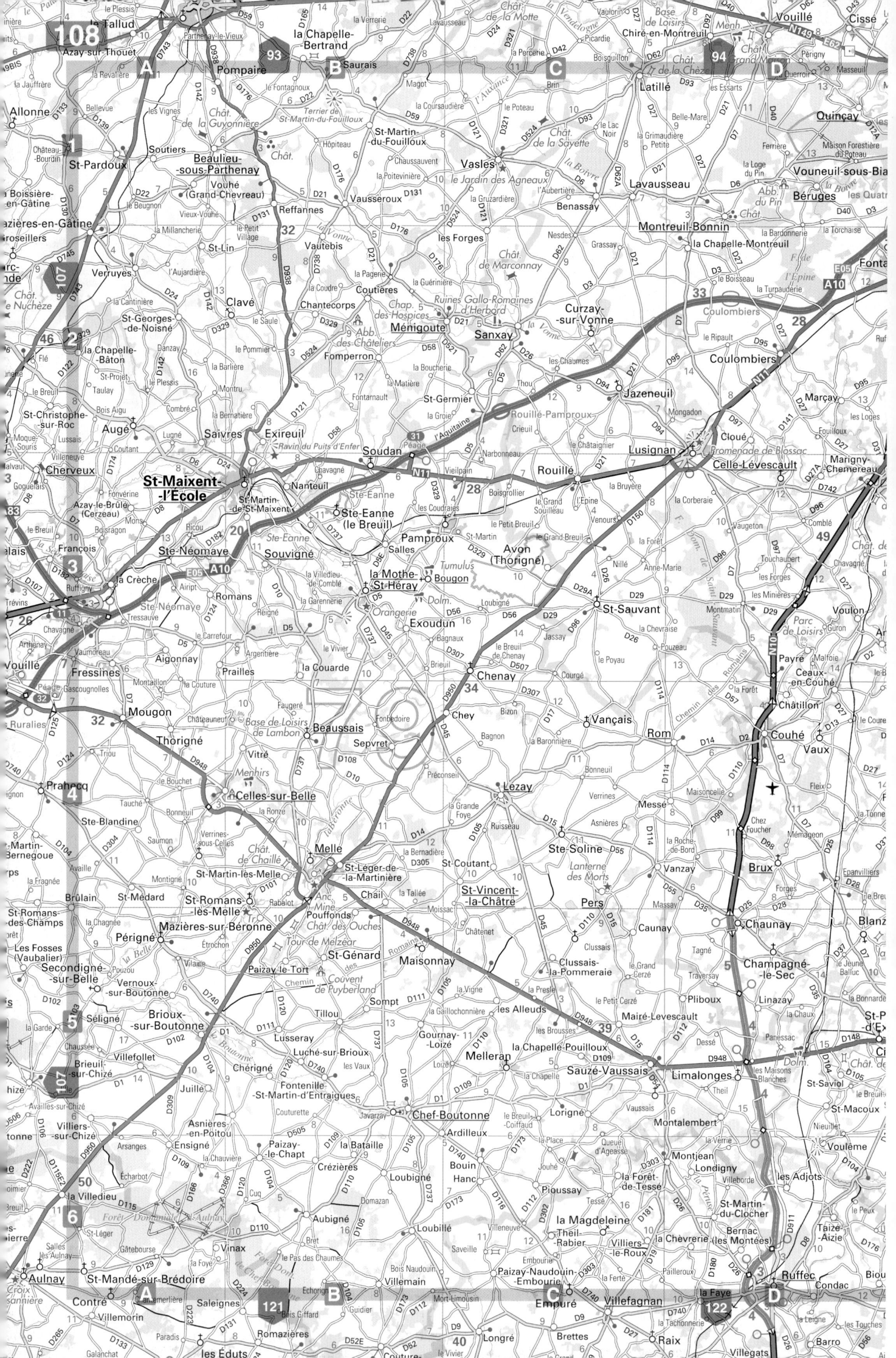

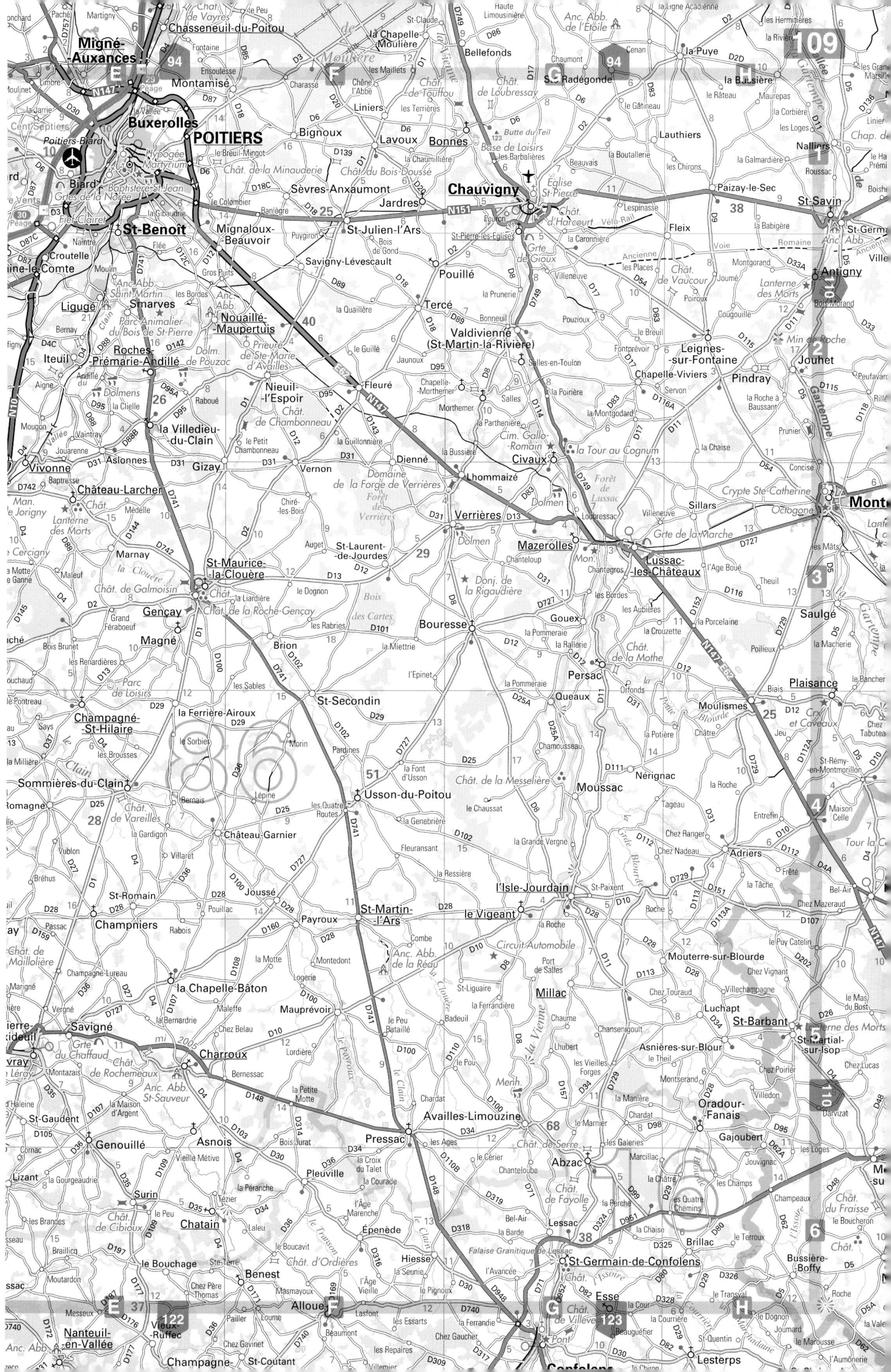

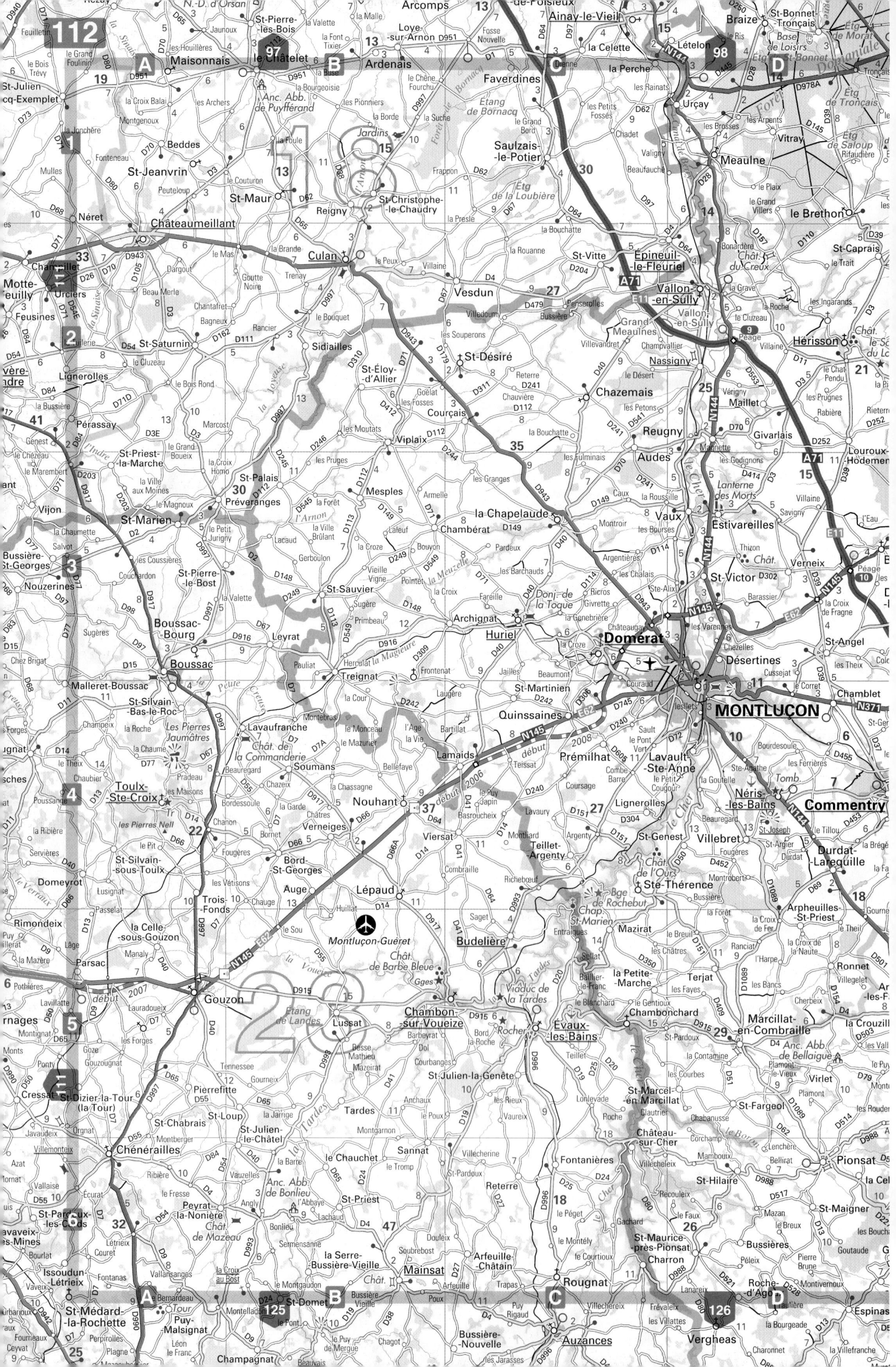

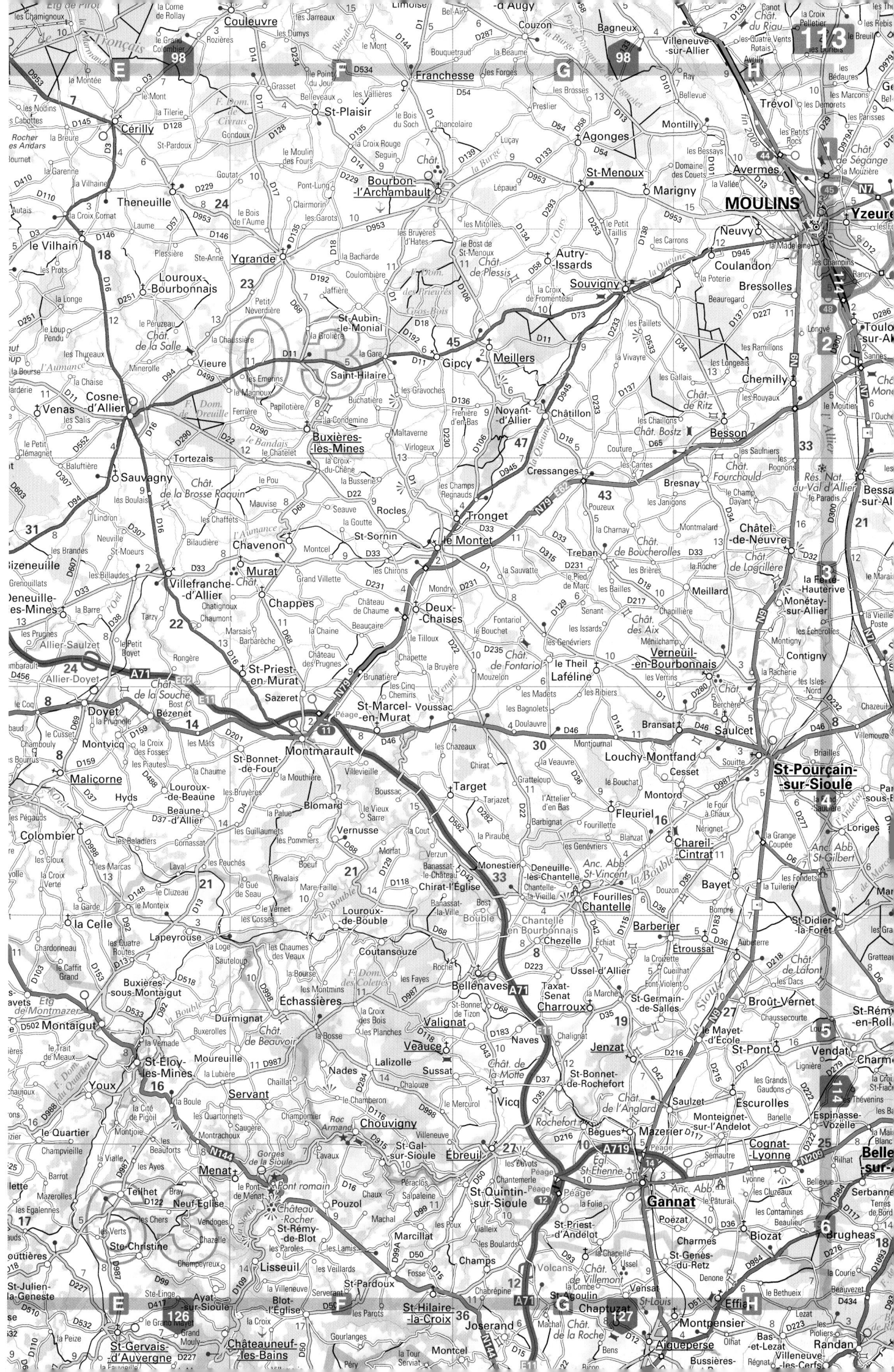

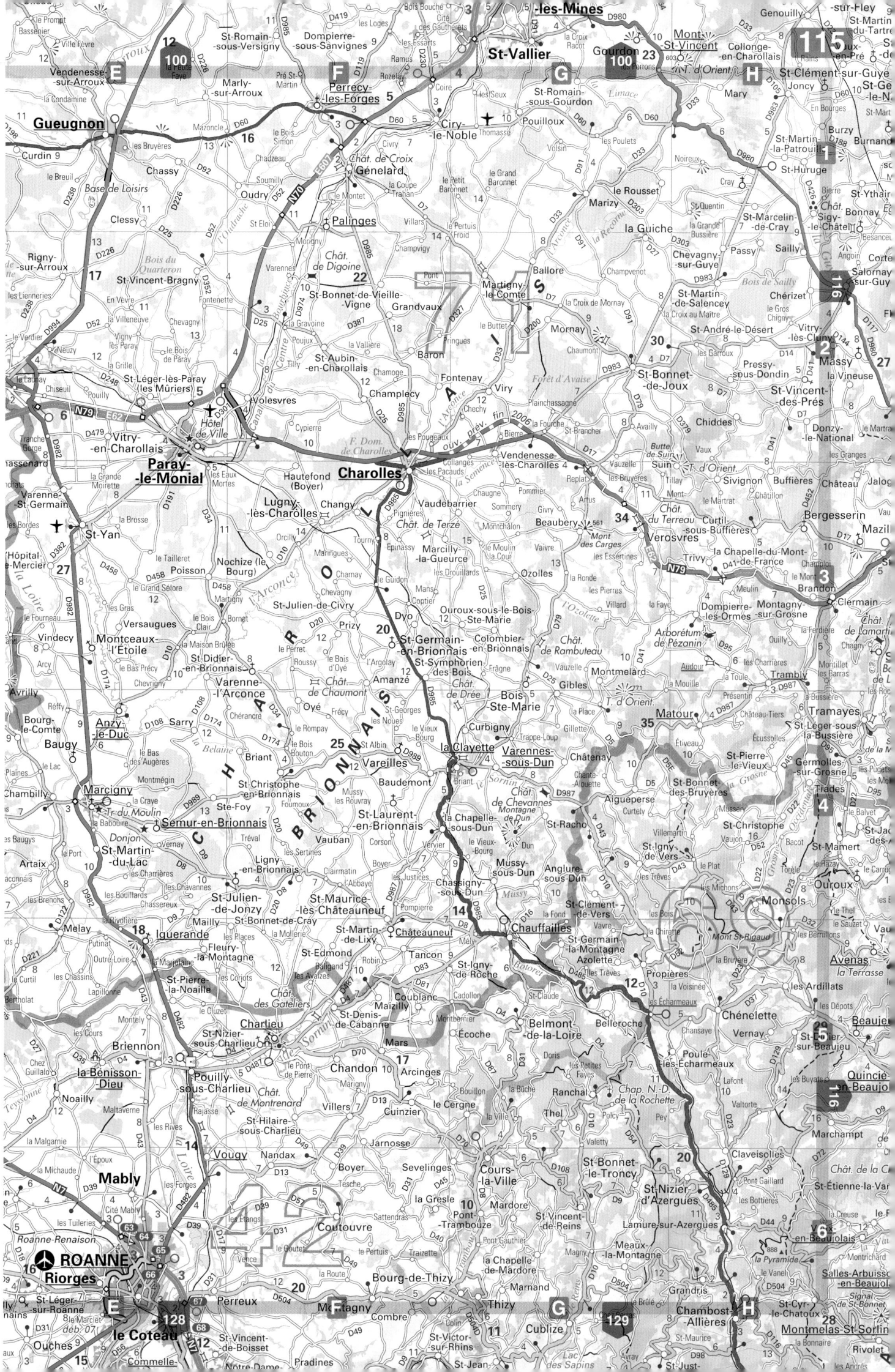

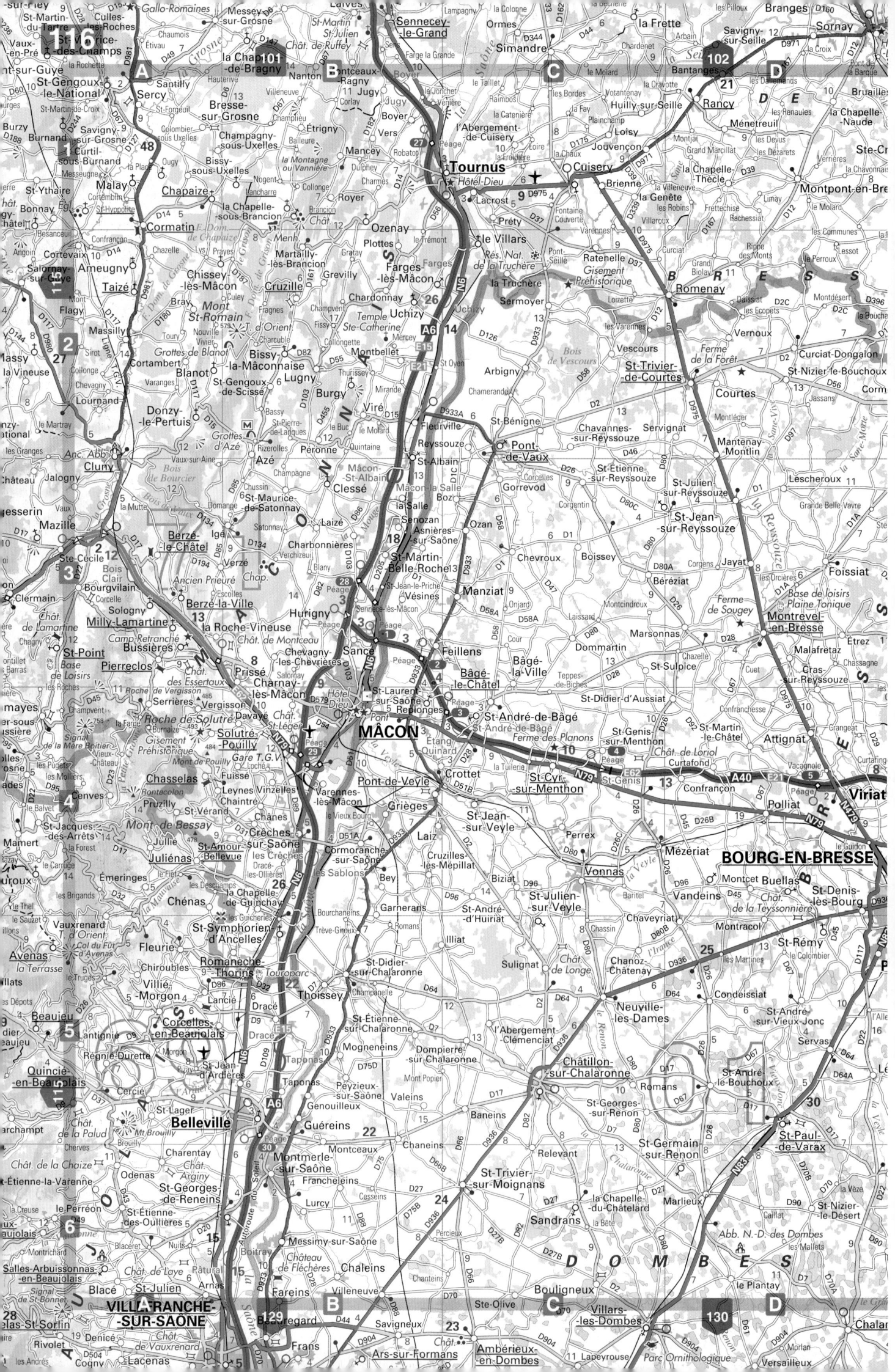

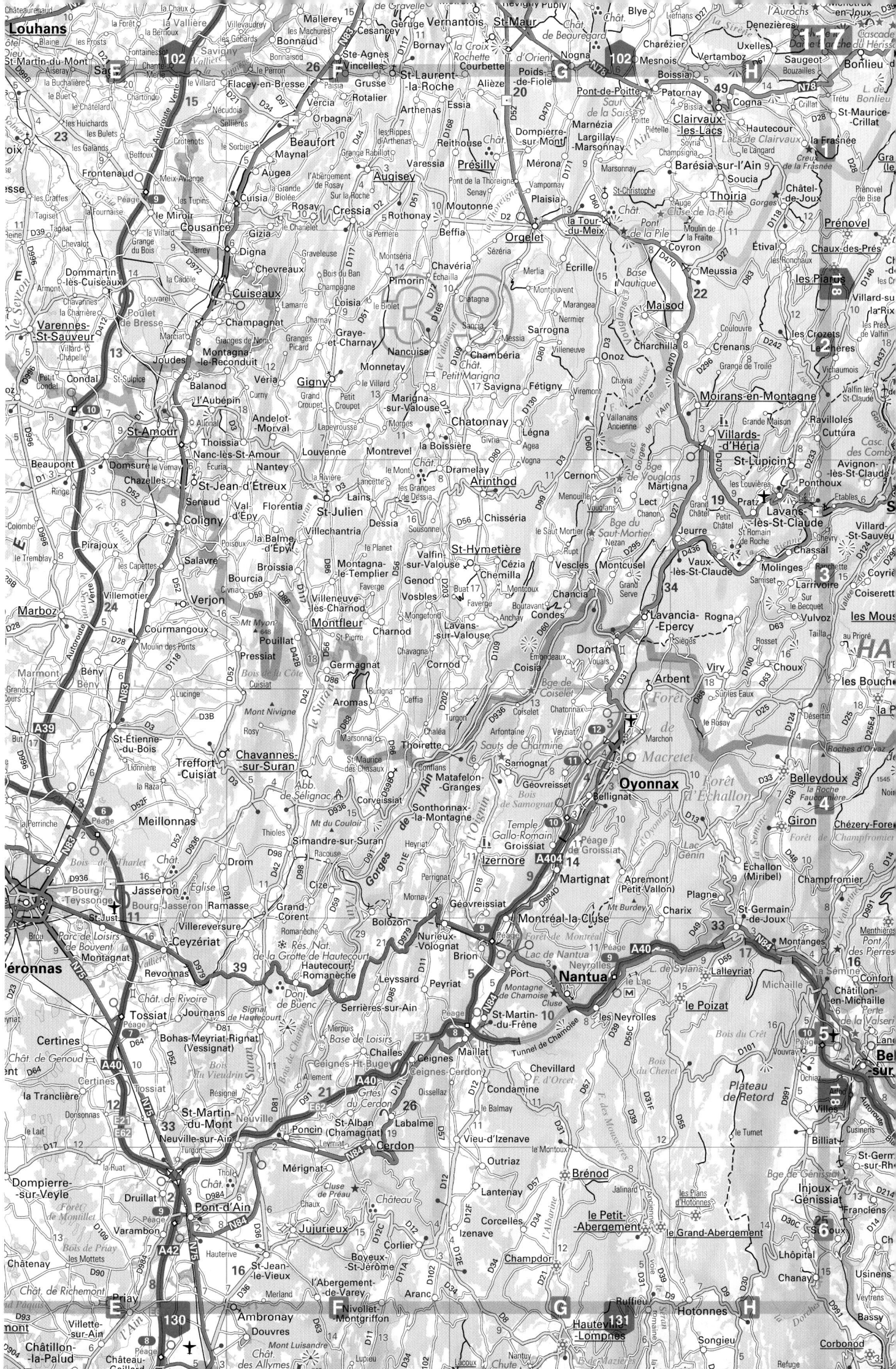

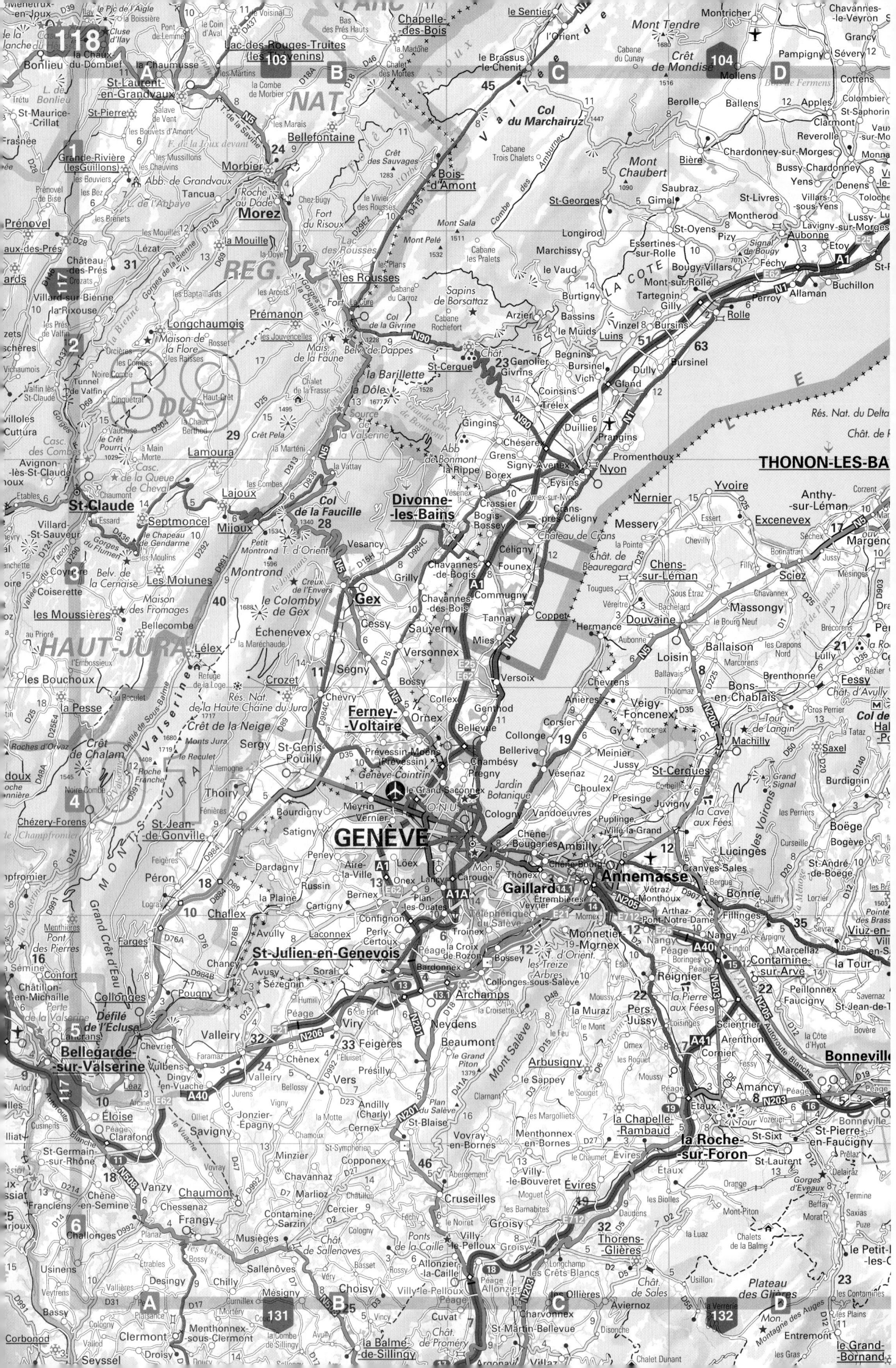

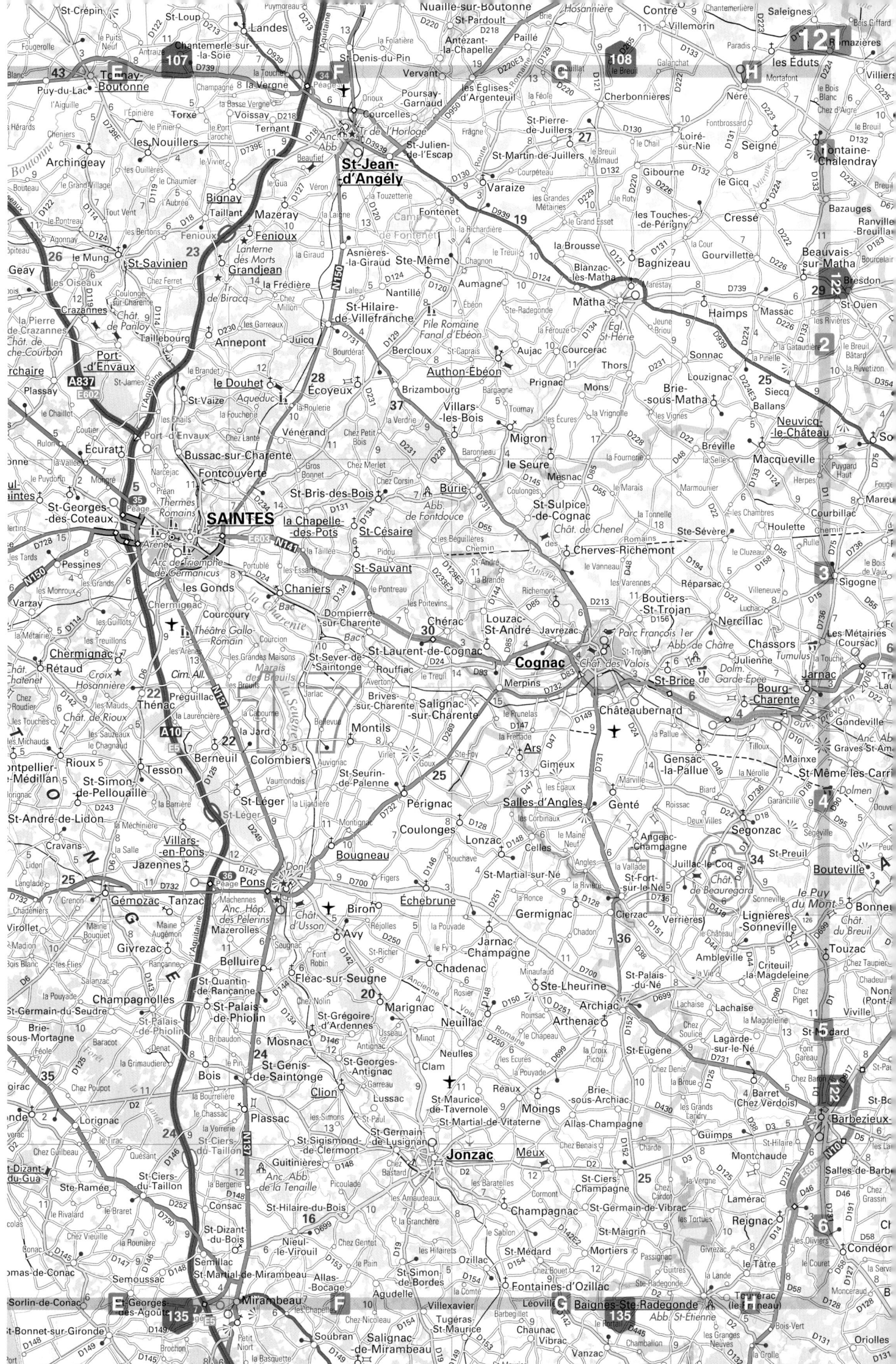

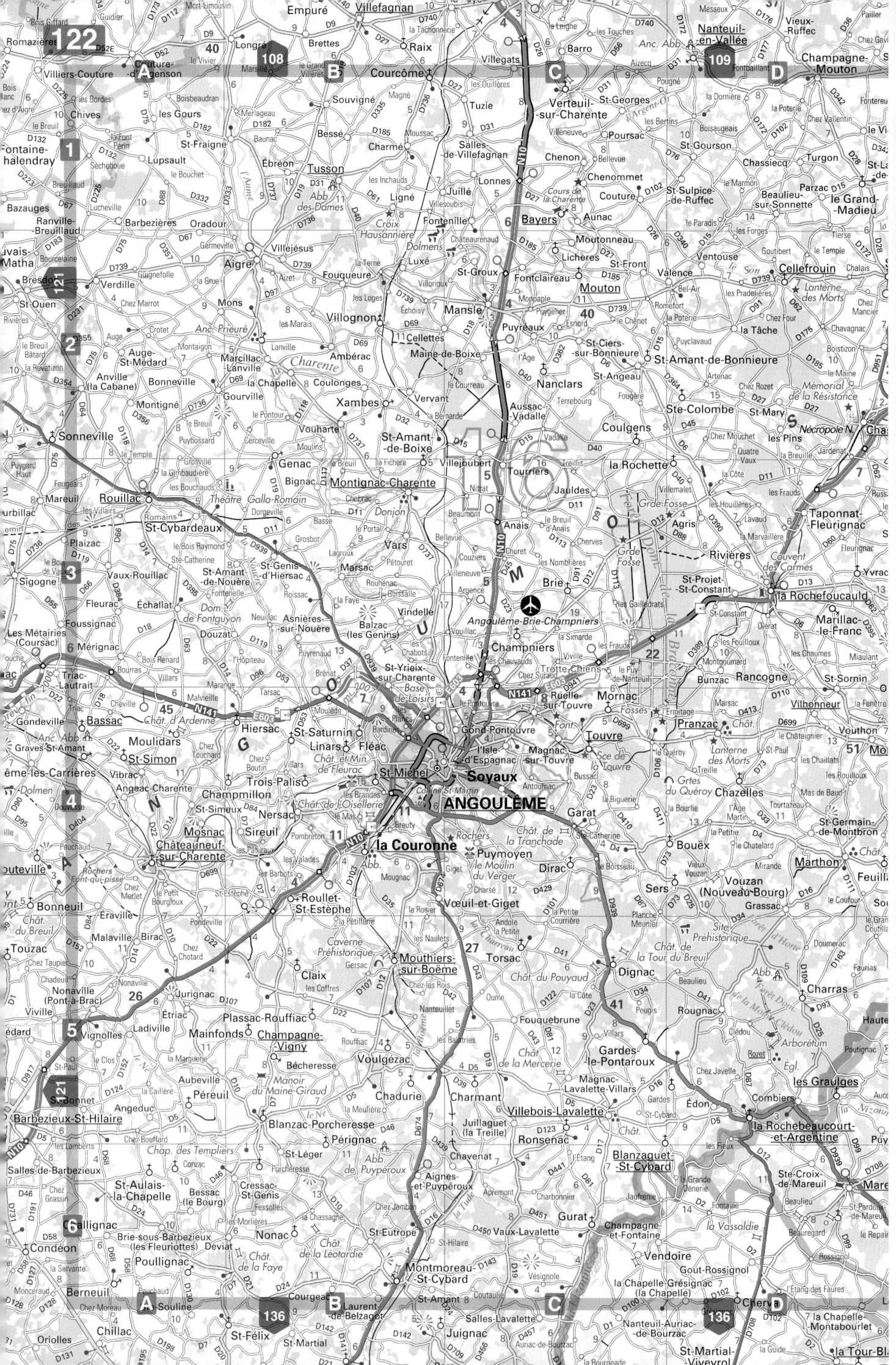

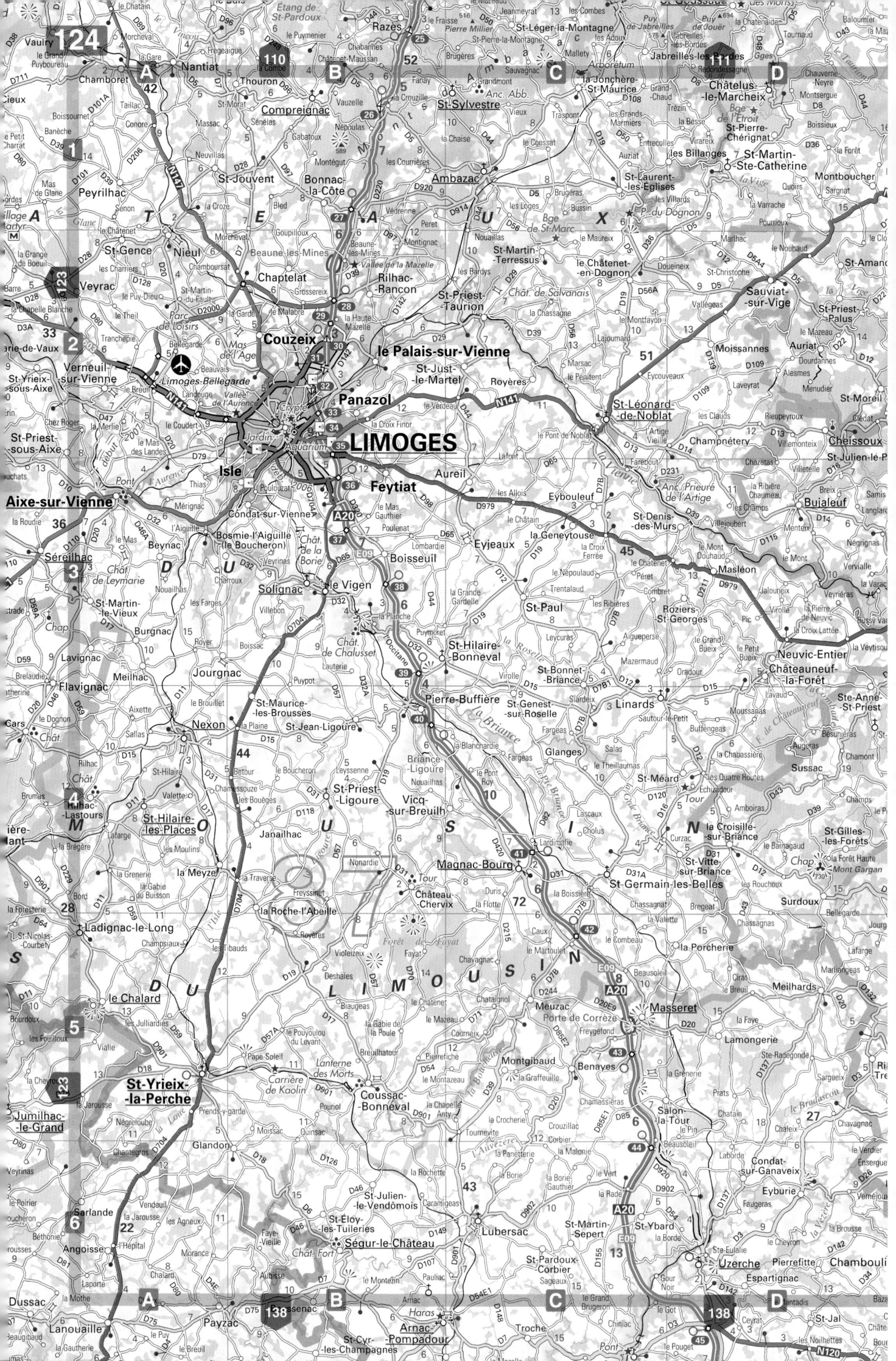

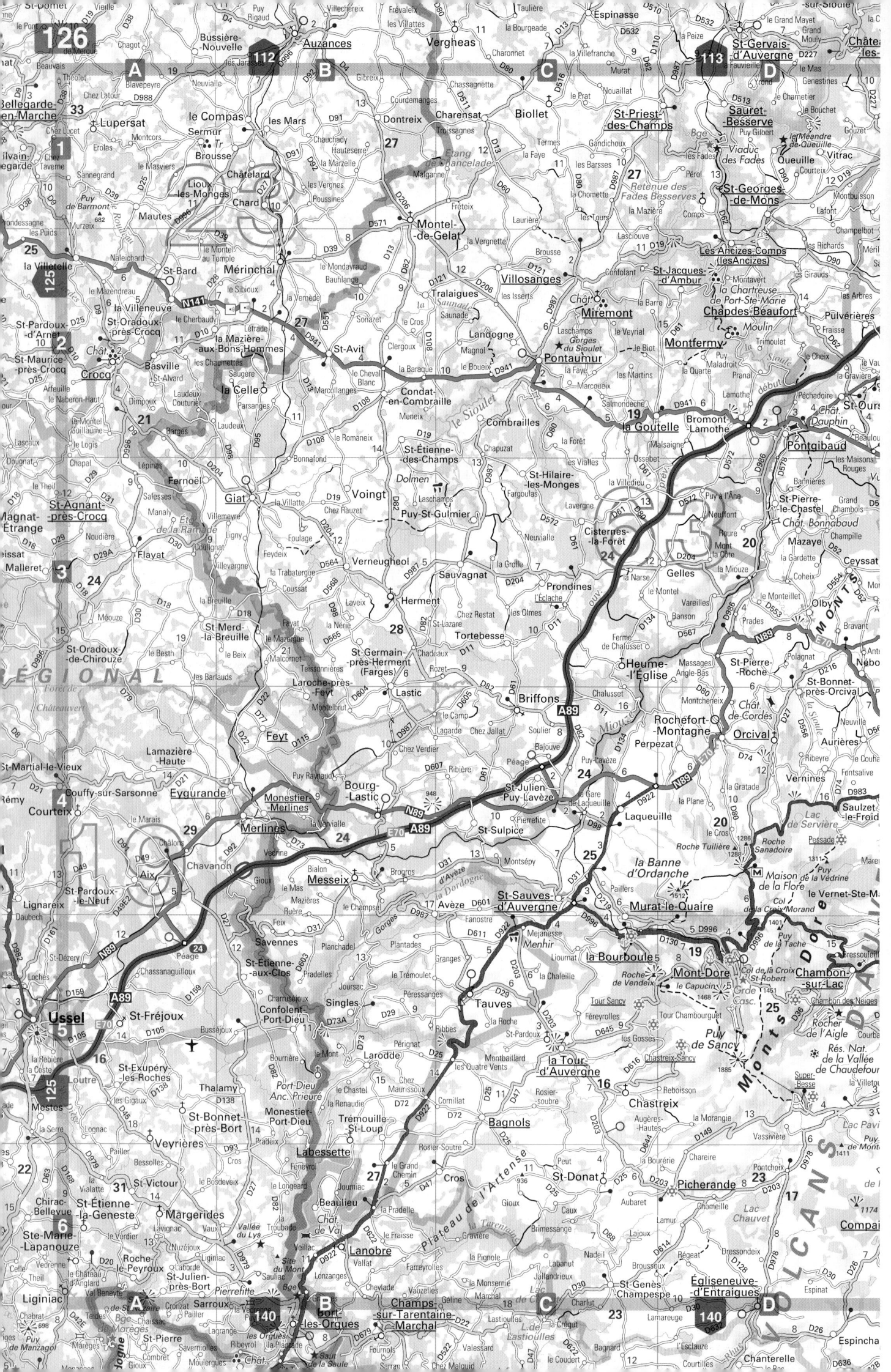

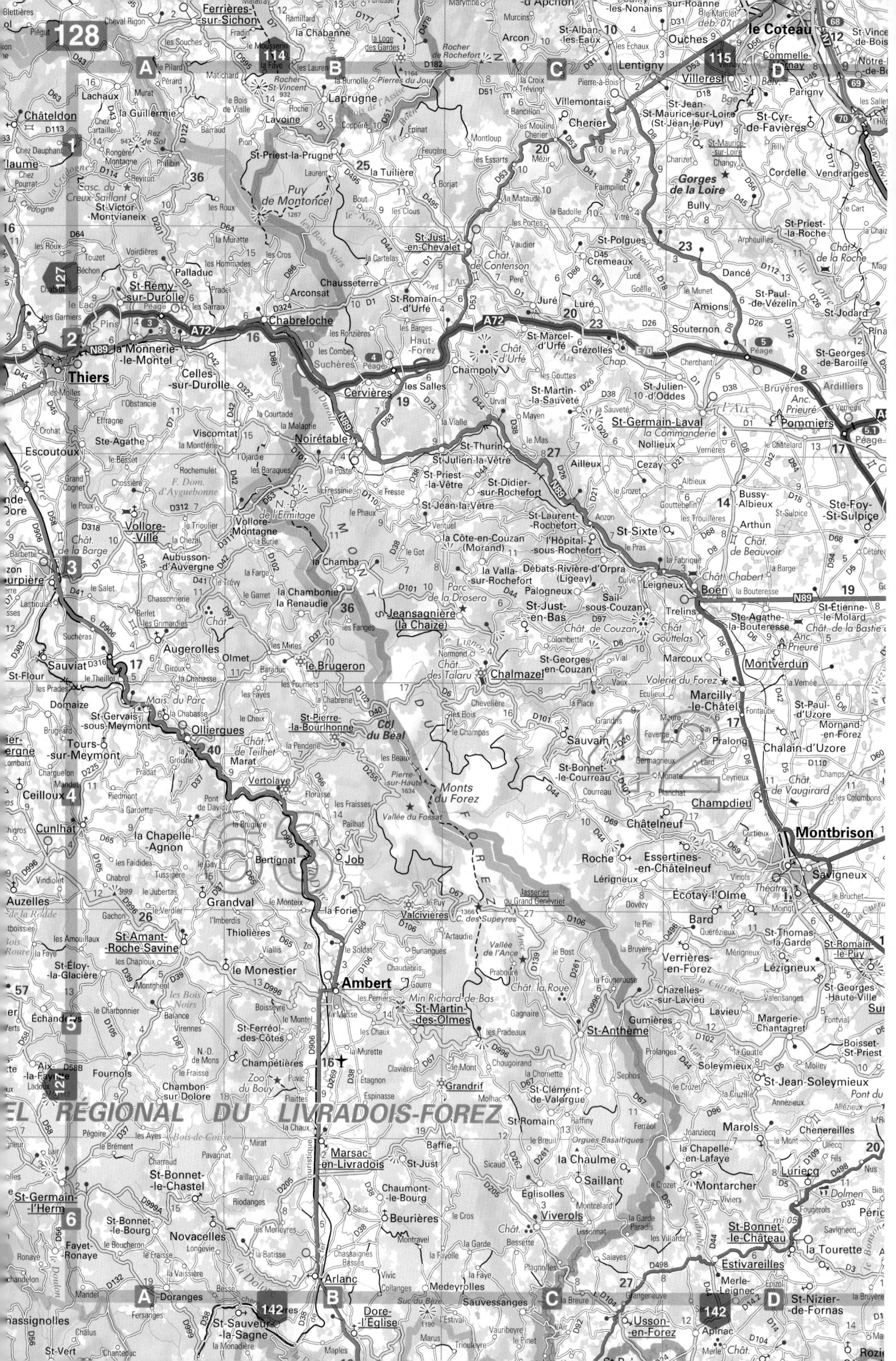

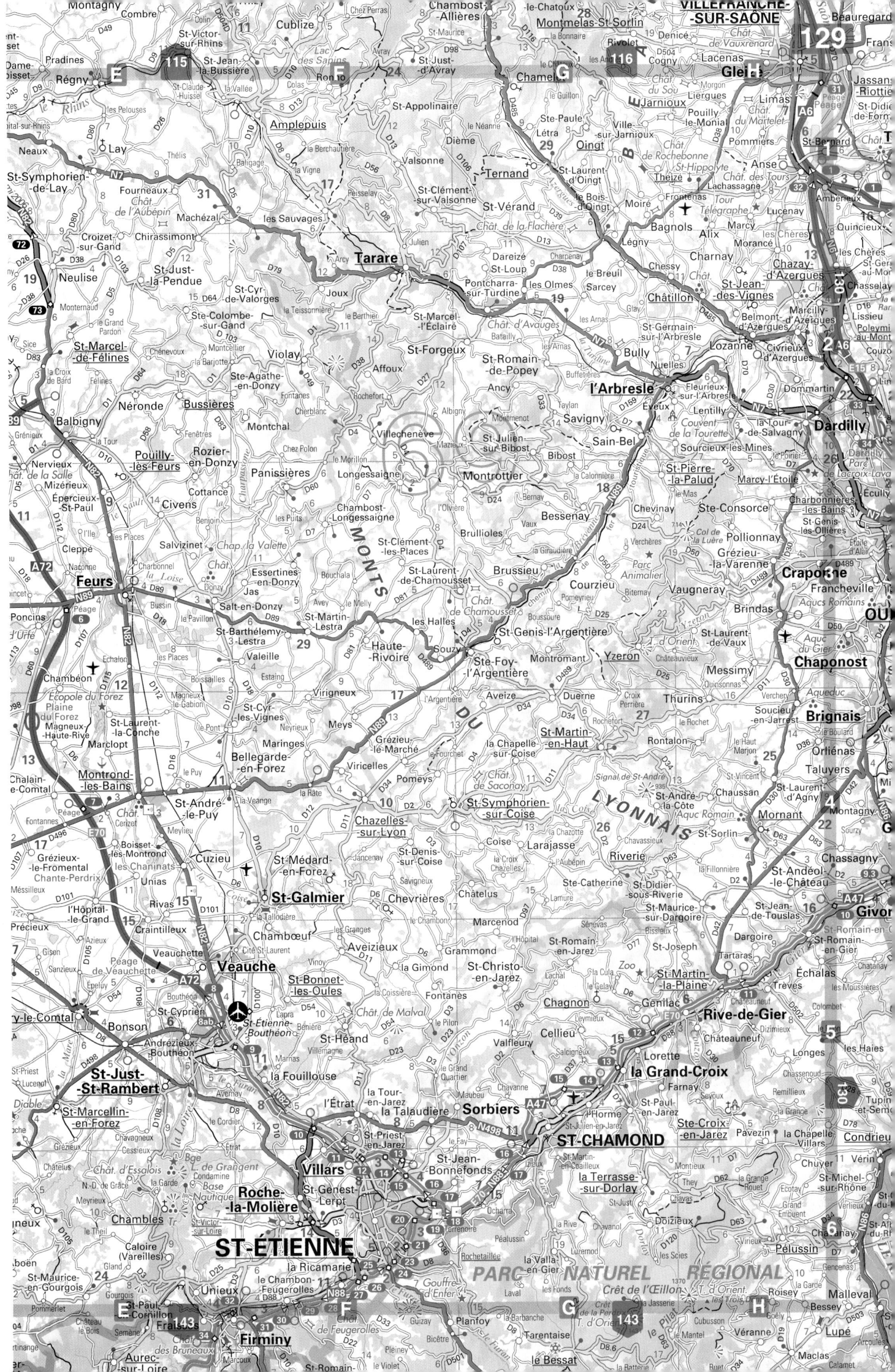

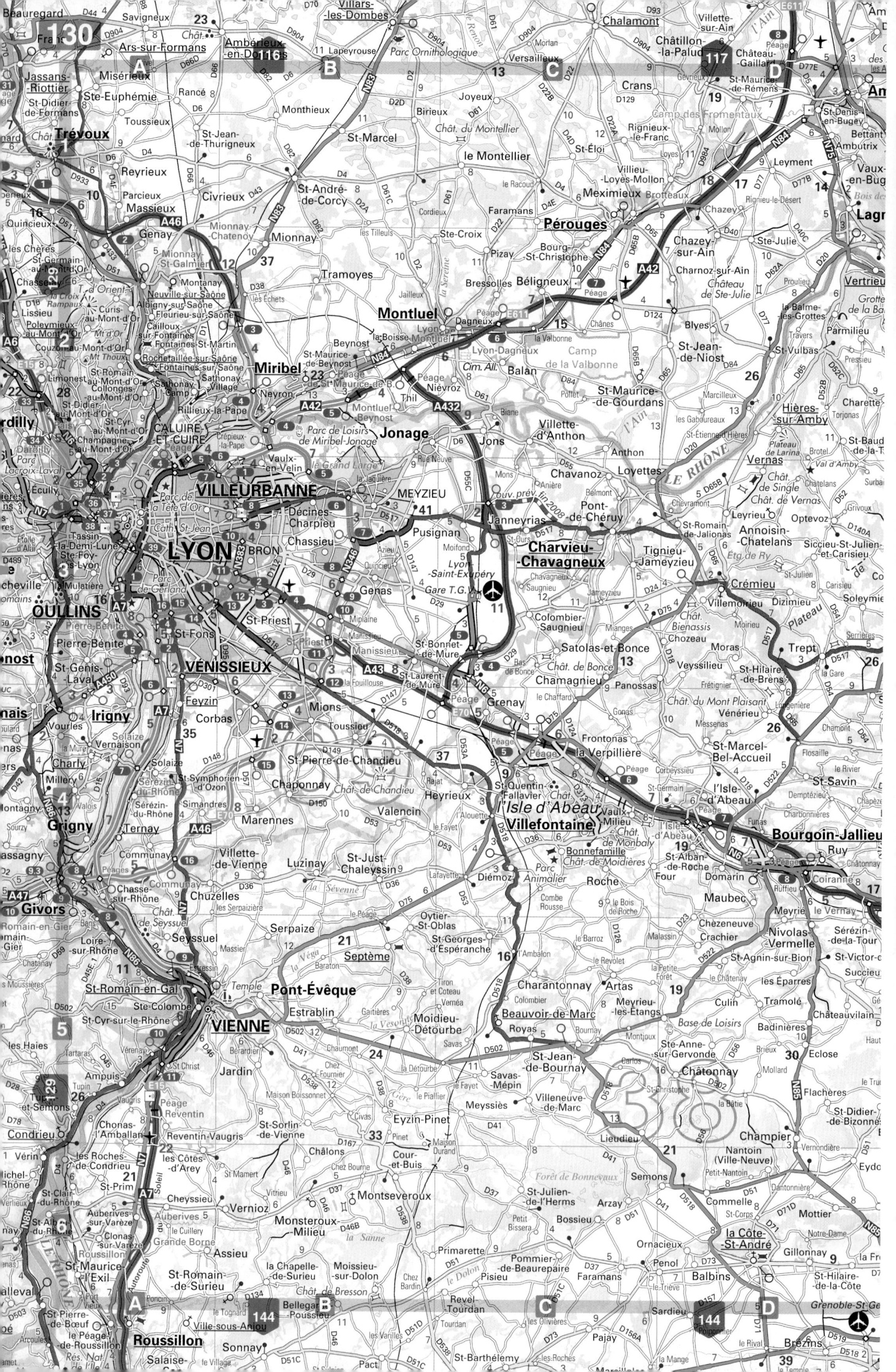

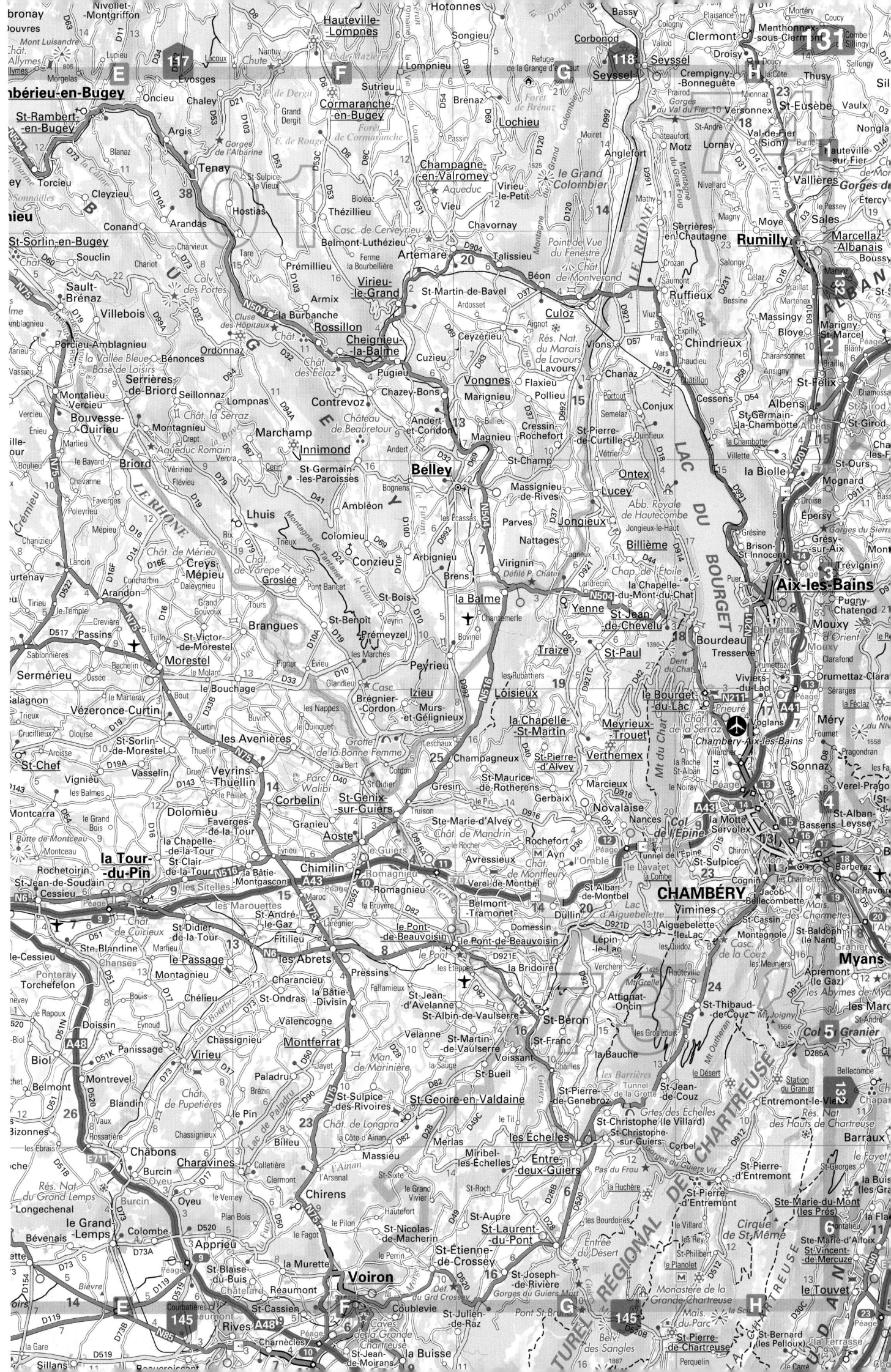

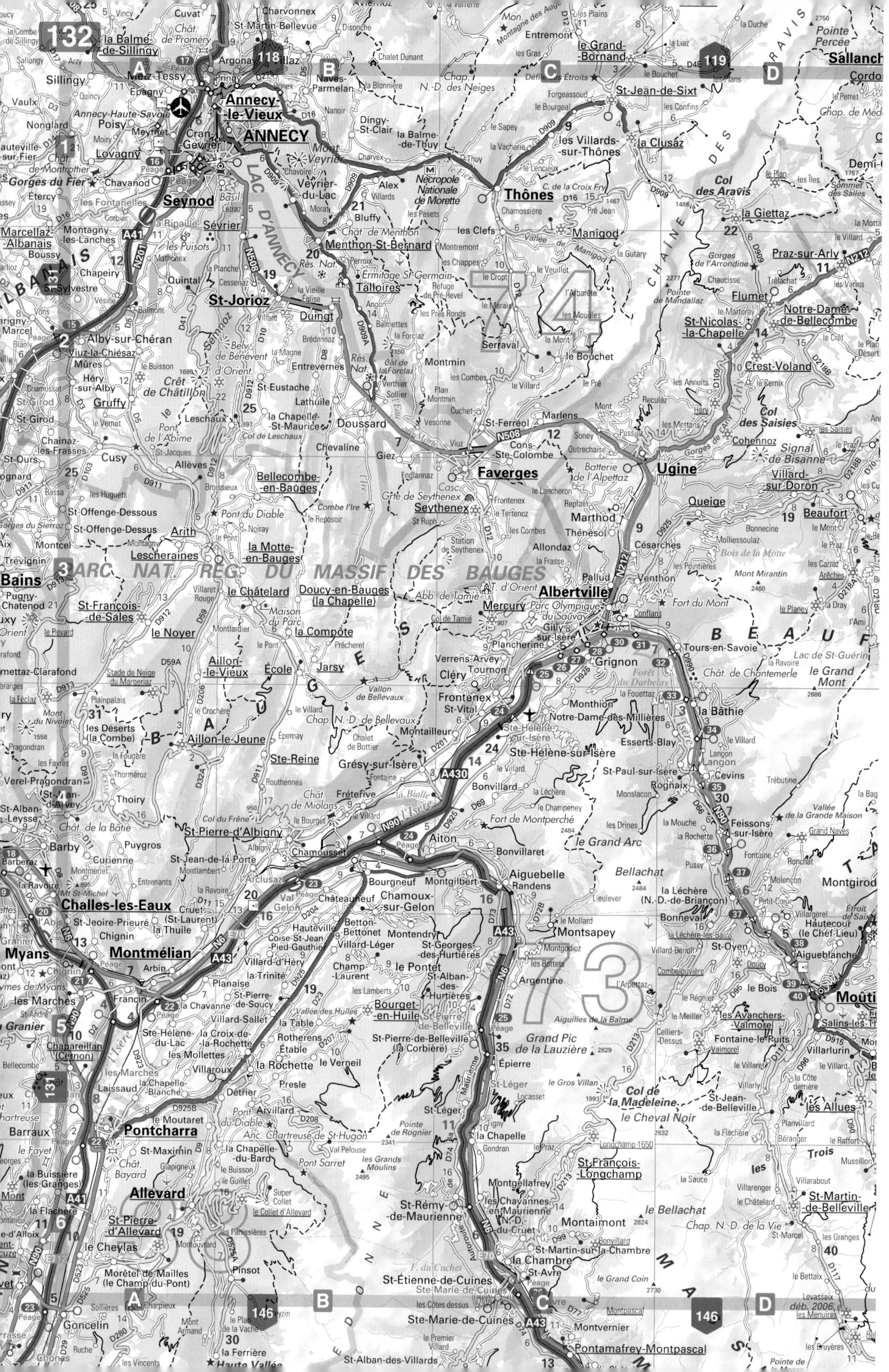

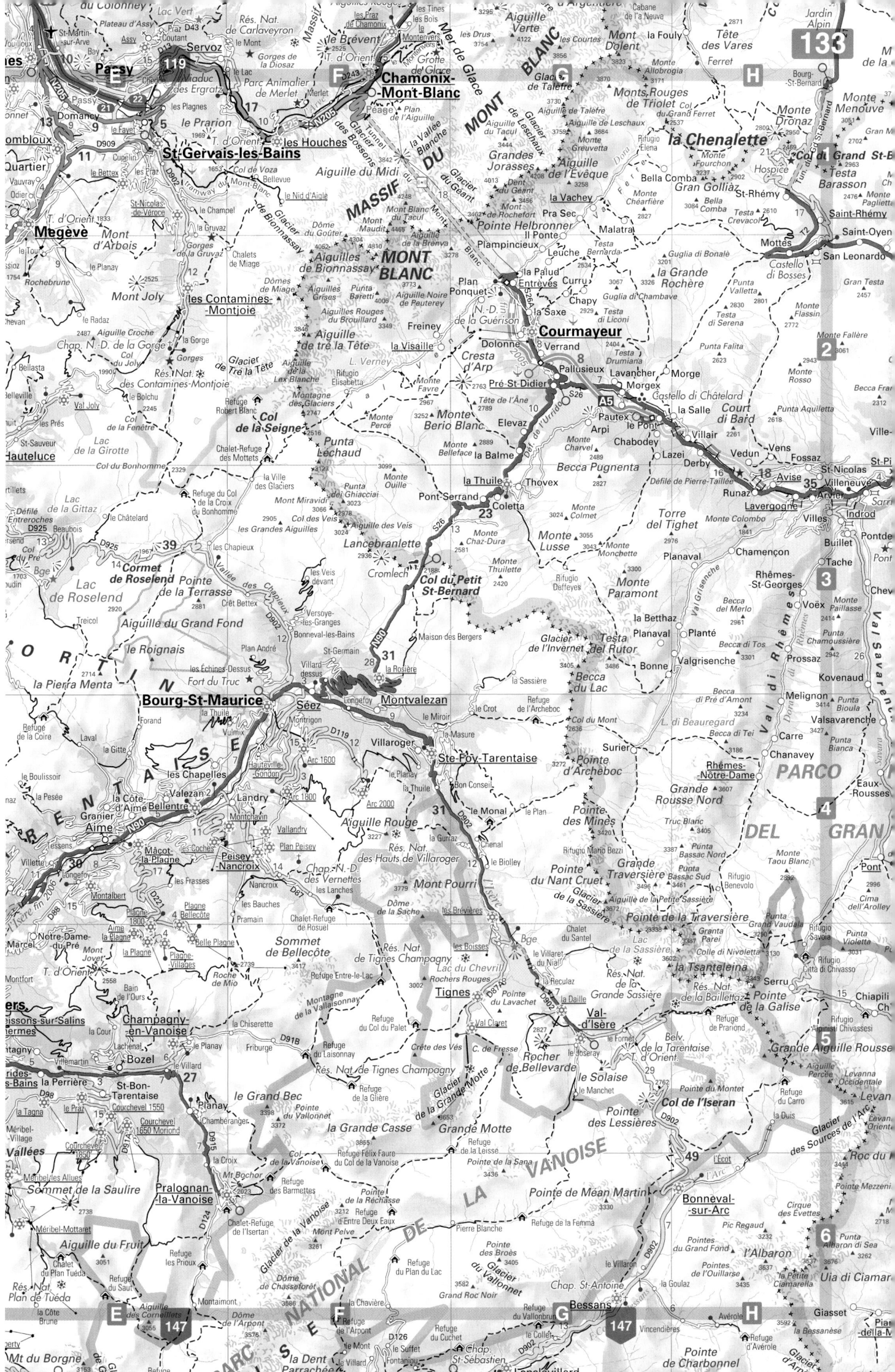

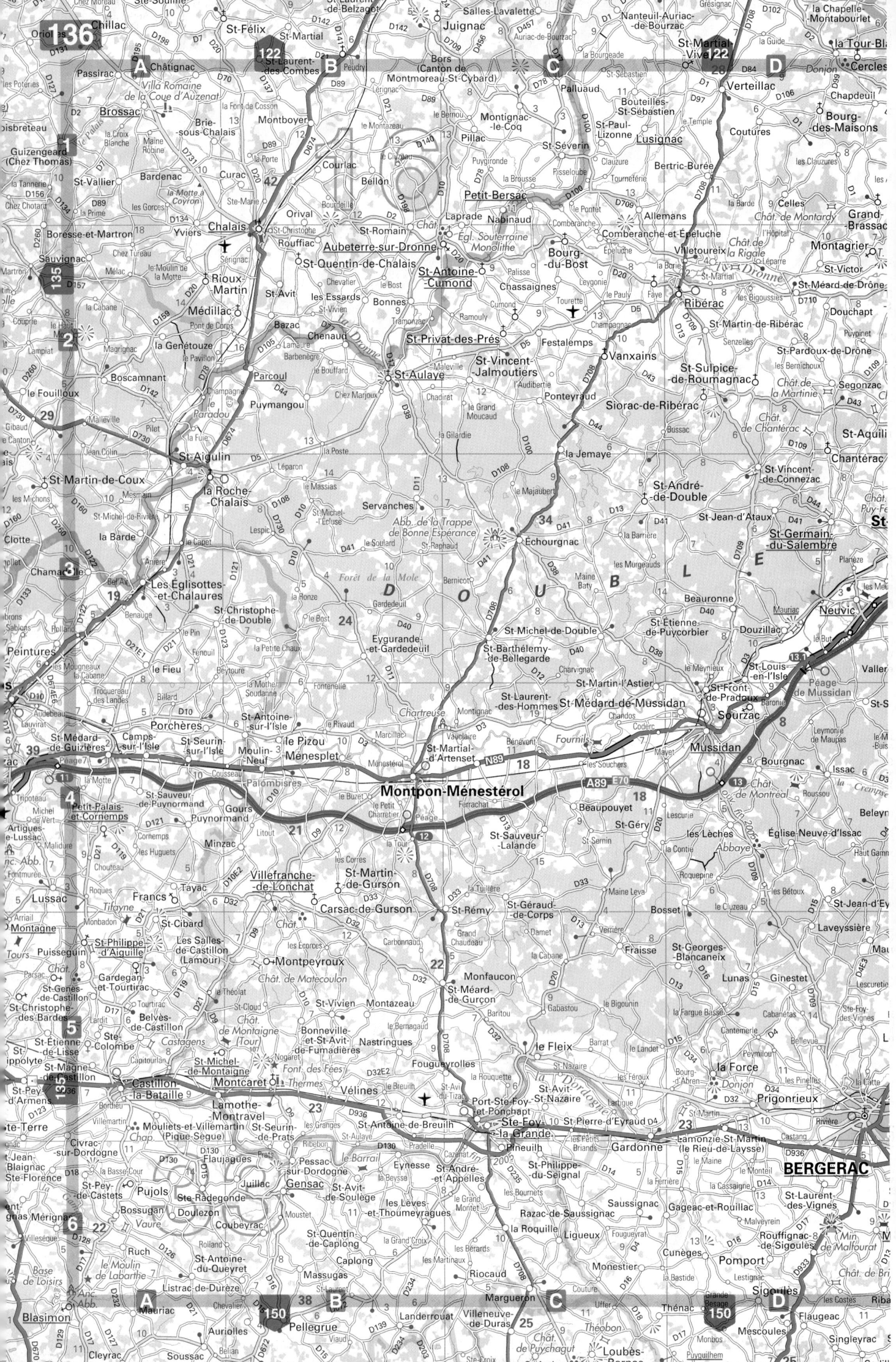

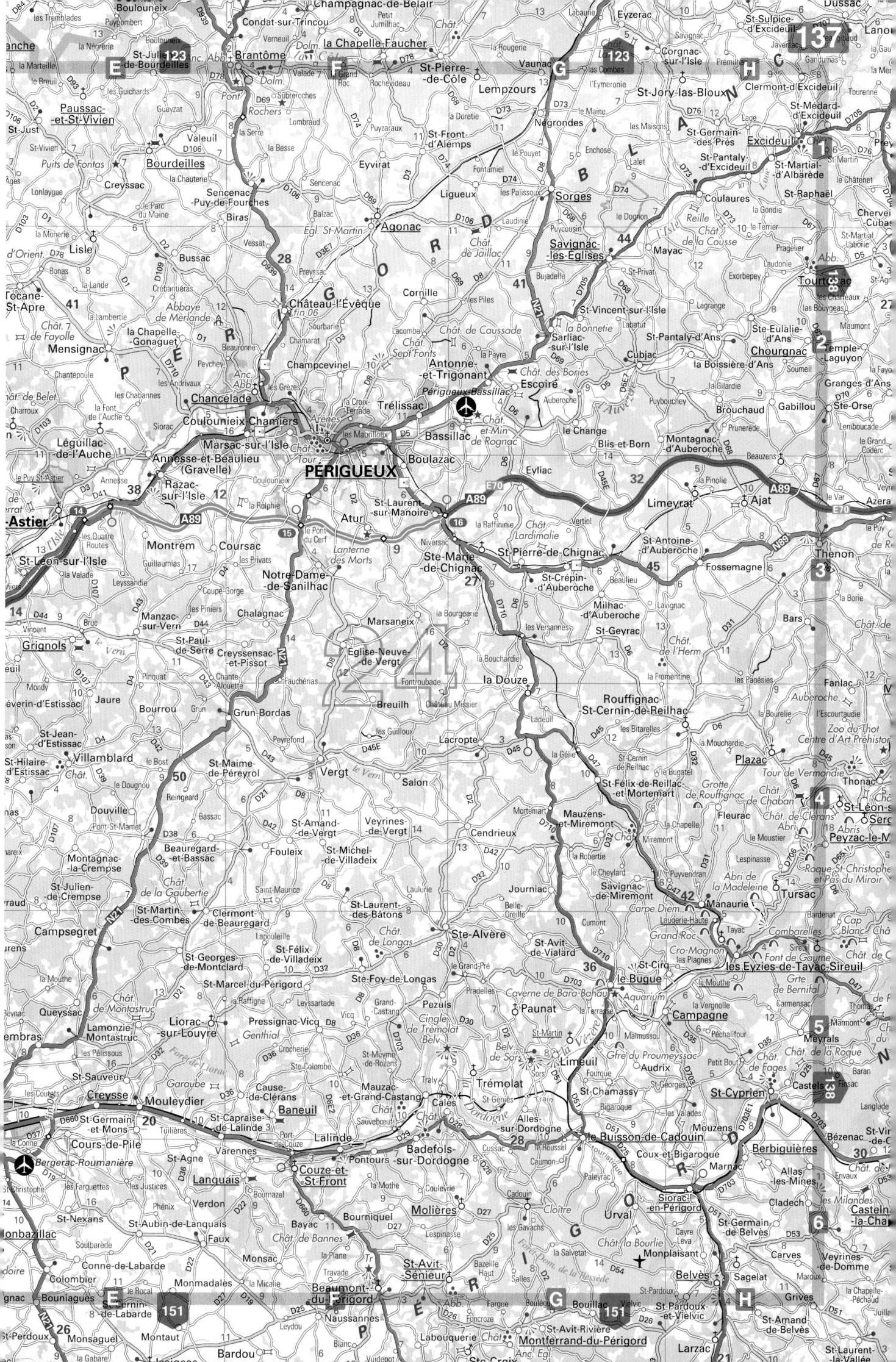

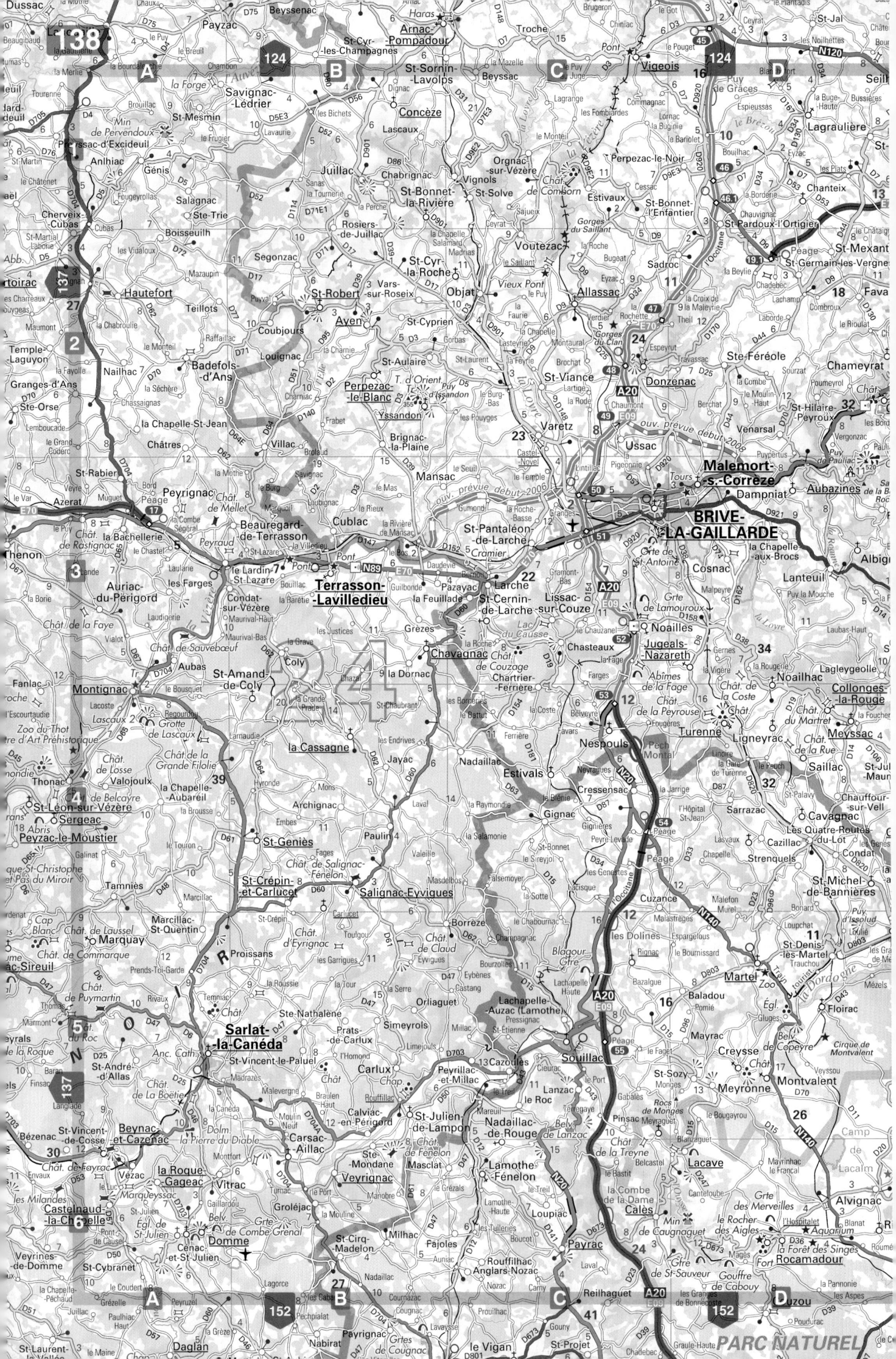

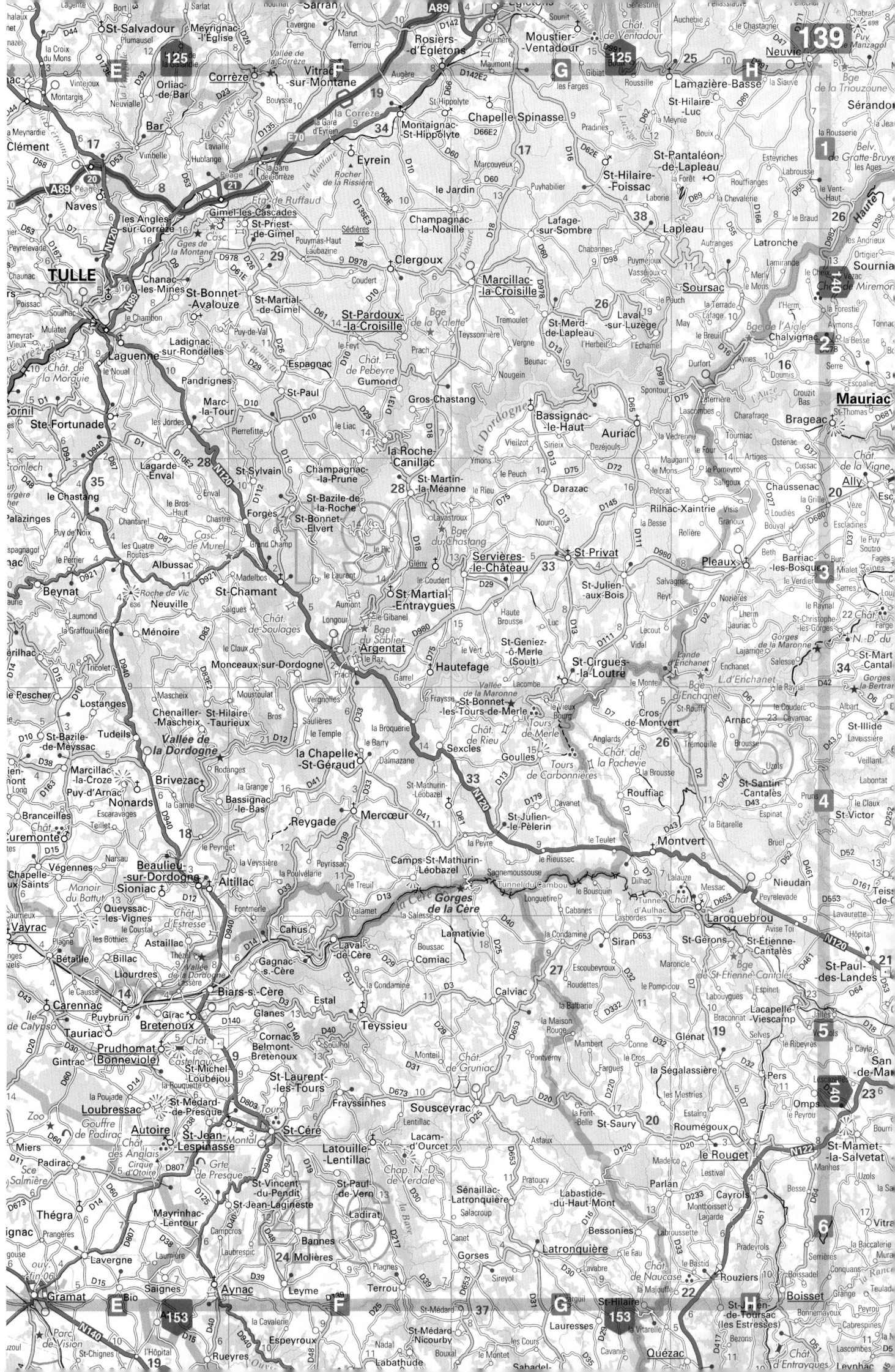

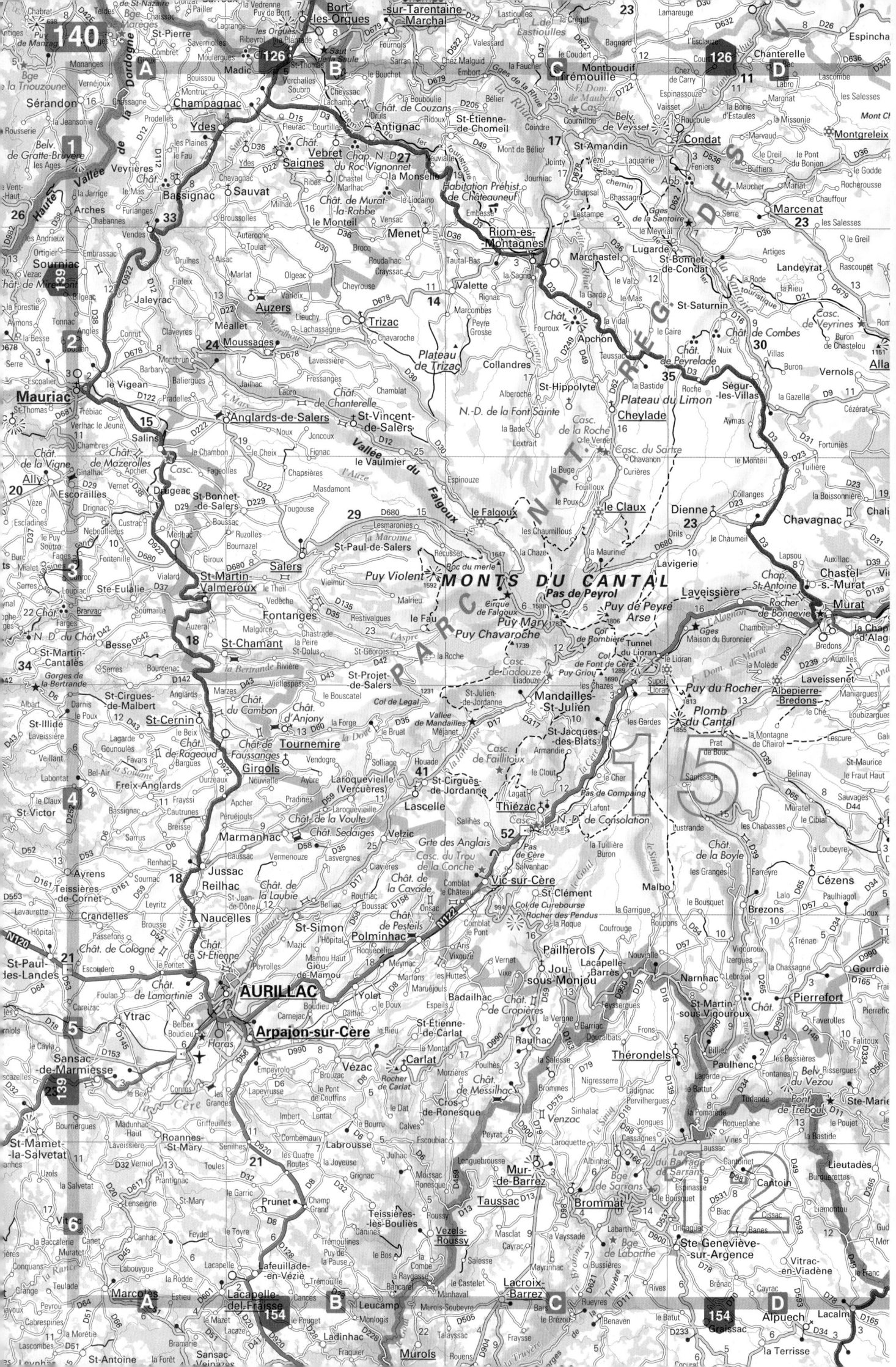

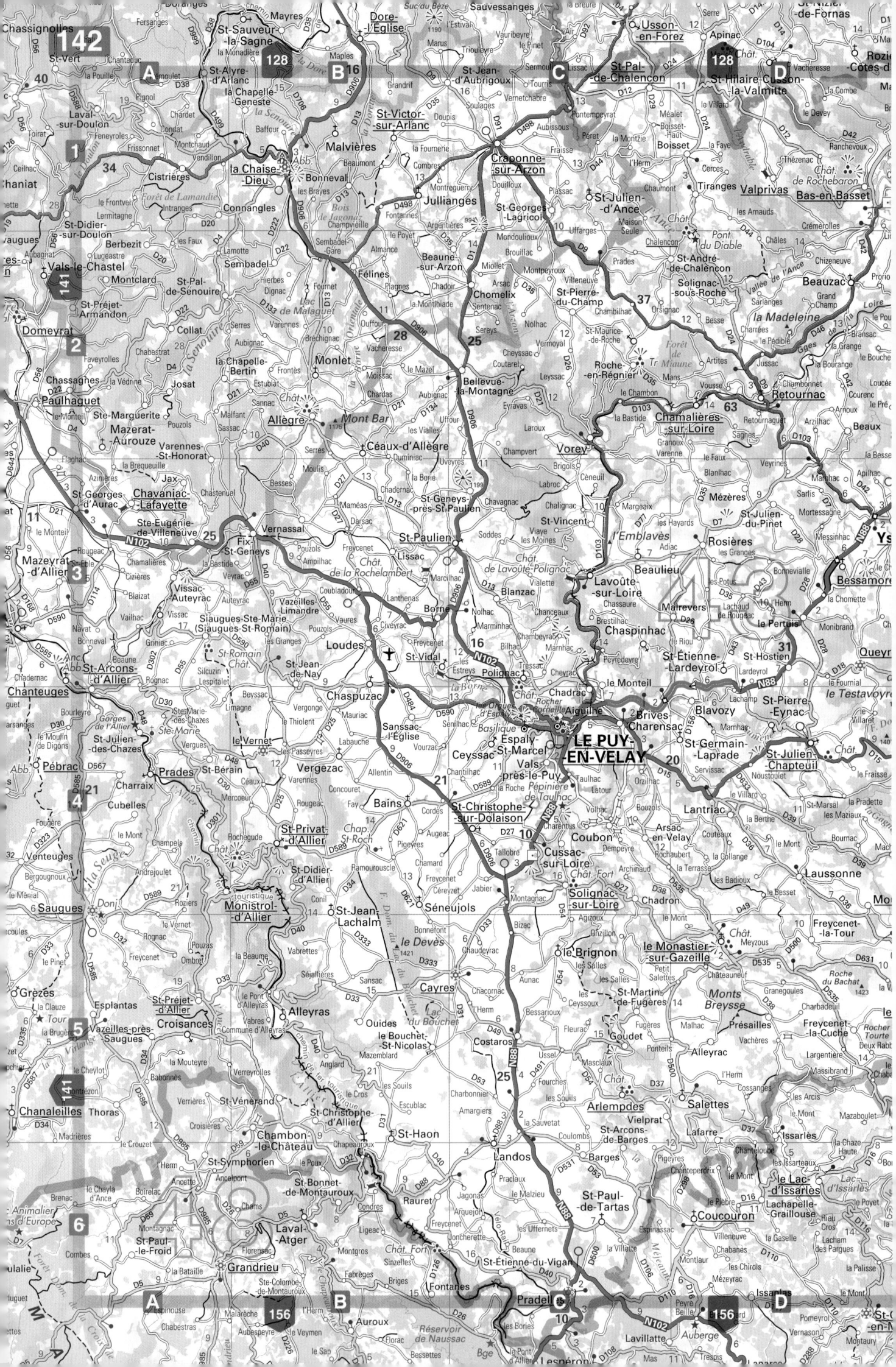

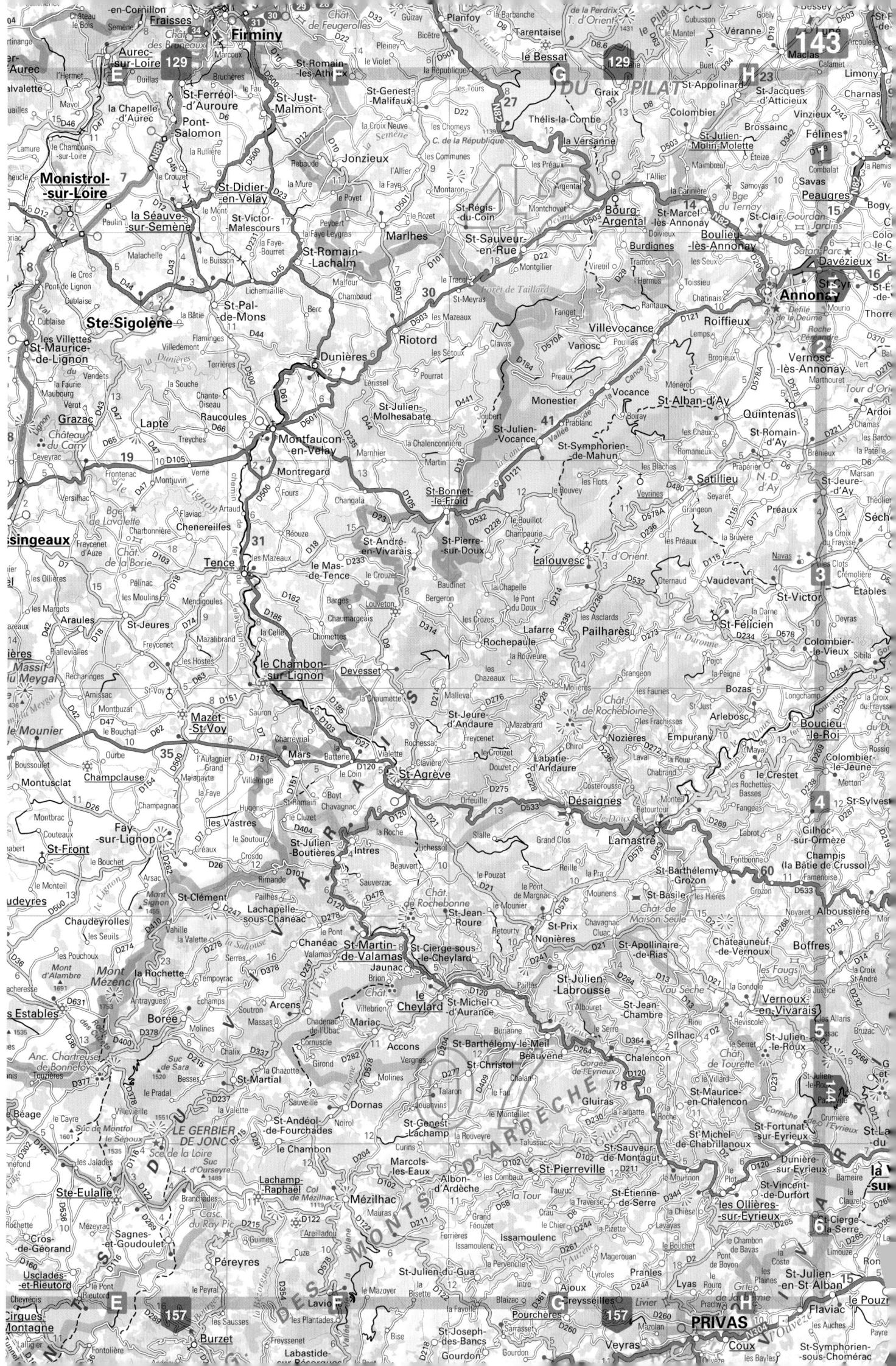

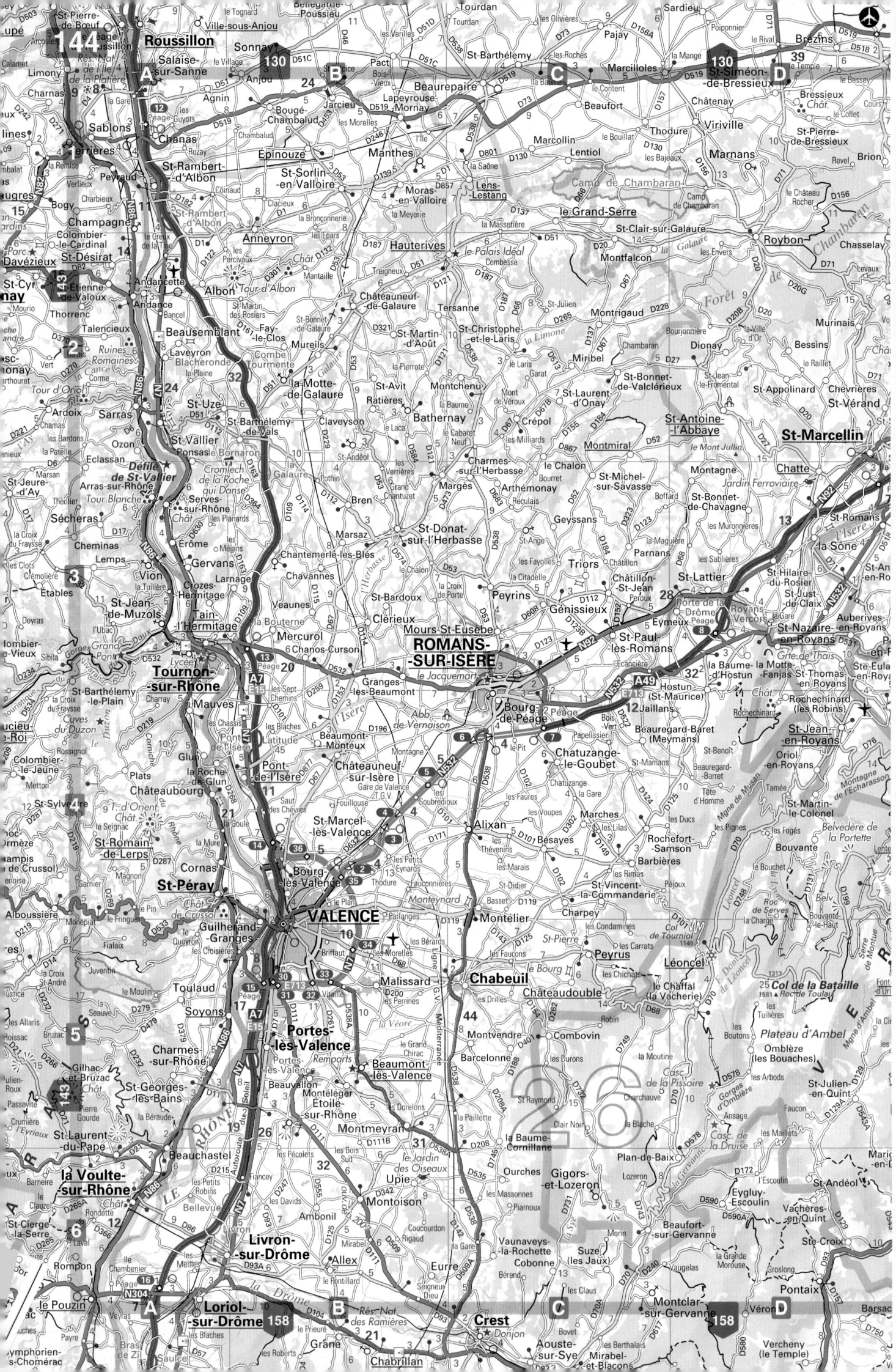

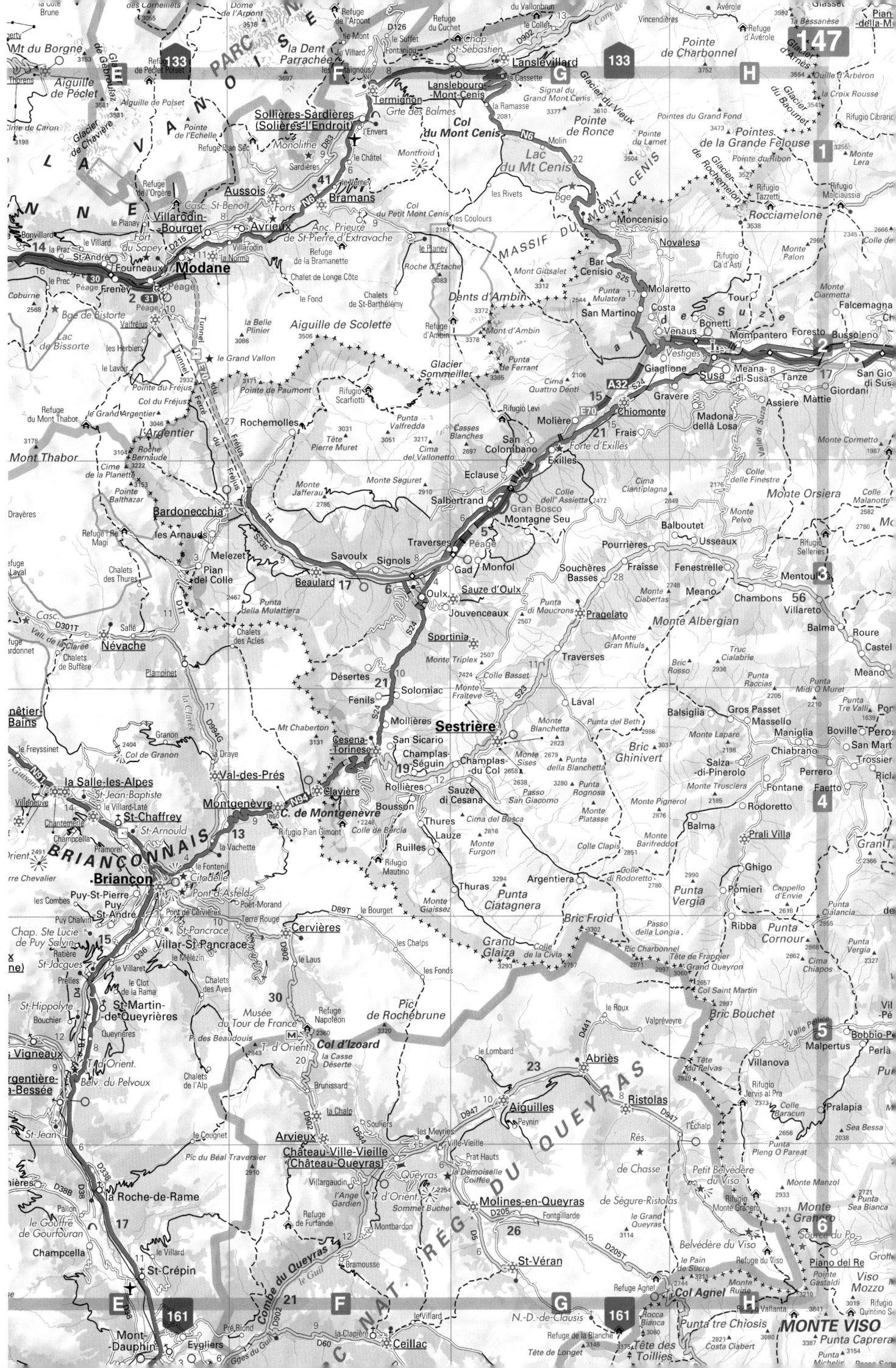

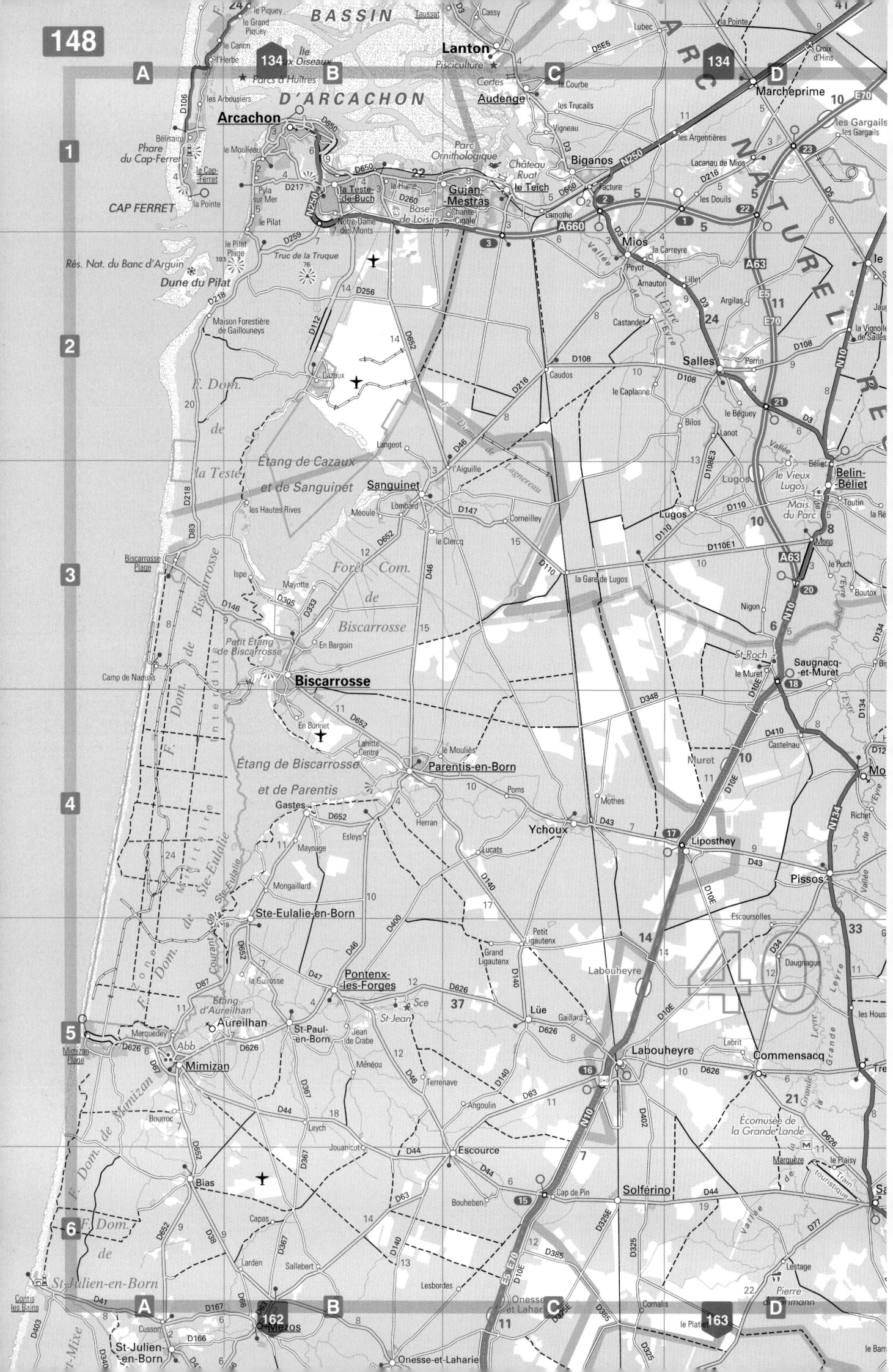

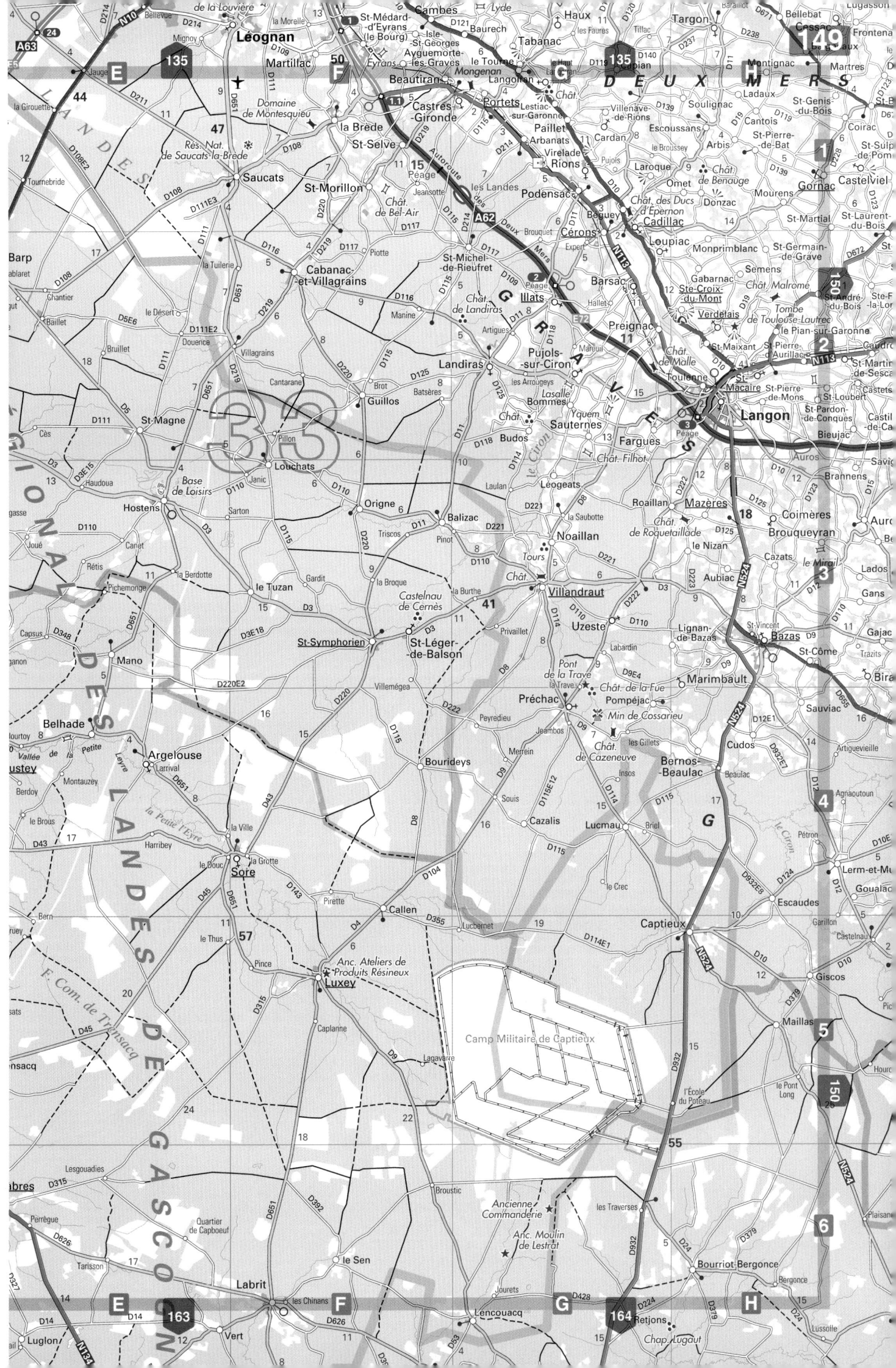

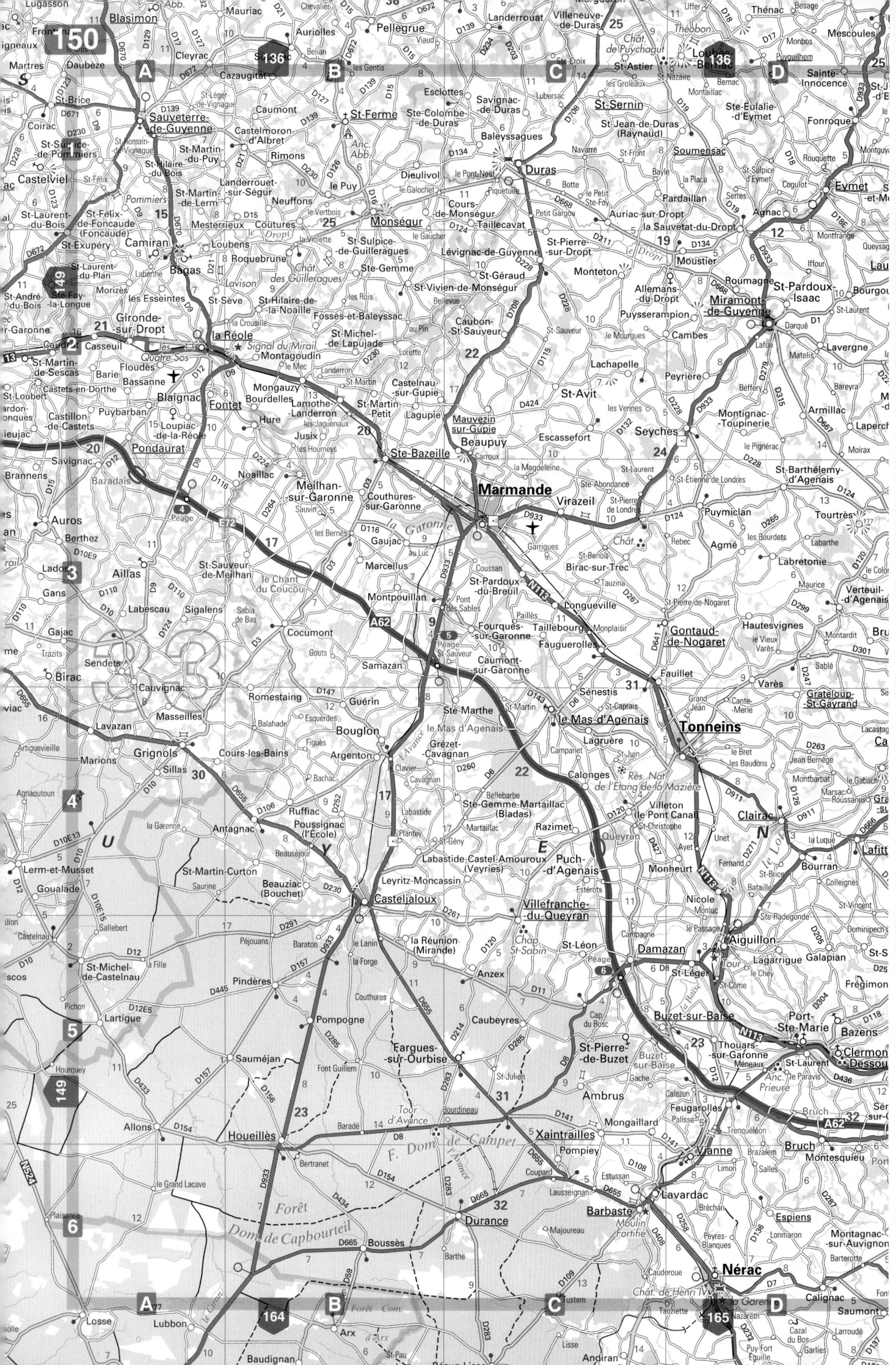

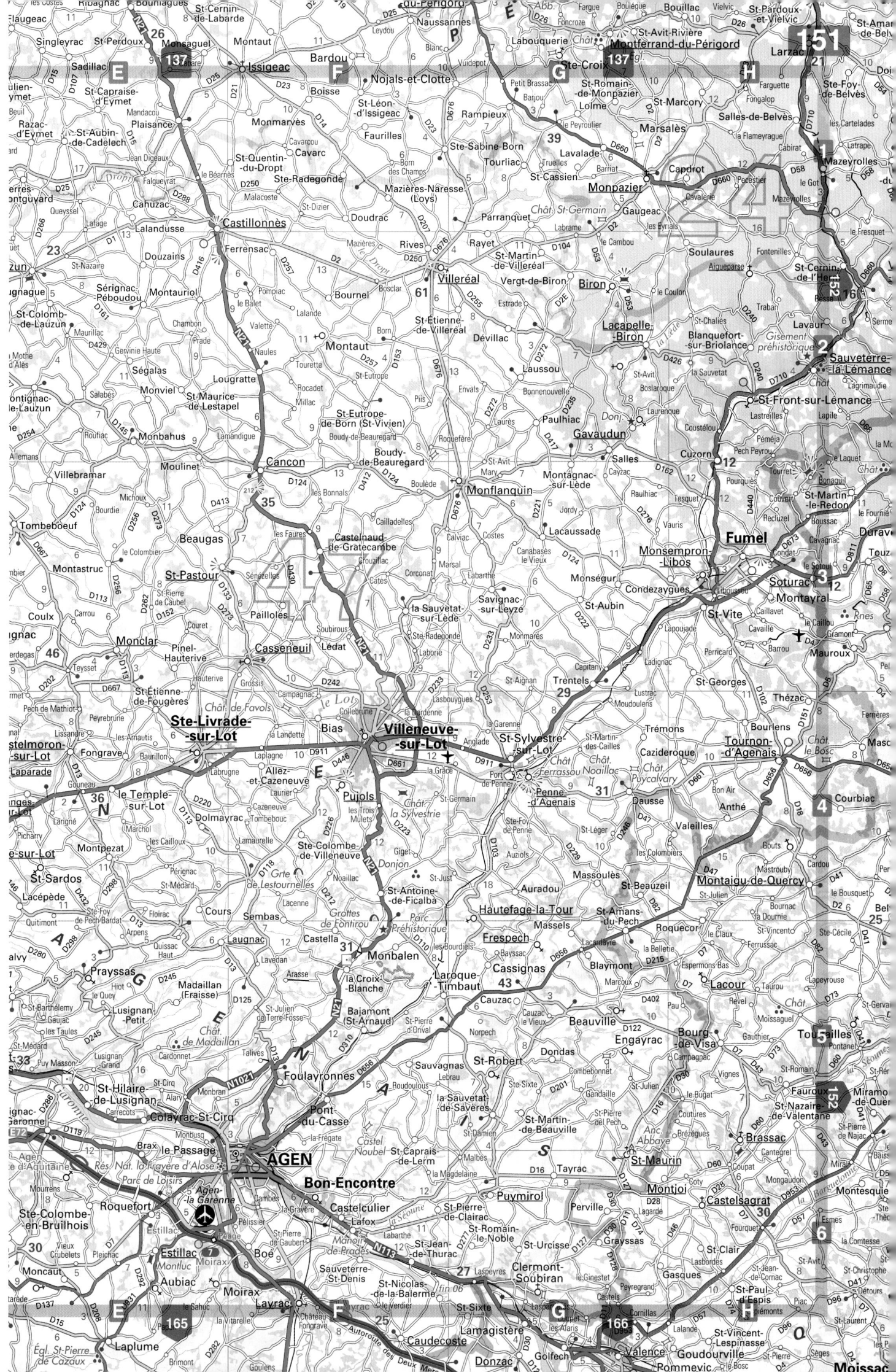

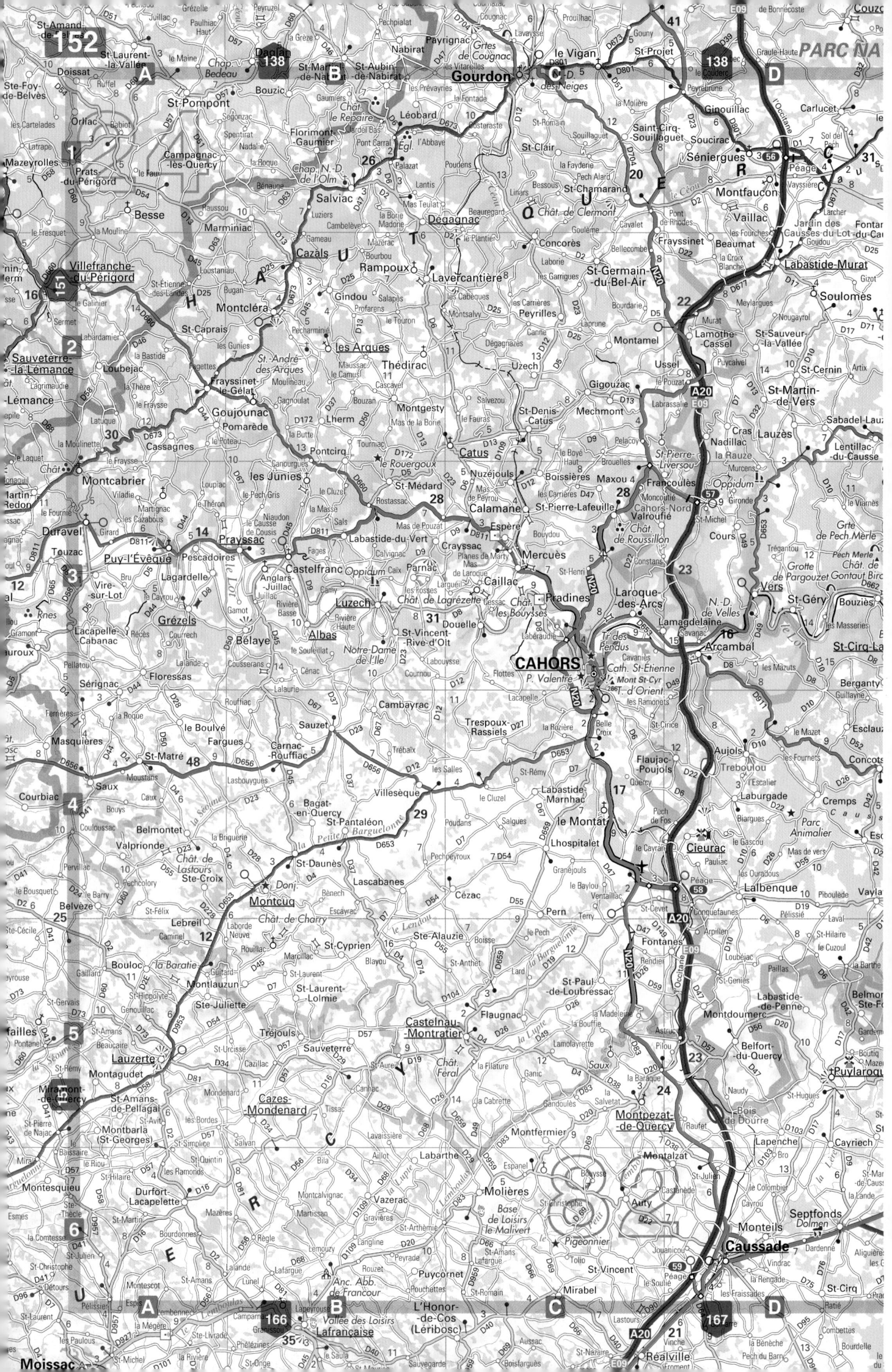

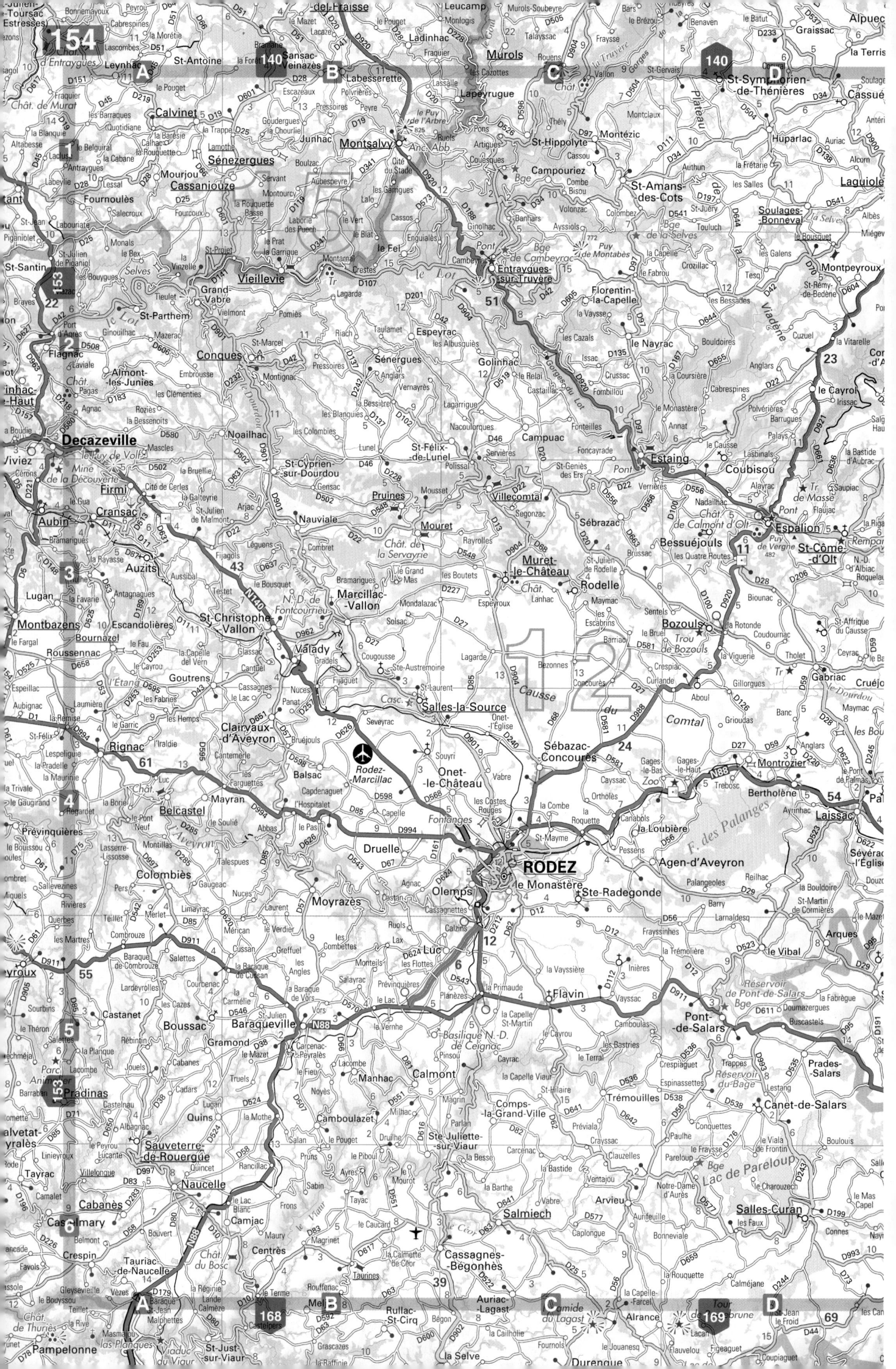

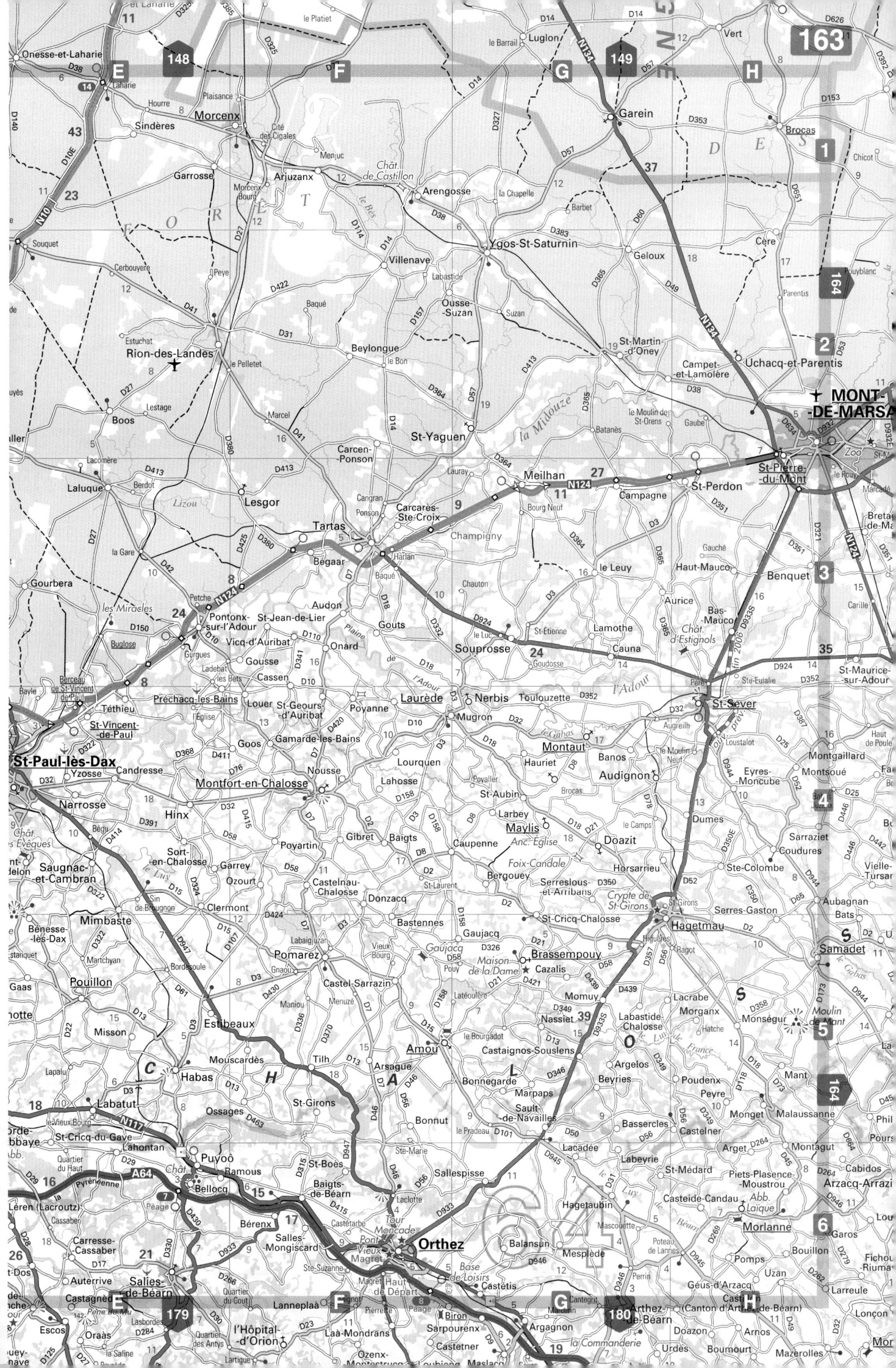

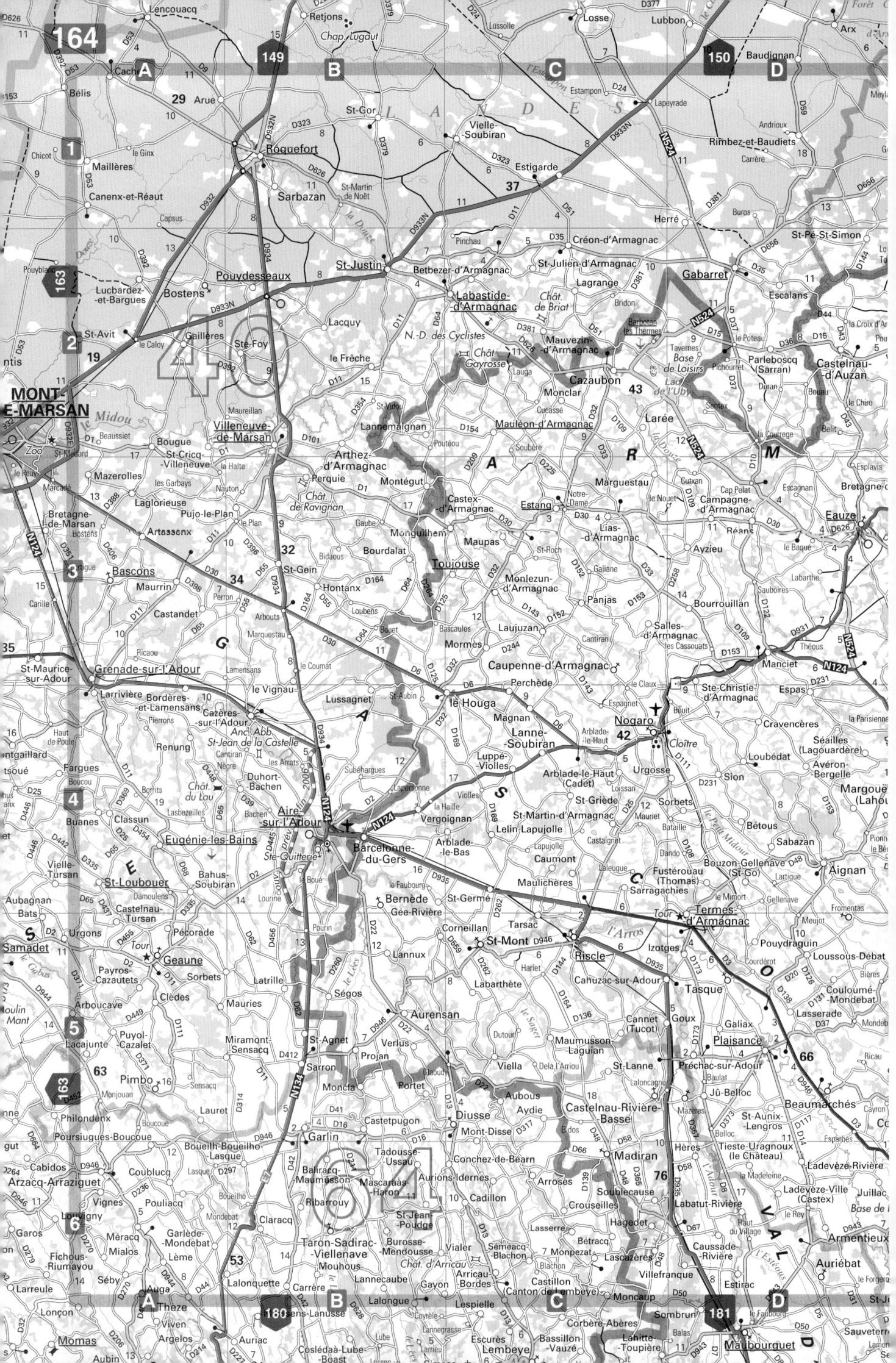

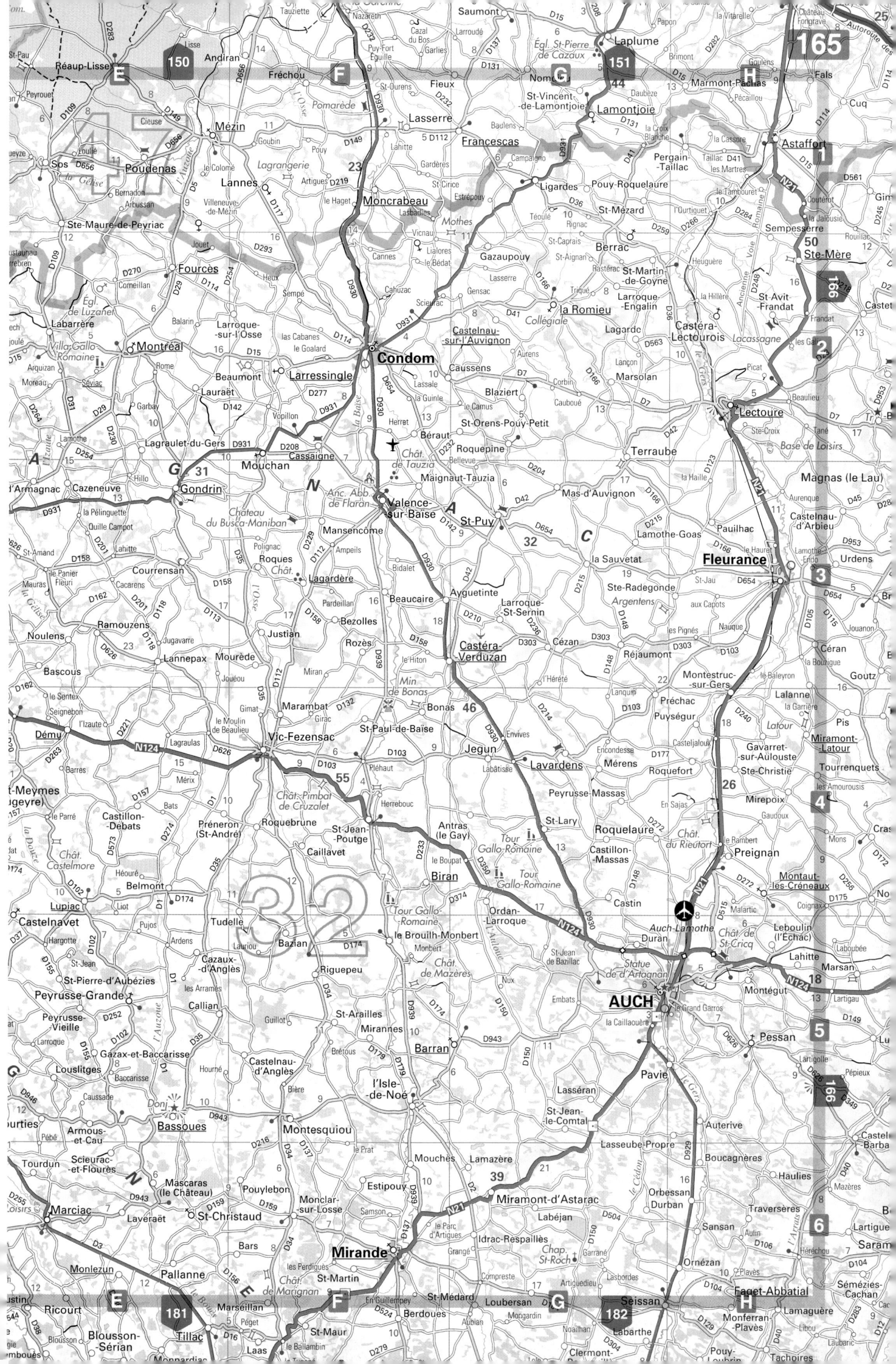

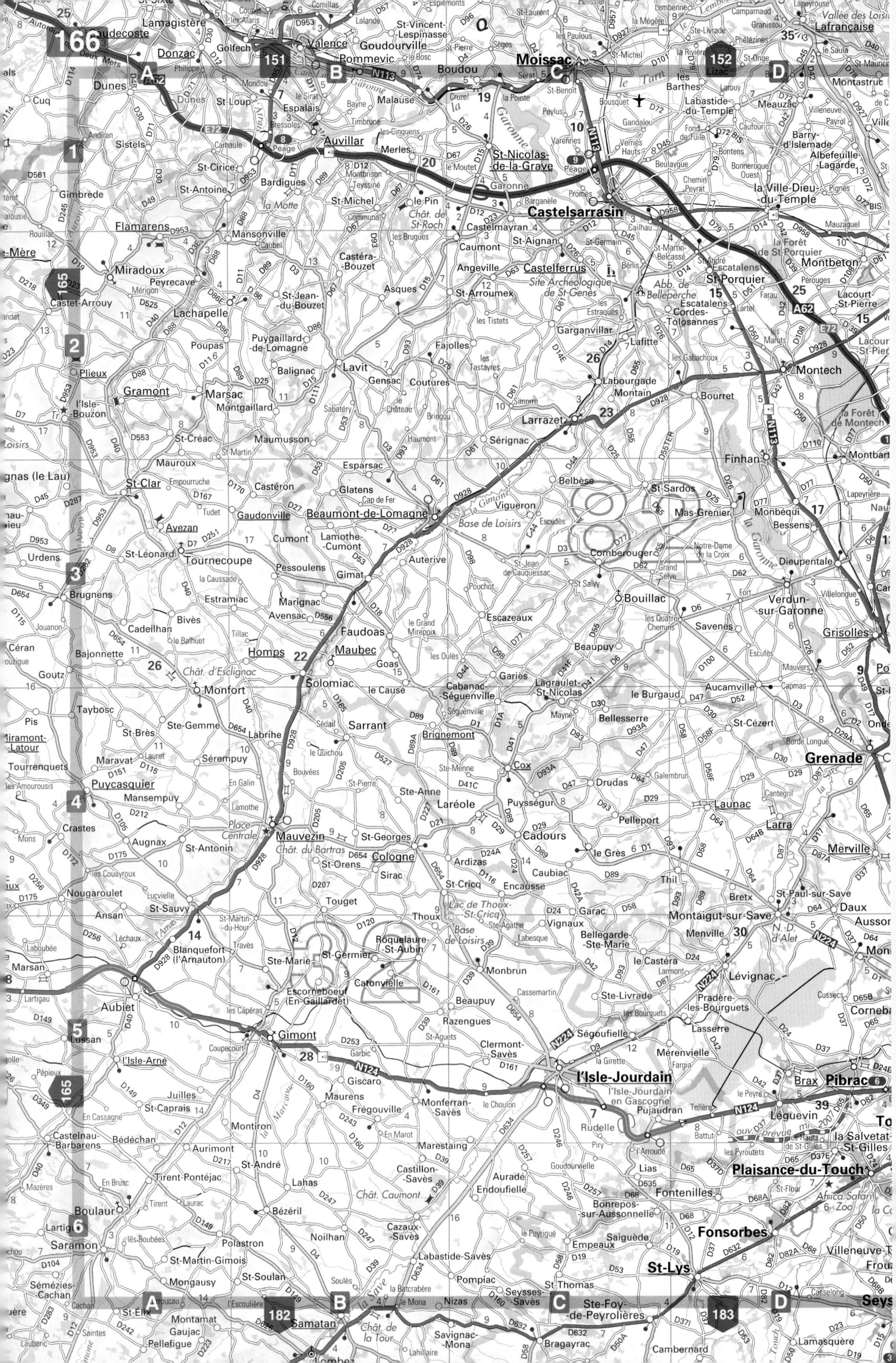

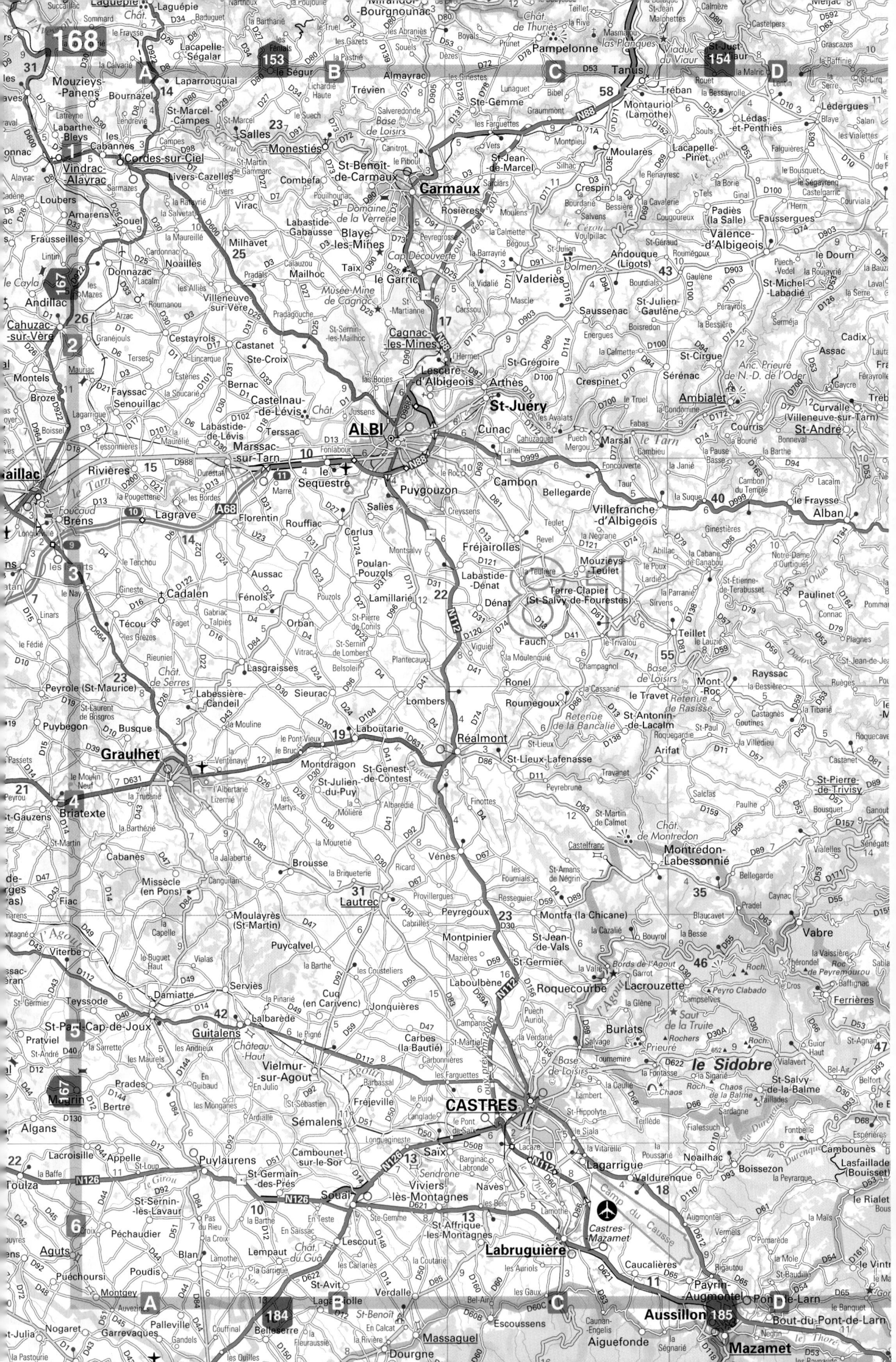

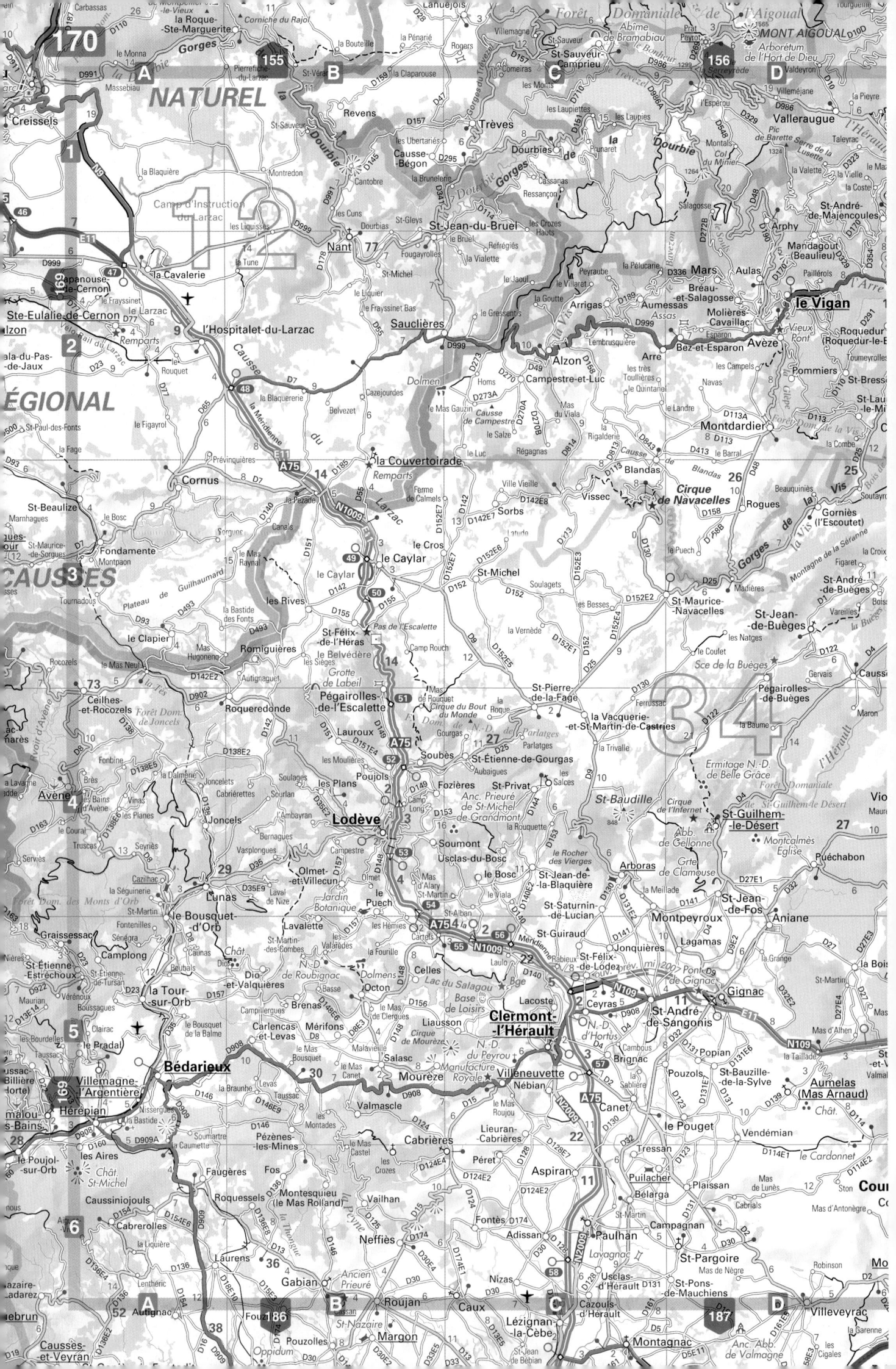

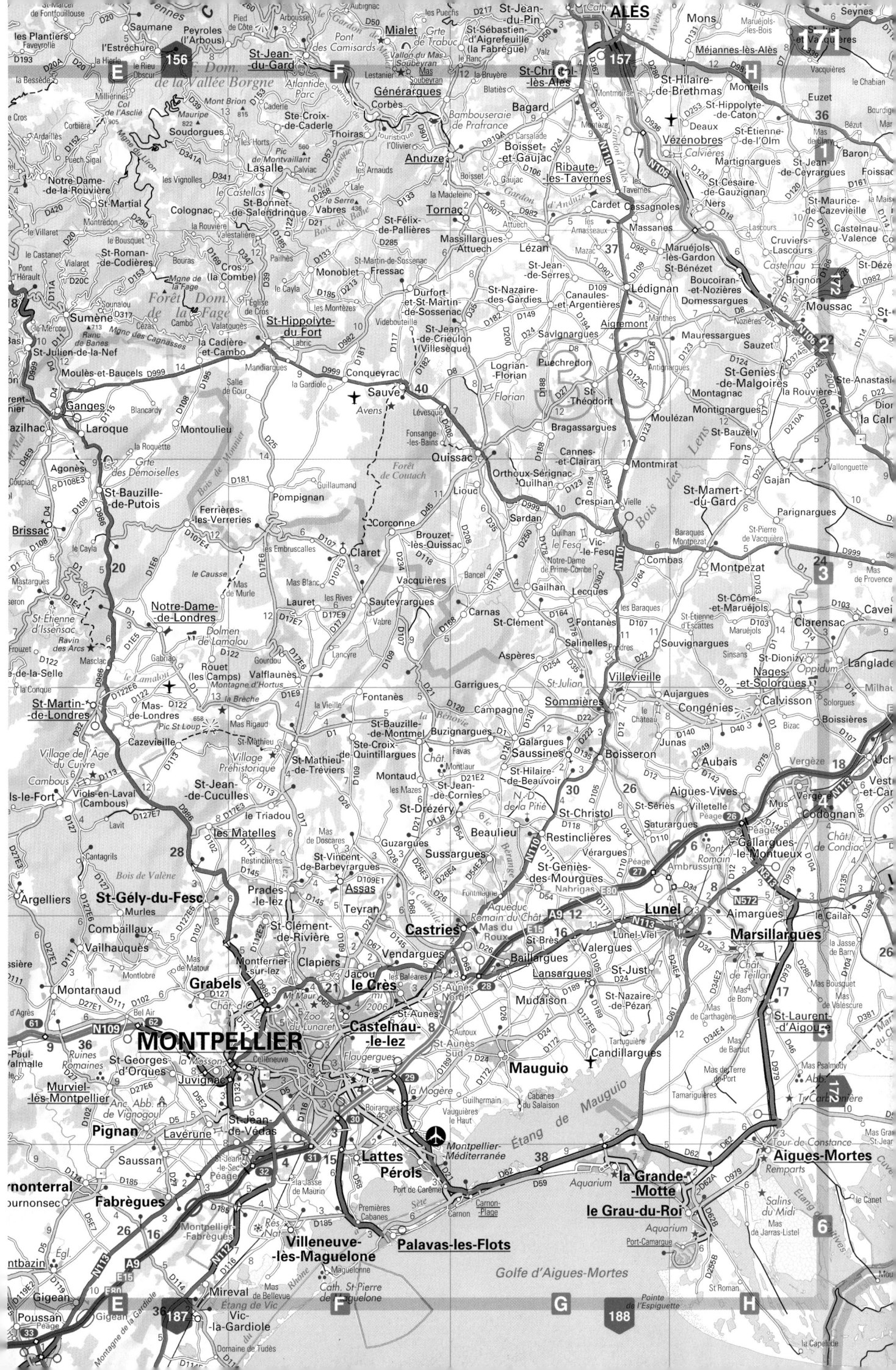

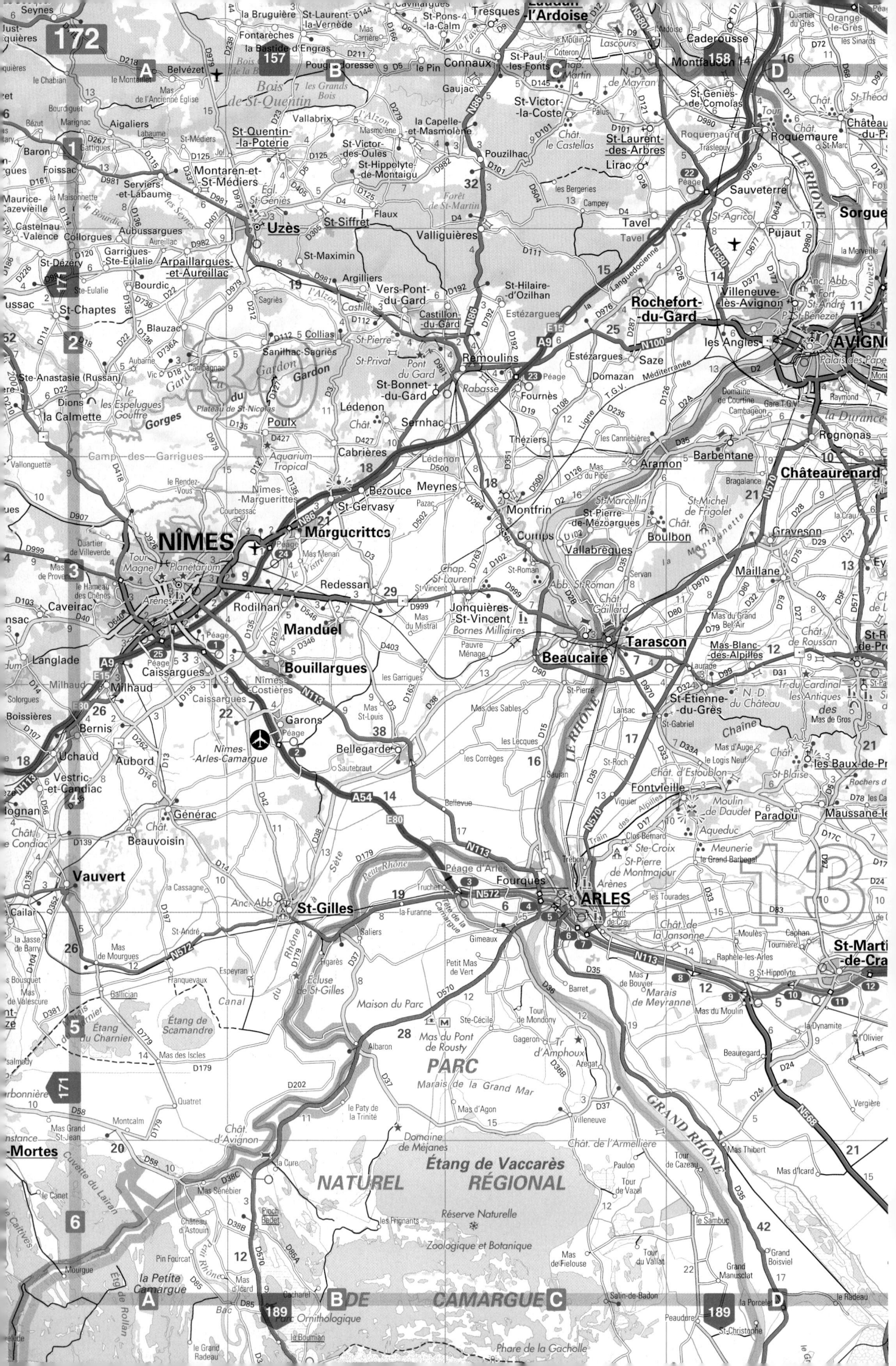

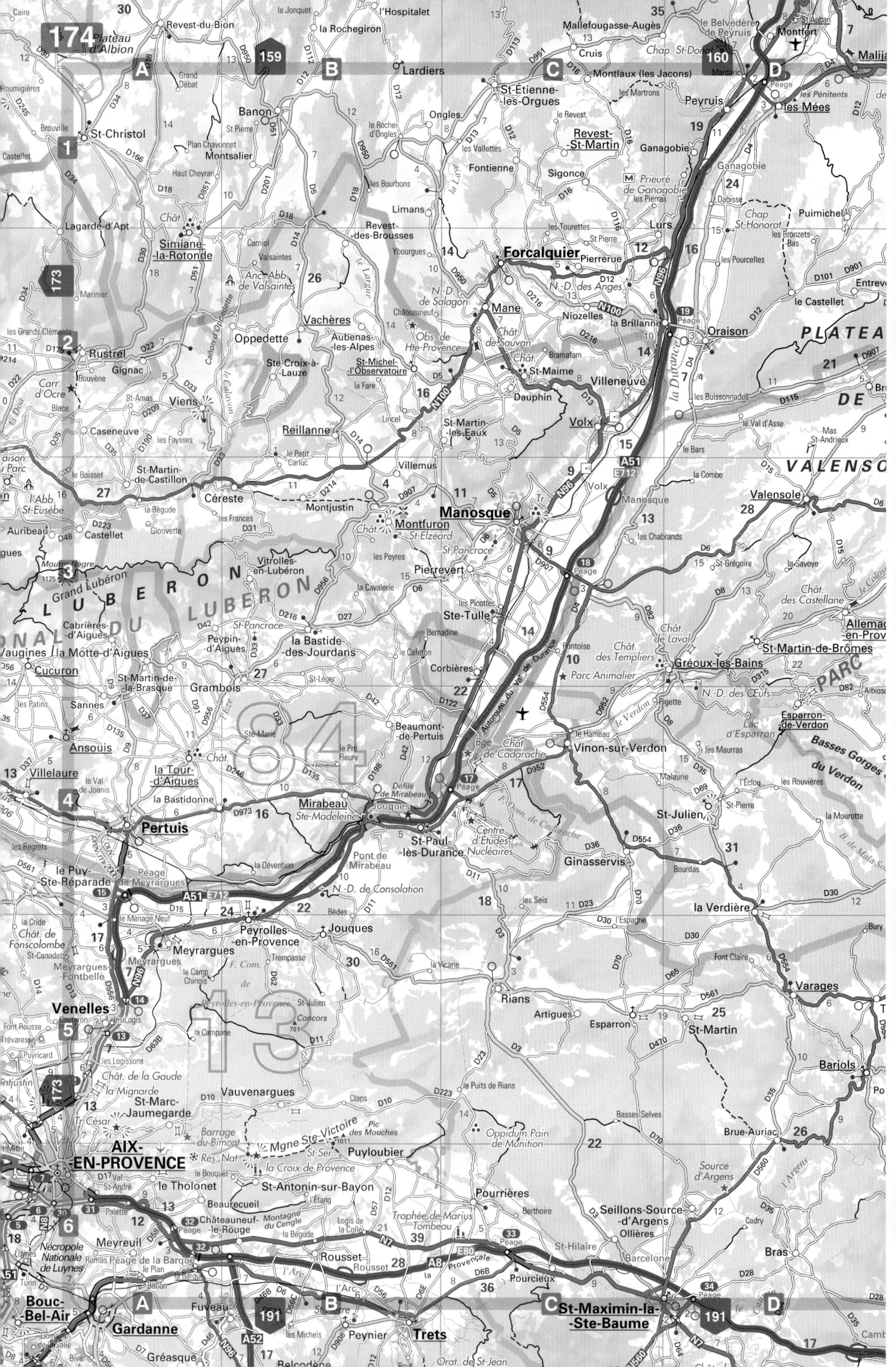

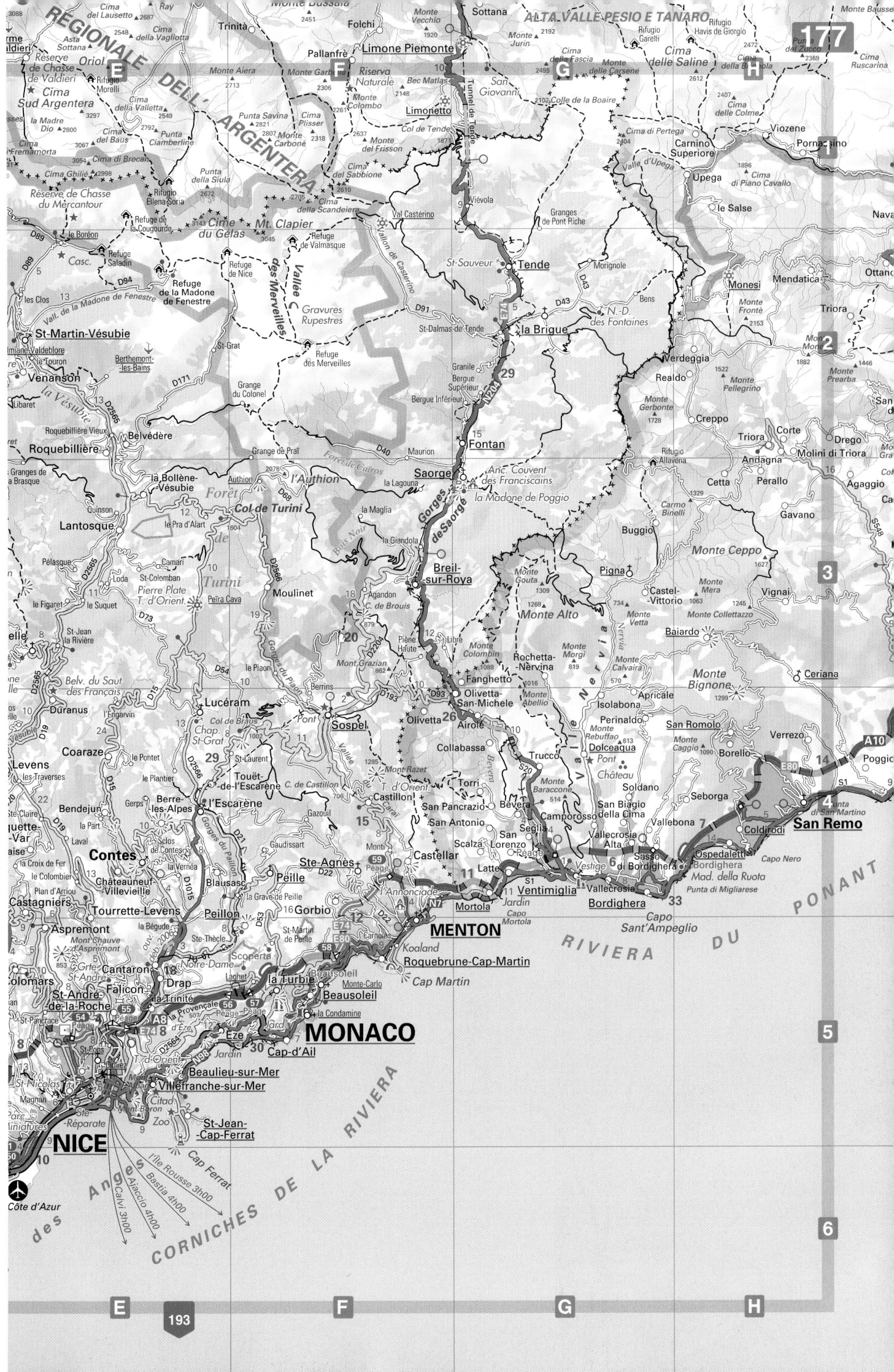

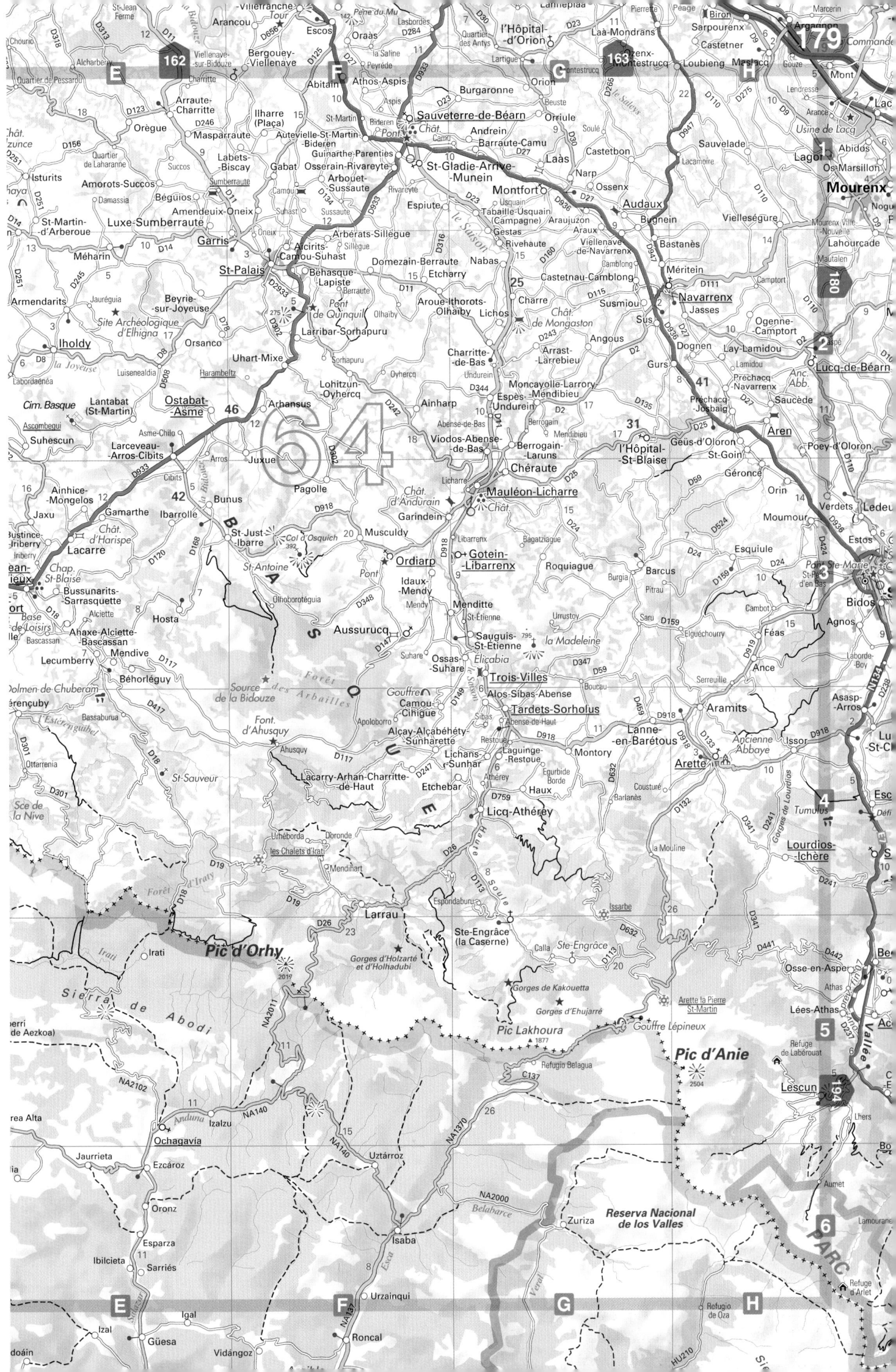

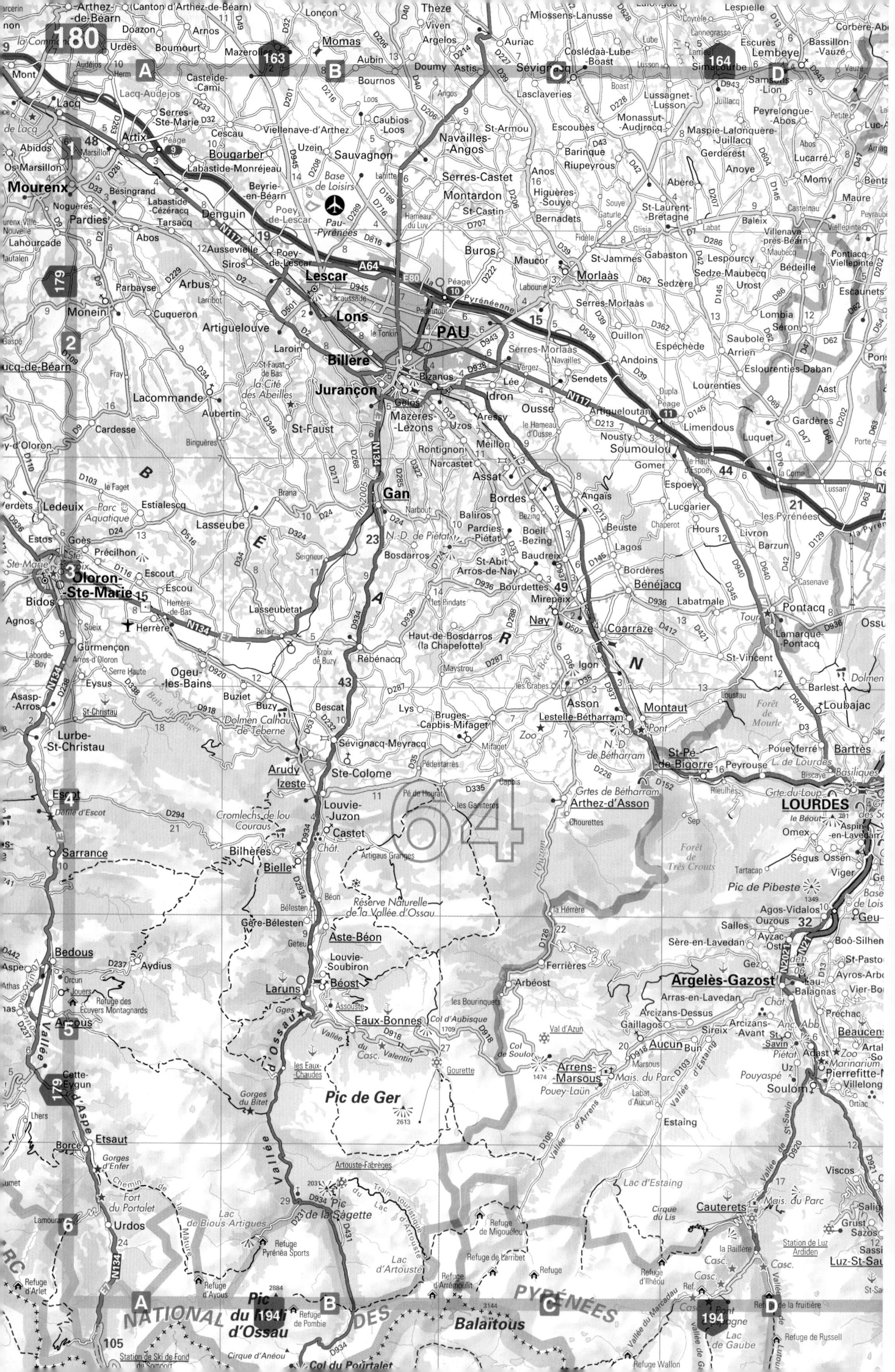

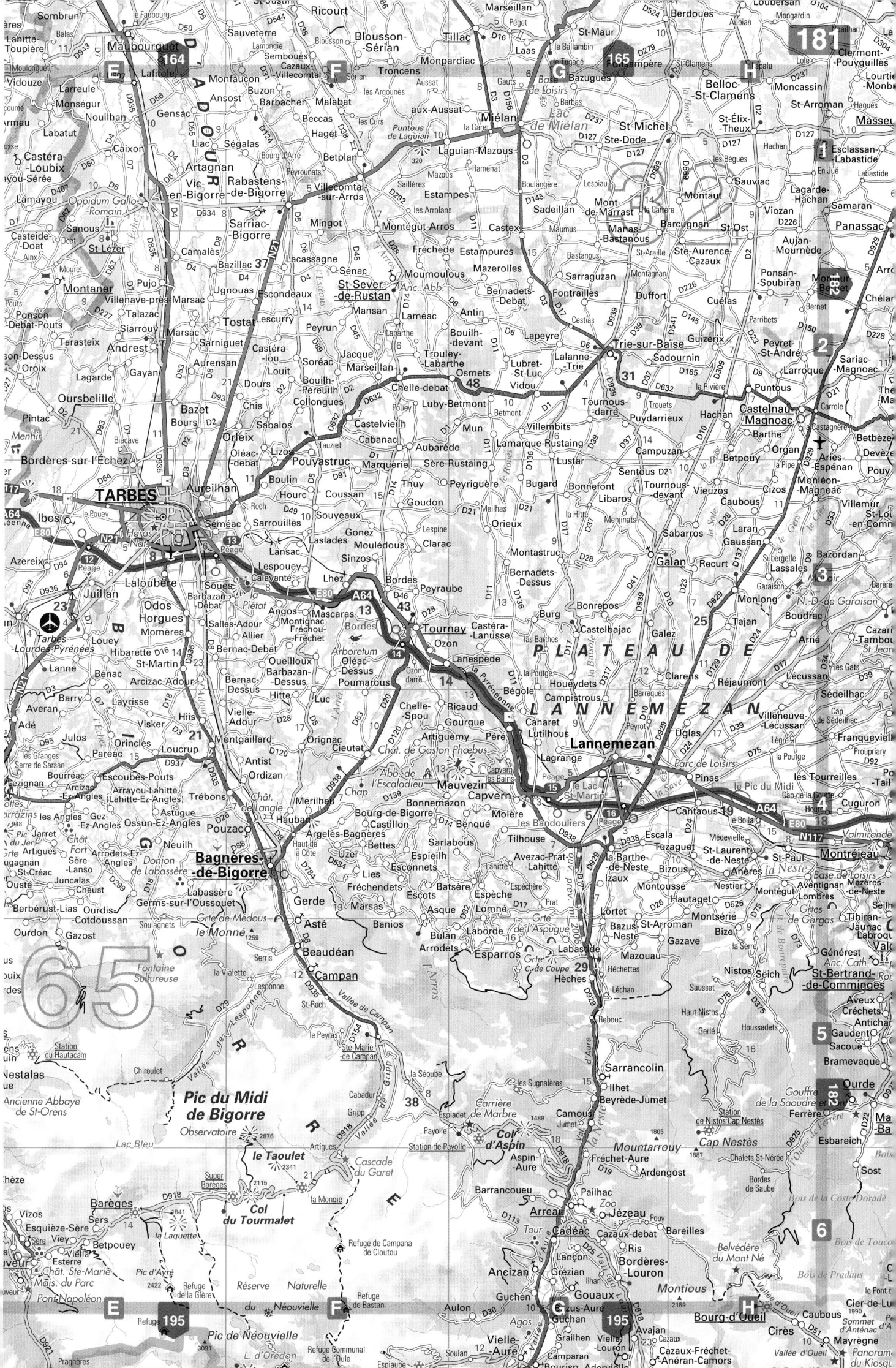

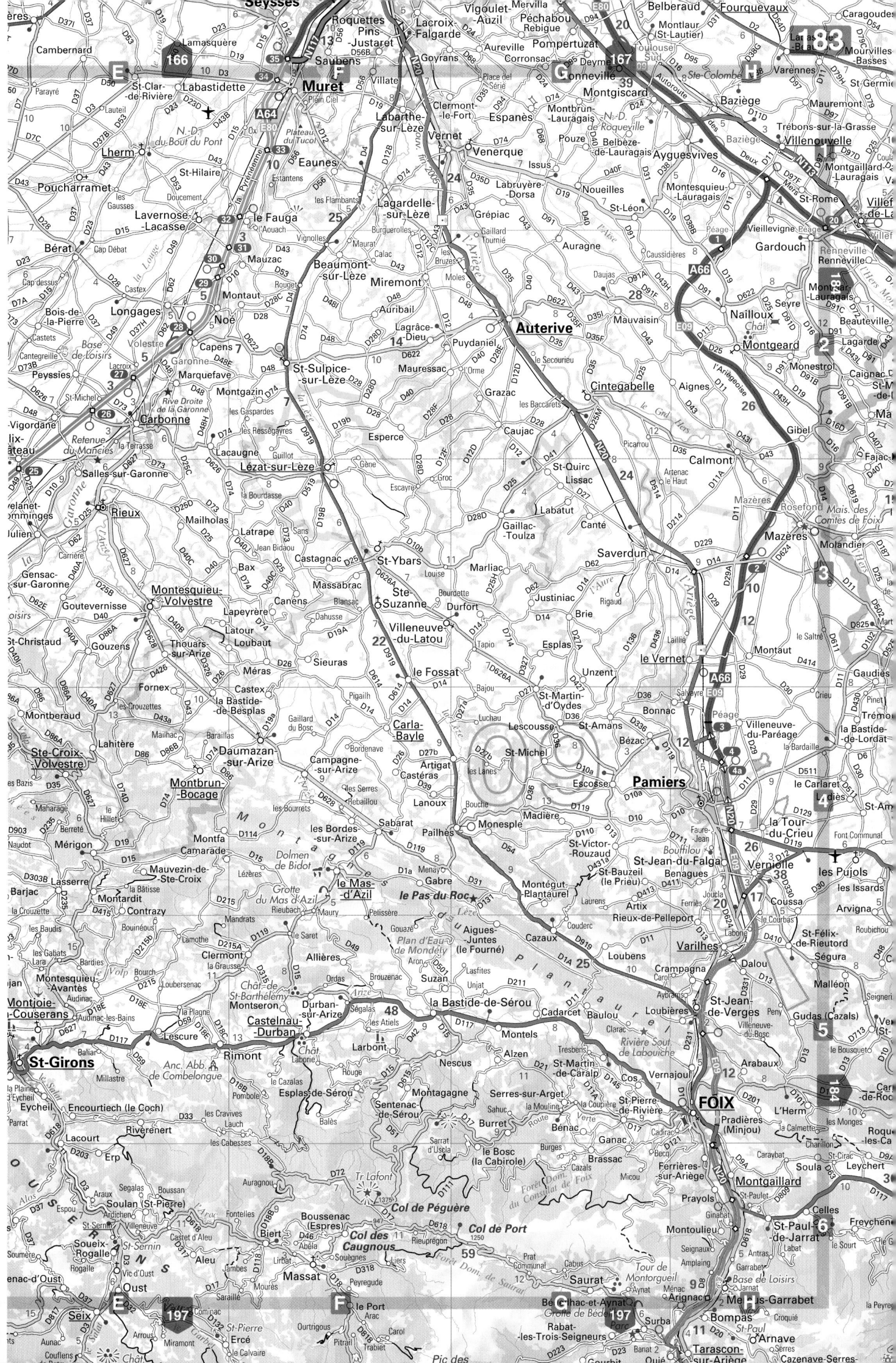

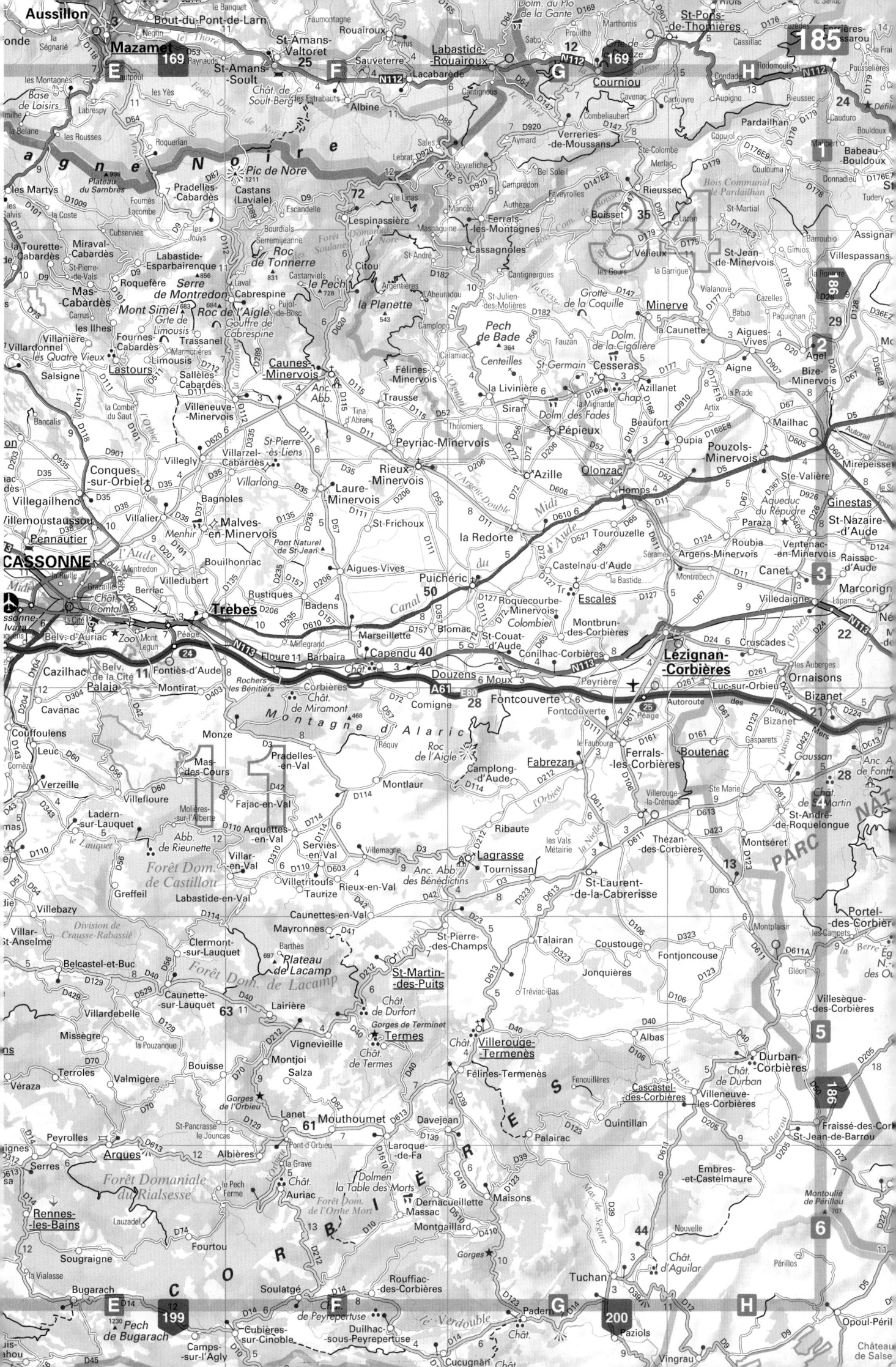

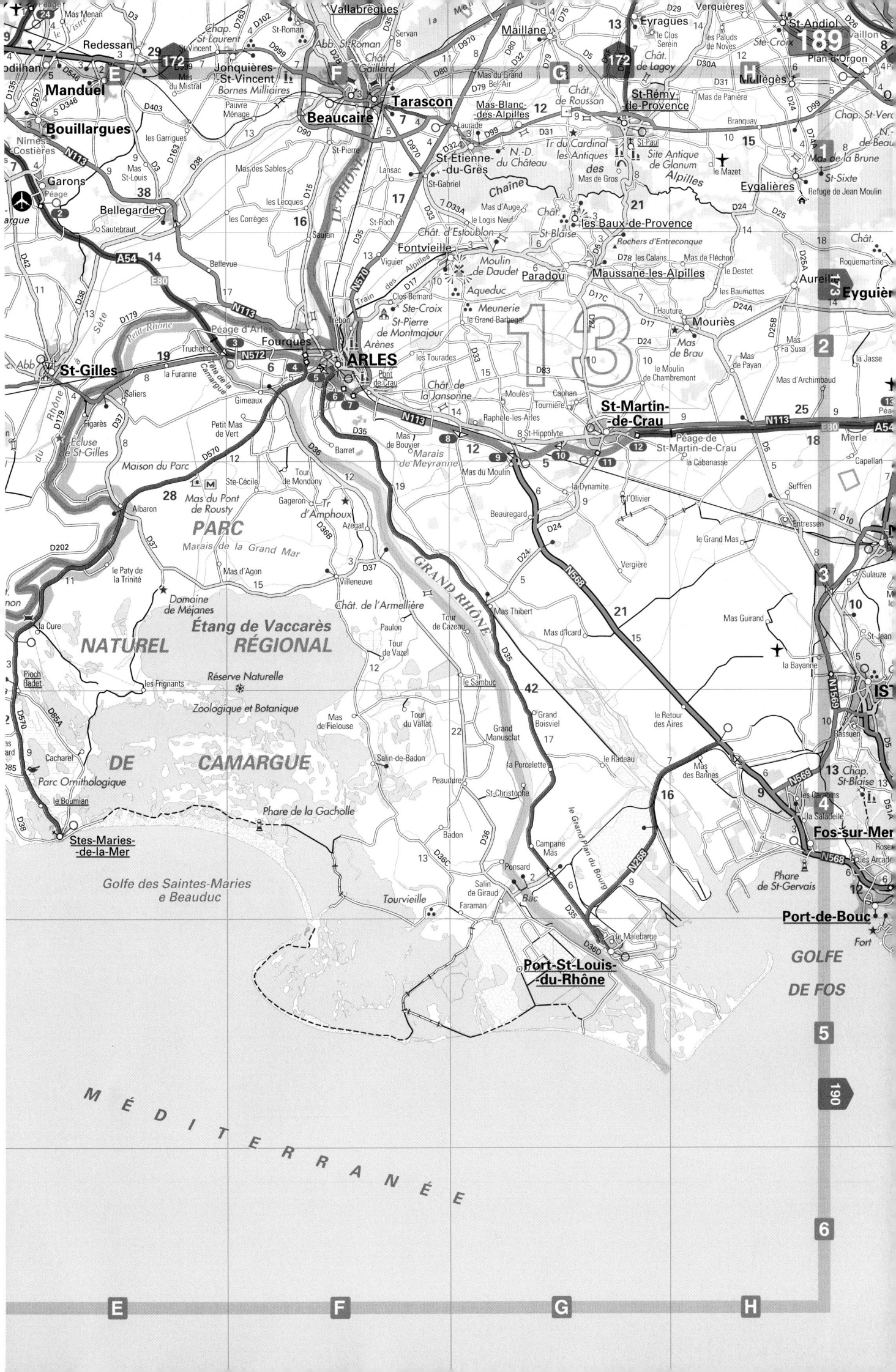

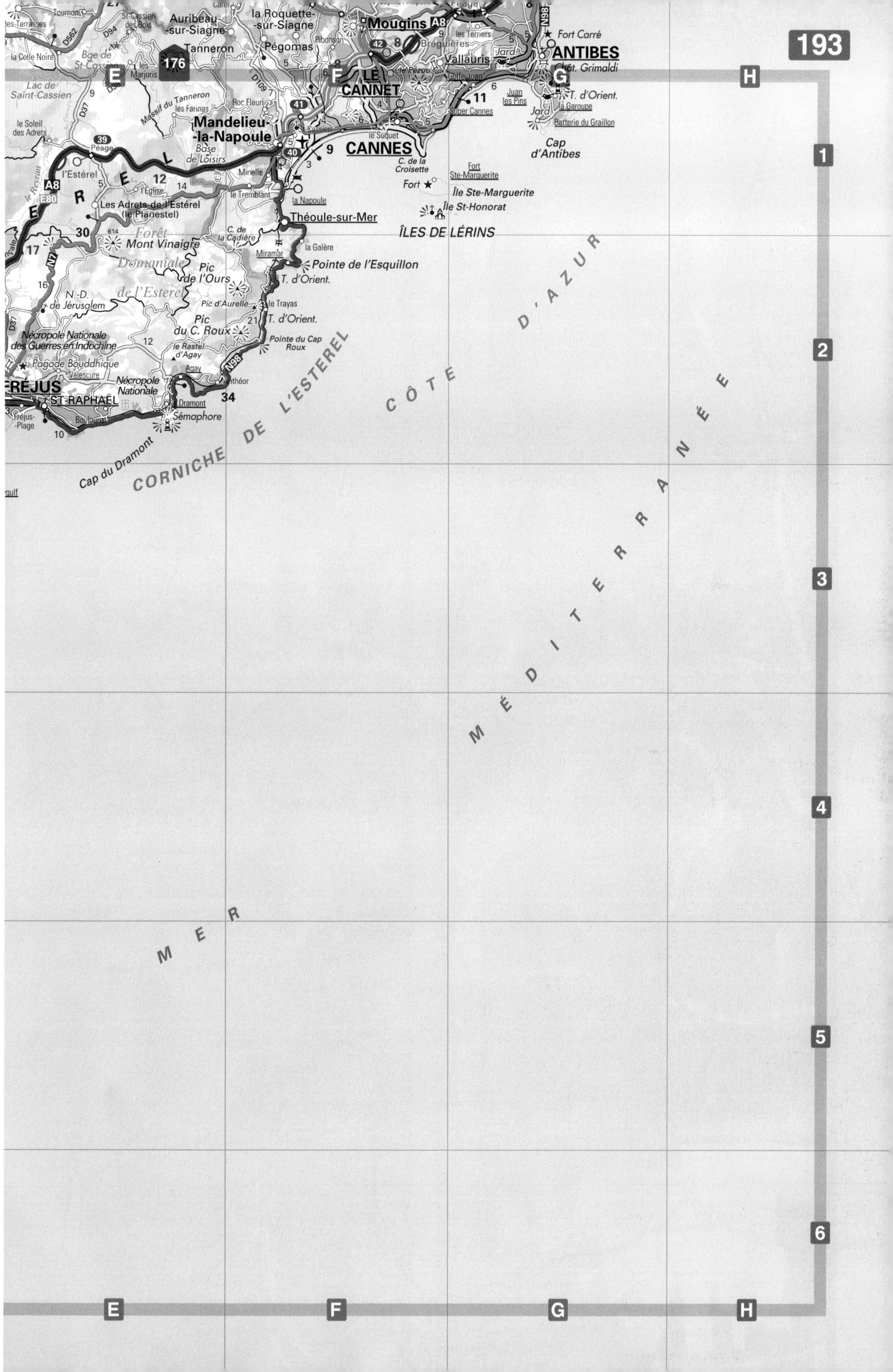

MOUGINS A8

ANTIBES

Fort Carré

Chât. Grimaldi

Vallauris

Le Pérou

Bréguières

les Terriers

Auribeau-sur-Siagne

la Roquette-sur-Siagne

Tanneron

Pégomas

Pibonson

LE CANNET

F

Golfe-Juan

Super Cannes

Juan les Pins

G

T. d'Orient.

la Garoupe

Cap d'Antibes

Batterie du Graillon

les Terrasses

la Colle Noire

Bge de St-Cassien

St-Cassien des Bois

les Marjoris

176

E

Lac de Saint-Cassien

le Soleil des Adrets

Massif du Tanneron

les Farinas

Roc Fleuri

Carel

le Suquet

CANNES

C. de la Croisette

Fort Ste-Marguerite

Fort

Île Ste-Marguerite

Île St-Honorat

ÎLES DE LÉRINS

Mandelieu-la-Napoule

Base de Loisirs

l'Église

le Tremblant

la Napoule

Théoule-sur-Mer

12

l'Estérel

E80

39 Péage

E80

N7

30

614

17

Forêt

Mont Vinaigre

Pic de l'Ours

Domaniale

de l'Estérel

Pic d'Aurelle

C. de la Cadière

la Galère

Miramar

Pointe de l'Esquillon

T. d'Orient.

le Trayas

T. d'Orient.

E

R

E

L

16

N.-D. de Jérusalem

Pic du C. Roux

21

le Rastel d'Agay

Pointe du Cap Roux

Nécropole Nationale des Guerres en Indochine

12

Pagode Bouddhique

Valescure

Nécropole Nationale

Agay

Anthéor

N98

34

FRÉJUS

ST-RAPHAËL

Fréjus-Plage

Boulouris

Dramont

Sémaphore

Cap du Dramont

10

gulf

CORNICHE DE L'ESTÉREL

CÔTE D'AZUR

MÉDITERRANÉE

MER

H

1

2

3

4

5

6

E

F

G

H

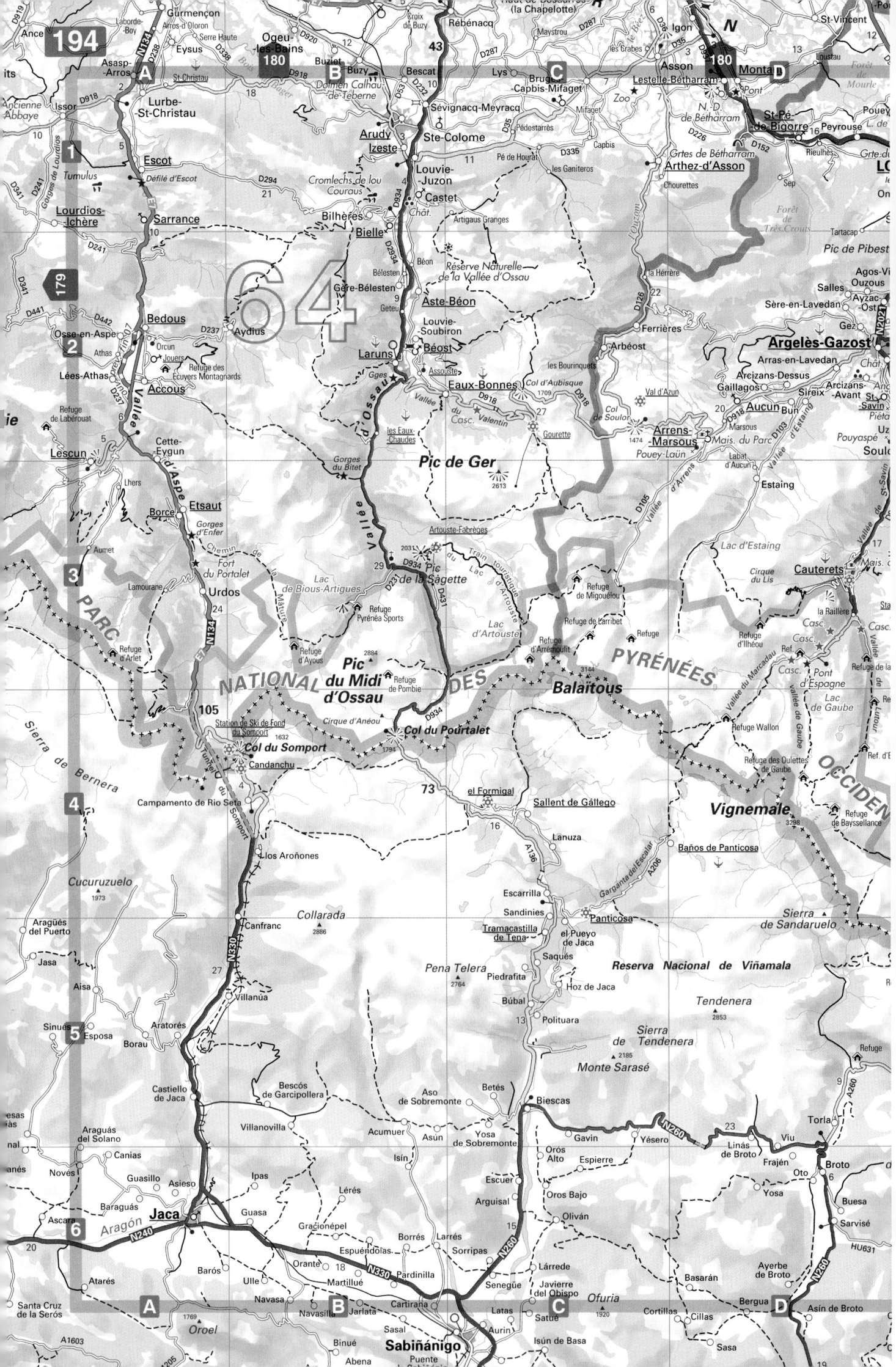

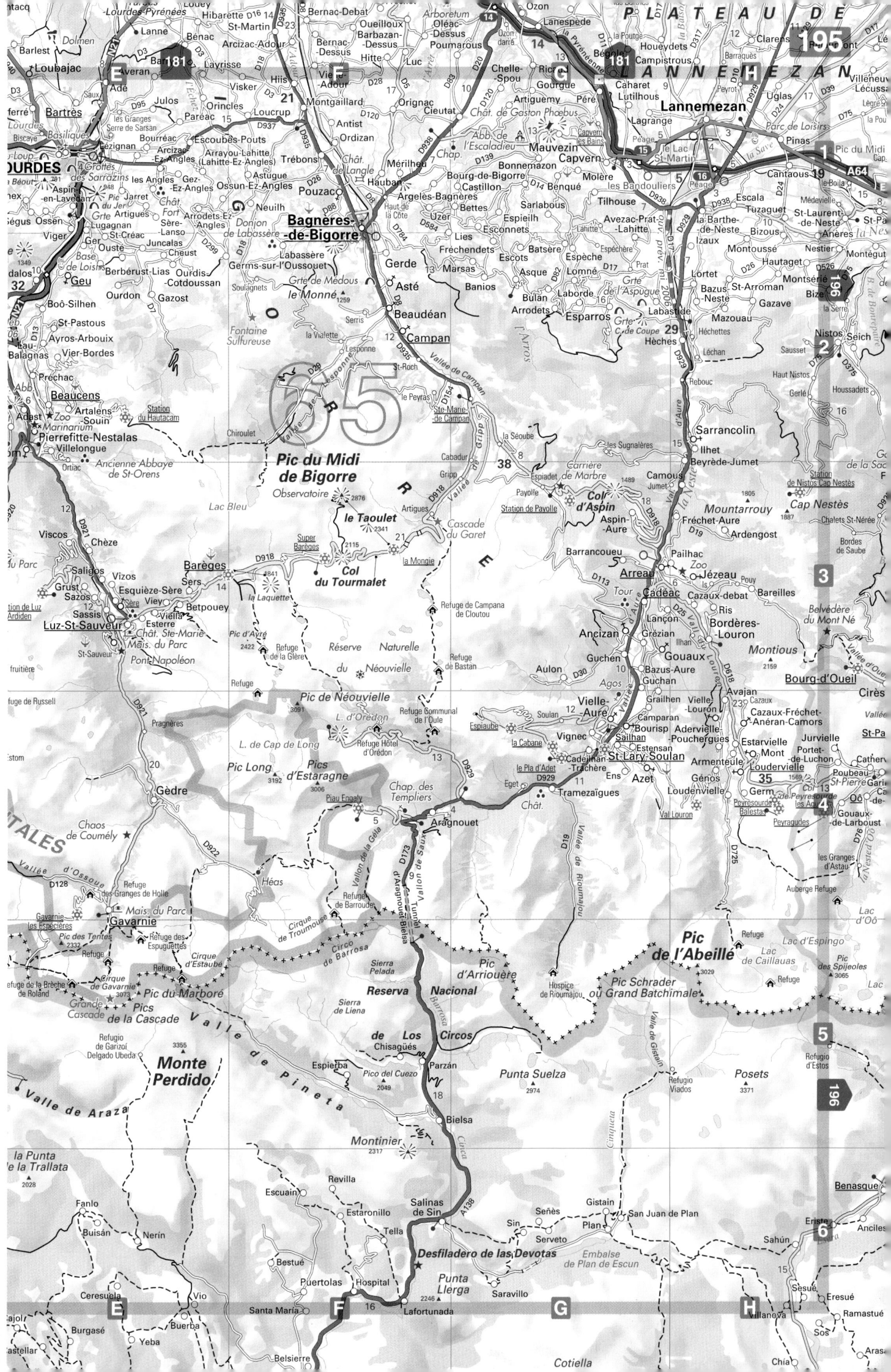

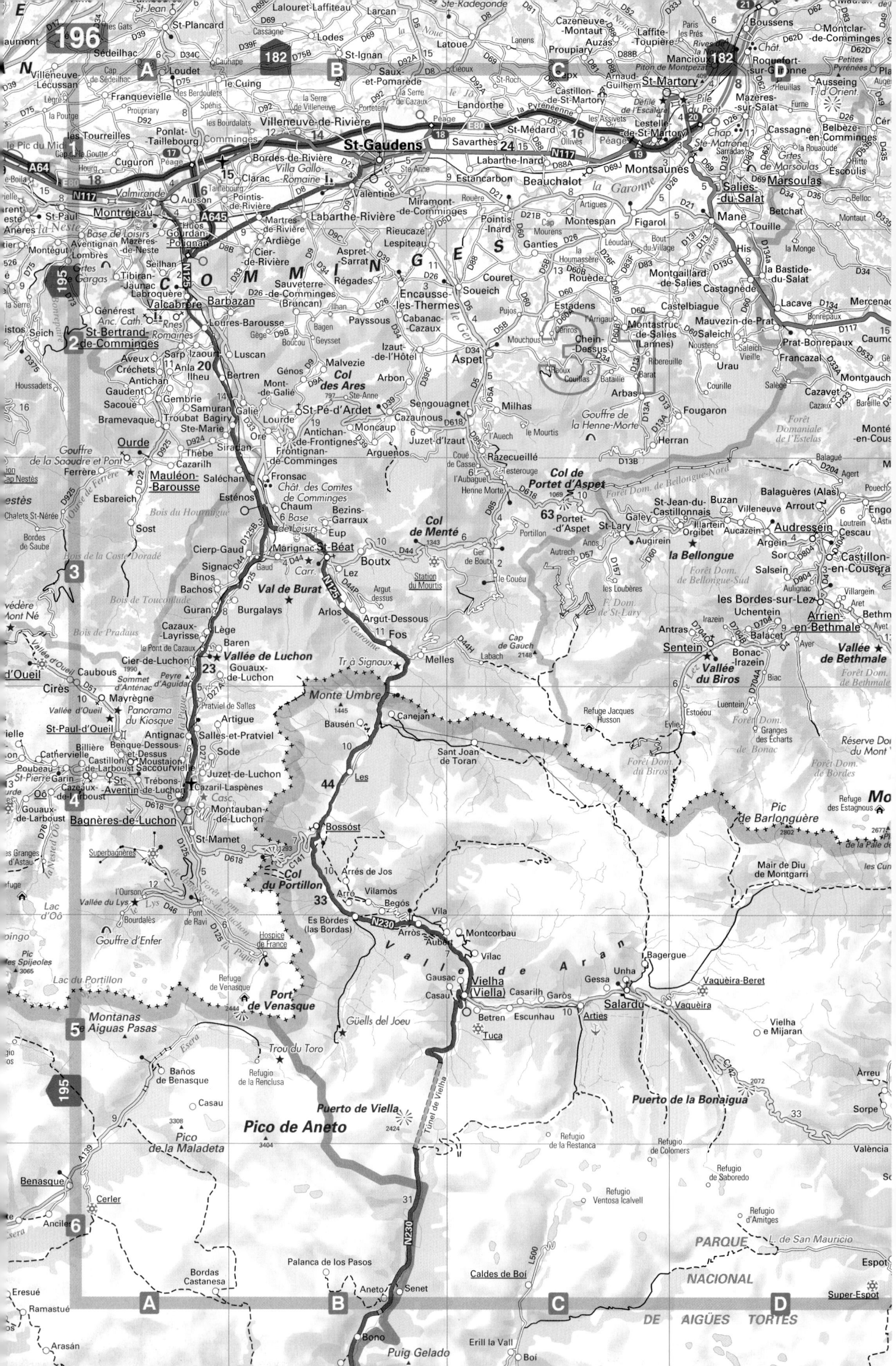

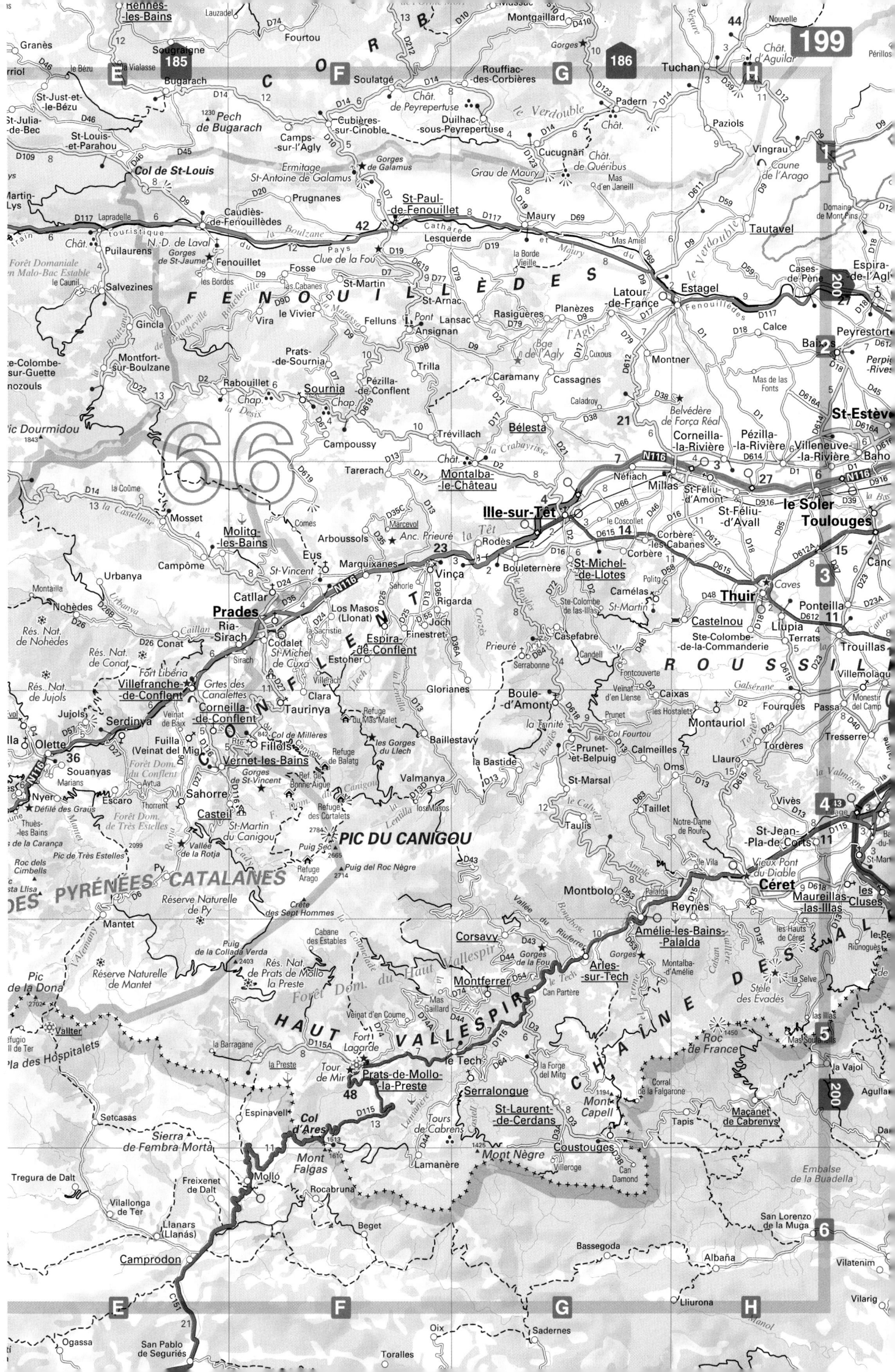

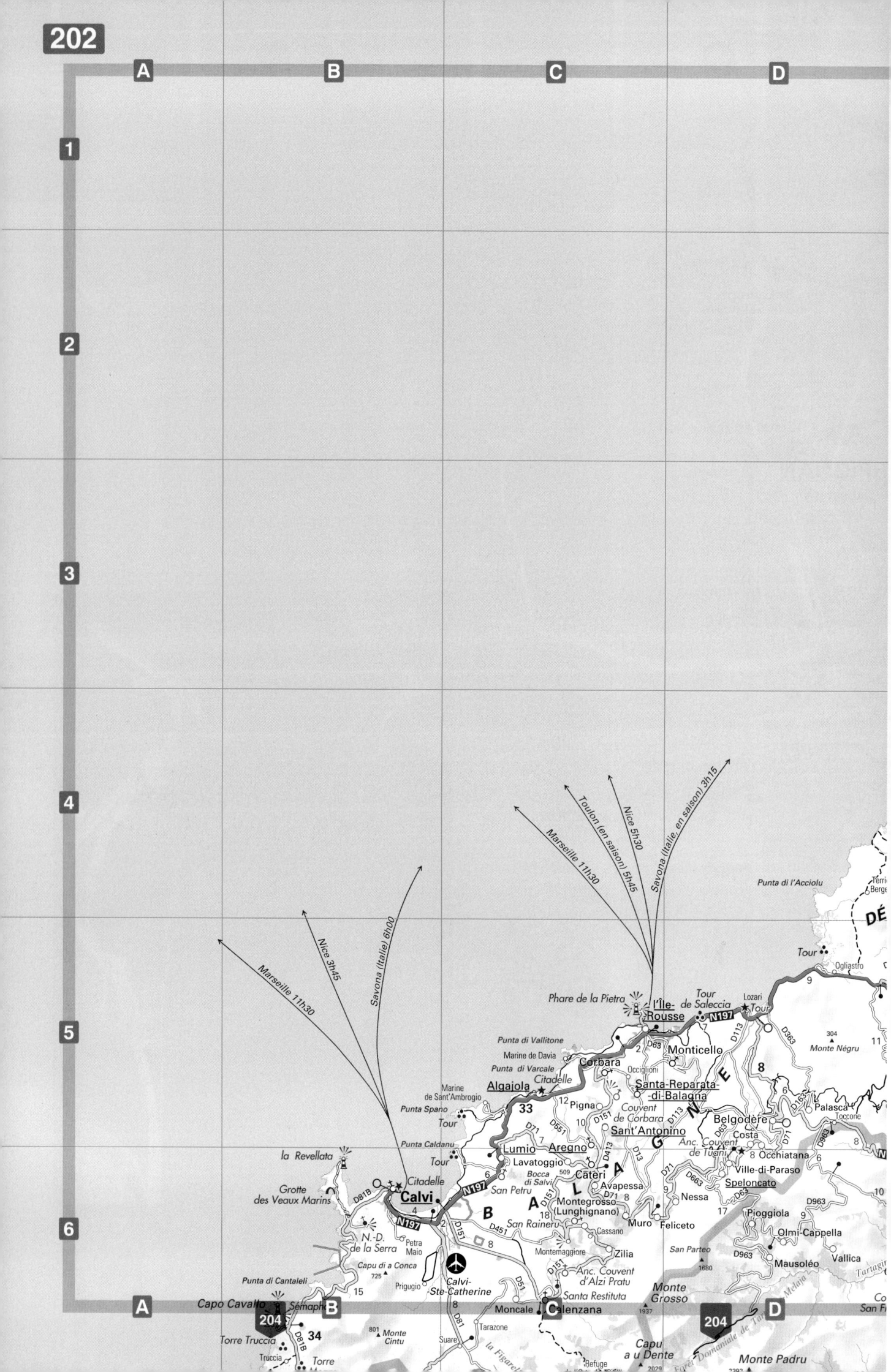

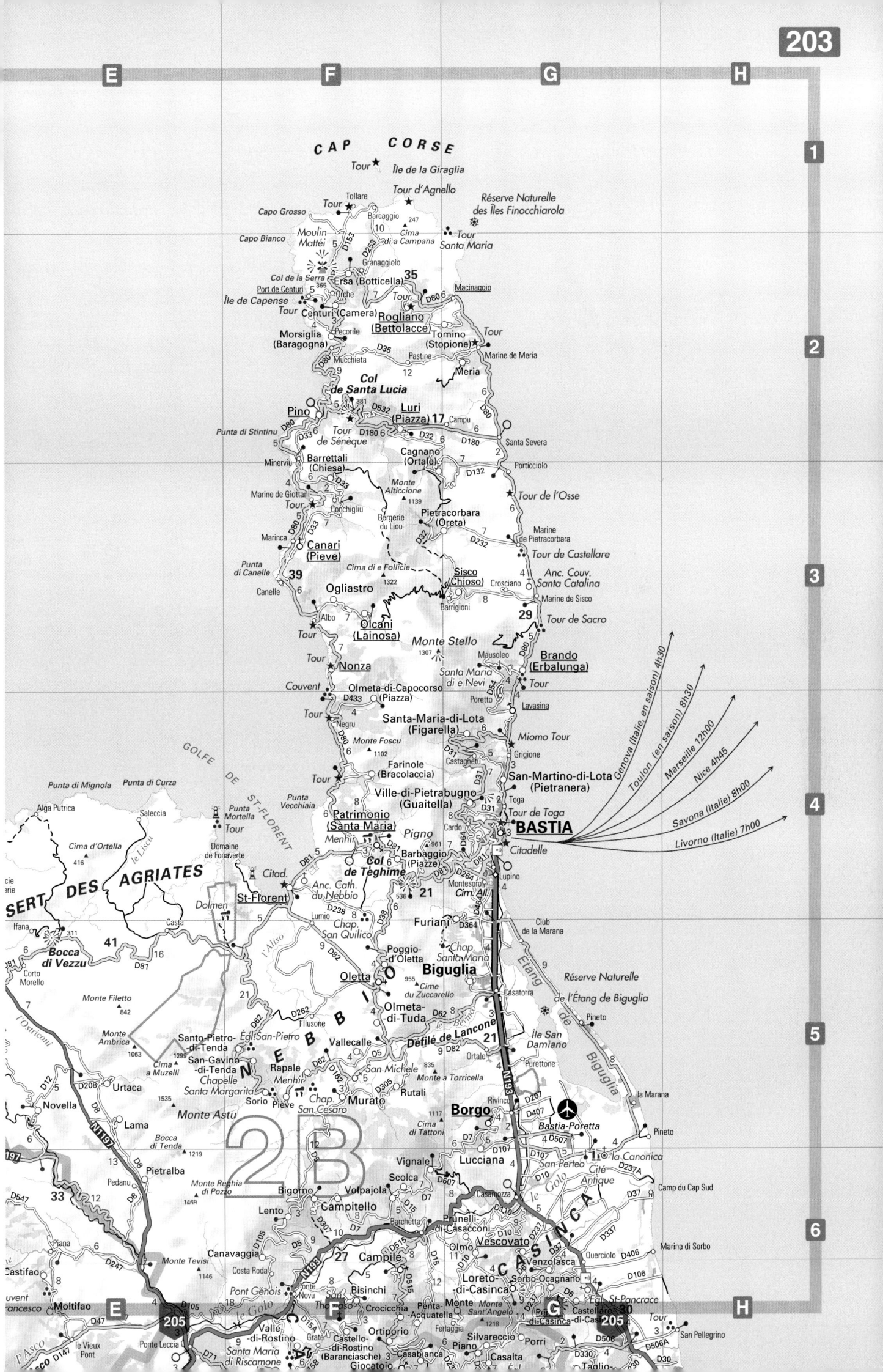

CAP CORSE

Tour ★
Île de la Giraglia

Tour d'Agnello
Tour ★

Réserve Naturelle
des Îles Finocchiarola

Capo Grosso
Tollare
Barcaggio
247
Cima
di Campana
Tour ★
Santa Maria

Capo Bianco
Moulin
Mattéi
5
D163
Granaggiolo
10

Col de la Serra
365
Ersa (Botticella)
35

Port de Centuri
5
Orche
Macinaggio

Île de Capense
Tour ★ Centuri (Camera)
3
7
Tour ★
D80
6

Morsiglia
(Baragogna)
Pecorile
Rogliano
(Bettolacce)
Tomino
(Stopione) ★
Tour ★

Mucchieta
D35
Pastina
Marine de Meria

9
12
Meria
6

Col
de Santa Lucia

Pino
5
381
D532
Luri
(Piazza)
17
Campu

Punta di Stintinu
D80
D180 6
D32
6
D180
Santa Severa

Tour ★
de Sénèque
D336
6
Cagnano
(Ortale)
7
Porticciolo

Barrettali
(Chiesa)
2
D33
D132

Marine de Giottani
Monte
Alticcione
1139
D232
Tour de l'Osse ★

Tour ★
Conchigliu
7
Bergerie
du Liou
Pietracorbara
(Oreta)
7
Marine
de Pietracorbara

Marinca
D33
7
D32
Tour de Castellare ★

Canari
(Pieve)
Cima di e Follicie
1322
Sisco
(Chioso)
Anc. Couv.
Santa Catalina

Punta
di Canelle
39
Crosciano
Marine de Sisco

Canelle
6
Ogliastro
Barrigioni
8
29
Tour de Sacro ★

Albo
7
Olcani
(Lainosa)
Monte Stello
1307
Mausoleo
D80
Brando
(Erbalunga)

Tour ★
7
Santa Maria
di e Nevi
Tour ★

Nonza
Poretto
Lavasina

Couvent
Olmeta-di-Capocorso
(Piazza)
D433
4
Santa-Maria-di-Lota
(Figarella)
Miomo Tour

Tour ★
Negru
D80
Grigione
San-Martino-di-Lota
(Pietranera)

Monte Foscu
1102
Farinole
(Bracolaccia)
Castagnetu
D31
5

Punta
Vecchiaia
8
Ville-di-Pietrabugno
(Guaitella)
Toga
Genova (Italie, en saison) 4h30

Punta
Mortella
Tour ★
6
Patrimonio
(Santa Maria)
961
Tour de Toga
Marseille 12h00

Domaine
de Fonaverte
D81
5
Menhir
3
D81
Cardo
BASTIA
Nice 4h45

Citad.
Anc. Cath.
du Nebbio
Col
de Téghime
Barbaggio
(Piazze)
D64
Citadelle
Savona (Italie) 8h00

St-Florent
Lumio
D238
536
21
Montesoro
Cim. All.
Lupino
Livorno (Italie) 7h00

Dolmen
Casta
Chap.
San Quilico
D82
9
Furiani
D364
Club
de la Marana

GOLFE DE ST-FLORENT
Poggio-
d'Oletta
Chap.
Santa Maria
Réserve Naturelle
de l'Étang de Biguglia

Punta de Curza
Saleccia
416
Oletta
955
Biguglia
Casatorra
Pineto

Punta di Mignola
Alga Putrica
Cima d'Ortella
Cime
du Zuccarello
Olmeta-
di-Tuda
D62
3
le Bevinco
Étang de Biguglia

Ifana
311
Bocca
di Vezzu
41
16
D81
T'Ilusone
D262
Vallecalle
Défilé de Lancone
21
Île San
Damiano

Corto
Morello
Monte Filetto
842
Santo-Pietro-
di-Tenda
Égl. San-Pietro
D5
D82
Ortale
Purettone
la Marana

Monte
Ambrica
1063
San-Gavino-
di-Tenda
Rapale
D62
San Michele
835
Monte a Torricella
Rivinco
D207
Pineto

Cima
a Muzelli
1299
Chapelle
Santa Margarita
1535
Sorio
Pieve
D305
Rutali
Bastia-Poretta

D208
Urtaca
Monte Astu
Chap.
San-Cesaro
Murato
1117
Cima
di Tattoni
Borgo
D7
D107
San-Perteo
la Canonica

Novella
2B
Vignale
Lucciana
D10
D107
Cité
Antique

Lama
Bocca
di Tenda
1219
Scolca
D607
Casamozza
D10
D37
Camp du Cap Sud

Pietralba
13
Monte Reghia
di Pozzo
1469
Bigorno
Volpajola
D7
Barchetta
le Golo
D10

33
12
Lento
Campitello
D15
Prunelli-
di-Casacconi
CASINCA
Marina di Sorbo

Castifao
D247
Monte Tevisi
1146
Canavaggia
Costa Roda
27
Campile
D515
Olmo
11
D10
Vescovato
Querciolo
D406
D106

Moltifao
205
Pont Génois
Bisinchi
Penta-
Acquatella
Monte
Sant'Angelo
1218
Loreto-
di-Casinca
Sorbo-Ocagnano

le Vieux
Pont
Santa Maria
di Riscamone
Giocatoio
Crocicchia
Ferlaggia
Penta-di-Cas.
Castellare-di-Cas.
205
30

D147
Valle
-di-Rostino
Castello-
di-Rostino
(Baranciasche)
Casabianca
Piano
Silvareccio
Porri
Égl. St-Pancrace
Tour ★

D71
Ponte Leccia
D15A
Casalta
D330
San Pellegrino

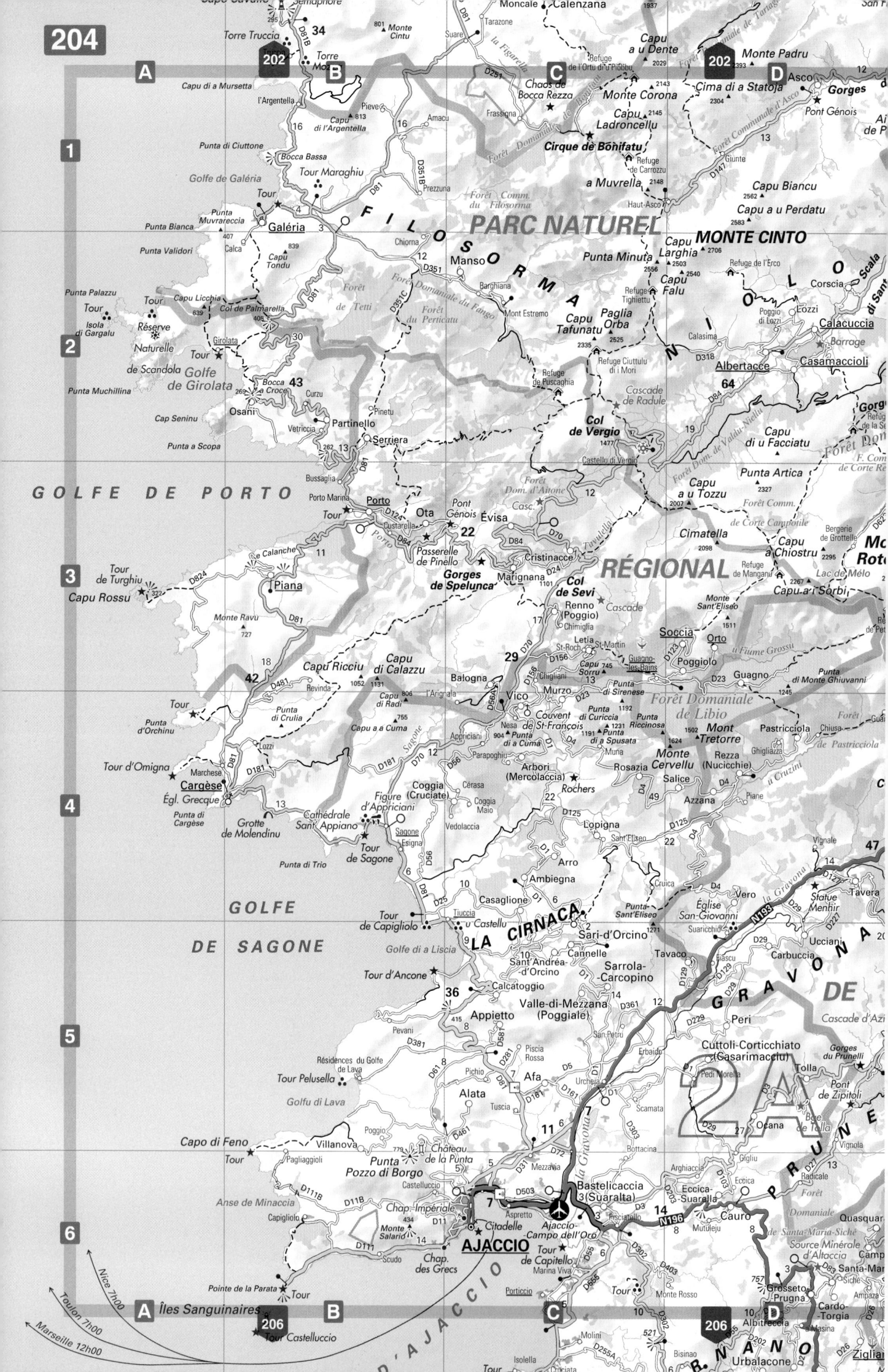

Légende de plans de ville

Legenda stadsplattegronden (NL)

Legende: Stadtpläne (D)

Town plan legend (GB)

Leyenda Plano de Ciudad (E)

Legenda Pianta di Città (I)

208

Autoroute, section à péage
Autosnelweg, gedeelte met tol
Autobahn, gebührenpflichtiger Abschnitt
Motorway, toll section
Autopista de pago
Autostrada, tratto a pedaggio

Autoroute, section libre
Autosnelweg, tolvrij gedeelte
Autobahn, gebührenfreier Abschnitt
Motorway, toll-free section
Autopista gratuita
Autostrada, tratto libero

Voie à caractère autoroutier
Weg van het type autosnelweg
Schnellstraße
Dual carriageway with motorway characteristics
Autovía
Strada con caratteristiche autostradale

Échangeur: complet (1), partiel (2), numéro
Knooppunt: volledig (1), gedeeltelijk (2), nummer
Vollanschlußstelle (1), beschränkte Anschlußstelle (2), Nummer
Junction: complete (1), restricted (2), number
Acceso: completo (1), parcial (2), número
Svincolo: completo (1) parziale (2), numero

Barrière de péage (1), aire de service (2)
Tolversperring (1), tankstation (2)
Mautstelle (1), Tankstelle (2)
Tollgate (1), service area (2)
Barrera de peaje (1), área de servicio (2)
Barriera di pedaggio (1), area di servizio (2)

Route appartenant au réseau vert
Verbindingsweg tussen belangrijke plaatsen (groene verkeersborden)
Verbindungsstraße zwischen wichtigen Städten (grüne Verkehrsschilder)
Connecting road between main towns (green road sign)
Carretera de la red verde (comunicación entre dos ciudades importantes)
Strada di grande comunicazione fra città impotante (cartelli stradali verdi)

Autre route de liaison principale
Hoofdweg
Hauptstraße
Other main road
Otra carretera principal
Strada di grande comunicazione

Route de liaison régionale
Regionale streekverbindingsweg
Regionale Verbindungsstraße
Regional connecting road
Carretera regional
Strada di collegamento regionale

Autre route
Andere weg
Sonstige Straße
Other road
carretera local
Altra strada

Tunnel routier
Wegtunnel
Straßentunnel
Road tunnel
Túnel
Galleria stradale

Bâtiment administratif (1), église, chapelle (2), hôpital (3)
Administratief gebouw (1), kerk, kapel (2), ziekenhuis (3)
Verwaltungsgebäude (1), Kirche, Kapelle (2), Krankenhaus (3)
Administrative building (1), church, chapel (2), hospital (3)
Edificio administrative (1), iglesia, capilla (2), hospital (3)
Edificio pubblico (1), chiesa, cappella (2), ospedale (3)

Limite de commune, de canton
Gemeente-, provinciegrens
Gemeindegrenze, Kreisgrenze
Commune, canton boundary
Límite de municipio, límite de cantón
Confine di comune, confine di cantone

Limite d'arrondissement, de département
Arrondissements-, departementsgrens
Bezirksgrenze, Departementsgrenze
Arrondissement, département boundary
Límite de arrondissement, límite de departamento
Confine di arrondissement, confine di dipartimento

Limite de région, d'État
Gewest-, Staatsgrens
Regionsgrenze, Staatsgrenze
Region, international boundary
Límite de región, límite de Nación
Confine di regione, confine di Stato

Zone bâtie, superficie > 8 ha (1), < 8 ha (2), zone industrielle (3)
Bebouwde kom, groter dan 8 ha (1), kleiner dan 8 ha (2), industriezone (3)
Geschlossene Bebauung, über 8 ha (1), unter 8 ha (2), industriegebiet (3)
Built-up area, more than 8 ha (1), less than 8 ha (2), industrial park (3)
Zona edificada: más de 8 ha (1), menos de 8 ha (2), zona industrial (3)
Zona urbanistica, più di 8 ha (1), meno di 8 ha (2), zona industriale (3)

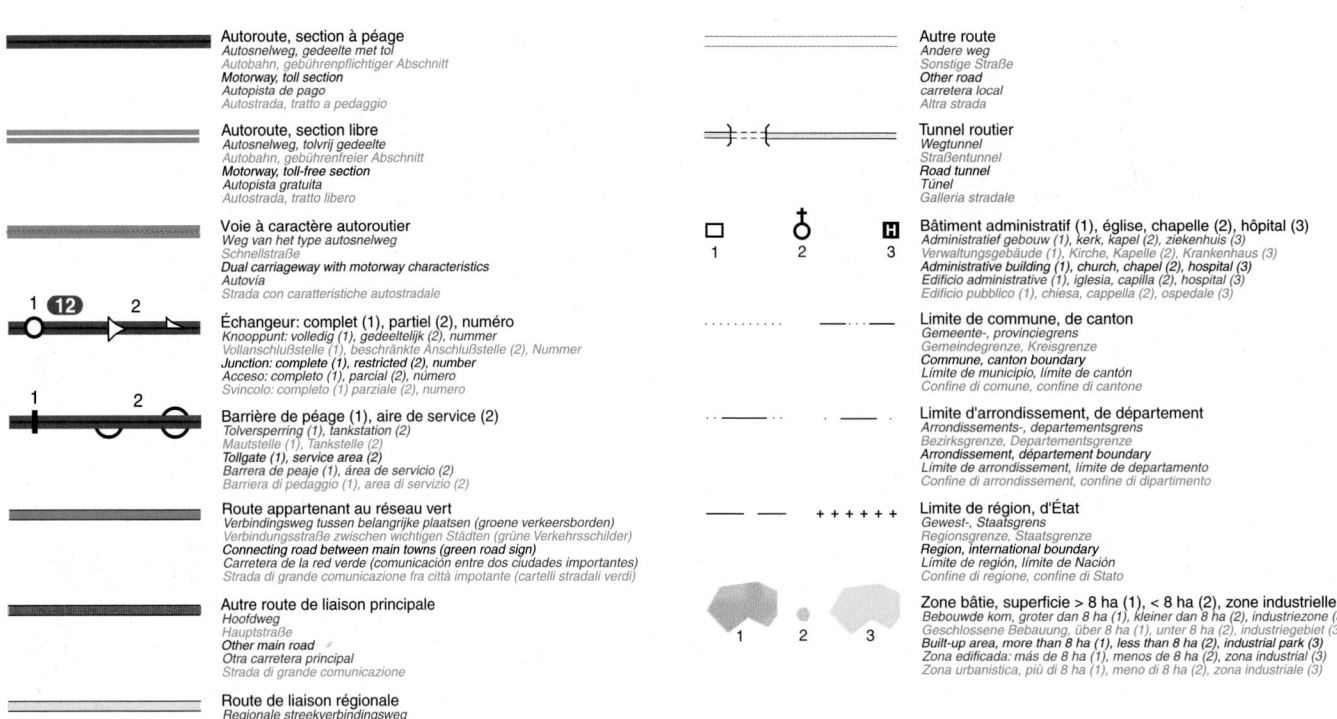

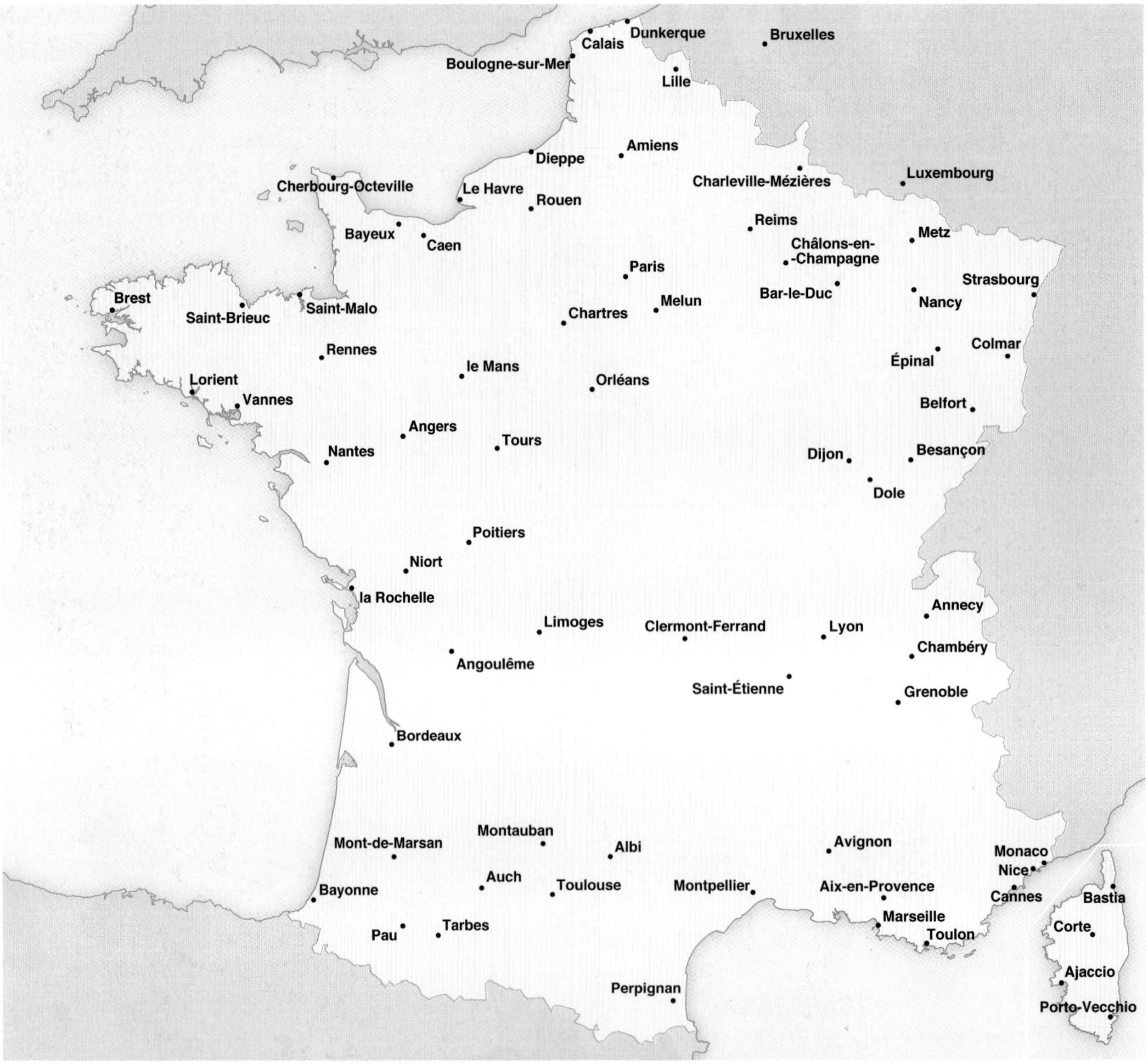

Environs de Paris
Omgevingskaart Parijs
Umgebung von Paris

(F) (NL) (D)

(GB) (E) (I)

Paris environs
Alrededores de Paris
Dintorni di Parigi

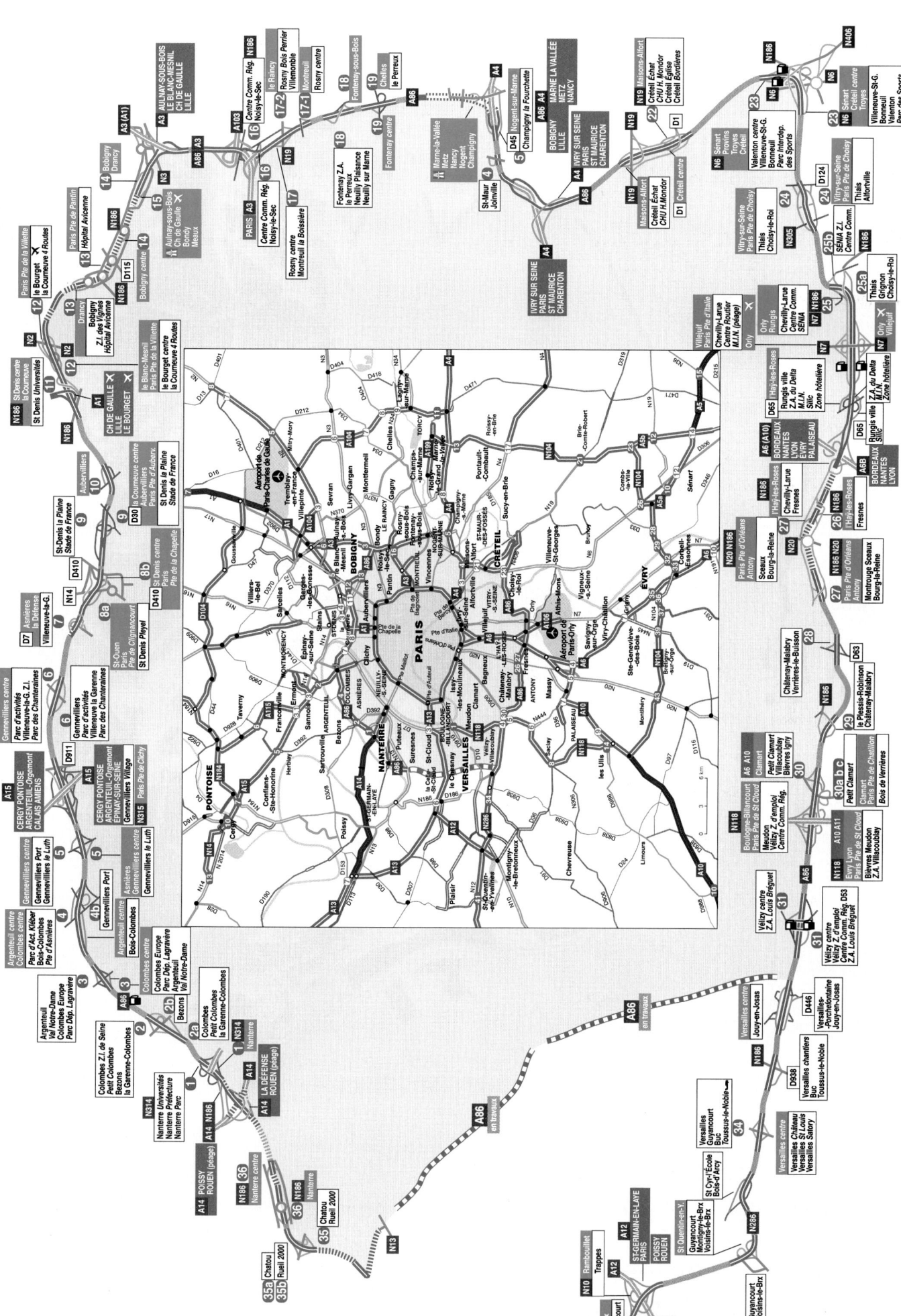

209

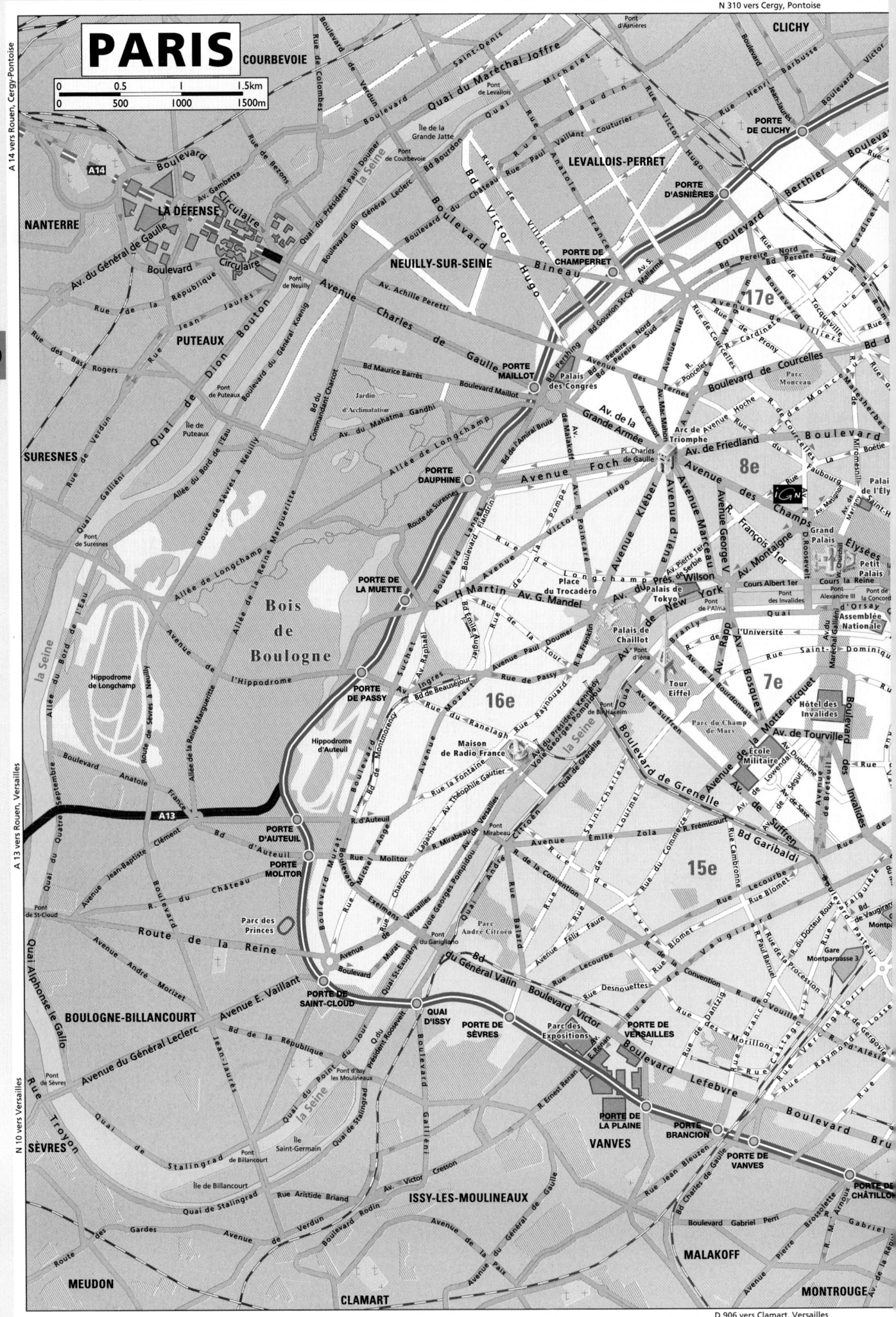

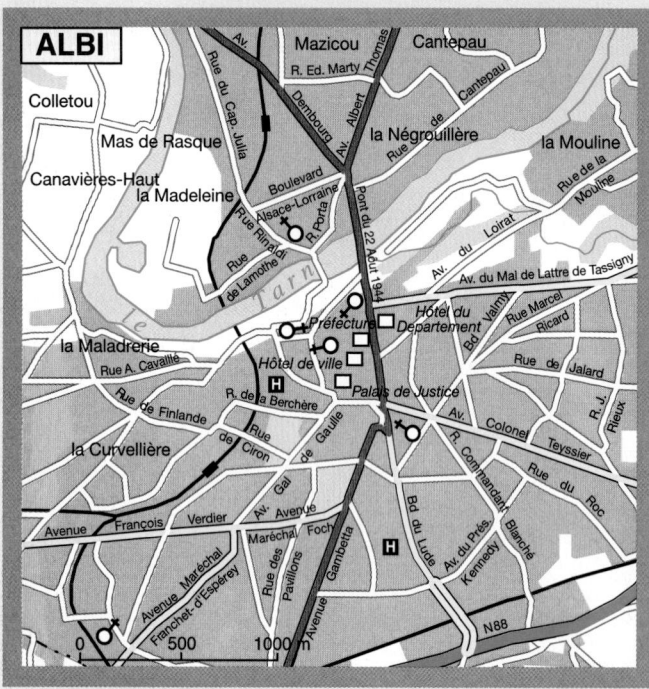

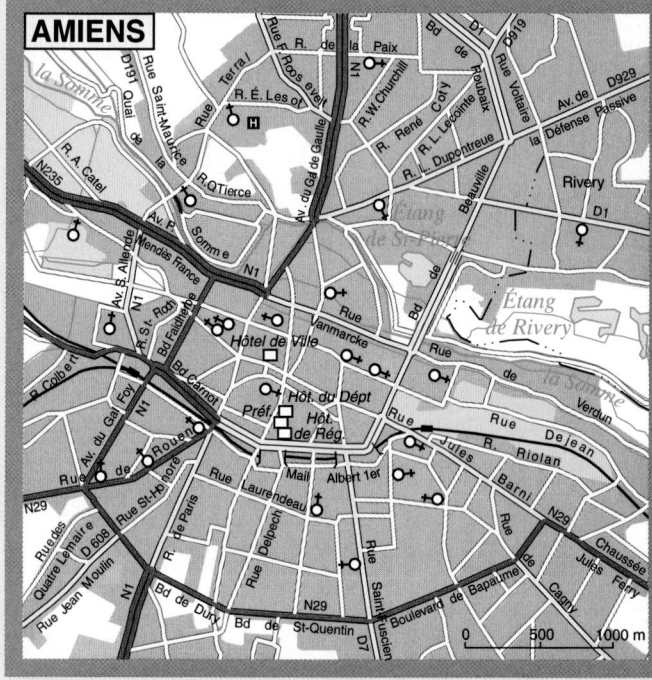

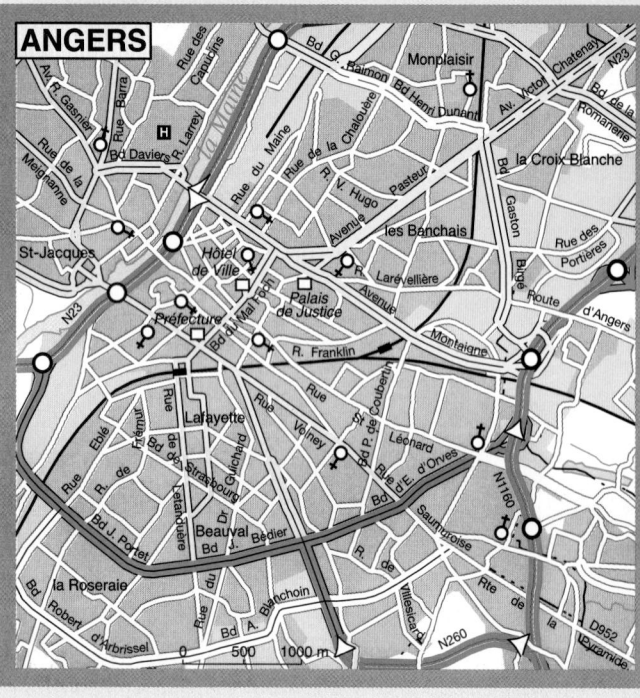

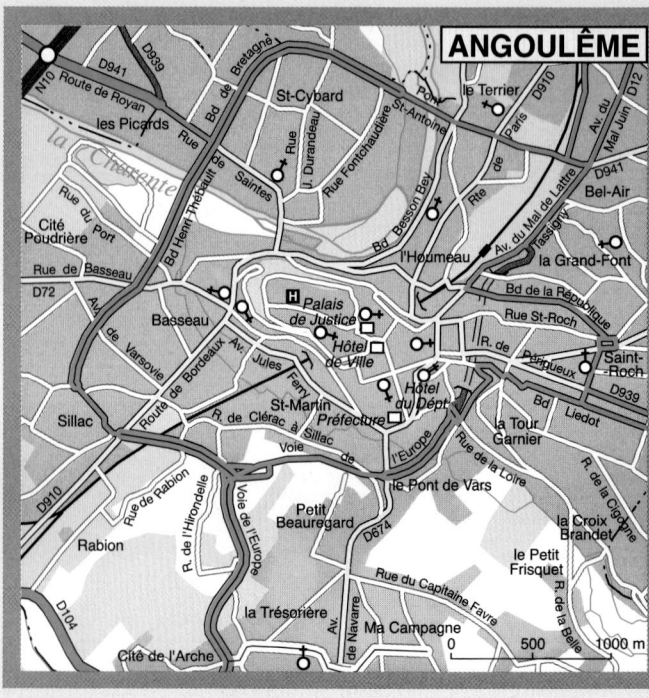

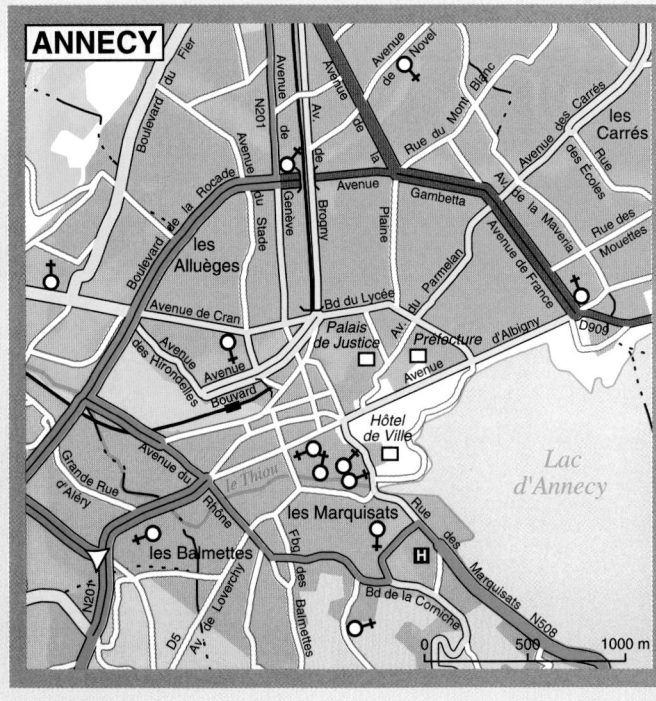

ANNECY

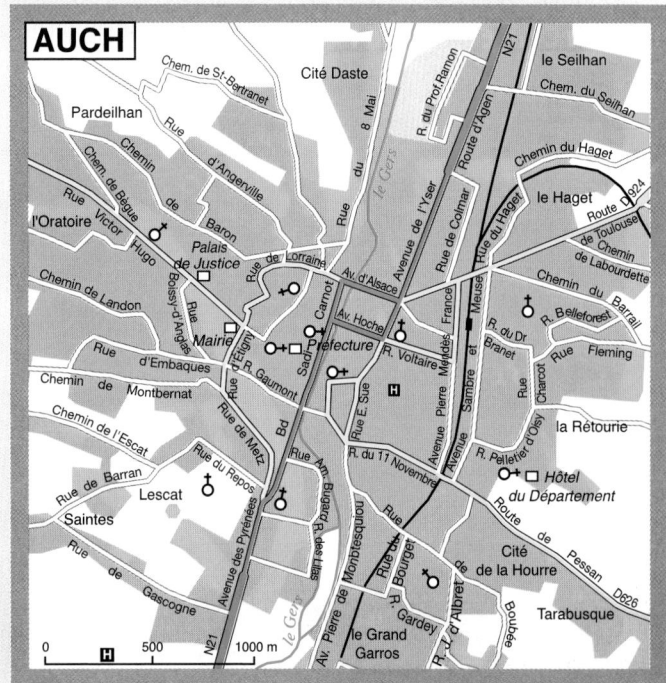

AUCH

213

AVIGNON

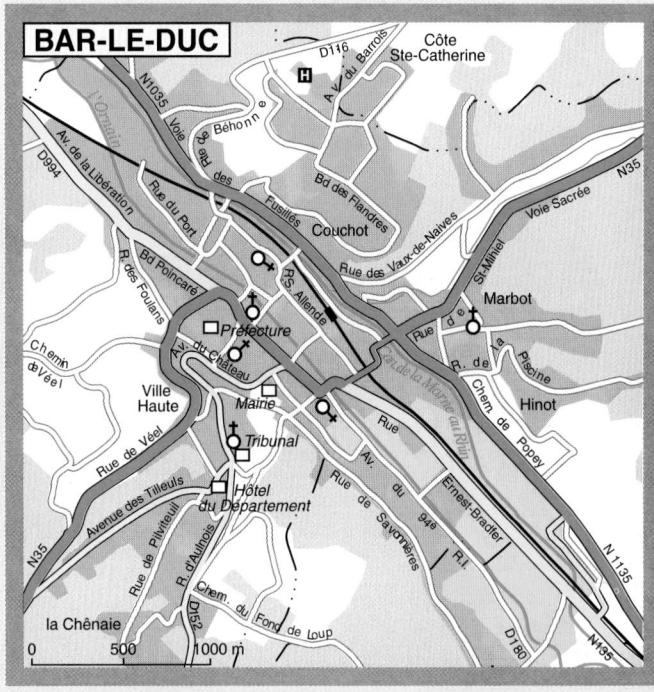

BAR-LE-DUC

BASTIA

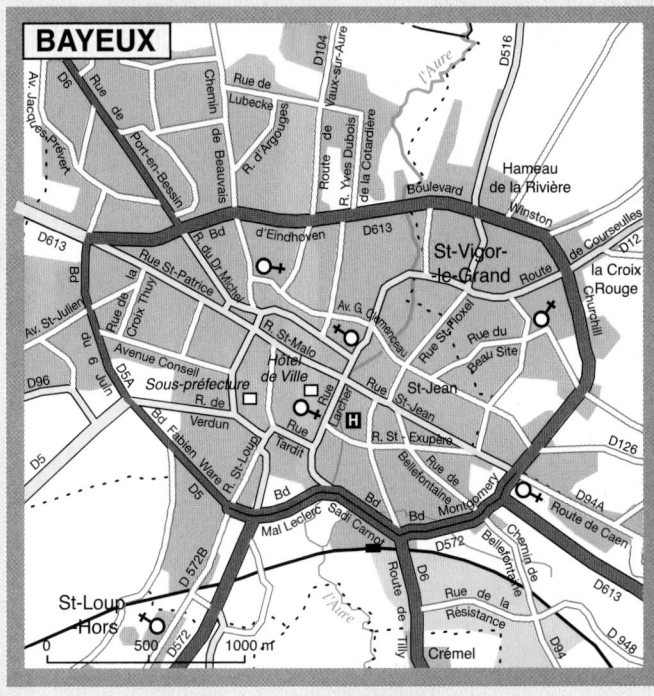

BAYEUX

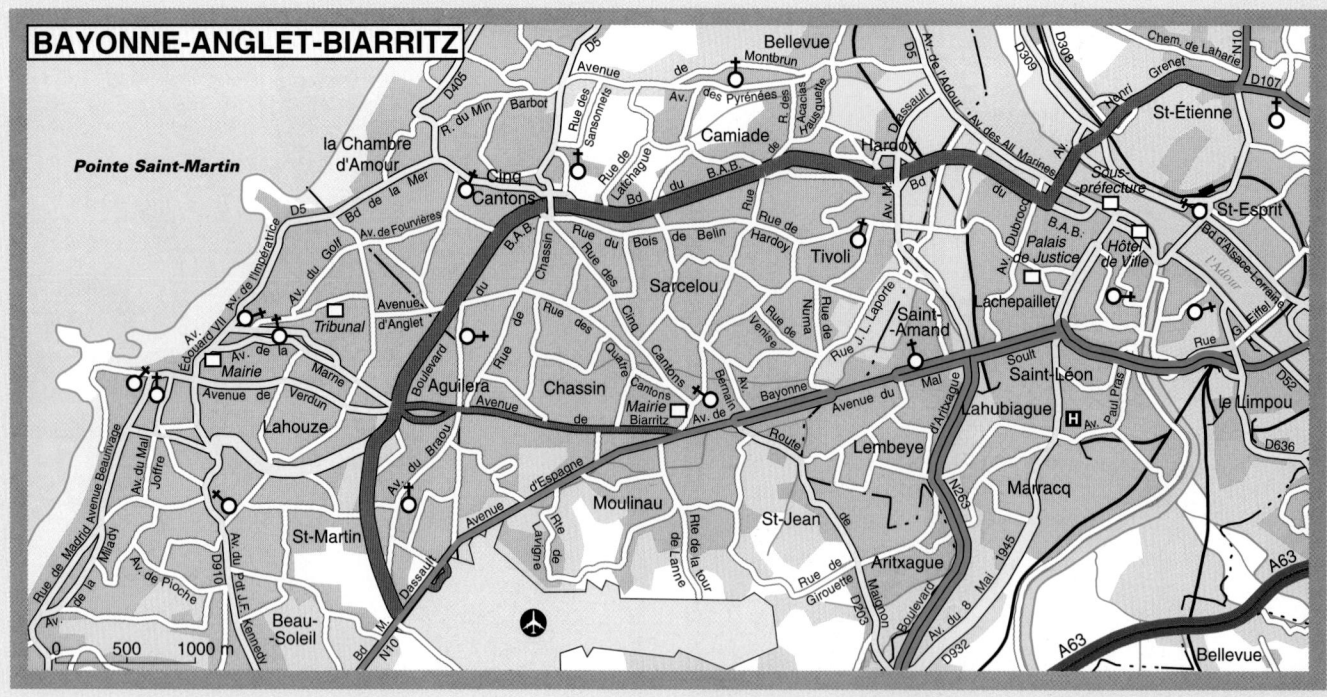

BAYONNE-ANGLET-BIARRITZ

214

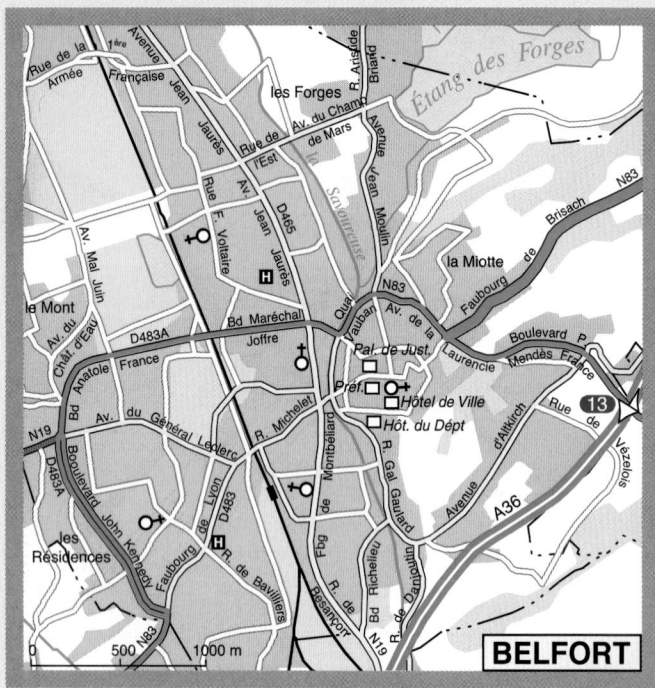

BELFORT

BESANÇON

BOULOGNE-SUR-MER

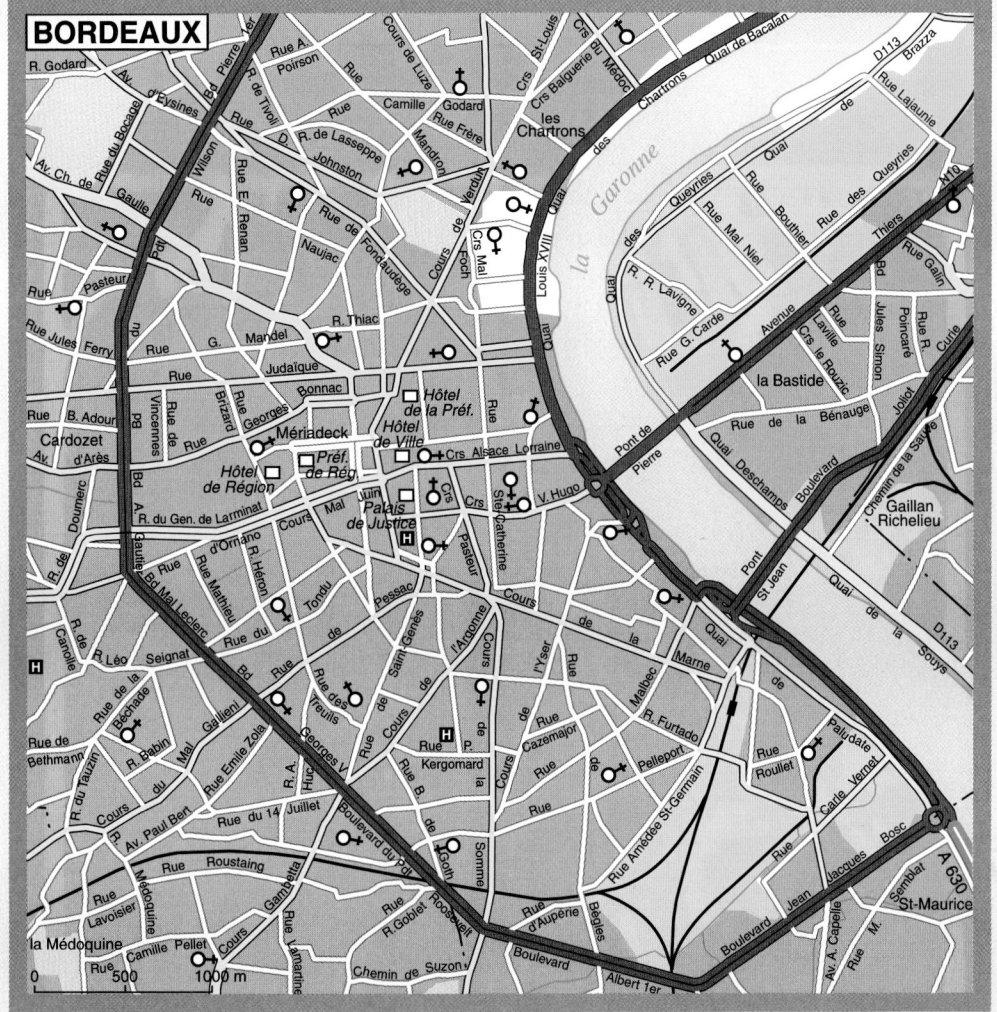

BORDEAUX

R. Godard
Av. d'Eysines
Av. Ch. de Gaulle
Rue du Bocalan
R. de Tivoli
Bd Pierre 1er
Cours de Luze
Rue A. Poirson
Rue
Camille Godard
Rue Frère
Cours Balguerie St Médard
les Chartrons
Crs St-Louis
Quai de Bacalan
D113
Brazza
Rue Lajaunie
Quai des Chartrons
la Garonne
Johnston
Mandron
Quai de
Quai des Queyries
Rue des Queyries
N10
Wilson
Rue E. Renan
Rue de Fondaudège
Cours
Louis XVIII
Quai
R. R. Lavigne
Rue Mal Niel
Thiers
Bd
Rue Gallin
Rue R.
Pasteur
Rue de Vincennes
Naujac
Crs Mal Foch
Avenue
Rue G. Carde
la Bastide
Jules Simon
Poincaré
Curie
Rue Jules Ferry
G. Mandel
R. Thiac
Judaïque
Rue Georges
Crs Alsace Lorraine
Rue de la Bénauge
Chemin de la Seiglière
Gaillan Richelieu
Rue B. Adour
Cardozet d'Arès
Av. de Doumerc
Bonnac
Mériadeck
Hôtel de la Préf.
Hôtel de Ville
Pont de Pierre
Quai Deschamps
Boulevard
Préf. de Rég.
Hôtel de Région
R. du Gen. de Larminat
Palais de Justice
Crs
Pont
V. Hugo
Pasteur
Crs St-Catherine
St-Jean
Quai de la Souys
D113
R. de Carolle
Rue de Bethmann
R. Léo
Rue de la Béchade
R. Babin
Mal Gallieni
Rue Emile Zola
Georges
Kergomard
Rue Cazemajor
R. Furtado
Pelleport
Cardle Vernet
Paludate
Rue Roullet
Cours
Av. Paul Bert
Rue du 14 Juillet
Boulevard du Pdt
Rue Amédée St-Germain
Rue
Jean
Jacques
St-Maurice
A 630
Rue Roustaing
Gambetta
Rue L'amarine
Boulevard
R. Goblet Roosevelt
Chemin de Suzon
Boulevard
Albert 1er
la Médoquine
Rue Camille Pellet

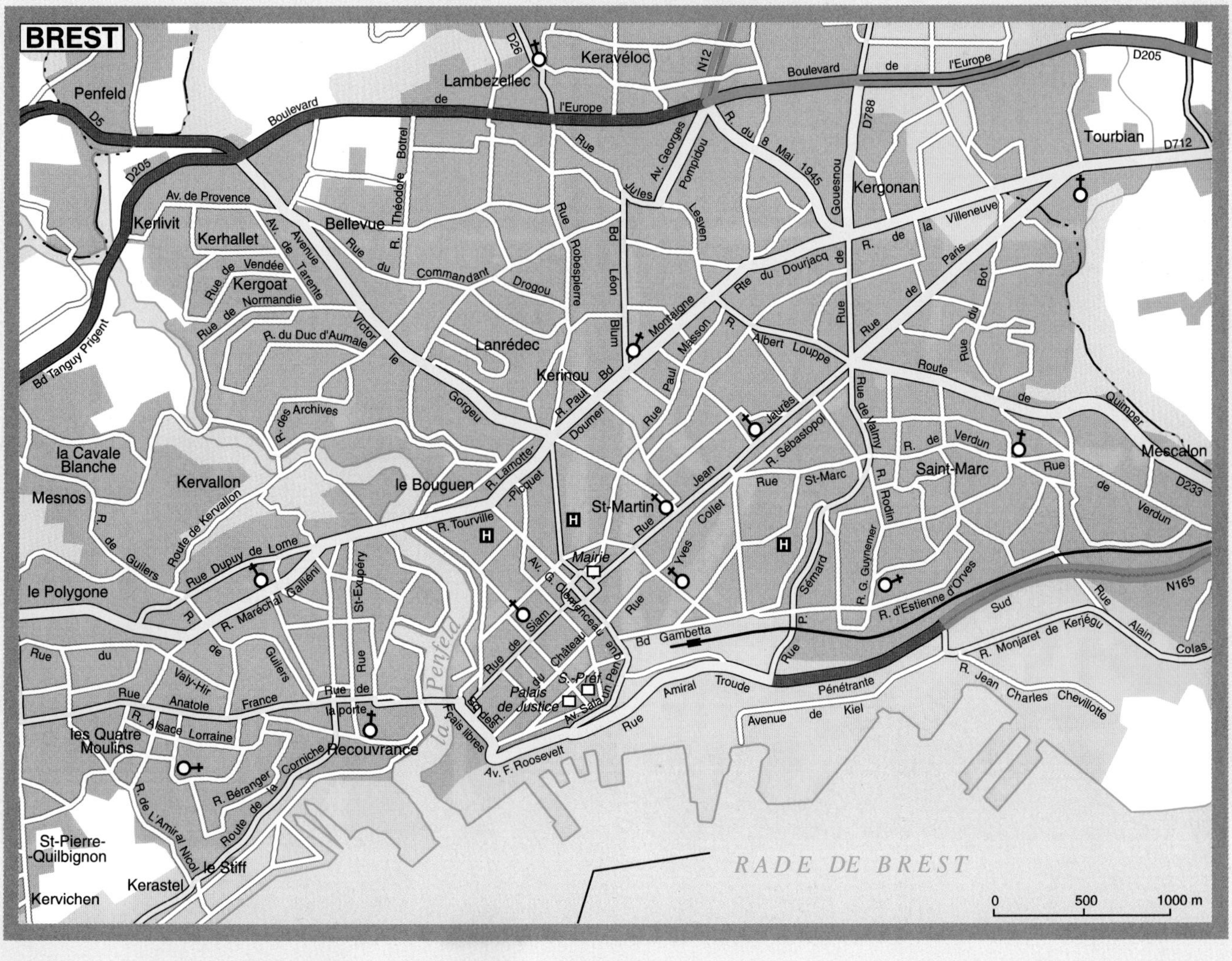

0   500   1000 m

BREST

D26
Keravéloc
N12
Boulevard
de l'Europe
D205
Penfeld
D5
Lambezellec
l'Europe
Tourbian
D712
D205
Av. de Provence
Kerlivit
Kerhallet
Bellevue
Av. Georges
Kergonan
R. du 8 Mai 1945
D788
Kergoat
Rue de Vendée
Rue de Normandie
Commandant Drogou
Lanrédec
Kérinou
R. des Archives
le Bouguen
St-Martin
Mairie
Bd Gambetta
Saint-Marc
Mescalon
D233
la Cavale Blanche
Kervallon
Mesnos
Route de Kervallon
Rue Dupuy de Lome
le Polygone
R. Maréchal Galliéni
Palais de Justice
S.-Préf.
Av. F. Roosevelt
Avenue de Kiel
N165
les Quatre Moulins
Recouvrance
la Penfeld
St-Pierre-Quilbignon
le Stiff
Kerastel
Kervichen

RADE DE BREST

0   500   1000 m

215

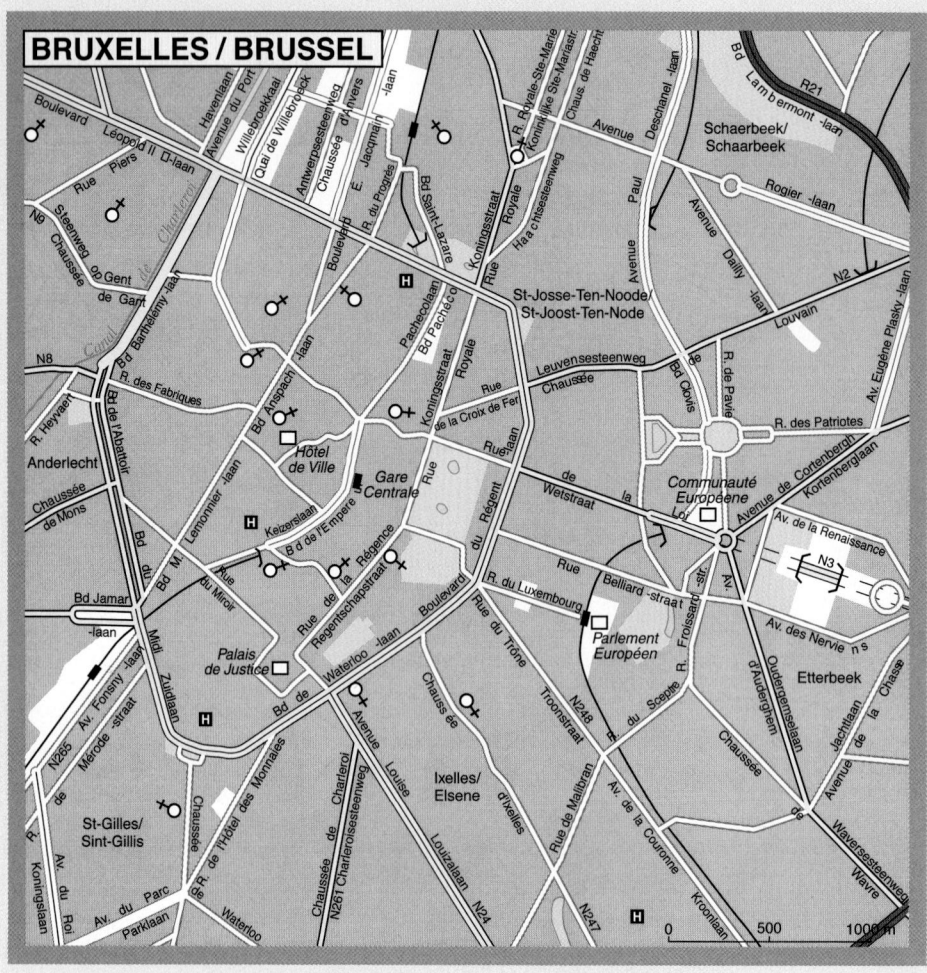

BRUXELLES / BRUSSEL

Boulevard · Léopold II D-laan · Havenlaan · Avenue du Port · Willebroekseweg · Quai de Willebroeck · Antwerpsesteenweg · Chaussée d'Anvers · E. Jacqmain -laan · R. Royale-Ste-Marie · Koninklijke Ste-Mariastr · Chée de Haecht · Avenue · Deschanel -laan · Schaerbeek / Schaarbeek · Bd Lam bermont -laan · R21

Rue Piers · Steenlaan · N9 · Steenweg op Gent · Chaussée de Gand · N8 · Bd Barthélemy -laan · R. des Fabriques · R. Heyvaert · Bd de l'Abattoir · Chaussée de Mons · Anderlecht · Bd Jamar -laan · N265 · Av. Fonsny -jaan · Av. Forsny -jaan · de · N265

Bd Saint-Lazare · Boulevard · Pachecolaan · Bd Pacheco · Koningsstraat · Rue Royale · Chaussée de la Croix de Fer · Rue du · Bd M. Lemonnier -laan · Rue du Miroir · Rue · Bd Zuidlaan · Av. de l'Hôtel des Monnaies · Hôtel de Ville · H · Keizerslaan · Bd de l'Empere · Rue de la Régence · Regenschapstraat · Waterloo -laan · Bd de · Palais de Justice · H

Gare Centrale · Rue · du Régent · Rue de la Loi · Wetstraat · Rue · de · Boulevard · Rue du Trône · Chaus sée · Troonstraat · Ixelles / Elsene · Avenue Louise · Louizalaan · N24 · Chaussée de Charleroi · N261 Charleroisesteenweg · Chaussée de Waterloo · Bd de Waterloo · St-Gilles / Sint-Gillis · R. Koningslaan · Av. du Roi · Av. du Parc · Parklaan

St-Josse-Ten-Noode / St-Joost-Ten-Node · Koningsstraat · Royale · Leuvensesteenweg · Chaussée · Avenue · Avenue · Paul · Avenue · Dailly -jaan · Rogier -laan · N2 · Louvain · Bd Clovis · R. de Pavie · R. des Patriotes · Communauté Européene · Loi · Avenue de Cortenbergh · Kortenberglaan · Av. de la Renaissance · N3 · Av. des Nervie n s · R. du Luxembourg · R. du Luxembourg · Belliard -straat · Froissart -str · Rue · du Scepte · R. · Av. · Parlement Européen · Etterbeek · Chaussée · Eugène Plaskylaan · Jachtlaan · Avenue · de · la · Chasse · Av. de la Couronne · N247 · Kroonlaan · Waversesteenweg · Wavre · H

0 · 500 · 1000 m

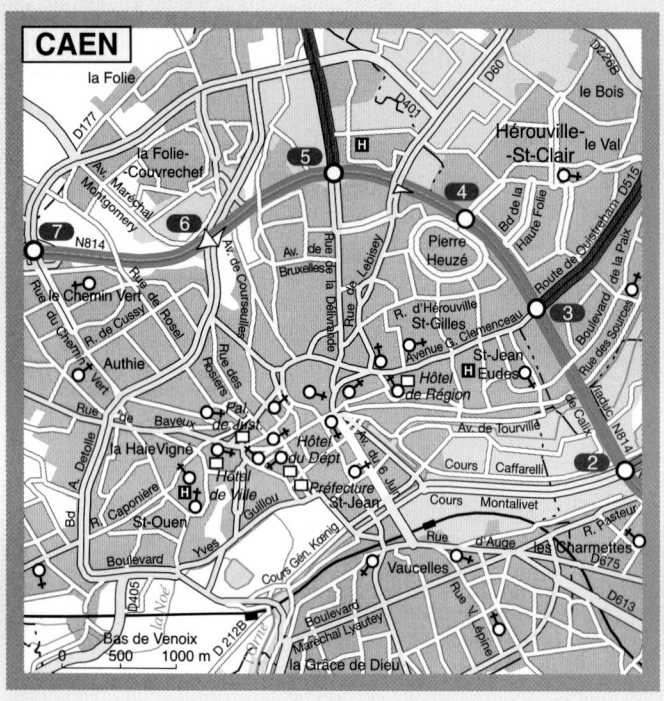

CAEN

la Folie · D177 · la Folie-Couvrechef · Av. Maréchal Montgomery · 7 · N814 · le Chemin Vert · Rue du Chemin Vert · R. de Cussy · Rue de Bayeux · A. Détolle · la Haie Vigne · Hôtel de Ville · St-Ouen · R. Caponière · Bd · Rue · Boulevard · Yves · Bas de Venoix · D405 · la Grâce de Dieu

D401 · D60 · D226B · le Bois · 5 · H · 6 · Hérouville-St-Clair · le Val · Av. de Courseulles · Av. de Bruxelles · Rue de Lébisey · Rue de la Délivrande · Rue des Rosiers · Pierre Heuzé · R. d'Hérouville · St-Gilles · Avenue G. Clemenceau · R. de · Hôtel de Région · Pal. de Just. · Hôtel du Dépt · Préfecture · St-Jean · Cours Gén. Koenig · Boulevard · Maréchal Lyautey · Vaucelles

4 · Bd de la · Haute Folie · Route de Ouistreham · D515 · Boulevard de la Paix · St-Jean Eudes · 3 · Viaduc N814 · Rue des Sources · Av. de Tourville · Cours · Caffarelli · 2 · Cours · Montalivet · Rue · d'Auge · R. Pasteur · les Charmettes · D675 · Boulevard · D613

0 · 500 · 1000 m · D 212B

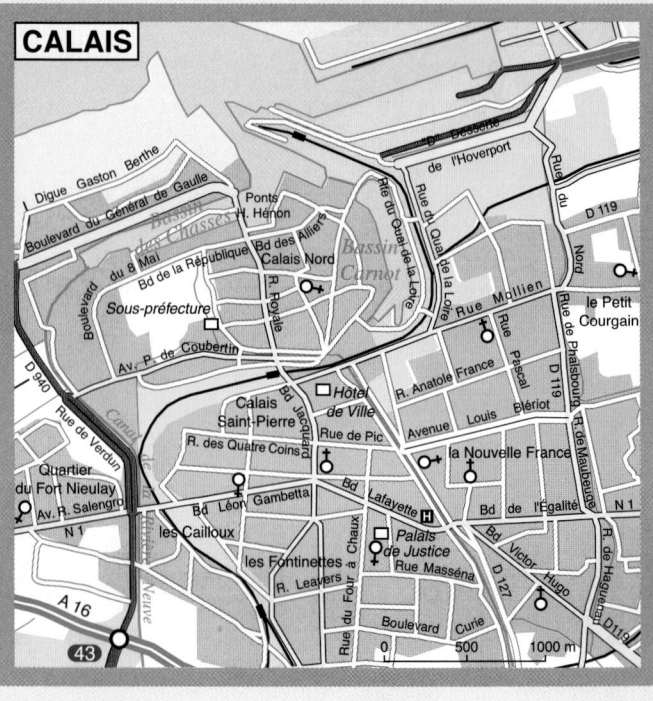

CALAIS

Digue Gaston Berthe · Boulevard du Général de Gaulle · du 8 Mai · Bd de la République · Sous-préfecture · Av. P. de Coubertin · D 940 · Quartier du Fort Nieulay · Av. R. Salengro · N 1 · les Cailloux

Bassin des Chasses · Ponts H. Hénon · Bd des Alliés · Calais Nord · R. Royale · Calais Saint-Pierre · R. des Quatre Coins · R. de Verdun · Rue Jacquard · Bd Léon Gambetta · Rue du Four à Chaux · les Fontinettes · A 16 · 43 · Neuve

Bassin de l'Hoverport · Bassin Carnot · Rue du Quai de la Loire · Rue Mollien · le Petit Courgain · Rue Pascal · D 119 · R. Anatole France · Hôtel de Ville · Rue de Pic · Avenue · Louis · Blériot · la Nouvelle France · Bd Lafayette · H · Bd de l'Egalité · N 1 · Palais de Justice · Rue Masséna · Boulevard · Curie · Bd · de · Victor Hugo · Rue de Phalsbourg · D 119 · Rue de Maubeuge · D 127 · R. de Hauteur · D

0 · 500 · 1000 m

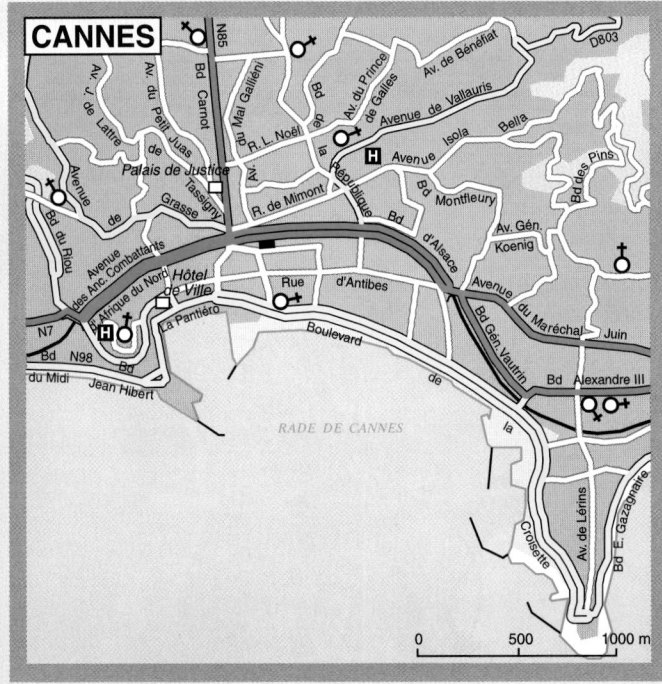

CANNES

CHÂLONS-EN-CHAMPAGNE

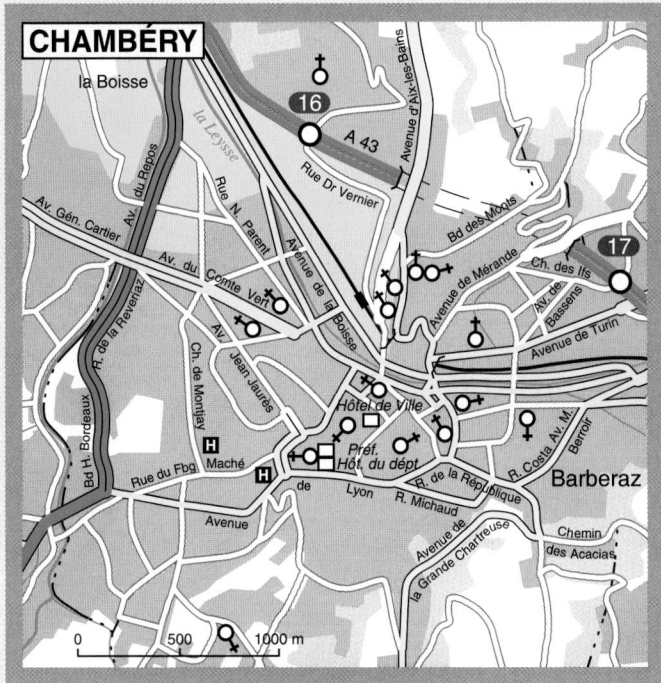

CHAMBÉRY

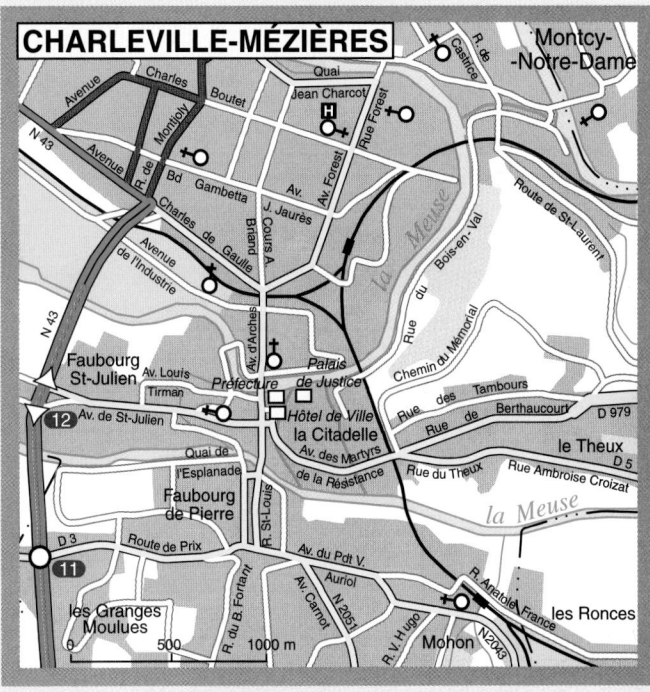

CHARLEVILLE-MÉZIÈRES

CHARTRES

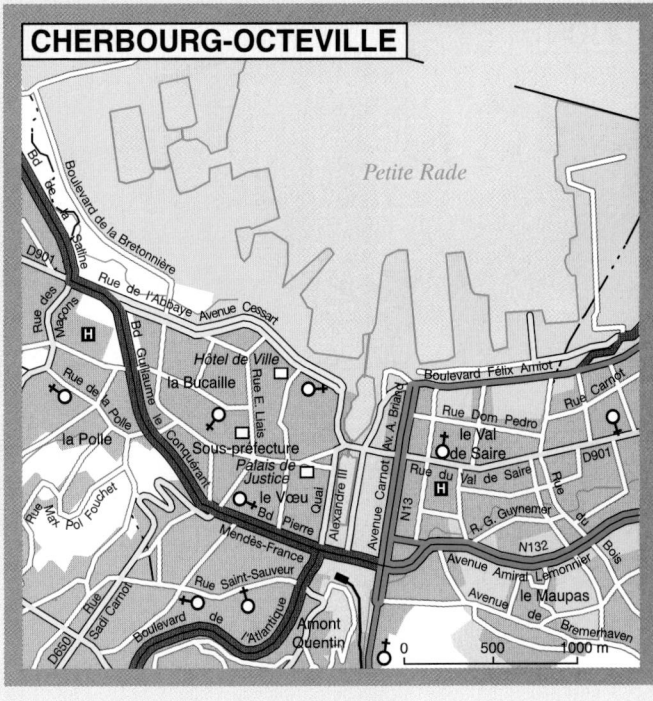

CHERBOURG-OCTEVILLE

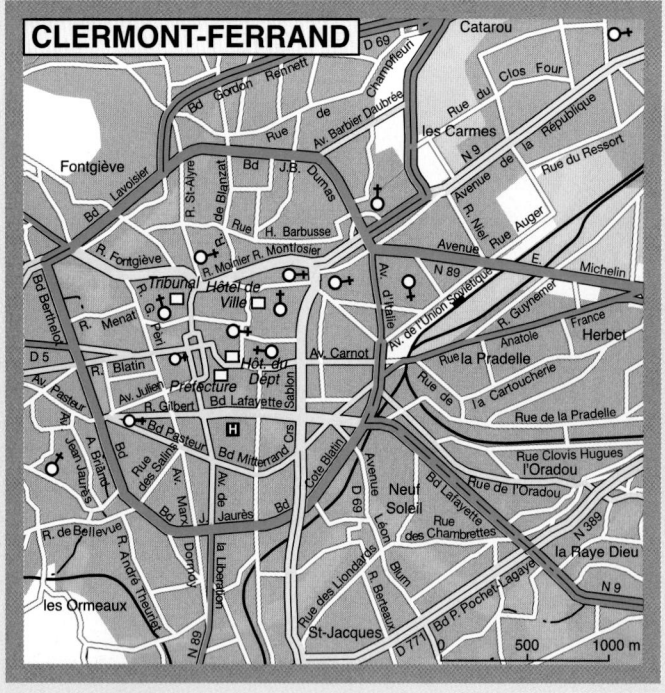

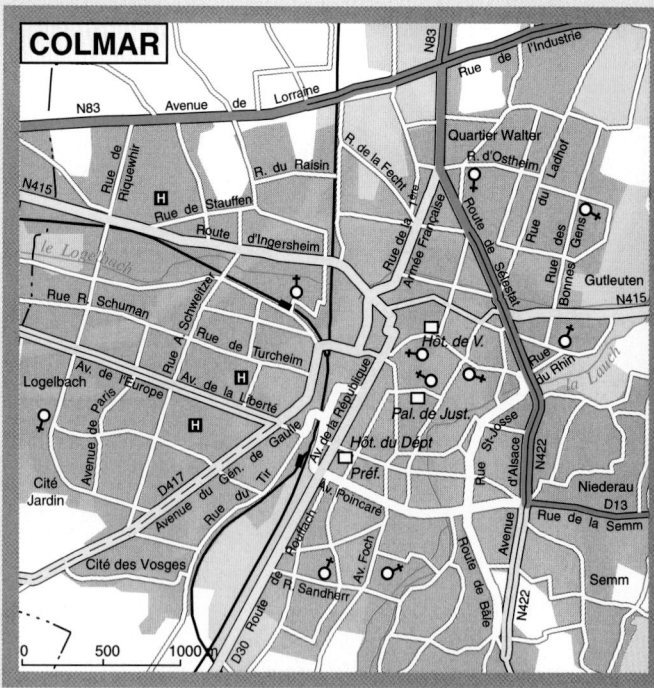

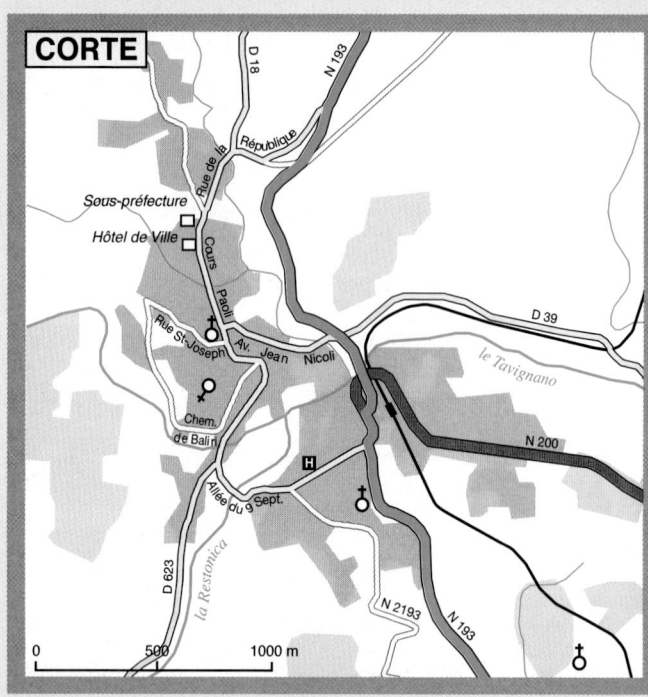

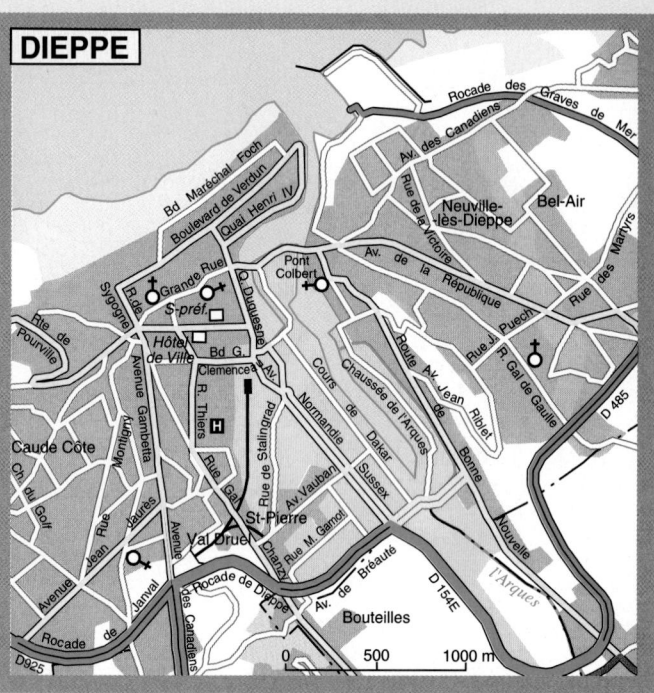

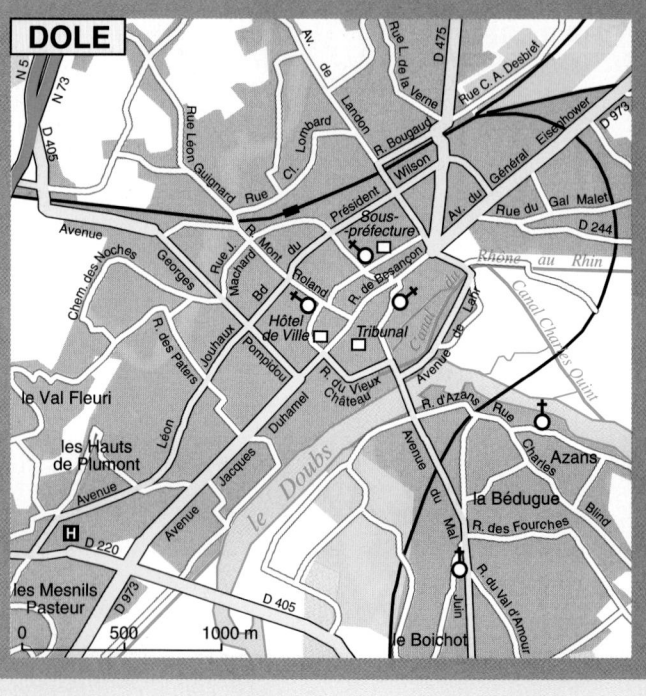

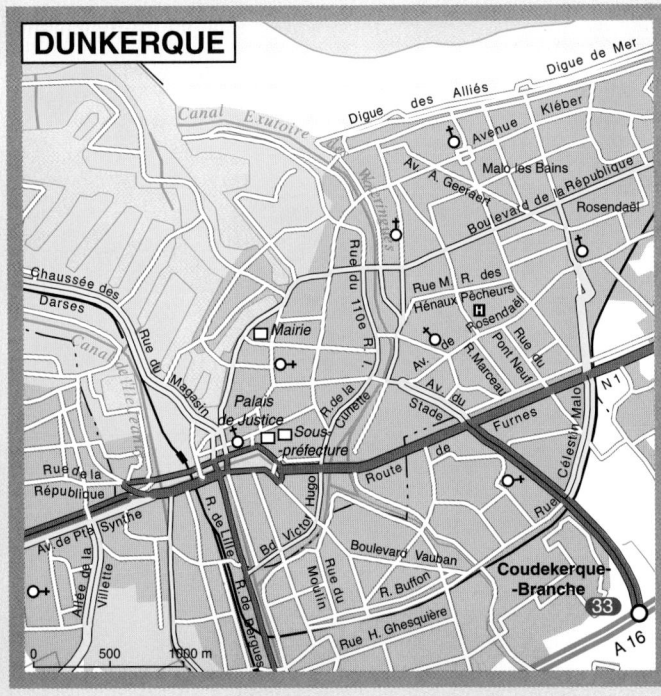

DUNKERQUE

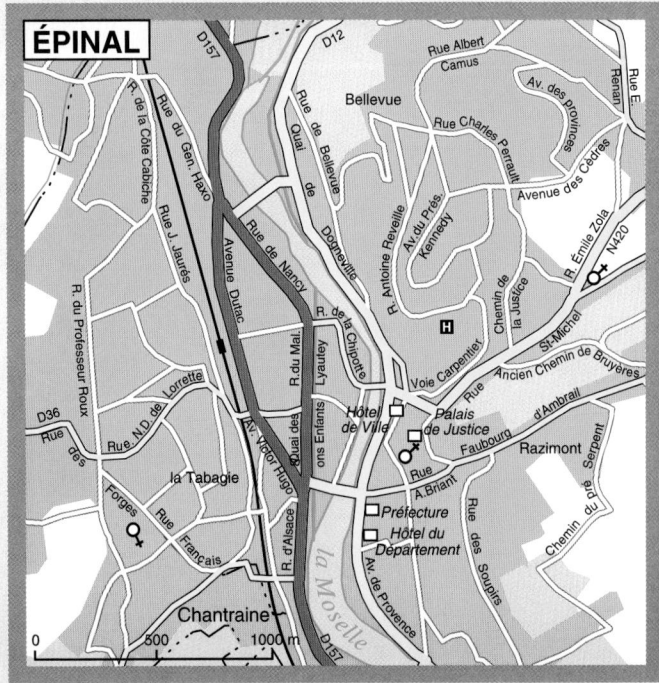

ÉPINAL

GRENOBLE

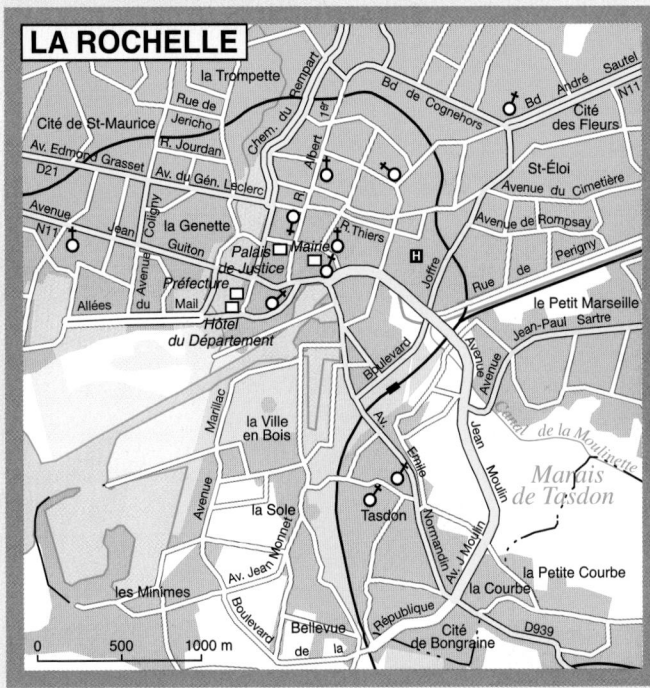

LA ROCHELLE

LE HAVRE

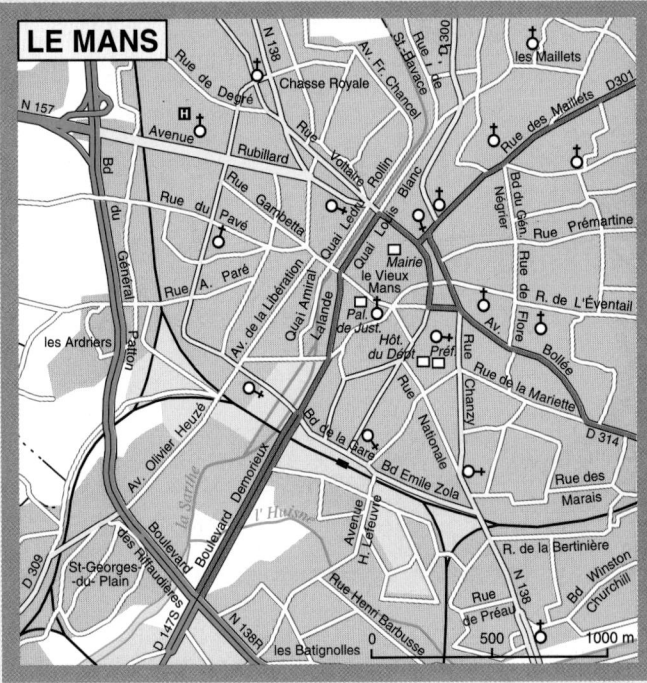

LE MANS

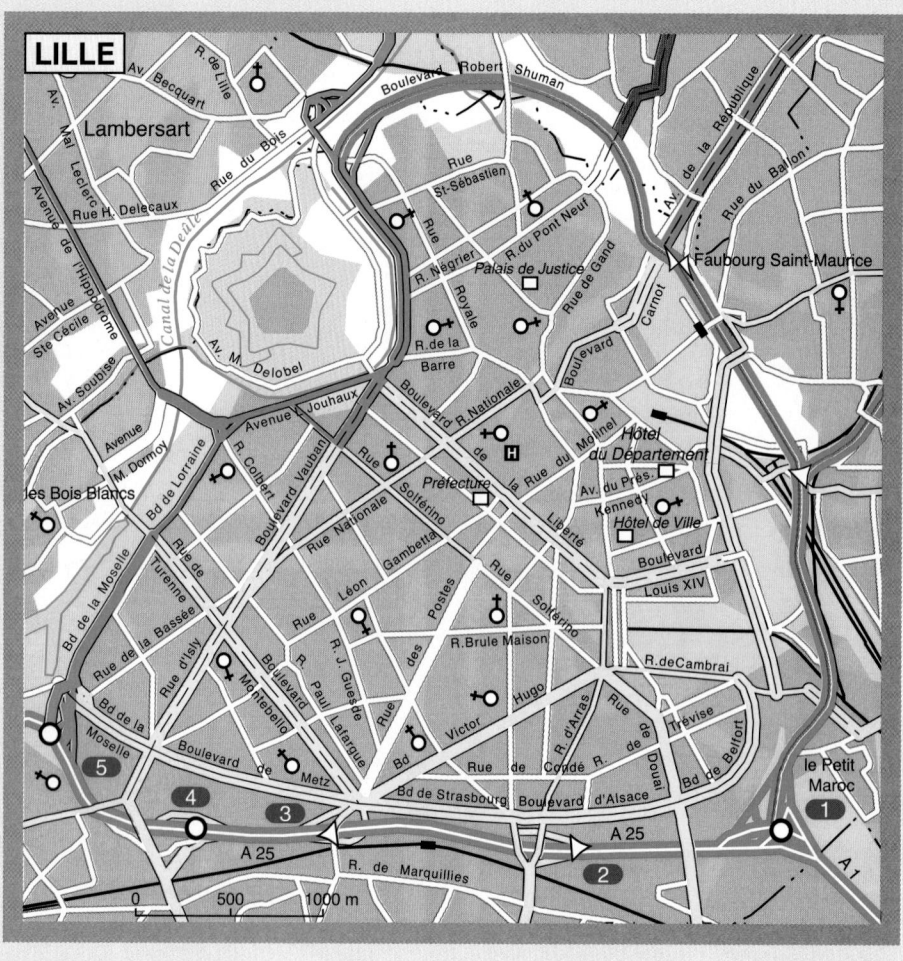

LILLE

Av. Becquart
R. de Lille
Lambersart
Mal. Leclerc
Av. d'Ille
Avenue de l'Hippodrome
Rue du Bois
Rue H. Delecaux
Rue St-Sébastien
Boulevard
Robert Shuman
Rue
St-Sébastien
R. Néarlier
R. du Pont Neuf
Palais de Justice
Rue de Gand
Faubourg Saint-Maurice
Royale
Av. Ste Cécile
Canal de la Deûle
Av. M. Delobel
Av. Soubise
R. de la
Barre
Boulevard
R. Nationale
Avenue Jouhaux
Boulevard
R. Nationale
Av. de la République
Rue du Ballon
Carnot
Avenue
M. Dormoy
des Bois Blancs
Rue de Lorraine
R. Colbert
Boulevard Vauban
Rue
Solférino
Préfecture
Rue de la Rue du Molinet
Hôtel
du Département
Av. du Prés
Kennedy
Hôtel de Ville
H
Rue de la Bassée
Turenne
Rue de
Rue Nationale
Gambetta
Léon
Rue
des Postes
Rue
Solférino
Boulevard
Louis XIV
Bd de la Moselle
Rue d'Isly
Boulevard
Montebello
R. J Guesde
R.Brule Maison
Rue
R.de Cambrai
Bd de la Moselle
Boulevard de Metz
Victor
Hugo
R. d'Arras
Rue de
Rue
de Douai
Trevise
le Petit Maroc
5
4
3
Bd de Strasbourg
Boulevard d'Alsace
Bd de Belfort
A 25
A 25
R. de Marquillies
2
A 1

0   500   1000 m

LIMOGES

N147
Bd du Vigenal
N520
A20
D218 Rue de
R. des Tulilères
Av. du Gén. Leclerc
32
le Puy Reyjeau
Saint-Gence
R. Victor
Rue de la
Bragère
Corgnac
Av. Émile Labussière
Av. Th. Thalat
Aristide
N520
Boulevard de
Av. Albert Thomas
R. Tarrade
R. Th. Bac
Av. de Locang
33
R. Meissonier
Rue
R. F Chénieux
Av. Ste Locang
Rue Armand
R. d'Antony
des Bénédictins
N520
R. du Puy Las Rodas
Perrin
Préfecture
Hôt. du Dept
34
François
Rue L. C. Ranson
Palais de Justice
Av. de Sablard
N141
Vanteaux
Av. du Mal de Lattre
Bd Bel
Hôtel de Région
Rue Pierre
Bd
Hôtel de Ville
de Tassigny
D978
Vanteaux
Naugeat
Quai S. Allende
Av. Pompidou
Rue de Ste-Adie
Rue de Toulouse
la Vienne
Romanet
Saint-Lazare

0   500 H 1000 m

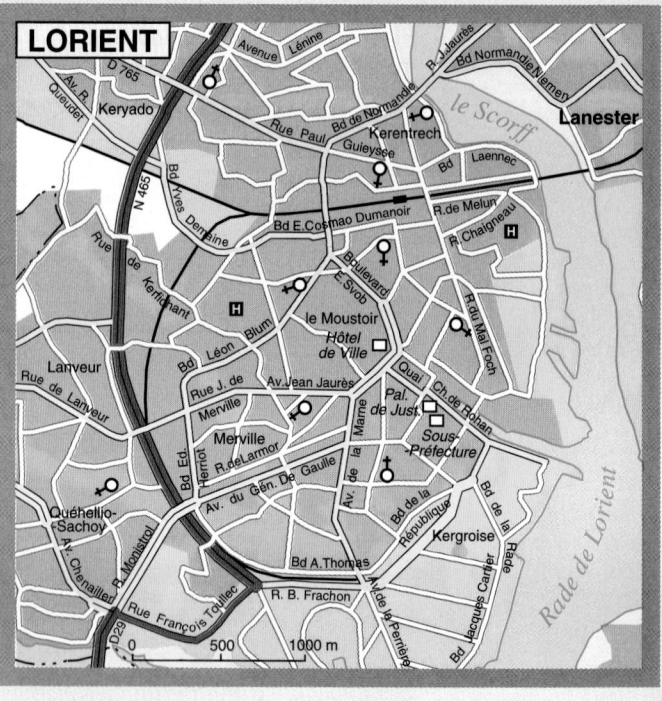

LORIENT

N147
D 765
Avenue Lénine
R. Jaurès
Bd Normandie Niemen
Av. R.
Queudet
Keryado
Rue Paul
Bd de Normandie
Kerentrech
le Scorff
Lanester
Gueydon
Gueysse
Bd
Laennec
Bd Yves Demaine
Bd E.Cosmao Dumanoir
R. de Melun
N 465
Rue de Kerfichant
Boulevard
R. Chaigneau
H
E. Stroh
Rue
le Moustoir
H
Hôtel
de Ville
Bd Léon Blum
Lanveur
Rue de Lanveur
Rue J. de
Merville
Av. Jean Jaurès
Pal.
de Just.
Ch. de Rohan
Sous-
Merville
R.deLarmor
Préfecture
Quéhellio-
Sachoy
Av. du Gén. De Gaulle
Bd de la
Kergroise
République
Bd A. Thomas
Rade de Lorient
Rue François Toullec
R. B. Frachon

0   500   1000 m

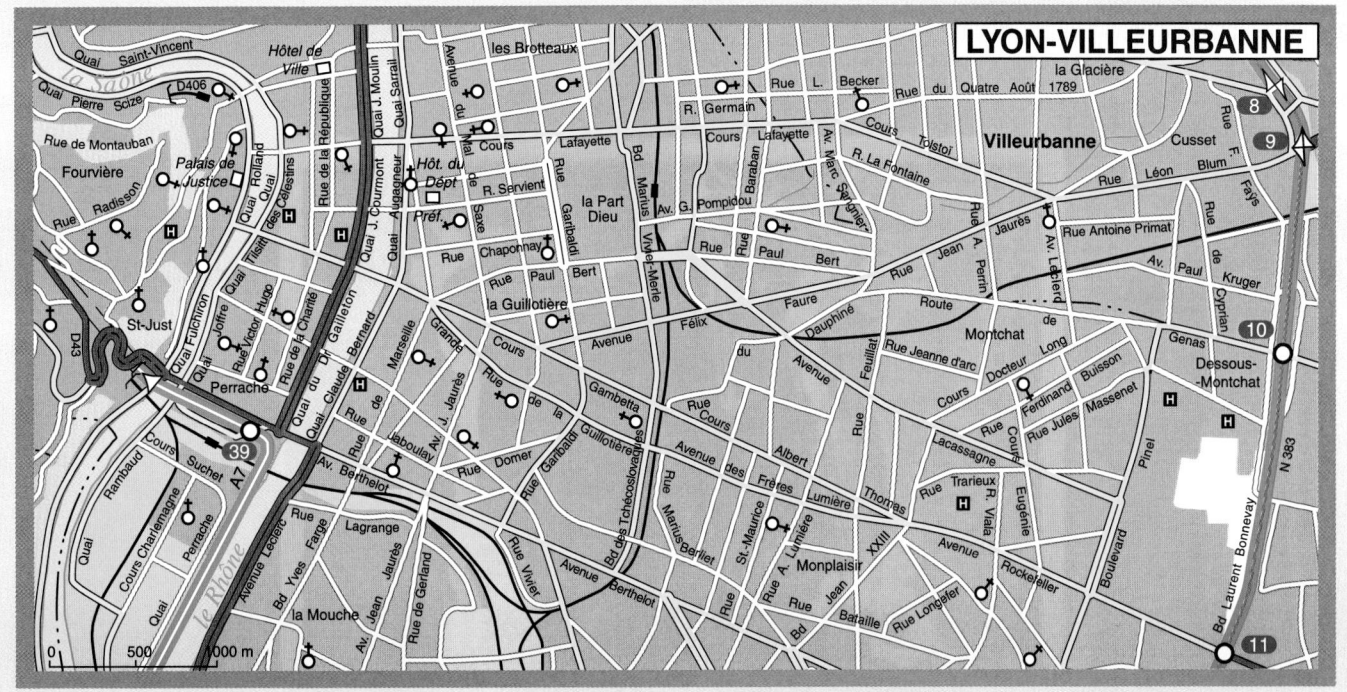

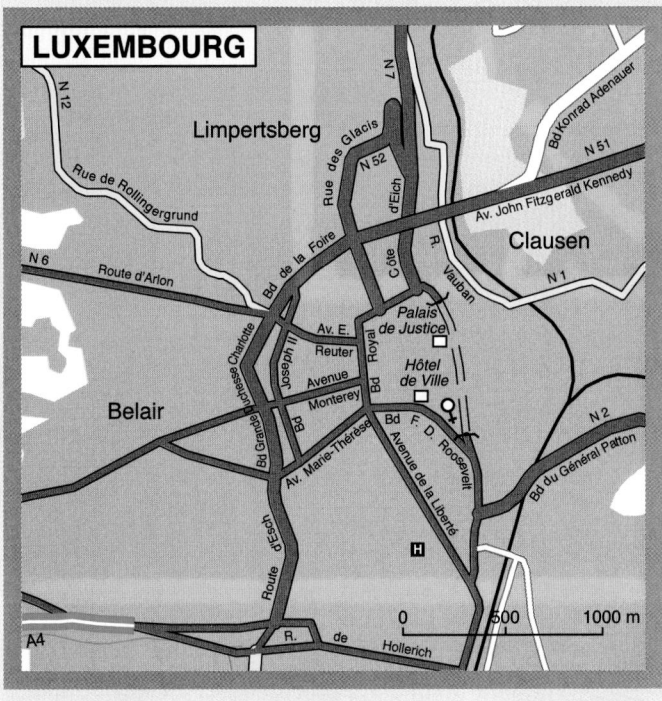

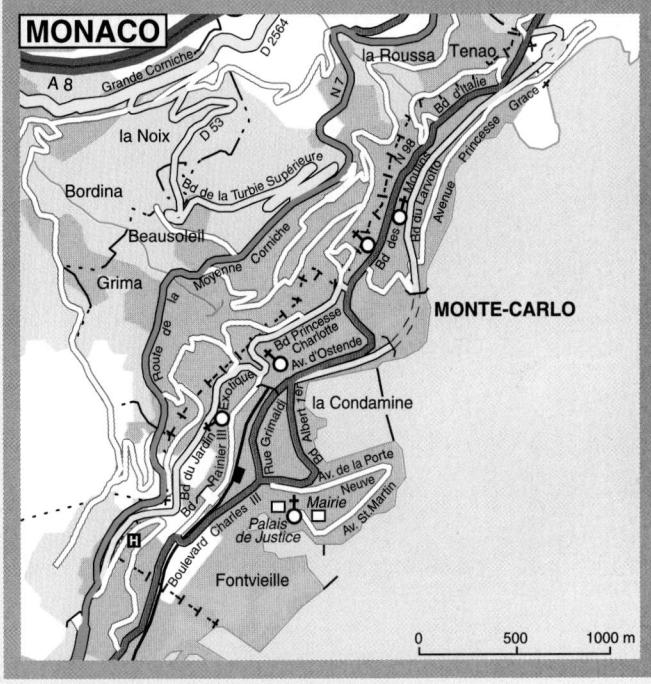

MARSEILLE

les Crottes • A 557 • 36 • D 4c
Bon Secours • Bd. Alexandre Fleming • D 908 • D 4c • Av. J-P. Sartre
Bd. F. de Lesseps
St-Mauront • Bd. de Plombières • Chutes Lavie
Av. R. Salengro
A 7
A 55 • Belle de Mai • les Chartreux
St-Lazare • Av. de St-Barnbé
37 • la Blancarde
Rade de Marseille
A 55 • Bd. des Dames • Bd. de la Libération
Hôt. Dieu
la Canebière • Coure Lieutaud • Rue Saint Pierre • St-Pierre • D 2
Hôt. de V.
Pharo • Bd. Ch. Livon • Pal. de Just. • PPal. • Boulevard Baille • la Timone
St-Lambert • Rue de Rome • 2 • A 50
Endoume • N 8
Bompard • la Capelette
Corniche • le Roucas Blanc • Périer • Rue Paradis • Av. du Prado • Bd. Rabatau • Bd. Schloesing • Bd. R. Rolland
Président
John Kennedy • la Plage • Av. du Prado • St-Giniez • D 559 • Bd. Michelet • Ste-Marguerite
0 • 500 • 1000 m • H

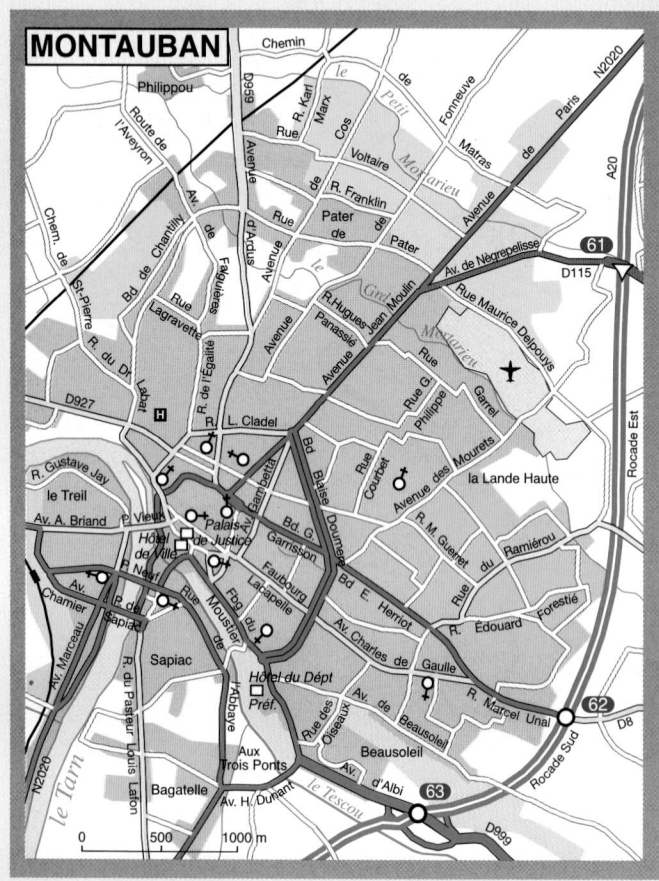

MONTAUBAN

Chemin
Philippou • D959 • de
Route de l'Aveyron • Avenue • R. Karl Marx • Cos • Rue • Forneuve • de • Paris • N2020
Chem. de St-Pierre • Bd. de Chantilly • Rue • de • Voltaire • Matras
Rue • de • F. Aiguières • R. Franklin • Pater • de • Avenue • A20
Avenue • d'Ardus • de • Pater • Av. de Négrepelisse • 61 • D115
Rue • Lagravette • R. Hugues-Jean Moulin • Rue Maurice Delpoux
D927 • R. du Dr. Lacour • Panassac • Rue • G. • Garrel
D927 • Avenue • Rue • R. de l'Égalité • Rue G. • Philippe • Rue • Avenue des Mourets • la Lande Haute
H • L. Cladel • Courbet • R. M. Guéret • Ramiérou • Rocade Est
R. Gustave Jay • Bd. • R. • R. Blaise Doumergue • Rue
le Treil • Gambetta • Rue • du
Av. A. Briand • P. Vieux • Palais • Garrisson • Faubourg • R. Édouard Forestié
Hôtel de Ville • de Justice • Lacapelle • Fbg. du
Charnier • R. Naul • R. de Sapiac • Av. Charles de Gaulle • R. Marcel Unal • 62 • D8
Sapiac • Hôtel du Dépt • Pref. • Av. des Oiseaux • Av. de Beausoleil
Bagatelle • Aux Trois Ponts • Beausoleil • Av. d'Albi • 63 • D959
le Tarn • R. du Pasteur Louis Lafon • Av. H. Dunant • le Tescou
0 • 500 • 1000 m

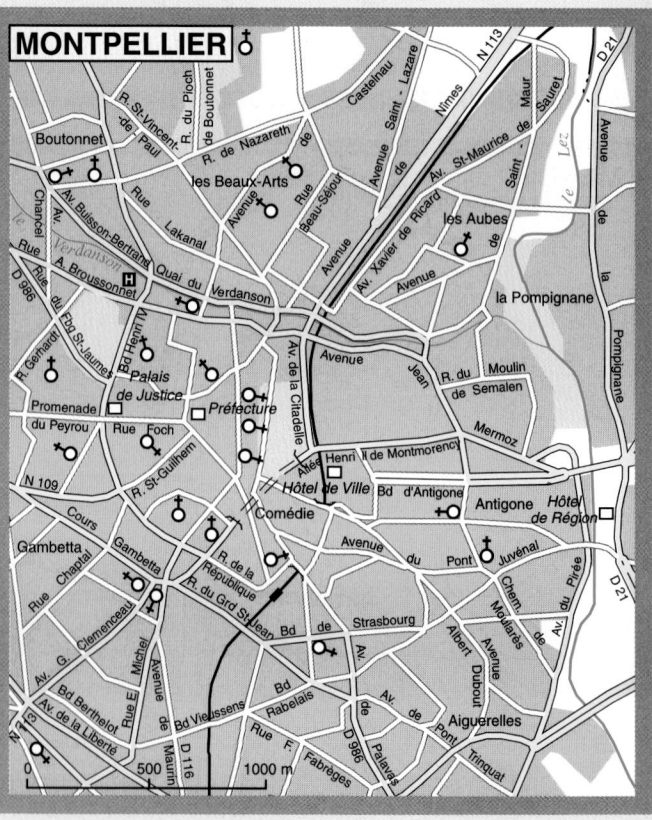

MONTPELLIER

R. St-Vincent de Paul • R. du Ploch • Castelnau • N 113 • D 21
Boutonnet • de Nazareth • de • Avenue Saint - Lazare - Nîmes • Av. St-Maurice de Maur • Avenue
les Beaux-Arts • Rue • Av. Buisson-Bertand • Lakanal • Beau-Séjour • Av. Xavier de Ricard • les Aubes
Chancel • A. Broussonnet • Quai du Verdanson • Avenue • la Pompignane
D 986 • Rue • du Fbg. St-Jaumes • H • Verdanson
R. Gérard • Palais de Justice • Avenue • de la Citadelle • R. du Moulin • de Semalen
Promenade du Peyrou • Rue Foch • Préfecture • Jean • Mermoz
N 109 • Allée Henri II de Montmorency
R. St-Guilhem • Hôtel de Ville • Bd. d'Antigone • Antigone • Hôtel de Région
Comédie
Cours • R. de la République • Avenue • du • Pont • Juvénal • Chem. de Moularès
Gambetta • R. Chaptal • Gambetta • R. du Grd St-Jean • Strasbourg • Av. du Pirée • D 21
Clemenceau • Bd. • de • Albert • Avenue • Dubout
Bd. Berthelot • Bd. Vieussens • Rue • Rabelais • de • Aiguerelles
Av. de la Liberté • D 116 • Rue F. Fabrègues • Av. de Pont • Trinquat • D 986 • Palavas
0 • 500 • 1000 m

MONT-DE-MARSAN

NANTES

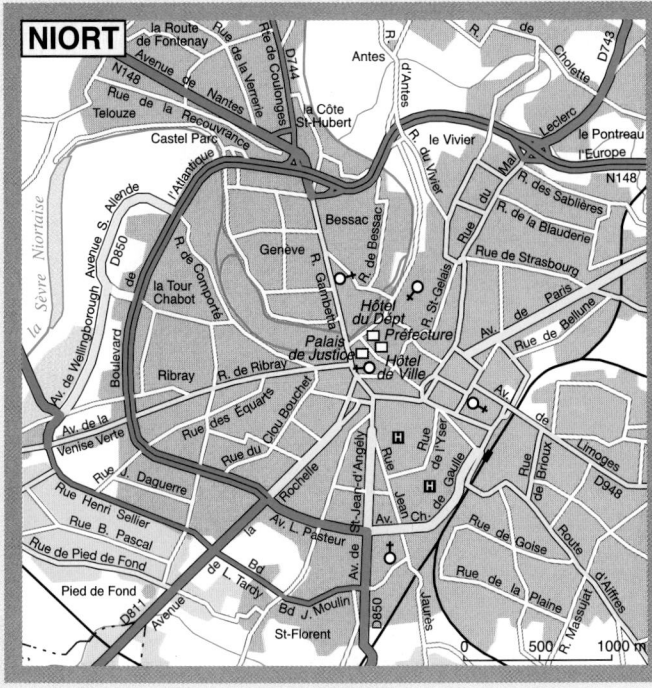

NIORT

NANCY

NICE

ORLÉANS

les Chaises
R. Croix-baudu
Rue du Faubourg Bannier
Rue des muriers
N20
Rue du Faubourg Bannier
R. de la Barrière
la Barrière St-Marc
Bd
Rue M. Berthelot
R. de la Barrière
St-Vincent
R. des Drois
R. de l'Homme
Belneuf
N157
Fbg Bannier
Faubourg St-Vincent
Av. des Pins
Cité de l'Argonne
Bd de l'Argonne
Faubourg St-Jean
Boulevard
Marie
St-Loup
Hôtel du Département
d'Ambert
St-Marc
N152
Rue du Fbg St-Jean
Palais de Justice
Hôtel de Ville
Faubourg Bourgogne
Rue du Fbg de Bourgogne
N152
Rue du Fbg Madeleine
Royale
Préfecture
Quai
N152
St-Laurent
Quai du Roi
la Loire
R. des Htes Levées
Avenue Roger Secrétain
N20
St-Mesmin
Levée de la Rosette
la Saussaye
D951
Route
N20
Clos Rosé
St-Jean-le-Blanc
Général de Gaulle
le Pont de Bois
la Croix St-Marceau
D951
Clos du Pavé
0   500   1000 m

PAU

Beziou
Avenue de Lons
Avenue Jean
Av. de
N417
Crs L.
R. Bérard
N1134
R. St-É
R. du Loup
R. St-É
N134
R. Fouchet
R. du Mohédan
Bd Tourasse
Saintonges
Lalanne
Château
Rue Gensemin
Sarrailh
Dufau
Avenue de Saragosse
Av. du Baron Séguier
Rue des Marinières
Av. Recteur
Crs Lyautey
Av. Honoré Baradat
Av. de Buros
N117
Boulevard
de la
Résistance
Av. du 18e Rég. d'Infanterie
Cours Carnot
Phoebus
Liège
Av. G.
R. Carnot
d'Alsace-Lorraine
R.J. Réveil Castetnau
N117
Rue R.E. Guichenne
Palais de Justice
R.H. Faisans
R. Bonado
Av. du Béarn
Rue d'Etigny
Hôtel du Département
Préfecture
Hôtel de Ville
Rue A. Rousille
Av. J. Biray
Bd des Pyrénées
Av. E. Ginot
D802
Col. Gloxin
Av. G. Lacoste
Av. Léon
R. G. Clemenceau
D937
Jurançon
Rue du
Rue E. Daure D235
Le Gave de Pau
Av. de l'Yser
D801
D807
Bizanos
0   500   1000 m

PERPIGNAN

A9
N9
Rue du Lt Gourbault
Avenue du Maréchal Joffre
Av. Émile Roudayre
Bd du Docteur Joseph Desnoyes
D68
le Bas Vernet
la Têt
Avenue Louis Torcatis
Av. du Palais des Expositions
de la France
Libre
St-Jacques
N9
Bd Edmond Michelet
Boulevard
Bd Jean Bourrat
Rocade
D617
R. Pascal
Cours L.
Préf.
Hôt. du Dépt
Hôtel de Ville
Escaldié
Marie Agasse
Pal. de Just.
Av. Docteur
St-Assiscle
Av. Julien Panchot
Bd F. Mercader
Bd Aristide Briand
Avenue Jean Mermoz
la Basse
Jean Louis Torcatis
Julien Panchot
Avenue Victor Dalbiez
Poincaré
Bd Henri
Avenue Albert Camus
Av. V. Dalbiez
Malloles
St-Martin
Av. du Maréchal Juin
Av. John Kennedy
Moulin à Vent
N9
0   500   1000 m

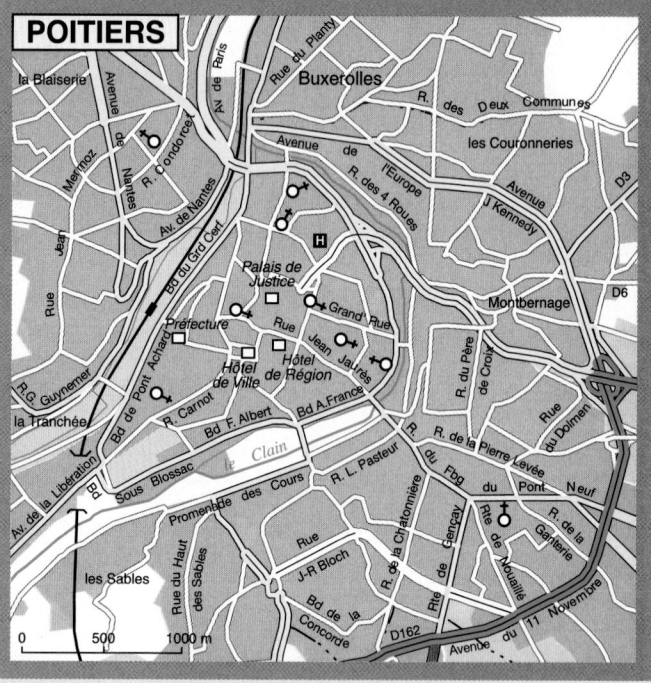

POITIERS

la Blaiserie
Avenue de Nantes
Av. du Plant
Rue du Plant
Buxerolles
R. des Deux Communes
Mermoz
R. Condorcet
Avenue de l'Europe
les Couronneries
R. des 4 Roues
J. Kennedy
Avenue
D3
Jean
Av. de Nantes
Bd du Grd Cerf
Palais de Justice
Grand' Rue
Rue
Montbernage
D6
R.G. Guynemer
Préfecture
Bd de Pont Achard
Jean Jaurès
Hôtel de Ville
Hôtel de Région
R. du Père de Croix
la Tranchée
R. Carnot
Bd F. Albert
Bd A. France
R. de la Pierre Levée
Rue du Dolmen
Av. de la Libération
Sous Blossac
le Clain
R.L. Pasteur
R. du Fbg du Pont Neuf
Bd
Promenade des Cours
R. de la Chatonnière
Gencay
R. de la Genette
les Sables
Rue du Haut des Sables
J-R Bloch
Rue
Bd de la Concorde
Rte de Nouaillé
D162
Avenue du 11 Novembre
0   500   1000 m

PORTO-VECCHIO

D568
N198
D368
Route de
Poretta
N2198
l'Ospédale
D159
Golfe de Porto-Vecchio
Av. G. Pompidou
Mairie
R. du Port
R. du Pont R. Pasteur
Rue Maréchal Juin
Chem. d'Pyréto
N2198
D768
N198
D659
0   500   1000 m

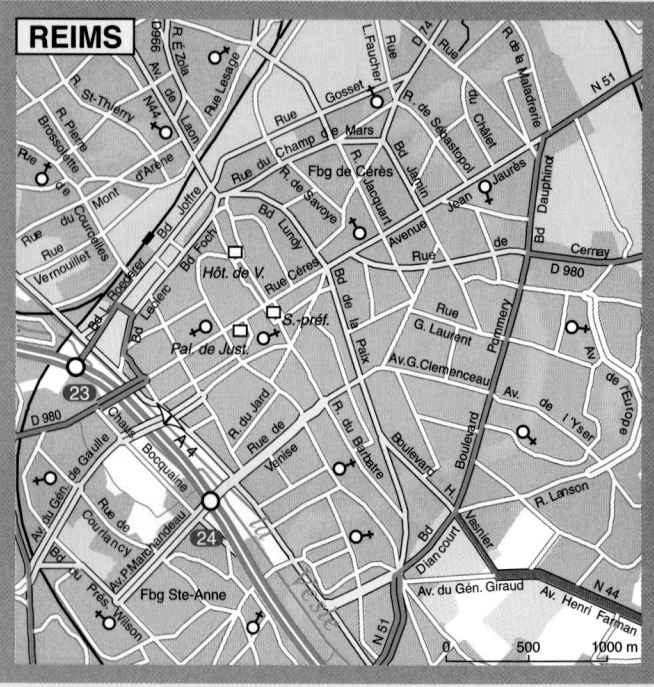

REIMS

D966
R. É. Zola
R. St-Thierry
N44
L. Faucher
Rue Lesage
R. de la Maladrerie
N51
R. Pierre
Brossette
Gosset
Rue de Mars
R. de Sébastopol
R. du Châtel
Rue d'Arène
Rue du Champ de Mars
Fbg de Cérès
Bd Joffre
R. de Savoye
Bd Jamin
Jaurès
Rue du Mont
Rue de Courcelles
Bd Lundy
Avenue Jean
Dauphinot
Rue Vernouillet
Bd Foch
Bd Cérès
Rue
Cernay
Hôt. de V.
Bd de la Paix
D980
Bd L. Roederer
Rue Le Clerc
S.-préf.
G. Laurent
Av. G. Clemenceau
Pal. de Just.
Av. de l'Europe
R. du Jard
Rue de Venise
R. du Barbâtre
Av. de l'Yser
23
D980
Av. du Gén. de Gaulle
Rue Bocquaine
A4
la Vesle
Diancourt
H. Vasnier
R. Lanson
24
Rue de Courlancy
Av. P. Marchandeau
Prés. Wilson
Fbg Ste-Anne
Av. du Gén. Giraud
N51
Av. Henri Farman
N44
0   500   1000 m

224

RENNES

Maurepas
Beauregard
Préfecture
Bd d'Armorique
Canal d'Ille et Rance
N137
Av. de Rochester
N 12
Avenue Charles Tillon
St-Martin
Villejean
Rue de Fougères
Sévigné-Fougères
Bd Volney
R. St-Martin d'Antrain
Bd de la Duch
J. Guéhenno
Bd de Metz
Boulevard
Sévigné
Anne
N 157
Palais de Justice
Hôtel de Région
de
Paris
Rue
Av.
Aristide Briand
Hôtel de Ville
Avenue Sergent Maginot
Rue Guillou
Av. du Mail
N 12
Quai de la Prévalaye
Bd de la Liberté
la Vilaine
N24
Bd
Voltaire
Bd
Rue Saint Hélier
Bd de Guines
Bd du colombier
Bd Solférino
Beaumont
0 500 1000 m
N 157
Bd J. Cartier
Sainte-Thérèse Quineleu
D 463
D 163

SAINT-BRIEUC

le Légué
St-Jouan
Rue T. Ribot
Bd Haret de la Noë
Bd de la Mer
St-Michel
la Ville Hellio
Préfecture
Bd Sévigné
N 12
Ginglin
Rue Bagot
Hôtel de Ville
Palais de Justice
le Goulalic
R. du 71ème Rég. d'Infant.
Av. Corneille
Bd Charner
Bd Carnot
Rue A. France
le Carpont
Rue Luzel
Bd Ferry
Hoche
Rue Jules
Rue de Trégueux
D 700
Douvenant
D 45
les Villes Moisans
D 712
Rue Henri Becquerel
Rue Marcel Proust
D 700
Tréfois
0 500 1000 m
St-Rivily
D 27
D 1
Trégueux

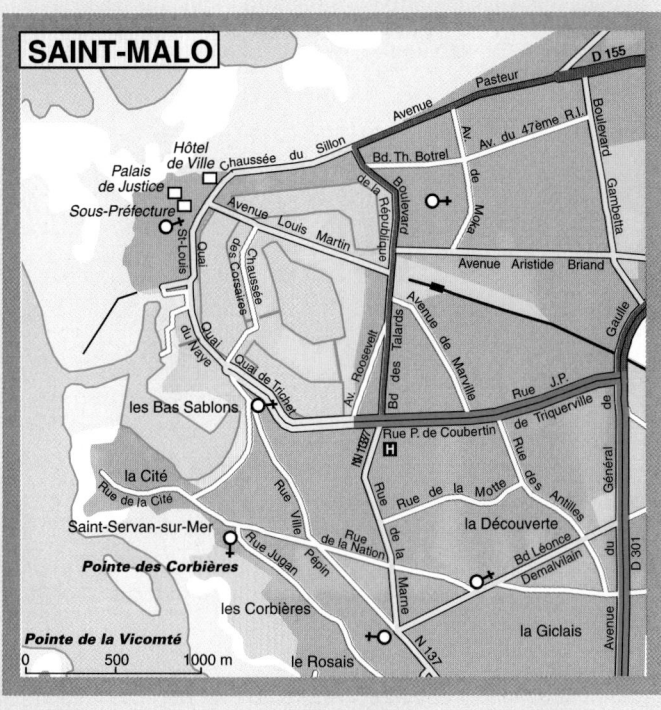

SAINT-MALO

D 155
Pasteur
Av. du 47ème R.I.
Avenue
Bd Th. Botrel
Boulevard
Hôtel de Ville
chaussée du Sillon
Palais de Justice
Sous-Préfecture
St-Louis
Avenue Louis Martin
de la République
de Moka
Gambetta
Quai
des Corsaires
Avenue Aristide Briand
Quai du Naye
Quai de Tichet
les Bas Sablons
Bd des Talards
Av. de Marville
Rue J.P.
de Triqueville
Rue P. de Coubertin
la Cité
N137
Rue de la Cité
la Découverte
Rue Ville Pépin
Saint-Servan-sur-Mer
Rue Jugon
Bd Léonce Demaivilain
Pointe des Corbières
les Corbières
Rue de la Nation
la Giclais
D 301
Pointe de la Vicomté
0 500 1000 m
le Rosais
N137

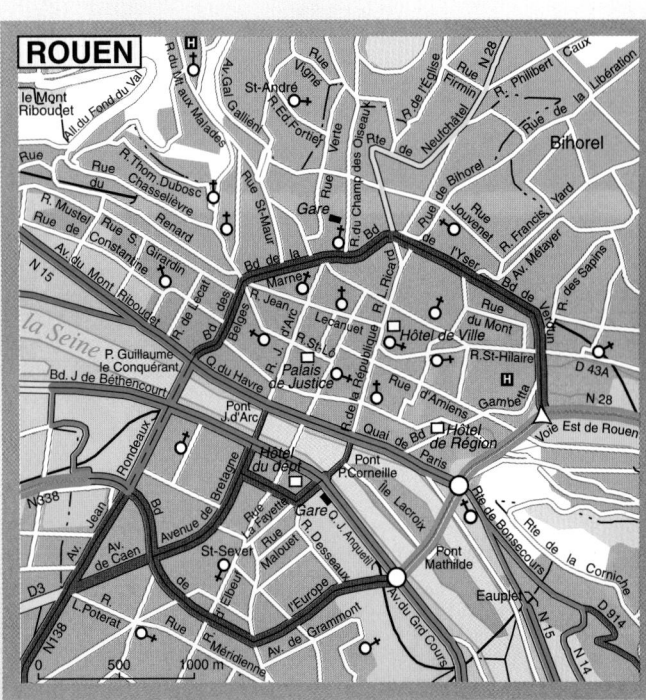

ROUEN

R. du M. aux Malades
R. du Fond du Val
le Mont Riboudet
Av. Gal Galliéni
St-André
Vignes
R. Ed Fortier
R. de l'Église
Firmin
N 28
R. Philibert
Caux
de la Libération
Bihorel
la Seine
Av. du Mont Riboudet
R. Thom Dubosc
Rue du Chasselièvre
Renard
R. St-Maur
R. du Champ des Oiseaux
Rte de Neufchâtel
Gare
R. de Bihorel
Rue de l'Yser
Av. Mélayer
R. Francs Yard
R. Jouvenet
Rue des Sapins
R. Musfel
Rue St. Girardin
Rue de Constantine
N 15
Berges
Marnet
Lecanuet
R. St-L
R. Jean d'Arc
Rue de la République
Hôtel de Ville
Rue du Mont
R. St-Hilaire
D 43A
P. Guillaume le Conquérant
Q. du Havre de Justice
Palais de Justice
Rue d'Amiens
Gambetta
N 28
Bd J. de Béthencourt
Pont J.d'Arc
Rondeaux
Quai de Bd Paris
Hôtel de Région
Voie Est de Rouen
N338
Hôtel du dépt
Pont P.Corneille
Île Lacroix
R. de Bonsecours
Rte de la Corniche
Av. Jean
Rue de Bretagne
Av. de Caen
R. la Fayette
Gare Q. J Anquetil
Pont Mathilde
Bd
St-Sever
Rue Malouet
R. Desseaux
D3
L. Poterat
de Elbeuf
R. l'Europe
Av. du Gd Cours
Eauplet
N 15
D 914
R. Méridienne
Rue de
N14
N138
Av. de Grammont
0 500 1000 m

SAINT-ÉTIENNE

le Marais
Bd G.
Pompidou
15
Méons
Rue St-Simon
Av. Bergson
le Soleil
Chavassieux
Montaud
R. de la Talaudière
A72
J. Janin
le Monteil
Crêt de Roch
Préf.
Rue de la
Montat
Rue É. Zola
R. Palluat de Besset
Rue des Allées
Hôt. de Ville
R. d'Espérey
St-François
R. de la Richelandière
Monthieu
Michon
Pal. de Just.
Bd Mal Franchet
R. de Lodi
R. du 11
la Dame Blanche
20
Villebœuf
Bd de la Palle
la Marandinière
R. de la Convention
21
Bd de l'Europe
R. A. Durafour
Rue de Brossette Ault
Rue E.
Florent
R. de Ricard
le Devey
Montmartre
la Cotonne
Av. de Rochetaillée
Rue Virginie
R. Buffon
le Portail Rouge
D201
la Béraudière
le Mont
23
0 500 1000 m
R. G. Péri

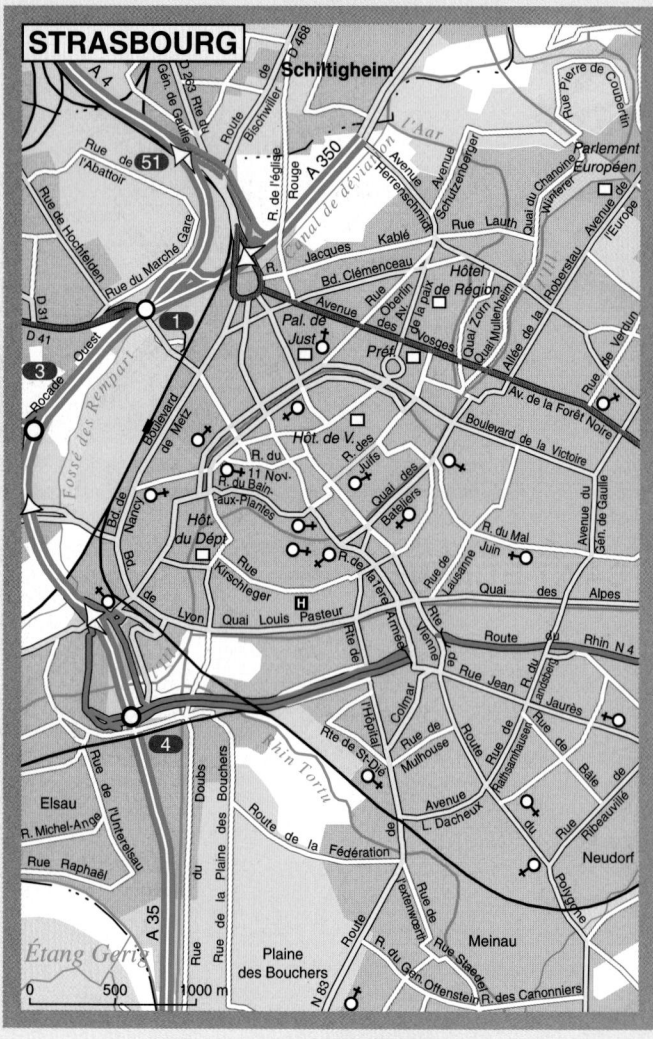

STRASBOURG

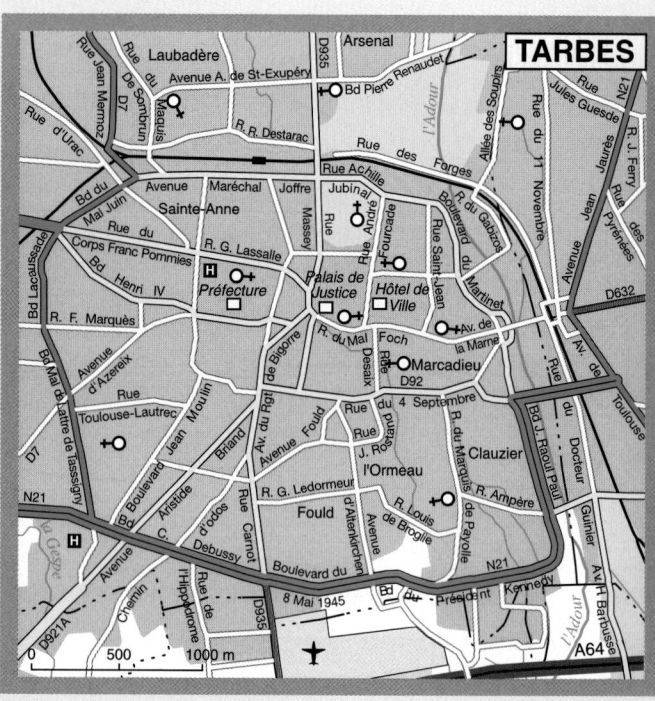

TARBES

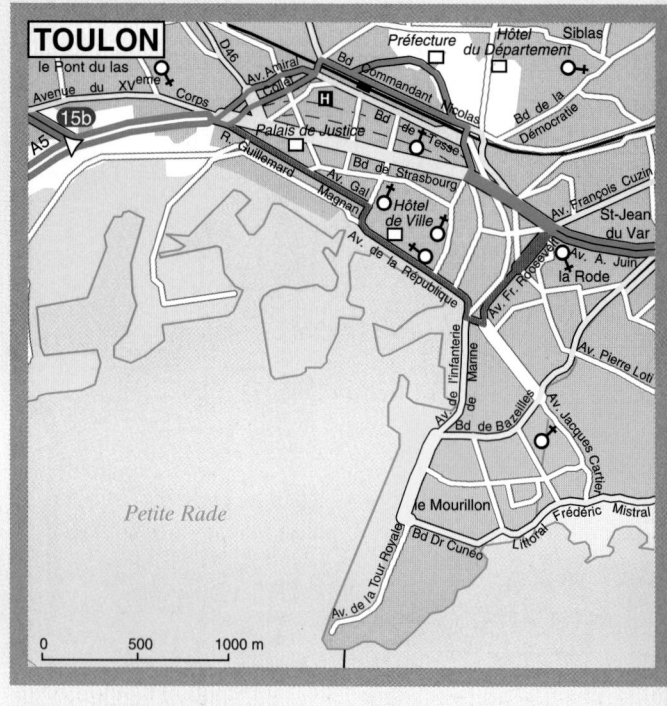

TOULON

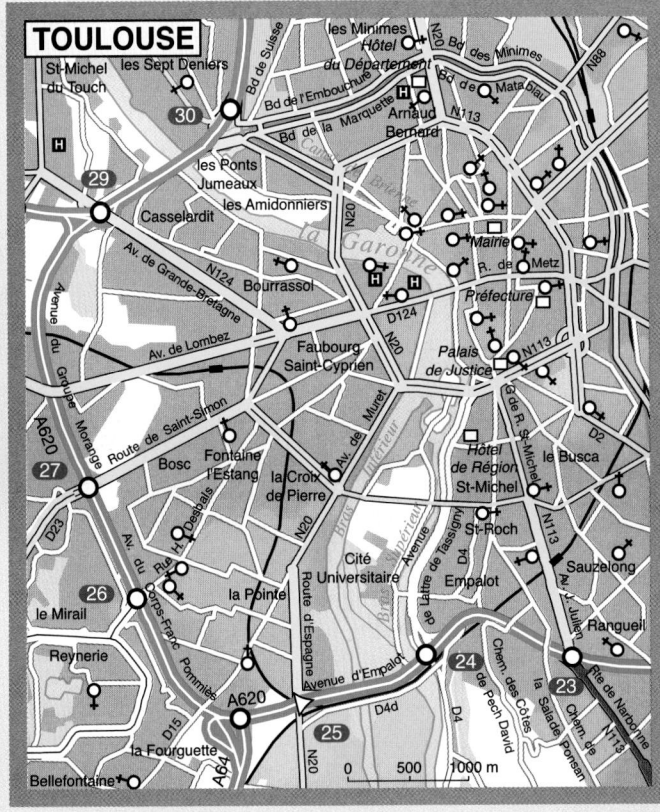

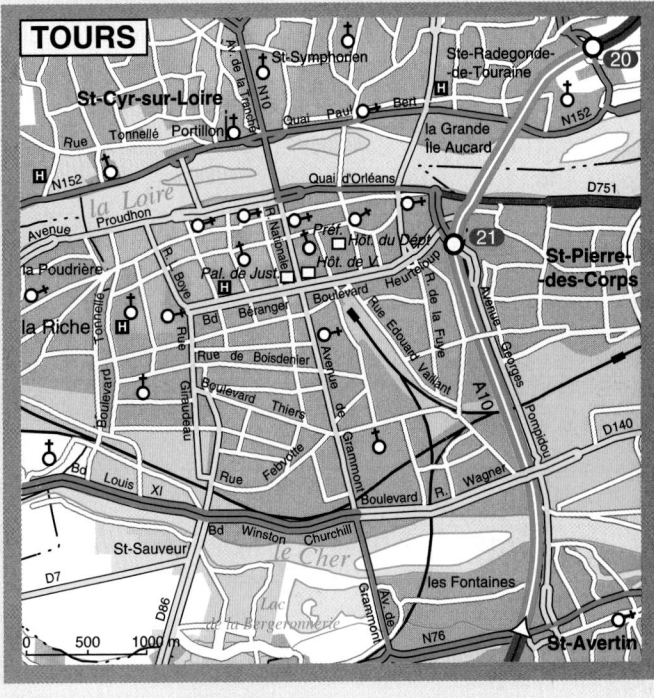

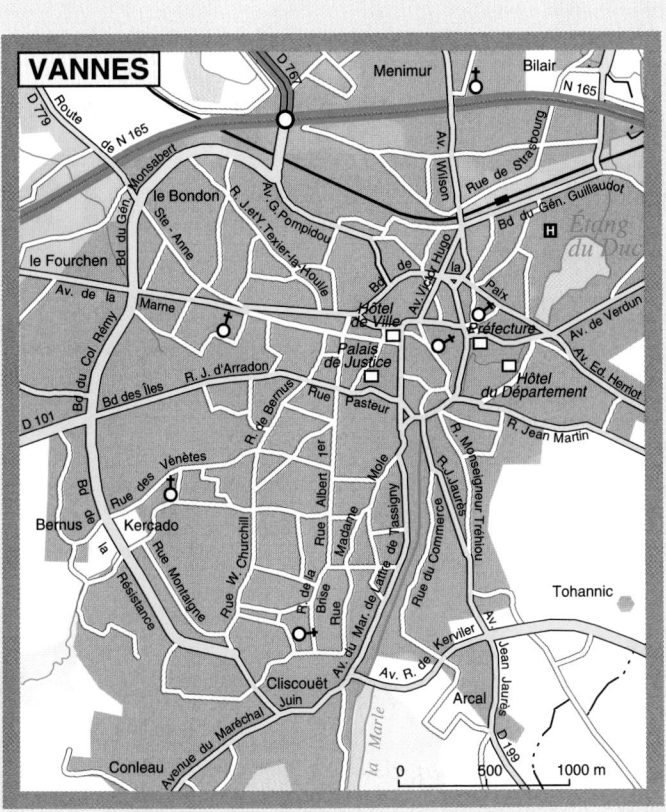

France administrative (F) (GB) Département map
Overzicht departementen (NL) (E) Mapa departamental
Departementskarte (D) (I) Carta dipartimentale

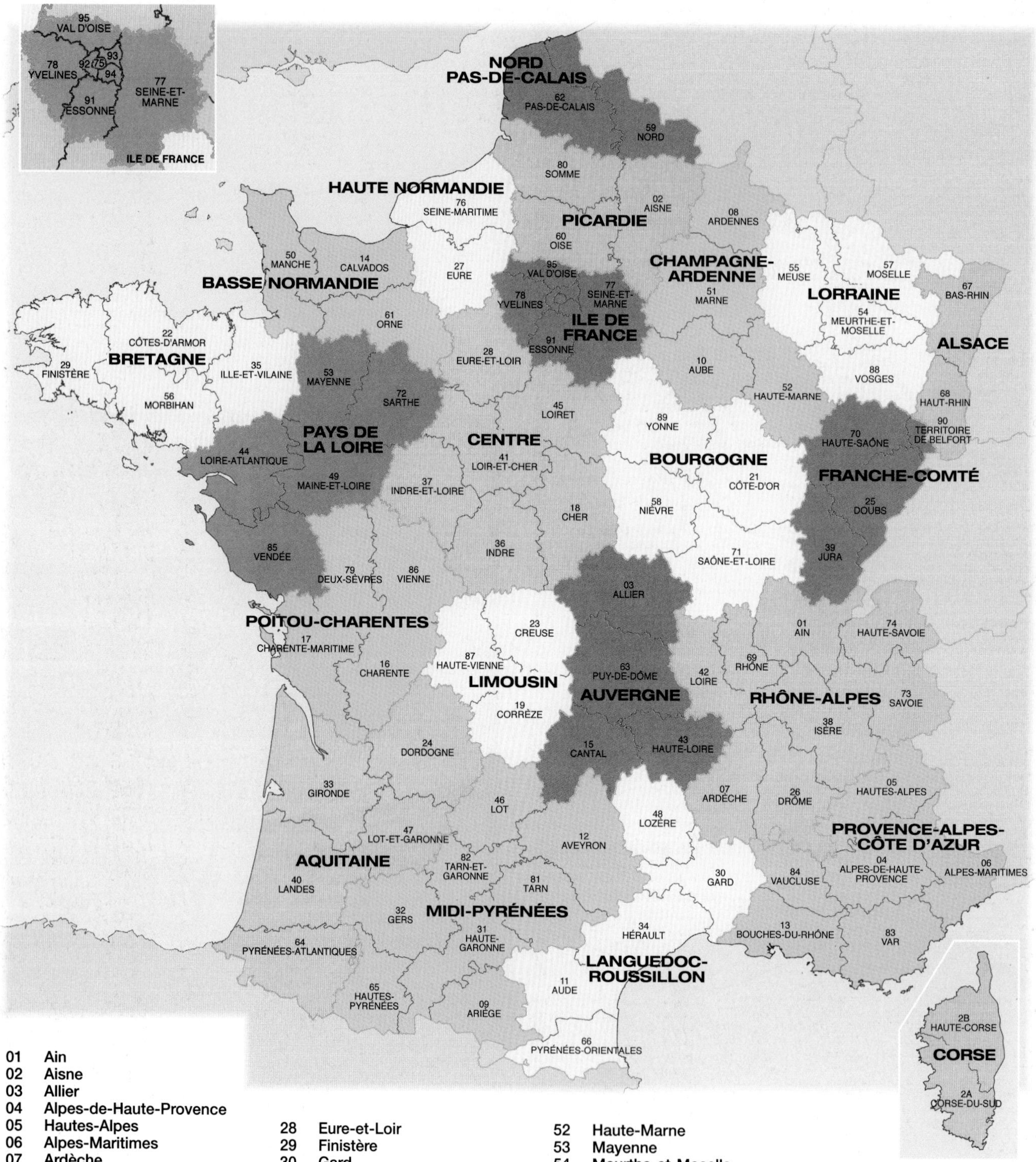

228

ILE DE FRANCE

95 VAL D'OISE
78 YVELINES
92 75 94
93
91 ESSONNE
77 SEINE-ET-MARNE

NORD PAS-DE-CALAIS
62 PAS-DE-CALAIS
59 NORD
80 SOMME
HAUTE NORMANDIE
76 SEINE-MARITIME
02 AISNE
PICARDIE
08 ARDENNES
60 OISE
95 VAL D'OISE
CHAMPAGNE-ARDENNE
55 MEUSE
57 MOSELLE
67 BAS-RHIN
50 MANCHE
14 CALVADOS
27 EURE
78 YVELINES
77 SEINE-ET-MARNE
51 MARNE
LORRAINE
54 MEURTHE-ET-MOSELLE
ALSACE
BASSE NORMANDIE
61 ORNE
ILE DE FRANCE
91 ESSONNE
10 AUBE
88 VOSGES
68 HAUT-RHIN
22 CÔTES-D'ARMOR
BRETAGNE
35 ILLE-ET-VILAINE
53 MAYENNE
28 EURE-ET-LOIR
52 HAUTE-MARNE
70 HAUTE-SAÔNE
90 TERRITOIRE DE BELFORT
29 FINISTÈRE
72 SARTHE
45 LOIRET
89 YONNE
BOURGOGNE
21 CÔTE-D'OR
FRANCHE-COMTÉ
25 DOUBS
56 MORBIHAN
PAYS DE LA LOIRE
44 LOIRE-ATLANTIQUE
CENTRE
41 LOIR-ET-CHER
39 JURA
49 MAINE-ET-LOIRE
37 INDRE-ET-LOIRE
18 CHER
58 NIÈVRE
71 SAÔNE-ET-LOIRE
85 VENDÉE
36 INDRE
03 ALLIER
79 DEUX-SÈVRES
86 VIENNE
23 CREUSE
01 AIN
74 HAUTE-SAVOIE
POITOU-CHARENTES
17 CHARENTE-MARITIME
87 HAUTE-VIENNE
63 PUY-DE-DÔME
69 RHÔNE
16 CHARENTE
42 LOIRE
LIMOUSIN
AUVERGNE
RHÔNE-ALPES
73 SAVOIE
19 CORRÈZE
38 ISÈRE
24 DORDOGNE
15 CANTAL
43 HAUTE-LOIRE
33 GIRONDE
46 LOT
07 ARDÈCHE
26 DRÔME
05 HAUTES-ALPES
47 LOT-ET-GARONNE
48 LOZÈRE
PROVENCE-ALPES-CÔTE D'AZUR
12 AVEYRON
AQUITAINE
82 TARN-ET-GARONNE
81 TARN
30 GARD
84 VAUCLUSE
04 ALPES-DE-HAUTE-PROVENCE
06 ALPES-MARITIMES
40 LANDES
32 GERS
MIDI-PYRÉNÉES
31 HAUTE-GARONNE
34 HÉRAULT
13 BOUCHES-DU-RHÔNE
83 VAR
64 PYRÉNÉES-ATLANTIQUES
LANGUEDOC-ROUSSILLON
65 HAUTES-PYRÉNÉES
11 AUDE
09 ARIÈGE
66 PYRÉNÉES-ORIENTALES
2B HAUTE-CORSE
CORSE
2A CORSE-DU-SUD

01	Ain		
02	Aisne		
03	Allier		
04	Alpes-de-Haute-Provence		
05	Hautes-Alpes	28 Eure-et-Loir	52 Haute-Marne
06	Alpes-Maritimes	29 Finistère	53 Mayenne
07	Ardèche	30 Gard	54 Meurthe-et-Moselle
08	Ardennes	31 Haute-Garonne	55 Meuse
09	Ariège	32 Gers	56 Morbihan
10	Aube	33 Gironde	57 Moselle	76 Seine-Maritime
11	Aude	34 Hérault	58 Nièvre	77 Seine-et-Marne
12	Aveyron	35 Ille-et-Vilaine	59 Nord	78 Yvelines
13	Bouches-du-Rhône	36 Indre	60 Oise	79 Deux-Sèvres
14	Calvados	37 Indre-et-Loire	61 Orne	80 Somme
15	Cantal	38 Isère	62 Pas-de-Calais	81 Tarn
16	Charente	39 Jura	63 Puy-de-Dôme	82 Tarn-et-Garonne
17	Charente-Maritime	40 Landes	64 Pyrénées-Atlantiques	83 Var
18	Cher	41 Loir-et-Cher	65 Hautes-Pyrénées	84 Vaucluse
19	Corrèze	42 Loire	66 Pyrénées-Orientales	85 Vendée
2A	Corse-du-Sud	43 Haute-Loire	67 Bas-Rhin	86 Vienne
2B	Haute-Corse	44 Loire-Atlantique	68 Haut-Rhin	87 Haute-Vienne
21	Côte-d'Or	45 Loiret	69 Rhône	88 Vosges
22	Côtes d'Armor	46 Lot	70 Haute-Saône	89 Yonne
23	Creuse	47 Lot-et-Garonne	71 Saône-et-Loire	90 Territoire de Belfort
24	Dordogne	48 Lozère	72 Sarthe	91 Essonne
25	Doubs	49 Maine-et-Loire	73 Savoie	92 Hauts-de-Seine
26	Drôme	50 Manche	74 Haute-Savoie	93 Seine-Saint-Denis
27	Eure	51 Marne	75 Paris	94 Val-de-Marne
				95 Val-d'Oise

A

Aast (64).........180 D2
Abainville (55).........47 G6
Abancourt (59).........10 D3
Abancourt (60).........19 G2
Abaucourt (54).........48 D3
Abaucourt-Hautecourt (55).........25 F6
Abbans-Dessous (25).........103 E2
Abbans-Dessus (25).........103 E2
Abbaretz (44).........74 D2
l'Abbaye.........152 B1
Abbécourt (02).........21 H3
Abbecourt (60).........20 B5
Abbenans (25).........88 A4
Abbeville (80).........8 D4
Abbéville-la-Rivière (91).........63 F3
Abbéville-lès-Conflans (54).........25 H6
Abbeville-Saint-Lucien (60).........20 B3
Abbévillers (25).........88 D4
Abeilhan (34).........187 E1
Abelcourt (70).........87 H1
Abère (64).........180 D1
l'Abergement-Clémenciat (01)..116 C5
l'Abergement-de-Cuisery (71)..116 C1
l'Abergement-de-Varey (01) 117 F6
Abergement-la-Ronce (39) 102 B2
Abergement-le-Grand (39) 102 D4
Abergement-le-Petit (39) 102 D4
Abergement-lès-Thésy (39) 103 F4
l'Abergement-
-Sainte-Colombe (71).........101 H5
Abidos (64).........180 A1
Abilly (37).........95 E4
Abitain (64).........179 F1
Abjat-sur-Bandiat (24).........123 F5
Ablain-Saint-Nazaire (62) 10 A1
Ablaincourt-Pressoir (80) 10 B6
Ablainzevelle (62).........10 B3
Ablancourt (51).........46 B4
Ableiges (95).........42 B2
les Ableuvenettes (88).........69 G3
Ablis (78).........62 D1
Ablon (14).........17 F2
Ablon-sur-Seine (94).........42 D5
Aboën (42).........129 E6
Aboncourt (54).........69 E2
Aboncourt (57).........26 C4
Aboncourt-Gesincourt (70)..87 F2
Aboncourt-sur-Seille (57) 49 E3
Abondance (74).........119 F3
Abondant (28).........41 F4
Abos (64).........180 A1
Aboul.........154 D3
Abreschviller (57).........50 B5
Abrest (03).........114 A6
les Abrets (38).........131 F5
Abriès (05).........147 G5
Abscon (59).........11 E2
l'Absie (79).........92 D6
Abzac (16).........109 G6
Abzac (33).........135 H4
Accolans (25).........88 A4
Accolay (89).........83 G3
Accons (07).........143 F5
Accous (64).........180 A5
Achain (57).........49 F3
Achen (57).........28 A6
Achenheim (67).........51 E5
Achères (18).........97 G1
Achères (78).........42 B3
Achères-la-Forêt (77).........63 H3
Achery (02).........22 A2
Acheux-en-Amiénois (80) 9 H4
Acheux-en-Vimeu (80) 8 C4
Acheville (62).........10 B1
Achey (70).........86 C3
Achicourt (62).........10 B2
Achiet-le-Grand (62).........10 B4
Achiet-le-Petit (62).........10 B4
Achun (58).........99 G2
Achy (60).........20 A3
Acigné (35).........57 G2
Aclou (27).........40 B1
Acon (27).........40 D4
Acq (62).........10 A2
Acqueville (14).........16 B6
Acqueville (50).........14 B2
Acquigny (27).........41 E1
Acquin-Westbécourt (62) 2 A4
Acy (02).........22 B5
Acy-en-Multien (60) 43 H1
Acy-Romance (08).........23 G3
Adaincourt (57).........26 D6
Adainville (78).........41 H5
Adam-lès-Passavant (25) 87 H6
Adam-lès-Vercel (25).........104 A1
Adamswiller (67).........50 B2
Adast (65).........180 D5
Adé (65).........181 E4
Adelange (57).........27 E6
Adelans-et-
-le-Val-de-Bithaine (70) 87 H2
Adervielle-Pouchergues (65) ..195 H4
Adilly (79).........93 F6
Adinfer (62).........10 A3
Adissan (34).........170 C6
les Adjots (16).........108 D6
Adon (45).........82 B2
les Adrets (38).........146 A1
les Adrets-de-l'Estérel (83) ..193 E1
Adriers (86).........109 H4
Afa (2A).........204 C5
Affieux (19).........125 E5
Affléville (54).........25 H5
Affoux (69).........129 F2
Affracourt (54).........69 G1
Affringues (62).........1 H5
Agassac (31).........182 C2

Agay.........193 E2
Agde (34).........187 F2
Agel (34).........185 H2
Agen (47).........151 F6
Agen-d'Aveyron (12).........154 C4
Agencourt (21).........101 H2
Agenville (80).........9 F3
Agenvillers (80).........9 E3
les Ageux (60).........20 D5
Ageville (52).........68 B4
Agey (21).........85 F6
Aghione (2B).........205 C4
Agincourt (54).........48 D4
Agmé (47).........150 D3
Agnac (47).........150 D1
Agnat (43).........141 H1
Agneaux (50).........37 G1
les Agneliers.........161 F4
les Agnelles (54).........170 A6
Agnez-lès-Duisans (62) 10 A2
Agnicourt-et-Séchelles (02) 23 E2
Agnières (62).........10 A2
Agnières-en-Dévoluy (05) 160 A1
Agnin (38).........144 A1
Agnos (64).........180 A3
Agny (62).........10 B2
Agon-Coutainville (50).........36 D1
Agonac (24).........137 F1
Agonès (34).........171 E3
Agonges (03).........113 G1
Agos-Vidalos (65).........180 D4
Agris (16).........122 D3
Agudelle (17).........121 F6
les Agudes.........195 H4
Aguessac (12).........155 F6
Aguilcourt (02).........23 E4
Aguts (81).........168 A6
Agy (14).........15 H6
Ahaxe-Alciette-Bascassan (64) ..179 E3
Ahetze (64).........178 B1
Ahéville (88).........69 G3
Ahuillé (53).........58 C5
Ahun (23).........111 H6
Ahuy (21).........85 H5
Aibes (59).........12 B3
Aibre (25).........88 B3
Aïcirits-Camou-Suhast (64) ...179 F2
Aiffres (79).........107 H4
Aigaliers (30).........172 A1
Aiglemont (08).........24 B1
Aiglepierre (39).........103 E3
Aigleville (27).........41 F2
Aiglun (04).........175 E1
Aiglun (06).........176 B4
Aignan (32).........164 D4
Aignay-le-Duc (21).........85 F3
Aigne (34).........185 H2
Aigné (72).........60 A5
Aignerville (14).........15 G5
Aignes (31).........183 H2
Aignes-et-Puypéroux (16)..122 B6
Aigneville (80).........8 C4
Aigny (51).........45 G2
Aigonnay (79).........108 A3
Aigre (16).........122 B2
Aigrefeuille (31).........167 F6
Aigrefeuille-d'Aunis (17) 107 F5
Aigrefeuille-sur-Maine (44) 74 D6
Aigremont (30).........171 G2
Aigremont (52).........68 D5
Aigremont (78).........42 B3
Aigremont (89).........84 A2
Aiguebelette-le-Lac (73) 131 G5
Aigue Belle.........192 B5
Aiguebelle (73).........132 C4
Aigueblanche (73).........132 D5
Aiguefonde (81).........168 C6
Aigueparse (63).........151 H2
Aigueperse (63).........127 F1
Aigueperse (69).........115 G4
Aigues-Juntes (09).........183 G5
Aigues-Mortes (30).........171 H6
Aigues-Vives (09).........184 B5
Aigues-Vives (11).........185 F3
Aigues-Vives (30).........171 H4
Aigues-Vives (34).........185 H2
Aiguevives.........95 H1
Aiguèze (30).........157 H5
Aiguilhe (43).........142 C4
Aiguilles (05).........147 G5
l'Aiguillon (09).........184 B6
Aiguillon (47).........150 D5
l'Aiguillon-sur-Mer (85) 106 B3
l'Aiguillon-sur-Vie (85).........90 D4
Aiguines (83).........175 F3
Aigurande (36).........111 G3
Ailefroide.........146 D5
Ailhon (07).........157 F2
Aillant-sur-Milleron (45).........82 C2
Aillant-sur-Tholon (89) 83 E1
Aillas (33).........150 A3
Ailleux (42).........128 C3
Aillevans (70).........88 A3
Ailleville (10).........67 E3
Aillevillers-et-Lyaumont (70) ...69 H6
Aillianville (52).........68 B2
Aillières-Beauvoir (72).........60 B2
Aillon-le-Jeune (73).........132 A4
Aillon-le-Vieux (73).........132 A4
Ailloncourt (70).........87 H2
Ailly (27).........41 E1
Ailly-le-Haut-Clocher (80) 9 E4
Ailly-sur-Noye (80).........20 C1
Ailly-sur-Somme (80) 9 F5
Aimargues (30).........171 H4
Aime (73).........133 E4
Aime la Plagne (73).........133 E5
Ainay-le-Château (03).........98 A6

Ainay-le-Vieil (18).........97 H6
Aincille (64).........179 E3
Aincourt (95).........42 A2
Aincreville (55).........24 D5
Aingeray (54).........48 C4
Aingeville (88).........68 D3
Aingoulaincourt (52).........68 A1
Ainharp (64).........179 F2
Ainhice-Mongelos (64).........179 E3
Ainhoa (64).........178 C2
Ainvelle (70).........87 G1
Ainvelle (88).........69 E5
Airaines (80).........9 E5
Airan (14).........16 D5
Aire (08).........23 F4
Aire-sur-la-Lys (62).........2 B5
Aire-sur-l'Adour (40).........164 B4
Airel (50).........15 F6
les Aires (34).........170 A6
Airion (60).........20 C4
Airon-Notre-Dame (62).........8 C1
Airon-Saint-Vaast (62).........8 C1
Airoux (11).........184 B2
Airvault (79).........93 G5
Aiserey (21).........102 A1
Aisey-et-Richecourt (70).........69 E6
Aisey-sur-Seine (21).........85 E2
Aisonville-et-Bernoville (02) 11 F5
Aïssey (39).........87 H6
Aisy (39).........16 C6
Aisy-sous-Thil (21).........84 C5
Aisy-sur-Armançon (89) 84 C3
Aiti (2B).........205 F1
Aiton (73).........132 B4
Aix (19).........126 A4
Aix (59).........3 H6
les Aix-d'Angillon (18).........97 H2
Aix-en-Diois (26).........159 E1
Aix-en-Ergny (62).........1 H5
Aix-en-Issart (62).........1 H5
Aix-en-Othe (10).........65 G4
Aix-en-Provence (13).........174 A6
Aix-la-Fayette (63).........127 H5
Aix-les-Bains (73).........131 H3
Aix-Noulette (62).........10 A1
Aixe-sur-Vienne (87).........124 A3
Aizac (07).........157 F1
Aizanville (52).........67 G5
Aize (36).........96 C2
Aizecourt-le-Bas (80).........10 C5
Aizecourt-le-Haut (80).........10 C5
Aizelles (02).........22 D4
Aizenay (85).........91 E3
Aizier (27).........6 D6
Aizy-Jouy (02).........22 B4
Ajac (11).........184 C5
Ajaccio (2A).........204 C6
Ajain (23).........111 H5
Ajat (24).........137 H3
Ajoncourt (57).........48 D3
Ajou (27).........40 B3
Ajoux (07).........143 G6
Alaigne (11).........184 C4
Alaincourt (02).........22 A1
Alaincourt (70).........69 F6
Alaincourt-la-Côte (57).........49 E3
Alairac (11).........184 D3
Alaise.........103 F3
Alan (31).........182 C3
Alando (2B).........205 F2
Alata (2A).........204 C5
Alba-la-Romaine (07).........157 H2
Alban (81).........168 D3
Albaret-le-Comtal (48).........141 F5
Albaret-Sainte-Marie (48) 141 G5
Albaron.........172 B5
Albas (11).........185 G5
Albas (46).........152 B3
Albé (67).........71 F2
Albefeuille-Lagarde (82) 166 D1
l'Albenc (38).........145 E2
Albens (73).........131 H2
Albepierre-Bredons (15) 140 D3
l'Albère (66).........200 D4
Albert (80).........10 A5
Albertacce (2B).........204 D2
les Alberts.........146 D5
Albertville (73).........132 C3
Albestroff (57).........49 H2
Albi (81).........168 B2
Albiac (31).........167 H6
Albiac (46).........139 E6
Albias (82).........167 E1
Albières (11).........185 F6
Albiès (09).........198 A2
Albiez-le-Jeune (73).........146 C1
Albiez-Montrond (73).........146 C2
Albignac (19).........138 D3
Albigny-sur-Saône (69).........130 A2
Albine (81).........185 F1
Albinhac.........140 C6
Albitreccia (2A).........204 D6
Albon (26).........144 A2
Albon-d'Ardèche (07).........143 G6
Alboussière (07).........144 A4
les Albres (12).........153 H3
Albussac (19).........139 E3
Alby-sur-Chéran (74).........132 A2
Alçay-Alçabéhéty-
-Sunharette (64).........179 E4
Aludes (64).........178 C4
Alembon (62).........1 G3
Alençon (61).........60 A2
Alénya (66).........201 E3
Aléria (2B).........205 H4
Alès (30).........157 E6
Alet-les-Bains (11).........184 D5
Alette (62).........1 G6
Aleu (09).........183 G6
Alex (74).........132 B1
Alexain (53).........58 C3

Aleyrac (26).........158 C3
Alfortville (94).........43 E4
Algajola (2B).........202 C5
Algans (81).........167 H5
Algolsheim (68).........71 G5
Algrange (57).........26 B3
Alièze (39).........117 G1
Alignan-du-Vent (34).........187 E1
Alincourt (08).........23 G4
Alincthun (62).........1 G4
Alise-Sainte-Reine (21).........84 D4
Alissas (07).........157 H1
Alix (69).........129 H1
Alixan (26).........144 C4
Alizay (27).........18 D5
Allain (54).........48 B6
Allaines (80).........10 C5
Allaines-Mervilliers (28).........62 D4
Allainville (28).........41 F5
Allainville (78).........62 D2
Allaire (56).........73 H1
Allamont (54).........48 A1
Allamps (54).........48 B6
Allan (26).........158 B3
Allanche (15).........141 E2
Alland'Huy-et-Sausseuil (08) 23 H3
Allarmont (88).........50 A6
Allas-Bocage (17).........121 F6
Allas-Champagne (17).........121 G5
Allas-les-Mines (24).........137 H6
Allassac (19).........138 C2
Allauch (13).........190 D3
Allègre (43).........142 B2
Allègre-les-Fumades (30) 157 F6
Allemagne-en-Provence (04) ..174 D3
Allemanche-Launay-
-et-Soyer (51).........45 E6
Allemans (24).........136 C1
Allemans-du-Dropt (47) 150 D2
Allemant (02).........22 B4
Allemant (51).........45 E5
Allemond (38).........146 A2
Allenay (80).........8 B4
Allenc (48).........156 B3
Allenjoie (25).........88 D3
Allennes-les-Marais (59).........3 F6
Allerey (21).........100 D1
Allerey-sur-Saône (71).........101 H4
Allériot (71).........101 G5
Alles-sur-Dordogne (24) 137 G5
les Alleuds (49).........77 E6
les Alleuds (79).........108 C5
les Alleux (08).........24 B4
Allevard (38).........132 A6
Allèves (74).........132 A3
Allex (26).........144 B6
Alleyras (43).........142 D5
Alleyrat (19).........125 H5
Alleyrat (23).........125 G1
Allez-et-Cazeneuve (47) 151 F4
Alliancelles (51).........46 D4
Alliat (09).........197 H4
Allibaudières (10).........45 G6
Allichamps (52).........46 D6
Allier (65).........181 F3
Allières (09).........183 F5
les Alliés (25).........104 A3
Alligny-Cosne (58).........82 C5
Alligny-en-Morvan (58) 100 C1
Allineuc (22).........33 F6
Allinges (74).........119 E3
Allogny (18).........97 G1
Allondans (25).........88 C4
Allondaz (73).........132 C3
Allondrelle-la-Malmaison (54)...25 F3
Allonne (60).........20 B4
Allonne (79).........107 H1
Allonnes (28).........62 C3
Allonnes (49).........77 H6
Allonnes (72).........60 A6
Allons (04).........175 H1
Allons (47).........150 A5
Allonville (80).........9 G5
Allonzier-la-Caille (74).........118 C6
Allos (04).........161 F5
Allouagne (62).........2 C6
Alloue (16).........109 F6
Allouis (18).........97 F2
Allouville-Bellefosse (76).........7 E5
les Allues (73).........132 D5
les Alluets-le-Roi (78) 42 B3
Alluy (58).........99 G3
Alluyes (28).........62 A4
Ally (15).........140 A3
Ally (43).........141 G3
les Allymes.........131 E1
Almayrac (81).........168 B1
Almenêches (61).........39 F5
Almont-les-Junies (12) 154 A2
Alos (09).........183 E6
Alos (81).........167 H2
Alos-Sibas-Abense (64) 179 G4
Aloxe-Corton (21).........101 G2
l'Alpe d'Huez.........146 C2
Alpe du Grand Serre.........145 H4
Alpuech (12).........140 D6
Alquines (62).........1 H4
Alrance (12).........154 C6
Alsting (57).........27 H4
Altagène (2A).........207 E2
Alteckendorf (67).........50 D3
Altenach (67).........89 E3
Altenheim (67).........50 D4
Altenstadt.........29 E5
Althen-des-Paluds (84).........173 E1
Altiani (2B).........205 F3

Altier (48).........156 C3
Altillac (19).........139 E4
Altkirch (68).........89 F2
Altorf (67).........50 D6
Altrippe (57).........27 F6
Altviller (57).........27 F5
Altwiller (67).........50 A2
Aluze (71).........101 F4
Alvignac (46).........138 D6
Alvimare (76).........6 D5
Alzen (09).........183 G5
Alzing (57).........27 E4
Alzon (30).........170 C2
Alzonne (11).........184 D3
Amage (70).........88 A1
Amagne (08).........23 H3
Amagney (25).........87 G6
Amailloux (79).........93 F5
Amance (10).........66 D3
Amance (54).........48 D4
Amance (70).........87 F1
Amancey (25).........103 G2
Amancy (74).........118 C5
Amange (39).........102 C1
Amanlis (35).........57 G3
Amanty (55).........68 C1
Amanvillers (57).........26 B5
Amanzé (71).........115 F3
Amarens (81).........168 A1
Amathay-Vésigneux (25)..103 G3
Amayé-sur-Orne (14).........16 B5
Amayé-sur-Seulles (14).........38 A1
Amazy (58).........83 G6
Ambacourt (88).........69 F2
Ambarès-et-Lagrave (33) 135 F5
Ambax (31).........182 C2
Ambazac (87).........124 C1
Ambel (38).........146 A5
Ambenay (27).........40 E4
Ambérac (16).........122 B2
Ambérieu-en-Bugey (01) 130 D1
Ambérieux (69).........129 H1
Ambérieux-en-Dombes (01) ..116 C6
Ambernac (16).........123 E1
Amberre (86).........94 A5
Ambert (63).........128 B5
Ambès (33).........135 F4
Ambeyrac (12).........153 F3
Ambialet (81).........168 D2
Ambiegna (2A).........204 C4
Ambierle (42).........114 C6
Ambiévillers (70).........69 G5
Ambillou (37).........78 C5
Ambillou-Château (49).........93 F1
Ambilly (74).........118 C4
Amblagnieu.........131 E2
Amblainville (60).........20 B6
Amblans-et-Velotte (70) 87 H2
Ambleny (02).........21 H5
Ambléon (01).........131 F3
Ambleteuse (62).........1 H3
Ambleville (16).........121 H5
Ambleville (95).........41 H1
Amblie (14).........16 B3
Amblimont (08).........24 C2
Ambloy (41).........79 F3
Ambly-Fleury (08).........23 H4
Ambly-sur-Meuse (55) 47 G2
Amboise (37).........79 F5
Ambon (56).........73 E1
Ambonil (26).........144 B6
Ambonnay (51).........45 G2
Ambonville (52).........67 G3
Ambrault (36).........96 D5
Ambres (81).........167 H4
Ambricourt (62).........2 A6
Ambrief (02).........22 B5
Ambrières (51).........46 C5
Ambrières-les-Vallées (53) 58 D2
Ambrines (62).........9 H2
Ambronay (01).........117 F6
Ambrugeat (19).........125 G5
Ambrumesnil (76).........7 G2
Ambrus (47).........150 C5
Ambutrix (01).........130 D1
Amécourt (27).........19 G5
Amel-sur-l'Étang (55).........25 G5
Amelécourt (57).........49 F3
l'Amélie.........120 B5
Amélie-les-Bains-Palalda (66)..199 G4
Amendeuix-Oneix (64) 179 F1
Amenoncourt (54).........49 G5
Amenucourt (95).........41 H1
Ames (62).........2 C6
Amettes (62).........2 B6
Ameugny (71).........116 A2
Ameuvelle (88).........69 E6
Amfreville (14).........16 C4
Amfreville-la-Campagne (27) 18 B6
Amfreville-la-Mi-Voie (76) 18 D4
Amfreville-les-Champs (27) 19 E5
Amfreville-les-Champs (76) 7 H4
Amfreville-sous-les-Monts (27) ..18 D5
Amfreville-sur-Iton (27).........41 E1
Amfroipret (59).........11 G2
Amiens (80).........9 G6
Amifontaine (02).........23 E4
Amigny (50).........15 F6
Amigny-Rouy (02).........22 A3
Amillis (77).........44 A3
Amilly (28).........62 A2
Amilly (45).........64 D6
Amions (42).........128 D2
Amirat (06).........176 B4
Ammerschwihr (68).........71 F4
Ammerzwiller (68).........89 E2
Amné (72).........59 H5
Amnéville (57).........26 B4

Amoncourt (70).........87 F2
Amondans (25).........103 F2
Amont-et-Effreney (70) 70 B6
Amorots-Succos (64).........179 E1
Amou (40).........163 F5
Amphion-les-Bains.........119 E2
Ampilly-le-Sec (21).........85 E2
Ampilly-les-Bordes (21) 85 E3
Amplepuis (69).........129 F1
Amplier (62).........9 G4
Ampoigné (53).........76 C1
Amponville (77).........63 H3
Ampriani (2B).........205 G2
Ampuis (69).........130 A5
Ampus (83).........175 G5
Amuré (79).........107 G4
Amy (60).........21 F2
Anais (16).........122 C3
Anais (17).........107 E4
Anan (31).........182 B2
Ance (64).........179 H3
Anceaumeville (76).........7 G5
Anceins (61).........40 A4
Ancelle (05).........160 C1
Ancemont (55).........47 C1
Ancenis (44).........75 F4
Ancerville (55).........47 E5
Ancerville (57).........26 D6
Ancerviller (54).........49 H6
Ancey (21).........85 G6
Anchamps (08).........13 H3
Anché (37).........94 B2
Anché (86).........108 A2
Anchenoncourt-
-et-Chazel (70).........87 F2
Anciens Bains de Baraci 206 D2
Ancienville (02).........21 H6
Ancier (70).........86 D5
Ancinnes (72).........60 A2
Ancizan (65).........181 G6
les Ancizes-Comps (63) 126 D2
Ancône (26).........158 A2
Ancourt (76).........7 H2
Ancourteville-
-sur-Héricourt (76).........7 E4
Ancretiéville-Saint-Victor (76) ...7 F4
Ancretteville-sur-Mer (76) 6 D3
Ancteville (50).........37 E1
Anctoville (14).........38 A1
Anctoville-sur-Boscq (50) 35 G2
Ancy (69).........129 G2
Ancy-le-Franc (89).........84 B2
Ancy-le-Libre (89).........84 B2
Ancy-sur-Moselle (57).........26 B6
Andainville (80).........8 D6
Andance (07).........144 A2
Andancette (26).........144 A2
Andard (49).........77 E5
Andé (27).........18 D6
Andechy (80).........21 E2
Andel (22).........33 H4
Andelain (02).........22 A2
Andelaroche (03).........114 C4
Andelarre (70).........87 F3
Andelarrot (70).........87 G3
Andelat (15).........141 E4
Andelnans (90).........88 C3
les Andelys (27).........19 E6
Andernay (55).........46 D4
Andernos-les-Bains (33) 134 B6
Anderny (54).........26 A3
Andert-et-Condon (01) 131 F2
Andeville (60).........20 B6
Andigné (49).........75 H1
Andillac (81).........167 H2
Andilly (17).........106 D4
Andilly (54).........48 B4
Andilly (74).........118 B5
Andilly (95).........42 D2
Andilly-en-Bassigny (52).........68 C6
Andiran (47).........165 F1
Andlau (67).........71 F1
Andoins (64).........180 C2
Andolsheim (68).........71 F4
Andon (06).........176 B5
Andonville (45).........63 E3
Andornay (70).........88 B2
Andouillé (53).........58 C4
Andouillé-Neuville (35).........57 F1
Andouque (81).........168 C2
Andrein (64).........179 G1
Andres (62).........1 G3
Andrest (65).........181 E2
Andrésy (78).........42 B3
Andrezé (49).........75 C5
Andrezel (77).........43 G6
Andrézieux-Bouthéon (42) ..129 E5
Andryes (89).........83 F4
Anduze (30).........171 G1
Anères (65).........181 H4
Anet (28).........41 F4
Angaïs (64).........180 C3
Angé (41).........79 H6
Angeac-Champagne (16) 121 F5
Angeac-Charente (16).........122 A4
Angecourt (08).........24 C2
Angeduc (16).........122 A5
Angely (89).........84 B4
Angeot (90).........88 D2
Angers (49).........77 E4
Angerville (14).........16 C4
Angerville (91).........63 E3
Angerville-Bailleul (76) 6 D4
Angerville-la-Campagne (27) ...41 E2
Angerville-la-Martel (76).........6 D3

229

Angerville-l'Orcher (76) 6 B5
Angervilliers (91) 42 B6
Angeville (82) 166 C2
Angevillers (57) 26 B3
Angey (50) 35 G2
Angicourt (60) 20 D5
Angiens (76) 7 E3
Angirey (70) 87 E4
Angivillers (60) 20 D4
Anglade (33) 135 E2
Anglards-de-Saint-Flour (15) ..141 F4
Anglards-de-Salers (15) 140 D2
Anglars 154 D4
Anglars 153 F1
Anglars-Juillac (46) 152 B3
Anglars-Nozac (46) 138 C6
Anglars-Saint-Félix (12) 153 H4
Anglefort (01) 131 G1
Anglemont (88) 70 B2
Angles (04) 175 H2
les Angles (30) 172 D2
les Angles (65) 181 E4
les Angles (66) 198 C4
Anglès (81) 169 E6
Angles (85) 106 B2
les Angles-sur-Corrèze (19) ..139 E1
Angles-sur-l'Anglin (86) 95 E6
Anglesqueville-
   -la-Bras-Long (76) 7 E3
Anglesqueville-les-Murs (76) ...7 E3
Anglesqueville-l'Esneval (76) ..6 B4
Anglet (64) 162 A6
Angliers (17) 107 E4
Angliers (86) 94 A4
Anglure (51) 45 E6
Anglure-sous-Dun (71) 115 G4
Angluzelles-
   -et-Courcelles (51) 45 E5
Angoisse (24) 124 A6
Angomont (54) 50 A6
Angos (65) 181 F3
Angoulême (16) 122 B4
Angoulins (17) 106 D5
Angoumé (40) 162 D4
Angous (64) 179 G2
Angoustrine (66) 198 C4
Angoustrine-Villeneuve-
   -des-Escaldes (66) 198 C4
Angoville (14) 38 C3
Angoville-au-Plain (50) 15 E5
Angoville-sur-Ay (50) 14 C5
Angres (62) 10 B1
Angresse (40) 162 B4
Angrie (49) 75 G2
Anguerny (14) 16 B4
Anguilcourt-le-Sart (02) 22 D2
Angy (60) 20 C5
Anhaux (64) 178 D3
Anhiers (59) 10 D1
Aniane (34) 170 D5
Aniche (59) 11 E2
Anisy (14) 16 B4
Anizy-le-Château (02) 22 B4
Anjeux (70) 69 G6
Anjou (38) 144 B1
Anjouin (36) 96 C2
Anjoutey (90) 88 D2
Anla (65) 182 A5
Anlezy (58) 99 F4
Anlhiac (24) 138 A1
Annay (58) 82 C4
Annay (62) 3 E6
Annay-la-Côte (89) 84 A4
Annay-sur-Serein (89) 84 A2
Annebault (14) 17 E4
Annecy (74) 132 B1
Annecy-le-Vieux (74) 132 B1
Annelles (08) 23 G4
Annemasse (74) 118 C4
Annéot (89) 84 A4
Annepont (17) 121 E2
Annequin (62) 2 D6
Annesse-et-Beaulieu (24) 137 E2
Annet-sur-Marne (77) 43 F3
Anneux (59) 10 D3
Anneville-Ambourville (76) 7 E6
Anneville-en-Saire (50) 15 E2
Annéville-la-Prairie (52) 67 H4
Anneville-sur-Mer (50) 36 D1
Anneville-sur-Scie (76) 7 G3
Anneyron (26) 144 B1
Annezay (17) 107 F6
Annezin (62) 2 D6
Annœullin (59) 3 E6
Annoire (39) 102 B3
Annois (02) 21 H2
Annoisin-Chatelans (38) 130 D3
Annoix (18) 97 H4
Annonay (07) 143 H2
Annonville (52) 68 A2
Annot (04) 176 A3
Annouville-Vilmesnil (76) 6 C4
Annoux (89) 84 B3
Annoville (50) 36 D2
Annweiler am Trifels 29 E4
Anor (59) 12 B5
Anos (64) 180 C1
Anost (71) 100 B2
Anould (88) 70 D3
Anoux (54) 25 H5
Anoye (64) 180 D1
Anquetierville (76) 6 D5
Anrosey (52) 86 D1
Ansac-sur-Vienne (16) 123 F1
Ansacq (60) 20 C5
Ansan (32) 166 A4
Ansauville (54) 48 H4
Ansauvillers (60) 20 C3
Anse (69) 129 H1
Anserville (60) 20 B6
Ansignan (66) 199 F2

Ansost (65) 181 F1
Ansouis (84) 174 A4
Anstaing (59) 3 G5
Antagnac (47) 150 B4
Anterrieux (15) 141 E6
Anteuil (25) 88 B5
Antezant-la-Chapelle (17) ...121 F1
Anthé (47) 151 H4
Anthelupt (54) 49 E5
Anthenay (51) 45 E1
Antheny (08) 12 C6
Anthéor 193 E2
Anthien (58) 83 H6
Anthon (38) 130 C2
Anthy-sur-Léman (74) 118 D3
Antibes (06) 193 G1
Antichan (65) 182 A5
Antichan-de-Frontignes (31) ..182 A5
Antignac (15) 140 B1
Antignac (31) 196 A4
Antigny (85) 92 C6
Antigny (86) 109 H2
Antigny-la-Ville (21) 101 E2
Antigny-le-Château (21) 101 E2
Antilly (57) 26 C4
Antilly (60) 43 H1
Antin (65) 181 G2
Antisanti (2B) 205 F3
Antist (65) 181 F4
Antogny le Tillac (37) 94 B3
Antoigné (49) 93 G2
Antoigny (61) 59 F1
Antoingt (63) 127 F5
Antonaves (05) 159 H5
Antonne-et-Trigonant (24) ...137 G2
Antony (92) 42 D5
Antraigues-sur-Volane (07) ..157 F1
Antrain (35) 35 G5
Antran (86) 94 C5
Antras (09) 182 C6
Antras (32) 165 G4
Antrenas (48) 155 G2
Antugnac (11) 184 D5
Antully (71) 100 D4
Anvéville (76) 7 E4
Anville (16) 122 A2
Anvin (62) 9 G1
Any-Martin-Rieux (02) 12 C6
Anzat-le-Luguet (63) 141 E1
Anzeling (57) 26 D4
Anzême (23) 111 G4
Anzex (47) 150 C5
Anzin (59) 11 F1
Anzin-Saint-Aubin (62) 10 B2
Anzy-le-Duc (71) 115 E4
Aoste (38) 131 F4
Aougny (51) 44 D1
Aouste (08) 23 G1
Aouste-sur-Sye (26) 158 C1
Aouze (88) 69 E2
Apach (57) 26 D2
Apchat (63) 141 F1
Apcher 141 G6
Apchon (15) 140 C2
Apinac (42) 128 D6
Appelle (81) 168 A6
Appenai-sous-Bellême (61) ...60 D3
Appenans (25) 88 B4
Appenwihr (68) 71 G4
Appeville (50) 14 D5
Appeville-Annebault (27) 18 A5
Appietto (2A) 204 C5
Appilly (60) 21 H3
Appoigny (89) 83 F1
Apprieu (38) 131 E6
Appy (09) 198 A2
Apremont (01) 117 G4
Apremont (08) 24 C5
Apremont (60) 20 D6
Apremont (70) 86 C5
Apremont (73) 131 H5
Apremont (85) 91 E3
Apremont-la-Forêt (55) 47 H3
Apremont-sur-Allier (18) 98 C4
Aprey (52) 86 A2
Apt (84) 173 H3
Arabaux (09) 183 H5
Aramits (64) 179 H4
Aramon (30) 172 C3
Aranc (01) 117 F6
Arancou (64) 162 D6
Arandas (01) 131 E1
Arandon (38) 131 E3
Araujuzon (64) 179 G1
Araules (43) 143 E3
Araux (64) 179 G1
Arbanats (33) 149 G1
Arbas (31) 182 C5
Arbecey (70) 87 E2
Arbellara (2A) 206 D2
Arbent (01) 117 G3
Arbéost (65) 180 C5
Arbérats-Sillègue (64) 179 F2
Arbignieu (01) 131 F3
Arbigny (01) 116 C2
Arbigny-sous-Varennes (52) ..86 C1
Arbin (73) 132 A5
Arbis (33) 149 H1
Arblade-le-Bas (32) 164 C4
Arblade-le-Haut (32) 164 C4
Arbois (39) 103 E4
Arbon (31) 182 B5
Arbonne (64) 162 A6
Arbonne-la-Forêt (77) 63 H2
Arboras (34) 170 C4

Arbori (2A) 204 C4
Arbot (52) 85 G1
Arbouans (25) 88 C4
Arboucave (40) 164 A5
Arbourse (58) 98 D1
Arboussols (66) 199 F3
l'Arbresle (69) 129 G2
Arbrissel (35) 57 H4
Arbus (64) 180 A2
Arbusigny (74) 118 C5
Arc-en-Barrois (52) 67 G6
Arc-et-Senans (25) 103 E3
Arc-lès-Gray (70) 86 C4
Arc-sous-Cicon (25) 104 A2
Arc-sous-Montenot (25) 103 F4
Arc-sur-Tille (21) 86 A6
Arc 1800 ....133 F4
Arc 2000 ....133 F4
Arcachon (33) 148 B1
Arçais (79) 107 F4
Arcambal (46) 152 D3
Arcangues (64) 162 A6
Arçay (18) 97 G4
Arçay (86) 93 H3
Arceau (21) 86 A5
Arcelot (21) 86 A5
Arcenant (21) 101 G2
Arcens (07) 143 F5
Arces (17) 120 D5
Arces-Dilo (89) 65 G5
Arcey (21) 85 G6
Arcey (25) 88 B4
Archail (04) 160 D6
Archamps (74) 118 C5
Archelange (39) 102 C2
Arches (15) 140 A1
Arches (88) 70 A4
Archettes (88) 70 A4
Archiac (17) 121 G5
Archignac (24) 138 B4
Archignat (03) 112 C3
Archigny (86) 94 D6
Archingeay (17) 121 E1
Archon (02) 23 F1
Arcinges (42) 115 F5
Arcins (33) 134 D3
Arcis-le-Ponsart (51) 22 C6
Arcis-sur-Aube (10) 66 B1
Arcizac-Adour (65) 181 E4
Arcizac-ez-Angles (65) 181 E4
Arcizans-Avant (65) 180 D5
Arcizans-Dessus (65) 180 D5
Arcomps (18) 97 G6
Arçon (25) 104 A3
Arcon (42) 128 C1
Arconcey (21) 100 D1
Arçonnay (72) 60 A2
Arconsat (63) 128 B2
Arconville (10) 67 F4
Arc Pierre Blanche 1600 ...133 F4
les Arcs (83) 175 H6
Arcueil (94) 42 D4
Arcy-Sainte-Restitue (02) ...22 B6
Arcy-sur-Cure (89) 83 H4
Ardelles (28) 61 G1
Ardelu (28) 62 D3
Ardenais (18) 112 B1
Ardenay-sur-Mérize (72) 60 C6
Ardengost (65) 181 G6
Ardentes (36) 96 D6
Ardes (63) 127 F6
Ardeuil-et-Montfauxelles (08) ..24 B5
Ardiège (31) 182 A4
les Ardillats (69) 115 H5
Ardilleux (79) 108 B5
Ardillières (17) 107 E6
Ardin (79) 107 G2
Ardizas (32) 166 C4
Ardoix (07) 144 A2
Ardon (39) 103 F5
Ardon (45) 80 D2
Ardouval (76) 7 H3
Ardres (62) 1 H3
Arêches 132 C4
Aregno (2B) 202 C5
Areines (41) 79 G2
Aren (64) 179 H2
Arengosse (40) 163 F1
Arenthon (74) 118 D5
Arès (33) 134 B6
Aresches (39) 103 F4
Aressy (64) 180 C2
Arette (64) 179 H4
Arette la Pierre Saint-Martin ..179 G5
Arfeuille-Châtain (23) 112 C4
Arfeuilles (03) 114 C5
Arfons (81) 184 D1
Argagnon (64) 163 G6
Arganchy (14) 15 H6
Argançon (10) 67 E3
Argancy (57) 26 C4
Argein (09) 182 D6
Argelès-Bagnères (65) 181 F4
Argelès-Gazost (65) 180 D5
Argelès-sur-Mer (66) 201 E4
Argelès Plage 201 E4
Argeliers (11) 186 B2
Argelliers (34) 171 E4
Argelos (40) 163 G5
Argelos (64) 180 C1
Argelouse (40) 149 E4
Argences (14) 16 C5
Argens-Minervois (11) 185 H3
Argent-sur-Sauldre (18) 81 G4
Argentan (61) 39 E5
Argentat (19) 139 F3
Argentenay (89) 84 B2
Argenteuil (95) 42 C3
Argenteuil-sur-Armançon (89) ..84 B2

Argentière 119 H6
l'Argentière-la-Bessée (05) ..147 E5
Argentières (77) 43 G5
Argentine (73) 132 C5
Argenton (47) 150 B4
Argenton-Château (79) 93 E3
Argenton-l'Église (79) 93 F3
Argenton-Notre-Dame (53) ..76 D2
Argenton-sur-Creuse (36) ...111 E1
Argentré (53) 58 D5
Argentré-du-Plessis (35) 58 A5
Argenvières (18) 98 C2
Argenvilliers (28) 61 F3
Argers (51) 46 C2
Arget (64) 163 H6
Argiésans (90) 88 C3
Argillières (70) 86 D3
Argilliers (30) 172 B2
Argilly (21) 101 H2
Argis (01) 131 E1
Argiusta-Moriccio (2A) 207 E1
Argœuves (80) 9 F5
Argol (29) 31 E6
Argonay (74) 132 B1
Argouges (50) 35 H5
Argoules (80) 8 D2
Argueil (76) 19 F3
Arguel (25) 103 F1
Arguel (80) 8 D6
Arguenos (31) 182 B5
Argut-Dessous (31) 182 B6
Argy (36) 96 A4
Arhansus (64) 179 F2
Aries-Espénan (65) 181 H2
Arifat (81) 168 C4
Arignac (09) 183 H6
Arinthod (39) 117 G3
Arith (73) 132 A3
Arjuzanx (40) 163 F1
Arlanc (63) 128 B6
Arlay (39) 102 C5
Arlebosc (07) 143 H4
Arlempdes (43) 142 C5
Arles (13) 172 C4
Arles-sur-Tech (66) 199 G5
Arlet (43) 141 H3
Arleuf (58) 100 B3
Arleux (59) 10 D2
Arleux-en-Gohelle (62) 10 B2
Arlos (31) 182 B6
Armaillé (49) 76 A2
Armancourt (60) 21 E5
Armancourt (80) 21 E2
Armaucourt (54) 48 D3
Armbouts-Cappel (59) 2 B2
Armeau (89) 65 E5
Armendarits (64) 179 F2
Armenonville-les-Gâtineaux (62) ..62 C1
Armenteule (65) 195 H4
Armentières (59) 3 E4
Armentières-en-Brie (77) 43 H3
Armentières-sur-Avre (27) ...40 C5
Armentières-sur-Ourcq (02) ..44 B1
Armentieux (32) 164 D6
Armes (58) 83 F5
Armillac (47) 150 D2
Armissan (11) 186 D3
Armix (01) 131 F2
Armous-et-Cau (32) 165 E5
Arnac (74) 119 E3
Arnac 124 B6
Arnac (15) 139 H4
Arnac-la-Poste (87) 110 D4
Arnac-Pompadour (19) 124 B6
Arnac-sur-Dourdou (12) 169 G4
Arnancourt (52) 67 G2
Arnas (69) 116 A6
Arnaud-Guilhem (31) 182 C4
Arnave (09) 197 H4
Arnaville (54) 26 B6
Arnay-le-Duc (21) 100 D2
Arnay-sous-Vitteaux (21) 84 D5
Arnayon (26) 159 E3
Arné (65) 181 H3
Arnéguy (64) 178 D4
Arnèke (59) 2 C3
Arnicourt (08) 23 G3
Arnières-sur-Iton (27) 40 D2
Arnos (64) 163 H6
Arnouville-lès-Gonesse (95) ..42 D3
Arnouville-lès-Mantes (78) ...41 H3
Aroffe (88) 69 E2
Aromas (39) 117 F4
Aron (53) 59 E3
Aroue-Ithorots-Olhaïby (64) ..179 F2
Aroz (70) 87 F3
Arpaillargues-et-Aureillac (30) ..172 A2
Arpajon (91) 42 C6
Arpajon-sur-Cère (15) 140 D5
Arpavon (26) 159 E4
Arpenans (70) 87 H3
Arpheuilles (18) 97 H5
Arpheuilles (36) 95 H4
Arpheuilles-Saint-Priest (03) ..112 D5
Arphy (30) 170 D1
Arquenay (53) 59 E6
Arques (11) 185 E5
Arques (12) 154 D5
les Arques (46) 152 B2
Arques (62) 2 B3
Arques-la-Bataille (76) 7 G2
Arquettes-en-Val (11) 185 E4
Arquèves (80) 9 H4
Arquian (58) 82 C4
Arracourt (54) 49 F4
Arradon (56) 72 D1
Arraincourt (57) 49 F2
Arrancourt (91) 63 F3
Arrancy (02) 22 D4

Arrancy-sur-Crusne (55) 25 G4
Arrans (21) 84 C3
Arras (62) 10 B2
Arras-en-Lavedan (65) 180 D5
Arras-sur-Rhône (07) 144 A3
Arrast-Larrebieu (64) 179 G2
Arraute-Charritte (64) 179 E1
Arrayou-Lahitte (65) 181 E4
Arre (30) 170 C2
Arreau (65) 181 G6
Arrelles (10) 66 C5
Arrembécourt (10) 46 B6
Arrènes (23) 111 E6
Arrens-Marsous (65) 180 C5
Arrentès-de-Corcieux (88) ...70 C4
Arrentières (10) 67 F3
Arrest (80) 8 C4
Arreux (08) 13 E6
Arriance (57) 26 D6
Arricau-Bordes (64) 164 C6
Arrien (64) 180 D2
Arrien-en-Bethmale (09) ...182 D6
Arrigas (30) 170 C2
Arro (2A) 204 C4
Arrodets (65) 181 G5
Arrodets-ez-Angles (65) ...181 E4
Arromanches-les-Bains (14) ..16 A3
Arronnes (03) 114 B6
Arronville (95) 42 C1
Arros-de-Nay (64) 180 C3
Arrosès (64) 164 C6
Arrou (28) 61 G5
Arrouède (32) 182 A2
Arrout (09) 182 D5
Arry (57) 26 B6
Arry (80) 8 C2
Ars (16) 121 G4
Ars (23) 125 G1
Ars-en-Ré (17) 106 A4
Ars-Laquenexy (57) 26 C5
Ars-les-Favets (63) 113 E5
Ars-sur-Formans (01) 130 A1
Ars-sur-Moselle (57) 26 B6
Arsac (33) 135 E4
Arsac-en-Velay (43) 142 C4
Arsague (40) 163 F5
Arsans (70) 86 D5
Arsonval (10) 67 E3
Arsure-Arsurette (39) 103 G5
les Arsures (39) 103 E3
Arsy (60) 21 E5
Art-sur-Meurthe (54) 48 D5
Artagnan (65) 181 E1
Artaise-le-Vivier (08) 24 B3
Artaix (71) 115 E4
Artalens-Souin (65) 180 D5
Artannes-sur-Indre (37) 94 D1
Artannes-sur-Thouet (49) ...93 G1
Artas (38) 130 C5
Artassenx (40) 164 A3
Artemare (01) 131 F2
Artemps (02) 21 H1
Artenay (45) 62 D5
Arthaz-Pont-Notre-Dame (74) ..118 C5
Arthel (58) 99 F1
Arthémonay (26) 144 C3
Arthenac (17) 121 G5
Arthenas (39) 117 F1
Arthès (81) 168 C2
Arthez-d'Armagnac (40) 164 B2
Arthez-d'Asson (64) 180 C4
Arthez-de-Béarn (64) 163 G6
Arthezé (72) 77 G2
Arthies (95) 42 A2
Arthon (36) 96 C6
Arthon-en-Retz (44) 74 A6
Arthonnay (89) 66 C6
Arthun (42) 128 D3
Artigat (09) 183 G4
Artignosc-sur-Verdon (83) ..175 E4
Artigue (31) 196 A4
Artigueloutan (64) 180 C2
Artiguelouve (64) 180 B2
Artiguemy (65) 181 F4
Artigues (09) 198 C2
Artigues (11) 198 D2
Artigues (65) 181 E4
Artigues (83) 174 C5
les Artigues-de-Lussac (33) ..135 H4
Artigues-près-Bordeaux (33) ..135 F5
Artins (41) 79 E2
Artix (09) 183 G4
Artix (64) 180 A1
Artolsheim (67) 71 G3
Artonges (02) 44 C3
Artonne (63) 127 F1
Artou-Sainte-Fabrèges (64) ..180 B6
Artres (59) 11 F2
Artzenheim (68) 71 G4
Arudy (64) 180 B4
Arue (40) 164 A1
Arvert (17) 120 B3
Arveyres (33) 135 G5
Arvieu (12) 154 C6
Arvieux (05) 147 F5
Arvigna (09) 184 A4
Arvillard (73) 132 B5
Arville (41) 61 F5
Arville (77) 63 H4
Arvillers (80) 21 E1
Arx (40) 150 B6
Arzacq-Arraziguet (64) 164 A6
Arzal (56) 73 F2
Arzano (29) 54 C4
Arzay (38) 130 C6
Arzembouy (58) 99 E1
Arzenc-d'Apcher (48) 141 F5

Arzenc-de-Randon (48) 156 B1
Arzens (11) 184 D3
Arzillières-Neuville (51) 46 B5
Arzon (56) 72 C1
Arzviller (57) 50 B4
Asasp-Arros (64) 180 A4
Ascain (64) 178 B1
Ascarat (64) 178 D3
Aschbach (67) 29 F6
Aschères-le-Marché (45) 63 E5
Asco (2B) 204 C1
Ascombegui 179 E2
Ascou (09) 198 B2
Ascou-Pailhères 198 C2
Ascoux (45) 63 F5
Ascros (06) 176 C3
Asfeld (08) 23 F4
Aslonnes (86) 109 E2
Asnan (58) 83 F6
Asnans-Beauvoisin (39) 102 C3
Asnelles (14) 16 A3
Asnières (27) 17 G4
Asnières-en-Bessin (14) 15 G4
Asnières-en-Montagne (21) ...84 C2
Asnières-en-Poitou (79) 108 B5
Asnières-la-Giraud (17) 121 F2
Asnières-lès-Dijon (21) 85 H5
Asnières-sous-Bois (89) 83 G5
Asnières-sur-Blour (86) 109 H5
Asnières-sur-Nouère (16) ...122 B3
Asnières-sur-Oise (95) 42 D1
Asnières-sur-Saône (01) 116 B3
Asnières-sur-Seine (92) 42 D3
Asnières-sur-Vègre (72) 77 G1
Asnois (58) 83 G5
Asnois (86) 109 E5
Aspach (57) 50 A5
Aspach (68) 89 F2
Aspach-le-Bas (68) 89 E1
Aspach-le-Haut (68) 89 E1
Aspères (30) 171 G3
Asperjoc (07) 157 G1
Aspet (31) 182 B5
Aspin-Aure (65) 181 G6
Aspin-en-Lavedan (65) 180 D5
Aspiran (34) 170 C6
Aspremont (05) 159 H3
Aspremont (06) 177 E5
Aspres-lès-Corps (05) 146 A5
Aspres-sur-Buëch (05) 159 H2
Aspret-Sarrat (31) 182 B4
Asprières (12) 153 H3
Asque (65) 181 F4
Asques (33) 135 F4
Asques (82) 166 B2
Asquins (89) 83 H5
Assac (81) 168 D2
Assainvillers (80) 21 E3
Assais-les-Jumeaux (79) 93 G5
Assas (34) 171 F4
Assat (64) 180 C3
Assay (37) 94 B2
Assé-le-Bérenger (53) 59 F4
Assé-le-Boisne (72) 59 H3
Assé-le-Riboul (72) 60 A4
Assenay (10) 66 B4
Assencières (10) 66 B2
Assenoncourt (57) 49 G4
Assérac (44) 73 F3
Assevent (59) 12 A2
Assevillers (80) 10 B6
Assier (46) 153 F1
Assieu (38) 130 A6
Assignan (34) 185 H1
Assignan (34) 185 H1
Assigny (18) 82 B5
Assigny (76) 7 H1
les Assions (07) 157 E4
Assis-sur-Serre (02) 22 B2
Asson (64) 180 C4
Assouste 180 B5
Asswiller (67) 50 B3
Astaffort (47) 165 H1
Astaillac (19) 139 F5
Asté (65) 181 F5
Aste-Béon (64) 180 B5
Astet (07) 157 E1
Astillé (53) 58 C6
Astis (64) 180 C1
Aston (09) 198 A2
Astugue (65) 181 E4
Athée (21) 102 B1
Athée (53) 58 B6
Athée-sur-Cher (37) 79 F6
Athesans-Étroitefontaine (70) ..88 A3
Athie (21) 84 C4
Athie (89) 84 A4
Athienville (54) 49 F4
Athies (62) 10 B2
Athies (80) 10 C5
Athies-sous-Laon (02) 22 C3
Athis (51) 45 G2
Athis-de-l'Orne (61) 38 C4
Athis-Mons (91) 42 D5
Athos-Aspis (64) 179 F1
Athose (25) 103 H2
Attainville (95) 42 D2
Attancourt (52) 67 G1
les Attaques (62) 1 G2
Attenschwiller (68) 89 G3
Attiches (59) 3 F6
Attichy (60) 21 G4
Attignat (01) 116 D4
Attignat-Oncin (73) 131 G5
Attignéville (88) 68 D2
Attigny (08) 24 A4
Attigny (88) 69 F5
Attilloncourt (57) 49 E4

Attily (02) 10 D6
Attin (62) 1 F6
Atton (54) 48 C3
Attray (45) 63 E5
Attricourt (70) 86 B4
Atur (24) 137 F3
Aubagnan (40) 163 H4
Aubagne (13) 191 E4
Aubaine (21) 101 F2
Aubais (30) 171 H4
Aubarède (65) 181 F2
Aubas (24) 138 A3
Aubazat (43) 141 H3
Aubazines (19) 138 D3
Aube (57) 26 C6
Aube (61) 40 A5
Aubépierre-
  -Ozouer-le-Repos (77) 43 G6
Aubépierre-sur-Aube (52) 67 G6
l'Aubépin (39) 117 F2
Auberchicourt (59) 10 D2
Aubercourt (80) 20 D1
Aubergenville (78) 42 A3
Aubérive (51) 23 H6
Auberive (52) 85 F2
Auberives-en-Royans (38) 144 D3
Auberives-sur-Varèze (38) 130 A6
Aubermesnil-aux-Érables (76) 19 F1
Aubermesnil-Beaumais (76) 7 G2
Auberoche 137 D2
Auberoques (24) 155 F4
Aubers (59) 3 E5
Aubertin (64) 180 B2
Auberville (14) 16 D3
Auberville-la-Campagne (76) 6 D5
Auberville-la-Manuel (76) 6 D3
Auberville-la-Renault (76) 6 C4
Aubervilliers (93) 42 D3
Aubeterre (11) 113 H5
Aubeterre (10) 66 B2
Aubeterre-sur-Dronne (16) 136 C2
Aubeville (16) 122 A5
Aubevoye (27) 41 F1
Aubiac (33) 149 H3
Aubiac (47) 151 E6
Aubiat (63) 127 F1
Aubie-et-Espessas (33) 135 F4
Aubière (63) 127 F3
Aubiet (32) 166 A5
Aubignan (84) 158 C6
Aubignas (07) 157 H2
Aubigné (35) 57 F1
Aubigné (79) 108 B6
Aubigné-Racan (72) 78 B3
Aubigné-sur-Layon (49) 93 E1
Aubignosc (04) 160 B6
Aubigny 26 C5
Aubigny (03) 98 D6
Aubigny (14) 38 D3
Aubigny (79) 93 G5
Aubigny (80) 9 H6
Aubigny (85) 91 F5
Aubigny-au-Bac (59) 10 D2
Aubigny-aux-Kaisnes (02) 21 G1
Aubigny-en-Artois (62) 10 A2
Aubigny-en-Laonnois (02) 22 D4
Aubigny-en-Plaine (21) 102 A2
Aubigny-la-Ronce (21) 101 E3
Aubigny-les-Pothées (08) 23 G1
Aubigny-lès-Sombernon (21) 85 E6
Aubigny-sur-Nère (18) 81 G5
Aubigny-sur-Badin 86 B3
Aubilly (51) 22 D6
Aubin (12) 154 A3
Aubin (64) 180 B1
Aubin-Saint-Vaast (62) 9 E1
Aubinges (18) 97 H1
Auboncourt-Vauzelles (08) 23 H3
Aubonne (25) 103 H2
Aubord (30) 172 A4
Auboué (54) 26 A4
Aubous (64) 164 C5
Aubrac 155 E2
Aubres (26) 158 D4
Aubréville (55) 47 E1
Aubrives (08) 13 F4
Aubrometz (62) 9 F2
Aubry-du-Hainaut (59) 11 F1
Aubry-en-Exmes (61) 39 F4
Aubry-le-Panthou (61) 39 G4
Aubure (68) 71 E3
Aubussargues (30) 172 A2
Aubusson (23) 125 G1
Aubusson (61) 38 B4
Aubusson-d'Auvergne (63) 128 A3
Aubvillers (80) 20 D2
Auby (59) 10 C1
Aucaleuc (22) 34 C5
Aucamville (31) 167 E5
Aucamville (82) 166 D3
Aucazein (09) 182 C6
Aucelon (26) 159 E1
Aucey-la-Plaine (50) 35 G5
Auch (32) 165 G5
Auchel (62) 2 C6
Auchonvillers (80) 10 A4
Auchy-au-Bois (62) 2 B6
Auchy-la-Montagne (60) 20 B3
Auchy-lès-Hesdin (62) 9 F1
Auchy-les-Mines (62) 3 E6
Auchy-lez-Orchies (59) 3 G6
Aucors 123 E5
Aucun (65) 180 C5
Audaux (64) 179 G1

Audelange (39) 102 D2
Audeloncourt (52) 68 C4
Audembert (62) 1 F3
Audenfort 1 H3
Audenge (33) 148 C1
Auderville (50) 14 A1
Audes (03) 112 C2
Audeux (25) 87 E6
Audeville (45) 63 F3
Audierne (29) 52 D2
Audignicourt (02) 21 H4
Audignies (59) 11 H2
Audignon (40) 163 G4
Audincourt (25) 88 C4
Audincthun (62) 2 A5
Audinghen (62) 1 F3
Audon (40) 163 F3
Audouville-la-Hubert (50) 15 E4
Audrehem (62) 1 H3
Audressein (09) 182 D6
Audresselles (62) 1 F3
Audrieu (14) 16 A4
Audrix (24) 137 G5
Audruicq (62) 1 H3
Audun-le-Roman (54) 26 A3
Audun-le-Tiche (57) 26 A2
Auenheim (67) 51 G3
Auffargis (78) 42 A5
Auffay 7 E3
Auffay (76) 7 G4
Aufferville (77) 63 H4
Auffreville-Brasseuil (78) 41 H3
Auflance (08) 25 E2
Auga (64) 164 A6
Augan (56) 56 B4
Auge (08) 12 C6
Auge (23) 112 B4
Augé (79) 108 A2
Auge-Saint-Médard (16) 122 A2
Augea (39) 117 F1
Auger-Saint-Vincent (60) 21 F6
Augerans (39) 102 D3
Augères (23) 111 F6
Augerolles (63) 128 A3
Augers-en-Brie (77) 44 B5
Augerville-la-Rivière (45) 63 G3
Augicourt (70) 87 E2
Augignac (24) 123 F4
Augirein (09) 182 C6
Augisey (39) 117 F1
Augnat (63) 127 F6
Augnax (32) 166 A4
Augne (87) 125 E3
Augny (57) 26 B6
Auguaise (61) 40 A5
Augy (02) 22 B5
Augy (89) 83 G2
Augy-sur-Aubois (18) 98 B5
Aujac (17) 121 G2
Aujac (30) 156 D4
Aujan-Mournède (32) 181 H1
Aujargues (30) 171 G4
Aujeurres (52) 86 A2
Aujols (46) 152 D4
Aulan (26) 159 F5
Aulas (30) 170 D2
Aulhat-Saint-Privat (63) 127 G5
Aullène (2A) 207 E1
Aulnat (63) 127 F3
Aulnay 7 F5
Aulnay (10) 66 D1
Aulnay (17) 107 H6
Aulnay (86) 93 H4
Aulnay-la-Rivière (45) 63 G4
Aulnay-l'Aître (51) 46 B4
Aulnay-sous-Bois (93) 43 E3
Aulnay-sur-Iton (27) 40 D2
Aulnay-sur-Marne (51) 45 G2
Aulnay-sur-Mauldre (78) 42 A3
les Aulneaux (72) 60 B2
Aulnois (88) 68 D3
Aulnois-en-Perthois (55) 47 E5
Aulnois-sous-Laon (02) 22 C3
Aulnois-sur-Seille (57) 48 D3
Aulnoy (77) 44 A4
Aulnoy-lez-Valenciennes (59) 11 F2
Aulnoy-sur-Aube (52) 85 H1
Aulnoye-Aymeries (59) 11 H3
Aulon (23) 111 F6
Aulon (31) 182 B3
Aulon (65) 181 G6
Aulos (09) 198 A2
Ault (80) 8 B4
Aulus-les-Bains (09) 197 F4
Aulx-lès-Cromary (70) 87 G5
Aumagne (17) 121 G2
Aumale (76) 19 G1
Aumâtre (80) 8 D6
Aumelas (34) 170 D5
Auménancourt (51) 23 E5
Aumerval (62) 2 B6
Aumes (34) 187 F1
Aumessas (30) 170 C2
Aumetz (57) 26 A3
Aumeville-Lestre (50) 15 E3
Aumont (39) 102 D4
Aumont (80) 9 E6
Aumont-Aubrac (48) 155 G1
Aumont-en-Halatte (60) 20 D6
Aumontzey (88) 70 C3
Aumur (39) 102 B2
Aunac (16) 122 C1
Aunat (11) 198 D2
Aunay-en-Bazois (58) 99 G2
Aunay-les-Bois (61) 60 B1
Aunay-sous-Auneau (28) 62 D2
Aunay-sous-Crécy (28) 41 F5
Aunay-sur-Odon (14) 16 A6

Auneau (28) 62 C2
Auneuil (60) 20 A5
Aunou-le-Faucon (61) 39 F5
Aunou-sur-Orne (61) 39 G6
Auppegard (76) 7 G3
Aups (83) 175 F4
Auquainville (14) 17 F6
Auquemesnil (76) 8 A5
Auradé (32) 166 C6
Auradou (47) 151 G4
Auragne (31) 183 G2
Auray (56) 55 E6
Aure (08) 24 A5
Aureil (87) 124 C3
Aureil-Maison 68 D5
Aureilhan (40) 148 A5
Aureilhan (65) 181 E3
Aureille (13) 173 E4
Aurel (26) 159 E1
Aurel (84) 159 F6
Aurelle 155 E3
Aurelle-Verlac (12) 155 F3
Aurensan (32) 164 B5
Aurensan (65) 181 E2
Aureville (31) 183 G1
Auriac (11) 185 F6
Auriac (19) 139 G2
Auriac (64) 180 C1
Auriac-du-Périgord (24) 138 A3
Auriac-Lagast (12) 154 C6
Auriac-l'Église (15) 141 F2
Auriac-sur-Dropt (47) 150 C1
Auriac-sur-Vendinelle (31) 167 H6
Auriat (23) 124 D2
Auribail (31) 183 F2
Auribeau (84) 174 A3
Auribeau-sur-Siagne (06) 176 C3
Aurice (40) 163 G3
Auriébat (65) 164 D6
Aurières (63) 126 D4
Aurignac (31) 182 C3
Aurillac (15) 140 B5
Aurimont (32) 166 A6
Auriol (13) 191 E3
Auriolles (33) 136 B6
Aurions-Idernes (64) 164 C6
Auris-en-Oisans 146 B3
Auron 161 H5
Aurons (13) 173 G4
Auros (33) 150 A3
Aurouër (03) 99 E6
Auroux (48) 142 B6
Aussac (81) 168 B3
Aussac-Vadalle (16) 122 C2
Ausseing (31) 182 D4
Aussevielle (64) 180 B2
Aussillon (81) 168 D6
les Autels (02) 23 F1
les Autels-Saint-Bazile (14) 39 F3
les Autels-Villevillon (28) 61 F4
Auterive (31) 183 G2
Auterive (32) 165 H5
Auterive (82) 166 B3
Auterrive (64) 163 E6
Autet (70) 86 D4
Auteuil (60) 20 A5
Auteuil (78) 42 A4
Autevielle-Saint-Martin-
  -Bideren (64) 179 F1
Authe (08) 24 B4
Autheuil (28) 61 H6
Autheuil (61) 40 B6
Autheuil-Authouillet (27) 41 E2
Autheuil-en-Valois (60) 43 H1
Autheux (80) 9 F4
Authevernes (27) 19 G6
Authezat (63) 127 F4
Authie (14) 16 B4
Authie (80) 9 H4
Authieule (80) 9 G4
les Authieux (27) 41 E3
les Authieux-du-Puits (61) 39 G5
les Authieux-Papion (14) 17 E5
les Authieux-Ratiéville (76) 7 G5
les Authieux-sur-Calonne (14) 17 F3
les Authieux-sur-le-Port-
  -Saint-Ouen (76) 18 D5
Authion 177 F3
Authiou (58) 99 F1
Authoison (70) 87 G4
Authon (04) 160 C5
Authon (41) 79 F3
Authon-du-Perche (28) 61 F4
Authon-Ébéon (17) 121 G2
Authon-la-Plaine (91) 62 D2
Authou (27) 18 A6
Authuille (80) 10 A4
Authume (39) 102 C2
Authumes (71) 102 B4
Autichamp (26) 158 C1
Autignac (34) 170 A6
Autigny (76) 7 F3
Autigny-la-Tour (88) 68 D2
Autigny-le-Grand (52) 67 H1
Autigny-le-Petit (52) 67 H1
Autingues (62) 1 H3
Autoire (46) 139 E5
Autoreille (70) 87 E5
Autouillet (78) 42 A4

Autrac (43) 141 F1
Autrans (38) 145 F2
Autrêche (37) 79 F4
Autrechêne (90) 88 D3
Autrêches (60) 21 H4
Autrecourt-et-Pourron (08) 24 C2
Autrécourt-sur-Aire (55) 47 E2
Autremencourt (02) 22 D2
Autrepierre (54) 49 G5
Autreppes (02) 11 H6
Autretot (76) 7 E4
Autreville (02) 21 H3
Autreville (88) 69 E1
Autréville-Saint-Lambert (55) 24 D3
Autreville-sur-la-Renne (52) 67 G4
Autreville-sur-Moselle (54) 48 C3
Autrey (54) 48 D6
Autrey (88) 70 B2
Autrey-le-Vay (70) 87 H4
Autrey-lès-Cerre (70) 87 H3
Autrey-lès-Gray (70) 86 C4
Autricourt (21) 67 E6
Autruche (08) 24 C4
Autruy-sur-Juine (45) 63 E3
Autry (08) 24 B5
Autry-Issards (03) 113 G2
Autry-le-Châtel (45) 81 H4
Autun (71) 100 C4
Auty (82) 152 C6
Auvare (06) 176 B3
Auve (51) 46 C2
Auvernaux (91) 63 H1
Auvers (43) 141 H4
Auvers (50) 15 E5
Auvers-le-Hamon (72) 59 F6
Auvers-Saint-Georges (91) 63 F1
Auvers-sous-Montfaucon (72) 59 H5
Auvers-sur-Oise (95) 42 C2
Auverse (49) 77 H4
Auvet-et-la-Chapelotte (70) 86 C4
Auvillar (82) 166 B1
Auvillars (14) 17 E4
Auvillars-sur-Saône (21) 101 H2
Auvilliers-les-Forges (08) 12 C6
Auvilliers (76) 19 F1
Auvilliers-en-Gâtinais (45) 63 H6
Aux-Aussat (32) 181 G1
Auxais (50) 15 E6
Auxange (39) 102 D1
Auxant (21) 101 E2
Auxelles-Bas (90) 88 C2
Auxelles-Haut (90) 88 C2
Auxerre (89) 83 F2
Auxey-Duresses (21) 101 F3
Auxi-le-Château (62) 9 F3
Aux Marais (60) 20 A4
Auxon (10) 66 A5
Auxon (70) 87 G2
Auxon-Dessous (25) 87 F6
Auxon-Dessus (25) 87 F6
Auxonne (21) 102 B1
Auxy (45) 63 H5
Auxy (71) 100 D4
Auzainvilliers (88) 69 E3
Auzances (23) 112 C6
Auzas (31) 182 C3
Auzat (09) 197 G4
Auzat-la-Combelle (63) 127 G6
Auzay (85) 107 E2
Auzebosc (76) 7 E5
Auzelles (63) 127 H4
Auzers (15) 140 B2
Auzet (04) 160 D4
Auzeville-Tolosane (31) 167 F6
Auzielle (31) 167 F6
Auzits (12) 154 A3
Auzon (43) 127 G6
Auzouer-en-Touraine (37) 79 F4
Auzouville-Auberbosc (76) 6 D4
Auzouville-l'Esneval (76) 7 F4
Auzouville-sur-Ry (76) 19 E4
Auzouville-sur-Saâne (76) 7 F3
Availles-en-Châtellerault (86) 94 D5
Availles-Limouzine (86) 109 G5
Availles-sur-Seiche (35) 58 A6
Availles-Thouarsais (79) 93 G4
Avajan (65) 181 G6
Avallon (89) 84 A5
les Avanchers-Valmorel (73) 132 D5
Avançon (05) 160 C2
Avançon (08) 23 F4
Avanne-Aveney (25) 103 F1
Avant-lès-Marcilly (10) 65 F3
Avant-lès-Ramerupt (10) 66 C2
Avanton (86) 94 B6
Avapessa (2B) 202 C6
Avaray (41) 80 B2
Avaugour 33 G4
Avaux (08) 23 E4
Aveize (69) 129 G4
Aveizieux (42) 129 F5
Avelanges (21) 85 H3
Avelesges (80) 9 E6
Avelin (59) 3 F6
Aveluy (80) 10 A5
Avenas (69) 116 A5
Avenay (14) 16 B5
Avenay-Val-d'Or (51) 45 F2
Avène (34) 170 A4
les Avenières (38) 131 F4
Avensac (32) 166 B3
Avensan (33) 134 D3
Aventignan (65) 181 H4
Aveny (27) 41 H1
Averan (65) 181 E4
Averdoingt (62) 9 H2
Averdon (41) 79 H3
Avermes (03) 113 H1
Avernes (95) 42 A2
Avernes-Saint-Gourgon (61) 39 G3

Avernes-sous-Exmes (61) 39 G4
Avérole 133 H6
Avéron-Bergelle (32) 164 D4
Averton (53) 59 G2
Avesnelles (59) 12 A4
Avesnes (62) 1 H6
Avesnes-Chaussoy (80) 8 D5
Avesnes-en-Bray (76) 19 G4
Avesnes-en-Saosnois (72) 60 C3
Avesnes-en-Val (76) 8 B6
Avesnes-le-Comte (62) 9 H2
Avesnes-le-Sec (59) 11 E3
Avesnes-les-Aubert (59) 11 E3
Avesnes-lès-Bapaume (62) 10 B4
Avesnes-sur-Helpe (59) 12 A4
Avessac (44) 74 A1
Avessé (72) 59 F6
Aveux (65) 182 A5
Avezac-Prat-Lahitte (65) 181 G4
Avezan (32) 166 A3
Avèze (30) 170 D2
Avèze (63) 126 B4
Avezé (72) 60 D4
Aviernoz (74) 118 C3
Avignon (84) 172 D2
Avignon-
  -lès-Saint-Claude (39) 118 A3
Avignonet (38) 145 G4
Avignonet-Lauragais (31) 184 A2
Avillers (54) 25 H5
Avillers (88) 69 G2
Avillers-Sainte-Croix (55) 48 A2
Avilley (25) 87 H5
Avilly-Saint-Léonard (60) 43 E1
Avion (62) 10 B1
Avioth (55) 25 E3
Aviré (49) 75 H1
Avirey-Lingey (10) 66 C5
Aviron (27) 40 D2
Avize (51) 45 F3
Avocourt (55) 24 D6
Avoine (37) 94 A1
Avoine (61) 39 E5
Avoise (72) 77 G1
Avolsheim (67) 50 D5
Avon (77) 64 A2
Avon (79) 108 C3
Avon-la-Pèze (10) 65 G2
Avon-les-Roches (37) 94 C2
Avondance (62) 2 A6
Avord (18) 98 A3
Avoriaz 119 G4
Avosnes (21) 85 E6
Avot (21) 85 H3
Avoudrey (25) 104 A1
Avrainville (54) 48 B4
Avrainville (88) 69 G2
Avrainville (91) 63 F1
Avranches (50) 35 H3
Avranville (88) 68 C2
Avrechy (60) 20 C4
Avrée (58) 100 A5
Avregny 118 B5
Avremesnil (76) 7 F2
Avressieux (73) 131 G4
Avreuil (10) 66 A5
Avricourt (54) 49 H5
Avricourt (57) 49 H5
Avricourt (60) 21 F2
Avrieux (73) 147 F1
Avrigney-Virey (70) 87 E6
Avrigny (60) 20 D5
Avril (54) 26 A4
Avril-sur-Loire (58) 99 E5
Avrillé (49) 76 D4
Avrillé (85) 91 F6
Avrillé-les-Ponceaux (37) 78 B5
Avrilly 113 H1
Avrilly (03) 115 E3
Avrilly (27) 41 E3
Avrilly (61) 38 B6
Avrolles 65 G6
Avy (17) 121 F5
Awoingt (59) 11 E3
Ax-Bonascre le Saquet 198 B2
Ax-les-Thermes (09) 198 B2
Axat (11) 198 D2
Axiat (09) 198 A2
Ay (51) 45 F2
Ay-sur-Moselle (57) 26 C4
Ayat-sur-Sioule (63) 113 E6
Aydat (63) 127 E4
Aydie (64) 164 C5
Aydius (64) 180 A5
Aydoilles (88) 70 A3
Ayen (19) 138 B2
Ayencourt (80) 20 D2
Ayette (62) 10 B3
Ayguatébia-Talau (66) 198 D4
Ayguemorte-les-Graves (33) 149 F1
Ayguesvives (31) 183 H1
Ayguetinte (32) 165 F3
les Ayguinards 145 G2
Ayherre (64) 178 D1
Ayn (73) 131 G4
Aynac (46) 139 E6
les Aynans (70) 88 A3
Ayrens (15) 140 A4
Ayron (86) 93 H6
Ayros-Arbouix (65) 180 D5
Ayse (74) 119 E5
Ayssènes (12) 169 F1
Aytré (17) 106 D5
les Ayvelles (08) 24 B1
Ayzac-Ost (65) 180 D5
Ayzieu (32) 164 D3
Azannes-
  -et-Soumazannes (55) 25 F5
Azas (31) 167 G4
Azat-Châtenet (23) 111 F6
Azat-le-Ris (87) 110 B4

Azay-le-Brûlé (79) 108 A3
Azay-le-Ferron (36) 95 G5
Azay-le-Rideau (37) 94 C1
Azay-sur-Cher (37) 79 E6
Azay-sur-Indre (37) 95 F1
Azay-sur-Thouet (79) 108 A1
Azé (41) 79 F1
Azé (53) 76 D1
Azé (71) 116 B2
Azelot (54) 48 D6
Azerables (23) 110 D3
Azerailles (54) 49 G6
Azerat (24) 138 A3
Azérat (43) 141 G1
Azereix (65) 181 E3
Azet (65) 195 G4
Azeville (50) 15 E3
Azillanet (34) 185 G4
Azille (11) 185 G3
Azilone-Ampaza (2A) 205 E6
Azincourt (62) 9 F1
Azolette (69) 115 G5
Azoudange (57) 49 G4
Azur (40) 162 C3
Azy (18) 98 A2
Azy-le-Vif (58) 99 E5
Azy-sur-Marne (02) 44 B2
Azzana (2A) 204 D4

B

Baâlon (55) 25 E3
Baâlons (08) 24 A3
Babeau-Bouldoux (34) 186 B1
Babœuf (60) 21 G3
Baby (77) 65 E2
Baccarat (54) 70 B1
Baccon (45) 80 B1
Bach (46) 153 E4
Bachant (59) 11 H3
Bachas (31) 182 C3
la Bachellerie (24) 138 A3
Bachivillers (60) 20 A6
Bachos (31) 182 A6
Bachy (59) 3 G6
Bacilly (50) 35 G3
Baconnes (51) 45 H1
la Baconnière (53) 58 C4
Bacouël (60) 20 C3
Bacouel-sur-Selle (80) 9 F6
Bacourt (57) 49 E2
Bacquepuis (27) 40 D2
Bacqueville (27) 19 E5
Bacqueville-en-Caux (76) 7 G3
Bac Saint-Maur 3 E5
Badailhac (15) 140 C5
Badaroux (48) 156 A3
Badecon-le-Pin (36) 111 E2
Badefols-d'Ans (24) 138 A2
Badefols-sur-Dordogne (24) 137 F5
Baden (56) 72 C1
Badens (11) 185 F3
Badevel (25) 88 D4
Badinières (38) 130 D5
Badménil-aux-Bois (88) 70 A2
Badonviller (54) 49 H6
Badonvilliers-
  -Gérauvilliers (55) 47 H6
Baerendorf (67) 50 A3
Baerenthal (57) 28 C6
la Baffe (63) 70 A4
Baffie (63) 128 C6
Bagard (30) 171 G1
Bagas (33) 150 A2
Bagat-en-Quercy (46) 152 B4
Bâgé-la-Ville (01) 116 C3
Bâgé-le-Châtel (01) 116 C3
Bagert (09) 182 D4
Bages (11) 186 A4
Bages (66) 200 D3
Bagiry (31) 182 A5
Bagnac-sur-Célé (46) 153 H1
Bagneaux (89) 65 G4
Bagneaux-sur-Loing (77) 64 A4
Bagnères-de-Bigorre (65) 181 F4
Bagnères-de-Luchon (31) 196 A4
Bagneux (02) 22 A4
Bagneux (03) 113 G1
Bagneux (36) 96 C2
Bagneux (51) 45 E6
Bagneux (54) 48 B6
Bagneux (92) 42 D4
Bagneux-la-Fosse (10) 66 C6
Bagnizeau (17) 121 G2
Bagnoles (11) 185 E3
Bagnoles-de-l'Orne (61) 38 C6
Bagnolet (93) 42 D4
Bagnols (63) 126 C5
Bagnols (69) 129 G1
Bagnols-en-Forêt (83) 192 D1
Bagnols-les-Bains (48) 156 B3
Bagnols-sur-Cèze (30) 157 H6
Bagnot (21) 101 H2
Baignes-
  -Sainte-Radegonde (16) 121 H6
Baigneux-les-Juifs (21) 85 E3
Baigts (40) 163 F4
Baigts-de-Béarn (64) 163 F6
Baillargues (34) 171 G5
Baillé (35) 35 H6

232

Bailleau-Armenonville (28) 62C1
Bailleau-le-Pin (28) 62A2
Bailleau-l'Évêque (28)......62A1
Baillestavy (66) 199 F4
Baillet-en-France (95)......42D2
Bailleul (59) 2D4
Bailleul (61) 39 E4
le Bailleul (72) 77G2
Bailleul (80) 8D5
Bailleul-aux-Cornailles (62)......9H1
Bailleul-la-Vallée (27) 17G4
Bailleul-le-Soc (60) 20D4
Bailleul-lès-Pernes (62)......2B6
Bailleul-Neuville (76) 19 E1
Bailleul-Sir-Berthoult (62) 10B2
Bailleul-sur-Thérain (60) 20B5
Bailleulmont (62) 10A3
Bailleulval (62) 10A3
Bailleval (60) 20D5
Baillolet (76) 19 E1
Baillou (41) 61 E6
Bailly 83G2
Bailly (60) 21G4
Bailly (78) 42B4
Bailly-aux-Forges (52) 67G1
Bailly-en-Rivière (76) 8 A6
Bailly-le-Franc (10) 67 E1
Bailly-Romainvilliers (77) 43G4
Bain-de-Bretagne (35) 57 E5
Bainchtun (62) 1 F4
Bainghen (62) 1G4
Bains (43) 142B4
Bains-du-Boulou 200D4
Bains-les-Bains (88) 69G5
Bains-sur-Oust (35) 56C6
Bains de Guitera......205E5
Bainville-aux-Miroirs (54) 69G1
Bainville-aux-Saules (88) 69 F3
Bainville-sur-Madon (54) 48C6
Bairols (06) 176D3
Bais (35) 57H4
Bais (53) 59 F3
Baisieux (59) 3G5
Baissey (52) 86A2
Baives (59) 12B4
Baix (07) 158A1
Baixas (66) 199H2
Baizieux (80) 9H5
le Baizil (51) 45 E3
Bajamont (47) 151 F5
Bajonnette (32) 166A3
Bajus (62) 9H1
Balacet (09) 182C6
Baladou (46) 138D5
Balagny-sur-Thérain (60) 20C5
Balaguères (09) 182D5
Balaguier-d'Olt (12) 153G3
Balaguier-sur-Rance (12) 169 E3
Balaiseaux (39) 102C3
Balaives-et-Butz (08) 24B2
Balan (01) 130C2
Balan (08) 24C2
Balanod (39) 117 E2
Balansun (64) 163G6
Balanzac (17) 120D3
Balaruc-le-Vieux (34) 187G1
Balaruc-les-Bains (34) 187G1
Balâtre (80) 21 F2
Balazé (35) 58 A4
Balazuc (07) 157G3
Balbigny (42) 129 E2
Balbins (38) 130D6
Balbronn (67) 50D5
Baldenheim (67) 71G3
Baldersheim (68) 89 F1
la Baleine (50) 35H1
Baleix (64) 180D1
Balesmes 94D3
Balesmes-sur-Marne (52) 86B1
Balesta (31) 182A3
Baleyssagues (47) 150C1
Balgau (68) 71G5
Balham (08) 23 F4
Balignac (82) 166B2
Balignicourt (10) 66D1
Bâlines (27) 40D5
Balinghem (62) 1 H3
Baliracq-Maumusson (64) 164B6
Baliros (64) 180C3
Balizac (33) 149 F3
Ballainvilliers (91) 42D5
Ballaison (74) 118D3
Ballan-Miré (37) 78D6
Ballancourt-sur-Essonne (91)....63G1
Ballans (17) 121H2
Ballay (08) 24B4
Balledent (87) 110C6
Ballée (53) 59 E6
Balleray (58) 99 E3
Ballersdorf (68) 89 E3
Balléville (88) 69 E2
Ballon (17) 107 E6
Ballon (72) 60 B4
le Ballon d'Alsace 88C1
Ballon de Servance 88C1
Ballons (26) 159G5
Ballore (71) 115G2
Ballots (53) 58B6
Balloy (77) 64D2
Balma (31) 167 F5
la Balme (73) 131G3
la Balme-de-Sillingy (74) 132A1
la Balme-de-Thuy (74) 132B1
la Balme-d'Épy (39) 117 F3
la Balme-les-Grottes (38) 130D2
Balnot-la-Grange (10) 66C6
Balnot-sur-Laignes (10) 66D5
Balogna (2A) 204C3
Balot (21) 84D2

Balsac (12) 154B4
Balschwiller (68) 89 E2
Balsièges (48) 156A3
Baltzenheim (68) 71G4
Balzac (16) 122B3
Bambecque (59) 2C2
Bambiderstroff (57) 27 E5
Ban-de-Laveline (88) 70D3
Ban-de-Sapt (88) 70D2
le Ban-Saint-Martin (57) 26B5
Ban-sur-Meurthe-Clefcy (88) 70D3
Banassac (48) 155G4
Banca (64) 178C3
Bancigny (02) 23 E1
Bancourt (62) 10C4
Bandol (83) 191 F5
Baneins (01) 116C5
Baneuil (24) 137 F5
Bangor (56) 72A3
Banios (65) 181 F4
Banize (23) 125 F2
Banjac (21) 101H1
Bannalec (29) 54A3
Bannans (25) 103H4
Bannay (18) 82B6
Bannay (51) 45 E4
Bannay (57) 26D5
Bannegon (18) 98A5
Bannes (46) 139 F6
Bannes (51) 45 F4
Bannes (52) 68B6
Bannes (53) 59 F6
Banneville-la-Campagne (14) 16C4
Banneville-sur-Ajon (14) 16A5
Bannières (81) 167G5
Bannoncourt (55) 47G2
Bannost-Villegagnon (77) 44A5
Banogne-Recouvrance (08) 23 F3
Banon (04) 174B1
Banos (40) 163G4
Bans (39) 102C3
Bansat (63) 127G5
Bantanges (71) 116D1
Banteux (59) 10D4
Banthelu (95) 42A1
Bantheville (55) 24D5
Bantigny (59) 10D3
Bantouzelle (59) 10D4
Bantzenheim (68) 71G6
Banvillars (90) 88C3
Banville (14) 16B3
Banvou (61) 38B5
Banyuls-dels-Aspres (66) 200D4
Banyuls-sur-Mer (66) 201 F4
Baon (89) 84B1
Baons-le-Comte (76) 7 E4
Bapaume (62) 10B4
Bar-le-Duc (55) 47 E4
Bar-sur-Aube (10) 67 F3
le Bar-sur-Loup (06) 176C5
Bar-sur-Seine (10) 66D5
Baracé (49) 77 F3
Baraigne (11) 184A2
Baraize (36) 111 E2
Baralle (62) 10C3
les Baraques-en-Vercors (26) ..145 E4
Baraqueville (12) 154B5
Barastre (62) 10C4
Baratier (05) 161 E2
Barbachen (65) 181 F1
Barbaggio (2B) 203 F4
Barbaira (11) 185 F3
Barbaise (08) 23H2
Barbas (54) 49H5
Barbaste (47) 150C6
Barbâtre (85) 90B1
Barbazan (31) 182A5
Barbazan-Debat (65) 181 F3
Barbazan-Dessus (65) 181 F3
Barbéchat (44) 75 E4
Barbentane (13) 172D2
Barberaz (73) 131H4
Barberey-Saint-Sulpice (10) 66A3
Barberier (03) 113H5
Barbery (14) 16B6
Barbery (60) 21 E6
Barbeville (14) 15H5
Barbey (77) 64C2
Barbey-Seroux (88) 70C4
Barbezières (16) 122A1
Barbezieux-Saint-Hilaire (16) ..121H5
Barbières (26) 144C4
Barbirey-sur-Ouche (21) 101 F1
Barbizon (77) 63H2
Barbonne-Fayel (51) 44D5
Barbonval (02) 22C5
Barbonville (54) 49 E6
Barbotan les Thermes 164C2
le Barboux (25) 104C1
Barbuise (10) 44D6
Barby (08) 23G3
Barby (73) 132A4
Barc (27) 40C2
le Barcarès (66) 201 E2
Barcelonne (26) 144C5
Barcelonne-du-Gers (32) 164B4
Barcelonnette (04) 161 F3
Barchain (57) 50A4
Barcillonnette (05) 160A3
Barcugnan (32) 181G2
Barcus (64) 179G3
Barcy (77) 43G2
Bard (42) 128D4
Bard-le-Régulier (21) 100C2
Bard-lès-Époisses (21) 84C3
Bard-lès-Pesmes (70) 86D6
la Barde (17) 136A3

Bardenac (16) 136A1
Bardigues (82) 166B1
le Bardon (45) 80C1
Bardos (64) 162C6
Bardou (24) 151 F1
Bardouville (76) 7 F6
Barèges (65) 181 E6
Bareilles (65) 181G6
Barembach (67) 50B6
Baren (31) 182A6
Barenton (50) 37H6
Barenton-Bugny (02) 22C2
Barenton-Cel (02) 22C2
Barenton-sur-Serre (02) 22C2
Barésia-sur-l'Ain (39) 117G1
Barfleur (50) 15 E2
Bargème (83) 175H3
Bargemon (83) 175H4
Barges (21) 101H1
Barges (43) 142C6
Barges (70) 87 E1
Bargny (60) 43H1
Barie (33) 150A2
les Barils (27) 40C5
Barinque (64) 180C1
Barisey-au-Plain (54) 48B6
Barisey-la-Côte (54) 48B6
Barisis (02) 22A3
Barizey (71) 101 F5
Barjac (09) 182D4
Barjac (30) 157G5
Barjac (48) 155H3
Barjols (83) 174D5
Barjon (21) 85G3
Barjouville (28) 62B2
Barles (04) 160D4
Barlest (65) 180D3
Barleux (80) 10C6
Barlieu (18) 82A5
Barlin (62) 10A1
Barly (62) 9H3
Barly (80) 9G3
Barmainville (28) 62D3
Barnas (07) 157 E1
Barnave (26) 159 E4
Barnay (71) 100D2
Barneville-Carteret (50) 14B4
Barneville-la-Bertran (14) 17 F3
Barneville-sur-Seine (27) 18B5
la Baroche-sous-Lucé (61) 38B6
les Baroches (54) 26A4
Baromesnil (76) 8B5
Baron (30) 172A1
Baron (33) 135G6
Baron (60) 43 F1
Baron (71) 115 F2
Baron-sur-Odon (14) 16B5
Baronville (57) 49 F2
Barou-en-Auge (14) 39 E3
Baroville (10) 67 F4
le Barp (33) 148D2
la Barque 174A6
Barquet (27) 40C2
Barr (67) 71 F1
Barrais-Bussolles (03) 114C4
Barran (32) 165G5
Barrancoueu (65) 181G6
Barras (04) 160C6
Barraute-Camu (64) 179G1
Barraux (38) 132A5
la Barre (39) 102D2
la Barre (70) 87D6
la Barre-de-Monts (85) 90B2
la Barre-de-Semilly (50) 37G1
Barre-des-Cévennes (48) 156B5
la Barre-en-Ouche (27)......40B3
Barrême (04) 175G2
Barret (16) 121H5
Barret-de-Lioure (26) 159 F5
Barret-sur-Méouge (05) 159H5
Barretaine (39) 102D4
Barrettali (2B) 203 F3
Barriac-les-Bosquets (15) 139H3
Barro (16) 122C1
Barrou (37) 95 E4
le Barroux (84) 158D6
Barry (65) 181 E4
Barry-d'Islemade (82) 166D1
Bars (24) 137H3
Bars (32) 165 F6
Barsac (26) 144D6
Barsac (33) 149G2
Barsanges 125G5
Barst (57) 27 F5
Bart (25) 88C4
Bartenheim (68) 89G2
Barthe (65) 181H2
la Barthe-de-Neste (65) 181G4
Bartherans (25) 103 F2
les Barthes (82) 166D1
Barville 7 E3
Barville (27) 17G5
Barville (61) 60 B1
Barville (88) 68D2
Barville-en-Gâtinais (45) 63G5
Barzan (17) 120D5
Barzun (64) 180D3
Barzy-en-Thiérache (02) 11G4
Barzy-sur-Marne (02) 44C2
Bas-en-Basset (43) 142D1
Bas-et-Lezat (63) 113H6
Bas-Lieu (59) 12 A4
Bas-Mauco (40) 163H3
Bascons (40) 164A3
Bascous (32) 165 E3
Baslieux (54) 25H4
Baslieux-lès-Fismes (51) 22C5

Baslieux-sous-Châtillon (51) 45 E1
Basly (14) 16B3
Bassac (16) 122A4
Bassan (34) 187 F1
Bassanne (33) 150A2
Basse-Goulaine (44) 74D5
Basse-Ham (57) 26C3
Basse-Rentgen (57) 26C2
Basse-sur-le-Rupt (88) 70C5
la Basse-Vaivre (70) 69 F6
la Bassée (59) 3 E6
Bassemberg (67) 71 F2
Basseneville (14) 16D4
Bassens (33) 135 F5
Bassens (73) 131H4
Bassercles (40) 163G5
Basses (86) 94A3
Basseux (62) 10A3
Bassevelle (77) 44B3
Bassignac (15) 140A1
Bassignac-le-Bas (19) 139 E4
Bassignac-le-Haut (19) 139G2
Bassigney (70) 87G1
Bassillac (24) 137G2
Bassillon-Vauzé (64) 180D1
Bassing (57) 49 E3
Bassoles-Aulers (02) 22A3
Bassoncourt (52) 68C5
Bassou (89) 83 F1
Bassoues (32) 165 E5
Bassu (51) 46C4
Bassuet (51) 46B4
Bassurels (48) 156B6
Bassussarry (64) 162A6
Bassy (74) 118A6
Bastanès (64) 179G2
Bastelica (2A) 205 E5
Bastelicaccia (2A) 204C6
Bastennes (40) 163 F5
Bastia (2B) 203B4
la Bastide (66) 176A5
la Bastide (83) 176A5
la Bastide-Clairence (64) 162C6
la Bastide-de-Besplas (09) 183 E4
la Bastide-de-Bousignac (09)...184B5
la Bastide-de-Lordat (09) 183H4
la Bastide-de-Sérou (09) 183 F5
la Bastide-d'Engras (30) 172B1
la Bastide-des-Jourdans (84)...174B3
la Bastide-du-Salat (09) 182D4
la Bastide-l'Évêque (12) 153H4
la Bastide-Pradines (12) 169H2
la Bastide-Puylaurent (48) 156D2
la Bastide-Solages (12) 169 E2
la Bastide-sur-l'Hers (09) 184B5
la Bastidonne (84) 174A4
le Bastit (46) 153 E1
Basville (23) 126A2
la Bataille (79) 108B6
Bathelémont-
   -lès-Bauzemont (54) 49 F5
Bathernay (26) 144B2
la Bâthie (73) 132D4
la Bâtie-des-Fonds (26) 159G2
la Bâtie-Divisin (38) 131 F5
la Bâtie-Montgascon (38) 131 F4
la Bâtie-Montsaléon (05) 159H3
la Bâtie-Neuve (05) 160C2
la Bâtie-Rolland (26) 158B2
la Bâtie-Vieille (05) 160C2
les Bâties (70) 87 E4
Batilly (54) 26 A5
Batilly (61) 38D5
Batilly-en-Gâtinais (45) 63G5
Batilly-en-Puisaye (45) 82B3
Bats (40) 164A5
Batsère (65) 181G4
Battenans-les-Mines (25) 87H5
Battenans-Varin (25) 88C6
Battenheim (68) 89 F1
Batterie du Graillon 193G1
Battexey (88) 69G2
Battigny (54) 69 E1
Battrans (70) 86D5
Batz-sur-Mer (44) 73 E4
Batzendorf (67) 51 E3
Baubigny (21) 101 F3
Baubigny (50) 14B4
la Bauche (73) 131G5
Baud (56) 55 E4
Baudemont (71) 115 F4
Baudignan (40) 164D1
Baudinard-sur-Verdon (83) 175 E4
Baudoncourt (70) 87H1
Baudonvilliers (55) 47 E5
Baudre (50) 37G1
Baudrecourt (52) 67G2
Baudrecourt (57) 49 E2
Baudreix (64) 180C3
Baudrémont (55) 47G4
Baudres (36) 96B3
Baudreville (28) 62D3
Baudreville (50) 14C5
Baudricourt (88) 69 F2
Baudrières (71) 101H6
Bauduen (83) 175 E4
Baugé (49) 77G4
Baugy (18) 98A3
Baugy (60) 21 E4
Baugy (71) 115 E4
Baulay (70) 87 F1
Baule (45) 80C2
la Baule-Escoublac (44) 73 F4
Baulme-la-Roche (21) 85 F6
Baulne (91) 63G1
Baulne-en-Brie (02) 44D2
Baulny (55) 24C5
Baulon (35) 56D4
Baulou (09) 183G5

la Baume (74) 119 F3
la Baume-Cornillane (26) 144C5
la Baume-de-Transit (26) 158B4
la Baume-d'Hostun (26) 144D3
Baume-les-Dames (25).......87H5
Baume-les-Messieurs (39) 102C3
Bauné (49) 77 F4
Baupte (50) 14D5
Bauquay (14) 16A6
la Bauquerie 15H5
Baurech (33) 135 F6
la Baussaine (35) 34D6
Bauvin (59) 3 E6
Bauzemont (54) 49 F5
Bauzy (41) 80B4
Bavans (25) 88C4
Bavay (59) 11H2
Bavelincourt (80) 9H5
Bavent (14) 16C4
Baverans (39) 102C2
Bavilliers (90) 88C3
Bavinchove (59) 2C3
Bavincourt (62) 9H3
Bax (31) 183 F3
Bay (70) 86D6
Bay-sur-Aube (52) 85H1
Bayac (24) 137 F6
Bayard-sur-Marne (52) 47 E6
Bayas (33) 135H3
Baye (29) 54B4
Baye (51) 45 E4
Bayecourt (88) 70A3
Bayel (10) 67 F4
Bayencourt (80) 10A4
Bayenghem-
   -lès-Eperlecques (62) 2A3
Bayenghem-
   -lès-Seninghem (62) 1H4
Bayers (16) 122C1
Bayet (03) 113H4
Bayeux (14) 15H5
Bayon (54) 69G1
Bayon-sur-Gironde (33) 135 E3
Bayonne (64) 162B6
Bayons (04) 160C4
Bayonville (08) 24C4
Bayonville-sur-Mad (54) 26A6
Bayonvillers (80) 10A6
Bazac (16) 136B2
Bazaiges (36) 111 E2
Bazailles (54) 25H4
Bazainville (78) 41H4
Bazancourt (51) 23 F5
Bazancourt (60) 19G3
Bazarnes (89) 83G3
Bazas (33) 149H3
Bazauges (17) 121H1
Bazegney (88) 69G3
Bazeilles (08) 24C2
Bazeilles-sur-Othain (55) 25 F3
Bazelat (23) 111 E3
Bazemont (78) 42A3
Bazens (47) 150D5
Bazentin (80) 10B5
Bazenville (14) 16A3
Bazet (65) 181 E2
la Bazeuge (87) 110B4
Bazian (32) 165 F5
Bazicourt (60) 21 E5
Baziège (31) 183H1
Bazien (88) 70B1
Bazillac (65) 181 E2
Bazincourt-sur-Epte (27) 19G5
Bazincourt-sur-Saulx (55) 47 E5
Bazinghen (62) 1 F3
Bazinval (76) 8B5
la Bazoche-Gouet (28) 61 F4
Bazoches (58) 83H6
Bazoches-au-Houlme (61) 38D4
Bazoches-en-Dunois (28) 62B5
Bazoches-lès-Bray (77) 64D2
Bazoches-
   -les-Gallerandes (45) 63 E4
Bazoches-les-Hautes (28) 62C4
Bazoches-sur-Guyonne (78).....42A4
Bazoches-sur-Hoëne (61) 39H6
Bazoches-sur-le-Betz (45) 64C5
Bazoches-sur-Vesles (02) 22C5
la Bazoge (50) 37G5
la Bazoge (72) 60 A5
la Bazoge-Montpinçon (53) 59 E3
Bazoges-en-Paillers (85) 92A4
Bazoges-en-Pareds (85) 92B6
Bazoilles-et-Ménil (88) 69 F3
Bazoilles-sur-Meuse (88) 68D3
Bazolles (58) 99G2
Bazoncourt (57) 26D6
la Bazoque (14) 15G6
la Bazoque (61) 38B4
Bazoques (27) 17H5
Bazordan (65) 182 A3
la Bazouge-de-Chemeré (53) ...59 E5
la Bazouge-des-Alleux (53) 58D4
la Bazouge-du-Désert (35) 58B1
Bazougers (53) 58D5
Bazouges-la-Pérouse (35) 35 F5
Bazouges-sur-le-Loir (72) 77G3
Bazugues (32) 181G1
Bazus (31) 167 F4
Bazus-Aure (65) 181G6
Bazus-Neste (65) 181G5
le Béage (07) 143 E5
Béalcourt (80) 9 F3
Béalencourt (62) 9 F2
Béard (58) 99 E4

Beaubray (27) 40C3
Beaucaire (30) 172C3
Beaucaire (32) 165 F3
Beaucamps-le-Jeune (80) 19G1
Beaucamps-le-Vieux (80) 8D6
Beaucamps-Ligny (59) 3 E5
Beaucé (35) 58A2
Beaucens (65) 180D5
le Beaucet (84) 173 F2
Beauchalot (31) 182C4
Beauchamp (95) 42C2
Beauchamps (50) 35H2
Beauchamps (80) 8B5
Beauchamps-sur-Huillard (45)...63G6
Beauchastel (07) 144A5
Beauche (28) 40D5
Beauchemin (52) 68A6
Beauchêne 92C5
Beauchêne (41) 61 F6
Beauchêne (61) 38A5
Beauchery-Saint-Martin (77) 44C6
Beauclair (55) 24D4
Beaucoudray (50) 37 F2
Beaucourt (90) 88D4
Beaucourt-en-Santerre (80) 20D1
Beaucourt-sur-l'Ancre (80) 10A4
Beaucourt-sur-l'Hallue (80)......9H5
Beaucouzé (49) 76D4
Beaucroissant (38) 145 E1
Beaudéan (65) 181 F5
Beaudéduit (60) 20A2
Beaudignies (59) 11G3
Beaudricourt (62) 9G3
Beaufai (61) 40A5
Beaufay (72) 60C4
Beauficel (50) 37G4
Beauficel-en-Lyons (27) 19 F4
Beaufin (38) 146A6
Beaufort (31) 182D1
Beaufort (34) 185G2
Beaufort (38) 144C1
Beaufort (39) 117 F1
Beaufort (59) 12 A3
Beaufort (73) 132D3
Beaufort-Blavincourt (62) 9H2
Beaufort-en-Argonne (55) 24D4
Beaufort-en-Santerre (80) 21 E1
Beaufort-en-Vallée (49) 77G5
Beaufort-sur-Gervanne (26) ...144C6
Beaufou (85) 91 F3
Beaufour-Druval (14) 17 E4
Beaufremont (88) 68D3
Beaugas (47) 151 E3
Beaugeay (17) 120C2
Beaugency (45) 80B2
Beaugies-sous-Bois (60) 21G2
Beaujeu (04) 160D5
Beaujeu (69) 115H5
Beaujeu-Saint-Vallier-
   -Pierrejux-et-Quitteur (70) ...86D4
Beaulandais (61) 38B6
Beaulencourt (62) 10B4
Beaulieu 122D6
Beaulieu 67 E3
Beaulieu (07) 157 F4
Beaulieu (14) 38A3
Beaulieu (15) 126B6
Beaulieu (21) 85 F2
Beaulieu (34) 171G4
Beaulieu (36) 110C3
Beaulieu (38) 145 E2
Beaulieu (43) 142C3
Beaulieu (58) 99 F1
Beaulieu (61) 40B5
Beaulieu (63) 127G6
Beaulieu-en-Argonne (55) 47 E2
Beaulieu-les-Fontaines (60) ...21 F2
Beaulieu-lès-Loches (37) 95 F2
Beaulieu-sous-la-Roche (85) ...91 E4
Beaulieu-sous-Parthenay (79)..108A1
Beaulieu-sur-Dordogne (19) ...139 E4
Beaulieu-sur-Layon (49) 76D6
Beaulieu-sur-Loire (45) 82B4
Beaulieu-sur-Mer (06) 177 E5
Beaulieu-sur-Oudon (53) 58 F9
Beaulieu-sur-Sonnette (16) ...122D1
Beaulon (03) 114C1
Beaumais (14) 39 E3
Beaumarchés (32) 164D5
Beaumat (46) 152D2
Beaumé (02) 12B6
la Beaume (05) 159G2
Beauménil (88) 70B3
Beaumerie-Saint-Martin (62) 8D1
Beaumes-de-Venise (84) 158C6
Beaumesnil (14) 37G3
Beaumesnil (27) 40B2
Beaumettes (84) 173G3
Beaumetz (80) 9 F4
Beaumetz-lès-Aire (62) 2A6
Beaumetz-lès-Cambrai (62) ...10C4
Beaumetz-lès-Loges (62) 10A3
Beaumont (07) 157 E3
Beaumont (19) 125 E3
Beaumont (32) 165 F2
Beaumont (43) 141G1
Beaumont (54) 48A3
Beaumont (63) 127 F3
Beaumont (74) 118C5
Beaumont (86) 94C6
Beaumont (89) 83 F1
Beaumont-de-Lomagne (82) ...166B3
Beaumont-de-Pertuis (84) 174B4
Beaumont-du-Gâtinais (77) 63H4
Beaumont-du-Lac (87) 125 E3
Beaumont-du-Périgord (24) ...137D6
Beaumont-du-Ventoux (84) ...158D6
Beaumont-en-Argonne (08) ...24C3
Beaumont-en-Auge (14) 17E3
Beaumont-en-Beine (02) 21H2

Beaumont-en-Cambrésis (59) 11 F4
Beaumont-en-Diois (26) 159 F2
Beaumont-en-Verdunois (55) ...25 F5
Beaumont-en-Véron (37) 94 A1
Beaumont-Hague (50) 14 B2
Beaumont-Hamel (80) 10 A4
Beaumont-la-Ferrière (58) 98 D2
Beaumont-la-Ronce (37) 78 D4
Beaumont-le-Hareng (76) 7 H4
Beaumont-le-Roger (27) 40 B2
Beaumont-les-Autels (28) 61 F3
Beaumont-les-Nonains (60) ...20 A4
Beaumont-lès-Randan (63) ...127 G1
Beaumont-lès-Valence (26) ...144 B5
Beaumont-Monteux (26) ...144 B4
Beaumont-Pied-de-Bœuf (53) 59 E6
Beaumont-Pied-de-Bœuf (72) ...78 C2
Beaumont-Sardolles (58) 99 F4
Beaumont-sur-Dême (72) 78 D3
Beaumont-sur-Grosne (71) ...101 G6
Beaumont-sur-Lèze (31) 183 F2
Beaumont-sur-Oise (95) 42 D1
Beaumont-sur-Sarthe (72) ...60 C1
Beaumont-sur-Vesle (51) 45 G1
Beaumont-sur-Vingeanne (21) ...86 B4
Beaumont-Village (37) 95 F2
Beaumotel (27) 40 B2
Beaumotte-Aubertans (70) ...87 G5
Beaumotte-lès-Pin (70) 87 E6
Beaunay (51) 45 E3
Beaune (21) 101 G3
Beaune-d'Allier (03) 113 E4
Beaune-la-Rolande (45) 63 G5
Beaune-sur-Arzon (43) 142 C2
Beaunotte (21) 85 F3
Beaupouyet (24) 136 C4
Beaupréau (49) 75 G5
Beaupuy (31) 167 F5
Beaupuy (32) 166 C5
Beaupuy (47) 150 C2
Beaupuy (82) 166 C3
Beauquesne (80) 9 G4
Beaurain 11 G6
Beaurain (59) 11 F3
Beaurains (62) 10 B2
Beaurains-lès-Noyon (60) ...21 G3
Beaurainville (62) 8 D1
Beaurecueil (13) 174 A6
Beauregard 122 D6
Beauregard (01) 116 B6
Beauregard (46) 153 E4
Beauregard-Baret (26) 144 C4
Beauregard-de-Terrasson (24) ...138 B3
Beauregard-et-Bassac (24) ...137 E4
Beauregard-l'Évêque (63) 127 G3
Beauregard-Vendon (63) ...127 F1
Beaurepaire (38) 144 C1
Beaurepaire (60) 20 D5
Beaurepaire (76) 6 B4
Beaurepaire (85) 92 A4
Beaurepaire-en-Bresse (71) ...102 B6
Beaurepaire-sur-Sambre (59) ...11 H4
Beaurevoir (02) 11 E5
Beaurières (26) 159 G2
Beaurieux (02) 22 C5
Beaurieux (59) 12 B3
Beauronne (24) 136 D3
Beausemblant (26) 144 A2
Beausite (55) 47 E2
Beausoleil (06) 177 F5
Beaussac (24) 123 E5
Beaussais (79) 108 B4
Beaussault (76) 19 F2
Beausse (49) 75 G4
le Beausset (83) 191 F5
Beauteville (31) 184 A2
Beautheil (77) 44 A5
Beautiran (33) 149 F1
Beautor (02) 22 A2
Beautot (76) 7 G4
Beauvain (61) 38 D6
Beauvais (60) 20 A4
Beauvais-sur-Matha (17) ...121 F2
Beauvais-sur-Tescou (81) ...167 F3
Beauval (80) 9 G4
Beauval-en-Caux (76) 7 G3
Beauvallon 192 D3
Beauvallon (26) 144 B5
Beauvau (49) 77 F4
Beauvène (07) 143 G5
Beauvernois (71) 102 C4
Beauvezer (04) 161 F5
Beauville (31) 184 A1
Beauville (47) 151 G5
Beauvilliers (28) 62 C3
Beauvilliers (41) 79 H1
Beauvilliers (89) 84 B5
Beauvoir 114 B2
Beauvoir (50) 35 G4
Beauvoir (60) 20 C3
Beauvoir (77) 43 G6
Beauvoir (89) 83 E2
Beauvoir-de-Marc (38) 130 C5
Beauvoir-en-Lyons (76) 19 F4
Beauvoir-en-Royans (38) ...145 E3
Beauvoir-sur-Mer (85) 90 C2
Beauvoir-sur-Niort (79) 107 H5
Beauvoir-Wavans (62) 9 F3
Beauvois (62) 9 F1
Beauvois-en-Cambrésis (59) ...11 E4
Beauvois-en-Vermandois (02) ...10 D6
Beauvoisin (30) 158 D4
Beauvoisin (30) 172 A4
Beaux (43) 142 D2
Beauzac (43) 142 D2
Beauzelle (31) 167 E5
Beauziac (47) 150 B4
Bébing (57) 50 A4

Beblenheim (68) 71 F3
Bec-de-Mortagne (76) 6 C4
le Bec-Hellouin (27) 18 A6
le Bec-Thomas (27) 18 C6
Beccas (32) 181 F1
Béceleuf (79) 107 G2
Béchamps (54) 25 H6
Bécherel (35) 56 D1
Bécheresse (16) 122 B5
Béchy (57) 26 D6
Bécon-les-Granits (49) 75 H2
Bécordel-Bécourt (80) 10 A5
Bécourt (62) 1 G5
Becquigny (02) 11 F5
Becquigny (80) 21 E2
Bédarieux (34) 170 A5
Bédarrides (84) 173 E1
Beddes (18) 112 A1
Bédéchan (32) 166 A6
Bédée (35) 56 D2
Bédeilhac-et-Aynat (09) ...183 G6
Bédeille (09) 182 D6
Bédeille (64) 180 D2
Bedenac (17) 135 G2
Bédoin (84) 158 D6
Bedous (64) 180 A5
Béduer (46) 153 F2
Beffes (18) 98 C2
Beffia (39) 117 F1
Beffu-et-le-Morthomme (08) ...24 C5
Bégaar (40) 163 F3
Bégadan (33) 120 C6
Béganne (56) 73 G1
Bégard (22) 32 D3
Bègles (33) 135 E6
Beg Meil 53 G4
Begnécourt (88) 69 G3
Bégole (65) 181 G3
Bégrolles-en-Mauges (49) ...75 G6
la Bégude-de-Mazenc (26) ...158 C2
Bègues (03) 113 G5
Béguey (33) 149 G1
Béguios (64) 179 E1
Béhagnies (62) 10 B4
Béhasque-Lapiste (64) 179 F2
Béhen (80) 8 D4
Béhencourt (80) 9 H5
Béhéricourt (60) 21 G3
Behonne (55) 47 E4
Béhorléguy (64) 179 E3
Béhoust (78) 41 H4
Béhuard (49) 76 D5
Beignon (56) 56 C4
Beillé (72) 60 C5
Beine (89) 83 G2
Beine-Nauroy (51) 23 F6
Beinheim (67) 51 G2
Beire-le-Châtel (21) 86 A5
Beire-le-Fort (21) 102 A1
Beissat (23) 125 H3
Bel-Air 33 H6
Bélâbre (36) 110 B2
Belair 180 B3
Belan-sur-Ource (21) 67 E6
Bélarga (34) 170 C6
Bélaye (46) 152 B3
Belberaud (31) 167 F6
Belbèse (82) 166 C3
Belbeuf (76) 18 D5
Belbèze-de-Lauragais (31) ...183 G1
Belbèze-en-Comminges (31) ..182 D4
Belcaire (11) 198 C1
Belcastel (12) 154 A4
Belcastel (81) 167 G5
Belcastel-et-Buc (11) 185 E5
Belcodène (13) 191 E3
Bélesta (09) 184 B6
Bélesta (66) 199 G2
Bélesta-en-Lauragais (31) ...184 A1
Beleymas (24) 137 E4
Belfahy (70) 88 C1
Belfays (25) 88 D6
Belflou (11) 184 A2
Belfonds (61) 39 F6
Belfort (90) 88 C2
Belfort-du-Quercy (46) 152 D5
Belfort-sur-Rebenty (11) 198 C1
Belgeard (53) 59 E3
Belgentier (83) 191 G4
Belgodère (2B) 202 D5
Belhade (40) 149 E4
Belhomert-Guéhouville (28) ...61 G1
le Bélieu (25) 104 B2
Bélis (40) 162 D5
Belival (08) 24 A1
Belval (50) 37 G2
Belval (88) 70 D1
Belval-Bois-des-Dames (08) ...24 C4
Belval-en-Argonne (51) 46 D3
Belval-sous-Châtillon (51) ...45 E1
Belvédère (06) 177 E2
Belvédère-Campomoro (2A) ...206 C3
Belverne (70) 88 B3
Belvès (24) 137 H6
Belvès-de-Castillon (33) 136 A5
Belvèze (82) 152 A4
Belvèze-du-Razès (11) 184 C4
Belvezet (30) 172 A1
Belvezet (48) 156 C2
Belvianes-et-Cavirac (11) ...198 D1

Bellefond (33) 135 H6
Bellefonds (86) 109 G1
Bellefontaine (39) 118 B1
Bellefontaine (50) 37 G5
Bellefontaine (88) 70 A5
Bellefontaine (95) 43 E2
Bellefosse (67) 71 E1
Bellegarde (30) 172 B4
Bellegarde (32) 182 A1
Bellegarde (45) 63 G6
Bellegarde (81) 168 A2
Bellegarde-du-Razès (11) ...184 C4
Bellegarde-en-Diois (26) ...159 F2
Bellegarde-en-Forez (42) ...129 F4
Bellegarde-en-Marche (23) ...125 H1
Bellegarde-Poussieu (38) ...130 B6
Bellegarde-Sainte-Marie (31) ...166 C5
Bellegarde-sur-Valserine (01) ...118 A5
Belleherbe (25) 88 B6
Belle Hutte 70 D5
Bellemagny (68) 89 E2
Bellême (61) 60 D2
Bellenaves (03) 113 G5
Bellencombre (76) 7 H4
Belleneuve (21) 86 A5
Bellenglise (02) 11 E5
Bellengreville (14) 16 C5
Bellengreville (76) 7 H2
Bellenod-sur-Seine (21) 85 E3
Bellenot-sous-Pouilly (21) ...85 E6
Bellentre (73) 133 E4
Belle Plagne 133 E5
Belleray (55) 47 G1
Bellerive-sur-Allier (03) 114 A6
Belleroche (42) 115 G5
Belles-Forêts (57) 49 H3
Belleserre (81) 184 C1
Bellesserre (31) 166 C4
Belleu (02) 22 A5
Belleuse (80) 20 B2
Bellevaux (74) 119 E4
Bellevesvre (71) 102 B4
Belleville 133 E2
Belleville (54) 48 C4
Belleville (69) 116 B5
Belleville (79) 107 G5
Belleville-en-Caux (76) 7 G4
Belleville-et-Châtillon-sur-Bar (08) ...24 B4
Belleville-sur-Loire (18) 82 B4
Belleville-sur-Mer (76) 7 H1
Belleville-sur-Meuse (55) ...25 E6
Belleville-sur-Vie (85) 91 G3
Bellevue 133 F1
Bellevue-la-Montagne (43) ...142 C2
Belley (01) 131 G3
Belleydoux (01) 117 H4
Bellicourt (02) 11 E5
la Bellière (61) 39 E6
la Bellière (76) 19 F3
Belligné (44) 75 G3
Bellignat (01) 117 G4
Bellignies (59) 11 H2
la Belliole (89) 64 D4
Belloc (09) 184 B5
Belloc-Saint-Clamens (32) ...181 H1
Bellocq (64) 163 E6
Bellon (16) 136 B1
Bellonne (62) 10 C2
Bellot (77) 44 B4
Bellou (14) 17 F6
Bellou-en-Houlme (61) 38 C5
Bellou-le-Trichard (61) 60 D3
Bellou-sur-Huisne (61) 61 E2
Belloy (60) 21 E3
Belloy-en-France (95) 42 D2
Belloy-en-Santerre (80) 10 B6
Belloy-Saint-Léonard (80) ...8 D6
Belloy-sur-Somme (80) 9 F5
Belluire (17) 121 F5
Belmesnil (76) 7 G3
Belmont (25) 103 H1
Belmont (32) 165 E4
Belmont (38) 131 E5
Belmont (39) 102 D3
Belmont (52) 86 C2
Belmont (67) 71 E1
Belmont (70) 88 A1
Belmont-Bretenoux (46) 139 F5
Belmont-d'Azergues (69) 129 H2
Belmont-de-la-Loire (42) 115 G5
Belmont-lès-Darney (88) 69 F4
Belmont-Luthézieu (01) 131 F2
Belmont-Sainte-Foi (46) 152 D5
Belmont-sur-Buttant (88) 70 D3
Belmont-sur-Rance (12) 169 F3
Belmont-sur-Vair (88) 69 F4
Belmont-Tramonet (73) 131 G4
Belmontet (46) 152 A4
Belonchamp (70) 88 B1
Belpech (11) 184 A3
Belrain (55) 47 F3
Belrupt (88) 69 F4
Belrupt-en-Verdunois (55) 47 G1
Bélus (40) 162 D5

Belvis (11) 198 C1
Belvoir (25) 88 B5
Belz (56) 54 D6
Bémécourt (27) 40 C4
Bénac (09) 183 G5
Bénac (65) 181 E3
Benagues (09) 183 H4
Benais (37) 78 A6
Bénaix (09) 184 B6
Bénaménil (54) 49 G6
Bénarville (76) 6 D4
Benassay (86) 108 C1
Benay (02) 22 A1
Benayes (19) 124 C5
Bendejun (06) 177 E4
Bendorf (68) 89 F4
Bénéjacq (64) 180 C3
Benerville-sur-Mer (14) 17 E3
Bénesse-lès-Dax (40) 163 E6
Bénesse-Maremne (40) 162 B4
Benest (16) 109 F6
Bénestroff (57) 49 G3
Bénesville (76) 7 F3
Benet (85) 107 G3
Beneuvre (21) 85 G3
Bénévent-et-Charbillac (05) ...146 B6
Bénévent-l'Abbaye (23) 111 E6
Beney-en-Woëvre (55) 48 B2
Benfeld (67) 71 G1
Bengy-sur-Craon (18) 98 B3
Bénifontaine (62) 3 E6
Béning-lès-Saint-Avold (57) ...27 F5
la Bénisson-Dieu (42) 115 E5
Bénivay-Ollon (26) 158 D4
Bennecourt (78) 41 G2
Bennetot (76) 6 D4
Benney (54) 48 D6
Bennwihr (68) 71 F3
Bénodet (29) 53 F4
Benoisey (21) 84 D4
Benoite-Vaux (55) 47 F2
Benoîtville (50) 14 B3
Benon (17) 107 E4
Benon (17) 134 D3
Bénonces (01) 131 E2
Bénouville (14) 16 C4
Bénouville (76) 6 B3
Benque (31) 182 C3
Benque-Dessous-et-Dessus (31) 196 A4
Benquet (40) 163 H3
Bentayou-Sérée (64) 180 D1
Bény (01) 117 E3
le Bény-Bocage (14) 37 H3
Bény-sur-Mer (14) 16 B3
Béon (01) 131 G2
Béon (89) 65 E6
Béost (64) 180 B5
la Bérarde 146 C4
Bérat (31) 183 E2
Béraut (32) 165 F2
Berbérust-Lias (65) 181 E4
Berbezit (43) 142 A2
Berbiguières (24) 137 H6
Berceau de Saint-Vincent-de-Paul 163 E4
Bercenay-le-Hayer (10) 65 G3
Bercenay-en-Othe (10) 66 A4
Berche (25) 88 C4
Berchères-les-Pierres (28) ...62 B2
Berchères-Saint-Germain (28) ..62 B1
Berchères-sur-Vesgre (28) ...41 G4
Berck (62) 8 C1
Berck-Plage 8 C1
Bercloux (17) 121 F2
Bercu 3 H6
Berd'Huis (61) 61 E3
Berdoues (32) 165 F6
Bérelles (59) 12 B3
Bérengeville-la-Campagne (27) 40 D1
Berentzwiller (68) 89 G3
Bérenx (64) 163 F6
Béréziat (01) 116 C3
Berfay (72) 61 E6
Berg (67) 50 B2
Berg-sur-Moselle (57) 26 C2
Berganty (46) 153 E3
Bergbieten (67) 50 D5
Bergerac (24) 136 D5
Bergères (10) 67 E4
Bergères-lès-Vertus (51) 45 F3
Bergères-sous-Montmirail (51) 44 D4
Bergesserin (71) 115 H3
Bergheim (68) 71 F3
Bergholtz (68) 71 F6
Bergholtzzell (68) 71 E5
Bergicourt (80) 20 A1
Bergnicourt (08) 23 G4
Bergonne (63) 127 F5
Bergouey (40) 163 G4
Bergouey-Viellenave (64) 179 F1
Bergueneuse (62) 2 C5
Bergues (59) 2 C2
Bergues-sur-Sambre (02) 11 G4
Berhet (22) 32 D2
Bérig-Vintrange (57) 27 F6
Bérigny (50) 37 H1
Berjou (61) 38 C3
Berlaimont (59) 11 H3
Berlancourt (02) 22 D1
Berlancourt (60) 21 G2
Berlats (81) 169 E4
Berles-au-Bois (62) 10 A3
Berles-Monchel (62) 9 H2
la Berlière (08) 24 C3
Berling (57) 50 B3

Berlise (02) 23 F2
Berlou (34) 169 H6
Bermerain (59) 11 F3
Berméricourt (51) 23 E5
Bermeries (59) 11 G2
Bermering (57) 49 G2
Bermesnil (80) 8 D6
Bermicourt (62) 9 F1
Bermont (90) 88 C3
Bermonville (76) 6 D4
Bernac (16) 108 D6
Bernac (81) 168 A2
Bernac-Debat (65) 181 E3
Bernac-Dessus (65) 181 E3
Bernadets (64) 180 C1
Bernadets-Debat (65) 181 G2
Bernadets-Dessus (65) 181 G3
le Bernard (85) 91 F6
la Bernardière (85) 91 H1
Bernardswiller (67) 50 D6
Bernardvillé (67) 71 F1
Bernâtre (80) 9 F3
Bernaville (80) 9 F4
Bernay 109 G2
Bernay (27) 17 H5
Bernay (72) 59 H5
Bernay-en-Ponthieu (80) 8 D2
Bernay-Saint-Martin (17) ...107 G6
Bernay-Vilbert (77) 43 H5
Berné (56) 54 C3
Bernécourt (54) 48 B3
Bernède (32) 164 B4
la Bernerie-en-Retz (44) 73 H6
Bernes (80) 10 D6
Bernes-sur-Oise (95) 42 D1
Bernesq (14) 15 G5
Berneuil (16) 122 A6
Berneuil (17) 121 E4
Berneuil (80) 9 F4
Berneuil (87) 110 B6
Berneuil-en-Bray (60) 20 A5
Berneuil-sur-Aisne (60) 21 G4
Berneval-le-Grand (76) 7 H1
Berneville (62) 10 A2
Bernex (74) 119 F3
Bernienville (27) 40 D2
Bernières (76) 6 D4
Bernières-d'Ailly (14) 16 D6
Bernières-le-Patry (14) 38 A4
Bernières-sur-Mer (14) 16 B3
Bernières-sur-Seine (27) 19 E6
Bernieulles (62) 1 G6
Bernin (38) 145 H1
Bernis (30) 172 A4
Bernolsheim (67) 51 E4
Bernon (10) 66 A6
Bernos-Beaulac (33) 149 H4
Bernot (02) 11 F6
Bernouil (89) 84 A1
Bernouville (27) 19 G5
Bernoville 11 F5
Bernwiller (68) 89 E2
Berny-en-Santerre (80) 10 B6
Berny-Rivière (02) 21 H4
Bérou-la-Mulotière (28) 40 D5
Berrac (32) 165 G2
Berre-les-Alpes (06) 177 E4
Berre-l'Étang (13) 173 G6
Berriac (11) 185 E3
Berrias-et-Casteljau (07) ...157 F4
Berric (56) 73 F1
Berrie (86) 93 G2
Berrien (29) 32 A5
Berrieux (02) 22 D4
Berru (51) 23 F6
Berry-au-Bac (02) 22 D4
Berry-Bouy (18) 97 F2
le Bersac (05) 159 H3
Bersac-sur-Rivalier (87) 110 D6
Bersaillin (39) 102 D4
Bersée (59) 3 G6
Bersillies (59) 12 A2
Berson (33) 135 E3
Berstett (67) 51 E4
Berstheim (67) 51 E3
Bert (03) 114 C4
Bertangles (80) 9 G5
Bertaucourt-Epourdon (02) ...22 A2
Berteaucourt-les-Dames (80) ...9 F4
Berteaucourt-lès-Thennes (80) 20 D1
Berthegon (86) 94 B4
Berthelange (25) 103 E1
Berthelming (57) 50 A3
Berthen (59) 2 D3
Berthenay (37) 78 C6
Berthenicourt (02) 22 B1
Berthenonville (27) 41 H1
la Berthenoux (36) 97 E6
Berthez (33) 150 A3
Bertholène (12) 154 D4
Berthouville (27) 17 H4
Bertignat (63) 128 B4
Bertignolles (10) 66 D4
Bertincourt (62) 10 C4
Bertoncourt (08) 23 G3
Bertrambois (54) 50 A5
Bertrancourt (80) 9 H4
Bertrange (57) 26 B3
Bertre (81) 168 A5
Bertren (65) 182 A5
Bertreville (76) 6 D3
Bertreville-Saint-Ouen (76) ...7 G3
Bertric-Burée (24) 136 D1
Bertrichamps (54) 70 C1

Bertricourt (02) 23 E4
Bertrimont (76) 7 G4
Bertrimoutier (88) 70 D2
Bertry (59) 11 F4
Béru (89) 84 A2
Béruges (86) 108 D1
Bérulle (10) 65 G4
Bérus (72) 60 A2
Berville (76) 7 F4
Berville (95) 42 B1
Berville-en-Roumois (27) 18 B5
Berville-la-Campagne (27) 40 C2
Berville-sur-Mer (27) 6 C6
Berville-sur-Seine (76) 7 F4
Berviller-en-Moselle (57) 27 E4
Berzé-la-Ville (71) 116 A3
Berzé-le-Châtel (71) 116 A3
Berzème (07) 157 H1
Berzieux (51) 46 C1
Berzy-le-Sec (02) 22 A5
la Besace (08) 24 C3
Besain (39) 103 E5
Besanceuil 116 A1
Besançon (25) 103 F1
Bésayes (26) 144 C4
Bescat (64) 180 B4
Bésignan (26) 159 E4
Bésingrand (64) 180 A1
Beslon (50) 37 F3
Besmé (02) 21 H3
Besmont (02) 12 B1
Besnans (70) 87 H4
Besné (44) 73 H3
Besneville (50) 14 C4
Besny-et-Loizy (02) 22 C3
Bessac (16) 122 A6
Bessais-le-Fromental (18) ...98 B6
Bessamorel (43) 142 D3
Bessan (34) 187 F2
Bessancourt (95) 42 C2
Bessans (73) 133 G6
Bessas (07) 157 F4
le Bessat (42) 143 G1
Bessay (85) 91 H5
Bessay-sur-Allier (03) 113 H1
Bessay-sur-Allier (03) 114 A3
Besse (15) 140 A3
Bessé (16) 122 B1
Besse (24) 152 A1
Besse (38) 146 B3
Besse-et-Saint-Anastaise (63) ...127 E5
Bessé-sur-Braye (72) 79 E1
Besse-sur-Issole (83) 192 A3
Bessède-de-Sault (11) 198 D1
Bessèges (30) 157 E5
Bessenay (69) 129 G3
Bessens (82) 166 D3
Besset (09) 184 A4
Bessey (42) 129 H6
Bessey-en-Chaume (21) 101 F2
Bessey-la-Cour (21) 101 E2
Bessey-lès-Cîteaux (21) 102 A2
la Besseyre-Saint-Mary (43) ...141 H4
Bessières (31) 167 F4
Bessines (79) 107 G4
Bessines-sur-Gartempe (87) ..110 D6
Bessins (38) 144 D2
Besson (03) 113 H2
Bessoncourt (90) 88 D2
Bessonies (46) 139 G6
les Bessons (48) 141 G6
Bessuéjouls (12) 154 D3
Bessy (10) 66 A1
Bessy-sur-Cure (89) 83 H3
Bestiac (09) 198 A2
Bétaille (46) 139 E5
Betaucourt (70) 87 E1
Betbèze (65) 182 A2
Betbezer-d'Armagnac (40) ...164 C2
Betcave-Aguin (32) 182 B1
Betchat (09) 182 D4
Bétête (23) 111 H3
Béthancourt-en-Valois (60) ...21 F6
Béthancourt-en-Vaux (02) ...21 H2
Béthelainville (55) 25 E6
Béthemont-la-Forêt (95) 42 C2
Béthencourt (59) 11 F4
Béthencourt-sur-Mer (80) 8 B4
Béthencourt-sur-Somme (80) ...21 G1
Bétheniville (51) 23 G5
Bétheny (51) 23 E5
Béthincourt (55) 25 E6
Béthines (86) 110 A2
Béthisy-Saint-Martin (60) 21 F5
Béthisy-Saint-Pierre (60) 21 F5
Bethmale (09) 182 D6
Bethon (51) 44 D6
Béthon (72) 60 A2
Bethoncourt (25) 88 C3
Béthonsart (62) 9 H2
Béthonvilliers (28) 61 F4
Bethonvilliers (90) 88 D2
Béthune (62) 2 D6
Bétignicourt (10) 66 D2
Beton-Bazoches (77) 44 B5
Betoncourt-lès-Brotte (70) ...87 H2
Betoncourt-Saint-Pancras (70) 69 G6
Betoncourt-sur-Mance (70) ...86 D1
Bétous (32) 164 D4
Betplan (32) 181 F1
Betpouey (65) 181 E6
Betpouy (65) 181 H2
Bétracq (64) 164 C6
Betschdorf (67) 51 F2
Bettainvillers (54) 26 A3
Bettancourt-la-Ferrée (52) ...46 D5
Bettancourt-la-Longue (51) ...46 D4
Bettange (57) 26 D4
Bettant (01) 130 D2
Bettborn (57) 50 A3

234

Bettegney-Saint-Brice (88) 69G2
Bettelainville (57) 26C4
Bettembos (80) 19H1
Bettencourt-Rivière (80) 9E5
Bettencourt-Saint-Ouen (80) 9F5
Bettendorf (68) 89F3
Bettes (65) 181F4
Betteville (76) 7E5
le Bettex (73) 133E1
Bettignies (59) 12A2
Betting-lès-Saint-Avold (57) 27F5
Bettlach (68) 89G3
Betton (35) 57F2
Betton-Bettonet (73) 132B5
Bettoncourt (88) 69G2
Bettrechies (59) 11G2
Bettviller (57) 28A5
Bettwiller (67) 50B3
Betz (60) 43H1
Betz-le-Château (37) 95F3
Beugin (62) 9H1
Beugnâtre (62) 10B4
Beugneux (02) 22B6
Beugnies (59) 12A3
le Beugnon (79) 107H1
Beugnon (89) 65H5
Beugny (62) 10C4
Beuil (06) 161H6
le Beulay (88) 70D2
Beulotte-Saint-Laurent (70) 70B6
Beure (25) 103F1
Beurey (10) 66D4
Beurey-Bauguay (21) 100D1
Beurey-sur-Saulx (55) 47E4
Beurières (63) 128B6
Beurizot (21) 84D6
Beurlay (17) 120D2
Beurville (52) 67F3
Beussent (62) 1G6
Beuste (64) 180C3
Beutal (25) 88B4
Beutin (62) 1F6
Beuvardes (02) 44C1
Beuveille (54) 25G4
Beuvezin (54) 69E2
Beuville (54) 16C4
Beuvillers (14) 17F5
Beuvillers (54) 26A3
Beuvrages (59) 11F1
Beuvraignes (80) 21E2
Beuvrequen (62) 1H4
Beuvreuil (76) 19G3
Beuvrigny (50) 37G2
Beuvron (58) 83F6
Beuvron-en-Auge (14) 16D4
Beuvry (62) 2D6
Beuvry-la-Forêt (59) 11E1
Beux (57) 26C6
Beuxes (86) 94A2
Beuzec-Cap-Sizun (29) 52D2
Beuzeville (27) 17G3
Beuzeville-au-Plain (50) 15E4
Beuzeville-la-Bastille (50) 14D4
Beuzeville-la-Grenier (76) 6C5
Beuzeville-la-Guérard (76) 6D4
Beuzevillette (76) 6D5
Bévenais (38) 131E6
Beveuge (70) 88A3
Béville-le-Comte (28) 62C2
Bévillers (59) 11E3
Bevons (04) 160A5
Bévy (21) 101G1
Bey (01) 116B4
Bey (71) 101H5
Bey-sur-Seille (54) 49E4
Beychac-et-Caillau (33) 135G5
Beylongue (40) 163F2
Beynac (87) 124A3
Beynac-et-Cazenac (24) 138A6
Beynat (19) 139E3
Beynes (04) 175F1
Beynes (78) 42A4
Beynost (01) 130B2
Beyrède-Jumet (65) 181G5
Beyren-lès-Sierck (57) 26C2
Beyrie-en-Béarn (64) 180B1
Beyrie-sur-Joyeuse (64) 179E2
Beyries (40) 163G5
Beyssac (19) 138C1
Beyssenac (19) 124B6
le Bez (81) 168D5
Bez-et-Esparon (30) 170D2
Bézac (09) 183G4
Bezalles (77) 44B5
Bézancourt (76) 19F4
Bezange-la-Grande (54) 49E4
Bezange-la-Petite (57) 49F4
Bezannes (51) 23E6
Bézaudun-les-Alpes (06) 176D4
Bézaudun-sur-Bîne (26) 158D2
Bezaumont (54) 48C3
Bèze (21) 86A4
Bézenac (24) 137H5
Bézenet (03) 113E4
Bézéril (32) 166B6
Béziers (34) 186D2
Bezinghem (62) 1G5
Bezins-Garraux (31) 182B6
la Bezole (11) 184C5
Bezolles (32) 165F3
Bezons (95) 42C3
Bezonvaux (55) 25F6
Bézouce (30) 174B3
Bézouotte (21) 86B5
Bézu-la-Forêt (76) 19F4
Bézu-le-Guéry (02) 44B2
Bézu-Saint-Éloi (27) 19G5
Bézu-Saint-Germain (02) 44C1
Bézues-Bajon (32) 182A1

Biache-Saint-Vaast (62) 10C2
Biaches (80) 10C5
Bians-les-Usiers (25) 103H3
Biard (86) 109E1
Biarne (39) 102C2
Biarre (80) 21F2
Biarritz (64) 162A6
Biarrotte (40) 162C5
Biars-sur-Cère (46) 139E5
Bias (40) 148A6
Bias (47) 151F4
Biaudos (40) 162C5
Bibiche (57) 26D3
Biblisheim (67) 51F2
Bibost (69) 129G3
Bichancourt (02) 21H3
Biches (58) 99G3
Bickenholtz (57) 50B3
Bicqueley (54) 48B5
Bidache (64) 162D6
Bidarray (64) 178D2
Bidart (64) 162A6
Bidestroff (57) 49G3
Biding (57) 27F6
Bidon (07) 157H4
Bidos (64) 180A3
Biécourt (88) 69E2
Biederthal (68) 89G4
Bief (25) 88C5
Bief-des-Maisons (39) 103F5
Bief-du-Fourg (39) 103G4
Biefmorin (39) 102C4
Biefvillers-lès-Bapaume (62) ...10B4
Bielle (64) 180B4
Biencourt (80) 8C5
Biencourt-sur-Orge (55) 47G6
Biennac (87) 123G2
Bienville (60) 21F4
Bienville-la-Petite (54) 49F5
Bienvillers-au-Bois (62) 10A3
Biermes (08) 23G4
Biermont (60) 21E3
Bierné (53) 77E1
Bierne (59) 2C2
Bierre-lès-Semur (21) 84C5
Bierry-
  -les-Belles-Fontaines (89) 84C4
Biert (09) 183F6
Bierville (76) 7H5
Biesheim (68) 71G4
Biesles (52) 68A5
Bietlenheim (67) 51F4
Bieujac (33) 149H2
Bieuxy (02) 22A4
Bieuzy (56) 55E3
Biéville (50) 37H1
Biéville-Beuville (14) 16C4
Biéville-Quétiéville (14) 16D5
Bièvres (02) 22C4
Bièvres (08) 25E3
Bièvres (91) 42C5
Biffontaine (88) 70C3
Biganos (33) 148C1
Bignac (16) 122B3
Bignan (56) 55G4
Bignay (17) 121F1
la Bigne (14) 38A2
Bignicourt (08) 23H4
Bignicourt-sur-Marne (51) 46B5
Bignicourt-sur-Saulx (51) 46C4
le Bignon (44) 74D6
le Bignon-du-Maine (53) 58D6
le Bignon-Mirabeau (45) 64C4
Bignoux (86) 109F1
Bigorno (2B) 203F6
la Bigottière (53) 58C3
Biguglia (2B) 203G5
Bihorel (76) 7G6
Bihucourt (62) 10B4
Bilhères (64) 180B4
Bilia (2A) 206D3
Bilieu (38) 131F5
Billac (19) 139E5
Billancelles (28) 61H1
Billancourt (80) 21F1
les Billanges (87) 124D1
les Billaux (33) 135H4
Billé (35) 57H1
Billecul (39) 103G5
Billère (64) 180B2
Billey (21) 102C2
Billezois (03) 114B5
Billiat (01) 117H5
Billième (73) 131G3
Billière (31) 196A4
Billiers (56) 73E2
Billio (56) 55G4
Billom (63) 127G3
Billy (03) 114A4
Billy (14) 16C5
Billy (41) 80B6
Billy-Berclau (62) 3E6
Billy-Chevannes (58) 99F3
Billy-le-Grand (51) 45G1
Billy-lès-Chanceaux (21) 85F4
Billy-Montigny (62) 10C1
Billy-sous-Mangiennes (55) 25G5
Billy-sur-Aisne (02) 22A5
Billy-sur-Oisy (58) 83F5
Billy-sur-Ourcq (02) 22A6
Biltzheim (68) 71F5
Bilwisheim (67) 51E4
Bimont (62) 1G6
Binans (02) 102D6
Binarville (51) 24C6
Binas (41) 80A1
Bindernheim (67) 71H2
Binges (21) 86B6
Binic (22) 33G3
Bining (57) 28A6
Biniville (50) 14D4

Binos (31) 182A6
Binson-et-Orquigny (51) 45E2
Bio (46) 139E6
Biol (38) 131E5
la Biolle (73) 131H3
Biollet (63) 126C1
Bion (50) 37H5
Bioncourt (57) 49E4
Bionville (54) 50A4
Bionville-sur-Nied (57) 26D5
Biot (06) 176D6
le Biot (74) 119F3
Bioule (82) 167F1
Bioussac (16) 108D6
Biozat (03) 113H6
Birac (16) 122A5
Birac (33) 150A3
Birac-sur-Trec (47) 150C3
Biran (32) 165F4
Biras (24) 137E1
Biriatou (64) 178A1
Birieux (01) 130B1
Birkenwald (67) 50C5
Biron (17) 121F4
Biron (24) 151G2
Biron (64) 163F6
Biscarrosse (40) 148B3
Biscarrosse Plage (40) 148A3
Bischheim (67) 51E5
Bischholtz (67) 50D4
Bischoffsheim (67) 50D6
Bischwihr (68) 71G4
Bischwiller (67) 51F3
Bisel (68) 89F3
Bisinchi (2B) 203F6
Bislée (55) 47G3
Bissert (67) 50A2
Bisseuil (51) 45G2
Bissey-la-Côte (21) 67F6
Bissey-la-Pierre (21) 84D1
Bissey-sous-Cruchaud (71) ...101F4
Bissezeele (59) 2C2
Bissières (14) 16D5
Bissy-la-Mâconnaise (71) 116B2
Bissy-sous-Uxelles (71) 116A1
Bissy-sur-Fley (71) 101E6
Bisten-en-Lorraine (57) 27E4
Bistroff (57) 27F6
Bitche (57) 28B5
Bitry (58) 82D5
Bitry (60) 21G4
Bitschhoffen (67) 51E3
Bitschwiller-lès-Thann (68) 89E1
Bivès (32) 166A3
Biviers (38) 145G2
Biville (50) 14B2
Biville-la-Baignarde (76) 7G4
Biville-la-Rivière (76) 7F3
Biville-sur-Mer (76) 7H1
Bivilliers (61) 40A6
Bizanet (11) 185H4
Bizanos (64) 180B2
Bize (52) 86D1
Bize (65) 181H5
Bize-Minervois (11) 185H2
Bizeneuille (03) 112D3
Biziat (01) 116C4
Bizonnes (38) 131E5
le Bizot (25) 104B1
les Bizots (71) 100D5
Bizou (61) 61E1
Bizous (65) 181H4
Bizy (27) 41F2
Blacé (69) 116A6
Blacourt (60) 19H4
Blacqueville (76) 7F5
Blacy (51) 46B5
Blacy (89) 84B4
Blaesheim (67) 51E6
Blagnac (31) 167E5
Blagny (08) 24D2
Blagny-sur-Vingeanne (21) 86B5
Blaignac (33) 150A2
Blaignan (33) 134D1
Blain (44) 74B2
Blaincourt-lès-Précy (60) 20C6
Blaincourt-sur-Aube (10) 66D2
Blainville-Crevon (76) 7H5
Blainville-sur-l'Eau (54) 49E6
Blainville-sur-Mer (50) 36D1
Blainville-sur-Orne (14) 16C4
Blairville (62) 10A3
Blaise-sous-Arzillières (51) 46B5
Blaison-Gohier (49) 77F5
Blaisy (52) 67G4
Blaisy-Bas (21) 85F5
Blaisy-Haut (21) 85F6
Blajan (31) 182A3
Blamont (25) 88C5
Blâmont (54) 49H5
Blan (81) 168A6
le Blanc (36) 110B1
le Blanc-Mesnil (93) 43E3
Blancafort (18) 81H4
Blancey (21) 84D6
Blancfossé (60) 20B2
Blanche-Église (57) 49G4
Blanchefosse-et-Bay (08) 23F1
Blancherupt (67) 71E1
Blandainville (28) 61H3
Blandas (30) 170C3
Blandin (38) 131E5
Blandouet (53) 59F5
Blandy (77) 43G6
Blandy (91) 63E3
Blangerval-Blangermont (62) 9F2
Blangy-le-Château (14) 17F4
Blangy-sous-Poix (80) 20A1
Blangy-sur-Bresle (76) 8C5

Blangy-sur-Ternoise (62) 9F1
Blangy-Tronville (80) 9H6
Blannay (89) 83H4
Blanot (21) 100C2
Blanot (71) 116A2
Blanquefort (32) 166A5
Blanquefort (33) 135E5
Blanquefort-sur-Briolance (47)..151H2
Blanzac (43) 142C3
Blanzac (87) 110B5
Blanzac-lès-Matha (17) 121G2
Blanzac-Porcheresse (16) 122B5
Blanzaguet-Saint-Cybard (16)..122C5
Blanzat (63) 127E2
Blanzay (86) 108D5
Blanzay-sur-Boutonne (17) 107H6
Blanzée (55) 25F6
Blanzey (71) 48D4
Blanzy (71) 100D5
Blanzy-la-Salonnaise (08) 23F4
Blanzy-lès-Fismes (02) 22C5
Blargies (60) 19G2
Blarians (25) 87G5
Blaringhem (59) 2B4
Blars (46) 153E2
Blaru (78) 41G2
Blasimon (33) 136A6
Blaslay (86) 94A6
Blassac (43) 141H3
Blaudeix (23) 111H5
Blausasc (06) 177E4
Blauvac (84) 173G1
Blauzac (30) 172A2
Blavignac (48) 141G5
Blavozy (43) 142D4
Blay (14) 15G5
Blaye (33) 135E3
Blaye-les-Mines (81) 168B5
Blaymont (47) 151G5
Blaziert (32) 165G2
Blécourt (52) 67H2
Blécourt (59) 10D3
Bleigny-le-Carreau (89) 83G1
Blémerey (54) 49G5
Blémerey (88) 69F2
Blendecques (62) 2B4
Bléneau (89) 82C3
Blennes (77) 64C3
Blénod-
  -lès-Pont-à-Mousson (54) 48C3
Blénod-lès-Toul (54) 48B6
Bléquin (62) 1H5
Blérancourt (02) 21H3
Bléré (37) 79F6
Blériot-Plage (62) 1G2
Bléruais (35) 56C2
Blésignac (33) 135G6
Blesle (43) 141F1
Blesme (51) 46C5
Blesmes (02) 44C2
Blessac (23) 125G1
Blessey (21) 85F4
Blessonville (52) 67G5
Blessy (62) 2B5
Blet (18) 98A4
Bletterans (39) 102C5
Bleurville (88) 69E5
Bleury (28) 62C1
Blevaincourt (88) 68D4
Blèves (72) 60C1
Blévy (28) 41E6
le Bleymard (48) 156C3
le Bleymard Mont-Lozère 156C3
Blicourt (60) 20A3
Blienschwiller (67) 71F2
Blies-Ebersing (57) 27H5
Blies-Guersviller (57) 27H5
Bliesbruck (57) 28A5
Blieux (04) 175G2
Blignicourt (10) 66D1
Bligny (10) 67E4
Bligny (51) 22D6
Bligny-le-Sec (21) 85F5
Bligny-lès-Beaune (21) 101G3
Bligny-sur-Ouche (21) 101F2
Blincourt (60) 21E5
Blingel (62) 9F1
Blis-et-Born (24) 137G2
Blismes (58) 99H2
Blodelsheim (68) 71G6
Blois (41) 79H4
Blois-sur-Seille (39) 102D5
Blomac (11) 185F3
Blomard (03) 113F4
Blombay (08) 12D6
Blond (87) 110A6
Blondefontaine (70) 87E1
Blonville-sur-Mer (14) 17E3
Blossac (17) 57E3
Blosseville (76) 7E2
Blosville (50) 15H4
Blot-l'Église (63) 113F6
Blotzheim (68) 89G3
Blou (49) 77H6
Blousson-Sérian (32) 181F1
la Bloutière (50) 37F3
Bloye (74) 131H2
Bluffy (74) 132B1
Blumeray (52) 67F2
Blussangeaux (25) 88B4
Blussans (25) 88B4
Blye (39) 102D6
Blyes (01) 130D2
le Bô (14) 38C3
Bobigny (93) 43E3
Bobital (22) 34C5
le Bocasse (76) 7G4
Bocé (49) 77G4
Bocognano (2A) 205E4
Bocquegney (88) 69G3
Bocquencé (61) 39H4

le Bodéo (22) 33F6
Bodilis (29) 31G3
Boé (47) 151F6
Boëcé (61) 60C1
Boëge (74) 118D4
Boeil-Bezing (64) 180C3
Boën (42) 128D3
Boersch (67) 50D6
Boeschepe (59) 2D3
Boëseghem (59) 2C5
Boësenbiesen (67) 71G3
Boëssé-le-Sec (72) 60D4
Boësses (45) 63G4
Boeurs-en-Othe (89) 65G4
Boffles (62) 9F3
Boffres (07) 143H5
Bogard (33) 33H5
Bogève (74) 118D4
Bogny-sur-Meuse (08) 13F6
Bogy (07) 144A1
Bohain-en-Vermandois (02) 11F5
Bohal (56) 56A5
la Bohalle (49) 77E5
Bohars (29) 30D4
Bohas-Meyriat-Rignat (01) 117F5
Boigneville (91) 63G3
Boigny-sur-Bionne (45) 81E1
Boinville-en-Mantois (78) 41H3
Boinville-en-Woëvre (55) 25G6
Boinville-le-Gaillard (78) 62D1
Boiry-Becquerelle (62) 10B3
Boiry-Notre-Dame (62) 10C2
Boiry-Sainte-Rictrude (62) 10B3
Boiry-Saint-Martin (62) 10B3
Bois (17) 121E5
le Bois (73) 132D5
Bois-Anzeray (27) 40B3
Bois-Arnault (27) 40B4
Bois-Bernard (62) 10C1
Bois-Bouzon (08) 98A3
Bois-Colombes (92) 42D3
Bois-d'Amont (39) 118B1
Bois-d'Arcy (78) 42B4
Bois-d'Arcy (89) 83G4
Bois-de-Céné (85) 90D2
Bois-de-Champ (88) 70C3
Bois-de-Gand (39) 102C4
Bois-de-la-Pierre (31) 183E2
Bois-d'Ennebourg (76) 7H6
le Bois-d'Oingt (69) 129G1
Bois-Grenier (59) 3E5
Bois-Guilbert (76) 19E3
Bois-Guillaume (76) 7G6
le Bois-Hellain (27) 17G4
Bois-Héroult (76) 19E3
Bois-Herpin (91) 63F2
Bois-Himont (76) 6D5
Bois-Jérôme-Saint-Ouen (27) ..41G1
Bois-le-Roi (27) 41F4
Bois-le-Roi (77) 64A1
Bois-lès-Pargny (02) 22C1
Bois-l'Évêque (76) 7H6
Bois-Normand-près-Lyre (27)..40B3
le Bois-Plage-en-Ré (17) 106B4
le Bois-Robert (76) 7G2
Bois-Sainte-Marie (71) 115G3
Bois Aubry (37) 94C3
Boisaugeais (23) 122D1
Boisbergues (80) 9F3
Boisbreteau (16) 135H1
Boiscommun (45) 63G5
le Bois de Cise (80) 8B4
Boisdinghem (62) 2A3
Boisdon (77) 44B5
le Bois du Four (12) 155E5
Boisemont (27) 19F6
Boisemont (95) 42B2
le Bois Février (53) 58A2
le Bois Frou (53) 59E1
Boisgasson (28) 61G5
Boisgervilly (35) 56C2
le Bois Glaume (35) 57F4
Boisjean (62) 8D1
le Boisle (80) 9F2
Boisleux-au-Mont (62) 10B3
Boisleux-Saint-Marc (62) 10B3
Boismé (79) 93E5
Boismont (54) 25H4
Boismont (80) 8C3
Bois Morand (49) 109H2
Boismorand (45) 82A2
Boisney (27) 40B1
Boisredon (17) 135F1
Boisroger (50) 36D1
Boissay (76) 19E3
la Boisse (01) 130B2
Boisse (24) 151H1
Boisse-Penchot (12) 153H2
Boisseau (41) 79H2
Boisseaux (45) 63E3
Boissède (31) 182C1
Boissei-la-Lande (61) 39F5
Boisserolles (79) 107H3
Boisseron (34) 171G4
les Boisses (73) 133G5
Boisset (15) 139H6
Boisset (34) 185G1
Boisset (43) 142D1
Boisset-et-Gaujac (30) 171G1
Boisset-lès-Montrond (42) 129E4
Boisset-les-Prévanches (27) ...41F3
Boisset-Saint-Priest (42) 128D5
Boissets (78) 41G4
Boissettes (77) 63H1
Boisseuil (87) 124B3
Boisseuilh (24) 138A2
Boissey (01) 116C3
Boissey (14) 17E6

Boissey-le-Châtel (27) 18B6
Boissezon (81) 168D6
Boissia (39) 117H1
la Boissière 78A4
la Boissière (14) 17E5
la Boissière (27) 41F3
la Boissière (34) 170D5
la Boissière (53) 76B2
la Boissière (39) 117F2
la Boissière-d'Ans (24) 137H2
la Boissière-de-Montaigu (85)..91H2
la Boissière-des-Landes (85) ..91H5
la Boissière-du-Doré (44) 75E5
la Boissière-École (78) 41H5
la Boissière-en-Gâtine (79) 107H1
la Boissière-sur-Èvre (49) 75F4
Boissières (30) 171H4
Boissières (46) 152C3
Bois Sir Amé 97H4
Boissise-la-Bertrand (77) 63H1
Boissise-le-Roi (77) 63H1
Boisson 157F5
Boissy-aux-Cailles (77) 63H3
Boissy-en-Drouais (28) 41E5
Boissy-Fresnoy (60) 43G1
Boissy-la-Rivière (91) 63F2
Boissy-l'Aillerie (95) 42B2
Boissy-Lamberville (27) 17H5
Boissy-le-Bois (60) 19H6
Boissy-le-Châtel (77) 44A4
Boissy-le-Cutté (91) 63E1
Boissy-le-Repos (51) 44D4
Boissy-le-Sec (91) 63E1
Boissy-lès-Perche (28) 40C5
Boissy-Maugis (61) 61E2
Boissy-Mauvoisin (78) 41G3
Boissy-Saint-Léger (94) 43E5
Boissy-sans-Avoir (78) 42A4
Boissy-sous-Saint-Yon (91) 63E1
le Bois Thibaut 59E1
Bois Tiffrais 92B5
Boistrudan (35) 57G4
Boisville-la-Saint-Père (28) 62C3
Boisyvon (50) 37G4
Boitron (61) 39G6
Boitron (77) 44B3
Bolandoz (25) 103H3
Bolazec (29) 32B4
Bolbec (76) 6C5
Bollène (84) 158A5
la Bollène-Vésubie (06) 177E3
Bolleville (50) 14C5
Bolleville (76) 6D5
Bollezeele (59) 2B3
Bolliwiller (68) 71F6
Bologne (52) 67H4
Bolozon (01) 117F4
Bolquère (66) 198C4
Bolsenheim (67) 71G1
Bombon (77) 43G6
Bommes (33) 149G2
Bommiers (36) 97E5
Bompas (09) 183H6
Bompas (66) 200D2
Bomy (62) 2B5
Bon-Encontre (47) 151F6
Bona (58) 99F3
Bonac-Irazein (09) 182C6
Bonas (32) 165F4
Bonboillon (70) 86D6
Boncé (28) 62B3
Bonchamp-lès-Laval (53) 58D5
Boncourt (02) 23E2
Boncourt (27) 41F2
Boncourt (28) 41F4
Boncourt (54) 25H6
Boncourt-le-Bois (21) 101H2
Boncourt-sur-Meuse (55) 47H4
Bondaroy (45) 63F4
Bondeval (25) 88C4
Bondigoux (31) 167F3
les Bondons (48) 156H4
Bondoufle (91) 42D6
Bondues (59) 3F4
Bondy (93) 43E3
Bongheat (63) 127H3
le Bonhomme (68) 71E3
Bonifacio (2A) 207H5
Bonlier (60) 20B4
Bonlieu (39) 118A1
Bonlieu-sur-Roubion (26) 158B2
Bonloc (64) 178D1
Bonnac (09) 183H4
Bonnac (15) 141F2
Bonnac-la-Côte (87) 124B1
Bonnal (25) 87H4
Bonnard (89) 83G1
Bonnat (23) 111G4
Bonnatrait 119F3
Bonnaud (39) 117F1
Bonnay (25) 87H5
Bonnay (71) 116A1
Bonnay (80) 9H6
Bonne (74) 118D4
Bonnebosq (14) 17E4
Bonnecourt (52) 68C6
Bonnée (45) 81G1
Bonnefamille (38) 130C4
Bonnefoi (61) 40A5
Bonnefond (19) 125F4
Bonnefont (65) 181G3
Bonnefontaine (39) 103G3
Bonnegarde (40) 163G5
Bonneil (02) 44B2
Bonnelles (78) 42B6
Bonnemain (35) 35E5
Bonnemaison (14) 16A6
Bonnemazon (65) 181F4
Bonnencontre (21) 102A2
Bonnes (16) 136B2
Bonnes (86) 109G1

Bonnesvalyn (02) 44 B1
Bonnet (55) 68 B1
Bonnétable (72) 60 C4
Bonnétage (25) 104 C1
Bonnetan (33) 135 F5
Bonneuil (16) 121 H4
Bonneuil (36) 110 C3
Bonneuil-en-France (95) 43 E3
Bonneuil-en-Valois (60) 21 G6
Bonneuil-les-Eaux (60) 20 B2
Bonneuil-Matours (86) 94 C6
Bonneuil-sur-Marne (94) 43 E4
Bonneval (28) 62 A4
Bonneval (43) 142 B1
Bonneval (73) 132 D5
Bonneval-sur-Arc (73) 133 H6
Bonnevaux (25) 103 G4
Bonnevaux (30) 156 D4
Bonnevaux (74) 119 F3
Bonnevaux-le-Prieuré (25) 103 G2
Bonneveau (41) 79 E2
Bonnevent-Velloreille (70) 87 F5
Bonneville (16) 122 A2
la Bonneville (50) 14 D4
Bonneville (74) 118 D5
Bonneville (80) 9 F4
Bonneville-Aptot (27) 18 A6
Bonneville-et-Saint-Avit-
   -de-Fumadières (24) 136 B5
Bonneville-la-Louvet (14) 17 G4
la Bonneville-sur-Iton (27) 40 D2
Bonneville-sur-Touques (14) 17 E3
Bonnières (60) 20 A4
Bonnières (62) 9 G3
Bonnières-sur-Seine (78) 41 G2
Bonnieux (84) 173 G3
Bonningues-lès-Ardres (62) 1 H3
Bonningues-lès-Calais (62) 1 G2
Bonnœil (14) 38 C3
Bonnœuvre (44) 75 E2
Bonnu (33) 111 E3
Bonnut (64) 163 F5
Bonny-sur-Loire (45) 82 B4
Bono (56) 55 E6
Bonrepos (65) 181 G3
Bonrepos-Riquet (31) 167 G5
Bonrepos-
   -sur-Aussonnelle (31) 166 C6
Bons-en-Chablais (74) 118 D4
Bons-Tassilly (14) 16 C6
Bonsecours (76) 7 G6
Bonsmoulins (61) 40 A5
Bonson (06) 176 D4
Bonson (42) 129 E5
Bonvillard (73) 132 C4
Bonvillaret (73) 132 C4
Bonviller (54) 49 F5
Bonvillers (60) 20 C3
Bonvillet (88) 69 F4
Bony (02) 10 D5
Bonzac (33) 135 H4
Bonzée (55) 47 H1
Boô-Silhen (65) 180 D5
Boofzheim (67) 71 H2
Boos (40) 163 E2
Boos (76) 18 D5
Bootzheim (67) 71 G3
Boqueho (22) 33 F4
Bor-et-Bar (12) 153 G6
Boran-sur-Oise (60) 42 D1
Borce (64) 180 A6
Bord-Saint-Georges (23) 112 B4
Bordeaux (33) 135 E5
Bordeaux-en-Gâtinais (45) 63 H5
Bordeaux-Saint-Clair (76) 6 A4
Bordères (64) 180 C3
Bordères-et-Lamensans (40) ..164 A4
Bordères-Louron (65) 181 G6
Bordères-sur-l'Échez (65) 181 E3
les Bordes (36) 96 D3
les Bordes (45) 81 G2
Bordes (64) 180 C3
Bordes (65) 181 F3
les Bordes (71) 101 H4
les Bordes (89) 65 E5
les Bordes-Aumont (10) 66 B4
Bordes-de-Rivière (31) 182 A4
les Bordes-sur-Arize (09) 183 F4
les Bordes-sur-Lez (09) 182 D6
Bordezac (30) 157 E5
Bords (17) 120 D1
Borée (07) 143 E5
le Boréon 177 E2
Boresse-et-Martron (17) 136 A1
Borest (60) 43 F1
Borey (70) 87 H3
Borgo (2B) 203 G5
Bormes-les-Mimosas (83) 192 B5
le Born (31) 167 F3
le Born (48) 156 A2
Bornambusc (76) 6 C4
Bornay (39) 117 F1
la Borne (18) 125 G1
la Borne (19) 97 H1
Borne (07) 156 D2
Borne (43) 142 B3
Bornel (60) 20 B6
Boron (90) 88 D3
Borre (59) 2 D4
Borrèze (24) 138 B5
Bors (Canton de Baignes-
   -Sainte-Radegonde) (16) 135 H1
Bors (Canton de Montmoreau-
   -Saint-Cybard) (16) 136 C1
Bort-les-Orgues (19) 126 B6
Bort-l'Étang (63) 127 H3
Borville (54) 69 H1
le Bosc (09) 183 G6
le Bosc (34) 170 C4
Bosc-Bénard-Commin (27) 18 B5
Bosc-Bénard-Crescy (27) 18 B5

Bosc-Bérenger (76) 7 H4
Bosc-Bordel (76) 19 E3
Bosc-Edeline (76) 19 E3
Bosc-Guérard-Saint-Adrien (76)..7 G5
Bosc-Hyons (76) 19 G4
Bosc-le-Hard (76) 7 H4
Bosc-Mesnil (76) 19 E2
le Bosc-Renoult (61) 39 G3
Bosc-Renoult-en-Ouche (27) ...40 B3
Bosc-Renoult-
   -en-Roumois (27) 18 A5
le Bosc-Roger-
   -en-Roumois (27) 18 B5
Bosc-Roger-sur-Buchy (76) 19 E3
Boscamnant (17) 136 A2
Bosdarros (64) 180 B3
Bosgouet (27) 18 B5
Bosguérard-
   -de-Marcouville (27) 18 B6
Bosjean (71) 102 B5
le Bosmelet 7 G4
Bosmie-l'Aiguille (87) 124 A3
Bosmont-sur-Serre (02) 22 D1
Bosmoreau-les-Mines (23) 125 E1
Bosnormand (27) 18 B6
Bosquel (80) 20 B1
Bosquentin (27) 19 F4
Bosrobert (27) 18 A6
Bosroger (23) 125 H1
Bossancourt (10) 67 E3
Bossay-sur-Claise (37) 95 F5
la Bosse (25) 104 B1
la Bosse (72) 60 D4
la Bosse-de-Bretagne (35) 57 F5
Bossée (37) 95 E2
Bossendorf (67) 50 D3
Bosset (24) 136 D4
Bosseval-et-Briancourt (08) 24 B1
Bossey (74) 118 C5
Bossieu (38) 130 C6
Bossugan (33) 136 A6
Bossus-lès-Rumigny (08) 12 C6
Bost (03) 114 B5
Bostens (40) 164 A2
Bosville (76) 7 E3
Botans (90) 88 C3
Botlézan 32 D3
Botmeur (29) 31 H5
Botsorhel (29) 32 B4
les Bottereaux (27) 40 B3
les Bottières 146 C1
Botz-en-Mauges (49) 75 G4
Bou (45) 81 E1
Bouafle (78) 42 A3
Bouafles (27) 19 E6
Bouan (09) 197 H4
Bouaye (44) 74 B5
Boubers-lès-Hesmond (62) 1 H6
Boubers-sur-Canche (62) 9 F2
Boubiers (60) 19 H6
Bouc-Bel-Air (13) 173 H6
Boucagnères (32) 165 H6
Boucard 82 A6
Boucau (64) 162 B5
Boucé (03) 114 A4
Boucé (61) 39 E5
le Bouchage (16) 109 E6
le Bouchage (38) 131 F3
Bouchain (59) 11 E2
Bouchamps-lès-Craon (53) 76 B1
le Bouchaud (03) 114 D4
Bouchavesnes-Bergen (80) 10 C5
Bouchemaine (49) 76 D5
Boucheporn (57) 27 E5
le Bouchet 95 G6
le Bouchet 143 H6
le Bouchet (26) 158 B5
le Bouchet (74) 132 C2
le Bouchet-Saint-Nicolas (43) ..142 B5
Bouchevilliers (27) 19 G4
Bouchier 147 E5
Bouchoir (80) 21 E1
le Bouchon (41) 9 E5
le Bouchon-sur-Saulx (55) 47 F6
les Bouchoux (39) 117 H3
Bouchy-Saint-Genest (51) 44 C6
Boucieu-le-Roi (07) 143 H4
Bouclans (25) 87 G6
Boucoiran-et-Nozières (30) 171 H2
Bouconville (08) 24 B6
Bouconville-sur-Madt (55) 48 A3
Bouconville-Vauclair (02) 22 D4
Bouconvillers (60) 42 A1
Boucq (54) 48 A4
Boudes (63) 127 F6
Boudeville (76) 7 F3
Boudou (82) 166 C1
Boudrac (31) 181 H3
Boudreville (21) 67 F6
Boudy-de-Beauregard (47) 151 F3
Boué (02) 11 G5
Bouée (44) 74 A4
Boueilh-Boueilho-Lasque (64)..164 B6
Bouelles (76) 19 F2
Bouër (72) 60 D5
Bouère (53) 77 E1
Bouessay (53) 77 F1
Bouesse (36) 111 F1
Bouëx (16) 122 D4
la Bouëxière (35) 57 G2
Bouffémont (95) 42 D2
Boufféré (85) 91 G2
Boufflers (80) 9 G2
Bouffignereux (02) 22 D5
Bouffry (41) 61 G6
Bougainville (80) 9 E6
Bougarber (64) 180 B1
Bougé-Chambalud (38) 144 B1
Bouges-le-Château (36) 96 C3
Bougey (70) 87 E2
Bougival (78) 42 C4

Bouglainval (28) 41 G6
Bougligny (77) 64 A4
Bouglon (47) 150 B2
Bougneau (17) 121 F4
Bougnon (70) 87 F2
Bougon (79) 108 B3
Bougue (40) 164 A2
Bouguenais (44) 74 C5
Bougy (14) 16 A5
Bougy-lez-Neuville (45) 63 E5
Bouhans (71) 102 B5
Bouhans-et-Feurg (70) 86 C4
Bouhans-lès-Lure (70) 88 A2
Bouhans-lès-Montbozon (70)....87 H4
Bouhet (17) 107 E5
Bouhey (21) 101 F1
Bouhy (58) 82 D5
Bouilh-Devant (65) 181 F2
Bouilh-Péreuilh (65) 181 F2
Bouilhonnac (11) 185 E3
Bouillac (12) 153 H2
Bouillac (24) 137 G6
Bouillac (82) 166 C3
la Bouilladisse (13) 191 E3
Bouillancourt-en-Séry (80) 8 C5
Bouillancourt-la-Bataille (80) ...20 D2
Bouillancy (60) 43 G1
Bouilland (21) 101 F2
Bouillargues (30) 172 B3
la Bouille (76) 18 B5
Bouillé-Courdault (85) 107 F3
Bouillé-Loretz (79) 93 F2
Bouillé-Ménard (49) 76 B2
Bouillé-Saint-Paul (79) 93 F3
la Bouillie (22) 34 A4
le Bouillon (61) 39 F6
Bouillon (64) 163 H6
Bouillonville (54) 48 B2
Bouilly (10) 66 A4
Bouilly (51) 22 D6
Bouilly-en-Gâtinais (45) 63 F5
Bouin (79) 108 C6
Bouin (79) 90 C1
Bouin-Plumoison (62) 9 E1
Bouisse (11) 185 E5
Bouix (21) 84 D1
Boujailles (25) 103 G4
Boujan-sur-Libron (34) 187 E2
Boulages (10) 45 F6
Boulancourt (77) 63 G3
Boulancourt (77) 63 G3
Boulange (57) 26 A3
Boulaur (32) 166 A6
le Boulay (37) 79 E3
Boulay-les-Barres (45) 62 C6
Boulay-les-Ifs (53) 59 G2
le Boulay-Morin (27) 41 E2
Boulay-Moselle (57) 26 D4
la Boulaye (71) 100 B5
Boulazac (24) 137 F3
Boulbon (13) 172 C3
Boulc (26) 159 G1
Boule-d'Amont (66) 199 G4
Bouleternère (66) 199 G3
Bouleurs (77) 43 G3
Bouleuse (51) 22 D6
Bouliac (33) 135 F6
Boulieu-lès-Annonay (07) 143 H2
Bouligneux (01) 116 C6
Bouligney (70) 69 G6
Bouligny (55) 25 H5
Boulin (65) 181 F3
Boullarre (60) 43 H1
le Boullay-
   -les-Deux-Églises (28) 41 F6
Boullay-les-Troux (91) 42 B5
le Boullay-Mivoye (28) 41 F6
le Boullay-Thierry (28) 41 F6
Boulleret (18) 82 B5
Boulleville (27) 17 G3
Bouloc (31) 167 E4
Bouloc (82) 152 A5
Boulogne (85) 91 G3
Boulogne-Billancourt (92) 42 C4
Boulogne-la-Grasse (60) 21 E3
Boulogne-sur-Gesse (31) 182 A2
Boulogne-sur-Helpe (59) 11 H4
Boulogne-sur-Mer (62) 1 F4
Bouloire (72) 60 D6
Boulon (14) 16 B5
Boulot (70) 87 F5
le Boulou (66) 200 D4
Boulouris 193 G2
le Boulvé (46) 152 A4
Boulzicourt (08) 24 A2
le Boumian 189 E4
Boumourt (64) 180 A1
Bouniagues (24) 137 E6
le Boupère (85) 92 B5
Bouquehault (62) 1 G3
Bouquelon (27) 17 H2
Bouquemaison (80) 9 G3
Bouquemont (55) 47 G2
Bouquet (30) 157 F6
Bouquetot (27) 18 B5
Bouqueval (95) 43 E2
Bouranton (10) 66 B3
Bouray-sur-Juine (91) 63 F1
Bourbach-le-Bas (68) 89 E1
Bourbach-le-Haut (68) 88 D1
Bourberain (21) 86 B4
Bourbévelle (70) 69 E6
Bourbilly 84 C5
Bourbon-Lancy (71) 114 C1
Bourbon-l'Archambault (03) 113 F1
Bourbonne-les-Bains (52) 68 D6
la Bourboule (63) 126 C5
Bourbourg (59) 2 A2

Bourbriac (22) 32 D4
Bourcefranc-le-Chapus (17) ...120 B2
Bourcia (39) 117 F3
Bourcq (08) 24 A4
Bourdainville (76) 7 F4
Bourdalat (40) 164 B3
Bourdeau (73) 131 H3
Bourdeaux (26) 158 D2
Bourdeilles (24) 137 E1
le Bourdeix (24) 123 E4
Bourdelles (33) 150 B2
Bourdenay (10) 65 F2
le Bourdet (79) 107 G4
Bourdettes (64) 180 C3
Bourdic (30) 172 A2
Bourdineau 150 C5
la Bourdinière-Saint-Loup (28)..62 A3
le Bourdon (80) 82 D3
Bourdon (80) 9 E5
Bourdonnay (57) 49 G4
Bourdonné (78) 41 H5
Bourdons-sur-Rognon (52) 68 B4
Bourecq (62) 2 C5
Bouresches (02) 44 B2
Bouresse (86) 109 G3
Bouret-sur-Canche (62) 9 G2
Boureuilles (55) 24 C6
Bourg (33) 135 F3
Bourg (46) 153 F1
Bourg (52) 86 B2
Bourg-Achard (27) 18 B5
Bourg-Archambault (86) 110 A3
Bourg-Argental (42) 143 G1
Bourg-Beaudouin (27) 19 E5
Bourg-Blanc (29) 30 D4
Bourg-Bruche (67) 71 E2
Bourg-Charente (16) 121 H4
le Bourg-d'Arud 146 C5
Bourg-de-Bigorre (65) 181 F4
Bourg-de-Péage (26) 144 C4
Bourg-de-Sirod (39) 103 F5
Bourg-de-Thizy (69) 115 G6
Bourg-de-Visa (82) 151 H5
Bourg-des-Comptes (35) 57 E4
Bourg-des-Maisons (24) 136 D1
Bourgdessaunes (79) 93 F5
le Bourg-d'Hem (23) 111 G4
le Bourg-d'Iré (49) 75 G1
Bourg-d'Oisans (38) 146 A3
Bourg-d'Oueil (31) 181 H6
le Bourg-Dun (76) 7 F2
Bourg-en-Bresse (01) 117 E4
Bourg-et-Comin (02) 22 C4
Bourg-Fidèle (08) 12 B6
Bourg-la-Reine (92) 42 D4
Bourg-Lastic (63) 126 B4
le Bourg-le-Comte (71) 115 E4
le Bourg-le-Roi (72) 60 A2
Bourg-lès-Valence (26) 144 B4
Bourg-l'Évêque (49) 76 B2
Bourg-Madame (66) 198 C5
Bourg-Saint-Andéol (07) 158 A4
Bourg-Saint-Bernard (31) 167 G5
Bourg-Saint-Christophe (01) ...130 C2
le Bourg-Saint-Léonard (61) 39 F4
Bourg-Saint-Maurice (73) 133 F4
Bourg-Sainte-Marie (52) 68 C4
Bourg-sous-Châtelet (90) 88 D2
Bourgaltroff (57) 49 G3
Bourganeuf (23) 125 E1
Bourgbarré (35) 57 F4
Bourgeauville (14) 17 E4
Bourges (18) 97 G3
le Bourget (93) 43 E3
le Bourget-du-Lac (73) 131 H4
Bourget-en-Huile (73) 132 B5
Bourgheim (67) 71 G1
Bourghelles (59) 3 G5
Bourgnac (24) 136 D4
Bourgneuf (17) 106 D5
Bourgneuf (73) 132 B4
Bourgneuf-en-Mauges (49) 75 H4
Bourgneuf-en-Retz (44) 74 A4
la Bourgneuf-la-Forêt (53) 58 B4
Bourgogne (51) 23 E5
Bourgoin-Jallieu (38) 130 D4
Bourgon (53) 58 B4
la Bourgonce (88) 70 C2
Bourgougnague (47) 150 D2
Bourgtheroulde-Infreville (27) ...18 B5
Bourguébus (14) 16 C5
Bourgueil (37) 78 A6
Bourguenolles (50) 35 H2
le Bourguet (83) 175 H3
Bourguignon (25) 88 C5
Bourguignon-
   -lès-Conflans (70) 87 G1
Bourguignon-
   -lès-la-Charité (70) 87 F4
Bourguignon-lès-Morey (70) 86 D2
Bourguignon-sous-Coucy (02) ..21 H3
Bourguignon-
   -sous-Montbavin (02) 22 B3
Bourguignons (10) 66 C4
Bourgvilain (71) 116 A3
Bourideys (33) 149 F5
Bouriège (11) 184 D5
Bourigeole (11) 184 C5
Bourisp (65) 195 G4
Bourlens (47) 151 H4
Bourlon (62) 10 D3
Bourmont (52) 68 C4
Bournainville-Faverolles (27) 17 G5
Bournan (37) 95 E3
Bournand (86) 93 H2
Bournazel (12) 154 A3
Bournazel (81) 168 A1
Bourneau (85) 107 F2
Bournel (47) 151 F2
Bourneville (27) 17 H3

Bournezeau (85) 91 H4
Bourniquel (24) 137 F6
Bournois (25) 88 A4
Bournoncle-Saint-Pierre (43) ..141 G1
Bournonville (62) 1 G4
Bournos (64) 180 B1
Bourogne (90) 88 D3
Bourran (47) 150 D4
Bourré (41) 79 H6
Bourréac (65) 181 E4
Bourret (82) 166 D2
Bourriot-Bergonce (40) 149 H6
Bourron-Marlotte (77) 64 A3
Bourrou (24) 137 E4
Bourrouillan (32) 164 D3
Bours (62) 9 G1
Bours (65) 181 E2
Boursault (51) 45 E2
Boursay (41) 61 F5
Bourscheid (57) 50 B4
Bourseul (22) 34 B5
Bourseville (80) 8 B4
Boursières (70) 87 F3
Boursies (59) 10 C4
Boursin (62) 1 G4
Boursonne (60) 21 G6
Bourth (27) 40 C4
Bourthes (62) 1 G5
le Bourtzwiller (68) 7 F3
Boury-en-Vexin (60) 19 G6
Bousbach (57) 27 G5
Bousbecque (59) 3 F4
le Bouscat (33) 135 E5
Bousies (59) 11 G3
Bousignies (59) 11 E1
Bousignies-sur-Roc (59) 12 B2
le Bousquet (11) 198 D2
le Bousquet-d'Orb (34) 170 A5
Boussac (12) 154 A5
Boussac (23) 112 A3
la Boussac (35) 35 F5
Boussac (46) 153 F2
Boussac-Bourg (23) 112 A3
Boussais (79) 93 F5
Boussan (31) 182 C3
Boussay (37) 95 E5
Boussay (44) 91 H1
Bousse (57) 26 C4
Bousse (72) 77 H2
Bousselange (21) 102 B3
Boussenac (09) 183 F6
Boussenois (21) 86 A3
Boussens (31) 182 C3
Bousseraucourt (70) 69 E6
Boussès (47) 150 B6
Bousseviller (57) 28 B5
Boussey (21) 85 E5
Boussicourt (80) 20 D2
Boussières (25) 103 E1
Boussières-en-Cambrésis (59)..11 E3
Boussières-sur-Sambre (59) 11 H3
Boussois (59) 12 A2
Boussy (74) 131 H2
Boussy-Saint-Antoine (91) 43 E5
Boust (57) 26 B2
Boustroff (57) 27 E6
Bout-du-Pont-de-Larn (81) 168 D6
Boutancourt (08) 24 B2
Boutavent (60) 19 G2
la Bouteille (02) 12 A6
Bouteilles-
   -Saint-Sébastien (24) 136 C1
Boutenac (11) 185 H4
Boutenac-Touvent (17) 120 D5
Boutencourt (60) 19 H5
Boutervilliers (91) 63 E2
Bouteville (16) 121 H4
Boutiers-Saint-Trojan (16) 121 G3
Boutigny (77) 43 G3
Boutigny-Prouais (28) 41 G5
Boutigny-sur-Essonne (91) 63 G2
Bouttencourt (80) 8 C5
Boutteville (50) 15 E4
Boutx (31) 182 B6
Bouvaincourt-sur-Bresle (80) 8 B5
Bouvancourt (51) 22 D5
Bouvante (26) 144 D4
Bouvée (26) 166 B4
Bouvelinghem (62) 1 H4
Bouvellemont (08) 24 A3
Bouverans (25) 103 G4
Bouvesse-Quirieu (38) 131 E2
Bouvières (26) 158 D2
Bouvignies (59) 11 E1
Bouvigny-Boyeffles (62) 10 A1
Bouville (28) 62 A3
Bouville (76) 7 F5
Bouville (91) 63 F2
Bouvincourt-
   -en-Vermandois (80) 10 C6
Bouvines (59) 3 G5
Bouvresse (60) 19 G2
Bouvron (44) 74 B3
Boux-sous-Salmaise (21) 85 E5
Bouxières-aux-Bois (88) 69 G3
Bouxières-aux-Chênes (54) 48 D4
Bouxières-aux-Dames (54) 48 D4
Bouxières-
   -sous-Froidmont (54) 48 C2
Bouxurulles (88) 69 G2
Bouxwiller (67) 50 D3
Bouxwiller (68) 89 F3
Bouy (51) 45 H1
Bouy-Luxembourg (10) 66 C2
Bouy-sur-Orvin (10) 65 F2
Bouyon (06) 176 D4
le Bouyssou (46) 153 F1
Bouzais (18) 97 H6

Bouzancourt (52) 67 G3
Bouzanville (54) 69 F2
Bouze-lès-Beaune (21) 101 F3
Bouzel (63) 127 G3
Bouzemont (88) 69 G3
Bouzeron (71) 101 F4
Bouzic (24) 152 B1
Bouziès (46) 152 D3
Bouzigues (34) 187 G1
Bouzillé (49) 75 F4
Bouzin (31) 182 C3
Bouzincourt (80) 10 A5
Bouzols 142 C4
Bouzon-Gellenave (32) 164 D4
Bouzonville (57) 27 E4
Bouzonville-aux-Bois (45) 63 F5
Bouzy (51) 45 G2
Bouzy-la-Forêt (45) 81 G1
Bovée-sur-Barboure (55) 47 H5
Bovel (35) 56 D4
Bovelles (80) 9 F6
Boves (80) 9 G6
Boviolles (55) 47 G5
Boyardville 120 B1
Boyaval (62) 2 B6
Boyelles (62) 10 B3
Boyer (42) 115 F6
Boyer (71) 116 B1
Boyeux-Saint-Jérôme (01) 117 F6
Boynes (45) 63 G5
Boz (01) 116 B3
Bozas (07) 143 H3
Bozel (73) 133 E5
Bozouls (12) 154 D3
Brabant-en-Argonne (55) 47 E1
Brabant-le-Roi (55) 46 D4
Brabant-sur-Meuse (55) 25 E5
Brach (33) 134 C3
Brachay (52) 67 G2
Braches (80) 20 D2
Brachy (76) 7 F3
Bracieux (41) 80 B4
Bracon (39) 103 E3
Bracquemont (76) 7 G2
Bracquetuit (76) 7 H4
Bradiancourt (76) 19 E2
Braffais (50) 37 F4
Bragassargues (30) 171 G2
Bragayrac (31) 182 D1
Brageac (15) 139 H2
Bragelogne-Beauvoir (10) 66 C6
Bragny-sur-Saône (71) 101 H4
Braillans (25) 87 G6
Brailly-Cornehotte (80) 9 E3
Brain (21) 85 E5
Brain-sur-Allonnes (49) 77 H6
Brain-sur-l'Authion (49) 77 E5
Brain-sur-Longuenée (49) 75 H2
Brainans (39) 102 D4
Braine (02) 22 B5
Brains (44) 74 B5
Brains-sur-Gée (72) 59 H5
Brains-sur-les-Marches (53) 58 A6
Brainville (50) 36 D1
Brainville (54) 48 A1
Brainville-sur-Meuse (52) 68 C4
Braisnes (60) 21 F4
Braize (03) 98 A6
Bralleville (54) 69 G2
Bram (11) 184 C3
Bramans (73) 147 F1
Brameloup Village 155 E2
Brametot (76) 7 F3
Bramevaque (65) 182 A5
Bran (17) 135 G1
Brancourt-en-Laonnois (02) 22 B3
Brancourt-le-Grand (02) 11 E5
Brandérion (56) 54 D5
Brandeville (55) 25 E4
Brandivy (56) 55 F5
Brando (2B) 203 G3
Brandon (71) 115 H3
Brandonnet (12) 153 H4
Brandonvillers (51) 46 B6
Branféré 73 F1
Branges (71) 102 A6
Brangues (38) 131 F3
Brannay (89) 64 D4
Branne (25) 88 A5
Branne (33) 135 H5
Branoux-les-Taillades (30) 156 D5
Brans (39) 102 C1
Bransat (03) 113 H4
Branscourt (51) 22 D6
Bransles (77) 64 B4
Brantes (84) 159 E5
Brantigny (88) 66 C2
Brantigny (88) 69 G2
Brantôme (24) 137 F1
Branville (14) 17 E4
Branville-Hague (50) 14 B2
Branzac 140 A3
Braquis (55) 25 G6
Bras (83) 174 D6
Bras-d'Asse (04) 175 E2
Bras-sur-Meuse (55) 25 E6
Brasc (12) 169 E2
Braslou (37) 94 B3
Brasparts (29) 31 G5
Brassac (09) 183 G6
Brassac (81) 169 E5
Brassac (82) 151 H5
Brassac-les-Mines (63) 127 G6
Brassempouy (40) 163 G5
les Brasses 118 D4

235

Brasseuse (60) 21 E6
Brassy (58) 100 A1
Brassy (80) 20 A2
Bratte (54) 48 D4
Braucourt (52) 67 F1
Braud-et-Saint-Louis (33) 135 E2
Brauvilliers (55) 47 E6
Braux (04) 176 A3
Braux (10) 66 D1
Braux (21) 84 D5
Braux-le-Châtel (52) 67 G5
Braux-Saint-Remy (51) 46 D2
Braux-Sainte-Cohière (51) 46 C1
Brax (31) 166 D5
Brax (47) 151 E6
Bray (27) 40 C1
Bray (71) 116 A2
Bray-Dunes (59) 2 C1
Bray-en-Val (45) 81 G2
Bray-et-Lû (95) 41 H1
Bray-lès-Mareuil (80) 8 D4
Bray-Saint-Christophe (02) 21 H1
Bray-sur-Seine (77) 64 D2
Bray-sur-Somme (80) 10 B5
Braye (02) 22 A4
Braye-en-Laonnois (02) 22 C4
Braye-en-Thiérache (02) 23 E1
Braye-sous-Faye (37) 94 B3
Braye-sur-Maulne (37) 78 B4
Brazey-en-Morvan (21) 100 C2
Brazey-en-Plaine (21) 102 A2
Bréal-sous-Montfort (35) 56 D3
Bréal-sous-Vitré (35) 58 B4
Bréançon (95) 42 B1
Bréau (77) 64 B1
Bréau-et-Salagosse (30) 170 D2
Bréau sans Nappe (78) 62 D1
Bréauté (76) 6 C4
Bréban (51) 46 A6
Brebières (62) 10 C2
Brebotte (90) 88 D3
Brécé (35) 57 G3
Brecé (53) 58 C2
Brécey (50) 37 F4
Brech (56) 55 E6
Brechainville (88) 68 B2
Bréchamps (28) 41 G5
Bréchaumont (68) 89 E2
Brèches (37) 78 C4
Breconchaux (25) 87 H5
Brectouville (50) 37 G2
Brécy (............) 16 A4
Brécy (02) 44 C1
Brécy (18) 98 A2
Brécy-Brières (08) 24 B5
la Brède (33) 149 F1
Bredons (15) 140 D3
Brée (53) 59 E4
la Brée-les-Bains (17) 106 B6
Bréel (61) 38 C4
Brégançon (83) 192 B5
Brégnier-Cordon (01) 131 F4
Brégy (60) 43 G2
Bréhain (57) 49 F3
Bréhain-la-Ville (54) 25 H4
Bréhal (50) 35 G1
Bréhan (56) 55 G3
Bréhand (22) 33 H5
Bréhec (.............) 33 F2
Bréhémont (37) 78 B6
Bréhéville (55) 25 E4
Breidenbach (57) 28 B5
Breil (49) 78 A5
le Breil-sur-Mérize (72) 60 C6
Breil-sur-Roya (06) 177 F3
la Breille-les-Pins (49) 77 H6
Breilly (80) 9 F5
Breistroff-la-Grande (57) 26 C2
Breitenau (67) 71 F2
Breitenbach (67) 71 F2
Breitenbach-Haut-Rhin (68) 71 E5
Brélès (29) 30 C4
Brélidy (22) 32 D3
Brem-sur-Mer (85) 90 D5
Bréménil (54) 49 H6
Brêmes (55) 1 H3
Brémoncourt (54) 69 H1
Bremondans (25) 88 A6
Brémontier-Merval (76) 19 F4
Brémoy (14) 38 A2
Brémur-et-Vaurois (21) 85 E2
Bren (26) 144 B3
Brenac (11) 184 D6
Brenas (34) 170 B5
Brenat (63) 127 G5
Brénaz (01) 131 G1
Brenelle (02) 22 B5
Brengues (46) 153 F2
Brennes (52) 86 A2
Brennilis (29) 31 H5
Brénod (01) 117 G6
Brenon (83) 175 H3
Brenouille (60) 20 D5
Brenoux (48) 156 A3
Brens (01) 131 G3
Brens (81) 168 A3
Brenthonne (74) 118 D3
Breny (02) 44 B1
la Bréole (04) 160 D3
Brères (25) 103 E2
Bréry (39) 102 D5
Bresdon (17) 121 H2
les Bréseux (25) 88 C6
Bresilley (70) 86 D6
Bresle (80) 9 H5
Bresles (60) 20 B4
Bresnay (03) 113 H3
Bresolettes (61) 40 A6
la Bresse (88) 70 C5
Bresse-sur-Grosne (71) 116 A1

Bressey-sur-Tille (21) 86 A6
Bressieux (38) 144 D1
Bressolles (01) 130 C2
Bressolles (03) 113 H2
Bressols (82) 167 E2
Bresson (38) 145 G2
Bressoncourt 68 B2
Bressuire (79) 93 E4
Brest (29) 30 D5
Brestot (27) 18 A5
Bretagne (36) 96 C3
Bretagne (90) 88 D3
Bretagne-d'Armagnac (32) 165 E3
Bretagne-de-Marsan (40) 164 A3
Bretagnolles (27) 41 F3
la Bretenière (25) 87 H5
la Bretenière (39) 102 D2
Bretenières (39) 102 C4
Bretenoux (46) 139 E5
Breteil (35) 56 D2
Bretenière (21) 101 H1
Breteuil (27) 40 C4
Breteuil (60) 20 C2
Brethel (61) 40 A5
Brethenay (52) 67 H4
le Brethon (03) 112 D1
Bretigney (25) 88 B4
Bretigney-Notre-Dame (25) 87 H6
Bretignolles (79) 92 D4
Bretignolles-sur-Mer (85) 90 D4
Bretigny (21) 85 H5
Brétigny (27) 18 A6
Brétigny (60) 21 G3
Brétigny-sur-Orge (91) 42 D6
Bretoncelles (61) 61 F2
la Bretonnière-la-Claye (85) 106 C2
Bretonvillers (25) 88 B6
Brette (26) 159 E2
Brette-les-Pins (72) 78 B1
Bretten (68) 89 E2
Brettes (16) 108 C6
Bretteville (50) 14 D2
Bretteville-du-Grand-Caux (76) 6 C4
Bretteville-le-Rabet (14) 16 C6
Bretteville-l'Orgueilleuse (14) 16 B4
Bretteville-Saint-Laurent (76) 7 F3
Bretteville-sur-Ay (50) 14 C5
Bretteville-sur-Dives (14) 16 D6
Bretteville-sur-Laize (14) 16 C6
Bretteville-sur-Odon (14) 16 B4
Brettnach (57) 27 E4
Bretx (31) 166 D4
Breuches (70) 87 H1
Breuchotte (70) 88 A1
Breugnon (58) 83 F5
le Breuil (03) 114 C5
le Breuil (51) 44 D3
Breuil (51) 22 D5
le Breuil (69) 129 G2
le Breuil (71) 101 E5
Breuil (80) 21 G1
Breuil-Barret (85) 92 C6
le Breuil-Bernard (79) 92 D6
Breuil-Bois-Robert (78) 41 H3
le Breuil-en-Auge (14) 17 F4
le Breuil-en-Bessin (14) 15 G5
Breuil-la-Réorte (17) 107 F6
Breuil-le-Sec (60) 20 D5
Breuil-le-Vert (60) 20 D5
Breuil-Magné (17) 106 D6
le Breuil-Mingot (86) 109 E1
le Breuil-sous-Argenton (79) 93 E3
le Breuil-sur-Couze (63) 127 G6
Breuilaufa (87) 110 B6
Breuilh (24) 137 F4
Breuillet (17) 120 C3
Breuillet (91) 42 C6
Breuilpont (27) 41 F3
Breurey-lès-Faverney (70) 87 G2
Breuschwickersheim (67) 51 E5
Breuvannes-en-Bassigny (52) ..68 C4
Breuvery-sur-Coole (51) 45 H4
Breuville (50) 14 C3
Breux (55) 25 E3
Breux-Jouy (91) 42 C6
Breux-sur-Avre (27) 40 D5
Brévainville (41) 61 H6
Bréval (78) 41 G3
Brévands (50) 15 E5
le Brévedent (14) 17 F4
Brèves (58) 83 G5
les Bréviaires (78) 42 A5
Bréviandes (10) 66 B3
la Brévière (14) 17 E6
Bréville (16) 121 H2
Bréville-les-Monts (14) 16 C4
Bréville-sur-Mer (50) 35 G1
Brévillers (62) 9 E2
Brévillers (80) 9 G3
Brévilliers (70) 88 C3
Brévilly (08) 24 D2
Brévonnes (10) 66 D2
Bréxent-Enocq (62) 1 F6
Brey-et-Maison-du-Bois (25) ..103 H5
Brézé (49) 93 G2
Bréziers (05) 160 C3
Brézilhac (11) 184 C4
Brézins (38) 144 D1
Brezolles (28) 40 D5
Brezons (15) 140 D4
Briançon (05) 147 E4
Briançonnet (06) 176 A4
Brianny (21) 84 D5
Briant (71) 115 F4
Briantes (36) 111 H2
Briare (45) 82 A3
Briarres-sur-Essonne (45) 63 G4
Brias (62) 9 G1

Briastre (59) 11 F3
Briatexte (81) 168 A4
Briaucourt (52) 68 A4
Briaucourt (70) 87 G1
Bricon (52) 67 G5
Briconville (28) 62 A1
Bricot la Ville 44 D5
Bricquebec (50) 14 C3
Bricquebosq (50) 14 B3
Bricqueville (14) 15 G5
Bricqueville-la-Blouette (50) 37 E2
Bricqueville-sur-Mer (50) 35 G1
Bricy (45) 62 C6
Brides-les-Bains (73) 132 D5
la Bridoire (73) 131 G5
Bridoré (37) 95 G3
Brie (02) 22 B3
Brie (09) 183 G3
Brie (16) 122 C3
Brie (35) 57 F4
Brie (79) 93 G4
Brie (80) 10 C6
Brie-Comte-Robert (77) 43 F5
Brié-et-Angonnes (38) 145 G3
Brie-sous-Archiac (17) 121 G5
Brie-sous-Barbezieux (16) 122 A6
Brie-sous-Chalais (16) 136 A1
Brie-sous-Matha (17) 121 H2
Brie-sous-Mortagne (17) 120 D5
Briec (29) 53 G2
Briel-sur-Barse (10) 66 C4
Brielles (35) 58 A5
Brienne (71) 116 C1
Brienne-la-Vieille (10) 66 D2
Brienne-le-Château (10) 66 D2
Brienne-sur-Aisne (08) 23 H4
Briennon (42) 115 E5
Brienon-sur-Armançon (89) 65 G6
Brières-les-Scellés (91) 63 F2
Brieuil-sur-Chizé (79) 108 A5
Brieulles-sur-Bar (08) 24 B4
Brieulles-sur-Meuse (55) 24 D5
Brieux (61) 39 E4
Briey (54) 26 A4
Briffons (63) 126 C4
Brignac (34) 170 C5
Brignac (56) 56 A2
Brignac-la-Plaine (19) 138 B2
Brignais (69) 130 A4
Brignancourt (95) 42 B1
Brigné (49) 93 E1
Brignemont (31) 166 B4
Brignogan-Plage (29) 31 F2
Brignoles (83) 191 H3
Brignon (30) 171 H2
le Brignon (43) 142 C5
la Brigue (06) 177 G2
Briguemesnil-le-Chantre (86) ..110 B3
Brigueuil (16) 123 G1
Briis-sous-Forges (91) 42 C6
Brillac (87) 109 H6
la Brillanne (04) 174 D2
Brillecourt (10) 66 C1
Brillevast (50) 14 D2
Brillon (59) 11 E1
Brillon-en-Barrois (55) 47 E5
Brimeux (62) 8 D1
Brimont (51) 23 E5
Brin-sur-Seille (54) 49 E4
Brinay (18) 97 E2
Brinay (58) 99 G3
Brinckheim (68) 89 G2
Brindas (69) 129 H3
Bringolo (22) 33 F4
Brinon-sur-Beuvron (58) 99 F1
Brinon-sur-Sauldre (18) 81 F4
Briod (39) 102 D6
Briollay (49) 77 E4
Brion (01) 117 G5
Brion (36) 96 C4
Brion (38) 144 D1
Brion (48) 155 F1
Brion (49) 77 G5
Brion (71) 100 C4
Brion (86) 109 F3
Brion-près-Thouet (79) 93 G3
Brion-sur-Ource (21) 67 E6
la Brionne (23) 111 F5
Brionne (27) 18 A6
Briord (01) 131 E2
Briosne-lès-Sables (72) 60 C4
Briost 10 C6
Briot (60) 19 H2
Briou (41) 80 B2
Brioude (43) 141 G1
Brioux-sur-Boutonne (79) 108 A5
Briouze (61) 38 C5
Briquemesnil-Floxicourt (80) 9 F6
Briquenay (08) 24 B4
Briscous (64) 162 C6
Brison-Saint-Innocent (73) 131 H3
Brissac (34) 171 E3
Brissac-Quincé (49) 77 E6
Brissarthe (49) 77 E2
Brissay-Choigny (02) 22 A2
Brissy-Hamégicourt (02) 22 A1
Brive-la-Gaillarde (19) 138 C3
Brives (36) 96 D5
Brives-Charensac (43) 142 C4
Brives-sur-Charente (17) 121 F4
Brivezac (19) 139 E4
Brix (50) 14 C3
Brixey-aux-Chanoines (55) 68 D1
Brizambourg (17) 121 F2
Brizay (37) 94 C2
Brizeaux (55) 47 E2
Brizon (74) 119 E5
le Broc (06) 176 D4

Broc (49) 78 A4
le Broc (63) 127 G5
Brocas (33) 163 G4
Brocas (40) 163 H1
Brochon (21) 101 G1
Brocourt (80) 8 D6
Broglie (27) 17 H6
Brognard (25) 88 C3
Brognon (25) 88 C3
Brognon (08) 12 C5
Brognon (21) 86 A5
Broin (21) 101 H2
Broindon (21) 101 H1
Broissia (39) 117 F3
Brombos (60) 19 H2
Bromeilles (45) 63 H4
Brommat (12) 140 C6
Brommes (14) 140 C5
Bromont-Lamothe (63) 126 D3
Bron (69) 130 B3
Bronvaux (57) 26 B4
Broons (22) 34 B6
la Broque (67) 50 B6
Broquiers (60) 19 H2
Broquiès (12) 169 F2
Brossac (16) 136 A1
Brossainc (07) 143 H1
Brossay (49) 93 E2
la Brosse-Montceaux (77) 64 C3
Brosses (89) 83 G4
Brosville (27) 40 D1
Brotte-lès-Luxeuil (70) 87 H2
Brotte-lès-Ray (70) 86 D3
Brou 117 E4
Brou (28) 61 G4
Brou-sur-Chantereine (77) 43 F3
Brouage 120 C2
Brouains (50) 37 G5
Broualan (35) 35 F5
Brouay (14) 16 A4
Brouchaud (24) 137 H2
Brouchy (80) 21 G2
Brouck (57) 26 D5
Broucourt ....
Brouckerque (59) 2 B2
Brouderdorff (57) 50 B4
Broué (28) 41 G5
Brouennes (55) 25 E3
le Brouilh-Monbert (32) 165 F5
Brouilla (66) 200 D5
Brouillet (51) 22 D6
Brouqueyran (33) 149 H3
la Brousse (17) 121 G2
Brousse (23) 126 B1
Brousse (63) 127 H4
Brousse (81) 168 B4
Brousse-le-Château (12) 169 E2
Brousses-et-Villaret (11) 184 D2
Brousseval (52) 67 G1
Broussey-en-Blois (55) 47 H5
Broussey-Raulecourt (55) 48 A4
Broussy-le-Grand (51) 45 E4
Broussy-le-Petit (51) 45 E4
Broût-Vernet (03) 113 H5
Brouvelieures (88) 70 B3
Brouville (54) 49 G6
Brouviller (57) 50 B4
Brouy (91) 63 F3
Brouzet-lès-Alès (30) 157 F6
Brouzet-lès-Quissac (30) 171 G3
les Brouzils (85) 91 G2
Broxeele (59) 2 B3
Broye (71) 100 C4
Broye-Aubigney-
   -Montseugny (70) 86 C6
Broye-les-Loups-
   -et-Verfontaine (70) 86 B4
Broyes (51) 45 E5
Broyes (60) 20 D2
Broze (81) 167 H2
Brû (88) 70 B2
Bruailles (71) 117 E1
Bruay-la-Buissière (62) 2 C6
Bruay-sur-l'Escaut (59) 11 F1
Bruc-sur-Aff (35) 56 C5
Brucamps (80) 9 E4
Bruch (47) 150 D5
Brucheville (50) 15 E4
Brucourt (14) 16 A4
Brue-Auriac (83) 174 D5
Bruebach (68) 89 F2
Brueil-en-Vexin (78) 42 A2
Bruère-Allichamps (18) 97 G5
la Bruère-sur-Loir (72) 78 B3
la Bruffière (85) 91 H1
Brugairolles (11) 184 D4
le Brugeron (63) 128 B3
Bruges (33) 135 E5
Bruges-Capbis-Mifaget (64) 180 C4
Brugheas (03) 114 A6
Brugnac (47) 150 D3
Brugnens (32) 166 A3
Brugny-Vaudancourt (51) 45 E2
la Bruguière (30) 157 G6
Bruguières (31) 167 E4
Bruille-lez-Marchiennes (59) 11 E2
Bruille-Saint-Amand (59) 4 D6
Bruis (05) 159 F3
Brûlain (79) 108 A4
les Brulais (35) 56 C4
Brulange (57) 49 F2
la Brûlatte (53) 58 B5
Bruley (54) 48 B5
Brullemail (61) 39 G5
Brulliolles (69) 129 G3
Brûlon (72) 59 G6
Brumath (67) 51 E4
Brumetz (02) 44 A1
Brunehamel (02) 23 F1
Brunelles (28) 61 F3
les Brunels (11) 184 C1
Brunembert (62) 1 G4

Brunémont (59) 10 D2
Brunet (04) 174 D2
Bruneval 6 B4
Brunoy (91) 43 E5
Brunstatt (68) 89 F2
Brunville (76) 7 H1
Brunvillers-la-Motte (60) 20 D3
Brusque (12) 169 H4
le Brusquet (04) 160 D5
Brussey (70) 87 E6
Brussieu (69) 129 G3
Brusson (51) 46 C4
Brusvily (22) 34 C6
Brutelles (80) 8 B4
Bruville (54) 26 A5
la Bruyère (70) 88 A1
Bruyères (88) 70 B3
Bruyères-et-Montbérault (02) ..22 C3
Bruyères-le-Châtel (91) 42 C6
Bruyères-sur-Fère (02) 44 C1
Bruyères-sur-Oise (95) 42 D1
Bruys (02) 22 B6
Bruz (35) 57 E3
Bry (59) 11 G2
Bry-sur-Marne (94) 43 E4
Bû (28) 41 G4
le Bû-sur-Rouvres (14) 16 C6
Buais (50) 37 G6
Buanes (40) 164 A4
Bubertré (61) 40 A6
Bubry (56) 54 D3
Buc (78) 42 C4
Buc (90) 88 D2
Bucamps (60) 20 C3
Bucéels (14) 16 A4
Bucey-en-Othe (10) 65 H3
Bucey-lès-Gy (70) 87 E5
Bucey-lès-Traves (70) 87 F3
Buchelay (78) 41 H3
Buchères (10) 66 B3
Buchy (57) 48 D2
Buchy (76) 19 E3
Bucilly (02) 12 B6
Bucquoy (62) 10 A4
Bucy-le-Long (02) 22 A5
Bucy-le-Roi (45) 62 D5
Bucy-lès-Cerny (02) 22 B3
Bucy-lès-Pierrepont (02) 22 D2
Bucy-Saint-Liphard (45) 62 C6
Budelière (23) 112 C5
Budling (57) 26 B3
Budling (57) 26 C3
Budos (33) 149 G2
Bué (18) 82 B6
Bueil (27) 41 F3
Bueil-en-Touraine (37) 78 D3
Buellas (01) 116 D4
Buethwiller (68) 89 E2
Buffard (25) 103 E3
Buffières (71) 115 H3
Buffignécourt (70) 87 F1
Buffon (21) 84 C3
Bugarach (11) 185 E6
Bugard (65) 181 G3
Bugeat (19) 125 F5
Buglose 163 G3
Bugnein (64) 179 G1
Bugnicourt (59) 10 D2
Bugnières (52) 67 H6
Bugny (25) 103 H3
Bugny (57) 26 C3
le Bugue (24) 137 G5
Buhl (67) 29 F6
Buhl (68) 71 E5
Buhl-Lorraine (57) 50 A4
Buhy (95) 41 H1
Buicourt (60) 19 H3
Buigny-l'Abbé (80) 9 E4
Buigny-lès-Gamaches (80) 8 B5
Buigny-Saint-Maclou (80) 8 D3
Buire (02) 12 B6
Buire-au-Bois (62) 9 F2
Buire-Courcelles (80) 10 C5
Buire-le-Sec (62) 8 D1
Buire-sur-l'Ancre (80) 10 A5
Buironfosse (02) 11 H5
le Buis (87) 110 C6
Buis-les-Baronnies (26) 159 E5
Buis-sur-Damville (27) 40 D4
Buissard (05) 160 C1
la Buisse (38) 145 F1
Buisson (84) 158 C5
la Buissière (38) 132 A6
le Buisson (48) 132 A2
le Buisson (51) 46 C4
le Buisson (84) 158 C5
le Buisson-de-Cadouin (24) 137 G5
Buissoncourt (54) 49 E5
Buisson (80) 10 C3
Bujaleuf (87) 124 D3
Bulan (65) 181 G5
Bulat-Pestivien (22) 32 D5
Bulcy (58) 98 C1
Buléon (56) 55 G4
Bulgnéville (88) 69 E3
Bulhon (63) 127 G2
Bullainville (28) 62 B4
Bulle (25) 103 H4
Bullecourt (62) 10 C3
Bulles (60) 20 C4
Bulligny (54) 48 B6
Bullion (78) 42 B6
Bullou (28) 61 H3
Bully (14) 16 B5
Bully (42) 128 D1
Bully (69) 129 G2
Bully (76) 19 E2
Bully-les-Mines (62) 10 B1

Bulson (08) 24 C2
Bult (88) 70 B2
Bun (65) 180 D5
Buncey (21) 85 E1
Buneville (62) 9 G2
Bunus (64) 179 E3
Bunzac (16) 122 D3
Buoux (84) 173 H3
Burbach (67) 50 A2
la Burbanche (01) 131 F2
Burbure (62) 2 C6
Burcin (38) 131 E6
Burcy (14) 38 A3
Burcy (77) 63 H4
Burdignes (42) 143 G2
Burdignin (74) 118 D3
Bure (55) 68 C1
Bure (61) 60 C1
Bure-les-Templiers (21) 85 G2
Burelles (02) 22 D1
Bures (54) 49 F4
Bures (61) 39 H6
Bures-en-Bray (76) 19 E1
Bures-les-Monts (14) 37 H2
Bures-sur-Yvette (91) 42 C5
le Buret (53) 59 E6
Burey (27) 40 C2
Burey-en-Vaux (55) 48 A6
Burey-la-Côte (55) 68 D1
Burg (65) 181 G3
Burgalays (31) 182 A6
Burgaronne (64) 179 G1
le Burgaud (31) 166 D4
Burgille (25) 87 E6
Burgnac (87) 124 A3
Burgy (71) 116 B2
Burie (17) 121 G3
Buriville (54) 49 G6
Burlats (81) 168 C5
Burlioncourt (57) 49 F3
Burnand (71) 116 A1
Burnevillers (25) 88 D5
Burnhaupt-le-Bas (68) 89 E2
Burnhaupt-le-Haut (68) 89 E2
Buros (64) 180 C2
Burosse-Mendousse (64) 164 B6
Burret (09) 183 G5
Bursard (61) 60 B1
Burthecourt-aux-Chênes (54) ..48 D6
Burtoncourt (57) 26 D4
Burtulet 32 C5
Bury (60) 20 C5
Bury (60) 20 C5
Burzet (07) 157 F1
Burzy (71) 115 H1
Bus (62) 10 C4
Bus-la-Mésière (80) 21 E2
Bus-lès-Artois (80) 9 H4
Bus-Saint-Rémy (27) 41 G1
Buschwiller (68) 89 G3
Busigny (59) 11 F4
Busloup (41) 79 G1
Busnes (62) 2 C5
Busque (81) 168 A4
Bussac (24) 137 E2
Bussac-Forêt (17) 135 G2
Bussac-sur-Charente (17) 121 E2
Bussang (88) 70 C6
le Busseau (79) 107 G1
Busseaut (21) 85 E2
Busséol (63) 127 G4
Busserolles (24) 123 F4
Busserotte-et-Montenaille (21) ..85 G3
Busset (03) 114 B6
Bussiares (02) 44 B2
la Bussière (45) 82 B2
la Bussière (86) 109 H1
Bussière-Badil (24) 123 E4
Bussière-Boffy (87) 109 H6
Bussière-Dunoise (23) 111 F4
Bussière-Galant (87) 123 H4
Bussière-Nouvelle (23) 126 A1
Bussière-Poitevine (87) 110 A4
la Bussière-Saint-Georges (23) ..112 A3
la Bussière-sur-Ouche (21) 101 F1
Bussières (21) 85 G3
Bussières (42) 129 E2
Bussières (63) 112 D6
Bussières (70) 87 F5
Bussières (71) 116 A3
Bussières (77) 44 B3
Bussières (89) 84 B5
Bussières-et-Pruns (63) 127 F1
Busson (52) 68 B2
Bussu (80) 10 C5
Bussunarits-Sarrasquette (64) ..179 E3
Bussus-Bussuel (80) 9 E4
Bussy (18) 98 A4
Bussy (60) 21 G2
Bussy-Albieux (42) 128 D3
Bussy-aux-Bois 46 B6
Bussy-en-Othe (89) 65 F5
Bussy-la-Pesle (21) 85 F5
Bussy-la-Pesle (58) 99 F1
Bussy-le-Château (51) 46 B2
Bussy-le-Grand (21) 85 E4
Bussy-le-Repos (51) 46 C3
Bussy-le-Repos (89) 64 D5
Bussy-lès-Daours (80) 10 A5
Bussy-lès-Poix (80) 20 A1
Bussy-Lettrée (51) 45 H4
Bussy-Saint-Georges (77) 43 F4
Bussy-Saint-Martin (77) 43 F4
Bust (67) 50 B3
Bustanico (2B) 205 F2
Bustince-Iriberry (64) 179 E3
Buswiller (67) 50 D3
Busy (25) 103 E2
Buthiers (70) 87 F5

Buthiers (77) 63 G3
Butot (76) 7 G4
Butot-Vénesville (76) 6 D3
Butry-sur-Oise (95) 42 C2
Butteaux (89) 65 H6
Butten (67) 28 A6
Buverchy (80) 21 G2
Buvilly (39) 102 D4
la Buxerette (36) 111 F2
Buxerolles (21) 85 G1
Buxerolles (86) 109 E1
Buxeuil (10) 66 D5
Buxeuil (36) 96 C2
Buxeuil (86) 94 D3
Buxières-d'Aillac (36) 111 F1
Buxières-lès-Clefmont (52)......68 G4
Buxières-les-Mines (03) 113 F2
Buxières-lès-Villiers (52)......67 H4
Buxières-sous-les-Côtes (55)....48 A3
Buxières-sous-Montaigut (63)..113 E5
Buxières-sur-Arce (10) 66 D4
Buxy (71) 101 F6
Buysscheure (59) 2 B3
Buzan (80) 182 C6
Buzançais (36) 96 A4
Buzancy (02) 22 A5
Buzancy (08) 24 C4
Buzeins (12) 155 E4
Buzet-sur-Baïse (47).........150 C5
Buzet-sur-Tarn (31).........167 G4
Buziet (64) 180 B3
Buzignargues (34).........171 G4
Buzon (65) 181 F1
Buzy (64)............180 B4
Buzy-Darmont (55) 25 G6
By (25) 103 E3
Byans-sur-Doubs (25) 103 E2

C

Cabanac (65) 181 F2
Cabanac-Cazaux (31)............182 B5
Cabanac-et-Villagrains (33) 149 F2
Cabanac-Séguenville (31) 166 C4
la Cabanasse (66)............198 D4
la Cabane 195 C4
Cabanès (12) 154 A6
Cabanès (81) 168 A4
le Cabanial (31)............167 H6
les Cabannes (09)............198 A2
les Cabannes (13) 173 E4
les Cabannes (81)............168 A1
Cabara (33) 135 H5
Cabariot (17)............120 D1
Cabas-Loumassès (32) 182 A2
Cabasse (83) 175 F6
Cabasson 192 B5
Cabestany (66) 201 E3
Cabidos (64) 163 H6
Cabourg (14) 16 D3
Cabrerets (46) 153 E3
Cabreolles (34) 170 A6
Cabrespine (11) 185 E4
Cabrières (30) 172 B2
Cabrières (34) 170 C6
Cabrières-d'Aigues (84) 174 A3
Cabrières-d'Avignon (84) 173 F2
Cabriès (13) 190 C3
Cabris (06) 176 B6
Cachan (94) 42 D4
Cacharel 172 B6
Cachen (40) 164 A1
Cachy (80) 9 H6
Cadalen (81) 168 A3
Cadarcet (09) 183 G5
Cadarsac (33) 135 G5
Cadaujac (33) 135 F6
Cadéac (65) 181 G6
Cadeilhan (32) 166 A3
Cadeilhan-Trachère (65) 195 G4
Cadeillan (32)............182 C1
Cademène (25) 103 F2
Caden (56) 73 G1
Cadenet (84) 173 H4
Caderousse (84) 158 B6
la Cadière-d'Azur (83)......191 F5
la Cadière-et-Cambo (30).....171 E2
Cadillac (33) 135 F6
Cadillac-en-Fronsadais (33) .135 G4
Cadillon (64) 164 C6
Cadix (81) 168 D2
Cadolive (13) 190 D3
Cadouin 137 G6
Cadours (31) 166 C4
Cadrieu (46) 153 F3
Caen (14) 16 B4
Caëstre (59) 2 D4
Caffiers (62) 1 G3
Cagnac-les-Mines (81) 168 B2
Cagnano (2B) 203 F3
Cagnes-sur-Mer (06) 176 D6
Cagnicourt (62) 10 C3
Cagnoncles (59) 11 E3
Cagnotte (40) 162 D5
Cagny (14) 16 C5
Cagny (80) 9 G6
Cahagnes (14) 38 A1
Cahagnolles (14)............15 H6
Cahaignes (27) 19 F6
Cahan (61) 38 C3
Caharet (65) 181 G4
Cahon (80) 8 C4
Cahors (46) 152 C3
Cahus (46) 139 F5
Cahuzac (11)............184 D3
Cahuzac (47)............151 E1
Cahuzac (81)............184 C1
Cahuzac-sur-Adour (32) 164 C6
Cahuzac-sur-Vère (81) 168 A2

Caignac (31) 183 H2
le Cailar (30) 171 H5
Cailhau (11)............184 C4
Cailhavel (11)............184 C4
Cailla (11) 198 D1
Caillac (46) 152 C3
Caillavet (32) 165 F4
Caille (06) 176 A5
la Caillère-Saint-Hilaire (85) 92 B6
Cailleville (76) 7 E2
Caillouël-Crépigny (02) 21 H3
Caillouet-Orgeville (27) 41 F2
Cailloux-sur-Fontaines (69) .130 A2
Cailly (76) 7 H5
Cailly-sur-Eure (27) 41 E1
Cainet (14) 16 A6
Cairanne (84) 158 C5
le Caire (04) 160 B4
Cairon (14) 16 B4
Caisnes (60) 21 G3
Caissargues (30) 172 A3
Caix (80) 21 E1
Caixas (66) 199 G4
Caixon (65) 181 E1
Cajarc (46) 153 F3
Calacuccia (2B) 204 D2
Calais (62) 1 G2
Calamane (46) 152 C3
Calan (56) 54 C4
Calanhel (22) 32 C5
Calavanté (65) 181 F3
Calcatoggio (2A) 204 C5
Calce (66) 199 H2
Caldégues 198 C5
Calenzana (2B) 202 C6
Calès (24) 137 F5
Calès (46) 138 C6
Calignac (47) 150 D6
Caligny (61) 38 B4
Callac (22) 32 C5
Callas (83) 175 H5
Callen (40) 149 F4
Callengeville (76) 19 F1
Calleville (27) 18 A6
Calleville-les-Deux-Églises (76)....7 G4
Callian (32) 165 E5
Callian (83) 176 B6
Calmeilles (66) 199 G4
Calmels-et-le-Viala (12) 169 F2
la Calmette (30) 171 H2
Calmont (12) 154 B5
Calmont (31)............183 H2
Calmoutier (70) 87 H3
Caloire (42) 129 E6
Calonges (47) 150 C4
Calonne-Ricouart (62) 2 C6
Calonne-sur-la-Lys (62) 2 C6
Calorguen (22) 34 D5
la Calotterie (62) 1 F6
Caluire-et-Cuire (69) 130 A2
Calvi (2B) 202 B6
Calviac (46) 139 G5
Calviac-en-Périgord (24) 138 B5
Calvignac (46) 153 E3
Calvinet (15) 154 A1
Calvisson (30) 171 H4
Calzan (09) 184 A5
Camalès (65) 181 E2
Camarade (09) 183 E4
Camaret-sur-Aigues (84) 158 B6
Camaret-sur-Mer (29) 30 D5
Camarsac (33) 135 G5
Cambayrac (46) 152 B4
la Cambe (14) 15 F5
Cambernard (31) 183 E1
Cambernon (50) 37 E1
Cambes (33) 135 F6
Cambes (46) 153 F2
Cambes (47) 150 C2
Cambes-en-Plaine (14).......16 B4
Cambia (2B) 205 F2
Cambiac (31) 184 A1
Cambieure (11) 184 C4
Camblain-Châtelain (62) 2 C6
Camblain-l'Abbé (62) 10 A1
Camblanes-et-Meynac (33) ...135 F6
Cambligneul (62) 10 A1
Camblos-les-Bains (64).......178 C1
le Cambon 155 E3
Cambon (81) 168 C3
Cambon-et-Salvergues (34) ...169 G5
Cambon-lès-Lavaur (81)......167 H5
Camboulazet (12) 154 B5
Camboulit (46) 153 F2
Cambounès (81) 168 D5
Cambounet-sur-le-Sor (81) ...168 B5
le Cambout (22) 55 H3
Cambrai (59) 10 D3
Cambremer (14) 17 E5
Cambrin (62) 2 D6
Cambron (80) 8 D4
Cambronne-lès-Clermont (60) ...20 C5
Cambronne-lès-Ribécourt (60)..21 F4
Camburat (64) 153 G2
Came (64) 162 D6
Camélas (66) 199 G4
Camelin (02) 21 H3
Camembert (61) 39 G3
Cametours (50) 37 F1
Camiac-et-Saint-Denis (33) ...135 G6
Camiers (62) 1 F5
Camiran (33) 150 A2
Camjac (12) 154 B6
Camlez (22) 32 C2
Cammazes (81) 184 C1
Camoël (56) 73 F2
Camoins-les-Bains 190 D4

Camon (09) 184 B5
Camon (80) 9 G6
Camors (56) 55 E4
Camou-Cihigue (64) 179 A1
Camous (65) 183 G3
Campagna-de-Sault (11) 198 C2
Campagnac (12) 155 F4
Campagnac (81) 167 H1
Campagnac-lès-Quercy (24) ...152 A1
Campagnan (34) 170 C6
Campagne (24) 137 G5
Campagne (34) 171 G4
Campagne (40) 163 G3
Campagne (60) 21 G2
Campagne-d'Armagnac (32) .164 D3
Campagne-lès-Boulonnais (62) ...1 H5
Campagne-lès-Guines (62) 1 G3
Campagne-lès-Hesdin (62) ...8 D1
Campagne-lès-Wardrecques (62) ...2 B4
Campagne-sur-Arize (09) 183 F4
Campagne-sur-Aude (11) 184 D6
Campagnolles (14) 37 H3
Campan (65) 181 F5
Campana (2B) 205 F1
Campandré-Valcongrain (14) ...16 A6
Camparan (65) 195 G4
Campbon (44) 74 A3
Campeaux (14) 37 H2
Campeaux (60) 19 G3
Campel (35) 56 D4
Campénéac (56) 56 B4
Campestre-et-Luc (30) 170 C2
Campet-et-Lamolère (40) 163 G2
Camphin-en-Carembault (59)....3 F6
Camphin-en-Pévèle (59).......3 G5
Campi (2B) 205 G2
Campigneulles-les-Grandes (62) ...8 C1
Campigneulles-les-Petites (62)...8 D1
Campigny (14) 15 H6
Campigny (27) 17 H3
Campile (2B) 203 F6
Campistrous (65) 181 G4
Campitello (2B) 203 F6
Camplong (34) 170 A5
Camplong-d'Aude (11) 185 G4
Campneuseville (76) 8 C6
Campo (2A) 204 D6
Campôme (66) 199 E3
Campouriez (12) 154 C1
Campoussy (66) 199 F2
Campremy (60) 20 C3
Camprond (50) 37 E1
Camps-en-Amiénois (80) 9 E6
Camps-la-Source (83) 191 H3
Camps-Saint-Mathurin-Léobazel (19)...139 F4
Camps-sur-l'Agly (11) 185 E6
Camps-sur-l'Isle (33) 136 A4
Campsas (82) 167 E3
Campsegret (24) 137 E5
Campuac (12) 154 C2
Campugnan (33) 135 F2
Campuzan (65) 181 H2
Camurac (11) 198 B2
Canac 155 F4
Canale-di-Verde (2B) 205 G2
Canals (82) 166 D3
Canaples (80) 9 F4
Canappeville (27) 40 D1
Canapville (14) 17 E3
Canapville (61) 39 G3
Canari (2B) 203 F3
Canaules-et-Argentières (30) ...171 G2
Canavaggia (2B) 203 F6
Canaveilles (66) 199 E4
Cancale (35) 35 E3
Canchy (14) 15 G5
Canchy (80) 8 D3
Cancon (47) 151 F3
Candas (80) 9 G4
Candé (49) 75 G2
Candé-sur-Beuvron (41) 79 H5
Candes-Saint-Martin (37) 93 H1
Candillargues (34) 171 G5
Candor (60) 21 F2
Candresse (40) 163 E4
le Caneau 123 F6
Canehan (76) 8 A5
Canéjan (33) 135 E6
Canens (31) 183 F3
Canenx-et-Réaut (40) 164 A1
Canet (11) 185 H3
Canet (34) 170 C5
Canet-de-Salars (12) 154 D5
Canet-en-Roussillon (66) 201 E2
Canet-Plage 201 E3
Canettemont (62) 9 G2
Cangey (37) 79 G5
Caniac-du-Causse (46) 152 D2
Canihuel (22) 33 E6
Canilhac (48) 155 F4
Canisy (50) 37 F1
Canlers (62) 2 A6
Canly (60) 21 E5
Cannectancourt (60) 21 F3
Cannelle (2A) 204 C5
Cannes (06) 193 F1
Cannes-Écluse (77) 64 C2
Cannes-et-Clairan (30) 171 G3
Cannessières (80) 8 D5
le Cannet (06) 193 F1
Cannet (32) 164 C5
le Cannet-des-Maures (83)...192 B3
Canny-sur-Matz (60) 21 F3
Canny-sur-Thérain (60) 19 G3
Canohès (66) 200 D3
Canon 16 D5
la Canourgue (48) 155 G4

Canouville (76) 6 D3
Cantaing-sur-Escaut (59) ...10 D3
Cantaous (65) 181 H4
Cantaron (06) 177 E5
Canté (09) 183 G3
Canteleu (76) 7 G6
Canteloup (14) 16 D5
Canteloup (50) 14 D2
Cantenac (33) 135 E4
Cantenay-Épinard (49) 76 D4
Cantiers (27) 19 F6
Cantigny (80) 20 D2
Cantillac (24) 123 F6
Cantin (59) 10 D2
Cantobre 170 B1
Cantoin (12) 140 D6
Cantois (33) 149 H1
Canville-la-Rocque (50) 14 C4
Canville-les-Deux-Églises (76)...7 F3
Cany-Barville (76) 6 D3
Caorches-Saint-Nicolas (27) ...17 H5
Caouënnec-Lanvézéac (22) 32 D2
Caours (80) 8 D4
Caouranne (83) 191 H5
Cap-d'Ail (06) 177 E6
le Cap-Ferret 148 A1
le Cap Brun 191 G5
le Cap d'Agde 187 F2
Capdenac (46) 153 G2
Capdenac-Gare (12) 153 G2
Capdrot (24) 151 H1
la Capelle 155 G4
la Capelle (02) 12 A5
la Capelle-Balaguier (12) 153 F4
la Capelle-Bleys (12) 153 H5
la Capelle-Bonance (12) 155 F3
la Capelle-et-Masmolène (30)..172 B1
Capelle-Fermont (62) 10 A2
la Capelle-lès-Boulogne (62) ..1 F4
Capelle-les-Grands (27) 17 G6
Capelle-les-Hesdin (62) 9 E2
Capendu (11) 185 F3
Capens (31) 183 E2
Capestang (34) 186 C2
Capian (33) 149 G1
Capinghem (59) 3 F5
Caplong (33) 136 B6
Capoulet-et-Junac (09) 197 H4
Cappel (57) 27 G5
Cappelle-Brouck (59) 2 A1
Cappelle-en-Pévèle (59) 3 G6
Cappelle-la-Grande (59) 2 B2
Cappy (80) 10 B5
la Capte 192 A6
Captieux (33) 149 H5
Capvern (65) 181 G4
Capvern les Bains 181 G4
Caragoudes (31) 167 G6
Caraman (31) 167 G6
Caramany (66) 199 G2
Carantec (29) 31 H2
Carantilly (50) 37 F1
Caratel 74 D1
Carayac (46) 153 F3
Carbay (49) 57 H6
Carbes (81) 168 B5
Carbini (2A) 207 F2
Carbon-Blanc (33) 135 F5
Carbonne (31) 183 E2
Carbuccia (2A) 204 D5
Carcagny (14) 16 A4
Carcanières (09) 198 D2
Carcans (33) 134 B3
Carcans-Plage 134 B3
Carcarès-Sainte-Croix (40)..163 F3
Carcassonne (11) 185 E3
Carcen-Ponson (40) 163 F2
Carcès (83) 175 F6
Carcheto-Brustico (2B) 205 F1
Cardaillac (46) 153 G1
Cardan (33) 149 G1
Cardeilhac (31) 182 B3
Cardesse (64) 180 A2
Cardet (30) 171 G1
Cardonnette (80) 9 G5
le Cardonnois (80) 20 D2
Cardonville (14) 15 F5
Cardroc (35) 56 D1
Carel 16 D6
Carelles (53) 58 C2
Carency (62) 10 A1
Carennac (46) 139 E5
Carentan (50) 15 E5
Carentoir (56) 56 C5
Cargèse (2A) 204 B4
Cargiaca (2A) 207 E2
Carignan (08) 24 D2
Carignan-de-Bordeaux (33) ...135 F6
Carisey (89) 65 H6
Carla-Bayle (09) 183 F4
Carla-de-Roquefort (09) 184 A5
le Carlaret (09) 183 H4
Carlat (15) 140 D5
Carlencas-et-Levas (34) 170 B5
Carlepont (60) 21 G3
Carling (57) 27 F5
Carlipa (11) 184 C2
Carlucet (24) 138 B4
Carlucet (46) 152 D1
Carlus (81) 168 A3
Carlux (24) 138 B5
Carly (62) 1 F5
Carmaux (81) 168 B1
Carnac (56) 72 B1
Carnac-Rouffiac (46) 152 B4

Carnas (30) 171 G3
la Carneille (61) 38 C4
Carnet (50) 35 H5
Carnetin (77) 43 F3
Carnières (59) 11 E3
Carnin (59) 3 F6
Carnoët (22) 32 B5
Carnon 171 G6
Carnon-Plage 171 G6
Carnoules (83) 192 A4
Carnoux-en-Provence (13) ...191 G6
Carnoy (80) 10 B5
Caro (56) 56 B4
Caro (64) 178 B3
Carolles (50) 36 A4
Caromb (84) 158 D6
Carpentras (84) 173 F1
Carpineto (2B) 205 G2
Carpiquet (14) 16 B4
Carquebut (50) 15 E4
Carquefou (44) 74 D4
Carqueiranne (83) 191 H5
le Carré 145 H1
Carrépuis (80) 21 F2
Carresse-Cassaber (64) 163 E6
Carrières-sous-Poissy (78) 42 B3
Carrières-sur-Seine (78) 42 C3
Carro 190 A4
Carros (06) 176 D5
Carrouges (61) 39 E6
les Carroz 119 F6
Carry-le-Rouet (13) 190 B4
Cars (33) 135 E3
les Cars (87) 123 H4
Carsac-Aillac (24) 138 B5
Carsac-de-Gurson (24)......136 B4
Carsan (30) 157 H5
Carsix (27) 40 B1
Carspach (68) 89 F3
Cartelègue (33) 135 E2
Carteret 14 B4
Carticasi (2B) 205 F2
Cartigny (80) 10 C6
Cartigny-l'Épinay (14) 15 F6
Carves (24) 137 H6
Carville (14) 37 H3
Carville-la-Folletière (76).......7 F5
Carville-Pot-de-Fer (76) 7 F4
Carvin (62) 3 F6
Casabianca (2B) 205 F1
Casaglione (2A) 204 C4
Casalabriva (2A) 206 D1
Casalta (2B) 205 G1
Casamaccioli (2B)............204 D2
Casanova (2B) 205 E3
Cascastel-des-Corbières (11)...185 H5
Casefabre (66) 199 G3
Cases-de-Pène (66) 199 H2
Casevecchie (2B) 205 G3
Cassagnabère-Tournas (31) ..182 B3
Cassagnas (48) 156 C5
la Cassagne (24) 138 B4
Cassagne (31) 182 D4
Cassagnes (46) 152 A2
Cassagnes (66) 199 G2
Cassagnes-Bégonhès (12) ...154 C6
Cassagnoles (30) 171 G1
Cassagnoles (34) 185 G2
la Cassaigne (11) 184 B3
Cassaigne (32) 165 F2
Cassaignes (11) 184 D6
Cassan 170 B6
Cassaniouze (15) 154 B1
Cassano 202 C6
Cassel (59) 2 C3
Cassen (40) 163 F3
les Cassés (11) 184 B1
Casseneuil (47) 151 F3
Casseuil (33) 150 A2
la Cassine 24 B3
Cassignas (47) 151 G5
Cassis (13) 190 D5
Casson (44) 74 C3
Cassuéjouls (12) 154 D1
Cast (29) 53 F1
Castagnac (31) 183 F3
Castagnède (31) 182 C5
Castagnède (64) 163 E6
Castagniers (06) 177 E4
Castaignos-Souslens (40) ...163 G5
Castandet (40) 164 A3
Castanet (12) 154 A5
Castanet (81) 168 B2
Castanet (82) 153 F5
Castanet-le-Haut (34) 169 H5
Castanet-Tolosan (31) 167 F6
Castans (11) 185 F1
Casteide-Cami (64) 180 A1
Casteide-Candau (64) 163 H6
Casteide-Doat (64) 181 E1
Castel-Novel 138 C2
Castel-Sarrazin (40) 163 F5
Castelbajac (65) 181 G3
Castelbiague (31) 182 C5
Castelbouc 156 A4
Castelculier (47) 151 F6
Castelferrus (82) 166 C2
Castelfranc (46) 152 B3
Castelgaillard (31) 182 C2
Castelginest (31) 167 E4
Casteljaloux (47) 150 B4
Castella (47) 151 F5

Castellane (04) 175 H2
Castellar (06) 177 F4
le Castellard-Melan (04) 160 C5
Castellare-di-Casinca (2B) ...203 G6
Castellare-di-Mercurio (2B) ...205 F2
le Castellet (04) 174 D2
le Castellet (83) 191 F5
Castellet (84) 174 A3
Castellet-lès-Sausses (04) ...176 A3
Castello-di-Rostino (2B) 203 F6
Castello di Verghio 204 C2
Castelmary (12) 154 A6
Castelmaurou (31) 167 F5
Castelmayran (82) 166 C1
Castelmoron-d'Albret (33) ...150 B1
Castelmoron-sur-Lot (47) 151 F4
Castelnau-Barbarens (32) ...166 A5
Castelnau-Chalosse (40) 163 F4
Castelnau-d'Anglès (32) 165 F5
Castelnau-d'Arbieu (32) 165 H3
Castelnau-d'Aude (11) 185 G3
Castelnau-d'Auzan (32) 164 D2
Castelnau-de-Brassac (81) ...169 E5
Castelnau-de-Guers (34) 187 F1
Castelnau-de-Lévis (81) 168 B2
Castelnau-de-Mandailles (12)..155 E3
Castelnau-de-Médoc (33) 134 D4
Castelnau-de-Montmiral (81) ..167 H2
Castelnau-d'Estrétefonds (31)..167 E4
Castelnau-Durban (09) 183 F5
Castelnau-le-Lez (34) 171 F6
Castelnau-Magnoac (65) 181 H2
Castelnau-Montratier (46) ...152 C5
Castelnau-Pégayrols (12) ...155 E5
Castelnau-Picampeau (31) ...182 D2
Castelnau-Rivière-Basse (65)..164 C5
Castelnau-sur-Gupie (47) ...150 B2
Castelnau-sur-l'Auvignon (32).165 G2
Castelnau-Tursan (40) 164 A5
Castelnau-Valence (30) 171 H2
Castelnaud-de-Gratecambe (47)..151 F3
Castelnaud-la-Chapelle (24) ..138 A6
Castelnaudary (11) 184 B2
Castelnavet (32) 165 E5
Castelner (40) 163 H5
Castelnou (66) 199 H3
Castelreng (11) 184 C5
Castels (24) 137 H5
Castelsagrat (82) 151 H6
Castelsarrasin (82) 166 C1
Castelvieilh (65) 181 F2
Castelviel (33) 150 A1
le Castéra (31) 166 C5
Castéra-Bouzet (82) 166 B2
Castéra-Lanusse (65) 181 G3
Castéra-Lectourois (32) 165 H2
Castéra-Lou (65) 181 F2
Castéra-Loubix (64) 181 E1
Castéra-Verduzan (32) 165 F3
Castéra-Vignoles (31) 182 B3
Castéras (09) 183 F4
Casterets (65) 182 A2
Castéron (32) 166 B3
Castet (64) 180 B4
Castet-Arrouy (32) 166 A2
Castetbon (64) 179 G1
Castétis (64) 163 G6
Castetnau-Camblong (64) ...179 G2
Castetner (64) 179 H1
Castetpugon (64) 164 B5
Castets (40) 162 D2
Castets-en-Dorthe (33) 149 H2
Castex (09) 183 F4
Castex (32) 181 G2
Castex-d'Armagnac (32) 164 C3
Casties-Labrande (31) 182 D2
Castifao (2B) 203 E6
Castiglione (2B) 205 E1
Castillon (06) 177 F4
Castillon (14) 15 H6
Castillon (65) 181 F4
Castillon (Canton d'Arthez-de-Béarn) (64) ...163 H6
Castillon (Canton de Lembeye) (64) ...164 C6
Castillon-de-Castets (33) 150 A2
Castillon-de-Larboust (31) ...196 A4
Castillon-de-Saint-Martory (31)..182 C4
Castillon-Debats (32) 165 E4
Castillon-du-Gard (30) 172 C2
Castillon-en-Auge (14) 17 E6
Castillon-en-Couserans (09)...182 D6
Castillon-la-Bataille (33) 136 A5
Castillon-Massas (32) 165 G4
Castillon-Savès (32) 166 B6
Castillonnès (47) 151 E1
Castilly (14) 15 F5
Castin (32) 165 G4
Castineta (2B) 205 F1
Castirla (2B) 205 E2
Castres (02) 21 H1
Castres (81) 168 C5
Castres-Gironde (33) 149 G1
Castries (34) 171 G5
le Cateau-Cambrésis (59)....11 F4
le Catelet (02) 11 E5
le Catelier (76) 7 G3
Catenay (76) 19 E3
Catenoy (60) 20 D5
Cateri (2B) 202 C6
Caterragio 205 H4
Cathervielle (31) 196 A4
Catheux (60) 20 B2
Catigny (60) 21 F2
Catillon-Fumechon (60) 20 C3
Catillon-sur-Sambre (59) ...11 G4
Catllar (66) 199 F3
Catonvielle (32) 166 B5
Cattenières (59) 11 E4

Cattenom (57) 26 C3
Catteville (50) 14 C4
Catuélan 33 H5
Catus (46) 152 C2
Catz (50) 15 E5
Caubeyres (47) 150 C5
Caubiac (31) 166 C4
Caubios-Loos (64) 180 B1
Caubon-Saint-Sauveur (47) 150 C2
Caubous (31) 181 H6
Caubous (65) 181 H3
Caucalières (81) 168 C6
la Cauchie (62) 10 A3
Cauchy-à-la-Tour (62) 2 C6
Caucourt (62) 10 A1
Caudan (56) 54 C5
Caudebec-en-Caux (76) 7 E5
Caudebec-lès-Elbeuf (76) 18 C6
Caudebronde (11) 185 E2
Caudecoste (47) 151 F6
Caudeval (11) 184 B4
Caudiès-de-Conflent (66) 198 D4
Caudiès-de-Fenouillèdes (66) 199 E1
Caudrot (33) 150 A2
Caudry (59) 11 F4
Cauffry (60) 20 D5
Caugé (27) 40 D2
Caujac (31) 183 G2
Caulaincourt (02) 10 D6
le Caule-Sainte-Beuve (76) 19 F1
Caulières (80) 19 H1
Caullery (59) 11 E4
Caulnes (22) 56 C1
Caumont (02) 21 H2
Caumont (09) 182 D5
Caumont (27) 18 B5
Caumont (32) 164 C4
Caumont (33) 150 B1
Caumont (62) 9 E2
Caumont (82) 166 C2
Caumont-l'Éventé (14) 38 A1
Caumont-sur-Durance (84) 173 D4
Caumont-sur-Garonne (47) 150 C3
Caumont-sur-Orne (14) 16 B6
Cauna (40) 163 G3
Caunay (79) 108 C5
Cauneille (40) 162 D5
Caunes-Minervois (11) 185 F2
la Caunette (34) 185 H2
Caunette-sur-Lauquet (11) 185 E5
Caunettes-en-Val (11) 185 F4
Caupenne (40) 163 F4
Caupenne-d'Armagnac (32) 164 C3
la Caure (51) 45 E3
Caurel (22) 55 E1
Caurel (51) 23 F5
Cauro (2A) 204 D6
Cauroir (59) 11 E3
le Cauroy 9 H2
Cauroy (08) 23 H5
Cauroy-lès-Hermonville (51) 23 E5
le Causé (82) 166 B3
Cause-de-Clérans (24) 137 F5
Caussade (82) 152 D6
Caussade-Rivière (65) 164 D6
Causse-Bégon (30) 170 B6
Causse-de-la-Selle (34) 170 D3
Causse-et-Diège (12) 153 G3
Caussens (32) 165 F2
Causses-et-Veyran (34) 186 D1
Caussiniojouls (34) 170 A6
Caussols (06) 176 B5
Caussou (09) 198 B2
Cauterets (65) 180 D6
Cauverville-en-Roumois (27) 18 A5
Cauvicourt (14) 16 C6
Cauvignac (33) 150 A3
Cauvigny (60) 20 B5
Cauville (14) 16 A4
Cauville-sur-Mer (76) 6 A5
Caux (34) 170 C6
Caux-et-Sauzens (11) 184 D3
Cauzac (47) 151 G5
Cavagnac (46) 138 D4
Cavaillon (84) 173 F4
Cavalaire-sur-Mer (83) 192 C5
la Cavalerie (12) 170 A4
Cavalière 192 C5
Cavan (22) 32 D3
Cavanac (11) 185 E4
Cavarc (47) 151 F1
Caveirac (30) 171 H3
Caves (11) 186 C6
Cavignac (33) 135 G3
Cavigny (50) 15 F6
Cavillargues (30) 157 H6
Cavillon (80) 9 F6
Cavron-Saint-Martin (62) 9 E1
Caychax (09) 198 A2
Cayeux-en-Santerre (80) 20 D1
Cayeux-sur-Mer (80) 8 B3
le Caylar (34) 170 B3
Caylus (82) 153 E5
Cayrac (82) 167 F1
Cayres (43) 142 C5
Cayriech (82) 152 D5
Cayrols (15) 139 H6
Cazac (31) 182 C2
Cazalis (33) 149 G4
Cazalis (40) 163 G5
Cazalrenoux (11) 184 B3
Cazals (46) 152 B2
Cazals (82) 167 G1
Cazals-des-Baylès (09) 184 B4
Cazaril-Laspènes (31) 196 A4
Cazaril-Tambourès (31) 181 H3
Cazarilh (65) 182 A5
Cazats (33) 149 H3
Cazaubon (32) 164 C2

Cazaugitat (33) 150 B1
Cazanous (31) 182 B5
Cazarièlan (09) 183 G5
Cazaux-Debat (65) 181 G6
Cazaux-d'Anglès (32) 165 E5
Cazaux-Fréchet-
-Anéran-Camors (65) 195 H4
Cazaux-Layrisse (31) 182 A6
Cazaux-Savès (32) 166 B6
Cazaux-Villecomtal (32) 181 F1
Cazavet (09) 182 D5
Cazeaux-de-Larboust (31) 196 A4
Cazedarnes (34) 186 C1
Cazenave-Serres-
-et-Allens (09) 198 A1
Cazeneuve (32) 165 E3
Cazeneuve-Montaut (31) 182 C3
Cazères (31) 182 D3
Cazères-sur-l'Adour (40) 164 B4
Cazevieille (34) 171 E4
Cazideroque (47) 151 H4
Cazilhac 170 A4
Cazilhac (11) 185 E3
Cazilhac (34) 171 E2
Cazillac (46) 138 D4
Cazoulès (24) 138 C5
Cazouls-d'Hérault (34) 170 C6
Cazouls-lès-Béziers (34) 186 D2
Ceaucé (61) 58 D1
Ceaulmont (36) 111 E2
Ceaux (50) 35 H4
Ceaux-d'Allègre (43) 142 B2
Ceaux-en-Couhé (86) 108 D4
Ceaux-en-Loudun (86) 94 B3
Cébazan (34) 186 C1
Cébazat (63) 127 F2
Ceffonds (52) 67 F1
Ceignes (01) 117 F5
Ceilhes-et-Rocozels (34) 170 A4
Ceillac (05) 161 G1
Ceilloux (63) 127 H4
Ceint d'Eau 153 G2
Ceintrey (54) 48 D6
la Celette (18) 112 C1
la Celle (03) 113 E5
la Celle (18) 97 G5
Cellé (41) 79 E1
la Celle (63) 126 B2
la Celle (83) 191 H3
la Celle-Condé (18) 97 F5
la Celle-Dunoise (23) 111 F4
la Celle-en-Morvan (71) 100 C2
la Celle-Guenand (37) 95 F4
la Celle-les-Bordes (78) 42 B6
Celle-Lévescault (86) 108 D3
la Celle-Saint-Avant (37) 94 D3
la Celle-Saint-Cloud (78) 42 C4
la Celle-Saint-Cyr (89) 65 E6
la Celle-
-sous-Chantemerle (51) 44 D6
la Celle-sous-Gouzon (23) 112 A5
la Celle-sous-Montmirail (02) 44 C4
la Celle-sur-Loire (58) 82 C5
la Celle-sur-Morin (77) 43 H4
la Celle-sur-Nièvre (58) 98 D1
Cellefrouin (16) 122 D2
Celleneuve 171 F5
Celles (09) 183 H6
Celles (15) 141 E3
Celles (17) 121 G4
Celles (24) 136 D1
Celles (34) 170 B5
Celles-en-Bassigny (52) 68 C6
Celles-lès-Condé (02) 44 D2
Celles-sur-Aisne (02) 22 B4
Celles-sur-Belle (79) 108 B4
Celles-sur-Durolle (63) 128 A2
Celles-sur-Ource (10) 66 D5
Celles-sur-Plaine (88) 70 C1
la Cellette (23) 111 H3
la Cellette (63) 112 D6
Cellettes (16) 122 C2
Cellettes (41) 80 A4
le Cellier (44) 75 E4
Cellier-du-Luc (07) 156 D1
Celliou (42) 129 G5
Cellule (63) 127 F1
Celon (36) 110 D2
Celoux (15) 141 G3
Celsoy (52) 86 C1
Cély (77) 63 H2
Cemboing (70) 87 E1
Cempuis (60) 20 A2
Cénac (33) 135 F5
Cénac-et-Saint-Julien (24) 138 A6
Cenans (70) 87 G5
Cendras (30) 157 E6
le Cendre (63) 127 F3
Cendrecourt (70) 87 E1
Cendrey (25) 87 G5
Cendrieux (24) 137 G4
Cénevières (46) 153 E3
Cenne-Monestiés (11) 184 C2
Cenon (33) 135 F5
Cenon-sur-Vienne (86) 94 C5
Censeau (39) 103 G4
Censerey (21) 100 D1
Censy (89) 84 B3
les Cent-Acres (76) 7 G3
Centrès (12) 154 B6
Centuri (2B) 203 F2
Cenves (69) 116 A4
Cépet (31) 167 E4
Cépie (11) 184 D4
Cepoy (45) 64 A5
Céran (32) 165 H3
Cérans-Foulletourte (72) 78 A1
Cerbère (66) 201 F5
Cerbois (18) 97 E2
Cercanceaux 64 A4

Cercié (69) 116 A5
Cercier (74) 118 B6
Cercles (24) 136 D1
Cercottes (45) 62 D6
Cercoux (17) 135 H3
le Cercueil (61) 39 F6
Cercy-la-Tour (58) 99 G4
Cerdon (01) 117 F5
Cerdon (45) 81 G3
Cère (40) 163 H2
Céré-la-Ronde (37) 95 G1
Cerelles (37) 78 D4
Cérences (50) 35 G1
Céreste (04) 174 B3
Céret (66) 199 H4
Cerfontaine (59) 12 A2
le Cergne (42) 115 G5
Cergy (95) 42 B2
Cérilly (03) 113 E1
Cérilly (21) 84 D1
Cérilly (89) 65 G4
Cerin 131 F2
Cerisé (61) 60 A2
Cerisières (52) 67 H3
Cerisiers (89) 65 F4
Cerisy (80) 10 A6
Cerisy-Belle-Étoile (61) 38 B4
Cerisy-Buleux (80) 8 D5
Cerisy-la-Forêt (50) 15 G6
Cerisy-la-Salle (50) 37 F2
Cerizay (79) 92 D5
Cérizols (09) 182 D4
Cerizy (02) 22 A1
la Cerlangue (76) 6 C5
Cernans (39) 103 F3
Cernay (14) 17 F6
Cernay (21) 61 H2
Cernay (68) 89 E1
Cernay (86) 94 B5
Cernay-en-Dormois (51) 24 B6
Cernay-la-Ville (78) 42 B5
Cernay-l'Église (25) 88 C6
Cernay-lès-Reims (51) 23 F6
Cerneux (77) 44 B5
Cernex (74) 118 B5
Cerniébaud (39) 103 G5
Cernion (08) 23 G1
Cernon (39) 117 G3
Cernon (51) 45 H4
Cernoy (60) 20 D4
Cernoy-en-Berry (45) 82 A4
Cernusson (49) 93 E1
Cerny (91) 63 G1
Cerny-en-Laonnois (02) 22 C4
Cerny-lès-Bucy (02) 22 B3
Céron (71) 114 D4
Cérons (33) 149 G2
Cerqueux (14) 17 G6
les Cerqueux (49) 92 D3
les Cerqueux-
-Sous-Passavant (49) 93 E2
Cerre-lès-Noroy (70) 87 H3
Cers (34) 187 E2
Cersay (79) 93 F3
Cerseuil (02) 22 B5
Cersot (71) 101 E6
Certilleux (88) 68 D2
Certines (01) 117 E5
Cervens (74) 118 D4
Cervières (05) 147 F5
Cervières (42) 128 B2
Cerville (54) 49 E5
Cervione (2B) 205 G2
Cervon (58) 99 H1
Cerzat (43) 141 H3
Cesancey (39) 102 C6
Césarches (73) 132 C3
Césarville-Dossainville (45) 63 F3
Cescau (09) 182 D6
Cescau (64) 180 B1
Cesny-aux-Vignes-Ouézy (14) 16 D5
Cesny-Bois-Halbout (14) 16 B6
Cessac (33) 135 H6
Cessales (31) 184 A1
Cesse (55) 24 D3
Cessenon-sur-Orb (34) 186 C1
Cessens (73) 131 H2
Cesseras (34) 185 G2
Cesset (03) 113 G4
Cesseville (27) 40 D1
Cessey (25) 103 F2
Cessey-sur-Tille (21) 86 A6
Cessières (02) 22 B3
Cessieu (38) 131 E4
Cesson (77) 43 F6
Cesson-Sévigné (35) 57 F2
Cessoy-en-Montois (77) 64 D1
Cessy (01) 118 B3
Cessy-les-Bois (58) 82 D6
Cestas (33) 135 E6
Cestayrols (81) 168 A2
Ceton (61) 61 E4
Cette-Eygun (64) 180 A5
Céüse 2000 ....160 A2
Cevins (73) 132 D4
Ceyras (34) 170 C5
Ceyrat (63) 127 E3
Ceyreste (13) 191 E5
Ceyroux (23) 111 E6
Ceyssac (43) 142 C4
Ceyssat (63) 126 D3
Ceyzériat (01) 117 E5
Ceyzérieu (01) 131 G2
Cézac (33) 135 F3
Cézac (46) 152 C4
Cezais (85) 107 F1
Cézan (32) 165 G3
Cézens (15) 140 D4
Cézia (39) 117 G3
Cézy (89) 65 E6

Chabanais (16) 123 F2
la Chabanne (03) 114 C6
Chabanon 160 D4
la Chabasse 128 A4
Chabenet (10) 110 D1
Chabestan (05) 159 H3
Chabeuil (26) 144 C5
Chabielis (89) 83 H2
Châbons (38) 131 E6
Chabottes (05) 160 C1
Chabournay (86) 94 B6
Chabrac (16) 123 F1
Chabreloche (63) 128 B2
Chabrignac (19) 138 B1
Chabrillan (26) 158 C1
Chabris (36) 96 C1
le Chaffal (26) 144 C6
le Chaffaut-Saint-Jurson (04) 175 E1
Chaffois (25) 103 H3
Chagey (70) 88 C3
Chagnon (42) 129 G5
Chagny (08) 24 A3
Chagny (71) 101 F4
Chahaignes (72) 78 C2
Chahains (61) 39 E6
Chaignay (21) 85 H4
Chaignes (27) 41 F2
Chail (79) 108 B4
Chaillac (36) 110 C3
Chaillac-sur-Vienne (87) 123 G2
Chailland (53) 58 C3
Chaillé-les-Marais (85) 106 D3
Chaillé-sous-
-les-Ormeaux (85) 91 G5
Chailles (41) 79 H4
Chaillevette (17) 120 C3
Chaillevois (02) 22 B3
Chailley (89) 65 G5
Chaillol 1600 ....160 C1
Chaillon (55) 47 H2
Chailloué (61) 39 G5
Chailly-en-Bière (77) 63 H2
Chailly-en-Brie (77) 44 A4
Chailly-en-Gâtinais (45) 63 H6
Chailly-lès-Ennery (57) 26 C4
Chailly-sur-Armançon (21) 100 D1
Chainaz-les-Frasses (74) 132 A2
Chaînée-des-Coupis (39) 102 C4
Chaingy (45) 80 C1
Chaintré (71) 116 B4
Chaintreaux (77) 64 B4
Chaintrix-Bierges (51) 45 G3
la Chaise 99 G1
la Chaise (10) 67 E2
la Chaise-Baudouin (50) 37 F4
la Chaise-Dieu (43) 142 B1
Chaise-Dieu-du-Theil (27) 40 B4
Chaix (85) 107 F2
la Chaize-Giraud (85) 90 D4
la Chaize-le-Vicomte (85) 91 G4
Chalabre (11) 184 C5
Chalagnac (24) 137 F3
Chalain-d'Uzore (42) 128 D4
Chalain-le-Comtal (42) 129 E4
Chalaines (55) 48 A6
Chalais (16) 136 B2
Chalais (36) 110 C2
Chalais (86) 93 H3
Chalamont (01) 116 D6
Chalampé (68) 71 G6
Chalancey (52) 85 H3
Chalancon (26) 159 E3
Chalandray (86) 93 H6
Chalandry (02) 22 C2
Chalandry-Elaire (08) 24 B2
le Chalange (61) 39 G6
le Chalard (87) 124 A5
Chalaux (58) 84 A6
la Chaldette 141 E6
Chaleins (01) 116 B6
Chaleix (24) 123 G5
Chalencon (07) 143 G5
les Chalesmes (39) 103 F6
Chalette-sur-Loing (45) 64 A6
Chalette-sur-Voire (10) 66 D2
Chaley (01) 131 E1
Chalèze (25) 87 G6
Chalezeule (25) 87 G6
Chaliers (15) 141 G5
Chalifert (77) 43 G3
Chaligny (54) 48 C5
Chalinargues (15) 141 E3
Chalindrey (52) 86 B1
Chalivoy-Milon (18) 98 A5
Challain-la-Potherie (49) 75 G1
Challans (85) 90 D2
Challement (58) 83 G6
Challerange (08) 24 B5
Challes (01) 117 F5
Challes (72) 60 C6
Challes-les-Eaux (73) 132 A4
Challet (28) 62 A1
Challex (01) 118 B4
Challignac (16) 122 A6

Challonges (74) 118 A6
Challuy (58) 98 D4
Chalmaison (77) 64 D1
Chalmazel (42) 128 C3
Chalmoux (71) 114 D1
Chalo-Saint-Mars (91) 63 E2
le Chalon (26) 144 C2
Chalon-sur-Saône (71) 101 G5
Chalonnes-sous-le-Lude (49) 78 A4
Chalonnes-sur-Loire (49) 75 H4
Châlons (38) 130 B6
Châlons-du-Maine (53) 58 D4
Châlons-en-Champagne (51) 45 H3
Châlons-sur-Vesle (51) 23 E5
Châlonvillars (70) 88 C2
Chalou-Moulineux (91) 63 E2
la Chalp 147 F5
Chaltrait (51) 45 F3
Chalus (63) 127 F6
Châlus (87) 123 H4
Chaluzy 98 D3
Chalvignac (15) 139 H2
Chalvraines (52) 68 B3
Chamadelle (33) 136 A3
Chamagne (88) 69 G1
Chamagnieu (38) 130 C3
Chamalières (63) 127 E3
Chamalières-sur-Loire (43) 142 D2
Chamaloc (26) 145 E6
Chamant (60) 21 E6
Chamarande (91) 63 F1
Chamarandes-Choignes (52) 68 A4
Chamaret (26) 158 B4
la Chamba (42) 128 B3
Chambain (21) 85 G2
Chambeire (21) 86 B6
Chambellay (49) 76 D2
Chambéon (42) 129 E3
Chambérat (03) 112 B3
Chamberaud (23) 111 H6
Chamberet (19) 125 E5
Chambéria (39) 117 G2
Chambéry (73) 131 H4
Chambeugle (89) 82 C1
Chambezon (43) 141 G1
Chambilly (71) 115 E4
Chamblac (27) 17 H6
Chamblanc (21) 102 A3
Chamblay (39) 102 D3
Chambles (42) 129 E6
Chamblet (03) 112 D4
Chambley-Bussières (54) 26 A6
Chambly (60) 42 C1
Chambœuf (21) 101 G1
Chambœuf (42) 129 F5
Chambois (61) 39 F4
Chambolle-Musigny (21) 101 G1
le Chambon (07) 143 F5
le Chambon (17) 107 E5
Chambon (18) 97 G5
Chambon (30) 156 D5
Chambon (37) 95 E5
Chambon-des-Neiges 126 D5
le Chambon-Feugerolles (42) 129 F6
Chambon-la-Forêt (45) 63 F5
Chambon-le-Château (48) 142 B5
Chambon-Sainte-Croix (23) 111 F3
Chambon-sur-Cisse (41) 79 H4
Chambon-sur-Dolore (63) 128 A5
Chambon-sur-Lac (63) 126 D5
le Chambon-sur-Lignon (43) 143 F3
Chambon-sur-Voueize (23) 112 C5
Chambonas (07) 157 E4
Chambonchard (23) 112 C5
la Chambonie (63) 128 B3
Chamborand (23) 111 F4
Chambord (27) 40 A3
Chambord (41) 80 B3
Chamboret (87) 124 A1
Chamborigaud (30) 156 D5
Chambornay-
-lès-Bellevaux (70) 87 G5
Chambornay-lès-Pin (70) 87 E5
Chambors (60) 19 H6
Chambost-Allières (69) 115 H6
Chambost-Longessaigne (69) 129 F3
la Chambotte 131 H2
Chamboulive (19) 125 E6
Chambourcy (78) 42 B3
Chambourg-sur-Indre (37) 95 F2
Chambray (27) 41 F2
Chambray-lès-Tours (37) 78 D6
la Chambre (73) 132 C6
Chambrecy (51) 45 E1
les Chambres (50) 35 H2
Chambretaud (85) 92 B4
Chambrey (57) 49 E4
Chambroncourt (52) 68 B2
Chambry (02) 22 C3
Chambry (77) 43 G2
Chaméane (63) 127 H5
Chamelet (69) 129 G1
Chamery (51) 45 F1
Chamesey (25) 88 B6
Chamesol (25) 88 C5
Chameyrat (19) 138 D2
Chamigny (77) 44 A3
Chamilly (71) 101 F4
Chammes (53) 59 F5
Chamole (39) 102 D4
Chamonix-Mont-Blanc (74) 133 F1
Chamouillac (17) 135 F1
Chamouille (02) 22 C4
Chamouilley (52) 47 E6
Chamousset (73) 132 B4
Chamoux (39) 83 G5
Chamoux-sur-Gelon (73) 132 B4
Chamoy (10) 66 A5
le Champ-de-la-Pierre (61) 38 D6
Champ-d'Oiseau (21) 84 D4

Champ-Dolent (27) 40 D3
Champ-du-Boult (14) 37 G4
Champ-Haut (61) 39 G5
Champ-Laurent (73) 132 B5
Champ-le-Duc (88) 70 B3
le Champ-près-Froges (38) 145 H1
le Champ-Saint-Père (85) 91 G6
Champ-sur-Barse (10) 66 D3
Champ-sur-Drac (38) 145 G3
Champ-sur-Layon (49) 76 D6
Champagnac (15) 140 A1
Champagnac (17) 121 G6
Champagnac-de-Belair (24) 123 F6
Champagnac-la-Noaille (19) 139 G1
Champagnac-la-Prune (19) 139 F3
Champagnac-la-Rivière (87) 123 G3
Champagnac-le-Vieux (43) 141 H1
Champagnat (07) 144 A1
Champagnat (23) 125 H1
Champagnat-le-Jeune (63) 127 H6
Champagne (07) 144 A1
Champagne (17) 120 D2
Champagne (28) 41 G5
Champagne (72) 60 B5
Champagne-
-au-Mont-d'Or (69) 130 A3
Champagne-en-Valromey (01) 131 F1
Champagne-et-Fontaine (24) 122 C6
Champagné-le-Sec (86) 108 D5
Champagné-les-Marais (85) 106 D3
Champagne-Mouton (16) 122 D1
Champagne-
-Saint-Hilaire (86) 109 E4
Champagne-sur-Loue (39) 103 E2
Champagne-sur-Oise (95) 42 C1
Champagne-sur-Seine (77) 64 B2
Champagne-
-sur-Vingeanne (21) 86 B5
Champagne-Vigny (16) 122 B5
Champagneux (73) 131 F4
Champagney (25) 87 E6
Champagney (39) 86 C6
Champagney (70) 88 B2
Champagnier (38) 145 G3
Champagnole (39) 103 F5
Champagnolles (17) 121 E5
Champagny (21) 85 F5
Champagny-en-Vanoise (73) 133 E5
Champagny-
-sous-Uxelles (71) 116 A1
Champallement (58) 99 F1
Champanges (74) 119 E3
Champaubert (51) 45 E3
Champcella (05) 147 E6
Champcenest (77) 44 B5
Champcerie (61) 38 D4
Champcervon (50) 35 H2
Champcevinel (24) 137 F2
Champcevrais (89) 82 C2
Champcey (50) 35 G3
Champclause (43) 143 E4
Champcueil (91) 63 G1
Champdeniers-
-Saint-Denis (79) 107 H2
Champdeuil (77) 43 F6
Champdieu (42) 128 D4
Champdivers (39) 102 B3
Champdolent (17) 120 D1
Champdor (01) 117 G6
Champdôtre (21) 102 B1
Champdray (88) 70 B4
Champeau-en-Morvan (21) 100 B1
Champeaux (35) 57 H2
Champeaux (50) 35 G3
les Champeaux (61) 39 F3
Champeaux (77) 43 G6
Champeaux-et-
-la-Chapelle-Pommier (24) 123 E6
Champeaux-sur-Sarthe (61) 39 H6
Champeix (63) 127 F5
Champenard (27) 41 F1
la Champenoise (36) 96 C4
Champenoux (54) 49 E4
Champéon (53) 59 E2
Champétières (63) 128 B5
Champey (70) 88 B3
Champey-sur-Moselle (54) 48 C2
Champfleur (72) 60 A2
Champfleury (10) 45 F6
Champfleury (51) 23 E6
Champforgeuil (71) 101 G5
Champfrémont (53) 59 F2
Champfromier (01) 117 H4
Champgenéteux (53) 59 F3
Champguyon (51) 44 C4
Champhol (28) 62 B1
Champien (80) 21 F2
Champigné (49) 76 D3
Champignelles (89) 82 C2
Champigneul-
-Champagne (51) 45 G3
Champigneul-sur-Vence (08) 24 A2
Champigneulle (08) 24 C4
Champigneulles (54) 48 D4
Champigneulles-
-en-Bassigny (52) 68 D4
Champignol-
-lez-Mondeville (10) 67 E4
Champignolles (21) 101 E3
Champignolles (27) 40 B3
Champigny (51) 93 H1
Champigny (51) 23 E6
Champigny (89) 64 D3
Champigny-en-Beauce (41) 79 H3
Champigny-la-Futelaye (27) 41 F4
Champigny-le-Sec (86) 94 B5
Champigny-lès-Langres (52) 68 B5
Champigny-
-sous-Varennes (52) 86 D1

Champigny-sur-Aube (10) 45 G6
Champigny-sur-Marne (94) 43 E4
Champigny-sur-Veude (37).....94 B3
Champillet (36) 111 H2
Champillon (51) 45 F2
Champis (07) 144 A4
Champlan (91) 42 D5
Champlat-et-Boujacourt (51) ...45 E1
Champlay (89) 65 F6
Champlecy (71) 115 F2
Champlemy (58) 99 E1
Champlin (08) 12 C6
Champlin (58) 99 F1
Champlitte (70) 86 C3
Champlive (25) 87 G6
Champlost (89) 65 G5
Champmillon (16) 122 A6
Champmotteux (91) 63 G3
Champnétery (87) 124 D2
Champneuville (55) 25 E6
Champniers (16) 122 C3
Champniers (86) 109 E4
Champniers-et-Reilhac (24) ...123 F4
Champoléon (05) 146 C6
Champoly (42) 128 C2
Champosoult (61) 39 G3
Champougny (55) 48 A6
Champoulet (45) 82 C3
Champoux (25) 87 G5
Champrenault (21) 85 F5
Champrepus (50) 35 H2
Champrond (72) 61 E5
Champrond-en-Gâtine (28) 61 G2
Champrond-en-Perchet (28) ...61 F3
Champrougier (39) 102 C4
Champs (02) 21 H3
Champs (61) 40 A6
Champs (63) 113 G6
les Champs-de-Losque (50)....15 E6
les Champs-Géraux (22) 34 D5
Champs-Romain (24) 123 F5
Champs-sur-Marne (77) 43 F4
Champs-sur-Tarentaine-
  -Marchal (15) 126 B6
Champs-sur-Yonne (89) 83 G2
Champsac (87) 123 H3
Champsanglard (23) 111 G4
Champsecret (61) 38 B6
Champseru (28) 62 C1
Champsevraine (52) 86 C2
Champtercier (04) 160 C2
Champteussé-
  -sur-Baconne (49) 76 D3
Champtocé-sur-Loire (49) 75 H3
Champtoceaux (49) 75 E4
Champtonnay (70) 86 D5
Champvallon (89) 65 G6
Champvans (39) 102 C2
Champvans (70) 86 C5
Champvans-les-Moulins (25) ..87 E6
Champvert (58) 99 F5
Champvoisy (51) 44 D1
Champvoux (58) 98 D2
Chamrousse (38) 145 H3
Chamvres (89) 65 G6
Chanac (48) 155 H3
Chanac-les-Mines (19) 139 E2
Chanaleilles (43) 141 H5
Chanas (38) 144 A1
Chanat-la-Mouteyre (63) ...127 E2
Chanay (01) 117 H6
Chanaz (73) 131 G2
Chançay (37) 79 E5
Chancé (35) 57 G3
Chanceaux (21) 85 F4
Chanceaux-près-Loches (37)...95 F2
Chanceaux-sur-Choiselle (37)...78 D5
Chancelade (24) 137 F2
Chancenay (52) 46 D5
Chancey (70) 86 D6
Chancia (39) 117 G3
Chandai (61) 40 B5
Chandolas (07) 157 F4
Chandon (42) 115 F5
Chanéac (07) 143 F5
Chaneins (01) 116 B5
Chânes (71) 116 B4
le Change (24) 137 G2
Changé (53) 58 C4
Change (71) 101 E4
Changé (72) 60 B6
Changey (52) 68 B2
Changis-sur-Marne (77) 43 H3
Changy (42) 114 D2
Changy (51) 46 C4
Changy (71) 115 F3
Chaniat (43) 141 H1
Chaniers (17) 121 F3
Channay (21) 84 C1
Channay-sur-Lathan (37) ...78 B5
Channes (10) 66 C6
Chanonat (63) 127 E4
Chanos-Curson (26) 144 B3
Chanousse (05) 159 G4
Chanoy (52) 68 A6
Chanoz-Châtenay (01) 116 C5
Chanteau (45) 62 D6
Chantecoq (45) 64 C5
Chantecorps (79) 108 B2
Chanteheux (54) 49 F5
Chanteix (19) 138 D1
Chantelle (03) 113 G4
Chanteloup (27) 40 D3
Chanteloup (35) 57 F4
Chanteloup (50) 35 G1
Chanteloup (79) 92 D5
Chanteloup-en-Brie (77) ...43 F4
Chanteloup-les-Bois (49) ...92 D2
Chanteloup-les-Vignes (78) ..42 B3
Chantelouve (38) 146 A4
Chantemerle 147 E4

Chantemerle (51) 44 D6
Chantemerle-les-Blés (26) ...144 B3
Chantemerle-lès-Grignan (26)..158 B4
Chantemerle-sur-la-Soie (17)..121 E1
Chantenay-Saint-Imbert (58) ..98 D6
Chantenay-Villedieu (72).....59 G6
Chantepie (35) 57 F3
Chantérac (24) 136 D2
Chanteraine (55) 47 G5
Chanterelle (15) 140 D1
Chantes (70) 87 E3
Chantesse (38) 145 E2
Chanteuges (43) 142 A3
Chantillac (16) 135 H1
Chantilly 78 B5
Chantilly (60) 43 E1
Chantonnay (85) 92 A6
Chantraine (88) 69 H4
Chantraines (52) 68 A3
Chantrans (25) 103 G2
Chantrigné (53) 59 E2
Chanu (61) 38 A5
Chanville (57) 26 D6
Chanzeaux (49) 76 D6
Chaon (41) 81 F4
Chaouilley (54) 69 F1
Chaource (10) 66 B5
Chaourse (02) 23 E2
Chapaize (71) 116 A1
Chapareillan (38) 132 A5
Chapdes-Beaufort (63)....126 D2
Chapdeuil (24) 136 D1
Chapeau (03) 114 B2
Chapeiry (74) 132 A2
Chapelaine (51) 46 A6
la Chapelaude (03) 112 C3
la Chapelle 113 G6
la Chapelle (03) 114 B6
la Chapelle (08) 24 C1
la Chapelle (16) 122 B2
la Chapelle (73) 132 C5
la Chapelle-Achard (85) ...91 E5
la Chapelle-Agnon (63) ...128 A4
la Chapelle-Anthenaise (53) ..58 D4
la Chapelle-au-Mans (71) ...114 D1
la Chapelle-au-Moine (61) ...38 B5
la Chapelle-au-Riboul (53) ...59 E3
la Chapelle-Aubareil (24) ...138 A4
la Chapelle-aux-Bois (88).....69 H5
la Chapelle-aux-Brocs (19)...138 D3
la Chapelle-aux-Chasses (03) ..99 F6
la Chapelle-aux-Choux (72) ...78 B3
la Chapelle-
  -aux-Filtzméens (35).......35 E6
la Chapelle-aux-Lys (85).....92 D6
la Chapelle-aux-Naux (37) ...78 C6
la Chapelle-aux-Saints (19) ..139 E4
la Chapelle-Baloue (23) ...111 E3
la Chapelle-Basse-Mer (44) ...75 E4
la Chapelle-Bâton (79) 108 A2
la Chapelle-Bâton (86) 109 E5
la Chapelle-Bayvel (27).....17 G4
la Chapelle-Bertin (43) ...142 A2
la Chapelle-Bertrand (79) 108 B1
la Chapelle-Biche (61) 38 B5
la Chapelle-Blanche (22) ...56 C1
la Chapelle-Blanche (73) ...132 A5
la Chapelle-Blanche-
  -Saint-Martin (37) 95 E2
la Chapelle-Bouëxic (35) ...56 D4
la Chapelle-Caro (56) 56 A4
la Chapelle-Cécelin (50) 37 F4
la Chapelle-Chaussée (35) ...57 E1
la Chapelle-Craonnaise (53) ...58 B6
la Chapelle-d'Abondance (74)..119 G3
la Chapelle-d'Alagnon (15)...140 D3
la Chapelle-d'Aligné (72) ...77 G2
la Chapelle-d'Andaine (61) ...38 C6
la Chapelle-d'Angillon (18) ..81 G6
la Chapelle-
  -d'Armentières (59)........3 E4
la Chapelle-d'Aunainville (28)...62 D2
la Chapelle-d'Aurec (43) ...143 E1
la Chapelle-de-Bragny (71) ...116 B1
la Chapelle-de-Brain (35) 56 D6
la Chapelle-de-Guinchay (71)..116 B4
la Chapelle-de-la-Tour (38)...131 E4
la Chapelle-de-Mardore (69) ..115 G6
la Chapelle-de-Surieu (38) ...130 B6
Chapelle-des-Bois (25) 118 B1
la Chapelle-
  -des-Fougeretz (35) 57 E2
la Chapelle-des-Marais (44) ...73 G3
la Chapelle-des-Pots (17)....121 F3
la Chapelle-
  -devant-Bruyères (88).......70 C3
la Chapelle-d'Huin (25) ...103 G3
la Chapelle-du-Bard (38) ...132 B6
la Chapelle-du-Bois (72).....60 D4
la Chapelle-
  -du-Bois-des-Faulx (27).....41 E1
la Chapelle-du-Bourgay (76) ...7 G3
la Chapelle-du-Châtelard (01)..116 C6
la Chapelle-du-Genêt (49) ...75 G5
la Chapelle-du-Lou (35) 56 D1
la Chapelle-
  -du-Mont-de-France (71)...115 H3
la Chapelle-
  -du-Mont-du-Chat (73).....131 H3
la Chapelle-du-Noyer (28) ...61 H5
la Chapelle-en-Juger (50) ...37 F1
la Chapelle-en-Lafaye (42) ...128 D6
la Chapelle-en-Serval (60) 43 E1
la Chapelle-
  -en-Valgaudémar (05).....146 B5
la Chapelle-en-Valjouffrey (38)..146 A5
la Chapelle-en-Vercors (26)...145 E4
la Chapelle-en-Vexin (95)....41 H1
la Chapelle-Enchérie (41) 79 H2
la Chapelle-Engerbold (14)...38 B3
la Chapelle-Erbrée (35).....58 A4

la Chapelle-Faucher (24) ...137 F1
la Chapelle-Felcourt (51) 46 C2
la Chapelle-Forainvilliers (28)...41 G5
la Chapelle-Fortin (28) 40 C6
la Chapelle-Gaceline (56) ...56 C5
la Chapelle-Gaudin (79) 93 E4
la Chapelle-Gaugain (72) ...78 D2
la Chapelle-Gauthier (28) ...17 G6
la Chapelle-Gauthier (77) 64 B1
la Chapelle-Geneste (43) ...142 B1
la Chapelle-Glain (44) 75 F1
la Chapelle-Gonaguet (24) ...137 E2
la Chapelle-Grésignac (24)...122 D6
Chapelle-Guillaume (28) 61 F5
la Chapelle-Hareng (27) 17 G5
la Chapelle-Haute-Grue (14) ..17 E6
la Chapelle-Hermier (85).....91 E4
la Chapelle-Heulin (44) 75 E5
la Chapelle-Hugon (18).....98 C4
la Chapelle-Hullin (49) 76 A2
la Chapelle-Huon (72).....79 E1
la Chapelle-Iger (77) 43 H6
la Chapelle-Janson (35) 58 B2
la Chapelle-la-Reine (77) ...63 H3
la Chapelle-Lasson (51) 45 E6
la Chapelle-Launay (44) 74 A3
la Chapelle-Laurent (15) ...141 G3
la Chapelle-lès-Luxeuil (70) ...87 H1
la Chapelle-Marcousse (63) ...127 F6
la Chapelle-Montabourlet (24)..122 D6
la Chapelle-
  -Montbrandeix (87).......123 G4
la Chapelle-Monthodon (02)....44 D2
la Chapelle-Montligeon (61) ...60 D1
la Chapelle-Montlinard (18) ...98 C2
la Chapelle-Montmartin (41)...96 C1
la Chapelle-Montmoreau (24)..123 F6
la Chapelle-Montreuil (86) ...108 D2
Chapelle-Morthemer 109 E2
la Chapelle-Moulière (86) ...94 C6
la Chapelle-Moutils (77) 44 C4
la Chapelle-Naude (71) 116 D1
la Chapelle-Neuve (22) 32 C4
la Chapelle-Neuve (56) 55 F4
la Chapelle-Onzerain (45) ...62 B5
la Chapelle-Orthemale (36)...96 A5
la Chapelle-Palluau (85) 91 E3
la Chapelle-Pouilloux (79)...108 C5
la Chapelle-près-Sées (61) ...39 F6
la Chapelle-Rablais (77) 64 C1
la Chapelle-Rainsouin (53) ...59 E5
la Chapelle-Rambaud (74) ...118 C5
la Chapelle-Réanville (27) 41 F2
la Chapelle-Rousselin (49) ...75 H5
Chapelle-Royale (28) 61 G4
la Chapelle-Saint-André (58) ...83 E5
la Chapelle-Saint-Aubert (35)...57 H1
la Chapelle-Saint-Aubin (72) ...60 A5
la Chapelle-Saint-Étienne (79)..92 D6
la Chapelle-Saint-Florent (49)...75 F4
la Chapelle-Saint-Fray (72)....60 A5
la Chapelle-Saint-Géraud (19)..139 F4
la Chapelle-Saint-Jean (24) ...138 A2
la Chapelle-Saint-Laud (49) ...77 F3
la Chapelle-
  -Saint-Laurent (79) 93 E5
la Chapelle-
  -Saint-Laurian (36) 96 C3
la Chapelle-Saint-Luc (10) ...66 B3
la Chapelle-Saint-Martial (23)..125 F1
la Chapelle-Saint-Martin (73)..131 G4
la Chapelle-Saint-Martin-
  -en-Plaine (41) 80 A3
la Chapelle-
  -Saint-Maurice (74).......132 B2
la Chapelle-
  -Saint-Mesmin (45).........80 D1
la Chapelle-Saint-Ouen (76)....19 E4
la Chapelle-Saint-Quillain (70)..87 E4
la Chapelle-Saint-Rémy (72) ...60 C5
la Chapelle-Saint-Robert (23)..123 E5
la Chapelle-
  -Saint-Sauveur (44) 75 G4
la Chapelle-
  -Saint-Sauveur (71) 102 B4
la Chapelle-
  -Saint-Sépulcre (45).......64 B6
la Chapelle-Saint-Sulpice (77)...64 D1
la Chapelle-Saint-Ursin (18) ...97 G3
la Chapelle-Souëf (61) 60 D3
la Chapelle-
  -sous-Brancion (71) 116 B1
la Chapelle-sous-Dun (71) ...115 F4
la Chapelle-sous-Orbais (51) ...45 E3
la Chapelle-sous-Uchon (71)..100 C5
Chapelle-Spinasse (19) 139 G1
la Chapelle-sur-Aveyron (45)...82 B1
la Chapelle-sur-Chézy (02)....44 B3
la Chapelle-sur-Coise (69)...129 G4
la Chapelle-sur-Crécy 43 G4
la Chapelle-sur-Dun (76)......7 F2
la Chapelle-sur-Erdre (44).....74 C4
la Chapelle-sur-Furieuse (39)...103 E3
la Chapelle-sur-Loire (37) 94 A1
la Chapelle-sur-Oreuse (89) ...65 E3
la Chapelle-sur-Oudon (49)....75 H1
la Chapelle-sur-Usson (63)...127 H6
la Chapelle-sur-Vire (50) 37 G2
la Chapelle-Taillefert (23) ...111 G6
la Chapelle-Thècle (71).....116 D1
la Chapelle-Thémer (85) ...107 E1
la Chapelle-Thireuil (79) ...107 G1
la Chapelle-Thouarault (35)....57 E2
la Chapelle-Urée (50) 37 F5
Chapelle-Vallon (10) 66 A2
la Chapelle-Vaupelteigne (89)...83 H1
la Chapelle-Vendômoise (41)...79 H3
la Chapelle-Vicomtesse (41) ...61 G6
la Chapelle-Viel (61) 40 A5
la Chapelle-Villars (42) 129 H5
Chapelle-Viviers (86) 109 G2

Chapelle-Voland (39) 102 B5
la Chapelle-Yvon (14) 17 G5
la Chapelle du Chêne 77 F1
les Chapelles (73) 133 E4
les Chapelles-Bourbon (77) 43 G5
Chapelon (45) 63 H5
la Chapelotte (18) 81 H6
Chapet (78) 42 B3
Chapois (39) 103 F4
Chaponnay (69) 130 B4
Chaponost (69) 129 H3
Chappes (03) 113 F3
Chappes (08) 23 G2
Chappes (10) 66 C4
Chappes (63) 127 F2
Chaptelat (87) 124 B2
Chaptuzat (63) 113 G6
Charancieu (38) 131 F5
Charantonnay (38) 130 C5
Charbogne (08) 24 A3
Charbonnat (71) 100 B5
Charbonnier-les-Mines (63) ...127 G6
Charbonnières (28) 61 F4
Charbonnières (71) 116 B3
Charbonnières-les-Bains (69)...129 H3
Charbonnières-les-Sapins (25)..103 G1
Charbonnières-
  -les-Varennes (63) 127 E2
Charbonnières-
  -les-Vieilles (63) 127 E1
la Charce (26) 159 F3
Charcé-Saint-Ellier-
  -sur-Aubance (49).........77 E6
Charcenne (70) 87 E5
Charchigné (53) 59 F2
Charchilla (39) 117 H2
Charcier (39) 103 E6
Chard (23) 126 B1
Chardeny (08) 24 A4
Chardogne (55) 47 E4
Chardonnay (71) 116 B2
Chareil-Cintrat (03) 113 G4
Charency (21) 85 F5
Charency (39) 103 F5
Charency-Vezin (54) 25 F3
Charens (26) 159 F2
Charensat (63) 126 C1
Charentay (69) 116 A6
Charentenay (89) 83 F3
Charentilly (37) 78 D5
Charenton-du-Cher (98) ...98 A6
Charenton-le-Pont (94) 42 D4
Charentonnay (18) 98 B2
Charentus 142 C4
Charette (38) 131 E2
Charette-Varennes (71) ...102 A4
Charey (54) 26 A6
Charézier (39) 117 H1
Chargé (37) 79 F5
Chargey-lès-Gray (70) 86 C4
Chargey-lès-Port (70) 87 F2
Chariez (70) 87 F3
Charigny (21) 84 D5
la Charité-sur-Loire (58) ...98 C2
Charix (01) 117 G5
Charlas (31) 182 B3
Charleval (13) 173 G4
Charleval (27) 19 E5
Charleville (51) 44 D4
Charleville-Mézières (08) ...24 A1
Charleville-sous-Bois (57) ...26 D4
Charlieu (42) 115 F5
Charly (02) 44 B3
Charly (18) 98 B4
Charly (69) 130 A4
Charly-Oradour (57) 26 C5
Charmant (16) 122 C5
Charmauvillers (25) 88 D6
Charmé (16) 122 B1
la Charme (39) 102 C4
le Charme (45) 82 C2
la Charmée (71) 101 F6
Charmeil (03) 114 A5
le Charmel (02) 44 C1
Charmensac (15) 141 F2
Charmentray (77) 43 G3
Charmes (02) 22 A2
Charmes (03) 113 H6
Charmes (21) 86 B5
Charmes (52) 68 B6
Charmes (88) 69 G2
Charmes-en-l'Angle (52) 67 G2
Charmes-la-Côte (54) 48 B5
Charmes-la-Grande (52).....67 G2
Charmes-Saint-Valbert (70) ...86 D2
Charmes-sur-l'Herbasse (26)..144 B3
Charmes-sur-Rhône (07) ...144 A5
les Charmettes 131 H4
Charmoille (25) 88 B6
Charmoille (70) 87 F2
Charmois (54) 25 E4
Charmois (90) 88 D3
Charmois-
  -devant-Bruyères (88)......70 A4
Charmois-l'Orgueilleux (88)....69 G4
Charmont (51) 46 D3
Charmont (95) 42 A1
Charmont-en-Beauce (45) 62 B2
Charmont-sous-Barbuise (10)...66 B2
les Charmontois (51) 46 D2
Charmoy (10) 65 F2
Charmoy (71) 100 D5
Charmoy (89) 65 F6
Charnas (07) 144 A1
Charnat (63) 127 H1
Charnay (25) 103 F2
Charnay (69) 129 H2
Charnay-lès-Chalon (71) ...101 H4

Charnay-lès-Mâcon (71)....116 B4
Charnècles (38) 145 E1
Charnizay (37) 95 H3
Charnod (39) 117 F3
Charnois (08) 13 F4
Charnoz-sur-Ain (01) 130 D2
Charny (21) 84 D6
Charny (77) 43 G3
Charny (89) 82 D1
Charny-le-Bachot (10) 66 A1
Charny-sur-Meuse (55).....25 E6
Charolles (71) 115 F3
Charols (26) 158 C2
Charonville (28) 61 H3
Chârost (18) 97 E3
Charpentry (55) 24 C6
Charpey (26) 144 C4
Charpont (28) 41 F5
Charquemont (25) 88 C6
Charrais (86) 94 A6
Charraix (43) 142 A4
Charras (16) 122 D5
Charray (28) 61 H6
Charre (64) 179 G2
Charrecey (71) 101 F5
Charrey-sur-Saône (21) ...102 A2
Charrey-sur-Seine (21) 66 D6
Charrin (58) 99 G5
Charritte-de-Bas (64) 179 G2
Charron (17) 106 D3
Charron (23) 112 C6
Charroux (03) 113 G5
Charroux (86) 109 E5
Chars (95) 42 B1
Charsonville (45) 62 B6
Chartainvilliers (28) 62 B1
Chartrené (49) 77 G4
Chartres (28) 62 B2
Chartres-de-Bretagne (35) ...57 E3
Chartrettes (77) 64 A1
Chartrier-Ferrière (19) ...138 C4
Chartronges (77) 44 B5
Chartuzac (17) 135 F1
Charvieu-Chavagneux (38)...130 C3
Charvonnex (74) 118 C6
Chas (63) 127 G3
Chaserey (10) 66 B6
Chasnais (85) 91 H6
Chasnans (25) 103 H2
Chasnay (58) 98 D1
Chasné-sur-Illet (35) 57 F1
Chaspinhac (43) 142 C3
Chaspuzac (43) 142 B3
Chassagne (39) 102 C4
Chassagne (63) 127 F5
Chassagne-Montrachet (21)...101 F4
Chassagne-Saint-Denis (25)...103 G2
Chassagnes (43) 142 A2
Chassaignes (24) 136 C2
Chassagny (69) 129 H4
Chassal (39) 117 H3
Chassant (28) 61 G3
Chassé (72) 60 B2
Chasse-sur-Rhône (38) 130 A4
Chasseguey (50) 37 G5
Chasseignes 93 H3
Chasselas (71) 116 A4
Chasselay (38) 144 D2
Chasselay (69) 130 A2
Chassemy (02) 22 B5
Chassenard (03) 114 D3
Chasseneuil (36) 110 D1
Chasseneuil-du-Poitou (86) ...94 B6
Chasseneuil-
  -sur-Bonnieure (16) 122 D2
Chassenon (16) 123 F2
Chasseradès (48) 156 C2
Chassey (21) 84 D5
Chassey-Beaupré (55) 68 B1
Chassey-le-Camp (71) 101 F4
Chassey-lès-Montbozon (70)...87 H4
Chassey-lès-Scey (70) 87 F3
Chassiecq (16) 122 D1
Chassiers (07) 157 F2
Chassieu (69) 130 B3
Chassignelles (89) 84 B2
Chassignieu (38) 131 E5
Chassignolles (36) 111 G2
Chassignolles (43) 127 H6
Chassigny (52) 86 B2
Chassigny-sous-Dun (71)...115 F4
Chassillé (72) 59 G5
Chassors (16) 121 H3
Chassy (18) 99 H2
Chassy (71) 100 D4
Chassy (89) 83 E1
le Chastang (19) 139 E3
Chastanier (48) 156 C1
Chasteaux (19) 138 C3
Chastel (43) 141 G3
Chastel-Arnaud (26) 158 D1
Chastel-Nouvel (48) 156 A2
Chastel-sur-Murat (15) ...140 D3
Chastellux-sur-Cure (89)....84 A5
Chastel Marlhac 140 B1
Chastreix (63) 126 D5
Chastreix-Sancy 126 D5
la Châtaigneraie (85) 92 C6
Chatain (86) 109 E6
Châtaincourt (28) 41 E5
Châtas (88) 70 D2
le Château 7 F4
Château (71) 115 H3
Château-Arnoux-
  -Saint-Auban (04) 160 B6
Château-Bernard (38) 145 E4
Château-Bréhain (57) 49 E3

Château-Chalon (39) 102 D5
Château-Chervix (87) 124 B4
Château-Chinon
  (Campagne) (58) 100 A3
Château-Chinon (Ville) (58) ..100 A3
le Château-
  -d'Almenêches (61) 39 F5
Château-des-Prés (39) 118 A2
le Château-d'Oléron (17) ...120 B1
Château-d'Olonne (85) 91 E5
Château-du-Loir (72) 78 C3
Château-Gaillard (01) 130 D1
Château-Garnier (86) 109 E4
Château-Gontier (53) 76 D1
Château-Guibert (85) 91 H5
Château-la-Vallière (37) ...78 B4
Château-l'Abbaye (59) 4 B6
Château-Lambert 70 C6
Château-Landon (77) 64 A4
Château-Larcher (86) 109 E3
Château-l'Évêque (24) 137 F2
Château-l'Hermitage (72) ...78 A2
Château-Porcien (08) 23 F3
Château-Regnault 13 F6
Château-Renard (45) 64 C6
Château-Renault (37) 79 F4
Château-Rouge (57) 27 E4
Château-Salins (57) 49 F3
Château-sur-Allier (03) 98 C5
Château-sur-Cher (63) 112 C6
Château-sur-Epte (27) 41 H1
Château-Thébaud (44) 74 D6
Château-Thierry (02).......44 C2
Château-Verdun (09) 198 A2
Château-Ville-Vieille (05)....147 F6
Château-Voué (57) 49 F3
Châteaubernard (16) 121 G4
Châteaubleau (77) 44 A6
Châteaubourg (07) 144 A4
Châteaubourg (35) 57 G3
Châteaubriant (44) 57 G6
le Château de Cuzals 153 E3
Châteaudouble (26) 144 C5
Châteaudouble (83) 175 G5
Châteaudun (28) 61 H5
Châteaufort (04) 160 B4
Châteaufort (78) 42 C5
Châteaugay (63) 127 F2
Châteaugiron (35) 57 G3
Châteaulin (29) 53 G1
Châteaumeillant (18) 112 A2
Châteauneuf (21) 101 E1
Châteauneuf (42) 129 H5
Châteauneuf (71) 115 F5
Châteauneuf (73) 132 B4
Châteauneuf (85) 90 D2
Châteauneuf-
  -de-Bordette (26) 158 D4
Châteauneuf-de-Chabre (05)..159 H4
Châteauneuf-
  -de-Gadagne (84) 173 E2
Châteauneuf-de-Galaure (26)..144 B2
Châteauneuf-de-Randon (48)..156 B2
Châteauneuf-de-Vernoux (07)..143 H5
Châteauneuf-d'Entraunes (06)..161 G5
Châteauneuf-
  -d'Ille-et-Vilaine (35) 34 D4
Châteauneuf-d'Oze (05) ...160 A3
Châteauneuf-du-Faou (29) 53 H1
Châteauneuf-du-Pape (84) ...172 D1
Châteauneuf-du-Rhône (26)..158 A3
Châteauneuf-
  -en-Thymerais (28) 41 E6
Châteauneuf-Grasse (06) ...176 C3
Châteauneuf-la-Forêt (87) ...124 D3
Châteauneuf-le-Rouge (13) ..174 B6
Châteauneuf-les-Bains (63) ...113 E6
Châteauneuf-
  -les-Martigues (13) 190 B3
Châteauneuf-Miravail (04) ...159 H6
Châteauneuf-
  -sur-Charente (16) 122 A4
Châteauneuf-sur-Cher (18)....97 G5
Châteauneuf-sur-Isère (26)..144 B4
Châteauneuf-sur-Loire (45)....81 F1
Châteauneuf-sur-Sarthe (49) ..77 E3
Châteauneuf-
  -Val-de-Bargis (58) 98 D1
Châteauneuf-Val-
  -Saint-Donat (04) 160 B6
Châteauneuf-Villevieille (06) ..177 E4
Châteauponsac (87) 110 C5
Châteauredon (04) 175 F1
Châteaurenard (13) 172 D3
Château Rouge 20 B5
Châteauroux (36) 96 C5
Châteauroux-les-Alpes (05) ..161 E1
Châteauvert (83) 175 E6
Châteauvieux (05) 160 B3
Châteauvieux (41) 96 A1
Châteauvieux (83) 175 H3
Châteauvieux-les-Fossés (25)..103 G2
Châteauvilain (38) 130 D5
Châteauvillain (52) 67 G5
le Châtel (73) 146 C1
Châtel (74) 119 G2
Châtel-Censoir (89) 83 G4
Châtel-Chéhéry (08) 24 C5
Châtel-de-Joux (39) 117 H1
Châtel-de-Neuvre (03) 113 H3
Châtel-Gérard (89) 84 B3
Châtel-Montagne (03).....114 C6
Châtel-Moron (71) 101 F5
Châtel-Saint-Germain (57) ...26 B5
Châtel-sur-Moselle (88) 69 H2
Châtelaillon-Plage (17) ...106 D5
Châtelain (53) 76 D3
la Châtelaine (39) 103 E4
Châtelais (49) 76 B2
Châtelard (23) 126 B1
le Châtelard (73) 132 B3

Châtelaudren (22) 33 F4
Chatelay (39) 102 D3
Châtelblanc (25) 103 G6
Châteldon (63) 127 H1
le Châtelet (18) 112 B1
le Châtelet-en-Brie (77) 64 B1
le Châtelet-sur-Meuse (52) 68 C5
le Châtelet-sur-Retourne (08) ...23 G4
le Châtelet-sur-Sormonne (08) ..12 D6
les Châtelets (28) 40 D5
le Chateley (39) 102 C4
Châtelguyon (63) 127 E2
le Châtelier (51) 95 E3
le Châtelier (51) 46 D3
le Châtelier (35) 35 H6
le Châtellier (61) 38 B5
les Châtelliers-
  -Châteaumur (85) 92 C4
les Châtelliers-
  -Notre-Dame (28) 61 H3
Châtelneuf (39) 103 F6
Châtelneuf (42) 128 D4
Châtelperron (03) 114 B3
Châtelraould-
  -Saint-Louvent (51)..............46 B5
Châtelus (03) 114 C5
Châtelus (38) 145 E3
Châtelus (42) 129 G4
Châtelus-le-Marcheix (23) 124 D1
Châtelus-Malvaleix (23) 111 H4
Châtenay (01) 116 D6
Châtenay (28) 62 D2
Châtenay (38) 144 D1
Châtenay (71) 115 G4
Châtenay-en-France (95) 43 E2
Chatenay-Mâcheron (52) 86 B1
Châtenay-Malabry (92) 42 D5
Châtenay-sur-Seine (77) 64 D2
Chatenay-Vaudin (52) 86 B1
Chatenet (17) 135 G1
le Châtenet-en-Dognon (87)..124 C2
Châteney (70) 87 H2
Châtenois (39) 102 C2
Châtenois (67) 71 F2
Châtenois (70) 87 H2
Châtenois (88) 69 E3
Châtenois-les-Forges (90) 88 C3
Châtenoy (45) 81 G1
Châtenoy (77) 64 A4
Châtenoy-en-Bresse (71) 101 G5
Châtenoy-le-Royal (71) 101 G5
Châtignac (16) 136 A1
Chatignonville (91) 62 D2
Châtillon (03) 113 G2
Châtillon (39) 103 E6
Châtillon (69) 129 H2
Châtillon (86) 108 D4
Châtillon (92) 42 D4
Châtillon-Coligny (45) 82 B2
Châtillon-en-Bazois (58).........99 G3
Châtillon-en-Diois (26) 159 F1
Châtillon-en-Dunois (28).......61 G5
Châtillon-en-Michaille (01) ...117 H5
Châtillon-en-Vendelais (35) 58 A3
Châtillon-Guyotte (25) 87 G5
Châtillon-la-Borde (77) 64 B1
Châtillon-la-Palud (01) 130 D1
Châtillon-le-Duc (25).................87 F6
Châtillon-le-Roi (45) 63 E4
Châtillon-lès-Sons (02) 22 C1
Châtillon-Saint-Jean (26) 144 C3
Châtillon-sous-les-Côtes (55)...47 G1
Châtillon-sous-Maîche 88 C5
Châtillon-sur-Bar (08) 24 B4
Châtillon-sur-Broué (51) 46 C6
Châtillon-sur-Chalaronne (01)..116 C5
Châtillon-sur-Cher (41) 96 B1
Châtillon-sur-Cluses (74) 119 E5
Châtillon-sur-Colmont (53)......58 D2
Châtillon-sur-Indre (36) 95 G3
Châtillon-sur-Lison (25) 103 F2
Châtillon-sur-Loire (45) 82 B4
Châtillon-sur-Marne (51) 45 E1
Châtillon-sur-Morin (51) 44 D5
Châtillon-sur-Oise (02) 22 B1
Châtillon-sur-Saône (88) 69 E6
Châtillon-sur-Seine (21) 85 E1
Châtillon-sur-Thouet (79) 93 F6
Châtin (58) 100 A2
Chatoillenot 86 A3
Châtonnay (38) 130 D5
Chatonnay (39) 117 F2
Chatonrupt-Sommermont (52)..67 H1
Chatou (78) 42 C3
la Châtre (36) 111 H1
la Châtre-Langlin (36) 110 D3
Châtres (10) 65 H1
Châtres (24) 138 A2
Châtres (77) 43 G5
Châtres-sur-Forêt (53) 59 E4
Châtres-sur-Cher (41) 96 D1
Châtrices (51) 46 D2
Chattancourt (55) 25 E6
Chatte (38) 144 D3
Chatuzange-le-Goubet (26) 144 C4
Chaucenne (25) 87 E6
Chauchailles (48) 141 F6
Chauché (85) 91 H3
le Chauchet (23) 112 B6
Chauchigny (10) 66 A2
Chauconin-Neufmontiers (77) ..43 G3
Chaudardes (02) 22 D5
Chaudebonne (26) 158 D3
Chaudefonds-sur-Layon (49) ...76 D6
Chaudefontaine (25) 87 G5
Chaudefontaine (51) 46 D1
Chaudenay (52) 86 C1
Chaudenay (71) 101 F4

Chaudenay-la-Ville (21) 101 E2
Chaudenay-le-Château (21) 101 E2
Chaudeney-sur-Moselle (54) 48 B5
Chaudes-Aigues (15) 141 E5
Chaudeyrac (48) 156 C1
Chaudeyrolles (43) 143 E4
la Chaudière (26) 158 D1
Chaudon (28) 41 G5
Chaudon-Norante (04) 175 F1
Chaudrey (10) 66 C1
Chaudron-en-Mauges (49) 75 G4
Chaudun (02) 22 A5
Chauffailles (71) 115 G5
Chauffayer (05) 146 A6
Chauffecourt (88) 69 F2
Chauffour-lès-Bailly (10) 66 C4
Chauffour-lès-Étréchy (91) 63 F1
Chauffour-sur-Vell (19) 138 D4
Chauffours (28) 62 A2
Chauffourt (52) 68 B6
Chauffry (77) 44 A4
Chaufour-lès-Bonnières (78)....41 G2
Chaufour-Notre-Dame (72) 60 A5
Chaugey (21) 85 G2
Chaulgnes (58) 98 D2
Chaulhac (48) 141 G5
Chaulieu (50) 37 H4
la Chaulme (63) 128 C6
Chaulnes (80) 21 F1
Chaum (31) 182 A6
Chaumard (58) 100 A2
la Chaume (90) 85 D1
la Chaume (21) 85 F1
Chaume-et-Courchamp (21) 86 B4
Chaume-lès-Baigneux (21)......85 E3
Chaume du Rouge Gazon 70 D6
Chaumeil (19) 125 F6
Chaumercenne (70) 86 D6
Chaumergy (39) 102 C4
Chaumes-en-Brie (77) 43 G5
Chaumesnil (10) 67 E2
Chaumont 115 G2
Chaumont (18) 98 B5
Chaumont (52) 67 H4
Chaumont (61) 39 G4
Chaumont (74) 118 B6
Chaumont (89) 64 D3
Chaumont-
  -devant-Damvillers (55) 25 F5
Chaumont-en-Vexin (60) 19 H6
Chaumont-la-Ville (52) 68 D4
Chaumont-le-Bois (21) 67 E6
Chaumont-le-Bourg (63)........128 B6
Chaumont-Porcien (08) 23 F2
Chaumont-sur-Aire (55) 47 F3
Chaumont-sur-Loire (41) 79 G5
Chaumont-sur-Tharonne (41)...80 D4
Chaumontel (95) 43 E1
Chaumot (58) 99 G1
Chaumot (89) 64 D5
Chaumousey (88) 69 H4
Chaumoux-Marcilly (18) 98 B2
Chaumussay (37) 95 E4
la Chaumusse (39) 118 A1
Chaumuzy (51) 45 E1
Chaunac (17) 135 G1
Chaunay (86) 108 D5
Chauny (02) 21 H3
Chauray (79) 107 H3
la Chaussade (23) 125 H1
la Chaussaire (49) 75 F5
Chaussan (69) 129 H4
la Chaussée (76) 7 G3
la Chaussée (86) 94 A4
la Chaussée-d'Ivry (28) 41 G3
la Chaussée-Saint-Victor (41)...80 A3
la Chaussée-sur-Marne (51) 46 B4
la Chaussée-Tirancourt (80) 9 F5
Chaussenac (15) 139 H3
Chaussenans (39) 103 E4
Chausseterre (42) 128 B2
Chaussin (39) 102 C3
Chaussoy-Epagny (80) 20 C2
Chaussy (45) 63 E4
Chaussy (95) 41 H1
le Chautay (18) 98 C4
Chauvac-Laux-Montaux (26) ...159 F4
Chauvé (44) 74 A5
Chauvency-le-Château (55).......25 E3
Chauvency-Saint-Hubert (55)....25 E3
Chauvet 160 B1
Chauvigné (35) 35 G6
Chauvigny (86) 109 G1
Chauvigny-du-Perche (41) 61 G6
Chauvincourt-Provemont (27) ..19 G6
Chauvirey-le-Châtel (70) 86 D1
Chauvirey-le-Vieil (70) 86 D1
Chauvoncourt (55) 47 G3
Chauvry (95) 42 D2
Chaux (21) 101 G2
la Chaux (25) 104 A2
la Chaux (61) 38 D6
la Chaux (71) 102 B5
Chaux (90) 88 C2
Chaux-Champagny (39) 103 E4
Chaux-des-Crotenay (39) 103 F6
Chaux-des-Prés (39) 118 A3
la Chaux-du-Dombief (39) 118 A1
Chaux-en-Bresse (39) 102 C4
Chaux-la-Lotière (70) 87 F5
Chaux-lès-Clerval (25) 88 A5
Chaux-lès-Passavant (25) 87 H6
Chaux-lès-Port (70) 87 F2
Chaux-Neuve (25) 103 G6
Chauzeix 125 E6
Chauzon (07) 157 G3
Chavagnac (15) 140 D3
Chavagnac (24) 138 B3
Chavagne (35)..........................57 E3

Chavagnes (49) 77 E6
Chavagnes-en-Paillers (85) 91 H2
Chavagnes-les-Redoux (85).....92 B5
Chavaignes (49) 77 H4
Chavanac (19) 125 G4
Chavanat (23) 125 F1
Chavanatte (90) 89 E3
Chavanay (42) 129 H6
Chavanges (10) 67 E1
Chavaniac-Lafayette (43) 142 A3
Chavannaz (74) 118 B6
Chavanne (70) 88 B3
la Chavanne (73) 132 A5
Chavannes 93 F2
Chavannes (18) 97 G5
Chavannes (26) 144 B3
les Chavannes-
  -en-Maurienne (73) 132 C6
Chavannes-les-Grands (90) 89 E3
Chavannes-sur-l'Étang (68) 88 D2
Chavannes-
  -sur-Reyssouze (01) 116 C2
Chavannes-sur-Suran (01) 117 F4
Chavanod (74) 132 A1
Chavanoz (38) 130 C3
Chavaroux (63) 127 G2
la Chavatte (80) 21 E1
Chaveignes (37) 94 B3
Chavelot (88) 69 H3
Chavenat (16) 122 C6
Chavenay (78) 42 B4
Chavençon (60) 42 B1
Chavenon (03) 113 F3
Chavéria (39) 117 G2
Chaveroche (19) 125 H5
Chaveyriat (01) 116 D5
Chavignon (02) 22 B4
Chavigny (02) 22 A4
Chavigny (54) 48 C5
Chavigny-Bailleul (27) 41 E3
Chaville (92) 42 C4
Chavin (36) 111 E2
Chavonne (02) 22 B4
Chavornay (01) 131 G2
Chavot-Courcourt (51) 45 F2
Chavoy (50) 35 H3
le Chay (17) 120 D4
Chay (25) 103 E3
Chazay-d'Azergues (69) 129 H2
la Chaze-de-Peyre (48) 155 G1
Chazé-Henry (49) 76 A2
Chazé-sur-Argos (49) 75 H1
Chazeaux (07) 157 F2
le Chazelet (05) 146 C3
Chazelet (36) 110 D2
Chazelles (15) 141 G3
Chazelles (16) 122 D4
Chazelles (39) 117 E3
Chazelles (43) 141 H4
Chazelles-sur-Albe (54) 49 G5
Chazelles-sur-Lavieu (42) 128 D5
Chazelles-sur-Lyon (42) 129 F4
Chazemais (03) 112 C2
Chazeuil (21) 86 A4
Chazeuil (58) 99 F1
Chazey-Bons (01) 131 F2
Chazey-sur-Ain (01) 130 D2
Chazilly (21) 101 E1
Chazot (25) 88 B5
Chécy (45) 81 E1
Chédigny (37) 95 F1
Chef-Boutonne (79) 108 B5
Chef-du-Pont (50) 14 D4
Chef-Haut (88) 69 F2
Cheffes (49) 77 E3
Cheffois (85) 92 C6
Cheffreville-Tonnencourt (14) ...17 F6
le Chefresne (50) 37 F3
Chéhéry (08) 24 B2
Cheignieu-la-Balme (01) 131 F2
Cheillé (37) 94 C1
Cheilly-lès-Maranges (71) 101 F4
Chein-Dessus (31) 182 C5
Cheissoux (87) 124 D2
le Cheix (63) 127 F1
Cheix-en-Retz (44) 74 B5
Chélan (32) 182 A2
Chelers (62) 9 H1
Chelle-Debat (65) 181 F2
Chelle-Spou (65) 181 F4
Chelles (60) 21 G5
Chelles (77) 43 E4
Chelun (35) 57 H5
Chemaudin (25) 103 E1
Chemazé (53) 76 C2
Chemellier (49) 77 F6
Chémenot (39) 102 C4
Chémeré (44) 74 A6
Chémeré-le-Roi (53) 59 E6
Chémery (41) 80 A6
Chémery-les-Deux (57) 26 D3
Chémery-sur-Bar (08) 24 B2
Chemilla (39) 117 G3
Chemillé (49) 92 C1
Chemillé-sur-Dême (37) 78 D3
Chemillé-sur-Indrois (37) 95 G2
Chemilli (61) 60 C2
Chemilly (03) 113 H2
Chemilly (70) 87 F3
Chemilly-sur-Serein (89) 83 H2
Chemilly-sur-Yonne (89) 83 F1
Chemin (39) 102 B3
le Chemin (51) 46 D2
Chemin-d'Aisey (21) 85 E2
Cheminas (07) 144 A3
Cheminon (51) 46 D5
Cheminot (57) 48 C2
Chemiré-en-Charnie (72) 59 G5
Chemiré-le-Gaudin (72) 59 H6

Chemiré-sur-Sarthe (49) 77 E2
Chemy (59) 3 F6
Chenac-Saint-Seurin-
  -d'Uzet (17) 120 D5
Chenailler-Mascheix (19) 139 E4
la Chenalotte (25) 104 C2
Chénas (69) 116 A4
Chenaud (24) 136 B2
Chenay (51) 23 E5
Chenay (72) 60 A2
Chenay (79) 108 C3
Chenay-le-Châtel (71) 114 D4
le Chêne (10) 66 B1
Chêne-Arnoult (89) 82 C1
Chêne-Bernard (39) 102 C4
Chêne-en-Semine (74) 118 A6
Chêne-Sec (39) 102 C4
Chenebier (70) 88 C3
Chenecey-Buillon (25) 103 F2
Cheneché (86) 94 B6
Chênedollé (14) 38 A3
Chênedouit (61) 38 C4
Chênehutte-
  -Trèves-Cunault (49) 77 G6
Chenelette (69) 115 H5
Chénérailles (23) 112 A6
Chenereilles (42) 128 D5
Chenereilles (43) 143 E3
Chenevelles (86) 94 D6
Chenevières (54) 49 G6
Chenevrey-et-Morogne (70) 86 D6
Chênex (74) 118 B5
Cheney (89) 84 A1
Chenicourt (54) 48 D3
Chenières (54) 25 H3
Chéniers (23) 111 G3
Cheniers (51) 45 H3
Chenillé-Changé (49) 76 D2
Cheniménil (88) 70 B4
Chennebrun (27) 40 B5
Chennegy (10) 65 H4
Chennevières-lès-Louvres (95)..43 E2
Chennevières-sur-Marne (94)...43 E4
Chenois (57) 49 F2
Chenoise (77) 44 A6
Chenommet (16) 122 C1
Chenon (16) 122 C1
Chenonceaux (37) 79 G6
Chenou (77) 64 A4
Chenôve (21) 85 H6
Chenôves (71) 101 F6
Chens-sur-Léman (74) 118 C3
Chenu (72) 78 B3
Cheny (89) 65 F6
Chepniers (17) 135 G2
Chepoix (60) 20 C3
la Cheppe (51) 46 A2
Cheppes-la-Prairie (51) 46 A4
Cheppy (55) 24 D6
Cheptainville (91) 63 F1
Chepy (51) 46 A3
Chépy (80) 8 C4
Chérac (17) 121 F3
Chérancé (53) 60 A3
Chérancé (72) 60 A3
Chéraute (64) 179 G3
Cherbonnières (17) 121 G1
Cherbourg-Octeville (50) 14 C2
Chérence (95) 41 H2
Chérencé-le-Héron (50) 37 F4
Chérencé-le-Roussel (50) 37 G5
Chéreng (59) 3 G5
les Chères (69) 129 H2
Chérêt (02) 22 C3
Chériennes (62) 9 E2
Cherier (42) 128 C1
Chérigné (79) 108 B5
les Chéris (50) 37 F5
Chérisay (72) 60 A2
Chérisey (57) 26 C6
Chérisy (28) 41 F5
Chérisy (62) 10 C3
Chérizet (71) 115 H2
Chermignac (17) 121 E3
Chermisey (88) 68 C2
Chermizy-Ailles (02) 22 C4
Chéronnac (87) 123 F3
Chéronvilliers (27) 40 B4
Chéroy (89) 64 C4
Cherré (49) 77 E2
Cherré (72) 60 D4
Cherreau (72) 60 D4
Cherrueix (35) 35 F4
Cherval (24) 122 D6
Cherveix-Cubas (24) 138 A2
Cherves (86) 93 H6
Cherves-Châtelars (16) 123 E2
Cherves-Richemont (16) 121 E2
Chervettes (17) 107 F6
Cherveux (79) 107 H3
Chervey (10) 66 D4
Cherville (51) 45 G2
Chéry (18) 97 E2
Chéry-Chartreuve (02) 22 C6
Chéry-lès-Pouilly (02) 22 C2
Chéry-lès-Rozoy (02) 23 E2
Chesley (10) 66 B6
le Chesnay (78) 42 C4
Chesnay (89) 21 E1
le Chesne (27) 40 C3
Chesnois-Auboncourt (08) 23 H3
Chesny (57) 26 C6
Chessenaz (74) 118 A6
Chessy (69) 129 G2
Chessy (77) 43 G3
Chessy-les-Prés (10) 66 A5
Chéu (89) 65 H6
Cheuge (21) 86 B5
Cheust (65) 181 E4
Cheux (14) 16 A4
Chevagnes (03) 114 B1

Chevagny-les-Chevrières (71)..116 B3
Chevagny-sur-Guye (71) 115 H2
Chevaigné (35) 57 F2
Chevaigné-du-Maine (53) 59 F2
le Chevain (72) 60 A2
Cheval-Blanc (84) 173 F3
Chevaline (74) 132 B2
la Chevallerais (44) 74 C3
Chevanceaux (17) 135 H1
Chevannay (21) 85 E5
Chevannes (21) 101 G2
Chevannes (45) 64 B4
Chevannes (89) 83 F2
Chevannes (91) 63 G1
Chevannes-Changy (58) 99 F1
Chevennes (02) 22 C1
Chevenon (58) 98 D4
Chevenoz (74) 119 F3
Cheverny (41) 80 A4
Cheveuges (08) 24 B2
Chevières (08) 24 C5
Chevigney (70) 86 C6
Chevigney-lès-Vercel (25) 103 H1
Chevigney-sur-l'Ognon (25) 87 E6
Chevigny (39) 102 C1
Chevigny-en-Valière (21) 101 H3
Chevigny-Saint-Sauveur (21) ..86 A6
Chevillard (01) 117 G5
Chevillé (72) 59 G6
Chevillon (52) 67 H1
Chevillon (89) 82 D1
Chevillon-sur-Huillard (45) 64 A6
la Chevillotte (25) 103 G1
Chevilly (45) 62 D5
Chevilly-Larue (94) 42 D5
Chevinay (69) 129 G3
Chevincourt (60) 21 F4
Cheviré-le-Rouge (49) 77 G3
Chevrainvilliers (77) 64 A4
Chevreaux (39) 117 F2
Chevregny (02) 22 C4
Chèvremont (90) 88 D3
la Chèvrerie 119 E4
la Chèvrerie (16) 108 D6
Chevresis-Monceau (02) 22 B1
Chevreuse (78) 42 B5
Chèvreville (50) 37 G5
Chèvreville (60) 43 G1
Chevrier (74) 118 A5
Chevrières (38) 144 D2
Chevrières (42) 129 F4
Chevrières (60) 21 E5
Chevroches (58) 83 F5
la Chevrolière (44) 74 C6
Chevrotaine (39) 103 E6
Chevroux (01) 116 C3
Chevroz (25) 87 F5
Chevru (77) 44 A5
Chevry (01) 118 B4
Chevry (50) 37 G2
les Chevry (45) 82 A2
Chevry-Cossigny (77) 43 F5
Chevry-en-Sereine (77)............64 C3
Chevry-sous-le-Bignon (45) 64 B4
Chey (79) 108 C4
Cheylade (15) 140 C2
le Cheylard (07) 143 F5
Cheylard-l'Évêque (48) 156 C2
le Cheylas (38) 132 A6
Cheyrac 142 C3
Cheyssieu (38) 130 A6
Chezal-Benoît (18) 97 E5
la Chèze (22) 55 G2
Chèze (65) 180 D6
Chezelle (03) 113 G5
Chezelles (36) 96 B4
Chezelles (37) 94 C3
Chèzeneuve (38) 130 D4
Chézery-Forens (01) 118 A4
la Chezotte 111 H6
Chézy (03) 114 A1
Chézy-en-Orxois (02) 44 A1
Chézy-sur-Marne (02) 44 B2
Chiatra (2B) 205 G2
Chiché (79) 93 E5
Chichboville (14) 16 C5
Chichée (89) 83 H2
Chichery (89) 83 F1
Chichey (51) 45 E5
Chichilianne (38) 145 F5
Chicourt (57) 49 F3
Chiddes (58) 100 A4
Chiddes (71) 115 H2
Chidrac (63) 127 F5
Chierry (02) 44 C2
Chieulles (57) 26 C5
Chigné (49) 78 A4
Chignin (73) 132 A5
Chigny (02) 11 H5
Chigny-les-Roses (51) 45 F1
Chigy (89) 65 F4
Chilhac (43) 141 H4
Chillac (16) 136 A1
Chille (39) 102 D6
Chilleurs-aux-Bois (45) 63 E5
le Chillou (79) 93 G5
Chilly (08) 12 D6
Chilly (74) 118 B6
Chilly (80) 21 E1
Chilly-le-Vignoble (39) 102 C6
Chilly-Mazarin (91) 42 D5
Chilly-sur-Salins (39) 103 E4
Chimilin (38) 131 F4
le Chinaillon 119 E6
Chindrieux (73) 131 H2
Chinon (37) 94 B2
Chipilly (80) 10 A6
Chirac (16) 123 F2
Chirac (48) 155 G3
Chirac-Bellevue (19) 125 H6
Chirassimont (42) 129 E2

Chirat-l'Église (03) 113 F4
Chiré-en-Montreuil (86) 108 D1
Chirens (38) 131 F6
Chirmont (80) 20 C2
Chirols (07) 157 F1
Chiroubles (69) 116 A5
Chiroulet 181 E5
Chiry-Ourscamp (60) 21 G3
Chis (65) 181 F2
Chisa (2B) 205 F5
Chissay-en-Touraine (41) 79 G6
Chisseaux (37) 79 G6
Chisséria (39) 117 G3
Chissey-en-Morvan (71) 100 C2
Chissey-lès-Mâcon (71) 116 A2
Chissey-sur-Loue (39) 102 D3
Chitenay (41) 80 A5
Chitray (36) 110 D1
Chitry (89) 83 G2
Chitry-les-Mines (58) 99 G1
Chives (17) 122 A1
Chivres (21) 101 H3
Chivres-en-Laonnois (02) 22 D2
Chivres-Val (02) 22 B5
Chivy-lès-Étouvelles (02) 22 C3
Chizé (79) 107 H5
Chocques (62) 2 C6
Choilley-Dardenay (52) 86 B3
Choisel (78) 42 B5
Choiseul (52) 68 C5
Choisey (39) 102 C2
Choisies (59) 12 A3
Choisy (74) 118 B6
Choisy-au-Bac (60).................21 F4
Choisy-en-Brie (77) 44 B5
Choisy-la-Victoire (60) 20 D5
Choisy-le-Roi (94) 42 D5
Cholet (49) 92 B2
Cholonge (38) 145 G4
Choloy-Ménillot (54) 48 B5
Chomelix (43) 142 C2
Chomérac (07) 158 A1
la Chomette (43) 141 H2
Chonas-l'Amballan (38) 130 A5
Chonville-Malaumont (55) 47 G4
Chooz (08) 13 F4
Choqueuse-les-Bénards (60) ...20 A2
Choranche (38) 145 E3
Chorey-les-Beaune (21) 101 G3
Chorges (05) 160 C2
Chouain (14) 16 A4
Chouday (36) 97 E4
Choue (41) 61 F6
Chougny (58) 99 H2
Chouilly (51) 45 F2
Chouppes (86) 94 A5
Chourgnac (24) 137 H2
Choussy (41) 80 A6
Chouvigny (03) 113 F5
Choux (39) 117 H3
les Choux (45) 82 A2
Chouy (02) 21 H6
Chouzé-sur-Loire (37) 94 A1
Chouzelot (25) 103 E2
Chouzy-sur-Cisse (41) 79 H4
Choye (70) 86 D5
Chozeau (38) 130 D3
Chuelles (45) 64 C6
Chuffilly-Roche (08) 24 A4
Chuignes (80) 10 B6
Chuignolles (80) 10 B6
Chuisnes (28) 61 H2
Chusclan (30) 158 A6
Chuyer (42) 129 H6
Chuzelles (38) 130 A4
Ciadoux (31) 182 B3
Ciamannacce (2A) 205 E5
Ciboure (64) 178 B1
Cideville (76) 7 F4
Ciel (71) 101 H4
Cier-de-Luchon (31) 182 A6
Cier-de-Rivière (31)...............182 A4
Cierges (02) 44 D1
Cierges-
  -sous-Montfaucon (55).........24 D5
Cierp-Gaud (31) 182 A6
Cierrey (27) 41 E2
Cierzac (17) 121 G4
Cieurac (46) 152 D4
Cieutat (65) 181 F4
Cieux (87) 123 H1
Ciez (58) 82 D5
Cigogné (37) 95 F1
Cilly (02) 22 D1
Cimiez 177 E5
Cinais (37) 94 A2
Cindré (03) 114 B4
Cinq-Mars-la-Pile (37) 78 C6
Cinqueux (60) 20 D5
Cintegabelle (31) 183 G1
Cintheaux (14) 16 C5
Cintray (27) 40 C4
Cintray (28) 62 A2
Cintré (35) 56 D2
Cintrey (70) 86 D2
la Ciotat (13) 191 E5
Cipières (06) 176 C5
Ciral (61) 59 G1
Ciran (37) 95 E3
Circourt (88) 69 G3
Circourt-sur-Mouzon (88) 68 D3
Ciré-d'Aunis (17) 107 E6
Cirès (31) 181 H6
Cirès-lès-Mello (60) 20 C6
Cirey (70) 87 G5
Cirey-lès-Mareilles (52) 68 A4
Cirey-lès-Pontailler (21) 86 B6
Cirey-sur-Blaise (52) 67 G2
Cirey-sur-Vezouze (54) 50 A5
Cirfontaines-en-Azois (52) 67 G4
Cirfontaines-en-Ornois (52) 68 B1

Cirières (79) 92 D4
Ciron (36) 110 C1
Ciry-le-Noble (71) 115 F1
Ciry-Salsogne (02) 22 B5
Cisai-Saint-Aubin (61) 39 H4
Cisery (89) 84 B4
Cissac-Médoc (33) 134 D2
Cissé (86) 94 A6
Cisternes-la-Forêt (63) 126 C3
Cistrières (43) 142 A1
la Cité (80) 185 E3
Citerne (80) 8 D5
Citers (70) 87 H2
Citey (70) 87 B5
Citou (11) 185 F2
Citry (77) 44 B3
Civaux (86) 109 G2
Civens (42) 129 E3
Civières (41) 41 G1
Civrac-de-Blaye (33) 135 F3
Civrac-en-Médoc (33) 134 C1
Civrac-sur-Dordogne (33) 136 A5
Civray (18) 97 F4
Civray (86) 109 E5
Civray-de-Touraine (37) 79 G6
Civray-sur-Esves (37) 94 D3
Civrieux (01) 130 A1
Civrieux-d'Azergues (69) 129 H2
Civry (28) 62 B5
Civry-en-Montagne (21) 85 E6
Civry-la-Forêt (78) 41 G4
Civry-sur-Serein (84) 84 A3
Cizancourt (80) 10 C6
Cizay-la-Madeleine (49) 93 G1
Cize (01) 117 F4
Cize (39) 103 F5
Cizely (58) 99 F3
Cizos (65) 181 H3
Clacy-et-Thierret (02) 22 B3
Cladech (24) 137 H6
Claira (66) 201 E2
Clairac (47) 150 D4
Clairavaux (23) 125 G3
Clairefontaine-en-Yvelines (78) 42 A4
Clairefougère (61) 38 A4
Clairegoutte (70) 88 B2
Clairfayts (59) 12 B3
Clairfontaine (02) 12 A5
Clairmarais (62) 2 B4
Clairoix (60) 21 F4
Clairvaux 67 F4
Clairvaux-d'Aveyron (12) 154 B4
Clairvaux-les-Lacs (39) 117 H1
Clairy-Saulchoix (80) 9 F6
Clais (76) 19 E1
Claix (16) 122 B5
Claix (38) 145 G3
Clam (17) 121 F5
Clamanges (51) 45 G4
Clamart (92) 42 D4
Clamecy (02) 22 A4
Clamecy (58) 83 F5
Clamensane (04) 160 B4
Clamerey (21) 84 D5
Clans (06) 176 D3
Clans (70) 87 F3
Clansayes (26) 158 B4
le Claon (55) 46 D1
le Clapier (12) 170 A3
Clapiers (34) 171 F5
Clara (66) 199 F4
Clarac (31) 182 A4
Clarac (65) 181 F3
Claracq (64) 164 B6
Clarafond (74) 118 A6
Clarbec (14) 17 E4
Clarens (65) 181 G3
Clarensac (30) 171 H3
Claret (04) 160 A4
Claret (34) 171 F3
Clarques (62) 2 B5
la Clarté 32 C1
Clary (59) 11 E4
Classun (40) 164 A4
Clastres (02) 21 H1
Clasville (76) 6 D3
le Clat (11) 198 D2
Claudon (88) 69 F5
Claunay-en-Loudun (86) 94 A3
les Claux (61) 161 F2
le Claux (15) 140 C3
Clavans-en-Haut-Oisans (38) 146 B3
Clavé (79) 108 B2
Claveisolles (69) 115 H6
Clavette (17) 106 D5
Claveyson (26) 144 B2
Clavières (15) 141 G4
Claviers (83) 175 H5
Claville (27) 40 D2
Claville-Motteville (76) 7 H5
Clavy-Warby (08) 23 H1
la Claye (85) 106 C2
Claye-Souilly (77) 43 F3
Clayes (35) 57 E2
les Clayes-sous-Bois (78) 42 A4
la Clayette (71) 115 G4
Clayeures (54) 69 H1
Clécy (14) 38 C3
Cléden-Cap-Sizun (29) 52 C2
Cléden-Poher (29) 32 A4
Cléder (29) 31 G2
Clèdes (40) 164 A5
Cleebourg (67) 29 E6
Clefmont (52) 68 C4
Clefs (49) 77 G3
les Clefs (74) 132 C2
Cléguer (56) 54 C4
Cléguérec (56) 55 E2
Clelles (38) 145 F5
Clémencey (21) 101 G1

Clémensat (63) 127 F5
Clémery (54) 48 D3
Clément (18) 81 F4
Clenleu (62) 1 G6
Cléon (76) 18 C5
Cléon-d'Andran (26) 158 C2
Cleppé (42) 129 E3
Clérac (17) 135 H2
Cléré-du-Bois (36) 95 G4
Cléré-les-Pins (37) 78 C5
Cléré-sur-Layon (49) 93 E2
Clères (76) 7 G5
Clérey (10) 66 B4
Clérey-la-Côte (88) 68 D1
Clérey-sur-Brenon (54) 48 D6
Clergoux (19) 139 F2
Clérieux (26) 144 B3
les Clérimois (89) 65 F4
le Clerjus (88) 69 H5
Clerlande (63) 127 F2
Clermain (71) 115 H3
Clermont 58 B4
Clermont 16 D4
Clermont (09) 183 F5
Clermont (40) 163 E4
Clermont (74) 20 C5
Clermont (74) 118 A6
Clermont-Créans (72) 77 H2
Clermont-de-Beauregard (24)..137 E4
Clermont-Dessous (47) 150 D5
Clermont-d'Excideuil (24) 137 H1
Clermont-en-Argonne (55) 47 E1
Clermont-Ferrand (63) 127 F3
Clermont-le-Fort (31) 183 F1
Clermont-les-Fermes (02)....23 E2
Clermont-l'Hérault (34) 170 C5
Clermont-Pouyguillès (32) 181 H1
Clermont-Savès (32) 166 C5
Clermont-Soubiran (47) 151 G6
Clermont-sur-Lauquet (11) 185 E5
Cléron (25) 103 F2
Clerques (62) 1 H3
Clerval (25) 88 A5
Cléry (21) 86 C6
Cléry (73) 132 C3
Cléry-en-Vexin (95) 42 A1
Cléry-le-Grand (55) 24 D5
Cléry-le-Petit (55) 24 D5
Cléry-Saint-André (45) 80 C2
Cléry-sur-Somme (80) 10 B5
Clesles (51) 65 H1
Clessé (71) 116 B3
Clessé (79) 93 E6
Clessy (71) 115 E1
Cléty (62) 2 A5
Cleurie (88) 70 B5
Cleuville (76) 6 D4
Cléville (14) 16 D5
Cléville (76) 6 D4
Clévilliers (28) 62 A1
Cleyrac (33) 150 A1
Cleyzieu (01) 131 E1
Clézentaine (88) 70 A1
Clichy (92) 42 D3
Clichy-sous-Bois (93) 43 E3
Climbach (67) 29 E5
Clinchamp (52) 68 B4
Clinchamps-sur-Orne (14) 16 B5
Clion (17) 121 F5
Clion (36) 95 H4
Cliousclat (26) 158 B1
Cliponville (76) 7 E4
Ciron (08) 13 E6
la Clisse (17) 120 D3
Clisson (44) 75 E6
Clitourps (50) 14 D2
Clohars-Carnoët (29) 54 B5
Clohars-Fouesnant (29) 53 G3
le Cloître-Pleyben (29) 31 H6
le Cloître-Saint-Thégonnec (29) 32 A4
Clomot (21) 100 D1
Clonas-sur-Varèze (38) 130 A6
Clos-Fontaine (77) 43 H6
Clot de la Balme 145 F4
les Clots 145 F3
la Clotte (17) 135 H3
Clouange (57) 26 B4
Cloué (86) 108 D2
les Clouzeaux (85) 91 F4
Cloyes-sur-le-Loir (28) 61 H6
Cloyes-sur-Marne (51) 46 B5
Clucy (39) 103 F3
Clugnat (23) 111 H4
Cluis (36) 111 F2
Clumanc (04) 175 G1
Cluny (71) 116 A2
la Clusaz (74) 132 C1
la Cluse (05) 160 A1
la Cluse-et-Mijoux (25) 104 A4
les Cluses (66) 200 D4
Cluses (74) 119 E5
Clussais 108 C5
Clussais-la-Pommeraie (79) 108 C5
Clux (71) 102 A3
Coadout (22) 33 E4
Coaraze (06) 177 E4
Coarraze (64) 180 C3
Coat-Méal (29) 30 D3
Coat an Poullou 53 H3
Coatascorn (22) 32 D3
Coatréven (22) 32 D2
Cobonne (26) 144 C6
Cobrieux (59) 3 G6
la Cochère (61) 39 F5
Cocherel (77) 44 A2
les Coches 133 E4
Coclois (10) 66 C1
Cocquerel (80) 9 E4

Cocumont (47) 150 B3
Cocurès (48) 156 B4
Codalet (66) 199 F3
Codognan (30) 171 H4
Codolet (30) 158 A6
Coësmes (35) 57 G5
Coëtlogon (22) 55 H2
Coëtmieux (22) 33 H4
Coëtatouz 72 B1
Coëtquidan École de Saint-Cyr 56 C4
Cœuvres-et-Valsery (02) 21 H5
Coëx (85) 90 D4
Coggia (2A) 204 C4
Coglès (35) 35 H5
Cogna (39) 117 H1
Cognac (16) 121 G3
Cognac-la-Forêt (87) 123 H2
Cognat-Lyonne (03) 113 H6
Cogners (72) 78 D1
Cognet (38) 145 G5
Cognières (70) 87 H4
Cognin (73) 131 H4
Cognin-les-Gorges (38) 145 E2
Cognocoli-Monticchi (2A)..206 D1
Cogny (18) 98 A5
Cogny (69) 129 G1
Cogolin (83) 192 C4
Cohade (43) 141 G1
Cohan 22 C6
Cohennoz (73) 132 D2
Cohiniac (22) 33 F5
Cohons (52) 86 B2
Coiffy-le-Bas (52) 68 D6
Coiffy-le-Haut (52) 68 D6
Coigneux (80) 9 H4
Coignières (78) 42 B5
Coigny (50) 14 D5
Coimères (33) 149 H3
Coin-lès-Cuvry (57) 26 B6
Coin-sur-Seille (57) 26 B6
Coinces (45) 62 C6
Coinches (88) 70 D3
Coincourt (54) 49 F4
Coincy (02) 44 C1
Coincy (57) 26 C5
Coings (36) 96 C4
Coingt (02) 23 E1
Cointicourt 44 B1
Coirac (33) 149 H1
Coise (69) 129 G4
Coise-Saint-Jean-Pied-Gauthier (73) 132 B5
Coiselet 117 G4
Coiserette (39) 117 H3
Coisevaux (70) 88 B3
Coisia (39) 117 G3
Coisy (80) 9 H5
Coivert (17) 107 H6
Coivrel (60) 20 D3
Coizard-Joches (51) 45 E4
Colayrac-Saint-Cirq (47) 151 E5
Col de Carri 145 E4
Col de Cranon 147 E4
Col de l'Arzelier 145 F4
Col de Porte 145 G1
Col de Romeyre 145 F4
Col de Rousset 145 E5
Col des Guérins 160 A3
Col de Tamié 132 C3
Col d'Ornon 146 A4
Col du Coq 145 H1
Col du Corbier 119 F3
Colembert (62) 1 G4
Coligny (01) 117 E3
Collandres (15) 140 C2
Collandres-Quincarnon (27) 40 C2
Collanges 127 F6
Collat (43) 142 A2
la Colle-sur-Loup (06) 176 D5
Collégien (77) 43 F4
Collemiers (89) 64 D4
Colleret (59) 12 B2
la Colle Saint-Michel 161 F6
le Collet 70 D4
le Collet-de-Dèze (48) 156 D5
le Collet d'Allevard 132 B6
Colletot (27) 17 H3
Colleville (76) 6 C3
Colleville-Montgomery (14) 16 C3
Colleville-sur-Mer (14) 15 G5
Collias (30) 172 B2
Colligis-Crandelain (02) 22 C4
Colligny (57) 26 C5
Colline-Beaumont (62) 8 C2
Collinée (22) 34 A6
Collioure (66) 201 E4
Collobrières (83) 192 B4
Collonge-en-Charollais (71) 101 E6
Collonge-la-Madeleine (71) 101 E4
Collonges (01) 118 A5
Collonges-au-Mont-d'Or (69) 130 A2
Collonges-la-Rouge (19) 138 D4
Collonges-lès-Bévy (21) 101 G2
Collonges-lès-Premières (21)..102 B1
Collonges-sous-Salève (74) 118 C5
Collongues (06) 176 B4
Collongues (65) 181 F2
Collorec (29) 32 A6
Collorgues (30) 172 A2
Colmar (67) 71 E4
Colmars (04) 161 F1
Colmen (57) 27 E3
Colméry (58) 83 E6
Colmesnil-Manneville (76) 7 G2
Colmey (54) 25 F4
la Colmiane 176 D2
la Colmiane-Valdeblore 176 D2

Colmier-le-Bas (52) 85 G2
Colmier-le-Haut (52) 85 G2
Colognac (30) 171 E1
Cologne (32) 166 B4
Colomars (06) 177 E5
Colombe (38) 131 E6
la Colombe (41) 80 A1
la Colombe (50) 37 F3
Colombé-la-Fosse (10) 67 F3
Colombé-le-Sec (10) 67 F3
Colombe-lès-Vesoul (70) 87 G3
Colombelles (14) 16 C4
Colombes (92) 42 C3
Colombey-les-Belles (54) 48 B6
Colombey-lès-Choiseul 68 C5
Colombey-les-Deux-Églises (52) 67 G3
Colombier (03) 113 E4
Colombier (21) 101 F2
Colombier (24) 137 E6
Colombier (42) 143 G1
Colombier (70) 87 G2
Colombier-en-Brionnais (71) ..115 G3
Colombier-Fontaine (25) 88 B4
Colombier-le-Cardinal (07) 144 A2
Colombier-le-Jeune (07) 143 H4
Colombier-le-Vieux (07) 143 H3
Colombier-Saugnieu (69) 130 C3
Colombières (14) 15 G5
Colombières-sur-Orb (34) 169 H6
Colombiers (17) 121 F4
Colombiers (18) 97 H6
Colombiers (34) 186 D2
Colombiers (61) 60 A1
Colombiers (86) 94 C5
Colombiers-du-Plessis (53) 58 C2
Colombiers-sur-Seulles (14) 16 B3
Colombiès (12) 154 A4
Colombotte (70) 87 H2
Colomby (50) 14 D3
Colomby-sur-Thaon (14) 16 A4
Colomiers (31) 167 E5
Colomieu (01) 131 F3
Colonard-Corubert (61) 60 D2
Colondannes (23) 111 E4
Colonfay (02) 11 G6
Colonne (39) 102 D4
Colonzelle (26) 158 B4
Colpo (56) 55 F5
Colroy-la-Grande (88) 71 E2
Colroy-la-Roche (67) 71 E1
Coltainville (28) 62 B1
Coltines (15) 141 E3
Coly (24) 138 B3
Combaillaux (34) 171 E5
Combas (30) 171 G3
la Combe 131 G4
la Combe-de-Lancey (38)....145 H2
Combeaufontaine (70) 87 E2
Combebonnet 151 G5
Combefa (81) 168 B1
Combelouvière 132 C5
Comberanche-et-Épeluche (24) 136 C2
Comberjon (70) 87 G3
Comberouger (82) 166 C3
Combertault (21) 101 G3
les Combes (25) 104 B2
Combes (34) 169 H5
Combe Saint-Pierre 104 C1
Combiers (16) 122 D5
Comblanchien (21) 101 G2
Comblat le Château 140 C4
Combles (80) 10 B5
Combles-en-Barrois (55) 47 E4
Comblessac (35) 56 C4
Combloux (74) 133 E1
Combon (27) 40 C1
Combourg (35) 35 E5
Combourtillé (35) 57 H1
Combovin (26) 144 C5
Combrailles (63) 126 C2
Combrand (79) 92 C4
Combray (14) 38 C3
Combre (42) 115 F6
Combrée (49) 76 B2
Combres (28) 61 G3
Combres-sous-les-Côtes (55) 47 H1
Combressol (19) 125 G6
Combret (12) 169 F3
Combreux (45) 63 F6
Combrimont (88) 70 D2
Combrit (29) 53 F3
Combronde (63) 127 F1
Combs-la-Ville (77) 43 E5
la Comelle (71) 100 B4
Comiac (46) 139 F5
Comigne (11) 185 F4
Comines (59) 3 F4
Commagny 99 H3
Commana (29) 31 H5
Commarin (21) 101 E1
Commeaux (61) 39 E4
Commelle (38) 130 D6
Commelle-Vernay (42) 128 D1
Commenailles (39) 102 C5
Commenchon (02) 21 H2
Commensacq (40) 148 D5
Commentry (03) 112 D4
Commeny (95) 42 A1
Commequiers (85) 90 D3
Commer (53) 58 D3
Commercy (55) 47 H4
Commerveil (72) 60 C3
Commes (14) 15 H5
Communailles-en-Montagne (39) 103 G5
Communay (69) 130 A4
Commune de Val-d'Orvin (10) ..65 F2

Compains (63) 127 E6
Compains (77) 43 F2
Compainville (76) 19 F2
Compans (77) 43 F2
le Compas (23) 126 B1
Compeyre (12) 155 F6
Compiègne (60) 21 F4
Compigny (89) 65 E2
la Compôte (73) 132 B3
Comprégnac (12) 169 H1
Compreignac (87) 124 D1
Comps 126 D1
Comps (26) 158 D2
Comps (30) 172 C3
Comps (33) 135 E3
Comps-la-Grand-Ville (12) 154 C5
Comps-sur-Artuby (83) 175 H4
la Comté (62) 9 H1
Comus (11) 198 D1
Conan (41) 79 H2
Conand (01) 131 E1
Conat (66) 199 E3
Concarneau (29) 53 G4
Concevreux (02) 22 D5
Concèze (19) 138 B1
Conches-en-Ouche (27) 40 C3
Conches-sur-Gondoire (77) 43 F4
Conchez-de-Béarn (64) 164 C6
Conchil-le-Temple (62) 8 C1
Conchy-les-Pots (60) 21 E3
Conchy-sur-Canche (62) 9 F2
Concorès (46) 152 C2
Concots (46) 152 D4
Concoules 156 D4
Concourson-sur-Layon (49) 93 F1
Concremiers (36) 110 B1
Concressault (18) 81 H5
Concriers (41) 80 A2
Condac (16) 108 D6
Condal (71) 117 E2
Condamine (01) 117 G5
Condamine (39) 102 C6
la Condamine 177 F5
la Condamine-Châtelard (04) ..161 G3
Condat (15) 140 D1
Condat (46) 138 D4
Condat-en-Combraille (63) 126 B2
Condat-lès-Montboissier (63)..127 H5
Condat-sur-Ganaveix (19) 124 D6
Condat-sur-Trincou (24) 123 F6
Condat-sur-Vézère (24) 138 B3
Condat-sur-Vienne (87) 124 B3
Condé 97 F5
Condé (36) 97 E4
Condé-en-Brie (02) 44 D2
Condé-Folie (80) 9 E5
Condé-lès-Autry (08) 24 B6
Condé-lès-Herpy (08) 23 F3
Condé-Northen (57) 26 D5
Condé-Sainte-Libiaire (77) 43 G3
Condé-sur-Aisne (02) 22 B4
Condé-sur-Huisne (61) 61 F2
Condé-sur-Ifs (14) 16 D6
Condé-sur-l'Escaut (59) 11 G1
Condé-sur-Marne (51) 45 G2
Condé-sur-Noireau (14) 38 B3
Condé-sur-Risle (27) 17 H3
Condé-sur-Sarthe (61) 59 H2
Condé-sur-Seulles (14) 16 A4
Condé-sur-Suippe (02) 23 E4
Condé-sur-Vesgre (78) 41 H5
Condé-sur-Vire (50) 37 G2
Condeau (61) 61 E2
Condécourt (95) 42 B2
Condeissiat (01) 116 D5
Condéon (16) 121 H6
Condes (39) 117 G3
Condes (52) 67 H4
Condette (62) 1 F5
Condezaygues (47) 151 H3
Condillac (26) 158 B1
Condom (32) 165 F2
Condom-d'Aubrac (12) 155 E2
Condorcet (26) 158 D3
Condren (02) 22 A2
Condres 142 B6
Condrieu (69) 130 A5
Condé (see) 87 F2
Conflandey (70) 87 F2
Conflans (11) 117 F4
Conflans (52) 132 C3
Conflans-en-Jarnisy (54) 25 H6
Conflans-Sainte-Honorine (78)..42 C2
Conflans-sur-Anille (72) 61 E6
Conflans-sur-Lanterne (70) 87 G1
Conflans-sur-Loing (45) 64 B6
Conflans-sur-Seine (51) 65 G1
Confolens (16) 123 F1
Confolent-Port-Dieu (19) 126 B5
Confort (01) 32 D2
Confort-Meilars (29) 52 D2
Confracourt (70) 87 E3
Confrançon (01) 116 D4
Congé-sur-Orne (72) 60 B4
Congénies (30) 171 H4
Congerville-Thionville (91) 63 C2
Congis-sur-Thérouanne (77) 43 H2
Congrier (53) 76 A1
Congy (51) 45 E4
Conie-Molitard (28) 62 A3
Conilhac-Corbières (11) 185 G3
Conilhac-de-la-Montagne (11) 184 D6
Conjux (73) 131 G2
Conliège (39) 59 H4
Conliège (39) 102 D6

Connac (12) 169 E2
Connangles (43) 142 A1
Connantray-Vaurefroy (51) 45 G5
Connantre (51) 45 F5
Connaux (30) 172 C1
Conne-de-Labarde (24) 137 E6
Connelles (27) 18 D6
Connerré (72) 60 C5
Connezac (24) 123 E5
Connigis (02) 44 C2
Conquereuil (44) 74 B1
Conques (12) 154 B2
Conques-sur-Orbiel (11) 185 G3
le Conquet (29) 30 C5
Conqueyrac (30) 171 F2
Conros 140 A5
Cons-la-Grandville (54) 25 G3
Cons-Sainte-Colombe (74)....132 C3
Consac (17) 121 E6
Conségudes (06) 176 C4
Consenvoye (55) 25 E5
Consigny (52) 68 B4
Consolation-Maisonnettes (25) 104 B1
Contalmaison (80) 10 B5
Contamine-Sarzin (74) 118 B6
Contamine-sur-Arve (74) 118 D5
les Contamines-Montjoie (74)..133 E2
Contault (51) 46 C3
Contaut 134 B2
Contay (80) 9 H5
Conte (39) 103 F5
Contes (06) 177 E4
Contes (62) 9 E1
Contescourt (02) 21 H1
Contest (53) 58 H1
Conteville (14) 16 C5
Conteville (27) 6 C6
Conteville (60) 20 A2
Conteville (76) 19 G2
Conteville (80) 9 E3
Conteville-en-Ternois (62) 9 G1
Conteville-lès-Boulogne (62) 1 F4
Conthil (57) 49 G3
Contigné (49) 77 E2
Contigny (03) 113 H3
Contilly (72) 60 C2
Continvoir (37) 78 A5
Contis les Bains 148 A6
Contoire (80) 20 D2
Contrazy (09) 183 E4
Contré (17) 108 A6
Contre (80) 20 B1
Contréglise (70) 87 F1
Contremoulins (76) 6 C3
Contres (18) 97 H4
Contres (41) 80 A5
Contreuve (08) 24 A5
Contrevoz (01) 131 F2
Contrexéville (88) 69 E4
Contrisson (55) 46 D4
Conty (80) 20 B1
Contz-les-Bains (57) 26 C2
Conzac 122 A6
Conzieu (01) 131 F3
Coole (51) 46 A5
Coolus (51) 45 H3
la Copechagnière (85) 91 G3
Copponex (74) 118 B6
Coquainvilliers (14) 17 F4
Coquelles (62) 1 G2
la Coquille (24) 123 H5
Corancez (28) 62 B2
Corancy (58) 100 A2
Coray (29) 53 H2
Corbara (2B) 202 C5
Corbarieu (82) 167 E2
Corbas (69) 130 B4
Corbehem (62) 10 C2
Corbeil (51) 46 A6
Corbeil-Cerf (60) 20 B6
Corbeil-Essonnes (91) 43 E6
Corbeilles (45) 63 H5
Corbel (73) 131 H6
Corbelin (38) 131 F4
Corbenay (70) 69 H6
Corbeny (02) 22 D4
Corbère (66) 199 G3
Corbère-Abères (64) 164 C6
Corbère-les-Cabanes (66) 199 G3
Corberon (21) 101 H3
Corbès (30) 171 F1
Corbie (80) 9 H6
le Corbier 146 C1
la Corbière (70) 88 A1
Corbières (04) 174 C3
Corbières (11) 184 B5
Corbigny (58) 99 G1
Corbon (14) 17 E5
Corbon (61) 60 D2
Corbonod (01) 131 G1
Corbreuse (91) 62 D1
Corcelle 116 A3
Corcelle-Mieslot (25) 87 G5
Corcelles (01) 117 G6
Corcelles-en-Beaujolais (69) 116 A5
Corcelles-Ferrières (25) 103 E1
Corcelles-les-Arts (21) 101 F3
Corcelles-lès-Cîteaux (21) 101 H1
Corcelles-les-Monts (21) 85 G6
Corcieux (88) 70 C3
Corcondray (25) 103 E1
Corconne (30) 171 F3
Corcoué-sur-Logne (44) 91 F1
Corcy (21) 21 H6
Cordéac (38) 145 H5
Cordebugle (14) 17 G5
Cordelle (42) 128 D2
Cordemais (44) 74 A4

Cordes-sur-Ciel (81) ...168 A1
Cordes-Tolosannes (82) ...166 C2
Cordesse (71) ...100 D3
Cordey (14) ...38 C4
Cordon (74) ...133 E1
Cordonnet (70) ...87 F5
Coren (15) ...141 E1
Corenc (38) ...145 G2
Corent (63) ...127 F4
Corfélix (51) ...44 D4
Corgengoux (21) ...101 H3
Corgnac-sur-l'Isle (24) ...137 G1
Corgoloin (21) ...101 G2
Corignac (17) ...135 G2
Corlay (22) ...33 E6
Corlier (01) ...117 F6
Cormainville (28) ...62 B4
Cormaranche-en-Bugey (01) .131 F1
Cormatin (71) ...116 A1
Corme-Ecluse (17) ...120 D4
Corme-Royal (17) ...120 D3
Cormeilles (27) ...17 G4
Cormeilles (60) ...20 B2
Cormeilles-en-Parisis (95) ...42 C3
Cormeilles-en-Vexin (95) ...42 B1
Cormelles-le-Royal (14) ...16 C5
le Cormenier (79) ...107 H5
Cormenon (41) ...61 F6
Cormeray (41) ...80 A5
Cormery (37) ...95 E1
Cormes (72) ...61 E4
Cormette (62) ...2 A4
Cormicy (51) ...22 D5
le Cormier (27) ...41 F3
Cormolain (14) ...37 H1
Cormont (62) ...1 F5
Cormontreuil (51) ...23 E6
Cormoranche-sur-Saône (01)..116 B4
Cormost (10) ...66 B4
Cormot-le-Grand (21) ...101 E3
Cormoyeux (51) ...45 F1
Cormoz (01) ...117 E2
Corn (46) ...153 F2
Cornac (46) ...139 F5
Cornant (89) ...64 D4
Cornas (07) ...144 A4
Cornay (08) ...24 C5
Corné (49) ...77 F4
Cornebarrieu (31) ...167 E5
Corneilhan (34) ...186 D1
Corneilla-de-Conflent (66) ...199 E4
Corneilla-del-Vercol (66) ...201 E3
Corneilla-la-Rivière (66) ...199 E4
Corneillan (32) ...164 B5
Corneuil (27) ...41 E3
Corneville-la-Fouquetière (27)...40 B2
Corneville-sur-Risle (27) ...17 H3
Cornier (74) ...118 D5
Cornil (19) ...138 D2
Cornillac (26) ...159 E3
Cornille (24) ...137 F2
Cornillé (35) ...57 H3
Cornillé-les-Caves (49) ...77 F4
Cornillon (30) ...157 G5
Cornillon-Confoux (13) ...173 F5
Cornillon-en-Trièves (38) ...145 G5
Cornillon-sur-l'Oule (26) ...159 E3
Cornimont (88) ...70 C5
Cornod (39) ...117 G3
Cornot (70) ...87 E2
la Cornuaille (49) ...75 G2
Cornus (12) ...170 A3
Cornusse (18) ...98 A4
Cornusson (82) ...153 F5
Corny (27) ...19 E6
Corny-Machéroménil (08) ...23 H3
Corny-sur-Moselle (57) ...26 B6
Coron (49) ...92 D2
Corpe (85) ...91 H6
Corpeau (21) ...101 F4
Corpoyer-la-Chapelle (21) ...85 E4
Corps (38) ...146 A5
Corps-Nuds (35) ...57 F4
Corquilleroy (45) ...64 A5
Corquoy (18) ...97 F4
Corrano (2A) ...205 E6
Corravillers (70) ...70 B6
Corré (70) ...69 F6
Corrençon-en-Vercors (38) ...145 F3
Correns (83) ...175 E6
Corrèze (19) ...139 F1
Corribert (51) ...45 E3
Corrobert (51) ...44 D3
Corrombles (21) ...84 C4
Corronsac (31) ...183 G1
Corroy (51) ...45 F5
Corsaint (21) ...84 C4
Corsavy (66) ...199 G5
Corscia (2B) ...204 D2
Corsept (44) ...73 H4
Corseul (22) ...34 C5
Cortambert (71) ...116 A2
Corte (2B) ...205 E2
Cortevaix (71) ...116 A2
Cortrat (45) ...82 B1
les Corvées-les-Yys (28) ...61 G2
Corveissiat (01) ...117 F4
Corvol-d'Embernard (58) ...83 E6
Corvol-l'Orgueilleux (58) ...83 F5
Corzé (49) ...77 F4
Cos (09) ...183 G5
Cosges (39) ...102 C5
Coslédaà-Lube-Boast (64) ...180 C1
Cosmes (53) ...58 C6
Cosnac (19) ...138 D3
Cosne-Cours-sur-Loire (58) ...82 D4
Cosne-d'Allier (03) ...113 E2
Cosqueville (50) ...14 D1
Cossaye (58) ...99 F6

Cossé-d'Anjou (49) ...92 D1
Cossé-en-Champagne (53) ...59 F6
Cossé-le-Vivien (53) ...58 B6
Cossesseville (14) ...38 C3
Cosswiller (67) ...50 C5
Costa (2B) ...202 D5
Costaros (43) ...142 C5
les Costes (05) ...146 A6
les Costes-Gozon (12) ...169 G6
la Côte (70) ...88 B2
la Côte-d'Aime (73) ...133 E4
la Côte-d'Arbroz (74) ...119 F4
la Côte-en-Couzan (42) ...128 B3
la Côte-Saint-André (38) ...130 D6
le Coteau (42) ...115 E6
Côtebrune (25) ...87 H6
les Côtes-d'Arey (38) ...130 A6
les Côtes-de-Corps (38) ...146 A5
Coti-Chiavari (2A) ...206 C1
Cotignac (83) ...175 E5
la Cotinière (17) ...120 A1
Cottance (42) ...129 E3
Cottenchy (80) ...20 C1
Cottévrard (76) ...7 H4
Cottun (14) ...15 H5
la Couarde (79) ...108 B3
la Couarde-sur-Mer (17) ...106 B4
Couargues (18) ...98 C1
Coubert (77) ...43 F5
Coubeyrac (33) ...136 B6
Coubisou (12) ...154 D2
Coubjours (24) ...138 B2
Coublanc (52) ...86 C2
Coublanc (71) ...115 F5
Coublevie (38) ...131 F6
Coublucq (64) ...164 A6
Coubon (43) ...142 C4
Coubron (93) ...43 E3
Couches (71) ...101 E4
Couchey (21) ...101 G1
la Coucourde (26) ...158 B1
Coucouron (07) ...142 D6
Coucy (08) ...23 H3
Coucy-la-Ville (02) ...22 A3
Coucy-le-Château-
  -Auffrique (02) ...22 A3
Coucy-lès-Eppes (02) ...22 D3
Couddes (41) ...80 A6
Coudehard (61) ...39 F4
Coudekerque (59) ...2 C2
Coudekerque-Branche (59) ...2 B1
Coudes (63) ...127 F4
Coudeville-sur-Mer (50) ...35 G1
Coudons (11) ...184 C6
Coudoux (13) ...173 G5
Coudray (27) ...19 F5
le Coudray (28) ...62 B2
Coudray (45) ...63 G3
Coudray (53) ...76 D2
Coudray-au-Perche (28) ...61 F4
le Coudray-Macouard (49) ...93 G1
le Coudray-Montceaux (91) ...43 E6
Coudray-Rabut (14) ...17 F3
le Coudray-Saint-Germer (60) ...19 H4
le Coudray-sur-Thelle (60) ...20 B5
le Coudray Montbault (49) ...92 D2
la Coudre (79) ...93 E3
Coudreceau (28) ...61 F3
Coudrecieux (72) ...60 D6
Coudres (27) ...41 E4
Coudroy (45) ...81 G1
Coudun (60) ...21 F4
Coudures (40) ...163 H4
Coueilles (31) ...182 C2
Couëron (44) ...74 B5
Couesmes (37) ...78 B4
Couesmes-Vaucé (53) ...58 D1
Couffé (44) ...75 E3
Couffoulens (11) ...185 E4
Couffy (41) ...96 A1
Couffy-sur-Sarsonne (19) ...126 A4
Couflens (09) ...197 E4
Coufouleux (81) ...167 G3
Couhé (86) ...108 D4
Couilly-Pont-aux-Dames (77) ...43 G3
Couin (62) ...9 H4
Couiza (11) ...184 D6
Couladère (31) ...182 D3
Coulaines (72) ...60 B5
Coulandon (03) ...113 H2
Coulangeron (89) ...83 F3
Coulanges (03) ...114 D2
Coulanges (41) ...79 H6
Coulanges-la-Vineuse (89) ...83 G3
Coulanges-lès-Nevers (58) ...98 D3
Coulanges-sur-Yonne (89) ...83 F4
Coulans-sur-Gée (72) ...59 H5
Coulaures (24) ...137 H1
Couleuvre (03) ...98 C6
Coulevon (70) ...87 G3
Coulgens (16) ...122 C2
Coulimer (61) ...60 C1
Coullemelle (80) ...20 C2
Coullemont (62) ...9 H3
Coullons (45) ...81 H3
Coulmer (61) ...39 G4
Coulmier-le-Sec (21) ...84 D2
Coulmiers (45) ...62 C6
Coulobres (34) ...187 E1
Coulogne (62) ...1 G2
Couloisy (60) ...21 G5
Coulombiers (72) ...60 A3
Coulombiers (86) ...108 D2
Coulombs (14) ...16 A4
Coulombs (28) ...41 G6
Coulombs-en-Valois (77) ...44 A2
Coulomby (62) ...1 H4
Coulommes (77) ...43 G3
Coulommes-et-Marqueny (08) ..24 A4
Coulommes-la-Montagne (51) ..23 E6
Coulommiers (77) ...44 A4

Coulommiers-la-Tour (41) ...79 G2
Coulon (79) ...107 G3
Coulonces (14) ...37 H3
Coulonces (61) ...39 F4
la Coulonche (61) ...38 C5
Coulongé (72) ...78 A3
Coulonges (16) ...122 B2
Coulonges (17) ...121 G4
Coulonges (86) ...110 B3
Coulonges-Cohan (02) ...22 C6
Coulonges-les-Sablons (61) ...61 F2
Coulonges-sur-l'Autize (79) ...107 G2
Coulonges-sur-Sarthe (61) ...60 C1
Coulonges-Thouarsais (79) ...93 F4
Coulonvillers (80) ...9 E4
Couloumé-Mondebat (32) ...164 D5
Coulounieix-Chamiers (24) ...137 F2
Coulours (89) ...65 G4
Couloutre (58) ...82 D5
Coulouvray-Boisbenâtre (50) ...37 G4
Coulvain (14) ...38 A2
Coulx (47) ...151 E3
Coume (57) ...27 E4
Counozouls (11) ...198 D2
Coupelle-Neuve (62) ...2 A6
Coupelle-Vieille (62) ...2 A6
Coupesarte (14) ...17 E5
Coupetz (51) ...45 H4
Coupéville (51) ...46 B3
Coupiac (12) ...169 E2
Coupray (52) ...67 G6
Coupru (02) ...44 B2
Couptrain (53) ...59 F1
Coupvray (77) ...43 G3
Couquèques (33) ...134 D1
Cour-Cheverny (41) ...80 A4
Cour-et-Buis (38) ...130 B6
Cour-l'Évêque (52) ...67 G6
la Cour-Marigny (45) ...81 H1
Cour-Saint-Maurice (25) ...88 C6
Cour-sur-Loire (41) ...80 A3
Courances (91) ...63 H2
Courant (17) ...107 G6
Courban (21) ...67 F6
la Courbe (61) ...38 D4
Courbehaye (28) ...62 B4
Courbépine (27) ...17 H5
Courbes (02) ...22 B2
Courbesseaux (54) ...49 E5
Courbette (39) ...117 G1
Courbeveille (53) ...58 C5
Courbevoie (92) ...42 C3
Courbiac (47) ...151 H4
Courbillac (16) ...121 H3
Courboin (02) ...44 C2
Courbons (04) ...160 C6
Courboux (10) ...87 F4
Courbouzon (39) ...102 C6
Courbouzon (41) ...80 B3
Courçais (03) ...112 C2
Courçay (37) ...95 E1
Courcebœufs (72) ...60 B4
Courcelette (80) ...10 B4
Courcelles (17) ...121 F1
Courcelles (25) ...103 F2
Courcelles (45) ...63 G5
Courcelles (54) ...69 F2
Courcelles (58) ...83 F5
Courcelles (90) ...89 E4
Courcelles-au-Bois (80) ...10 A4
Courcelles-Chaussy (57) ...26 D5
Courcelles-de-Touraine (37) ...78 B5
Courcelles-en-Barrois (55) ...47 G4
Courcelles-en-Bassée (77) ...64 C2
Courcelles-en-Montagne (52) ..86 A1
Courcelles-Epayelles (60) ...21 E3
Courcelles-Frémoy (21) ...84 B5
Courcelles-la-Forêt (72) ...77 H2
Courcelles-le-Comte (62) ...10 B3
Courcelles-lès-Gisors (60) ...19 G6
Courcelles-lès-Lens (62) ...10 C1
Courcelles-lès-Montbard (21)...84 D4
Courcelles-
  -lès-Montbéliard (25) ...88 C4
Courcelles-lès-Semur (21) ...84 C5
Courcelles-Sapicourt (51) ...22 D6
Courcelles-
  -sous-Châtenois (88) ...68 D2
Courcelles-
  -sous-Moyencourt (80) ...20 A1
Courcelles-sous-Thoix (80) ...20 A2
Courcelles-sur-Aire (55) ...47 F3
Courcelles-sur-Blaise (52) ...67 G2
Courcelles-sur-Nied (57) ...26 C6
Courcelles-sur-Seine (27) ...41 F1
Courcelles-sur-Vesles (02) ...22 C6
Courcelles-sur-Viosne (95) ...42 B2
Courcelles-sur-Voire (10) ...66 D1
Courcemain (51) ...45 F6
Courcemont (72) ...60 B4
Courcerac (17) ...121 G2
Courcerault (61) ...60 D2
Courceroy (10) ...65 E2
Courchamp (77) ...44 B6
Courchamps (02) ...44 B1
Courchamps (49) ...93 G2
Courchapon (25) ...86 D6
Courchaton (70) ...88 A4
Courchelettes (59) ...10 C2
Courchevel 1550 ...133 E5
Courchevel 1650 Moriond ...133 E5
Courchevel 1850 ...133 E5
Courcité (53) ...59 G3
Courcival (72) ...60 B4
Courcôme (16) ...122 B1
Courçon (17) ...107 E4
Courcoué (37) ...94 B3
Courcouronnes (91) ...42 D6
Courcoury (17) ...121 F3
Courcuire (70) ...87 E5
Courcy (50) ...16 D6

Courcy (50) ...37 E2
Courcy (51) ...23 E5
Courcy-aux-Loges (45) ...63 F5
Courdemanche (27) ...41 E4
Courdemanche (72) ...78 D2
Courdemanges (51) ...46 B5
Courdimanche (95) ...42 B2
Courdimanche-
  -sur-Essonne (91) ...63 G2
Couret (31) ...182 B5
Courgains (72) ...60 B3
Courgeac (16) ...122 B6
Courgenard (72) ...61 E4
Courgenay (89) ...65 F3
Courgent (78) ...41 H3
Courgeon (61) ...60 D1
Courgeoût (61) ...60 C1
Courgis (89) ...83 H2
Courgivaux (51) ...44 C5
Courgoul (63) ...127 E5
Courjeonnet (51) ...45 E4
Courlac (16) ...136 B1
Courlandon (51) ...22 C5
Courlans (39) ...102 C6
Courlaoux (39) ...102 C6
Courlay (79) ...92 D5
Courléon (49) ...78 A5
Courlon (21) ...85 H3
Courlon-sur-Yonne (89) ...64 D3
Courmangoux (01) ...117 E3
Courmas (51) ...23 E6
Courmelles (02) ...22 A5
Courmelois (51) ...45 G1
Courmemin (41) ...80 B5
Courménil (61) ...39 G4
Courmes (06) ...176 C5
Courmont (02) ...44 D1
Courmont (70) ...88 B3
Cournanel (11) ...184 D5
la Courneuve (93) ...42 D3
Courniou (34) ...185 G1
Cournols (63) ...127 E4
Cournon (56) ...56 C6
Cournon-d'Auvergne (63) ...127 F3
Cournonsec (34) ...171 E6
Cournonterral (34) ...171 E6
la Couronne (16) ...122 B4
Courouvre (55) ...47 F3
Courpalay (77) ...43 H6
Courpiac (33) ...135 H6
Courpière (63) ...128 A3
Courpignac (17) ...135 F1
Courquetaine (77) ...43 F5
Courrensan (32) ...165 E3
Courrières (62) ...10 C1
Courris (81) ...168 D2
Courry (30) ...157 E5
Cours (46) ...152 D3
Cours (47) ...151 E4
Cours (58) ...55 H6
le Cours (56) ...55 H6
Cours-de-Monségur (33) ...150 B1
Cours-de-Pile (24) ...137 E5
Cours-la-Ville (69) ...115 G6
Cours-les-Bains (33) ...150 A4
Cours-les-Barres (18) ...98 C3
Coursac (24) ...137 F2
Coursan (11) ...186 C3
Coursan-en-Othe (10) ...65 H5
Coursegoules (06) ...176 C5
Courset (62) ...1 G5
Courseulles-sur-Mer (14) ...16 B3
Courson (14) ...37 G3
Courson-les-Carrières (89) ...83 F3
Courson-Monteloup (91) ...42 C6
Courtacon (77) ...44 B5
Courtagnon (51) ...45 F1
Courtalain (28) ...61 G5
Courtanvaux (79) ...79 E1
Courtaoult (10) ...65 H5
Courtauly (11) ...184 C5
Courtavon (68) ...89 F4
Courteilles (27) ...40 D5
Courteix (19) ...126 A4
Courtelevant (90) ...89 E3
Courtemanche (80) ...20 D2
Courtemaux (45) ...64 C5
Courtémont (51) ...46 C1
Courtemont-Varennes (02) ...44 C2
Courtempierre (45) ...64 A5
Courtenay (38) ...131 E3
Courtenay (45) ...64 C5
Courtenot (10) ...66 C4
Courteranges (10) ...66 C3
Courteron (10) ...66 D5
Courtes (01) ...116 D2
Courtesoult-et-Gatey (70) ...86 D3
Courtetain-et-Salans (25) ...88 A6
la Courtète (11) ...184 C4
Courteuil (60) ...20 D6
Courthézon (84) ...173 E1
Courthiézy (51) ...44 D2
Courthiout (60) ...60 D2
Courties (32) ...165 E5
Courtieux (60) ...21 G5
Courtillers (72) ...77 F2
Courtils (50) ...35 G4
la Courtine (23) ...125 H4
Courtivron (21) ...85 G4
Courtoin (89) ...64 D3
Courtois-sur-Yonne (89) ...65 E4
Courtomer (61) ...39 H6
Courtomer (77) ...43 G6
Courtonne-
  -les-Deux-Églises (14) ...17 G5
Courtrizy-et-Fussigny (02) ...22 D3
Courtry (77) ...43 F3

Courvaudon (14) ...16 A6
Courvières (25) ...103 G4
Courville (51) ...22 C6
Courville-sur-Eure (28) ...61 H2
Courzieu (69) ...129 G3
Cousance (39) ...117 F1
Cousances-les-Forges (55) ...47 E6
Cousances-lès-Triconville (55) ...47 G4
Cousolre (59) ...12 B2
Coussa (09) ...183 H4
Coussac-Bonneval (87) ...124 B5
Coussan (65) ...181 F3
Coussay (86) ...94 A5
Coussay-les-Bois (86) ...95 E5
Coussegrey (10) ...66 A6
Coussergues (12) ...155 E4
Cousserans (47) ...152 B3
Coussey (88) ...68 D2
Coust (18) ...97 H6
Coustaussa (11) ...184 D6
Coustellet (84) ...173 F3
Coustouge (11) ...185 G5
Coustouges (66) ...199 G5
Coutainville (50) ...36 D1
Coutances (50) ...37 E1
Coutansouze (03) ...113 F5
Coutarnoux (89) ...84 A4
Coutençon (77) ...64 C1
Coutens (09) ...184 A4
Couternon (21) ...86 A6
Couteuges (43) ...141 H2
Coutevroult (77) ...43 G4
Couthenans (70) ...88 C3
Couthures-sur-Garonne (47)...150 B3
Coutiches (59) ...10 D1
Coutières (79) ...108 B2
Coutouvre (42) ...115 F6
Coutras (33) ...135 H4
Couture (16) ...122 C1
la Couture (62) ...2 D5
la Couture (85) ...91 G5
la Couture-Boussey (27) ...41 F3
Coutures (24) ...136 D1
Coutures (33) ...150 B1
Coutures (49) ...77 F5
Coutures (82) ...166 B2
Couvains (50) ...15 F6
Couvains (61) ...40 A4
la Couvertoirade (12) ...170 B3
Couvertpuis (55) ...47 F6
Couvignon (10) ...67 E4
Couville (50) ...14 C3
Couvonges (55) ...47 E4
Couvrelles (02) ...22 B5
Couvron-et-Aumencourt (02) ...22 B2
Couvrot (51) ...46 B4
Coux (07) ...157 H1
Coux (17) ...135 G1
Coux-et-Bigaroque (24) ...137 H6
Couy (18) ...98 B2
la Couyère (35) ...57 G5
Couze-et-Saint-Front (24) ...137 F6
Couzeix (87) ...124 B2
Couziers (37) ...93 H2
Couzon (03) ...113 H1
Couzon-au-Mont-d'Or (69)...130 A2
Couzou (46) ...138 D6
Cox (31) ...166 C4
Coye-la-Forêt (60) ...43 E1
Coyecques (62) ...2 A5
Coyolles (02) ...21 G6
Coyrière (39) ...118 A3
Coyron (39) ...117 G2
Coyviller (54) ...48 D6
Cozes (17) ...120 D4
Cozzano (2A) ...205 E6
Crach (56) ...72 B1
Craches (78) ...62 D1
Crachier (38) ...130 D5
Crain (89) ...83 F4
Craincourt (57) ...49 E3
Craintilleux (42) ...129 E4
Crainvilliers (88) ...69 E4
Cramaille (02) ...22 B6
Cramans (39) ...103 E3
Cramant (51) ...45 F2
Cramchaban (17) ...107 F4
Craménil (61) ...38 C4
Cramoisy (60) ...20 C6
Cramont (80) ...9 E3
Crampagna (09) ...183 H5
Cran-Gevrier (74) ...132 A1
Crancey (10) ...65 G1
Crançot (39) ...102 D6
Crandelles (15) ...140 A5
Crannes-en-Champagne (72)...59 H6
Crans (01) ...130 C1
Crans (39) ...103 F5
Cransac (12) ...154 A3
Crantenoy (54) ...69 G1
Cranves-Sales (74) ...118 D4
Craon (53) ...76 B3
Craon (86) ...93 H5
Craonne (02) ...22 C4
Craonnelle (02) ...22 D4
Crapeaumesnil (60) ...21 F2
Craponne (69) ...129 H3
Craponne-sur-Arzon (43) ...142 C1
Cras (38) ...145 E1
Cras (46) ...152 D2
Cras-sur-Reyssouze (01) ...116 D4
Crastatt (67) ...50 C5
Crastes (32) ...166 A4
Crasville (27) ...18 C6
Crasville (50) ...15 E3
Crasville-la-Mallet (76) ...7 E3

Crasville-la-Rocquefort (76) ...7 F3
la Crau (83) ...191 H5
Cravanche (90) ...88 C2
Cravans (17) ...121 E4
Cravant (45) ...80 B2
Cravant (89) ...83 G3
Cravant-les-Côteaux (37) ...94 B2
Cravencères (32) ...164 D4
Cravent (78) ...41 G2
Cray (73) ...115 H1
Crayssac (46) ...152 B3
Craywick (59) ...2 B2
Crazannes (17) ...121 E2
Créances (50) ...14 C6
Créancey (21) ...101 E1
Créans (72) ...77 H2
Crécey-sur-Tille (21) ...85 H3
Crèche (79) ...108 A3
Crèches-sur-Saône (71) ...116 B4
Créchets (65) ...182 A5
Créchy (03) ...114 A4
Crécy-au-Mont (02) ...22 A4
Crécy-Couvé (28) ...41 E5
Crécy-en-Ponthieu (80) ...8 D3
Crécy-la-Chapelle (77) ...43 G4
Crécy-sur-Serre (02) ...22 C2
Crédin (56) ...55 G3
Crégols (46) ...153 E3
Crégy-lès-Meaux (77) ...43 G3
Créhange (57) ...27 E6
Créhange (57) ...27 E6
Créhen (22) ...34 C4
Creil (60) ...20 D6
Creissan (34) ...186 C2
Creissels (12) ...169 H1
Crémarest (62) ...1 G4
Cremeaux (42) ...128 C2
Crémel (14) ...15 H5
Crémery (80) ...21 F1
Crémieu (38) ...130 D3
Crempigny-Bonneguête (74) .131 H1
Cremps (46) ...152 D4
Crenans (39) ...117 H2
Crénénan (56) ...54 D2
Creney-près-Troyes (10) ...66 B3
Crennes-sur-Fraubée (53) ...59 F2
Créon (33) ...135 G6
Créon-d'Armagnac (40) ...164 C2
Créot (71) ...101 E4
Crépand (21) ...84 C3
Crépey (54) ...48 C6
Crépol (26) ...144 C2
Crépon (14) ...16 A3
Crépy (02) ...22 B3
Crépy (62) ...2 A6
Crépy-en-Valois (60) ...21 F6
Créquy (62) ...1 H6
le Crès (34) ...171 F5
Cresancey (70) ...86 D3
Crésantignes (10) ...66 A4
les Cresnays (50) ...37 G5
Crespian (30) ...171 G3
Crespières (78) ...42 B3
Crespin (12) ...154 A6
Crespin (59) ...11 G1
Crespin (81) ...168 C1
Crespinet (81) ...168 C2
Crespy-le-Neuf (10) ...67 E2
Cressac-Saint-Genis (16) ...122 B6
Cressanges (03) ...113 G3
Cressat (23) ...111 H5
la Cresse (12) ...155 F6
Cressé (17) ...121 H1
Cressensac (46) ...138 C4
Cresserons (14) ...16 C3
Cresseveuille (14) ...17 E4
Cressia (39) ...117 F1
Cressin-Rochefort (01) ...131 G2
la Cressonnière (14) ...107 F1
Cressy (76) ...7 H4
Cressy-Omencourt (80) ...21 F2
Cressy-sur-Somme (71) ...100 A6
Crest (26) ...144 C6
le Crest (63) ...127 F4
Crest-Voland (73) ...132 D2
Creste (07) ...143 H4
le Crestet (07) ...143 H4
Crestet (84) ...158 D5
Crestot (27) ...18 C6
Créteil (94) ...43 E4
Cretteville (50) ...14 D5
Creully (14) ...16 A3
la Creuse (70) ...87 H2
Creuse (80) ...9 H6
le Creusot (71) ...100 D5
Creutzwald (57) ...27 F4
Creuzier-le-Neuf (03) ...114 A5
Creuzier-le-Vieux (03) ...114 A5
Crevans-et-la-Chapelle-
  -lès-Granges ...88 B3
Crevant (36) ...111 G2
Crevant-Laveine (63) ...127 G2
Crévéchamps (54) ...48 D6
Crèvecœur-en-Auge (14) ...17 E5
Crèvecœur-en-Brie (77) ...43 G5
Crèvecœur-le-Grand (60) ...20 A3
Crèvecœur-le-Petit (60) ...20 D3
Crèvecœur-sur-l'Escaut (59) ...11 E4
Creveney (70) ...87 H2
Crevin (35) ...57 F4
Crévic (54) ...49 E5
Crevoux (05) ...161 F2
le Crévy Château (44) ...56 A4
Creys-Mépieu (38) ...131 E3
Creyssac (24) ...137 E1
Creysse (24) ...137 E5
Creysse (46) ...138 D5
Creyssensac-et-Pissot (24) ...137 F3

243

Dirinon (29) 31 F5
Dirol (58) 83 G6
Disneyland Paris (77) 43 G4
Dissangis (89) 84 A4
Dissay (86) 94 C6
Dissay-sous-Courcillon (72) ...78 C3
Dissé-sous-Ballon (72) 60 B3
Dissé-sous-le-Lude (72) 78 A3
Distré (49) 93 G1
Distroff (57) 26 C3
Diusse (64) 164 C5
Divajeu (26) 158 C1
Dival 44 D6
Dives (60) 21 F3
Dives-sur-Mer (14) 16 D3
Divion (62) 2 C6
Divonne-les-Bains (01) 118 C3
Dixmont (89) 65 E5
Dizimieu (38) 130 D3
Dizy (51) 45 F2
Dizy-le-Gros (02) 23 E2
Doazit (40) 163 G4
Doazon (64) 163 H6
Docelles (88) 70 B4
Dœuil-sur-le-Mignon (17) ...107 G5
Dognen (64) 179 H2
Dogneville (88) 69 H3
Dohem (62) 2 A5
Dohis (02) 23 F1
Doignies (59) 10 C4
Doingt (80) 10 C6
Doissat (24) 152 A1
Doissin (38) 131 E5
Doix (85) 107 F3
Doizieux (42) 129 G6
Dol-de-Bretagne (35) 35 E4
Dolaincourt (88) 68 D2
Dolancourt (10) 67 E3
Dolcourt (54) 69 E1
Dole (39) 102 C2
Dolignon (02) 23 E1
Dolleren (68) 88 D1
Dollon (72) 60 D5
Dollot (89) 64 C4
Dolmayrac (47) 151 E4
Dolo (22) 34 B6
Dolomieu (38) 131 E4
Dolus-d'Oléron (17) 120 A1
Dolus-le-Sec (37) 95 F2
Dolving (57) 50 A4
Dom-le-Mesnil (08) 24 B2
Domagné (35) 57 G3
Domaine de Méjanes 172 B5
Domaize (63) 128 A4
Domalain (35) 57 H4
Domancy (74) 133 E1
Domange 116 B3
Domarin (38) 130 D4
Domart-en-Ponthieu (80) 9 F4
Domart-sur-la-Luce (80) 20 D1
Domats (89) 64 C5
Domazan (30) 172 C2
Dombasle-devant-Darney (88) ..69 F4
Dombasle-en-Argonne (52) 47 E1
Dombasle-en-Xaintois (88) 69 F2
Dombasle-sur-Meurthe (54) ...49 E5
Domblain (52) 67 G1
Domblans (39) 102 D5
Dombras (55) 25 F4
Dombrot-le-Sec (88) 69 E4
Dombrot-sur-Vair (88) 69 E3
Domecy-sur-Cure (89) 83 H5
Domecy-sur-le-Vault (89) 83 H5
Doméliers (60) 20 B2
Domène (38) 145 H2
Domérat (03) 112 C3
Domesmont (80) 9 F4
Domessargues (30) 171 H2
Domessin (73) 131 G5
Domèvre-en-Haye (54) 48 B4
Domèvre-sous-Montfort (88) ..69 F3
Domèvre-sur-Avière (88) 69 H3
Domèvre-sur-Durbion (88) 70 A3
Domèvre-sur-Vezouze (54) 49 H6
Domeyrat (43) 141 H2
Domeyrot (23) 112 A4
Domezain-Berraute (64) 179 F2
Domfaing (88) 70 B3
Domfessel (67) 50 B2
Domfront (60) 20 D3
Domfront (61) 38 B6
Domfront-
 en-Champagne (72) 59 H5
Domgermain (54) 48 B5
la Dominelais (35) 57 E6
Dominois (80) 8 D2
Domjean (50) 37 G2
Domjevin (54) 49 G6
Domjulien (88) 69 F3
Domléger-Longvillers (80) 9 F3
Domloup (35) 57 G3
Dommarie-Eulmont (54) 69 F1
Dommarien (52) 86 B2
Dommartemont (54) 48 D4
Dommartin (01) 116 C3
Dommartin (25) 103 H3
Dommartin (58) 99 H3
Dommartin (69) 129 H2
Dommartin (80) 20 C1
Dommartin-aux-Bois (88) 69 G4
Dommartin-Dampierre (51) 46 C2
Dommartin-la-Chaussée (54) ...26 A6
Dommartin-la-Montagne (55) ..47 H2
Dommartin-le-Coq (10) 66 C1
Dommartin-le-Franc (52) 67 G2
Dommartin-le-Saint-Père (52) ..67 G2
Dommartin-lès-Cuiseaux (71) ..117 E2
Dommartin-
 lès-Remiremont (88) 70 B5
Dommartin-lès-Toul (54) 48 B5
Dommartin-lès-Vallois (88) 69 F4

Dommartin-Lettrée (51) 45 H4
Dommartin-sous-Amance (54) ..48 D4
Dommartin-sous-Hans (51) 46 C1
Dommartin-sur-Vraine (88) 69 E2
Dommartin-Varimont (51) 46 C2
Dommary-Baroncourt (55) 25 G5
Domme (24) 138 A6
Dommerville 63 E3
Dommiers (02) 21 H5
Domnon-lès-Dieuze (57) 49 G3
Domont (95) 42 D2
Dompaire (88) 69 G3
Dompcevrin (55) 47 G3
Dompierre (60) 20 D3
Dompierre (61) 38 B5
Dompierre (88) 70 A3
Dompierre-aux-Bois (55) 47 H2
Dompierre-Becquincourt (80) ..10 B6
Dompierre-du-Chemin (35) 58 A3
Dompierre-en-Morvan (21) 84 C5
Dompierre-les-Églises (87) ...110 C5
Dompierre-les-Ormes (71) 115 H3
Dompierre-les-Tilleuls (25) ...103 G4
Dompierre-
 sous-Sanvignes (71) 100 C6
Dompierre-sur-Authie (80) 9 G3
Dompierre-sur-Besbre (03) ...114 C2
Dompierre-
 sur-Chalaronne (01) 116 C5
Dompierre-sur-Charente (17) ..121 F3
Dompierre-sur-Helpe (11) 11 H3
Dompierre-sur-Héry (58) 99 G1
Dompierre-sur-Mer (17) 106 D4
Dompierre-sur-Mont (39) 117 G1
Dompierre-sur-Nièvre (58) 99 E1
Dompierre-sur-Veyle (01) 117 E6
Dompierre-sur-Yon (85) 91 G4
Dompnac (07) 157 E2
Domprel (25) 104 A1
Dompremy (51) 46 C5
Domprix (54) 25 H5
Domps (87) 125 E4
Domptail (88) 70 A1
Domptail-en-l'Air (54) 49 E6
Domptin (02) 44 B2
Domqueur (80) 9 E4
Domremy-la-Canne (55) 25 G5
Domrémy-la-Pucelle (88) 68 D1
Domrémy-Landéville (52) 68 A2
Domsure (71) 117 E2
Domvallier (88) 69 F2
Domvast (80) 9 F2
Don (59) 3 E6
Donazac (11) 184 C4
Doncey (89) 83 G5
Donchery (08) 24 B2
Doncières (88) 70 B1
Doncourt-aux-Templiers (55) ..48 A1
Doncourt-lès-Conflans (54) 26 A5
Doncourt-lès-Longuyon (54) ...25 G4
Doncourt-sur-Meuse (52) 68 A4
Dondas (47) 151 G5
Donges (44) 73 H4
Donjeux (52) 67 H2
Donjeux (57) 49 E3
le Donjon (03) 114 C3
Donnant 72 A3
Donnay (14) 16 B6
Donnazac (81) 168 A2
Donnelay (57) 49 G4
Donnemain-Saint-Mamès (28) ..62 A5
Donnemarie-Dontilly (77) 64 D1
Donnement (10) 66 D1
Donnenheim (67) 51 E4
Donnery (45) 81 E1
Donneville (31) 183 G1
Donnezac (33) 135 F2
Dontilly 64 D1
Dontreix (23) 126 B1
Dontrien (51) 23 G6
Donville-les-Bains (50) 35 G2
Donzac (33) 149 H1
Donzac (82) 166 A1
Donzacq (40) 163 F4
le Donzeil (23) 111 G6
Donzenac (19) 138 C2
Donzère (26) 158 A3
Donzy (58) 82 D6
Donzy-le-National (71) 115 H2
Donzy-le-Pertuis (71) 116 A2
Donzy-le-Pré 82 D6
Doranges (63) 128 A6
Dorans (90) 88 C3
Dorat (63) 127 H2
le Dorat (87) 110 B5
Dorceau (61) 61 E2
Dore-l'Église (63) 142 B1
la Dorée (53) 58 B1
Dorengt (02) 11 G5
Dorlisheim (67) 50 D6
Dormans (51) 44 D2
Dormelles (77) 64 B3
la Dornac (24) 138 B3
Dornas (07) 143 F5
Dornecy (58) 83 G5
Dornes (58) 99 E6
Dornot (59) 26 B6
Dorres (66) 198 B4
Dortan (01) 117 G3
Dosches (10) 66 C3
Dosnon (10) 45 H6
Dossenheim-Kochersberg (67) ..50 D5
Dossenheim-sur-Zinsel (67) ...50 C3
Douadic (36) 95 G6
Douai (59) 10 D1
Douains (27) 41 F2
Douarnenez (29) 53 E2
Douaumont (55) 25 H6
Doucelles (72) 60 A3

Douchapt (24) 136 D2
Douchy (02) 21 H1
Douchy (45) 64 C6
Douchy-lès-Ayette (62) 10 B3
Douchy-les-Mines (59) 11 E2
Doucier (39) 103 E6
Doucy (39) 132 B5
Doucy-en-Bauges (73) 132 B3
Doudeauville (62) 1 G5
Doudeauville (76) 19 G3
Doudeauville-en-Vexin (27) ...19 F5
Doudelainville (80) 8 D3
Doudeville (76) 7 F3
Doudrac (47) 151 F1
Doue (77) 44 A4
Doué-la-Fontaine (49) 93 F1
Douelle (46) 152 C3
le Douhet (17) 121 F2
Douillet (72) 59 H3
Douilly (80) 21 G1
Doulaincourt-Saucourt (52) 68 A3
Doulcon (55) 24 D4
Doulevant-le-Château (52) 67 G2
Doulevant-le-Petit (52) 67 G2
Doulezon (33) 136 A6
le Doulieu (59) 2 D4
Doullens (80) 9 G3
Doumely-Bégny (08) 23 G2
Doumy (64) 180 B1
Dounoux (88) 69 H4
Dourbies (30) 170 C1
Dourdain (35) 57 H2
Dourdan (91) 63 E1
Dourges (62) 10 C1
Dourgne (81) 184 C1
Douriez (62) 8 D2
Dourlers (59) 12 A3
le Dourn (81) 168 D2
Dournazac (87) 123 G4
Dournon (39) 103 F3
Dours (65) 181 F2
Doussard (74) 132 B2
Doussay (86) 94 B5
Douvaine (74) 118 D3
Douville (24) 137 E4
Douville-en-Auge (14) 16 D4
Douville-sur-Andelle (27) 19 E5
Douvrend (76) 8 A6
Douvres (01) 117 F6
Douvres-la-Délivrande (14) 16 B3
Douvrin (62) 3 E6
Doux (08) 23 H3
Doux (79) 93 H5
Douy (28) 61 H5
Douy-la-Ramée (77) 43 G2
Douzains (47) 151 E2
Douzat (16) 122 B3
la Douze (24) 137 G4
Douzens (11) 185 F3
Douzillac (24) 136 D3
Douzy (08) 24 C2
Doville (50) 14 C5
Doye (39) 103 F5
Doyet (03) 113 E4
Dozulé (14) 16 D4
Dracé (69) 116 B5
Draché (37) 94 D3
Drachenbronn-
 Birlenbach (67) 29 E6
Dracy (89) 85 E5
Dracy (89) 83 E2
Dracy-le-Fort (71) 101 F5
Dracy-lès-Couches (71) 101 E4
Dracy-Saint-Loup (71) 100 D3
Dragey-Ronthon (50) 35 G3
Draguignan (83) 175 G5
Draillant (74) 119 E3
Drain (49) 75 F4
Draix (04) 160 D6
Draize (08) 23 G2
Drambon (21) 86 B6
Dramelay (39) 117 F3
le Dramont 193 E2
Drancy (93) 43 E3
Dravegny (02) 22 C6
Draveil (91) 42 D5
Drée (21) 85 F6
Dréfféac (44) 73 H2
Drémil-Lafage (31) 167 F5
le Drennec (29) 31 E3
Dreuil-lès-Amiens (80) 9 F6
Dreuilhe (09) 184 B6
Dreux (28) 41 F5
Drevant (18) 97 H6
Dricourt (08) 23 H4
Driencourt (80) 10 C5
Drincham (59) 2 B2
Drocourt (62) 10 C1
Drocourt (78) 41 H2
Droisy (27) 41 E4
Droisy (74) 131 H1
Droiteval 69 F5
Droitfontaine (25) 104 C4
Droizy (02) 22 A6
Drom (01) 117 E4
Dromesnil (80) 8 D6
Drosay (76) 7 E3
Drosnay (51) 46 B6
Droué (41) 61 G5
Droue-sur-Drouette (28) 41 H6
Drouges (35) 57 H4
Drouilly (91) 46 B4
Droupt-Saint-Basle (10) 66 A1
Droupt-Sainte-Marie (10) 66 A1
Drouville (54) 49 E5
Drouvin-le-Marais (62) 2 D6
Droux (87) 110 B5
Droyes (52) 67 E1
Drubec (14) 17 E4
Drucat (80) 8 D4
Drucourt (27) 17 G5
Drudas (31) 166 C4
Druelle (12) 154 B4
Drugeac (15) 140 A3
Druillat (01) 117 E6
Drulhe (12) 153 H3
Drulingen (67) 50 B3
Drumettaz-Clarafond (73) 131 H3
Drusenheim (67) 51 G3
Druy-Parigny (58) 99 F3
Druye (37) 78 C6
Druyes-
 les-Belles-Fontaines (89) ...83 F4
Dry (45) 80 C2
Duault (22) 32 C5
Ducey (50) 35 H4
Duclair (76) 7 F6
Ducy-Sainte-Marguerite (14) ..16 A4
Duerne (69) 129 G4
Duesme (21) 85 F3
Duffort (32) 181 G2
Dugny (93) 42 D3
Dugny-sur-Meuse (55) 47 G1
Duhort-Bachen (40) 164 B4
Duilhac-
 sous-Peyrepertuse (11) 185 F6
Duingt (74) 132 B2
Duisans (62) 10 A2
Dullin (73) 131 G4
Dumes (40) 163 H4
Dun (09) 184 A5
Dun-le-Palestel (23) 111 F4
Dun-le-Poëlier (36) 96 C1
Dun-les-Places (58) 84 B6
Dun-sur-Auron (18) 97 H4
Dun-sur-Grandry (58) 99 H2
Dun-sur-Meuse (55) 24 D4
Duneau (72) 60 C5
Dunes (82) 166 A1
Dunet (36) 110 C2
Dung (25) 88 C4
Dunière-sur-Eyrieux (07) 143 H6
Dunières (43) 143 F2
Dunkerque (59) 2 B1
Duntzenheim (67) 50 D4
Duppigheim (67) 51 E6
Duran (32) 165 G5
Durance (47) 150 C6
Duranus (06) 177 E4
Duranville (27) 17 H5
Duras (47) 150 C1
Duravel (46) 152 A3
Durban (32) 165 G6
Durban-Corbières (11) 185 H5
Durban-sur-Arize (09) 183 F5
Durbans (46) 153 E1
Durcet (61) 38 C4
Durdat-Larequille (03) 112 D4
Dureil (72) 77 G1
Durenque (12) 169 E1
Durfort (09) 183 G3
Durfort (81) 184 C1
Durfort-et-Saint-Martin-
 de-Sossenac (30) 171 F2
Durfort-Lacapelette (82) 152 A6
Durlinsdorf (68) 89 F4
Durmenach (68) 89 F3
Durmignat (63) 113 E5
Durnes (25) 103 G2
Durningen (67) 50 D4
Durrenbach (67) 51 E2
Durrenentzen (68) 71 G4
Durstel (67) 50 B3
Durtal (49) 77 F3
Durtol (63) 127 E3
Dury (02) 21 H1
Dury (62) 10 C3
Dury (80) 9 G6
Dussac (24) 123 H6
Duttlenheim (67) 50 D6
Duvy (60) 21 F6
Duzey (55) 25 G4
Dyé (89) 83 H1
Dyo (71) 115 F3

Eancé (35) 57 H5
Eaubonne (95) 42 D3
Eaucourt-sur-Somme (80) 8 D4
Eaunes (31) 183 F1
Eaux-Bonnes (64) 180 B5
les Eaux-Chaudes (64) 180 B5
Eaux-Puiseaux (10) 65 H5
Eauze (32) 164 D3
Ébaty (21) 101 F4
Ebblinghem (59) 2 C4
Eberbach-Seltz (67) 29 F6
Ebersheim (67) 71 G2
Ebersmunster (67) 71 G2
Ebersviller (57) 26 D4
Éblange (57) 26 D4
Ébouleau (02) 22 D3
Ébréon (16) 122 B1
Ébreuil (03) 113 G6
l'Écaille (08) 23 F4
Écaillon (59) 10 D2
Écalles-Alix (76) 7 F4
Écaquelon (27) 18 A5
Écardenville-
 la-Campagne (27) 40 C1
Écardenville-sur-Eure (27) 41 E1
Écausseville (50) 14 D3
Écauville (27) 40 D1
Eccica-Suarella (2A) 204 D6
Eccles (59) 12 B3
Échalas (69) 129 H5
Échallat (16) 122 A3

Edern (29) 53 G2
Édon (16) 122 D5
les Éduts (17) 121 H1
l'Échalp 147 H5
Échandelys (63) 128 A5
Échalou (61) 38 C5
Échannay (21) 85 F6
Écharcon (91) 42 D6
les Écharmeaux 115 G5
Échassières (03) 113 F5
Échauffour (61) 39 H5
Échavanne (70) 88 C2
Échay (25) 103 F2
Échebrune (17) 121 F4
Échevanne (01) 118 B3
l'Échelle 44 D3
l'Échelle (08) 23 H1
l'Échelle-Saint-Aurin (80) 21 E2
les Échelles (73) 131 G5
Échemines (10) 65 H2
Échemiré (49) 77 G4
Échenans (25) 88 B4
Échenans-
 sous-Mont-Vaudois (70) ...88 C3
Échenay (52) 68 A1
Échenevex (01) 118 B3
Échenon (21) 102 B2
Échenoz-la-Méline (70) 87 G3
Échenoz-le-Sec (70) 87 G4
Échevannes (21) 86 A4
Échevannes (25) 103 G2
Échevis (26) 145 E4
Échevronne (21) 101 G2
Échigey (21) 102 A1
Échillais (17) 120 C1
Échilleuses (45) 63 G4
Échinghen (62) 1 F4
Échiré (79) 107 H3
Échirolles (38) 145 G2
Échizadour 124 D4
Échouboulains (77) 64 C2
Échourgnac (24) 136 C3
Eckartswiller (67) 50 C4
Eckbolsheim (67) 51 E5
Eckwersheim (67) 51 E4
l'Éclache 126 C3
Éclaibes (59) 12 A3
Éclaires (51) 46 D2
Éclance (10) 67 E3
Éclans-Nenon (39) 102 D2
Éclaron-Braucourt-
 Sainte-Livière (52) 46 D6
Éclassan (07) 144 A3
Écleux (39) 103 E3
Éclimeux (62) 9 F1
Éclimont 62 C1
Éclose (38) 130 D5
Éclusier-Vaux (80) 10 B5
Écluzelles (28) 41 F5
Écly (08) 23 G3
Écoche (42) 115 G5
Écoivres (62) 9 G2
École (73) 132 B3
École-Valentin (25) 87 F6
Écollemont (51) 46 C6
Écommoy (72) 78 B1
Écoquenéauville (50) 15 E4
Écorcei (61) 40 A5
les Écorces (25) 88 C6
Écorches (61) 39 F3
Écordal (08) 24 A3
Écorpain (72) 60 D6
Écos (27) 41 G1
l'Écot 133 H6
Écot (25) 88 C4
Écot-la-Combe (52) 68 B3
Écotay-l'Olme (42) 128 C4
Écouché (61) 39 E5
Écouen (95) 42 D2
Écouflant (49) 77 E4
Écouis (27) 19 E5
Écourt-Saint-Quentin (62) 10 D1
Écoust-Saint-Mein (62) 10 C3
Écouviez (55) 25 F3
l'Écouvotte (25) 87 H5
Écoyeux (17) 121 F2
Ecquedecques (62) 2 C5
Ecques (62) 2 B4
Ecquetot (27) 40 D1
Ecquevilly (78) 42 B3
Écrainville (76) 6 C4
Écrammeville (14) 15 G5
les Écrennes (77) 64 B2
Écretteville-lès-Baons (76) 7 E4
Écretteville-sur-Mer (76) 6 D3
Écriennes (51) 46 C5
Écrille (39) 117 G2
Écromagny (70) 88 A1
Écrosnes (28) 62 C1
Écrouves (54) 48 B5
Ectot-l'Auber (76) 7 F4
Ectot-lès-Baons (76) 7 F4
Écueil (51) 45 F1
Écueillé (36) 95 H3
Écuélin (59) 12 A3
Écuelle (70) 86 C4
Écuelles (71) 101 H4
Écuelles (77) 64 B3
Écuille (49) 76 D3
Écuires (62) 8 D1
Écuisses (71) 101 E5
Éculleville (50) 14 B1
Écully (69) 130 A3
Écuras (16) 123 E4
Écurat (17) 121 E2
Écurcey (25) 88 C5
Écurey 47 F6
Écurey-en-Verdunois (55) 25 E5
Écury-le-Repos (51) 45 F4
Écury-sur-Coole (51) 45 H4
Écutigny (21) 101 E2
Écuvilly (60) 21 F2

Édon (16) 122 D5
les Éduts (17) 121 H1
Eecke (59) 2 D3
Effiat (63) 113 H6
Effincourt (52) 68 A1
Effry (02) 12 A5
Égat (66) 198 C4
Égleny (89) 83 E2
Égletons (19) 125 G6
Égligny (77) 64 D2
l'Église-aux-Bois (19) 125 E4
Église-Neuve-de-Vergt (24) ..137 F3
Église-Neuve-d'Issac (24) ...136 D4
Égliseneuve-des-Liards (63) ..127 H5
Égliseneuve-près-Billom (63) ..127 G3
les Églises-d'Argenteuil (17) ..121 G1
Églisolles (63) 128 C5
les Églisottes-
 et-Chalaures (33) 136 A3
Égly (91) 42 C6
Égreville (77) 64 B4
Égriselles-le-Bocage (89) 64 D5
Égry (45) 63 G5
Éguelshardt (57) 28 C6
Eguenigue (90) 88 D2
l'Éguille (17) 120 C3
Éguilles (13) 173 H5
Éguilly (21) 85 E6
Éguilly-sous-Bois (10) 67 E4
Eguisheim (68) 71 F4
Éguzon-Chantôme (36) 111 E3
Éhuns (70) 87 H1
Eichhoffen (67) 71 F1
Eincheville (57) 27 E6
Einvaux (54) 69 H1
Einville-au-Jard (54) 49 F5
Eix (25) 25 F6
Élan (08) 24 B2
Élancourt (78) 42 B4
Elbach (68) 89 E2
Elbeuf (76) 18 C5
Elbeuf-en-Bray (76) 19 F4
Elbeuf-sur-Andelle (76) 19 E4
Élencourt (60) 19 H2
Élesmes (59) 13 A2
Életot (76) 6 C3
Éleu-dit-Leauwette (62) 10 B1
Élincourt (59) 11 E4
Élincourt-
 Sainte-Marguerite (60) 21 F4
Élise-Daucourt (51) 46 D2
Ellecourt (76) 19 G1
Elliant (29) 53 H3
Ellon (14) 15 H6
le Élne (66) 201 E3
Elnes (62) 2 A4
Éloie (90) 88 C2
Éloise (74) 118 A5
Éloyes (88) 70 B4
Elsenheim (67) 71 G2
Elvange (57) 27 E6
Elven (56) 55 H6
Elzange (57) 26 C3
Émagny (25) 87 E6
Émalleville (27) 41 E2
Émancé (78) 41 H6
Émanville (27) 40 C2
Émanville (76) 7 F4
Emberménil (54) 49 G5
Embres-et-Castelmaure (11) ..185 H6
Embreville (80) 8 B5
Embrun (05) 161 E2
Embry (62) 1 H6
Émerainville (77) 43 F4
Émerchicourt (59) 11 E2
Émeringes (69) 116 A4
Émeville (60) 21 G6
Émiéville (14) 16 C5
Emlingen (68) 89 F2
Emmerin (59) 3 F5
Émondeville (50) 14 D3
Empeaux (31) 166 C6
Empurany (07) 143 H4
Empuré (16) 108 C2
Empury (58) 83 H6
En Calcat 168 B6
Encausse (32) 166 C4
Encausse-les-Thermes (31) ..182 B5
Enchastrayes (04) 161 F3
Enchenberg (57) 28 B6
Encourtiech (09) 183 E5
Endoufielle (32) 166 C6
Énencourt-le-Sec (60) 19 H5
Énencourt-Léage (60) 19 H5
Enfonvelle (52) 69 E6
Engayrac (47) 151 G5
Engente (10) 67 F3
Engenville (45) 63 F4
Enghien-les-Bains (95) 42 D3
Engins (38) 145 F2
Englancourt (02) 11 H5
Englebelmer (80) 10 A4
Englefontaine (59) 11 F3
Englesqueville-en-Auge (14) ..17 E3
Englesqueville-la-Percée (14) ..15 G4
Englos (59) 3 F5
Engomer (09) 182 D5
Enguinegatte (62) 2 B5
Enguilly (67) 50 D2
Ennemain (80) 10 C6
Ennery (57) 26 B5
Ennery (95) 42 C2
Ennetières-en-Weppes (59) 3 F5
Ennevelin (59) 3 F6
Ennezat (63) 127 F2
Ennordres (18) 81 G5
Enquin-les-Mines (62) 2 B5
Enquin-sur-Baillons (62) 1 G5

Ens (65)............................195G4
Ensigné (79) 108A6
Ensisheim (68) 71F6
Ensuès-la-Redonne (13) 190B3
Entrages (04) 175F1
Entraigues (38) 146A5
Entraigues (63) 127G2
Entraigues-sur-la-Sorgue (84)..173E1
Entrains-sur-Nohain (58) 83E5
Entrammes (53) 58D5
Entrange (57) 26B3
Entraunes (06) 161G1
Entraygues-sur-Truyère (12) ...154C2
Entre-deux-Eaux (88) 70D3
Entre-deux-Guiers (38) 131G6
Entre-deux-Monts (39) 103F6
Entrecasteaux (83) 175F5
Entrechaux (84) 158D5
Entremont (74) 118D6
Entremont-le-Vieux (73) 131H5
Entrepierres (04) 160B5
Entrevaux (04) 176B3
Entrevennes (04) 174D2
Entrevernes (74) 132B2
Entzheim (67) 51E6
Enval (63) 127E2
Enveitg (66) 198B5
Envermeu (76) 7H2
Environville (76) 7E4
Éourres (05) 159H5
Eoux (31) 182C3
Épagne (10) 66D2
Épagne-Épagnette (80) 8D4
Épagny (02) 21H4
Épagny (21) 85H5
Épagny (74) 132A1
Épaignes (27) 17G4
Épaney (14) 39E3
Épannes (79) 107G4
Épanvilliers (86) 108D4
Éparcy (02) 12B6
les Éparges (55) 47H1
Épargnes (17) 120D5
les Éparres (38) 130D5
Épaumesnil (80) 8D6
Épaux-Bézu (02) 44B1
Épeautrolles (28) 61H4
Épécamps (80) 9F4
Épégard (27) 40C1
Épehy (80) 10D5
Épeigné-les-Bois (37) 95G1
Épeigné-sur-Dême (37) 78D3
Épénancourt (80) 21F1
Épenède (16) 109F6
Épenouse (25) 104A4
Épenoy (25) 103H1
Épense (51) 46C2
Épercieux-Saint-Paul (42) 129E3
Éperlecques (62) 2A3
Épernay (51) 45F2
Épernay-sous-Gevrey (21) 101H1
Épernon (28) 41H6
Éperrais (61) 60D2
Épersy (73) 131H3
Épertully (71) 101E4
Épervans (71) 101G4
les Épesses (85) 92B4
Épeugney (25) 103F2
Epfig (67) 71G1
Épiais (41) 79H2
Épiais-lès-Louvres (95) 43E2
Épiais-Rhus (95) 42B1
Épieds (02) 44C1
Épieds (27) 41F3
Épieds (49) 93G2
Épieds-en-Beauce (45) 62B6
Épierre (73) 132C6
Épiez-sur-Chiers (54) 25F3
Épiez-sur-Meuse (55) 47H6
Épinac (71) 101E3
Épinal (88) 69H3
Épinay (27) 17H6
Épinay-Champlâtreux (95) 42D2
l'Épinay-le-Comte (61) 58C1
Épinay-sous-Sénart (91) 43E4
Épinay-sur-Duclair (76) 7F5
Épinay-sur-Odon (14) 16A5
Épinay-sur-Orge (91) 42D3
Épinay-sur-Seine (93) 42D3
l'Épine (05) 159G3
l'Épine (51) 46A2
l'Épine (85) 90B1
l'Épine-aux-Bois (02) 44C3
Épineau-les-Voves (89) 65F6
Épineu-le-Chevreuil (72) 59G5
Épineuil (89) 84A1
Épineuil-le-Fleuriel (18) 112D2
Épineuse (60) 20D5
Épineux-le-Seguin (53) 59F6
Épiniac (35) 35F5
Épinonville (55) 24D5
Épinouze (26) 144B1
Épinoy (62) 10D3
Épiry (58) 99G2
Épisy (77) 64B3
Épizon (52) 68B2
Éplessier (80) 20A1
Éply (54) 48D3
Époisses (21) 84B4
Épône (78) 42A3
Épothémont (10) 67G2
Épouville (76) 6B5
Époye (51) 23F5
Eppe-Sauvage (59) 12B4
Eppes (02) 22C3
Eppeville (80) 21G1
Epping (57) 28B5
Épretot (76) 6C4
Épreville (76) 6C4
Épreville-en-Lieuvin (27) 17H4

Épreville-en-Roumois (27) 18A5
Épreville-
  -près-le-Neubourg (27).........40C1
Épron (14) 16B4
Eps (62) 9G1
Épuisay (41) 79F1
Équancourt (80) 10C4
Équemauville (14) 17F2
Équennes-Éramecourt (80).....20A2
Équeurdreville-
  -Hainneville (50) 14C2
Équevilley (70) 87G2
Équevillon (39) 103F5
Équihen-Plage (62) 1E4
Équilly (50) 35H2
Équirre (62) 2B6
Éragny (95) 42C2
Éragny-sur-Epte (60) 19G5
Éraines (14) 39E3
Erbajolo (2B) 205F2
Erbéviller-sur-Amezule (54).....49E4
Erbray (44) 75E1
Erbrée (35) 58A4
Ercé (09) 197F4
Ercé-en-Lamée (35) 57F5
Ercé-près-Liffré (35) 57G1
Erceville (45) 63E4
Erches (80) 21E2
Ercheu (80) 21F2
Erchin (59) 10D2
Erching (57) 28A5
Erckartswiller (67) 50C3
Ercourt (80) 8C4
Ercuis (60) 20C6
Erdeven (56) 54D6
Éréac (22) 56B1
Ergersheim (67) 50D5
Ergnies (80) 9E4
Ergny (62) 1H5
Ergué-Gabéric (29) 53C3
Érin (62) 9F1
Éringes (21) 84D4
Eringhem (59) 2B2
Érize-la-Brûlée (55) 47F3
Érize-la-Petite (55) 47F3
Érize-Saint-Dizier (55) 47F4
Erlon (02) 22C1
Erloy (02) 11H6
Ermenonville (60) 43F1
Ermenonville-la-Grande (28)....62A3
Ermenonville-la-Petite (28) 62A3
Ermenouville (76) 7E3
l'Ermitage (35) 198C4
Ermont (95) 42D3
Ernée (53) 58B3
Ernemont-Boutavent (60) 19H3
Ernemont-la-Villette (76) 19G4
Ernemont-sur-Buchy (76) 19E3
Ernes (14) 16D6
Ernestviller (57) 27G5
Erneville-aux-Bois (55) 47G4
Ernolsheim-Bruche (67) 50D5
Ernolsheim-lès-Saverne (67) ..50C3
Erny-Saint-Julien (62) 2B5
Érôme (26) 144A3
Érondelle (80) 8D4
Érone (2B) 205F1
Éroudeville (50) 14D3
Erp (09) 183E6
Erquery (60) 20D4
Erquinghem-le-Sec (59) 3F5
Erquinghem-Lys (59) 3E4
Erquinvillers (60) 20D4
Erquy (22) 34A3
Err (66) 198C5
Erre (59) 11E2
Errevet (70) 88C2
Errouville (54) 26A3
Ersa (2B) 203F2
Erstein (67) 71H1
Erstroff (57) 27F6
Ervauville (45) 64C5
Ervillers (62) 10B3
Ervy-le-Châtel (10) 66A5
Esbareich (65) 182A5
Esbarres (21) 102A2
Esbly (77) 43G3
Esboz-Brest (70) 88A1
Escala (65) 181G4
Escalans (40) 164D2
l'Escale (04) 160B6
Escales (11) 185G3
Escalles (62) 1F2
Escalquens (31) 167F6
Escames (60) 19H3
Escamps (46) 152D4
Escamps (89) 83F2
Escandolières (12) 154A3
Escanecrabe (31) 182B3
Escardes (51) 44C5
l'Escarène (06) 177E4
Escarmain (59) 11F3
Escaro (66) 199E4
Escassefort (47) 150C2
Escatalens (82) 166D2
Escaudain (59) 11E2
Escaudes (33) 149H4
Escaudœuvres (59) 11E3
Escaunets (65) 180D2
Escautpont (59) 11F1
Escazeaux (82) 166C3
Eschau (67) 51E6
Eschbach (67) 51E2
Eschbach-au-Val (68) 71E5
Eschbourg (67) 50C3
Eschentzwiller (68) 89G2
Escherange (57) 26B3
Esches (60) 20B6
Eschwiller (67) 50B3
Esclagne (09) 184A5
Esclainvillers (80) 20C2

Esclainvillers (80) 20C2
Esclanèdes (48) 155H3
Esclassan-Labastide (32) 182A1
Esclauzels (46) 152D4
Esclavelles (76) 19E2
Esclavolles-Lurey (51) 65G1
Escles (88) 69G4
Escles-Saint-Pierre (60) 19H1
Esclottes (47) 150C1
Escobecques (59) 3E5
Escœuilles (62) 1G4
Escoire (24) 137G2
Escolives-Sainte-Camille (89)...83G2
Escombres-
  -et-le-Chesnois (08) 24D2
Escondeaux (65) 181F2
Esconnets (65) 181F4
Escorailles (15) 140A3
Escornebœuf (32) 166B5
Escorpain (28) 41E5
Escos (64) 163E6
Escosse (09) 183G4
Escot (64) 180A4
Escots (64) 181F4
Escou (64) 180A3
Escoubès (64) 180C1
Escoubès-Pouts (65) 181E4
Escoulis (31) 182D4
Escouloubre (11) 198D2
Escource (40) 148C6
Escoussans (33) 149H1
Escoussens (81) 168C6
Escout (64) 180A3
Escoutoux (63) 128A2
Escoville (14) 16C4
Escragnolles (06) 176B5
Escrennes (45) 63F5
Escrignelles (45) 82B3
Escroux (81) 169E4
Escueillens-et-Saint-Just-
  -de-Bélengard (11) 184C4
Escurès (64) 164C6
Escurolles (03) 113H5
Eslettes (76) 7G5
Esley (88) 69F4
Eslourenties-Daban (64) 180D2
Esmans (77) 64C3
Esmery-Hallon (80) 21G2
Esmoulières (70) 70B6
Esmoulins (70) 86C5
Esnandes (17) 106D4
Esnans (25) 87H5
Esnes (59) 11E4
Esnes-en-Argonne (55).............24D6
Esnon (89) 65F6
Esnouveaux (52) 68B4
Espagnac (19) 139F2
Espagnac-Sainte-Eulalie (46) ..153F2
Espagnet (64) 164C4
Espalais (82) 166B1
Espalem (43) 141G1
Espalion (12) 154D3
Espaly-Saint-Marcel (43) 142C4
Espanès (31) 183G1
Espaon (32) 182C1
Esparbès (64) 164D5
Esparron (05) 160A3
Esparron (31) 182B3
Esparron (83) 175F5
Esparron-de-Verdon (04) 174D4
Esparros (65) 181G5
Esparsac (82) 166B3
Espartignac (19) 124D6
Espas (32) 164D4
Espaubourg (60) 19H4
Espèche (65) 181G4
Espéchède (64) 180D2
Espédaillac (46) 153E2
Espelette (64) 178C1
Espeluche (26) 158B3
Espenel (26) 158D1
Espérausses (81) 169E5
Espéraza (11) 184D6
Esperce (31) 183F2
Espère (46) 152C3
Espès-Undurein (64) 179G2
Espeyrac (12) 154B2
Espeyran (31) 172B5
Espeyroux (46) 139F6
Espezel (11) 198C1
Espiadet (65) 181G5
Espiaube (65) 195A4
Espieilh (65) 181F4
Espiens (47) 150D6
Espiet (33) 135G6
Espinas (82) 153F6
Espinasse (15) 141E5
Espinasse (63) 112D6
Espinasse-Vozelle (03) 113H5
Espinasses (05) 160C3
Espinchal (63) 126D6
Espins (14) 16B6
Espira-de-Conflent (66) 199F3
Espira-de-l'Agly (66) 200D2
Espirat (63) 127G3
Espiute (64) 179F1
Esplantas (43) 142A5
Esplas (09) 183G3
Esplas-de-Sérou (09) 183F6
Espoey (64) 180D3
Espondeilhan (34) 187E1
Esprels (70) 87H4
Esquay-Notre-Dame (14) 16B5
Esquay-sur-Seulles (14) 16B5
Esquéhéries (02) 11G5
Esquelbecq (59) 2C3
Esquennoy (60) 20C1
Esquerchin (59) 10C1
Esquerdes (62) 2A4
Esquibien (29) 52D2
Esquièze-Sère (65) 181E6

Esquiule (64) 179H3
les Essards (16) 136B2
les Essards (17) 120D2
les Essards (37) 78B6
les Essards-Taignevaux (39) ...102C4
Essarois (21) 85F2
les Essarts (27) 40D3
les Essarts (41) 79E2
les Essarts (85) 91H3
les Essarts-le-Roi (78) 42A5
les Essarts-le-Vicomte (51) 44D5
les Essarts-lès-Sézanne (51) 44D5
les Essards (57) 26D5
Essay (61) 60B1
Esse (16) 109G6
Essé (35) 57G4
Essegney (88) 69G2
Essert (90) 88C3
Essert-Romand (74) 119F4
Essertaux (80) 20B1
Essertenne (71) 101E5
Essertenne-et-Cecey (70)........86C5
Essertines-en-Châtelneuf (42)..128D4
Essertines-en-Donzy (42) 129F3
Esserts-Blay (73) 132D4
Esserval-Combe (39) 103F5
Esserval-Tartre (39) 103F4
Essey (21) 101E1
Essey-et-Maizerais (54) 48A3
Essey-la-Côte (54) 69H1
Essey-lès-Nancy (54) 48D4
Essia (39) 117F1
Essigny-le-Grand (02) 22A1
Essigny-le-Petit (02) 11E6
Essises (02) 44C3
Essômes-sur-Marne (02) 44B2
Esson (14) 16B6
Essoyes (10) 67E5
Essuiles (60) 20C4
les Estables (43) 143E5
Estables (48) 156A1
Establet (26) 159F3
Estadens (31) 182C5
Estagel (66) 199H2
Estaing (12) 154C2
Estaing (65) 180C5
Estaires (59) 2D5
Estal (46) 139F5
Estampes (32) 181G1
Estampures (65) 181G2
Estancarbon (31) 182B4
Estandeuil (63) 127H4
Estang (32) 164C3
Estavar (66) 198C5
Esteil (63) 127G6
Esténos (31) 182A5
Estensan (65) 195G4
Estérençuby (64) 179E4
Esternay (51) 44C4
Esterre (65) 181E6
Estevelles (62) 3E6
Esteville (76) 7H5
Estézargues (30) 172C2
Estialescq (64) 180A3
Estibeaux (64) 163E5
Estigarde (40) 164C1
Estillac (47) 151E6
Estipouy (32) 165F6
Estirac (65) 164D6
Estissac (10) 65H3
Estivals (19) 138C4
Estivareilles (03) 112D3
Estivareilles (42) 128D6
Estivaux (19) 138C1
Estœr (66) 199F3
Estos (64) 180A3
Estoublon (04) 175E2
Estouches (91) 63E4
Estourmel (59) 11E3
Estouteville-Écalles (76) 19E3
Estouy (45) 63G4
Estrablin (38) 130B5
Estramiac (32) 166B3
Estrebay (08) 12C6
Estréboeuf (80) 8C3
l'Estréchure (30) 171E1
Estrée (62) 1G6
Estrée-Blanche (62) 2B5
Estrée-Cauchy (62) 10A1
Estrée-Wamin (62) 9G2
Estréelles (62) 10A2
Estrées (59) 95H4
Estrées (02) 11E5
Estrées-Deniécourt (80) 10B6
Estrées-la-Campagne (14) 16C6
Estrées-lès-Crécy (80) 9E2
Estrées-Mons (80) 10C6
Estrées-Saint-Denis (60).........21E4
Estrées-sur-Noye (80) 20C1
Estrennes (88) 69F3
Estrun (59) 11E3
Estry (14) 38A3
Esves-le-Moutier (37) 95F3
Esvres (37) 95E1
Eswars (59) 11E3
Étable (73) 132B5
Étables (07) 143H3
Étables-sur-Mer (22) 33G3
Étagnac (16) 123F2
Étaimpuis (76) 7G4
Étain (55) 25G6
Étaing (62) 10C2
Étainhus (76) 6C5
Étais (21) 84D2
Étais-la-Sauvin (89) 83G4

Étalans (25) 103H1
Étalante (21) 85F3
Étalle (08) 12D6
Étalleville (76) 7F3
Étalon (80) 21F1
Étalondes (76) 8A5
Étampes (91) 63F2
Étampes-sur-Marne (02).........44C2
l'Étang-Bertrand (50) 14C3
l'Étang-la-Ville (78) 42B4
Étang-sur-Arroux (71) 100C4
l'Étang-Vergy (21) 101G1
les Étangs (57) 26D5
Étaples (62) 1F6
Étaule (89) 84A4
Étaules (17) 120B3
Étaules (21) 85G5
Étauliers (33) 135E2
Étaves-et-Bocquiaux (02) 11F5
Étavigny (60) 43H1
Etcharry (64) 179F2
Etchebar (64) 179G4
Éteaux (74) 118D5
Eteimbes (68) 88D2
Étel (56) 54D6
Ételfay (80) 21E2
Étercy (74) 132A1
Éternoz (25) 103F3
Éterpigny (62) 10C2
Éterpigny (80) 10C6
Éterville (14) 16B5
Étevaux (21) 86B6
Eth (59) 11G2
Étienville (50) 14D4
Étigny (89) 65E4
les Étilleux (28) 61E4
Étinehem (80) 10A5
Étiolles (91) 43E6
Étival (39) 117H2
Étival-Clairefontaine (88) 70C2
Étival-lès-le-Mans (72) 60A6
Étivey (89) 84B3
Étobon (70) 88B2
Étoges (51) 45E3
l'Étoile (39) 102C5
l'Étoile (80) 9E5
Étoile-Saint-Cyrice (05) 159G4
Étoile-sur-Rhône (26) 144B5
Éton (55) 25G5
Étormay (21) 85E3
Étouars (24) 123E4
Étourvy (10) 66B6
Étoutteville (76) 7E4
Étouvans (25) 88C4
Étouvelles (02) 22C3
Étouvy (14) 37H3
Étouy (60) 20C4
Étrabonne (25) 102D1
Étrappe (25) 88B4
l'Étrat (42) 129F5
Étray (25) 103H2
Étraye (55) 25E5
Étréaupont (02) 12A6
Étréchet (36) 96C5
Étréchy (18) 98A2
Étréchy (51) 45F3
Étréchy (91) 63F1
Étréham (14) 15H5
Étreillers (02) 10D6
Étréjust (80) 8D6
Étrelles (35) 58A5
Étrelles-et-la-Montbleuse (70)...87E4
Étrelles-sur-Aube (10) 45E6
Étrembières (74) 118C4
Étrépagny (27) 19F5
Étrepigney (39) 102D2
Étrépigny (08) 24B2
Étrépilly (77) 44B2
Étrépilly (77) 43G2
Étrepy (51) 46C4
Étretat (76) 6B4
Étreux (02) 11G5
Étreval (54) 69F1
Étréville (27) 18A5
Étrez (01) 116D3
Étriac (16) 122A5
Étriché (49) 77E3
Étricourt-Manancourt (80) 10C4
Étrigny (71) 116B1
Étrochey (21) 85E1
Étrœungt (59) 12A4
Étroussat (03) 113G5
Étrun (62) 10A2
Etsaut (64) 180A6
Ettendorf (67) 50D3
Etting (57) 28A6
Étueffont (90) 88D2
Étupes (25) 88C4
Éturqueraye (27) 18A5
Étusson (79) 93G3
Étuz (70) 87F5
Étzling (57) 27G4
Eu (76) 8B4
Euffigneix (52) 67H4
Eugénie-les-Bains (40) 164A4
Euilly-et-Lombut (08) 24D2
Eulmont (54) 48D4
Eup (31) 182B6
Eurre (26) 144B6
Eurville-Bienville (52) 47E6
Eus (66) 199F3
Euvezin (54) 48B3
Euville (55) 47H4
Euvy (51) 45F5
Euzet (30) 171H1
Évaillé (72) 78D1
Évans (39) 103E1
Évaux-et-Ménil (88) 69G2
Évaux-les-Bains (23)............112C5

Ève (60) 43F2
Évecquemont (78) 42B2
Évenos (83) 191F5
Évergnicourt (02) 23E4
Éverly (77) 64D1
Évette-Salbert (90) 88C2
Éveux (69) 129H2
Évian-les-Bains (74) 119E2
Évigny (08) 24A1
Évillers (25) 103H3
Évin-Malmaison (62) 10C1
Évires (74) 118C6
Évisa (2A) 204C3
Évol 199E4
Évosges (01) 131E1
Évran (22) 34D6
Évrange (57) 26B2
Évrecy (14) 16B5
les Évrés (54) 47E2
Évreux (27) 41E2
Évricourt (60) 21F3
Évriguet (56) 56A3
Évron (53) 59F4
Évry (89) 65E3
Évry (91) 43E6
Évry-Grégy-sur-Yerre (77).......43F6
Excenevex (74) 118D3
Excideuil (24) 137H1
Exermont (08) 24C5
Exideuil (16) 123F2
Exincourt (25) 88C4
Exireuil (79) 108B2
Exmes (61) 39G4
Exoudun (79) 108B3
Expiremont (17) 135G1
Eybens (38) 145G2
Eyboulef (87) 124C3
Eyburie (19) 124D6
Eycheil (09) 183E5
Eydoche (38) 130D6
Eygalayes (26) 159G5
Eygalières (13) 173E4
Eygaliers (26) 159E5
Eygliers (05) 147E6
Eygluy-Escoulin (26) 144D6
Eyguians (05) 159H4
Eyguières (13) 173F4
Eygurande (19) 126A2
Eygurande-et-Gardedeuil (24)..136B3
Eyjeaux (87) 124C3
Eyliac (24) 137G3
Eylie 196D4
Eymet (24) 150D1
Eymeux (26) 144D3
Eymouthiers (16) 123E4
Eymoutiers (87) 125E3
Eyne (66) 198C5
Eyne 2600 ....198D4
Eynesse (33) 136B6
Eyragues (13) 172D3
Eyrans (33) 135E2
Eyrein (19) 139F1
Eyres-Moncube (40) 163H4
Eyroles (26) 158D3
Eysines (33) 135E5
Eysson (25) 104A1
Eysus (64) 180A3
Eyvirat (24) 137F1
Eywiller (67) 50B3
Eyzahut (26) 158C2
Eyzerac (24) 123G6
les Eyzies-de-Tayac-
  -Sireuil (24) 137H5
Eyzin-Pinet (38) 130B5
Ézanville (95) 42D2
Èze (06) 177E5
Ézy-sur-Eure (27) 41F4

F

Fa (11) 184D6
Fabas (09) 182D4
Fabas (31) 182C2
Fabas (82) 167E3
Fabras (07) 157F1
Fabrègues (34) 171E6
Fabrezan (11) 185G4
Faches-Thumesnil (59) 3F5
Fâchin (58) 100A3
la Fage 138C3
la Fage-Montivernoux (48) ...141F6
la Fage-Saint-Julien (48) 141F6
le Faget (31) 167H6
Faget-Abbatial (32) 165H6
Fagnières (51) 45H3
Fagnon (08) 24A1
Fahy-lès-Autrey (70) 86C4
Failly (57) 26C5
Faimbe (25) 88B4
Fain-lès-Montbard (21) 84D3
Fain-lès-Moutiers (21) 84C4
Fains (27) 41F2
Fains-la-Folie (28) 62C4
Fains-Véel (55) 47E4
Faissault (08) 23H2
Fajac-en-Val (11) 185F4
Fajac-la-Relenque (11) 184A3
Fajoles (46) 138C6
la Fajolle (11) 198C2
Fajolles (82) 166C2
Falaise (08) 24B4
Falaise (14) 38D3
la Falaise (78) 42A3
Falck (57) 27E4
Faleyras (33) 135H6
Falga (31) 184B1
le Falgoux (15) 140C3
Falicon (06) 177E5
Falkwiller (68) 89E2

Fallencourt (76) 8C6
Fallerans (25) 103H2
Falleron (85) 91E2
Falletans (39) 102C2
Fallon (70) 88A4
la Faloise (80) 20C2
Fals (47) 165H1
Falvy (80) 21G1
Famars (59) 11F2
Famechon (62) 9H4
Famechon (80) 20A1
Fameck (57) 26B4
Familly (14) 17G6
Fampoux (62) 10B2
Fanjeaux (11) 184C3
Fanlac (24) 137H4
le Faou (29) 31F6
le Faouët (22) 33E3
le Faouët (56) 54B3
Faramans (01) 130C1
Faramans (38) 130C6
Farbus (62) 10B2
Farceaux (27) 19F5
la Fare-en-Champsaur (05) 160B1
la Fare-les-Oliviers (13) 173G5
Farébersviller (57) 27G5
Fareins (01) 116B6
Faremoutiers (77) 43H4
Farges (01) 118A5
les Farges (24) 138A3
Farges-Allichamps (18) 97G5
Farges-en-Septaine (18) 98A3
Farges-lès-Chalon (71) 101G5
Farges-lès-Mâcon (71) 116B2
Fargues (33) 149G2
Fargues (40) 164A4
Fargues (46) 152B4
Fargues-Saint-Hilaire (33) 135F5
Fargues-sur-Ourbise (47) 150C5
Farincourt (52) 86D2
Farinole (2B) 203F4
la Farlède (83) 191H5
Farnay (42) 129G5
Farrou 153G4
Farschviller (57) 27G5
Fatines (72) 60B5
Fatouville-Grestain (27) 6C6
le Fau (15) 140B3
Fau-de-Peyre (48) 155G1
Fauch (81) 168C3
Faucigny (74) 118D5
Faucogney-et-la-Mer (70) 88A1
Faucompierre (88) 70B4
Faucon (84) 158D5
Faucon-de-Barcelonnette (04) 161F3
Faucon-du-Caire (04) 160B3
Fauconcourt (88) 70A2
Faucoucourt (02) 22B3
Faudoas (82) 166B3
le Fauga (31) 183F1
Faugères (07) 157E3
Faugères (34) 170A6
Fauguernon (14) 17F4
Fauguerolles (47) 150C3
Fauillet (47) 150C3
le Faulq (14) 17F4
Faulquemont (57) 27E6
Faulx (54) 48D4
Faumont (59) 10D1
Fauquembergues (62) 2A5
la Faurie (05) 159H2
Faurilles (24) 151F1
Fauroux (82) 151H5
Faussergues (81) 168D1
la Faute-sur-Mer (85) 106B3
Fauverney (21) 102A1
Fauville (27) 41E2
Fauville-en-Caux (76) 6D4
Faux (08) 23H3
Faux (24) 137E6
Faux-Fresnay (51) 45F6
Faux-la-Montagne (23) 125F3
Faux-Mazuras (23) 125E2
Faux-Vésigneul (51) 46A4
Faux-Villecerf (10) 65G3
Favalello (2B) 205F2
Favars (19) 138D2
Faveraye-Mâchelles (49) 93E1
Faverdines (18) 112C1
Faverelles (45) 82C4
Faverges (74) 132C3
Faverges-de-la-Tour (38) 131F4
Faverney (70) 87F2
Faverois (90) 88D3
Faverolles (02) 21H6
Faverolles (15) 141F5
Faverolles (28) 41G5
Faverolles (36) 96A2
Faverolles (52) 68A6
Faverolles (61) 38D5
Faverolles (80) 21E2
Faverolles-et-Coëmy (51) 22E6
Faverolles-la-Campagne (27) 40C2
Faverolles-lès-Lucey (21) 85G1
Faverolles-sur-Cher (41) 79G6
la Favière 192B5
la Favière (39) 103F5
Favières (28) 61H1
Favières (54) 69E1
Favières (77) 43G5
Favières (80) 8C3
Favone 207G1
Favresse (51) 46C5
Favreuil (62) 10B4
Favrieux (78) 41H3
le Favril (27) 17H4
le Favril (28) 61G1
le Favril (59) 11G4
Fay (61) 39H5
le Fay (71) 102B6

Fay (72) 60A5
Fay (80) 10B6
Fay-aux-Loges (45) 81F1
Fay-de-Bretagne (44) 74B3
Fay-en-Montagne (39) 103E5
Fay-le-Clos (26) 144B2
Fay-les-Étangs (60) 19H6
Fay-lès-Marcilly (10) 65G2
Fay-lès-Nemours (77) 64A4
le Fay-Saint-Quentin (60) 20B4
Fay-sur-Lignon (43) 143E4
Faycelles (46) 153G2
Faye 136C2
la Faye (16) 108D6
Faye (41) 79G2
Faye-d'Anjou (49) 77E6
Faye-la-Vineuse (37) 94B4
Faye-l'Abbesse (79) 93F5
Faye-sur-Ardin (79) 107G2
le Fayel (60) 21E5
Fayence (83) 176A6
le Fayet 133E1
Fayet (02) 11E6
Fayet (12) 169G4
Fayet-le-Château (63) 127H4
Fayet-Ronaye (63) 128A6
Fayl-la-Forêt (52) 86C2
Faymont (70) 88B3
Faymoreau (85) 107G1
Fays (52) 67G1
Fays (88) 70B3
Fays-la-Chapelle (10) 66A4
Fayssac (81) 168A2
Féas (64) 179H3
Febvin-Palfart (62) 2B6
Fécamp (76) 6C3
Féchain (59) 10D2
Fèche-l'Église (90) 88D4
la Féclaz 132A4
Fécocourt (54) 69F2
Fédry (70) 87E3
Fegersheim (67) 51E6
Fégréac (44) 73H1
Feigères (74) 118B5
Feigneux (60) 21F6
Feignies (59) 12A2
Feillens (01) 116B3
Feings (41) 80A5
Feings (61) 60D1
Feins (35) 35F6
Feins-en-Gâtinais (45) 82B2
Feissons-sur-Isère (73) 132D4
Feissons-sur-Salins (73) 132D5
le Fel (12) 154B2
Fel (61) 39F4
Felce (2B) 205G2
Feldbach (68) 89F3
Feldkirch (68) 71F6
Feliceto (2B) 202C6
Félines (07) 143H1
Félines (43) 142B2
Félines-Minervois (34) 185F2
Félines-sur-Rimandoule (26) 158C2
Félines-Termenès (11) 185G5
Felleries (59) 12A3
Fellering (68) 70D6
Felletin (23) 125H2
Felluns (66) 199F2
Felon (90) 88D2
Felzins (46) 153H2
Fenain (59) 11E1
Fénay (21) 101H1
Fendeille (11) 184B3
Fénery (79) 93E6
Fénétrange (57) 50A3
Feneu (49) 76D4
Féneyrols (82) 153F6
Féniers (23) 125G3
Fenioux (17) 121F2
Fenioux (79) 107H1
Fenneviller (54) 49H6
Fénols (81) 168B3
le Fenouiller (85) 90D4
Fenouillet (31) 167E5
Fenouillet (66) 199E2
Fenouillet-du-Razès (11) 184C4
Fépin (08) 13E4
Fercé (44) 57G5
Fercé-sur-Sarthe (72) 77H1
Ferdrupt (88) 70B6
la Fère (02) 22A2
Fère-Champenoise (51) 45F5
Fère-en-Tardenois (02) 22B6
Fèrebrianges (51) 45E4
la Férée (08) 23G1
Férel (56) 73F2
Féricy (77) 64B2
Férin (59) 10D2
Fermanville (50) 14D1
la Fermeté (58) 99E4
Ferney-Voltaire (01) 118B4
Fernoël (63) 126A3
Férolles (45) 81E2
Férolles-Attilly (77) 43F5
Féron (59) 12A4
Ferques (62) 1G6
Ferrals-les-Corbières (11) 185G4
Ferrals-les-Montagnes (34) 185G1
Ferran (11) 184C4
Ferrassières (26) 159F6
le Ferré (35) 35H5
Ferrensac (47) 151F2
Ferrère (65) 181H5
les Ferres (06) 176D4
Ferrette (68) 89F4
Ferreux-Quincey (10) 65G2
la Ferrière 96A2
la Ferrière (22) 55H2
la Ferrière (37) 79E3

la Ferrière (38) 146B1
la Ferrière (85) 91G4
la Ferrière-Airoux (86) 109E4
la Ferrière-au-Doyen (61) 40A5
la Ferrière-aux-Étangs (61) 38B5
la Ferrière-Béchet (61) 39F6
la Ferrière-Bochard (61) 59H2
la Ferrière-de-Flée (49) 76C2
la Ferrière-en-Parthenay (79) 93G6
Ferrière-et-Lafolie (52) 67H2
Ferrière-Harang (14) 37H2
la Ferrière-la-Grande (59) 12A2
la Ferrière-la-Petite (59) 12A3
Ferrière-Larçon (37) 95E3
Ferrière-sur-Beaulieu (37) 95F2
la Ferrière-sur-Risle (27) 40C3
Ferrières 152A4
Ferrières (17) 107E4
Ferrières (50) 37G6
Ferrières (54) 48D6
Ferrières (60) 20D3
Ferrières (65) 180C5
Ferrières (80) 9F6
Ferrières (81) 168D5
Ferrières-en-Bray (76) 19G4
Ferrières-en-Brie (77) 43F4
Ferrières-en-Gâtinais (45) 64B5
Ferrières-Haut-Clocher (27) 40D2
la Ferrière-la-Verrerie (61) 39H5
Ferrières-le-Lac (25) 88D6
Ferrières-les-Bois (25) 103E1
Ferrières-lès-Ray (70) 87E3
Ferrières-lès-Scey (70) 87F3
Ferrières-les-Verreries (34) 171E3
Ferrières-Poussarou (34) 186B1
Ferrières-Saint-Hilaire (27) 17H6
Ferrières-Saint-Mary (15) 141E3
Ferrières-sur-Ariège (09) 183H6
Ferrières-sur-Sichon (03) 114B6
Ferrussac (43) 141H3
Fertans (25) 103F2
la Ferté 97E3
la Ferté (01) 101G6
la Ferté (39) 102D3
la Ferté-Alais (91) 63G1
la Ferté-Beauharnais (41) 80D4
la Ferté-Bernard (72) 60D4
la Ferté-Chevresis (02) 22B1
la Ferté-Frênel (61) 40A4
la Ferté-Gaucher (77) 44B4
la Ferté-Hauterive (03) 113H3
la Ferté-Imbault (41) 80D6
la Ferté-Loupière (89) 82D1
la Ferté-Macé (61) 38C6
la Ferté-Milon (02) 44A1
la Ferté-Saint-Aubin (45) 80D3
la Ferté-Saint-Cyr (41) 80D3
la Ferté-Saint-Samson (76) 19F3
la Ferté-sous-Jouarre (77) 44A3
la Ferté-sur-Chiers (08) 25E3
la Ferté-Vidame (28) 40C6
la Ferté-Villeneuil (28) 62A6
Fertrève (58) 99G4
Fervaches (50) 37G2
Fervaques (14) 17F6
Fescamps (80) 21E2
Fesches-le-Châtel (25) 88D3
Fesmy-le-Sart (02) 11G4
Fesques (76) 19F1
Fessanvilliers-
Mattanvilliers (28) 40D5
Fessenheim (68) 71G5
Fessenheim-le-Bas (67) 50D5
Fessevillers (25) 88D6
les Fessey (70) 88A1
Fessy (74) 118D3
Festalemps (24) 136C2
Festes-et-Saint-André (11) 184C5
Festieux (02) 22D3
Festigny (51) 45E2
Festigny (89) 83F4
Festubert (62) 2D6
le Fête (21) 101E1
Féternes (74) 119E3
Fétigny (39) 117G2
Feucherolles (78) 42B4
Feuchy (62) 10B2
Feugarolles (47) 150D5
Feugères (50) 14D6
Feuges (10) 66B2
Feuguerolles (27) 40D1
Feuguerolles-Bully (14) 16B5
Feuilla (11) 186B6
Feuillade (16) 122D4
la Feuillade (24) 138C3
la Feuillée (29) 31H5
Feuillères (80) 10B5
la Feuillie (50) 14D6
la Feuillie (76) 19F4
Feule (25) 88C5
Feuquières (60) 19H2
Feuquières-en-Vimeu (80) 8C4
Feurs (42) 129E3
Feusines (36) 111H2
Feux (18) 98B1
Fèves (57) 26B5
Féy (57) 26B6
Fey-en-Haye (54) 48B3
Feyt (19) 126B4
Feytiat (87) 124B3
Feyzin (69) 130A4
Fiac (81) 168A4
Ficaja (2B) 205F1
Ficheux (62) 10B3
Fichous-Riumayou (64) 164A6
le Fidelaire (27) 40D3
le Fied (39) 102D5
le Fief-Sauvin (49) 75F5
Fieffes-Montrelet (80) 9F4
Fiefs (62) 2B6

Fiennes (62) 1G3
Fienvillers (80) 9F4
Fierville-Bray (14) 16C5
Fierville-les-Mines (50) 14C4
Fierville-les-Parcs (14) 17F4
le Fieu (33) 136A3
Fieulaine (02) 11F6
Fieux (47) 165G1
Figanières (83) 175H5
Figari (2A) 207F4
Figarol (31) 182C4
Figeac (46) 153G2
Fignévelle (88) 69E5
Fignières (80) 20D2
Filain (02) 22B4
Filain (70) 87G4
Fillé (72) 78A1
Fillerval 20C5
Fillières (54) 25H4
Fillièvres (62) 9F2
Fillinges (74) 118D5
Fillols (66) 199D5
Filstroff (57) 27E3
Fiménil (88) 70B3
Finestret (66) 199F3
Finhan (82) 166D2
Finiels 156C4
les Fins (25) 104B2
Fins (80) 10C4
Fiquefleur-Équainville (27) 17F3
Firbeix (24) 123H4
Firfol (14) 17F5
Firmi (12) 154A3
Firminy (42) 129E6
Fislis (68) 89G3
Fismes (51) 22C5
Fitilieu (38) 131F5
Fitou (11) 186C6
Fitz-James (60) 20C5
Fix-Saint-Geneys (43) 142B3
Fixem (57) 26C2
Fixin (21) 101G1
Flacey (21) 86A5
Flacey (28) 62A4
Flacey-en-Bresse (71) 117E1
la Flachère (38) 132A6
Flachères (38) 130D5
Flacourt (78) 41H3
Flacy (89) 65G4
Flagey (25) 103G2
Flagey (52) 86A2
Flagey-Echézeaux (21) 101H2
Flagey-lès-Auxonne (21) 102B2
Flagey-Rigney (25) 87G5
Flagnac (12) 154A2
Flagy (70) 87G2
Flagy (71) 116A2
Flagy (77) 64C3
Flaignes-Havys (08) 12D6
Flaine 119F6
Flainval (54) 49E5
Flamanville (50) 14A3
Flamanville (76) 7F4
Flamarens (32) 166A2
la Flamengrie (02) 12A5
la Flamengrie (59) 11G2
Flamets-Frétils (76) 19F2
Flammerans (21) 102C1
Flammerécourt (52) 67H2
Flancourt-Catelon (27) 18A5
Flangebouche (25) 104A1
Flassan (84) 159E6
Flassans-sur-Issole (83) 192A3
Flassigny (55) 25F4
Flastroff (57) 26D3
Flat (63) 127G5
Flaucourt (80) 10B6
Flaugeac (24) 136D6
Flaugnac (46) 152C5
Flaujac 154D3
Flaujac-Gare (46) 153E1
Flaujac-Poujols (46) 152D4
Flaujagues (33) 136B6
Flaumont-Waudrechies (59) 12A4
Flaux (30) 172B1
Flavacourt (60) 19H5
Flaviac (07) 143H6
Flavignac (87) 124A3
Flavignerot (21) 85G6
Flavigny (18) 98B4
Flavigny (51) 45F3
Flavigny-le-Grand-
et-Beaurain (02) 11G6
Flavigny-sur-Moselle (54) 48D6
Flavigny-sur-Ozerain (21) 85E4
Flavin (12) 154C5
Flavy-le-Martel (02) 21H2
Flavy-le-Meldeux (60) 21G2
Flaxieu (01) 131G2
Flaxlanden (68) 89F2
Flayat (23) 126A3
Flayosc (83) 175G5
Fléac (16) 122B4
Fléac-sur-Seugne (17) 121F5
la Flèche (72) 77G2
Fléchin (62) 2B5
Fléchy (60) 20B2
Flée (21) 84C5
Flée (72) 78C2
la Flégère 119G6
Fleigneux (08) 24C1
Fleisheim (57) 50B3
le Fleix (24) 136C5
le Fleix (86) 109H2
Fléré-la-Rivière (36) 95G3
Flers (61) 38B4
Flers (62) 9G2
Flers (80) 10B4
Flers-en-Escrebieux (59) 10C1
Flers-le-Bourg 3G5
Flers-sur-Noye (80) 20B2

Flesquières (59) 10D4
Flesselles (59) 9G5
Flétrange (57) 27E6
Flêtre (59) 2D4
Fléty (58) 100A5
Fleurac (16) 122A3
Fleurac (24) 137H4
Fleurance (32) 165H3
Fleurat (23) 111F4
Fleurbaix (62) 3E5
Fleuré (61) 39E5
Fleuré (86) 109F2
Fleurey (25) 88C6
Fleurey-lès-Faverney (70) 87F2
Fleurey-lès-Lavoncourt (70) 87E3
Fleurey-Saint-Loup (70) 69G6
Fleurey-sur-Ouche (21) 85G6
Fleurie (69) 116A5
Fleuriel (03) 113G4
Fleurieu-sur-Saône (69) 130A2
Fleurieux-sur-l'Arbresle (69) 129H2
Fleurigné (35) 58A2
Fleurigny 65E5
Fleurines (60) 20D6
Fleurville (71) 116B2
Fleury (02) 21H6
Fleury (11) 186D3
Fleury (50) 37F3
Fleury (57) 26C6
Fleury (60) 20A6
Fleury (62) 9G1
Fleury (80) 20B1
Fleury-
-devant-Douaumont (55) 25F6
Fleury-en-Bière (77) 63H2
Fleury-la-Forêt (27) 19F4
Fleury-la-Montagne (71) 115E5
Fleury-la-Rivière (51) 45E1
Fleury-la-Vallée (89) 83F1
Fleury-les-Aubrais (45) 62D6
Fleury-Mérogis (91) 42D6
Fleury-sur-Andelle (27) 19E5
Fleury-sur-Loire (58) 99E5
Fleury-sur-Orne (14) 16B5
Fléville (08) 24C5
Fléville-devant-Nancy (54) 48D5
Fléville-Lixières (54) 25H5
Flévy (57) 26C4
Flexanville (78) 41H4
Flexbourg (67) 50D5
Fley (71) 101F6
Fleys (89) 83H2
Flez-Cuzy (58) 83G6
Fligny (08) 12C6
Flin (54) 49G6
Flines-lès-Mortagne (59) 4B6
Flines-lez-Raches (59) 10D1
Flins-Neuve-Église (78) 41G3
Flins-sur-Seine (78) 42A3
Flipou (27) 18D5
Flirey (54) 48B3
Flixecourt (80) 9F5
Flize (08) 24B2
la Flocellière (85) 92B4
Flocourt (57) 49E2
Flocques (76) 8A4
Flogny-la-Chapelle (89) 65H6
Floing (08) 24C1
Floirac (17) 120D5
Floirac (33) 135F5
Floirac (46) 138D6
Florac (48) 156B4
Florange (57) 26B3
Florémont (88) 69G2
Florensac (34) 187F2
Florent-en-Argonne (51) 46D1
Florentia (39) 117F3
Florentin (81) 168B3
Florentin-la-Capelle (12) 154C2
Floressas (46) 152A3
Florimont (90) 89E4
Florimont-Gaumier (24) 152B1
Floringhem (62) 2C6
la Flotte (17) 106B4
Flottemanville (50) 14D3
Flottemanville-Hague (50) 14B2
Floudès (33) 150A2
Floure (11) 185F3
Flourens (31) 167F5
Floursies (59) 12A3
Floyon (59) 11H4
Flumet (73) 132D2
Fluquières (02) 21H1
Fluy (80) 9F6
Foameix-Ornel (55) 25G6
Foce (2A) 207E3
Focicchia (2B) 205F3
Foëcy (18) 97F2
le Foeil (22) 33F5
Foischeses (08) 13F3
Foissac (12) 153G3
Foissac (30) 172A1
Foissiat (01) 116D3
Foissy (21) 101E2
Foissy-lès-Vézelay (89) 83H5
Foissy-sur-Vanne (89) 65F5
Foix (09) 183H5
Folcarde (31) 184A1
Folembray (02) 22A3
Folgensbourg (68) 89G3
le Folgoët (29) 31E3
la Folie (14) 15G5
la Folie Herbault 62B4
Folies (80) 21E1
Folkling (57) 27G5
Follainville-Dennemont (78) 41H2
Folles (87) 110D6
la Folletière (76) 7E5
la Folletière-Abenon (14) 17G6
Folleville (27) 17H5
Folleville (80) 20C2

Folligny (50) 35H2
Folschviller (57) 27F5
Fomerey (88) 69H3
Fomperron (79) 108B2
Fonbeauzard (31) 167E5
Foncegrive (21) 86A3
Fonches-Fonchette (80) 21F1
Foncine-le-Bas (39) 103F6
Foncine-le-Haut (39) 103G6
Foncquevillers (62) 10A3
Fondamente (12) 170A3
Fondettes (37) 78D5
Fondremand (70) 87F4
Fongrave (47) 151E4
Fongueusemare (76) 6C4
Fonroque (24) 150D1
Fons (07) 157F2
Fons (30) 171H2
Fons (46) 153F1
Fons-sur-Lussan (30) 157F6
Fonsommes (02) 11E6
Fonsorbes (31) 166D6
Font-d'Urle 145E5
Font-Romeu-Odeillo-Via (66) 198C4
Fontain (25) 103F1
Fontaine (10) 67F4
Fontaine (38) 145G2
Fontaine (90) 88D2
Fontaine-au-Bois (59) 11G3
Fontaine-au-Pire (59) 11E4
Fontaine-Bellenger (27) 41E1
Fontaine-Bonneleau (60) 20B2
Fontaine-Chaalis (60) 43F1
Fontaine-Chalendray (17) 121H1
Fontaine-Couverte (53) 58A6
Fontaine-de-Vaucluse (84) 173F2
Fontaine-Denis-Nuisy (51) 44D6
Fontaine-en-Bray (76) 19E2
Fontaine-en-Dormois (51) 24B6
Fontaine-Étoupefour (14) 16B5
Fontaine-Fourches (77) 65E2
Fontaine-Française (21) 86B4
Fontaine-Guérin (49) 77G4
Fontaine-Henry (14) 16B3
Fontaine-Heudebourg (27) 41E1
Fontaine-la-Gaillarde (89) 65E4
Fontaine-la-Guyon (28) 61H1
Fontaine-la-Louvet (27) 17G5
Fontaine-la-Mallet (76) 6B5
Fontaine-la-Rivière (91) 63F3
Fontaine-la-Soret (27) 40B1
Fontaine-l'Abbé (27) 40B2
Fontaine-Lavaganne (60) 20A3
Fontaine-le-Bourg (76) 7H5
Fontaine-le-Comte (86) 109E2
Fontaine-le-Dun (76) 7F3
Fontaine-le-Pin (14) 16C6
Fontaine-le-Port (77) 64B1
Fontaine-le-Puits (73) 132D5
Fontaine-le-Sec (80) 8D5
Fontaine-les-Bassets (61) 39F3
Fontaine-lès-Boulans (62) 2B6
Fontaine-lès-Cappy (80) 10B6
Fontaine-lès-Clercs (02) 21H1
Fontaine-lès-Clerval (25) 88A5
Fontaine-les-Coteaux (41) 79E2
Fontaine-lès-Croisilles (62) 10C3
Fontaine-lès-Dijon (21) 85H6
Fontaine-les-Grès (10) 66A2
Fontaine-lès-Hermans (62) 2B6
Fontaine-lès-Luxeuil (70) 87H1
Fontaine-les-Ribouts (28) 41E5
Fontaine-lès-Vervins (02) 12A6
Fontaine-l'Étalon (62) 9E2
Fontaine-Mâcon (10) 65F1
Fontaine-Milon (49) 77F4
Fontaine-Notre-Dame (02) 11F6
Fontaine-Notre-Dame (59) 10D3
Fontaine-Raoul (41) 61G6
Fontaine-Saint-Lucien (60) 20B4
la Fontaine-Saint-Martin (72) 77H2
Fontaine-Simon (28) 61G1
Fontaine-sous-Jouy (27) 41F2
Fontaine-
-sous-Montdidier (80) 20D2
Fontaine-sous-Préaux (76) 7H6
Fontaine-sur-Ay (51) 45G2
Fontaine-sur-Maye (80) 9E3
Fontaine-sur-Somme (80) 9E5
Fontaine-Uterte (02) 11E5
Fontainebleau (77) 64A2
Fontainebrux (39) 102C6
Fontaine Daniel 58D3
Fontaines (71) 101F4
Fontaines (85) 107E2
Fontaines (89) 83E3
Fontaines-d'Ozillac (17) 121G6
Fontaines-en-Duesmois (21) 85E3
Fontaines-en-Sologne (41) 80B4
Fontaines-les-Sèches (21) 84D2
Fontaines-Saint-Clair (55) 25E4
Fontaines-Saint-Martin (69) 130A2
Fontaines-sur-Marne (52) 47E6
Fontaines-sur-Saône (69) 130A2
Fontains (77) 64C2
Fontan (06) 177G2
Fontanès (30) 171G3
Fontanès (34) 171F4
Fontanès (42) 129F5
Fontanès (48) 142B6
Fontanès-de-Sault (11) 198C2
Fontanes-du-Causse (46) 153E1
Fontanges (15) 140B3
Fontangy (21) 84D6
Fontanières (23) 112C6
Fontanil-Cornillon (38) 145G1
Fontannes (43) 141H2
Fontans (48) 155H1
Fontarèches (30) 157G6

Fontarède 151 E6
Fontclaireau (16) 122 C2
Fontcouverte (11) 185 G4
Fontcouverte (17) 121 F3
Fontcouverte-la-Toussuire (73)..146 C1
la Fontelaye (76) 7 F4
Fontenai-les-Louvets (61) 59 H1
Fontenai-sur-Orne (61) 39 E5
Fontenailles (77) 64 C1
Fontenailles (89) 83 F3
Fontenay (27) 19 F6
Fontenay (36) 96 C3
Fontenay (50) 37 G5
Fontenay (71) 115 F2
Fontenay (76) 6 B5
Fontenay (88) 70 A3
Fontenay-aux-Roses (92) 42 D4
Fontenay-de-Bossery (10) 65 F2
Fontenay-en-Parisis (95) 43 E2
Fontenay-le-Comte (85) 107 F2
Fontenay-le-Fleury (78) 42 B4
Fontenay-le-Marmion (14) 16 B5
Fontenay-le-Pesnel (14) 16 A4
Fontenay-le-Vicomte (91) 63 G1
Fontenay-lès-Briis (91) 42 C6
Fontenay-Mauvoisin (78) 41 H1
Fontenay-près-Chablis (89) 83 H1
Fontenay-près-Vézelay (89) 83 H5
Fontenay-Saint-Père (78) 41 H2
Fontenay-sous-Bois (94) 43 E4
Fontenay-sous-Fouronnes (89) 83 G3
Fontenay-sur-Conie (28) 62 C4
Fontenay-sur-Eure (28) 62 A2
Fontenay-sur-Loing (45) 64 B5
Fontenay-sur-Mer (50) 15 E3
Fontenay-sur-Vègre (72) 59 G6
Fontenay-Torcy (60) 19 G3
Fontenay-Trésigny (77) 43 G5
Fontenelle (02) 11 H4
Fontenelle (21) 86 B4
la Fontenelle (35) 35 G5
la Fontenelle (41) 61 F5
Fontenelle (90) 88 D3
Fontenelle-en-Brie (02) 44 C3
Fontenelle-Montby (25) 88 A4
les Fontenelles (25) 104 C1
Fontenermont (14) 37 G4
Fontenet (17) 121 F1
Fontenille (16) 122 C1
Fontenille-Saint-Martin-d'Entraigues (79) 108 B5
Fontenilles (31) 166 D6
Fontenois-la-Ville (70) 69 G6
Fontenois-lès-Montbozon (70) 87 G4
Fontenotte (25) 87 H5
Fontenouilles (89) 82 C1
Fontenoy (02) 21 H4
Fontenoy (89) 83 E3
Fontenoy-la-Joûte (54) 70 B1
Fontenoy-le-Château (88) 69 G5
Fontenoy-sur-Moselle (54) 48 C5
Fontenu (39) 103 E6
Fonteny (57) 49 E3
Fonters-du-Razès (11) 184 B3
Fontès (34) 170 C6
Fontet (33) 150 A2
Fontette (10) 67 E5
Fontevraud-l'Abbaye (49) 93 H1
Fontgombault (36) 95 F6
Fontguenand (36) 96 B1
Fontienne (04) 174 C1
Fontiers-Cabardès (11) 184 D2
Fontiès-d'Aude (11) 185 E3
Fontjoncouse (11) 185 H5
Fontoy (57) 26 A3
Fontpédrouse (66) 198 C4
Fontrabiouse (66) 198 D3
Fontrailles (65) 181 G2
Fontvannes (10) 65 H3
Fontvieille (13) 172 D4
Forbach (57) 27 G4
Forcalqueiret (83) 191 H3
Forcalquier (04) 174 C2
la Force (11) 184 C3
la Force (24) 136 D5
Forcé (53) 58 D5
Forcelles-Saint-Gorgon (54) 69 F1
Forcelles-sous-Gugney (54) 69 F2
Forceville (80) 9 H4
Forceville-en-Vimeu (80) 8 D5
Forcey (52) 68 B4
Forciolo (2A) 204 D6
la Forclaz (74) 119 E3
Forest-en-Cambrésis (59) 11 F3
Forest-l'Abbaye (80) 8 D3
la Forest-Landerneau (29) 31 E4
Forest-Montiers (80) 8 D3
Forest-Saint-Julien (05) 160 B1
Forest-sur-Marque (59) 3 G5
Foreste (02) 21 G1
la Forestière (51) 44 D5
la Forêt-Auvray (61) 38 C4
la Forêt-de-Tessé (16) 108 C6
la Forêt-du-Parc (27) 41 E3
la Forêt-du-Temple (23) 111 G3
la Forêt-Fouesnant (29) 53 C3
la Forêt-la-Folie (27) 19 F6
la Forêt-le-Roi (91) 63 E1
la Forêt-Sainte-Croix (91) 63 F2
la Forêt-sur-Sèvre (79) 92 D5
Forfry (77) 43 G2
la Forge (88) 70 B4
les Forges 112 A5
Forges (17) 107 E5
Forges (19) 139 F3
Forges (61) 60 A1
Forges (77) 64 C2

les Forges (79) 108 C2
les Forges (88) 69 H4
Forges-la-Forêt (35) 57 H5
Forges-les-Bains (91) 42 C6
Forges-les-Eaux (76) 19 F3
les Forges de Paimpont 56 C3
les Forges des Salles 55 E1
Forgues (31) 182 D1
la Forie (63) 128 B4
Forléans (21) 84 C5
Formentin (14) 17 E4
Formerie (60) 19 G2
Formigny (14) 15 G5
Formiguères (66) 198 D3
Fornex (09) 183 E4
Fors (79) 107 H4
Forstfeld (67) 51 G2
Forstheim (67) 51 E2
le Fort-Bloqué 54 B5
Fort-du-Plasne (39) 103 F6
Fort-Louis (67) 51 G3
Fort-Mahon-Plage (80) 8 C2
Fort-Mardyck (59) 2 B1
Fort-Moville (27) 17 G3
Fortan (41) 79 F1
Fortel-en-Artois (62) 9 F3
la Forteresse (38) 145 E1
Fort Sainte-Marguerite 193 F1
Fortschwihr (68) 71 G4
Fos (31) 182 B6
Fos (34) 170 B6
Fos-sur-Mer (13) 189 H4
le Fossat (09) 183 F3
Fossé (08) 24 C4
Fossé (41) 79 H3
le Fossé (76) 19 F3
la Fosse-Corduan (10) 65 G2
la Fosse-de-Tigné (49) 93 E1
Fossemagne (24) 137 H3
Fossemanant (80) 20 B1
les Fosses (79) 107 H5
Fosses (95) 43 E2
Fossès-et-Baleyssac (33) 150 B2
la Fossette 192 B5
Fosseuse (60) 20 B6
Fosseux (62) 9 H3
Fossieux (57) 49 E3
Fossoy (02) 44 C2
Foucarmont (76) 8 C6
Foucart (76) 6 D4
Foucarville (50) 15 E4
Foucaucourt-en-Santerre (80) 10 B6
Foucaucourt-Hors-Nesle (80) 8 C6
Foucaucourt-sur-Thabas (55) 47 E2
Fouchécourt (70) 87 F1
Fouchécourt (88) 69 E5
Foucherans (25) 103 G1
Foucherans (39) 102 C2
Fouchères (10) 66 C4
Fouchères (89) 64 D4
Fouchères-aux-Bois (55) 47 F5
Foucherolles (45) 64 C5
Fouchy (67) 71 E2
Foucrainville (27) 41 F3
Fouday (67) 71 E1
Fouencamps (80) 20 C1
Fouesnant (29) 53 C4
Fougaron (31) 182 C5
Fougax-et-Barrineuf (09) 184 B6
Fougeré (49) 77 G3
Fougeré (85) 91 H4
Fougères (35) 58 A2
Fougères-sur-Bièvre (41) 79 H5
les Fougerêts (56) 56 B6
Fougerolles (36) 111 G2
Fougerolles (70) 69 H6
Fougerolles-du-Plessis (53) 58 B1
Fougueyrolles (24) 136 C5
la Fouillade (12) 153 G5
Fouilleuse (60) 20 D4
Fouillouse (05) 160 B3
la Fouillouse (42) 129 F5
le Fouilloux (17) 135 H2
Fouilloy (60) 19 H2
Fouilloy (80) 9 H6
Fouju (77) 43 G6
Foulain (52) 68 A5
Foulangues (60) 20 C6
Foulayronnes (47) 151 F5
Foulbec (27) 17 G5
Foulcrey (57) 49 H5
Fouleix (24) 137 F4
Foulenay (39) 102 C4
Fouligny (57) 26 D5
Foulognes (14) 38 A1
Fouquebrune (16) 122 C6
Fouquenies (60) 20 A4
Fouquereuil (62) 2 D6
Fouquerolles (60) 20 B4
Fouquescourt (80) 21 E1
Fouqueure (16) 122 B2
Fouqueville (27) 18 B6
Fouquières-lès-Béthune (62) 2 D6
Fouquières-lès-Lens (62) 10 C1
Four (38) 130 C4
Fouras (17) 106 D6
Fourbanne (25) 87 H5
Fourcatier-et-Maison-Neuve (25) 103 H5
Fourcès (32) 165 E2
Fourchambault (58) 98 D3
Fourches (14) 39 E3
Fourcigny (80) 19 H1
Fourdrain (02) 22 B3
Fourdrinoy (80) 9 F6

Four (25) 103 E2
Fourges (27) 41 H1
les Fourgs (25) 104 A4
Fourilles (03) 113 G4
Fourmagnac (46) 153 G2
Fourmetot (27) 17 H3
Fourmies (59) 12 B5
Fournaudin (89) 65 G4
Fourneaux (42) 129 E1
Fourneaux (50) 37 G2
Fourneaux (73) 147 E2
Fourneaux-le-Val (14) 38 D3
Fournels (48) 141 F6
Fournès (30) 172 C2
Fournes-Cabardès (11) 185 E2
Fournes-en-Weppes (59) 3 E5
le Fournet (14) 17 E4
Fournet-Blancheroche (25) 104 C1
Fournets-Luisans (25) 104 B2
Fourneville (14) 17 F3
Fournival (60) 20 C4
Fournols (63) 128 A5
Fournoulès (15) 154 A1
Fouronnes (89) 83 F3
Fourques (30) 172 C4
Fourques (66) 199 H4
Fourques-sur-Garonne (47) 150 C3
Fourqueux (78) 42 B3
Fourquevaux (31) 167 F6
Fours (33) 135 E2
Fours (58) 99 H5
Fours-en-Vexin (27) 41 G1
Fourtou (11) 185 E6
Foussais-Payré (85) 107 F1
Foussemagne (90) 88 D2
le Fousseret (31) 182 D2
Foussignac (16) 122 A3
Fouvent-Saint-Andoche (70) 86 D3
la Foux d'Allos 161 E4
Fouzilhon (34) 170 B6
Foville (57) 49 E3
Fox-Amphoux (83) 175 E5
la Foye-Monjault (79) 107 G5
Fozières (34) 170 B4
Fozzano (2A) 207 E2
la Frache 161 G3
Fragnes (71) 101 G5
Frahier-et-Chatebier (70) 88 C2
Fraignot-et-Vesvrotte (21) 85 G3
Fraillicourt (08) 23 F2
Fraimbois (54) 49 F6
Frain (88) 69 E4
Frais (90) 88 D2
Fraisans (39) 103 E2
Fraisnes-en-Saintois (54) 69 F2
Fraisse (24) 136 C5
Fraisse-Cabardès (11) 184 D2
Fraissé-des-Corbières (11) 185 H5
Fraisse-sur-Agout (34) 169 G5
Fraisses (42) 129 E6
Fraissines (81) 169 E2
Fraissinet-de-Fourques (48) 156 A5
Fraissinet-de-Lozère (48) 156 B4
Fraize (88) 70 D3
Fralignes (10) 66 D4
la Framboisière (28) 40 D6
Frambouhans (25) 88 C6
Framecourt (62) 9 G2
Framerville-Rainecourt (80) 10 A6
Framicourt (80) 8 C5
Framont (70) 86 C3
Frampas (52) 67 F1
Francalmont (70) 87 G1
Francaltroff (57) 49 G2
Francarville (31) 167 G5
Francastel (60) 20 B3
Françay (41) 79 G3
Francazal (31) 182 D5
Francescas (47) 165 G1
Francheleins (01) 116 B6
Franchesse (03) 113 F1
Francheval (08) 24 C2
Franchevelle (70) 88 A2
la Francheville (08) 24 A1
Francheville (21) 85 G5
Francheville (27) 40 C4
Francheville (39) 102 C4
Francheville (51) 46 B3
Francheville (54) 48 B4
Francheville (61) 39 E5
Francheville (69) 130 A3
Francières (60) 21 E4
Francières (80) 9 E4
Francillon (36) 96 B4
Francillon-sur-Roubion (26) 158 C2
Francilly-Selency (02) 10 D6
Francin (73) 132 A5
Franclens (74) 118 A6
François (79) 108 A3
Franconville (54) 49 E6
Franconville (95) 42 C3
Francoulès (46) 152 D3
Francourt (70) 86 D3
Francourville (28) 62 C2
Francs (33) 136 A4
Francueil (37) 79 G6
Franey (25) 87 E6
Frangy (74) 118 A6
Frangy-en-Bresse (71) 102 B5
Franken (68) 89 F3
Franleu (80) 8 C4
Franois (25) 103 F1
Franqueville (02) 22 D1
Franqueville (27) 40 B1
Franqueville (80) 9 F4
Franqueville-Saint-Pierre (76) 18 D4
la Franqui-Plage 186 C6
Frans (01) 130 A1

Fransart (80) 21 E1
Fransèches (23) 125 G1
Fransu (80) 9 F4
Fransures (80) 20 B2
Franvillers (80) 9 H5
Franxault (21) 102 B2
Frapelle (88) 70 D2
Fraquelfing (57) 49 H6
Fraroz (39) 103 G5
Frasnay-Reugny (58) 99 F3
Frasne (25) 103 G4
Frasne-le-Château (70) 87 E4
Frasne-les-Meulières (39) 102 C1
le Frasnois (39) 103 F6
Frasnoy (59) 11 G2
Frasseto (2A) 205 E6
Frauenberg (57) 27 H5
Frausseilles (81) 168 A2
Fravaux (10) 67 E3
le Fraysse (81) 168 D3
Frayssinet (46) 152 C1
Frayssinet-le-Gélat (46) 152 A2
Frayssinhes (46) 139 F5
Frazé (28) 61 G3
Fréauville (76) 19 E1
Frebécourt (88) 68 D2
le Frêche (40) 164 B2
Fréchède (65) 181 F2
Fréchencourt (80) 9 H5
Fréchendets (65) 181 F4
le Fréchet (31) 182 C3
Fréchet-Aure (65) 181 G6
Fréchou (47) 165 F1
Fréchou-Fréchet (65) 181 F3
Frécourt (52) 68 B6
Frédéric-Fontaine (70) 88 B2
la Frédière (17) 121 F2
Frédille (36) 96 A3
Frégimont (47) 151 E5
Frégouville (32) 166 B5
Fréhel (22) 34 B3
Freigné (49) 75 F2
Freissinières (05) 147 E6
la Freissinouse (05) 160 B2
Freistroff (57) 26 D4
Freix-Anglards (15) 140 A4
Fréjairolles (81) 168 C3
Fréjeville (81) 168 B5
Fréjus (83) 192 D2
Fréland (68) 71 E3
Frelinghien (59) 3 F4
Frémainville (95) 42 A2
Frémécourt (95) 42 B1
Fréménil (54) 49 G6
Fréméréville-sous-les-Côtes (55) 47 H4
Frémery (57) 49 E3
Frémestroff (57) 27 F6
Frémicourt (62) 10 C4
Fremifontaine (88) 70 B3
Frémontiers (80) 20 A1
Frémonville (54) 49 H5
la Frénaye (76) 6 D5
Frencq (62) 1 F5
Frenelle-la-Grande (88) 69 F2
Frenelle-la-Petite (88) 69 F2
Frênes (61) 38 A4
Freneuse (76) 18 C5
Freneuse (78) 41 G2
Freneuse-sur-Risle (27) 18 A6
Freney (73) 147 E2
le Freney-d'Oisans (38) 146 B3
Fréniches (60) 21 G2
Frénois (21) 85 G4
Frénois (88) 69 F3
Frénouville (14) 16 C5
Frenz 70 D6
Frépillon (95) 42 C2
Fresles (76) 19 E1
la Fresnais (35) 35 E4
Fresnay (10) 67 F3
Fresnay-en-Retz (44) 90 D1
Fresnay-le-Comte (28) 62 B3
Fresnay-le-Gilmert (28) 62 A1
Fresnay-le-Long (76) 7 G4
Fresnay-le-Samson (61) 39 G3
Fresnay-l'Évêque (28) 62 D3
Fresnay-sur-Sarthe (72) 59 H3
la Fresnaye-au-Sauvage (61) 38 D5
la Fresnaye-sur-Chédouet (72) 60 B2
le Fresne (27) 40 D3
le Fresne (51) 46 B3
le Fresne-Camilly (14) 16 B4
Fresne-Cauverville (27) 17 G4
Fresné-la-Mère (14) 39 E3
le Fresne-Poret (50) 37 H5
Fresne-Saint-Mamès (70) 87 E4
le Fresne-sur-Loire (44) 75 G3
Fresneaux-Montchevreuil (60) 20 A4
Fresnes (02) 22 A3
Fresnes (21) 84 D3
Fresnes (41) 80 A5
Fresnes (89) 84 A2
Fresnes (94) 42 D5
Fresnes-au-Mont (55) 47 H3
Fresnes-en-Saulnois (57) 49 E3
Fresnes-en-Tardenois (02) 44 C1
Fresnes-en-Woëvre (55) 47 H1
Fresnes-lès-Montauban (62) 10 C2
Fresnes-Mazancourt (80) 10 B6
Fresnes-sur-Apance (52) 69 E6
Fresnes-sur-Escaut (59) 11 F1

Fresnes-sur-Marne (77) 43 F3
Fresnes-Tilloloy (80) 8 D5
Fresneville (80) 8 D6
Fresney (27) 41 F3
Fresney-le-Puceux (14) 16 B5
Fresney-le-Vieux (14) 16 B6
Fresnicourt-le-Dolmen (62) 10 A1
Fresnières (60) 21 F3
Fresnois 25 E3
Fresnois-la-Montagne (54) 25 G3
Fresnoy (62) 9 F2
Fresnoy-Andainville (80) 8 D6
Fresnoy-au-Val (80) 9 E6
Fresnoy-en-Chaussée (80) 20 D1
Fresnoy-en-Gohelle (62) 10 B2
Fresnoy-en-Thelle (60) 20 C6
Fresnoy-Folny (76) 8 B6
Fresnoy-la-Rivière (60) 21 F6
Fresnoy-le-Château (10) 66 C4
Fresnoy-le-Grand (02) 11 F5
Fresnoy-le-Luat (60) 21 E6
Fresnoy-lès-Roye (80) 21 F1
Frespech (47) 151 G5
Fresquiennes (76) 7 G5
Fressac (30) 171 F2
Fressain (59) 10 D2
Fressancourt (02) 22 B2
Fresse (70) 88 B1
Fresse-sur-Moselle (88) 70 C6
Fresselines (23) 111 F3
Fressenneville (80) 8 C4
Fressies (59) 10 D2
Fressin (62) 9 E1
Fressines (79) 108 A3
le Frestoy-Vaux (60) 21 E3
Fresville (50) 14 D4
Fréterive (73) 132 B4
Frétigny (28) 61 F2
Fretin (59) 3 G5
Frétoy (77) 44 A5
Frétoy-le-Château (60) 21 G2
la Frette (38) 131 E6
la Frette (71) 101 H6
la Frette-sur-Seine (95) 42 C3
Frettecuisse (80) 8 D6
Frettemeule (80) 8 C5
Fretterans (71) 102 B4
le Fréty (08) 23 G1
Freulleville (76) 7 H3
Frévent (62) 9 G2
Fréville (76) 7 F5
Fréville (88) 68 C2
Fréville-du-Gâtinais (45) 63 G6
Frévillers (62) 9 H1
Frévin-Capelle (62) 10 A2
Freybouse (57) 27 F6
Freycenet-la-Cuche (43) 142 D5
Freycenet-la-Tour (43) 142 D5
Freychenet (09) 183 H6
Freyming-Merlebach (57) 27 F5
Freysselines 125 E6
Freyssenet (07) 157 H1
Friaize (28) 61 G2
Friardel (14) 17 G6
Friaucourt (80) 8 B4
Friauville (54) 48 B1
Fribourg (57) 49 H4
Fricamps (80) 20 A1
Frichemesnil (76) 7 G4
Fricourt (80) 10 B5
Fridefont (15) 141 F5
Friedolsheim (67) 50 D4
Frières-Faillouël (02) 21 H2
Friesen (68) 89 E3
Friesenheim (67) 71 H2
Frignicourt (51) 46 B5
Frise (80) 10 B5
Friville-Escarbotin (80) 8 B4
Frizon (88) 69 H3
Froberville (76) 6 C3
Frocourt (60) 20 A5
Frœningen (68) 89 F2
Frœschwiller (67) 28 D6
Froges (38) 145 H1
Frohen-le-Grand (80) 9 F3
Frohen-le-Petit (80) 9 F3
Frohmuhl (67) 50 B2
Froideconche (70) 87 H1
Froidefontaine (90) 88 D3
Froidestrées (02) 12 A5
Froideterre (70) 88 A2
Froidevaux (25) 88 C6
Froideville (39) 102 C5
Froidfond (85) 91 E2
Froidmont-Cohartille (02) 22 C2
Froidos (55) 47 E2
Froissy (60) 20 B3
Frôlois (21) 85 E4
Frolois (54) 48 C6
Fromelennes (08) 13 F3
Fromelles (59) 3 E5
Fromental (87) 110 D5
Fromentas 164 D5
Fromentières (51) 44 D3
Fromentières (53) 76 D1
Fromentine 90 B2
Fromeréville-les-Vallons (55) 47 F1
Fromezey (55) 25 G6
Fromont (77) 63 H3
Fromy (08) 25 E2
Froncles (52) 67 H3
Fronsac (31) 182 A5
Fronsac (33) 135 G5
Frontenac (33) 135 H6
Frontenac (46) 153 G2
Frontenard (71) 102 A4

Frontenas (69) 129 G1
Frontenat 112 B3
Frontenaud (71) 117 E1
Frontenay (39) 102 D5
Frontenay-Rohan-Rohan (79) 107 G4
Frontenex (73) 132 C4
Frontignan (34) 187 H1
Frontignan-de-Comminges (31) 182 A5
Frontignan-Savès (31) 182 C1
Fronton (31) 167 E3
Frontonas (38) 130 C4
Fronville (52) 67 H2
Frossay (44) 74 A4
Frotey-lès-Lure (70) 88 B2
Frotey-lès-Vesoul (70) 87 G3
Frouard (54) 48 C4
Frouville (95) 42 C1
Frouzins (31) 167 E6
Froville (54) 69 H1
Froyelles (80) 9 E3
Frozes (86) 94 A6
Frucourt (80) 8 D5
Frugères-les-Mines (43) 141 G1
Fruges (62) 2 A6
Frugières-le-Pin (43) 141 H2
Fruncé (61) 61 H2
Fry (76) 19 F3
Fuans (25) 104 B1
Fublaines (77) 43 H3
le Fugeret (04) 175 H1
le Fuilet (49) 75 F4
Fuilla (66) 199 E4
Fuissé (71) 116 B4
Fuligny (10) 67 F3
Fulleren (68) 89 E3
Fultot (76) 7 E3
Fulvy (89) 84 B2
les Fumades les Bains 157 F6
Fumay (08) 13 E5
Fumel (47) 151 H3
Fumichon (14) 17 G4
Furchhausen (67) 50 D4
Furdenheim (67) 50 D5
Furiani (2B) 203 G4
Furigny 94 A6
Furmeyer (05) 160 A2
Fussey (21) 101 G2
Fussy (18) 97 G2
Fustérouau (32) 164 D4
Fustignac (31) 182 D2
Futeau (55) 46 D1
Fuveau (13) 174 B6
Fyé (72) 60 A3

G

Gaas (40) 163 E5
le Gabach 150 D4
Gabarnac (33) 149 H2
Gabarret (40) 164 D2
Gabaston (64) 180 C2
Gabat (64) 179 F1
Gabian (34) 170 B6
Gabillou (24) 137 H2
Gabre (09) 183 F4
Gabriac (12) 154 D3
Gabriac (48) 156 C6
Gabrias (48) 155 H3
Gacé (61) 39 G4
la Gacilly (56) 56 C5
Gâcogne (58) 100 A1
Gadancourt (95) 42 A2
Gadencourt (27) 41 F3
Gaël (35) 56 B2
Gageac-et-Rouillac (24) 136 C6
Gagnac-sur-Cère (46) 139 F5
Gagnac-sur-Garonne (31) 167 E4
Gagnières (30) 157 E5
Gagny (93) 43 E3
Gahard (35) 57 G1
Gailhan (30) 171 G3
Gaillac (81) 167 G4
Gaillac-d'Aveyron (12) 155 E4
Gaillac-Toulza (31) 183 G3
Gaillagos (65) 180 D5
Gaillan-en-Médoc (33) 134 C1
Gaillard (74) 118 C4
Gaillardbois-Cressenville (27) 19 E5
la Gaillarde (76) 7 F2
Gaillefontaine (76) 19 F2
Gaillères (40) 164 A2
Gaillon (27) 41 F1
Gaillon-sur-Montcient (78) 42 A2
Gainneville (76) 6 B5
Gaja-et-Villedieu (11) 184 D4
Gaja-la-Selve (11) 184 B3
Gajac (33) 150 A3
Gajan (09) 182 D5
Gajan (30) 171 H3
Gajoubert (87) 109 H5
Galametz (62) 9 F2
Galan (65) 181 G3
Galapian (47) 150 D5
la Galère 193 F2
Galéria (2B) 204 B1
Galey (09) 182 C6
Galez (65) 181 G3
Galfingue (68) 89 F2
Galgan (12) 153 H3
Galgon (33) 135 G4
Galiax (32) 164 D5
Galié (31) 182 A5
Galinagues (11) 198 C2
Galinières 155 E4
Gallardon (28) 62 C2
Gallargues-le-Montueux (30) 171 H4
le Gallet (60) 20 B2

Gallician ...172 A5
Galluis (78) ...42 A4
Gamaches (80) ...8 B5
Gamaches-en-Vexin (27) ...19 F6
Gamarde-les-Bains (40) ...163 F4
Gamarthe (64) ...179 E3
Gambais (78) ...41 H4
Gambaiseuil (78) ...41 H5
Gambsheim (67) ...51 F4
Gan (64) ...180 B3
Ganac (09) ...183 G6
Ganagobie (04) ...174 D1
Gancourt-Saint-Étienne (76) ...19 G3
Gandelain (61) ...59 H1
Gandelu (02) ...44 A2
Gandrange (57) ...26 B4
Ganges (34) ...171 G2
Gannat (03) ...113 G6
Gannay-sur-Loire (03) ...99 G6
Gannes (60) ...20 C3
Gans (33) ...150 A3
Ganties (31) ...182 B4
Ganzeville (76) ...6 C3
Gap (05) ...160 B2
Gapennes (80) ...9 E3
Gâprée (61) ...39 G6
Garac (31) ...166 C4
Garancières (78) ...41 H4
Garancières-en-Beauce (28) ...62 D2
Garancières-en-Drouais (28) ...41 E5
Garanou (09) ...198 A2
Garat (16) ...122 D5
Garcelles-Secqueville (14) ...16 C5
Garches (92) ...42 C4
Garchizy (58) ...98 D3
Garchy (58) ...98 D1
Gardanne (13) ...174 A6
la Garde (04) ...175 H3
la Garde (38) ...146 A3
la Garde (83) ...191 H5
la Garde-Adhémar (26) ...158 A4
la Garde-Freinet (83) ...192 C3
la Garde-Guérin (48) ...156 D3
Gardefort (18) ...98 B1
Gardegan-et-Tourtirac (33) ...136 A5
Gardères (65) ...180 D2
Gardes ...122 D5
les Gardes ...75 H6
Gardes-le-Pontaroux (16) ...122 C5
Gardie (11) ...184 D4
Gardonne (24) ...136 C5
Gardouch (31) ...183 H4
Garein (40) ...163 G1
Garencières (27) ...41 E3
la Garenne ...187 G1
la Garenne-Colombes (92) ...42 C3
Garennes-sur-Eure (27) ...41 F3
Garentreville (77) ...63 H4
Garéoult (83) ...191 H3
la Garette ...107 G4
Garganvillar (82) ...166 C2
Gargas (31) ...167 F4
Gargas (84) ...173 H2
Gargenville (78) ...42 A2
Garges-lès-Gonesse (95) ...42 D3
Gargilesse-Dampierre (36) ...111 E2
Garidech (31) ...167 F4
Gariès (82) ...166 C3
Garigny (18) ...98 B2
Garin (31) ...196 A4
Garindein (64) ...179 F3
Garlan (29) ...32 A3
Garlède-Mondebat (64) ...164 A6
Garlin (64) ...164 B5
le Garn (30) ...157 G5
la Garnache (85) ...90 D2
Garnat-sur-Engièvre (03) ...114 B1
Garnay (28) ...41 F5
Garnerans (01) ...116 B4
Garons (30) ...172 B4
Garos (64) ...163 H6
la Garoupe ...193 G1
Garravet (32) ...182 C1
Garrebourg (57) ...50 B4
Garrevaques (81) ...184 B1
Garrey (40) ...163 E4
le Garric (81) ...168 B2
Garrigues (34) ...171 G4
Garrigues (81) ...167 G5
Garrigues-Sainte-Eulalie (30) ...172 A2
Garris (64) ...179 F2
Garrosse (40) ...163 E1
Gars (06) ...176 B4
Gartempe (23) ...111 F5
Gas (28) ...41 H6
le Gaschney ...70 D5
Gasny (27) ...41 G2
Gasques (82) ...151 G6
Gassicourt ...41 H2
Gassin (83) ...192 C3
le Gast (14) ...37 G4
Gastes (40) ...148 B4
Gastines (53) ...58 A6
Gastins (77) ...43 H6
Gasville-Oisème (28) ...62 B1
Gâtelles (28) ...61 H1
Gatey (39) ...102 C3
Gathemo (50) ...37 G4
Gatteville-le-Phare (50) ...15 E1
Gattières (06) ...176 D5
Gatuzières (48) ...156 A6
Gaubertin (45) ...63 G5
la Gaubretière (85) ...92 A3
Gauchin-Légal (62) ...10 A1
Gauchin-Verloingt (62) ...9 H4
Gauchy (02) ...22 A1
Gauciel (27) ...41 E2
la Gaudaine (28) ...61 F3
la Gaude (06) ...176 D5
Gaudechart (60) ...20 A3

Gaudent (65) ...182 A5
Gaudiempré (62) ...9 H3
Gaudiès (09) ...184 A3
Gaudonville (32) ...166 B3
Gaudreville-la-Rivière (27) ...40 D3
Gaugeac (24) ...151 G1
Gaujac (30) ...172 C1
Gaujac (32) ...182 C1
Gaujac (47) ...150 B3
Gaujacq (40) ...163 G5
Gaujan (32) ...182 B1
le Gault-Perche (41) ...61 F5
le Gault-Saint-Denis (28) ...62 B4
le Gault-Soigny (51) ...44 D4
Gauré (31) ...167 G5
Gauriac (33) ...135 E3
Gauriaguet (33) ...135 G4
Gaussan (65) ...181 H3
Gausson (22) ...33 G6
Gauville (61) ...40 A4
Gauville-la-Campagne (27) ...40 D2
Gavarnie (65) ...195 E4
Gavarnie les Espécières ...195 E4
Gavarret-sur-Aulouste (32) ...165 H4
Gavaudun (47) ...151 G2
Gavignano (2B) ...205 F1
Gavisse (57) ...26 C2
Gavray (50) ...35 H1
le Gâvre (44) ...74 B2
Gavrelle (62) ...10 B2
Gâvres (56) ...54 C6
Gavrus (14) ...16 B5
Gayan (65) ...181 E2
Gaye (51) ...45 E5
la Gayolle ...191 G3
Gayon (64) ...164 B6
Gazaupouy (32) ...165 G2
Gazave (65) ...181 G5
Gazax-et-Baccarisse (32) ...165 E5
Gazeran (78) ...41 H6
Gazon ...57 H2
Gazost (65) ...181 E5
Geaune (40) ...164 A5
Geay (17) ...120 D2
Geay (79) ...93 F4
Gèdre (65) ...195 E4
Gée (49) ...77 F5
Gée-Rivière (32) ...164 B4
Geffosses (50) ...36 D1
Géfosse-Fontenay (14) ...15 F4
Gehée (36) ...96 B3
Geishouse (68) ...70 D6
Geispitzen (68) ...89 G2
Geispolsheim (67) ...51 E6
Geiswasser (68) ...71 H5
Geiswiller (67) ...50 D3
Gélacourt (54) ...70 B1
Gélannes (10) ...65 G1
Gélaucourt (54) ...69 E1
Gellainville (28) ...62 B2
Gellenoncourt (54) ...49 E5
Gelles (63) ...126 D3
Gellin (25) ...103 H5
Gelos (64) ...180 B2
Geloux (40) ...163 G2
Gelucourt (57) ...49 G4
Gelvécourt-et-Adompt (88) ...69 G3
Gémages (61) ...60 D3
Gemaingoutte (88) ...70 D3
Gembrie (65) ...182 A5
Gemeaux (21) ...86 A4
Gémenos (13) ...191 E4
Gémigny (45) ...62 C6
Gémil (31) ...167 F4
Gemmelaincourt (88) ...69 E3
Gémonval (25) ...88 B4
Gémonville (54) ...69 E2
Gémozac (17) ...121 E4
Genac (16) ...122 B2
Genainville (95) ...41 H1
Genas (69) ...130 B3
Génat (09) ...197 H4
Genay (21) ...84 C4
Genay (69) ...130 A2
Gençay (86) ...109 E3
Gendreville (88) ...68 D3
Gendrey (39) ...102 D1
Gené (49) ...75 H1
Génébrières (82) ...167 F2
Genech (59) ...3 G6
Génelard (71) ...115 F1
Générac (30) ...172 A4
Générac (33) ...135 F2
Générargues (30) ...171 F1
Générest (65) ...181 H5
Generville (11) ...184 B3
Geneslay (61) ...59 E1
le Genest-Saint-Isle (53) ...58 C4
Genestelle (07) ...157 G1
Geneston (44) ...74 D6
Génétouze (17) ...136 A2
la Génétouze (85) ...91 F4
Genêts (50) ...35 G3
les Genettes (61) ...40 A5
Geneuille (25) ...87 F6
la Genevraie (61) ...39 G5
le Genevray ...145 G3
la Genevraye (77) ...64 A3
Genevreuille (70) ...87 H2
Genevrey (70) ...87 H2
Genevrières (52) ...86 C2
la Genevroye (52) ...67 H3
Geney (25) ...88 B4
la Geneytouse (87) ...124 C3
Génicourt (95) ...42 B2
Génicourt-sur-Meuse (55) ...47 H2
Genilac (42) ...129 G5
Genillé (37) ...95 G2

Génis (24) ...138 A1
Génissac (33) ...135 G5
Génissieux (26) ...144 C3
Genlis (21) ...102 A1
Gennes (25) ...87 G6
Gennes (49) ...77 F6
Gennes-Ivergny (62) ...9 E2
Gennes-sur-Glaize (53) ...76 D1
Gennes-sur-Seiche (35) ...58 A5
Genneteil (49) ...77 H3
Gennetines (03) ...114 A1
Genneton (79) ...93 E3
Genneville (14) ...17 F3
Gennevilliers (92) ...42 D3
Genod (39) ...117 F3
Génolhac (30) ...156 D4
Génos (31) ...182 A5
Génos (65) ...195 H4
Genouillac (16) ...123 E2
Genouillac (23) ...111 H3
Genouillé (17) ...107 F6
Genouillé (86) ...109 E5
Genouilleux (01) ...116 B5
Genouilly (18) ...96 D2
Genouilly (71) ...101 E6
Gensac (33) ...136 A6
Gensac (65) ...181 E1
Gensac (82) ...166 B2
Gensac-de-Boulogne (31) ...182 A3
Gensac-la-Pallue (16) ...121 H4
Gensac-sur-Garonne (31) ...182 D3
la Gente ...125 E6
Gentelles (80) ...9 H6
Gentilly (94) ...42 D4
Gentioux-Pigerolles (23) ...125 F3
Genvry (60) ...21 G3
Georfans (70) ...88 A4
Géovreisset (01) ...117 G4
Géovreissiat (01) ...117 G4
Ger (50) ...38 A5
Ger (64) ...180 D3
Ger (65) ...180 D4
Geraise (39) ...103 F3
Gérardmer (88) ...70 C4
Gérardmer-la-Schlucht ...70 C4
Géraudot (10) ...66 C3
Gerbaix (73) ...131 G4
Gerbamont (88) ...70 C5
Gerbécourt (57) ...49 F3
Gerbécourt-et-Haplemont (54) ...69 F1
Gerbépal (88) ...70 C4
Gerberoy (60) ...19 H3
Gerbéviller (54) ...49 F6
Gercourt-et-Drillancourt (55) ...25 E5
Gercy (02) ...22 D1
Gerde (65) ...181 F4
Gerderest (64) ...180 D1
Gère-Bélesten (64) ...180 B5
Gergny (02) ...12 A5
Gergovie ...127 F3
Gergueil (21) ...101 F1
Gergy (71) ...101 G4
Gerland (21) ...101 H2
Germ (65) ...195 H4
Germagnat (01) ...117 F3
Germagny (71) ...101 E6
Germaine (02) ...21 G1
Germaine (51) ...45 F1
Germaines ...85 H2
Germainville (28) ...41 G5
Germainvilliers (52) ...68 D4
Germay (52) ...68 B2
Germéfontaine (25) ...88 A6
Germigny (51) ...45 G3
Germigny (89) ...65 H6
Germigny-des-Prés (45) ...81 F1
Germigny-l'Évêque (77) ...43 H2
Germigny-l'Exempt (18) ...98 B4
Germigny-sous-Coulombs (77) ...44 A2
Germigny-sur-Loire (58) ...98 C3
Germinon (51) ...45 G3
Germiny (54) ...48 C6
Germisay (52) ...68 B2
Germolles ...101 F5
Germolles-sur-Grosne (71) ...115 H4
Germond-Rouvre (79) ...107 H2
Germondans (25) ...87 G5
Germont (08) ...24 B4
Germonville (54) ...69 G1
Germs-sur-l'Oussouet (65) ...181 E4
Gernelle (08) ...24 B1
Gernicourt (02) ...22 D4
Géronce (64) ...179 H3
Gerponville (76) ...6 D3
Gerrots (14) ...17 E4
Gerstheim (67) ...71 H1
Gertwiller (67) ...71 G1
Geruge (39) ...102 C6
Gervans (26) ...144 A3
Gerville (76) ...6 C4
Géry (55) ...47 F4
Gerzat (63) ...127 F2
Gesnes (33) ...59 E4
Gesnes-en-Argonne (55) ...24 D5
Gesnes-le-Gandelin (72) ...59 H2
Gespunsart (08) ...13 F4
Gestas (64) ...179 G2
Gesté (49) ...75 F5
Gestel (56) ...54 C5
Gestiès (09) ...197 H4
Gesvres (53) ...59 G2
Gesvres-le-Chapitre (77) ...43 G2
Gétigné (44) ...75 E6

les Gets (74) ...119 F4
Geu (65) ...180 D4
Geudertheim (67) ...51 E4
Géus-d'Arzacq (64) ...163 H6
Geüs-d'Oloron (64) ...179 H2
Gévezé (35) ...57 E1
Gevigney-et-Mercey (70) ...87 E1
Geville (55) ...48 A4
Gevingey (39) ...102 C6
Gevresin (25) ...103 F3
Gevrey-Chambertin (21) ...101 G1
Gevrolles (21) ...67 F6
Gevry (39) ...102 C3
Gex (01) ...118 B3
Geyssans (26) ...144 C3
Gez (65) ...180 D5
Gez-ez-Angles (65) ...181 E4
Gézaincourt (80) ...9 G4
Gézier-et-Fontenelay (70) ...87 E5
Gézoncourt (54) ...48 C3
Ghisonaccia (2B) ...205 G5
Ghisoni (2B) ...205 F5
Ghissignies (59) ...11 G3
Ghyvelde (59) ...2 C1
Giat (63) ...126 B3
le Gibanel ...139 F3
Gibeaumeix (54) ...48 A6
Gibel (31) ...183 H2
Gibercourt (02) ...22 A1
Giberville (14) ...16 C4
Gibles (71) ...115 G4
Gibourne (17) ...121 G1
Gibret (40) ...163 F4
le Gicq (17) ...121 H1
Gidy (45) ...62 D6
Giel-Courteilles (61) ...38 D4
Gien (45) ...82 A3
Gien-sur-Cure (58) ...100 B2
Giens ...192 A6
la Giettaz (73) ...132 D1
Giéville (50) ...37 G2
Gièvres (41) ...96 C1
Giey-sur-Aujon (52) ...67 H6
Gif-sur-Yvette (91) ...42 C5
Giffaumont-
    -Champaubert (51) ...46 C6
Gigean (34) ...171 E6
Gignac (34) ...170 D5
Gignac (46) ...138 C4
Gignac (84) ...174 A2
Gignac-la-Nerthe (13) ...190 B3
Gignat (63) ...127 F6
Gignéville (88) ...69 E4
Gigney (88) ...69 H3
Gigny (39) ...117 F2
Gigny (89) ...84 C2
Gigny-Bussy (51) ...46 B6
Gigny-sur-Saône (71) ...101 G6
Gigondas (84) ...158 C6
Gigors (04) ...160 C3
Gigors-et-Lozeron (26) ...144 C6
Gigouzac (46) ...152 C2
Gijounet (81) ...169 E4
Gildwiller (68) ...89 E2
Gilette (06) ...176 D4
Gilhac-et-Bruzac (07) ...144 A5
Gilhoc-sur-Ormèze (07) ...143 H4
Gillancourt (52) ...67 G4
Gillaumé (52) ...68 B1
Gilles (28) ...41 G3
Gillevoisin ...63 F1
Gilley (25) ...104 A2
Gilley (52) ...86 D2
Gillois (39) ...103 F5
Gillonnay (38) ...130 D6
Gilly-lès-Cîteaux (21) ...101 G1
Gilly-sur-Isère (73) ...132 C3
Gilly-sur-Loire (71) ...114 C2
Gilocourt (60) ...21 F5
Gimat (82) ...166 B3
Gimbrède (32) ...166 A1
Gimeaux (63) ...127 F1
Gimécourt (55) ...47 G3
Gimel-les-Cascades (19) ...139 E1
Gimeux (16) ...121 G4
la Gimond (42) ...129 F5
Gimont (32) ...166 B5
Gimouille (58) ...98 D4
Ginai (61) ...39 G5
Ginals (82) ...153 F6
Ginasservis (83) ...174 C4
Ginchy (80) ...10 B5
Gincla (11) ...199 E2
Gincrey (55) ...25 G6
Gindou (46) ...152 B2
Ginestas (11) ...185 H3
Ginestet (24) ...136 D5
Gingsheim (67) ...50 D4
Ginoles (11) ...184 D6
Ginouillac (46) ...152 D1
Gintrac (46) ...139 E5
Giocatojo (2B) ...205 F4
Giou-de-Mamou (15) ...140 B5
Gioux (23) ...125 G3
Gipcy (03) ...113 F2
Girac (46) ...139 E5
Girancourt (88) ...69 G4
Giraumont (54) ...26 A5
Giraumont (60) ...21 F4
Girauvoisin (55) ...47 H4
Gircourt-lès-Viéville (88) ...69 G2
Girecourt-sur-Durbion (88) ...70 A3
Girefontaine (70) ...69 G6
Giremoutiers (77) ...43 H4
Girgols (15) ...140 B4
Giriviller (54) ...70 A1
Girmont (88) ...69 H3

Girmont-Val-d'Ajol (88) ...70 A5
Girolles (45) ...64 A5
Girolles (89) ...83 H4
Giromagny (90) ...88 C2
Giron (01) ...117 H4
Gironcourt-sur-Vraine (88) ...69 E2
Gironde-sur-Dropt (33) ...150 A2
Girondelle (08) ...12 D6
Gironville (77) ...63 H4
Gironville-sur-Essonne (91) ...63 G2
Girouville sous les Côtes (55) ...48 A4
le Girouard (85) ...91 E5
Giroussens (81) ...167 H4
Giroux (36) ...96 D3
Giry (58) ...99 E1
Gisay-la-Coudre (27) ...40 B3
Giscaro (32) ...166 B5
Giscos (33) ...149 H5
Gisors (27) ...19 G6
Gissac (12) ...169 G3
Gissey-le-Vieil (21) ...84 D6
Gissey-sous-Flavigny (21) ...85 E4
Gissey-sur-Ouche (21) ...101 F1
Gisy-les-Nobles (89) ...64 D3
Giuncaggio (2B) ...205 G3
Giuncheto (2A) ...206 D3
Givardon (18) ...98 B5
Givarlais (03) ...112 D2
Givenchy-en-Gohelle (62) ...10 B1
Givenchy-le-Noble (62) ...9 H2
Givenchy-lès-la-Bassée (62) ...3 E6
Giverny (27) ...41 G2
Giverville (27) ...17 H4
Givet (08) ...13 F3
Givonne (08) ...24 C1
Givors (69) ...130 A4
Givraines (45) ...63 G4
Givrand (85) ...90 D4
Givrauval (55) ...47 F5
le Givre (85) ...91 G6
Givrezac (17) ...121 E5
Givron (08) ...23 G2
Givry (08) ...23 H4
Givry (71) ...101 F5
Givry (89) ...83 H4
Givry-en-Argonne (51) ...46 D3
Givry-lès-Loisy (51) ...45 F3
Givrycourt (57) ...49 H2
Gizaucourt (51) ...46 C2
Gizay (86) ...109 E2
Gizeux (37) ...78 A5
Gizia (39) ...117 F1
Gizy (02) ...22 D3
la Glacerie (50) ...14 C2
Glageon (59) ...12 B4
Glaignes (60) ...21 F6
Glaine-Montaigut (63) ...127 G3
Glaire (08) ...24 C1
le Glaizil (05) ...146 A6
Glamondans (25) ...87 H6
Gland (02) ...44 B2
Gland (89) ...84 C1
Glandage (26) ...159 G1
Glandon (87) ...124 B6
Glanes (46) ...139 F5
Glanges (87) ...124 C4
Glannes (51) ...46 B5
Glanon (21) ...101 H3
Glanville (14) ...17 E3
Glatens (82) ...166 B3
Glatigny (57) ...26 C5
Glatigny (60) ...19 H4
Glatigny (50) ...14 D5
Glay (25) ...88 D5
Gleizé (69) ...129 H1
Glénac (56) ...56 C6
Glénat (15) ...139 H6
Glénay (79) ...93 F4
Glénic (23) ...111 G5
Glennes (02) ...22 C5
Glénouze (86) ...93 H3
Glény ...139 F3
Glère (25) ...88 D5
la Glestière ...57 E2
Glicourt (76) ...7 H2
Glisolles (27) ...40 D3
Glisy (80) ...9 G6
Glomel (22) ...54 C1
Glonville (54) ...70 B1
Glorianes (66) ...199 G3
Glos (14) ...17 F5
Glos-la-Ferrière (61) ...40 A4
Glos-sur-Risle (27) ...18 A6
Gluiras (07) ...143 G5
Glun (07) ...144 A4
Glux-en-Glenne (58) ...100 B4
Goas (82) ...166 B3
la Godefroy (50) ...35 H3
Godenvillers (60) ...20 D3
Goderville (76) ...6 C4
Godewaersvelde (59) ...2 D3
Godisson (61) ...39 G5
Godoncourt (88) ...69 E5
Gœrlingen (67) ...50 A3
Gœrsdorf (67) ...28 D6
Goès (64) ...180 A3
Goetzenbruck (57) ...28 B6
Gœulzin (59) ...10 D2
Gogney (54) ...49 H5
Gognies-Chaussée (59) ...12 A2
la Gohannière (50) ...37 F5
Gohory (28) ...61 H4
Goin (57) ...26 C6
Goincourt (60) ...20 A4
Golancourt (60) ...21 G2
Golbey (88) ...69 H3
Goldbach-Altenbach (68) ...71 E6
Golfech (82) ...166 B1
Golfe Juan ...193 G1

Golinhac (12) ...154 C2
Golleville (50) ...14 C4
Gombergean (41) ...79 G3
Gombervaux ...47 H5
Gomelange (57) ...26 D4
Gomené (22) ...56 A2
Gomer (64) ...180 D3
Gometz-la-Ville (91) ...42 C5
Gometz-le-Châtel (91) ...42 C5
Gomiécourt (62) ...10 B3
Gommecourt (62) ...10 A4
Gommecourt (78) ...41 G2
Gommegnies (59) ...11 G2
Gommenec'h (22) ...33 G3
Gommersdorf (68) ...89 E2
Gommerville (28) ...62 D3
Gommerville (76) ...6 C5
Gomméville (21) ...66 D6
Gomont (80) ...23 F3
Goncelin (38) ...132 A6
Goncourt (52) ...68 C3
Gond-Pontouvre (16) ...122 C4
Gondecourt (59) ...3 F6
Gondenans-les-Moulins (25) ...87 H4
Gondenans-Montby (25) ...88 A4
Gondeville (16) ...121 H4
Gondrecourt-Aix (54) ...25 H5
Gondrecourt-le-Château (55) ...68 C1
Gondreville (45) ...64 A5
Gondreville (54) ...48 B5
Gondreville (60) ...21 G6
Gondrexange (57) ...49 H4
Gondrexon (54) ...49 G5
Gondrin (32) ...165 E3
les Gonds (17) ...121 E3
Gonesse (95) ...43 E3
Gonez (65) ...181 F3
Gonfaron (83) ...192 B3
Gonfreville (50) ...14 D5
Gonfreville-Caillot (76) ...6 C4
Gonfreville-l'Orcher (76) ...6 B5
la Gonfrière (61) ...39 H4
Gonnehem (62) ...2 C5
Gonnelieu (59) ...10 D4
Gonnetot (76) ...7 F3
Gonneville (50) ...14 D2
Gonneville-en-Auge (14) ...16 C4
Gonneville-la-Mallet (76) ...6 B4
Gonneville-sur-Honfleur (14) ...17 F3
Gonneville-sur-Mer (14) ...16 D3
Gonneville-sur-Scie (76) ...7 G3
Gonsans (25) ...87 H6
Gontaud-de-Nogaret (47) ...150 C3
la Gonterie-Boulouneix (24) ...123 E6
Gonzeville (76) ...7 F3
Goos (40) ...163 F4
Gorbio (06) ...177 F4
Gorcy (54) ...25 G3
Gordes (84) ...173 G2
Gorenflos (80) ...9 E4
Gorges (44) ...75 E6
Gorges (50) ...14 D5
Gorges (80) ...9 F4
la Gorgue (59) ...2 D5
Gorhey (88) ...69 G3
Gornac (33) ...149 H1
Gorniès (34) ...170 D3
Gorre (87) ...123 H3
Gorrevod (01) ...116 C3
Gorron (53) ...58 C2
Gorses (46) ...139 G6
Gorze (57) ...26 B6
Gosnay (62) ...2 D6
Gosné (35) ...57 G1
Gosselming (57) ...50 A3
Gotein-Libarrenx (64) ...179 G3
Gottenhouse (67) ...50 C4
Gottesheim (67) ...50 D3
Gouaix (77) ...65 E1
Goualade (33) ...149 H4
Gouarec (22) ...54 D1
Gouaux (65) ...181 G6
Gouaux-de-Larboust (31) ...195 H4
Gouaux-de-Luchon (31) ...182 A6
Gouberville (50) ...15 E1
Gouchaupre (76) ...8 A5
Goudargues (30) ...157 G5
Goudelancourt-
    -lès-Berrieux (02) ...22 D4
Goudelancourt-
    -lès-Pierrepont (02) ...22 D2
Goudelin (22) ...33 F3
Goudet (43) ...142 C5
Goudex (31) ...182 C2
Goudon (65) ...181 F3
Goudourville (82) ...166 B1
Gouesnach (29) ...53 F3
la Gouesnière (35) ...35 E4
Gouesnou (29) ...31 E4
Gouex (86) ...109 G3
Gouézec (29) ...53 G1
Gougenheim (67) ...50 D4
Gouhelans (25) ...88 A3
Gouhenans (70) ...88 A3
Gouillons (28) ...62 D3
Gouise (03) ...114 A3
Goujounac (46) ...152 B2
la Goulafrière (27) ...39 H3
Goulet (61) ...39 E5
Goulien (29) ...52 C2
Goulier (09) ...197 G4
Goulles (19) ...139 G4
les Goulles (21) ...85 G1
Gouloux (58) ...100 B1
Goult (84) ...173 G3
Goulven (29) ...31 F2
Goumois (25) ...88 D6
Goupillières (14) ...16 B6
Goupillières (27) ...40 B1
Goupillières (76) ...7 F5
Goupillières (78) ...41 H4

248

Gouraincourt (55) 25 G5
le Gouray (22) 34 A6
Gourbera (40) 163 E3
Gourbesville (50) 14 D4
Gourbit (09) 197 H4
Gourchelles (60) 19 G2
Gourdan-Polignan (31) 182 A4
Gourdièges (15) 140 D5
Gourdon (06) 176 C5
Gourdon (07) 157 G1
Gourdon (46) 152 C1
Gourdon (71) 115 G1
Gourdon-Murat (19) 125 F5
Gourette 180 B5
Gourfaleur (50) 37 G1
Gourgançon (51) 45 F5
Gourgé (79) 93 G6
Gourgeon (70) 87 E2
Gourgue (65) 181 F4
Gourhel (56) 56 A4
Gourin (56) 54 B1
Gourlizon (29) 53 E2
Gournay (36) 111 F1
Gournay-en-Bray (76) 19 G4
Gournay-le-Guérin (27) 40 B5
Gournay-Loizé (79) 108 B5
Gournay-sur-Aronde (60) 21 E4
Gournay-sur-Marne (93) 43 E4
les Gours (16) 122 A1
Gours (33) 136 A4
Gourvieille (11) 184 A2
Gourville (16) 122 A2
Gourvillette (17) 121 H2
Goury 14 A1
Goussaincourt (55) 68 D1
Goussainville (28) 41 G4
Goussainville (95) 43 E2
Goussancourt (02) 44 D1
Gousse (40) 163 F3
Goussonville (78) 41 H3
Goustranville (14) 16 D4
Gout-Rossignol (24) 122 D6
la Goutelle (63) 126 C2
Goutevernisse (31) 183 E3
Goutrens (12) 154 A3
Gouts 151 H4
Gouts (40) 163 F3
les Gouttes 114 B3
Gouttières (27) 40 B2
Gouttières (63) 113 E6
Goutz (32) 166 A3
Gouvernes (77) 43 F4
Gouves (62) 10 A2
Gouvets (50) 37 G3
Gouvieux (60) 42 D1
Gouville (27) 40 D4
Gouville-sur-Mer (50) 36 D1
Gouvix (14) 16 C6
Goux (32) 164 C5
Goux (70) 87 F3
Goux-lès-Dambelin (25) 88 B5
Goux-les-Usiers (25) 103 H3
Goux-sous-Landet (25) 103 F2
Gouy (02) 11 E5
Gouy (76) 18 D5
Gouy-en-Artois (62) 10 A3
Gouy-en-Ternois (62) 9 G2
Gouy-les-Groseillers (60) 20 B2
Gouy-Saint-André (62) 8 D1
Gouy-Servins (62) 10 A1
Gouy-sous-Bellonne (62) 10 C2
Gouzangrez (95) 42 A1
Gouzeaucourt (59) 10 D4
Gouzens (31) 183 E3
Gouzon (23) 112 A5
Goven (35) 57 E3
Goviller (54) 69 F1
Goxwiller (67) 71 G1
Goyencourt (80) 21 E2
Goyrans (31) 183 F1
Grabels (34) 171 E5
Graçay (18) 96 D2
Grâce-Uzel (22) 55 G1
Grâces (22) 33 E4
Gradignan (33) 135 E6
Graffigny-Chemin (52) 68 C4
Gragnague (31) 167 F5
Graignes (50) 15 E6
Grailhen (65) 181 G6
Graimbouville (76) 6 C5
Graincourt-
-lès-Havrincourt (62) 10 D4
Grainville (27) 19 E5
Grainville-la-Teinturière (76) 7 E3
Grainville-Langannerie (14) 16 C6
Grainville-sur-Odon (14) 16 A5
Grainville-sur-Ry (76) 7 H6
Grainville-Ymauville (76) 6 C4
le Grais (61) 38 C5
Graissac (12) 140 D6
Graissessac (34) 170 A5
Graix (42) 143 G1
le Grallet 120 B3
Gramat (46) 139 E6
Gramazie (11) 184 C4
Grambois (84) 174 B3
Grammond (42) 129 F5
Grammont (70) 88 A4
Gramond (12) 154 A5
Gramont (82) 166 A2
Granace (2A) 207 E2
Grancey-le-Château-
-Neuvelle (21) 85 H3
Grancey-sur-Ource (21) 67 E5
Grand (88) 68 B2
le Grand-Abergement (01) 117 G6
Grand-Auverné (44) 75 C2
le Grand-Bornand (74) 132 C1
le Grand-Bourg (23) 111 E5
Grand-Brassac (24) 136 D1
Grand-Camp (27) 17 H6
Grand-Camp (76) 6 D5

le Grand-Celland (50) 37 F5
Grand-Champ (56) 55 F5
Grandchamp (67) 51 E3
Grand-Charmont (25) 88 C3
la Grand-Combe (30) 156 D5
Grand-Corent (01) 117 F4
Grand-Couronne (76) 18 C5
la Grand-Croix (42) 129 G5
Grand-Failly (54) 25 F4
Grand-Fayt (59) 11 H4
Grand-Fort-Philippe (59) 2 A2
Grand-Fougeray (35) 57 E6
le Grand-Lemps (38) 131 E6
le Grand-Lucé (72) 78 C1
le Grand-Madieu (16) 122 D1
le Grand-Pressigny (37) 95 E4
le Grand-Quevilly (76) 7 G6
Grand-Rozoy (02) 22 A6
Grand-Rullecourt (62) 9 H3
Grand-Serre (26) 144 C1
Grand-Vabre (12) 154 A2
Grand-Verly (02) 11 G5
le Grand-Village-Plage (17) 120 B2
le Grand Ballon 71 E6
le Grand Bonhomme (14) 17 H3
Grandcamp-Maisy (14) 15 F4
Grandchain (27) 40 B2
Grandchamp (08) 23 G2
Grandchamp (52) 86 B2
Grandchamp (72) 60 A3
Grandchamp (78) 41 G5
Grandchamp (89) 82 D2
Grandchamp-le-Château (14) 17 E5
Grandchamps-
-des-Fontaines (44) 74 C4
Grand'Combe-Châteleu (25) 104 B2
Grand'Combe-des-Bois (25) 104 C1
Grandcourt (76) 8 B6
Grandcourt (80) 10 A4
la Grande-Fosse (88) 70 D2
la Grande-Motte (34) 171 G6
la Grande-Paroisse (77) 64 B2
la Grande-Résie (70) 86 C6
Grande-Rivière (39) 118 A1
la Grande-Synthe (59) 2 B1
la Grande-Verrière (71) 100 B3
la Grande Côte 120 B4
Grandecourt (70) 87 E3
la Grande Halte 53 G3
Grand Eich 50 A4
les Grandes-Armoises (08) 24 C3
les Grandes-Chapelles (10) 66 A1
les Grandes-Loges (51) 45 H2
les Grandes-Ventes (76) 7 H3
la Grande Terche 119 F4
Grandeyrolles (63) 127 E5
Grandfontaine (25) 103 E1
Grandfontaine (67) 50 B6
Grandfontaine-
-sur-Creuse (25) 104 A1
Grandfresnoy (60) 21 E5
Grandham (08) 24 B5
Grandjean (17) 121 E2
Grand'Landes (85) 91 E3
Grandlup-et-Fay (02) 22 C2
Grand Naves 132 D4
le Grand Palteau 65 E5
Grandpré (08) 24 B5
Grandpuits-Bailly-Carrois (77) 43 H6
le Grand Puy 160 D4
Grandrieu (48) 142 A6
Grandrieux (02) 23 F1
Grandrif (63) 128 B5
Grandris (69) 115 H6
Grandrû (60) 21 G3
Grandrupt (88) 70 D2
Grandrupt-de-Bains (88) 69 G5
les Grands-Chézeaux (87) 110 D3
Grandsaigne (19) 125 F5
Grand Soldat 50 B5
Grandval 141 F5
Grandval (63) 128 A4
Grandvals (48) 155 F1
le Grand Valtin 70 D4
Grandvaux (71) 115 F2
Grandvelle-et-le-Perrenot (70) 87 F4
Grandvillars (90) 88 D3
la Grandville (08) 24 B1
Grandville (10) 45 H6
Grandvillers (88) 70 B3
Grandvillers-aux-Bois (60) 21 E4
Grandvilliers (27) 40 D4
Grandvilliers (60) 19 H2
Grane (26) 144 B6
Granès (11) 184 D6
la Grange (25) 88 B6
Grange-de-Vaivre (39) 103 E3
Grangermont (45) 63 G4
les Granges (10) 66 B5
Granges (71) 101 F5
Granges-d'Ans (24) 138 A2
les Granges-Gontardes (26) 158 A3
Granges-la-Ville (70) 88 B3
Granges-le-Bourg (70) 88 B3
les Granges-le-Roi (91) 63 E1
Granges-les-Beaumont (26) 144 B3
Granges-Narboz (25) 103 H4
Granges-sur-Aube (51) 45 E6
Granges-sur-Baume (39) 102 D5
Granges-sur-Lot (47) 151 E4
Granges-sur-Vologne (88) 70 C4
les Granges d'Astau 196 A4
les Grangettes (25) 103 H4
Grangues (14) 16 D4
Granier (73) 133 E4
Granieu (38) 131 F4
Grans (13) 173 F5
Granville (50) 35 F2
Granzay-Gript (79) 107 G4
le Graou 176 A4
Gras (07) 157 H3
les Gras (25) 104 B3

Grassac (16) 122 D4
Grasse (06) 176 C6
Grassendorf (67) 51 E3
Grateloup-Saint-Gayrand (47) 150 D4
Gratens (31) 182 D2
Gratentour (31) 167 E4
Gratibus (80) 20 D2
Gratot (50) 36 D1
Grattepanche (80) 20 C1
Gratreuil (51) 24 A6
la Grave (05) 146 C3
la Gravelle (53) 58 B5
Gravelines (59) 2 A2
Graval (76) 19 F2
la Gravelle (57) 26 B5
Gravelotte (57) 26 B5
Graveron-Sémerville (27) 40 D2
Graves-Saint-Amant (16) 122 A4
Graveson (13) 172 D3
le Gravier 98 C4
Gravières (07) 157 E4
Gravigny (27) 41 E2
Gravon (77) 64 D2
Gray (70) 86 C5
Gray-la-Ville (70) 86 C5
Grayan-et-l'Hôpital (33) 120 B5
Graye-et-Charnay (39) 117 F2
Graye-sur-Mer (14) 16 B3
Grayssas (47) 151 G6
Grazac (31) 183 G2
Grazac (43) 143 E2
Grazac (81) 167 G3
Grazay (53) 59 E3
Gréalou (46) 153 F3
Gréasque (13) 190 D3
Grébault-Mesnil (80) 8 C5
Grécourt (80) 21 G2
Gredisans (39) 102 C2
la Grée-Saint-Laurent (56) 55 H3
Gréez-sur-Roc (72) 61 E4
Greffeil (11) 185 E4
Grèges (76) 7 G2
Grémecey (57) 49 E4
Grémévillers (60) 19 H3
Gremilly (55) 25 F5
Grémonville (76) 7 F4
Grenade (31) 166 D4
Grenade-sur-l'Adour (40) 164 A3
Grenand-lès-Sombernon (21) 101 F1
Grenant (52) 86 C2
Grenay (38) 130 C4
Grenay (62) 10 B1
Grendelbruch (67) 50 C6
Greneville-en-Beauce (45) 63 E4
Grenier-Montgon (43) 141 F2
Gréning (57) 27 G6
Grenoble (38) 145 G2
Grenois (58) 83 F6
Grentheville (14) 16 C5
Grentzingen (68) 89 F3
Greny (76) 8 A5
Gréolières (06) 176 C5
Gréolières les Neiges 176 C4
Gréoux-les-Bains (04) 174 D3
Grépiac (31) 183 G1
les Grès 66 A2
le Grès (31) 166 C4
Grésigny-Sainte-Reine (21) 84 D4
Gresin (73) 131 G4
la Gresle (42) 115 F6
Gresse-en-Vercors (38) 145 F5
Gressey (78) 41 G4
Gresswiller (67) 50 D6
Gressy (77) 43 F3
Grésy-sur-Aix (73) 131 H3
Grésy-sur-Isère (73) 132 B4
Gretz-Armainvilliers (77) 43 F5
Greucourt (70) 87 E4
Greuville (76) 7 F3
Greux (88) 68 D1
la Grève-sur-Mignon (17) 107 F4
Gréville-Hague (50) 14 B1
Grévillers (62) 10 B4
Grevilly (71) 116 B2
Grez (60) 20 A2
le Grez (72) 59 G4
Grez-en-Bouère (53) 77 E1
Grez-Neuville (49) 76 D3
Grez-sur-Loing (77) 64 A3
Grézac (17) 120 D4
Grézels (46) 152 A3
Grèzes (24) 138 B3
Grèzes (43) 141 H5
Grèzes (46) 153 F2
Grèzes (48) 155 H3
Grézet-Cavagnan (47) 150 C4
Grézian (65) 181 G6
Gréziers-la-Varenne (69) 129 H3
Grézieu-le-Marché (69) 129 F4
Grézieux-le-Fromental (42) 129 E5
Grézillac (33) 135 H6
Grézillé (49) 77 F6
Grézolles (42) 128 C2
Gricourt (02) 11 E6
Grièges (01) 116 B4
Griesbach-au-Val (68) 71 E5
Griesheim-près-Molsheim (67) 50 D6
Griesheim-sur-Souffel (67) 51 E5
Grignan (26) 158 B3

Grigneuseville (76) 7 H4
Grignols (24) 137 E3
Grignols (33) 150 A4
Grignon (21) 84 D4
Grignon (73) 132 C3
Grignoncourt (88) 69 E6
Grigny (62) 9 E1
Grigny (69) 130 A4
Grigny (91) 42 D6
la Grigonnais (44) 74 C2
Grillon (84) 158 C4
Grilly (01) 118 B3
les Grimardies 128 A3
le Grau-d'Agde 187 F2
le Grau-du-Roi (30) 171 H6
Grimaucourt-en-Woëvre (55) 25 G6
Grimaucourt-
-près-Sampigny (55) 47 G4
Grimaud (83) 192 C4
la Grimaudière (86) 93 H5
Grimault (89) 84 A3
Grimbosq (14) 16 B5
Grimesnil (50) 35 H1
Grimonviller (54) 69 F2
Grincourt-lès-Pas (62) 9 H3
Grindorff-Bizing (57) 26 D3
la Gripperie-
-Saint-Symphorien (17) 120 C2
Gripport (54) 69 G1
Griscourt (54) 48 C3
Griselles (21) 84 C1
Griselles (45) 64 B5
Grisolles (02) 44 B1
Grisolles (82) 166 D3
Grisy-les-Plâtres (95) 42 B1
Grisy-Suisnes (77) 43 F5
Grisy-sur-Seine (77) 65 E2
Grives (24) 137 H6
Grivesnes (80) 20 D2
Grivillers (80) 21 E2
Grivy-Loisy (08) 24 A4
la Groise (59) 11 G4
Groises (18) 98 B1
Groissiat (01) 117 G4
Groisy (74) 118 C6
Groix (56) 54 B6
Groléjac (24) 138 B6
Gron (18) 98 A2
Gron (89) 65 E4
Gronard (02) 22 D1
Gros-Chastang (19) 139 F2
Gros-Réderching (57) 28 A5
le Gros-Theil (27) 18 B6
Grosbliederstroff (57) 27 H5
Grosbois (25) 87 H5
Grosbois-en-Montagne (21) 85 E6
Grosbois-lès-Tichey (21) 102 A3
Grosbreuil (85) 91 E5
les Groseillers (79) 107 H2
Groslay (95) 42 D3
Groslée (01) 131 F3
Grosley-sur-Risle (27) 40 C2
Grosmagny (90) 88 C2
Grosne (90) 88 D3
Grospierres (07) 157 F4
Grosrouvre (78) 41 H4
Grosrouvres (54) 48 B3
Grossa (2A) 206 D3
Grosseto-Prugna (2A) 204 D6
Grossœuvre (27) 41 E3
Grossouvre (18) 98 C4
Grostenquin (57) 27 F6
Grosville (50) 14 B3
Grouanec 31 E3
Grouches-Luchuel (80) 9 G3
Grougis (02) 11 F5
la Groutte (18) 97 H6
Grozon (39) 102 D4
Gruchet-le-Valasse (76) 6 D5
Gruchet-Saint-Siméon (76) 7 F3
Grues (85) 106 B2
Gruey-lès-Surance (88) 69 G5
Gruffy (74) 132 A2
Grugé-l'Hôpital (49) 76 B2
Grugies (02) 22 A1
Grugny (76) 7 G4
Gruissan (11) 186 D4
Gruissan-Plage (11) 186 D4
Grumesnil (76) 19 G3
Grun-Bordas (24) 137 F4
Grundviller (57) 27 G6
Gruny (80) 21 F2
Grury (71) 100 A6
Gruson (59) 3 G5
Grusse (39) 117 F1
Grussenheim (68) 71 G3
Grust (65) 180 D6
Gruyères (08) 24 A2
le Gua (17) 120 C3
le Gua (38) 145 G4
Guagno (2A) 204 D3
Guagno-les-Bains (2A) 204 C3
Guainville (28) 41 G3
Guarbecque (62) 2 D5
Guargualé (2A) 206 D1
Guchan (65) 181 G6
Guchen (65) 181 G6
Gudas (09) 183 H5
Gudmont-Villiers (52) 67 H2
le Gué-d'Alleré (17) 107 E5
le Gué-de-la-Chaîne (61) 60 D2
le Gué-de-Longroi (28) 62 C1
le Gué-de-Velluire (85) 107 E3
Gué-d'Hossus (08) 12 D5
Guebenhouse (57) 27 G5
Gueberschwihr (68) 71 F5
Guébestroff (57) 49 G3
Guéblange-lès-Dieuze (57) 49 G4
Guébling (57) 49 G3
Guebwiller (68) 71 E6
Guécélard (72) 78 A1
le Guédéniau (49) 77 H4

Guégon (56) 55 H4
Guéhébert (50) 37 E2
Guéhenno (56) 55 G4
Gueltas (56) 55 G2
Guémappe (62) 10 B3
Guémar (68) 71 F3
Guémené-Penfao (44) 74 B1
Guémené-sur-Scorff (56) 54 D2
Guemps (62) 1 H2
Guénange (57) 26 C4
Guengat (29) 53 F2
Guénin (56) 55 G4
Guenroc (22) 34 C6
Guenrouet (44) 74 A2
Guenviller (57) 27 F5
Guêprei (61) 39 E4
Guer (56) 56 C4
Guérande (44) 73 F4
Guérard (77) 43 H4
Guerbigny (80) 21 E2
la Guerche (37) 95 E4
la Guerche-de-Bretagne (35) 57 H4
la Guerche-sur-l'Aubois (18) 98 C4
Guercheville (77) 63 H3
Guerchy (89) 83 F1
Guéreins (01) 116 B5
Guéret (23) 111 G5
Guerfand (71) 101 H5
Guérigny (58) 98 D2
Guérin (47) 150 B4
la Guérinière (85) 90 B1
Guerlédan (22) 55 F1
Guerlesquin (29) 32 B4
Guermange (57) 49 G3
Guermantes (77) 43 F4
Guern (56) 55 E3
Guernanville (27) 40 C3
Guernes (78) 41 H2
le Guerno (56) 73 F1
Guerny (27) 19 G6
Guéron (14) 15 H6
Guerpont (55) 47 F5
Guerquesalles (61) 39 G3
les Guerreaux (71) 114 D2
Guerstling (57) 27 E3
Guerting (57) 27 E4
Guerville (76) 8 B5
Guerville (78) 41 H3
Gueschart (80) 9 E3
Guesnain (59) 10 D2
Guesnes (86) 94 A4
Guessling-Hémering (57) 27 E6
Guéthary (64) 162 A6
Gueudecourt (80) 10 B4
Gueugnon (71) 115 E1
Gueures (27) 7 F2
Gueutteville (76) 7 G4
Gueutteville-les-Grès (76) 7 E2
Gueux (51) 23 E6
Guevenatten (68) 89 E2
Guewenheim (68) 89 E1
Gueytes-et-Labastide (11) 184 C4
Gugnécourt (88) 70 B3
Gugney (54) 69 F2
Gugney-aux-Aulx (88) 69 G2
Guibeville (91) 42 D6
Guichainville (27) 41 E3
Guiche (64) 162 C6
la Guiche (71) 115 G2
Guichen (35) 57 E4
Guiclan (29) 31 H3
Guidel (56) 54 B5
la Guierche (72) 60 B5
Guignecourt (60) 20 B4
Guignemicourt (80) 9 F6
Guignen (35) 56 D4
Guignes (77) 43 G6
Guigneville (45) 63 F4
Guigneville-sur-Essonne (91) 63 G1
Guignicourt (02) 23 E4
Guignicourt-sur-Vence (08) 24 A2
Guigny (62) 9 E2
Guilberville (50) 37 H2
le Guildo 34 C4
Guiler-sur-Goyen (29) 53 E2
Guilers (29) 30 D4
Guilherand-Granges (07) 144 B5
Guillac (33) 135 H6
Guillac (56) 56 A4
Guillaucourt (80) 10 A6
Guillaumes (06) 161 G6
Guillemont (80) 10 B5
la Guillermie (03) 128 A1
Guillerval (91) 63 E2
Guillestre (05) 161 F1
Guilleville (28) 62 D4
Guilliers (56) 56 A3
Guillos (33) 149 F2
Guilly (36) 96 C3
Guilly (45) 81 F2
Guilmécourt (76) 8 A5
Guilvinec (29) 53 E4
Guimaëc (29) 32 B2
Guimiliau (29) 31 G4
la Guimorais 34 C3
Guimps (16) 121 H5
Guinarthe-Parenties (64) 179 F1
Guindrecourt-
-aux-Ormes (52) 67 G3
Guindrecourt-sur-Blaise (52) 67 G3
Guinecourt (62) 9 F2
Guînes (62) 1 G3
Guingamp (22) 33 E4
Guinglange (57) 27 E5

Guinkirchen (57) 26 D4
Guinzeling (57) 49 H3
Guipavas (29) 31 E4
Guipel (35) 57 E1
Guipronvel (29) 30 D4
Guipry (35) 57 E5
Guipy (58) 99 G1
Guiry-en-Vexin (95) 42 A1
Guiscard (02) 21 G2
Guiscriff (56) 54 A2
Guise (02) 11 G6
Guiseniers (27) 19 F6
le Guislain (50) 37 F2
Guissény (29) 31 E2
Guisy (62) 9 E1
Guitalens (81) 168 B5
Guitera-les-Bains (2A) 205 E6
Guitinières (17) 121 F6
Guitrancourt (78) 42 A2
Guîtres (33) 135 H4
Guitry (27) 19 F6
Guitté (22) 56 C1
Guivry (02) 21 H2
Guizancourt (80) 20 A1
Guizengeard (16) 136 A1
Guizerix (65) 181 H2
Gujan-Mestras (33) 148 C1
Gumbrechtshoffen (67) 51 E2
Gumery (10) 65 F2
Gumiane (26) 159 E3
Gumières (42) 128 D5
Gumond (19) 139 F2
Gundershoffen (67) 51 E2
Gundolsheim (68) 71 F5
Gungwiller (67) 50 B3
Gunsbach (68) 71 E4
Gunstett (67) 51 E2
Guntzviller (57) 50 B4
Guny (02) 22 A3
Guran (31) 182 A6
Gurat (16) 122 C6
Gurcy-le-Châtel (77) 64 C1
Gurgy (89) 83 F1
Gurgy-la-Ville (21) 85 G1
Gurgy-le-Château (21) 85 G1
Gurmençon (64) 180 A3
Gurs (64) 179 H2
Gurunhuel (22) 32 D4
Gury (60) 21 F3
Gussainville (55) 25 G6
Gussignies (59) 11 G2
Guyancourt (78) 42 B4
Guyans-Durnes (25) 103 H2
Guyans-Vennes (25) 104 B1
Guyencourt (02) 22 D5
Guyencourt-Saulcourt (80) 10 D5
Guyencourt-sur-Noye (80) 20 C1
la Guyonnière (85) 91 H2
Guyonvelle (52) 86 D1
Guzargues (34) 171 F4
Guzet-Neige 197 F4
Gy (70) 87 E5
Gy-en-Sologne (41) 80 B6
Gy-les-Nonains (45) 64 B6
Gy-l'Évêque (89) 83 F2
Gye (54) 48 B5
Gyé-sur-Seine (10) 66 D5

249

H

Habarcq (62) 10 A2
Habas (40) 163 E5
Habère-Lullin (74) 119 E4
Habère-Poche (74) 119 E4
l'Habit (27) 41 F4
l'Habitarelle 156 B2
Hablainville (54) 49 G6
Habloville (61) 38 D4
Haboudange (57) 49 F3
Habsheim (68) 89 G1
Hachan (65) 181 H2
Hâcourt (52) 68 C4
Hacqueville (27) 19 F6
Hadancourt-
-le-Haut-Clocher (60) 42 A1
Hadigny-les-Verrières (88) 69 H2
Hadol (88) 70 A4
Haegen (67) 50 C4
Hagécourt (88) 69 G3
Hagedet (65) 164 C6
Hagen (57) 26 B2
Hagenbach (68) 89 E2
Hagenthal-le-Bas (68) 89 G3
Hagenthal-le-Haut (68) 89 G3
Haget (32) 181 F1
Hagetaubin (64) 163 G6
Hagetmau (40) 163 G5
Hagéville (54) 26 A6
Hagnéville-et-Roncourt (88) 68 D3
Hagnicourt (08) 24 A2
Hagondange (57) 26 B4
Haguenau (67) 51 F3
la Haie-Fouassière (44) 74 D5
la Haie-Traversaine (53) 58 D2
les Haies (69) 130 A5
Haigneville (54) 69 H1
Haillainville (88) 70 A2
le Haillan (33) 135 E5
Haillicourt (62) 2 D6
Haimps (17) 121 H2
Haims (86) 110 A2
Hainneville 14 C2
Hainvillers (60) 21 E3
Haironville (55) 47 E5
Haisnes (62) 3 E6
Haleine (61) 59 F1
Halinghen (62) 1 F5
Hallencourt (80) 8 D5

Hallennes-lez-Haubourdin (59)....3 F5
Hallering (57)..............27 E5
les Halles (69)..............129 F3
Halles-sous-les-Côtes (55)...24 D4
Halligicourt (52)..............46 D5
Hallines (62)..............2 A4
Hallivillers (80)..............20 C2
la Hallotière (76)..............19 F3
Halloville (54)..............49 H6
Halloy (60)..............19 H2
Halloy (62)..............9 H3
Halloy-lès-Pernois (80) 9 F4
Hallu (80)..............21 F1
Halluin (59)..............3 G3
Halsou (64)..............178 C1
Halstroff (57)..............26 D3
le Ham (50)..............14 D4
le Ham (53)..............59 F2
Ham (80)..............21 G1
Ham-en-Artois (62)..............2 C5
Ham-les-Moines (08)..............24 A1
Ham-sous-Varsberg (57)....27 E4
Ham-sur-Meuse (08)..........13 F4
Hamars (14)..............16 A6
Hambach (57)..............27 H5
Hambers (53)..............59 F3
Hamblain-les-Prés (62)..........10 C2
Hambye (50)..............37 F2
Hamel (59)..............10 D2
le Hamel (60)..............20 A2
le Hamel (80)..............10 A6
Hamelet (80)..............9 H6
Hamelin (50)..............37 F6
Hamelincourt (62)..............10 B3
Hames-Boucres (62)..............1 G3
Hammeville (54)..............69 F1
Hamonville (54)..............48 B4
Hampigny (10)..............67 E1
Hampont (57)..............49 F3
Han-devant-Pierrepont (54) ...25 C4
Han-lès-Juvigny (55)..............25 E3
Han-sur-Meuse (55)..............47 H3
Han-sur-Nied (57)..............26 D6
Hanc (79)..............108 C6
Hanches (28)..............41 H6
Hancourt (80)..............10 D6
Handschuheim (67)..............50 D5
Hangard (80)..............20 D1
Hangenbieten (67)..............51 E5
Hangest-en-Santerre (80)......21 E1
Hangest-sur-Somme (80) 9 E5
Hangviller (57)..............50 B3
Hannaches (60)..............19 H4
Hannapes (02)..............11 G5
Hannappes (08)..............12 C6
Hannescamps (62)..............10 A3
Hannocourt (57)..............49 E3
Hannogne-Saint-Martin (08)..24 B2
Hannogne-Saint-Rémy (08) ...23 F3
Hannonville-
  -sous-les-Côtes (55)..........47 H2
Hannonville-Suzémont (54) ...48 B1
le Hanouard (76)..............7 E3
Hans (51)..............46 C1
Hantay (59)..............3 E6
Hanvec (29)..............31 F5
Hanviller (57)..............28 B5
Hanvoile (60)..............19 H4
Haplincourt (62)..............10 C4
Happencourt (02)..............21 H1
Happonvilliers (28)..............61 G3
Harambeltz..............179 F2
Haramont (02)..............21 G6
le Haras du Pin..............39 F5
Haraucourt (08)..............24 C2
Haraucourt (54)..............48 H5
Haraucourt-sur-Seille (57) ...49 F4
Haravesnes (62)..............9 F2
Haravilliers (95)..............42 B1
Harbonnières (80)..............10 A6
Harbouey (54)..............49 H6
Harcanville (76)..............7 E4
Harchéchamp (88)..............68 D2
Harcigny (02)..............23 E1
Harcourt (27)..............40 C1
Harcy (08)..............13 E6
Hardancourt (88)..............70 A2
Hardanges (53)..............59 F2
Hardecourt-aux-Bois (80).....10 B5
Hardelot-Plage..............1 E5
Hardencourt-Cocherel (27)...41 F2
Hardifort (59)..............2 C3
Hardinghen (62)..............1 G3
Hardinvast (50)..............14 C2
Hardivillers (60)..............20 B3
Hardivillers-en-Vexin (60) ...19 H5
Hardricourt (78)..............42 C4
la Harengère (27)..............18 C6
Haréville (88)..............69 F3
Harfleur (76)..............6 C5
Hargarten-aux-Mines (57)....27 E4
Hargeville (78)..............41 H3
Hargicourt (02)..............10 D5
Hargicourt (80)..............20 D2
Hargnies (80)..............13 H4
Hargnies (59)..............11 H2
Harly (02)..............11 E6
Harmonville (88)..............69 E1
la Harmoye (22)..............33 F6
Harnes (62)..............10 C1
Harol (88)..............69 G4
Haroué (54)..............69 G1
Harponville (80)..............9 H5
Harprich (57)..............49 F2
Harquency (27)..............19 F6
Harreberg (57)..............50 B5
Harréville-les-Chanteurs (52) ...68 C3
Harricourt (08)..............24 C4
Harsault (88)..............69 G5
Harskirchen (67)..............50 A2
Hartennes-et-Taux (02)............22 A6

Hartmannswiller (68).................71 E6
Hartzviller (57).................50 A5
Harville (55).................48 A1
Hary (02).................23 E1
Haselbourg (57).................50 B4
Hasnon (59).................11 E1
Hasparren (64).................178 D1
Haspelschiedt (57).................28 C5
Haspres (59).................11 F2
Hastingues (40).................162 D5
Hatrize (54).................26 A5
Hatten (67).................51 G2
Hattencourt (80).................21 F1
Hattenville (76).................6 D4
Hattigny (57).................50 A5
Hattmatt (67).................50 C3
Hattstatt (68).................71 F5
Hauban (65).................181 F4
Haubourdin (59).................3 F5
Haucourt (57).................26 C4
Haucourt (60).................19 H4
Haucourt (62).................10 C3
Haucourt (76).................19 G2
Haucourt-en-Cambrésis (59) ...11 E4
Haucourt-Moulaine (54) 25 H3
Haudainville (55).................47 G1
Haudiomont (55).................47 H1
Haudivillers (60).................20 B4
Haudonville (54).................49 F6
Haudrecy (08).................24 A1
Haudricourt (76).................19 G2
Haulchin (59).................11 F2
Haulies (32).................165 H6
Haulmé (08).................13 F6
Haumont-
  -près-Samogneux (55).........25 E3
Hauriet (40).................163 G4
Hausgauen (68).................89 F3
Haussez (76).................19 G3
Haussignémont (51).................46 C5
Haussimont (51).................45 G5
Haussonville (54).................49 E6
Haussy (59).................11 F3
Haut-Asco.................204 D1
le Haut-Clairvaux.................94 C5
Haut-Clocher (57).................50 A4
le Haut-Corlay (22).................33 E6
Haut-de-Bosdarros (64) 180 C3
Haut-du-Them-
  -Château-Lambert (70).........88 B1
Haut-Lieu (59).................12 A4
Haut-Loquin (62).................1 H4
Haut-Mauco (40).................163 H3
Hautaget (65).................181 H4
Hautbos (60).................19 H2
le Haut du Tot.................70 C5
Haute-Amance (52).................86 C1
Haute-Avesnes (62).................10 A2
la Haute-Beaume (05).........159 G2
la Haute-Chapelle (61).........38 A6
Haute-Épine (60).................20 A3
Haute-Goulaine (44).................74 D5
Haute-Isle (95).................41 H2
Haute-Kontz (57).................26 C2
la Haute-Maison (77).................43 H3
Haute-Rivoire (69).................129 F3
Haute-Vigneulles (57).........27 E5
Hautecloque (62).................9 G2
Hautecour (39).................117 H1
Hautecour (73).................132 D5
Hautecourt-Romanèche (01) ..117 F5
Hautefage (19).................139 F3
Hautefage-la-Tour (47).........151 G4
Hautefaye (24).................123 E5
Hautefeuille (77).................43 H5
Hautefond (71).................115 F3
Hautefontaine (60).................21 G5
Hautefort (24).................138 A2
Hauteluce (73).................132 D2
Hautepierre-le-Châtelet (25) ...103 H2
Hauterive (03).................114 A6
Hauterive (61).................60 B1
Hauterive (89).................65 G6
Hauterive-la-Fresse (25) 104 A3
Hauterives (26).................144 C2
Hauteroche (21).................85 E4
Hautes-Duyes (04).................160 C5
les Hautes-Rivières (08) 13 F6
Hautesvignes (47).................150 D3
Hautevelle (70).................87 G1
Hautevesnes (02).................44 B1
Hauteville (08).................11 F6
Hauteville (08).................23 G3
Hauteville (51).................46 C5
Hauteville (62).................10 A2
Hauteville (73).................132 B5
la Hauteville (78).................41 G5
Hauteville-Gondon.................133 F4
Hauteville-la-Guichard (50) ...37 F1
Hauteville-lès-Dijon (21) 85 H5
Hauteville-Lompnes (01) 131 F1
Hauteville-sur-Fier (74) 131 H1
Hauteville-sur-Mer (50).........36 D2
le Haut Folin.................100 B3
Haution (02).................11 H6
le Haut Langoiran.................149 G1
Hautmont (59).................12 A2
Hautmougey (88).................69 G5
Hautot-l'Auvray (76).................7 E3
Hautot-le-Vatois (76).................7 E4
Hautot-Saint-Sulpice (76).........7 E4
Hautot-sur-Mer (76).................7 G2
Hautot-sur-Seine (76).................18 C5
les Hauts-de-Chée (55) 47 E3
les Hauts Gicons.................145 H6
Hauttville-Bocage (50).........14 D4
Hautvillers (51).................45 F2
Hautvillers-Ouville (80).........8 D5
Hauville (27).................18 A4
Hauviné (08).................23 G5

Haux (33).................135 G6
Haux (64).................179 G4
Havange (57).................26 A3
Havelu (28).................41 G4
Haveluy (59).................11 E2
Havernas (80).................9 F4
Haverskerque (59).................2 C5
le Havre (76).................6 A5
Havrincourt (62).................10 D4
l'Hay-les-Roses (94).................42 D4
Hayange (57).................26 B3
Haybes (08).................13 E5
la Haye (76).................19 E4
la Haye (88).................69 G5
la Haye-Aubrée (27).................18 A5
la Haye-Bellefond (50) 37 F2
la Haye-de-Calleville (27) ...40 C1
la Haye-du-Theil (27).................18 B6
la Haye-le-Comte (27).................18 D6
la Haye-Malherbe (27).................18 C6
la Haye-Pesnel (50).................35 H2
la Haye-Saint-Sylvestre (27)....40 A3
les Hayes (41).................79 E2
Hayes (57).................26 D5
Haynecourt (59).................10 D3
les Hays (39).................102 B4
Hazebrouck (59).................2 C4
Hazembourg (57).................27 G6
le Heaulme (95).................42 B1
Héauville (50).................14 B2
Hébécourt (27).................19 G5
Hébécourt (80).................20 C1
Hébécrevon (50).................37 F1
Héberville (76).................7 E3
Hébuterne (62).................10 A4
Hèches (65).................181 G5
Hecken (68).................89 E2
Heckenransbach.................27 G5
Hécmanville (27).................40 B1
Hécourt (27).................41 F3
Hécourt (60).................19 G3
Hecq (59).................11 G3
Hectomare (27).................18 B6
Hédauville (80).................9 H4
Hédé (35).................57 E1
Hédouville (95).................42 C1
Hegeney (67).................51 E2
Hégenheim (68).................89 G4
Heidolsheim (67).................71 G3
Heidwiller (68).................89 F2
Heiligenberg (67).................50 C6
Heiligenstein (67).................71 F1
Heillecourt (54).................48 D5
Heilles (60).................20 C5
Heilly (80).................9 H5
Heiltz-le-Hutier (51).................46 C5
Heiltz-le-Maurupt (51).................46 C4
Heiltz-l'Évêque (51).................46 C4
Heimersdorf (68).................89 F3
Heimsbrunn (68).................89 F2
Heining-lès-Bouzonville (57)....27 E3
Heippes (55).................47 F2
Heiteren (68).................71 G5
Heiwiller (68).................89 F2
Hélesmes (59).................11 E1
Hélette (64).................178 D2
Helfaut (62).................2 B4
Helfrantzkirch (68).................89 G3
Héliopolis.................192 C6
Helléan (56).................56 A3
Hellenvilliers.................40 D4
Hellering-lès-Fénétrange (57)....50 A3
Helleville (50).................14 B3
Hellimer (57).................27 F6
Héloup (61).................59 H2
Helstroff (57).................26 D5
Hem (59).................3 G5
Hem-Hardinval (80).................9 G3
Hem-Lenglet (59).................10 D2
Hem-Monacu (80).................10 B5
Hémevez (50).................14 D3
Hémévillers (60).................21 E4
Hémilly (57).................26 D6
Héming (57).................50 A4
Hémonstoir (22).................55 F2
Hénaménil (54).................49 F5
Hénanbihen (22).................34 B4
Hénansal (22).................34 A4
Hendaye (64).................178 A1
Hendaye-Plage.................178 A1
Hendecourt-
  -lès-Cagnicourt (62).........10 C3
Hendecourt-lès-Ransart (62) ...10 B3
Hénencourt (80).................9 H5
Henflingen (68).................89 F3
Hengoat (22).................33 E2
Hengwiller (67).................50 C4
Hénin-Beaumont (62).................10 C1
Hénin-sur-Cojeul (62).................10 B3
Héninel (62).................10 B3
Hennebont (56).................54 D5
Hennecourt (88).................69 G3
Hennemont (55).................47 H1
Henneveux (62).................1 G4
Hennezel (88).................69 F5
Hennezis (27).................41 G1
Hénon (22).................33 G5
Hénonville (60).................20 A6
Hénouville (76).................7 F6
Henrichemont (18).................81 H6
Henridorff (57).................50 B4
Henriville (57).................27 G5
Hénu (62).................10 A3
Henvic (29).................31 H3
Hérange (57).................50 B4
l'Herbaudière.................90 A1
Herbault (41).................79 G4
Herbécourt (80).................10 B6

Herbelles (62).................2 A5
l'Herbergement (85).................91 G2
Herbeuval (08).................25 E2
Herbeuville (55).................47 H2
Herbeville (78).................42 A3
Herbeys (38).................145 G2
les Herbiers (85).................92 A4
Herbignac (44).................73 F3
Herbinghen (62).................1 G4
Herbisse (10).................45 G6
Herbitzheim (67).................27 H6
Herblay (95).................42 C3
Herbouilly.................145 E3
Herbsheim (67).................71 H2
Hercé (53).................58 C2
Herchies (60).................20 A4
Hère (65).................164 D6
Hergnies (59).................4 B6
Hergugney (88).................69 G2
Héric (44).................74 C3
Héricourt (62).................9 G2
Héricourt (70).................88 C3
Héricourt-en-Caux (76).................7 E4
Héricourt-sur-Thérain (60) ...19 G3
Héricy (77).................64 B2
la Hérie (02).................12 B6
la Hérie-la-Viéville (02).................22 C1
Hériménil (54).................49 F6
Hérimoncourt (25).................88 D4
Hérin (59).................11 F2
Hérissart (80).................9 G5
Hérisson.................93 E6
Héritval.................
Herleville (80).................10 B6
la Herlière (62).................9 H3
Herlies (59).................3 E5
Herlin-le-Sec (62).................9 G2
Herlincourt (62).................9 G2
Herly (62).................1 H6
Herly (80).................21 F1
l'Herm (09).................183 H5
Herm (40).................162 D3
Hermanville (76).................7 G3
Hermanville-sur-Mer (14) ...16 C3
les Hermaux (48).................155 F3
Hermaville (62).................10 A2
Hermé (77).................65 E1
Hermelange (57).................50 A4
Hermelinghen (62).................1 G3
l'Hermenault (85).................107 E2
Herment (63).................126 B3
Hermeray (78).................41 H6
Hermes (60).................20 B5
Hermeville (76).................6 B5
Herméville-en-Woëvre (55) ...25 G6
Hermies (62).................10 C4
Hermillon (73).................146 C1
Hermin (62).................9 H1
l'Hermitage (35).................57 E2
l'Hermitage-Lorge (22) 33 G6
les Hermites (37).................79 E3
Hermival-les-Vaux (14) 17 F5
Hermonville (51).................23 E5
Hernicourt (62).................9 G1
Herny (57).................26 D6
le Héron (76).................19 E4
Héronchelles (76).................19 E3
Hérouville (95).................42 C2
Hérouville-Saint-Clair (14) ...16 C4
Hérouvillette (14).................16 C4
Herpelmont (88).................70 B3
Herpont (51).................46 C2
Herpy-l'Arlésienne (08) 23 F3
Herqueville (27).................18 D6
Herqueville (50).................14 A1
Herran (31).................182 C5
Herré (40).................164 D1
Herrebouc.................165 F4
Herrère (64).................180 A3
Herrin (59).................3 F6
Herrlisheim (67).................51 E4
Herrlisheim-près-Colmar (68) ...71 F5
Herry (18).................98 C1
Herserange (54).................25 H3
Hersin-Coupigny (62).................10 A1
Hertzing (57).................50 A4
Hervelinghen (62).................1 F3
Hervilly (80).................10 D5
Héry (52).................132 D2
Héry (58).................99 G1
Héry (89).................83 G1
Héry-sur-Alby (74).................132 A2
Herzeele (59).................2 C3
Hesbécourt (80).................10 D5
Hescamps (80).................19 H2
Hesdigneul-lès-Béthune (62) ...2 D6
Hesdigneul-lès-Boulogne (62)....1 G5
Hesdin (62).................9 E1
Hesdin-l'Abbé (62).................1 F4
Hésingue (68).................89 G3
Hesmond (62).................9 E1
Hesse (57).................50 A4
Hessenheim (67).................71 G3
Hestroff (57).................26 D4
Hestrud (59).................12 B3
Hestrus (62).................9 G1
Hétomesnil (60).................20 A2
Hettange-Grande (57).................26 B3
Hettenschlag (68).................71 G5
Heubécourt-Haricourt (27) ...41 G1
Heuchin (62).................2 B6
Heucourt-Croquoison (80) ...8 D5
Heudebouville (27).................18 D6
Heudicourt (27).................19 G5
Heudicourt (80).................10 D5

Heudicourt-
  -sous-les-Côtes (55).........48 A3
Heudreville-en-Lieuvin (27) ...17 H4
Heudreville-sur-Eure (27) ...41 E1
Heugas (40).................162 D5
Heugleville-sur-Scie (76).........7 G3
Heugnes (36).................96 A3
Heugon (61).................39 H4
Heugueville-sur-Sienne (50) ...36 D2
Heuilley-Cotton (52).................86 B2
Heuilley-le-Grand (52).................86 B2
Heuilley-sur-Saône (21) 86 C6
Heuland (14).................17 E3
Heume-l'Église (63).................126 C3
la Heunière (27).................41 F2
Heuqueville (27).................19 E5
Heuqueville (76).................6 B4
l'Heure.................8 D4
Heuringhem (62).................2 B4
Heurteauville (76).................7 E6
Heurtevent (14).................17 E6
Heussé (50).................58 C1
Heutrégiville (51).................23 G5
Heuzecourt (80).................9 F3
Hévilliers (55).................47 F6
Heyrieux (38).................130 C4
Hézecques (62).................2 A6
le Hézo (56).................72 D1
Hibarette (65).................181 E3
Hielzas.................155 H5
Hières-sur-Amby (38) 130 C2
Hierges (08).................13 F4
Hiermont (80).................9 E3
Hiers-Brouage (17).................120 C2
Hiersac (16).................122 B4
Hiesse (16).................109 F6
Hiéville (14).................16 D6
Hiéville (14).................16 D6
Higuères-Souye (64).................180 C1
Hiis (65).................181 E4
Hilbesheim (57).................50 A4
Hillion (22).................33 H4
Hilsenheim (67).................71 G2
Hilsprich (57).................27 G6
Hinacourt (02).................22 A1
Hinckange (57).................26 D4
Hindisheim (67).................51 E6
Hindlingen (68).................89 E3
Hinges (62).................2 D5
le Hinglé (22).................34 C6
Hinsbourg (67).................50 C2
Hinsingen (67).................50 A2
Hinx (40).................163 E4
Hippoltskirch.................89 F4
Hipsheim (67).................51 E6
Hirel (35).................35 E4
Hirmentaz.................119 E4
Hirschland (67).................50 B3
Hirsingue (68).................89 F3
Hirson (02).................12 B5
Hirtzbach (68).................89 F3
Hirtzfelden (68).................71 G6
His (31).................182 C4
Hitte (65).................181 F4
Hix.................198 C5
Hochfelden (67).................50 D4
Hochstatt (68).................89 F2
Hochstett (67).................51 E3
Hocquigny (50).................35 H2
Hocquinghen (62).................1 H4
Hodenc-en-Bray (60).................19 H4
Hodenc-l'Évêque (60).................20 B5
Hodeng-au-Bosc (76).................8 C6
Hodeng-Hodenger (76).........19 F3
Hodent (95).................41 H1
Hœdic (56).................72 C3
Hœnheim (67).................51 E5
Hœrdt (67).................51 E4
le Hohle (54).................49 E4
le Hohneck.................70 D4
Hohrod (68).................71 E4
Hohrodberg.................71 E4
le Hohwald (67).................71 F1
Hohwiller (67).................29 E6
Holacourt (57).................49 F2
Holling (57).................26 D4
Holnon (02).................10 D6
Holque (59).................2 A3
Holtzheim (67).................51 E5
Holtzwihr (68).................71 F4
Holving (57).................27 G6
Hombleux (80).................21 G1
Homblières (02).................11 E6
Hombourg (68).................89 G1
Hombourg-Budange (57).........26 C4
Hombourg-Haut (57).................27 F5
l'Hôme-Chamondot (61).........40 B6
le Hôme-Varaville (14).................16 D3
Hommarting (57).................50 B4
Hommert (57).................50 B4
Hommes (37).................78 A6
le Hommet-d'Arthenay (50) ...15 E6
Homps (11).................185 G3
Homps (32).................166 B3
Hon-Hergies (59).................11 H2
Hondainville (60).................20 C5
Hondeghem (59).................2 C4
Hondevilliers (77).................44 B3
Hondouville (27).................40 D1
Hondschoote (59).................2 D2
Honfleur (14).................6 B6
Honguemare-Guenouville (27) ...18 B5
Honnechy (59).................11 F4
Honnecourt-sur-Escaut (59) ...10 D4

l'Honor-de-Cos (82).................152 C6
Honskirch (57).................49 H2
Hontanx (40).................164 B3
Hôpital-Camfrout (29).................31 F5
l'Hôpital (57).................27 F5
l'Hôpital-d'Orion (64).................179 G1
l'Hôpital-du-Grosbois (25) ...103 G1
l'Hôpital-le-Grand (42).................129 E4
l'Hôpital-le-Mercier (71) 115 F3
l'Hôpital-Saint-Blaise (64) ...179 G2
l'Hôpital-Saint-Lieffroy (25)....88 A5
l'Hôpital-sous-Rochefort (42)..128 C3
les Hôpitaux-Neufs (25) 104 A5
les Hôpitaux-Vieux (25) 104 A5
Horbourg-Wihr (68).................71 F4
Hordain (59).................11 E2
la Horgne (08).................24 A3
Horgues (65).................181 E3
l'Horme (42).................129 G5
Hornaing (59).................11 E1
Hornoy-le-Bourg (80).................8 D6
le Horps (53).................59 E2
Horsarrieu (40).................163 G4
Horville-en-Ornois (55).........68 B1
l'Hosmes (27).................40 D4
Hospice de France.................196 B5
l'Hospitalet (13).................138 D6
l'Hospitalet (04).................159 H6
l'Hospitalet-du-Larzac (12) ...170 A2
l'Hospitalet-
  -près-l'Andorre (09) 198 B3
Hosta (64).................179 E3
Hoste (57).................27 G5
Hostens (33).................149 E3
Hostias (01).................131 E1
Hostun (26).................144 D3
l'Hôtellerie (14).................17 G5
l'Hôtellerie-de-Flée (49) 76 C2
Hotonnes (01).................117 H6
Hotot-en-Auge (14).................16 D4
Hottot-les-Bagues (14) 16 A4
Hottviller (57).................28 B5
la Houblonnière (14) 17 E5
les Houches (74).................133 F1
Houchin (62).................2 D6
Houdain (62).................9 H1
Houdain-lez-Bavay (59) 11 H2
Houdan (78).................41 G4
Houdancourt (60).................21 E5
Houdelaincourt (55).................47 G6
Houdelmont (54).................48 C6
Houdemont (54).................48 D5
Houdetot (76).................7 E3
Houdilcourt (08).................23 F4
Houdreville (54).................48 C6
Houécourt (88).................69 E3
Houeillès (47).................150 B5
Houesville (50).................15 E4
Houetteville (27).................40 D1
Houéville (88).................68 D2
Houeydets (65).................181 G3
le Houga (32).................164 C4
Houilles (78).................42 C3
Houlbec-Cocherel (27).........41 F2
Houlbec-
  -près-le-Gros-Theil (27) ...18 B6
Houldizy (08).................13 E6
Houlette (16).................121 H3
Houlgate (14).................16 D3
Houlle (62).................2 A3
le Houlme (76).................7 G5
l'Houmeau (17).................106 C4
Hounoux (11).................184 C4
Houplin-Ancoisne (59).........3 F5
Houplines (59).................3 E4
Houppeville (76).................7 G5
Houquetot (76).................6 C4
Hourc (65).................181 F3
le Hourdel.................8 C3
Hourges (51).................22 D6
Hours (64).................180 D3
Hourtin (33).................134 B2
Hourtin-Plage.................134 B2
Hourtin-Port.................134 B2
Houry (02).................22 D1
Houssay (41).................79 F2
Houssay (53).................58 D6
la Houssaye.................33 G5
la Houssaye (27).................40 C2
la Houssaye-Béranger (76)....7 G4
la Houssaye-en-Brie (77)....43 G5
le Housseau-Brétignolles (53)...59 E1
Houssen (68).................71 F4
Housseras (88).................70 B2
Housset (02).................22 C1
Housséville (54).................69 F2
la Houssière (88).................70 C3
la Houssoye (60).................19 H5
Houtaud (25).................103 H3
Houtkerque (59).................2 D3
Houtteville (50).................14 D5
Houville-en-Vexin (27).........19 E5
Houville-la-Branche (28)....62 B2
Houvin-Houvigneul (62).........9 G2
Houx (28).................41 G6
Hoymille (59).................2 C2
Huanne-Montmartin (25) ...87 H5
Hubersent (62).................1 F5
Huberville (50).................14 D3
Huby-Saint-Leu (62).................9 F1
Huchenneville (80).................8 D4
Huclier (62).................9 G1
Hucqueliers (62).................1 G5
Hudimesnil (50).................35 G1
Hudiviller (54).................49 E5
Huelgoat (29).................32 A5
Huest (27).................41 E2
Huêtre (45).................62 C6
Huez (38).................146 A3
Hugier (70).................86 D3

Hugleville-en-Caux (76) 7 F4
Huillé (49) 77 F3
Huilliécourt (52) 68 C4
Huilly-sur-Seille (71) 116 C1
Huiron (51) 46 B5
Huismes (37) 94 B1
Huisnes-sur-Mer (50) 35 G4
Huisseau-en-Beauce (41) 79 F2
Huisseau-sur-Cosson (41) 80 A4
Huisseau-sur-Mauves (45) 80 C1
l'Huisserie (53) 58 C5
Hulluch (62) 3 E6
Hultehouse (57) 50 B4
Humbauville (51) 46 A5
Humbécourt (52) 46 D6
Humbercamps (62) 10 A3
Humbercourt (80) 9 H3
Humbert (62) 1 G6
Humberville (52) 68 B3
Humbligny (18) 98 A1
la Hume 148 B1
Humerœuille (62) 9 F1
Humes-Jorquenay (52) 68 B6
Humières (62) 9 F1
Hunawihr (68) 71 F3
Hundling (57) 27 G5
Hundsbach (68) 89 F3
Huningue (68) 89 H3
Hunspach (67) 29 E6
Hunting (57) 26 C2
Huos (31) 182 A4
Huparlac (12) 154 D1
Huppain 15 H5
Huppy (80) 8 D5
Hurbache (88) 70 C2
Hure (33) 150 B2
Hurecourt (70) 69 F6
Hures 155 H5
Hures-la-Parade (48) 155 H5
Huriel (03) 112 C3
Hurigny (71) 116 B3
Hurtières (38) 146 A1
Hurtigheim (67) 50 D5
Husseren-les-Châteaux (68) 71 F4
Husseren-Wesserling (68) 70 D6
Hussigny-Godbrange (54) 25 H3
Husson (50) 37 H6
Huttendorf (67) 51 E3
Huttenheim (67) 71 G1
Hydrequent 1 F3
Hyds (03) 113 E4
Hyémondans (25) 88 B5
Hyencourt-le-Grand (80) 21 F1
Hyenville (50) 37 E2
Hyères (83) 191 H5
Hyères-Plage 192 A6
Hyet (70) 87 F4
Hyèvre-Magny (25) 88 A5
Hyèvre-Paroisse (25) 88 A5
Hymont (88) 69 F3

I

Ibarrolle (64) 179 E3
Ibigny (57) 49 H5
Ibos (65) 181 E3
Ichtratzheim (67) 51 E6
Ichy (77) 63 H4
Idaux-Mendy (64) 179 F3
Idrac-Respaillès (32) 165 G6
Idron (64) 180 C2
Ids-Saint-Roch (18) 97 F6
Iffendic (35) 56 D2
les Iffs (35) 57 H1
Ifs (14) 16 B5
les Ifs (76) 8 B6
Igé (61) 60 D3
Igé (71) 116 B3
Ignaucourt (80) 20 D1
Ignaux (09) 198 B2
Igney (54) 49 H5
Igney (88) 69 H3
Ignol (18) 98 B4
Igny (70) 86 D4
Igny (91) 42 C5
Igny-Comblizy (51) 44 D2
Igon (64) 180 C3
Igornay (71) 100 D3
Igoville (27) 18 D5
Iguerande (71) 115 E5
Ihalar 178 B2
Iholdy (64) 179 E2
Ilay 103 F6
l'Île 97 F6
Île-aux-Moines (56) 72 C1
l'Île-Bouchard (37) 94 C2
l'Île-d'Aix (17) 106 C4
Île-d'Arz (56) 72 D1
Île-de-Batz (29) 31 H2
Île-de-Bréhat (22) 33 F1
Île-de-Sein (29) 52 B2
l'Île-d'Elle (85) 107 E3
Île-d'Houat (56) 72 C3
l'Île-d'Olonne (85) 90 D5
l'Île-d'Yeu (85) 90 A3
Île-Molène (29) 30 B4
l'Île-Rousse (2B) 202 C5
l'Île-Saint-Denis (93) 42 D3
Île-Tudy (29) 53 F4
Île de Fédrun 73 G3
Île Grande 32 B1
les Îles Menéfrier 84 A6
Ilharre (64) 179 F1
Ilhat (09) 184 A5
les Ilhes (11) 185 E2
Ilhet (65) 181 G5
Ilheu (65) 182 A5
Illange (57) 26 B3
Illartein (09) 182 C6

Illats (33) 149 G2
Ille-sur-Têt (66) 199 G3
Illeville-sur-Montfort (27) 18 A5
Illfurth (68) 89 F2
Illhaeusern (68) 71 G3
Illiat (01) 116 B5
Illier-et-Laramade (09) 197 H4
Illiers-Combray (28) 61 H3
Illiers-l'Évêque (27) 41 E4
Illies (59) 3 E5
Illifaut (22) 56 B2
Illkirch-Graffenstaden (67) 51 E6
Illois (76) 19 G1
Illoud (52) 68 C3
Illy (08) 24 C1
Illzach (68) 89 F1
Ilonse (06) 176 D2
Imbleville (76) 7 F4
Imécourt (08) 24 C5
Imling (57) 50 A4
Imphy (58) 99 E4
Inaumont (08) 23 G3
Incarville (27) 18 D6
Incheville (76) 8 B5
Inchy (59) 11 F4
Inchy-en-Artois (62) 10 C3
Incourt (62) 9 F1
Indevillers (25) 88 D5
Indre (44) 74 C5
Ineuil (18) 97 F5
Ingenheim (67) 50 D4
Ingersheim (68) 71 F4
Inghem (62) 2 B5
Inglange (57) 26 C3
Ingolsheim (67) 29 E6
Ingouville (76) 7 E2
Ingrandes (36) 110 A1
Ingrandes (49) 75 G3
Ingrandes (86) 94 C4
Ingrandes-de-Touraine (37) 78 B6
Ingrannes (45) 63 F6
Ingré (45) 80 D1
Inguiniel (56) 54 D3
Ingwiller (67) 50 D3
Inières 154 C5
Injoux-Génissiat (01) 117 H6
Innenheim (67) 50 D6
Innimond (01) 131 F2
Inor (55) 24 D3
Insming (57) 49 H2
Insviller (57) 49 H3
Intraville (76) 7 H2
Intres (07) 143 F4
Intréville (28) 62 D3
Intville-la-Guétard (45) 63 F3
Inval-Boiron (80) 8 D6
Inxent (62) 1 G6
Inzinzac-Lochrist (56) 54 D4
Ippécourt (55) 47 F2
Ippling (57) 27 G5
Irai (61) 40 B5
Irais (79) 93 G4
Irancy (89) 83 G3
Iré-le-Sec (55) 25 E3
Irigny (69) 130 A4
Irissarry (64) 178 D2
Irles (80) 10 B4
Irodouër (35) 56 D1
Iron (02) 11 G5
Irouléguy (64) 178 D3
Irreville (27) 41 E2
Irvillac (29) 31 F5
Is-en-Bassigny (52) 68 B5
Is-sur-Tille (21) 85 H4
Isbergues (62) 2 C5
Isches (88) 69 E5
Isdes (45) 81 F3
Isenay (58) 99 G4
Isigny-le-Buat (50) 37 F5
Isigny-sur-Mer (14) 15 F5
Island (89) 83 H5
Isle (87) 124 B3
l'Isle-Adam (95) 42 C1
l'Isle-Arné (32) 166 A5
Isle-Aubigny (10) 66 C1
Isle-Aumont (10) 66 B4
Isle-Bouzon (32) 166 A2
l'Isle-d'Abeau (38) 130 D4
l'Isle-de-Noé (32) 165 F5
l'Isle-d'Espagnac (16) 122 C4
l'Isle-en-Dodon (31) 182 C2
Isle-et-Bardais (03) 98 B6
l'Isle-Jourdain (32) 166 C5
l'Isle-Jourdain (86) 109 G4
l'Isle-Saint-Georges (33) 135 F6
l'Isle-sur-la-Sorgue (84) 173 F2
l'Isle-sur-le-Doubs (25) 88 B4
Isle-sur-Marne (51) 46 C5
Isle-sur-Serein (89) 84 A4
les Isles-Bardel (14) 38 D4
Isles-les-Meldeuses (77) 43 H2
Isles-lès-Villenoy (77) 43 G3
Isles-sur-Suippe (51) 23 F5
l'Islette 94 C1
les Islettes (55) 46 D1
Isneauville (76) 7 H5
Isola (06) 176 C1
Isola 2000 ....176 C1
Isolaccio-di-Fiumorbo (2B) 205 F5
Isômes (52) 86 B3
Ispagnac (48) 156 A4
Ispoure (64) 178 D3
Isques (62) 1 F4
Issac (24) 136 D4
Issancourt-et-Rumel (08) 24 B1

Issanlas (07) 142 D6
Issans (25) 88 C4
Issarbe 179 G5
les Issards (09) 184 A4
Issarlès (07) 142 D5
Issé (44) 74 D1
Isse (51) 45 G2
Issel (11) 184 B2
Issendolus (46) 153 E1
Issenhausen (67) 50 D3
Issenheim (68) 71 F6
Issepts (46) 153 F1
Isserpent (03) 114 B5
Isserteaux (63) 127 G4
Issigeac (24) 151 F1
Issirac (30) 157 G5
Issoire (63) 127 G5
Issor (64) 179 H4
Issou (78) 42 A3
Issoudun (36) 97 E4
Issoudun-Létrieix (23) 112 A6
Issus (31) 183 G1
Issy-les-Moulineaux (92) 42 D4
Issy-l'Évêque (71) 100 A6
Istres (13) 173 E6
les Istres-et-Bury (51) 45 G2
Isturits (64) 179 E1
Itancourt (02) 22 A1
Iteuil (86) 109 E2
Ittenheim (67) 51 E5
Itterswiller (67) 71 F1
Itteville (91) 63 G1
Itxassou (64) 178 C2
Itzac (81) 167 H1
Ivergny (62) 9 G3
Iverny (77) 43 G2
Iviers (02) 23 F1
Iville (27) 40 C1
Ivors (60) 21 G6
Ivory (39) 103 E4
Ivoy-le-Pré (18) 81 H6
Ivrey (39) 103 E3
Ivry-en-Montagne (21) 101 E3
Ivry-la-Bataille (27) 41 F3
Ivry-le-Temple (60) 20 A6
Ivry-sur-Seine (94) 42 D4
Iwuy (59) 11 E3
Izaourt (65) 182 A5
Izaut-de-l'Hôtel (31) 182 B5
Izaux (65) 181 G4
Izé (53) 59 F3
Izeaux (38) 145 E1
Izel-lès-Équerchin (62) 10 C2
Izel-les-Hameaux (62) 9 H2
Izenave (01) 117 G6
Izernore (01) 117 G4
Izeron (38) 145 E2
Izeste (64) 180 B4
Izeure (21) 102 A1
Izier (21) 86 A6
Izieu (01) 131 F4
Izon (33) 135 G5
Izon-la-Bruisse (26) 159 G5
Izotges (32) 164 D5

J

Jablines (77) 43 G3
Jabreilles-les-Bordes (87) 124 C1
Jabrun (15) 141 E6
Jacob-Bellecombette (73) 131 H4
Jacou (34) 171 F5
Jacque (65) 181 F2
Jagny-sous-Bois (95) 43 E2
Jaignes (77) 43 H2
Jaillans (26) 144 D4
la Jaille-Yvon (49) 76 D2
la Jaillette 75 H1
Jaillon (54) 48 B4
Jailly (58) 99 F2
Jailly-les-Moulins (21) 85 E5
Jainvillotte (88) 68 D3
Jalesches (23) 111 H4
Jaleyrac (15) 140 A2
Jaligny-sur-Besbre (03) 114 B3
Jallais (49) 75 H5
Jallanges (21) 102 A3
Jallans (28) 62 A5
Jallaucourt (57) 49 E3
Jallerange (25) 86 D6
Jalognes (18) 98 B1
Jalogny (71) 116 A3
Jâlons (51) 45 G2
Jambles (71) 101 F5
Jambville (78) 42 A2
Jaméricourt (60) 19 H5
Jametz (55) 25 E4
Janailhac (87) 124 B4
Janaillat (23) 111 F6
Jancigny (21) 86 B5
Janneyrias (38) 130 C3
Jans (44) 74 C1
Janville 7 E2
Janville (14) 16 D4
Janville (28) 62 D4
Janville (60) 21 F4
Janville-sur-Juine (91) 63 F1
Janvilliers (51) 44 D3
Janvry (51) 22 D6
Janvry (91) 42 C6
Janzé (35) 57 G4
Jarcieu (38) 144 B1
la Jard (17) 121 F4
le Jard-sur-Mer (85) 91 E6
le Jardin (19) 139 G1
Jardin (38) 130 B5
Jardres (86) 109 F1
Jargeau (45) 81 E1

la Jarjatte 159 H1
Jarjayes (05) 160 B2
Jarménil (88) 70 A4
Jarnac (16) 121 H4
Jarnac-Champagne (17) 121 G5
Jarnages (23) 111 H5
la Jarne (17) 106 D5
Jarnioux (69) 129 G1
Jarnosse (42) 115 F5
Jarny (54) 26 A5
Jarny Ville 26 A5
Jarret (65) 181 E4
la Jarrie (17) 106 D5
la Jarrie (38) 145 G3
la Jarrie-Audouin (17) 107 G6
Jarrier (73) 146 C1
Jars (18) 82 A5
Jarsy (73) 132 B3
Jarville-la-Malgrange (54) 48 D5
Jarzé (49) 77 F4
Jas (42) 129 F3
Jasney (70) 69 G6
Jassans-Riottier (01) 129 H1
Jasseines (10) 66 D1
Jasseron (01) 117 E4
Jasses (64) 179 H2
Jatxou (64) 178 C1
Jau-Dignac-et-Loirac (33) 120 C6
Jaucourt (10) 67 E3
la Jaudonnière (85) 92 B6
Jaudrais (28) 40 D6
Jaujac (07) 157 F2
Jauldes (16) 122 C3
Jaulges (89) 65 H6
Jaulgonne (02) 44 C2
Jaulnay (37) 94 C4
Jaulnes (77) 65 E2
Jaulny (54) 48 B2
Jaulzy (60) 21 G5
Jaunac (07) 143 F5
Jaunay-Clan (86) 94 B6
Jaure (24) 137 E4
Jausiers (04) 161 F3
Jaux (60) 21 F5
Jauzé (72) 60 C4
Javarzay 108 B5
Javaugues (43) 141 H2
Javené (35) 58 A2
Javerdat (87) 123 H1
Javerlhac-et-la-Chapelle-
-Saint-Robert (24) 123 E5
Javernant (10) 66 A4
la Javie (04) 160 D5
Javols (48) 155 H1
Javrezac (16) 121 G3
Javron-les-Chapelles (53) 59 F2
Jax (43) 142 A3
Jaxu (64) 179 E3
Jayac (24) 138 B4
Jayat (01) 116 D3
Jazeneuil (86) 108 C2
Jazennes (17) 121 E4
Jeancourt (02) 10 D5
Jeandelaincourt (54) 48 D3
Jeandelize (54) 25 H6
Jean d'Heurs 47 E5
Jeanménil (88) 70 B2
Jeansagnière (42) 128 C3
Jeantes (23) 23 E1
Jebsheim (68) 71 G4
Jegun (32) 165 G4
la Jemaye (24) 136 C2
Jenlain (59) 11 G2
Jenzat (03) 113 G5
Jésonville (88) 69 F4
Jessains (10) 67 E3
Jetterswiller (67) 50 C4
Jettingen (68) 89 F3
Jeu-les-Bois (36) 96 C6
Jeu-Maloches (36) 96 A3
Jeufosse (78) 41 G2
Jeugny (10) 66 B4
Jeumont (59) 12 B2
Jeurre (39) 117 H3
Jeux-lès-Bard (21) 84 C4
Jeuxey (88) 70 A3
Jevoncourt (54) 69 G1
Jezainville (54) 48 C3
Jézeau (65) 181 G6
Joannas (07) 157 F2
Job (63) 128 B4
Jobourg (50) 14 A1
Joch (66) 199 F3
Joches (51) 45 E4
Jœuf (54) 26 A4
Joganville (50) 14 D3
Joigny (89) 65 E6
Joigny-sur-Meuse (08) 13 F6
Joinville (52) 67 H1
Joinville-le-Pont (94) 43 E4
Joiselle (51) 44 C4
Jolimetz (59) 11 G3
Jolivet (54) 49 F5
Jonage (69) 130 B2
Joncels (34) 170 A4
la Jonchère (85) 91 G6
la Jonchère-
-Saint-Maurice (87) 124 C1
Jonchères (26) 159 F2
Joncherey (90) 88 D3
Jonchery (52) 67 H4
Jonchery-sur-Suippe (51) 46 A1
Jonchery-sur-Vesle (51) 22 D5
Joncourt (02) 11 E5
Joncreuil (10) 67 E1
Joncy (71) 115 H1
Jongieux (73) 131 G3
Jonquerets-de-Livet (27) 17 H6
Jonquerettes (84) 173 E2
Jonquery (51) 45 E1

Jonquières (11) 185 G5
Jonquières (34) 170 C5
Jonquières (60) 21 E5
Jonquières (81) 168 B5
Jonquières (84) 158 B6
Jonquières-Saint-Vincent (30) 172 C3
Jons (69) 130 C2
Jonval (08) 24 A3
Jonvelle (70) 69 E6
Jonville-en-Woëvre (55) 48 A1
Jonzac (17) 121 F6
Jonzier-Épagny (74) 118 B5
Jonzieux (42) 143 F1
Joppécourt (54) 25 H4
Jort (14) 16 D6
Jorxey (88) 69 G2
Josat (43) 142 A2
Joserand (63) 113 G6
Josnes (41) 80 B2
Josse (40) 162 C4
Josselin (56) 55 H4
Jossigny (77) 43 F4
Jou-sous-Monjou (15) 140 C5
Jouac (87) 110 C3
Jouaignes (02) 22 B5
Jouancy (89) 84 B3
Jouarre (77) 44 A3
Jouars-Pontchartrain (78) 42 A4
Jouaville (54) 26 A5
Joucas (84) 173 G2
Joucou (11) 198 C1
Joudes (71) 117 E2
Joudreville (54) 25 H5
Joué-du-Bois (61) 38 D6
Joué-du-Plain (61) 39 E5
Joué-en-Charnie (72) 59 G5
Joué-l'Abbé (72) 60 B5
Joué-lès-Tours (37) 78 D6
Joué-sur-Erdre (44) 74 D2
la Joue du Loup 160 A1
Jouers 180 A5
Jouet-sur-l'Aubois (18) 98 C3
Jouey (21) 100 D2
Jougne (25) 104 A5
Jouhé 108 C6
Jouhe (39) 102 C2
Jouhet (86) 109 H2
Jouillat (23) 111 G4
Jouques (13) 174 B5
Jouqueviel (81) 153 H6
Jourgnac (87) 124 A3
Journans (01) 117 E5
Journet (86) 110 A2
Journiac (24) 137 G4
Journy (62) 1 H4
Jours-en-Vaux (21) 101 E3
Jours-lès-Baigneux (21) 85 E3
Joursac (15) 141 E3
Joussé (86) 109 F4
les Jouvencelles 118 B2
Jouvençon (71) 116 C1
Joux (69) 129 F2
Joux-la-Ville (89) 83 H3
Jouy (28) 62 B1
Jouy (89) 64 C4
Jouy-aux-Arches (57) 26 B6
Jouy-en-Argonne (55) 47 F1
Jouy-en-Josas (78) 42 C5
Jouy-en-Pithiverais (45) 63 E4
Jouy-le-Châtel (77) 44 A5
Jouy-le-Moutier (95) 42 B2
Jouy-le-Potier (45) 80 D2
Jouy-lès-Reims (51) 23 E6
Jouy-Mauvoisin (78) 41 H3
Jouy-sous-Thelle (60) 20 A5
Jouy-sur-Eure (27) 41 F2
Jouy-sur-Morin (77) 44 B4
Jouy le Comte 42 C1
Joyeuse (07) 157 F3
Joyeux (01) 130 C1
Joze (63) 127 G2
Jû-Belloc (32) 164 D5
Juan les Pins 193 G1
Juaye-Mondaye (14) 15 H6
Jubainville (88) 68 D1
la Jubaudière (49) 75 G5
Jublains (53) 59 E3
le Juch (29) 53 F2
Jugazan (33) 135 H6
Jugeals-Nazareth (19) 138 D3
Jugon-les-Lacs (22) 34 B5
Jugy (71) 116 B1
Juicq (17) 121 F2
Juif (71) 102 A6
Juignac (16) 122 B6
Juignettes (27) 40 B4
Juillac 152 B3
Juillac (19) 138 B1
Juillac (32) 164 D6
Juillac (33) 136 B6
Juillac-le-Coq (16) 121 H4
Juillaguet (16) 122 C5
Juillan (65) 181 E3
Juillé (16) 122 B1
Juillé (72) 60 A1
Juillé (79) 108 A5
Juillenay (21) 84 C6
Juilley (50) 35 H4
Juilly (21) 84 D4
Juilly (77) 43 F2
Jujols (66) 199 E4
Jujurieux (01) 117 F6
Julianges (48) 141 G5
Julienne (16) 121 H3
Jullianges (43) 142 B1

Jullié (69) 116 A4
Jullouville (50) 35 G2
Jully (89) 84 C2
Jully-lès-Buxy (71) 101 F6
Jully-sur-Sarce (10) 66 C5
Julos (65) 181 E4
Julvécourt (55) 47 E2
Jumeauville (78) 42 A3
Jumeaux (63) 127 G6
Jumel (80) 20 C1
Jumelles (27) 41 E3
la Jumellière (49) 76 C6
Jumencourt (02) 22 A4
Jumièges (76) 7 F6
Jumigny (02) 22 C4
Jumilhac-le-Grand (24) 123 H6
Junas (30) 171 G4
Junay (89) 84 A1
Juncalas (65) 181 E4
Jungholtz (68) 71 F6
Junhac (15) 154 B1
les Junies (46) 152 B3
Juniville (08) 23 G4
Jupilles (72) 78 C2
Jurançon (64) 180 B2
Juranville (45) 63 H5
Juré (42) 128 C2
Jurignac (16) 122 A5
Jurques (14) 38 A2
Jurvielle (31) 195 H4
Jury (57) 26 C6
Juscorps (79) 107 H4
Jusix (47) 150 B2
Jussac (15) 140 A4
Jussarupt (88) 70 B4
Jussas (17) 135 G1
Jussat-sur-Randan 127 G1
Jussecourt-Minecourt (51) 46 C4
Jussey (70) 87 E1
Jussy (02) 21 H2
Jussy (57) 26 B5
Jussy (89) 83 G2
Jussy-Champagne (18) 98 A3
Jussy-le-Chaudrier (18) 98 C2
Justian (32) 165 F3
Justine-Herbigny (08) 23 G3
Justiniac (09) 183 G3
Jutigny (77) 64 D1
Juvaincourt (88) 69 F2
Juvancourt (10) 67 F4
Juvanzé (10) 67 E3
Juvardeil (49) 77 E3
Juvelize (57) 49 G4
Juvignac (34) 171 E5
Juvigné (53) 58 B3
Juvignies (60) 20 A3
Juvigny (02) 22 A4
Juvigny (51) 45 H2
Juvigny (74) 118 C4
Juvigny-en-Perthois (55) 47 E6
Juvigny-le-Tertre (50) 37 G5
Juvigny-sous-Andaine (61) 38 B6
Juvigny-sur-Loison (55) 25 E4
Juvigny-sur-Orne (61) 39 F5
Juvigny-sur-Seulles (14) 16 A4
Juville (57) 49 E2
Juvinas (07) 157 F1
Juvincourt-et-Damary (02) 22 D4
Juvisy-sur-Orge (91) 42 D5
Juvrecourt (54) 49 F4
Juxue (64) 179 F2
Juzanvigny (10) 67 E2
Juzennecourt (52) 67 G4
Juzes (31) 184 A1
Juzet-de-Luchon (31) 196 A4
Juzet-d'Izaut (31) 182 B5
Juziers (78) 42 A2

K

Kalhausen (57) 27 H6
Kaltenhouse (67) 51 F3
Kanfen (57) 26 B2
Kappelen (68) 89 G2
Kappelkinger (57) 27 G6
les Karellis 146 D1
Katzenthal (68) 71 F4
Kauffenheim (67) 51 G3
Kaysersberg (68) 71 F4
Kédange-sur-Canner (57) 26 C3
Keffenach (67) 29 E6
Kembs (68) 89 G2
Kemplich (57) 26 D3
Keralio 32 D1
Keramanac'h 32 C3
Keraménez 31 E5
Keraudy 32 C3
Kerbach (57) 27 G4
Kerbors (22) 33 E1
Kerdéniel 31 E5
Kerestat 31 H2
Kerfany-les-Pins 54 A4
Kerfeunteun 53 F2
Kerfot (22) 33 F2
Kerfourn (56) 55 F3
Kergloff (29) 32 B6
Kergoat 53 F1
Kergrist (56) 55 F2
Kergrist-Moëlou (22) 32 D6
Kergroadès 30 C4
Kerguet 72 D2
Kerhinet 73 F3
Kerhostin 72 B1
Kerien (22) 32 D5
Kerity 53 E4
Kerity 33 F2
Kerlaz (29) 53 E2
Kerling-lès-Sierck (57) 26 C3
Kerlouan (29) 31 E2

Kermaria ...33 F3
Kermaria-Sulard (22) ...32 D2
Kermorgan ...55 F3
Kermoroc'h (22) ...32 D3
Kernascléden (56) ...54 C3
Kernével ...53 H3
Kernilis (29) ...31 E3
Kernitron ...32 A3
Kernoüès (29) ...31 E3
Kerouat ...31 G5
Kerpert (22) ...33 E5
Kerprich-aux-Bois (57) ...50 A4
Kerroué Braz ...32 C4
Kersaint-Plabennec (29) ...31 E3
Kertzfeld (67) ...71 G1
Kervignac (56) ...54 D5
Keskastel (67) ...27 H6
Kesseldorf (67) ...51 G2
Kienheim (67) ...50 D4
Kientzheim (68) ...71 F4
Kiffis (68) ...89 F4
Killem (59) ...2 C2
Kilstett (67) ...51 F4
Kindwiller (67) ...50 D3
Kingersheim (68) ...89 F1
Kintzheim (67) ...71 F2
Kirchberg (68) ...88 D1
Kirchheim (67) ...50 D5
Kirrberg (67) ...50 A3
Kirrwiller-Bosselshausen (67) ...50 D3
Kirsch-lès-Sierck (57) ...26 D2
Kirschnaumen (57) ...26 D2
Kirviller (57) ...50 A2
Klang (57) ...26 D1
Kleingœft (67) ...50 D4
Knœringue (68) ...89 G3
Knœrsheim (67) ...50 D4
Knutange (57) ...26 B3
Kœnigsmacker (57) ...26 C3
Kœstlach (68) ...89 F4
Kœtzingue (68) ...89 G2
Kœur-la-Grande (55) ...47 G3
Kœur-la-Petite (55) ...47 G3
Kogenheim (67) ...71 G2
Kolbsheim (67) ...51 E5
Krautergersheim (67) ...50 D6
Krautwiller (67) ...51 E4
le Kremlin-Bicêtre (94) ...42 D4
Kriegsheim (67) ...51 E3
Kruth (68) ...70 D6
Kuhlendorf ...51 F2
Kunheim (68) ...71 G4
Kuntzig (57) ...26 C3
Kurtzenhouse (67) ...51 F4
Kuttolsheim (67) ...50 D5
Kutzenhausen (67) ...29 E6

L

Laà-Mondrans (64) ...163 F6
Laas (32) ...181 G1
Laas (45) ...63 F5
Laàs (64) ...179 G1
Labalme (01) ...117 F5
Labarde (33) ...135 E4
Labaroche (68) ...71 E4
Labarrère (32) ...165 E2
Labarthe ...140 C6
Labarthe (32) ...182 A1
Labarthe (82) ...152 B6
Labarthe-Bleys (81) ...168 A1
Labarthe-Inard (31) ...182 C4
Labarthe-Rivière (31) ...182 A4
Labarthe-sur-Lèze (31) ...183 F1
Labarthète (64) ...164 C5
Labassère (65) ...181 E4
Labastide (65) ...181 G5
Labastide-Beauvoir (31) ...183 H1
Labastide-Castel-
-Amouroux (47) ...150 B4
Labastide-Cézéracq (64) ...180 A1
Labastide-Chalosse (40) ...163 G5
Labastide-Clermont (31) ...182 D2
Labastide-d'Anjou (11) ...184 B2
Labastide-d'Armagnac (40) ...164 C2
Labastide-de-Lévis (81) ...168 A2
Labastide-de-Penne (82) ...152 D5
Labastide-de-Virac (07) ...157 G4
Labastide-Dénat (81) ...168 C3
Labastide-du-Haut-Mont (46) ...139 G6
Labastide-du-Temple (82) ...166 D1
Labastide-du-Vert (46) ...152 B3
Labastide-en-Val (11) ...185 F4
Labastide-
-Esparbairenque (11) ...185 E2
Labastide-Gabausse (81) ...168 B1
Labastide-Marnhac (46) ...152 C4
Labastide-Monréjeau (64) ...180 A1
Labastide-Murat (46) ...152 D2
Labastide-Paumès (31) ...182 C2
Labastide-Rouairoux (81) ...185 G1
Labastide-Saint-Georges (81) ...167 H4
Labastide-Saint-Pierre (82) ...167 E2
Labastide-Saint-Sernin (31) ...167 F4
Labastide-Savès (32) ...166 B6
Labastide-sur-Bésorgues (07) ...157 F1
Labastide-Villefranche (64) ...163 E6
Labastidette (31) ...183 E1
Labathude (46) ...153 G1
Labatie-d'Andaure (07) ...143 G4
Labatmale (64) ...180 D3
Labatut (09) ...183 G3
Labatut (40) ...163 E5
Labatut (64) ...181 E1
Labatut-Rivière (65) ...164 D6
Labbeville (95) ...42 C1
Labeaume (07) ...157 F3
Labécède-Lauragais (11) ...184 C2
Labège (31) ...167 F6

Labégude (07) ...157 G2
Labéjan (32) ...165 G6
Labenne (40) ...162 B5
Labenne Océan ...162 B5
Labergement-du-Navois (25) ...103 G3
Labergement-Foigney (21) ...102 A1
Labergement-
-lès-Auxonne (21) ...102 B2
Labergement-lès-Seurre (21) ...101 H3
Labergement-
-Sainte-Marie (25) ...103 H5
Laberlière (60) ...21 E3
Labescau (33) ...150 A3
Labesserette (15) ...154 B1
Labessette (63) ...126 B5
Labessière-Candeil (81) ...168 A4
Labets-Biscay (64) ...179 F1
Labeuville (55) ...48 A1
Labeuvrière (62) ...2 C6
Lablachère (07) ...157 F3
Laboissière-en-Santerre (80) ...21 E2
Laboissière-en-Thelle (60) ...20 B6
Laborde (65) ...181 G5
Laborel (26) ...159 G4
Labosse (60) ...19 H5
Labouheyre (40) ...148 C5
Laboulbène (81) ...168 C5
Laboule (07) ...157 E2
Labouquerie (24) ...151 G1
Labourgade (82) ...166 C2
Labourse (62) ...2 D6
Laboutarie (81) ...168 B4
Labretonie (47) ...150 D3
Labrihe (32) ...166 B4
Labrit (40) ...149 F6
Labroquère (31) ...182 A5
Labrosse (45) ...63 G4
Labrousse (15) ...140 B5
Labroye (62) ...9 E2
Labruguière (81) ...168 C6
Labruyère (21) ...102 A3
Labruyère (60) ...20 D5
Labruyère-Dorsa (31) ...183 G1
Labry (54) ...26 A5
Laburgade (46) ...152 D4
Lac-des-Rouges-Truites (39) ...103 F6
le Lac-d'Issarlès (07) ...142 D6
Lacabarède (81) ...185 F1
Lacadée (64) ...163 G6
Lacajunte (40) ...164 A5
Lacalm (12) ...140 D6
Lacam-d'Ourcet (46) ...139 F6
Lacanau (33) ...134 B4
Lacanau-Océan ...134 A4
Lacanche (21) ...101 E2
Lacapelle-Barrès (15) ...140 C5
Lacapelle-Biron (47) ...151 G2
Lacapelle-Cabanac (46) ...152 A3
Lacapelle-del-Fraisse (15) ...140 A6
Lacapelle-Livron (82) ...153 E5
Lacapelle-Marival (46) ...153 F1
Lacapelle-Pinet (81) ...168 D1
Lacapelle-Ségalar (81) ...168 A1
Lacapelle-Viescamp (15) ...139 H5
Lacarre (64) ...179 E3
Lacarry-Arhan-
-Charritte-de-Haut (64) ...179 F4
Lacassagne (65) ...181 F2
Lacaugne (31) ...183 E2
Lacaune (81) ...169 G1
Lacaussade (47) ...151 G3
Lacave (09) ...182 D5
Lacave (46) ...138 D6
Lacaze (81) ...169 E4
Lacelle (19) ...125 E4
Lacenas (69) ...129 H1
Lacépède (47) ...151 E4
Lachaise (16) ...121 H5
Lachalade (55) ...46 D1
Lachambre (57) ...27 F5
Lachamp (48) ...155 H2
Lachamp-Raphaël (07) ...143 F6
Lachapelle (47) ...150 C2
Lachapelle (54) ...70 C1
Lachapelle (80) ...20 A1
Lachapelle (82) ...166 B2
Lachapelle-aux-Pots (60) ...19 H4
Lachapelle-Auzac (46) ...138 C5
Lachapelle-en-Blaisy (52) ...67 G4
Lachapelle-Graillouse (07) ...142 D6
Lachapelle-Saint-Pierre (60) ...20 B6
Lachapelle-
-sous-Aubenas (07) ...157 G2
Lachapelle-
-sous-Chanéac (07) ...143 F4
Lachapelle-sous-Chaux (90) ...88 C2
Lachapelle-
-sous-Gerberoy (60) ...19 H3
Lachapelle-
-sous-Rougemont (90) ...88 D2
Lachassagne (69) ...129 H1
Lachau (26) ...159 G5
Lachaussée (55) ...48 A2
Lachaussée-
-du-Bois-d'Écu (60) ...20 B3
Lachaux (63) ...128 A1
Lachelle (60) ...21 E4
Lachy (51) ...44 D4
Lacollonge (90) ...88 D2
Lacombe (11) ...184 D1
Lacommande (64) ...180 A2
Lacoste (34) ...170 C5
Lacoste (84) ...173 G3
Lacougotte-Cadoul (81) ...167 H5
Lacour (82) ...151 H5
Lacour-d'Arcenay (21) ...84 C6
Lacourt (09) ...183 E5
Lacourt-Saint-Pierre (82) ...167 E2
Lacoux ...131 F1
Lacq (64) ...180 A1

Lacquy (40) ...164 B2
Lacrabe (40) ...163 G5
Lacres (62) ...1 F5
Lacroisille (81) ...168 A6
Lacroix-Barrez (12) ...140 C6
Lacroix-Falgarde (31) ...167 E6
Lacroix-Saint-Ouen (60) ...21 F5
Lacroix-sur-Meuse (55) ...47 G2
Lacropte (24) ...137 G4
Lacrost (71) ...116 C1
Lacrouzette (81) ...168 D5
Lacs (36) ...111 H1
La Cure ...118 B2
Ladapeyre (23) ...111 H4
Ladaux (33) ...149 H1
Ladern-sur-Lauquet (11) ...185 E4
Ladevèze-Rivière (32) ...164 D6
Ladevèze-Ville (32) ...164 D6
Ladignac-le-Long (87) ...124 A5
Ladignac-sur-Rondelles (19) ...139 E2
Ladinhac (15) ...154 B1
Ladirat (46) ...139 F6
Ladiville (16) ...122 A5
Ladoix-Serrigny (21) ...101 G2
Ladon (45) ...63 H6
Ladoye-sur-Seille (39) ...102 D5
Laduz (89) ...83 F1
Lafage (11) ...184 B3
Lafage-sur-Sombre (19) ...139 G2
Lafare (84) ...158 C6
Lafarge ...124 D5
Lafarre (07) ...143 G3
Lafarre (43) ...142 D5
Lafat (23) ...111 E4
Lafauche (52) ...68 C3
Laféline (03) ...113 G3
Laferté-sur-Amance (52) ...86 D1
Laferté-sur-Aube (52) ...67 F5
Lafeuillade-en-Vézie (15) ...140 B6
Laffaux (02) ...22 B4
Laffite-Toupière (31) ...182 C4
Laffrey (38) ...145 G3
Lafitole (65) ...181 E1
Lafitte (82) ...166 C2
Lafitte-sur-Lot (47) ...150 D4
Lafitte-Vigordane (31) ...183 E2
Lafox (47) ...151 F6
Lafrançaise (82) ...152 B6
Lafraye (60) ...20 B4
Lafresguimont-
-Saint-Martin (80) ...19 H1
Lafrimbolle (57) ...50 A5
Lagamas (34) ...170 D5
Lagarde (09) ...184 B5
Lagarde (31) ...183 H2
Lagarde (32) ...165 G2
Lagarde (57) ...49 G4
Lagarde (65) ...181 E2
Lagarde-d'Apt (84) ...174 A2
Lagarde-Enval (19) ...139 E2
Lagarde-Hachan (32) ...181 H1
Lagarde-Paréol (84) ...158 B5
Lagarde-sur-le-Né (16) ...121 H5
Lagardelle (46) ...152 A3
Lagardelle-sur-Lèze (31) ...183 F1
Lagardère (32) ...165 F3
Lagardiolle (81) ...168 B6
Lagarrigue (47) ...150 D5
Lagarrigue (81) ...168 C5
Lageon (79) ...93 F5
Lagery (51) ...22 D6
Lagesse (10) ...66 B5
Laghet ...177 F5
Lagleygeolle (19) ...138 D3
Laglorieuse (40) ...164 A3
Lagnes (84) ...173 F2
Lagney (54) ...48 B4
Lagnicourt-Marcel (62) ...10 C3
Lagnieu (01) ...130 D1
Lagny (60) ...21 F3
Lagny-le-Sec (60) ...43 F2
Lagny-sur-Marne (77) ...43 F4
Lagor (64) ...179 H1
Lagorce (07) ...157 G3
Lagorce (33) ...135 H3
Lagord (17) ...106 C4
Lagos (64) ...180 C3
Lagrâce-Dieu (31) ...183 F2
Lagrand (05) ...159 H4
Lagrange (40) ...164 C2
Lagrange (65) ...181 G4
Lagrange (90) ...88 D2
Lagrasse (11) ...185 G4
Lagraulet-du-Gers (32) ...165 E2
Lagraulet-Saint-Nicolas (31) ...166 C4
Lagraulière (19) ...138 D1
Lagrave (81) ...168 A3
Lagruère (47) ...150 C4
Laguenne (19) ...139 E2
Laguépie (82) ...153 G6
Laguian-Mazous (32) ...181 F1
Laguinge-Restoue (64) ...179 G4
Laguiole (12) ...155 E1
Lagupie (47) ...150 B2
Lahas (32) ...182 D1
Lahage (32) ...166 B6
Lahaymeix (55) ...47 G3
Lahayville (55) ...47 H3
Laheycourt (55) ...47 E3
Lahitère (31) ...183 E4
Lahitte (65) ...181 F1
Lahitte (32) ...165 H5
Lahitte-Toupière (65) ...181 E1
Lahonce (64) ...162 B6
Lahontan (64) ...163 E6
Lahosse (40) ...163 G6
Lahourcade (64) ...180 A2
Lahoussoye (80) ...9 H5
Laifour (08) ...13 E5
la Laigne (17) ...107 F4

Laigné (53) ...76 C1
Laigné-en-Belin (72) ...78 B1
Laignelet (35) ...58 A2
Laignes (21) ...84 D1
Laigneville (60) ...20 D5
Laillé (35) ...57 E4
Lailly (89) ...65 F3
Lailly-en-Val (45) ...80 C2
Laimont (55) ...47 E4
Lain (89) ...83 E3
Laines-aux-Bois (10) ...66 A4
Lains (39) ...117 F3
Lainsecq (89) ...83 E1
Lainville-en-Vexin (78) ...42 A2
Laire (25) ...88 C3
Laires (62) ...2 B6
Lairière (11) ...185 F5
Lairoux (85) ...91 G6
Laissac (12) ...154 D4
Laissaud (73) ...132 A5
Laissey (25) ...87 G6
Laître-sous-Amance (54) ...48 D4
Laives (71) ...101 G6
Laix (54) ...25 H4
Laiz (01) ...116 B4
Laizé (71) ...116 B3
Laize-la-Ville (14) ...16 B5
Laizy (71) ...100 C4
Lajo (48) ...141 H6
Lajoux (39) ...118 A3
Lalacelle (61) ...59 G1
Lalande (89) ...83 E3
Lalande-de-Pomerol (33) ...135 H4
Lalande-en-Son (60) ...19 G5
Lalandelle (60) ...19 H5
Lalandusse (47) ...151 E1
Lalanne (32) ...165 H3
Lalanne (65) ...182 A3
Lalanne-Arqué (32) ...182 A2
Lalanne-Trie (65) ...181 G2
Lalaye (67) ...71 E2
Lalbarède (81) ...168 B5
Lalbenque (46) ...152 D4
Laleu (61) ...39 H6
Laleu (80) ...9 E5
Lalevade-d'Ardèche (07) ...157 F1
Laleure (71) ...101 G6
Lalinde (24) ...137 F6
Lalizolle (03) ...113 F5
Lallaing (59) ...10 D1
Lalleu (35) ...57 G5
Lalley (38) ...145 G6
Lalley-le-Jocou (38) ...145 G6
Lalleyriat (01) ...117 H5
Lalobbe (08) ...23 G2
Lalœuf (54) ...69 F1
Lalongue (64) ...164 B6
Lalonquette (64) ...164 B6
Laloubère (65) ...181 E3
Lalouret-Laffiteau (31) ...182 B3
Lalouvesc (07) ...143 G3
Laluque (40) ...163 G3
Lama (2B) ...203 E5
Lamadeleine-
-Val-des-Anges (90) ...88 D1
Lamagdelaine (46) ...152 C3
Lamagistère (82) ...151 G6
Lamaguère (32) ...165 H6
Lamaids (03) ...112 C4
Lamalou-les-Bains (34) ...170 A5
Lamancine (52) ...67 H4
Lamanère (66) ...199 F6
Lamanon (13) ...173 F4
Lamarche (88) ...68 D5
Lamarche-sur-Saône (21) ...86 B6
Lamargelle (21) ...85 G4
Lamaronde (80) ...19 H1
Lamarque (33) ...135 E3
Lamarque-Pontacq (65) ...180 D3
Lamarque-Rustaing (65) ...181 G2
Lamasquère (31) ...183 E1
Lamastre (07) ...143 G4
Lamath (54) ...49 E6
Lamativie (46) ...139 G5
Lamayou (64) ...181 E1
Lamazère (32) ...165 G6
Lamazière-Basse (19) ...139 G1
Lamazière-Haute (19) ...126 A4
Lambach (57) ...28 B6
Lambader ...31 G3
Lamballe (22) ...34 A5
Lambersart (59) ...3 F5
les Lamberts ...132 B5
Lamberville (50) ...37 H1
Lamberville (76) ...7 G3
Lambesc (13) ...173 G5
Lamblore (28) ...40 C6
Lambrecht ...29 F2
Lambres (62) ...2 B5
Lambres-lez-Douai (59) ...10 D2
Lambrey (70) ...87 E2
Lambruisse (04) ...161 E6
Laméac (65) ...181 F2
Lamécourt (60) ...20 D4
Lamelouze (30) ...156 D6
Lamenay-sur-Loire (58) ...99 G5
Lamérac (16) ...121 H6
Lametz (08) ...24 A3
Lamillarié (81) ...168 B3
Lammerville (76) ...7 G3
Lamnay (72) ...61 E5
Lamongerie (19) ...124 D5
Lamontélarié (81) ...169 E5
Lamontgie (63) ...127 G6
Lamontjoie (47) ...165 G1
Lamonzie-Montastruc (24) ...137 E5
Lamonzie-Saint-Martin (24) ...136 D5
Lamorlaye (60) ...43 E1
Lamorville (55) ...47 H2
Lamothe ...154 A1

Lamothe (40) ...163 G3
Lamothe (43) ...141 H1
Lamothe-Capdeville (82) ...167 E1
Lamothe-Cassel (46) ...152 D2
Lamothe-Cumont (82) ...166 B3
Lamothe-en-Blaisy (52) ...67 G3
Lamothe-Fénelon (46) ...138 C6
Lamothe-Goas (32) ...165 G3
Lamothe-Landerron (33) ...150 B2
Lamothe-Montravel (24) ...136 A5
Lamothe-Brebière (80) ...9 G6
Lamotte-Buleux (80) ...8 D3
Lamotte-du-Rhône (84) ...158 A5
Lamotte-Warfusée (80) ...10 A6
Lamouilly (55) ...25 E3
Lamoura (39) ...118 A3
Lampaul-Guimiliau (29) ...31 G4
Lampaul-Plouarzel (29) ...30 C4
Lampaul-Ploudalmézeau (29) ...30 D3
Lampertheim (67) ...51 E4
Lampertsloch (67) ...29 E6
Lamure-sur-Azergues (69) ...115 H6
Lanans (25) ...88 A6
Lanarce (07) ...156 D1
Lanarvily (29) ...31 E3
Lanas (07) ...157 G3
Lancey ...145 H2
Lancharre ...116 B1
Lancheneil ...58 C5
Lanchères (80) ...8 B3
Lanchy (02) ...21 G1
Lancié (69) ...116 A5
Lancieux (22) ...34 C4
Lancôme (41) ...79 G3
Lançon (08) ...24 B5
Lançon (65) ...181 G6
Lançon-Provence (13) ...173 F5
Lancrans (01) ...118 A5
Landal ...35 F5
Landange (57) ...50 A5
Landas (59) ...3 H6
Landaul (56) ...55 E5
Landaville (88) ...68 D3
Landavran (35) ...57 H2
la Lande-Chasles (49) ...77 G5
la Lande-d'Airou (50) ...35 H2
la Lande-de-Fronsac (33) ...135 G4
la Lande-de-Goult (61) ...39 E6
la Lande-de-Lougé (61) ...38 D5
la Lande-Patry (61) ...38 B4
la Lande-Saint-Léger (27) ...17 G3
la Lande-Saint-Siméon (61) ...38 C4
la Lande-sur-Drôme (14) ...37 H1
la Lande-sur-Eure (61) ...40 C6
Landéan (35) ...58 A2
Landebaëron (22) ...32 D3
Landébia (22) ...34 B4
la Landec (22) ...34 C5
Landécourt (54) ...49 E6
Landéda (29) ...30 D3
Landéhen (22) ...33 H5
Landeleau (29) ...32 A6
Landelles (28) ...61 H1
Landelles-et-Coupigny (14) ...37 G3
Landemer ...14 B1
Landemont (49) ...75 E5
Landepéreuse (27) ...17 H6
Landerneau (29) ...31 F4
Landeronde (85) ...91 F4
Landerrouat (33) ...136 B6
Landerrouet-sur-Ségur (33) ...150 B1
Landersheim (67) ...50 D4
Landes (17) ...107 G6
les Landes-Genusson (85) ...92 A3
Landes-le-Gaulois (41) ...79 G3
Landes-sur-Ajon (14) ...16 A5
Landes-Vieilles-
-et-Neuves (76) ...19 G1
Landévant (56) ...54 D5
Landévennec (29) ...31 F6
Landevieille (85) ...90 D4
Landeyrat (15) ...140 D2
Landifay-
-et-Bertaignemont (02) ...22 C1
Landigou (61) ...38 C4
le Landin (27) ...18 B4
Landiras (33) ...149 G2
Landisacq (61) ...38 B4
Landivisiau (29) ...31 G4
Landivy (53) ...58 B1
Landogne (63) ...126 C2
Landorthe (31) ...182 B4
Landos (43) ...142 C6
Landouzy-la-Cour (02) ...12 A6
Landouzy-la-Ville (02) ...12 B6
Landrais (17) ...107 E6
le Landreau (44) ...75 E5
Landrecies (59) ...11 G4
Landrecourt-Lempire (55) ...47 F1
Landremont (54) ...48 C3
Landres (54) ...25 H5
Landres-et-
-Saint-Georges (08) ...24 C5
Landresse (25) ...88 A6
Landrethun-le-Nord (62) ...1 G3
Landrethun-lès-Ardres (62) ...1 H3
Landrévarzec (29) ...53 G2
Landreville (10) ...66 D5
Landrichamps (08) ...13 F4
Landricourt (02) ...22 A4
Landricourt (51) ...46 C6
Landroff (57) ...49 F2
Landry (73) ...133 F4
Landser (68) ...89 G2
Landudal (29) ...53 G2

Landudec (29) ...53 E2
Landujan (35) ...56 D1
Landunvez (29) ...30 C3
Lanespède (65) ...181 F3
Lanester (56) ...54 C5
Lanet (11) ...185 F5
Laneuvelle (52) ...68 D6
Laneuvelotte (54) ...48 D4
Laneuveville-aux-Bois (54) ...49 G5
Laneuveville-
-derrière-Foug (54) ...48 B5
Laneuveville-
-devant-Bayon (54) ...69 G1
Laneuveville-
-devant-Nancy (54) ...48 D5
Laneuveville-lès-Lorquin (57) ...50 A5
Laneuville-au-Pont (52) ...46 D6
Laneuville-au-Rupt (55) ...47 H5
Laneuville-sur-Meuse (55) ...24 D3
Lanfains (22) ...33 F6
Lanfroicourt (54) ...49 E4
Langan (35) ...57 E1
Langast (22) ...33 H6
Langatte (57) ...50 A4
Langé (36) ...96 B3
Langeac (43) ...141 H3
Langeais (37) ...78 C6
Langensoultzbach (67) ...28 D6
Langeron (58) ...98 D5
Langesse (45) ...82 A2
Langey (28) ...61 G5
Langlade (30) ...171 H3
Langley (88) ...69 G2
Langoat (32) ...32 D2
Langoëlan (56) ...54 D2
Langogne (48) ...156 C1
Langoiran (33) ...149 G1
Langolen (29) ...53 H2
Langon (33) ...149 H2
Langon (35) ...56 D6
Langon (41) ...96 D1
le Langon (85) ...107 E2
Langonnet (56) ...54 B2
Langouet (35) ...57 E1
Langourla (22) ...56 A1
Langres (52) ...86 B1
Langrune-sur-Mer (14) ...16 B3
Languédias (22) ...34 C6
Languenan (22) ...34 C4
Langueux (22) ...33 G4
Languevoisin-Quiquery (80) ...21 F1
Languidic (56) ...54 D4
Languimberg (57) ...49 H4
Lanhélin (35) ...35 E5
Lanhères (55) ...25 G6
Lanhouarneau (29) ...31 F3
Lanildut (29) ...30 C4
Laning (57) ...27 F6
Laniscat (22) ...55 E1
Laniscourt (02) ...22 B3
Lanleff (22) ...33 E2
Lanloup (22) ...33 F2
Lanmérin (22) ...32 D2
Lanmeur (29) ...32 A3
Lanmodez (22) ...33 E1
Lanne (65) ...181 E3
Lanne-en-Barétous (64) ...179 G4
Lanne-Soubiran (32) ...164 C4
Lannéanou (29) ...32 B4
Lannebert (22) ...33 F3
Lannecaube (64) ...164 B6
Lannédern (29) ...31 H6
Lannelou ...56 C1
Lannemaignan (32) ...164 B2
Lannemezan (65) ...181 G4
Lannepax (32) ...165 E3
Lanneplaà (64) ...163 F6
Lanneray (28) ...61 H5
Lannes (41) ...165 F1
Lanneuffret (29) ...31 F4
Lannilis (29) ...30 D3
Lannion (22) ...32 C2
Lannoy (59) ...3 G4
Lannoy-Cuillère (60) ...19 G2
Lannux (32) ...164 B5
Lano (2B) ...205 F1
Lanobre (15) ...126 B6
Lanouaille (24) ...124 A6
Lanouée (56) ...55 H3
Lanoux (09) ...183 F4
Lanquais (24) ...137 F6
Lanques-sur-Rognon (52) ...68 B5
Lanquetot (76) ...6 D5
Lanrelas (22) ...56 B1
Lanrigan (35) ...35 F6
Lanrivain (22) ...32 D6
Lanrivoaré (29) ...30 D4
Lanrodec (22) ...33 E4
Lans (71) ...101 G5
Lans-en-Vercors (38) ...145 F3
Lansac (33) ...135 F3
Lansac (65) ...181 F3
Lansac (66) ...199 G2
Lansalaün ...32 C6
Lansargues (34) ...171 G5
Lanslebourg-Mont-Cenis (73) ...147 G1
Lanslevillard (73) ...147 G1
Lanta (31) ...167 G6
Lantabat (64) ...179 E2
Lantages (10) ...66 C5
Lantan (18) ...98 A4
Lantéfontaine (54) ...26 A4
Lantenay (01) ...117 G6
Lantenay (21) ...85 G6
Lantenne-Vertière (25) ...103 E1
Lantenot (70) ...88 A2
la Lanterne-
-et-les-Armonts (70) ...88 A1

Lanteuil (19) 138 D3
Lanthenans (25) 88 B5
Lanthenay 80 C6
Lanthes (21) 102 A3
Lantheuil (14) 16 B3
Lantic (22) 33 F3
Lantiern 73 F2
Lantignié (69) 116 A5
Lantillac (56) 55 G4
Lantilly 99 G1
Lantilly (21) 84 D4
Lanton (33) 148 C1
Lantosque (06) 177 E3
Lantriac (43) 142 D4
Lanty (58) 99 H5
Lanty-sur-Aube (52) 67 F5
Lanuéjols (30) 155 H6
Lanuéjols (48) 156 A3
Lanuéjouls (12) 153 H4
Lanvallay (22) 34 D5
Lanvaudan (56) 54 D4
Lanvellec (22) 32 C3
Lanvénégen (56) 54 B3
Lanvéoc (29) 30 D5
Lanville 122 B2
Lanvollon (22) 33 F4
Lanzac (46) 138 C5
Laon (02) 22 C3
Laons (28) 41 E5
Lapalisse (03) 114 B4
Lapalud (84) 158 A5
Lapan (18) 97 F4
Lapanouse (12) 155 F4
Lapanouse-de-Cernon (12) 170 A2
Laparade (47) 150 D4
Laparrouquial (81) 168 A1
Lapège (09) 197 H6
Lapenche (82) 152 D5
Lapenne (09) 184 A4
Lapenty (50) 37 G6
Laperche (47) 150 D2
Laperrière-sur-Saône (21) 102 B2
Lapeyre (65) 181 G2
Lapeyrère (31) 183 F3
Lapeyrouse 152 B6
Lapeyrouse (01) 130 B1
Lapeyrouse (63) 113 E5
Lapeyrouse-Fossat (31) 167 F5
Lapeyrouse-Mornay (26) 144 B1
Lapeyrugue (15) 154 C1
Lapleau (19) 139 G2
Laplume (47) 151 E6
Lapoutroie (68) 71 E3
Lapouyade (33) 135 G3
Lappion (02) 23 E3
Laprade (11) 184 D1
Laprade (16) 136 C2
Laprugne (03) 128 B1
Laps (63) 127 G4
Lapte (43) 143 E2
Lapugnoy (62) 2 C6
Laquenexy (57) 26 C5
Laqueuille (63) 126 C4
Laragne-Montéglin (05) 159 H4
Larajasse (69) 129 G4
Laramière (46) 153 F4
Laran (65) 181 H3
Larbey (40) 163 G4
Larbont (09) 183 F5
Larbroye (60) 21 G3
Larcan (31) 182 B3
Larcat (09) 198 A2
Larçay (37) 79 E6
Larceveau-Arros-Cibits (64) 179 E2
Larchamp (53) 58 B2
Larchamp (61) 38 A5
Larchant (77) 63 H3
Larche (04) 161 G3
Larche (19) 138 C3
le Larderet (39) 103 F4
Lardier-et-Valença (05) 160 B3
Lardières 20 B6
Lardiers (04) 174 B1
le Lardin-Saint-Lazare (24) 138 A3
Lardy (91) 63 F1
Larée (32) 164 C2
Laréole (31) 166 C4
Largeasse (79) 93 E6
Largentière (07) 157 F2
Largillay-Marsonnay (39) 117 G1
Largitzen (68) 89 E3
Largny-sur-Automne (02) 21 G6
Larians-et-Munans (70) 87 G5
Larivière (90) 88 D2
Larivière-Arnoncourt (52) 68 D5
Larmor-Baden (56) 72 C1
Larmor-Plage (56) 54 C5
Larnage (26) 144 B3
Larnagol (46) 153 E3
Larnas (07) 157 H3
Larnat (09) 197 H4
Larnaud (39) 102 C6
Larnod (25) 103 F1
Laroche-près-Feyt (19) 126 B4
Laroche-Saint-Cydroine (89) 65 F6
Larochemillay (58) 100 B4
Larodde (63) 126 B5
Laroin (64) 180 B2
Laronxe (54) 49 F6
Laroque (33) 149 G1
Laroque (34) 171 E2
Laroque-de-Fa (11) 185 F5
Laroque-des-Albères (66) 200 D4
Laroque-des-Arcs (46) 152 C5
Laroque-d'Olmes (09) 184 B5
Laroque-Timbaut (47) 151 F5
Laroquebrou (46) 139 H4
Laroquevieille (15) 140 B4
Larouillies (59) 12 A4
Larra (31) 166 D4

Larrau (64) 179 F4
Larrazet (82) 166 C2
Larré (56) 55 H6
Larré (61) 60 A1
Larressingle (32) 165 F2
Larressore (64) 178 C1
Larret (70) 86 D3
Larreule (64) 163 H6
Larreule (65) 181 E1
Larrey (21) 84 D1
Larribar-Sorhapuru (64) 179 F2
Larringes (74) 119 E3
Larrivière (40) 164 A4
Larrivoire (39) 117 H3
Larroque (31) 182 A3
Larroque (65) 181 H2
Larroque (81) 167 G2
Larroque-Engalin (32) 165 G2
Larroque-Saint-Sernin (32) 165 G3
Larroque-sur-l'Osse (32) 165 F2
Larroque-Toirac (46) 153 F3
Lartigue (32) 165 H6
Lartigue (33) 150 A5
Laruns (64) 180 B5
Laruscade (33) 135 G3
Larzac (24) 151 H1
Larzicourt (51) 46 C5
Lasalle (30) 171 F1
Lasbordes (11) 184 C2
Lascabanes (46) 152 B4
Lascaux (19) 138 B3
Lascazères (65) 164 C6
Lascelle (15) 140 B4
Lasclaveries (64) 180 C1
Lasfaillades (81) 169 E6
Lasgraisses (81) 168 B3
Laslades (65) 181 F3
Lassales (65) 181 H3
Lassay-les-Châteaux (53) 59 E1
Lassay-sur-Croisne (41) 80 B6
Lasse (49) 77 H4
Lasse (64) 178 D3
Lasserade (32) 164 D5
Lasséran (32) 165 G5
Lasserre (09) 183 E4
Lasserre (31) 166 D5
Lasserre (47) 165 F1
Lasserre (64) 164 C6
Lasserre-de-Prouille (11) 184 C3
Lasseube (64) 180 B3
Lasseube-Propre (32) 165 H5
Lasseubetat (64) 180 B3
Lassicourt (10) 66 D2
Lassigny (60) 21 F3
Lasson (14) 16 B4
Lasson (89) 65 H5
Lassouts (12) 155 E3
Lassur (09) 198 A2
Lassy (14) 38 B3
Lassy (35) 56 D4
Lassy (95) 43 E2
Lastic (15) 141 F3
Lastic (63) 126 B3
Lastours (11) 152 C6
Lastours (11) 185 E2
Lasvaux 138 D4
Lataule (60) 21 E3
le Latet (39) 103 F5
la Latette (39) 103 G5
Lathuile (74) 132 B2
Lathus-Saint-Rémy (86) 110 A4
Latillé (86) 108 C1
Latilly (02) 44 B1
Latoue (31) 182 B3
Latouille-Lentillac (46) 139 F5
Latour (31) 142 C4
Latour (31) 183 E3
Latour-Bas-Elne (66) 201 E3
Latour-de-Carol (66) 198 B6
Latour-de-France (66) 199 G2
Latour-en-Woëvre (55) 48 A1
Latrape (31) 183 F3
Latrecey-Ormoy-sur-Aube (52) 67 G6
Latresne (33) 135 F6
Latrille (40) 164 B5
Latronche (19) 139 H2
Latronquière (46) 139 G6
Lattainville (60) 19 H6
Lattes (34) 171 F6
Lattre-Saint-Quentin (62) 10 A2
Lau-Balagnas (65) 180 D5
Laubach (67) 51 E2
Laubert (48) 156 B2
les Laubies (48) 155 H1
Laubressel (10) 66 C3
Laubrières (53) 58 A6
Laucourt (80) 21 E2
Laudrefang (57) 27 E5
Laudun-l'Ardoise (30) 158 A6
Laugerie-Haute 137 H5
Laugnac (47) 151 E5
Laujuzan (32) 164 C2
Laulne (50) 14 D5
Laumesfeld (57) 26 D3
Launac (31) 166 D4
Launaguet (31) 167 E5
Launay 19 G4
Launay (27) 38 C3
Launay (27) 40 B1
Launay-Villiers (53) 58 B4
Launois-sur-Vence (08) 23 H2
Launoy (02) 22 B6
Launstroff (57) 26 D2
la Laupie (26) 158 B2
Laurabuc (11) 184 B3
Laurac (11) 184 B3
Laurac-en-Vivarais (07) 157 F3
Lauraët (32) 165 E2
Lauraguel (11) 184 D4
Laure-Minervois (11) 185 F3

Laurède (40) 163 F4
Laurenan (22) 55 H1
Laurenque 151 G2
Laurens (34) 170 A6
Lauresses (46) 139 G6
Lauret (34) 171 F3
Lauret (40) 164 A5
Laurie (15) 141 F2
Laurière (87) 110 D6
Lauris (84) 173 H4
Lauroux (34) 170 B4
Laussonne (43) 142 D4
Laussou (47) 151 G2
Lautenbach (68) 71 E5
Lautenbachzell (68) 71 E5
Lauterbourg (67) 29 G6
Lauthiers (86) 109 G1
Lautignac (31) 182 D2
Lautrec (81) 168 B4
Lauw (68) 88 D1
Lauwin-Planque (59) 10 C1
Lauzach (56) 73 E1
Lauzerte (82) 152 A5
Lauzerville (31) 167 F6
Lauzès (46) 152 D2
le Lauzet-Ubaye (04) 161 E3
Lauzun (47) 151 E2
Lavacquerie (60) 20 B2
Laval (38) 145 H1
Laval (53) 58 C5
Laval-Atger (48) 142 B6
Laval-d'Aix (26) 159 F1
Laval-d'Aurelle (07) 156 D2
Laval-de-Cère (46) 139 F5
Laval-Dieu 13 F6
Laval-du-Tarn (48) 155 H4
Laval-en-Brie (77) 64 C2
Laval-en-Laonnois (02) 22 C4
Laval-le-Prieuré (25) 104 B1
Laval-Morency (08) 12 D6
Laval-Pradel (30) 157 E5
Laval-Roquecezière (12) 169 E4
Laval-Roquecezière (12) 169 F4
Laval-Saint-Roman (30) 157 H5
Laval-sur-Doulon (43) 142 A1
Laval-sur-Luzège (19) 139 G2
Laval-sur-Tourbe (51) 46 B1
Laval-sur-Vologne (88) 70 B3
Lavalade (24) 151 G1
Lavaldens (38) 145 H4
Lavalette (11) 184 D3
Lavalette (31) 167 F5
Lavalette (34) 170 B5
Lavallée (55) 47 F4
Lavancia-Epercy (39) 117 G3
le Lavandou (83) 192 B5
Lavangeot (39) 102 D2
Lavannes (51) 23 F5
Lavans-lès-Dole (39) 102 D1
Lavans-lès-Saint-Claude (39) 117 H3
Lavans-Quingey (25) 103 E2
Lavans-sur-Valouse (39) 117 G3
Lavans-Vuillafans (25) 103 H2
Lavaqueresse (02) 11 G5
Lavardac (47) 150 C6
Lavardens (32) 165 G4
Lavardin (41) 79 F2
Lavardin (72) 60 A5
Lavaré (72) 60 D5
Lavars (38) 145 G5
Lavastrie (15) 141 E5
Lavatoggio (2B) 202 C6
Lavau (10) 66 B3
Lavau (89) 82 C4
Lavau-sur-Loire (44) 74 A4
Lavaudieu (43) 141 H2
Lavaufranche (23) 112 B4
Lavault-de-Frétoy (58) 100 B2
Lavault-Sainte-Anne (03) 112 D4
Lavaur (24) 151 H2
Lavaur (81) 167 H4
Lavaurette (82) 153 E6
Lavausseau (86) 108 C1
Lavaveix-les-Mines (23) 111 H6
Lavazan (33) 150 A4
Laveissenet (15) 140 D3
Laveissière (15) 140 D3
Lavelanet (31) 184 A6
Lavelanet-de-Comminges (31) 182 D3
Laveline-devant-Bruyères (88) 70 B3
Laveline-du-Houx (88) 70 B4
Lavenay (72) 78 D2
Laventie (62) 3 E5
Laveraët (32) 165 E6
Lavercantière (46) 152 B2
Laverdines (18) 98 B3
Lavergne (46) 139 E6
Lavergne (47) 150 D2
Lavernat (72) 78 B2
Lavernay (25) 87 E6
Lavernhe (12) 155 F5
Lavernose-Lacasse (31) 183 E1
Laverrière (60) 20 A2
Laversine (02) 21 H5
Laversines (60) 20 B4
Lavérune (34) 171 E5
Laveyron (26) 144 A2
Laveyrune (07) 156 D2
Laveyssière (24) 136 D5
Lavieu (42) 128 D5
Laviéville (80) 9 G3
Lavigerie (15) 140 D3
Lavignac (87) 124 A3
Lavigney (70) 87 E2
Lavigny (39) 102 D5
Lavillatte (07) 156 D1

Laville-aux-Bois (52) 68 A5
Lavilledieu (07) 157 G2
Lavilleneuve (52) 68 C4
Lavilleneuve-aux-Fresnes (52) 67 F3
Lavilletertre (60) 42 B1
Lavincourt (55) 47 E5
Laviolle (07) 143 F6
Laviron (25) 88 B6
Lavit (82) 166 B2
Lavoine (03) 128 B1
Lavoncourt (70) 87 E3
Lavours (01) 131 G2
Lavoûte-Chilhac (43) 141 H3
Lavoûte-sur-Loire (43) 142 C3
Lavoux (86) 109 F1
Lavoye (55) 47 E2
Lawarde-Mauger-l'Hortoy (80) 20 C2
Laxou (54) 48 D5
Lay (42) 129 E1
Lay-Lamidou (64) 179 H2
Lay-Saint-Christophe (54) 48 D4
Lay-Saint-Remy (54) 48 A5
Laye (05) 160 B1
Laymont (32) 182 D1
Layrac (47) 151 F6
Layrac-sur-Tarn (31) 167 F3
Layrisse (65) 181 E4
Lays-sur-le-Doubs (71) 102 B4
Laz (29) 53 H1
Lazenay 97 G3
Lazenay (18) 97 E3
Lazer (05) 160 A4
Léalvillers (80) 9 H4
Léaupartie (14) 17 E4
Léaz (01) 118 A5
Lebetain (90) 88 D4
Lebeuville (54) 69 G1
Lebiez (62) 1 H6
Leboulin (32) 165 H5
Lebreil (46) 152 A5
Lebucquière (62) 10 C4
Lecci (2A) 207 G2
Lecelles (59) 3 H6
Lechâtelet (21) 102 A2
Léchelle (62) 10 C4
Léchelle (77) 44 C6
les Lèches (24) 136 D4
la Léchère (73) 132 D4
la Léchère-les-Bains 132 D5
Lécluse (59) 10 C2
Lécousse (35) 58 A2
Lecques (30) 171 G3
les Lecques 191 E5
Lecques (30) 171 G3
Lectoure (32) 165 H2
Lécumberry (64) 179 E3
Lécussan (31) 181 H3
Lédas-et-Penthiès (81) 168 D1
Lédat (47) 151 F3
Lédenon (30) 172 B2
Lédergues (12) 168 D1
Lederzeele (59) 2 B3
Ledeuix (64) 180 A3
Lédignan (30) 171 G2
Ledinghem (62) 1 H5
Ledringhem (59) 2 C3
Lée (64) 180 C2
Leers (59) 3 G4
Lées-Athas (64) 179 H5
Leffard (14) 38 D3
Leffincourt (08) 23 H4
Leffonds (52) 68 A6
Leffrinckoucke (59) 2 C1
Leforest (62) 10 C1
Lège (31) 182 A6
Legé (44) 91 F2
Lège-Cap-Ferret (33) 134 B6
Légéville-et-Bonfays (88) 69 G3
Léglantiers (60) 20 D4
Légna (39) 117 G2
Légny (69) 129 G2
Léguevin (31) 166 D5
Léguillac-de-Cercles (24) 123 E6
Léguillac-de-l'Auche (24) 137 E2
Lehaucourt (02) 11 E6
Léhon (22) 34 D5
Leigné-les-Bois (86) 94 D5
Leigné-sur-Usseau (86) 94 C4
Leignes-sur-Fontaine (86) 109 H2
Leigneux (42) 128 C3
Leimbach (68) 89 E1
Leintrey (54) 49 G5
Leiterswiller 29 E6
Lélex (01) 118 A3
Lelin-Lapujolle (32) 164 C4
Lélling (57) 27 F6
Lemainville (54) 48 D6
le Lemay 55 H4
Lembach (67) 28 D6
Lemberg (57) 28 B6
Lembeye (64) 180 D1
Lembras (24) 137 E5
Lemé (02) 11 H6
Lème (64) 164 A6
Léménil-Mitry (54) 69 G1
Lémeré (37) 94 B2
Lemmecourt (88) 68 D3
Lemmes (55) 47 F1
Lemoncourt (57) 49 E3
Lempaut (81) 168 B6
Lempdes (63) 127 F3
Lempdes-sur-Allagnon (43) 141 G1
Lempire (02) 10 D5
Lemps (07) 144 A3
Lemps (26) 159 F4
Lempty (63) 127 G2

Lempzours (24) 137 G1
Lemud (57) 26 D6
Lemuy (39) 103 F4
Lénault (14) 38 B3
Lenax (03) 114 C4
Lencloître (86) 94 B5
Lencouacq (40) 149 G6
Lengelsheim (57) 28 B5
Lengronne (50) 35 H1
Lenharrée (51) 45 G4
Léning (57) 49 G2
Lennon (29) 53 H1
Lenoncourt (54) 49 E5
Lens (62) 10 B1
Lens-Lestang (26) 144 C1
Lent (01) 116 D5
Lent (39) 103 F5
Lente 145 E4
Lentigny (42) 128 C1
Lentillac-du-Causse (46) 152 D2
Lentillac-Saint-Blaise (46) 153 H2
Lentillères (07) 157 F2
Lentilles (10) 67 E1
Lentilly (69) 129 H2
Lentiol (38) 144 C1
Lento (2B) 203 F6
Léobard (46) 152 B1
Léogeats (33) 149 G3
Léognan (33) 135 G6
Léojac (82) 167 E2
Léon (40) 162 C2
Léoncel (26) 144 D5
Léotoing (43) 141 F1
Léouville (45) 63 E4
Léoville (17) 121 G6
Lépanges-sur-Vologne (88) 70 B3
Lépaud (23) 112 B4
Lépin-le-Lac (73) 131 G5
Lépinas (23) 111 G6
Lépron-les-Vallées (08) 23 H1
Lepuix (90) 88 C1
Lepuix-Neuf (90) 89 E3
Léran (09) 184 B5
Lercoul (09) 197 H4
Léré (18) 82 B5
Léren (64) 162 D6
Léry (21) 85 G4
Léry (27) 18 D6
Lerzy (02) 11 H5
Lesbœufs (80) 10 B4
Lesbois (53) 58 C1
Lescar (64) 180 B2
Leschaux (74) 132 B2
Leschelles (02) 11 H5
Lescheraines (73) 132 A3
Leschères (39) 117 H2
Leschères-sur-le-Blaiseron (52) 67 G2
Lescherolles (77) 44 B5
Lescheroux (01) 116 D3
Lesches (77) 43 G3
Lesches-en-Diois (26) 159 F2
Lescouët-Gouarec (22) 54 D1
Lescousse (09) 183 G4
Lescout (81) 168 B6
Lescun (64) 179 H5
Lescuns (31) 182 D3
Lescure (09) 183 E5
Lescure-d'Albigeois (81) 168 B2
Lescure-Jaoul (12) 153 H5
Lescurry (65) 181 F2
Lesdain (59) 11 E4
Lesdins (02) 11 E6
Lesges (02) 22 B5
Lesgor (40) 163 F3
Lésignac-Durand (16) 123 F2
Lésigny (77) 43 F5
Lésigny (86) 95 E5
le Leslay (22) 33 F5
Lesme (71) 114 C1
Lesménils (54) 48 C3
Lesmont (10) 66 D2
Lesneven (29) 31 F3
Lesparre-Médoc (33) 134 C1
Lesparrou (09) 184 B6
Lesperon (07) 156 D1
Lesperon (40) 162 D2
Lespesses (62) 2 C5
Lespielle (64) 164 C6
Lespignan (34) 186 D3
Lespinasse 137 H4
Lespinasse (31) 167 E4
Lespinassière (11) 185 F1
Lespinoy (62) 8 D1
Lespiteau (31) 182 B4
Lespouey (65) 181 F3
Lespourcy (64) 180 D2
Lespugue (31) 182 A3
Lesquerde (66) 199 F2
Lesquielles-Saint-Germain (02) 11 G5
Lesquin (59) 3 G5
Lessac (16) 109 G6
Lessard-en-Bresse (71) 101 H5
Lessard-et-le-Chêne (14) 17 E5
Lessard-le-National (71) 101 G4
Lessay (50) 14 C6
Lesse (57) 49 F2
Lesseux (88) 70 D2
Lessy (57) 26 B5
Lestanville (76) 7 F3
Lestards (19) 125 F5
Lestelle-Bétharram (64) 180 C4
Lestelle-de-Saint-Martory (31) 182 C4
Lesterps (16) 123 F1

Lestiac-sur-Garonne (33) 149 G1
Lestiou (41) 80 B2
Lestrade-et-Thouels (12) 169 F1
Lestre (50) 15 E3
Lestrem (62) 2 D5
Létanne (08) 24 D3
Lételon (03) 112 D1
Léthuin (28) 62 D2
Letia (2A) 204 C3
Létra (69) 129 G1
Létricourt (54) 48 D3
Letteguives (27) 19 E4
Lettret (05) 160 B3
Leubringhen (62) 1 F3
Leuc (11) 185 E4
Leucamp (15) 140 B6
Leucate (11) 186 C6
Leucate-Plage 186 C6
Leuchey (52) 86 A2
Leudeville (91) 42 D6
Leudon-en-Brie (77) 44 B5
Leuglay (21) 85 F1
Leugney 88 A6
Leugny (86) 94 D4
Leugny (89) 83 E3
Leuhan (29) 54 A2
Leuilly-sous-Coucy (02) 22 A4
Leulinghem (62) 2 A4
Leulinghen-Bernes (62) 1 F3
Leurville (52) 68 B2
Leury (02) 22 A4
Leutenheim (67) 51 G3
Leuville-sur-Orge (91) 42 D6
Leuvrigny (51) 45 E2
le Leuy (40) 163 G3
Leuze (02) 12 B6
Levainville (28) 62 C1
Leval (59) 11 H3
Leval (90) 88 D2
Levallois-Perret (92) 42 D3
Levaré (53) 58 C2
Levécourt (52) 68 C4
Levens (06) 176 D4
Levergies (02) 11 E5
Levernois (21) 101 G3
Lèves (28) 62 B1
les Lèves-et-Thoumeyragues (33) 136 B6
Levesville-la-Chenard (28) 62 D3
Levet (18) 97 G4
Lévéville 62 A1
Levie (2A) 207 E2
Levier (25) 103 G3
Lévignac (31) 166 D5
Lévignac-de-Guyenne (47) 150 C2
Lévignacq (40) 162 D1
Lévignen (21) 21 F6
Lévigny (10) 67 F3
Levis (39) 83 E3
Lévis-Saint-Nom (78) 42 B5
Levoncourt (55) 47 F4
Levoncourt (68) 89 F4
Levroux (36) 96 B3
Lewarde (59) 10 D2
Lexy (54) 25 G3
Ley (57) 49 G4
Leychert (09) 184 A6
Leyme (46) 139 F6
Leymen (68) 89 G4
Leyment (01) 130 D1
Leynes (71) 116 A4
Leynhac (15) 154 A1
Leyr (54) 48 D4
Leyrat (23) 112 B3
Leyrieu (38) 130 D3
Leyritz-Moncassin (47) 150 C4
Leyssard (01) 117 F5
Leyvaux (15) 141 F1
Leyviller (57) 27 F6
Lez (31) 182 B6
Lez-Fontaine (59) 12 B3
Lézan (30) 171 G2
Lézardrieux (22) 33 E2
Lézat (39) 118 A2
Lézat-sur-Lèze (09) 183 F3
Lezay (79) 108 C2
Lezennes (59) 3 G5
Lezéville (52) 68 B2
Lezey (57) 49 F4
Lézignan (65) 181 E4
Lézignan-Corbières (11) 185 G3
Lézignan-la-Cèbe (34) 170 C6
Lézigné (49) 77 F3
Lézigneux (42) 128 D5
Lézinnes (89) 84 B2
Lezoux (63) 127 G2
Lhéraule (60) 19 H4
Lherm (31) 183 E1
Lherm (46) 152 B2
Lhéry (51) 22 D6
Lhez (65) 181 F3
Lhommaizé (86) 109 G3
Lhomme (72) 78 D2
Lhôpital (01) 117 H6
Lhor (57) 49 H3
Lhospitalet (46) 152 C4
Lhoumois (79) 93 G6
Lhuis (01) 131 F3
Lhuître (10) 45 H6
Lhuys (02) 22 B6
Liac (65) 181 E1
Lialores 165 F2
Liancourt (60) 20 D5
Liancourt-Fosse (80) 21 F1
Liancourt-Saint-Pierre (60) 19 H6
Liart (08) 23 G1
Lias (32) 166 C6
Lias-d'Armagnac (32) 164 C5
Liaucous 155 G6
Liausson (34) 170 C5
Libaros (65) 181 G3

Libercourt (62) 3 F6
Libermont (60) 21 G2
Libourne (33) 135 G5
Licey-sur-Vingeanne (21) 86 B4
Lichans-Sunhar (64) 179 G4
Lichères (16) 122 C2
Lichères-près-Aigremont (89) 83 F4
Lichères-sur-Yonne (89) 83 G4
Lichos (64) 179 G2
Lichtenberg (67) 50 D2
Licourt (80) 21 F1
Licq-Athérey (64) 179 G4
Licques (62) 1 H3
Licy-Clignon (02) 44 B1
Lidrezing (57) 49 G3
Liebenswiller (68) 89 G4
Liebsdorf (68) 89 F4
Liebvillers (25) 88 C5
Liederschiedt (57) 28 C5
Lieffrans (70) 87 F4
le Liège (37) 95 G1
Liéhon (57) 26 C6
Liencourt (62) 9 H2
Lièpvre (68) 71 F2
Liéramont (80) 10 C5
Liercourt (80) 8 D4
Lières (62) 2 C6
Liergues (69) 129 H1
Liernais (21) 100 C1
Liernolles (03) 114 C3
Lierval (02) 22 C4
Lierville (60) 42 A1
Lies (65) 181 F4
Liesle (25) 103 E2
Liesse-Notre-Dame (02) 22 D3
Liessies (59) 12 B4
Liesville-sur-Douve (50) 14 D4
Liettres (62) 2 B5
Lieu-Saint-Amand (59) 11 E2
Lieuche (06) 176 C3
Lieucourt (70) 86 D5
Lieudieu (38) 130 C5
Lieurac (09) 184 A5
Lieuran-Cabrières (34) 170 C5
Lieuran-lès-Béziers (34) 187 E1
Lieurey (27) 17 H4
Lieuron (35) 56 D5
Lieusaint (50) 14 D3
Lieusaint (77) 43 E6
Lieutadès (15) 140 D6
Lieuvillers (60) 20 D4
Liévans (70) 87 H3
Liévin (62) 10 B1
Liez (02) 22 A2
Liez (85) 107 F3
Liézey (88) 70 C4
Liffol-le-Grand (88) 68 C2
Liffol-le-Petit (52) 68 C3
Liffré (35) 57 G2
Ligardes (32) 165 G1
Ligescourt (80) 8 D2
Liginiac (19) 126 A6
Liglet (86) 110 B2
Lignac (36) 110 C2
Lignairolles (11) 184 B4
Lignan-de-Bazas (33) 149 H3
Lignan-de-Bordeaux (33) 135 F6
Lignan-sur-Orb (34) 186 D2
Lignareix (19) 125 H4
Ligné (16) 122 B1
Ligné (44) 75 E3
Lignères (61) 39 G5
Lignereuil (62) 9 H2
Lignerolles (03) 112 C4
Lignerolles (21) 85 G1
Lignerolles (27) 41 E4
Lignerolles (36) 112 A2
Lignerolles (61) 40 A6
Lignéville (88) 69 E4
Ligneyrac (19) 138 D4
Lignières (10) 66 A6
Lignières (18) 97 F6
Lignières (41) 79 G1
Lignières (80) 21 E2
Lignières-Châtelain (80) 19 H1
Lignières-de-Touraine (37) 78 C6
Lignières-en-Vimeu (80) 8 D4
Lignières-la-Carelle (72) 60 A2
Lignières-Orgères (53) 38 D6
Lignières-Sonneville (16) 121 H5
Lignières-sur-Aire (55) 47 G4
Lignol (56) 54 D3
Lignol-le-Château (10) 67 F3
Lignon (51) 46 B6
Lignorelles (89) 83 G1
Lignou (61) 38 C5
Ligny-en-Barrois (55) 47 F5
Ligny-en-Brionnais (71) 115 F4
Ligny-en-Cambrésis (59) 11 E4
Ligny-le-Châtel (89) 83 H1
Ligny-le-Ribault (45) 80 C3
Ligny-lès-Aire (62) 2 B6
Ligny-Saint-Flochel (62) 9 H2
Ligny-sur-Canche (62) 9 G2
Ligny-Thilloy (62) 10 B4
Ligré (37) 94 B2
Ligron (72) 77 H2
Ligsdorf (68) 89 F4
Ligueil (37) 95 E3
Ligueux (24) 137 G1
Ligueux (33) 136 C6
Ligugé (86) 109 E2
Lihons (80) 21 E1
Lihus (60) 20 A3
les Lilas (93) 42 D4
Lilhac (31) 182 B2
Lille (59) 3 F5
Lillebonne (76) 6 D5
Lillemer (35) 35 E4
Lillers (62) 2 C5

Lilly (27) 19 F4
Limalonges (79) 108 D5
Limans (04) 174 B1
Limanton (58) 99 H3
Limas (69) 129 H1
Limay (78) 41 H2
Limbrassac (09) 184 A5
Limé (02) 22 B5
Limeil-Brévannes (94) 43 E5
Limendous (64) 180 D2
Limeray (37) 79 G5
Limersheim (67) 51 E6
Limerzel (56) 73 F1
Limésy (76) 7 F4
Limetz-Villez (78) 41 G2
Limeuil (24) 137 G5
Limeux (18) 97 E3
Limeux (80) 8 D5
Limey-Remenauville (54) 48 B3
Limeyrat (24) 137 H3
Limoges (87) 124 B2
Limoges-Fourches (77) 43 F6
Limogne-en-Quercy (46) 153 E4
Limoise (03) 98 C6
Limon (58) 99 E4
Limons (63) 127 H1
Limont-Fontaine (59) 12 A3
Limony (07) 144 A1
Limours (91) 42 B6
Limousis (11) 185 E2
Limoux (11) 184 D5
la Limouzinière (44) 91 F1
Limpiville (76) 6 D4
Linac (46) 153 H1
Linard (23) 111 G3
Linards (87) 124 C4
Linars (16) 122 B4
Linas (91) 42 D6
Linay (08) 24 D2
Linazay (86) 108 D5
Lincel (04) 174 B2
Lindebeuf (76) 7 F4
le Lindois (16) 123 E3
Lindre-Basse (57) 49 G3
Lindre-Haute (57) 49 G3
Lindry (89) 83 F2
Linexert (70) 88 A2
Lingé (36) 95 G5
Lingeard (50) 37 G4
Lingèvres (14) 15 H6
Linghem (62) 2 B5
Lingolsheim (67) 51 E5
Lingreville (50) 35 G1
Linguizzetta (2B) 205 G2
Linières-Bouton (49) 77 H5
Liniers (86) 109 F1
Liniez (36) 96 C3
Linsdorf (68) 89 G3
Linselles (59) 3 F4
Linthal (68) 71 E5
Linthelles (51) 45 E5
Linthes (51) 45 E5
Lintot (76) 6 D5
Lintot-les-Bois (76) 7 G3
Linxe (40) 162 C2
Liny-devant-Dun (55) 24 D5
Linzeux (62) 9 F2
Liocourt (57) 49 E3
Liomer (80) 8 D6
le Lion-d'Angers (49) 76 D3
Lion-devant-Dun (55) 25 E4
Lion-en-Beauce (45) 62 D5
Lion-en-Sullias (45) 81 H2
Lion-sur-Mer (14) 16 C3
Liorac-sur-Louyre (24) 137 E5
le Lioran (15) 140 C3
Liouc (30) 171 G3
le Liouquet (13) 191 E5
Liourdres (19) 139 E5
Lioux (84) 173 G2
Lioux-les-Monges (23) 126 B1
Liposthey (40) 148 D4
Lipsheim (67) 51 E6
Lirac (30) 172 C1
Liré (49) 75 F4
Lirey (10) 66 B4
Lironcourt (88) 69 E6
Lironville (54) 48 B3
Liry (08) 24 A5
Lisbourg (62) 2 A6
Lisieux (14) 17 F5
Lisle (24) 137 E2
Lisle (41) 79 G1
Lisle-en-Barrois (55) 47 E3
Lisle-en-Rigault (55) 47 E5
Lisle-sur-Tarn (81) 167 H3
Lislet (02) 23 E2
Lison (50) 15 F5
Lisores (14) 39 G3
Lisors (27) 19 F5
Lissac (09) 183 G3
Lissac (43) 142 B3
Lissac-et-Mouret (46) 153 G2
Lissac-sur-Couze (19) 138 C3
Lissay-Lochy (18) 97 G4
Lisse-en-Champagne (51) 46 B4
Lisses (91) 43 E6
Lisseuil (63) 113 F6
Lissey (55) 25 E4
Lissieu (69) 129 H2
Lissy (77) 43 F6
Listrac-de-Durèze (33) 136 B6
Listrac-Médoc (33) 134 D3
Lit-et-Mixe (40) 162 C1
Lithaire (50) 14 D5
Litteau (14) 37 H1
Littenheim (67) 50 D4
Litz (60) 20 C4

Livaie (61) 59 H1
Livarot (14) 17 E6
Liverdun (54) 48 C4
Liverdy-en-Brie (77) 43 G5
Livernon (46) 153 F2
Livers-Cazelles (81) 168 A1
Livet (53) 59 E4
Livet-en-Saosnois (72) 60 B2
Livet-et-Gavet (38) 145 H3
Livet-sur-Authou (27) 18 A6
Livilliers (95) 42 C2
Livinhac-le-Haut (12) 153 H2
la Livinière (34) 185 G2
Livré (53) 76 B1
Livré-sur-Changeon (35) 57 H2
Livron (64) 180 D3
Livron-sur-Drôme (26) 144 A6
Livry (14) 38 A1
Livry (58) 98 D5
Livry-Gargan (93) 43 E3
Livry-Louvercy (51) 45 H1
Livry-sur-Seine (77) 64 A1
Lixheim (57) 50 B4
Lixing-lès-Rouhling (57) 27 G5
Lixing-lès-Saint-Avold (57) 27 F6
Lixy (89) 64 D4
Lizac (82) 166 D1
Lizant (86) 109 E6
Lizeray (36) 96 D3
Lizières (23) 111 E5
Lizine (25) 103 F2
Lizines (77) 64 D1
Lizio (56) 55 H4
Lizos (65) 181 F2
Lizy (02) 22 B3
Lizy-sur-Ourcq (77) 43 H2
la Llagonne (66) 198 D4
Llauro (66) 199 H4
Llo (66) 198 C5
Llupia (66) 199 H3
Lobsann (67) 29 E6
Loc-Brévalaire (29) 31 E3
Loc-Dieu (12) 153 F4
Loc-Eguiner (29) 31 G4
Loc-Eguiner-
  Saint-Thégonnec (29) 31 H4
Loc-Envel (22) 32 C4
Locarn (22) 32 C6
Loché-sur-Indrois (37) 95 H2
Loches (37) 95 F2
Loches-sur-Ource (10) 66 D5
le Locheur (14) 16 A5
Lochieu (01) 131 G1
Lochwiller (67) 50 C4
Locmalo (56) 54 D2
Locmaria (22) 32 C4
Locmaria (53) 59 E3
Loc Maria (29) 31 E3
Locmaria (56) 54 B6
Locmaria (56) 72 B4
Locmaria-Berrien (29) 32 A5
Locmaria-Grand-Champ (56) 55 F5
Locmaria-Hent (53) 53 H3
Locmaria-Plouzané (29) 30 C5
Locmariaquer (56) 72 C1
Locmélar (29) 31 G4
Locminé (56) 55 F4
Locmiquélic (56) 54 C5
Locoal-Mendon (56) 55 E6
Locon (62) 2 D5
Loconville (60) 19 H6
Locqueltas (56) 55 G5
Locquémeau (56) 32 B2
Locquénolé (29) 31 H3
Locquignol (59) 11 G3
Locquirec (29) 32 B2
Locronan (29) 53 F2
Loctudy (29) 53 F4
Locunolé (29) 54 B3
Loddes (03) 114 C4
Lodes (31) 182 A3
Lodève (34) 170 B4
Lods (25) 103 H2
Lœuilley (70) 86 B4
Lœuilly (80) 20 B1
Loffre (59) 10 D2
la Loge (62) 9 E1
la Loge-aux-Chèvres (10) 66 D3
Loge-Fougereuse (85) 107 F1
la Loge-Pomblin (10) 66 B5
la Loge des Gardes 128 B3
Logelheim (68) 71 F5
les Loges (52) 60 D6
les Loges (14) 38 A2
les Loges (76) 86 C2
les Loges (76) 6 B4
les Loges-en-Josas (78) 42 C5
les Loges-Marchis (50) 37 G6
les Loges-Margueron (10) 66 B5
les Loges-Saulces (14) 38 D3
les Loges-Saint-Brécy (50) 37 F4
Lognes (77) 43 F4
Logny-Bogny (08) 23 G1
Logny-lès-Aubenton (02) 12 C6
Logonna-Daoulas (29) 31 E5
Logrian-Florian (30) 171 G2
Logron (28) 61 H4
Loguivy (08) 33 G1
Loguivy-Plougras (22) 32 C4
Lohéac (56) 56 D5
Lohitzun-Oyhercq (64) 179 F2
Lohr (67) 50 B3
Lohuec (22) 32 C4
Loigné-sur-Mayenne (53) 76 C1
Loigny-la-Bataille (28) 62 C5
Loiré (49) 75 G1
Loire-les-Marais (17) 107 E6
Loiré-sur-Nie (17) 121 H1
Loire-sur-Rhône (69) 130 A5

Loiron (53) 58 B5
Loisail (61) 60 D1
Loisé 60 D1
Loisey-Culey (55) 47 F4
Loisia (39) 117 F2
Loisieux (73) 131 G4
Loisin (74) 118 D3
Loison (55) 25 G5
Loison-sous-Lens (62) 10 B1
Loison-sur-Créquoise (62) 9 E1
Loisy (54) 48 C3
Loisy (71) 116 C1
Loisy-en-Brie (51) 45 F3
Loisy-sur-Marne (51) 46 B4
Loivre (51) 23 E5
Lolif (50) 35 H3
Lolme (24) 151 G1
Lombard (25) 103 E2
Lombard (39) 102 C5
les Lombards 158 D2
Lomberge (39) 2 B2
Lombers (81) 168 B4
Lombez (32) 182 C1
Lombia (64) 180 D2
Lombrès (65) 181 H4
Lombreuil (45) 64 A6
Lombron (72) 60 C5
Lomener (56) 54 C5
Lomme (59) 3 F4
Lommerange (57) 26 A3
Lommoye (78) 41 G2
Lomné (65) 181 G4
Lomont (70) 88 B3
Lomont-sur-Crête (25) 88 A5
Lompnas (01) 131 E2
Lompnieu (01) 131 F1
Lompret (59) 3 F4
Lonçon (64) 164 A6
la Londe (76) 18 C5
la Londe-les-Maures (83) 192 A5
Londigny (16) 108 D6
Londinières (76) 8 B6
Long (80) 9 E4
Longages (31) 183 E2
Longaulnay (35) 34 D6
Longavesnes (80) 10 D5
Longchamp (21) 86 B6
Longchamp (52) 68 B4
Longchamp (88) 70 A3
Longchamp-
  sous-Châtenois (88) 69 E3
Longchamp-sur-Aujon (10) 67 F4
Longchamp 1650 .....132 C5
Longchamps (27) 19 F5
Longchamps-sur-Aire (55) 47 F3
Longchaumois (39) 118 A2
Longcochon (39) 103 G5
Longeau-Percey (52) 86 B2
Longeault (21) 102 A1
Longeaux (55) 47 F5
Longechaux (25) 104 A1
Longechenal (38) 130 D6
Longecourt-en-Plaine (21) 102 A1
Longecourt-lès-Culêtre (21) 101 E2
Longemaison (25) 104 A2
Longepierre (71) 102 A4
le Longeron (49) 92 A3
Longes (69) 129 H5
Longessaigne (69) 129 F3
Longevelle (70) 88 A3
Longevelle-lès-Russey (25) 88 B6
Longevelle-sur-Doubs (25) 88 B4
Longèves (17) 106 D4
Longèves (85) 107 E2
la Longeville (25) 104 A3
Longeville (25) 103 G2
Longeville-en-Barrois (55) 47 F4
Longeville-lès-Metz (57) 26 B5
Longeville-
  lès-Saint-Avold (57) 27 E5
Longeville-sur-la-Laines (52) 67 E1
Longeville-sur-Mer (85) 91 F6
Longeville-sur-Mogne (54) 66 B4
Longevilles-Mont-d'Or (25) 103 H5
Longfossé (62) 1 G5
la Longine (70) 70 B6
Longjumeau (91) 42 D5
Longlaville (54) 25 H3
Longmesnil (76) 19 F3
Longnes (72) 59 H5
Longnes (78) 41 G3
Longny-au-Perche (61) 61 E1
Longperrier (77) 43 F2
Longpont (02) 21 H6
Longpont-sur-Orge (91) 42 D6
Longpré-le-Sec (10) 66 D4
Longpré-
  les-Corps-Saints (80) 9 E5
Longraye (14) 38 A1
Longré (16) 122 B1
Longroy (76) 8 B5
Longsols (10) 66 C2
Longué-Jumelles (49) 77 G5
Longueau (80) 9 G6
Longuefuye (53) 76 D1
Longueil (76) 7 F2
Longueil-Annel (60) 21 F4
Longueil-Sainte-Marie (60) 21 E5
Longuenesse (62) 2 B4
Longuenoë (61) 59 H1
Longuerue (76) 7 H3
Longues-sur-Mer (14) 15 H5
Longuesse (95) 42 B2
Longueval (80) 10 C5
Longueval-Barbonval (02) 22 C5
Longueville (14) 15 G5
Longueville (47) 150 C3
Longueville (50) 35 G2
la Longueville (59) 11 H3
Longueville (62) 1 G4
Longueville (77) 64 D1

Longueville-sur-Aube (10) 45 F6
Longueville-sur-Scie (76) 7 G3
Longuevillette (80) 9 G4
Longuyon (54) 25 G4
Longvic (21) 85 H6
Longvillers (14) 16 A5
Longvilliers (62) 1 F6
Longvilliers (78) 42 B6
Longwé (08) 24 A4
Longwy (54) 25 H3
Longwy-sur-le-Doubs (39) 102 B3
Lonlay-l'Abbaye (61) 38 A5
Lonlay-le-Tesson (61) 38 C5
Lonnes (16) 122 C1
Lonny (08) 13 E6
Lonrai (61) 60 A1
Lons (64) 180 B2
Lons-le-Saunier (39) 102 D6
le Lonzac (19) 125 E6
Loon-Plage (59) 2 A2
Loos (59) 3 F5
Loos-en-Gohelle (62) 10 B1
Looze (89) 65 F6
Lopérec (29) 31 G6
Loperhet (29) 55 F5
Loperhet (29) 31 E5
Lopigna (2A) 204 C4
Loqueffret (29) 31 H5
Lor (02) 23 E3
Loray (25) 104 A1
Lorcières (15) 141 G5
Lorcy (45) 63 H5
Lordat (09) 198 A2
Loré (61) 59 E1
Lorentzen (67) 28 A6
Loreto-di-Casinca (2B) 203 G6
Loreto-di-Tallano (2A) 207 E2
Lorette (42) 129 G5
le Loreur (50) 35 G1
Loreux (41) 80 D5
le Lorey (50) 37 F1
Lorey (54) 49 E6
Lorges (41) 80 B2
Lorgies (62) 3 E5
Lorgues (83) 175 G6
Lorient (56) 54 C5
Loriges (03) 113 H4
Lorignac (17) 121 E5
Lorigné (79) 108 C5
Loriol-du-Comtat (84) 173 E1
Loriol-sur-Drôme (26) 144 A6
Lorlanges (43) 141 G1
Lorleau (27) 19 F4
Lormaison (60) 20 B6
Lormaye (28) 41 G6
Lormes (58) 83 H6
Lormont (33) 135 F5
Lornay (74) 131 H1
Loromontzey (54) 69 H1
le Loroux (35) 58 B2
le Loroux-Bottereau (44) 75 E5
Loroy 81 G6
Lorp-Sentaraille (09) 182 D5
Lorquin (57) 50 A5
Lorrez-le-Bocage-Préaux (77) 64 B4
Lorris (45) 81 H1
Lorry-lès-Metz (57) 26 B5
Lorry-Mardigny (57) 48 C2
Lortet (65) 181 G5
Loscouët-sur-Meu (22) 56 B2
Los Masos (66) 199 F3
Losne (21) 102 B2
Losse (40) 150 A6
Lostanges (19) 139 E4
Lostroff (57) 49 H3
Lothey (29) 53 G1
le Lou-du-Lac (35) 56 D2
Louailles (72) 77 F2
Louan-Villegruis-Fontaine (77) 44 C6
Louannec (22) 32 C1
Louans (37) 95 E2
Louargat (22) 32 D3
Louâtre (02) 21 H6
Loubajac (65) 180 D4
Loubarcet 141 F3
Loubaresse (07) 157 E2
Loubaresse (15) 141 F5
Loubaut (09) 183 F3
Loubédat (32) 164 D4
Loubejac (24) 152 A2
Loubens (33) 150 A2
Loubens-Lauragais (31) 167 H6
Loubers (81) 167 H1
Loubersan (32) 165 G6
Loubès-Bernac (47) 150 D1
Loubeyrat (63) 127 E1
Loubieng (64) 179 H1
la Loubière (12) 154 C4
Loubières (09) 183 H5
Loubigné (79) 108 B6
Loubillé (79) 108 B6
Loubressac (46) 139 E5
Loucé (61) 39 E5
Loucelles (14) 16 A4
Louchats (33) 149 F3
Louchy-Montfand (03) 113 H4
Loucrup (65) 181 E4
Loudéac (22) 55 G2
Loudenvielle (65) 195 H4
Loudervielle (65) 195 H4
Loudes (43) 142 B3
Loudet (31) 182 A4
Loudrefing (57) 49 H3
Loudun (86) 93 H3
Loué (72) 59 G6

Louer (40) 163 F4
Louerre (49) 77 F6
Louesme (21) 85 F1
Louestault (37) 78 D3
Loueuse (60) 19 H3
Louey (65) 181 E3
Lougé-sur-Maire (61) 38 D5
Lougratte (47) 151 F2
Lougres (25) 88 B4
Louhans (71) 102 A6
Louhossoa (64) 178 D2
Louignac (19) 138 B2
Louin (79) 93 G5
Louisfert (44) 74 D1
Louit (65) 181 F2
Loulans-Verchamp (70) 87 G4
Loulay (17) 107 G6
Loulle (39) 103 F5
la Loupe (28) 61 G1
Loupeigne (02) 22 B6
Loupershouse (57) 27 G5
Loupes (33) 135 F6
Loupfougères (53) 59 F2
Loupia (11) 184 C5
Loupiac (33) 149 G2
Loupiac (46) 138 C6
Loupiac (81) 167 H3
Loupiac-de-la-Réole (33) 150 A2
Loupian (34) 187 G1
Louplande (72) 59 H6
Loupmont (55) 48 A3
Louppy-le-Château (55) 47 E3
Louppy-sur-Chée (55) 47 E3
Louppy-sur-Loison (55) 25 E4
la Louptière-Thénard (10) 65 F2
Lourches (59) 11 E2
Lourde (31) 182 A5
Lourdes (65) 180 D4
Lourdios-Ichère (64) 179 H4
Lourdoueix-Saint-Michel (36) 111 F3
Lourdoueix-Saint-Pierre (23) 111 F3
Lourenties (64) 180 D2
Loures-Barousse (65) 182 A5
Louresse-Rochemenier (49) 93 F3
Lourmais (35) 35 F5
Lourmarin (84) 173 H4
Lournand (71) 116 A2
Lourouer-Saint-Laurent (36) 111 H1
le Louroux (37) 95 E2
le Louroux-Béconnais (49) 75 H2
Louroux-Bourbonnais (03) 113 E2
Louroux-de-Beaune (03) 113 E5
Louroux-de-Bouble (03) 113 F5
Louroux-Hodement (03) 112 D2
Lourps 64 D1
Lourquen (40) 163 F4
Lourties-Monbrun (32) 181 H1
Loury (45) 63 E6
Louslitges (32) 165 E5
Loussous-Débat (32) 164 D5
Loutehel (35) 56 C4
Loutzviller (57) 28 B5
Louvagny (14) 39 E3
Louvaines (49) 75 H1
Louvatange (39) 102 D1
Louveciennes (78) 42 C4
Louvemont (52) 46 D6
Louvemont-
  Côte-du-Poivre (55) 25 F6
Louvencourt (80) 9 H4
Louvenne (39) 117 F2
Louvergny (08) 24 B3
Louverné (53) 58 D4
le Louverot (39) 102 D5
Louversey (27) 40 C2
Louvetot (76) 7 E5
Louvie-Juzon (64) 180 B4
Louvie-Soubiron (64) 180 B5
la Louvière-Lauragais (11) 184 A3
Louvières (14) 15 G4
Louvières (52) 68 A5
Louvières-en-Auge (61) 39 F3
Louviers (27) 18 D6
Louvigné (53) 58 D5
Louvigné-de-Bais (35) 57 H3
Louvigné-du-Désert (35) 58 A1
Louvignies-Quesnoy (59) 11 G3
Louvigny (14) 16 B4
Louvigny (57) 48 D2
Louvigny (64) 164 A6
Louvigny (72) 60 B3
Louvil (59) 3 G5
Louville-la-Chenard (28) 62 C3
Louvilliers-en-Drouais (28) 41 E4
Louvilliers-lès-Perche (28) 40 D6
Louvois (51) 45 G1
Louvrechy (80) 20 C2
Louvres (95) 43 E2
Louvroil (59) 12 A2
Louye (27) 41 F4
Louzac-Saint-André (16) 121 G3
Louze (52) 67 F2
Louzes (72) 60 B2
Louzignac (17) 121 H2
Louzouer (45) 64 B5
Louzy 93 G3
Lovagny (74) 132 A1
Loyat (56) 56 A3
la Loye (39) 102 C3
Loye-sur-Arnon (18) 112 H1
la Loyère (71) 101 G4
Loyettes (01) 130 C3
Lozanne (69) 129 H2
Lozay (17) 107 G6
Loze (82) 153 E5
Lozinghem (62) 2 C6
Lozon (50) 37 F1
Lozzi (2B) 204 D2
le Luart (72) 60 D5
Lubbon (40) 150 A6

Lubécourt (57) 49 F3
Lubersac (19) 124 C6
Lubey (54) 25 H5
Lubilhac (43) 141 G2
Lubine (88) 71 E2
Lublé (37) 78 B4
Lubret-Saint-Luc (65) 181 G2
Luby-Betmont (65) 181 G2
Luc (12) 154 C5
Luc (48) 156 D2
Luc (65) 181 F3
le Luc (83) 192 B3
Luc-Armau (64) 180 D1
Luc-en-Diois (26) 159 F2
Luc-sur-Aude (11) 184 D5
Luc-sur-Mer (14) 16 C3
Luc-sur-Orbieu (11) 185 H3
Lucarré (64) 180 D1
Luçay-le-Libre (36) 96 D3
Luçay-le-Mâle (36) 96 A5
Lucbardez-et-Bargues (40)....164 A2
Lucciana (2B) 203 G6
Lucé (28) 62 A2
Lucé (61) 38 B6
Lucé-sous-Ballon (72) 60 B4
Luceau (72) 78 C2
Lucelle (68) 89 F4
Lucenay (69) 129 H1
Lucenay-le-Duc (21) 85 E3
Lucenay-lès-Aix (58) 99 F6
Lucenay-l'Évêque (71) 100 C2
Lucéram (06) 177 E4
la Lucerne-d'Outremer (50) 35 G2
Lucey (21) 85 G1
Lucey (54) 48 B4
Lucey (73) 131 G3
Lucgarier (64) 180 C3
Luchapt (86) 109 H5
Luchat (17) 120 D3
Luché-Pringé (72) 78 A2
Luché-sur-Brioux (79) 108 B5
Luché-Thouarsais (79) 93 F4
Lucheux (80) 9 G3
Luchy (60) 20 B3
Lucinges (74) 118 D4
Lucmau (33) 149 G4
Luçon (85) 91 H6
Lucq-de-Béarn (64) 179 H2
Lucquy (08) 23 H3
les Lucs-sur-Boulogne (85) 91 F3
Lucy (57) 49 E2
Lucy (76) 19 E1
Lucy-le-Bocage (02) 44 B2
Lucy-le-Bois (89) 84 A4
Lucy-sur-Cure (89) 83 H3
Lucy-sur-Yonne (89) 83 G4
le Lude (72) 78 A3
Ludes (51) 45 G1
Ludesse (63) 127 F4
Ludiès (09) 183 H4
Ludon-Médoc (33) 135 E4
Ludres (54) 48 D5
Lue (40) 26 D5
Lüe (40) 148 C5
Lué-en-Baugeois (49) 77 F4
Luemschwiller (68) 89 F2
Lugagnac (46) 153 E4
Lugagnan (65) 180 D4
Lugaignac (33) 135 H6
Lugan (12) 154 A3
Lugan (81) 167 G4
Lugarde (15) 140 D2
Lugasson (33) 135 H6
Luglon (40) 149 E6
Lugny (21) 85 F2
Lugny (02) 22 D1
Lugny (71) 116 B2
Lugny-Bourbonnais (18) 98 A4
Lugny-Champagne (18) 98 B2
Lugny-lès-Charolles (71) 115 F3
Lugo-di-Nazza (2B) 205 F4
Lugon-et-l'Île-du-Carnay (33)..135 G4
Lugos (33) 148 D3
Lugrin (74) 119 F2
le Luhier (25) 104 B1
Luigné (49) 77 E6
Luigny (28) 61 G3
Luisant (28) 62 B2
Luisetaines (77) 64 D1
Luitré (35) 58 A3
Lullin (74) 119 E3
Lully (74) 118 D3
Lumbin (38) 145 H1
Lumbres (62) 2 A4
Lumeau (28) 62 C5
Lumes (08) 24 D1
Lumigny-
  -Nesles-Ormeaux (77) 43 H5
Lumio (2B) 202 C6
Lunac (12) 153 H5
Lunan (46) 153 G2
Lunas (24) 136 D5
Lunas (34) 170 A4
Lunax (31) 182 B2
Lunay (41) 79 F2
Luneau (03) 114 D3
Lunegarde (46) 153 E1
Lunel (34) 171 H5
Lunel-Viel (34) 171 G5
Luneray (76) 7 F3
Lunery (18) 97 F4
Lunéville (54) 49 F5
le Luot (50) 35 H2
Lupcourt (54) 48 D5
Lupé (42) 129 H6
Lupersat (23) 126 A1
Lupiac (32) 165 E4
Luplanté (28) 62 A3
Luppé-Violles (32) 164 C6
Luppy (57) 49 E2

Lupsault (16) 122 A1
Lupstein (67) 50 D4
Luquet (65) 180 D2
Lurais (36) 95 F6
Luray (28) 41 F5
Lurbe-Saint-Christau (64) 180 A4
Lurcy (01) 116 B6
Lurcy-le-Bourg (58) 99 E2
Lurcy-Lévis (03) 98 C6
Luré (42) 128 C2
Lure (70) 88 A2
Lureuil (36) 95 F6
Luri (2B) 203 F2
Luriecq (42) 128 D2
Lurs (04) 174 C2
Lury-sur-Arnon (18) 97 E2
Lus-la-Croix-Haute (26) 159 G1
Lusanger (44) 74 C1
Luscan (31) 182 A5
Lusignac (24) 136 C1
Lusignan (86) 108 D2
Lusignan-Petit (47) 151 E5
Lusigny (03) 114 A1
Lusigny-sur-Barse (10) 66 C3
Lusigny-sur-Ouche (21) 101 F2
Lussac (16) 122 D2
Lussac (17) 121 F5
Lussac (33) 136 A4
Lussac-les-Châteaux (86) 109 G3
Lussac-les-Églises (87) 110 B3
Lussagnet (40) 164 B4
Lussagnet-Lusson (64) 180 D1
Lussan (30) 157 G6
Lussan (32) 166 A5
Lussan-Adeilhac (31) 182 C2
Lussant (17) 120 D1
Lussas (07) 157 G2
Lussas-et-Nontronneau (24)...123 E5
Lussat (23) 112 B5
Lussat (63) 127 F2
Lussault-sur-Loire (37) 79 F5
Lusse (88) 70 D2
Lusseray (79) 108 B5
Lustar (65) 181 G2
Luthenay-Uxeloup (58) 99 E5
Lutilhous (65) 181 G4
Luttange (57) 26 C4
Luttenbach-près-Munster (68) ..71 E5
Lutter (68) 89 G4
Lutterbach (68) 89 F1
Lutz-en-Dunois (28) 62 A5
Lutzelbourg (57) 50 B4
Lutzelhouse (67) 50 C6
Luvigny (88) 50 A6
Lux (21) 86 A4
Lux (31) 184 A1
Lux (71) 101 G5
Luxé (16) 122 B2
Luxe-Sumberraute (64) 179 E1
Luxémont-et-Villotte (51) 46 B5
Luxeuil-les-Bains (70) 87 H1
Luxey (40) 149 F5
Luxiol (25) 87 H5
Luyères (10) 66 B2
Luynes (37) 78 D5
Luz-Saint-Sauveur (65) 181 E6
Luzancy (77) 44 A3
Luzarches (95) 42 D1
Luzay (79) 93 G4
Luzé (37) 94 C3
Luze (70) 88 C3
Luzech (46) 152 B3
Luzenac (09) 182 D5
Luzenac (09) 198 A2
Luzeret (36) 110 D2
la Luzerne (50) 37 G1
Luzillat (63) 127 G1
Luzillé (37) 95 G1
Luzinay (38) 130 B4
Luzoir (02) 12 A5
Luzy (58) 100 A5
Luzy-Saint-Martin (55) 24 D3
Luzy-sur-Marne (52) 68 A5
Ly-Fontaine (02) 22 A1
Lyas (07) 143 H6
Lyaud (74) 119 E3
Lye (36) 96 A1
Lynde (59) 2 C4
Lyoffans (70) 88 B2
Lyon (69) 130 A3
Lyons-la-Forêt (27) 19 F5
Lys (58) 83 G6
Lys (64) 180 B4
Lys-lez-Lannoy (59) 3 G4
Lys-Saint-Georges (36) 111 F1

M

Maast-et-Violaine (02) 22 B6
Maâtz (52) 86 B2
Mably (42) 115 E6
Macau (33) 135 E4
Macaye (64) 178 D2
Macé (61) 39 F6
Macey (10) 66 A3
Macey (50) 35 G4
Machault (08) 23 H5
Machault (77) 64 B2
Maché (85) 91 E3
Machecoul (44) 90 D1
Mâchecourt (02) 22 D2
Machemont (60) 21 F4
Macheren (57) 27 F5
Machézal (42) 129 E1
Machiel (80) 8 D2
Machilly (74) 118 D4
la Machine (58) 99 F4
Machy (10) 66 B4
Machy (80) 8 D2

Macinaggio 203 G2
Mackenheim (67) 71 G3
Mackwiller (67) 50 B2
Maclas (42) 143 H1
Macogny (02) 44 B1
Mâcon (71) 116 B4
Maconcourt (88) 69 E2
Maconge (21) 101 E1
Macornay (39) 102 C6
Mâcot-la-Plagne (73) 133 E4
Macqueville (17) 121 H2
Macquigny (02) 11 F6
Madaillan (47) 151 E5
Madecourt (88) 69 F3
Madegney (88) 69 G3
la Madelaine-
  -sous-Montreuil (62) 1 F6
la Madeleine (59) 158 D6
la Madeleine (59) 3 F5
la Madeleine-Bouvet (61) 61 F1
la Madeleine-
  -de-Nonancourt (27) 41 E4
la Madeleine-sur-Loing (77) 64 A4
la Madeleine-Villefrouin (41) 80 A2
Madic (15) 140 B1
Madière (09) 183 G4
Madirac (33) 135 F6
Madiran (65) 164 C6
la Madone de Fenestre 177 E2
Madonne-et-Lamerey (88) 69 G3
la Madrague 191 E5
Madranges (19) 125 E6
Madré (53) 59 F1
Madriat (63) 127 F6
Maël-Carhaix (22) 32 C6
Maël-Pestivien (22) 32 D5
Maennolsheim (67) 50 D4
Maffliers (95) 42 D2
Maffrécourt (51) 46 C1
Magagnosc 176 C6
Magalas (34) 186 D1
la Magdelaine-sur-Tarn (31) ...167 F3
la Magdeleine 70 B5
la Magdeleine (16) 108 C6
le Mage (61) 61 E1
Magenta (51) 45 F2
les Mages (30) 157 E5
Magescq (40) 162 C3
Magland (74) 119 F6
Magnac-Bourg (87) 124 C4
Magnac-Laval (87) 110 B5
Magnac-Lavalette-Villars (16)..122 C5
Magnac-sur-Touvre (16) 122 C4
Magnan (32) 164 C4
la Magnane 57 F1
Magnant (10) 66 D4
Magnanville (78) 41 H3
Magnas (32) 166 A3
Magnat-l'Étrange (23) 125 H3
Magné (79) 107 G3
Magné (86) 109 E3
Magnet (03) 114 B5
Magnette 112 D2
Magneux (51) 22 C5
Magneux (52) 67 G1
Magneux-Haute-Rive (42) 129 E4
Magneville (50) 14 C4
Magnicourt (10) 66 D2
Magnicourt-en-Comte (62) 9 H1
Magnicourt-sur-Canche (62) 9 G2
Magnien (21) 100 D2
Magnières (54) 70 A1
Magnieu (01) 131 G2
les Magnils-Reigniers (85) 91 H6
Magnitot 41 H1
Magnivray (70) 88 A1
Magnoncourt (70) 69 G6
le Magnoray (70) 87 G4
Magny (28) 61 H3
le Magny (36) 111 G1
Magny (68) 89 E3
les Magny (70) 88 A4
le Magny (88) 69 G5
Magny (89) 84 A5
Magny-Châtelard (25) 87 H6
Magny-Cours (58) 98 D4
Magny-Danigon (70) 88 B2
Magny-en-Bessin (14) 16 A3
Magny-en-Vexin (95) 42 A1
Magny-Fouchard (10) 67 E3
Magny-Jobert (70) 88 B2
Magny-la-Campagne (14) 16 D6
Magny-la-Fosse (02) 11 E5
Magny-la-Ville (21) 84 D5
Magny-Lambert (21) 85 E3
Magny-le-Désert (61) 38 C6
Magny-le-Freule (14) 16 D5
Magny-le-Hongre (77) 43 G4
Magny-lès-Aubigny (21) 102 A2
Magny-les-Hameaux (78) 42 B5
Magny-lès-Jussey (70) 87 F1
Magny-lès-Villers (21) 101 G2
Magny-Lormes (58) 83 H6
Magny-Montarlot (21) 102 B1
Magny-Saint-Médard (21) 86 A5
Magny-sur-Tille (21) 86 A6
Magny-Vernois (70) 88 A2
Magoar (22) 32 D5
Magrie (11) 184 D5
Magrigne 135 F3
Magrin (81) 168 A5
Magstatt-le-Bas (68) 89 G2
Magstatt-le-Haut (68) 89 G2
Mahalon (29) 52 D2
Mahéru (61) 39 H5
Maîche (25) 88 C6
Maidières (54) 48 C3
Maignaut-Tauzia (32) 165 F3
Maigné (72) 59 H6
Maignelay-Montigny (60) 20 D3
Mailhac (11) 185 H2

Mailhac-sur-Benaize (87) 110 C4
Mailhat 127 G6
Mailhoc (81) 168 B2
Mailholas (31) 183 E3
Mailière (13) 172 D3
Maillas (40) 149 H5
Maillat (01) 117 G5
Maillé (37) 94 D3
Maillé (85) 107 F3
Maillé (86) 93 H6
Maillebois (28) 41 E6
la Mailleraye-sur-Seine (76) 7 E4
Maillères (40) 164 A1
Mailleroncourt-Charette (70)....87 G2
Mailleroncourt-
  -Saint-Pancras (70) 69 G6
Maillet (03) 112 D2
Maillet (36) 111 F1
Mailley-et-Chazelot (70) 87 F4
Maillezais (85) 107 F3
Maillot (89) 65 E4
Mailly (71) 115 E4
Mailly-Champagne (51) 45 G1
Mailly-la-Ville (89) 83 G4
Mailly-le-Camp (10) 45 G5
Mailly-le-Château (89) 83 G4
Mailly-Maillet (80) 10 A4
Mailly-Raineval (80) 20 D1
Mailly-sur-Seille (54) 48 D3
les Maillys (21) 102 B2
Maimbeville (60) 20 D4
Maincy (77) 64 A1
Maine-de-Boixe (16) 122 C2
Mainfonds (16) 122 B5
Maing (59) 11 F2
Mainneville (27) 19 G5
Mainsat (23) 112 B6
Maintenay (62) 8 D2
Maintenon (28) 41 G6
Mainvillers (57) 27 E6
Mainvilliers (28) 62 A2
Mainvilliers (45) 63 F3
Mainxe (16) 121 H4
Mainzac (16) 123 E5
Mairé (86) 95 E4
Mairé-Levescault (79) 108 C5
Mairieux (59) 12 A2
Mairy (08) 24 C2
Mairy-Mainville (54) 25 H5
Mairy-sur-Marne (51) 46 A3
Maisdon-sur-Sèvre (44) 74 D6
Maisey-le-Duc (21) 85 E1
Maisnières (80) 8 C5
le Maisnil (59) 3 E5
Maisnil (62) 9 G2
Maisnil-lès-Ruitz (62) 10 A1
Maisod (39) 117 G2
Maison-des-Champs (10) 67 E3
la Maison-Dieu (58) 83 G5
Maison-Feyne (23) 111 F4
Maison-Maugis (61) 61 E2
Maison-Ponthieu (80) 9 E3
Maison-Roland (80) 9 E4
Maison-Rouge (77) 64 D1
Maisoncelle (62) 9 F1
Maisoncelle-et-Villers (08) 24 C3
Maisoncelle-Saint-Pierre (60) ..20 B4
Maisoncelle-Tuilerie (60) 20 B3
Maisoncelles (52) 68 C4
Maisoncelles (72) 60 D6
Maisoncelles-du-Maine (53) 58 D6
Maisoncelles-en-Brie (77) 43 H4
Maisoncelles-en-Gâtinais (77) ..64 A4
Maisoncelles-la-Jourdan (14) ...37 H4
Maisoncelles-Pelvey (14) 38 B2
Maisoncelles-sur-Ajon (14) 16 A5
Maison du Buronnier 140 D3
Maisonnais (18) 112 A1
Maisonnais-sur-Tardoire (87) ..123 F3
Maisonnay (79) 108 B5
Maisonneuve (86) 93 H6
Maisonnisses (23) 111 G6
Maisons (11) 185 G6
Maisons (14) 15 H5
Maisons (28) 62 D2
Maisons-Alfort (94) 43 E4
Maisons-du-Bois-
  -Lièvremont (25) 104 A3
Maisons-en-Champagne (51)....46 A4
Maisons-Laffitte (78) 42 C3
Maisons-lès-Chaource (10) 66 B5
Maisons-lès-Soulaines (10) 67 F3
Maisonsgoutte (67) 71 E2
Maisontiers (79) 93 F5
Maisse (91) 63 G2
Maissemy (02) 10 D6
Maixe (54) 49 E5
Maizeray (55) 48 A1
Maizeroy (57) 26 D5
Maizery (57) 26 C5
Maizet (14) 16 B5
Maizey (55) 47 G3
Maizicourt (80) 9 E3
Maizières 100 D2
Maizières (14) 16 D6
Maizières (52) 67 H1
Maizières (54) 48 C6
Maizières (62) 9 H2
Maizières-
  -la-Grande-Paroisse (10) 65 H1
Maizières-lès-Brienne (10) 67 E2
Maizières-lès-Metz (57) 26 B4
Maizières-lès-Vic (57) 49 G4
Maizières-sur-Amance (52) 86 C1
Maizilly (42) 115 F5
Maizy (02) 22 C5
Majastres (04) 175 F2
Malabat (32) 181 F1
la Malachère (70) 87 F4
Malafretaz (01) 116 D3

Mâlain (21) 85 F6
Malaincourt (88) 68 D3
Malaincourt-sur-Meuse (52) 68 C4
Malakoff (92) 42 D4
Malancourt (55) 24 D6
Malandry (08) 24 D3
Malange (39) 102 D1
Malans (25) 103 F2
Malans (70) 86 D6
Malansac (56) 56 B6
Malarce-sur-la-Thines (07) 157 E3
Malataverne (26) 158 A3
Malaucène (84) 158 D6
Malaucourt-sur-Seille (57) 49 E3
Malaumont 47 G4
Malaunay (76) 7 G5
Malause (82) 166 B1
Malaussanne (64) 163 H5
Malaussène (06) 176 D3
Malauzat (63) 127 E2
Malaville (16) 122 A5
Malavillers (54) 25 H4
Malay (71) 116 A1
Malay-le-Grand (89) 65 E4
Malay-le-Petit (89) 65 E4
Malbo (15) 140 D4
Malbosc (07) 157 E4
Malbouhans (70) 88 B2
Malbouzon (48) 155 F1
Malbrans (25) 103 G2
Malbuisson (25) 103 H5
Mâle (61) 61 E3
Malegoude (09) 184 B4
Malemort-du-Comtat (84) 173 F1
Malemort-sur-Corrèze (19) 138 D3
la Malène (48) 155 H5
Malesherbes (45) 63 G3
Malestroit (56) 56 A5
Malétable (61) 40 B6
Maleville (12) 153 G4
Malguénac (56) 55 E2
la Malhoure (22) 34 A5
Malicornay (36) 111 E1
Malicorne (03) 113 E4
Malicorne (89) 82 D2
Malicorne-sur-Sarthe (72).........77 G1
Maligny (21) 101 E2
Maligny (89) 83 H1
Malijai (04) 174 D1
Malincourt (59) 11 E4
Malintrat (63) 127 F3
Malissard (26) 144 B5
Maljasset 161 G1
Mallefougasse-Augès (04) 174 C1
Malleloy (54) 48 D4
Mallemoisson (04) 175 E1
Mallemort (13) 173 G4
Malléon (09) 183 H5
Malleret (23) 126 A3
Malleret-Boussac (23) 112 A4
Mallerey (39) 102 C6
Malleval (38) 145 E2
Malleval (42) 129 H6
Malleville-les-Grès (76) 6 D2
Malleville-sur-le-Bec (27) 18 A6
Mallièvre (85) 92 B4
Malling (57) 26 C2
Malloué (14) 37 H2
la Malmaison (02) 23 E3
Malmerspach (68) 70 D6
Malmy (51) 24 B2
Malmy (51) 24 B6
Malo les Bains 2 B1
Malons-et-Elze (30) 156 D4
Malouy (27) 17 H5
Malpart (80) 20 D2
Malpas (25) 103 H4
Malplaquet 11 H2
Malras (11) 184 D4
Malrevers (43) 142 D3
Malrieu 140 B3
Malroy (57) 26 C5
Maltat (71) 99 H6
Maltot (14) 16 B5
Malval (23) 111 G3
Malvalette (43) 143 E1
Malves-en-Minervois (11) 185 E3
Malvezie (31) 182 B5
Malvières (43) 142 B1
Malviès (11) 184 D4
Malville 56 A4
Malville (44) 74 B3
Malvillers (70) 87 E2
Malzéville (54) 48 D4
le Malzieu-Forain (48) 141 G5
le Malzieu-Ville (48) 141 G5
Malzy (02) 11 G6
Mamers (72) 60 C2
Mametz (62) 2 B5
Mametz (80) 10 B5
Mamey (54) 48 B3
Mamirolle (25) 103 G1
Manas (26) 158 C2
Manas-Bastanous (32) 181 G2
Manaurie (24) 137 H4
Mance (54) 26 A4
la Mancelière (28) 40 D6
la Mancellière-sur-Vire (50) 37 G1
Mancenans (25) 88 B4
Mancenans-Lizerne (25) 88 C5
Mancey (71) 116 B1
Manchecourt (45) 63 G4
Manciet (32) 164 D3
Mancieulles (54) 26 A4
Mancioux (31) 182 C4
Mancy (51) 45 F2
Mandagout (30) 170 D2
Mandailles-Saint-Julien (15)...140 C4
Mandelieu-la-Napoule (06) 193 F1
Manderen (57) 26 D2

Mandeure (25) 88 C4
Mandeville (27) 18 C6
Mandeville-en-Bessin (14) 15 G5
Mandray (88) 70 D3
Mandres (27) 40 C5
Mandres-
  -aux-Quatre-Tours (54) 48 A3
Mandres-en-Barrois (55) 68 B1
Mandres-la-Côte (52) 68 B5
Mandres-les-Roses (94) 43 E5
Mandres-sur-Vair (88) 69 E3
Mandrevillars (70) 88 C3
Manduel (30) 172 B3
Mane (04) 174 C2
Mane (31) 182 C4
Manéglise (76) 6 B5
Manéhouville (76) 7 G2
Manent-Montané (32) 182 A2
Manerbe (14) 17 F4
Mangiennes (55) 25 F5
Manglieu (63) 127 G4
Mangonville (54) 69 G1
Manhac (12) 154 B5
Manheulles (55) 47 H1
Manhoué (57) 49 E3
Manicamp (02) 21 H3
Manigod (74) 132 C1
Manin (62) 9 H2
Maninghem (62) 1 H6
Maninghen-Henne (62) 1 F4
Maniquerville (76) 6 C4
Manlay (21) 100 D2
Manneville-ès-Plains (76) 7 E2
Manneville-la-Goupil (76) 6 C4
Manneville-la-Pipard (14) 17 F4
Manneville-la-Raoult (27) 17 F3
Manneville-sur-Risle (27) 17 H3
Mannevillette (76) 6 B5
Mano (40) 149 E3
le Manoir (14) 16 A3
le Manoir (27) 18 D5
Manois (52) 68 B3
Manom (57) 26 B3
Manoncourt-en-Vermois (54) 48 D5
Manoncourt-en-Woëvre (54) 48 B4
Manonville (54) 48 B3
Manonviller (54) 49 G5
Manosque (04) 174 C3
Manot (16) 123 F1
Manou (28) 61 F1
Manre (08) 24 A6
le Mans (72) 60 B5
Mansac (19) 138 B3
Mansan (65) 181 F2
Mansat-la-Courrière (23) 125 E1
Mansempuy (32) 166 A4
Mansencôme (32) 165 F3
Manses (09) 184 A4
Mansigné (72) 78 A2
Mansle (16) 122 C2
Manso (2B) 204 C2
Mansonville (82) 166 B2
Manspach (68) 89 E3
Mant (40) 163 H5
Mantallot (22) 32 D2
Mantenay-Montlin (01) 116 D2
Mantes-la-Jolie (78) 41 H2
Mantes-la-Ville (78) 41 H3
Mantet (66) 199 E4
Manteyer (05) 160 A2
Manthelan (37) 95 E2
Manthelon (27) 40 D3
Manthes (26) 144 B1
Mantilly (61) 58 C1
Mantoche (70) 86 C5
Mantry (39) 102 C5
Manvieux (14) 16 A3
Many (57) 27 E6
Manzac-sur-Vern (24) 137 E3
Manzat (63) 127 E1
Manziat (01) 116 C3
Maquinghen 1 F4
Marac (52) 68 A6
Marainville-sur-Madon (88).......69 G2
Marainviller (54) 49 F5
le Marais 42 C6
le Marais-la-Chapelle (14) 39 E3
Marais-Vernier (27) 6 C6
Marambat (32) 165 F4
Marandeuil (21) 86 B6
Marange-Silvange (57) 26 B4
Marange-Zondrange (57) 27 E5
Marans (17) 106 D3
Marans (49) 75 H1
Maransin (33) 135 G3
Marant (62) 1 G6
Maranville (52) 67 G4
Maranwez (08) 23 G1
Marast (70) 87 H3
Marat (63) 128 B4
Maraussan (34) 186 D2
Maravat (32) 166 A4
Maray (41) 96 D1
Maraye-en-Othe (10) 65 H4
Marbache (54) 48 C4
Marbaix (59) 11 H4
Marbeuf (27) 40 D1
Marbéville (52) 67 G3
Marbotte 47 H4
Marboué (28) 62 A5
Marboz (01) 117 E3
Marby (08) 12 D6
Marc-la-Tour (19) 139 E2
Marçais (18) 97 G6
Marçay (37) 94 A3
Marçay (86) 108 D2
Marcé (49) 77 F4
Marcé-sur-Esves (37) 94 D3
Marcei (61) 39 F5
Marcelcave (80) 10 A6
Marcellaz (74) 118 D5

Marcellaz-Albanais (74) 132 A1
Marcellois (21) 85 E6
Marcellus (47) 150 B3
Marcenais (33) 135 G3
Marcenat (03) 114 A4
Marcenat (15) 140 D1
Marcenay (21) 84 D1
Marcenod (42) 129 G5
Marcey-les-Grèves (50) 35 H3
Marchainville (61) 40 C6
Marchais (02) 22 D3
Marchais-Beton (89) 82 C1
Marchais-en-Brie (02) 44 C3
Marchamp (01) 131 F2
Marchampt (69) 115 H5
Marchastel (15) 140 C2
Marchastel (48) 155 F2
Marchaux (25) 87 G6
la Marche (58) 98 C2
Marché-Allouarde (80) 21 F2
Marchélepot (80) 10 B6
Marchemaisons (61) 60 B1
Marchémoret (77) 43 G2
Marchenoir (41) 80 A2
Marcheprime (33) 148 D1
Marches (26) 144 C4
les Marches (73) 132 A5
Marcheseuil (21) 100 D2
Marchésieux (50) 15 E6
Marchéville (28) 61 H2
Marchéville-en-Woëvre (55) 47 H1
Marchezais (28) 41 G4
Marchiennes (59) 11 E1
Marciac (32) 165 E6
Marcieu (38) 145 G4
Marcieux (73) 131 G4
Marcigny (71) 115 E4
Marcigny-sous-Thil (21) 84 D5
Marcilhac-sur-Célé (46) 153 E2
Marcillac (28) 152 B5
Marcillac (33) 135 F1
Marcillac-la-Croisille (19) 139 G2
Marcillac-la-Croze (19) 139 E4
Marcillac-Lanville (16) 122 B2
Marcillac-Saint-Quentin (24)....138 A5
Marcillac-Vallon (12) 154 B3
Marcillat (63) 113 F6
Marcillat-en-Combraille (03) 112 D5
Marcillé-la-Ville (53) 59 E3
Marcillé-Raoul (35) 35 F6
Marcillé-Robert (35) 57 G4
Marcilleux (38) 130 D2
Marcilloles (38) 144 C1
Marcilly (50) 37 F5
Marcilly (77) 43 G2
Marcilly-d'Azergues (69) 129 H2
Marcilly-en-Bassigny (52) 68 C6
Marcilly-en-Beauce (41) 79 F2
Marcilly-en-Gault (41) 80 D5
Marcilly-en-Villette (45) 81 E2
Marcilly-et-Dracy (21) 84 D5
Marcilly-la-Campagne (27) 41 E4
Marcilly-la-Gueurce (71) 115 F3
Marcilly-le-Châtel (42) 128 D4
Marcilly-le-Hayer (10) 65 G3
Marcilly-lès-Buxy (71) 101 E6
Marcilly-Ogny (21) 100 D1
Marcilly-sur-Eure (27) 41 F4
Marcilly-sur-Maulne (37) 78 B4
Marcilly-sur-Seine (51) 44 D6
Marcilly-sur-Tille (21) 85 H4
Marcilly-sur-Vienne (37) 94 C3
Marck (62) 1 H2
Marckolsheim (67) 71 G3
Marclopt (42) 129 E4
Marcoing (59) 10 D4
Marcolès (15) 140 A6
Marcollin (38) 144 C1
Marcols-les-Eaux (07) 143 F6
Marçon (72) 78 C3
Marconne (62) 9 E1
Marconnelle (62) 9 E1
Marcorignan (11) 186 B3
Marcoussis (91) 42 C6
Marcoux (04) 160 D6
Marcoux (42) 128 D3
Marcq (08) 24 C5
Marcq (78) 42 A4
Marcq-en-Barœul (59) 3 F4
Marcq-en-Ostrevent (59) 11 E2
Marcy (02) 11 F6
Marcy (58) 83 F6
Marcy (69) 129 H1
Marcy-l'Étoile (69) 129 H3
Marcy-sous-Marle (02) 22 C1
Mardeuil (51) 45 F2
Mardié (45) 81 E1
Mardigny 48 C2
Mardilly (61) 39 G4
Mardor (52) 86 A1
Mardore (69) 115 G6
Mareau-aux-Bois (45) 63 F5
Mareau-aux-Prés (45) 80 C1
Marèges 140 A1
Mareil-en-Champagne (72) 59 G6
Mareil-en-France (95) 43 E2
Mareil-le-Guyon (78) 42 A4
Mareil-Marly (78) 42 B3
Mareil-sur-Loir (72) 77 H2
Mareil-sur-Mauldre (78) 42 A3
Mareilles (52) 68 A4
Marenla (62) 8 D1
Marennes (17) 120 B2
Marennes (69) 130 B4
Maresché (72) 60 A4
Maresches (59) 11 G2
Maresquel-Ecquemicourt (62) 9 E1
Marest (62) 2 C6
Marest-Dampcourt (02) 21 H3
Marest-sur-Matz (60) 21 F4

Marestaing (32) 166 C5
Marestay 121 G2
Marestmontiers (80) 20 D2
Maresville (62) 1 F6
les Marêts (77) 44 B5
Maretz (59) 11 F4
Mareugheol (63) 127 F5
Mareuil (16) 122 A3
Mareuil (24) 122 D6
Mareuil-Caubert (80) 8 D4
Mareuil-en-Brie (51) 45 E3
Mareuil-en-Dôle (02) 22 B4
Mareuil-la-Motte (60) 21 F3
Mareuil-le-Port (51) 45 E2
Mareuil-lès-Meaux (77) 43 G3
Mareuil-sur-Arnon (18) 97 F4
Mareuil-sur-Ay (51) 45 F2
Mareuil-sur-Cher (41) 79 H6
Mareuil-sur-Lay-Dissais (85) 91 H5
Mareuil-sur-Ourcq (60) 44 A1
Marey (88) 69 E4
Marey-lès-Fussey (21) 101 G2
Marey-sur-Tille (21) 85 H3
Marfaux (51) 45 E1
Marfontaine (02) 22 D1
Margaux (33) 135 E3
Margencel (74) 118 D3
Margency (95) 42 D2
Margerides (19) 126 A6
Margerie-Chantagret (42) 128 D5
Margerie-Hancourt (51) 46 B6
Margès (26) 144 C3
Margival (02) 22 A4
le Margnès (81) 169 E5
Margny (08) 25 E2
Margny (51) 44 D3
Margny-aux-Cerises (60) 21 F2
Margny-lès-Compiègne (60)....21 F4
Margny-sur-Matz (60) 21 F3
Margon (28) 61 E3
Margon (34) 170 B6
Margouët-Meymes (32) 164 D4
Margueray (50) 37 F3
Marguerittes (30) 172 B3
Margueron (33) 136 C6
Marguestau (32) 164 C3
Margut (08) 25 E3
Mariac (07) 143 F5
Maricourt (80) 10 B5
Marie (06) 176 D2
Marienthal 51 F3
Marieulles (57) 26 B6
Marieux (80) 9 H4
Marigna-sur-Valouse (39) 117 F2
Marignac (17) 121 F5
Marignac (31) 182 A6
Marignac (82) 166 B3
Marignac-en-Diois (26) 145 E6
Marignac-Lasclares (31) 182 D2
Marignac-Laspeyres (31) 182 C3
Marignana (2A) 204 C3
Marignane (13) 190 B3
Marigné (49) 76 D2
Marigné-Laillé (72) 78 B1
Marigné-Peuton (53) 76 C1
Marignier (74) 119 E5
Marignieu (01) 131 G2
Marigny (03) 113 G1
Marigny (39) 103 E6
Marigny (50) 37 F1
Marigny (51) 45 E5
Marigny (71) 100 D6
Marigny (79) 107 H5
Marigny-Brizay (86) 94 B5
Marigny-Chemereau (86) 108 D3
Marigny-en-Orxois (02) 44 B2
Marigny-le-Cahouët (21) 84 D5
Marigny-le-Châtel (10) 65 G2
Marigny-l'Église (58) 84 A6
Marigny-lès-Reullée (21) 101 G3
Marigny-les-Usages (45) 63 E6
Marigny-Marmande (37) 94 C3
Marigny-Saint-Marcel (74) 132 A2
Marigny-sur-Yonne (58) 99 G1
Marillac-le-Franc (16) 122 D3
le Marillais (49) 75 F4
Marillet (85) 107 G1
Marimbault (33) 149 H3
Marimont 49 G4
Marimont-lès-Bénestroff (57) 49 G3
Marin (74) 119 E3
Marines (95) 42 B1
Maringes (42) 129 F4
Maringues (63) 127 G2
Mariol (03) 127 H1
Marions (33) 150 A4
Marissel 20 B4
Marizy (71) 115 G1
Marizy-Saint-Mard (02) 44 B1
Marizy-Sainte-Geneviève (02) ..44 A1
le Markstein 70 D6
Marlemont (08) 23 G1
Marlenheim (67) 50 D5
Marlens (74) 132 C2
Marlers (80) 19 H1
Marles-en-Brie (77) 43 G5
Marles-les-Mines (62) 2 C6
Marles-sur-Canche (62) 8 D1
Marlhes (42) 143 F1
Marliac (31) 183 G3
Marliens (21) 102 A1
la Marlière 3 G4
Marlieux (01) 116 D6
Marlioz (74) 118 B6
Marly (57) 26 B6
Marly (59) 11 F2
Marly-Gomont (02) 11 H6
Marly-la-Ville (95) 43 E2
Marly-le-Roi (78) 42 C4

Marly-sous-Issy (71) 100 A6
Marly-sur-Arroux (71) 115 E1
Marmagne (18) 97 F2
Marmagne (21) 84 D3
Marmagne (71) 100 D5
Marmande (47) 150 C3
Marmanhac (15) 140 B4
Marmeaux (89) 84 B4
Marminiac (46) 152 B1
Marmont-Pachas (47) 165 H1
Marmouillé (61) 39 G5
Marmoutier (67) 50 C4
Marnac (24) 137 H6
Marnand (69) 115 G6
Marnans (38) 144 D1
Marnaves (81) 167 H1
Marnay (70) 87 E6
Marnay (71) 101 G6
Marnay (86) 109 E3
Marnay-sur-Marne (52) 68 A5
Marnay-sur-Seine (10) 65 F1
Marnaz (74) 119 E5
la Marne (44) 91 E1
Marnefer (61) 40 A3
Marnes (79) 93 H4
Marnes-la-Coquette (92) 42 C4
Marnézia (39) 117 G1
Marnhagues-et-Latour (12) 169 H3
Marnoz (39) 103 E3
Marœuil (62) 10 A2
Marolles (14) 17 G5
Marolles (41) 79 H3
Marolles (51) 46 B5
Marolles (60) 44 A1
Marolles-en-Beauce (91) 63 F2
Marolles-en-Brie (77) 44 A4
Marolles-en-Brie (94) 43 E5
Marolles-en-Hurepoix (91) 63 F1
Marolles-lès-Bailly (10) 66 C4
Marolles-les-Braults (72) 60 B3
Marolles-les-Buis (28) 61 F2
Marolles-lès-Saint-Calais (72)...79 E1
Marolles-sous-Lignières (10) ...66 A6
Marolles-sur-Seine (77) 64 C2
Marollette (72) 60 C2
Marols (42) 128 D5
Maromme (76) 7 G6
Mâron (36) 96 D5
Maron (54) 48 C5
Maroncourt (88) 69 G3
la Maroutière 76 D1
Marpaps (40) 163 G5
Marpent (59) 12 B2
Marpiré (35) 57 H2
Marquaix (80) 10 D5
Marquay (24) 138 A5
Marquay (62) 9 G1
Marquefave (31) 183 E2
Marquéglise (60) 21 E3
Marquein (11) 184 A2
Marquerie (65) 181 F3
Marques (76) 19 G1
Marquette-en-Ostrevant (59) 11 E2
Marquette-lez-Lille (59) 3 F4
Marquèze 148 D6
Marquigny (08) 24 A3
Marquillies (59) 3 E6
Marquion (62) 10 D3
Marquise (62) 1 F3
Marquivillers (80) 21 E2
Marquixanes (66) 199 F3
Marrault 84 A5
Marray (37) 78 D3
la Marre (39) 102 D5
Marre (55) 25 E6
Mars (07) 143 F4
les Mars (23) 126 B1
Mars (30) 170 D2
Mars (42) 115 F5
Mars-la-Tour (54) 26 A5
Mars-sous-Bourcq (08) 24 A4
Mars-sur-Allier (58) 98 D5
Marsa (11) 198 D1
Marsac (16) 122 B3
Marsac (23) 111 E6
Marsac (65) 181 E2
Marsac (82) 166 A2
Marsac-en-Livradois (63) 128 B6
Marsac-sur-Don (44) 74 C1
Marsac-sur-l'Isle (24) 137 F2
Marsainvilliers (45) 63 F4
Marsais (17) 107 G5
Marsais-Sainte-Radégonde (85) 107 E1
Marsal (57) 49 F4
Marsal (81) 168 C2
Marsalès (24) 151 G1
Marsan (32) 166 A5
Marsaneix (24) 137 F3
Marsangis (51) 45 E6
Marsangy (89) 65 E3
Marsannay-la-Côte (21) 85 H6
Marsannay-le-Bois (21) 85 H5
Marsanne (26) 158 B1
Marsas (33) 135 G3
Marsas (65) 181 F4
Marsat (63) 127 F2
Marsaz (26) 144 B3
Marseillan (32) 165 F6
Marseillan (34) 187 F2
Marseillan (65) 181 F2
Marseille (13) 190 C4
Marseille-en-Beauvaisis (60) 20 A3
Marseilles-lès-Aubigny (18) 98 C3
Marseillette (11) 185 F3
Marsillargues (34) 171 H5
Marsilly (17) 106 C4
Marsilly (57) 26 C5

Marsolan (32) 165 G2
Marson (51) 46 B3
Marson-sur-Barboure (55) 47 G5
Marsonnas (01) 116 C3
Marsoulas (31) 182 D4
Marssac-sur-Tarn (81) 168 B3
Martagny (27) 19 G5
Martailly-lès-Brancion (71) 116 B2
Martainneville (80) 8 C3
Martainville (14) 16 B6
Martainville (27) 17 G3
Martainville-Épreville (76) 7 H6
Martaizé (86) 93 H4
Martel (46) 138 D5
Marthemont (54) 48 C6
Marthille (57) 49 F2
Marthod (73) 132 C3
Marthon (16) 122 D4
Martiel (12) 153 F4
Martigna (39) 117 G3
Martignargues (30) 171 H1
Martignas-sur-Jalle (33) 134 D5
Martignat (01) 117 G4
Martigné-Briand (49) 93 E1
Martigné-Ferchaud (35) 57 H5
Martigné-sur-Mayenne (53) 58 D4
Martigny (02) 12 B6
Martigny (50) 37 G5
Martigny (76) 7 H1
Martigny-Courpierre (02) 22 C4
Martigny-le-Comte (71) 115 G2
Martigny-les-Bains (88) 69 E4
Martigny-les-Gerbonvaux (88) ...68 D1
Martigny-sur-l'Ante (14) 38 D3
Martigues (13) 190 A3
Martillac (33) 149 F1
Martin-Église (76) 7 G2
Martincourt (54) 48 B3
Martincourt (60) 19 H3
Martincourt-sur-Meuse (55) 24 D3
le Martinet (30) 157 E5
Martinet (85) 91 E4
Martinpuich (62) 10 B4
Martinvast (50) 14 C2
Martinvelle (88) 69 F5
Martisserre (31) 182 C1
Martizay (36) 95 F5
Martot (27) 18 C5
Martragny (14) 16 A4
la Martre (83) 175 H3
Martres (33) 149 H1
Martres-de-Rivière (31) 182 A4
les Martres-de-Veyre (63) 127 F4
Martres-Tolosane (31) 182 D3
Marthon (12) 169 E2
Martrois (21) 85 E6
Martrou 120 C1
la Martyre (29) 31 F4
les Martys (11) 185 E1
Maruéjols-lès-Gardon (30) 171 G2
Marval (87) 123 G4
Marvaux-Vieux (08) 24 A5
Marvejols (48) 155 G2
Marvelise (25) 88 B4
Marville (55) 25 F4
Marville-Moutiers-Brûlé (28) 41 F5
Mary (71) 115 H1
Mary-sur-Marne (77) 43 H2
Marzan (56) 73 G2
Marzens (81) 167 H5
Marzy (58) 98 D3
le Mas (06) 176 B4
Mas-Blanc-des-Alpilles (13) 172 D3
Mas-Cabardès (11) 185 E2
le Mas-d'Agenais (47) 150 C4
le Mas-d'Artige (23) 125 H3
Mas-d'Auvignon (32) 165 G3
le Mas-d'Azil (09) 183 F4
le Mas-de-Londres (34) 171 E4
le Mas-de-Tence (43) 143 F3
Mas-des-Cours (11) 185 F4
Mas-d'Orcières (48) 156 B3
Mas-Grenier (82) 166 D3
Mas-Saint-Chély (48) 155 H5
Mas-Saintes-Puelles (11) 184 B2
Masbaraud-Mérignat (23) 125 E1
Mascaraàs-Haron (64) 164 B6
Mascaras (32) 165 E6
Mascaras (65) 181 F3
Mascarville (31) 167 G6
Masclat (46) 138 B6
le Mas de la Barque 156 C4
Masevaux (68) 88 D1
Maslacq (64) 179 H1
Masléon (87) 124 D3
Maslives (41) 80 B3
le Masnau-Massuguiès (81) 169 E4
Masnières (59) 10 D4
Masny (59) 10 D2
Masparraute (64) 179 E1
Maspie-Lalonquère-Juillacq (64) 180 D1
Masquières (47) 152 A4
Massabrac (31) 183 F3
Massac (11) 185 F6
Massac (17) 121 H2
Massac-Séran (81) 167 H5
Massaguel (81) 168 B6
Massais (79) 93 F3
Massals (81) 169 E3
Massanes (30) 171 G1
Massangis (89) 84 A3
Massat (09) 183 F6
le Massegros (48) 155 G5
Masseilles (33) 150 A4
Massels (47) 151 G5
Massérac (44) 56 D6

Masseret (19) 124 C5
Masseube (32) 182 A1
Masseuil 108 D1
Massiac (15) 141 F2
Massieu (38) 131 F6
Massieux (01) 130 A1
Massiges (51) 24 B6
Massignac (16) 123 F3
Massignieu-de-Rives (01)....131 G3
Massillargues-Attuech (30) 171 G2
Massilly (01) 116 A2
Massingy (21) 85 E1
Massingy (74) 131 H2
Massingy-lès-Semur (21) 84 D4
Massingy-lès-Vitteaux (21) 85 E5
Massognes (86) 93 H5
Massoins (06) 176 D3
Massongy (74) 118 D3
Mas Soubeyran 171 F1
Massoulès (47) 151 G4
Massugas (33) 136 B6
les Matelles (34) 171 E4
Matemale (66) 198 D3
Matha (17) 121 G2
Mathaux (10) 66 D2
Mathay (25) 88 C4
Mathenay (39) 102 D3
les Mathes (17) 120 B3
Mathieu (14) 16 B4
Mathons (52) 67 H2
Mathonville (76) 19 E2
Matignicourt-Goncourt (51) 46 C5
Matignon (22) 34 B4
Matigny (80) 21 G1
Matougues (51) 45 H2
Matour (71) 115 H4
Matra (2B) 205 G2
Matringhem (62) 2 A6
Mattaincourt (88) 69 F3
Mattexey (54) 70 A1
Matton-et-Clémency (08) 24 D2
Matzenheim (67) 71 H1
Maubec (38) 130 D4
Maubec (82) 166 B3
Maubec (84) 173 F3
Maubert-Fontaine (08) 12 D6
Maubeuge (59) 12 A2
Maubourguet (65) 164 D6
Maubranche 97 H2
Maubuisson 134 B3
Mauchamps (91) 63 F1
Maucomble (76) 19 E2
Maucor (64) 180 C2
Maucourt (60) 21 G2
Maucourt (80) 21 E1
Maucourt-sur-Orne (55) 25 F6
Maudétour-en-Vexin (95) 42 A2
Mauguio (34) 171 G5
Maulan (52) 47 F5
Maulay (86) 94 A3
Maulde (59) 4 A6
Maule (78) 42 A3
Mauléon (79) 92 C4
Mauléon-Barousse (65) 182 A5
Mauléon-d'Armagnac (32) 164 C2
Mauléon-Licharre (64) 179 G3
Maulers (60) 20 B3
Maulette (78) 41 G4
Maulévrier (49) 92 C3
Maulévrier-Sainte-Gertrude (76) 7 E5
Maulichères (32) 164 C4
Maulnes 84 C1
Maumont 139 G1
Maumusson (44) 75 F3
Maumusson (82) 166 B2
Maumusson-Laguian (32) 164 C5
Mauny (76) 18 B5
Maupas (10) 66 B4
Maupas (32) 164 C3
Mauperthuis (77) 43 H4
Maupertuis (50) 37 F2
Maupertus-sur-Mer (50) 14 D2
Mauprévoir (86) 109 F5
Mauquenchy (76) 19 F3
Mauran (31) 182 D3
Maure (64) 180 D1
Maure-de-Bretagne (35) 56 D4
Maurecourt (78) 42 B2
Mauregard (77) 43 E2
Mauregny-en-Haye (02) 22 D3
Maureilhan (34) 186 D2
Maureillas-las-Illas (66) 199 H4
Mauremont (31) 183 H1
Maurens (24) 136 D3
Maurens (31) 184 A1
Maurens (32) 166 B5
Maurens-Scopont (81) 167 H5
Maurepas (78) 42 B4
Maurepas (80) 10 B5
Mauressac (31) 183 F2
Mauressargues (30) 171 H2
Maureville (31) 167 G6
Mauriac (15) 136 D3
Mauriac (33) 140 A2
Maurines (15) 136 A6
Mauries (40) 164 A5
Maurin 161 G1
Maurines (15) 141 F5
Maurois (59) 11 F4
Mauron (56) 56 B3
Mauroux (32) 166 A2
Mauroux (46) 151 H3
Maurrin (40) 164 A3
Maurs (15) 153 H1

Maurupt-le-Montois (51) 46 D4
Maury (66) 199 G1
la Mauselaine 70 C4
Mausoléo (2B) 202 D2
Maussac (19) 125 G6
Maussane-les-Alpilles (13) 172 D4
Maussans (70) 87 G5
Mautes (23) 126 A1
Mauvages (55) 47 H6
Mauvaisin (31) 183 G2
Mauves (07) 144 A4
Mauves-sur-Huisne (61) 60 D2
Mauves-sur-Loire (44) 74 D4
Mauvezin (31) 183 E1
Mauvezin (32) 166 B4
Mauvezin (65) 181 G4
Mauvezin-d'Armagnac (40) 164 C2
Mauvezin-de-Prat (09) 182 D5
Mauvezin-de-Sainte-Croix (09) 183 E4
Mauvezin-sur-Gupie (47) 150 C2
Mauvières (36) 110 B1
Mauvilly (21) 85 F2
Maux (58) 99 H3
Mauzac (31) 183 F2
Mauzac-et-Grand-Castang (24) 137 F5
Mauzé-le-Mignon (79) 107 F4
Mauzé-Thouarsais (79) 93 F3
Mauzens-et-Miremont (24) 137 G4
Mauzun (63) 127 H4
Mavaleix 123 G5
Maves (41) 80 A2
Mavilly-Mandelot (21) 101 F3
la Maxe (57) 26 C5
Maxent (35) 56 C4
Maxéville (54) 48 D4
Maxey-sur-Meuse (88) 68 D1
Maxey-sur-Vaise (55) 48 A6
Maxilly-sur-Léman (74) 119 F2
Maxilly-sur-Saône (21) 86 B6
Maxou (46) 152 C3
Maxstadt (57) 27 F6
May-en-Multien (77) 43 H2
le May-sur-Èvre (49) 75 G6
May-sur-Orne (14) 16 B5
Mayac (24) 137 G2
Mayenne (53) 58 D3
Mayet (72) 78 B2
le Mayet-de-Montagne (03) 114 C6
le Mayet-d'École (03) 113 H5
Maylis (40) 163 G4
les Mayons (83) 192 B3
Mayot (02) 22 A2
Mayrac (46) 138 D5
Mayran (12) 154 A4
Mayrègne (31) 181 H6
Mayres (07) 157 E1
Mayres (63) 128 B6
Mayres-Savel (38) 145 F4
Mayreville (11) 184 A3
Mayrinhac-Lentour (46) 139 E6
Mayronnes (11) 185 F5
Maysel (60) 20 C6
Mazamet (81) 168 D6
Mazan (84) 173 F1
Mazan-l'Abbaye (07) 157 E1
Mazangé (41) 79 F2
Mazaugues (83) 191 G3
Mazaye (63) 126 D3
Mazé (49) 77 F5
le Mazeau (85) 107 F3
Mazeirat (23) 111 G5
Mazeley (88) 69 H3
Mazerat-Aurouze (43) 142 A2
Mazeray (17) 121 F1
Mazères (09) 184 A3
Mazères (33) 149 H5
Mazères-de-Neste (65) 181 H4
Mazères-Lezons (64) 180 B2
Mazères-sur-Salat (31) 182 C4
Mazerier (03) 113 G5
Mazerny (08) 24 A2
Mazerolles (16) 123 E3
Mazerolles (17) 121 F5
Mazerolles (40) 164 A3
Mazerolles (64) 180 B1
Mazerolles (65) 181 G2
Mazerolles (86) 109 G3
Mazerolles-du-Razès (11) 184 C4
Mazerolles-le-Salin (25) 103 E1
Mazerulles (54) 49 E4
Mazet-Saint-Voy (43) 143 E4
Mazeuil 93 H5
Mazeyrat-d'Allier (43) 142 A3
Mazeyrolles (24) 151 H1
la Mazière-aux-Bons-Hommes (23) 126 A2
Mazières (16) 123 E2
Mazières-de-Touraine (37) 78 C5
Mazières-en-Gâtine (79) 108 A2
Mazières-en-Mauges (49) 92 C3
Mazières-Naresse (47) 151 F4
Mazières-sur-Béronne (79) 108 B5
Mazille (71) 116 A3
Mazingarbe (62) 2 D6
Mazinghem (62) 2 B5
Mazinghien (59) 11 G4
Mazion (33) 135 G2
Mazirat (03) 112 C5
Mazirot (88) 69 F2
le Mazis (80) 8 D6
Mazoires (63) 127 E6
Mazouau (65) 181 G5
Mazuby (11) 198 C2
les Mazures (08) 13 E6
Mazzola (2B) 205 F2
Méailles (04) 175 H1
Méallet (15) 140 A4

Méasnes (23) 111 F3
Méauce 98 C4
Méaucé (28) 61 F1
Méaudre (38) 145 F3
la Meauffe (50) 15 F6
la Méaugon (22) 33 G4
Meaulne (03) 112 D1
Méaulte (80) 10 A5
Méautis (50) 15 E5
Meaux (77) 43 G3
Meaux-la-Montagne (69) 115 G6
Meauzac (82) 166 D1
Mecé (35) 57 H1
Mechmont (46) 152 C2
Mécleuves (57) 26 C6
Mecquignies (59) 11 H2
Mécrin (55) 47 H4
Mécringes (51) 44 C4
Médan (78) 42 B3
Médavy (61) 39 F5
Medeyrolles (63) 128 B6
Médière (25) 88 B4
Médillac (16) 136 B2
Médis (17) 120 C4
Médonville (88) 68 D3
Médréac (35) 56 C1
le Mée (28) 62 A6
Mée (53) 76 C1
le Mée-sur-Seine (77) 64 A1
les Mées (04) 174 D1
Mées (40) 162 D4
les Mées (72) 60 B3
Mégange (57) 26 C4
Megève (74) 133 E1
Mégevette (74) 119 E4
Mégrit (22) 34 B6
Méharicourt (80) 21 E1
Méharin (64) 179 E2
Méhers (41) 80 A6
Méhoncourt (54) 49 E6
Méhoudin (61) 59 F1
Mehun-sur-Yèvre (18) 97 F2
la Meignanne (49) 76 D4
Meigné (49) 93 G1
Meigné-le-Vicomte (49) 78 A4
Meigneux (77) 64 D1
Meigneux (80) 19 H1
Meilars (29) 52 D2
Meilhac (87) 124 A3
Meilhan (32) 182 B1
Meilhan (40) 163 G3
Meilhan-sur-Garonne (47) 150 B3
Meilhards (19) 124 D5
Meilhaud (63) 127 F5
Meillac (35) 35 E5
Meillant (18) 97 H5
Meillard (03) 113 H3
le Meillard (80) 9 F3
la Meilleraie-Tillay (85) 92 B5
Meilleray (77) 44 C4
la Meilleraye-de-Bretagne (44) 74 D2
Meillerie (74) 119 F2
Meillers (03) 113 G2
Meillon (64) 180 C2
Meillonnas (01) 117 E4
Meilly-sur-Rouvres (21) 101 E1
Meisenthal (57) 28 B6
Meistratzheim (67) 71 G1
le Meix (21) 85 G3
le Meix-Saint-Epoing (51) 44 D5
le Meix-Tiercelin (51) 46 A6
le Méjanel 155 E6
Méjannes-le-Clap (30) 157 G5
Méjannes-lès-Alès (30) 171 H1
Mela (2A) 207 E2
Mélagues (12) 169 H4
Mélamare (76) 6 C5
Mélas 138 A2
Melay (49) 92 D1
Melay (52) 69 E6
Melay (71) 115 E5
le Mêle-sur-Sarthe (61) 60 C1
Mélecey (70) 88 A4
Melesse (35) 57 F2
Melgven (29) 53 H3
Mélicocq (60) 21 F4
Mélicourt (27) 40 A3
Méligny-le-Grand (55) 47 G5
Méligny-le-Petit (55) 47 G5
Melin (70) 87 E2
Melincourt (70) 69 G6
Mélisey (70) 88 B2
Mélisey (89) 84 B1
Meljac (12) 154 B6
Mellac (29) 54 B4
Mellé (35) 58 A1
Melle (79) 108 B4
Mellecey (71) 101 F5
Melleran (79) 108 C5
Melleray (72) 61 E5
Melleray-la-Vallée 59 E1
Melleroy (45) 82 C1
Melles (31) 182 B6
Melleville (76) 8 B5
Mellionnec (22) 54 D1
Mello (60) 20 C6
Meloisey (21) 101 F3
Melrand (56) 55 E3
Melsheim (67) 50 D4
Melun (77) 64 A1
Melve (04) 160 B4
Melz-sur-Seine (77) 65 E1
Membrey (70) 86 D3
la Membrolle-sur-Choisille (37) 78 D1
la Membrolle-sur-Longuenée (49) 76 D4
Membrolles (41) 62 A6
Méménil (88) 70 B3
Memmelshoffen (67) 29 E6
le Mémont (25) 104 C1
Menades (89) 83 H5

Ménarmont (88) 70 B1
Menars (41) 80 A3
Menat (63) 113 F6
Menaucourt (55) 47 G5
Mencas (62) 2 A5
Menchhoffen (67) 50 D3
Mende (48) 156 A3
Mendionde (64) 178 D1
Menditte (64) 179 F3
Mendive (64) 179 E3
Ménéac (56) 56 A2
le Ménec 72 B1
Ménerbes (84) 173 G3
Ménerval (76) 19 G3
Ménerville (78) 41 G3
Meneslies (80) 8 B4
Ménesplet (24) 136 B4
Ménesqueville (27) 19 E5
Ménessaire (21) 100 B2
Menestreau (21) 83 E5
Ménestreau-en-Villette (45) 81 E3
Menet (15) 140 B2
Menetou-Couture (18) 98 C3
Menetou-Râtel (18) 82 B6
Menetou-Salon (18) 97 H1
Menetou-sur-Nahon (36) 96 B1
Ménétréol-sous-Sancerre (18) 82 B6
Ménétréol-sur-Sauldre (18) 81 G5
Ménétréols-sous-Vatan (36) 96 D3
Ménétreuil (71) 116 D1
Ménétreux-le-Pitois (21) 84 D4
Ménétrol (63) 127 F2
Ménétru-le-Vignoble (39) 102 D5
Ménétrux-en-Joux (39) 103 E6
Ménévillers (60) 21 E3
Menglon (26) 159 F1
Ménigoute (79) 108 C2
Ménil (53) 76 D2
le Ménil (88) 70 C6
Ménil-Annelles (08) 23 H4
Ménil-aux-Bois (55) 47 G4
le Ménil-Bérard (61) 40 A5
le Ménil-Broût (61) 60 B1
le Ménil-Ciboult (61) 38 A4
le Ménil-de-Briouze (61) 38 C5
Ménil-de-Senones (88) 70 D2
Ménil-en-Xaintois (88) 69 E2
Ménil-Erreux (61) 60 B1
le Ménil-Froger (61) 39 G5
Ménil-Gondouin (61) 38 D4
le Ménil-Guyon (61) 39 G6
Ménil-Hermei (61) 38 D4
Ménil-Hubert-en-Exmes (61) 39 G4
Ménil-Hubert-sur-Orne (61) 38 C3
Ménil-Jean (61) 38 D5
Ménil-la-Horgne (55) 47 H5
Ménil-la-Tour (54) 48 B4
Ménil-Lépinois (08) 23 G5
Ménil-Scelleur (61) 39 E6
Ménil-sur-Belvitte (88) 70 B1
Ménil-sur-Saulx (55) 47 F5
le Ménil-Vicomte (61) 39 G5
Ménil-Vin (61) 38 D4
Ménilles (27) 41 F2
la Ménitré (49) 77 F5
Mennecy (91) 43 E6
Mennessis (02) 22 A2
Mennetou-sur-Cher (41) 96 D1
Menneval (27) 17 H5
Menneville (02) 23 E4
Menneville (62) 1 G4
Mennevret (02) 11 F5
Mennouveaux (52) 68 B4
Ménoire (19) 139 E3
Menomblet (85) 92 C5
Menoncourt (90) 88 D2
Ménonval (76) 19 F1
Menotey (39) 102 C1
Menou (58) 83 E6
Menouville (95) 42 C1
le Menoux (36) 111 E2
Menoux (70) 87 F1
Mens (38) 145 G5
Mensignac (24) 137 E2
Menskirch (57) 26 D3
Mentheville (76) 6 C4
Menthières 118 A5
Menthon-Saint-Bernard (74) 132 B2
Menthonnex-en-Bornes (74) 118 C6
Menthonnex-sous-Clermont (74) 131 H1
Mentières (15) 141 F4
Menton (06) 177 F5
Mentque-Norbécourt (62) 1 H3
Menucourt (95) 42 B2
les Menuires 132 D6
les Menus (61) 61 F1
Menville (31) 166 D5
Méobecq (36) 96 A6
Méolans-Revel (04) 161 E2
Méon (49) 78 A4
Méounes-lès-Montrieux (83) 191 G4
Mer (41) 80 B3
Méracq (64) 164 A6
Méral (53) 58 B6
Méras (09) 183 F3
Mercatel (62) 10 B3
Mercenac (09) 182 D5
Mercey (70) 116 B2
Mercey (27) 41 F2
Mercey-le-Grand (25) 102 D1
Mercey-sur-Saône (70) 86 D3
Mercin-et-Vaux (02) 22 A5
Merck-Saint-Liévin (62) 2 A5
Merckeghem (59) 2 B3
Mercœur (19) 139 F4
Mercœur (43) 141 G2
Mercuer (07) 157 G2
Mercuès (46) 152 C3

Mercurey (71) 101 F5
Mercurol (26) 144 B3
Mercury (73) 132 C3
Mercus-Garrabet (09) 183 H6
Mercy (03) 114 B2
Mercy (89) 65 G5
Mercy-le-Bas (54) 25 H4
Mercy-le-Haut (54) 25 H4
Merdrignac (22) 56 A2
Méré (78) 42 A4
Méré (89) 83 H1
Méreau (18) 97 E2
Méréaucourt (80) 19 H2
Méréglise (28) 61 G3
Mérélessart (80) 8 D5
Mérens (32) 165 G4
Mérens-les-Vals (09) 198 B3
Merenvielle (31) 166 D5
Méreuil (05) 159 H4
Mérey (27) 41 F3
Mérey-sous-Montrond (25) 103 F1
Mérey-Vieilley (25) 87 F5
Merfy (51) 23 E5
Mergey (10) 66 A2
Meria (2B) 203 G2
Mérial (11) 198 C2
Méribel-les-Allues (73) 133 E6
Méribel-Mottaret (73) 133 E6
Méricourt (62) 10 B1
Méricourt (78) 41 G2
Méricourt-en-Vimeu (80) 9 E6
Méricourt-l'Abbé (80) 9 H5
Méricourt-sur-Somme (80) 10 A6
Mériel (95) 42 C2
Mérifons (34) 170 B5
Mérignac (16) 122 A3
Mérignac (17) 135 G1
Mérignac (33) 135 E5
Mérignas (33) 136 A6
Mérignat (01) 117 F6
Mérignies (59) 3 G6
Mérigny (36) 110 A1
Mérigon (09) 183 E4
Mérilheu (65) 181 F4
Mérillac (22) 56 A1
Mérinchal (23) 126 B2
Mérindol (84) 173 G4
Mérindol-les-Oliviers (26) 158 D5
Mérinville (45) 64 C5
le Mériot (10) 65 F1
Méritein (64) 179 G2
Merkwiller-Pechelbronn (67) 29 E6
Merlas (38) 131 F5
la Merlatière (85) 91 G3
Merlaut (51) 46 B4
Merle-Leignec (42) 142 D1
Merléac (22) 33 F6
Merlebach 27 F5
le Merlerault (61) 39 G5
Merles (82) 166 B1
Merles-sur-Loison (55) 25 F4
Merlevenez (56) 54 D5
Merlieux-et-Fouquerolles (02) 22 B3
Merlimont (62) 8 C1
Merlines (19) 126 B4
Mernel (35) 56 D4
Mérobert (91) 63 E2
Mérona (39) 117 G1
Mérouville (28) 62 D3
Meroux (90) 88 D3
Merpins (16) 121 G4
Merrey (52) 68 C5
Merrey-sur-Arce (10) 66 D5
Merri (61) 39 E4
Merris (59) 2 D4
Merry-la-Vallée (89) 83 E2
Merry-Sec (89) 83 F3
Merry-sur-Yonne (89) 83 G4
Mers-les-Bains (80) 8 B4
Mers-sur-Indre (36) 111 G1
Merschweiller (57) 26 D2
Mersuay (70) 87 G1
Merten (57) 27 E4
Mertrud (52) 67 G2
Mertzen (68) 89 E3
Mertzwiller (67) 51 E3
Méru (60) 20 B6
Merval (02) 19 F3
Mervans (71) 102 A5
Mervent (85) 107 F2
Mervilla (31) 167 F6
Merville (31) 166 D4
Merville (59) 2 D5
Merville-Franceville-Plage (14) 16 C3
Merxheim (68) 71 F6
Méry (73) 131 H4
Méry-Corbon (14) 16 D5
Méry-ès-Bois (18) 81 G6
Méry-la-Bataille (60) 21 E3
Méry-Prémecy (51) 22 D6
Méry-sur-Cher (18) 97 E1
Méry-sur-Marne (77) 44 A3
Méry-sur-Oise (95) 42 C2
Méry-sur-Seine (10) 65 H1
le Merzer (22) 33 E4
Mésandans (25) 87 H5
Mésanger (44) 75 E3
Mésangueville (76) 19 F3
Mesbrecourt-Richecourt (02) 22 B2
Meschers-sur-Gironde (17) 120 C4
Mescoules (24) 136 D6
le Mesge (80) 9 E5
Mesgrigny (10) 65 H2
Mésigny (74) 118 B6
Meslan (56) 54 C3

Mesland (41) 79 G4
Meslay (91) 91 H1
Meslay (14) 16 B6
Meslay (41) 79 G2
Meslay-du-Maine (53) 59 E6
Meslay-le-Grenet (28) 62 A2
Meslay-le-Vidame (28) 62 A3
Meslières (25) 88 D2
Meslin (22) 33 H5
Mesmay (25) 103 E2
Mesmont (08) 23 G2
Mesmont (21) 85 F6
Mesnac (16) 121 G3
Mesnard-la-Barotière (85) 92 A4
Mesnay (39) 103 E4
les Mesneux (51) 23 E6
la Mesnière (61) 60 C1
Mesnières-en-Bray (76) 19 E1
le Mesnil (50) 14 B4
le Mesnil-Adelée (50) 37 G5
le Mesnil-Amand (50) 35 H1
le Mesnil-Amelot (77) 43 F2
le Mesnil-Amey (50) 37 F1
le Mesnil-Angot (50) 15 E6
le Mesnil-au-Grain (14) 16 A5
le Mesnil-au-Val (50) 14 C2
le Mesnil-Aubert (50) 35 H1
le Mesnil-Aubry (95) 42 D2
le Mesnil-Auzouf (14) 38 A2
le Mesnil-Bacley (14) 17 E6
le Mesnil-Benoist (14) 37 G3
Mesnil-Bruntel (80) 10 C6
le Mesnil-Caussois (14) 37 G3
Mesnil-Clinchamps (14) 37 G3
le Mesnil-Conteville (60) 20 A2
le Mesnil-Domqueur (80) 9 E4
le Mesnil-Durand (14) 17 E6
le Mesnil-Durdent (76) 7 E3
Mesnil-en-Arrouaise (80) 10 C4
le Mesnil-en-Thelle (60) 42 D1
le Mesnil-en-Vallée (49) 75 G4
le Mesnil-Esnard (76) 7 G6
le Mesnil-Eudes (14) 17 F5
le Mesnil-Eury (50) 15 E6
Mesnil-Follemprise (76) 7 H3
le Mesnil-Fuguet (27) 40 D2
le Mesnil-Garnier (50) 35 H2
le Mesnil-Geoffroy 7 E3
le Mesnil-Germain (14) 17 F6
le Mesnil-Gilbert (50) 37 G5
le Mesnil-Guillaume (14) 17 F5
le Mesnil-Hardray (27) 40 D3
le Mesnil-Herman (50) 37 F2
le Mesnil-Jourdain (27) 40 D1
Mesnil-la-Comtesse (10) 66 B1
Mesnil-le-Roi (78) 42 C3
Mesnil-Lettre (10) 66 C1
le Mesnil-Lieubray (76) 19 F3
Mesnil-Martinsart (80) 10 A4
le Mesnil-Mauger (14) 17 E5
Mesnil-Mauger (76) 19 F2
le Mesnil-Opac (50) 37 G2
le Mesnil-Ozenne (50) 37 F5
Mesnil-Panneville (76) 7 F5
le Mesnil-Patry (14) 16 A4
le Mesnil-Rainfray (50) 37 G5
Mesnil-Raoul (76) 18 D5
le Mesnil-Raoult (50) 37 G2
le Mesnil-Réaume (76) 8 B5
le Mesnil-Robert (14) 37 H3
le Mesnil-Rogues (50) 35 H2
Mesnil-Rousset (27) 40 A3
le Mesnil-Rouxelin (50) 37 G1
le Mesnil-Saint-Denis (78) 42 B5
le Mesnil-Saint-Firmin (60) 20 C2
le Mesnil-Saint-Georges (80) 20 D2
le Mesnil-Saint-Laurent (02) 11 E6
Mesnil-Saint-Loup (10) 65 H3
le Mesnil-Saint-Nicaise (80) 21 F1
le Mesnil-Saint-Père (10) 66 C3
le Mesnil-Sellières (10) 66 C3
le Mesnil-Simon (14) 17 E5
le Mesnil-Simon (28) 41 G3
le Mesnil-sous-Jumièges (76) 7 F6
Mesnil-sous-Vienne (27) 19 G5
le Mesnil-sur-Blangy (14) 17 F4
le Mesnil-sur-Bulles (60) 20 C4
Mesnil-sur-l'Estrée (27) 41 F4
le Mesnil-sur-Oger (51) 45 F3
le Mesnil-Théribus (60) 20 A5
le Mesnil-Thomas (28) 40 D6
le Mesnil-Tôve (50) 37 G5
Mesnil-Val-Plage 8 A4
le Mesnil-Véneron (50) 15 E6
Mesnil-Verclives (27) 19 F5
le Mesnil-Vigot (50) 15 E6
le Mesnil-Villeman (50) 35 H2
le Mesnil-Villement (14) 38 C3
le Mesnilbus (50) 37 E1
le Mesnillard (50) 37 G5
Mesnois (39) 117 G1
les Mesnuls (78) 42 A5
Mespaul (29) 31 G3
Mesplède (64) 163 G6
Mesples (03) 112 B3
Mespuits (91) 63 F3
Mesquer (44) 73 F3
Messac (17) 135 H4
Messac (35) 57 E4
Messanges (21) 101 G2
Messanges (40) 162 B3
Messas (45) 80 B2
Messé (79) 108 D4
Messei (61) 38 B5
Messein (54) 48 D5
Messeix (63) 126 B4
Messemé (86) 94 A3
Messery (74) 118 C3
Messey-sur-Grosne (71) 101 F6

Messia-sur-Sorne (39) 102 C6
Messigny-et-Vantoux (21) 85 H5
Messimy (69) 129 H3
Messimy-sur-Saône (01) 116 B6
Messincourt (08) 24 D2
Messon (10) 66 A3
Messy (77) 43 F3
Mesterrieux (33) 150 B1
Mestes (19) 126 A5
Mesves-sur-Loire (58) 98 C1
Mesvres (71) 100 C4
Métabief (25) 104 A5
les Métairies (16) 121 H3
Métairies-Saint-Quirin (57) 50 A5
Méteren (59) 2 D4
Méthamis (84) 173 G1
Metting (57) 50 B3
Mettray (37) 78 D5
Metz (57) 26 B5
Metz-en-Couture (62) 10 D4
Metz-le-Comte (58) 83 G5
Metz-Robert (10) 66 B5
Metz-Tessy (74) 132 A1
Metzeral (68) 70 D5
Metzeresche (57) 26 C4
Metzervisse (57) 26 C3
Metzing (57) 27 G5
Meucon (56) 55 G6
Meudon (92) 42 C4
Meuilley (21) 101 G2
Meulan (78) 42 A2
Meulers (76) 7 H2
Meulles (14) 17 F6
Meulson (21) 85 F3
Meunet-Planches (36) 96 D5
Meunet-sur-Vatan (36) 96 D3
Meung-sur-Loire (45) 80 C2
Meurcé (72) 60 B3
Meurchin (62) 3 E6
Meurcourt (70) 87 G1
la Meurdraquière (50) 35 H2
Meures (52) 67 H4
Meursac (17) 120 D4
Meursanges (21) 101 G3
Meursault (21) 101 F3
Meurville (10) 67 E4
Meusnes (41) 96 B1
Meussia (39) 117 H2
Meuvaines (14) 16 A3
Meux (17) 121 G6
le Meux (60) 21 E5
Meuzac (87) 124 C5
Mévoisins (28) 62 B1
Mévouillon (26) 159 F5
Meximieux (01) 130 C1
Mexy (54) 25 H3
Mey (57) 26 C5
Meyenheim (68) 71 F6
Meygeas 124 A2
Meylan (38) 145 G2
Meymac (19) 125 G5
Meynes (30) 172 C3
Meyraguet 138 C5
Meyrals (24) 137 H5
Meyrannes (30) 157 F5
Meyrargues (13) 174 A5
Meyras (07) 157 F1
Meyreuil (13) 174 A6
Meyrié (38) 130 D5
Meyrieu-les-Étangs (38) 130 D5
Meyrieux-Trouet (73) 131 G4
Meyrignac-l'Église (19) 125 E6
Meyronne (46) 138 D5
Meyronnes (04) 161 G2
Meyrueis (48) 155 H6
Meys (69) 129 F4
Meyssac (19) 138 D4
Meysse (07) 158 A2
Meyssies (38) 130 C5
Meythet (74) 132 A1
la Meyze (87) 124 A4
Meyzieu (69) 130 B3
Mézangers (53) 59 E4
Mèze (34) 187 G1
Mézel (04) 175 E1
Mezel (63) 127 G3
Mézens (81) 167 G4
Mézeray (72) 77 H1
Mézères (43) 142 D3
Mézériat (01) 116 C4
Mézerolles (80) 9 F3
Mézerville (11) 184 A3
Mézidon-Canon (14) 16 D5
la Mézière (35) 57 E2
Mézières-au-Perche (28) 61 H3
Mézières-en-Brenne (36) 95 G5
Mézières-en-Drouais (28) 41 F5
Mézières-en-Gâtinais (45) 63 H5
Mézières-en-Santerre (80) 20 D1
Mézières-en-Vexin (27) 41 G1
Mézières-lez-Cléry (45) 80 C2
Mézières-sous-Lavardin (72) 59 H4
Mézières-sur-Couesnon (35) 57 G2
Mézières-sur-Issoire (87) 110 A6
Mézières-sur-Oise (02) 22 A1
Mézières-sur-Ponthouin (72) 60 B4
Mézières-sur-Seine (78) 42 A3
Mézilhac (07) 143 F6
Mézilles (89) 82 D3
Mézin (47) 165 E1
Méziré (90) 88 D3
Mézos (40) 148 B6
Mézy-Moulins (02) 44 C2
Mézy-sur-Seine (78) 42 A2
Mhère (58) 99 H1
Mialet (24) 123 H5
Mialet (30) 171 F1
Mialos (64) 164 A6

Miannay (80) 8 C4
Michaugues (58) 99 F1
Michelbach (68) 89 E1
Michelbach-le-Bas (68) 89 G3
Michelbach-le-Haut (68) 89 G3
Michery (89) 64 D3
Midrevaux (88) 68 C2
Mièges (39) 103 F5
Miélan (32) 181 G1
Miellin (70) 88 C1
Miermaigne (28) 61 F3
Miers (46) 139 E5
Miéry (39) 102 D5
Mietesheim (67) 51 E2
Mieussy (74) 119 E5
Mieuxcé (61) 59 H2
Mifaget 180 C4
Migé (89) 83 F3
Migennes (89) 65 F6
Miglos (09) 197 H4
Mignaloux-Beauvoir (86) 109 E2
Mignavillers (70) 88 B3
Migné (36) 95 H6
Migné-Auxances (86) 109 E1
Mignères (45) 64 A5
Mignerette (45) 63 H5
Mignéville (54) 49 G6
Mignières (28) 62 A2
Mignovillard (39) 103 G5
Migny (36) 97 E3
Migré (17) 107 H5
Migron (17) 121 G2
Mijanès (09) 198 C2
Mijanès-Donezan (09) 198 C2
Mijoux (01) 118 B3
la Milesse (72) 60 A5
Milhac (46) 138 B6
Milhac-d'Auberoche (24) 137 G3
Milhac-de-Nontron (24) 123 F6
Milhars (81) 153 F6
Milhas (31) 182 B5
Milhaud (30) 172 A4
Milhavet (81) 168 B2
Milizac (29) 30 D4
Millac (86) 109 G5
Millam (59) 2 B3
Millançay (41) 80 C5
Millas (66) 199 H3
Millau (12) 169 H1
Millay (58) 100 B5
Millebosc (76) 8 B5
Millemont (78) 41 H4
Millencourt (80) 10 A5
Millencourt-en-Ponthieu (80) 8 D3
Millery (21) 84 C4
Millery (54) 48 C4
Millery (69) 130 A4
Millevaches (19) 125 G4
Millières (50) 14 D6
Millières (52) 68 B4
Millonfosse (59) 11 E1
Milly 37 G6
Milly-la-Forêt (91) 63 G2
Milly-Lamartine (71) 116 A3
Milly-sur-Bradon (55) 24 D4
Milly-sur-Thérain (60) 20 A4
Milon-la-Chapelle (78) 42 B5
Mimbaste (40) 163 E4
Mimet (13) 190 D3
Mimeure (21) 101 E2
Mimizan (40) 148 A5
Mimizan Plage 148 A5
Minaucourt-le-Mesnil-lès-Hurlus (51) 46 C1
Minerve (34) 185 G2
Mingot (65) 181 F2
Mingoval (62) 10 A1
Miniac-Morvan (35) 35 E4
Miniac-sous-Bécherel (35) 56 D1
le Minihic-sur-Rance (35) 34 D2
Minihy-Tréguier (22) 32 D2
Minorville (54) 48 B4
Minot (21) 85 G3
Minversheim (67) 51 E3
Minzac (24) 136 B4
Minzier (74) 118 B6
Miolles (81) 169 E3
Mionnay (01) 130 B2
Mions (69) 130 B4
Mios (33) 148 C2
Miossens-Lanusse (64) 164 B6
Mirabeau (04) 160 B6
Mirabeau (84) 174 B4
Mirabel (07) 157 G2
Mirabel (82) 152 C6
Mirabel-aux-Baronnies (26) 158 C4
Mirabel-et-Blacons (26) 158 D1
Miradoux (32) 166 A2
Miramar 193 F2
Miramas (13) 173 F5
Miramas le Vieux 173 F5
Mirambeau (17) 121 F6
Mirambeau (31) 182 C1
Miramont-d'Astarac (32) 165 G6
Miramont-de-Comminges (31) 182 B4
Miramont-de-Guyenne (47) 150 D2
Miramont-de-Quercy (82) 152 A5
Miramont-Latour (32) 165 H4
Miramont-Sensacq (40) 164 B5
Mirande (32) 165 F6
Mirandol-Bourgnounac (81) 153 H6
Mirannes (32) 165 F5
Miraumont (80) 10 A4
Miraval-Cabardès (11) 185 E2
Mirbel (57) 67 H3
Miré (49) 77 E2
Mirebeau (86) 94 A5
Mirebeau-sur-Bèze (21) 86 B5
Mirebel (39) 103 E5
Mirecourt (88) 69 F2

Mirefleurs (63)......127 F4
Miremont (31)......183 F2
Miremont (63)......126 C2
Mirepeisset (11)......186 B2
Mirepeix (64)......180 C3
Mirepoix (09)......184 B4
Mirepoix (32)......165 H4
Mirepoix-sur-Tarn (31)......167 E4
Mireval (34)......171 E6
Mireval-Lauragais (11)......184 B3
Miribel (01)......130 B2
Miribel (26)......144 C2
Miribel-Lanchâtre (38)......145 F4
Miribel-les-Échelles (38)......131 G6
Mirmande (26)......158 B1
le Miroir (33)......133 F4
le Miroir (71)......117 E1
Miromesnil......7 G2
Mirvaux (80)......9 G5
Mirville (76)......6 C4
Miscon (26)......159 F1
Miserey (27)......41 E2
Miserey-Salines (25)......87 F6
Misérieux (01)......130 A1
Misery (80)......10 C6
Mison (04)......160 A5
Missé (79)......93 G4
Missècle (81)......168 A4
Missègre (11)......185 E5
Missery (21)......84 D6
Missillac (44)......73 G2
Missiriac (56)......56 A5
Misson (40)......163 E5
Missy (14)......16 A5
Missy-aux-Bois (02)......21 H5
Missy-lès-Pierrepont (02)......22 D2
Missy-sur-Aisne (02)......22 B5
Misy-sur-Yonne (77)......64 D2
Mitry-Mory (77)......43 F3
Mitschdorf......28 D6
Mittainville (78)......41 H5
Mittainvilliers (28)......61 H1
Mittelbergheim (67)......71 F1
Mittelbronn (57)......50 B4
Mittelhausbergen (67)......51 E5
Mittelhausen (67)......51 E4
Mittelschaeffolsheim (67)......51 E4
Mittelwihr (68)......71 F3
Mittersheim (57)......49 H3
Mittlach (68)......70 D5
Mittois (14)......17 E6
Mitzach (68)......70 D6
Mizérieux (42)......129 E3
Mizoën (38)......146 B3
Mobecq (50)......14 C5
Moca-Croce (2A)......207 E1
Modane (73)......147 E2
Modène (84)......158 D6
Moëlan-sur-Mer (29)......54 A4
les Moëres (59)......2 C1
Mœrnach (68)......89 F4
Mœslains (52)......46 D6
Mœurs-Verdey (51)......44 D5
Mœuvres (10)......10 D3
Moëze (17)......120 C1
Moffans-et-Vacheresse (70)......88 A3
Mogeville (55)......25 F6
Mognard (73)......131 H3
Mogneneins (01)......116 B5
Mognéville (55)......46 D4
Mogneville (60)......20 D5
Mogues (08)......25 E2
Mohon......24 B1
Mohon (56)......55 H3
Moidieu-Détourbe (38)......130 B5
Moigné......57 E3
Moigny-sur-École (91)......63 G2
Moimay (70)......88 A3
Moineville (54)......26 A4
Moings (17)......121 G5
Moingt......128 D4
Moinville-la-Jeulin (28)......62 C2
Moirans (38)......145 F1
Moirans-en-Montagne (39)......117 H2
Moirax (47)......151 E6
Moiré (69)......129 G1
Moiremont (51)......46 D1
Moirey-Flabas-Crépion (55)......25 F5
Moiron (39)......102 D6
Moiry (08)......25 E2
Moisdon-la-Rivière (44)......75 E1
Moisenay (77)......43 F6
Moislains (80)......10 C5
Moissac (82)......166 C1
Moissac-Bellevue (83)......175 E4
Moissac-Vallée-Française (48)......156 C6
Moissannes (87)......124 D2
Moissat (63)......127 G3
Moisselles (95)......42 D2
Moissey (39)......102 C1
Moissieu-sur-Dolon (38)......130 B6
Moisson (78)......41 H2
Moissy-Cramayel (77)......43 F6
Moissy-Moulinot (58)......83 G6
Moisville (27)......41 E4
Moisy (41)......79 H1
Moïta (2B)......205 G2
les Moitiers-d'Allonne (50)......14 B4
les Moitiers-en-Bauptois (50)......14 D4
Moitron (21)......85 F3
Moitron-sur-Sarthe (72)......59 H3
Moivre (51)......46 B3
Moivrons (54)......49 E3
Molac (56)......56 A6
Molagnies (76)......19 G3
Molain (02)......11 F4
Molain (39)......103 E4
Molamboz (39)......102 D3
Molandier (11)......183 H3
les Molanès......161 F3

le Molant......57 E3
Molas (31)......182 B1
Molay (21)......102 C3
Molay (70)......86 D2
Môlay (89)......84 A2
le Molay-Littry (14)......15 G6
la Môle (83)......192 C4
Moléans (28)......62 A5
Molèdes (15)......141 E2
Molère (65)......181 G4
Molesme (21)......66 D6
Molesmes (89)......83 F3
Molezon (48)......156 B6
Molhain......13 E4
Moliens (60)......19 H2
Molières (24)......137 G6
Molières (46)......139 F6
Molières (82)......152 C6
les Molières (91)......42 B5
Molières-Cavaillac (30)......170 D2
Molières-Glandaz (26)......145 E6
Molières-sur-Cèze (30)......157 E5
Moliets-et-Maa (40)......162 C3
Moliets Plage......162 B3
Molinchart (02)......22 B3
Molines-en-Queyras (05)......147 G6
Molinet (03)......114 D2
Molineuf (41)......79 H4
Molinges (39)......117 H3
Molinons (89)......65 F4
Molinot (21)......101 E3
Molins-sur-Aube (10)......66 B2
Molitg-les-Bains (66)......199 E3
Mollans (79)......87 H3
Mollans-sur-Ouvèze (26)......158 D5
Mollau (68)......70 D6
Mollégès (13)......173 E3
Molles (03)......114 B6
les Mollettes (73)......132 A5
Molleville (11)......184 A2
Molliens-au-Bois (80)......9 G5
Molliens-Dreuil (80)......9 E6
Mollkirch (67)......50 C6
Molompize (15)......141 F2
Molosmes (89)......84 B1
Moloy (21)......85 G4
Molphey (21)......84 C6
Molpré (39)......103 G5
Molring (57)......49 G3
Molsheim (67)......50 D6
Moltifao (2B)......203 E6
les Molunes (39)......118 A3
Momas (31)......180 B1
Mombrier (33)......135 F3
Momères (65)......181 E3
Momerstroff (57)......27 E5
Mommenheim (67)......51 E4
Momuy (40)......163 G5
Momy (64)......180 D1
Monacia-d'Aullène (2A)......207 E4
Monacia-d'Orezza (2B)......205 G1
Monampteuil (02)......22 B4
Monassut-Audiracq (64)......180 D1
le Monastère (12)......154 C4
le Monastier-Pin-Moriès (48)......155 G3
le Monastier-sur-Gazeille (43)......142 D5
Monay (39)......102 D4
Monbahus (47)......151 E2
Monbalen (47)......151 F5
Monbardon (32)......182 B2
Monbazillac (24)......136 D6
Monbéqui (82)......166 D3
Monblanc (32)......182 D1
Monbrun (32)......166 C5
Moncale (2B)......202 C6
Moncassin (32)......181 H1
Moncaup (31)......182 B5
Moncaup (64)......164 C6
Moncaut (47)......151 E6
Moncayolle-Larrory-
 -Mendibieu (64)......179 G2
Moncé-en-Belin (72)......78 A1
Moncé-en-Saosnois (72)......60 C3
Monceau-le-Neuf-
 -et-Faucouzy (02)......22 C1
Monceau-le-Waast (02)......22 C2
Monceau-lès-Leups (02)......22 B2
Monceau-Saint-Waast (59)......11 H3
Monceau-sur-Oise (02)......11 G6
les Monceaux (14)......17 E5
Monceaux (60)......20 D5
Monceaux-au-Perche (61)......61 E1
Monceaux-en-Bessin (14)......15 H6
Monceaux-l'Abbaye (60)......19 G2
Monceaux-le-Comte (58)......83 G6
Monceaux-sur-Dordogne (19)......139 F3
Moncel-lès-Lunéville (54)......49 F6
Moncel-sur-Seille (54)......49 E4
Moncel-sur-Vair (88)......68 D2
la Moncelle (08)......24 C2
Moncetz-l'Abbaye (51)......46 B5
Moncetz-Longevas (51)......46 A3
Moncey (25)......87 G5
Monchaux-Soreng (76)......8 C5
Monchaux-sur-Écaillon (59)......11 F2
Moncheaux (59)......10 D1
Moncheaux-lès-Frévent (62)......9 G2
Monchecourt (59)......10 D2
Monchel-sur-Canche (62)......9 F2
Moncheux (57)......49 E2
Monchiet (62)......10 A3
Monchy-au-Bois (62)......10 A3
Monchy-Breton (62)......9 H1
Monchy-Cayeux (62)......9 G1
Monchy-Humières (60)......21 E4
Monchy-Lagache (80)......10 C6
Monchy-le-Preux (62)......10 C2
Monchy-Saint-Éloi (60)......20 D6
Monchy-sur-Eu (76)......8 B5
Moncla (64)......164 B5
Monclar (32)......164 C2

Monclar (47)......151 E3
Monclar-de-Quercy (82)......167 F2
Monclar-sur-Losse (32)......165 F6
Moncley (25)......87 E6
Moncontour (22)......33 H6
Moncontour (86)......93 H4
Moncorneil-Grazan (32)......182 A1
Moncourt (57)......49 F4
Moncoutant (79)......92 D5
Moncrabeau (47)......165 F1
Moncy (61)......38 A4
Mondavezan (31)......182 D3
Mondelange (57)......26 B4
Mondement-Montgivroux (51)......45 E4
Mondescourt (60)......21 G3
Mondétour......7 H5
Mondevert (35)......58 A5
Mondeville (14)......16 C4
Mondeville (91)......63 G1
Mondicourt (62)......9 H3
Mondigny (08)......24 A2
Mondilhan (31)......182 B2
Mondion (86)......94 C4
Mondon (25)......87 H4
Mondonville (31)......166 D5
Mondonville-Saint-Jean (28)......62 D2
Mondorff (57)......26 C2
Mondoubleau (41)......61 F6
Mondouzil (31)......167 F5
Mondragon (84)......158 A5
Mondrainville (14)......16 B5
Mondrepuis (02)......12 B5
Mondreville (77)......63 H4
Mondreville (78)......41 G3
Monein (64)......180 A2
Monès (31)......182 D1
Monesple (09)......183 G4
Monestier (03)......113 G4
Monestier (07)......143 G2
Monestier (24)......136 C6
le Monestier (63)......128 B5
Monestier-d'Ambel (38)......146 A6
Monestier-de-Clermont (38)......145 G4
le Monestier-du-Percy (38)......145 G6
Monestier-Merlines (19)......126 B4
Monestier-Port-Dieu (19)......126 B5
Monestiés (81)......168 B1
Monestir del Camp......200 D3
Monestrol (31)......183 H2
Monétay-sur-Allier (03)......113 H3
Monétay-sur-Loire (03)......114 C3
Monéteau (89)......83 G1
Monêtier-Allemont (05)......160 A3
le Monêtier-les-Bains (05)......146 D4
Monfaucon (24)......136 C5
Monfaucon (65)......181 F1
Monferran-Plavès (32)......165 H6
Monferran-Savès (32)......166 B5
Monferrand......127 F3
Monflanquin (47)......151 G3
Monfort (32)......166 A4
Monfréville (14)......15 F5
Mongaillard (47)......150 C5
Mongausy (32)......166 A6
Mongauzy (33)......150 B2
Monget (40)......163 H5
la Mongie......181 F6
Monguilhem (32)......164 C3
Monheurt (47)......150 D4
Monhoudou (72)......60 B3
Monieux (84)......173 H1
Monistrol-d'Allier (43)......142 A4
Monistrol-sur-Loire (43)......143 E1
Monlaur-Bernet (32)......181 H2
Monléon-Magnoac (65)......181 H3
Monlet (43)......142 B2
Monlezun (32)......165 E6
Monlezun-d'Armagnac (32)......164 C3
Monlong (65)......181 H3
Monmadalès (24)......137 E6
Monmarvès (24)......151 F1
Monnai (61)......39 H3
Monneren (57)......26 D3
la Monnerie-le-Montel (63)......128 A2
Monnerville (91)......63 G3
Monnes (02)......44 A1
Monnet-la-Ville (39)......103 E5
Monnetay (39)......117 F2
Monnetier-Mornex (74)......118 C5
Monneville (60)......20 A6
Monnières (39)......102 C2
Monnières (44)......75 E6
Monoblet (30)......171 F2
Monpardiac (32)......181 F1
Monpazier (24)......151 G1
Monpezat (64)......164 C6
Monplaisant (24)......137 H6
Monprimblanc (33)......149 H2
Mons (16)......122 A2
Mons (17)......121 G2
Mons (30)......157 E6
Mons (31)......167 F5
Mons (34)......169 H6
Mons (63)......127 H1
Mons (83)......176 A6
Mons-Boubert (80)......8 C4
Mons-en-Barœul (59)......3 G5
Mons-en-Laonnois (02)......22 B3
Mons-en-Montois (77)......64 D1
Mons-en-Pévèle (59)......3 F6
Monsac (24)......137 F6
Monsaguel (24)......151 E1
Monsec (24)......123 E6
Monségur (24)......137 F6
Monségur (33)......150 B1
Monségur (40)......163 H5
Monségur (47)......151 G1
Monsempron-Libos (47)......151 H3

Monsireigne (85)......92 B5
Monsols (69)......115 H4
Monsteroux-Milieu (38)......130 B6
Monsures (80)......20 B2
Monswiller (67)......50 C4
le Mont......86 B2
Mont (64)......179 H1
Mont (39)......102 D5
Mont (71)......114 D1
le Mont (70)......70 D1
Mont-Bernanchon (62)......2 D5
Mont-Bertrand (14)......37 H2
Mont-Cauvaire (76)......7 G5
Mont-d'Astarac (32)......182 A2
Mont-Dauphin (05)......161 F1
Mont-de-Galié (31)......182 A5
Mont-de-Lans (38)......146 B3
Mont-de-Laval (25)......104 B1
Mont-de-l'If (76)......7 F5
Mont-de-Marrast (32)......181 G1
Mont-de-Marsan (40)......163 H2
Mont-de-Vougney (25)......88 C6
Mont-devant-Sassey (55)......24 D4
le Mont-Dieu (08)......24 B3
Mont-Disse (64)......164 C5
Mont-Dol (35)......35 E4
Mont-Dore (63)......126 D5
Mont-et-Marré (58)......99 G2
Mont-Laurent (08)......23 H4
Mont-le-Vernois (70)......87 F3
Mont-l'Étroit (54)......68 D1
Mont-l'Évêque (60)......43 F1
Mont-Louis (66)......198 D4
Mont-Notre-Dame (02)......22 C5
Mont-Ormel (61)......39 F4
Mont-près-Chambord (41)......80 A4
Mont-Roc (81)......168 D4
le Mont-Saint-Adrien (60)......20 A4
Mont-Saint-Aignan (76)......7 G6
Mont-Saint-Éloi (62)......10 A2
Mont-Saint-Jean (02)......23 F1
Mont-Saint-Jean (21)......84 D6
Mont-Saint-Jean (72)......59 G3
Mont-Saint-Léger (70)......87 E3
Mont-Saint-Martin (02)......22 C6
Mont-Saint-Martin (08)......24 A5
Mont-Saint-Martin (38)......145 G1
Mont-Saint-Martin (54)......25 H3
le Mont-Saint-Michel (50)......35 G4
Mont-Saint-Père (02)......44 C2
Mont-Saint-Remy (08)......23 H4
Mont-Saint-Sulpice (89)......65 G6
Mont-Saint-Vincent (71)......115 H1
Mont-Saxonnex (74)......119 E5
Mont-sous-Vaudrey (39)......102 D3
Mont-sur-Courville (51)......22 C6
Mont-sur-Meurthe (54)......49 E6
Mont-sur-Monnet (39)......103 E5
Montabard (61)......39 E4
Montabon (72)......78 C3
Montabot (50)......37 G3
Montacher-Villegardin (89)......64 C4
Montadet (32)......182 C1
Montady (34)......186 D2
Montagagne (09)......183 F5
Montagna-le-Reconduit (39)......117 F2
Montagna-le-Templier (39)......117 F3
Montagnac (30)......171 H2
Montagnac (34)......187 F1
Montagnac-d'Auberoche (24)......137 G2
Montagnac-la-Crempse (24)......137 E4
Montagnac-Montpezat (04)......175 E3
Montagnac-sur-Auvignon (47)......150 D6
Montagnac-sur-Lède (47)......151 G3
Montagnat (01)......117 E5
Montagne (33)......135 H5
Montagne (38)......144 D3
la Montagne (44)......74 C5
la Montagne (70)......70 B6
Montagne-Fayel (80)......9 E6
Montagne de Lachens......176 A5
Montagney (70)......86 D6
Montagney-Servigney (25)......87 H4
Montagnieu (01)......131 E2
Montagnieu (38)......131 E5
Montagnol (12)......169 H3
Montagnole (73)......131 H5
Montagny (42)......115 F6
Montagny (69)......129 H4
Montagny (73)......133 E5
Montagny-en-Vexin (60)......42 A1
Montagny-lès-Beaune (21)......101 G3
Montagny-lès-Buxy (71)......101 F6
Montagny-les-Lanches (74)......132 A2
Montagny-lès-Seurre (21)......102 B3
Montagny-près-Louhans (71)......102 B6
Montagny-Sainte-Félicité (60)......43 F1
Montagny-sur-Grosne (71)......115 H3
Montagoudin (33)......150 B2
Montagrier (24)......136 D2
Montagudet (82)......152 A5
Montagut (64)......163 H6
Montaignac-
 -Saint-Hippolyte (19)......139 F1
Montaigu (02)......22 D3
Montaigu (39)......102 D6
Montaigu (85)......91 G1
Montaigu-de-Quercy (82)......151 H4
Montaigu-la-Brisette (50)......14 D3
Montaigu-le-Blin (03)......114 B4
Montaigu-les-Bois (50)......37 F3
Montaiguët-en-Forez (03)......114 C4
Montaigut (63)......113 E5
Montaigut-le-Blanc (23)......111 F5
Montaigut-le-Blanc (63)......127 F5

Montaigut-sur-Save (31)......166 D4
Montaillé (72)......61 E6
Montailleur (73)......132 C2
Montaillou (09)......198 B2
Montaimont (73)......132 C6
Montaïn (39)......102 D5
Montaïn (82)......166 C2
Montainville (28)......62 B3
Montainville (78)......42 A3
Montalba-d'Amélie......199 G5
Montalba-le-Château (66)......199 G3
Montalbert......133 E4
Montalembert (79)......108 D5
Montalet-le-Bois (78)......42 A2
Montalieu-Vercieu (38)......131 E2
Montalivet-les-Bains......120 B6
Montalzat (82)......152 D6
Montamat (32)......166 A6
Montambert (58)......99 G5
Montamel (46)......152 C2
Montamisé (86)......109 F1
Montamy (14)......38 A4
Montanay (69)......130 A2
Montancy (25)......88 D5
Montandon (25)......88 C5
Montanel (50)......35 G5
Montaner (64)......181 E2
Montanges (01)......117 H5
Montans (81)......167 H3
Montapas (58)......99 G3
Montarcher (42)......128 D6
Montardit (09)......183 E4
Montardon (64)......180 C1
Montaren-
 -et-Saint-Médiers (30)......172 A1
Montargis (45)......64 A6
Montarlot (77)......64 B3
Montarlot-lès-Rioz (70)......87 F5
Montarnaud (34)......171 E5
Montaron (58)......99 H4
Montastruc (47)......151 E3
Montastruc (65)......181 G3
Montastruc (82)......166 D1
Montastruc-de-Salies (31)......182 C5
Montastruc-la-Conseillère (31)......167 F4
Montastruc-Savès (31)......182 D2
le Montat (46)......152 C4
Montataire (60)......20 D6
Montauban (82)......167 E2
Montauban-de-Bretagne (35)......56 C2
Montauban-de-Luchon (31)......196 A4
Montauban-de-Picardie (80)......10 B5
Montauban-sur-l'Ouvèze (26)......159 F5
Montaud (34)......171 F4
Montaud (38)......145 F1
Montaudin (53)......58 B2
Montaulieu (26)......158 D4
Montaulin (10)......66 B3
Montauriol (11)......184 A3
Montauriol (47)......151 E2
Montauriol (66)......199 H4
Montauriol (81)......168 C1
Montauroux (83)......176 B6
Montaut (09)......183 H3
Montaut (24)......137 E6
Montaut (31)......183 F2
Montaut (32)......165 H4
Montaut (40)......163 G4
Montaut (47)......151 F2
Montaut (64)......180 C1
Montaut-les-Créneaux (32)......165 H4
Montautour (35)......58 A3
Montauville (54)......48 C3
Montay (59)......11 F4
Montayral (47)......151 H3
Montazeau (24)......136 B5
Montazels (11)......184 D6
Montbard (21)......84 C3
Montbarla (82)......152 A5
Montbarrey (39)......102 D3
Montbarrois (45)......63 G5
Montbartier (82)......166 D3
Montbavin (02)......22 B3
Montbazens (12)......153 H3
Montbazin (34)......171 E6
Montbazon (37)......78 D6
Montbel (09)......184 B5
Montbel (48)......156 B2
Montbéliard (25)......88 C4
Montbéliardot (25)......104 B1
Montbellet (71)......116 B2
Montbenoît (25)......104 A3
Montberaud (31)......183 E4
Montbernard (31)......182 B2
Montberon (31)......167 F4

Montbron (16)......123 E4
Montbronn (57)......28 B6
Montbrun (46)......153 F3
Montbrun (48)......156 A4
Montbrun-Bocage (31)......183 E4
Montbrun-des-Corbières (11)......185 G3
Montbrun-Lauragais (31)......183 G1
Montbrun-les-Bains (26)......159 F5
Montcabrier (46)......152 A3
Montcabrier (81)......167 G5
Montcaret (24)......136 B5
Montcarra (38)......131 E4
Montcavrel (62)......8 D1
Montceau-et-Écharnant (21)......101 F3
Montceau-les-Mines (71)......100 D6
Montceaux (01)......116 B5
Montceaux-lès-Meaux (77)......43 H3
Montceaux-lès-Provins (77)......44 C5
Montceaux-lès-Vaudes (10)......66 B4
Montceaux-l'Étoile (71)......115 E3
Montceaux-Ragny (71)......116 B1
Montcel (63)......127 E1
Montcel (73)......132 A3
Montcenis (71)......100 D5
Montcet (01)......116 D4
Montcey (70)......87 G3
Montchaboud (38)......145 G3
Montchal (42)......129 F2
Montchâlons (02)......22 C3
Montchamp (14)......38 A3
Montchamp (15)......141 F4
Montchanin (71)......100 D5
Montcharvot (52)......68 C6
Montchaton (50)......36 D2
Montchaude (16)......121 H6
Montchauvet (14)......38 A3
Montchauvet (78)......41 G3
Montchavin......133 F4
Montchenu (26)......144 C2
Montcheutin (08)......24 B5
Montchevrel (61)......39 G6
Montchevrier (36)......111 F2
Montclar (04)......160 D3
Montclar (11)......184 D4
Montclar (12)......169 F2
Montclar-de-Comminges (31)......182 D3
Montclar-Lauragais (31)......183 H2
Montclar-sur-Gervanne (26)......144 C6
Montclard (43)......142 A2
Montcléra (46)......152 B2
Montclus (05)......159 G3
Montclus (30)......157 G5
Montcombroux-
 -les-Mines......114 C3
Montcombroux-Vieux Bourg......114 C3
Montcony (71)......102 B6
Montcorbon (45)......64 C6
Montcornet (02)......23 E2
Montcornet (08)......13 E6
Montcourt (70)......69 E6
Montcourt-Fromonville (77)......64 A3
Montcoy (71)......101 H5
Montcresson (45)......82 B1
Montcuit (50)......37 E1
Montcuq (46)......152 B4
Montcusel (39)......117 G3
Montcy-Notre-Dame (08)......24 B1
Montdardier (30)......170 D2
Montdauphin (77)......44 C4
Montdidier (57)......49 G2
Montdidier (80)......20 D2
Montdoré (70)......69 F6
Montdoumerc (46)......152 D5
Montdragon (81)......168 B4
Montdurausse (81)......167 F2
Monte (2B)......203 G6
Monteaux (41)......79 G5
Montebourg (50)......14 D3
Montech (82)......166 D2
Montécheroux (25)......88 C5
Montegrosso (2B)......202 C6
Montégut......169 G3
Montégut (32)......165 H5
Montégut (40)......164 B3
Montégut (65)......181 H4
Montégut-Arros (32)......181 F1
Montégut-Bourjac (31)......182 D2
Montégut-en-Couserans (09)......182 D5
Montégut-Lauragais (31)......184 B1
Montégut-Plantaurel (09)......183 G4
Montégut-Savès (32)......182 C1
Monteignet-sur-l'Andelot (03)......113 H6
le Monteil (15)......140 B2
le Monteil (43)......142 C3
le Monteil-au-Vicomte (23)......125 F2
Monteille (14)......17 E5
Monteils (12)......153 G5
Monteils (30)......171 H1
Monteils (82)......152 D6
Montel-de-Gelat (63)......126 B1
Montéléger (26)......144 B5
Montélier (26)......144 B5
Montélimar (26)......158 A2
le Montellier (01)......130 C1
Montels (09)......183 G5
Montels (34)......186 C2
Montels (81)......167 H2
Montembœuf (16)......123 E3
Montenach (57)......26 D2
Montenay (53)......58 C3
Montendre (17)......135 G1
Montendry (73)......132 B5
Montenescourt (62)......10 A2
Monteneuf (56)......56 B4
Montenils (77)......44 C4
Montenois (25)......88 B4
Montenoison (58)......99 F1
le Montenvers......133 F1
Montépilloy (60)......21 E6

Monteplain (39)......102 D1
Montépreux (51)......45 G5
Monterblanc (56)......55 G5
Montereau (45)......81 H1
Montereau-Fault-Yonne (77)......64 C2
Montereau-sur-le-Jard (77)......43 F6
Monterfil (35)......56 D3
Montérolier (76)......19 E2
Monterrein (56)......56 A4
Montertelot (56)......56 A4
Montescot (56)......200 D3
Montescourt-Lizerolles (02)......21 H1
Montespan (31)......182 C4
Montesquieu (34)......170 B6
Montesquieu (47)......150 D6
Montesquieu (82)......152 A6
Montesquieu-Avantès (09)......183 E5
Montesquieu-des-Albères (66)......200 D4
Montesquieu-Guittaut (31)......182 B2
Montesquieu-Lauragais (31)......183 H1
Montesquieu-Volvestre (31)......183 E3
Montesquiou (32)......165 F5
Montessaux (70)......88 B2
Montesson (78)......42 C3
Montestruc-sur-Gers (32)......165 H4
le Montet (03)......113 F3
Montet-et-Bouxal (46)......153 G1
Monteton (47)......150 C2
Monteux (84)......173 E1
Montévrain (77)......43 F4
Monteynard (38)......145 G4
Montézic (12)......154 C1
Montfa (09)......183 E4
Montfa (81)......168 C4
Montfalcon (38)......144 C2
Montfarville (50)......15 E2
Montfaucon (02)......44 C3
Montfaucon (25)......103 G1
Montfaucon (30)......172 D1
Montfaucon (46)......152 D1
Montfaucon-d'Argonne (55)......24 D5
Montfaucon-en-Velay (43)......143 F2
Montfaucon-Montigné (49)......75 F6
Montfavet (93)......173 E2
Montfermeil (93)......43 E3
Montfermier (82)......152 C5
Montfermy (63)......126 D2
Montferrand (11)......184 A2
Montferrand-du-Périgord (24)......137 G6
Montferrand-la-Fare (26)......159 F3
Montferrand-le-Château (25)......103 E1
Montferrat (38)......131 F5
Montferrat (83)......175 G5
Montferrer (66)......199 G5
Montferrier (09)......184 A6
Montferrier-sur-Lez (34)......171 F5
Montfey (10)......65 H5
Montfiquet (14)......15 G6
Montfleur (39)......117 F3
Montflours (53)......58 D4
Montflovin (25)......104 A3
Montfort (04)......138 B6
Montfort (04)......174 D1
Montfort (25)......103 E2
Montfort (49)......93 G1
Montfort (64)......179 G1
Montfort-en-Chalosse (40)......163 F4
Montfort-l'Amaury (78)......42 A4
Montfort-le-Gesnois (72)......60 C5
Montfort-sur-Argens (83)......175 E6
Montfort-sur-Boulzane (11)......199 F2
Montfort-sur-Meu (35)......56 D2
Montfort-sur-Risle (27)......18 A5
Montfranc (12)......169 E3
Montfrin (30)......172 C3
Montfroc (26)......159 G5
Montfuron (04)......174 B3
Montgaillard (09)......183 H6
Montgaillard (11)......185 G6
Montgaillard (40)......163 H4
Montgaillard (65)......181 E4
Montgaillard (81)......167 F3
Montgaillard (82)......166 B2
Montgaillard-de-Salies (31)......182 C4
Montgaillard-Lauragais (31)......183 H1
Montgaillard-sur-Save (31)......182 B3
Montgardin (05)......160 C2
Montgardon (50)......14 C5
Montgaroult (61)......39 E4
Montgauch (09)......182 D5
Montgaudry (61)......60 C2
Montgazin (31)......183 F2
Montgé-en-Goële (77)......43 F2
Montgeard (31)......183 H2
Montgellafrey (73)......132 C6
Montgenèvre (05)......147 F4
Montgenost (51)......44 D6
Montgérain (60)......20 D3
Montgermont (35)......57 E2
Montgeron (91)......43 E5
Montgeroult (95)......42 B2
Montgesoye (25)......103 G2
Montgesty (46)......152 B2
Montgey (81)......168 A6
Montgibaud (19)......124 C5
Montgilbert (73)......132 C4
Montgirod (73)......133 E4
Montgiroux......58 D3
Montgiscard (31)......183 G1
Montgivray (36)......111 G1
Montgobert (02)......21 H5
Montgon (08)......24 A4
Montgradail (11)......184 C4
Montgras (31)......182 D1
Montgreleix (15)......140 D1
Montgru-Saint-Hilaire (02)......44 B1
Montguers (26)......159 F4
Montgueux (10)......66 A3

Montguillon (49)......76 C2
les Monthairons (55)......47 G2
Montharville (28)......62 A4
Monthault (35)......58 A1
Monthaut (11)......184 C4
Monthelie (21)......101 F3
Monthelon (51)......45 F2
Monthelon (71)......100 C4
Monthenault (02)......22 C4
Montheries (52)......67 G4
Montherlant (60)......20 A6
Monthermé (08)......13 G6
Monthières......8 C5
Monthiers (02)......44 B1
Monthieux (01)......130 B1
Monthion (73)......132 C4
Monthodon (37)......79 E3
Monthoiron (86)......94 D6
Monthois (08)......24 A5
Montholier (39)......102 D4
Monthorin......58 A1
Monthou-sur-Bièvre (41)......79 H5
Monthou-sur-Cher (41)......79 H6
Monthuchon (50)......37 E1
Monthurel (02)......44 C2
Monthureux-le-Sec (88)......69 F4
Monthureux-sur-Saône (88)......69 F5
Monthyon (77)......43 G2
Monticello (2B)......202 D5
Montier-en-Der (52)......67 F1
Montier-en-l'Isle (10)......67 E3
Montiéramey (10)......66 C3
Montierchaume (36)......96 C5
Montiers (60)......20 D4
Montiers-sur-Saulx (55)......47 F6
Monties (32)......182 B1
Montignac (24)......138 A4
Montignac (33)......149 H1
Montignac (65)......181 F3
Montignac-Charente (16)......122 B3
Montignac-de-Lauzun (47)......151 E2
Montignac-le-Coq (16)......136 C1
Montignac-Toupinerie (47)......150 D2
Montignargues (30)......171 H2
Montigné (16)......122 A2
Montigné-le-Brillant (53)......58 C5
Montigné-lès-Rairies (49)......77 G3
Montigné-sur-Moine (49)......75 F6
Montigny (14)......16 A5
Montigny (18)......98 A1
Montigny (45)......63 E5
Montigny (54)......49 H6
Montigny (72)......60 B1
Montigny (76)......19 G6
Montigny-aux-Amognes (58)......99 E3
Montigny-devant-Sassey (55)......24 D4
Montigny-en-Arrouaise (02)......11 F6
Montigny-en-Cambrésis (59)......11 F4
Montigny-en-Gohelle (62)......10 C1
Montigny-en-Morvan (58)......99 H2
Montigny-en-Ostrevent (59)......10 D1
Montigny-la-Resle (89)......83 G1
Montigny-l'Allier (02)......44 A1
Montigny-le-Bretonneux (78)......42 B4
Montigny-le-Chartif (28)......61 H6
Montigny-le-Franc (02)......22 D2
Montigny-le-Gannelon (28)......61 H6
Montigny-le-Guesdier (77)......64 D2
Montigny-Lencoup (77)......64 C2
Montigny-Lengrain (02)......21 G5
Montigny-lès-Arsures (39)......103 E4
Montigny-lès-Cherlieu (70)......87 E1
Montigny-lès-Condé (02)......44 D2
Montigny-lès-Cormeilles (95)......42 C2
Montigny-les-Jongleurs (80)......9 F3
Montigny-lès-Metz (57)......26 B5
Montigny-les-Monts (10)......66 A5
Montigny-lès-Vaucouleurs (55)......47 H6
Montigny-lès-Vesoul (70)......87 F3
Montigny-Montfort (21)......84 D4
Montigny-Mornay-Villeneuve-
  sur-Vingeanne (21)......86 B4
Montigny-
  Saint-Barthélemy (21)......84 C5
Montigny-sous-Marle (02)......22 D1
Montigny-sur-Armançon (21)......84 D5
Montigny-sur-Aube (21)......67 F6
Montigny-sur-Avre (28)......40 D5
Montigny-sur-Canne (58)......99 G4
Montigny-sur-Chiers (54)......25 G3
Montigny-sur-Crécy (02)......22 C2
Montigny-sur-l'Ain (39)......103 E5
Montigny-sur-l'Hallue (80)......9 H5
Montigny-sur-Loing (77)......64 A3
Montigny-sur-Meuse (08)......13 E4
Montigny-sur-Vence (08)......24 A2
Montigny-sur-Vesle (51)......22 D5
Montilliers (49)......93 E1
Montillot (89)......83 G4
Montilly (03)......113 H1
Montilly-sur-Noireau (61)......38 B4
Montils (17)......121 F4
les Montils (41)......79 H5
Montipouret (36)......111 G1
Montirat (11)......185 E4
Montirat (81)......153 G6
Montireau (28)......61 G2
Montiron (32)......166 A5
Montivernage (25)......88 A4
Montivilliers (76)......6 B5
Montjalin......84 A4
Montjardin (11)......184 C5
Montjaux (12)......169 G1
Montjavoult (60)......19 G6
Montjay (05)......159 G4
Montjay (71)......102 B5
Montjean (16)......108 D6
Montjean (53)......58 B5
Montjean-sur-Loire (49)......75 F5

Montjoi (11)......185 F5
Montjoi (82)......151 G6
Montjoie-en-Couserans (09)......183 E5
Montjoie-le-Château (25)......88 D5
Montjoie-Saint-Martin (50)......35 H5
Montjoire (31)......167 F4
Montjoux (26)......158 D3
Montjoyer (26)......158 D3
Montjustin (04)......174 B3
Montjustin-et-Velotte (70)......87 H3
Montlandon (28)......61 G2
Montlaur (11)......185 F4
Montlaur (12)......169 G3
Montlaur (31)......183 G1
Montlaur-en-Diois (26)......159 F1
Montlaux (04)......174 C1
Montlauzun (46)......152 B5
Montlay-en-Auxois (21)......84 C6
Montlebon (25)......104 B2
Montlevicq (36)......111 H1
Montlevon (02)......44 C3
Montlhéry (91)......42 D5
Montliard (45)......63 G4
Montlieu-la-Garde (17)......135 G2
Montlignon (95)......42 D2
Montliot-et-Courcelles (21)......85 E1
Montlivault (41)......80 A3
Montlognon (60)......43 F1
Montloué (02)......23 E2
Montlouis (18)......97 F5
Montlouis-sur-Loire (37)......79 E5
Montluçon (03)......112 D4
Montluel (01)......130 C2
Montmachoux (77)......64 C3
Montmacq (60)......21 F4
Montmagny (95)......42 D3
Montmahoux (25)......103 F3
Montmain (21)......101 H3
Montmain (76)......7 H6
Montmançon (21)......86 B5
Montmarault (03)......113 F4
Montmarlon (39)......103 F4
Montmartin (60)......21 E4
Montmartin-en-Graignes (50)......15 F5
Montmartin-le-Haut (10)......67 E4
Montmartin-sur-Mer (50)......36 D2
Montmaur (05)......160 A2
Montmaur (11)......184 A2
Montmaur-en-Diois (26)......159 E1
Montmaurin (31)......182 A3
Montmédy (55)......25 E3
Montmeillant (08)......23 G2
Montmelard (71)......115 G3
Montmelas-Saint-Sorlin (69)......116 A6
Montmélian (73)......132 A5
Montmerle-sur-Saône (01)......116 B6
Montmerrei (61)......39 F6
Montmeyan (83)......175 E4
Montmeyran (26)......144 B5
Montmin (74)......132 B2
Montmirail (51)......44 C4
Montmirail (72)......61 E5
Montmiral (26)......144 C2
Montmirat (30)......171 G3
Montmirey-la-Ville (39)......102 C1
Montmirey-le-Château (39)......102 C1
Montmoreau-
  Saint-Cybard (16)......122 B6
Montmorency (95)......42 D3
Montmorency-Beaufort (10)......67 E1
Montmorillon (86)......109 H3
Montmorin (05)......159 F3
Montmorin (63)......127 G4
Montmorot (39)......102 C6
Montmort (71)......100 B6
Montmort-Lucy (51)......45 E3
Montmotier (88)......69 G5
Montmoyen (21)......85 F2
Montmurat (15)......153 H2
Montner (66)......199 G2
Montoillot (21)......101 E1
Montoir-de-Bretagne (44)......73 G4
Montoire-sur-le-Loir (41)......79 E2
Montois-la-Montagne (57)......26 B4
Montoison (26)......144 B6
Montoldre (03)......114 A4
Montolieu (11)......184 D2
Montolivet (77)......44 C4
Montonvillers (80)......9 G5
Montord (03)......113 H4
Montory (64)......179 G4
Montot (21)......102 A2
Montot (70)......86 D4
Montot-sur-Rognon (52)......68 A3
Montouliers (34)......186 B2
Montoulieu (09)......183 H6
Montoulieu (34)......171 E2
Montoulieu-Saint-Bernard (31)......182 C3
Montournais (85)......92 C5
Montours (35)......35 H5
Montourtier (53)......59 E4
Montoussé (65)......181 G4
Montoussin (31)......182 D3
Montoy-Flanville (57)......26 C5
Montpascal......132 C6
Montpellier......171 F5
Montpellier-de-Médillan (17)......121 E4
Montpensier (63)......113 H6
Montperreux (25)......103 H4
Montpeyroux (12)......154 D2
Montpeyroux (24)......136 B5
Montpeyroux (34)......170 C4
Montpeyroux (63)......127 F4
Montpezat (30)......171 H3
Montpezat (32)......182 C1
Montpezat (47)......151 E4
Montpezat-de-Quercy (82)......152 C5
Montpezat-sous-Bauzon (07)......157 F1
Montpinchon (50)......37 F2
Montpinier (81)......168 C5
Montpitol (31)......167 G4

Montplacé......77 G4
Montplonne (55)......47 E5
Montpollin (49)......77 G4
Montpon-Ménestérol (24)......136 B4
Montpont-en-Bresse (71)......116 C1
Montpothier (10)......44 C6
Montpouillan (47)......150 B3
Montrabé (31)......167 F5
Montrabot (50)......37 H1
Montracol (01)......116 D5
Montravers (79)......92 C4
Montréal (07)......157 F3
Montréal (11)......184 C3
Montréal (32)......165 E2
Montréal (89)......84 B4
Montréal-la-Cluse (01)......117 G5
Montréal-les-Sources (26)......159 E4
Montrécourt (59)......11 F3
Montredon (46)......153 H2
Montredon-
  des-Corbières (11)......186 C3
Montredon-Labessonnié (81)......168 C4
Montregard (43)......143 F3
Montréjeau (31)......182 A4
Montrelais (44)......75 G3
Montrem (24)......137 E3
Montrésor (37)......95 G2
Montret (71)......102 A6
Montreuil (28)......41 F4
Montreuil (62)......1 F6
Montreuil (85)......107 E3
Montreuil (93)......43 E4
Montreuil-au-Houlme (61)......38 D5
Montreuil-aux-Lions (02)......44 A2
Montreuil-Bellay (49)......93 G2
Montreuil-Bonnin (86)......108 D1
Montreuil-des-Landes (35)......58 A3
Montreuil-en-Auge (14)......17 E4
Montreuil-en-Caux (76)......7 G4
Montreuil-en-Touraine (37)......79 F5
Montreuil-Juigné (49)......76 D4
Montreuil-la-Cambe (61)......39 F3
Montreuil-l'Argillé (27)......40 A3
Montreuil-le-Chétif (72)......59 H3
Montreuil-le-Gast (35)......57 E1
Montreuil-le-Henri (72)......78 D1
Montreuil-Poulay (53)......59 E2
Montreuil-sous-Pérouse (35)......57 H2
Montreuil-sur-Barse (10)......66 C4
Montreuil-sur-Blaise (52)......67 G1
Montreuil-sur-Brêche (60)......20 C4
Montreuil-sur-Epte (95)......41 H1
Montreuil-sur-Ille (35)......57 F1
Montreuil-sur-Loir (49)......77 E3
Montreuil-sur-Lozon (50)......37 H1
Montreuil-sur-Maine (49)......76 D3
Montreuil-sur-Thérain (60)......66 C1
Montreuil-sur-Thonnance (52)......68 A1
Montreuillon (58)......99 H2
Montreux (54)......49 H6
Montreux-Château (90)......88 D3
Montreux-Jeune (68)......88 D3
Montreux-Vieux (68)......88 D3
Montrevault (49)......75 F5
Montrevel (38)......131 E5
Montrevel (39)......117 F2
Montrevel-en-Bresse (01)......116 D3
Montrichard (41)......79 G6
Montricher-Albanne (73)......146 D1
Montricoux (82)......167 G1
Montrieux-en-Sologne (41)......80 C4
Montrieux-le-Vieux......191 G4
Montrigaud (26)......144 C2
Montriond (74)......119 F4
Montroc......119 H6
Montrodat (48)......155 H2
Montrol-Sénard (87)......110 A6
Montrollet (16)......123 G1
Montromant (69)......129 G3
Montrond (05)......159 H4
Montrond (39)......103 E5
Montrond-le-Château (25)......103 F1
Montrond-les-Bains (42)......129 E4
Montrosier (81)......153 F6
Montrottier (69)......129 G3
Montroty (76)......19 G4
Montrouge (92)......42 D4
Montrouveau (41)......79 E2
Montroy (17)......106 D5
Montrozier (12)......154 D4
Montry (77)......43 G3
Monts (37)......94 D1
Monts (60)......20 A6
Monts-en-Bessin (14)......16 A5
Monts-en-Ternois (62)......9 G2
Monts-sur-Guesnes (86)......94 A4
les Monts-Verts (48)......141 F5
Montsabert......77 F5
Montsalès (12)......153 G3
Montsalier (04)......174 B1
Montsalvy (15)......154 B1
Montsapey (73)......132 C5
Montsauche-les-Settons (58)......100 B1
Montsaugeon (52)......86 B3
Montsaunès (31)......182 C4
Monts des Cats......2 D3
les Monts d'Olmes......198 A1
Montsec (55)......48 A3
Montsecret (61)......38 A4
Montségur (09)......184 A6
Montségur-sur-Lauzon (26)......158 B4
Montselgues (07)......156 D3
Mont Serein......159 E5
Montséret (11)......185 H4
Montseron (09)......183 F5
Montseveroux (38)......130 B6
Montsoreau (49)......93 H1

Montsoué (40)......163 H4
Montsoult (95)......42 D2
Montsûrs (53)......59 E4
Montsurvent (50)......36 D1
Montsuzain (10)......66 B2
Montureux-et-Prantigny (70)......86 D4
Montureux-lès-Baulay (70)......87 F1
Montussaint (25)......87 H5
Montussan (33)......135 F5
Montuzet......135 E3
Montvalen (81)......167 F3
Montvalent (46)......138 D5
Montvalezan (73)......133 F4
Montvendre (26)......144 C5
Montverdun (42)......128 D3
Montvernier (73)......132 C6
Montvert (15)......139 G4
Montviette (14)......17 E3
Montville (76)......7 G5
Montviron (50)......35 G3
Montzéville (55)......25 E6
Monviel (47)......151 E2
Monze (11)......185 F4
Moon-sur-Elle (50)......15 F6
Moosch (68)......70 D6
Mooslargue (68)......89 F4
Moraches (58)......99 F1
Moragne (17)......120 D1
Morainville (28)......62 D2
Morainville-Jouveaux (27)......17 G4
Morainvilliers (78)......42 B3
Morancé (69)......129 H2
Morancez (28)......62 B2
Morancourt (52)......67 G2
Morand (37)......79 F4
Morangis (51)......45 F3
Morangis (91)......42 D5
Morangles (60)......42 D1
Morannes (49)......77 E2
Moranville (55)......25 F6
Moras (38)......130 D3
Moras-en-Valloire (26)......144 B1
Morbecque (59)......2 C4
Morbier (39)......118 B1
Morcenx (40)......163 F1
Morchain (80)......21 F1
Morchies (62)......10 C4
Morcourt (02)......11 E6
Morcourt (80)......10 A6
Mordelles (35)......57 E3
Moréac (56)......55 F4
Morée (41)......79 H1
Moreilles (85)......106 D2
Morelmaison (88)......69 E2
Morembert......66 C1
Morestel (38)......131 E3
Moret-sur-Loing (77)......64 B2
Morêtel-de-Mailles (38)......132 A6
Morette (38)......145 E1
Moreuil (80)......20 D1
Morey (71)......101 E5
Morey-Saint-Denis (21)......101 G1
Morez (39)......118 B1
Morfontaine (54)......25 H4
Morganx (40)......163 H5
Morgemoulin (55)......25 G6
Morgny (27)......19 F5
Morgny-en-Thiérache (02)......23 E1
Morgny-la-Pommeraye (70)......7 H5
Morhange (57)......49 F2
Moriani-Plage......205 H1
Moriat (63)......127 G6
Moricq......106 B2
Morienne (76)......19 G1
Morienval (60)......21 F5
Morières-lès-Avignon (84)......173 E2
Moriers (28)......62 A4
Morieux (22)......33 H4
Moriez (04)......175 G1
Morigny (50)......37 G3
Morigny-Champigny (91)......63 F2
Morillon (74)......119 F5
Morionvilliers (52)......68 B2
Morisel (80)......20 D1
Moriville (88)......69 H2
Moriviller (54)......69 H1
Morizécourt (88)......68 D5
Morizès (33)......150 A2
Morlaàs (64)......180 C2
Morlac (18)......97 G6
Morlaix (29)......32 A3
Morlancourt (80)......10 A5
Morlange......26 B3
Morlanne (64)......163 H6
Morley (55)......47 F6
Morlhon-le-Haut (12)......153 G5
Morlincourt (60)......21 G3
Mormaison (85)......91 F2
Mormant (77)......43 G6
Mormant-sur-Vernisson (45)......64 A6
Mormès (32)......164 C3
Mormoiron (84)......173 G1
Mornac (16)......122 C4
Mornac-sur-Seudre (17)......120 C3
Mornand-en-Forez (42)......128 D4
Mornans (26)......158 D2
Mornant (69)......129 H4
Mornas (84)......158 A5
Mornay (71)......115 G2
Mornay-Berry (18)......98 B3
Mornay-sur-Allier (18)......98 C5

Morosaglia (2B)......205 F1
Morre (25)......103 F1
Morsain (02)......21 H4
Morsains (51)......44 C4
Morsalines (50)......15 E2
Morsan (27)......17 H4
Morsang-sur-Orge (91)......42 D5
Morsang-sur-Seine (91)......43 E6
Morsbach (57)......27 G5
Morsbronn-les-Bains (67)......51 E2
Morschwiller (67)......51 E3
Morschwiller-le-Bas (68)......89 F1
Morsiglia (2B)......203 F2
Mortagne (88)......70 B3
Mortagne-au-Perche (61)......60 D1
Mortagne-du-Nord (59)......4 A6
Mortagne-sur-Gironde (17)......120 D5
Mortagne-sur-Sèvre (85)......92 B5
Mortain (50)......37 H5
Mortcerf (77)......43 G4
la Morte (38)......145 H3
Morteau (25)......104 B2
Morteaux-Coulibœuf (14)......39 E3
Mortefontaine (02)......21 G5
Mortefontaine (60)......43 F1
Mortefontaine-en-Thelle (60)......20 B6
Mortemart (87)......110 A6
Mortemer (60)......21 E3
Mortemer (76)......19 F1
Morthomiers (18)......97 F3
Mortiers (02)......22 C2
Mortiers (17)......121 F5
Morton (86)......93 H2
Mortrée (61)......39 F5
Mortroux (23)......111 G3
Mortzwiller (68)......88 D2
Morval (62)......10 B5
Morvillars (90)......88 D3
Morville (50)......14 C3
Morville (88)......68 D3
Morville-en-Beauce (45)......63 F3
Morville-lès-Vic (57)......49 F3
Morville-sur-Andelle (76)......19 E4
Morville-sur-Nied (57)......49 E2
Morville-sur-Seille (54)......48 D3
Morvillers (60)......19 H3
Morvillers-Saint-Saturnin (80)......19 H1
Morvilliers (10)......67 E2
Morvilliers (28)......40 C6
Mory (62)......10 B3
Mory-Montcrux (60)......20 C3
Morzine (74)......119 F4
Mosles (14)......15 G5
Moslins (51)......45 F3
Mosnac (16)......122 A4
Mosnac (17)......121 F5
Mosnay (36)......111 E1
Mosnes (37)......79 G5
Mosset (66)......199 E3
Mosson (21)......67 E6
Mostuéjouls (12)......155 G6
Motel......41 F4
Motey-Besuche (70)......86 D6
Motey-sur-Saône (70)......86 D4
la Mothe-Achard (85)......91 E4
Mothern (67)......29 G6
Motreff (29)......54 B1
la Motte (22)......55 G1
la Motte (83)......175 H6
la Motte-Chalancon (26)......159 H6
la Motte-d'Aigues (84)......174 A3
la Motte-d'Aveillans (38)......145 G4
la Motte-de-Galaure (26)......144 B2
la Motte-du-Caire (04)......160 B4
la Motte-en-Bauges (73)......132 B3
la Motte-en-Champsaur (05)......146 B6
la Motte-Fanjas (26)......144 D3
la Motte-Feuilly (36)......111 H2
la Motte-Fouquet (61)......38 D6
la Motte-Saint-Jean (71)......114 D2
la Motte-Saint-Martin (38)......145 G4
la Motte-Servolex (73)......131 H4
la Motte-Ternant (21)......84 C6
la Motte-Tilly (10)......65 F1
Mottereau (28)......61 G3
Motteville (76)......7 F4
Mottier (38)......130 D6
Motz (73)......131 G1
Mouacourt (54)......49 F5
Mouais (44)......57 F6
Mouans-Sartoux (06)......176 C6
Mouauville......25 H6
Mouazé (35)......57 F1
Mouchamps (85)......92 A5
Mouchan (32)......165 F2
Mouchard (39)......103 E3
la Mouche (50)......35 H2
Mouchès (32)......165 F6
Mouchin (59)......3 H6
Mouchy-le-Châtel (60)......20 B5
Moudeyres (43)......142 D4
Mouen (14)......16 B5
Mouettes (27)......41 F3
Mouffy (89)......83 F3
Mouflaines (27)......19 F6
Mouflers (80)......9 E4
Mouflières (80)......8 D6
Mougins (06)......176 C6
Mougon (79)......108 A4
Mouguerre (64)......162 B6
Mouhers (36)......111 F2
Mouhet (36)......110 D3
Mouhous (64)......164 B6
Mouillac (33)......135 G4
Mouillac (82)......153 E5
la Mouille (39)......118 A2
Mouilleron (52)......85 H2

260

Mouilleron-en-Pareds (85) 92 B6
Mouilleron-le-Captif (85)..........91 F4
Mouilly (55) 47 G2
Moulainville (55) 25 F6
Moularès (81).....................168 C1
Moulay (53).......................58 D3
Moulayrès (81)....................168 B4
Moulédous (65)...................181 F3
Moulès-et-Baucels (34) 171 E2
Mouleydier (24)..................137 E5
Moulézan (30)....................171 G2
Moulhard (28) 61 G4
Moulicent (61) 40 B6
Moulidars (16)....................122 A4
Mouliets-et-Villemartin (33)...136 A5
Mouliherne (49)...................77 H5
Moulin-Mage (81) 169 G4
Moulin-Neuf (09)................184 B4
Moulin-Neuf (24)................136 B4
Moulin-sous-Touvent (60).......21 G4
Moulineaux (76) 18 C5
Moulines (14) 16 C6
Moulines (50) 37 G6
Moulinet (06) 177 F3
Moulinet (47) 151 E2
le Moulinet-sur-Solin (45) 82 A1
le Moulin Neuf 42 B6
Moulins (02) 22 C4
Moulins (03).......................113 H1
Moulins (35) 57 G4
Moulins-en-Tonnerrois (89).....84 B2
Moulins-Engilbert (58) 99 H3
Moulins-la-Marche (61) 39 H5
Moulins-le-Carbonnel (72) 59 H2
Moulins-lès-Metz (57)............26 B5
Moulins-Saint-Hubert (55) 24 D3
Moulins-sur-Céphons (36) 96 B3
Moulins-sur-Orne (61) 39 E4
Moulins-sur-Ouanne (89) 83 E3
Moulins-sur-Yèvre (18) 97 H3
Moulis (09) 182 D5
Moulis-en-Médoc (33) 134 D3
Moulismes (86) 109 H4
Moulle (62) 2 A3
le Moulleau (76) 148 B1
Moulon (33) 135 H5
Moulon (45)........................63 H6
Moulotte (55) 48 A1
Moult (14) 16 D5
Moumoulous (65)................181 F2
Moumour (64) 179 H3
Mounes-Prohencoux (12) 169 G4
Mourède (32) 165 F3
Mourens (33).....................149 H1
Mourenx (64) 180 A1
Mourenx-Ville-Nouvelle 180 A1
Mouret (12).......................154 B3
Moureuille (63) 113 F5
Mourèze (34).....................170 B5
Mouriès (13) 173 E4
Mouriez (62) 9 E2
le Mourillon 191 G5
Mourioux-Vieilleville (23) 111 E6
Mourjou (15).......................154 A1
Mourmelon-le-Grand (51) 45 H1
Mourmelon-le-Petit (51) 45 H1
Mournans-Charbonny (39) ...103 F5
Mouron (08) 24 B5
Mouron-sur-Yonne (58) 99 H2
Mouroux (77) 43 H4
Mourrens 151 E6
Mours (95) 42 D1
Mours-Saint-Eusèbe (26) 144 C3
Mourvilles-Basses (31) 183 H1
Mourvilles-Hautes (31) 184 D1
Mouscardès (40)................163 F5
Moussac (30) 171 H2
Moussac (86) 109 G4
Moussages (15) 140 B2
Moussan (11) 186 C3
Moussé (35) 57 H4
Mousseaux-lès-Bray (77) 64 D2
Mousseaux-Neuville (27) 41 F3
Mousseaux-sur-Seine (78) 41 H2
Moussey (10) 66 B4
Moussey (57) 49 G5
Moussey (88) 70 D1
les Moussières (39).............118 A3
Mousson (54) 48 C3
Moussonvilliers (61) 40 B6
Moussoulens (11) 184 D3
Moussy 118 D5
Moussy (51) 45 F2
Moussy (58) 99 F2
Moussy (95) 42 A1
Moussy-le-Neuf (77) 43 F2
Moussy-le-Vieux (77) 43 F2
Moussy-Verneuil (02) 22 C4
Moustajon (31) 196 A4
Moustéru (22) 32 D4
Moustey (40) 148 D4
le Moustier 137 H4
Moustier (47) 150 D2
Moustier-en-Fagne (59) 12 B4
Moustier-Ventadour (19) 125 G6
la Moustière 96 B2
Moustiers-Sainte-Marie (04)...175 F3
le Moustoir (22)...................32 B6
la Moustoir-Ac (56)..............55 F4
Moustoir-Remungol (56).......55 F3
la Moutade (63) 127 F1
le Moutaret (38) 132 A5
le Moutchic 134 B4
Mouterhouse (57) 28 B6
Mouterre-Silly (86) 93 H3
Mouterre-sur-Blourde (86) ...109 H5
la Mouthe 137 H5
Mouthe (25) 103 G5
le Moutherot (25) 102 D1
Mouthier-en-Bresse (71)......102 B4

Mouthier-Haute-Pierre (25)...103 H2
Mouthiers-sur-Boëme (16) ...122 B5
Mouthoumet (11) 185 F5
Moutier-d'Ahun (23) 111 H6
Moutier-Malcard (23) 111 G3
Moutier-Rozeille (23)...........125 H2
Moutiers (28)......................62 C3
Moutiers (35) 58 A6
Moutiers (54) 26 A4
Moûtiers (73)......................132 D5
Moutiers-au-Perche (61)........61 E1
les Moutiers-en-Auge (14) 39 E3
les Moutiers-en-Cinglais (14) ...16 B6
les Moutiers-en-Puisaye (89) ...82 D3
les Moutiers-en-Retz (44) 73 H6
les Moutiers-Hubert (14).......39 F3
Moutiers-les-Mauxfaits (85) ...91 F6
Moutiers-Saint-Jean (21) 84 C4
Moutiers-sous-Argenton (79) ...93 E3
Moutiers-
  -sous-Chantemerle (79) 92 D6
Moutiers-sur-le-Lay (85) 91 H5
Mouton (16) 122 C2
Moutonne (39) 117 G1
Moutonneau (16) 122 C2
Moutoux (39) 103 F5
Moutrot (54) 48 B6
la Moutte 192 D4
Mouvaux (59) 3 G4
Moux (11) 185 G3
Moux-en-Morvan (58)..........100 B2
Mouy (60) 20 C5
Mouy-sur-Seine (77) 64 D2
Mouzay (37) 95 F2
Mouzay (55) 24 D4
Mouzeil (44) 75 E3
Mouzens (24) 137 H5
Mouzens (81) 167 H6
Mouzeuil-Saint-Martin (85)...106 D2
Mouzieys-Panens (81) 168 A1
Mouzieys-Teulet (81) 168 C3
Mouzillon (44) 75 E6
Mouzon (08) 24 D2
Mouzon (16) 123 E3
Moval (90) 88 D3
Moy-de-l'Aisne (02) 22 A1
Moyaux (14) 17 G4
Moydans (05) 159 F3
Moye (74) 131 H1
Moyemont (88) 70 A2
Moyen (54) 70 A1
Moyencourt (80) 21 G2
Moyencourt-lès-Poix (80) 20 A1
Moyenmoutier (88) 70 C2
Moyenneville (60) 21 E4
Moyenneville (62) 10 B3
Moyenneville (80) 8 D4
Moyenvic (57) 49 F4
Moyeuvre-Grande (57) 26 B4
Moyeuvre-Petite (57) 26 B4
Moyon (50) 37 G2
Moyrazès (12) 154 B4
Moyvillers (60) 21 E4
Mozac (63) 127 F2
Mozé-sur-Louet (49) 76 D5
Muchedent (76) 7 H3
Mudaison (34).....................171 G5
Muel (35) 56 C2
Muespach (68) 89 G3
Muespach-le-Haut (68).........89 G3
Mugron (40) 163 F4
Muhlbach-sur-Bruche (67) 50 C6
Muhlbach-sur-Munster (68) ...71 E5
Muides-sur-Loire (41) 80 B3
Muidorge (60) 20 B3
Muids (27) 18 D6
Muille-Villette (80) 21 G2
Muirancourt (60) 21 G2
Muizon (51) 22 D6
les Mujouls (06) 176 B4
la Mulatière (69) 130 A3
Mulcent (78) 41 H3
Mulcey (57) 49 G3
Mulhausen (67) 50 D2
Mulhouse (68) 89 F1
Mulsanne (72) 60 B6
Mulsans (41) 80 A3
Mun (65) 181 G2
Munchhausen (67) 29 G6
Munchhouse (68) 71 G6
Muncq-Nieurlet (62) 2 A3
Mundolsheim (67) 51 E5
Muneville-le-Bingard (50) 37 E1
Muneville-sur-Mer (50) 35 G1
le Mung (17) 121 E2
Munster (57) 49 H2
Munster (68) 71 E4
Muntzenheim (68) 71 G4
Munwiller (68) 71 F5
Mur-de-Barrez (12) 140 C6
Mûr-de-Bretagne (22) 55 F1
Mur-de-Sologne (41) 80 B5
Muracciole (2B) 205 E3
Murasson (12) 169 F4
Murat (03) 113 F3
Murat (15) 140 D3
Murat-le-Quaire (63) 126 C5
Murat-sur-Vèbre (81) 169 G5
Murato (2B) 203 F5
la Muraz (74) 118 C5
Murbach (68) 71 E6
la Mure (38).......................145 G5
la Mure-Argens (04) 175 H1
Mureaumont (60) 19 G2
les Mureaux (78) 42 A2
Mureils (26) 144 B2
Mûres (74) 132 A2
Muret (31) 183 F1
Muret-et-Crouttes (02) 22 B6
Muret-le-Château (12) 154 C3

la Murette (38) 131 F6
Murianette (38) 145 H2
Murinais (38) 144 D2
Murles (34) 171 E4
Murlin (58) 98 D1
Muro (2B) 202 C6
Murol (63) 127 E5
Murols (12) 154 C1
Muron (17) 107 E6
Mûrs (84) 95 G4
Murs (36) 95 G4
Murs (84) 173 G2
Mûrs-Erigné (49) 76 D5
Murs-et-Gélignieux (01) 131 F4
Mursay 107 H3
Murtin-et-Bogny (08) 12 D6
Murvaux (55) 25 E4
Murviel-lès-Béziers (34) 186 D1
Murviel-lès-Montpellier (34) ...171 E5
Murville (54) 25 H5
Murzo (2A) 204 C4
Mus (30) 171 H4
Muscourt (02) 22 D5
Musculdy (64) 179 F3
Musièges (74) 118 B6
Musigny (21) 84 D4
Musigny (51) 45 F2
Mussey-sur-Marne (52) 67 H2
Mussidan (24) 136 D4
Mussig (67) 71 G3
Mussy-la-Fosse (21) 84 D4
Mussy-sous-Dun (71) 115 G4
Mussy-sur-Seine (10) 66 D6
Mutigney (39) 86 C6
Mutigny (51) 45 F2
Mutrécy (14) 16 B5
Muttersholtz (67) 71 G2
Mutzenhouse (67) 50 D4
Mutzig (67) 50 D6
le Muy (83) 175 H6
Muzeray (55) 25 G5
Muzillac (56) 73 F2
Muzy (27) 41 F4
Myans (73) 132 A5
Myennes (58) 82 C5
Myon (25) 103 F3

N

Nabas (64) 179 G2
Nabinaud (16) 136 C1
Nabirat (24) 152 B1
Nabringhen (62) 1 G4
Nachamps (17) 107 G6
Nadaillac (24) 138 C4
Nadaillac-de-Rouge (46) 138 C6
Nades (03) 113 F5
Nadillac (46) 152 D2
Nagel-Séez-Mesnil (27) 40 C3
Nages (81) 169 F5
Nages-et-Solorgues (30) 171 H4
Nahuja (66) 198 C5
Nailhac (24) 138 A2
Naillat (23) 111 E4
Nailloux (31) 183 H2
Nailly (89) 64 D4
Naintré (86) 94 C5
Nainville-les-Roches (91) 63 H1
Naisey-les-Granges (25).......103 G1
Naives-en-Blois (55) 47 H5
Naives-Rosières (55) 47 F4
Naix-aux-Forges (55) 47 G5
Naizin (56) 55 F3
Najac (12) 153 G6
Nalliers (85) 106 D2
Nalliers (86) 109 H1
Nalzen (09) 184 A6
Nambsheim (68) 71 G5
Nampcel (60) 21 G4
Nampcelles-la-Cour (02) 23 E1
Nampont 8 D2
Namps-au-Mont 20 B1
Namps-Maisnil (80) 20 B1
Nampteuil-sous-Muret (02) ...22 B5
Nampty (80) 20 B1
Nan-sous-Thil (21) 84 D5
Nanc-lès-Saint-Amour (39)...117 E2
Nançay (18) 81 F6
Nance (39) 102 C5
Nances (73) 131 G4
Nanclars (16) 122 C2
Nançois-le-Grand (55) 47 G5
Nançois-sur-Ornain (55) 47 F5
Nancras (17) 120 D3
Nancray (25) 87 G6
Nancray-sur-Rimarde (45) 63 G5
Nancuise (39) 117 F2
Nancy (54) 48 D5
Nancy-sur-Cluses (74) 119 E5
Nandax (42) 115 F6
Nandy (77) 43 E6
Nangeville (45) 63 G3
Nangis (77) 64 C1
Nangy (74) 118 D5
Nans (25) 88 A4
les Nans (39).....................103 F6
Nans-les-Pins (83) 191 F3
Nans-sous-Sainte-Anne (25) ...103 F3
Nant (12) 170 B2
Nant-le-Grand (55) 47 F5
Nant-le-Petit (55) 47 F5
Nanteau-sur-Essonne (77) 63 G3
Nanteau-sur-Lunain (77) 64 B3
Nanterre (92) 42 C3
Nantes (44) 74 C5
Nantes-en-Ratier (38) 145 H4
Nanteuil 79 G6
Nanteuil (79) 108 B3
Nanteuil-
  -Auriac-de-Bourzac (24)....122 C6

Nanteuil-en-Vallée (16) 122 D1
Nanteuil-la-Forêt (51) 45 F1
Nanteuil-la-Fosse (02) 22 B4
Nanteuil-le-Haudouin (60) 43 G1
Nanteuil-lès-Meaux (77) 43 G3
Nanteuil-Notre-Dame (02) 22 B6
Nanteuil-sur-Aisne (08) 23 G3
Nanteuil-sur-Marne (77) 44 B3
Nantey (39) 117 F3
Nanthiat (24) 123 G6
Nanthiat (24) 123 H6
Nantiat (87) 124 A1
Nantillé (17) 121 F2
Nantillois (55) 24 D5
Nantilly (70) 94 A5
Nantilly (70) 86 C4
Nantoin (38) 130 D6
Nantois (55) 47 G5
Nantouillet (77) 43 F2
Nantoux (21) 101 F3
Nantua (01) 117 G5
Naours (80) 9 G5
la Napoule 193 F1
Narbéfontaine (57) 27 E5
Narbief (25) 104 C1
Narbonne (11) 186 C3
Narbonne-Plage 186 D4
Narcastet (64) 180 C3
Narcy (52) 47 E6
Narcy (58) 98 D1
Nargis (45) 64 B5
Narnhac (15) 140 D5
Narp (64) 179 G1
Narrosse (40) 163 E4
la Nartelle 192 D3
Nasbinals (48) 155 F1
Nassandres (27) 40 B1
Nassiet (40) 163 G5
Nassigny (03) 112 D2
Nastringues (24) 136 B5
Nattages (01) 131 G3
Natzwiller (67) 71 E1
Naucelle (12) 154 A6
Naucelles (15) 140 A5
Naujac-sur-Mer (33) 134 C1
Naujan-et-Postiac (33) 135 H6
Nauroy (02) 11 E5
Nausan 120 B4
Naussac (12) 153 G3
Naussac (48) 156 C1
Naussannes (24) 137 F6
Nauvay (72) 60 C3
Nauviale (12) 154 B1
Navacelles (30) 157 F6
Navailles-Angos (64) 180 C1
Navarrenx (64) 179 G2
Navas 143 H3
Naveil (41) 79 F2
Navenne (70) 87 G3
Naves (03) 113 G5
Naves (19) 139 E1
Naves (59) 11 E3
Navès (81) 168 C6
Nâves-Parmelan (74) 132 B1
Navilly (71) 102 A4
Nay (50) 14 D5
Nay (64) 180 C3
Nayemont-les-Fosses (88) 70 D2
le Nayrac (12) 154 C2
Nazelles-Négron (37) 79 F5
Néac (33) 135 H5
Néant-sur-Yvel (56)............56 B3
Neau (53) 59 E4
Neaufles-Auvergny (27) 40 B4
Neaufles-Saint-Martin (27) ...19 G6
Neauphe-sous-Essai (61) 39 G6
Neauphe-sur-Dive (61) 39 F4
Neauphle-le-Château (78) 42 A4
Neauphle-le-Vieux (78) 42 A4
Neauphlette (78) 41 G3
Neaux (42) 129 E1
Nébian (34) 170 C5
Nébias (11) 184 C6
Nébing (57) 49 G3
Nébouzat (63) 126 D3
Nécy (61) 39 E4
Nedde (87) 125 E3
Nédon (62) 2 B6
Nédonchel (62) 2 B6
Neewiller-
  -près-Lauterbourg (67) 29 F6
Neffes (05) 160 B2
Neffiès (34) 170 B6
Néfiach (66) 199 G3
Nègrepelisse (82) 167 F1
Négreville (50) 14 C3
Négron 79 F5
Négrondes (24) 137 G1
Néhou (50) 14 C4
Nelling (57) 27 G6
Nemours (77) 64 A3
Nempont-Saint-Firmin (62).......8 D2
Nénigan (31) 182 B2
Néons-sur-Creuse (36) 95 F6
Néoules (83) 191 G4
Néoux (23) 125 H2
Nepvant (55) 24 D3
Nérac (47) 150 D6
Nerbis (40) 163 G4
Nercillac (16) 121 H3
Néré (17) 121 H1
Néret (36) 112 A1
Nérigean (33) 135 G5
Nérignac (86) 109 G4
Néris-les-Bains (03) 112 D4
Nernier (74) 118 D3
Néron (28) 41 G6
Néronde (42) 129 E2
Néronde-sur-Dore (63) 127 H3

Nérondes (18) 98 B3
Ners (30) 171 H1
Nersac (16) 122 B4
Nervieux (42) 129 E3
Nerville-la-Forêt (95) 42 D2
Néry (60) 21 F6
Neschers (63) 127 F5
Nescus (09) 183 F5
Nesle (80) 21 F1
Nesle-et-Massoult (21) 84 D2
Nesle-Hodeng (76) 19 F2
Nesle-la-Reposte (51) 44 D6
Nesle-le-Repons (51) 44 D2
Nesle-l'Hôpital (80) 8 C6
Nesle-Normandeuse (76) 8 C6
Nesles (62) 1 F5
Nesles-la-Montagne (02) 44 C2
Nesles-la-Vallée (95) 42 C1
Neslette (80) 8 C5
Nesmy (85) 91 G5
Nesploy (45) 63 G6
Nespouls (19) 138 C4
Nessa (2B) 202 D6
Nestier (65) 181 H4
Nettancourt (55) 46 D3
les Nétumières 58 A4
Neublans-Abergement (39) ...102 B4
Neubois (67) 71 F2
le Neubourg (27) 40 C1
Neuchâtel-Urtière (25) 88 C5
Neuf-Berquin (59) 2 D5
Neuf-Brisach (68) 71 G5
Neuf-Église (63) 113 E6
Neuf-Marché (76) 19 G4
Neuf-Mesnil (59) 12 A2
Neufbosc (76) 19 E2
le Neufbourg (50) 37 H5
Neufchâteau (88) 68 D2
Neufchâtel-en-Bray (76) 19 E2
Neufchâtel-en-Saosnois (72) ...60 B2
Neufchâtel-Hardelot (62) 1 F5
Neufchâtel-sur-Aisne (02) 23 E4
Neufchef (57) 26 B3
Neufchelles (60) 43 H1
Neuffons (33) 150 B1
Neuffontaines (58) 83 H6
Neufgrange (57) 27 H5
Neuflieux (02) 21 H3
Neuflize (08) 23 G4
Neufmaison (08) 23 H1
Neufmaisons (54) 70 C1
Neufmanil (08) 13 F6
Neufmesnil (50) 14 C5
Neufmoulin (80) 9 E4
Neufmoutiers-en-Brie (77) ...43 G4
le Neufour (55) 46 D1
Neufvillage (57) 49 G2
Neufvy-sur-Aronde (60) 21 E4
Neugartheim-Ittlenheim (67)...50 D5
Neuhaeusel (67) 51 G3
Neuil (37) 94 C2
Neuilh (65) 181 E4
Neuillac (17) 121 G5
Neuillay-les-Bois (36) 96 A5
Neuillé (49) 77 H6
Neuillé-le-Lierre (37) 79 F4
Neuillé-Pont-Pierre (37) 78 D4
Neuilly (27) 41 F3
Neuilly (58) 99 F1
Neuilly (89) 83 F1
Neuilly-en-Donjon (03) 114 D3
Neuilly-en-Dun (18) 98 B5
Neuilly-en-Sancerre (18) 82 A6
Neuilly-en-Thelle (60) 20 C6
Neuilly-en-Vexin (95) 42 B1
Neuilly-la-Forêt (14) 15 F5
Neuilly-le-Bisson (61) 60 B1
Neuilly-le-Brignon (37) 95 E3
Neuilly-le-Dien (80) 9 E3
Neuilly-le-Réal (03) 114 A2
Neuilly-le-Vendin (53) 59 F1
Neuilly-lès-Dijon (21) 85 H6
Neuilly-l'Évêque (52) 68 B6
Neuilly-l'Hôpital (80) 8 D3
Neuilly-Plaisance (93) 43 E4
Neuilly-Saint-Front (02) 44 B1
Neuilly-sous-Clermont (60)...20 C5
Neuilly-sur-Eure (61) 61 F1
Neuilly-sur-Marne (93) 43 E4
Neuilly-sur-Seine (92) 42 D3
Neuilly-sur-Suize (52) 67 H5
Neulette (62) 9 F1
Neulise (42) 129 E2
Neulles (17) 121 G5
Neulliac (56) 55 F2
Neung-sur-Beuvron (41) 80 C4
Neunhoffen 28 C6
Neunkirch 71 H2
Neunkirchen-
  -lès-Bouzonville (57)..........27 E3
Neure (03) 98 C6
Neurey-en-Vaux (70) 87 G2
Neurey-lès-la-Demie (70) 87 G3
Neussargues-Moissac (15) ...141 E3
Neuve-Chapelle (62) 3 E5
Neuve-Église (67) 71 F2
la Neuve-Grange (27) 19 F5
la Neuve-Lyre (27) 40 B3
Neuve-Maison (02) 12 A5
Neuvecelle (74) 119 E2
Neuvéglise (15) 141 E5
la Neuvelle-lès-Cromary (70) ...87 F5
la Neuvelle-lès-Lure (70) 88 A2
la Neuvelle-lès-Scey (70) 87 E2
Neuvelle-lès-Voisey (52) 86 D1
Neuves-Maisons (54) 48 C5
la Neuveville-
  -devant-Lépanges (88) 70 B4

la Neuveville-
  -sous-Châtenois (88) 69 E3
la Neuveville-
  -sous-Montfort (88) 69 F3
Neuvic (19) 139 H1
Neuvic (24) 136 D3
Neuvic-Entier (87) 124 D3
Neuvicq (17) 135 H2
Neuvicq-le-Château (17) 121 H2
Neuvillalais (72) 59 H4
la Neuville 9 H6
Neuville (19) 139 E3
la Neuville (59) 3 F6
Neuville (63) 127 H6
la Neuville-à-Maire (08) 24 B3
Neuville-au-Bois (80) 8 D5
la Neuville-au-Cornet (62) 9 G2
Neuville-au-Plain (50) 15 E4
la Neuville-au-Pont (51) 46 C1
Neuville-aux-Bois (45) 63 E5
la Neuville-aux-Bois (51) 46 D2
la Neuville-aux-Joûtes (08)...12 C5
la Neuville-aux-Larris (51) 45 E1
Neuville-Bosc (60) 20 A6
la Neuville-Bosmont (02) 22 D2
Neuville-Bourjonval (62) 10 C4
la Neuville-Chant-d'Oisel (76) ...18 D5
Neuville-Coppegueule (80) ...8 D6
la Neuville-d'Aumont (60) 20 B5
Neuville-Day (08) 24 A3
la Neuville-de-Poitou (86) 94 A6
la Neuville-du-Bosc (27) 18 B6
la Neuville-en-Avesnois (59) ...11 F3
la Neuville-en-Beaumont (50) ...14 C4
la Neuville-en-Beine (02) 21 H2
la Neuville-en-Ferrain (59) 3 G4
la Neuville-en-Hez (60) 20 C4
la Neuville-
  -en-Tourne-à-Fuy (08) 23 G5
Neuville-en-Verdunois (55) ...47 F3
la Neuville-Ferrières (76).......19 F2
la Neuville-Garnier (60) 20 A5
la Neuville-Housset (02) 22 C1
la Neuville-lès-Bray (80) 10 B5
la Neuville-les-Dames (01) ...116 C5
la Neuville-lès-Decize (58) 99 E5
la Neuville-lès-Dorengt (02) ...11 G5
la Neuville-lès-Lœuilly (80) ...20 B1
la Neuville-lès-This (08) 24 A1
la Neuville-lès-Vaucouleurs (55)...48 A6
la Neuville-lès-Wasigny (08) ...23 G2
Neuville-lez-Beaulieu (08) 12 C6
la Neuville-près-Sées (61) 39 G5
la Neuville-Saint-Amand (02) ...22 A1
la Neuville-Saint-Pierre (60) ...20 B3
la Neuville-Saint-Rémy (59) ...10 D3
la Neuville-Saint-Vaast (62) ...10 B2
la Neuville-Sire-Bernard (80) ...20 D1
Neuville-sous-Montreuil (62)....1 G6
la Neuville-sur-Ailette (02) 22 C4
la Neuville-sur-Ain (01) 117 F5
Neuville-sur-Authou (27) 17 H4
la Neuville-sur-Brenne (37) ...79 F3
la Neuville-sur-Escaut (59) 11 E2
la Neuville-sur-Essonne (45) ...63 G4
Neuville-sur-Margival (02) 22 A4
Neuville-sur-Oise (95) 42 B2
Neuville-sur-Ornain (55) 47 E4
la Neuville-sur-Oudeuil (60) ...20 A3
la Neuville-sur-Ressons (60) ...21 E3
la Neuville-Roy (60) 38 B1
Neuville-Saint-Amand 60 A5
Neuville-sur-Seine (10) 66 D5
Neuville-sur-Touques (61) 39 G4
Neuville-sur-Vannes (10) 65 H3
la Neuville-Vault (60) 20 A4
Neuville-Vitasse (62) 10 B3
Neuviller-la-Roche (67) 71 E1
Neuviller-lès-Badonviller (54) ...49 H6
Neuviller-sur-Moselle (54) 69 G1
Neuviller-sur-Fave (88) 70 D2
Neuvillette (02) 11 F6
Neuvillette (80) 9 G3
Neuvillette-en-Charnie (72) ...59 G5
Neuvilley (39) 102 D4
Neuvilly (59) 11 F3
Neuvilly-en-Argonne (55) 47 E1
Neuvireuil (62) 10 C2
Neuvizy (08) 23 H2
Neuvy (03) 113 H2
Neuvy (41) 80 B4
Neuvy (51) 44 C5
Neuvy-au-Houlme (61) 38 D4
Neuvy-Bouin (79) 93 E6
Neuvy-Deux-Clochers (18) ...98 A1
Neuvy-en-Beauce (28) 62 D3
Neuvy-en-Champagne (72) ...59 H5
Neuvy-en-Dunois (28) 62 B4
Neuvy-en-Mauges (49) 75 H5
Neuvy-en-Sullias (81) 81 F2
Neuvy-Grandchamp (71) 114 D1
Neuvy-le-Barrois (18) 98 C5
Neuvy-le-Roi (37) 78 D3
Neuvy-Pailloux (36) 96 D4
Neuvy-Saint-Sépulchre (36) ...111 F1
Neuvy-Sautour (89) 65 H5
Neuvy-sur-Barangeon (18) ...81 F6
Neuvy-sur-Loire (58) 82 B4
Neuwiller (68) 89 G3
Neuwiller-lès-Saverne (67) ...50 C3
Névache (05) 147 E3
Nevers (58) 98 D3
Névez (29) 53 H4
Névian (11) 186 B3
Néville (76) 7 E3
Néville-sur-Mer (50) 15 E1
Nevoy (45) 81 H3
Nevy-lès-Dole (39) 102 C3
Nevy-sur-Seille (39) 102 D5
Nexon (87) 124 A4

Ney (39) 103 F5
Neydens (74) 118 B5
Neyrac-les-Bains 157 F1
les Neyrolles (01) 117 G5
Neyron (01) 130 B2
Nézel (78) 42 A3
Nézignan-l'Évêque (34) 187 F1
Niafles (53) 76 B1
Niaux (09) 197 H4
Nibas (80) 8 C4
Nibelle (45) 63 G6
Nibles (04) 160 B4
Nice (06) 177 E5
Nicey (21) 84 C1
Nicey-sur-Aire (55) 47 F3
Nicole (47) 150 D4
Nicorps (50) 37 E2
le Nid d'Aigle 133 F1
Niderhoff (57) 50 A5
Niderviller (57) 50 B4
Niederbronn-les-Bains (67) 28 D6
Niederbruck (68) 88 D1
Niederentzen (68) 71 F5
Niederhaslach (67) 50 C6
Niederhausbergen (67) 51 E5
Niederhergheim (68) 71 F5
Niederlauterbach (67) 29 F6
Niedermodern (67) 51 E3
Niedermorschwihr (68) 71 F4
Niedernai (67) 71 G1
Niederrœdern (67) 51 G2
Niederschaeffolsheim (67) 51 E3
Niedersoultzbach (67) 50 D3
Niedersteinbach (67) 28 D5
Niederstinzel (57) 50 A3
Niedervisse (57) 27 E5
Nielles-lès-Ardres (62) 1 H3
Nielles-lès-Bléquin (62) 1 H4
Nielles-lès-Calais (62) 1 G2
Nieppe (59) 3 E4
Niergnies (59) 11 E3
Nieudan (15) 139 H4
Nieuil (16) 123 E2
Nieuil-l'Espoir (86) 109 F2
Nieuil (87) 124 A2
Nieul-le-Dolent (85) 91 F5
Nieul-le-Virouil (17) 121 F1
Nieul-lès-Saintes (17) 121 F1
Nieul-sur-l'Autise (85) 107 F2
Nieul-sur-Mer (17) 106 C4
Nieulle-sur-Seudre (17) 120 C3
Nieurlet (59) 2 B3
Niévroz (01) 130 C2
Niffer (68) 89 G2
Niherne (36) 96 B5
Nijon (52) 68 C4
Nilvange (57) 26 B3
Nîmes (30) 172 A3
Ninville (52) 68 B5
Niort (79) 107 H3
Niort-de-Sault (11) 198 C2
Niou Uhella 30 A4
Niozelles (04) 174 C2
Nissan-lez-Enserune (34) 186 D2
Nistos (65) 181 H5
Nitry (89) 84 A3
Nitting (57) 50 A5
Nivelle (59) 4 B6
Nivillac (56) 73 G2
Nivillers (60) 20 B4
Nivolas-Vermelle (38) 130 D5
Nivollet-Montgriffon (01) 117 F6
le Nizan (33) 149 H3
Nizan-Gesse (31) 182 A3
Nizas (32) 166 B6
Nizas (34) 170 C6
Nizerolles (03) 114 B6
Nizon 53 H4
Nizy-le-Comte (02) 23 E4
Noailhac (12) 154 A2
Noailhac (19) 138 D4
Noailhac (81) 168 D6
Noaillac (33) 150 B3
Noaillan (33) 149 G3
Noailles (19) 138 C3
Noailles (60) 20 B5
Noailles (81) 168 A2
Noailly (42) 115 E5
Noalhac (48) 141 F6
Noalhat (63) 127 H2
Noards (27) 17 H4
Nocario (2B) 205 F1
Nocé (61) 60 D2
Noceta (2B) 205 F3
Nochize (71) 115 F3
la Nocle-Maulaix (58) 99 H5
Nod-sur-Seine (21) 85 E2
Nods (25) 103 H2
Noé (31) 183 E2
Noé (89) 65 E4
la Noë-Blanche (35) 57 E5
Noës-les-Mallets (10) 67 E5
la Noë-Poulain (27) 17 H4
Noël-Cerneux (25) 104 B2
Noël-Saint-Martin 21 E6
Noëllet (49) 75 F1
les Noës (03) 114 D6
les Noës-près-Troyes (10) 66 A3
Nœux-lès-Auxi (62) 9 F3
Nœux-les-Mines (62) 2 D6
Nogaret (31) 168 A6
Nogaro (32) 164 C4
Nogent (52) 68 B5
Nogent-en-Othe (10) 65 H4
Nogent-l'Abbesse (51) 23 F6
Nogent-l'Artaud (02) 44 B3
Nogent-le-Bernard (72) 60 C3
Nogent-le-Phaye (28) 62 B2
Nogent-le-Roi (28) 41 G6

Nogent-le-Rotrou (28) 61 E3
Nogent-le-Sec (27) 40 D3
Nogent-lès-Montbard (21) 84 D3
Nogent-sur-Aube (10) 66 C1
Nogent-sur-Eure (28) 62 A2
Nogent-sur-Loir (72) 78 C3
Nogent-sur-Marne (94) 43 E4
Nogent-sur-Oise (60) 20 D6
Nogent-sur-Seine (10) 65 F1
Nogent-sur-Vernisson (45) 82 A1
Nogna (39) 117 G1
Noguères (64) 180 A1
Nohanent (63) 127 E3
Nohant 111 G1
Nohant-en-Goût (18) 97 H2
Nohant-en-Graçay (18) 96 D2
Nohèdes (66) 199 E3
Nohic (82) 167 E3
Noidan (21) 84 D6
Noidans-le-Ferroux (70) 87 F3
Noidans-lès-Vesoul (70) 87 G3
Noidant-Chatenoy (52) 86 B2
Noidant-le-Rocheux (52) 86 A1
Noilhan (32) 166 B6
Nointel (60) 20 D5
Nointel (95) 42 D1
Nointot (76) 6 D5
Noircourt (02) 23 E2
Noirefontaine (25) 88 C5
Noirémont (60) 20 B3
Noirétable (42) 128 B2
Noirlac 97 G6
Noirlieu (51) 46 C3
Noirmoutier-en-l'Île (85) 90 B1
Noiron (70) 86 D5
Noiron-sous-Gevrey (21) 101 H1
Noiron-sur-Bèze (21) 86 B5
Noiron-sur-Seine (21) 66 D6
Noironte (25) 87 E6
Noirval (08) 24 B4
Noiseau (94) 43 E4
Noisiel (77) 43 F4
Noisseville (57) 26 C5
Noisy-le-Grand (93) 43 E4
Noisy-le-Roi (78) 42 B4
Noisy-le-Sec (93) 43 E3
Noisy-Rudignon (77) 64 C3
Noisy-sur-École (77) 63 H2
Noisy-sur-Oise (95) 42 D1
Noizay (37) 79 F5
Noizé 93 G4
Nojals-et-Clotte (24) 151 G1
Nojeon-en-Vexin (27) 19 F5
Nolay (21) 101 E4
Nolay (58) 99 E2
Nolléval (76) 19 F4
Nollieux (42) 128 D2
Nomain (59) 3 G6
Nomdieu (47) 165 G1
Nomécourt (52) 67 H1
Nomeny (54) 48 D3
Nomexy (88) 69 H2
Nommay (25) 88 C3
Nompatelize (88) 70 C2
Nonac (16) 122 B6
Nonancourt (27) 41 E4
Nonant (14) 16 A4
Nonant-le-Pin (61) 39 G5
Nonards (19) 139 E4
Nonaville (16) 122 A6
Noncourt-
-sur-le-Rongeant (52) 68 A2
Nonette (63) 127 G6
Nonglard (74) 132 A1
Nonhigny (54) 49 H6
Nonières (07) 143 G5
Nonsard-Lamarche (55) 48 A3
Nontron (24) 123 F5
Nonville (77) 64 B3
Nonville (88) 69 F4
Nonvilliers-Grandhoux (28) 61 G3
Nonza (2B) 203 F3
Nonzeville (88) 70 B3
Noordpeene (59) 2 B3
Nordausques (62) 1 H3
Nordheim (67) 50 D5
Nordhouse (67) 51 E6
Noreuil (62) 10 C3
Norges-la-Ville (21) 85 H5
Norment-Fontes (62) 2 C5
Normandel (61) 40 B6
Normanville (27) 41 E2
Normanville (76) 6 D4
Normée 45 G4
Normier (21) 84 D6
Norolles (14) 17 F4
Noron-la-Poterie (14) 15 H6
Noron-l'Abbaye (14) 38 D3
Noroy (60) 20 D4
Noroy-le-Bourg (70) 87 H3
Noroy-sur-Ourcq (02) 21 H6
Norrey-en-Auge (14) 39 E3
Norrey-en-Bessin (14) 16 B4
Norrois (51) 46 B5
Norroy (88) 69 E3
Norroy-le-Sec (54) 25 H5
Norroy-le-Veneur (57) 26 B5
Norroy-
-lès-Pont-à-Mousson (54) 48 C3
Nort-Leulinghem (62) 2 A3
Nort-sur-Erdre (44) 74 D3
Nortkerque (62) 1 H3
Nossage-et-Bénévent (05) 159 H4
Nossoncourt (88) 70 B1
Nostang (56) 54 D5
Noth (23) 111 E4

Nothalten (67) 71 F2
Notre-Dame-d'Aliermont (76) 7 H2
Notre-Dame-d'Allençon (49) 77 E6
Notre-Dame-
-de-Bellecombe (73) 132 D2
Notre-Dame-de-Bliquetuit (76) 7 E6
Notre-Dame-de-Boisset (42) ..128 D1
Notre-Dame-de-Bondeville (76) ..7 G6
Notre-Dame-de-Cenilly (50) 37 F2
Notre-Dame-
-de-Commiers (38) 145 G4
Notre-Dame-de-Courson (14) ..17 F6
Notre-Dame-
-de-Gravenchon (76) 6 D6
Notre-Dame-
-de-la-Rouvière (30) 171 E1
Notre-Dame-de-l'Isle (27) 41 F1
Notre-Dame-de-Livaye (14) 17 E5
Notre-Dame-de-Livoye (50) 37 F4
Notre-Dame-de-Londres (34) ..171 E3
Notre-Dame-de-l'Osier (38) 145 E2
Notre-Dame-de-Mésage (38) ..145 G3
Notre-Dame-de-Monts (85) 90 B2
Notre-Dame-de-Riez (85) 90 D3
Notre-Dame-de-Sanilhac (24)..137 F3
Notre-Dame-de-Vaulx (38) 145 G4
Notre-Dame-d'Elle (50) 37 H1
Notre-Dame-d'Épine (27) 17 H4
Notre-Dame-des-Landes (44)....74 B3
Notre-Dame-des-Millières (73)..132 C4
Notre-Dame-d'Estrées (14) 17 E5
Notre-Dame-d'Oé (37) 78 D5
Notre-Dame-d'Or 93 H5
Notre-Dame-du-Bec (76) 6 B5
Notre-Dame-du-Cruet (73) 132 C6
Notre-Dame-du-Hamel (27) 40 A3
Notre-Dame-du-Parc (76) 7 G3
Notre-Dame-du-Pé (72) 77 F2
Notre-Dame-du-Pré (73) 133 E5
Notre-Dame-du-Rocher (61) 38 C4
Notre-Dame-du-Touchet (50) ..37 G6
Notre-Dame de Mons 128 B5
Notre-Dame du Laus 160 C2
Nottonville (28) 62 B5
la Nouaille (23) 125 G2
Nouaillé-Maupertuis (86) 109 E2
Nouainville (50) 14 C2
Nouan-le-Fuzelier (41) 81 E4
Nouans (72) 60 B3
Nouans-les-Fontaines (37) 95 H2
Nouart (08) 24 C4
Nouâtre (37) 94 C3
la Nouaye (35) 56 D2
la Noue (51) 44 D5
Noueilles (31) 183 G1
Nougaroulet (32) 166 A4
Nouhant (23) 112 B4
Nouic (87) 110 A6
Nouilhan (65) 181 E1
les Nouillers (17) 121 E1
Nouillonpont (55) 25 G4
Nouilly (57) 26 C5
Noulens (32) 165 E3
Nourard-le-Franc (60) 20 C4
Nourray (41) 79 G2
Nousse (40) 163 F4
Nousseviller-lès-Bitche (57) 28 B5
Nousseviller-Saint-Nabor (57)....27 G5
Nousty (64) 180 C2
Nouvelle-Église (62) 1 H2
Nouvion (80) 8 D3
le Nouvion-en-Thiérache (02) 11 H5
Nouvion-et-Catillon (02) 22 B2
Nouvion-le-Comte (02) 22 B2
Nouvion-le-Vineux (02) 22 C4
Nouvion-sur-Meuse (08) 24 B2
Nouvoitou (35) 57 F3
Nouvron-Vingré (02) 21 H4
Nouzerines (23) 111 H3
Nouzerolles (23) 111 F3
Nouziers (23) 111 G3
Nouzilly (37) 79 E4
Nouzonville (08) 13 F6
Novacelles (63) 128 A6
Novalaise (73) 131 G4
Novale (2B) 205 G2
Novéant-sur-Moselle (57) 26 B6
Novel (74) 119 G2
Novella (2B) 203 E5
Noves (13) 173 E3
Noviant-aux-Prés (54) 48 B3
Novillard (90) 88 D3
Novillars (25) 87 G6
Novillers (60) 20 B6
Novion-Porcien (08) 23 G3
Novy-Chevrières (08) 23 H3
Noyal (22) 34 A5
Noyal-Châtillon-
-sur-Seiche (35) 57 F3
Noyal-Muzillac (56) 73 F1
Noyal-Pontivy (56) 55 F2
Noyal-sous-Bazouges (35) 35 F5
Noyal-sur-Brutz (44) 57 G6
Noyal-sur-Vilaine (35) 57 F3
Noyales (02) 11 F6
Noyalo (56) 72 D1
Noyant (49) 78 A4
Noyant-d'Allier (03) 113 G2
Noyant-de-Touraine (37) 94 D2
Noyant-et-Aconin (02) 22 A5
Noyant-la-Gravoyère (49) 76 B2
Noyant-la-Plaine (49) 77 F6
Noyarey (38) 145 F2
Noyelle-Vion (62) 9 H2
Noyelles-en-Chaussée (80) 9 E3
Noyelles-Godault (62) 10 C1
Noyelles-lès-Humières (62) 9 F1
Noyelles-lès-Seclin (59) 3 F5
Noyelles-lès-Vermelles (62) 2 D6
Noyelles-sous-Bellonne (62) ..10 C2
Noyelles-sous-Lens (62) 10 B1

Noyelles-sur-Escaut (59) 10 D4
Noyelles-sur-Mer (80) 8 C3
Noyelles-sur-Sambre (59) 11 H3
Noyelles-sur-Selle (59) 11 E2
Noyellette (62) 10 A2
Noyen-sur-Sarthe (72) 77 G1
Noyen-sur-Seine (77) 65 E2
le Noyer (05) 146 A6
le Noyer (18) 82 A6
le Noyer (73) 132 A3
le Noyer-en-Ouche (27) 40 B2
Noyers 19 E6
Noyers (27) 19 G6
Noyers (45) 81 H1
Noyers (52) 68 C5
Noyers (89) 84 A3
Noyers-Auzécourt (55) 46 D3
Noyers-Bocage (14) 16 A5
Noyers-Pont-Maugis (08) 24 C2
Noyers-Saint-Martin (60) 20 C3
Noyers-sur-Cher (41) 96 A1
Noyers-sur-Jabron (04) 160 A5
Noyon (60) 21 G3
Nozay (10) 66 B1
Nozay (44) 74 C2
Nozay (91) 42 C5
Nozeroy (39) 103 F5
Nozières (07) 143 G4
Nozières (18) 97 G6
Nuaillé (49) 75 H6
Nuaillé-d'Aunis (17) 107 E4
Nuaillé-sur-Boutonne (17)............107 H6
Nuars (58) 83 G5
Nubécourt (55) 47 E2
Nucourt (95) 42 A1
Nueil-les-Aubiers (79) 92 D4
Nueil-sous-Faye (86) 94 B3
Nueil-sur-Layon (49) 93 F2
Nuelles (69) 129 H2
Nuillé-le-Jalais (72) 60 C5
Nuillé-sur-Vicoin (53) 58 C5
Nuisement-sur-Coole (51) 45 H3
Nuits (89) 84 C2
Nuits-Saint-Georges (21) 101 G2
Nullemont (76) 19 G1
Nully (52) 67 F2
Nuncq-Hautecôte (62) 9 G2
Nuret-le-Ferron (36) 96 A6
Nurieux-Volognat (01) 117 F5
Nurlu (80) 10 C5
Nuzéjouls (46) 152 C3
Nyer (66) 199 E4
Nyoiseau (49) 76 B2
Nyons (26) 158 D4

O

Obenheim (67) 71 H1
Oberbronn (67) 28 C6
Oberbruck (68) 88 D1
Oberdorf (68) 89 F3
Oberdorf-Spachbach (67)......51 E2
Oberdorff (57) 27 E4
Oberentzen (68) 71 F5
Obergailbach (57) 28 A5
Oberhaslach (67) 50 C6
Oberhausbergen (67) 51 E5
Oberhergheim (68) 71 F5
Oberhoffen-
-lès-Wissembourg (67) 29 E5
Oberhoffen-sur-Moder (67) 51 F3
Oberlarg (68) 89 F4
Oberlauterbach (67) 29 F6
Obermodern-Zutzendorf (67) 50 D3
Obermorschwihr (68) 71 F5
Obermorschwiller (68) 89 F2
Obernai (67) 50 D6
Oberrœdern (67) 29 F6
Obersaasheim (68) 71 G5
Oberschaeffolsheim (67)............51 E5
Obersoultzbach (67) 50 D3
Obersteigen 50 C5
Obersteinbach (67) 28 D5
Oberstinzel (57) 50 A3
Obervisse (57) 27 E5
Obies (59) 11 H2
Objat (19) 138 C2
Oblinghem (62) 2 D6
Obrechies (59) 12 A3
Obreck (57) 49 F3
Obsonville (77) 63 H4
Obterre (36) 95 F4
Obtrée (21) 67 E6
Ocana (2A) 204 D5
Occagnes (61) 39 E4
Occey (52) 86 A3
Occhiatana (2B) 202 D5
Occoches (80) 9 G3
Ochancourt (80) 8 C4
Oches (08) 24 C3
Ochey (54) 48 B6
Ochiaz 117 H5
Ochtezeele (59) 2 B3
Ocquerre (77) 43 H2
Ocqueville (76) 7 E3
Octeville (Cherbourg)) 14 C2
Octeville-l'Avenel (50) 14 D3
Octeville-sur-Mer (76) 6 A5
Octon (34) 170 B5
Odars (31) 167 F6
Odenas (69) 116 A6
Oderen (68) 70 D6
Odomez (59) 9 F1
Odos (65) 181 E3
Odratzheim (67) 50 D5
Œlleville (88) 69 F2
Oermingen (67) 27 H6
Œting (57) 27 G4
Œuf-en-Ternois (62) 9 F2

Œuilly (02) 22 C5
Œuilly (51) 45 E2
Oeyregave (40) 162 D5
Oeyreluy (40) 162 D4
Offekerque (62) 1 H2
Offémont 21 G4
Offemont (90) 88 C2
Offendorf (67) 51 F4
Offignies (80) 19 H1
Offin (62) 9 E1
Offlanges (39) 102 C1
Offoy (60) 20 A2
Offoy (80) 21 G1
Offranville (76) 7 G2
Offrethun (62) 1 F3
Offroicourt (88) 69 F3
Offwiller (67) 50 D2
Ogenne-Camptort (64) 179 H2
Oger (51) 45 F3
Ogeu-les-Bains (64) 180 A3
Ogéviller (54) 49 G6
Ogliastro (2B) 203 F3
Ognes (02) 21 H3
Ognes (51) 45 H5
Ognes (60) 43 G2
Ognéville (54) 69 F1
Ognolles (60) 21 F2
Ognon (60) 21 E6
Ohain (59) 12 B4
Oherville (76) 7 E3
Ohis (02) 12 A5
Ohlungen (67) 51 E3
Ohnenheim (67) 71 G3
l'Oie (85) 92 A5
Oigney (70) 87 E2
Oignies (62) 3 F6
Oigny (21) 85 F4
Oigny (41) 61 F5
Oigny-en-Valois (02) 21 H6
Oinville-Saint-Liphard (28) 62 D4
Oinville-sous-Auneau (28) 62 C2
Oinville-sur-Montcient (78) 42 A2
Oiron (79) 93 G4
Oiry (51) 45 F2
Oiselay-et-Grachaux (70) 87 F5
Oisemont (80) 8 D5
Oisilly (21) 86 B5
Oisly (41) 80 A5
Oison (45) 62 D4
Oisseau (53) 58 D2
Oisseau-le-Petit (72) 60 A2
Oissel (76) 18 C5
Oissery (77) 43 G2
Oissy (80) 9 E6
Oisy (02) 11 G5
Oisy (58) 83 F5
Oisy (59) 11 F2
Oisy-le-Verger (62) 10 D3
Oizé (72) 78 A2
Oizon (18) 81 H5
Olargues (34) 169 G6
Olby (63) 126 D3
Olcani (2B) 203 F3
Oléac-Debat (65) 181 F2
Oléac-Dessus (65) 181 F3
Olemps (12) 154 C4
Olendon (14) 16 C6
Oletta (2B) 203 F5
Olette (66) 199 E4
Olivese (2A) 205 E6
Olivet (45) 80 D1
Olivet (53) 58 C4
Olizy (51) 45 E1
Olizy-sur-Chiers (55) 24 D3
Olizy-Primat (08) 24 B5
Ollainville (88) 68 D3
Ollainville (91) 42 C6
Ollans (25) 87 G5
Ollé (28) 61 H2
Olley (54) 25 H6
Ollezy (02) 21 H2
les Ollières (74) 118 C6
Ollières (83) 174 C6
les Ollières-sur-Eyrieux (07) ..143 H6
Olliergues (63) 128 A4
Ollioules (83) 191 F5
Olloix (63) 127 E4
les Olmes (69) 129 G2
Olmet (63) 128 A3
Olmet-et-Villecun (34) 170 B4
Olmeta-di-Capocorso (2B) 203 F4
Olmeta-di-Tuda (2B) 203 F5
Olmeto (2A) 206 D2
Olmi-Cappella (2B) 202 D6
Olmiccia (2A) 207 E2
Olmo (2B) 203 G6
Olonne-sur-Mer (85) 90 D5
Olonzac (34) 185 G3
Oloron-Sainte-Marie (64) 180 A3
Ols-et-Rinhodes (12) 153 G3
Oltingue (68) 89 G4
Olwisheim (67) 51 E4
Omblèze (26) 144 D5
Omécourt (60) 19 H3
Omelmont (54) 69 E1
les Omergues (04) 159 G5
Omerville (95) 41 H1
Omessa (2B) 205 E2
Omet (33) 149 H1
Omex (65) 180 D4
Omey (51) 46 A4
Omicourt (08) 24 B2
Omiécourt (80) 21 F1
Omissy (02) 11 E6
Ommeel (61) 39 F4
Ommeray (57) 49 G4
Ommoy (61) 39 E4

Omont (08) 24 B3
Omonville (76) 7 G3
Omonville-la-Petite (50) 14 A1
Omonville-la-Rogue (50) 14 B1
Omps (15) 139 H5
Oms (66) 199 H4
Onans (25) 88 B4
Onard (40) 163 F3
Onay (70) 86 D5
Oncieu (01) 131 E1
Oncourt (88) 69 H3
Oncy-sur-École (91) 63 H2
Ondefontaine (14) 38 B2
Ondes (31) 167 E4
Ondres (40) 162 B5
Ondreville-sur-Essonne (45) 63 G4
Onesse-et-Laharie (40) 163 E1
Onet-le-Château (12) 154 C4
Oneux (80) 9 E4
Ongles (04) 174 B1
Onglières (39) 103 F5
Onival 8 B4
Onjon (10) 66 C2
Onlay (58) 100 A4
Onnaing (59) 11 G1
Onnion (74) 119 E4
Onoz (39) 117 G2
Ons-en-Bray (60) 19 H4
Ontex (73) 131 G3
Onville (54) 26 A6
Onzain (41) 79 G4
Oô (31) 196 A5
Oost-Cappel (59) 2 D2
Opio (06) 176 C6
Opme 127 F3
Opoul-Périllos (66) 185 H6
Oppède (84) 173 G3
Oppède le Vieux 173 F3
Oppedette (04) 174 B2
Oppenans (70) 87 H3
Oppy (62) 10 C2
Optevoz (38) 130 D3
Oraàs (64) 179 F1
Oradour (15) 141 E5
Oradour (16) 122 A2
Oradour-Fanais (16) 109 H5
Oradour-Saint-Genest (87) 110 B4
Oradour-sur-Glane (87) 123 H1
Oradour-sur-Vayres (87) 123 G3
Orain (21) 86 B3
Orainville (02) 23 E5
Oraison (04) 174 D2
Orange (84) 158 B6
Orbagna (39) 117 F1
Orbais-l'Abbaye (51) 44 D3
Orban (81) 168 B3
Orbec (14) 17 G6
Orbeil (63) 127 G5
Orbessan (32) 165 H6
Orbey (68) 71 E4
Orbigny (37) 95 H1
Orbigny-au-Mont (52) 86 B1
Orbigny-au-Val (52) 86 B1
l'Orbrie (85) 107 F2
Orçay (41) 97 E1
Orcemont (78) 42 A6
Orcenais (18) 97 G6
Orcet (63) 127 F4
Orcevaux (52) 86 A2
Orchaise (41) 79 G4
Orchamps (39) 102 D2
Orchamps-Vennes (25) 104 B1
Orches (86) 94 B4
Orchies (59) 3 G6
Orcier (74) 119 E3
Orcières (05) 160 D1
Orcières-Merlette 146 D1
Orcinas (26) 158 D2
Orcines (63) 127 E3
Orcival (63) 126 D4
Orconte (51) 46 C5
Orcun 180 A5
Ordan-Larroque (32) 165 G4
Ordiarp (64) 179 F3
Ordizan (65) 181 F4
Ore (31) 182 A5
Orègue (64) 179 E1
Oreilla (66) 199 E4
Orelle (73) 146 D2
Oresmaux (80) 20 C1
Organ (65) 181 H2
Orgeans-Blanchefontaine (25)....88 C6
Orgedeuil (16) 123 E4
Orgeix (09) 198 B2
Orgelet (39) 117 G1
Orgères (35) 57 F3
Orgères (61) 39 H4
Orgères-en-Beauce (28) 62 C4
Orgerus (78) 41 H4
Orges (52) 67 G5
Orgeux (21) 86 A5
Orgeval (02) 22 C3
Orgeval (78) 42 B3
Orgibet (09) 182 C6
Orglandes (50) 14 D4
Orgnac-d'Aven (07) 157 G5
Orgnac-sur-Vézère (19) 138 C1
Orgnat 112 A5
Orgon (13) 173 F4
Orgueil (82) 167 E3
Oricourt (70) 87 H3
Orieux (65) 181 G3
Orignac (65) 181 F4
Orignolles (17) 135 H2
Origny (21) 85 E3
Origny-en-Thiérache (02) 12 A6

Origny-le-Butin (61) 60 C2
Origny-le-Roux (61) 60 C2
Origny-le-Sec (10) 65 H1
Origny-Sainte-Benoîte (02) 11 F6
Orin (64) 179 H3
Orincles (65) 181 E4
Oriocourt (57) 49 E3
Oriol-en-Royans (26) 144 D4
Oriolles (16) 135 H1
Orion (64) 179 G1
Oris-en-Rattier (38) 145 H4
Orist (40) 162 D4
Orival (16) 136 B1
Orival (76) 18 C5
Orléans (45) 80 D1
Orléat (63) 127 H2
Orleix (65) 181 F2
Orliac (24) 152 A1
Orliac-de-Bar (19) 139 E1
Orliaguet (24) 138 B5
Orliénas (69) 129 H4
Orlu (09) 198 B2
Orlu (28) 62 D2
Orly (94) 42 D5
Orly-sur-Morin (77) 44 B3
Ormancey (52) 68 A6
Ormenans (70) 87 G4
Ormersviller (57) 28 B5
Ormes (10) 45 G6
Ormes (27) 40 D2
Ormes (45) 62 D6
Ormes (51) 23 E6
Ormes (71) 101 H6
les Ormes (86) 94 D3
les Ormes (89) 83 E1
Ormes-et-Ville (54) 69 G1
les Ormes-sur-Voulzie (77) 64 D2
Ormesson (77) 64 A4
Ormesson-sur-Marne (94) 43 E4
Ormoiche (70) 87 H1
Ormoy (28) 41 G6
Ormoy (70) 69 F6
Ormoy (89) 65 F6
Ormoy (91) 43 E6
Ormoy-la-Rivière (91) 63 F2
Ormoy-le-Davien (60) 43 H2
Ormoy-lès-Sexfontaines (52) 67 H3
Ormoy-Villers (60) 21 F6
Ornacieux (70) 130 D6
Ornaisons (11) 185 H3
Ornans (25) 103 G2
Ornes (55) 25 F5
Ornex (01) 118 B4
Ornézan (32) 165 H6
Orniac (46) 153 E2
Ornolac-Ussat-les-Bains (09) 197 H4
Ornon (38) 146 A3
Orny (57) 26 C6
Oroër (60) 20 B4
Oroix (65) 181 E2
Oron (57) 49 E3
Oroux (77) 93 G6
Orphin (78) 42 A6
Orpierre (05) 159 G4
Orquevaux (52) 68 B3
les Orres (05) 161 E2
Orret (21) 85 F3
Orriule (64) 179 G1
Orrouer (28) 61 H2
Orrouy (60) 21 F5
Orry-la-Ville (60) 43 E1
Ors (59) 11 G4
Orsan (30) 158 A6
Orsanco (64) 179 E2
Orsans (11) 184 B4
Orsans (25) 88 A6
Orsay (91) 42 C5
Orschwihr (68) 71 E5
Orschwiller (67) 71 F3
Orsennes (36) 111 F2
Orsinval (59) 11 G2
Orsonnette (63) 127 G6
Orsonville (78) 62 D1
Ortaffa (66) 200 D4
Ortale (2B) 205 G2
Orthevielle (40) 162 D5
Orthez (64) 163 F6
Orthoux-Sérignac-
 -Quilhan (30) 171 G3
Ortillon (10) 66 C1
Ortiporio (2B) 203 F6
Orto (2A) 204 D3
Ortoncourt (88) 70 A2
Orus (09) 197 G4
Orval (18) 97 H6
Orval (50) 37 E2
Orvault (44) 74 C4
Orvaux (27) 40 D3
Orve (25) 88 B5
Orveau (91) 63 F2
Orveau-Bellesauve (45) 63 G3
Orville (21) 86 A4
Orville (36) 96 C2
Orville (45) 63 G4
Orville (61) 39 G3
Orville (62) 9 G4
Orvillers-Sorel (60) 21 E3
Orvilliers (78) 41 H4
Orvilliers-Saint-Julien (10) 65 H2
Orx (40) 162 B5
Os-Marsillon (64) 180 A1
Osani (2A) 204 B3
Osches (55) 47 F2
Osenbach (68) 71 E5
Oslon (71) 101 G5
Osly-Courtil (02) 21 H4
Osmanville (14) 15 F5
Osmery (18) 98 A4
Osmets (65) 181 G2
Osmoy (18) 97 H3

Osmoy (78) 41 H4
Osmoy-Saint-Valery (76) 19 E1
Osne-le-Val (52) 68 A1
Osnes (08) 24 D2
Osny (95) 42 B2
Ossages (40) 163 F5
Ossas-Suhare (64) 179 G3
Osse (63) 87 G6
Ossé (35) 57 G3
Osse-en-Aspe (64) 179 H5
Osséja (66) 198 C5
Osselle (25) 103 E2
Ossen (65) 180 D4
Ossenx (64) 179 G1
Osserain-Rivareyte (64) 179 F1
Ossès (64) 178 D2
Ossey-les-Trois-Maisons (10) 65 G2
Ossun (65) 181 E3
Ossun-ez-Angles (65) 181 E4
Ostabat-Asme (64) 179 E2
Ostel (02) 22 B4
Ostheim (68) 71 F3
Osthoffen (67) 50 D5
Osthouse (67) 71 H1
Ostreville (62) 9 G1
Ostricourt (59) 10 C1
Ostwald (67) 51 E5
Ota (2A) 204 B3
Othe (54) 25 F3
Othis (77) 43 F2
Ottange (57) 26 A2
Ottersthal (67) 50 C4
Otterswiller (67) 50 C4
Ottmarsheim (68) 89 G1
Ottonville (57) 26 D4
Ottrott (67) 50 D6
Ottwiller (67) 50 B3
Ouagne (58) 83 F5
Ouainville (76) 6 D3
Ouanne (89) 83 F3
Ouarville (28) 62 C3
les Oubeaux (14) 15 F5
Ouchamps (41) 79 H5
Ouches (42) 115 E6
Oucques (41) 79 H2
Oudalle (76) 6 B5
Oudeuil (60) 20 A3
Oudezeele (59) 2 C3
Oudincourt (52) 67 H3
l'Oudon (14) 17 E6
Oudon (44) 75 E4
Oudrenne (57) 26 C3
Oudry (71) 115 F1
Oueilloux (65) 181 F3
Ouerre (28) 41 G5
Ouessant (29) 30 A4
Ouézy (14) 16 D5
Ouffières (14) 16 B6
Ouge (70) 86 D1
Ouges (21) 101 H1
Ougney (39) 102 D1
Ougney-Douvot (25) 87 H6
Ougny (58) 99 G3
Ougy (71) 116 A1
Ouhans (25) 103 H3
Ouides (43) 142 B5
Ouillon (64) 180 C2
Ouilly-du-Houley (14) 17 G5
Ouilly-le-Tesson (14) 16 C6
Ouilly-le-Vicomte (14) 17 F4
Ouistreham (14) 16 C3
Oulches (36) 110 C1
Oulches-la-Vallée-Foulon (02) 22 D4
Oulchy-la-Ville (02) 22 A6
Oulchy-le-Château (02) 22 A6
Oulins (28) 41 G4
Oulles (38) 146 A3
Oullins (69) 130 A3
Oulmes (85) 107 F3
Oulon (58) 99 F1
Ounans (39) 102 D3
Oupia (34) 185 H2
Our (39) 102 D2
les Ouradous 152 D4
Ourches (26) 144 C6
Ourches-sur-Meuse (55) 48 A5
Ourde (65) 181 H5
Ourdis-Cotdoussan (65) 181 E4
Ourdon (65) 181 E5
Ourouër (58) 99 E3
Ourouer-les-Bourdelins (18) 98 B4
Ouroux (69) 116 A4
Ouroux-en-Morvan (58) 100 A2
Ouroux-sous-le-Bois-
 -Sainte-Marie (71) 115 G3
Ouroux-sur-Saône (71) 101 G6
Oursbelille (65) 181 E2
Ourscamps 21 G3
Oursel-Maison (60) 20 B3
Ourton (62) 9 H1
Ourville-en-Caux (76) 6 D3
Ousse (64) 180 C2
Ousse-Suzan (40) 163 F2
Oussières (39) 102 D4
Ousson-sur-Loire (45) 82 B4
Oussoy-en-Gâtinais (45) 82 A1
Oust (09) 183 E6
Oust-Marest (80) 8 B4
Ousté (65) 181 E4
Outarville (45) 63 E4
Outines (51) 46 B6
Outreau (62) 1 F4
Outrebois (80) 9 G3
Outremécourt (52) 68 D3
Outrepont (51) 46 C4
Outriaz (01) 117 G6
Ouvans (25) 88 A6
Ouve-Wirquin (62) 2 A5
Ouveillan (11) 186 C2
Ouville (50) 37 E2

Ouville-la-Bien-Tournée (14) 16 D6
Ouville-la-Rivière (76) 7 F1
Ouville-l'Abbaye (76) 7 F4
Ouvrouer-les-Champs (45) 81 F2
Ouzilly (86) 94 B5
Ouzilly-Vignolles (86) 93 H4
Ouzouer-des-Champs (45) 82 A1
Ouzouer-le-Doyen (41) 62 A6
Ouzouer-le-Marché (41) 80 B1
Ouzouer-sous-Bellegarde (45) 63 G6
Ouzouer-sur-Loire (45) 81 H2
Ouzouer-sur-Trézée (45) 82 B3
Ouzous (65) 180 D5
Ovanches (70) 87 F3
Ovillers-la-Boisselle (80) 10 A5
Oxelaëre (59) 2 C3
Oyé (71) 115 F4
Oye-et-Pallet (25) 103 H4
Oye-Plage (62) 1 H2
Oyes (51) 45 E4
Oyeu (38) 131 E6
Oyonnax (01) 117 G4
Oyré (86) 94 D4
Oyrières (70) 86 C4
Oysonville (28) 62 D2
Oytier-Saint-Oblas (38) 130 B5
Oz (38) 146 A2
Ozan (01) 116 C3
Oze (05) 159 H2
Ozenay (71) 116 B1
Ozenx-Montestrucq (64) 179 G1
Ozerailles (54) 25 H6
Ozeville (50) 15 E3
Ozières (52) 68 B4
Ozillac (17) 121 G6
Ozoir-la-Ferrière (77) 43 F4
Ozoir-le-Breuil (28) 62 B6
Ozolles (71) 115 G3
Ozon (07) 94 C5
Ozon (65) 181 F3
Ozouer-le-Voulgis (77) 43 G5
Ozourt (40) 163 F4

P

Paars (02) 22 C5
Pabu (22) 33 E3
la Pacaudière (42) 114 D5
Pacé (35) 57 E2
Pacé (61) 59 H2
Pact (38) 144 B1
Pacy-sur-Armançon (89) 84 B2
Pacy-sur-Eure (27) 41 F2
Padern (11) 185 G6
Padiès (81) 168 D1
Padirac (46) 139 E6
Padoux (88) 70 A3
Pageas (87) 123 H4
Pagney (39) 86 D6
Pagney-derrière-Barine (54) 48 B5
Pagnoz (39) 103 E3
Pagny-la-Blanche-Côte (55) 48 A6
Pagny-la-Ville (21) 102 A2
Pagny-le-Château (21) 102 A3
Pagny-lès-Goin (57) 48 D2
Pagny-sur-Meuse (55) 48 A5
Pagny-sur-Moselle (54) 48 C2
Pagolle (64) 179 F3
Pailhac (65) 181 G6
Pailharès (07) 143 G3
Pailherols (15) 140 C5
Pailhès (09) 183 G4
Pailhès (34) 186 D1
Paillart (60) 20 C2
Paillé (17) 121 G1
Paillencourt (59) 11 E3
Paillet (33) 149 G1
Pailloles (47) 151 F3
le Pailly (52) 86 B2
Pailly (89) 65 E3
Paimbœuf (44) 73 H4
Paimpol (22) 33 F2
Paimpont (35) 56 C3
Painblanc (21) 101 E2
Pair-et-Grandrupt (88) 70 D2
Paissy (02) 22 C4
Paisy-Cosdon (10) 65 G4
Paizay-le-Chapt (79) 108 B6
Paizay-le-Sec (86) 109 H1
Paizay-le-Tort (79) 108 B5
Paizay-Naudouin-
 -Embourie (16) 108 C6
Pajay (38) 130 C6
Paladru (38) 131 F5
Palairac (11) 185 G5
le Palais (56) 72 A3
le Palais-sur-Vienne (87) 124 B2
Palaiseau (91) 42 C5
Palaiseul (52) 86 B2
Palaja (11) 185 E4
Palalda 199 G4
Palaminy (31) 182 D3
Palante (25) 103 F2
Palasca (2B) 202 D5
Palau-de-Cerdagne (66) 198 C5
Palau-del-Vidre (66) 201 E4
Palavas-les-Flots (34) 171 F6
Palazinges (19) 138 D3
Paley (77) 64 B4
Palhers (48) 155 G3
Palinges (71) 115 F1
Palis (10) 65 G3
Palise (25) 87 G5
Palisse (19) 125 H6
Palladuc (63) 128 A2
Pallanne (32) 165 E6
Palleau (71) 101 H3

Pallegney (88) 69 H2
le Pallet (44) 75 E6
Palleville (81) 168 A6
la Pallice 106 C5
Palluau (85) 91 E3
Palluau-sur-Indre (36) 95 H4
Pallud (73) 132 C3
Palluel (62) 10 D2
Palmas (15) 155 E4
la Palme (11) 186 C5
la Palmyre 120 B3
Palneca (2A) 205 E5
Palogneux (42) 128 C3
la Palud-sur-Verdon (04) 175 F3
Paluel (76) 6 D2
Pamfou (77) 64 B2
Pamiers (09) 183 H4
Pampelonne (81) 168 C1
Pamproux (79) 108 C3
Panassac (32) 182 A1
Panazol (87) 124 B2
Pancé (35) 57 F5
Pancey (52) 68 A1
Pancheraccia (2B) 205 G3
Pancy-Courtecon (02) 22 C4
Pandrignes (19) 139 E2
Pange (57) 26 D5
Panges (21) 85 F5
Panilleuse (27) 41 G1
Panissage (38) 131 E5
Panissières (42) 129 F3
Panjas (32) 164 C3
Pannecé (44) 75 E3
Pannecières (45) 63 F3
Pannes (45) 64 A6
Pannes (54) 48 A3
Pannessières (39) 102 D6
Panon (72) 60 B3
Panossas (38) 130 D3
la Panouse (48) 156 B1
Pantin (93) 42 D3
Panzoult (37) 94 C2
Papleux (02) 11 H5
le Paradis 33 E3
Paradou (13) 172 D4
Paramé 34 D3
Parassy (18) 97 H1
Parata (2B) 205 G1
Paray-Douaville (78) 62 D2
Paray-le-Frésil (03) 99 G6
Paray-le-Monial (71) 115 E2
Paray-sous-Briailles (03) 114 A4
Paray-Vieille-Poste (91) 42 D5
Paraza (11) 185 H3
Parbayse (64) 180 A2
Parc-d'Anxtot (76) 6 C5
Parçay-les-Pins (49) 78 A5
Parçay-Meslay (37) 79 E5
Parçay-sur-Vienne (37) 94 C2
Parcé (35) 58 A3
Parcé-sur-Sarthe (72) 77 G1
Parcey (39) 102 C3
Parcieux (01) 130 A1
Parcoul (24) 136 B2
le Parcq (62) 9 F1
Parcy-et-Tigny (02) 22 A6
Pardailhan (34) 185 H1
Pardaillan (47) 150 C1
Pardailler (48) 165 F3
Pardies (64) 180 A1
Pardies-Piétat (64) 180 C3
Pardines (63) 127 F5
Paréac (65) 181 E4
Pareid (55) 48 A1
Parempuyre (33) 135 E4
Parennes (72) 59 G4
Parent (63) 127 F4
Parentignat (63) 127 G5
Parentis-en-Born (40) 148 B4
Parenty (62) 1 G5
Parey-Saint-Césaire (54) 48 C6
Parey-sous-Montfort (88) 69 E3
Parfondeval (02) 23 F1
Parfondeval (61) 60 C1
Parfondru (02) 22 C3
Parfondrupt (55) 25 H6
Parfouru-sur-Odon (14) 16 A5
Parfouru l'Éclin 38 A1
Pargnan (02) 22 C4
Pargny (80) 21 G1
Pargny-Filain (02) 22 B4
Pargny-la-Dhuys (02) 44 C3
Pargny-les-Bois (02) 22 C2
Pargny-lès-Reims (51) 23 E6
Pargny-sous-Mureau (88) 68 C2
Pargny-sur-Saulx (51) 46 C4
Pargues (10) 66 C5
Parignargues (30) 171 H3
Parigné (35) 58 A1
Parigné-le-Pôlin (72) 78 A1
Parigné-l'Évêque (72) 60 B6
Parigné-sur-Braye (53) 58 D3
Parigny (42) 128 D1
Parigny (50) 37 G6
Parigny-la-Rose (58) 83 F6
Parigny-les-Vaux (58) 98 D2
Paris (75) 42 D4
Paris-l'Hôpital (71) 101 E4
Parisot (81) 167 H4
Parisot (82) 153 F5
Parlan (15) 139 G4
Parleboscq (40) 164 D2
Parly (89) 83 E2
Parmain (95) 42 C1
Parmilieu (38) 130 D2
Parnac (36) 110 D2

Parnac (46) 152 B3
Parnans (26) 144 C3
Parnay (18) 97 H5
Parnay (49) 93 H1
Parné-sur-Roc (53) 58 D5
Parnes (60) 19 G6
Parnoy-en-Bassigny (52) 68 D5
les Paroches (55) 47 G3
Paron (89) 64 D4
Paroy (25) 103 E2
Paroy (77) 64 D1
Paroy-en-Othe (89) 65 F5
Paroy-sur-Saulx (52) 68 A1
Paroy-sur-Tholon (89) 65 E6
Parpeçay (36) 96 C1
Parpeville (02) 22 B1
Parranquet (47) 151 G1
Parroy (54) 49 F5
Pars-lès-Chavanges (10) 66 D1
Pars-lès-Romilly (10) 65 G1
Parsac (36) 136 A5
Parsac (23) 112 A5
Parthenay (79) 93 F6
Parthenay-de-Bretagne (35) 57 E2
Parthenay-le-Vieux (79) 93 F6
Partinello (2A) 204 B2
Parux (54) 49 H6
Parves (01) 131 G3
Parville (27) 40 D2
Parvillers-le-Quesnoy (80) 21 E1
Parzac (16) 122 D1
le Pas (53) 58 D2
Pas-de-Jeu (79) 93 G3
Pas-en-Artois (62) 9 H3
le Pas-Saint-l'Homer (61) 61 F1
Pasilly (89) 84 B3
Paslières (63) 127 H1
Pasly (02) 22 A4
Pasques (21) 85 G5
le Pasquier (39) 103 F5
Passa (66) 199 H4
le Passage (38) 131 E5
le Passage (47) 151 E6
Passais (61) 58 D1
Passavant (25) 87 H6
Passavant-en-Argonne (51) 46 D2
Passavant-la-Rochère (70) 69 F5
Passavant-sur-Layon (49) 93 E2
Passel (60) 21 G3
Passenans (39) 102 D5
Passins (38) 131 E3
Passirac (16) 136 A1
Passonfontaine (25) 104 A2
Passy (71) 119 G5
Passy (74) 133 E1
Passy (89) 65 E5
Passy-en-Valois (02) 44 A1
Passy-Grigny (51) 44 D1
Passy-sur-Marne (02) 44 D2
Passy-sur-Seine (77) 65 E2
Pastricciola (2A) 204 D4
Patay (45) 62 C5
Patornay (39) 117 G1
Patrimonio (2B) 203 F4
Pau (64) 180 B2
Paucourt (45) 64 B5
Paudy (36) 96 D3
Pauilhac (32) 165 H3
Pauillac (33) 134 D2
Paulhac (15) 140 D4
Paulhac (31) 167 F4
Paulhac (43) 141 G1
Paulhac-en-Margeride (48) 141 H5
Paulhaguet (43) 141 H2
Paulhan (34) 170 C6
Paulhe (12) 155 F6
Paulhenc (15) 140 D5
Paulhiac (47) 151 G2
Pauligne (11) 184 D4
Paulin (24) 138 B4
Paulinet (81) 168 D3
Paulmy (37) 95 E3
Paulnay (36) 95 G5
Paulx (44) 91 E1
Paunat (24) 137 G5
Paussac-et-Saint-Vivien (24) 137 E1
Pautaines-Augeville (52) 68 A2
Pauvres (08) 23 H4
Pavant (02) 44 B3
Pavezin (42) 129 H5
Pavie (32) 165 H5
le Pavillon-Sainte-Julie (10) 66 A2
les Pavillons-sous-Bois (93) 43 E3
Pavilly (76) 7 F5
Payns (51) 65 C6
Payra-sur-l'Hers (11) 184 B3
Payrac (46) 138 C6
Payré (86) 108 D3
Payrignac (46) 138 B6
Payrin-Augmontel (81) 168 D6
Payros-Cazautets (40) 164 A5
Payroux (86) 109 F5
Payssous (31) 182 B5
Payzac (07) 157 E3
Payzac (24) 124 A6
Pazayac (24) 138 B3
Paziols (11) 185 G6
Pazy (58) 99 G1
le Péage-de-Roussillon (38) 130 A6
Péas (51) 45 E5
Peaugres (07) 143 H1
Péaule (56) 73 F1
Péault (85) 91 H6
Pébées (32) 182 B1
Pébrac (43) 141 H4
Pech (09) 198 A2
Pech-Luna (11) 184 A3
Péchabou (31) 167 F6

Pécharic-et-le-Py (11) 184 A3
Péchaudier (81) 168 A6
Pechbonnieu (31) 167 F4
Pechbusque (31) 167 E6
le Pêcherau (36) 111 E1
Pécorade (40) 164 A5
le Pecq (78) 42 C3
Pecquencourt (59) 10 D1
Pecqueuse (91) 42 B6
Pécy (77) 44 A6
Pédernec (22) 32 D3
Pégairolles-de-Buèges (34) 170 D3
Pégairolles-de-l'Escalette (34) 170 B4
Pégomas (06) 176 C6
la Pègue (26) 158 C3
Péguilhan (31) 182 B2
Peigney (52) 86 B1
Peillac (56) 56 B6
Peille (06) 177 E4
Peillon (06) 177 E5
Peillonnex (74) 118 D5
Peintre (39) 102 C1
les Peintures (33) 136 A3
Peipin (04) 160 B6
Peïra Cava 177 E3
Peisey-Nancroix (73) 133 F4
Pel-et-Der (10) 66 D2
Pélissanne (13) 173 F5
la Pelissonnière 92 B5
Pellafol (38) 145 H5
Pelleautier (05) 160 B2
Pellefigue (32) 182 B1
Pellegrue (33) 136 B6
Pelleport (31) 166 C4
Pellerey (21) 85 F4
le Pellerin (44) 74 B5
la Pellerine (49) 78 A5
la Pellerine (53) 58 B2
Pellevoisin (36) 96 A3
le Pellier (39) 103 F5
Pellouailles-les-Vignes (49) 77 E4
Pelonne (26) 159 F4
Pelouse (48) 156 B2
Pelousey (25) 87 F6
Peltre (57) 26 C6
Pélussin (42) 129 H6
Pelves (62) 10 C2
Pelvoux (05) 146 D5
Pen-ar-Hoat-ar-Gorré 31 G5
Penchard (77) 43 G3
Pencran (29) 31 F4
Pendé (80) 8 C3
Penerf 73 E2
Pénestin (56) 73 F2
Penguily (22) 34 A6
Penhors 53 E3
Penin (62) 9 H2
Penly (76) 7 H1
Penmarch (29) 53 E4
Pennautier (11) 185 E3
la Penne (06) 176 C4
Penne (81) 167 G1
Penne-d'Agenais (47) 151 G4
la Penne-sur-Huveaune (13) 190 C4
la Penne-sur-l'Ouvèze (26) 159 E5
Pennedepie (14) 6 B6
Pennes-le-Sec (26) 159 E1
les Pennes-Mirabeau (13) 190 C3
Pennesières (70) 87 G4
Penol (38) 130 D6
le Penon 162 B4
Pensol (87) 123 G4
Penta-Acquatella (2B) 203 F6
Penta-di-Casinca (2B) 203 G6
Penthièvre 72 B1
Penvénan (22) 32 D1
Péone (06) 161 H6
Pépieux (11) 185 G2
Pérassay (36) 112 A2
Peray (72) 60 C3
Perceneige (89) 65 E3
Percey (89) 65 H6
Percey-le-Grand (70) 86 B3
Percey-le-Pautel 86 B2
le Perchay (95) 42 B1
la Perche (18) 112 C1
Perchède (32) 164 C4
le Percher 76 D2
Percy (38) 145 G6
Percy (50) 37 F3
Percy-en-Auge (14) 16 D5
Perdreauville (78) 41 G3
Péré (17) 107 E5
Péré (65) 181 G4
Péreille (89) 184 A6
Perelli (2B) 205 G2
Pérenchies (59) 3 F4
Péret (34) 170 C6
Péret-Bel-Air (19) 125 G6
Péreuil (16) 122 A5
Péreyres (07) 143 E6
Pergain-Taillac (32) 165 H1
Perguet 53 E4
Peri (2A) 204 D5
le Périer (38) 146 A4
Périers (50) 14 D6
Périers-en-Auge (14) 16 D4
Périers-sur-le-Dan (14) 16 C4
Pérignac (16) 122 B6
Pérignac (17) 121 F4
Pérignat-lès-Sarliève (63) 127 F3
Pérignat-sur-Allier (63) 127 F3
Périgné (79) 108 A5
Périgneux (42) 129 E6
Périgny (03) 114 B4
Périgny (14) 38 B3
Périgny (17) 106 D5
Périgny (41) 79 G2
Périgny (94) 43 E5
Périgny-la-Rose (10) 65 G1
Périgueux (24) 137 F2

Périssac (33).....135G4
Perles (02).....22C5
Perles-et-Castelet (09).....198A2
Pern (46).....152C4
Pernand-Vergelesses (21).....101G2
Pernant (02).....21H5
Pernay (37).....78C5
la Pernelle (50).....15E2
Pernes (62).....2C6
Pernes-lès-Boulogne (62).....1F4
Pernes-les-Fontaines (84).....173F1
Pernois (80).....9F4
Pero-Casevecchia (2B).....205G1
Pérols (34).....171F6
Pérols-sur-Vézère (19).....125F5
Péron (01).....118A4
Péronnas (01).....116D5
Péronne (71).....116B2
Péronne (80).....10C5
Péronne-en-Mélantois (59).....3G5
Péronville (28).....62B5
Pérouges (01).....130C1
la Pérouille (36).....96B6
Pérouse (90).....88D2
Péroy-les-Gombries (60).....43G1
Perpezac-le-Blanc (19).....138B2
Perpezac-le-Noir (19).....138D1
Perpezat (63).....126D4
Perpignan (66).....200D2
Perquelin.....145H1
les Perques (50).....14C4
Perquie (40).....164B3
Perrancey-
  -les-Vieux-Moulins (52).....86A1
le Perray-en-Yvelines (78).....42A5
Perrecy-les-Forges (71).....115F1
le Perréon (69).....116A6
Perret (63).....54D1
Perreuil (71).....101E5
Perreux (42).....115E6
Perreux (89).....82D1
le Perreux-sur-Marne (94).....43E4
Perrex (01).....116C4
Perricard.....151H3
Perrier (63).....127F5
le Perrier (85).....90C3
la Perrière (61).....60C2
la Perrière (73).....133E5
Perrières (14).....16D6
Perriers-en-Beauficel (50).....37E4
Perriers-la-Campagne (27).....40B1
Perriers-sur-Andelle (27).....19E4
Perrignier (74).....118D3
Perrigny (39).....102D6
Perrigny (89).....83F2
Perrigny-lès-Dijon (21).....85H6
Perrigny-sur-Armançon (89).....84C3
Perrigny-sur-l'Ognon (21).....86C6
Perrigny-sur-Loire (71).....114D2
Perrogney-les-Fontaines (52).....86A1
le Perron (50).....37H2
Perros-Guirec (22).....32C1
Perrou (61).....38B6
Perrouse (70).....87F5
Perroy (58).....82D5
Perruel (27).....19E4
Perrusse (52).....68C4
Perrusson (37).....95F2
Pers (15).....139H5
Pers (79).....108C4
Pers-en-Gâtinais (45).....64B5
Pers-Jussy (74).....118C5
Persac (86).....109G3
Persan (95).....42D1
Persquen (56).....54D3
Pertain (80).....21F1
Perthes (08).....23G4
Perthes (52).....46C5
Perthes (77).....63H1
Perthes-lès-Brienne (10).....66D2
Pertheville-Ners (14).....39E4
le Perthus (66).....200D5
le Pertre (35).....58B5
le Pertuis (43).....142D3
Pertuis (84).....174A4
la Péruse (16).....123E2
Pervenchères (61).....60C2
Perville (82).....151G6
Pescadoires (46).....152A3
Peschadoires (63).....127H2
le Pescher (19).....139E4
Péseux (25).....88B5
Peseux (39).....102B3
Peslières (63).....127H6
Pesmes (70).....86C6
Pessac (33).....135E6
Pessac-sur-Dordogne (33).....136B6
Pessan (32).....165H5
Pessans (25).....103E2
Pessat-Villeneuve (63).....127F2
la Pesse (39).....118A4
Pessines (17).....121E3
Pessoulens (32).....166B3
Pestivien.....32D5
Petersbach (67).....50B2
le Petit-Abergement (01).....117G6
Petit-Auverné (44).....75E1
Petit-Bersac (24).....136C1
le Petit-Bornand-
  -les-Glières (74).....118D6
le Petit-Celland (50).....37H4
Petit-Couronne (76).....18C5
Petit-Croix (90).....88D3
Petit-Failly (54).....25F4
Petit-Fayt (59).....11H4
le Petit-Fougeray (35).....57F4
Petit-Fort-Philippe.....2A1
Petit-Landau (68).....89G1
Petit-Mars (44).....74D4
le Petit-Mercey (39).....102D1
Petit-Mesnil (10).....67E2

Petit-Noir (39).....102B4
le Petit-Palais-et-Cornemps (33).....136A4
le Petit-Pressigny (37).....95F4
le Petit-Quevilly (76).....7G6
Petit-Réderching (57).....28A5
Petit-Tenquin (57).....27G6
Petit-Verly (02).....11F5
le Petit Carluc.....174B3
la Petite-Boissière (79).....92C4
Petite-Chaux (25).....103G5
la Petite-Forêt (59).....11F1
la Petite-Fosse (88).....70D2
la Petite-Marche (03).....112C5
la Petite-Pierre (67).....50C3
la Petite-Raon (88).....70D1
Petite-Rosselle (57).....27F4
la Petite-Verrière (71).....100C3
Petit Eich.....50A4
les Petites-Armoises (08).....24B3
les Petites-Loges (51).....45G1
les Petites Dalles.....6D3
le Petit Fays.....69H6
Petitmagny (90).....88D2
le Petit Mailly.....45G5
Petitmont (54).....50A6
Petit Niort.....121F6
le Petit Tremblay.....43E3
Petiville (14).....16D4
Petiville (76).....6D6
Petosse (85).....107E2
Petreto-Bicchisano (2A).....206D1
Pettoncourt (57).....49E4
Pettonville (54).....49G6
Peudry.....136B1
Peujard (33).....135F4
Peumérit (29).....53E3
Peumerit-Quintin (22).....32D5
Peuplingues (62).....1G2
Peuton (53).....76C1
Peuvillers (55).....25F4
Peux-et-Couffouleux (12).....169G4
Pévange (57).....49F3
Pévy (51).....22D5
Pexiora (11).....184C3
Pexonne (54).....49H6
Pey (40).....162D5
Peymeinade (06).....176B6
Peynier (13).....174B6
Peypin (13).....191E3
Peypin-d'Aigues (84).....174A4
Peyrabout (23).....111G6
le Peyrat.....187E1
le Peyrat (09).....184B5
Peyrat-de-Bellac (87).....110B5
Peyrat-la-Nonière (23).....112A6
Peyrat-le-Château (87).....125E3
la Peyratte (79).....93G6
Peyraube (65).....181F3
Peyraud (07).....144A1
Peyre (40).....163H5
Peyrecave (32).....166A2
Peyrefitte-du-Razès (11).....184C5
Peyrefitte-sur-l'Hers (11).....184A3
Peyregoux (81).....168C4
Peyreleau (12).....155G6
Peyrelevade (19).....125G4
Peyrelongue-Abos (64).....180D1
Peyremale (30).....157E5
Peyrens (11).....184B2
Peyresourde Balestas.....195H4
Peyrestortes (66).....200D2
Peyret-Saint-André (65).....181F2
Peyriac-de-Mer (11).....186C4
Peyriac-Minervois (11).....185F2
Peyriat (01).....117F5
Peyrière (47).....150D2
Peyrieu (01).....131F3
Peyrignac (24).....138A3
Peyriguère (65).....181F3
Peyrilhac (87).....124A1
Peyrillac-et-Millac (24).....138C5
Peyrilles (46).....152C2
Peyrins (26).....144C3
Peyrissac (19).....125E5
Peyrissas (31).....182C2
Peyrole (81).....168A4
Peyroles (30).....171E1
Peyrolles (11).....185E6
Peyrolles-en-Provence (13).....174B5
Peyroules (04).....176A4
Peyrouse (65).....180D4
Peyrouzet (31).....182C3
Peyruis (04).....174D1
Peyrun (65).....181F2
Peyrus (26).....144C5
Peyrusse.....141H3
Peyrusse (15).....141E2
Peyrusse-Grande (32).....165E5
Peyrusse-le-Roc (12).....153H3
Peyrusse-Massas (32).....165G4
Peyrusse-Vieille (32).....165E5
Peyruzel.....138A6
Peyssies (31).....183E2
Peyzac-le-Moustier (24).....137H4
Peyzieux-sur-Saône (01).....116B5
Pézarches (77).....43H5
Pezé-le-Robert (72).....59H4
Pézenas (34).....187F1
Pézènes-les-Mines (34).....170B5
Pezens (11).....184D3
Pézilla-de-Conflent (66).....199F2
Pézilla-la-Rivière (66).....199H3
Pezou (41).....79G1
Pezuls (24).....137F5
Pézy (28).....62B3
Pfaffenheim (68).....71F5
Pfaffenhoffen (67).....50D3

Pfalzweyer (67).....50B3
Pfastatt (68).....89F1
Pfetterhouse (68).....89F1
Pfettisheim (67).....51E4
Pfulgriesheim (67).....51E5
Phaffans (90).....88D2
Phalempin (59).....3F6
Phalsbourg (57).....50B4
Philippsbourg (57).....28C6
Philondenx (40).....164A5
Phlin (54).....48D3
Pia (66).....200D2
Piacé (72).....60A3
le Pian-Médoc (33).....135E4
le Pian-sur-Garonne (33).....149H2
Piana (2A).....204B3
Pianello (2B).....205F2
Piano (2B).....205G1
Pianottoli-Caldarello (2A).....207E4
les Piards (39).....117H2
la Piarre (05).....159G3
Piazzali (2B).....205G2
Piazzole (2B).....205G1
Piblange (57).....26D4
Picauville (50).....14D4
Pichanges (21).....86A5
Picherande (63).....126D6
Picquigny (80).....9F5
Pie-d'Orezza (2B).....205F1
Pied-de-Borne (48).....156D3
Piedicorte-di-Gaggio (2B).....205F3
Piedicroce (2B).....205F1
Piedigriggio (2B).....205E1
Piedipartino (2B).....205F1
Piégon (26).....158D4
Piégros-la-Clastre (26).....158D1
Piégut (04).....160C3
Piégut-Pluviers (24).....123F4
Piencourt (27).....17G5
Piennes (54).....25H5
Piennes-Onvillers (80).....21E2
Piépape.....86B2
Pierlas (06).....176C2
la Pierre (38).....145H1
Pierre-Bénite (69).....130A3
Pierre-Buffière (87).....124B4
Pierre-Châtel (38).....145G4
Pierre-de-Bresse (71).....102B4
Pierre-la-Treiche (54).....48B5
Pierre-Levée (77).....43H3
Pierre-Morains (51).....45F4
Pierre-Percée (54).....70C1
Pierre-Perthuis (89).....83H5
Pierreclos (71).....116A3
Pierrecourt (70).....86C3
Pierrecourt (76).....8C6
Pierrefeu (06).....176D4
Pierrefeu-du-Var (83).....192A4
Pierrefiche (12).....155E3
Pierrefiche (48).....156C1
Pierrefiques (76).....6D4
Pierrefitte (19).....124D6
Pierrefitte (23).....112A5
Pierrefitte (79).....93F4
Pierrefitte (88).....69G4
Pierrefitte-en-Auge (14).....17F4
Pierrefitte-en-Beauvaisis (60).....20A4
Pierrefitte-en-Cinglais (14).....38C3
Pierrefitte-ès-Bois (45).....82A4
Pierrefitte-Nestalas (65).....180D5
Pierrefitte-sur-Aire (55).....47F3
Pierrefitte-sur-Loire (03).....114C2
Pierrefitte-sur-Sauldre (41).....81F4
Pierrefitte-sur-Seine (93).....42D3
Pierrefonds (60).....21G5
Pierrefontaine-
  -lès-Blamont (25).....88C5
Pierrefontaine-les-Varans (25).....104B1
Pierrefort (15).....140D5
Pierregot (80).....9G5
Pierrelatte (26).....158A4
Pierrelaye (95).....42C2
Pierrelongue (26).....158D5
Pierremande (02).....21H3
Pierremont (62).....2B3
Pierremont-sur-Amance (52).....86D1
Pierrepont (02).....22D2
Pierrepont (14).....38D3
Pierrepont (54).....25G4
Pierrepont-sur-Avre (80).....20D2
Pierrepont-sur-l'Arentèle (88).....70B3
Pierrerue (04).....174C2
Pierrerue (34).....186C1
Pierres (14).....38A3
Pierres (28).....41G6
Pierrevert (04).....174C3
Pierreville (50).....14B3
Pierreville (54).....48C6
Pierrevillers (57).....26B4
Pierric (44).....57E6
Pierry (51).....45F2
le Pla d'Adet.....195G4
le Plagnal (07).....156D1
la Plagne (73).....133E5
Plagne (01).....117F3
Plagne (31).....182D4
Plagne-Villages.....133E5
Plagne 1800.....133E5
Plagne Bellecôte.....133E5
Plagnole (31).....182D1
Plaigne (11).....184D4
Plailly (60).....43E2
Plaimbois-du-Miroir (25).....104B1
Plaimbois-Vennes (25).....104B1
Plaimpied-Givaudins (18).....97G3
Plain Bosc.....7E4
la Plaine (49).....92D2

Pignicourt (02).....23E4
Pignol.....83G6
Pignols (63).....127G4
Pigny (18).....97G2
Pihem (62).....2A4
Pihen-lès-Guînes (62).....1G3
la Pihoraye.....58B2
le Pilat Plage.....148B1
Pillac (16).....136C1
Pillemoine (39).....103F6
les Pilles (26).....158D4
Pillon (55).....25G4
Pimbo (40).....164A5
Pimelles (89).....84B1
Pimorin (39).....117F2
Pimprez (60).....21G4
le Pin (03).....114D3
le Pin (14).....17G4
le Pin (17).....135G1
le Pin (30).....172B1
le Pin (38).....131E5
le Pin (39).....102D6
le Pin (44).....75F2
le Pin (70).....87E6
le Pin (77).....43F3
le Pin (79).....92D4
le Pin (82).....166B1
le Pin-au-Haras (61).....39F5
Pin-Balma (31).....167F5
le Pin-en-Mauges (49).....75G5
le Pin-la-Garenne (61).....60D2
le Pin-Murelet (31).....182D1
Pinarellu.....207G2
Pinas (65).....181H4
Pinay (42).....128D2
Pincé (72).....77F2
Pindères (47).....150B5
Pindray (86).....109H2
les Pineaux (85).....91H5
Pinel-Hauterive (47).....151E3
Pinet (34).....187F1
Pinet (34).....187F1
les Pins (16).....122D2
Pins-Justaret (31).....183F1
Pinsac (46).....138C5
Pinsaguel (31).....167E6
Pinsot (38).....132B6
Pintac (65).....181E2
Pinterville (27).....41E1
Pintheville (55).....47H1
les Pinthières (28).....41G5
Piobetta (2B).....205G2
Pioch Badet.....172B6
Piolenc (84).....158B6
Pionnat (23).....111H5
Pionsat (63).....112D6
Pioussay (79).....108C6
Pipriac (35).....56D5
Piquecos (82).....167E1
Pirajoux (01).....117E3
Piré-sur-Seiche (35).....57G3
Pirey (25).....87F6
Piriac-sur-Mer (44).....73E3
Pirmil (72).....59G6
Pirou (50).....14C6
Pirou-Plage.....14C6
Pis (32).....165H4
Pisany (17).....120D3
Piscop (95).....42D2
Piseux (27).....40D4
Pisieu (38).....130C6
Pisseleu (60).....20A3
Pisseloup (52).....86D1
la Pisseure (70).....87G1
Pissos (40).....148D4
Pissotte (85).....107F2
Pissy (80).....9F6
Pissy-Pôville (76).....7G5
Pitgam (59).....2B2
Pithiviers (45).....63F4
Pithiviers-le-Vieil (45).....63F4
Pithon (02).....21G1
Pîtres (27).....18D5
Pittefaux (62).....1F4
Pizay (01).....130C2
Pizieux (72).....60B3
le Pizou (24).....136B4
le Pla (09).....198C2
Pla-Montaigu (50).....37H2
Placé (53).....58C3
les Places (27).....17G5
Placey (25).....87E6
Plachy-Buyon (80).....20B1
Placy (14).....16B6
Placy-Montaigu (50).....37H2

Plaine (67).....71E1
Plaine-de-Walsch (57).....50B4
Plaine-Haute (22).....33F5
la Plaine-sur-Mer (44).....73C5
Plaine Joux.....119F6
la Plainelière.....92D5
Plainemont (70).....87G1
Plaines-Saint-Lange (10).....66D6
Plainfaing (88).....70D3
Plainoiseau (39).....102C5
les Plains-
  -et-Grands-Essarts (25).....88D5
Plaintel (22).....33G5
Plainval (60).....20D3
Plainville (27).....17G5
Plainville (60).....20D3
Plaisance (12).....169E2
Plaisance (24).....151E1
Plaisance (32).....164D5
Plaisance (86).....109H4
Plaisance-du-Touch (31).....166D6
Plaisia (39).....117G1
Plaisians (26).....159E5
Plaisir (78).....42B4
Plaissan (34).....170D6
Plaizac (16).....122A3
Plampinet.....147E3
le Plan (31).....182D4
Plan (38).....145E1
Plan-d'Aups-
  -Sainte-Baume (83).....191F3
Plan-de-Baix (26).....144D6
Plan-de-Cuques (13).....190D3
Plan-de-la-Tour (83).....192C3
Plan-d'Orgon (13).....173E3
Planaise (73).....132A5
Planay (21).....84D2
Planay (73).....133E5
Planchamp.....156D3
la Planche (44).....91G1
Plancher-Bas (70).....88C2
Plancher-les-Mines (70).....88C1
Plancherine (73).....132C3
Planches (61).....39H5
les Planches-
  -en-Montagne (39).....103F6
les Planches-près-Arbois (39)..103E4
Planchez (58).....100B2
Plancoët (22).....34C4
Plancy-l'Abbaye (10).....45F6
le Plan du Var.....176D4
Planès (66).....198D4
le Planay.....132D3
le Planey.....147F2
Planèzes (66).....199G2
Planfoy (42).....129F6
Planguenoual (22).....33H4
Planioles (46).....153G2
le Planois (71).....102B5
le Planolet.....131H6
Plan Peisey.....133F4
le Planquay (27).....17G5
Planquery (14).....15G6
Planques (62).....1H6
Planrupt (52).....67F1
les Plans (30).....157F6
les Plans (34).....170B4
les Plans d'Hotonnes.....117H6
le Plantay (01).....116D6
les Plantiers (30).....156C6
le Plantis (61).....39H6
Planty (10).....65G3
Planzolles (07).....157E3
Plappeville (57).....26B5
Plascassier.....176C6
Plasne (39).....102D5
Plasnes (27).....17H5
Plassac (17).....121F5
Plassac (33).....135E3
Plassac-Rouffiac (16).....122B5
Plassay (17).....121E2
les Plats (07).....138D1
Plats (07).....144A4
Plaudren (56).....55G5
Plauzat (63).....127F4
Plavilla (11).....184B4
Plazac (24).....137H4
Pleaux (15).....139H3
Pléboulle (22).....34B4
Pléchâtel (35).....57E4
Plédéliac (22).....34B5
Plédran (22).....33G5
Pléguien (22).....33F3
Pléhédel (22).....33F2
Pleine-Fougères (35).....35G4
Pleine-Selve (02).....22B1
Pleine-Selve (33).....135E1
Pleine-Sève (76).....7E3
Pleine-Sévette.....7E3
Plélan-le-Grand (35).....56C3
Plélan-le-Petit (22).....34C5
Plélauff (22).....54D1
Plélo (22).....33F4
Plémet (22).....55H2
Plémy (22).....33G6
Plénée-Jugon (22).....34A4
Pléneuf-Val-André (22).....34A4
Plénise (39).....103F5
Plénisette (39).....103F5
Plerguer (35).....35G4
Plérin (22).....33G4
Plerneuf (22).....33F4
Plescop (56).....55F6
Plesder (35).....34D5
Plésidy (22).....33E5
Pleslin-Trigavou (22).....34D4
Plesnois (52).....26B5
Plesnoy (52).....68C6
Plessala (22).....55H1
Plessé (44).....74A2

le Plessier-Huleu (02).....22A6
le Plessier-Rozainvillers (80).....20D1
le Plessier-sur-Bulles (60).....20C4
le Plessier-sur-Saint-Just (60)....20D4
le Plessis.....40C2
le Plessis-aux-Bois (77).....43G2
Plessis-Barbuise (10).....44D6
le Plessis-Belleville (60).....43F2
le Plessis-Bouchard (95).....42C2
le Plessis-Brion (60).....21F4
Plessis-de-Roye (60).....21F3
le Plessis-Dorin (41).....61F5
le Plessis-Feu-Aussoux (77).....43H5
le Plessis-Gassot (92).....42D2
le Plessis-Grammoire (49).....77E4
le Plessis-Grimoult (14).....16A6
le Plessis-Grohan (27).....40D3
le Plessis-Hébert (27).....41F2
le Plessis-l'Échelle (41).....80A2
le Plessis-l'Evêque (77).....43G2
le Plessis-Luzarches (95).....43E2
le Plessis-Macé (49).....76D4
le Plessis-Pâté (91).....42D6
le Plessis-Patte-d'Oie (60).....21G2
le Plessis-Placy (77).....43H2
le Plessis-Robinson (92).....42D4
Plessis-Saint-Benoist (91).....63E2
Plessis-Saint-Jean (89).....65E3
le Plessis-
  -Sainte-Opportune (27).....40C2
le Plessis-Trévise (94).....43E4
Plessix-Balisson (22).....34C4
Plestan (22).....34A5
Plestin-les-Grèves (22).....32B3
Pleubian (22).....33E1
Pleucadeuc (56).....56A5
Pleudaniel (22).....33E2
Pleudihen-sur-Rance (22).....34D5
Pleugriffet (56).....55G3
Pleugueneuc (35).....34D6
Pleumartin (86).....95E6
Pleumeleuc (35).....56D2
Pleumeur-Bodou (22).....32C2
Pleumeur-Gautier (22).....33E1
Pleure (39).....102C4
Pleurs (51).....45E5
Pleurtuit (35).....34D4
Pleuven (29).....53G3
Pleuvezain (88).....69E2
Pleuville (16).....109F6
Pléven (22).....34B5
Plévenon (22).....34B3
Plévin (22).....54B1
Pleyben (29).....31G6
Pleyber-Christ (29).....31H4
le Pleynet.....146A1
Pliboux (79).....108D5
Plichancourt (51).....46B5
Plieux (32).....166A2
Plivot (51).....45G2
Ploaré.....53E2
Plobannalec (29).....53E4
Plobannalec-Lesconil (29).....53F4
Plobsheim (67).....51E6
Ploemel (56).....55E6
Ploemeur (56).....54C5
Ploërdut (56).....54D2
Ploeren (56).....55F6
Ploërmel (56).....56A4
Plœuc-sur-Lié (22).....33G6
Ploéven (29).....53F1
Ploëzal (22).....33E2
Plogastel-Saint-Germain (29).....53E3
Plogoff (29).....52C2
Plogonnec (29).....53F2
Plomb (50).....35H3
Plombières-les-Bains (88).....70A5
Plombières-lès-Dijon (21).....85G6
Plomelin (29).....53E3
Plomeur (29).....53E4
Plomion (02).....23E1
Plomodiern (29).....53F1
Plonéis (29).....53F2
Plonéour-Lanvern (29).....53E3
Plonévez-du-Faou (29).....31H6
Plonévez-Porzay (29).....53F1
Plorec-sur-Arguenon (22).....34B5
Plottes (71).....116B2
Plou (18).....97E3
Plouagat (22).....33F4
Plouaret (22).....32C3
Plouarzel (29).....30C4
Plouasne (22).....56D1
Plouay (56).....54C4
Ploubalay (22).....34C4
Ploubazlanec (22).....33F2
Ploubezre (22).....32C2
Ploudalmézeau (29).....30C3
Ploudaniel (29).....31F3
Ploudiry (29).....31F4
Plouëc-du-Trieux (22).....33E3
Plouédern (29).....31F4
Plouégat-Guérand (29).....32B3
Plouégat-Moysan (29).....32B3
Plouénan (29).....31H3
Plouër-sur-Rance (22).....34D4
Plouescat (29).....31F2
Plouézec (22).....33F2
Plouézoc'h (29).....32A3
Ploufragan (22).....33G4
Plougar (29).....31F3
Plougasnou (29).....32A2
Plougastel-Daoulas (29).....31E5
Plougonvelin (29).....30C5
Plougonven (29).....32C4
Plougoulm (29).....31G2
Plougoumelen (56).....55F6
Plougourvest (29).....31G3

Plougras (22) 32 B4
Plougrescant (22) 32 D1
Plouguenast (22)...........33 G6
Plouguerneau (29) 30 D3
Plouguernével (22) 54 D1
Plouguiel (22) 32 D1
Plouguin (29) 30 D3
Plouha (22) 33 F3
Plouharnel (56) 72 B1
Plouhinec (29) 52 D2
Plouhinec (56) 54 D6
Plouider (29) 31 F3
Plouigneau (29) 32 B3
Plouisy (22) 33 E3
Ploujean (22) 32 A3
Ploulec'h (22) 32 C2
Ploumagoar (22) 33 E4
Ploumanac'h 32 C1
Ploumilliau (22) 32 C2
Ploumoguer (29) 30 C4
Plounéour-Ménez (29) 31 H4
Plounéour-Trez (29) 31 F2
Plounérin (22) 32 B3
Plounéventer (29) 31 F4
Plounévez-Lochrist (29) ...31 F3
Plounévez-Moëdec (22)....32 C4
Plounévez-Quintin (22) 32 D6
Plounévézel (22) 32 B6
Plourac'h (22) 32 B5
Plouray (56) 54 C2
Plourhan (22) 33 F3
Plourin (29) 30 C3
Plourin-lès-Morlaix (29) ...32 A4
Plourivo (22) 33 E2
Plouvain (62) 10 C2
Plouvara (22) 33 F4
Plouvien (29) 31 E3
Plouvorn (29) 31 G3
Plouyé (29) 32 A6
Plouzané (29) 30 D5
Plouzélambre (22) 32 B3
Plouzévédé (29) 31 G3
Plovan (29) 53 E3
Ployart-et-Vaurseine (02) ..22 C4
le Ployron (60) 20 D3
Plozévet (29) 52 D2
Pludual (22) 33 F3
Pluduno (22) 34 B4
Plufur (22) 32 B3
Pluguffan (29) 53 F3
Pluherlin (56) 56 A6
Plumaudan (22) 34 C6
Plumaugat (22) 56 B1
Plumelec (56) 55 G5
Pluméliau (56) 55 E3
Plumelin (56) 55 F4
Plumergat (56) 55 F5
Plumetot (14) 16 B3
Plumieux (22) 55 H2
Plumont (39) 102 D2
Pluneret (56) 55 E6
Plurien (22) 34 B3
Plusquellec (22) 32 C5
Plussulien (22) 33 E6
Pluvault (21) 102 A1
Pluvet (21) 102 B1
Pluvigner (56) 55 E5
Pluzunet (22) 32 D3
Pocancy (51) 45 G3
Pocé-les-Bois (35) 57 H3
Pocé-sur-Cisse (37) 79 F5
Podensac (33) 149 G1
le Poët (05) 160 A4
le Poët-Célard (26) 158 D2
le Poët-en-Percip (26) 159 F5
le Poët-Laval (26) 158 C2
le Poët-Sigillat (26) 159 E4
Pœuilly (80) 10 D6
Poey-de-Lescar (64) 180 B2
Poey-d'Oloron (64) 179 H2
Poëzat (03) 113 H6
Poggio-di-Nazza (2B) 205 E3
Poggio-di-Venaco (2B) 205 E3
Poggio-d'Oletta (2B) 203 F5
Poggio-Marinaccio (2B) ...205 F1
Poggio-Mezzana (2B) 205 G1
Poggiolo (2A) 204 D3
Pogny (51) 46 A4
Poids-de-Fiole (39) 117 G1
Poigny (77) 65 E1
Poigny-la-Forêt (78) 41 H5
Poil (58) 100 B4
Poilcourt-Sydney (08) 23 F4
Poilhes (34) 186 D2
Poillé-sur-Vègre (72) 59 F6
Poilley (35) 57 H3
Poilley (50) 35 H4
Poilly (51) 22 D6
Poilly-lez-Gien (45) 81 H3
Poilly-sur-Serein (89) 84 A2
Poilly-sur-Tholon (89) 83 E1
Poinçon-lès-Larrey (21) ...84 D1
le Poinçonnet (36).........96 C5
Poincy (77) 43 H3
Poinsenot (52) 85 G2
Poinson-lès-Fayl (52) 86 C2
Poinson-lès-Grancey (52)..85 G2
Poinson-lès-Nogent (52) ..68 B5
Pointel (61) 38 C5
Pointis-de-Rivière (31) 182 A4
Pointis-Inard (31) 182 A4
Pointre (39) 102 C1
Pointvillers (25) 103 E2
Poinville (28) 62 D4
le Poiré-sur-Velluire (85) ..107 E2
le Poiré-sur-Vie (85) 91 F6
Poiroux (85) 91 F6
Poisat (38) 145 G2
Poiseul (52) 68 C2
Poiseul-la-Grange (21) 85 F4

Poiseul-la-Ville-
  -et-Laperrière (21) 85 E4
Poiseul-lès-Saulx (21).....85 G4
Poiseux (58) 98 D2
Poisieux (18) 97 E3
le Poislay (41) 61 G5
Poisson (71) 115 E3
Poissons (52) 68 A2
Poissy (78) 42 B3
Poisvilliers (28) 62 B1
Poisy (74) 132 A1
la Poitevinière (49) 75 G5
Poitiers (86) 109 E1
Poivres (51) 45 H5
Poix (51) 46 B3
Poix-de-Picardie (80) 20 A1
Poix-du-Nord (59) 11 G3
Poix-Terron (08) 24 A2
le Poizat (01) 117 H5
Polaincourt-
  -et-Clairefontaine (70) ...69 F6
Polastron (31) 182 C2
Polastron (32) 166 A6
Poleymieux-
  -au-Mont-d'Or (69) 130 A2
Poliénas (38) 145 E2
Polignac (17) 135 G1
Polignac (43) 142 C3
Poligné (35) 57 E4
Poligny (05) 160 B1
Poligny (10) 66 C4
Poligny (39) 102 D4
Poligny (77) 64 A4
Polincove (62) 2 A3
Polisot (10) 66 D5
Polisy (10) 66 D5
Pollestres (66) 200 D3
Polliat (01) 116 D4
Pollionnay (69) 129 H3
Polminhac (15) 140 B5
Polveroso (2B) 205 F1
Pomacle (51) 23 F5
la Pomarède (11) 184 B1
Pomarède (46) 152 A2
Pomarez (40) 163 F5
Pomas (11) 184 D4
Pomayrols (12) 155 F3
Pomerol (33) 135 H5
Pomérols (34) 187 F1
Pomeys (69) 129 F4
Pommard (21) 101 F3
Pommera (80) 9 H3
la Pommeraie-sur-Sèvre (85) ..92 C4
la Pommeraye (14) 38 C3
la Pommeraye (49) 75 H4
Pommeret (22) 33 H5
Pommereuil (59) 11 G4
Pommereux (76) 19 F3
Pommeréval (76) 19 E1
Pommerieux (53) 76 C1
Pommérieux (57) 26 C6
Pommerit-Jaudy (22) 32 D2
Pommerit-le-Vicomte (22) ..33 E3
Pommerol (26) 159 F3
Pommeuse (77) 43 H4
Pommevic (82) 166 B1
Pommier (62) 10 A3
Pommier-
  -de-Beaurepaire (38) 130 C6
Pommiers (02) 22 A5
Pommiers (30) 170 D2
Pommiers (36) 111 E2
Pommiers (42) 128 D2
Pommiers (69) 129 H1
Pommiers-la-Placette (38) ..145 F1
Pommiers-Moulons (17) ...135 G1
Pomoy (70) 87 H2
Pompaire (79) 108 A1
Pompéjac (33) 149 G4
Pompertuzat (31) 167 F6
Pompey (54) 48 C4
Pompiac (32) 166 C6
le Pompidou (48) 156 B6
Pompierre (88) 68 D3
Pompierre-sur-Doubs (25) ..88 A5
Pompiey (47) 150 C6
Pompignac (33) 135 F5
Pompignan (30) 171 F3
Pompignan (82) 167 E3
Pompogne (47) 150 B5
Pomponne (77) 43 F3
Pomport (24) 136 D6
Pomps (64) 163 H6
Pomy (11) 184 C5
Poncé-sur-le-Loir (72).....78 D2
Poncey-lès-Athée (21) 102 B1
Poncey-sur-l'Ignon (21) ...85 F4
le Ponchel (62) 9 E3
Ponches-Estruval (80) 8 D2
Ponchon (60) 20 B5
Poncin (01) 117 F5
Poncins (42) 129 E3
Pondaurat (33) 150 A2
Pondres 21 G6
le Pondy (18) 98 A5
Ponet-et-Saint-Auban (26) ..145 E6
Ponlat-Taillebourg (31) 182 A4
Pons (17) 121 F4
Ponsampère (32) 181 G1
Ponsan-Soubiran (32) 181 H2
Ponsas (26) 144 A2
Ponson-Debat-Pouts (64)..181 E2
Ponson-Dessus (64) 180 D2
Ponsonnas (38) 145 H5
Pont (21) 102 B1
Pont-à-Marcq (59) 3 G6
Pont-à-Mousson (54) 48 C3
Pont-à-Vendin (62) 3 E6
Pont-Arcy (02) 22 C5

Pont-Audemer (27) 17 H3
Pont-Authou (27) 18 A6
Pont-Aven (29) 54 A4
Pont-Bellanger (14) 37 G3
Pont-Chevron 82 B3
le Pont-Chrétien-
  -Chabenet (36) 110 D1
Pont-Croix (29) 52 D2
Pont-d'Ain (01) 117 E6
le Pont-de-Barret (26) 158 C2
le Pont-de-Beauvoisin (38) ..131 F5
le Pont-de-Beauvoisin (73) ..131 G5
le Pont-de-Buis-
  lès-Quimerch (29) 31 G6
le Pont-de-Chéruy (38) ...130 C3
le Pont-de-Claix (38) 145 G3
Pont-de-Labeaume (07) ...157 F1
Pont-de-l'Arche (27) 18 D5
Pont-de-Larn (81) 168 D6
le Pont-de-l'Isère (26) 144 B4
Pont-de-Metz (80) 9 F6
le Pont-de-Montvert (48) ..156 C4
le Pont-de-Planches (70) ...87 E4
Pont-de-Poitte (39) 117 G1
Pont-de-Roide (25) 88 C5
Pont-de-Ruan (37) 94 D1
Pont-de-Salars (12) 154 D5
Pont-de-Vaux (01) 116 C2
Pont-de-Veyle (01) 116 B4
Pont-d'Héry (39) 103 F4
Pont-d'Ouilly (14) 38 C3
Pont-du-Bois (70) 69 F5
Pont-du-Casse (47) 151 F5
Pont-du-Château (63) 127 G3
Pont-du-Navoy (39) 103 E5
Pont-en-Royans (38) 145 E3
Pont-Erambourg 38 B3
Pont-et-Massène (21) 84 D5
Pont-Évêque (38) 130 B5
Pont-Farcy (14) 37 G3
Pont-Hébert (50) 15 F6
Pont-la-Ville (52) 67 G5
Pont-l'Abbé (29) 53 F4
Pont-l'Abbé-d'Arnoult (17) ..120 D2
Pont-lès-Bonfays (88) 69 F4
Pont-les-Moulins (25) 87 H5
Pont-l'Évêque (14) 17 F3
Pont-l'Évêque (60) 21 G3
Pont-Melvez (22) 32 D4
Pont-Noyelles (80) 9 H5
Pont-Péan (35) 57 E3
Pont-Ravagers 156 B6
Pont-Remy (80) 8 D4
Pont-Saint-Esprit (30) 158 A5
Pont-Saint-Mard (02) 22 A4
Pont-Saint-Martin (44) 74 C6
Pont-Saint-Pierre (27) 18 D5
Pont-Saint-Vincent (54) ...48 C5
Pont-Sainte-Marie (10) 66 B3
Pont-Sainte-Maxence (60) ..21 E5
Pont-Salomon (43) 143 E1
Pont-Scorff (56) 54 C4
Pont-sur-l'Ognon (70) 87 H4
Pont-sur-Madon (88) 69 F2
Pont-sur-Meuse (55) 47 H4
Pont-sur-Sambre (59) 11 H3
Pont-sur-Seine (10) 65 G1
Pont-sur-Vanne (89) 65 F4
Pont-sur-Yonne (89) 64 D3
Pontacq (64) 180 D3
Pontaillac 120 C4
Pontailler-sur-Saône (21) ..86 B6
Pontaix (26) 144 D6
Pontamafrey-Montpascal (73)..146 C1
Pontarion (23) 125 E3
Pontarlier (25) 104 A4
Pontarmé (60) 43 E1
Pontaubault (50) 35 H4
Pontaubert (89) 83 H5
Pontault-Combault (77) ...43 F4
Pontaumur (63) 126 C2
Pontavert (02) 22 D4
Pontcallec 54 C3
Pontcarré (77) 43 F4
Pontcey (70) 87 F3
Pontchardon (61) 39 G3
Pontcharra (38) 132 A5
Pontcharra-sur-Turdine (69) ..129 G2
Pontcharraud (23) 125 H2
Pontchâteau (44) 73 H3
Pontcirq (46) 152 B2
le Pont de la Taule 197 E4
le Pont de Sains 12 A4
Pont d'Hérault 171 E2
Pontécoulant (14) 38 B3
Ponteilla (66) 199 H3
Pontenx-les-Forges (40) ..148 B5
le Pontet (73) 132 B5
le Pontet (84) 172 D2
les Pontets (25) 103 G5
Pontevès (83) 175 E5
Ponteyraud (24) 136 C2
Pontfaverger-
  -Moronvilliers (51) 23 G5
Pontgibaud (63) 126 D2
Pontgouin (28) 61 G1
Ponthévrard (78) 62 D1
Ponthion (51) 46 C4
Ponthoile (80) 8 C3
le Ponthou (29) 32 B3
Ponthoux (39) 117 H3
Pontiacq-Viellepinte (64)...180 D2
Pontigné (49) 77 H4
Pontigny (89) 83 G1
Pontis (04) 160 D2
Pontivy (56) 55 F2
Pontlevoy (41) 79 H5
Pontmain (53) 58 B1
Pontoise (95) 42 C2

Pontoise-lès-Noyon (60) ...21 G3
Pontonx-sur-l'Adour (40) ..163 E3
Pontorson (50) 35 G4
Pontours (24) 137 F6
Pontoux (71) 102 A4
Pontpierre (57) 27 E6
Pontpoint (60) 21 E5
Pontrieux (22) 33 E2
Pontru (02) 10 D6
Pontruet (02) 11 E6
Ponts (50) 35 H3
les Ponts-de-Cé (49) 77 E5
Ponts-et-Marais (76) 8 B4
Pontvallain (72) 78 A2
Popian (34) 170 D5
Popolasca (2B) 205 E1
Porcaro (56) 56 B4
Porcelette (57) 27 E5
Porchères (33) 136 A4
Porcheresse 122 B6
la Porcherie (87) 124 D5
Porcheux (60) 19 H5
Porcheville (78) 42 A3
Porcieu-Amblagnieu (38) ..131 E2
Pordic (22) 33 G4
le Porge (33) 134 B5
Pornic (44) 73 H6
Pornichet (44) 73 F4
Porquéricourt (60) 21 G3
Porquerolles 192 A6
Porri (2B) 203 G6
Porspoder (29) 30 C3
Port (01) 117 G5
le Port (09) 183 F6
Port-Blanc 32 D1
Port-Brillet (53) 58 B4
Port-Camargue 171 H6
Port-de-Bouc (13) 190 A3
Port-de-Lanne (40) 162 D5
Port-de-Piles (86) 94 D3
Port-d'Envaux (17) 121 E2
Port-des-Barques (17) 120 C1
Port-en-Bessin-Huppain (14) ..15 H5
Port-Haliguen 72 B2
la Port-la-Nouvelle (11) ...186 C5
Port-Launay (29) 31 G6
Port-le-Grand (80) 8 D3
Port-Lesney (39) 103 E3
Port-Louis (56) 54 C5
Port-Manec'h 54 A4
le Port-Marly (78) 42 C4
Port-Moguer 33 F2
Port-Mort (27) 41 F1
Port-Navalo 72 C1
Port-Saint-Louis-
  -du-Rhône (13) 189 G5
Port-Saint-Père (44) 74 B6
Port-Sainte-Foy-
  -et-Ponchapt (24) 136 C5
Port-Sainte-Marie (47) ...150 D5
Port-sur-Saône (70) 87 F2
Port-sur-Seille (54) 48 D3
Port-Tudy 54 B6
Port-Vendres (66) 201 F4
Port-Villez (78) 41 G2
la Porta (2B) 205 F1
Porta (66) 198 B4
Portbail (50) 14 B4
Port Cros 192 B6
Porte de la Meule 90 A4
Porte-Joie (27) 18 D6
Porté-Puymorens (66) 198 B4
le Portel (62) 1 F4
Portel-des-Corbières (11) ..186 C5
Portes (27) 40 C2
Portes (30) 156 D5
les Portes-en-Ré (17) 106 A4
Portes-en-Valdaine (26) ...158 B2
Portes-lès-Valence (26) ...144 B5
Portet (64) 164 B5
Portet-d'Aspet (31) 182 C6
Portet-de-Luchon (31) 195 H4
Portet-sur-Garonne (31) ...167 E6
Portets (33) 149 G1
Port Grimaud 192 D4
Porticcio 204 C6
Portieux (88) 69 H2
Portiragnes (34) 187 E2
le Port Janier 74 B1
Port Man 192 C6
Porto 204 B3
Porto-Vecchio (2A) 207 G3
Portout 131 G2
Ports (37) 94 C3
Portsall 30 C3
Posanges (21) 85 E5
Poses (27) 18 D5
Possesse (51) 46 C3
la Possonnière (49) 76 D5
la Postolle (89) 65 F3
Postroff (57) 50 A2
Potangis (51) 44 D6
Potelières (30) 157 F5
Potelle (59) 11 G3
la Poterie-au-Perche (61) ..40 B6
la Poterie-Cap-d'Antifer (76) ..6 B4
la Poterie-Mathieu (27) ...17 H4
Pothières (21) 66 D6
Potigny (14) 16 C6
Pouan-les-Vallées (10) 66 B1
Pouançay (86) 92 G2
Pouancé (49) 76 A2
Pouant (86) 94 B3
Poubeau (31) 195 H4
Poucharramet (31) 183 E1
Poudenas (47) 165 E1
Poudenx (40) 163 H5
Poudis (81) 168 A4

Poueyferré (65) 180 D4
la Pouëze (49) 75 H2
Pouffonds (79) 108 B5
la Pouge (23) 125 F1
le Pouget (34) 170 D5
Pougnadoresse (30) 172 B1
Pougne-Hérisson (79) 93 E6
Pougny (01) 118 A5
Pougny (58) 82 C6
Pougues-les-Eaux (58) 98 D3
Pougy (10) 66 C2
Pouillac (17) 135 H1
Pouillat (01) 117 F3
Pouillé (41) 79 H6
Pouillé (85) 107 E2
Pouillé-les-Côteaux (44) ...75 F3
Pouillenay (21) 84 D4
Pouilley-Français (25) 103 E1
Pouilley-les-Vignes (25) ...87 F6
Pouillon (40) 163 E5
Pouillon (51) 23 E5
Pouilloux (71) 115 G1
Pouilly (57) 26 C6
Pouilly (60) 20 A6
Pouilly-en-Auxois (21) 101 E1
Pouilly-le-Monial (69) 129 H1
Pouilly-lès-Feurs (42) 129 E3
Pouilly-les-Nonains (42) ...115 E6
Pouilly-sous-Charlieu (42) ..115 F5
Pouilly-sur-Loire (58) 98 C1
Pouilly-sur-Meuse (55) 24 D3
Pouilly-sur-Serre (02) 22 C2
Pouilly-sur-Vingeanne (21) ..86 B5
le Poujol-sur-Orb (34) 169 H6
Poujols (34) 170 B4
Poulaines (36) 96 C2
Poulainville (80) 9 G5
Poulan-Pouzols (81) 168 B3
Poulangy (52) 68 A5
Pouldergat (29) 53 E2
Pouldouran (22) 33 E2
Pouldreuzic (29) 53 E3
le Pouldu 54 B5
Poule-les-Écharmeaux (69) ..115 H5
Pouliacq (64) 164 A6
les Poulières (88) 70 C3
Pouligney-Lusans (25) 87 G5
Pouligny-Notre-Dame (36) ..111 H2
Pouligny-Saint-Martin (36) ..111 H2
Pouligny-Saint-Pierre (36) ..95 F6
le Pouliguen (44) 73 F4
Poullan-sur-Mer (29) 53 E2
Poullaouen (29) 32 B5
Poullignac (16) 122 A6
Poulx (30) 172 B2
Poumarous (65) 181 F4
Poupas (82) 166 A2
Poupry (28) 62 D5
Pouques-Lormes (58) 83 H6
Pourcharesses (48) 156 D3
Pourchères (07) 143 G6
Pourcieux (83) 174 C6
Pourcy (51) 45 F1
Pourlans (71) 102 A3
Pournoy-la-Chétive (57) ..26 B6
Pournoy-la-Grasse (57) ...26 C6
Pourrain (89) 83 F2
Pourrières (83) 174 C6
Poursac (16) 122 C1
Poursay-Garnaud (17) 121 F1
Poursiugues-Boucoue (64) ..164 A6
Pouru-aux-Bois (08) 24 D1
Pouru-Saint-Remy (08) ...24 D2
Pourville 7 G2
Poussan (34) 171 E6
Poussanges (23) 125 H2
Poussay (88) 69 F2
Pousseaux (58) 83 F4
Poussignac (47) 150 B3
Poussy-la-Campagne (14) ..16 C5
Pousthomy (12) 169 E3
le Pout (33) 135 G6
Poutignac (24) 122 D5
Pouvrai (61) 60 C3
Pouxeux (88) 70 A4
Pouy (65) 182 A3
Pouy-de-Touges (31) 182 D2
Pouy-Loubrin (32) 182 A1
Pouy-Roquelaure (32) 165 G1
Pouy-sur-Vannes (10) 65 G3
Pouyastruc (65) 181 F2
Pouydesseaux (40) 164 B2
Pouydraguin (32) 164 D5
Pouylebon (32) 165 F6
Pouzac (65) 181 F4
Pouzauges (85) 92 C5
Pouzauges-le-Vieux (85) ..92 C5
Pouzay (37) 94 C2
Pouze (31) 183 G1
Pouzilhac (30) 172 C1
le Pouzin (07) 144 A6
Pouzol (63) 113 F6
Pouzols (34) 170 C5
Pouzols-Minervois (11) ...185 H2
Pouzy-Mésangy (03) 98 C6
Poyanne (40) 163 F4
Poyans (70) 86 C5
Poyartin (40) 163 F4
Poyols (26) 159 F2
Pozières (80) 10 B5
Pra-Loup 161 F3
le Pradal (34) 170 A5
les Pradeaux (63) 127 G5
Pradelles (26) 159 E2
Pradelles (43) 142 C6
Pradelles (59) 2 D4

Pradelles-Cabardès (11) ...185 E1
Pradelles-en-Val (11) 185 F4
Pradère-les-Bourguets (31) ..166 D5
Prades 156 A4
Prades (07) 157 F2
Prades (09) 198 B2
Prades (43) 142 A4
Prades (66) 199 F3
Prades (81) 168 A5
Prades-d'Aubrac (12) 155 F3
Prades-le-Lez (34) 171 F4
Prades-Salars (12) 154 D5
Prades-sur-Vernazobre (34) ..186 C1
le Pradet (83) 191 H5
Pradettes (09) 184 A5
Pradières (09) 183 H6
Pradiers (15) 141 E2
Pradinas (12) 154 A5
Pradines (19) 129 E5
Pradines (42) 129 E3
Pradines (46) 152 C3
Prads-Haute-Bléone (04) ..161 E5
Pragnères 195 E4
Prahecq (79) 108 A4
Prailles (79) 108 A4
Pralognan-la-Vanoise (73) ..133 E6
Prâlon (21) 85 F6
Pralong (42) 128 D4
Pramousquier 192 C5
Pramouton 161 E2
Prangey 86 A2
Pranles (07) 143 G6
Pranzac (16) 122 D4
Prapic 146 D6
Prapoutel 146 A1
Praslay (52) 85 H2
Praslin (10) 66 C5
Prasville (28) 62 C3
Prat (22) 32 D3
Prat-Bonrepaux (09) 182 D5
Prato-di-Giovellina (2B) ...205 E1
Prat Peyrot 170 D1
Prats-de-Carlux (24) 138 B5
Prats-de-Mollo-la-Preste (66)..199 F5
Prats-de-Sournia (66) 199 F2
Prats-du-Périgord (24) 152 A1
Pratviel (81) 167 H5
Pratz (39) 117 H3
Prauthoy (52) 86 B3
Pray (41) 79 G3
Praye (54) 69 F1
Prayols (09) 183 H6
Prayssac (46) 152 B3
Prayssas (47) 151 E5
le Praz 133 E5
Praz-sur-Arly (74) 132 D2
les Praz de Chamonix 119 G6
le Praz de Lys 119 E5
le Pré-d'Auge (14) 17 E5
Pré-en-Pail (53) 59 G1
Pré-Saint-Évroult (28) 62 A4
le Pré-Saint-Gervais (93) ..43 D3
Pré-Saint-Martin (28) 62 A4
Préaux (36) 95 H3
Préaux (53) 59 E6
Préaux (76) 7 H6
Préaux-Bocage (14) 16 B5
Préaux-du-Perche (61) ...61 E3
Préaux-Saint-Sébastien (14) ..17 F6
Prébois (38) 145 G6
Précey (50) 35 H4
Préchac (32) 149 G4
Préchac (33) 149 H4
Préchac (65) 180 D5
Préchac-sur-Adour (32) ...164 D5
Préchacq-Josbaig (64) 179 H2
Préchacq-les-Bains (40) ...163 E4
Préchacq-Navarrenx (64) ..179 H2
Précieux (42) 129 E4
Précigné (72) 77 F2
Précilhon (64) 180 A3
Précorbin (50) 37 H1
Précy (18) 98 C2
Précy-le-Sec (89) 83 H4
Précy-Notre-Dame (10) ...66 D2
Précy-Saint-Martin (10) ...66 D2
Précy-sous-Thil (21) 84 C5
Précy-sur-Marne (77) 43 G3
Précy-sur-Oise (60) 20 C6
Précy-sur-Vrin (89) 64 D6
Prédefin (62) 2 B6
Préfailles (44) 73 G5
Préfontaines (45) 64 A5
Prégilbert (89) 83 G3
Préguillac (17) 121 E4
Préhy (89) 83 H2
Preignac (33) 149 G2
Preignan (32) 165 H4
Preigney (70) 86 D2
Preisch 25 H2
Preixan (11) 184 D4
Prélenfrey 145 F4
Prelles 147 E5
Prémanon (39) 118 B2
Premeaux-Prissey (21) ...101 G2
Prémery (58) 99 E2
Prémesques (59) 3 F5
Prémeysel (01) 131 F3
Prémian (34) 169 G6
Premières (21) 102 B1
Prémierfait (10) 66 A1
Prémilhat (03) 112 C4
Prémillieu (01) 131 F2
Prémont (02) 11 E5
Prémontré (02) 22 B3
Prendeignes (46) 153 G1
Préneron (32) 165 E4

la Prénessaye (22) 55 H2
Prenois (21) 85 G5
Prénouvellon (41) 62 B6
Prény (54) 48 C2
Préporché (58) 99 H4
Prépotin (61) 40 A6
les Prés 146 D5
les Prés (26) 159 G2
Présailles (43) 142 D5
Préseau (59) 11 F2
Présentevillers (25) 88 C4
Préserville (31) 167 G6
Présilly (39) 117 G1
Présilly (74) 118 B5
Presle (73) 132 B5
Presles (14) 38 A4
Presles (38) 145 E3
Presles (95) 42 D1
Presles-en-Brie (77) 43 F5
Presles-et-Boves (02) 22 B5
Presles-et-Thierny (02) 22 C3
Presly (18) 81 G6
Presnoy (45) 63 H6
Pressac (86) 109 F5
Pressagny-l'Orgueilleux (27)..41 F1
Pressiat (01) 117 F3
Pressignac (16) 123 F2
Pressignac-Vicq (24) 137 F5
Pressigny (52) 86 D2
Pressigny (79) 93 G5
Pressigny-les-Pins (45) 82 B1
Pressins (38) 131 F5
Pressy (62) 2 B6
Pressy-sous-Dondin (71) ...115 H2
la Preste 199 F5
la Prétière (25) 88 B4
Pretin (39) 103 E3
Prétot-Sainte-Suzanne (50) ...14 D5
Prétot-Vicquemare (76) 7 F3
Prêtreville (14) 17 F5
Préty (71) 116 C1
Pretz-en-Argonne (55) 47 E3
Preuilly (18) 97 F2
Preuilly-la-Ville (36) 95 F6
Preuilly-sur-Claise (37) 95 H4
Preures (62) 1 G5
Preuschdorf (67) 28 D6
Preuseville (76) 8 B6
Preutin-Higny (54) 25 H5
Preux-au-Bois (59) 11 G3
Preux-au-Sart (59) 11 G2
Préval (72) 60 D3
Prévelles (72) 60 C4
Prévenchères (48) 156 D3
Préveranges (18) 112 A3
Prévessin-Moëns (01) 118 B4
la Prévière (49) 76 A2
Préville (60) 20 A3
Prévinquières (12) 153 H4
Prévocourt (57) 49 E3
Prey (27) 41 E3
Prey (88) 70 B3
Preyssac-d'Excideuil (24) ...138 A1
Prez (08) 23 G1
Prez-sous-Lafauche (52) 68 C3
Priaires (79) 107 G5
Priay (01) 117 E6
Priez (02) 44 B1
Prignac (17) 121 G2
Prignac-en-Médoc (33) 134 C1
Prignac-et-Marcamps (33) ...135 F4
Prigonrieux (24) 136 D5
Primarette (38) 130 B6
Primel-Trégastel 32 A2
Primelin (29) 52 C2
Primelles (18) 97 F4
Prin-Deyrançon (79) 107 G4
Prinçay (86) 94 B4
Princé (35) 58 B3
Pringé (72) 77 H2
Pringy (51) 46 B4
Pringy (74) 132 A1
Pringy (77) 63 H1
Prinquiau (44) 73 H3
Prinsuéjols (48) 155 G1
Printzheim (67) 50 D3
Prisces (02) 22 D1
Prisches (59) 11 H4
Prissac (36) 110 C2
Prissé (71) 116 B3
Prissé-la-Charrière (79) 107 G5
Privas (07) 157 H1
Privezac (12) 153 H4
Prix-lès-Mézières (08) 24 A1
Priziac (56) 54 C2
Prizy (71) 115 F3
la Proiselière-et-Langle (70) ...88 A1
Proissans (24) 138 B5
Proisy (02) 11 G6
Proix (02) 11 F6
Projan (32) 164 B5
Promilhanes (46) 153 F4
Prompsat (63) 127 E1
Prondines (63) 126 C3
Pronleroy (60) 20 D4
Pronville (62) 10 C3
Propiac (26) 158 D5
Propières (69) 115 G5
Propriano (2A) 206 D2
Prosnes (51) 23 G6
Prouilly (51) 22 D5
Proupiary (31) 182 C4
Proussy (14) 38 A4
Prouvais (02) 23 E4
Prouville (80) 9 F3
Prouvy (59) 11 F2
Prouzel (80) 20 B1
Provenchère (25) 88 B4
Provenchère (70) 87 G2

Provenchères-lès-Darney (88)....69 E4
Provenchères-sur-Fave (88) 70 D2
Provency (89) 84 A4
Proverville (10) 67 E3
Proveysieux (38) 145 G1
Proville (59) 10 D3
Provin (59) 3 E6
Provins (77) 65 E1
Pruillé (49) 76 D3
Pruillé-le-Chétif (72) 60 A6
Pruillé-l'Éguillé (72) 78 C1
Pruines (12) 154 B3
Prunay (51) 23 F6
Prunay-Belleville (10) 65 H2
Prunay-Cassereau (41) 79 F3
Prunay-en-Yvelines (78) 62 C1
Prunay-le-Gillon (28) 62 C2
Prunay-le-Temple (78) 41 H4
Prunay-sur-Essonne (91) 63 G3
Prunelli-di-Casacconi (2B) ...203 G6
Prunelli-di-Fiumorbo (2B) 205 F5
Prunet (07) 157 F2
Prunet (15) 140 B6
Prunet (31) 167 G6
Prunet-et-Belpuig (66) 199 G4
Prunete 205 H2
Prunières (05) 160 D2
Prunières (38) 145 G5
Prunières (48) 141 G6
Pruniers (36) 97 E5
Pruniers-en-Sologne (41) 80 C6
Pruno (2B) 205 G1
Prunoy (89) 82 D1
Prusly-sur-Ource (21) 85 E1
Prusy (10) 66 B6
Pruzilly (71) 116 A4
Puberg (67) 50 C2
Publier (74) 119 E2
Publy (39) 102 D6
Puceul (44) 74 C2
le Puch (09) 198 D2
Puch-d'Agenais (47) 150 C4
Puchay (27) 19 F5
Puchevillers (80) 9 G4
le Puech (34) 170 B4
Puéchabon (34) 170 D4
Puéchoursi (81) 168 A6
Puechredon (30) 171 G2
Puellemontier (52) 67 E1
Puessans (25) 87 H5
Puget (84) 173 G4
Puget-Rostang (06) 176 B3
Puget-sur-Argens (83) 192 D2
Puget-Théniers (06) 176 B3
Puget-Ville (83) 191 H4
Pugey (25) 103 F1
Pugieu (01) 131 F2
Puginier (11) 184 B2
Pugnac (33) 135 F3
Pugny (79) 92 D5
Pugny-Chatenod (73) 131 H3
Puichéric (11) 185 G3
le Puid (88) 70 D1
Puihardy (79) 107 G2
Puilacher (34) 170 C6
Puilaurens (11) 199 E2
Puilboreau (17) 106 D4
Puilly-et-Charbeaux (08)......25 G2
Puimichel (04) 174 D1
Puimisson (34) 186 D1
Puimoisson (04) 175 E2
la Puisaye (28) 40 C6
Puiseaux (45) 63 H4
Puiselet-le-Marais (91) 63 F2
Puisenval (76) 8 B6
le Puiset (28) 62 D4
le Puiset-Doré (49) 75 F5
Puiseux (08) 23 H3
Puiseux (28) 41 F6
Puiseux-en-Bray (60) 19 G4
Puiseux-en-France (95) 43 E2
Puiseux-en-Retz (02) 21 H5
Puiseux-le-Hauberger (60) ...20 B6
Puiseux-Pontoise (95) 42 B2
Puisieulx (51) 23 F6
Puisieux (62) 10 A4
Puisieux (77) 43 G2
Puisieux-et-Clanlieu (02) 11 G6
Puissalicon (34) 187 E1
Puisseguin (33) 136 A5
Puisserguier (34) 186 C2
Puits (21) 84 D2
Puits-et-Nuisement (10) 66 D4
Puits-la-Vallée (60) 20 B3
Pujaudran (32) 166 C5
Pujaut (30) 172 D1
Pujo (65) 181 E2
Pujo-le-Plan (40) 164 B3
les Pujols (09) 183 H4
Pujols (33) 136 A6
Pujols (47) 151 F4
Pujols-sur-Ciron (33) 149 G2
le Puley (71) 101 E6
Puligny-Montrachet (21) 101 F4
Pullay (27) 40 C5
Pulligny (54) 48 D6
Pulney (54) 69 F2
Pulnoy (54) 48 D5
Pulvérières (63) 126 D2
Pulversheim (68) 71 F6
Punchy (80) 21 F1
Punerot (88) 68 D1
Puntous (65) 181 H2

Pupillin (39) 103 E4
Pure (08) 24 D2
Purgerot (70) 87 F2
Pusey (70) 87 G3
Pusignan (69) 130 C3
Pussay (91) 63 E3
Pussigny (37) 94 D3
Pusy-et-Épenoux (70) 87 G2
Putanges-Pont-Écrepin (61) ...38 D4
Puteaux (92) 42 C3
Putot-en-Auge (14) 16 D4
Putot-en-Bessin (14) 16 A4
Puttelange-aux-Lacs (57) 27 G6
Puttelange-lès-Thionville (57) ..26 C2
Puttigny (57) 49 F3
Puxe (54) 25 H6
Puxieux (54) 26 A6
Puy (25) 87 G5
le Puy (25) 87 G5
le Puy (33) 150 B1
Puy-d'Arnac (19) 139 E4
Puy-de-Serre (85) 107 F1
Puy-de-Val 139 E2
Puy-du-Lac (17) 121 E1
le Puy-en-Velay (43) 142 C4
Puy-Guillaume (63) 127 H1
le Puy-l'Évêque (46) 152 A3
Puy-Malsignat (23) 112 A6
le Puy-Notre-Dame (49) 93 F2
Puy-Saint-André (05) 147 E5
Puy-Saint-Eusèbe (05) 160 D2
Puy-Saint-Gulmier (63) 126 C3
Puy-Saint-Martin (26) 158 C2
Puy-Saint-Pierre (05) 147 E4
Puy-Saint-Vincent (05) 146 D5
le Puy-Sainte-Réparade (13) ..173 H4
Puy-Sanières (05) 160 D2
Puybarban (33) 150 A2
Puybegon (81) 167 H4
Puybrun (46) 139 E5
Puycalvel (81) 168 B5
Puycasquier (32) 166 A4
Puycelci (81) 167 G2
Puy Chalvin 147 E5
Puycornet (82) 152 B6
Puydaniel (81) 183 F2
Puydarrieux (65) 181 G2
la Puye (86) 109 H1
Puygaillard-de-Lomagne (82)..166 B2
Puygaillard-de-Quercy (82)..167 G2
Puygiron (26) 158 B2
Puygouzon (81) 168 B3
Puygros (73) 132 A4
Puyguilhem 150 D1
Puyjourdes (46) 153 F4
Puylagarde (82) 153 F5
Puylaroque (82) 152 D5
Puylaurens (81) 168 A6
Puylaurent 156 C3
Puylausic (32) 182 C1
Puyloubier (13) 174 B6
Puymangou (24) 136 B2
Puymaurin (31) 182 B2
Puyméras (84) 158 D5
Puymiclan (47) 150 D3
Puymirol (47) 151 G6
Puymoyen (16) 122 C4
Puynormand (33) 136 A4
Puyol-Cazalet (40) 164 A5
Puyoô (64) 163 E6
Puyravault (17) 107 F5
Puyravault (85) 106 D3
Puyréaux (16) 122 C2
Puyrenier (24) 122 D5
Puyrolland (17) 107 G6
Puys 7 G2
le Puy Saint-Astier 137 E3
Puységur (32) 165 H4
Puysségur (31) 166 C4
Puysserampion (47) 150 D2
Puyval 138 B2
Puyvalador (66) 198 D3
Puyvert (84) 173 H4
Puzeaux (80) 21 F1
Puzieux (57) 49 E3
Puzieux (88) 69 F2
Py (66) 199 E4
Pyla sur Mer 148 B1
la Pyle (27) 18 B6
Pyrénées 2000 ....198 C4
Pys (80) 10 B4

Q

Quaëdypre (59) 2 C2
Quaix-en-Chartreuse (38) ...145 G1
Quantilly (18) 97 G1
Quarante (34) 186 C2
Quarouble (59) 11 G1
Quarré-les-Tombes (89) 84 A6
la Quarte (70) 86 D2
Quasquara (2A) 204 D6
Quatre-Champs (08) 24 B4
les Quatre-Routes-
   -du-Lot (46) 138 D4
Quatremare (27) 40 D1
Quatzenheim (67) 50 D5
Quéant (62) 10 C3
Queaux (86) 109 G4
Québriac (35) 35 E6
Quédillac (35) 56 D1
Queige (73) 132 D3
Quelaines-Saint-Gault (53) ...58 C6
Quelmes (62) 2 B4
Quelneuc (56) 56 C5
Quelven 55 E3
Quéménéven (29) 53 F1
Quemigny-Poisot (21) 101 G1
Quemigny-sur-Seine (21) 85 E3

Quemper-Guézennec (22) 33 G2
Quemperven (22) 32 D2
Quend (80) 8 C2
Quend-Plage 8 B2
Quenne (89) 83 G2
Quenoche (70) 87 G4
Quenza (2A) 207 E1
Quercamps (62) 1 H4
Quercitello (2B) 205 F1
Quérénaing (59) 11 F2
Quérézieux 128 D3
Quérigut (09) 198 D2
Quernes (62) 2 B5
Querqueville (50) 14 B2
Querré (49) 76 D3
Querrien (29) 54 B3
Querrieu (80) 9 H5
Quers (70) 88 A2
Quesmy (60) 21 G2
le Quesne (80) 8 D6
le Quesnel (80) 21 E1
le Quesnel-Aubry (60) 20 C4
le Quesnoy (59) 11 G3
le Quesnoy-en-Artois (62) 9 E2
Quesnoy-le-Montant (80) 8 C4
Quesnoy-sur-Airaines (80) 9 G5
Quesnoy-sur-Deûle (59) 3 F4
Quesques (62) 1 G4
Quessigny (27) 41 E3
Quessoy (22) 33 H5
Questembert (56) 56 A6
Questrecques (62) 1 F5
Quet-en-Beaumont (38) 145 H5
Quetigny (21) 85 H6
Quettehou (50) 15 E2
Quettetot (50) 14 C3
Quetteville (14) 17 F3
Quettreville-sur-Sienne (50) ...37 E2
Queudes (51) 45 E5
la Queue-en-Brie (94) 43 E4
la Queue-les-Yvelines (78) 41 H4
Queuille (63) 126 D1
Quéven (56) 54 C5
Quévert (22) 34 C5
Quevillon (76) 7 F6
Quevilloncourt (54) 69 F1
Quéville (76) 18 D5
Queyrac (33) 120 C6
Queyrières (43) 142 D3
Queyssac (24) 137 E5
Queyssac-les-Vignes (19) ...139 E4
Quézac (15) 153 H1
Quézac (48) 156 A4
Quiberon (56) 72 B2
Quiberville (76) 7 F2
Quibou (50) 37 F1
Quié (09) 197 H4
Quiers (77) 43 H6
Quiers-sur-Bézonde (45) 63 G6
Quiéry-la-Motte (62) 10 C2
Quierzy (02) 21 H3
Quiestède (62) 2 B4
Quiévelon (59) 12 B3
Quièvrechain (59) 11 G1
Quiévrecourt (76) 19 E1
Quiévy (59) 11 F3
Quilen (62) 1 G6
Quillan (11) 184 D6
Quillebeuf-sur-Seine (27) 6 D6
le Quillio (22) 55 F1
Quilly (08) 24 A4
Quilly (44) 74 A3
Quily (56) 56 A4
Quimper (29) 53 F3
Quimperlé (29) 54 B4
Quincampoix (76) 7 H5
Quincampoix-Fleuzy (60) 19 G1
Quinçay (86) 108 D1
Quincerot (21) 84 C3
Quincerot (89) 66 B6
Quincey (21) 101 G2
Quincey (70) 87 G3
Quincié-en-Beaujolais (69) ..116 A5
Quincieu (38) 145 E1
Quincieux (69) 130 A1
Quincy (18) 97 F2
Quincy-Basse (02) 22 A3
Quincy-Landzécourt (55) 25 E3
Quincy-le-Vicomte (21) 84 C3
Quincy-sous-le-Mont (02) 22 B5
Quincy-sous-Sénart (91) 43 E5
Quincy-Voisins (77) 43 G3
Quinéville (50) 15 E3
Quingey (25) 103 E2
Quinquempoix (60) 20 C3
Quins (12) 154 A5
Quinsac (24) 123 F6
Quinsac (33) 135 F6
Quinson (04) 175 E3
Quinssaines (03) 112 C4
Quint-Fonsegrives (31) 167 F5
Quintal (74) 132 A2
la Quinte (72) 59 H5
Quintenas (07) 143 H2
Quintenic (22) 34 A4
Quintigny (39) 102 C5
Quintillan (11) 185 G5
Quintin (22) 33 F5
le Quiou (22) 34 D6
Quirbajou (11) 198 D1
Quiry-le-Sec (80) 20 C2
Quissac (30) 171 G2
Quissac (46) 153 E2
Quittebeuf (27) 40 D1
Quivières (80) 21 G1
Quœux-Haut-Maînil (62) 9 F2

R

Rabastens (81) 167 G3
Rabastens-de-Bigorre (65) ..181 F1
Rabat-les-
   -Trois-Seigneurs (09) 183 G6
la Rabatelière (85) 91 H2
Rablay-sur-Layon (49) 76 D6
Rabodanges (61) 38 D4
Rabou (05) 160 B2
Raboué 109 E2
Rabouillet (66) 199 E2
Racécourt (88) 69 G3
Rachecourt-sur-Marne (52) ...67 H1
Rachecourt-Suzémont (52) ...67 G1
Râches (59) 10 D1
Racines (10) 65 H5
la Racineuse (71) 102 A5
Racquinghem (62) 2 B4
Racrange (57) 49 G2
Raddon-et-Chapendu (70) 88 A1
Radenac (56) 55 G3
Radepont (27) 19 E5
Radinghem (62) 2 A6
Radinghem-en-Weppes (59) ...3 E5
Radon (61) 60 A1
Radonvilliers (10) 66 D2
Raedersdorf (68) 89 G4
Raedersheim (68) 71 F6
Raffetot (76) 6 D5
Rageade (15) 141 G3
Rahart (41) 79 G1
Rahay (72) 61 E6
Rahling (57) 28 A6
Rahon (25) 88 B5
Rahon (39) 102 C3
Rai (61) 40 A5
Raids (50) 14 D6
Raillencourt-Sainte-Olle (59) ..10 D3
Railleu (66) 198 D4
Raillicourt (08) 24 A2
Raillimont (02) 23 F2
Raimbeaucourt (59) 10 D1
Rainans (39) 102 C2
Raincheval (80) 9 H4
Raincourt (70) 87 E1
le Raincy (93) 43 E3
Rainfreville (76) 7 F3
Rainneville (80) 9 G5
Rainsars (59) 12 A4
Rainville (88) 69 E2
Rainvillers (60) 20 A4
les Rairies (49) 77 G3
Raismes (59) 11 F1
Raissac (09) 184 A6
Raissac-d'Aude (11) 185 H3
Raissac-sur-Lampy (11) 184 D3
Raival (55) 47 F3
Raix (16) 122 B1
Raizeux (78) 41 H6
le Ram 155 E5
Ramasse (01) 117 E4
Ramatuelle (83) 192 D4
Rambaud (05) 160 C2
Rambervillers (88) 70 B2
Rambluzin-
   -et-Benoîte-Vaux (55) 47 F2
Rambouillet (78) 42 A6
Rambucourt (55) 48 A3
Ramburelles (80) 8 C5
Rambures (80) 8 C5
Ramecourt (62) 9 G1
Ramecourt (88) 69 F2
Ramerupt (10) 66 C1
Ramicourt (02) 11 E5
Ramillies (59) 11 E3
Rammersmatt (68) 89 E1
Ramonchamp (88) 70 C6
Ramonville-Saint-Agne (31) ..167 F6
Ramoulu (45) 63 F4
Ramous (64) 163 E6
Ramousies (59) 12 A4
Ramouzens (32) 165 E3
Rampan (50) 37 G1
Rampieux (24) 151 G1
Rampillon (77) 64 C1
Rampoux (46) 152 B2
Rancé (01) 130 A1
Rancenay (25) 103 F1
Rancennes (08) 13 F4
Rances (10) 67 E1
Ranchal (69) 115 G5
Ranchot (39) 102 D2
Ranchy (14) 15 H5
Rancogne (16) 122 D3
Rancon (87) 110 B5
Rançonnières (52) 68 C6
Rancourt (80) 10 C5
Rancourt (88) 69 F3
Rancourt-sur-Ornain (55) 46 D4
Rancy (71) 116 D1
Randan (63) 127 G1
Randens (73) 132 C4
Randevillers (25) 88 A6
Randonnai (61) 40 B5
Rânes (61) 38 D5
Rang (25) 88 B4
Rang-du-Fliers (62) 8 C1
Rangecourt (52) 68 C5
Rangen (67) 50 D4
Ranguevaux (57) 26 A4
Rannée (35) 57 H4
Ranrupt (67) 71 E1
Rans (39) 102 D2
Ransart (62) 10 A3
Ranspach (68) 89 E2
Ranspach-le-Bas (68) 89 G3
Ranspach-le-Haut (68) 89 G3
Rantechaux (25) 104 A2

Rantigny (60) 20 D5
Ranton (86) 93 H3
Rantzwiller (68) 89 F2
Ranville (14) 16 C4
Ranville-Breuillaud (16) 122 A2
Ranzevelle (70) 69 F6
Ranzières (55) 47 G2
Raon-aux-Bois (88) 70 A5
Raon-lès-Leau (54) 50 B6
Raon-l'Étape (88) 70 C1
Raon-sur-Plaine (88) 50 B6
Rapaggio (2B) 205 G1
Rapale (2B) 203 F5
Rapey (88) 69 G2
Rapilly (14) 38 D3
Rapsécourt (51) 46 C2
Raray (60) 21 E6
Rarécourt (55) 47 E1
Raslay (86) 93 H2
Rasteau (84) 158 C5
Ratenelle (71) 116 C2
Ratières (26) 144 B2
Ratte (71) 102 B6
Ratzwiller (67) 28 A6
Raucoules (43) 143 F2
Raucourt (54) 48 D3
Raucourt-au-Bois (59) 11 G3
Raucourt-et-Flaba (08) 24 C2
Raulhac (15) 140 C5
Rauret (43) 142 B6
Rauville-la-Bigot (50) 14 B3
Rauville-la-Place (50) 14 C4
Rauwiller (67) 50 B3
Rauzan (33) 135 H6
Raveau (58) 98 C2
Ravel (63) 127 G3
Ravenel (60) 20 D3
Ravenoville (50) 15 E4
Raves (88) 70 D3
Ravières (89) 84 C2
Ravigny (53) 59 H1
Raville (57) 26 D5
Raville-sur-Sânon (54) 49 F5
Ravilloles (39) 117 H2
la Ravoire (73) 131 H4
Ray-sur-Saône (70) 87 E3
Raye-sur-Authie (62) 9 E2
Rayet (47) 151 G2
Raymond (18) 98 A4
Raynans (25) 88 C3
le Rayol 192 C5
Rayol-Canadel-sur-Mer (83) ..192 C5
Rayssac (81) 168 D3
Razac-de-Saussignac (24) ..136 C6
Razac-d'Eymet (24) 151 E1
Razac-sur-l'Isle (24) 137 E3
Raze (70) 87 F3
Razecueillé (31) 182 B5
Razengues (32) 166 B5
Razès (87) 110 C6
Razimet (47) 150 C4
Razines (37) 94 B3
Réal (66) 198 D3
Réalcamp (76) 8 C6
Réallon (05) 160 D1
Réalmont (81) 168 C4
Réalville (82) 167 F1
Réans (32) 164 D3
Réau (77) 43 F6
Réaumont (38) 131 F6
Réaumur (85) 92 C5
Réaup-Lisse (47) 165 E1
Réaux (17) 121 G5
Rebais (77) 44 B4
Rebecques (62) 2 B5
Rébénacq (64) 180 B3
Rebergues (62) 1 H4
Reberty 132 D6
Rebets (76) 19 F5
Rebeuville (88) 68 D2
Rebigue (31) 167 F6
Rebourguil (12) 169 F3
Reboursin (36) 96 D2
Rebréchien (45) 63 E6
Rebreuve-Ranchicourt (62) 9 H1
Rebreuve-sur-Canche (62) 9 G2
Rebreuviette (62) 9 G2
Recanoz (39) 102 C5
Recey-sur-Ource (21) 85 G2
Réchésy (90) 89 E4
Réchicourt-la-Petite (54) 49 F4
Réchicourt-le-Château (57) ...49 H5
Récicourt (55) 47 E1
Réclainville (28) 62 C3
Reclesne (71) 100 C3
Reclinghem (62) 2 A5
Réclonville (54) 49 G6
Recloses (77) 64 C3
le Recoin de Chamrousse ...145 H3
Recologne (25) 87 E6
Recologne (70) 87 E3
Recologne-lès-Rioz (70) 87 F4
Recoubeau-Jansac (26) 159 F1
Recoules-d'Aubrac (48) 155 F1
Recoules-de-Fumas (48) 155 H2
Recoules-Prévinquières (12)..155 E4
Récourt (62) 10 C3
Récourt-le-Creux (55) 47 G2
Recouvrance (90) 88 D3
le Recoux (48) 155 F4
Recques-sur-Course (62) 1 G6
Recques-sur-Hem (62) 2 A3
Recquignies (59) 12 A2
le Reculey (14) 37 H3
Reculfoz (25) 103 G5
Recurt (65) 181 H3
Recy (51) 45 H2
Rédange (57) 26 A2

Rédené (29) 54 B4
Redessan (30) 172 B3
Réding (57) 50 B4
Redon (35) 73 H1
la Redorte (11) 185 G3
Redortiers (04) 159 G6
Réez-Fosse-Martin (60) 43 H1
Reffannes (79) 108 B1
Reffroy (55) 47 G5
Reffuveille (50) 37 G5
Refuge des Mines d'Or 119 G4
Refuge du Pré
  de la Chaumette 146 C6
Refuge Napoléon 147 F5
Régades (31) 182 B5
Régat (09) 184 B5
Regnauville (62) 9 E2
Regnévelle (88) 69 F5
Regnéville-sur-Mer (50) 36 D2
Regnéville-sur-Meuse (55) 25 E6
Regney (88) 69 G3
Régnié-Durette (69) 116 A5
Regnière-Ecluse (80) 8 D2
Regniowez (08) 12 D5
Regny (02) 11 F6
Régny (42) 129 E1
Regourdou 138 A4
la Regrippière (44) 75 F5
Réguiny (56) 55 G3
Réguisheim (68) 71 F6
Régusse (83) 175 E4
Rehaincourt (88) 70 A2
Rehainviller (54) 49 F6
Rehaupal (88) 70 B4
Reherrey (54) 49 G6
Réhon (54) 25 H3
Reichsfeld (67) 71 F1
Reichshoffen (67) 28 D6
Reichstett (67) 51 E5
Reignac (16) 121 H6
Reignac (33) 135 F2
Reignac-sur-Indre (37) 95 F1
Reignat (63) 127 G3
Reigneville-Bocage (50) 14 D4
Reignier (74) 118 C5
Reigny (18) 112 B1
Reilhac (15) 140 A4
Reilhac (46) 153 E1
Reilhaguet (46) 138 C6
Reilhanette (26) 159 F6
Reillanne (04) 174 B2
Reillon (54) 49 G5
Reilly (60) 19 H6
Reims (51) 23 E6
Reims-la-Brûlée (51) 46 B5
Reinhardsmunster (67) 50 C4
Reiningue (68) 89 F1
Reipertswiller (67) 50 D2
Reithouse (39) 117 G1
Réjaumont (32) 165 G3
Réjaumont (65) 181 H3
Rejet-de-Beaulieu (59) 11 G4
Relanges (88) 69 F4
Relans (39) 102 C5
le Relecq (31) 31 H4
le Relecq-Kerhuon (29) 31 E4
Relevant (01) 116 C6
Rely (62) 3 B5
Remaisnil (80) 9 F3
Rémalard (61) 61 E2
Remaucourt (02) 11 E6
Remaucourt (08) 23 F3
la Remaudière (44) 75 E5
Remaugies (80) 21 E2
Remauville (77) 64 B4
Rembercourt-Sommaisne (55) 47 E3
Rembercourt-sur-Mad (54) 48 B2
Rémécourt (60) 20 D4
Rémelfang (57) 26 D4
Rémelfing (57) 27 H5
Rémeling (57) 26 D2
Remennecourt (55) 46 D4
Remenoville (54) 69 H1
Rémérangles (60) 20 C4
Réméréville (54) 49 E4
Rémering (57) 27 E4
Rémering-lès-Puttelange (57) 27 G6
Remicourt (51) 46 D3
Remicourt (88) 69 F3
Remiencourt (80) 20 C1
Remies (02) 22 B2
la Remigeasse 120 A1
Remigny (02) 22 A2
Remigny (71) 101 F4
Rémilly (57) 26 D6
Rémilly (58) 99 H5
Remilly-Aillicourt (08) 24 C2
Remilly-en-Montagne (21) 85 F6
Remilly-les-Pothées (08) 23 H1
Remilly-sur-Lozon (50) 15 E6
Remilly-sur-Tille (21) 86 A6
Remilly-Wirquin (62) 2 A4
Réminiac (56) 56 B5
Remiremont (88) 70 B5
Remoiville (55) 25 E4
Remollon (05) 160 C3
Remomeix (88) 70 D2
Remoncourt (54) 49 G5
Remoncourt (88) 69 F3
Rémondans-Vaivre (25) 88 C5
Remoray-Boujeons (25) 103 H5
Remouillé (44) 91 G1
Remoulins (30) 172 C2
Removille (88) 69 E2
Rempnat (87) 125 F4
la Remuée (76) 6 C5
Remungol (56) 55 H4
Rémuzat (26) 159 E3
Remy (60) 21 E4
Rémy (62) 10 C3
Renac (35) 56 D6

Renage (38) 145 E1
Renaison (42) 114 D6
Renansart (02) 22 B1
la Renaudie (63) 128 B3
la Renaudière (49) 75 F6
Renauvoid (88) 69 H4
Renay (41) 79 G1
Renazé (53) 76 B1
Rencurel (38) 145 E3
René (72) 60 B3
Renédale (25) 103 H3
Renescure (59) 2 B4
Renève (21) 86 B5
Réning (57) 49 H2
Rennemoulin (78) 42 B4
Rennepont (52) 67 F4
Rennes (35) 57 F2
Rennes-en-Grenouilles (53) 59 E1
Rennes-le-Château (11) 184 D6
Rennes-les-Bains (11) 185 E6
Rennes-sur-Loue (25) 103 E3
Renneval (02) 23 E1
Renneville (08) 23 E1
Renneville (27) 19 E4
Renneville (31) 184 A2
Renno (2A) 204 C3
le Renouard (61) 39 F3
Rentières (63) 127 F6
Renty (62) 1 H5
Renung (40) 164 A4
Renwez (08) 13 E6
la Réole (33) 150 A2
la Réorthe (85) 106 D1
Réotier (05) 161 E1
Repaix (54) 49 H5
la Répara-Auriples (26) 158 C1
Réparsac (16) 121 H3
Repel (88) 69 E2
Repentigny (14) 17 E4
Replonges (01) 116 B4
le Reposoir (74) 119 E6
les Repôts (39) 102 C6
Reppe (90) 88 D2
Requeil (72) 78 A2
Réquista (12) 169 E1
Résenlieu (61) 39 G4
la Résie-Saint-Martin (70) 86 D6
Résigny (02) 23 F1
Resson (88) 47 F4
Ressons-l'Abbaye (60) 20 A5
Ressons-le-Long (02) 21 H5
Ressons-sur-Matz (60) 21 E3
les Ressuintes (28) 40 C6
Restigné (37) 78 A6
Restinclières (34) 171 G4
le Retail (79) 107 H1
Rétaud (17) 121 E3
Reterre (23) 112 C6
Rethel (08) 23 G3
Retheuil (02) 21 G5
Rethondes (60) 21 F4
Rethonvillers (80) 21 F2
Réthoville (50) 14 D1
Retiers (35) 57 G4
Retjons (40) 149 G6
Retonfey (57) 26 C5
Rétonval (76) 19 F1
Retournac (43) 142 D2
Retschwiller (67) 29 E6
Rettel (57) 26 C2
Rety (62) 1 G3
Retzwiller (68) 89 E2
Reugney (25) 103 G3
Reugny (03) 112 D2
Reugny (37) 79 F5
Reuil (51) 45 E2
Reuil-en-Brie (77) 44 A3
Reuil-sur-Brêche (60) 20 B3
Reuilly (27) 41 E2
Reuilly (36) 97 E3
Reuilly-Sauvigny (02) 44 D2
Reulle-Vergy (21) 101 G1
Reumont (59) 11 F4
la Réunion (47) 150 B5
Reutenbourg (67) 50 C4
Reuves (51) 45 E4
Reuville (76) 7 F3
Reux (14) 17 E4
le Revard 132 A3
Réveillon (51) 44 C5
Réveillon (61) 60 D1
Revel (31) 184 C1
Revel (38) 145 H2
Revel-Tourdan (38) 130 C6
Revelles (80) 9 F6
Revens (30) 170 D1
Reventin-Vaugris (38) 130 A5
Revercourt (28) 40 D5
Revest-des-Brousses (04) 174 B2
Revest-du-Bion (04) 159 G6
le Revest-les-Eaux (83) 191 G5
Revest-les-Roches (06) 176 D4
Revest-Saint-Martin (04) 174 C1
Reviers (14) 16 B3
Revigny (39) 102 D6
Revigny-sur-Ornain (55) 46 D4
Réville (50) 15 E2
Réville-aux-Bois (55) 25 E5
Révillon (02) 22 C5
Revin (08) 13 E5
Revonnas (01) 117 E5
Rexingen (67) 50 B2
Rexpoëde (59) 2 C2
Reyersviller (57) 28 B5
Reygade (19) 139 F2
Reynel (52) 68 B3
Reynès (66) 199 H4
Reyniès (82) 167 E2
Reyrevignes (46) 153 F2

Reyrieux (01) 130 A1
Reyssouze (01) 116 C2
Reyvroz (74) 119 E3
Rezay (18) 97 F6
Rezé (44) 74 C5
Rézentières (15) 141 F3
Rezonville (57) 26 A5
Rezza (2A) 204 D4
Rhèges (10) 66 A1
le Rheu (35) 57 E3
Rhinau (67) 71 H2
Rhodes (57) 49 H4
Rhodon (41) 79 H2
Rhuis (60) 21 E5
Ri (61) 39 E4
Ria-Sirach (66) 199 F3
Riaillé (44) 75 E2
le Rialet (81) 168 D6
Rians (18) 98 A2
Rians (83) 174 C5
Riantec (56) 54 C5
Riaucourt (52) 67 H4
Riaville (55) 47 H1
Ribagnac (24) 136 D6
Ribarrouy (64) 164 B6
Ribaute (11) 185 G4
Ribaute-les-Tavernes (30) 171 G1
le Ribay (53) 59 F2
Ribeaucourt (55) 47 G6
Ribeaucourt (80) 9 F4
Ribeauville (02) 11 G4
Ribeauville (68) 71 F3
Ribécourt-Dreslincourt (60) 21 F4
Ribécourt-la-Tour (59) 10 D4
Ribemont (02) 22 B1
Ribemont-sur-Ancre (80) 9 H5
Ribennes (48) 155 H2
Ribérac (24) 136 D2
Ribes (07) 157 F3
Ribeyret (05) 159 G3
Ribiers (05) 160 A5
Ribouisse (11) 184 B3
Riboux (83) 191 F4
la Ricamarie (42) 129 F6
Ricarville (76) 6 D4
Ricarville-du-Val (76) 7 H3
Ricaud (11) 184 B2
Ricaud (65) 181 F4
les Riceys (10) 66 D6
la Richardais (35) 34 D4
Richardménil (54) 48 D6
Richarville (91) 63 E1
la Riche (37) 78 D5
Riche (57) 49 F3
Richebourg (52) 67 H5
Richebourg (62) 2 D5
Richebourg (78) 41 H4
Richecourt (55) 48 A3
Richelieu (37) 94 B3
Richeling (57) 27 G6
Richemont (52) 121 G3
Richemont (57) 26 B4
Richemont (76) 19 G1
Richerenches (84) 158 B4
Richeval (57) 49 H5
Richeville (27) 19 F6
Richtolsheim (67) 71 G3
Richwiller (68) 89 F1
Ricourt (32) 165 E6
Ricquebourg (60) 21 E3
Riec-sur-Belon (29) 54 A4
Riedisheim (68) 89 F1
Riedseltz (67) 29 E6
Riedwihr (68) 71 G4
Riel-les-Eaux (21) 67 E6
Riencourt (80) 9 E6
Riencourt-lès-Bapaume (62) 10 B4
Riencourt-lès-Cagnicourt (62) 10 C3
Riervescemont (88) 88 C1
Riespach (68) 89 F3
Rieucazé (31) 182 B4
Rieucros (09) 184 A4
Rieulay (59) 11 E1
Rieumajou (31) 184 A1
Rieumes (31) 182 D1
Rieu Montagné 169 F5
Rieupeyroux (12) 153 H5
Rieussec (34) 185 G1
Rieutort-de-Randon (48) 156 A2
Rieux (31) 183 E3
Rieux (51) 44 C4
Rieux (56) 73 H1
Rieux (60) 20 D5
Rieux (76) 8 C5
Rieux-de-Pelleport (09) 183 H5
Rieux-en-Cambrésis (59) 11 E3
Rieux-en-Val (11) 185 E3
Rieux-Minervois (11) 185 F3
Riez (04) 175 E3
Rigarda (66) 199 F3
Rignac (12) 154 A4
Rignac (46) 138 D6
Rigney (25) 87 G5
Rignieux-le-Franc (01) 130 C1
Rignosot (25) 87 G5
Rignovelle (70) 88 A1
Rigny (70) 86 D4
Rigny-la-Nonneuse (10) 65 G2
Rigny-la-Salle (55) 48 A5
Rigny-le-Ferron (10) 65 G4
Rigny-Saint-Martin (55) 48 A5
Rigny-sur-Arroux (71) 115 G2
Rigny-Ussé (37) 94 B1
Riguepeu (32) 165 F5
Rilhac-Lastours (87) 124 A4
Rilhac-Rancon (87) 124 B2
Rilhac-Treignac (19) 124 D5
Rilhac-Xaintrie (19) 139 H3

Rillans (25) 87 H5
Rillé (37) 78 B5
Rillieux-la-Pape (69) 130 B2
Rilly-la-Montagne (51) 45 F1
Rilly-Sainte-Syre (10) 66 A2
Rilly-sur-Aisne (08) 24 A4
Rilly-sur-Loire (41) 79 G5
Rilly-sur-Vienne (37) 94 C3
Rimaucourt (52) 68 B3
Rimbach-près-Guebwiller (68) 71 E6
Rimbach-près-Masevaux (68) 88 D1
Rimbachzell (68) 71 E6
Rimbez-et-Baudiets (40) 164 D1
Rimboval (62) 1 H6
Rimeize (48) 141 G6
Rimling (57) 28 A5
Rimogne (08) 12 D6
Rimon-et-Savel (26) 159 E1
Rimondeix (23) 111 H5
Rimons (33) 150 B1
Rimont (09) 183 E5
Rimou (35) 35 G6
Rimouren 157 H4
Rimplas (06) 176 D2
Rimsdorf (67) 50 B2
Ringeldorf (67) 50 D3
Ringendorf (67) 50 D3
Rinxent (62) 1 F3
Riocaud (33) 136 C6
Riolas (31) 182 C2
Riols (34) 169 F6
le Riols (81) 153 G6
Riom (63) 127 F2
Riom-ès-Montagnes (15) 140 C2
Rioms (26) 159 F5
Rion-des-Landes (40) 163 E2
Rions (33) 149 G1
Riorges (42) 115 E6
Riotord (43) 143 F2
Rioux (17) 121 E4
Rioux-Martin (16) 136 A2
Rioz (70) 87 F5
Riquewihr (68) 71 F3
Ris (63) 127 H1
Ris (65) 181 G6
Ris-Orangis (91) 42 D6
Riscle (32) 164 C5
Risoul (05) 161 F1
Risoul 1850 ....161 F1
Ristolas (05) 147 G5
Rittershoffen (67) 51 F2
Ritzing (57) 26 D2
Riupeyrous (64) 180 C1
Riva Bella 16 C3
Rivarennes (36) 110 D1
Rivarennes (37) 94 B1
Rivas (42) 129 E4
Rive-de-Gier (42) 129 H5
Rivecourt (60) 21 E5
Rivedoux-Plage (17) 106 C5
Rivehaute (64) 179 G2
Rivel (11) 184 C6
Riventosa (2B) 205 E3
Rivèrenert (09) 183 E5
Riverie (69) 129 G4
Rivery (80) 9 G6
les Rives (34) 170 B3
Rives (38) 131 E6
Rives (47) 151 F2
Rivesaltes (66) 200 D2
Rivière 9 E5
la Rivière (33) 135 G4
Rivière (37) 94 B2
la Rivière (38) 145 F2
Rivière (62) 10 A3
la Rivière-de-Corps (10) 66 A3
la Rivière-Drugeon (25) 103 H4
la Rivière-Enverse (74) 119 F5
Rivière-les-Fosses (52) 86 A3
Rivière-Saas-et-Gourby (40) 162 D4
la Rivière-Saint-Sauveur (14) 6 D6
Rivière-sur-Tarn (12) 155 F6
la Rivière Bourdet 7 F6
Rivières (16) 122 A2
Rivières (30) 157 F5
Rivières (81) 168 A3
les Rivières-Henruel (51) 46 B5
Rivières-le-Bois (52) 86 B2
Riville (76) 6 D3
Rivolet (69) 116 A6
Rivray 61 F2
Rix (39) 103 G5
Rix (58) 83 F5
Rixheim (68) 89 G1
la Rixouse (39) 118 A2
Rizaucourt-Buchey (52) 67 F3
Roaillan (33) 149 H3
Roaix (84) 158 C5
Roanne (42) 115 E6
Roannes-Saint-Mary (15) 140 A5
Robécourt (88) 68 D4
Robecq (62) 2 C5
Robersart (59) 11 G3
Robert-Espagne (55) 47 E4
Robert-Magny-
  -Laneuville-à-Rémy (52) 67 F1
Robertot (76) 7 E3
Roberval (60) 21 E5
Robiac-Rochessadoule (30) 157 E5
la Robine-sur-Galabre (04) 160 C5
Robion 175 G4
Robion (84) 173 F3
le Roc (46) 138 C6
le Roc-Saint-André (56) 56 A4
Rocamadour (46) 138 D6
Rocbaron (83) 191 H4
Rocé (41) 79 G2
Rochambeau 79 F2
la Roche 157 H2
la Roche 112 D2

Roche (38) 130 C4
Roche (42) 128 C4
la Roche-Bernard (56) 73 G2
la Roche-Blanche (44) 75 F3
la Roche-Blanche (63) 127 F4
la Roche-Canillac (19) 139 F2
la Roche-Chalais (24) 136 A3
Roche-Charles-
  -la-Mayrand (63) 127 E6
la Roche-Clermault (37) 94 A2
la Roche-de-Glun (26) 144 A4
la Roche-de-Rame (05) 147 E6
la Roche-des-Arnauds (05) 160 A2
Roche-en-Brenil (21) 84 C5
la Roche-en-Régnier (43) 142 C2
Roche-et-Raucourt (70) 86 D3
la Roche-Guyon (95) 41 H2
la Roche-la-Molière (42) 129 F6
la Roche-l'Abeille (87) 124 B4
la Roche-le-Peyroux (19) 126 A6
la Roche-lès-Clerval (25) 88 A5
la Roche-Mabile (61) 59 H1
la Roche-Maurice (29) 31 F4
la Roche-Morey (70) 86 D2
la Roche-Noire (63) 127 F3
la Roche-Posay (86) 95 E5
la Roche-Rigault (86) 94 A3
Roche-Saint-Secret-
  -Béconne (26) 158 C3
la Roche-sur-Foron (74) 118 D5
la Roche-sur-Grane (26) 158 C1
la Roche-sur-le-Buis (26) 159 E5
Roche-sur-Linotte-et-
  -Sorans-les-Cordiers (70) 87 G4
la Roche-sur-Yon (85) 91 G4
la Roche-Vanneau (21) 85 E5
la Roche-Vineuse (71) 116 A3
Rochebaudin (26) 158 C2
la Rochebeaucourt-
  -et-Argentine (24) 122 D5
Roche Béranger 145 H3
Rochebrune (05) 160 C3
Rochebrune (26) 159 E4
Rochechinard 144 D4
Rochechinard (26) 144 D4
Rochechouart (87) 123 G2
Rochecolombe (07) 157 G3
Rochecorbon (37) 79 E5
Rochefort (17) 120 C1
Rochefort (73) 131 G4
Rochefort-du-Gard (30) 172 C2
Rochefort-en-Terre (56) 56 A6
Rochefort-en-Valdaine (26) 158 B3
Rochefort-en-Yvelines (78) 42 B6
Rochefort-Montagne (63) 126 D4
Rochefort-Samson (26) 144 C4
Rochefort-sur-Brévon (21) 85 F2
Rochefort-sur-la-Côte (52) 68 A3
Rochefort-sur-Loire (49) 76 D5
Rochefort-sur-Nenon (39) 102 C2
Rochefoucauld (16) 122 D3
Rochefourchat (26) 159 E2
la Rochegiron (04) 159 G6
Rochegude (26) 158 B5
Rochegude (30) 157 F5
la Roche Jagu 33 E2
Rochejean (25) 103 H5
la Rochelle (17) 106 C5
la Rochelle (70) 86 D2
la Rochelle-Normande (50) 35 G2
Rochemaure (07) 158 A2
Rochénard (79) 107 G4
Rochepaule (07) 143 G4
la Rochepot (21) 101 F3
Rocher (07) 157 F2
le Rocher du Portail 35 H5
Rochereau (86) 94 A6
Roches (23) 111 H4
Roches (41) 80 A2
Roches-Bettaincourt (52) 68 A3
les Roches-de-Condrieu (38) 130 A6
Roches-lès-Blamont (25) 88 C5
les Roches-l'Évêque (41) 79 F2
Roches-Prémarie-Andillé (86) 109 E2
Roches-sur-Marne (52) 47 E6
les Roches Baritaud 92 A5
la Rocheservière (85) 91 F2
Rochessauve (07) 157 H1
Rochesson (88) 70 C5
Rochetaillée 129 F6
Rochetaillée (52) 86 B4
Rochetaillée-sur-Saône (69) 130 A2
Rochetoirin (38) 131 E4
Rochetrejoux (85) 92 B5
la Rochette (04) 176 B3
la Rochette (05) 160 C2
la Rochette (07) 143 E5
la Rochette (16) 122 D3
la Rochette (73) 132 B5
la Rochette (77) 64 A1
la Rochette-du-Buis (26) 159 F5
Rocheville (50) 14 C3
Rochy-Condé (60) 20 B5
Rocles (03) 113 F3
Rocles (07) 157 F2
Rocles (48) 156 C1
Roclincourt (62) 10 B2
Rocourt (88) 68 D3
Rocourt-Saint-Martin (02) 44 B1
Rocquancourt (14) 16 C5

Rocques (14) 17 F4
Rocquigny (02) 12 A5
Rocquigny (08) 23 F2
Rocquigny (62) 10 C4
Rocroi (08) 12 D5
Rodalbe (57) 49 G3
Rodelinghem (62) 1 G3
Rodelle (12) 154 C3
Rodemack (57) 26 C2
Roderen (68) 89 E1
Rodern (68) 71 F3
Rodès (66) 199 G3
Rodez (12) 154 C4
Rodilhan (30) 172 B3
Rodome (11) 198 C2
la Roë (53) 58 A6
Roëllecourt (62) 9 G2
Rœschwoog (67) 51 G3
Rœulx (59) 11 E2
Rœux (62) 10 C2
Roézé-sur-Sarthe (72) 78 A1
Roffey (89) 84 A1
Roffiac (15) 141 E4
Rogécourt (02) 22 B2
Rogerville (76) 6 B5
Rogéville (54) 48 C4
Roggenhouse (68) 71 G6
Rogliano (2B) 203 F2
Rogna (39) 117 H3
Rognac (13) 173 G6
Rognaix (73) 132 D3
Rognes (13) 173 H4
Rognon (25) 87 H5
Rognonas (13) 172 D2
Rogny (02) 22 D1
Rogny-les-Sept-Écluses (89) 82 B2
Rogues (30) 170 D3
Rogy (80) 20 B2
Rohaire (28) 40 C5
Rohan (56) 55 G2
Rohr (67) 50 D4
Rohrbach-lès-Bitche (57) 28 A5
Rohrwiller (67) 51 F3
Roiffé (86) 93 H2
Roiffieux (07) 143 H2
Roiglise (80) 21 F2
Roilly (21) 84 D5
Roinville (28) 62 C2
Roinville (91) 63 E1
Roinvilliers (91) 63 F3
Roisel (80) 10 D5
les Roises (55) 68 C1
Roisey (42) 129 H6
Roissac 121 G4
Roissard (38) 145 G5
Roissy-en-Brie (77) 43 F4
Roissy-en-France (95) 43 E2
Roiville (61) 39 G3
Roizy (08) 23 F4
Rolampont (52) 68 A6
Rolbing (57) 28 B4
Rollainville (88) 68 D2
Rollancourt (62) 9 F1
Rolleboise (78) 41 G2
Rolleville (76) 6 B5
Rollot (80) 21 E3
la Rolphie 137 F3
Rom (79) 108 D4
Romagnat (63) 127 F3
la Romagne (08) 23 G2
Romagne (33) 135 H6
Romagné (35) 35 H6
la Romagne (49) 92 A2
Romagne (86) 109 E4
Romagne-
  -sous-les-Côtes (55) 25 F5
Romagne-
  -sous-Montfaucon (55) 24 D5
Romagnieu (38) 131 F4
Romagny (50) 37 G5
Romagny (68) 89 E3
Romagny-
  -sous-Rougemont (90) 88 D2
Romain (25) 87 H4
Romain (39) 102 D1
Romain (51) 22 D5
Romain (54) 49 E6
Romain-aux-Bois (88) 68 D5
Romain-sur-Meuse (52) 68 C4
Romainville (93) 43 E3
Roman (27) 40 D4
Romanèche-Thorins (71) 116 B5
Romange (39) 102 D1
Romans (01) 116 C5
Romans (79) 108 A3
Romans-sur-Isère (26) 144 C4
Romanswiller (67) 50 C5
Romazières (17) 121 H1
Romazy (35) 35 G6
Rombach-le-Franc (68) 71 E2
Rombas (57) 26 B4
Rombies-et-Marchipont (59) 11 G1
Romegoux (17) 120 D1
Romelfing (57) 50 A3
Romenay (71) 99 F4
Romeny (71) 116 D2
Romeny-sur-Marne (02) 44 B3
Romeries (59) 11 F3
Romery (02) 22 C1
Romery (51) 45 F1
Romescamps (60) 19 H2
Romestaing (47) 150 B4
le Romieu (32) 165 G2
Romigny (51) 45 E1
Romiguières (34) 170 B3
Romillé (35) 56 D2
Romilly (41) 61 G6
Romilly-la-Puthenaye (27) 40 C4

Romilly-sur-Aigre (28) 61 H6
Romilly-sur-Andelle (27) 18 D5
Romilly-sur-Seine (10) 65 G1
Romme 119 E6
Romont (88) 70 A2
Romorantin-Lanthenay (41) 80 C6
Rompon (07) 144 A6
Rônai (61) 39 E4
Ronce-les-Bains (120) B2
Roncenay (10) 66 B4
le Roncenay-Authenay (27) 40 C4
Roncey (50) 37 E2
Ronchamp (70) 88 B2
Ronchaux (25) 103 F3
Ronchères (02) 44 D1
Ronchères (89) 82 D3
Roncherolles-en-Bray (76) 19 F3
Roncherolles-sur-le-Vivier (76).......7 H6
Ronchin (59) 3 F5
Ronchois (76) 19 G2
Roncourt (57) 26 B4
Rocq (59) 3 G4
la Ronde (17) 107 E4
la Ronde-Haye (50) 37 E1
Rondefontaine (25) 103 G5
Ronel (81) 168 C3
Ronfeugerai (61) 38 C4
Rongères (03) 114 A4
Ronnet (03) 112 D5
Ronno (69) 129 F1
Ronquerolles (95) 42 C1
Ronsenac (16) 122 C5
Ronssoy (80) 10 D5
Rontalon (69) 129 H4
Rontignon (64) 180 C2
Ronvaux (55) 47 H1
Ronzières 127 F5
Roost-Warendin (59) 10 D1
Roppe (90) 88 D2
Roppenheim (67) 51 G3
Roppentzwiller (68) 89 F3
Roppeviller (57) 28 C5
la Roque-Alric (84) 158 D6
la Roque-Baignard (14) 17 E4
la Roque-d'Anthéron (13) 173 H4
la Roque-Esclapon (83) 176 A5
la Roque-Gageac (24) 138 A6
la Roque-
  -Sainte-Marguerite (12) 155 G6
la Roque-sur-Cèze (30) 157 H6
la Roque-sur-Pernes (84) 173 E4
Roquebillière (06) 177 E2
Roquebrun (34) 169 H6
Roquebrune (32) 165 F4
Roquebrune (33) 150 D2
Roquebrune-Cap-Martin (06) ..177 F5
Roquebrune-sur-Argens (83) ..192 D2
la Roquebrussanne (83) 191 G3
Roquecor (82) 151 H4
Roquecourbe (81) 168 C5
Roquecourbe-Minervois (11) ..185 G3
Roquedur (30) 171 E2
Roquefère (11) 151 F2
Roquefère (11) 185 E2
Roquefeuil (11) 198 C1
Roquefixade (09) 184 A6
Roquefort (32) 165 H4
Roquefort (40) 164 B1
Roquefort (47) 151 E6
Roquefort-de-Sault (11) 198 D2
Roquefort-des-Corbières (11)..186 C5
Roquefort-la-Bédoule (13) 191 E4
Roquefort-les-Cascades (09) ..184 A5
Roquefort-les-Pins (06) 176 C6
Roquefort-sur-Garonne (31) ..182 C4
Roquefort-sur-Soulzon (12) ..169 H2
Roquelaure (32) 165 G4
Roquelaure-Saint-Aubin (32) ..166 B5
Roquemaure (30) 172 D1
Roquemaure (81) 167 G2
Roquepine (32) 165 G2
Roqueredonde (34) 170 B4
Roques (31) 167 E6
Roques (32) 165 F3
Roquesérière (31) 167 G4
Roquessels (34) 170 A4
Roquesteron (06) 176 C4
Roquestéron-Grasse (06) 176 C4
Roquetaillade (11) 184 D5
Roquetoire (62) 2 B5
la Roquette (27) 19 E6
la Roquette-sur-Siagne (06) 176 C6
la Roquette-sur-Var (06) 176 C4
Roquettes (31) 167 E6
Roquevaire (13) 191 E3
Roquevidal (81) 167 H5
Roquiague (64) 179 G3
la Roquille (33) 136 C6
Rorbach-lès-Dieuze (57) 49 H3
Rorschwihr (68) 71 F3
les Rosaires 33 G4
Rosans (05) 159 F4
Rosay (39) 117 F3
Rosay (76) 7 H4
Rosay (78) 41 H3
Rosay-sur-Lieure (27) 19 E5
Rosazia (2A) 204 C4
Rosbruck (57) 27 F5
Roscanvel (29) 30 D5
Roscoff (29) 31 H2
Rosel (14) 16 B4
Rosenau (68) 89 G4
Rosenwiller (67) 50 D6
Roset-Fluans (25) 103 E1
Rosey (70) 87 F3
Rosey (71) 101 F5
Rosheim (67) 50 D6
la Rosière 133 E4
la Rosière (70) 119 F5
la Rosière (70) 70 B6
Rosières (07) 157 F3

Rosières (43) 142 D3
Rosières (60) 43 G1
Rosières (81) 168 C1
Rosières-aux-Salines (54) 49 E5
Rosières-en-Haye (54) 48 C4
Rosières-en-Santerre (80) 21 E3
Rosières-près-Troyes (10) 66 B3
Rosières-sur-Barbèche (25) 88 B5
Rosières-sur-Mance (70) 87 E1
Rosiers-de-Juillac (19) 138 D1
Rosiers-d'Égletons (19) 139 F1
les Rosiers-sur-Loire (49) 77 F6
Rosis (34) 169 H5
Rosnay (36) 95 G6
Rosnay (51) 22 D6
Rosnay (85) 91 G5
Rosnay-l'Hôpital (10) 66 D1
Rosnoën (29) 31 F6
Rosny-sous-Bois (93) 43 E4
Rosny-sur-Seine (78) 41 H2
Rosoy (60) 20 D5
Rosoy-en-Multien (60) 43 H2
Rosoy-le-Vieil (45) 64 C5
Rospez (22) 32 C2
Rospigliani (2B) 205 F3
Rosporden (29) 53 H3
Rosselange (57) 26 B4
Rossfeld (67) 71 H2
Rosteig (67) 50 C2
Rostrenen (22) 54 D1
Rosult (59) 11 E1
Rosureux (25) 88 C6
Rotalier (39) 117 F1
Rotangy (60) 20 A3
Rothau (67) 71 E1
Rothbach (67) 50 D2
Rothéneuf 34 D3
Rotherens (73) 132 B5
la Rothière (10) 67 E2
Rothois (60) 20 A3
Rothonay (39) 117 F1
les Rotours (61) 38 D4
Rots (14) 16 B4
Rott (67) 29 E5
Rottelsheim (67) 51 E4
Rottier (26) 159 F3
Rou-Marson (49) 93 G1
Rouairoux (81) 169 E6
Rouans (44) 74 A5
la Rouaudière (53) 76 A1
Roubaix (59) 3 G4
Roubia (11) 185 H3
Roubion (06) 176 C2
Roucamps (14) 16 A6
Roucourt (59) 10 D2
Roucy (02) 22 D5
Rouécourt (52) 67 H3
Rouède (31) 182 C5
Rouellé (61) 38 A6
Rouelles (52) 85 H1
Rouen (76) 7 G6
Rouessé-Fontaine (72) 60 A3
Rouessé-Vassé (72) 59 G4
Rouet (34) 171 E3
Rouez (72) 59 G4
Rouffach (68) 71 F5
Rouffange (39) 102 D1
Rouffiac (15) 139 G4
Rouffiac (16) 136 B2
Rouffiac (17) 121 F3
Rouffiac (81) 168 B3
Rouffiac-d'Aude (11) 184 D4
Rouffiac-des-Corbières (11)..185 F6
Rouffiac-Tolosan (31) 167 F5
Rouffignac (17) 135 F1
Rouffignac-de-Sigoulès (24)..136 D6
Rouffignac-Saint-Cernin-
  -de-Reilhac (24) 137 H4
Rouffigny (50) 37 F4
Rouffilhac (46) 138 C6
Rouffillac 138 B5
Rouffy (51) 45 G3
Rougé (44) 57 G6
la Rouge (61) 61 E3
Rouge-Perriers (27) 40 C1
Rougefay (62) 9 F2
Rougegoutte (90) 88 C2
Rougemont (21) 84 C3
Rougemont (25) 87 H4
Rougemont-le-Château (90)..88 D2
Rougemontiers (27) 18 A5
Rougemontot (25) 87 H5
Rougeou (41) 80 B6
Rougeries (02) 22 D1
les Rouges-Eaux (88) 70 C3
le Rouget (15) 139 H5
Rougeux (52) 86 C1
Rougiers (83) 191 F3
Rougnac (16) 122 D5
Rougnat (23) 112 C6
Rougon (04) 175 G3
Rouhe (25) 103 F2
Rouhling (57) 27 G5
Rouillac (16) 122 A3
Rouillac (22) 34 B6
Rouillé (86) 108 C3
Rouillon (72) 60 A5
Rouilly (77) 44 B6
Rouilly-Sacey (10) 66 C2
Rouilly-Saint-Loup (10) 66 B3
Roujan (34) 170 B6
Roulans (25) 87 G6
le Roulier (88) 70 B4
Roullée (72) 60 B1
Roullens (11) 184 D4
Roullours (14) 37 H4
le Roulx (07) 14 A3
Roumagne (47) 150 D2
Roumanou 168 A2

Roumare (76) 7 F5
Roumazières-Loubert (16) 123 E2
Roumégoux (15) 139 H5
Roumégoux (81) 168 C4
Roumengoux (09) 184 B4
Roumens (31) 184 B1
Roumoules (04) 175 G3
Rountzenheim (67) 51 G3
Roupeldange (57) 26 D4
Rouperroux (61) 39 E6
Rouperroux-le-Coquet (72) 60 C4
Roupy (02) 21 H1
la Rouquette (12) 153 G5
Roure (06) 176 C2
le Rouret (06) 176 C6
Rouages (58) 83 G6
Ruan (45) 62 D5
Rousies (59) 12 A2
Roussac (87) 110 C3
Roussas (26) 158 B3
Roussay (49) 75 F6
Roussayrolles (81) 167 H1
Rousseloy (60) 20 C5
Roussennac (12) 154 A3
Roussent (62) 8 D1
les Rousses (39) 118 B2
Rousses (48) 156 B6
Rousset (05) 160 C3
Rousset (13) 174 B6
le Rousset (71) 115 G1
Rousset-les-Vignes (26) 158 C3
la Roussie 138 B5
la Roussière (27) 40 A3
Roussieux (26) 159 F4
Roussillon (38) 130 A6
Roussillon (84) 173 G2
Roussillon-en-Morvan (71) 100 B3
Roussines (16) 123 E3
Roussines (36) 110 D2
Rousson (30) 157 E6
Rousson (89) 65 E5
Roussy-le-Village (57) 26 B2
Routelle (25) 103 E1
Routes (76) 7 E3
Routier (11) 184 C4
Routot (27) 18 A5
Rouvenac (11) 184 C6
Rouves (54) 48 D3
la Rouvière 156 B3
la Rouvière (30) 171 H2
Rouviers (59) 11 F2
Rouville (60) 21 F6
Rouville (76) 6 D4
Rouvillers (60) 21 E4
Rouvray (21) 84 B5
Rouvray (27) 41 F2
Rouvray (89) 83 G1
Rouvray-Catillon (76) 19 F3
Rouvray-Saint-Denis (28) 62 D3
Rouvray-Saint-Florentin (28) ..62 B3
Rouvray-Sainte-Croix (45) 62 C5
Rouvrel (80) 20 C1
Rouvres (14) 16 C6
Rouvres (28) 41 G4
Rouvres (77) 43 F2
Rouvres-en-Multien (60) 43 H1
Rouvres-en-Plaine (21) 102 A1
Rouvres-en-Woëvre (55) 25 G6
Rouvres-en-Xaintois (88) 69 F2
la Rouvres-la-Chétive (88) 68 D2
Rouvres-les-Bois (36) 96 C3
Rouvres-les-Vignes (10) 67 F3
Rouvres-Saint-Jean (45) 63 F3
Rouvres-sous-Meilly (21) 101 E1
Rouvres-sur-Aube (52) 85 G1
Rouvrois-sur-Meuse (55) 47 G3
Rouvrois-sur-Othain (55) 25 G4
Rouvroy (02) 11 E6
Rouvroy (62) 10 C1
Rouvroy-en-Santerre (80) 21 E1
Rouvroy-les-Merles (60) 20 C2
Rouvroy-Ripont (51) 24 B6
Rouvroy-sur-Audry (08) 23 H1
Rouvroy-sur-Marne (52) 67 H2
Rouvroy-sur-Serre (02) 23 F2
le Roux (07) 157 E1
Rouxeville (50) 37 H1
la Rouxière (44) 75 F3
Rouxmesnil-Bouteilles (76).......7 G2
Rouy (58) 99 F3
Rouy-le-Grand (80) 21 G1
Rouy-le-Petit (80) 21 G1
Rouzède (16) 123 E3
Rouziers (15) 139 H6
Rouziers-de-Touraine (37) 78 D4
le Rove (13) 190 D3
Roville-aux-Chênes (88) 70 A2
Roville-devant-Bayon (54) 69 G1
Rovon (38) 145 E2
Roy-Boissy (60) 19 H3
Royan (17) 120 C4
Royas (38) 130 C5
Royat (63) 127 E3
Royaucourt (60) 20 D3
Royaucourt-et-Chailvet (02) 22 B3
Royaumeix (54) 48 B4
Roybon (38) 144 D2
Roye (70) 88 A2
Roye (80) 21 F2
Roye-sur-Matz (60) 21 F3
Royer (71) 101 H1
Royère-de-Vassivière (23) 125 F2
Royères (87) 124 D3
Roynac (26) 158 C1
Royon (62) 1 H6
Royville (76) 7 F3
Roz-Landrieux (35) 35 E4
Roz-sur-Couesnon (35) 35 F4
Rozay-en-Brie (77) 43 H5
le Rozel (50) 14 B3
Rozelieures (54) 69 H1

Rozérieulles (57) 26 B5
Rozerotte (88) 69 F3
Rozès (32) 165 F3
Rozet-Saint-Albin (02) 22 A6
le Rozier (48) 155 G6
Rozier-Côtes-d'Aurec (42) 142 D1
Rozier-en-Donzy (42) 129 E3
Rozières-en-Beauce (45) 62 C6
Rozières-sur-Crise (02) 22 A5
Rozières-sur-Mouzon (88) 68 D4
Roziers-Saint-Georges (87) ..124 D3
Rozoy-Bellevalle (02) 44 C3
Rozoy-sur-Serre (02) 23 F2
Ruages (58) 83 G6
Ruan (45) 62 D5
Ruan-sur-Egvonne (41) 61 G6
Ruaudin (72) 60 B6
Rubécourt-et-Lamécourt (08)..24 C2
Rubelles (77) 64 A1
Rubempré (80) 9 G5
Rubercy (14) 15 G5
Rubescourt (80) 20 D3
Rubigny (08) 23 F2
Rubrouck (59) 2 B3
Ruca (22) 34 B4
Ruch (33) 136 A6
la Ruchère 131 G6
Rucqueville (14) 16 A4
Rudeau-Ladosse (24) 123 E5
Rudelle (46) 153 F1
Rue (80) 8 C2
la Rue-Saint-Pierre (60) 20 C4
la Rue-Saint-Pierre (76) 7 H5
Ruederbach (68) 89 F3
Rueil-la-Gadelière (28) 40 D5
Rueil-Malmaison (92) 42 C4
Ruelisheim (68) 71 F6
Ruelle-sur-Touvre (16) 122 C4
les Rues-des-Vignes (59) 11 E4
Ruesnes (59) 11 G2
Rueyres (46) 153 F1
Ruffec (16) 108 D6
Ruffec (36) 110 B1
Ruffey-le-Château (25) 87 E6
Ruffey-lès-Beaune (21) 101 G3
Ruffey-lès-Echirey (21) 85 H5
Ruffey-sur-Seille (39) 102 C5
Ruffiac (47) 150 B4
Ruffiac (56) 56 B5
Ruffieu (01) 117 G6
Ruffieux (73) 131 G2
Ruffigné (44) 57 G6
Rugles (27) 40 B4
Rugney (88) 69 G2
Rugny (89) 84 B1
Ruhans (70) 87 G4
Ruillé-en-Champagne (72) 59 H5
Ruillé-Froid-Fonds (53) 58 D6
Ruillé-le-Gravelais (53) 58 B5
Ruillé-sur-Loir (72) 78 D2
Ruisseauville (62) 2 A6
Ruitz (62) 2 D6
Rullac-Saint-Cirq (12) 154 B6
Rully (14) 38 A4
Rully (60) 21 E6
Rully (71) 101 F4
Rumaucourt (62) 10 C3
Rumegies (59) 3 H6
Rumengol 31 F5
Rumersheim-le-Haut (68) 71 G6
Rumesnil (14) 17 E4
Rumigny (08) 23 F1
Rumigny (80) 20 C1
Rumilly (62) 1 H5
Rumilly (74) 131 H2
Rumilly-en-Cambrésis (59) 10 D4
Rumilly-lès-Vaudes (10) 66 C4
Ruminghem (62) 2 A3
Rumont (55) 47 F4
Rumont (77) 63 H3
Runan (22) 32 D2
Rungis (94) 42 D5
Ruoms (07) 157 F3
Rupéreux (77) 44 B6
Ruppes (88) 68 D1
Rupt (52) 67 H2
Rupt-aux-Nonains (55) 47 E5
Rupt-devant-Saint-Mihiel (55)..47 G3
Rupt-en-Woëvre (55) 47 G2
Rupt-sur-Moselle (88) 70 B6
Rupt-sur-Othain (55) 25 F4
Rupt-sur-Saône (70) 87 E3
Rurange-lès-Thionville (57)....26 C4
Rurey (25) 103 F2
Rusio (2B) 205 F2
Russ (67) 50 C6
Russange (57) 26 A2
le Russey (25) 104 C1
Russy (14) 15 G5
Russy-Bémont (60) 21 G6
Rustenhart (68) 71 G5
Rustiques (11) 185 F3
Rustrel (84) 174 A2
Rustroff (57) 26 D2
Rutali (2B) 203 F5
Ruvigny (10) 66 B3
Ruy (38) 130 D4
Ruyaulcourt (62) 10 C4
Ruynes-en-Margeride (15) 141 F4
Ry (76) 19 E4
Ryes (14) 16 A3

S

Saâcy-sur-Marne (77) 44 A3
Saales (67) 70 D2
Saâne-Saint-Just (76) 7 F3
Saasenheim (67) 71 H3
Sabadel-Latronquière (46) 153 G1
Sabadel-Lauzès (46) 152 D2
Sabaillan (32) 182 B1
Sabalos (65) 181 F2
Sabarat (09) 183 F4
Sabarros (65) 181 H3
Sabazan (32) 164 D4
Sablé 150 D3
Sablé-sur-Sarthe (72) 77 F1
les Sables-d'Olonne (85) 90 D6
Sables-d'Or-les-Pins 34 B3
Sablet (84) 158 C5
les Sablettes 191 G6
Sablières (07) 157 E3
Sablonceaux (17) 120 D3
Sablonnières (77) 44 B4
Sablons (33) 135 H4
Sablons (38) 144 A1
Sabonnères (31) 182 D1
la Sabotterie (08) 24 A3
Sabran (30) 157 H6
Sabres (40) 148 D6
Saccourvielle (31) 196 A4
Sacé (53) 58 D4
Sacey (50) 35 G5
Saché (37) 94 C1
Sachin (62) 2 B6
Sachy (08) 24 D2
Sacierges-Saint-Martin (36) 110 D2
Saclas (91) 63 E2
Saclay (91) 42 C5
Saconin-et-Breuil (02) 21 H5
Sacoué (65) 182 A5
le Sacq (27) 40 D3
Sacquenay (21) 86 B3
Sacquenville (27) 40 D2
Sacy (51) 23 E6
Sacy (89) 83 H3
Sacy-le-Grand (60) 20 D5
Sacy-le-Petit (60) 21 E5
Sadeillan (32) 181 G1
Sadillac (24) 151 E1
Sadirac (33) 135 F6
Sadournin (65) 181 G2
Sadroc (19) 138 D2
Saessolsheim (67) 50 D4
Saffais (54) 49 E6
Saffloz (39) 103 E6
Saffré (44) 74 C2
Saffres (21) 85 E6
Sagelat (24) 137 H6
Sagnat (23) 111 E4
Sagnes-et-Goudoulet (07) 143 E6
Sagone 204 B4
Sagonne (18) 98 B5
Sagy (71) 117 E1
Sagy (95) 42 B2
Sahorre (66) 199 E4
Sahune (26) 159 E3
Sahurs (76) 18 B5
Sai (61) 39 F5
Saignes (15) 140 B1
Saignes (46) 139 E6
Saigneville (80) 8 C4
Saignon (84) 173 H3
Saiguède (31) 166 C6
Sail-les-Bains (42) 114 D4
Sail-sous-Couzan (42) 128 C3
Sailhan (65) 195 G4
Saillac (19) 138 D4
Saillac (46) 153 E4
Saillagouse (66) 198 C5
Saillans (26) 158 D1
Saillans (33) 135 G4
le Saillant 141 E4
le Saillant 138 C2
Saillant (63) 128 C6
Saillat-sur-Vienne (87) 123 G2
Saillé 73 F4
Saillenard (71) 102 B6
Sailly (08) 24 D2
Sailly (52) 68 A1
Sailly (71) 115 H2
Sailly (78) 42 A2
Sailly-Achâtel (57) 48 D2
Sailly-au-Bois (62) 10 A4
Sailly-en-Ostrevent (62) 10 C2
Sailly-Flibeaucourt (80) 8 D3
Sailly-Labourse (62) 2 D6
Sailly-Laurette (80) 10 A6
Sailly-le-Sec (80) 10 A6
Sailly-lez-Cambrai (59) 10 D3
Sailly-lez-Lannoy (59) 3 G5
Sailly-Saillisel (80) 10 C5
Sailly-sur-la-Lys (62) 3 E5
Sain-Bel (69) 129 G2
Saincaize-Meauce (58) 98 D4
Sainghin-en-Mélantois (59) 3 G5
Sainghin-en-Weppes (59) 3 E5
Sainneville (76) 6 B5
Sainpuits (89) 83 E4
Sains (35) 35 F4
Sains-du-Nord (59) 12 A4
Sains-en-Amiénois (80) 20 C1
Sains-en-Gohelle (62) 10 A1
Sains-lès-Fressin (62) 1 H6
Sains-lès-Marquion (62) 10 D3
Sains-lès-Pernes (62) 2 B6
Sains-Morainvillers (60) 20 D3
Sains-Richaumont (02) 11 G6
le Saint (56) 54 B2
Saint-Abit (64) 180 C3
Saint-Abraham (56) 56 A5
Saint-Acheul (80) 9 F3
Saint-Adjutory (16) 123 E3
Saint-Adrien 55 E4
Saint-Adrien (22) 33 G4
Saint-Affrique (12) 169 G2

Saint-Affrique-
  -les-Montagnes (81) 168 C6
Saint-Affrique du Causse 154 D3
Saint-Agathon (22) 33 E4
Saint-Agil (41) 61 F5
Saint-Agnan 154 D5
Saint-Agnan (02) 44 D2
Saint-Agnan (58) 84 B6
Saint-Agnan (71) 114 D2
Saint-Agnan (81) 167 G4
Saint-Agnan (89) 64 C3
Saint-Agnan-
  -de-Cernières (27) 40 A3
Saint-Agnan-en-Vercors (26) ..145 E4
Saint-Agnan-le-Malherbe (14)...16 A5
Saint-Agnan-sur-Erre (61) 61 E3
Saint-Agnan-sur-Sarthe (61) 39 H6
Saint-Agnant (17) 120 C2
Saint-Agnant-de-Versillat (23) ..111 E4
Saint-Agnant-près-Crocq (23)..126 A3
Saint-Agne (24) 137 E6
Saint-Agnet (40) 164 B5
Saint-Agnin-sur-Bion (38) 130 D5
Saint-Agoulin (63) 113 G6
Saint-Agrève (07) 143 F4
Saint-Aignan (08) 24 B2
Saint-Aignan (33) 135 G4
Saint-Aignan (41) 96 A1
Saint-Aignan (56) 55 E1
Saint-Aignan (72) 60 B4
Saint-Aignan (82) 166 C2
Saint-Aignan-
  -de-Couptrain (53) 59 H4
Saint-Aignan-
  -de-Cramesnil (14) 16 C5
Saint-Aignan-des-Gués (45)....81 G1
Saint-Aignan-des-Noyers (18) ..98 B5
Saint-Aignan-Grandlieu (44) 74 C6
Saint-Aignan-le-Jaillard (45) 81 G2
Saint-Aignan-sur-Roë (53) 76 A1
Saint-Aignan-sur-Ry (76) 19 E4
Saint-Aigny (36) 110 B1
Saint-Aigulin (17) 136 A3
Saint-Ail (54) 26 A5
Saint-Albain (71) 116 B2
Saint-Alban (01) 117 F5
Saint-Alban (22) 34 A4
Saint-Alban (31) 167 E5
Saint-Alban-Auriolles (07) 157 F3
Saint-Alban-d'Ay (07) 143 F2
Saint-Alban-de-Montbel (73) ..131 G4
Saint-Alban-de-Roche (38)....130 D4
Saint-Alban-
  -des-Hurtières (73) 132 C5
Saint-Alban-des-Villards (73) ..146 C1
Saint-Alban-du-Rhône (38) 130 A6
Saint-Alban-
  -en-Montagne (07) 156 D1
Saint-Alban-les-Eaux (42)......128 C1
Saint-Alban-Leysse (73) 131 H4
Saint-Alban-
  -sur-Limagnole (48) 141 H6
Saint-Albin-de-Vaulserre (38) ..131 G5
Saint-Alexandre (30) 157 H5
Saint-Algis (02) 11 H6
Saint-Allouestre (56) 55 G4
Saint-Alpinien (23) 125 H1
Saint-Alyre-d'Arlanc (63) 142 A1
Saint-Alyre-ès-Montagne (63)..141 E1
Saint-Amadou (09) 184 A4
Saint-Amancet (81) 184 C1
Saint-Amand (23) 125 H1
Saint-Amand (50) 37 H2
Saint-Amand (62) 9 H3
Saint-Amand-de-Belvès (24) ..137 H6
Saint-Amand-de-Coly (24) 138 B4
Saint-Amand-de-Vergt (24) 137 F4
Saint-Amand-
  -des-Hautes-Terres (27) 18 B6
Saint-Amand-
  -en-Puisaye (58) 82 C4
Saint-Amand-Jartoudeix (23) ..124 D2
Saint-Amand-le-Petit (87) 125 E3
Saint-Amand-les-Eaux (59) 11 F1
Saint-Amand-Longpré (41) 79 F3
Saint-Amand-Magnazeix (87)..110 D5
Saint-Amand-Montrond (18) 97 H6
Saint-Amand-sur-Fion (51) 46 C4
Saint-Amand-sur-Ornain (55) ..47 G5
Saint-Amand-sur-Sèvre (79) 92 C4
Saint-Amandin (15) 140 C1
Saint-Amans (09) 183 G4
Saint-Amans (11) 184 B3
Saint-Amans (48) 156 A1
Saint-Amans-de-Pellagal (82)..152 A5
Saint-Amans-des-Cots (12) 154 C1
Saint-Amans-du-Pech (82) 151 G5
Saint-Amans-Soult (81) 185 F1
Saint-Amans-Valtoret (81) 185 F1
Saint-Amant (16) 122 B6
Saint-Amant-de-Boixe (16) 122 B3
Saint-Amant-
  -de-Bonnière (16) 122 C2
Saint-Amant-de-Nouère (16) ..122 B3
Saint-Amant-
  -Roche-Savine (63) 128 A5
Saint-Amant-Tallende (63) 127 F4
Saint-Ambreuil (71) 101 G4
Saint-Ambroix (18) 97 E4
Saint-Ambroix (30) 157 F5
Saint-Amé (88) 70 B5
Saint-Amour (39) 117 E2
Saint-Amour-Bellevue (71) 116 B4
Saint-Andelain (58) 82 C6
Saint-Andéol (26) 144 B2
Saint-Andéol (26) 144 D6
Saint-Andéol (38) 145 E4
Saint-Andéol-de-Berg (07) 157 H3
Saint-Andéol-
  -de-Clerguemort (48) 156 D5

Saint-Andéol-
-de-Fourchades (07)..........143 F5
Saint-Andéol-de-Vals (07)......157 G1
Saint-Andéol-le-Château (69)..129 H4
Saint-Andeux (21)..................84 B5
Saint-Andiol (13)..................173 E3
Saint-André (31)...................182 C3
Saint-André (32)...................166 B6
Saint-André (66)...................201 E4
Saint-André (73)...................147 E2
Saint-André (81)...................168 D2
Saint-André-Capcèze (48)......156 D4
Saint-André-d'Allas (24)........138 A5
Saint-André-d'Apchon (42)....114 D6
Saint-André-de-Bâgé (01)......116 C4
Saint-André-de-Boëge (74)....118 D4
Saint-André-de-Bohon (50)......15 E6
Saint-André-de-Briouze (61).....38 D5
Saint-André-de-Buèges (34)...170 D3
Saint-André-
-de-Chalencon (43).............142 D2
Saint-André-de-Corcy (01)....130 B1
Saint-André-de-Cruzières (07)..157 F4
Saint-André-de-Cubzac (33)...135 F4
Saint-André-de-Double (24)...136 C3
Saint-André-
-de-la-Marche (49)..............75 G6
Saint-André-de-Lancize (48)..156 C5
Saint-André-de-la-Roche (06)..177 E5
Saint-André-de-l'Épine (50).....37 G1
Saint-André-de-l'Eure (27).......41 E3
Saint-André-de-Lidon (17)......120 D4
Saint-André-
-de-Majencoules (30).........170 D1
Saint-André-de-Messei (61).....38 B5
Saint-André-de-Najac (12).....153 G6
Saint-André-
-de-Roquelongue (11)........185 H4
Saint-André-
-de-Roquepertuis (30).......157 G5
Saint-André-de-Rosans (05)...159 F4
Saint-André-de-Sangonis (34)..170 C5
Saint-André-
-de-Seignanx (40).............162 B5
Saint-André-
-de-Valborgne (30)............156 B6
Saint-André-de-Vézines (12)..155 G6
Saint-André-d'Embrun (05)....161 E1
Saint-André-des-Eaux (22)......34 D6
Saint-André-des-Eaux (44)......73 F4
Saint-André-d'Hébertot (14)....17 F3
Saint-André-d'Huiriat (01)......116 C4
Saint-André-d'Olérargues (30)..157 G6
Saint-André-du-Bois (33)......149 H2
Saint-André-en-Barrois (55).....47 F2
Saint-André-en-Bresse (71)....101 H6
Saint-André-en-Morvan (58)....83 H5
Saint-André-en-Royans (38)...145 E3
Saint-André-
-en-Terre-Plaine (89)...........84 B5
Saint-André-en-Vivarais (07)..143 F3
Saint-André-et-Appelles (33)..136 C6
Saint-André-Farivillers (60).....20 C3
Saint-André-Goule-d'Oie (85)...91 H3
Saint-André-la-Côte (69)......129 G4
Saint-André-Lachamp (07).....157 E3
Saint-André-le-Bouchoux (01)..116 D5
Saint-André-le-Coq (63).......127 G1
Saint-André-le-Désert (71)....115 H2
Saint-André-le-Gaz (38).......131 F5
Saint-André-le-Puy (42).......129 E4
Saint-André-les-Alpes (04)....175 G1
Saint-André-les-Vergers (10)....66 B3
Saint-André-lez-Lille (03).........3 F5
Saint-André-sur-Cailly (76)......7 H5
Saint-André-sur-Orne (14)......16 B5
Saint-André-sur-Sèvre (79).....92 C5
Saint-André-
-sur-Vieux-Jonc (01)...........116 D5
Saint-André-Treize-Voies (85)..91 G2
Saint-Androny (33)...............135 E2
Saint-Ange..........................144 C3
Saint-Ange-et-Torçay (28).......41 E6
Saint-Ange-le-Viel (77)..........64 B3
Saint-Angeau (16)................122 C2
Saint-Angel (03)..................112 D3
Saint-Angel (19)..................125 H5
Saint-Angel (63)..................127 E1
Saint-Anthème (63)..............128 C5
Saint-Anthot (21)..................85 E6
Saint-Antoine......................32 D6
Saint-Antoine (33)................33 F3
Saint-Antoine (15)...............154 A1
Saint-Antoine (25)...............103 H5
Saint-Antoine (32)...............166 B1
Saint-Antoine (33)...............135 F4
Saint-Antoine-Cumond (24)...136 C2
Saint-Antoine-
-d'Auberoche (24)..............137 G3
Saint-Antoine-de-Breuilh (24)..136 B5
Saint-Antoine-de-Ficalba (47)..151 F4
Saint-Antoine-du-Queyret (33)..136 A6
Saint-Antoine-du-Rocher (37)...78 D4
Saint-Antoine-la-Forêt (76)......6 C5
Saint-Antoine-l'Abbaye (38)...144 D2
Saint-Antoine-sur-l'Isle (33)...136 B4
Saint-Antonin (06)................176 C4
Saint-Antonin (32)...............166 A4
Saint-Antonin-de-Lacalm (81)..168 C4
Saint-Antonin-
-de-Sommaire (27)..............40 B4
Saint-Antonin-du-Var (83).....175 F6
Saint-Antonin-Noble-Val (82)..153 E6
Saint-Antonin-sur-Bayon (13)..174 B6
Saint-Aoustrille (36)..............96 D4
Saint-Août (36)....................96 D6
Saint-Apollinaire (05)...........160 D2
Saint-Apollinaire (21)............85 H6
Saint-Apollinaire-de-Rias (07)..143 H5
Saint-Apollinaire (38)...........129 F1
Saint-Appolinard (38)...........144 D2
Saint-Appolinard (42)...........143 H1

Saint-Aquilin (24)................137 E2
Saint-Aquilin-de-Corbion (61)..40 A6
Saint-Aquilin-de-Pacy (27)......41 F2
Saint-Araille (31)................182 D2
Saint-Arailles (32)...............165 F5
Saint-Arcons-d'Allier (43)......142 A4
Saint-Arcons-de-Barges (43)...142 C6
Saint-Arey (38)...................145 G3
Saint-Armel (35)...................57 F3
Saint-Armel (56)...................72 D1
Saint-Armou (64).................180 C1
Saint-Arnac (66)..................199 F2
Saint-Arnoult (14).................17 E3
Saint-Arnoult (41).................79 F3
Saint-Arnoult (60).................19 H2
Saint-Arnoult (76)...................7 E5
Saint-Arnoult-des-Bois (28)....61 H1
Saint-Arnoult-en-Yvelines (78)..42 B6
Saint-Arroman (31)..............181 H1
Saint-Arroman (65)..............181 G4
Saint-Arroumex (82).............166 C2
Saint-Astier (24).................137 E3
Saint-Astier (47).................150 C1
Saint-Auban......................160 B6
Saint-Auban (06).................176 A4
Saint-Auban-d'Oze (05)........160 A3
Saint-Auban-
-sur-l'Ouvèze (26)..............159 F4
Saint-Aubert (59)..................11 F3
Saint-Aubert-sur-Orne (61)......38 D4
Saint-Aubin (10)...................65 F1
Saint-Aubin (21).................101 F4
Saint-Aubin (36)...................97 E5
Saint-Aubin (39).................102 B3
Saint-Aubin (40).................163 G4
Saint-Aubin (47).................151 G3
Saint-Aubin (59)...................12 A3
Saint-Aubin (62).....................8 C1
Saint-Aubin (91)...................42 C5
Saint-Aubin-Celloville (76)......18 D5
Saint-Aubin-
-Château-Neuf (89)..............83 E2
Saint-Aubin-d'Appenai (61)......60 B1
Saint-Aubin-d'Arquenay (14)...16 C4
Saint-Aubin-d'Aubigné (35).....57 F1
Saint-Aubin-de-Blaye (33).....135 F1
Saint-Aubin-de-Bonneval (61)..39 H3
Saint-Aubin-de-Branne (33)...135 H4
Saint-Aubin-de-Cadelech (24)..151 E1
Saint-Aubin-
-de-Courteraie (61)..............39 H6
Saint-Aubin-de-Crétot (76).......6 D5
Saint-Aubin-de-Lanquais (24)..137 E6
Saint-Aubin-
-de-Locquenay (72)..............59 H3
Saint-Aubin-de-Luigné (49).....76 D6
Saint-Aubin-de-Médoc (33)....134 D5
Saint-Aubin-de-Nabirat (24)...152 B1
Saint-Aubin-de-Scellon (27)....17 G5
Saint-Aubin-de-Terregatte (50)..35 H4
Saint-Aubin-d'Écrosville (27)....40 D1
Saint-Aubin-des-Bois (14).......37 G4
Saint-Aubin-des-Bois (28).......62 A1
Saint-Aubin-
-des-Châteaux (44)..............57 G6
Saint-Aubin-
-des-Chaumes (58)..............83 H5
Saint-Aubin-
-des-Coudrais (72)..............60 D4
Saint-Aubin-des-Grois (61)......60 D2
Saint-Aubin-des-Hayes (27).....40 B2
Saint-Aubin-des-Landes (35)....57 H3
Saint-Aubin-
-des-Ormeaux (85)..............92 A3
Saint-Aubin-des-Préaux (50)....35 G2
Saint-Aubin-du-Cormier (35)....57 G1
Saint-Aubin-du-Désert (53)......59 G3
Saint-Aubin-du-Pavail (35)......57 G3
Saint-Aubin-du-Perron (50).....14 D6
Saint-Aubin-du-Plain (79).......93 E4
Saint-Aubin-du-Thenney (27)...17 G6
Saint-Aubin-en-Bray (60).......19 H4
Saint-Aubin-en-Charollais (71)..115 F2
Saint-Aubin-Épinay (76)...........7 H6
Saint-Aubin-
-Fosse-Louvain (53)..............58 C1
Saint-Aubin-la-Plaine (85).....106 D2
Saint-Aubin-le-Cauf (76)...........7 H2
Saint-Aubin-le-Cloud (79)......93 E6
Saint-Aubin-le-Dépeint (37).....78 C3
Saint-Aubin-le-Guichard (27)....40 B2
Saint-Aubin-le-Monial (03).....113 F2
Saint-Aubin-le-Vertueux (27)...17 H6
Saint-Aubin-lès-Elbeuf (76).....18 C5
Saint-Aubin-les-Forges (58).....98 D2
Saint-Aubin-Montenoy (80)......9 E6
Saint-Aubin-Rivière (80)...........8 D6
Saint-Aubin-Routot (76)...........6 C5
Saint-Aubin-sous-Erquery (60)..20 D4
Saint-Aubin-sur-Aire (55)........47 G5
Saint-Aubin-sur-Gaillon (27)....41 F1
Saint-Aubin-sur-Loire (71).....114 C1
Saint-Aubin-sur-Mer (14).......16 B3
Saint-Aubin-sur-Mer (76)..........7 F2
Saint-Aubin-
-sur-Quillebeuf (27)...............6 D6
Saint-Aubin-sur-Scie (76).........7 G1
Saint-Aubin-sur-Yonne (89).....65 E6
Saint-Augustin (17)..............120 B3
Saint-Augustin (19)..............125 E6
Saint-Augustin (77)...............43 H4
Saint-Augustin-des-Bois (49)...75 H3
Saint-Aulaire (19)................138 B2
Saint-Aulais-la-Chapelle (16)..122 A6
Saint-Aulaye (24).................136 B2
Saint-Aunès (34)..................171 F5
Saint-Aunix-Lengros (32)......164 D5
Saint-Aupre (38)..................131 G5
Saint-Austremoine (43).........141 G3
Saint-Auvent (87)................123 G3

Saint-Avaugourd-
-des-Landes (85)................91 F5
Saint-Avé (56)......................55 G6
Saint-Aventin (31)...............196 A4
Saint-Avertin (37).................79 E6
Saint-Avit..........................151 G2
Saint-Avit (16)....................136 B2
Saint-Avit (26)....................144 B2
Saint-Avit (40)....................164 A2
Saint-Avit (41)....................150 C2
Saint-Avit (47)....................150 C2
Saint-Avit (63)....................126 B2
Saint-Avit (81)....................168 B6
Saint-Avit-de-Soulège (33)....136 B6
Saint-Avit-de-Tardes (23)......125 H2
Saint-Avit-de-Vialard (24).....137 G5
Saint-Avit-Frandat (32).........165 H2
Saint-Avit-le-Pauvre (23)......125 G1
Saint-Avit-les-Guespières (28)..61 H3
Saint-Avit-Rivière (24).........137 G6
Saint-Avit-Saint-Nazaire (33)..136 C5
Saint-Avit-Sénieur (24).........137 G6
Saint-Avold (57)....................27 F5
Saint-Avre (73)...................132 C6
Saint-Ay (45)........................80 C1
Saint-Aybert (59)..................11 H3
Saint-Aygulf.......................192 D3
Saint-Babel (63)..................127 G4
Saint-Baldoph (73)..............131 H5
Saint-Bandry (02).................21 H5
Saint-Baraing (39)...............102 C3
Saint-Barbant (87)...............109 H5
Saint-Bard (23)...................126 A2
Saint-Bardoux (26)...............144 B3
Saint-Barnabé (22)................55 G2
Saint-Barthélemy (38)..........144 C1
Saint-Barthélemy (40)..........162 C6
Saint-Barthélemy (50)............37 G5
Saint-Barthélemy (56)............55 F4
Saint-Barthélemy (70)............88 B2
Saint-Barthélemy (77)............44 B4
Saint-Barthélemy-
-d'Agenais (47)..................150 D3
Saint-Barthélemy-d'Anjou (49)..77 E4
Saint-Barthélemy-
-de-Bellegarde (24)............136 C3
Saint-Barthélemy-
-de-Bussière (24)...............123 F4
Saint-Barthélemy-
-de-Séchilienne (38)...........145 H3
Saint-Barthélemy-de-Vals (26)..144 B2
Saint-Barthélemy-Grozon (07)..143 H4
Saint-Barthélemy-le-Meil (07)..143 G5
Saint-Barthélemy-le-Plain (07)..144 A3
Saint-Barthélemy-Lestra (42)..129 F3
Saint-Basile (07).................143 G4
Saint-Baslemont (88).............69 F4
Saint-Baudel (18)..................97 F5
Saint-Baudelle (53)...............58 D3
Saint-Baudille-de-la-Tour (38)..130 D2
Saint-Baudille-et-Pipet (38)...145 G6
Saint-Bauld (37)....................95 E2
Saint-Baussant (54)...............48 A3
Saint-Bauzeil (09)................183 G4
Saint-Bauzély (30)...............171 H2
Saint-Bauzile (07)................158 A1
Saint-Bauzile (48)................156 A3
Saint-Bauzille-
-de-la-Sylve (34)................170 D5
Saint-Bauzille-de-
-Montmel (34)...................171 F4
Saint-Bauzille-de-Putois (34)..171 E3
Saint-Bazile (87).................123 G3
Saint-Bazile-de-la-Roche (19)..139 F3
Saint-Bazile-de-Meyssac (19)..139 E4
Saint-Béat (31)...................182 B6
Saint-Beaulize (12)...............170 A3
Saint-Beauzeil (82)..............151 G4
Saint-Beauzély (12)..............155 E6
Saint-Beauzile (81)..............167 H2
Saint-Beauzire (43)..............141 G2
Saint-Beauzire (63)..............127 F2
Saint-Bénézet (30)...............171 G2
Saint-Bénigne (01)...............116 C2
Saint-Benin (59)....................11 F4
Saint-Benin-d'Azy (58)...........99 E3
Saint-Benin-des-Bois (58)......99 E2
Saint-Benoist-sur-Mer (85).....91 G6
Saint-Benoist-sur-Vanne (10)...65 G4
Saint-Benoît (01).................131 F3
Saint-Benoît (04).................176 A3
Saint-Benoît (11).................184 C5
Saint-Benoît (86).................109 E1
Saint-Benoît-de-Carmaux (81)..168 B1
Saint-Benoît-des-Ombres (27)...17 H4
Saint-Benoît-des-Ondes (35)....35 E4
Saint-Benoît-d'Hébertot (14)....17 F3
Saint-Benoît-du-Sault (36).....110 D3
Saint-Benoit-en-Diois (26).....159 E1
Saint-Benoît-la-Chipotte (88)...70 D2
Saint-Benoît-la-Forêt (37).......94 B1
Saint-Benoît-sur-Loire (45).....81 G2
Saint-Benoît-sur-Seine (10).....66 A2
Saint-Bérain (43).................142 A4
Saint-Berain-
-sous-Sanvignes (71).........100 C6
Saint-Bérain-sur-Dheune (71)..101 E5
Saint-Bernard (01)...............129 H1
Saint-Bernard (21)...............101 H2
Saint-Bernard (38)...............145 H1
Saint-Bernard (68).................89 E2
Saint-Béron (73)..................131 G5
Saint-Berthevin (53)..............58 C5
Saint-Berthevin-
-la-Tannière (53).................58 B2
Saint-Bertrand-
-de-Comminges (31)...........182 A5
Saint-Biez-en-Belin (72)..........78 B1
Saint-Bihy (22).....................33 F5
Saint-Blaise (06)..................177 E4
Saint-Blaise (74).................118 B5

Saint-Blaise-du-Buis (38)......131 F6
Saint-Blaise-la-Roche (67)......71 E1
Saint-Blancard (32).............182 A2
Saint-Blimont (80)...................8 C4
Saint-Blin (52).....................68 B3
Saint-Boès (64)...................163 F6
Saint-Bohaire (41)................79 H3
Saint-Boil (71)....................101 F6
Saint-Boingt (54)..................69 H1
Saint-Bois (01)...................131 F3
Saint-Bomer (28)..................61 E4
Saint-Bômer-les-Forges (61)....38 B5
Saint-Bon (51).....................44 C5
Saint-Bon-Tarentaise (73).....133 E5
Saint-Bonnet (16)................122 A5
Saint-Bonnet-Avalouze (19)...139 E2
Saint-Bonnet-
-de-Chavagne (38)..............144 D3
Saint-Bonnet-de-Chirac (48)...155 G3
Saint-Bonnet-de-Condat (15)..140 D2
Saint-Bonnet-de-Cray (71).....115 F5
Saint-Bonnet-de-Four (03).....113 F4
Saint-Bonnet-de-Joux (71)....115 G2
Saint-Bonnet-
-de-Montauroux (48)...........142 B6
Saint-Bonnet-de-Mure (69)....130 B3
Saint-Bonnet-
-de-Rochefort (03)..............113 G5
Saint-Bonnet-
-de-Salendrinque (30).........171 F1
Saint-Bonnet-de-Salers (15)...140 B3
Saint-Bonnet-
-de-Valclérieux (26)............144 C2
Saint-Bonnet-
-de-Vieille-Vigne (71).........115 F2
Saint-Bonnet-
-des-Bruyères (69).............115 H4
Saint-Bonnet-des-Quarts (42)..114 D5
Saint-Bonnet-du-Gard (30).....172 B2
Saint-Bonnet-Elvert (19).......139 F3
Saint-Bonnet-en-Bresse (71)..102 A4
Saint-Bonnet-
-en-Champsaur (05).............160 B1
Saint-Bonnet-la-Rivière (19)..138 B1
Saint-Bonnet-le-Bourg (63).....128 A6
Saint-Bonnet-le-Chastel (63)..128 A6
Saint-Bonnet-le-Château (42)..128 D6
Saint-Bonnet-le-Courreau (42)..128 C4
Saint-Bonnet-le-Froid (43)....143 F3
Saint-Bonnet-le-Troncy (69)...115 G6
Saint-Bonnet-l'Enfantier (19)..138 C1
Saint-Bonnet-lès-Allier (63)...127 G3
Saint-Bonnet-les-Oules (42)...129 F5
Saint-Bonnet-
-les-Tours-de-Merle (19)......139 G4
Saint-Bonnet-près-Bort (19)..126 A5
Saint-Bonnet-
-près-Orcival (63)..............126 D4
Saint-Bonnet-près-Riom (63)..127 F2
Saint-Bonnet-sur-Gironde (17)..121 E6
Saint-Bonnet-Tronçais (03)....112 D1
Saint-Bonnot (58)..................99 E1
Saint-Bouize (18)..................98 B1
Saint-Brancher (89)...............84 A5
Saint-Branchs (37).................95 E1
Saint-Brandan (22)................33 F5
Saint-Brès (30)....................157 F5
Saint-Brès (32)....................166 A4
Saint-Brès (34)....................171 G5
Saint-Bresson (30)...............170 D2
Saint-Bresson (70).................70 A6
Saint-Bressou (46)...............153 G1
Saint-Brevin-les-Pins (44)......73 G4
Saint-Brévin-l'Océan.............73 G5
Saint-Briac-sur-Mer (35).........34 C3
Saint-Brice (16)...................121 G3
Saint-Brice (33)..................150 A1
Saint-Brice (50)....................35 H3
Saint-Brice (53)....................77 E1
Saint-Brice (61)....................38 B6
Saint-Brice (77)....................44 B6
Saint-Brice-Courcelles (51).....23 E6
Saint-Brice-de-Landelles (50)...37 F6
Saint-Brice-en-Coglès (35)......35 H6
Saint-Brice-sous-Forêt (95).....42 D2
Saint-Brice-sous-Rânes (61)....38 D5
Saint-Brice-sur-Vienne (87)...123 H2
Saint-Brieuc (22)..................33 G4
Saint-Brieuc-de-Mauron (56)...56 B2
Saint-Brieuc-des-Iffs (35)........57 E1
Saint-Bris-des-Bois (17)........121 F3
Saint-Bris-le-Vineux (89)........83 G2
Saint-Brisson (58)................100 B1
Saint-Brisson-sur-Loire (45)....82 A3
Saint-Broing (70)...................86 D5
Saint-Broing-les-Moines (21)...85 G2
Saint-Broingt-le-Bois (52).......86 B2
Saint-Broingt-les-Fosses (52)...86 A2
Saint-Broladre (35)................35 F4
Saint-Bueil (38)...................131 G5
Saint-Cado..........................54 D6
Saint-Calais (72)...................61 E4
Saint-Calais-du-Désert (53).....59 G1
Saint-Calez-en-Saosnois (72)..60 B3
Saint-Cannat (13)................173 G5
Saint-Capraise (03)..............112 D2
Saint-Capraise (18)................97 F4
Saint-Capraise (32)..............166 A5
Saint-Capraise (68)..............152 A2
Saint-Capraise-de-Blaye (33)..135 F1
Saint-Capraise-
-de-Bordeaux (33)..............135 F6
Saint-Capraise-de-Lerm (47)..151 F5
Saint-Capraise-
-de-Lalinde (24).................137 E5
Saint-Capraise-d'Eymet (24)..151 E1
Saint-Caradec (22)................54 D1
Saint-Caradec-Trégomel (56)...54 C1
Saint-Carné (22)...................34 C5

Saint-Carreuc (22)................33 G5
Saint-Cassien (24)...............151 G1
Saint-Cassien (38)...............131 F6
Saint-Cassin (73).................131 H5
Saint-Cast-le-Guildo (22).......34 B3
Saint-Castin (64).................180 C1
Saint-Célerin (72).................60 C4
Saint-Céneré (53)..................58 D4
Saint-Céneri-le-Gérei (61)......59 H2
Saint-Céols (18)....................98 A1
Saint-Céré (46)....................139 F5
Saint-Cergues (74)...............118 D4
Saint-Cernin (15).................140 A4
Saint-Cernin (46).................152 D2
Saint-Cernin-de-Labarde (24)..137 E6
Saint-Cernin-de-Larche (19)...138 C3
Saint-Cernin-de-l'Herm (24)...151 H2
Saint-Césaire (17)................121 F3
Saint-Césaire-
-de-Gauzignan (30).............171 H1
Saint-Cézaire-sur-Siagne (06)..176 B6
Saint-Cézert (31).................166 D4
Saint-Chabrais (23)..............112 A5
Saint-Chaffrey (05)..............147 E4
Saint-Chamant (15).............140 A3
Saint-Chamant (19).............139 F3
Saint-Chamarand (46)..........152 C1
Saint-Chamas (13)...............173 F6
Saint-Chamassy (24)............137 G5
Saint-Chamond (42)............129 G5
Saint-Champ (01)................131 G2
Saint-Chaptes (30)..............172 A2
Saint-Charles-de-Percy (14)....38 A3
Saint-Charles-la-Forêt (53)......59 E6
Saint-Chartier (36)...............111 G1
Saint-Chef (38)...................131 E4
Saint-Chels (46)..................153 F3
Saint-Chély-d'Apcher (48).....141 G6
Saint-Chély-d'Aubrac (12).....155 F2
Saint-Chély-du-Tarn............155 H4
Saint-Chéron (51)..................46 B6
Saint-Chéron (91).................63 E1
Saint-Chinian (34)...............186 C1
Saint-Christ-Briost (80).........10 C6
Saint-Christau.....................180 A4
Saint-Christaud (31)............182 D3
Saint-Christaud (32)............165 E6
Saint-Christo-en-Jarez (42)...129 G5
Saint-Christol (07)...............143 G5
Saint-Christol (34)...............171 G4
Saint-Christol (84)...............174 A1
Saint-Christol-
-de-Rodières (30)...............157 H5
Saint-Christol-lès-Alès (30)...171 G1
Saint-Christoly-de-Blaye (33)..135 F3
Saint-Christoly-Médoc (33)...120 D6
Saint-Christophe..................117 G1
Saint-Christophe (03)...........114 B5
Saint-Christophe (16)...........123 G1
Saint-Christophe (17)...........107 E5
Saint-Christophe (23)...........111 G6
Saint-Christophe (28).............62 A5
Saint-Christophe (69)...........115 H4
Saint-Christophe (73)...........131 G5
Saint-Christophe (81)...........153 G6
Saint-Christophe (86).............94 B4
Saint-Christophe-à-Berry (02)..21 H4
Saint-Christophe-d'Allier (43)..142 B5
Saint-Christophe-
-de-Chaulieu (61).................37 H4
Saint-Christophe-
-de-Double (33)..................136 A3
Saint-Christophe-
-de-Valains (35)...................35 G6
Saint-Christophe-
-des-Bardes (33)................135 H5
Saint-Christophe-
-des-Bois (35).....................57 H2
Saint-Christophe-
-Dodinicourt (10).................66 D2
Saint-Christophe-
-du-Jambet (72)...................59 H3
Saint-Christophe-du-Bois (49)..92 B3
Saint-Christophe-du-Foc (50)..14 B3
Saint-Christophe-
-du-Lignoron (85)................91 E3
Saint-Christophe-du-Luat (53)..59 E4
Saint-Christophe-
-en-Bazelle (36)..................96 C2
Saint-Christophe-
-en-Boucherie (36)..............97 E6
Saint-Christophe-
-en-Bresse (71)..................101 H5
Saint-Christophe-
-en-Brionnais (71)..............115 F4
Saint-Christophe-
-en-Champagne (72).............59 G6
Saint-Christophe-
-en-Oisans (38)..................146 B4
Saint-Christophe-
-et-le-Laris (26).................144 C2
Saint-Christophe-
-la-Couperie (49)................75 F5
Saint-Christophe-
-le-Chaudry (18)................112 B1
Saint-Christophe-
-le-Jajolet (61)....................39 E5
Saint-Christophe-
-sur-Avre (27)......................40 C5
Saint-Christophe-
-sur-Condé (27)...................17 H3
Saint-Christophe-
-sur-Dolaison (43)..............142 C4
Saint-Christophe-
-sur-Guiers (38).................131 G5
Saint-Christophe-
-sur-le-Nais (37)...................78 C3
Saint-Christophe-sur-Roc (79)..108 A2
Saint-Christophe-
-Vallon (12).......................154 A5
Saint-Cibard (33).................136 A5
Saint-Cierge-la-Serre (07).....143 H6

Saint-Cierge-
-sous-le-Cheylard (07).........143 G5
Saint-Cierges (52).................86 A1
Saint-Ciers-Champagne (17)..121 G6
Saint-Ciers-d'Abzac (33).......135 G4
Saint-Ciers-de-Canesse (33)...135 E3
Saint-Ciers-du-Taillon (17)....121 E6
Saint-Ciers-sur-Bonnieure (16)..122 C2
Saint-Ciers-sur-Gironde (33)..135 E1
Saint-Cirgue (81)..................168 D2
Saint-Cirgues (43)...............141 H3
Saint-Cirgues (46)...............153 H1
Saint-Cirgues-
-de-Jordanne (15)..............140 B4
Saint-Cirgues-
-de-Malbert (15)................140 A4
Saint-Cirgues-de-Prades (07)..157 F2
Saint-Cirgues-
-en-Montagne (07).............142 D6
Saint-Cirgues-la-Loutre (19)..139 G4
Saint-Cirgues-sur-Couze (63)..127 F5
Saint-Cirice (82)..................166 B1
Saint-Cirq (24)....................137 H5
Saint-Cirq (82)....................152 D6
Saint-Cirq-Lapopie (46)........153 F3
Saint-Cirq-Madelon (46).......138 B6
Saint-Cirq-Souillaguet (46)....152 C1
Saint-Civran (36).................110 D2
Saint-Clair (07)...................143 H1
Saint-Clair (46)...................152 C1
Saint-Clair (82)...................151 H6
Saint-Clair (86)....................93 H4
Saint-Clair-d'Arcey (27)..........40 B2
Saint-Clair-de-Halouze (61).....38 B5
Saint-Clair-de-la-Tour (38)....131 E4
Saint-Clair-du-Rhône (38).....130 A6
Saint-Clair-sur-Epte (95)........19 G6
Saint-Clair-sur-Galaure (38)...144 C2
Saint-Clair-sur-l'Elle (50).......15 F6
Saint-Clair-sur-les-Monts (76)...7 E5
Saint-Clar..........................166 B2
Saint-Clar-de-Rivière (31).....183 E1
Saint-Claud (16)..................123 E2
Saint-Claude (39)................118 A3
Saint-Claude-de-Diray (41)....80 A3
Saint-Clément (02)...............114 C6
Saint-Clément (03)...............114 C6
Saint-Clément (07)...............143 E4
Saint-Clément (15)...............140 C4
Saint-Clément (19)...............138 D1
Saint-Clément (30)...............171 G3
Saint-Clément (54).................49 F6
Saint-Clément (89).................65 E4
Saint-Clément-à-Arnes (08).....23 H1
Saint-Clément-
-de-la-Place (44)..................76 C4
Saint-Clément-de-Régnat (63)..127 G1
Saint-Clément-de-Rivière (34)..171 F5
Saint-Clément-
-de-Valorgue (63)...............128 C5
Saint-Clément-de-Vers (69)...115 G4
Saint-Clément-
-des-Baleines (17)..............106 A4
Saint-Clément-
-des-Levées (49)..................77 G6
Saint-Clément-les-Places (69)..129 F3
Saint-Clément-
-Rancoudray (50)..................37 H5
Saint-Clément-
-sur-Durance (05)...............161 E1
Saint-Clément-sur-Guye (71)..115 H1
Saint-Clément-
-sur-Valsonne (69)..............129 F1
Saint-Clémentin (79)..............93 E3
Saint-Clet (22)......................33 E3
Saint-Cloud (92)....................42 C4
Saint-Cloud-en-Dunois (28).....62 A5
Saint-Colomb-de-Lauzon (47)..151 E2
Saint-Colomban (44)..............91 F1
Saint-Colomban-
-des-Villards (73)...............146 B1
Saint-Côme............................53 E1
Saint-Côme (33)..................149 H3
Saint-Côme-de-Fresné (14).....16 A3
Saint-Côme-d'Olt (12)...........154 D3
Saint-Côme-du-Mont (50).......15 E5
Saint-Côme-et-Maruéjols (30)..171 H2
Saint-Congard (56)................56 B5
Saint-Connan (22)..................33 E5
Saint-Connec (22)..................55 F1
Saint-Constant (15)..............153 H1
Saint-Contest (14).................16 B4
Saint-Corneille (72)...............60 B5
Saint-Cornier-des-Landes (61)..38 A5
Saint-Cosme (68)..................89 E2
Saint-Cosme-en-Vairais (72)...60 C3
Saint-Couat-d'Aude (11).......185 G3
Saint-Couat-du-Razès (11)....184 C5
Saint-Coulitz (29)..................53 G1
Saint-Coulomb (35)...............35 E3
Saint-Coutant (16)...............122 D1
Saint-Coutant (79)...............108 C4
Saint-Coutant-le-Grand (17)..120 D1
Saint-Créac (32)..................166 A2
Saint-Créac (65)..................181 E4
Saint-Crépin (05).................147 E6
Saint-Crépin (17).................107 F6
Saint-Crépin-aux-Bois (60).....21 G4
Saint-Crépin-
-d'Auberoche (24)..............137 G3
Saint-Crépin-
-de-Richemont (24).............123 E6
Saint-Crépin-et-Carlucet (24)..138 B4
Saint-Crépin-Ibouvillers (60)...20 A6
Saint-Crespin (76)..................7 G3
Saint-Crespin-sur-Moine (49)..75 F6
Saint-Cricq (32)...................166 B4
Saint-Cricq-Chalosse (40).....163 G6
Saint-Cricq-du-Gave (40)......163 G6

268

Saint-Cricq-Villeneuve (40) 164 A2
Saint-Cybardeaux (16) 122 A3
Saint-Cybranet (24) 138 A6
Saint-Cydroine 65 F6
Saint-Cyprien (19) 138 B2
Saint-Cyprien (24) 137 H5
Saint-Cyprien (42) 129 E5
Saint-Cyprien (46) 152 B5
Saint-Cyprien (66) 201 E3
Saint-Cyprien-Plage 201 E3
Saint-Cyprien-
—sur-Dourdou (12) 154 B3
Saint-Cyr (07) 143 H2
Saint-Cyr (50) 14 D3
Saint-Cyr (71) 101 G6
Saint-Cyr (86) 94 C6
Saint-Cyr (87) 123 H3
Saint-Cyr-au-Mont-d'Or (69) ...130 A2
Saint-Cyr-de-Favières (42) 128 D1
Saint-Cyr-de-Salerne (27) 40 B1
Saint-Cyr-de-Valorges (42) 129 E2
Saint-Cyr-des-Gâts (85) 107 E1
Saint-Cyr-du-Bailleul (50) 38 A6
Saint-Cyr-du-Doret (17) 107 E4
Saint-Cyr-du-Gault (41) 79 F3
Saint-Cyr-du-Ronceray (14) 17 F6
Saint-Cyr-en-Arthies (95) 41 H2
Saint-Cyr-en-Bourg (49) 93 G1
Saint-Cyr-en-Pail (53) 59 G2
Saint-Cyr-en-Talmondais (85) ...91 G6
Saint-Cyr-en-Val (45) 80 D2
Saint-Cyr-la-Campagne (27) 18 C6
Saint-Cyr-la-Lande (79) 93 G3
Saint-Cyr-la-Rivière (91) 63 F3
Saint-Cyr-la-Roche (19) 138 C2
Saint-Cyr-la-Rosière (61) 60 D3
Saint-Cyr-le-Chatoux (69) 115 H6
Saint-Cyr-le-Gravelais (53) 58 B5
Saint-Cyr-l'École (78) 42 B4
Saint-Cyr-
—les-Champagnes (24) 138 B1
Saint-Cyr-les-Colons (89) 83 G2
Saint-Cyr-les-Vignes (42) 129 F4
Saint-Cyr-Montmalin (39) 102 D3
Saint-Cyr-sous-Dourdan (91) ...42 B6
Saint-Cyr-sous-le-Rhône (69) ...130 A5
Saint-Cyr-sur-Loire (37) 78 D5
Saint-Cyr-sur-Menthon (01) 116 C4
Saint-Cyr-sur-Mer (83) 191 F5
Saint-Cyr-sur-Morin (77) 44 A3
Saint-Cyran-du-Jambot (36) 95 G3
Saint-Cyr sur Chars 42 B1
Saint-Dalmas 176 D2
Saint-Dalmas-de-Tende 177 G2
Saint-Dalmas-le-Selvage (06) ..161 G4
Saint-Dalmazy 155 F5
Saint-Daunès (46) 152 B4
Saint-Dégan 55 E6
Saint-Denis (11) 184 D2
Saint-Denis (30) 157 F5
Saint-Denis (89) 65 E4
Saint-Denis (93) 42 D3
Saint-Denis-Catus (46) 152 C2
Saint-Denis-Combarnazat (63) ..127 G1
Saint-Denis-d'Aclon (76) 7 F2
Saint-Denis-d'Anjou (53) 77 E2
Saint-Denis-d'Augerons (27) 39 H3
Saint-Denis-d'Authou (28) 61 F3
Saint-Denis-de-Cabanne (42) ..115 F5
Saint-Denis-de-Gastines (53) 58 C2
Saint-Denis-de-Jouhet (36) 111 G3
Saint-Denis-de-l'Hôtel (45) 81 E1
Saint-Denis-de-Mailloc (14) 17 F5
Saint-Denis-de-Méré (14) 38 B3
Saint-Denis-de-Palin (18) 97 H4
Saint-Denis-de-Pile (33) 135 H4
Saint-Denis-de-Vaux (71) 101 F5
Saint-Denis-de-Villenette (61) ...59 E1
Saint-Denis-des-Coudrais (72) ..60 C4
Saint-Denis-des-Monts (27) 18 B6
Saint-Denis-des-Murs (87) 124 D3
Saint-Denis-des-Puits (28) 61 G2
Saint-Denis-d'Oléron (17) 106 B6
Saint-Denis-d'Orques (72) 59 F5
Saint-Denis-du-Béhélan (27) 40 C3
Saint-Denis-du-Maine (53) 59 E6
Saint-Denis-du-Payré (85) 106 C2
Saint-Denis-du-Pin (17) 121 F1
Saint-Denis-en-Bugey (01) 116 D4
Saint-Denis-en-Margeride (48) ..156 A1
Saint-Denis-en-Val (45) 80 D1
Saint-Denis-la-Chevasse (85) ...91 G3
Saint-Denis-le-Ferment (27) 19 G5
Saint-Denis-le-Gast (50) 35 H1
Saint-Denis-le-Thiboult (76) 19 F4
Saint-Denis-le-Vêtu (50) 37 E2
Saint-Denis-lès-Bourg (01) 116 D4
Saint-Denis-lès-Martel (46) 138 D5
Saint-Denis-les-Ponts (28) 61 H5
Saint-Denis-lès-Rebais (77) 44 A4
Saint-Denis-Maisoncelles (14) ..37 H2
Saint-Denis-sur-Coise (42) 129 F4
Saint-Denis-sur-Huisne (61) 60 D1
Saint-Denis-sur-Loire (41) 80 A3
Saint-Denis-sur-Ouanne (89) ...82 D2
Saint-Denis-sur-Sarthon (61) 59 H1
Saint-Denis-sur-Scie (76) 7 G4
Saint-Deniscourt (60) 19 H3
Saint-Denœux (62) 1 G6
Saint-Denoual (22) 34 B4
Saint-Derrien (29) 31 F3
Saint-Désert (71) 101 F5
Saint-Désir (14) 17 F5
Saint-Désirat (07) 144 A2
Saint-Désiré (03) 112 C2
Saint-Dézéry (30) 172 A2
Saint-Didier (21) 84 C6
Saint-Didier (35) 57 G3
Saint-Didier (39) 102 C6
Saint-Didier (58) 83 G6
Saint-Didier (84) 173 F1

Saint-Didier-
—au-Mont-d'Or (69) 130 A2
Saint-Didier-d'Allier (43) 142 B4
Saint-Didier-d'Aussiat (01) 116 D4
Saint-Didier-de-Bizonnes (38) ..130 D5
Saint-Didier-de-Formans (01) ..130 A1
Saint-Didier-de-la-Tour (38) ...131 E4
Saint-Didier-des-Bois (27) 18 C6
Saint-Didier-en-Bresse (71) ...101 H4
Saint-Didier-en-Brionnais (71) ..115 E3
Saint-Didier-en-Donjon (03) ...114 D3
Saint-Didier-en-Velay (43) 143 E1
Saint-Didier-la-Forêt (03) 113 H5
Saint-Didier-
—sous-Aubenas (07) 157 G2
Saint-Didier-
—sous-Écouves (61) 59 H1
Saint-Didier-sous-Riverie (69) ..129 G4
Saint-Didier-sur-Arroux (71) ...100 B5
Saint-Didier-sur-Beaujeu (69) ..115 H5
Saint-Didier-
—sur-Chalaronne (01) 116 B5
Saint-Didier-sur-Doulon (43) ..142 A1
Saint-Didier-
—sur-Rochefort (42) 128 C3
Saint-Dié-des-Vosges (88) 70 D2
Saint-Dier-d'Auvergne (63) 127 H4
Saint-Diéry (63) 127 E5
Saint-Dionizy (30) 171 H3
Saint-Disdier (05) 145 H6
Saint-Divy (29) 31 E4
Saint-Dizant-du-Bois (17) 121 F6
Saint-Dizant-du-Gua (17) 121 E6
Saint-Dizier (52) 46 D5
Saint-Dizier-en-Diois (26) 159 F2
Saint-Dizier-la-Tour (23) 112 A5
Saint-Dizier-les-Domaines (23) ..111 H4
Saint-Dizier-Leyrenne (23) 111 F6
Saint-Dolay (56) 73 H2
Saint-Domet (23) 112 B6
Saint-Domineuc (35) 35 E6
Saint-Donan (22) 33 F5
Saint-Donat (63) 126 C6
Saint-Donat-
—sur-l'Herbasse (26) 144 B3
Saint-Dos (64) 163 E6
Saint-Doulchard (18) 97 G2
Saint-Drézéry (34) 171 G4
Saint-Dyé-sur-Loire (41) 80 B3
Saint-Ebremond-
—de-Bonfossé (50) 37 F1
Saint-Edmond (71) 115 F5
Saint-Efflam 32 B2
Saint-Égrève (38) 145 G2
Saint-Elier (27) 40 D3
Saint-Éliph (28) 61 G2
Saint-Élix (32) 166 A6
Saint-Élix-le-Château (31) 183 E2
Saint-Élix-Séglan (31) 182 C3
Saint-Élix-Theux (32) 181 H1
Saint-Ellier-du-Maine (53) 58 B2
Saint-Ellier-les-Bois (61) 59 H1
Saint-Éloi (01) 33 E6
Saint-Éloi (01) 130 C1
Saint-Éloi (23) 111 G6
Saint-Éloi (58) 98 D3
Saint-Éloi-de-Fourques (27) 18 B6
Saint-Élophe 68 D2
Saint-Éloy (29) 31 G5
Saint-Éloy-d'Allier (03) 112 B2
Saint-Éloy-de-Gy (18) 97 G2
Saint-Éloy-la-Glacière (63) 128 A5
Saint-Éloy-les-Mines (63) 113 E5
Saint-Éloy-les-Tuileries (19) ..124 B6
Saint-Éman (28) 61 H3
Saint-Émiland (71) 101 E4
Saint-Émilion (33) 135 H5
Saint-Ennemond (03) 99 F6
Saint-Épain (37) 94 C2
Saint-Epvre (57) 49 E2
Saint-Erblon (35) 57 F3
Saint-Erblon (53) 76 A1
Saint-Erme-Outre-
—et-Ramecourt (02) 22 D3
Saint-Escobille (91) 62 D2
Saint-Esprit des Bois 34 B5
Saint-Esteben (64) 179 E2
Saint-Estèphe (24) 122 B4
Saint-Estèphe (33) 123 F4
Saint-Estèphe (33) 134 D1
Saint-Estève (66) 200 D2
Saint-Estève-Janson (13) 173 H4
Saint-Étienne 46 A6
Saint-Étienne 56 C4
Saint-Étienne (42) 129 F6
Saint-Étienne-à-Arnes (08) 23 H5
Saint-Étienne-au-Mont (62) 1 F4
Saint-Étienne-au-Temple (51) ...46 A2
Saint-Étienne-aux-Clos (19) ..126 B5
Saint-Étienne-Cantalès (15) ..139 H5
Saint-Étienne-d'Albagnan (34) ..169 G6
Saint-Étienne-de-Baïgorry (64) ..178 D3
Saint-Étienne-
—de-Boulogne (07) 157 G1
Saint-Étienne-de-Brillouet (85) ..106 D1
Saint-Étienne-de-Carlat (15) ..140 B5
Saint-Étienne-de-Chigny (37) ...78 C6
Saint-Étienne-de-Chomeil (15) ..140 C1
Saint-Étienne-de-Crossey (38) ..131 F6
Saint-Étienne-de-Cuines (73) ..132 C6
Saint-Étienne-
—de-Fontbellon (07) 157 G2
Saint-Étienne-
—de-Fougères (47) 151 E4
Saint-Étienne-de-Fursac (23) ..111 E5
Saint-Étienne-
—de-Gourgas (34) 170 C4
Saint-Étienne-de-Lisse (33) ...136 A5
Saint-Étienne-de-l'Olm (30) ...171 H1
Saint-Étienne-
—de-Lugdarès (07) 156 D2

Saint-Étienne-de-Maurs (15) ..153 H1
Saint-Étienne-
—de-Mer-Morte (44) 91 E2
Saint-Étienne-de-Montluc (44) ..74 B4
Saint-Étienne-
—de-Puycorbier (24) 136 C3
Saint-Étienne-
—de-Saint-Geoirs (38) 145 E1
Saint-Étienne-de-Serre (07) ...143 G6
Saint-Étienne-de-Tinée (06) ...161 H4
Saint-Étienne-de-Tulmont (82) ..167 F1
Saint-Étienne-de-Valoux (07) ..144 A2
Saint-Étienne-de-Vicq (03) 114 B5
Saint-Étienne-de-Villeréal (47) ..151 G2
Saint-Étienne-
—des-Champs (63) 126 B2
Saint-Étienn-des-Guérets (41) ..79 G4
Saint-Étienne-
—des-Oullières (69) 116 A6
Saint-Étienne-des-Sorts (30) ..158 A6
Saint-Étienne-d'Orthe (40) 162 D5
Saint-Étienne-du-Bois (01) 117 E4
Saint-Étienne-du-Bois (85) 91 F3
Saint-Étienne-du-Grès (13) ...172 D4
Saint-Étienne-
—du-Gué-de-l'Isle (22) 55 H2
Saint-Étienne-du-Rouvray (76) ..18 C5
Saint-Étienne-
—du-Valdonnez (48) 156 A3
Saint-Étienne-du-Vauvray (27) ..18 D6
Saint-Étienne-du-Vigan (43) ..142 C6
Saint-Étienne-en-Bresse (71) ..101 H6
Saint-Étienne-en-Coglès (35) ...35 H6
Saint-Étienne-en-Dévoluy (05) ..160 A1
Saint-Étienne-Estréchoux (34) ..170 A5
Saint-Étienne-la-Cigogne (79) ..107 G5
Saint-Étienne-la-Geneste (19) ..126 A6
Saint-Étienne-la-Thillaye (14) ...17 E3
Saint-Étienne-la-Varenne (69) ..116 A6
Saint-Étienne-l'Allier (27) 17 H4
Saint-Étienne-Lardeyrol (43) ..142 D3
Saint-Étienne-le-Laus (05) 160 C2
Saint-Étienne-le-Molard (42) ..128 D3
Saint-Étienne-les-Orgues (04) ..174 C1
Saint-Étienne-
—lès-Remiremont (88) 70 B5
Saint-Étienne-Roilaye (60) 21 G5
Saint-Étienne-
—sous-Bailleul (27) 41 F1
Saint-Étienne-
—sous-Barbuise (10) 66 B1
Saint-Étienne-sur-Blesle (43) ..141 F1
Saint-Étienne-
—sur-Chalaronne (01) 116 B5
Saint-Étienne-sur-Reyssouze (01) ..116 C3
Saint-Étienne-sur-Suippe (51) ...23 F5
Saint-Étienne-sur-Usson (63) ..127 H5
Saint-Étienne-
—Vallée-Française (48) 156 C6
Saint-Étienne de Viauresque ..155 E5
Saint-Eugène (02) 44 C2
Saint-Eugène (17) 121 G5
Saint-Eugène (71) 100 C6
Saint-Eulien (51) 46 D5
Saint-Euphraise-
—et-Clairizet (51) 22 D6
Saint-Euphrône (21) 84 D5
Saint-Eusèbe (71) 100 D6
Saint-Eusèbe (74) 131 H1
Saint-Eusèbe-
—en-Champsaur (05) 146 A6
Saint-Eustache (74) 132 B2
Saint-Eustache-la-Forêt (76) 6 C5
Saint-Eutrope (16) 122 B6
Saint-Eutrope-de-Born (47) ...151 F2
Saint-Évarzec (29) 53 G3
Saint-Evroult-de-Montfort (61) ..39 G4
Saint-Evroult-
—Notre-Dame-du-Bois (61) ..39 H4
Saint-Exupéry (33) 150 A2
Saint-Exupéry-
—les-Roches (19) 126 A5
Saint-Fargeau (89) 82 C3
Saint-Fargeau-Ponthierry (77) ..63 H1
Saint-Fargeol (03) 112 D5
Saint-Faust (64) 180 B2
Saint-Félicien (07) 143 H3
Saint-Féliu-d'Amont (66) 199 H3
Saint-Féliu-d'Avall (66) 199 H3
Saint-Félix (03) 114 A4
Saint-Félix (16) 122 B6
Saint-Félix (17) 107 G5
Saint-Félix (46) 153 H2
Saint-Félix (60) 20 C5
Saint-Félix (74) 131 H2
Saint-Félix-de-Bourdeilles (24) ..123 E6
Saint-Félix-de-Foncaude (33) ..150 A1
Saint-Félix-de-l'Héras (34) 170 B3
Saint-Félix-de-Lodez (34) 170 C5
Saint-Félix-de-Lunel (12) 154 C2
Saint-Félix-de-Pallières (30) ..171 F1
Saint-Félix-de-Reillac-
—et-Mortemart (24) 137 G4
Saint-Félix-de-Rieutord (09) ..183 H5
Saint-Félix-de-Sorgues (12) ..169 H3
Saint-Félix-de-Tournegat (09) ..184 A4
Saint-Félix-de-Villadeix (24) ..137 F5
Saint-Félix-Lauragais (31) 184 B1
Saint-Fergeux (08) 23 F3
Saint-Ferjeux (70) 88 A3
Saint-Ferme (33) 150 B1
Saint-Ferréol 184 C1
Saint-Ferréol-d'Auroure (43) ..143 E1
Saint-Ferréol-de-
—Comminges (31) 182 B2
Saint-Ferréol-des-Côtes (63) ..128 B5
Saint-Ferréol-Trente-Pas (26) ..158 D3
Saint-Ferriol (11) 184 D6
Saint-Fiacre 54 B3

Saint-Fiacre 55 G3
Saint-Fiacre (22) 33 E5
Saint-Fiacre (77) 43 H3
Saint-Fiacre-sur-Maine (44) 74 D6
Saint-Fiel (23) 111 G5
Saint-Firmin 43 E1
Saint-Firmin (05) 146 A6
Saint-Firmin (54) 69 F1
Saint-Firmin (58) 99 E3
Saint-Firmin (71) 100 D5
Saint-Firmin-des-Bois (45) 64 B6
Saint-Firmin-des-Prés (41) 79 G1
Saint-Firmin-sur-Loire (45) 82 A3
Saint-Flavy (10) 65 H2
Saint-Florent 93 G1
Saint-Florent (2B) 203 F4
Saint-Florent (45) 81 H3
Saint-Florent-des-Bois (85) 91 G5
Saint-Florent-le-Vieil (49) 75 G4
Saint-Florent-
—sur-Auzonnet (30) 157 E5
Saint-Florent-sur-Cher (18) 97 F3
Saint-Florentin (36) 96 C3
Saint-Florentin (89) 65 G6
Saint-Floret (63) 127 F5
Saint-Floris (62) 2 C5
Saint-Flour (15) 141 F4
Saint-Flour (63) 127 H3
Saint-Flour-de-Mercoire (48) ..156 C1
Saint-Flovier (37) 95 F4
Saint-Floxel (50) 14 D3
Saint-Folquin (62) 2 A2
Saint-Fons (69) 130 A3
Saint-Forgeot (71) 100 C3
Saint-Forget (78) 42 B5
Saint-Forgeux (69) 129 G2
Saint-Forgeux-
—Lespinasse (42) 114 D5
Saint-Fort (53) 76 D1
Saint-Fort-sur-Gironde (17) ...121 E5
Saint-Fort-sur-le-Né (16) 121 G4
Saint-Fortunat-
—sur-Eyrieux (07) 143 H5
Saint-Fraigne (16) 122 B1
Saint-Fraimbault (61) 58 D1
Saint-Fraimbault-
—de-Prières (53) 59 E2
Saint-Fraimbault de Lassay 59 E1
Saint-Frajou (31) 182 C2
Saint-Franc (73) 131 G5
Saint-Franchy (58) 99 F2
Saint-François-de-Sales (73) ..132 A3
Saint-François-Lacroix (57) 26 D3
Saint-François-
—Longchamp (73) 132 C6
Saint-Frégant (29) 31 E3
Saint-Fréjoux (19) 126 A5
Saint-Frézal-d'Albuges (48) ...156 C2
Saint-Frézal-de-Ventalon (48) ..156 C5
Saint-Frichoux (11) 185 F3
Saint-Frion (23) 125 H2
Saint-Fromond (50) 15 F6
Saint-Front (16) 122 C2
Saint-Front (43) 143 E4
Saint-Front-d'Alemps (24) 137 F1
Saint-Front-de-Pradoux (24) ..136 D4
Saint-Front-la-Rivière (24) 123 F6
Saint-Front-sur-Lémance (47) ..151 H2
Saint-Front-sur-Nizonne (24) ..123 E5
Saint-Froult (17) 120 C1
Saint-Fulgent (85) 91 H3
Saint-Fulgent-des-Ormes (61) ..60 C3
Saint-Fuscien (80) 9 G6
Saint-Gabriel 172 C4
Saint-Gabriel-Brécy (14) 16 A3
Saint-Gal (43) 155 H1
Saint-Gal-sur-Sioule (63) 113 F6
Saint-Galmier (42) 129 F4
Saint-Gand (70) 87 E4
Saint-Ganton (35) 56 D6
Saint-Gatien-des-Bois (14) 17 F3
Saint-Gaudens (31) 182 B4
Saint-Gaudent (86) 109 E5
Saint-Gaudéric (11) 184 B4
Saint-Gaultier (36) 110 D1
Saint-Gauzens (81) 168 A4
Saint-Gein (40) 164 B3
Saint-Gelais (79) 107 H3
Saint-Gelven (22) 55 E1
Saint-Gély-du-Fesc (34) 171 E4
Saint-Génard (79) 108 B5
Saint-Gence (87) 124 A2
Saint-Généroux (79) 93 G4
Saint-Genès-
—Champanelle (63) 127 E3
Saint-Genès-Champespe (63) ..126 C6
Saint-Genès-de-Blaye (33) 135 E2
Saint-Genès-de-Castillon (33) ..136 A5
Saint-Genès-de-Fronsac (33) ..135 G4
Saint-Genès-
—de-Lombaud (33) 135 G6
Saint-Genès-du-Retz (63) 113 G6
Saint-Genès-la-Tourette (63) ..127 H5
Saint-Genest (03) 112 D4
Saint-Genest (88) 70 A2
Saint-Genest-d'Ambière (86) ...94 B5
Saint-Genest-
—de-Beauzon (07) 157 E3
Saint-Genest-de-Contest (81) ..168 B4
Saint-Genest-Lachamp (07) ..143 F5
Saint-Genest-Lerpt (42) 129 F6
Saint-Genest-Malifaux (42) ...143 F1
Saint-Genest-sur-Roselle (87) ..124 C4
Saint-Geneys-
—près-Saint-Paulien (43) ...142 C3
Saint-Gengoulph (02) 43 H2
Saint-Gengoux-de-Scissé (71) ..116 B2
Saint-Gengoux-
—le-National (71) 116 A1
Saint-Geniès (24) 138 B4
Saint-Geniès-Bellevue (31) 167 F5

Saint-Geniès-de-Comolas (30) ..172 D1
Saint-Geniès-de-Fontedit (34) ..186 D1
Saint-Geniès-
—de-Malgoirès (30) 171 H2
Saint-Geniès-de-Varensal (34) ..169 H5
Saint-Geniès-
—des-Mourgues (34) 171 G4
Saint-Geniez (04) 160 B5
Saint-Geniez-d'Olt (12) 155 E3
Saint-Geniez-ô-Merle (19) 139 G3
Saint-Genis (05) 159 H4
Saint-Genis-
—de-Saintonge (17) 121 F5
Saint-Génis-
—des-Fontaines (66) 200 D4
Saint-Genis-d'Hiersac (16) 122 B3
Saint-Genis-du-Bois (33) 149 H1
Saint-Genis-l'Argentière (69) ..129 G3
Saint-Genis-Laval (69) 130 A3
Saint-Genis-les-Ollières (69) ..129 H3
Saint-Genis-Pouilly (01) 118 B4
Saint-Genis-sur-Menthon (01) ..116 C4
Saint-Genix-sur-Guiers (73) ...131 F4
Saint-Genou (36) 95 H4
Saint-Genouph (37) 78 D5
Saint-Geoire-en-Valdaine (38) ..131 F5
Saint-Geoirs (38) 145 E1
Saint-Georges (15) 141 F4
Saint-Georges (16) 122 C1
Saint-Georges (32) 166 B4
Saint-Georges (47) 151 H3
Saint-Georges (57) 49 H5
Saint-Georges (62) 9 F2
Saint-Georges (82) 152 D5
Saint-Georges-Antignac (17) ..121 F5
Saint-Georges-Armont (25) 88 B5
Saint-Georges-
—Blancaneix (24) 136 D5
Saint-Georges-Buttavent (53) ..58 D3
Saint-Georges-
—d'Annebecq (61) 38 D5
Saint-Georges-d'Aunay (14) 38 B2
Saint-Georges-d'Aurac (43) ...142 A3
Saint-Georges-
—de-Baroille (42) 128 D2
Saint-Georges-de-Bohon (50) ..15 E5
Saint-Georges-de-Chesné (35) ..57 H1
Saint-Georges-
—de-Commiers (38) 145 G3
Saint-Georges-
—de-Didonne (17) 120 C4
Saint-Georges-
—de-Gréhaigne (35) 35 G4
Saint-Georges-
—de-la-Couée (72) 78 D1
Saint-Georges-
—de-la-Rivière (50) 14 B4
Saint-Georges-
—de-Lévéjac (48) 155 G5
Saint-Georges-de-Livoye (50) ..37 F4
Saint-Georges-
—de-Longuepierre (17) 107 H6
Saint-Georges-
—de-Luzençon (12) 169 H1
Saint-Georges-de-Mons (63) ..126 D1
Saint-Georges-
—de-Montaigu (85) 91 G2
Saint-Georges-
—de-Montclard (24) 137 E5
Saint-Georges-de-Noisné (79) ..108 A2
Saint-Georges-
—de-Pointindoux (85) 91 E4
Saint-Georges-
—de-Poisieux (18) 97 H6
Saint-Georges-
—de-Reintembault (35) 58 A1
Saint-Georges-de-Reneins (69) ..116 B6
Saint-Georges-de-Rex (79) ...107 F4
Saint-Georges-
—de-Rouelley (50) 38 A6
Saint-Georges-d'Elle (50) 37 H1
Saint-Georges-
—des-Agoûts (17) 121 E6
Saint-Georges-
—des-Coteaux (17) 121 E3
Saint-Georges-
—des-Gardes (49) 75 H6
Saint-Georges-
—des-Groseillers (61) 38 B4
Saint-Georges-
—des-Hurtières (73) 132 C5
Saint-Georges-
—des-Sept-Voies (49) 77 F6
Saint-Georges-
—d'Espéranche (38) 130 C5
Saint-Georges-d'Oléron (17) ..106 B6
Saint-Georges-d'Orques (34) ..171 E5
Saint-Georges-du-Bois (17) ...107 F5
Saint-Georges-du-Bois (49) 77 F4
Saint-Georges-du-Bois (72) 60 A6
Saint-Georges-du-Mesnil (27) ..18 A6
Saint-Georges-du-Rosay (72) ...60 C4
Saint-Georges-en-Auge (14) 17 E6
Saint-Georges-
—en-Couzan (42) 128 C3
Saint-Georges-Haute-Ville (42) ..128 D5
Saint-Georges-la-Pouge (23) ..125 F1
Saint-Georges-Lagricol (43) ...142 C1
Saint-Georges-
—le-Fléchard (53) 59 E5
Saint-Georges-le-Gaultier (72) ..59 G3
Saint-Georges-
—lès-Baillargeaux (86) 94 B6
Saint-Georges-les-Bains (07) ..144 A5
Saint-Georges-
—les-Landes (87) 110 C2
Saint-Georges-
—Montcocq (50) 37 G1
Saint-Georges-Motel (27) 41 F4

Saint-Georges-
—Nigremont (23) 125 H2
Saint-Georges-sur-Allier (63) ..127 G3
Saint-Georges-sur-Arnon (36) ..97 E3
Saint-Georges-sur-Cher (41) 79 G6
Saint-Georges-sur-Erve (53) 59 F4
Saint-Georges-sur-Eure (28) 62 A2
Saint-Georges-
—sur-Fontaine (76) 7 H5
Saint-Georges-
—sur-la-Prée (18) 96 D1
Saint-Georges-sur-l'Aa (59) 2 A2
Saint-Georges-sur-Layon (49) ..93 F1
Saint-Georges-sur-Loire (49) ...75 H3
Saint-Georges-
—sur-Moulon (18) 97 G2
Saint-Georges-sur-Renon (01) ..116 C5
Saint-Geours-d'Auribat (40) ...163 F4
Saint-Geours-
—de-Maremne (40) 162 C4
Saint-Gérand (56) 55 F2
Saint-Gérand-de-Vaux (03) ...114 A3
Saint-Gérand-le-Puy (03) 114 B4
Saint-Géraud (47) 150 C2
Saint-Géraud-de-Corps (24) ..136 C4
Saint-Géréon (44) 75 F4
Saint-Germain 130 D4
Saint-Germain (07) 157 G2
Saint-Germain (10) 66 A3
Saint-Germain (54) 69 H1
Saint-Germain (70) 88 A2
Saint-Germain (86) 109 H1
Saint-Germain-
—au-Mont-d'Or (69) 130 A2
Saint-Germain-Beaupré (23) ..111 E4
Saint-Germain-Chassenay (58) ..99 F5
Saint-Germain-d'Anxure (53) ...58 D3
Saint-Germain-d'Arcé (72) 78 B3
Saint-Germain-d'Aunay (61) 39 H3
Saint-Germain-
—de-Belvès (24) 137 H6
Saint-Germain-
—de-Calberte (48) 156 C5
Saint-Germain-
—de-Clairefeuille (61) 39 G5
Saint-Germain-
—de-Confolens (16) 109 G6
Saint-Germain-
—de-Coulamer (53) 59 G3
Saint-Germain-de-Fresney (27) ..41 E3
Saint-Germain-de-Grave (33) ..149 G6
Saint-Germain-de-Joux (01) ...117 H5
Saint-Germain-
—de-la-Coudre (61) 60 D3
Saint-Germain-
—de-la-Grange (78) 42 A4
Saint-Germain-
—de-la-Rivière (33) 135 G4
Saint-Germain-de-Livet (14) 17 F5
Saint-Germain-
—de-Longue-Chaume (79) ..93 F6
Saint-Germain-
—de-Lusignan (17) 121 F6
Saint-Germain-
—de-Marencennes (17) 107 F6
Saint-Germain-
—de-Martigny (61) 39 H6
Saint-Germain-
—de-Modéon (21) 84 B5
Saint-Germain-
—de-Montbron (16) 122 D4
Saint-Germain-
—de-Montgommery (14) 39 G3
Saint-Germain-
—de-Pasquier (27) 18 C6
Saint-Germain-de-Prinçay (85) ..92 A3
Saint-Germain-de-Salles (03) ..113 G5
Saint-Germain-de-Tallevende-
—la-Lande-Vaumont (14) 37 H4
Saint-Germain-
—de-Tournebut (50) 14 D3
Saint-Germain-
—de-Varreville (50) 15 E4
Saint-Germain-de-Vibrac (17) ..121 G6
Saint-Germain-d'Ectot (14) 38 A1
Saint-Germain-d'Elle (50) 37 H1
Saint-Germain-
—des-Angles (27) 41 E2
Saint-Germain-des-Bois (18) ...97 G4
Saint-Germain-des-Bois (58) ...83 F6
Saint-Germain-
—des-Champs (89) 84 A5
Saint-Germain-
—des-Essourts (76) 19 E3
Saint-Germain-
—des-Fossés (03) 114 A5
Saint-Germain-des-Grois (61) ..61 E2
Saint-Germain-des-Prés (24) ..137 H1
Saint-Germain-des-Prés (45) ...64 B6
Saint-Germain-des-Prés (49) ...75 H3
Saint-Germain-des-Prés (81) ..168 B6
Saint-Germain-des-Vaux (50) ..14 A1
Saint-Germain-d'Esteuil (33) ..134 D1
Saint-Germain-d'Étables (76) ...7 H2
Saint-Germain-du-Bel-Air (46) ..152 C2
Saint-Germain-du-Bois (71) ...102 B5
Saint-Germain-du-Corbéis (61) ..60 A2
Saint-Germain-du-Crioult (14) ..38 B3
Saint-Germain-du-Pert (14) 15 F5
Saint-Germain-du-Pinel (35) 58 A5
Saint-Germain-du-Plain (71) ...101 H6
Saint-Germain-du-Puch (33) ..135 G5
Saint-Germain-du-Puy (18) 97 H2
Saint-Germain-
—du-Salembre (24) 136 D3
Saint-Germain-du-Seudre (17) ..121 E5
Saint-Germain-du-Teil (48) 155 G2
Saint-Germain-du-Val 177 H2
Saint-Germain-
—en-Brionnais (71) 115 F3
Saint-Germain-en-Coglès (35) ..35 H6
Saint-Germain-en-Laye (78) 42 C3

Saint-Germain-en-Montagne (39) 103 F5
Saint-Germain-et-Mons (24) 137 E5
Saint-Germain-la-Blanche-Herbe (14) 16 B4
Saint-Germain-la-Campagne (27) 17 G6
Saint-Germain-la-Chambotte (73) 131 H2
Saint-Germain-la-Montagne (42) 115 G5
Saint-Germain-la-Poterie (60) 20 A4
Saint-Germain-la-Ville (51) 46 A3
Saint-Germain-l'Aiguiller (85) 92 B6
Saint-Germain-Langot (14) 38 D3
Saint-Germain-Laprade (43) 142 D4
Saint-Germain-Laval (42) 128 D2
Saint-Germain-Laval (77) 64 C2
Saint-Germain-Lavolps (19) 125 H4
Saint-Germain-Laxis (77) 43 F6
Saint-Germain-le-Châtelet (90) 88 D2
Saint-Germain-le-Fouilloux (53) 58 C4
Saint-Germain-le-Gaillard (28) ...61 H2
Saint-Germain-le-Gaillard (50) ...14 B3
Saint-Germain-le-Guillaume (53) 58 C3
Saint-Germain-le-Rocheux (21) 85 E2
Saint-Germain-le-Vasson (14) 16 C6
Saint-Germain-le-Vieux (61) 39 G6
Saint-Germain-Lembron (63) 127 G6
Saint-Germain-lès-Arlay (39) ..102 D5
Saint-Germain-lès-Arpajon (91) 42 C6
Saint-Germain-les-Belles (87) 124 C4
Saint-Germain-lès-Buxy (71) ...101 F6
Saint-Germain-lès-Corbeil (91) 43 E6
Saint-Germain-les-Paroisses (01) 131 F3
Saint-Germain-lès-Senailly (21) 84 C3
Saint-Germain-les-Vergnes (19) 138 D2
Saint-Germain-Lespinasse (42) 114 D6
Saint-Germain-l'Herm (63) 128 A6
Saint-Germain-près-Herment (63) 126 B3
Saint-Germain-Source-Seine (21) 85 F4
Saint-Germain-sous-Cailly (76) ...7 H5
Saint-Germain-sous-Doue (77)....44 A4
Saint-Germain-sous-Durtal (49) 77 F2
Saint-Germain-sur-Avre (27) 41 E4
Saint-Germain-sur-Ay (50) ...14 C5
Saint-Germain-sur-Bresle (80) 8 C6
Saint-Germain-sur-Eaulne (76) ...19 F1
Saint-Germain-sur-Ecole (77) 63 H1
Saint-Germain-sur-Ille (35) 57 F1
Saint-Germain-sur-l'Arbresle (69) 129 G2
Saint-Germain-sur-Meuse (55)....48 A5
Saint-Germain-sur-Moine (49) ...75 F6
Saint-Germain-sur-Morin (77) 43 G3
Saint-Germain-sur-Renon (01)...116 D6
Saint-Germain-sur-Rhône (74)...117 H6
Saint-Germain-sur-Sarthe (72).....60 A3
Saint-Germain-sur-Sèves (50) ...14 D6
Saint-Germain-sur-Vienne (37).....94 A1
Saint-Germain-Village (27) 17 H3
Saint-Germainmont (08) 23 F3
Saint-Germé (32) 164 C4
Saint-Germer-de-Fly (60) 19 G4
Saint-Germier (31) 184 A1
Saint-Germier (32) 166 B5
Saint-Germier (79) 108 C2
Saint-Germier (81) 168 C5
Saint-Géron (43) 141 G1
Saint-Gérons (15) 139 H5
Saint-Gervais (30) 157 H6
Saint-Gervais (33) 135 F4
Saint-Gervais (38) 145 E2
Saint-Gervais (85) 90 C2
Saint-Gervais (95) 42 A1
Saint-Gervais-d'Auvergne (63) ..113 E6
Saint-Gervais-de-Vic (72) 79 G4
Saint-Gervais-des-Sablons (61) 39 F3
Saint-Gervais-du-Perron (61) 60 A1
Saint-Gervais-en-Belin (72) 78 B1
Saint-Gervais-en-Vallière (71)...101 G4
Saint-Gervais-la-Forêt (41) 80 A4
Saint-Gervais-les-Bains (74) ...133 E1
Saint-Gervais-les-Trois-Clochers (86) 94 C4
Saint-Gervais-sous-Meymont (63) 128 A4
Saint-Gervais-sur-Couches (71) 101 E4
Saint-Gervais-sur-Mare (34) ...169 H5
Saint-Gervais-sur-Roubion (26) 158 B2
Saint-Gervasy (30) 172 B3
Saint-Gervazy (63) 127 F6
Saint-Géry (24) 136 C4
Saint-Géry (46) 152 D3
Saint-Geyrac (24) 137 G3
Saint-Gibrien (51) 45 H3
Saint-Gildas (22) 33 F5
Saint-Gildas-de-Rhuys (56) 72 C2
Saint-Gildas-des-Bois (44) 73 H2
Saint-Gilles 94 C2
Saint-Gilles (30) 172 B4
Saint-Gilles (35) 57 E2
Saint-Gilles (36) 110 D2
Saint-Gilles (50) 37 F1
Saint-Gilles (51) 22 C6
Saint-Gilles (71) 101 F4
Saint-Gilles-Croix-de-Vie (85)...90 C4

Saint-Gilles-de-Crétot (76) 6 D5
Saint-Gilles-de-la-Neuville (76) 6 C5
Saint-Gilles-des-Marais (61) 38 A6
Saint-Gilles-du-Mené (22) 55 H1
Saint-Gilles-les-Bois (22) ...33 E3
Saint-Gilles-les-Forêts (87) ...124 D4
Saint-Gilles-Pligeaux (22) ...33 E5
Saint-Gilles-Vieux-Marché (22) 55 F1
Saint-Gineis-en-Coiron (07) ...157 H2
Saint-Gingolph (74) 119 G2
Saint-Girod (73) 131 H2
Saint-Girons (09) 183 E5
Saint-Girons (64) 163 F5
Saint-Girons-d'Aiguevives (33)..135 F3
Saint-Glen (22) 34 A6
Saint-Goazec (29) 54 A1
Saint-Gobain (02) 22 A3
Saint-Gobert (02) 22 D1
Saint-Goin (64) 179 H2
Saint-Gondon (45) 81 H3
Saint-Gondran (35) 57 E1
Saint-Gonlay (35) 56 C2
Saint-Gonnery (56) 55 F2
Saint-Gor (40) 164 B1
Saint-Gorgon (56) 73 G1
Saint-Gorgon (88) 70 B2
Saint-Gorgon-Main (25) 103 H2
Saint-Gouéno (22) 55 H1
Saint-Gourgon (41) 79 F3
Saint-Gourson (16) 122 D1
Saint-Goussaud (23) 111 E6
Saint-Gratien (80) 9 G5
Saint-Gratien (95) 42 D3
Saint-Gratien-Savigny (58) 99 G4
Saint-Gravé (56) 56 B6
Saint-Grégoire 155 F5
Saint-Grégoire (35) 57 F2
Saint-Grégoire (81) 168 C2
Saint-Grégoire-d'Ardennes (17) 121 F5
Saint-Grégoire-du-Vièvre (27)...17 H4
Saint-Griède (32) 164 C4
Saint-Groux (16) 122 C2
Saint-Guen (22) 55 F1
Saint-Guénolé 31 E5
Saint-Guénolé 53 E4
Saint-Guilhem-le-Désert (34) ...170 D4
Saint-Guillaume (38) 145 F4
Saint-Guinoux (35) 35 E4
Saint-Guiraud (34) 170 C5
Saint-Guyomard (56) 55 H5
Saint-Haon (43) 142 B5
Saint-Haon-le-Châtel (42) ...114 D6
Saint-Haon-le-Vieux (42) ...114 D6
Saint-Héand (42) 129 F5
Saint-Hélen (22) 34 D5
Saint-Hélier (21) 85 E5
Saint-Hellier (76) 7 H3
Saint-Herblain (44) 74 C5
Saint-Herblon (44) 75 F3
Saint-Herbot 32 A5
Saint-Hérent (63) 127 F6
Saint-Hernin (29) 54 B1
Saint-Hervé 54 B1
Saint-Hervé (22) 33 G6
Saint-Hilaire 77 G6
Saint-Hilaire (03) 113 F2
Saint-Hilaire (11) 185 E4
Saint-Hilaire (25) 87 G5
Saint-Hilaire (31) 183 E1
Saint-Hilaire (38) 145 H1
Saint-Hilaire (43) 141 H1
Saint-Hilaire (46) 139 G6
Saint-Hilaire (63) 112 D6
Saint-Hilaire (91) 63 E2
Saint-Hilaire-au-Temple (51) ...46 A2
Saint-Hilaire-Bonneval (87) ...124 B3
Saint-Hilaire-Cottes (62) 2 C5
Saint-Hilaire-Cusson-la-Valmitte (42) 142 D1
Saint-Hilaire-de-Beauvoir (34)..171 G4
Saint-Hilaire-de-Brens (38) ...130 D3
Saint-Hilaire-de-Brethmas (30)..171 G1
Saint-Hilaire-de-Briouze (61) ...38 D5
Saint-Hilaire-de-Chaléons (44)....74 A6
Saint-Hilaire-de-Clisson (44) ...75 E6
Saint-Hilaire-de-Court (18) ...97 E1
Saint-Hilaire-de-Gondilly (18) ...98 B3
Saint-Hilaire-de-la-Côte (38) ..130 D6
Saint-Hilaire-de-la-Noaille (33)..150 B2
Saint-Hilaire-de-Lavit (48) ...156 C5
Saint-Hilaire-de-Loulay (85) ...91 G1
Saint-Hilaire-de-Lusignan (47) 151 E5
Saint-Hilaire-de-Riez (85) ...90 C3
Saint-Hilaire-de-Villefranche (17) 121 F2
Saint-Hilaire-de-Voust (85) ...107 G1
Saint-Hilaire-des-Landes (35) ...35 H6
Saint-Hilaire-des-Loges (85) ...107 F2
Saint-Hilaire-d'Estissac (24) ...137 E4
Saint-Hilaire-d'Ozilhan (30) ...172 C2
Saint-Hilaire-du-Bois (17) ...121 F6
Saint-Hilaire-du-Bois (33) ...150 A1
Saint-Hilaire-du-Harcouët (50)...37 G6
Saint-Hilaire-du-Maine (53) 58 B3
Saint-Hilaire-du-Rosier (38) ...144 D3
Saint-Hilaire-en-Lignières (18)...97 F6
Saint-Hilaire-en-Morvan (58) ..100 A3
Saint-Hilaire-en-Woëvre (55) ...48 A1
Saint-Hilaire-Foissac (19) ...139 G1
Saint-Hilaire-Fontaine (58) 99 G5
Saint-Hilaire-la-Croix (63) ...113 F6
Saint-Hilaire-la-Forêt (85) ...91 F6
Saint-Hilaire-la-Gérard (61) 39 F6
Saint-Hilaire-la-Gravelle (41) ...61 H6
Saint-Hilaire-la-Palud (79) ...107 F4

Saint-Hilaire-la-Plaine (23) 111 G5
Saint-Hilaire-la-Treille (87) 110 C4
Saint-Hilaire-le-Château (23) ...125 F1
Saint-Hilaire-le-Châtel (61) 40 A6
Saint-Hilaire-le-Grand (51) 46 A1
Saint-Hilaire-le-Lierru (72) 60 D5
Saint-Hilaire-le-Petit (51) ...23 G6
Saint-Hilaire-le-Vouhis (85) ...92 A6
Saint-Hilaire-les-Andrésis (45) ...64 C5
Saint-Hilaire-les-Courbes (19)..125 E4
Saint-Hilaire-les-Monges (63) ..126 C3
Saint-Hilaire-les-Places (87) ...124 A4
Saint-Hilaire-lez-Cambrai (59) ...11 F3
Saint-Hilaire-Luc (19) 139 H1
Saint-Hilaire-Petitville (50) 15 E5
Saint-Hilaire-Peyroux (19) 138 D2
Saint-Hilaire-Saint-Mesmin (45) 80 D1
Saint-Hilaire-sous-Charlieu (42) 115 F5
Saint-Hilaire-sous-Romilly (10)...65 G1
Saint-Hilaire-sur-Benaize (36)..110 B1
Saint-Hilaire-sur-Erre (61) 61 E3
Saint-Hilaire-sur-Helpe (59) ...12 A4
Saint-Hilaire-sur-Puiseaux (45)...82 A1
Saint-Hilaire-sur-Risle (61) ...40 A5
Saint-Hilaire-sur-Yerre (28) 61 H5
Saint-Hilaire-Taurieux (19) ...139 E4
Saint-Hilarion (78) 41 H6
Saint-Hilliers (77) 44 B6
Saint-Hippolyte 139 F1
Saint-Hippolyte (12) 154 C1
Saint-Hippolyte (15) 140 C2
Saint-Hippolyte (17) 120 D1
Saint-Hippolyte (25) 88 C5
Saint-Hippolyte (33) 135 H5
Saint-Hippolyte (37) 95 G3
Saint-Hippolyte (66) 201 E2
Saint-Hippolyte (68) 71 F3
Saint-Hippolyte-de-Caton (30)..171 H1
Saint-Hippolyte-de-Montaigu (30) 172 B1
Saint-Hippolyte-du-Fort (30) ..171 F2
Saint-Hippolyte-le-Graveyron (84) 158 D6
Saint-Honoré (38) 145 H4
Saint-Honoré (76) 7 H3
Saint-Honoré-les-Bains (58) ...99 H4
Saint-Hostien (43) 142 D3
Saint-Hubert (57) 26 C4
Saint-Hugues 145 G1
Saint-Huruge (71) 115 H1
Saint-Hymer (14) 17 F4
Saint-Hymetière (39) 117 G3
Saint-Hyppolite (14) 116 A1
Saint-Igeaux (22) 33 E6
Saint-Igest (12) 153 G4
Saint-Ignan (31) 182 B4
Saint-Ignat (63) 127 G2
Saint-Igny-de-Roche (71) ...115 F5
Saint-Igny-de-Vers (69) ...115 G4
Saint-Illide (15) 140 A4
Saint-Illiers-la-Ville (78) 41 G3
Saint-Illiers-le-Bois (78) 41 G3
Saint-Ilpize (43) 141 H2
Saint-Imoges (51) 45 F1
Saint-Inglevert (62) 1 F3
Saint-Ismier (38) 145 H1
Saint-Izaire (12) 169 F2
Saint-Jacques 33 E3
Saint-Jacques 34 A4
Saint-Jacques (04) 175 G1
Saint-Jacques-d'Aliermont (76) 7 H2
Saint-Jacques-d'Ambur (63) ...126 D2
Saint-Jacques-d'Atticieux (07)...143 H1
Saint-Jacques-de-la-Lande (35) 57 E3
Saint-Jacques-de-Néhou (50) ...14 C4
Saint-Jacques-de-Thouars (79) 93 F3
Saint-Jacques-des-Arrêts (69) 116 A4
Saint-Jacques-des-Blats (15)...140 C4
Saint-Jacques-des-Guérets (41) 79 E2
Saint-Jacques-en-Valgodemard (05) 146 A6
Saint-Jacques-sur-Darnétal (76) 7 H6
Saint-Jacut-de-la-Mer (22) ...34 C4
Saint-Jacut-du-Mené (22) ...56 A1
Saint-Jacut-les-Pins (56) ...56 B6
Saint-Jal (19) 124 D6
Saint-James (50) 35 H5
Saint-Jammes (64) 180 C2
Saint-Jans-Cappel (59) 2 D4
Saint-Jaoua 31 E3
Saint-Jean 101 F4
Saint-Jean (31) 160 C1
Saint-Jean 161 G2
Saint-Jean (31) 31 E4
Saint-Jean 160 D3
Saint-Jean (31) 167 F5
Saint-Jean-aux-Amognes (58) ...99 E3
Saint-Jean-aux-Bois (08) 23 G1
Saint-Jean-aux-Bois (60) ...21 F5
Saint-Jean-Bonnefonds (42) ...129 F6
Saint-Jean-Brévelay (56) ...55 G5
Saint-Jean-Cap-Ferrat (06) ...177 E5
Saint-Jean-Chambre (07) ...143 G5
Saint-Jean-d'Aigues-Vives (09) 184 B6
Saint-Jean-d'Alcapiès (12) ...169 H2
Saint-Jean-d'Angély (17) ...121 F1
Saint-Jean-d'Angle (17) ...120 D2
Saint-Jean-d'Ardières (69) ...116 B5
Saint-Jean-d'Arves (73) ...146 B2
Saint-Jean-d'Arvey (73) ...132 A4
Saint-Jean-d'Assé (72) ...60 A4
Saint-Jean-d'Ataux (24) ...136 D3

Saint-Jean-d'Aubrigoux (43) ..142 B1
Saint-Jean-d'Aulps (74) 119 F4
Saint-Jean-d'Avelanne (38) ...131 G5
Saint-Jean-de-Barrou (11) 185 H5
Saint-Jean-de-Bassel (57) 50 A3
Saint-Jean-de-Beauregard (91) 42 C5
Saint-Jean-de-Belleville (73) ..132 D5
Saint-Jean-de-Beugné (85) ...106 D1
Saint-Jean-de-Blaignac (33) ..135 H6
Saint-Jean-de-Bœuf (21) ...101 F1
Saint-Jean-de-Boiseau (44) ...74 B5
Saint-Jean-de-Bonneval (10) ...66 B4
Saint-Jean-de-Bournay (38) ...130 C5
Saint-Jean-de-Braye (45) ...80 D1
Saint-Jean-de-Buèges (34) ...170 D3
Saint-Jean-de-Ceyrargues (30) 171 H1
Saint-Jean-de-Chevelu (73) ...131 G3
Saint-Jean-de-Côle (24) ...123 G6
Saint-Jean-de-Cornies (34) ...171 G4
Saint-Jean-de-Couz (73) ...131 G5
Saint-Jean-de-Crieulon (30) ...171 G2
Saint-Jean-de-Cuculles (34) ...171 F4
Saint-Jean-de-Daye (50) ...15 F6
Saint-Jean-de-Duras (47) ...150 D1
Saint-Jean-de-Folleville (76) 6 D5
Saint-Jean-de-Fos (34) ...170 D4
Saint-Jean-de-Gonville (01) ...118 A4
Saint-Jean-de-la-Blaquière (34) 170 C4
Saint-Jean-de-la-Croix (49) ...76 D5
Saint-Jean-de-la-Forêt (61) ...60 D2
Saint-Jean-de-la-Haize (50) ...35 H3
Saint-Jean-de-la-Léqueraye (27) 17 H4
Saint-Jean-de-la-Motte (72) ...77 H2
Saint-Jean-de-la-Neuville (76) ...6 C5
Saint-Jean-de-la-Porte (73) ...132 B4
Saint-Jean-de-la-Rivière (50) ...14 B4
Saint-Jean-de-la-Ruelle (45) ...80 D1
Saint-Jean-de-Laur (46) ...153 F4
Saint-Jean-de-Lier (40) ...163 F3
Saint-Jean-de-Linières (49) ...76 D5
Saint-Jean-de-Liversay (17) ...107 E4
Saint-Jean-de-Livet (14) ...17 F5
Saint-Jean-de-Losne (21) ...102 B2
Saint-Jean-de-Luz (64) ...178 B1
Saint-Jean-de-Marcel (81) ...168 C1
Saint-Jean-de-Marsacq (40) ...162 D5
Saint-Jean-de-Maruéjols-et-Avéjan (30) 157 F5
Saint-Jean-de-Maurienne (73)..146 C1
Saint-Jean-de-Minervois (34)...185 H2
Saint-Jean-de-Moirans (38) ...145 F1
Saint-Jean-de-Monts (85) ...90 C3
Saint-Jean-de-Muzols (07) ...144 A3
Saint-Jean-de-Nay (43) ...142 B3
Saint-Jean-de-Niost (01) ...130 D2
Saint-Jean-de-Paracol (11) ...184 C6
Saint-Jean-de-Pourcharesse (07) ..157 E3
Saint-Jean-de-Rebervilliers (28) 41 E6
Saint-Jean-de-Rives (81) ...167 H4
Saint-Jean-de-Sauves (86) ...93 H5
Saint-Jean-de-Savigny (50) ...15 F6
Saint-Jean-de-Serres (30) ...171 G2
Saint-Jean-de-Sixt (74) ...132 C1
Saint-Jean-de-Soudain (38) ...131 E4
Saint-Jean-de-Tholome (74) ...118 D5
Saint-Jean-de-Thouars (79) ...93 F3
Saint-Jean-de-Thurac (47) ...151 F6
Saint-Jean-de-Thurigneux (01) 130 A1
Saint-Jean-de-Touslas (69) ...129 H4
Saint-Jean-de-Trézy (71) ...101 E5
Saint-Jean-de-Valériscle (30) ...157 E5
Saint-Jean-de-Vals (81) ...168 C5
Saint-Jean-de-Vaulx (38) ...145 G4
Saint-Jean-de-Vaux (71) ...101 F5
Saint-Jean-de-Védas (34) ...171 F5
Saint-Jean-de-Verges (09) ...183 H5
Saint-Jean-Delnous (12) ...169 E1
Saint-Jean-des-Baisants (50) ...37 H1
Saint-Jean-des-Bois (61) ...38 A5
Saint-Jean-des-Champs (50) ...35 G2
Saint-Jean-des-Échelles (72) ...61 E4
Saint-Jean-des-Essartiers (14) ...37 H2
Saint-Jean-des-Mauvrets (49) ...77 E5
Saint-Jean-des-Ollières (63) ...127 H4
Saint-Jean-des-Vignes (69) ...129 H2
Saint-Jean-d'Estissac (24) ...137 E4
Saint-Jean-d'Étreux (39) ...117 E3
Saint-Jean-devant-Possesse (51) 46 C3
Saint-Jean-d'Eyraud (24) ...136 D4
Saint-Jean-d'Hérans (38) ...145 G5
Saint-Jean-d'Heurs (63) ...127 H2
Saint-Jean-d'Illac (33) ...134 D5
Saint-Jean-d'Ormont (88) ...70 D2
Saint-Jean-du-Bleymard (48) ...156 C3
Saint-Jean-du-Bois (72) ...77 H1
Saint-Jean-du-Bouzet (82) ...166 B2
Saint-Jean-du-Bruel (12) ...170 B2
Saint-Jean-du-Cardonnay (76)...7 G5
Saint-Jean-du-Castillonnais (09) 182 C6
Saint-Jean-du-Corail (50) ...37 H6
Saint-Jean-du-Corail-des-Bois (50) 37 F4
Saint-Jean-du-Doigt (29) ...32 A2
Saint-Jean-du-Falga (09) ...183 H4
Saint-Jean-du-Gard (30) ...171 F1
Saint-Jean-du-Pin (30) ...157 E6
Saint-Jean-du-Thenney (27) ...17 G6
Saint-Jean-en-Royans (26) ...144 D4
Saint-Jean-en-Val (63) ...127 G5
Saint-Jean-et-Saint-Paul (12) ..169 H2
Saint-Jean-Froidmentel (41) ...61 H6
Saint-Jean-Kerdaniel (22) ...33 F4
Saint-Jean-Kourtzerode (57) ...50 B4

Saint-Jean-la-Bussière (69) 129 F1
Saint-Jean-la-Fouillouse (48) ..156 B1
Saint-Jean-la-Poterie (56) 73 H1
Saint-Jean-la-Vêtre (42) 128 B3
Saint-Jean-Lachalm (43) 142 B4
Saint-Jean-Lagineste (46) ...139 E6
Saint-Jean-Lasseille (66) 200 D4
Saint-Jean-le-Blanc (14) ...38 B3
Saint-Jean-le-Blanc (45) ...80 D1
Saint-Jean-le-Centenier (07) ...157 H2
Saint-Jean-le-Comtal (32) ...165 G5
Saint-Jean-le-Fromental (44) ...144 D2
Saint-Jean-le-Thomas (50) ...35 G3
Saint-Jean-le-Vieux (01) ...117 F6
Saint-Jean-le-Vieux (38) ...145 H2
Saint-Jean-le-Vieux (64) ...179 E3
Saint-Jean-lès-Buzy (55) ...25 H6
Saint-Jean-les-Deux-Jumeaux (77) 43 H3
Saint-Jean-lès-Longuyon (54) ...25 F4
Saint-Jean-Lespinasse (46) ...139 F5
Saint-Jean-Lherm (31) ...167 F4
Saint-Jean-Ligoure (87) ...124 B4
Saint-Jean-Mirabel (46) ...153 G2
Saint-Jean-Pied-de-Port (64) ..178 D3
Saint-Jean-Pierre-Fixte (28) ...61 E3
Saint-Jean-Pla-de-Corts (66) ..199 H4
Saint-Jean-Poudge (64) ...164 B6
Saint-Jean-Poutge (32) ...165 F4
Saint-Jean-Rohrbach (57) ...27 G6
Saint-Jean-Roure (07) ...143 F5
Saint-Jean-Saint-Germain (37)...95 F2
Saint-Jean-Saint-Gervais (63) ..127 G6
Saint-Jean-Saint-Maurice-sur-Loire (42) 128 D1
Saint-Jean-Saint-Nicolas (05)..160 C1
Saint-Jean-Saverne (67) ...50 C4
Saint-Jean-Soleymieux (42) ...128 D5
Saint-Jean-sur-Couesnon (35)...57 H1
Saint-Jean-sur-Erve (53) ...59 F5
Saint-Jean-sur-Mayenne (53) ...58 D4
Saint-Jean-sur-Moivre (51) ...46 B3
Saint-Jean-sur-Reyssouze (01) 116 C3
Saint-Jean-sur-Tourbe (51) ...46 B1
Saint-Jean-sur-Veyle (01) ...116 C4
Saint-Jean-sur-Vilaine (35) ...57 H3
Saint-Jean-Trolimon (29) ...53 E4
Saint-Jean Balanan (31) ...31 E3
Saint-Jean d'Abbetot 6 C5
Saint-Jean la Rivière ...177 E3
Saint-Jeannet (04) 175 E2
Saint-Jeannet (06) 176 D5
Saint-Jeanvrin (18) 112 A1
Saint-Jeoire (74) 119 E5
Saint-Jeoire-Prieuré (73) ...132 A5
Saint-Jeure-d'Andaure (07) ...143 G4
Saint-Jeure-d'Ay (07) ...143 H3
Saint-Jeures (43) 143 E3
Saint-Joachim (44) 73 G3
Saint-Jodard (42) 128 D2
Saint-Joire (55) 47 G6
Saint-Jores (50) 14 D5
Saint-Jorioz (74) 132 B2
Saint-Jory (31) 167 E4
Saint-Jory-de-Chalais (24) ...123 G5
Saint-Jory-las-Bloux (24) ...137 H1
Saint-Joseph 112 D4
Saint-Joseph (42) 129 H5
Saint-Joseph (50) 14 C3
Saint-Joseph-de-Rivière (38) ..131 G6
Saint-Joseph-des-Bancs (07)...157 G1
Saint-Josse (62) 1 F6
Saint-Jouan-de-l'Isle (22) ...56 C1
Saint-Jouan-des-Guérets (35)...34 D4
Saint-Jouin (14) 16 D4
Saint-Jouin-Bruneval (76) 6 B4
Saint-Jouin-de-Blavou (61) 60 C2
Saint-Jouin-de-Marnes (79) ...93 G4
Saint-Jouin-de-Milly (79) ...92 D5
Saint-Jouvent (87) 124 A1
Saint-Juan (25) 87 H6
Saint-Judoce (22) 34 D6
Saint-Juéry (12) 169 F3
Saint-Juéry (48) 141 F6
Saint-Juéry (81) 168 C2
Saint-Juire-Champgillon (85) ..106 D1
Saint-Julia (31) 184 B1
Saint-Julia-de-Bec (11) ...184 D6
Saint-Julien 130 D3
Saint-Julien (21) 86 A5
Saint-Julien (22) 33 G5
Saint-Julien (31) 183 E3
Saint-Julien (33) 169 G6
Saint-Julien (39) 117 F3
Saint-Julien (69) 116 A6
Saint-Julien (83) 174 D4
Saint-Julien (88) 69 E5
Saint-Julien-aux-Bois (19) ...139 G3
Saint-Julien-Beychevelle (33)..134 D2
Saint-Julien-Boutières (07) ...143 F4
Saint-Julien-Chapteuil (43) ...142 D4
Saint-Julien-d'Ance (43) ...142 C1
Saint-Julien-d'Armagnac (40)..164 C2
Saint-Julien-d'Arpaon (48) ...156 B5
Saint-Julien-d'Asse (04) ...175 E2
Saint-Julien-de-Bourdeilles (24) 137 E1
Saint-Julien-de-Briola (11) ...184 B4
Saint-Julien-de-Cassagnas (30) 157 F5
Saint-Julien-de-Chédon (41) ...79 H6
Saint-Julien-de-Civry (71) ...115 F3
Saint-Julien-de-Concelles (44)..74 D5
Saint-Julien-de-Coppel (63) ...127 H3
Saint-Julien-de-Crempse (24)..137 E4
Saint-Julien-de-Gras-Capou (09) 184 B5
Saint-Julien-de-Jonzy (71) ...115 F4
Saint-Julien-de-la-Liègue (27) ..41 F1

Saint-Julien-de-la-Nef (30) 171 E2
Saint-Julien-de-l'Escap (17) 121 F1
Saint-Julien-de-l'Herms (38) ...130 C6
Saint-Julien-de-Mailloc (14) ...17 F5
Saint-Julien-de-Peyrolas (30)...157 H5
Saint-Julien-de-Raz (38) ...131 G6
Saint-Julien-de-Toursac (15) ...139 H6
Saint-Julien-de-Vouvantes (44) 75 E1
Saint-Julien-des-Chazes (43) ..142 A4
Saint-Julien-des-Landes (85) ...91 E4
Saint-Julien-d'Eymet (24) ...150 D1
Saint-Julien-d'Oddes (42) ...128 D2
Saint-Julien-du-Gua (07) ...143 G6
Saint-Julien-du-Pinet (43) ...142 D3
Saint-Julien-du-Puy (81) ...168 B4
Saint-Julien-du-Sault (89) ...65 E5
Saint-Julien-du-Serre (07) ...157 G1
Saint-Julien-du-Terroux (53) ...59 F1
Saint-Julien-du-Tournel (48) ..156 B3
Saint-Julien-du-Verdon (04) ...175 H2
Saint-Julien-en-Beauchêne (05) 159 G1
Saint-Julien-en-Born (40) ...162 D1
Saint-Julien-en-Champsaur (05) 160 B1
Saint-Julien-en-Genevois (74)..118 B5
Saint-Julien-en-Quint (26) ...144 D5
Saint-Julien-en-Saint-Alban (07) 143 H6
Saint-Julien-en-Vercors (26) ..145 E3
Saint-Julien-Gaulène (81) ...168 D2
Saint-Julien-la-Geneste (63) ..112 D6
Saint-Julien-la-Genête (23) ...112 C5
Saint-Julien-la-Vêtre (42) ...128 B2
Saint-Julien-Labrousse (07) ...143 G5
Saint-Julien-l'Ars (86) ...109 F1
Saint-Julien-le-Châtel (23) ...112 B6
Saint-Julien-le-Faucon (14) ...17 E5
Saint-Julien-le-Pèlerin (19) ...139 G4
Saint-Julien-le-Petit (87) ...125 E2
Saint-Julien-le-Roux (07) ...143 H5
Saint-Julien-le-Roux (07) ...143 H5
Saint-Julien-le-Vendômois (19) 124 B6
Saint-Julien-lès-Gorze (54) ...26 A6
Saint-Julien-lès-Metz (57) ...26 C5
Saint-Julien-lès-Montbéliard (25) 88 C4
Saint-Julien-les-Rosiers (30) ...157 E6
Saint-Julien-lès-Russey (25) ...88 C6
Saint-Julien-les-Villas (10) ...66 B3
Saint-Julien-Molhesabate (43)..143 F2
Saint-Julien-Molin-Molette (42) 143 H1
Saint-Julien-Mont-Denis (73) ..146 D1
Saint-Julien-près-Bort (19) ...126 A6
Saint-Julien-Puy-Lavèze (63) ..126 C4
Saint-Julien-sous-les-Côtes (55) 47 H4
Saint-Julien-sur-Bibost (69) ...129 G2
Saint-Julien-sur-Calonne (14) ...17 F3
Saint-Julien-sur-Cher (41) ...96 C1
Saint-Julien-sur-Dheune (71) ..101 E5
Saint-Julien-sur-Reyssouze (01) 116 D3
Saint-Julien-sur-Sarthe (61) ...60 C1
Saint-Julien-sur-Veyle (01) ...116 C5
Saint-Julien-Vocance (07) ...143 G2
Saint-Julien d'Empare (32) ...153 G2
Saint-Junien (87) 123 G2
Saint-Junien-la-Bregère (23) ..125 E2
Saint-Junien-les-Combes (87)..110 B6
Saint-Jure (57) 48 D2
Saint-Jurs (04) 175 F2
Saint-Just (01) 117 E5
Saint-Just (07) 157 H5
Saint-Just (15) 141 F5
Saint-Just (18) 97 H3
Saint-Just (24) 137 E2
Saint-Just (27) 41 F1
Saint-Just (34) 171 G5
Saint-Just (35) 56 D5
Saint-Just (63) 128 B6
Saint-Just-Chaleyssin (38) ...130 B4
Saint-Just-d'Avray (69) ...129 F1
Saint-Just-de-Claix (38) ...144 D3
Saint-Just-en-Bas (42) ...128 C3
Saint-Just-en-Brie (77) ...44 A6
Saint-Just-en-Chaussée (60) ...20 C4
Saint-Just-en-Chevalet (42) ...128 C2
Saint-Just-et-le-Bézu (11) ...184 D6
Saint-Just-et-Vacquières (30)..157 F6
Saint-Just-Ibarre (64) ...179 E3
Saint-Just-la-Pendue (42) ...129 E2
Saint-Just-le-Martel (87) ...124 C2
Saint-Just-Luzac (17) ...120 C2
Saint-Just-Malmont (43) ...143 F1
Saint-Just-près-Brioude (43) ..141 G2
Saint-Just-Saint-Rambert (42)..129 E5
Saint-Just-Sauvage (51) ...45 E6
Saint-Just-sur-Dive (49) ...93 G1
Saint-Just-sur-Viaur (12) ...168 D1
Saint-Justin (32) 165 E6
Saint-Justin (40) 164 B2
Saint-Juvat (22) 34 D6
Saint-Juvin (08) 24 C5
Saint-Lactencin (36) 96 B4
Saint-Lager (69) 116 A5
Saint-Lager-Bressac (07) ...158 A1
Saint-Lamain (39) 102 D5
Saint-Lambert (14) 38 B3
Saint-Lambert (78) 42 C5
Saint-Lambert-du-Lattay (49) ...76 D6
Saint-Lambert-et-Mont-de-Jeux (08) 24 A3
Saint-Lambert-la-Potherie (49)..76 D4
Saint-Lambert-sur-Dive (61) ...39 F4

Saint-Langis-lès-Mortagne (61) 60 D1
Saint-Lanne (65) 164 C5
Saint-Laon (86) 93 H3
Saint-Lary (09) 182 C6
Saint-Lary (32) 165 G4
Saint-Lary-Boujean (31) 182 B3
Saint-Lary-Soulan (65) 195 H4
Saint-Lattier (38) 144 D3
Saint-Launeuc (22) 56 B1
Saint-Laure (63) 127 G2
Saint-Laurent (08) 24 D1
Saint-Laurent (18) 97 F1
Saint-Laurent (22) 32 D3
Saint-Laurent (23) 111 G5
Saint-Laurent (47) 150 D5
Saint-Laurent (74) 118 D6
Saint-Laurent-Blangy (62) 10 B2
Saint-Laurent-Bretagne (64) ...180 C1
Saint-Laurent-Chabreuges (43) 141 G2
Saint-Laurent-d'Agny (69) 129 H4
Saint-Laurent-d'Aigouze (30) ...171 H5
Saint-Laurent-d'Andenay (71) ...101 E5
Saint-Laurent-d'Arce (33) 135 F4
Saint-Laurent-de-Belzagot (16) 122 B6
Saint-Laurent-de-Brèvedent (76)...6 B5
Saint-Laurent-de-Carnols (30) ...157 H5
Saint-Laurent-de-Cerdans (66) 199 G6
Saint-Laurent-de-Céris (16) ...123 E1
Saint-Laurent-de-Chamousset (69) 129 G3
Saint-Laurent-de-Cognac (16) ..121 G3
Saint-Laurent-de-Condel (14) ...16 B6
Saint-Laurent-de-Cuves (50) ...37 G4
Saint-Laurent-de-Gosse (40) ..162 C5
Saint-Laurent-de-Jourdes (86) 109 F3
Saint-Laurent-de-la-Barrière (17) 107 F6
Saint-Laurent-de-la-Cabrerisse (11) 185 G4
Saint-Laurent-de-la-Plaine (49) 75 H4
Saint-Laurent-de-la-Prée (17) ..106 D6
Saint-Laurent-de-la-Salanque (66) 201 E2
Saint-Laurent-de-la-Salle (85) 107 E1
Saint-Laurent-de-Lévézou (12) 155 E6
Saint-Laurent-de-Lin (37) 78 B4
Saint-Laurent-de-Mure (69) 130 B3
Saint-Laurent-de-Muret (48)...155 G2
Saint-Laurent-de-Neste (65)...181 H4
Saint-Laurent-de-Terregatte (50) 37 F6
Saint-Laurent-de-Trèves (48) ..156 B5
Saint-Laurent-de-Vaux (69) ...129 H3
Saint-Laurent-de-Veyrès (48) ..141 F6
Saint-Laurent-des-Arbres (30)...172 C1
Saint-Laurent-des-Autels (49)...75 F3
Saint-Laurent-des-Bâtons (24)...137 F4
Saint-Laurent-des-Bois (27) 41 H4
Saint-Laurent-des-Bois (41) 80 A1
Saint-Laurent-des-Combes (16) 136 B1
Saint-Laurent-des-Combes (33) 135 H5
Saint-Laurent-des-Hommes (24) 136 C4
Saint-Laurent-des-Mortiers (53)..............77 E2
Saint-Laurent-des-Vignes (24)...136 D6
Saint-Laurent-d'Oingt (69) ...129 G1
Saint-Laurent-d'Olt (12) 155 F3
Saint-Laurent-d'Onay (26) 144 C2
Saint-Laurent-du-Bois (33) ...150 A2
Saint-Laurent-du-Cros (05) 160 B1
Saint-Laurent-du-Mont (14) ...17 E5
Saint-Laurent-du-Mottay (49)...75 G4
Saint-Laurent-du-Pape (07) 144 A6
Saint-Laurent-du-Plan (33) 150 A2
Saint-Laurent-du-Pont (38) ...131 G6
Saint-Laurent-du-Tencement (27) 39 H3
Saint-Laurent-du-Var (06) 176 D6
Saint-Laurent-du-Verdon (04) ..175 E4
Saint-Laurent-en-Beaumont (38) 145 H6
Saint-Laurent-en-Brionnais (71).............115 F4
Saint-Laurent-en-Caux (76) 7 F3
Saint-Laurent-en-Gâtines (37) ..79 E4
Saint-Laurent-en-Grandvaux (39) 118 A1
Saint-Laurent-en-Royans (26)...144 D4
Saint-Laurent-l'Abbaye (58)...82 C6
Saint-Laurent-la-Conche (42)...129 E4
Saint-Laurent-la-Gâtine (28)....41 G5
Saint-Laurent-la-Roche (39) ...117 F1
Saint-Laurent-la-Vallée (24) ...152 A1
Saint-Laurent-la-Vernède (30)...171 H2
Saint-Laurent-le-Minier (30) ...170 D2
Saint-Laurent-les-Bains (07)...156 D2
Saint-Laurent-les-Églises (87)...124 C1
Saint-Laurent-les-Tours (46)...139 F5
Saint-Laurent-Lolmie (46)....152 B5
Saint-Laurent-Médoc (33) 134 D2
Saint-Laurent-Nouan (41)....80 B3
Saint-Laurent-Rochefort (42) ..128 C3
Saint-Laurent-sous-Coiron (07) 157 G2
Saint-Laurent-sur-Gorre (87)...123 H3
Saint-Laurent-sur-Manoire (24) 137 F3
Saint-Laurent-sur-Mer (14) ...15 G5
Saint-Laurent-sur-Othain (55)...25 G4
Saint-Laurent-sur-Oust (56) ...56 B5

Saint-Laurent-sur-Saône (01)...116 B4
Saint-Laurent-sur-Sèvre (85) ...92 B3
Saint-Laurs (79) 107 G2
Saint-Léger 40 C2
Saint-Léger (06) 176 B3
Saint-Léger (16) 122 B6
Saint-Léger (17) 121 F4
Saint-Léger (47) 150 D5
Saint-Léger (53) 59 E5
Saint-Léger (62) 10 B3
Saint-Léger (73) 132 C5
Saint-Léger (77) 44 B4
Saint-Léger-aux-Bois (60) 21 G4
Saint-Léger-aux-Bois (76) 8 C6
Saint-Léger-Bridereix (23) ...111 E4
Saint-Léger-de-Balson (33) ...149 F3
Saint-Léger-de-la-Martinière (79) 108 B4
Saint-Léger-de-Montbrillais (86) 93 G2
Saint-Léger-de-Montbrun (79)...93 G3
Saint-Léger-de-Peyre (48) 155 G2
Saint-Léger-de-Rôtes (27) 40 B1
Saint-Léger-des-Aubées (28) ...62 C2
Saint-Léger-des-Bois (49) 76 D5
Saint-Léger-des-Prés (35) 35 F6
Saint-Léger-des-Vignes (58)...99 F5
Saint-Léger-du-Bois (71) 100 D3
Saint-Léger-du-Bourg-Denis (76) 7 G6
Saint-Léger-du-Gennetey (27)...18 A5
Saint-Léger-du-Malzieu (48)...141 G5
Saint-Léger-du-Ventoux (84)...159 E2
Saint-Léger-Dubosq (14) 16 D4
Saint-Léger-en-Bray (60) 20 A5
Saint-Léger-en-Yvelines (78)...41 H5
Saint-Léger-la-Montagne (87)...110 D6
Saint-Léger-le-Guérétois (23)...111 F5
Saint-Léger-le-Petit (18) 98 C2
Saint-Léger-lès-Authie (80) ...9 H4
Saint-Léger-lès-Domart (80) ...9 F4
Saint-Léger-les-Mélèzes (05)...160 C1
Saint-Léger-lès-Paray (71) ...100 A4
Saint-Léger-les-Vignes (44) ...74 B6
Saint-Léger-Magnazeix (87)...110 C4
Saint-Léger-près-Troyes (10)...66 B3
Saint-Léger-sous-Beuvray (71) 100 B4
Saint-Léger-sous-Brienne (10)...66 D2
Saint-Léger-sous-Cholet (49)...75 G6
Saint-Léger-sous-la-Bussière (71) 115 H4
Saint-Léger-sous-Margerie (10) 66 D1
Saint-Léger-sur-Bresle (80) ...8 C6
Saint-Léger-sur-Dheune (71)...101 E4
Saint-Léger-sur-Roanne (42)...115 E6
Saint-Léger-sur-Sarthe (61) ...60 B1
Saint-Léger-sur-Vouzance (03) 114 D3
Saint-Léger-Triey (21) 86 B6
Saint-Léger-Vauban (89) 84 B5
Saint-Léomer (86) 110 A3
Saint-Léon 55 F1
Saint-Léon (03) 114 C3
Saint-Léon (31) 183 G1
Saint-Léon (33) 135 G6
Saint-Léon (47) 150 C5
Saint-Léon-d'Issigeac (24) ...151 F1
Saint-Léon-sur-l'Isle (24) 137 E3
Saint-Léon-sur-Vézère (24)...137 H4
Saint-Léonard (32) 166 A3
Saint-Léonard (51) 23 F6
Saint-Léonard (62) 1 F4
Saint-Léonard (76) 6 C3
Saint-Léonard (88) 70 D3
Saint-Léonard-de-Noblat (87)...124 C2
Saint-Léonard-des-Bois (72)...59 H2
Saint-Léonard-des-Parcs (61)...39 G5
Saint-Léonard-en-Beauce (41)...80 A2
Saint-Léons (12) 155 E6
Saint-Léopardin-d'Augy (03) ...98 D6
Saint-Léry (56) 56 B2
Saint-Leu-d'Esserent (60) ...20 C6
Saint-Leu-la-Forêt (95) 42 C2
Saint-Lézer (65) 181 E2
Saint-Lézin (49) 75 H5
Saint-Lieux-Lafenasse (81)...168 C4
Saint-Lieux-lès-Lavaur (81)...167 G4
Saint-Lin (79) 108 A2
Saint-Lions (04) 175 G1
Saint-Lizier (09) 183 E5
Saint-Lizier-du-Planté (32) ...182 C1
Saint-Lô (50) 37 G1
Saint-Lô-d'Ourville (50) 14 B5
Saint-Lon-les-Mines (40) 162 D5
Saint-Longis (72) 60 B2
Saint-Lormel (22) 34 C4
Saint-Lothain (39) 102 D4
Saint-Loube (33) 182 D1
Saint-Loubert (33) 149 H2
Saint-Loubouer (40) 164 A4
Saint-Loubès (33) 135 F5
Saint-Louet-sur-Seulles (14)...38 B1
Saint-Louet-sur-Vire (50) 37 G2
Saint-Louis (57) 50 B4
Saint-Louis (68) 89 H3
Saint-Louis-de-Montferrand (33) 135 F4
Saint-Louis-en-l'Isle (24) 136 D3
Saint-Louis-et-Parahou (11)...199 E1
Saint-Louis-lès-Bitche (57)...28 B6
Saint-Loup 153 G3
Saint-Loup (03) 114 A3
Saint-Loup (17) 107 G6
Saint-Loup (23) 112 B5
Saint-Loup (39) 102 B3
Saint-Loup (41) 96 D1
Saint-Loup (50) 35 H3
Saint-Loup (51) 45 E5

Saint-Loup (58) 82 C5
Saint-Loup (69) 129 G2
Saint-Loup (82) 166 B1
Saint-Loup-Cammas (31) 167 F4
Saint-Loup-de-Buffigny (10)...65 G2
Saint-Loup-de-Fribois (14) ...17 E5
Saint-Loup-de-Gonois (45)...64 A5
Saint-Loup-de-Naud (77) 64 D1
Saint-Loup-de-Varennes (71)...101 G6
Saint-Loup-des-Chaumes (18) 97 G5
Saint-Loup-des-Vignes (45) ...63 G5
Saint-Loup-d'Ordon (89) 64 D6
Saint-Loup-du-Dorat (53) ...77 E1
Saint-Loup-du-Gast (53) 59 E2
Saint-Loup-en-Champagne (08) 23 F4
Saint-Loup-en-Comminges (31) 182 A3
Saint-Loup-Géanges (71) 101 G4
Saint-Loup-Hors (14) 15 H5
Saint-Loup-Lamairé (79)....93 G5
Saint-Loup-Nantouard (70) ...86 D5
Saint-Loup-sur-Aujon (52) ...85 H1
Saint-Loup-sur-Semouse (70)...69 G6
Saint-Loup-Terrier (08) 24 A3
Saint-Loyer-des-Champs (61)...39 F5
Saint-Lubin-de-Cravant (28)...40 D5
Saint-Lubin-de-la-Haye (28)...41 G4
Saint-Lubin-des-Joncherets (28) 41 E4
Saint-Lubin-en-Vergonnois (41) 79 H3
Saint-Luc (27) 41 G6
Saint-Lucien (28) 41 G6
Saint-Lumier-en-Champagne (51) 46 B4
Saint-Lumier-la-Populeuse (51)...46 C5
Saint-Lumine-de-Clisson (44)...75 E6
Saint-Lumine-de-Coutais (44)...74 B6
Saint-Lunaire (35) 34 C3
Saint-Luperce (28) 61 H2
Saint-Lupicin (39) 117 H3
Saint-Lupien (10) 65 G5
Saint-Lyé (10) 66 A2
Saint-Lyé-la-Forêt (45) 63 E5
Saint-Lyphard (44) 73 G3
Saint-Lys (31) 166 D6
Saint-Macaire (33) 149 H2
Saint-Macaire-du-Bois (49) ...93 F2
Saint-Macaire-en-Mauges (49)...75 G6
Saint-Maclou (27) 17 G3
Saint-Maclou-de-Folleville (76) 7 G4
Saint-Maclou-la-Brière (76) ...6 C4
Saint-Macoux (86) 108 D5
Saint-Maden (22) 34 C6
Saint-Magne (33) 149 E2
Saint-Magne-de-Castillon (33)...136 A5
Saint-Maigner (63) 112 D6
Saint-Maigrin (17) 121 G6
Saint-Maime (04) 174 C2
Saint-Maime-de-Péreyrol (24)...137 E4
Saint-Maixant (23) 125 H1
Saint-Maixant (33) 149 H2
Saint-Maixent (72) 60 D5
Saint-Maixent-de-Beugné (79)...107 G2
Saint-Maixent-l'École (79) ...108 B3
Saint-Maixent-sur-Vie (85) ...90 D3
Saint-Malo (35) 34 D3
Saint-Malo-de-Beignon (56)...56 C4
Saint-Malo-de-Guersac (44)...73 G3
Saint-Malo-de-la-Lande (50) ...36 D1
Saint-Malo-de-Phily (35) 57 E5
Saint-Malo-des-Trois-Fontaines (56) 56 A3
Saint-Malô-du-Bois (85) 92 B4
Saint-Malon-de-Donziois (58)...83 E6
Saint-Malon-sur-Mel (35) 56 C3
Saint-Mamert (69) 115 H4
Saint-Mamert-du-Gard (30) ...171 H3
Saint-Mamet (15) 139 F5
Saint-Mamet (31) 196 A4
Saint-Mamet-la-Salvetat (15)...140 A5
Saint-Mammès (77) 64 B2
Saint-Mandé (94) 42 D4
Saint-Mandé-sur-Brédoire (17)...108 A6
Saint-Mandrier-sur-Mer (83)...191 G6
Saint-Manvieu-Bocage (14)...37 G4
Saint-Manvieu-Norrey (14)...16 B4
Saint-Marc 73 G4
Saint-Marc (15) 141 F5
Saint-Marc-à-Frongier (23)...125 G2
Saint-Marc-à-Loubaud (23) ...125 F2
Saint-Marc-du-Cor (41) 61 F6
Saint-Marc-Jaumegarde (13)...174 A5
Saint-Marc-la-Lande (79) 107 H2
Saint-Marc-le-Blanc (35) 35 G6
Saint-Marc-sur-Couesnon (35)...57 H1
Saint-Marc-sur-Seine (21) ...85 E3
Saint-Marcan (35) 35 F4
Saint-Marceau (08) 24 A2
Saint-Marceau (72) 60 A4
Saint-Marcel (01) 130 B1
Saint-Marcel (08) 23 H1
Saint-Marcel (27) 41 F2
Saint-Marcel (36) 111 E1
Saint-Marcel (54) 26 A5
Saint-Marcel (56) 56 A5
Saint-Marcel (70) 87 E1
Saint-Marcel (71) 101 G5
Saint-Marcel (73) 132 D5
Saint-Marcel-Bel-Accueil (38)...130 C4
Saint-Marcel-Campes (81)....168 A1
Saint-Marcel-d'Ardèche (07)...157 H4
Saint-Marcel-de-Careiret (30)...157 G6
Saint-Marcel-de-Félines (42)...129 E2
Saint-Marcel-du-Périgord (24)...137 F5
Saint-Marcel-d'Urfé (42) 128 C2
Saint-Marcel-en-Marcillat (03)...112 D5
Saint-Marcel-en-Murat (03) ...113 F4

Saint-Marcel-l'Éclairé (69) 129 F2
Saint-Marcel-lès-Annonay (07)...143 H1
Saint-Marcel-lès-Sauzet (26) ...158 B2
Saint-Marcel-lès-Valence (26)...144 B4
Saint-Marcel-Paulel (31) 167 F5
Saint-Marcel-sur-Aude (11) ...186 B3
Saint-Marcelin-de-Cray (71)...115 H1
Saint-Marcellin (38) 161 E1
Saint-Marcellin (71) 161 F1
Saint-Marcellin (84) 144 D2
Saint-Marcellin-en-Forez (42)...129 E5
Saint-Marcellin-lès-Vaison (84) 158 D5
Saint-Marcet (31) 182 B3
Saint-Marcory (24) 151 H1
Saint-Marcouf (14) 15 F5
Saint-Marcouf (50) 15 E3
Saint-Mard (02) 22 C5
Saint-Mard (17) 107 F5
Saint-Mard (54) 49 E6
Saint-Mard (77) 43 F2
Saint-Mard (80) 21 E2
Saint-Mard-de-Réno (61) 60 D1
Saint-Mard-de-Vaux (71) 101 F5
Saint-Mard-lès-Rouffy (51)...45 G3
Saint-Mard-sur-Auve (51) 46 C2
Saint-Mard-sur-le-Mont (51)...46 C3
Saint-Mards (76) 7 G3
Saint-Mards-de-Blacarville (27) 17 H3
Saint-Mards-de-Fresne (27) ...17 G5
Saint-Mards-en-Othe (10) ...65 H4
Saint-Marien (23) 112 A3
Saint-Mariens (33) 135 G3
Saint-Mars-de-Coutais (44) ...74 B6
Saint-Mars-de-Locquenay (72) 60 C6
Saint-Mars-d'Égrenne (61) ...38 A4
Saint-Mars-d'Outillé (72) ...78 B1
Saint-Mars-du-Désert (44) ...74 D4
Saint-Mars-du-Désert (53) ...59 G3
Saint-Mars-la-Brière (72) 60 C5
Saint-Mars-la-Jaille (44) 75 F2
Saint-Mars-la-Réorthe (85)...92 B4
Saint-Mars-sous-Ballon (72)...60 B4
Saint-Mars-sur-Colmont (53)...58 D2
Saint-Mars-sur-la-Futaie (53)...58 B1
Saint-Mars-Vieux-Maisons (77) 44 B5
Saint-Marsal (07) 143 F5
Saint-Martial (15) 141 E5
Saint-Martial (16) 122 B6
Saint-Martial (17) 107 H6
Saint-Martial (30) 171 E1
Saint-Martial (33) 149 H1
Saint-Martial-d'Albarède (24)...137 H1
Saint-Martial-d'Artenset (24)...136 C4
Saint-Martial-de-Gimel (19) ...139 F2
Saint-Martial-de-Mirambeau (17) 121 E6
Saint-Martial-de-Nabirat (24)...152 B1
Saint-Martial-de-Valette (24)...123 F5
Saint-Martial-de-Vitaterne (17)...121 F5
Saint-Martial-Entraygues (19)...139 F3
Saint-Martial-le-Mont (23) ...111 H6
Saint-Martial-le-Vieux (23) ...125 H4
Saint-Martial-sur-Isop (87) ...109 H5
Saint-Martial-sur-Né (17) 121 G4
Saint-Martial-Viveyrol (24) ...136 D1
Saint-Martin 46 B2
Saint-Martin 136 D5
Saint-Martin 137 G5
Saint-Martin-des-Bois (41) ...79 E2
Saint-Martin (32) 165 F6
Saint-Martin (54) 49 G6
Saint-Martin (56) 56 B6
Saint-Martin (65) 181 E3
Saint-Martin (66) 199 F2
Saint-Martin (67) 71 F2
Saint-Martin (83) 174 D5
Saint-Martin-au-Bosc (76) ...8 C6
Saint-Martin-au-Laërt (62) ...2 B4
Saint-Martin-aux-Arbres (76) ...7 F4
Saint-Martin-aux-Bois (60) ...20 D3
Saint-Martin-aux-Buneaux (76)...6 D3
Saint-Martin-aux-Champs (51)...46 A4
Saint-Martin-aux-Chartrains (14) 17 F3
Saint-Martin-Belle-Roche (71) 116 B3
Saint-Martin-Bellevue (74) ...132 B1
Saint-Martin-Boulogne (62) ...1 F4
Saint-Martin-Cantalès (15) ...139 H3
Saint-Martin-Château (23) ...125 E2
Saint-Martin-Choquet (62) ...1 G4
Saint-Martin-Curton (47) 150 B4
Saint-Martin-d'Abbat (45) ...81 F1
Saint-Martin-d'Ablois (51) ...45 E2
Saint-Martin-d'Août (26) 144 B2
Saint-Martin-d'Arberoue (64)...179 E1
Saint-Martin-d'Arc (73) 146 D2
Saint-Martin-d'Arcé (49) 77 G4
Saint-Martin-d'Ardèche (07)...157 H5
Saint-Martin-d'Armagnac (32)...164 C4
Saint-Martin-d'Arrossa (64) ...178 D2
Saint-Martin-d'Ary (17) 135 H2
Saint-Martin-d'Aubigny (50) ...14 D6
Saint-Martin-d'Audouville (50)...14 D4
Saint-Martin-d'Auxigny (18) ...97 G1
Saint-Martin-d'Auxy (71) 101 E6
Saint-Martin-de-Bavel (01) ...131 F2
Saint-Martin-de-Beauville (47)...151 G5
Saint-Martin-de-Belleville (73)...132 D6
Saint-Martin-de-Bernegoue (79) 107 H4
Saint-Martin-de-Bienfaite-la-Cressonnière (14) 17 G6
Saint-Martin-de-Blagny (14)...15 G5
Saint-Martin-de-Bonfossé (50)...37 F1
Saint-Martin-de-Boscherville (76) 7 F6

Saint-Martin-de-Bossenay (10)...65 G2
Saint-Martin-de-Boubaux (48) 156 D6
Saint-Martin-de-Bréthencourt (78)........62 D1
Saint-Martin-de-Brômes (04)...174 D3
Saint-Martin-de-Caralp (09) ...183 G5
Saint-Martin-de-Castillon (84)...174 A3
Saint-Martin-de-Cenilly (50) ...37 F2
Saint-Martin-de-Commune (71) 101 E4
Saint-Martin-de-Connée (53) ...59 G4
Saint-Martin-de-Coux (17) ...136 A3
Saint-Martin-de-Crau (13) ...172 D5
Saint-Martin-de-Fontenay (14)...16 B5
Saint-Martin-de-Fraigneau (85) 107 F2
Saint-Martin-de-Fressengeas (24)...123 G6
Saint-Martin-de-Fugères (43)...142 C5
Saint-Martin-de-Goyne (32)...165 G2
Saint-Martin-de-Gurson (24)...136 B4
Saint-Martin-de-Hinx (40)....162 C6
Saint-Martin-de-Juillers (17)...121 G1
Saint-Martin-de-Jussac (87)...123 G2
Saint-Martin-de-la-Brasque (84) 174 A3
Saint-Martin-de-la-Cluze (38)...145 G4
Saint-Martin-de-la-Lieue (14)...17 F5
Saint-Martin-de-la-Mer (21)...100 C1
Saint-Martin-de-la-Place (49)...77 G6
Saint-Martin-de-la-Porte (73)...146 D1
Saint-Martin-de-Lamps (36)...96 B3
Saint-Martin-de-Landelles (50)...37 F6
Saint-Martin-de-Lansuscle (48) 156 C5
Saint-Martin-de-l'Arçon (34)...169 H6
Saint-Martin-de-la-Laye (33)...135 H4
Saint-Martin-de-Lenne (12) ...155 E4
Saint-Martin-de-Lerm (33) ...150 A1
Saint-Martin-de-Lixy (71) 115 G3
Saint-Martin-de-Londres (34)...171 E4
Saint-Martin-de-Mâcon (79)...93 G3
Saint-Martin-de-Mailloc (14)...17 F5
Saint-Martin-de-Mieux (14) ...38 D3
Saint-Martin-de-Nigelles (28)...41 G6
Saint-Martin-de-Queyrières (05) 147 E5
Saint-Martin-de-Ré (17) 106 B4
Saint-Martin-de-Ribérac (24)...136 D2
Saint-Martin-de-Saint-Maixent (79) 108 B3
Saint-Martin-de-Salencey (71) 115 H2
Saint-Martin-de-Sallen (14) ...16 A6
Saint-Martin-de-Sanzay (79)...93 G2
Saint-Martin-de-Seignanx (40) 162 B5
Saint-Martin-de-Sescas (33)...149 H2
Saint-Martin-de-Valamas (07) 143 F5
Saint-Martin-de-Valgalgues (30) 157 E6
Saint-Martin-de-Varreville (50)...15 E4
Saint-Martin-de-Vaulserre (38) 131 G5
Saint-Martin-de-Vers (46) ...152 D2
Saint-Martin-de-Villeréal (47)...151 G2
Saint-Martin-de-Villereglan (11) 184 D4
Saint-Martin-des-Bois (41) ...79 E2
Saint-Martin-des-Besaces (14) 37 H2
Saint-Martin-des-Champs (18)...98 C2
Saint-Martin-des-Champs (29)...32 A3
Saint-Martin-des-Champs (50)...35 H3
Saint-Martin-des-Champs (77)...44 B4
Saint-Martin-des-Champs (78)...41 H3
Saint-Martin-des-Champs (89)...82 C3
Saint-Martin-des-Combes (24) 137 E4
Saint-Martin-des-Entrées (14)...15 H5
Saint-Martin-des-Fontaines (85) 107 E1
Saint-Martin-des-Lais (03) ...99 G6
Saint-Martin-des-Landes (61)...39 E6
Saint-Martin-des-Monts (72) ...60 D4
Saint-Martin-des-Noyers (85)...91 H4
Saint-Martin-des-Olmes (63)...128 B5
Saint-Martin-des-Pézerits (61)...40 A6
Saint-Martin-des-Plains (63)...127 G5
Saint-Martin-des-Prés (22) ...33 F6
Saint-Martin-des-Puits (11) ...185 F5
Saint-Martin-des-Tilleuls (85)...92 A3
Saint-Martin-du-Fouilloux (79) 108 B1
Saint-Martin-d'Entraunes (06)...161 G5
Saint-Martin-d'Écublei (61)...40 B4
Saint-Martin-d'Estréaux (42) ...114 C5
Saint-Martin-d'Hardinghem (62) 2 A5
Saint-Martin-d'Hères (38) ...145 G2
Saint-Martin-d'Heuille (58) ...98 D3
Saint-Martin-d'Ollières (63) ...127 H6
Saint-Martin-Don (14) 37 H3
Saint-Martin-d'Oney (40) 163 G2
Saint-Martin-d'Ordon (89) 64 D6
Saint-Martin-d'Oydes (09) ...183 G4
Saint-Martin-du-Bec (76) 6 B4
Saint-Martin-du-Bois (33) ...135 G4
Saint-Martin-du-Bois (49) ...76 C2
Saint-Martin-du-Boschet (77)...44 C5
Saint-Martin-du-Clocher (16)...108 D6
Saint-Martin-du-Fault (87) ...124 A2
Saint-Martin-du-Fouilloux (49)...76 D5
Saint-Martin-du-Frêne (01) ...117 G5
Saint-Martin-du-Lac (71) 115 E4
Saint-Martin-du-Limet (53) ...76 B1
Saint-Martin-du-Manoir (76)...6 B5
Saint-Martin-du-Mesnil-Oury (14) 17 E6
Saint-Martin-du-Mont (01) ...117 F3

Saint-Martin-du-Mont (21) ...85 F5
Saint-Martin-du-Mont (71) ...117 E1
Saint-Martin-du-Puy (33) 150 A1
Saint-Martin-du-Puy (58) 84 A6
Saint-Martin-du-Tartre (71)...101 E6
Saint-Martin-du-Tertre (89) ...65 E4
Saint-Martin-du-Tertre (95) ...42 C1
Saint-Martin-du-Tilleul (27)...17 H5
Saint-Martin-du-Var (06) 176 D4
Saint-Martin-du-Vieux-Bellême (61) 60 D2
Saint-Martin-du-Vivier (76) ...7 H6
Saint-Martin-en-Vercors (26)...145 E4
Saint-Martin-d'Uriage (38) ...145 H2
Saint-Martin-en-Bière (77) ...63 H2
Saint-Martin-en-Bresse (71)...101 H5
Saint-Martin-en-Campagne (76) 7 H1
Saint-Martin-en-Gâtinois (71)...101 H4
Saint-Martin-en-Haut (69) ...129 G5
Saint-Martin-en-Vercors (26)...145 E4
Saint-Martin-Gimois (32) ...166 A6
Saint-Martin-la-Campagne (27) 40 D2
Saint-Martin-la-Garenne (78) ...41 H2
Saint-Martin-la-Méanne (19) ...139 F3
Saint-Martin-la-Patrouille (71)...115 H1
Saint-Martin-la-Plaine (42) ...129 G5
Saint-Martin-la-Sauveté (42) ...128 C2
Saint-Martin-Labouval (46) ...153 E3
Saint-Martin-Lacaussade (33)...135 E3
Saint-Martin-Laguépie (81) ...153 G6
Saint-Martin-l'Aiguillon (61) ...38 D6
Saint-Martin-Lalande (11) 184 C2
Saint-Martin-l'Ars (86) 109 F4
Saint-Martin-Lars-en-Sainte-Hermine (85) 107 E1
Saint-Martin-l'Astier (24) 136 C4
Saint-Martin-le-Beau (37) 79 F6
Saint-Martin-le-Bouillant (50)...37 F4
Saint-Martin-le-Châtel (01) ...116 D4
Saint-Martin-le-Colonel (26) ...145 E4
Saint-Martin-le-Gaillard (76) ...8 A5
Saint-Martin-le-Gréard (50) ...14 C3
Saint-Martin-le-Hébert (50) ...14 C3
Saint-Martin-le-Mault (87) ...110 C3
Saint-Martin-le-Nœud (60) ...20 A5
Saint-Martin-le-Pin (24) 123 E5
Saint-Martin-le-Redon (46) ...151 H3
Saint-Martin-le-Vieil (11) 184 C2
Saint-Martin-le-Vieux (87) ...124 A3
Saint-Martin-le-Vinoux (38) ...145 G2
Saint-Martin-les-Eaux (04) ...174 C2
Saint-Martin-lès-Langres (52)...86 A1
Saint-Martin-lès-Melle (79) ...108 B4
Saint-Martin-lès-Seyne (04) ...160 C3
Saint-Martin-Lestra (42) 129 F3
Saint-Martin-l'Heureux (51) ...23 G6
Saint-Martin-l'Hortier (76) 19 E1
Saint-Martin-Longueau (60) ...21 E5
Saint-Martin-Lys (11) 198 D1
Saint-Martin-Osmonville (76) ...7 H4
Saint-Martin-Petit (47) 150 B2
Saint-Martin-Rivière (02) 11 G6
Saint-Martin-Saint-Firmin (27)...17 H3
Saint-Martin-Sainte-Catherine (23) 124 D1
Saint-Martin-Sepert (19) 124 C6
Saint-Martin-sous-Montaigu (71) 101 F5
Saint-Martin-sous-Vigouroux (15) 140 D5
Saint-Martin-sur-Armançon (89) 84 B1
Saint-Martin-sur-Cojeul (62) ...10 B3
Saint-Martin-sur-Écaillon (59)...11 F3
Saint-Martin-sur-la-Chambre (73) 132 C6
Saint-Martin-sur-Lavezon (07)...158 A2
Saint-Martin-sur-le-Pré (51) ...45 H2
Saint-Martin-sur-Nohain (58) ...82 C6
Saint-Martin-sur-Ocre (45) 82 A3
Saint-Martin-sur-Ocre (89) ...83 E2
Saint-Martin-sur-Ouanne (89)...83 E2
Saint-Martin-Terressus (87) ...124 C2
Saint-Martin-Valmeroux (15)...140 A3
Saint-Martin-Vésubie (06) 177 E2
Saint-Martin de Fenollar (66)...200 D4
Saint-Martin de Peille (06) ...177 F5
Saint-Martinien (03) 112 C4
Saint-Martory (31) 182 C4
Saint-Mary (16) 122 D2
Saint-Mary-le-Plain (15) 141 F2
Saint-Masmes (51) 23 G5
Saint-Mathieu (87) 123 F3
Saint-Mathieu-de-Tréviers (34)...171 F4
Saint-Mathurin (85) 91 F5
Saint-Mathurin-Léobazel (19)...139 F4
Saint-Mathurin-sur-Loire (49)...77 F5
Saint-Matré (46) 152 A4
Saint-Maudan (22) 55 G2
Saint-Maudez (22) 34 C5
Saint-Maugan (35) 56 C2
Saint-Maulvis (80) 8 D6
Saint-Maur 77 F5
Saint-Maur (18) 112 B1
Saint-Maur (32) 165 F6
Saint-Maur (36) 96 B5
Saint-Maur (39) 117 G1
Saint-Maur (60) 19 H3
Saint-Maur-des-Bois (50) 37 F4
Saint-Maur-des-Fossés (94) ...43 E4
Saint-Maur-sur-le-Loir (28) ...62 A2
Saint-Maurice 137 F4
Saint-Maurice 3 F5
Saint-Maurice (52) 86 B1
Saint-Maurice (58) 99 G2
Saint-Maurice (63) 127 G4
Saint-Maurice (67) 71 F2
Saint-Maurice (94) 43 E4
Saint-Maurice-aux-Forges (54)...49 H6

Saint-Maurice-aux-Riches-Hommes (89) ...65 F3
Saint-Maurice-Colombier (25)...88 B4
Saint-Maurice-Crillat (39) 117 H1
Saint-Maurice-d'Ardèche (07)..157 G3
Saint-Maurice-de-Beynost (01) ...130 B2
Saint-Maurice-de-Cazevieille (30)...171 H1
Saint-Maurice-de-Gourdans (01) ...130 C2
Saint-Maurice-de-Lestapel (47) ...151 E2
Saint-Maurice-de-Lignon (43)...143 E2
Saint-Maurice-de-Rémens (01) ...130 D1
Saint-Maurice-de-Roche ...142 C2
Saint-Maurice-de-Rotherens (73) ...131 G4
Saint-Maurice-de-Satonnay (71) ...116 B3
Saint-Maurice-de-Tavernole (17) ...121 G5
Saint-Maurice-de-Ventalon (48) ...156 C4
Saint-Maurice-des-Champs (71) ...116 A1
Saint-Maurice-des-Lions (16)...123 F1
Saint-Maurice-des-Noues (85)...107 F1
Saint-Maurice-d'Ételan (76) 6 D6
Saint-Maurice-d'Ibie (07) ...157 G3
Saint-Maurice-du-Désert (61)...38 C6
Saint-Maurice-en-Chalencon (07)...143 H5
Saint-Maurice-en-Cotentin (50)...14 B4
Saint-Maurice-en-Gourgois (42) ...129 E6
Saint-Maurice-en-Quercy (46)...153 F1
Saint-Maurice-en-Rivière (71) ...101 H4
Saint-Maurice-en-Trièves (38) ...145 G6
Saint-Maurice-en-Valgodemard (05)...146 B5
Saint-Maurice-la-Clouère (86)...109 E3
Saint-Maurice-la-Fougereuse (79) ...93 E3
Saint-Maurice-la-Souterraine (23) ...110 D5
Saint-Maurice-le-Girard (85)...92 C6
Saint-Maurice-le-Vieil (89) ...83 E2
Saint-Maurice-les-Brousses (87) ...124 B4
Saint-Maurice-lès-Charencey (61) ...40 B5
Saint-Maurice-lès-Châteauneuf (71)...115 F5
Saint-Maurice-lès-Couches (71) ...101 E4
Saint-Maurice-l'Exil (38) ...130 A6
Saint-Maurice-Montcouronne (91) ...42 C6
Saint-Maurice-Navacelles (34)...170 D3
Saint-Maurice-près-Crocq (23) ...126 A2
Saint-Maurice-près-Pionsat (63) ...112 D6
Saint-Maurice-Saint-Germain (28) ...61 G1
Saint-Maurice-sous-les-Côtes (55)...48 A2
Saint-Maurice-sur-Adour (40)...163 H3
Saint-Maurice-sur-Aveyron (45) ...82 C1
Saint-Maurice-sur-Dargoire (69)...129 H4
Saint-Maurice-sur-Eygues (26)..158 C4
Saint-Maurice-sur-Fessard (45) ...64 A6
Saint-Maurice-sur-Huisne (61) ...61 E2
Saint-Maurice-sur-Loire ...128 D1
Saint-Maurice-sur-Mortagne (88) ...70 A2
Saint-Maurice-sur-Moselle (88) ...70 C6
Saint-Maurice-sur-Vingeanne (21) ...86 B3
Saint-Maurice-Thizouaille (89) ...83 E1
Saint-Maurice des Chasaux ...117 F4
Saint-Maurin (47) ...151 G6
Saint-Max (54) ...48 D5
Saint-Maxent (80) ...8 C5
Saint-Maximin (30) ...172 B2
Saint-Maximin (38) ...132 A6
Saint-Maximin (60) ...20 D6
Saint-Maximin-la-Sainte-Baume (83) ...174 D6
Saint-Maxire (79) ...107 H3
Saint-May (26) ...159 E3
Saint-Mayeux (22) ...55 E1
Saint-Méard (87) ...124 D4
Saint-Méard-de-Drône (24) ...136 D2
Saint-Méard-de-Gurçon (24) ...136 B5
Saint-Médard (16) ...121 H5
Saint-Médard (17) ...121 G6
Saint-Médard (31) ...182 C4
Saint-Médard (32) ...165 G6
Saint-Médard (36) ...95 H3
Saint-Médard (46) ...152 B3
Saint-Médard (57) ...49 F3
Saint-Médard (64) ...163 G6
Saint-Médard (79) ...108 A4
Saint-Médard-d'Aunis (17) ...106 D5
Saint-Médard-de-Guizières (33) ...136 A4
Saint-Médard-de-Mussidan (24) ...136 D4
Saint-Médard-de-Presque (46) ...139 E5
Saint-Médard-d'Excideuil (24) ..137 H1
Saint-Médard-d'Eyrans (33) ...149 F1
Saint-Médard-en-Forez (42) ...129 F4
Saint-Médard-en-Jalles (33) ...134 D5

Saint-Médard-la-Rochette (23) ...112 A6
Saint-Médard-Nicourby (46)...139 G6
Saint-Médard-sur-Ille (35)...57 F1
Saint-Méen (29) ...31 F3
Saint-Méen-le-Grand (35)...56 C2
Saint-Melaine-sur-Aubance (49)...77 E5
Saint-Mélany (07) ...157 E3
Saint-Méloir-des-Bois (22) ...34 B5
Saint-Méloir-des-Ondes (35) ...35 E3
Saint-Même-le-Tenu (44) ...90 D1
Saint-Même-les-Carrières (16)...121 H4
Saint-Memmie (46) ...46 A2
Saint-Memmie (51) ...46 A3
Saint-Menge (88) ...69 E3
Saint-Menges (08) ...24 C1
Saint-Menoux (03) ...113 G1
Saint-Merd-de-Lapleau (19)...139 G2
Saint-Merd-la-Breuille (23) ...126 A3
Saint-Merd-les-Oussines (19)...125 G4
Saint-Méry (77) ...43 G6
Saint-Meslin-du-Bosc (27) ...18 B6
Saint-Mesmes (77) ...43 F3
Saint-Mesmin (10) ...66 A2
Saint-Mesmin (21) ...85 E6
Saint-Mesmin (24) ...138 A1
Saint-Mesmin (85) ...92 C5
Saint-Mexant (19) ...138 D2
Saint-Mézard (32) ...165 G1
Saint-M'Hervé (35) ...58 A4
Saint-M'Hervon (35) ...56 C1
Saint-Micaud (71) ...101 E6
Saint-Michel (02) ...12 B5
Saint-Michel (09) ...183 G4
Saint-Michel (16) ...122 B4
Saint-Michel (31) ...182 D3
Saint-Michel (32) ...181 H1
Saint-Michel (34) ...170 C3
Saint-Michel (45) ...63 G5
Saint-Michel (64) ...178 D3
Saint-Michel (82) ...166 B1
Saint-Michel-Chef-Chef (44) ...73 G5
Saint-Michel-d'Aurance (07)...143 G5
Saint-Michel-de-Bannières (46) ...138 D4
Saint-Michel-de-Boulogne (07) ...157 G1
Saint-Michel-de-Castelnau (33) ...150 A5
Saint-Michel-de-Chabrillanoux (07) ...143 H5
Saint-Michel-de-Chaillol (05) ...160 C1
Saint-Michel-de-Chavaignes (72)...60 D5
Saint-Michel-de-Dèze (48) ...156 D5
Saint-Michel-de-Double (24) ...136 C3
Saint-Michel-de-Feins (53) ...77 E2
Saint-Michel-de-Fronsac (33) ...135 G5
Saint-Michel-de-la-Pierre (50) ...37 E1
Saint-Michel-de-la-Roë (53) ...58 A6
Saint-Michel-de-Lanès (11) ...184 A2
Saint-Michel-de-Lapujade (33)...150 B2
Saint-Michel-de-Livet (14) ...17 E6
Saint-Michel-de-Llotes (66) ...199 G3
Saint-Michel-de-Maurienne (73)...146 D2
Saint-Michel-de-Montaigne (24)...136 A5
Saint-Michel-de-Montjoie (50)...37 G4
Saint-Michel-de-Plélan (22) ...34 C5
Saint-Michel-de-Rieufret (33)..149 G2
Saint-Michel-de-Saint-Geoirs (38) ...145 E1
Saint-Michel-de-Vax (81) ...167 H1
Saint-Michel-de-Veisse (23) ...125 G1
Saint-Michel-de-Villadeix (24)..137 F4
Saint-Michel-de-Volangis (18) ...97 H2
Saint-Michel-des-Andaines (61) ...38 C6
Saint-Michel-d'Euzet (30) ...157 H5
Saint-Michel-d'Halescourt (76)..19 G3
Saint-Michel-en-Beaumont (38) ...145 H5
Saint-Michel-en-Brenne (36) ...95 G5
Saint-Michel-en-Grève (22) ...32 B2
Saint-Michel-en-l'Herm (85) ...106 C3
Saint-Michel-Escalus (40) ...162 C2
Saint-Michel-et-Chanveaux (49)...75 F1
Saint-Michel-Labadié (81) ...168 D2
Saint-Michel-le-Cloucq (85) ...107 F2
Saint-Michel-les-Portes (38) ...145 F5
Saint-Michel-l'Observatoire (04)...174 B2
Saint-Michel-Loubéjou (46) ...139 E5
Saint-Michel-Mont-Mercure (85) ...92 B4
Saint-Michel-sous-Bois (62) ...1 G6
Saint-Michel-sur-Loire (37) ...78 B6
Saint-Michel-sur-Meurthe (88)...70 C2
Saint-Michel-sur-Orge (91) ...42 D6
Saint-Michel-sur-Rhône (42) ...130 A6
Saint-Michel-sur-Savasse (26)...144 C3
Saint-Michel-sur-Ternoise (62)...9 G1
Saint-Michel-Tubœuf (61) ...40 B5
Saint-Mihiel (55) ...47 H3
Saint-Mitre-les-Remparts (13)...190 A2
Saint-Molf (44) ...73 F1
Saint-Momelin (59) ...2 B3
Saint-Montan (07) ...157 H3
Saint-Moré (89) ...83 H4
Saint-Moreil (23) ...124 D2
Saint-Morel (08) ...24 A5
Saint-Morillon (33) ...149 F1
Saint-Mury-Monteymond (38)...145 H2
Saint-Myon (63) ...127 F1
Saint-Nabor (67) ...71 F1
Saint-Nabord (88) ...70 A5

Saint-Nabord-sur-Aube (10) ...66 C1
Saint-Nauphary (82) ...167 E2
Saint-Nazaire (30) ...157 H5
Saint-Nazaire (44) ...73 G4
Saint-Nazaire (66) ...201 E3
Saint-Nazaire-d'Aude (11) ...186 B3
Saint-Nazaire-de-Ladarez (34)...169 H6
Saint-Nazaire-de-Pézan (34) ...171 G5
Saint-Nazaire-de-Valentane (82) ...151 H5
Saint-Nazaire-des-Gardies (30) ...171 G2
Saint-Nazaire-en-Royans (26)...144 D3
Saint-Nazaire-le-Désert (26) ...159 E2
Saint-Nazaire-les-Eymes (38)...145 H1
Saint-Nazaire-sur-Charente (17) ...120 C1
Saint-Nectaire (63) ...127 E5
Saint-Nexans (24) ...137 E6
Saint-Nic (29) ...31 E6
Saint-Nicodème (55) ...55 E3
Saint-Nicodème (22) ...32 D5
Saint-Nicolas (62) ...10 B2
Saint-Nicolas-aux-Bois (02) ...22 B3
Saint-Nicolas-d'Aliermont (76)...7 H2
Saint-Nicolas-d'Attez (27) ...40 C4
Saint-Nicolas-de-Bliquetuit (76)..7 E5
Saint-Nicolas-de-Bourgueil (37) ...78 A6
Saint-Nicolas-de-la-Balerme (47) ...151 F6
Saint-Nicolas-de-la-Grave (82) ...166 C1
Saint-Nicolas-de-la-Haie (76)...6 D5
Saint-Nicolas-de-la-Taille (76)...6 C5
Saint-Nicolas-de-Macherin (38) ...131 F6
Saint-Nicolas-de-Pierrepont (50) ...14 C5
Saint-Nicolas-de-Port (54) ...49 E5
Saint-Nicolas-de-Redon (44) ...73 H1
Saint-Nicolas-de-Sommaire (61) ...40 A4
Saint-Nicolas-de-Véroce ...133 E1
Saint-Nicolas-des-Biefs (03) ..114 C6
Saint-Nicolas-des-Bois (50) ...37 F4
Saint-Nicolas-des-Bois (61) ...59 H1
Saint-Nicolas-des-Eaux ...55 E3
Saint-Nicolas-des-Laitiers (61)...39 H4
Saint-Nicolas-des-Motets (37)...79 G4
Saint-Nicolas-du-Bosc (27) ...18 B6
Saint-Nicolas-du-Pélem (22) ...33 E6
Saint-Nicolas-du-Tertre (56) ...56 B5
Saint-Nicolas-la-Chapelle (10)...65 F1
Saint-Nicolas-la-Chapelle (73)..132 D2
Saint-Nicolas-lès-Cîteaux (21)..101 H2
Saint-Nizier-d'Azergues (69)...115 H6
Saint-Nizier-de-Fornas (42) ...128 D6
Saint-Nizier-du-Moucherotte (38) ...145 F2
Saint-Nizier-le-Bouchoux (01)..116 D2
Saint-Nizier-le-Désert (01) ...116 D6
Saint-Nizier-sous-Charlieu (42) ...115 E5
Saint-Nizier-sur-Arroux (71) ...100 B5
Saint-Nolff (56) ...55 G6
Saint-Nom-la-Bretèche (78) ...42 B4
Saint-Offenge-Dessous (73) ...132 A3
Saint-Offenge-Dessus (73) ...132 A3
Saint-Omer (14) ...38 C3
Saint-Omer (62) ...2 B4
Saint-Omer-Capelle (62)...2 A2
Saint-Omer-en-Chaussée (60) ...20 A3
Saint-Ondras (38) ...131 F5
Saint-Onen-la-Chapelle (35)...56 C2
Saint-Oradoux-de-Chirouze (23) ...126 A3
Saint-Oradoux-près-Crocq (23) ...126 A2
Saint-Orens (32) ...166 B4
Saint-Orens-de-Gameville (31)...167 F6
Saint-Orens-Pouy-Petit (32) ...165 G2
Saint-Ost (32) ...181 H2
Saint-Ouen (17) ...121 H2
Saint-Ouen (41) ...79 G2
Saint-Ouen (80) ...9 F4
Saint-Ouen (93) ...42 D3
Saint-Ouen-d'Attez (27) ...40 C4
Saint-Ouen-d'Aunis (17) ...106 D4
Saint-Ouen-de-la-Cour (61) ...60 D2
Saint-Ouen-de-Mimbré (72) ...60 A3
Saint-Ouen-de-Pontcheuil (27) ...18 B6
Saint-Ouen-de-Sécherouve (61) ...40 A6
Saint-Ouen-de-Thouberville (27) ...18 B5
Saint-Ouen-des-Alleux (35) ...35 G6
Saint-Ouen-des-Besaces (14) ...37 H2
Saint-Ouen-des-Champs (27) ...17 H3
Saint-Ouën-des-Toits (53) ...58 C4
Saint-Ouën-des-Vallons (53) ...59 E4
Saint-Ouen-Domprot (51) ...46 A6
Saint-Ouen-du-Breuil (76) ...7 G4
Saint-Ouen-du-Mesnil-Oger (14) ...16 D5
Saint-Ouen-du-Tilleul (27) ...18 B5
Saint-Ouen-en-Belin (72) ...78 B1
Saint-Ouen-en-Brie (77) ...64 B1
Saint-Ouen-en-Champagne (72) ...59 G6
Saint-Ouen-la-Rouërie (35) ...35 G5
Saint-Ouen-l'Aumône (95) ...42 C2
Saint-Ouen-le-Brisoult (61)...59 F1
Saint-Ouen-le-Houx (14) ...17 E6
Saint-Ouen-le-Mauger (76)...7 F3
Saint-Ouen-le-Pin (14) ...17 E5
Saint-Ouen-les-Parey (88) ...68 D4
Saint-Ouen-les-Vignes (37) ...79 F5
Saint-Ouen-Marchefroy (28)...41 G4
Saint-Ouen-sous-Bailly (76) ...8 A6
Saint-Ouen-sur-Gartempe (87)..110 B5

Saint-Ouen-sur-Iton (61) ...40 B5
Saint-Ouen-sur-Loire (58) ...99 E4
Saint-Ouen-sur-Maire (61) ...38 D5
Saint-Ouen-sur-Morin (77) ...44 A3
Saint-Oulph (10) ...65 H1
Saint-Ours (63) ...126 D2
Saint-Ours (73) ...132 A3
Saint-Outrille (18) ...96 D2
Saint-Ovin (50) ...37 F5
Saint-Oyen (73) ...132 D5
Saint-Pabu (29) ...30 D3
Saint-Paër (76) ...7 F5
Saint-Pair (14) ...16 C4
Saint-Pair-sur-Mer (50) ...35 G2
Saint-Pal-de-Chalencon (43) ..142 C1
Saint-Pal-de-Mons (43) ...143 E2
Saint-Pal-de-Senouire (43) ...142 A2
Saint-Palais (03) ...112 B3
Saint-Palais (18) ...97 G1
Saint-Palais (33) ...135 E1
Saint-Palais (64) ...179 F2
Saint-Palais-de-Négrignac (17) ...135 H2
Saint-Palais-de-Phiolin (17) ...121 E5
Saint-Palais-du-Né (16) ...121 H5
Saint-Palais-sur-Mer (17) ...120 B4
Saint-Pancrace (24) ...123 F6
Saint-Pancrace (73) ...146 C1
Saint-Pancrasse (38) ...145 H1
Saint-Pancré (54) ...25 G3
Saint-Pandelon (40) ...163 E4
Saint-Pantaléon (46) ...152 B4
Saint-Pantaléon (84) ...173 G3
Saint-Pantaléon-de-Lapleau (19) ...139 H1
Saint-Pantaléon-de-Larche (19) ...138 C3
Saint-Pantaléon-les-Vignes (26) ...158 C4
Saint-Pantaly-d'Ans (24) ...137 H2
Saint-Pantaly-d'Excideuil (24)..137 H1
Saint-Papoul (11) ...184 C2
Saint-Pardon-de-Conques (33) ...149 H2
Saint-Pardoult (17) ...107 H6
Saint-Pardoux (63) ...126 C5
Saint-Pardoux (63) ...113 F6
Saint-Pardoux (79) ...108 A1
Saint-Pardoux (87) ...110 C6
Saint-Pardoux-Corbier (19) ...124 C6
Saint-Pardoux-d'Arnet (23) ...126 A2
Saint-Pardoux-de-Drône (24) ..136 D2
Saint-Pardoux-de-Mareuil (24) ...122 D6
Saint-Pardoux-du-Breuil (47) ..150 C3
Saint-Pardoux-et-Vielvic (24) ..137 H6
Saint-Pardoux-Isaac (47) ...150 D2
Saint-Pardoux-la-Croisille (19) 139 F2
Saint-Pardoux-la-Rivière (24) ..123 F5
Saint-Pardoux-le-Neuf (19) ...126 A4
Saint-Pardoux-le-Neuf (23) ...125 F2
Saint-Pardoux-le-Vieux (19) ...125 H4
Saint-Pardoux-les-Cards (23) ...111 H6
Saint-Pardoux-l'Ortigier (19)...138 D1
Saint-Pardoux-Morterolles (23) ...125 E2
Saint-Pargoire (34) ...170 D6
Saint-Parize-en-Viry (58) ...99 E5
Saint-Parize-le-Châtel (58) ...98 D5
Saint-Parres-aux-Tertres (11) ...66 B3
Saint-Parres-lès-Vaudes (10) ...66 C4
Saint-Parthem (12) ...154 A2
Saint-Pastour (47) ...151 E3
Saint-Pastous (65) ...180 D5
Saint-Paterne (72) ...60 A2
Saint-Paterne-Racan (37) ...78 C3
Saint-Pathus (77) ...43 G2
Saint-Patrice (37) ...78 B6
Saint-Patrice-de-Claids (50) ...14 D5
Saint-Patrice-du-Désert (61) ...38 D6
Saint-Pau ...165 E1
Saint-Paul (06) ...176 D5
Saint-Paul (19) ...139 F2
Saint-Paul (33) ...135 E3
Saint-Paul (60) ...20 A4
Saint-Paul (61) ...38 B4
Saint-Paul (65) ...181 H4
Saint-Paul (73) ...131 G3
Saint-Paul (87) ...124 C3
Saint-Paul (88) ...69 E2
Saint-Paul-aux-Bois (02) ...21 H3
Saint-Paul-Cap-de-Joux (81) ..168 A5
Saint-Paul-de-Baïse (32) ...165 F4
Saint-Paul-de-Fenouillet (66) ..199 F1
Saint-Paul-de-Fourques (27) ...18 B6
Saint-Paul-de-Jarrat (09) ...183 H6
Saint-Paul-de-Loubressac (46) ...152 C5
Saint-Paul-de-Salers (15) ...140 B3
Saint-Paul-de-Serre (24) ...137 E3
Saint-Paul-de-Tartas (43) ...142 C6
Saint-Paul-de-Varax (01) ...116 D5
Saint-Paul-de-Varces (38) ...145 F3
Saint-Paul-de-Vern (46) ...139 F6
Saint-Paul-de-Vézelin (42) ...128 D2
Saint-Paul-des-Landes (15) ...140 A5
Saint-Paul-d'Espis (82) ...151 H6
Saint-Paul-d'Izeaux (38) ...145 E1
Saint-Paul-d'Oueil (31) ...196 A4
Saint-Paul-du-Bois (49) ...92 D2
Saint-Paul-du-Vernay (14) ...15 H6
Saint-Paul-d'Uzore (42) ...128 D4
Saint-Paul-en-Born (40) ...148 B5
Saint-Paul-en-Chablais (74) ...119 F2
Saint-Paul-en-Cornillon (42) ...129 E6
Saint-Paul-en-Forêt (83) ...192 D1
Saint-Paul-en-Gâtine (79) ...92 B6
Saint-Paul-en-Jarez (42) ...129 G5
Saint-Paul-en-Pareds (85) ...92 B4
Saint-Paul-et-Valmalle (34) ...171 E5
Saint-Paul-la-Coste (30) ...156 D6

Saint-Paul-la-Roche (24) ...123 H6
Saint-Paul-le-Froid (48) ...142 A6
Saint-Paul-le-Gaultier (72) ...59 G3
Saint-Paul-le-Jeune (07) ...157 E4
Saint-Paul-lès-Dax (40) ...162 D4
Saint-Paul-lès-Durance (13) ...174 B4
Saint-Paul-lès-Fonts (30) ...172 C1
Saint-Paul-lès-Monestier (38) ...145 F4
Saint-Paul-lès-Romans (26) ...144 C3
Saint-Paul-Lizonne (24) ...136 C1
Saint-Paul-Mont-Penit (85) ...91 E3
Saint-Paul-sur-Isère (73) ...132 D4
Saint-Paul-sur-Save (31) ...166 D4
Saint-Paul-sur-Ubaye (04) ...161 G2
Saint-Paul-Trois-Châteaux (26) ...158 B4
Saint-Paulet (11) ...184 B1
Saint-Paulet-de-Caisson (30) ..157 H5
Saint-Paulien (43) ...142 C3
Saint-Pavace (72) ...60 A5
Saint-Pé-d'Ardet (31) ...182 A5
Saint-Pé-de-Bigorre (65) ...180 D4
Saint-Pé-de-Léren (64) ...163 E6
Saint-Pé-Delbosc (31) ...182 B3
Saint-Pé-Saint-Simon (47) ...164 D2
Saint-Pellerin (28) ...61 G5
Saint-Pellerin (50) ...15 E5
Saint-Péran (35) ...56 C3
Saint-Péravy-la-Colombe (45) ...62 C6
Saint-Péray (07) ...144 A4
Saint-Perdon (40) ...163 H3
Saint-Perdoux (24) ...151 E1
Saint-Perdoux (46) ...153 G1
Saint-Père (35) ...34 D4
Saint-Père (58) ...82 C5
Saint-Père (89) ...83 H5
Saint-Père-en-Retz (44) ...73 H5
Saint-Père-sur-Loire (45) ...81 G2
Saint-Péreuse (58) ...99 H3
Saint-Pern (35) ...56 D1
Saint-Perreux (56) ...56 C6
Saint-Péver (22) ...33 E4
Saint-Pey-d'Armens (33) ...135 H5
Saint-Pey-de-Castets (33) ...136 A6
Saint-Phal (10) ...66 A5
Saint-Philbert-de-Bouaine (85)...91 F1
Saint-Philbert-de-Grand-Lieu (44) ...91 E1
Saint-Philbert-des-Champs (14) ...17 F4
Saint-Philbert-du-Peuple (49) ...77 H5
Saint-Philbert-en-Mauges (49)...75 G6
Saint-Philbert-sur-Boissey (27) ...18 B6
Saint-Philbert-sur-Orne (61) ...38 C4
Saint-Philbert-sur-Risle (27) ...18 A5
Saint-Philibert (21) ...101 H1
Saint-Philibert (56) ...72 B1
Saint-Philippe-d'Aiguille (33) ..136 A5
Saint-Philippe-du-Seignal (33)..136 C6
Saint-Piat (28) ...62 B1
Saint-Pierre ...192 D2
Saint-Pierre ...53 E4
Saint-Pierre ...100 D3
Saint-Pierre (04) ...176 C4
Saint-Pierre (15) ...140 A1
Saint-Pierre (31) ...167 G5
Saint-Pierre (39) ...118 A1
Saint-Pierre (51) ...45 H3
Saint-Pierre (67) ...71 G1
Saint-Pierre-à-Arnes (08) ...23 H5
Saint-Pierre-Aigle (02) ...21 H5
Saint-Pierre-Avez (05) ...159 H5
Saint-Pierre-Azif (14) ...17 E3
Saint-Pierre-Bellevue (23) ...125 F2
Saint-Pierre-Bénouville (76) ...7 F3
Saint-Pierre-Bois (67) ...71 F2
Saint-Pierre-Brouck (59) ...2 A2
Saint-Pierre-Canivet (14) ...38 D3
Saint-Pierre-Chérignat (23) ...124 D1
Saint-Pierre-Colamine (63) ...127 E5
Saint-Pierre-d'Albigny (73) ...132 B4
Saint-Pierre-d'Allevard (38) ...132 A6
Saint-Pierre-d'Alvey (73) ...131 G4
Saint-Pierre-d'Amilly (17) ...107 F5
Saint-Pierre-d'Argençon (05) ...159 G2
Saint-Pierre-d'Arthéglise (50) ...14 B4
Saint-Pierre-d'Aubézies (32) ...165 E5
Saint-Pierre-d'Aurillac (33) ...149 H2
Saint-Pierre-d'Autils (27) ...41 F1
Saint-Pierre-de-Bailleul (27) ...41 F1
Saint-Pierre-de-Bat (33) ...149 H1
Saint-Pierre-de-Belleville (73)..132 C5
Saint-Pierre-de-Bœuf (42) ...130 A6
Saint-Pierre-de-Bressieux (38)..144 D1
Saint-Pierre-de-Buzet (47) ...150 C5
Saint-Pierre-de-Cernières (27) ...40 A3
Saint-Pierre-de-Chandieu (69)..130 B4
Saint-Pierre-de-Chartreuse (38) ...131 G6
Saint-Pierre-de-Chérennes (38) ...145 E3
Saint-Pierre-de-Chevillé (72) ...78 C3
Saint-Pierre-de-Chignac (24) ...137 G3
Saint-Pierre-de-Clairac (47) ...151 F6
Saint-Pierre-de-Côle (24) ...137 F1
Saint-Pierre-de-Colombier (07) ...157 F1
Saint-Pierre-de-Commiers (38)..145 G3
Saint-Pierre-de-Cormeilles (27)..17 G4
Saint-Pierre-de-Coutances (50) ...37 E2
Saint-Pierre-de-Curtille (73) ...131 G2
Saint-Pierre-de-Frugie (24) ...123 H5
Saint-Pierre-de-Genebroz (73)..131 G5
Saint-Pierre-de-Jards (36) ...96 D2
Saint-Pierre-de-Juillers (17) ...121 G1
Saint-Pierre-de-la-Fage (34)...170 C4
Saint-Pierre-de-Lages (31) ...167 G6

Saint-Pierre-de-Lamps (36) ...96 B4
Saint-Pierre-de-l'Île (17) ...107 H6
Saint-Pierre-de-Maillé (86) ...95 E6
Saint-Pierre-de-Mailloc (14) ...17 F5
Saint-Pierre-de-Manneville (76) ...18 B5
Saint-Pierre-de-Méaroz (38) ...145 H5
Saint-Pierre-de-Mésage (38) ..145 G3
Saint-Pierre-de-Mézoargues (13) ...172 C3
Saint-Pierre-de-Mons (33) ...149 H2
Saint-Pierre-de-Nogaret (48) ..155 F3
Saint-Pierre-de-Plesguen (35) ...34 D5
Saint-Pierre-de-Rivière (09) ...183 G5
Saint-Pierre-de-Salerne (27) ...18 A6
Saint-Pierre-de-Semilly (50) ...37 G1
Saint-Pierre-de-Sommaire ...40 B4
Saint-Pierre-de-Soucy (73) ...132 B5
Saint-Pierre-de-Trivisy (81) ...168 D4
Saint-Pierre-de-Varengeville (76) ...7 F5
Saint-Pierre-de-Varennes (71)..101 E5
Saint-Pierre-de-Vassols (84) ...158 D6
Saint-Pierre-dels-Forcats (66)..198 D4
Saint-Pierre-d'Entremont (38)..131 H6
Saint-Pierre-d'Entremont (61)..38 B4
Saint-Pierre-d'Entremont (73)..131 H6
Saint-Pierre-des-Bois (72) ...59 G6
Saint-Pierre-des-Champs (11)..185 E5
Saint-Pierre-des-Corps (37) ...79 E5
Saint-Pierre-des-Échaubrognes (79)...92 C3
Saint-Pierre-des-Fleurs (27) ...18 C6
Saint-Pierre-des-Ifs (14) ...17 E5
Saint-Pierre-des-Ifs (27) ...17 H4
Saint-Pierre-des-Jonquières (76) ...8 B6
Saint-Pierre-des-Landes (53) ...58 B3
Saint-Pierre-des-Loges (61) ...39 H5
Saint-Pierre-des-Nids (53) ...59 H2
Saint-Pierre-des-Ormes (72) ...60 C3
Saint-Pierre-des-Tripiers (48) ..155 G5
Saint-Pierre-d'Exideuil (86) ...108 D5
Saint-Pierre-d'Eyraud (24) ...136 D5
Saint-Pierre-d'Irube (64) ...162 B6
Saint-Pierre-d'Oléron (17) ...120 A1
Saint-Pierre-du-Bosguérard (27) ...18 B6
Saint-Pierre-du-Bû (14) ...38 D3
Saint-Pierre-du-Champ (43) ...142 C2
Saint-Pierre-du-Chemin (85) ...92 C6
Saint-Pierre-du-Fresne (14) ...38 A2
Saint-Pierre-du-Jonquet (14) ...16 D4
Saint-Pierre-du-Lorouër (72) ...78 C2
Saint-Pierre-du-Mesnil (27) ...40 A3
Saint-Pierre-du-Mont (14) ...15 G4
Saint-Pierre-du-Mont (40) ...163 H2
Saint-Pierre-du-Mont (58) ...83 F5
Saint-Pierre-du-Palais (17) ...135 H2
Saint-Pierre-du-Perray (91) ...43 E6
Saint-Pierre-du-Regard (61) ...38 B4
Saint-Pierre-du-Val (27) ...6 C6
Saint-Pierre-du-Vauvray (27) ...18 D6
Saint-Pierre-Église (50) ...14 D2
Saint-Pierre-en-Faucigny (74) 118 D5
Saint-Pierre-en-Port (76) ...6 D3
Saint-Pierre-en-Val (76) ...8 B5
Saint-Pierre-en-Vaux (21) ...101 E3
Saint-Pierre-es-Champs (60) ...19 G4
Saint-Pierre-Eynac (43) ...142 D4
Saint-Pierre-la-Bourlhonne (63) ...128 B4
Saint-Pierre-la-Bruyère (61) ...61 E2
Saint-Pierre-la-Cour (53) ...58 B4
Saint-Pierre-la-Garenne (27)...41 F1
Saint-Pierre-la-Noaille (42) ...115 E5
Saint-Pierre-la-Palud (69) ...129 G3
Saint-Pierre-la-Rivière (61) ...39 G4
Saint-Pierre-la-Roche (07) ...157 H1
Saint-Pierre-la-Vieille (14) ...38 B3
Saint-Pierre-Lafeuille (46) ...152 C3
Saint-Pierre-Langers (50) ...35 G2
Saint-Pierre-Laval (03) ...114 C5
Saint-Pierre-Lavis (76) ...6 D4
Saint-Pierre-le-Bost (23) ...112 B3
Saint-Pierre-le-Chastel (63) ...126 D3
Saint-Pierre-le-Moûtier (58) ...98 D5
Saint-Pierre-le-Vieux (48) ...141 G6
Saint-Pierre-le-Vieux (71) ...115 H4
Saint-Pierre-le-Vieux (76) ...7 F2
Saint-Pierre-le-Vieux (85) ...107 F3
Saint-Pierre-le-Viger (76) ...7 F3
Saint-Pierre-lès-Bitry (60) ...21 G4
Saint-Pierre-les-Bois (18) ...97 F6
Saint-Pierre-les-Églises ...109 G1
Saint-Pierre-lès-Elbeuf (76) ...18 C6
Saint-Pierre-les-Étieux (18) ...98 A6
Saint-Pierre-lès-Franqueville (02) ...22 D1
Saint-Pierre-lès-Nemours (77) ...64 A3
Saint-Pierre-Montlimart (49) ...75 G5
Saint-Pierre-Quiberon (56) ...72 B2
Saint-Pierre-Roche (63) ...126 D3
Saint-Pierre-Saint-Jean (07) ...157 E3
Saint-Pierre-sur-Dives (14) ...16 D6
Saint-Pierre-sur-Doux (07) ...143 G3
Saint-Pierre-sur-Dropt (47) ...150 C2
Saint-Pierre-sur-Erve (53) ...59 F5
Saint-Pierre-sur-l'Hâte ...71 E3
Saint-Pierre-sur-Orthe (53) ...59 G4
Saint-Pierre-sur-Vence (08) ...24 A2
Saint-Pierre-Tarentaine (14) ...38 A2
Saint-Pierre-Toirac (46) ...153 F3
Saint-Pierre des Embiez ...191 F6
Saint-Pierre le Potier ...58 C5
Saint-Pierremont (02) ...22 D2
Saint-Pierremont (08) ...24 C3
Saint-Pierremont (88) ...70 A1
Saint-Pierreville (07) ...143 G6
Saint-Pierrevillers (55) ...25 G4
Saint-Plaisir (03) ...113 F1

Saint-Plancard (31).................182 A3
Saint-Planchers (50)..................35 G2
Saint-Plantaire (36)................111 F2
Saint-Point (71)....................116 A3
Saint-Point-Lac (25)................103 H4
Saint-Pois (50).......................37 G4
Saint-Poix (53).......................58 B6
Saint-Pol-de-Léon (29)...........31 H2
Saint-Pol-sur-Mer (59)..............2 B1
Saint-Pol-sur-Ternoise (62).......9 G1
Saint-Polgues (42).................128 C2
Saint-Polycarpe (11)..............184 D5
Saint-Pompain (79)...............107 G2
Saint-Pompon (24).................152 A1
Saint-Poncy (15)...................141 F3
Saint-Pons (04)....................177 E5
Saint-Pons (07)....................161 F3
Saint-Pons (07)....................157 H2
Saint-Pons-
de-Mauchiens (34)..........170 D6
Saint-Pons-de-Thomières (34)..185 H1
Saint-Pons-la-Calm (30)........157 H6
Saint-Pont (03)....................113 H5
Saint-Porchaire (17)...............120 D2
Saint-Porquier (82)................166 D2
Saint-Pôtan (22)......................34 B4
Saint-Pouange (10)..................66 B4
Saint-Pourçain-
sur-Besbre (03)................114 B2
Saint-Pourçain-sur-Sioule (03)..113 H4
Saint-Prancher (88)..................69 E2
Saint-Préjet-Armandon (43) ...142 A2
Saint-Préjet-d'Allier (43)........142 A4
Saint-Prest (28).......................62 B1
Saint-Preuil (16)....................121 H4
Saint-Priest (07)....................157 H1
Saint-Priest (23)....................112 B6
Saint-Priest (69)....................130 B3
Saint-Priest-Bramefant (63) ...114 A6
Saint-Priest-d'Andelot (03)......113 G6
Saint-Priest-de-Gimel (19) 139 F1
Saint-Priest-des-Champs (63)..126 D1
Saint-Priest-en-Jarez (42).......129 F5
Saint-Priest-en-Murat (03) 113 F3
Saint-Priest-la-Feuille (23) 111 E5
Saint-Priest-la-Marche (18) ...112 A3
Saint-Priest-la-Plaine (23).......111 E5
Saint-Priest-la-Prugne (42).....128 B3
Saint-Priest-la-Roche (42) 128 D2
Saint-Priest-la-Vêtre (42) 128 B3
Saint-Priest-les-Fougères (24)..123 H5
Saint-Priest-Ligoure (87) 124 B4
Saint-Priest-Palus (23)...........124 D2
Saint-Priest-sous-Aixe (87) 124 A4
Saint-Priest-Taurion (87)........124 C2
Saint-Prim (38)......................130 A6
Saint-Privat (07)....................157 G2
Saint-Privat (19)....................139 G3
Saint-Privat (34)....................170 C4
Saint-Privat-d'Allier (43) 142 B4
Saint-Privat-
de-Champclos (30)...........157 G5
Saint-Privat-de-Vallongue (48)..156 C5
Saint-Privat-des-Prés (24) 136 C2
Saint-Privat-des-Vieux (30)....157 E6
Saint-Privat-du-Dragon (43) ...141 H2
Saint-Privat-du-Fau (48).........141 G5
Saint-Privat-la-Montagne (57)...26 B5
Saint-Privé (71)....................101 E6
Saint-Privé (89)......................82 C3
Saint-Prix (03)........................45 E4
Saint-Prix (03)......................114 B4
Saint-Prix (07)......................143 G5
Saint-Prix (71)......................100 B4
Saint-Prix (95)........................42 D2
Saint-Prix-lès-Arnay (21) 101 E2
Saint-Projet.........................154 E2
Saint-Projet (46)...................152 D1
Saint-Projet (82)....................79 F2
Saint-Projet-de-Salers (15)....140 B3
Saint-Projet-
Saint-Constant (16)...........122 D3
Saint-Prouant (85).................92 B5
Saint-Pryvé-
Saint-Mesmin (45)...........80 D1
Saint-Puy (32).....................165 G3
Saint-Python (59)....................11 F3
Saint-Quantin-
de-Rançanne (17) 121 E6
Saint-Quay-Perros (22)...........32 C1
Saint-Quay-Portrieux (22)........33 G3
Saint-Quentin.......................16 C6
Saint-Quentin........................15 G6
Saint-Quentin (02)...................11 E6
Saint-Quentin-au-Bosc (76) 8 A5
Saint-Quentin-de-Baron (33) ..135 G6
Saint-Quentin-de-Blavou (61)...60 C1
Saint-Quentin-
de-Caplong (33) 136 B6
Saint-Quentin-de-Chalais (16)...136 D3
Saint-Quentin-des-Isles (27)...17 H6
Saint-Quentin-des-Prés (60)....19 G3
Saint-Quentin-du-Drop (27) ...151 F1
Saint-Quentin-en-Mauges (49)...75 G4
Saint-Quentin-
en-Tourmont (80)...............8 C2
Saint-Quentin-Fallavier (38) ...130 C4
Saint-Quentin-
la-Chabanne (23)............125 G2
Saint-Quentin-la-Motte-
Croix-au-Bailly (80)............8 B4
Saint-Quentin-la-Poterie (30)...172 B1
Saint-Quentin-la-Tour (09)....184 B5
Saint-Quentin-le-Petit (08)......23 E3
Saint-Quentin-le-Verger (51)....45 E6
Saint-Quentin-les-Anges (53)...76 C2
Saint-Quentin-
lès-Beaurepaire (49)........77 G3
Saint-Quentin-
les-Chardonnets (61) 38 A4

Saint-Quentin-les-Marais (51) ..46 B4
Saint-Quentin-
sur-Charente (16) 123 F2
Saint-Quentin-sur-Coole (51)....45 H4
Saint-Quentin-sur-Indrois (37)...95 F1
Saint-Quentin-sur-Isère (38) 145 F1
Saint-Quentin-
sur-le-Homme (50)............35 H3
Saint-Quentin-sur-Nohain (58)..82 C6
Saint-Quentin-
sur-Sauxillanges (63)........127 H5
Saint-Quintin-sur-Sioule (63) ..113 G6
Saint-Quirc (09).....................183 G3
Saint-Quirin (57).....................50 A5
Saint-Racho (71)....................115 G4
Saint-Rambert-d'Albon (26) ...144 A1
Saint-Rambert-en-Bugey (01)...131 E1
Saint-Raphaël (24)................137 H1
Saint-Raphaël (83)................193 G2
Saint-Régis-du-Coin (42) 143 G1
Saint-Règle (37)......................79 G5
Saint-Reine..............................87 E3
Saint-Remèze (07)................157 H4
Saint-Remimont (54)...............69 G1
Saint-Remimont (88)................69 E3
Saint-Rémy (01)....................116 D5
Saint-Rémy (12)....................153 G4
Saint-Rémy (14).......................38 C3
Saint-Rémy (19)....................125 H4
Saint-Rémy (21)......................84 C3
Saint-Rémy (24)....................136 C4
Saint-Remy (70).......................87 F1
Saint-Rémy (71)....................101 G5
Saint-Rémy (79)....................107 G3
Saint-Rémy (88).......................70 C2
Saint-Rémy-au-Bois (62) 8 D2
Saint-Rémy-aux-Bois (54) 69 H1
Saint-Rémy-Blanzy (02) 22 A6
Saint-Rémy-Boscrocourt (76)....8 B5
Saint-Rémy-Chaussée (59) 11 H3
Saint-Rémy-de-Blot (63).........11 F6
Saint-Rémy-de-Chargnat (63)..127 G5
Saint-Rémy-
de-Chaudes-Aigues (15)...141 E6
Saint-Rémy-
de-Maurienne (73)...........132 C6
Saint-Rémy-de-Provence (13)..172 D3
Saint-Rémy-de-Sillé (72) 59 H4
Saint-Rémy-des-Landes 42 A6
Saint-Rémy-des-Landes (50)....14 C5
Saint-Rémy-des-Monts (72) 60 C3
Saint-Remy-du-Nord (59).........12 A3
Saint-Rémy-du-Plain (35).........35 F6
Saint-Rémy-du-Val (72)............60 B2
Saint-Remy-en-Bouzemont-
-Saint-Genest-et-Isson (51) ..46 B6
Saint-Rémy-en-l'Eau (60) 20 C4
Saint-Rémy-en-Mauges (49) ...75 F5
Saint-Rémy-en-Rollat (03) 114 A5
Saint-Rémy-la-Calonne (55).....47 H2
Saint-Rémy-la-Vanne (77) 44 B4
Saint-Rémy-la-Varenne (49) 77 F5
Saint-Rémy-le-Petit (08) 23 F4
Saint-Rémy-
lès-Chevreuse (78)...........42 B5
Saint-Rémy-l'Honoré (78)........42 A5
Saint-Rémy-
-sous-Barbuise (10)...........66 B1
Saint-Remy-sous-Broyes (51)...45 E5
Saint-Rémy-sur-Avre (28) 41 E5
Saint-Rémy-sur-Bussy (51) 46 B2
Saint-Rémy-sur-Creuse (86)....94 D4
Saint-Rémy-sur-Durolle (63)....128 A2
Saint-Renan (29)......................30 D4
Saint-Restitut (26).................158 B4
Saint-Révérend (85)................90 D4
Saint-Révérien (58)..................99 F1
Saint-Rieul (22).......................34 A5
Saint-Rigomer-des-Bois (72) ...60 A2
Saint-Rimay (41)......................79 F2
Saint-Riquier (80)......................9 E4
Saint-Riquier-en-Rivière (76) 8 B6
Saint-Riquier-ès-Plains (76) 7 E3
Saint-Rirand (42)....................114 D6
Saint-Rivoal (29)......................31 G5
Saint-Robert (19)...................138 B2
Saint-Robert (47)...................151 G5
Saint-Roch (37)........................78 D5
Saint-Roch-sur-Égrenne (61)....38 A6
Saint-Rogatien (17)................106 D5
Saint-Romain (16)..................136 B2
Saint-Romain (21)..................101 F3
Saint-Romain (63)..................128 C5
Saint-Romain (86)..................109 E4
Saint-Romain-
au-Mont-d'Or (69)...........130 A2
Saint-Romain-d'Ay (07)..........143 H2
Saint-Romain-de-Benet (17) ...120 D3
Saint-Romain-
de-Colbosc (76)..................6 C5
Saint-Romain-de-Jalionas (38)..130 D3
Saint-Romain-de-Lerps (07)....144 A4
Saint-Romain-
de-Monpazier (24)............151 G1
Saint-Romain-de-Popey (69)...129 G2
Saint-Romain-d'Urfé (42) 128 B2
Saint-Romain-en-Gal (69) 130 A5
Saint-Romain-en-Gier (69) 129 H5
Saint-Romain-en-Jarez (42) ...129 G5
Saint-Romain-
en-Viennois (84)..............158 D5
Saint-Romain-
et-Saint-Clément (24) 123 G6
Saint-Romain-la-Motte (42) ...115 E6
Saint-Romain-la-Virvée (33) ...135 F4
Saint-Romain-Lachalm (43) ...143 F2
Saint-Romain-le-Noble (47) ...151 G6
Saint-Romain-le-Preux (89)....64 D6
Saint-Romain-le-Puy (42).......128 D5
Saint-Romain-les-Atheux (42) ..143 F1

Saint-Romain-
sous-Gourdon (71)...........115 G1
Saint-Romain-
sous-Versigny (71)...........100 C6
Saint-Romain-sur-Cher (41).....80 A6
Saint-Romain-
sur-Gironde (17)..............120 D5
Saint-Roman (26)..................159 F1
Saint-Roman-
de-Codières (30)..............171 E2
Saint-Roman-
de-Malegarde (84)...........158 C5
Saint-Romans (79).................107 H4
Saint-Romans-
des-Champs (79).............107 H4
Saint-Romans-lès-Melle (79) ..108 B4
Saint-Rome (31)....................183 H1
Saint-Rome-de-Cernon (12)...169 F2
Saint-Rome-de-Dolan (48).....155 G5
Saint-Rome-de-Tarn (12) 169 G1
Saint-Romphaire (50)...............37 G2
Saint-Rustice (31)..................167 E3
Saint-Saëns (76)......................7 H4
Saint-Saire (76).......................19 F2
Saint-Salvadou (12)...............153 G5
Saint-Salvadour (19)..............125 E6
Saint-Salvi-de-Carcavès (81)..169 E4
Saint-Salvy (47)....................150 D5
Saint-Salvy-de-la-Balme (81)..168 D5
Saint-Samson (14)..................16 D4
Saint-Samson (53)...................59 G1
Saint-Samson-
de-Bonfossé (50)..............37 G2
Saint-Samson-de-la-Roque (27)..6 C6
Saint-Samson-la-Poterie (60)..19 G3
Saint-Samson-sur-Rance (22)...34 D5
Saint-Sandoux (63)................127 F4
Saint-Santin (12)...................153 H2
Saint-Santin-Cantalès (15) 139 H4
Saint-Santin-de-Maurs (15) ...153 H2
Saint-Sardos (47)...................151 E4
Saint-Sardos (82)...................166 C3
Saint-Satur (18).......................82 B6
Saint-Saturnin (15)................140 D2
Saint-Saturnin (16)................122 B4
Saint-Saturnin (18)................112 A2
Saint-Saturnin (48)................155 G4
Saint-Saturnin (51)..................45 F6
Saint-Saturnin (63)................127 F4
Saint-Saturnin (72)..................60 A5
Saint-Saturnin-de-Lenne (12)..155 F4
Saint-Saturnin-de-Lucian (34)..170 C4
Saint-Saturnin-du-Bois (17) ...107 F5
Saint-Saturnin-du-Limet (53) ...76 A1
Saint-Saturnin-lès-Apt (84)....173 H2
Saint-Saturnin-
lès-Avignon (84)..............173 E2
Saint-Saturnin-sur-Loire (49) ...77 E5
Saint-Saud-Lacoussière (24) ..123 G5
Saint-Sauflieu (80)...................20 B1
Saint-Saulge (58).....................99 F2
Saint-Saulve (59).....................11 F1
Saint-Saury (15)....................139 G5
Saint-Sauvant (17).................121 F3
Saint-Sauvant (86).................108 C3
Saint-Sauves-d'Auvergne (63)..126 C4
Saint-Sauveur.........................90 A3
Saint-Sauveur (05)................161 E2
Saint-Sauveur (21)...................86 B5
Saint-Sauveur (24).................137 E5
Saint-Sauveur (29)...................31 G4
Saint-Sauveur (31).................167 E4
Saint-Sauveur (33).................134 D2
Saint-Sauveur (38).................145 E2
Saint-Sauveur (54)...................50 A6
Saint-Sauveur (60)...................21 F5
Saint-Sauveur (70)...................87 H1
Saint-Sauveur (80).....................9 F5
Saint-Sauveur (86)...................94 D5
Saint-Sauveur-Camprieu (30)..170 C1
Saint-Sauveur-d'Aunis (17)....107 E4
Saint-Sauveur-
de-Carrouges (61)............39 E6
Saint-Sauveur-
de-Cruzières (07)............157 F5
Saint-Sauveur-de-Flée (49) 76 C2
Saint-Sauveur-
de-Ginestoux (48) 156 B1
Saint-Sauveur-
de-Landemont (49)...........75 E4
Saint-Sauveur-
de-Meilhan (47)..............150 B3
Saint-Sauveur-
de-Montagut (07).............143 G6
Saint-Sauveur-de-Peyre (48) ..155 G2
Saint-Sauveur-
de-Pierrepont (50)............14 C5
Saint-Sauveur-
de-Puynormand (33).......136 A4
Saint-Sauveur-
d'Émalleville (76)...............6 C4
Saint-Sauveur-
des-Landes (35).................35 H6
Saint-Sauveur-en-Diois (26) ...158 D1
Saint-Sauveur-en-Puisaye (89)...82 D3
Saint-Sauveur-en-Rue (42) 143 G2
Saint-Sauveur-Gouvernet (26)..159 E4
Saint-Sauveur-
la-Pommeraye (50)...........35 G2
Saint-Sauveur-la-Sagne (63) ..128 B6
Saint-Sauveur-la-Vallée (46) ...152 D2
Saint-Sauveur-Lalande (24) ...136 C4
Saint-Sauveur-le-Vicomte (50)..14 C4
Saint-Sauveur-Lendelin (50) 37 E1
Saint-Sauveur-lès-Bray (77) 64 D2
Saint-Sauveur-Marville (28) 41 E6
Saint-Sauveur-sur-École (91)...63 H1
Saint-Sauveur-sur-Tinée (06) ..176 D2
Saint-Sauvier (03)..................112 B3
Saint-Sauvy (33)....................135 F3
Saint-Savin (33).....................135 F4
Saint-Savin (38).....................130 D4

Saint-Savin (65).....................180 D5
Saint-Savin (86).....................109 H1
Saint-Savinien (17)................121 E2
Saint-Saviol (86)....................108 D5
Saint-Savournin (13)..............190 D3
Saint-Sébastien (31)................31 G6
Saint-Sébastien (23)..............111 E3
Saint-Sébastien (38)..............145 H5
Saint-Sébastien-
d'Aigrefeuille (30) 171 G1
Saint-Sébastien-
de-Morsent (27)................40 D2
Saint-Sébastien-de-Raids (50)..14 D6
Saint-Sébastien-sur-Loire (44)..74 D5
Saint-Secondin (86)...............109 F4
Saint-Ségal (29).......................31 G6
Saint-Séglin (35)......................56 D5
Saint-Seine (58)......................99 H6
Saint-Seine-en-Bâche (21).....102 B2
Saint-Seine-l'Abbaye (21).......85 F5
Saint-Seine-
sur-Vingeanne (21)............86 B4
Saint-Selve (33).....................149 F1
Saint-Senier-de-Beuvron (50)...35 H4
Saint-Senier-
sous-Avranches (50)..........35 H3
Saint-Senoch (37)....................95 F3
Saint-Senoux (35)....................57 E4
Saint-Sériès (34)....................171 G4
Saint-Sernin (07)...................157 G2
Saint-Sernin (11)...................184 A3
Saint-Sernin (47)...................150 C1
Saint-Sernin-du-Bois (71)......100 D5
Saint-Sernin-du-Plain (71) 101 E4
Saint-Sernin-lès-Lavaur (81)...168 A6
Saint-Sernin-sur-Rance (12)...169 E3
Saint-Sérotin (89)....................64 D3
Saint-Servais (22)....................32 C5
Saint-Servais (29)....................31 F4
Saint-Servan-sur-Mer (35)......34 D3
Saint-Servant (56)...................55 H4
Saint-Setiers (19)...................125 G4
Saint-Seurin-de-Bourg (33) ...135 E3
Saint-Seurin-
de-Cadourne (33) 134 D1
Saint-Seurin-de-Cursac (33) ...135 E2
Saint-Seurin-de-Palenne (17)..121 F4
Saint-Seurin-de-Prats (24).....136 B6
Saint-Seurin-sur-l'Isle (33) 136 A4
Saint-Sève (33).....................150 A2
Saint-Sever (40)....................163 H4
Saint-Sever-Calvados (14) 37 G3
Saint-Sever-de-Rustan (65) ...181 F2
Saint-Sever-de-Saintonge (17)..121 F3
Saint-Sever-du-Moustier (12)..169 F4
Saint-Séverin (16)..................136 C1
Saint-Séverin-d'Estissac (24) ..136 D4
Saint-Séverin-
sur-Boutonne (17)...........107 H6
Saint-Siffret (30)....................172 B1
Saint-Sigismond (45)...............62 C6
Saint-Sigismond (49)...............75 G3
Saint-Sigismond (74)..............119 F5
Saint-Sigismond (85)..............107 F3
Saint-Sigismond-
de-Clermont (17).............121 F5
Saint-Silvain-Bas-le-Roc (23) ..112 A4
Saint-Silvain-Bellegarde (23) ..125 H1
Saint-Silvain-Montaigut (23) ...111 F5
Saint-Silvain-sous-Toulx (23) ..112 A4
Saint-Siméon (27)....................17 H3
Saint-Siméon (61)...................58 D1
Saint-Siméon (77)....................44 A4
Saint-Siméon-
de-Bressieux (38).............144 D1
Saint-Simeux (16)..................122 A4
Saint-Simon (02)......................21 H1
Saint-Simon (15)...................140 B5
Saint-Simon (16)...................122 A4
Saint-Simon (46)...................153 F1
Saint-Simon-de-Bordes (17) ...121 F6
Saint-Simon-
de-Pellouaille (17)...........121 E4
Saint-Sixt (74).......................118 D5
Saint-Sixte (42).....................128 D3
Saint-Sixte (47).....................151 G6
Saint-Solve (19)....................138 C1
Saint-Sorlin (69)....................129 H4
Saint-Sorlin-d'Arves (73)........146 B2
Saint-Sorlin-de-Conac (17) ...121 E6
Saint-Sorlin-de-Morestel (38)..131 E4
Saint-Sorlin-de-Vienne (38) ...130 B5
Saint-Sorlin-en-Bugey (01).....130 D2
Saint-Sorlin-en-Valloire (26) ..144 B1
Saint-Sornin (03)...................113 F3
Saint-Sornin (16)...................122 D4
Saint-Sornin (17)...................120 C3
Saint-Sornin-la-Marche (87)....110 A5
Saint-Sornin-Lavolps (19).......138 C1
Saint-Sornin-Leulac (87)........110 C5
Saint-Soulan (32)...................166 B6
Saint-Souplet (59)....................11 F4
Saint-Souplet-sur-Py (51).......23 H6
Saint-Soupplets (77)................43 G2
Saint-Sozy (46).....................138 D5
Saint-Stail (88)........................70 D2

Saint-Sulpice-
de-Faleyrens (33) 135 H5
Saint-Sulpice-de-Favières (91)..63 F1
Saint-Sulpice-
de-Grimbouville (27) 17 G3
Saint-Sulpice-
de-Guilleragues (33) 150 B2
Saint-Sulpice-de-Mareuil (24)..123 E6
Saint-Sulpice-
de-Pommeray (41) 79 H3
Saint-Sulpice-
de-Pommiers (33) 150 A1
Saint-Sulpice-
de-Roumagnac (24) 136 D2
Saint-Sulpice-de-Royan (17)...120 C3
Saint-Sulpice-de-Ruffec (16) ..122 D1
Saint-Sulpice-des-Landes (35)..57 F6
Saint-Sulpice-des-Landes (44)..75 F2
Saint-Sulpice-
des-Rivoires (38) 131 F5
Saint-Sulpice-d'Excideuil (24)..123 H6
Saint-Sulpice-en-Pareds (85) ..107 E1
Saint-Sulpice-
et-Cameyrac (33) 135 F5
Saint-Sulpice-la-Forêt (35).......57 F2
Saint-Sulpice-Laurière (87).....110 D6
Saint-Sulpice-le-Dunois (23) ...111 F4
Saint-Sulpice-
le-Guérétois (23) 111 F5
Saint-Sulpice-le-Verdon (85) ...91 G2
Saint-Sulpice-les-Bois (19).....125 G4
Saint-Sulpice-
les-Champs (23) 125 G1
Saint-Sulpice-les-Feuilles (87)..110 D4
Saint-Sulpice-sur-Lèze (31) ...183 F2
Saint-Sulpice-sur-Risle (61) 40 B4
Saint-Supplet (54)....................25 H4
Saint-Sylvain (14)....................16 C5
Saint-Sylvain (19)..................139 F3
Saint-Sylvain (76)......................7 E2
Saint-Sylvain-d'Anjou (49) 77 E4
Saint-Sylvestre (74)...............132 A2
Saint-Sylvestre (87)...............124 C1
Saint-Sylvestre-Cappel (59) 2 C4
Saint-Sylvestre-
de-Cormeilles (27).............17 G4
Saint-Sylvestre-Pragoulin (63)..114 A6
Saint-Sylvestre-sur-Lot (47) ...151 G4
Saint-Symphorien (18).............97 G5
Saint-Symphorien (27).............17 G3
Saint-Symphorien (33)...........149 F3
Saint-Symphorien (48)...........142 A6
Saint-Symphorien (72).............59 G5
Saint-Symphorien (79)............107 G4
Saint-Symphorien-
d'Ancelles (71) 116 B5
Saint-Symphorien-
de-Lay (42)......................129 E1
Saint-Symphorien-
de-Mahun (07) 143 G3
Saint-Symphorien-
de-Marmagne (71) 100 D5
Saint-Symphorien-
de-Thénières (12)............154 D1
Saint-Symphorien-
des-Bois (71) 115 F3
Saint-Symphorien-
des-Bruyères (61)............40 A4
Saint-Symphorien-
des-Monts (50)..................37 G6
Saint-Symphorien-d'Ozon (69)..130 A4
Saint-Symphorien-
le-Château (28) 62 C1
Saint-Symphorien-
le-Valois (50)....................14 C5
Saint-Symphorien-
sous-Chomérac (07) 158 A1
Saint-Symphorien-
sur-Coise (69) 129 F4
Saint-Symphorien-
sur-Couze (87) 110 C6
Saint-Symphorien-
sur-Saône (21)................102 B2
Saint-Thégonnec (29)..............31 H4
Saint-Thélo (22).......................55 F1
Saint-Théodorit (30)...............171 G2
Saint-Théoffrey (38)...............145 G4
Saint-Thibaud-de-Couz (73)...131 H5
Saint-Thibault (10)...................66 B4
Saint-Thibault (21)...................84 D5
Saint-Thibault (60)...................19 H2
Saint-Thibault-des-Vignes (77)..43 F4
Saint-Thibaut (02)....................22 C5
Saint-Thibéry (34)..................187 F1
Saint-Thiébaud (39)...............103 E3
Saint-Thiébault (52).................68 C4
Saint-Thierry (51)....................23 E5
Saint-Thois (29).......................53 H1
Saint-Thomas (02)....................22 D4
Saint-Thomas (31).................166 C6
Saint-Thomas-de-Conac (17)..121 E6
Saint-Thomas-
de-Courceriers (53) 59 F3
Saint-Thomas-
en-Argonne (51) 24 B6
Saint-Thomas-en-Royans (26)..144 D3
Saint-Thomas-la-Garde (42)...128 D5
Saint-Thomé (07)...................157 H3
Saint-Thonan (29)....................31 E4
Saint-Thual (35)......................34 D6
Saint-Thurial (35).....................56 D3
Saint-Thuriau (56)....................55 F3
Saint-Thurien (27).....................6 D6
Saint-Thurien (29)....................54 B3
Saint-Thurin (42)....................128 C2
Saint-Thyrs (89)......................175 H3
Saint-Tricat (62).........................1 G2
Saint-Trimoël (22).....................33 H5
Saint-Trinit (84)......................159 F6
Saint-Trivier-de-Courtes (01) ..116 D2
Saint-Trivier-
sur-Moignans (01)...........116 C6

Saint-Trojan (33)...................135 E3
Saint-Trojan-les-Bains (17) 120 B2
Saint-Tropez (83)...................192 D4
Saint-Tugdual (56)....................54 C2
Saint-Tugen...........................52 C2
Saint-Ulphace (72)...................61 E4
Saint-Ulrich (68).......................89 E3
Saint-Uniac (35)......................56 D2
Saint-Urbain (29).....................31 F5
Saint-Urbain (85).....................90 C2
Saint-Urbain-Maconcourt (52)...67 H2
Saint-Urcisse (47)..................151 G6
Saint-Urcisse (81)..................167 G2
Saint-Urcize (15)...................155 F1
Saint-Urlo.............................54 B3
Saint-Usage (10)......................67 E5
Saint-Usage (21)....................102 B2
Saint-Usuge (71)....................102 B6
Saint-Utin (51).........................46 B6
Saint-Uze (26).......................144 A2
Saint-Vaast-
d'Équiqueville (76)..............7 H3
Saint-Vaast-Dieppedalle (76) 7 E3
Saint-Vaast-du-Val (76)............7 G4
Saint-Vaast-en-Auge (14) 17 E3
Saint-Vaast-
en-Cambrésis (59)...........11 F3
Saint-Vaast-en-Chaussée (80)...9 F5
Saint-Vaast-la-Hougue (50) 15 E2
Saint-Vaast-lès-Mello (60) 20 C6
Saint-Vaast-sur-Seulles (14) ...16 A5
Saint-Vaize (17)....................121 E2
Saint-Valbert (70)....................87 H1
Saint-Valentin (36)...................96 C4
Saint-Valérien (85).................107 E1
Saint-Valérien (89)...................64 D4
Saint-Valery (60).....................19 G2
Saint-Valery-en-Caux (76) 7 E2
Saint-Valery-sur-Somme (80) 8 C3
Saint-Vallerin (71)..................101 F6
Saint-Vallier (16)...................136 A1
Saint-Vallier (26)...................144 A2
Saint-Vallier (71)...................115 G1
Saint-Vallier (88).....................69 G3
Saint-Vallier-de-Thiey (06) 176 B5
Saint-Vallier-sur-Marne (52) 86 B1
Saint-Varent (79).....................93 F4
Saint-Vaury (23)....................111 F5
Saint-Venant (62).......................2 C5
Saint-Venec..........................53 G2
Saint-Vénérand (43)...............142 B5
Saint-Véran (58)......................82 C5
Saint-Véran.........................170 B1
Saint-Véran (05)....................147 G6
Saint-Vérand (38)..................144 D2
Saint-Vérand (69)..................129 G1
Saint-Vérand (71)..................116 B4
Saint-Vert (43).......................142 A1
Saint-Viance (19)...................138 C2
Saint-Viâtre (41)......................80 D4
Saint-Viaud (44)......................73 H4
Saint-Victeur (72)....................59 H3
Saint-Victor (03)....................112 D3
Saint-Victor (07)....................143 H3
Saint-Victor (15)....................139 H4
Saint-Victor (24)....................136 D2
Saint-Victor-de-Cessieu (38) ..131 E5
Saint-Victor-
de-Chrétienville (27).........17 H5
Saint-Victor-de-Malcap (30)...157 F5
Saint-Victor-de-Morestel (38)..131 E3
Saint-Victor-de-Réno (61)........61 E1
Saint-Victor-d'Épine (27).........17 H4
Saint-Victor-des-Oules (30) ...172 B1
Saint-Victor-en-Marche (23) ...111 F6
Saint-Victor-et-Melvieu (12) ...169 G1
Saint-Victor-la-Coste (30) 172 C1
Saint-Victor-la-Rivière (63) 127 E5
Saint-Victor-l'Abbaye (76)........7 G4
Saint-Victor-Malescours (43) ..143 F1
Saint-Victor-Montvianeix (63)..128 A1
Saint-Victor-Rouzaud (09) 183 G4
Saint-Victor-sur-Arlanc (43) ...142 B1
Saint-Victor-sur-Avre (27)........40 C5
Saint-Victor-sur-Loire (42) 129 E6
Saint-Victor-sur-Ouche (21) ...101 F1
Saint-Victor-sur-Rhins (42) 129 E1
Saint-Victoret (13).................190 B3
Saint-Victour (19)..................126 A6
Saint-Victurnien (87)..............123 H2
Saint-Vidal (43).....................142 B3
Saint-Vigor (27)......................41 E2
Saint-Vigor-des-Mézerets (14)..38 B3
Saint-Vigor-des-Monts (50) 37 G3
Saint-Vigor-d'Ymonville (76).....6 C5
Saint-Vigor-le-Grand (14) 15 H5
Saint-Vincent.......................129 H4
Saint-Vincent (31).................184 A1
Saint-Vincent (43).................142 C3
Saint-Vincent (63).................127 F5
Saint-Vincent (64).................180 D3
Saint-Vincent (82).................152 C6
Saint-Vincent-Bragny (71) 115 G2
Saint-Vincent-Cramesnil (76) ...6 C5
Saint-Vincent-
de-Barbeyrargues (34) 171 F4
Saint-Vincent-de-Barrès (07) ..158 A1
Saint-Vincent-de-Boisset (42)..128 D1
Saint-Vincent-
de-Connezac (24) 136 D3
Saint-Vincent-de-Cosse (24) ..138 A6
Saint-Vincent-de-Durfort (07) ..143 H6
Saint-Vincent-
de-Lamontjoie (47) 165 G1
Saint-Vincent-
de-Mercuze (38) 131 H6
Saint-Vincent-de-Paul (33) 135 F4
Saint-Vincent-de-Paul (40) 163 E4

Saint-Vincent-
-de-Pertignas (33) 135 H6
Saint-Vincent-de-Reins (69) ...115 G6
Saint-Vincent-de-Salers (15) ...140 B2
Saint-Vincent-de-Tyrosse (40)..162 C4
Saint-Vincent-des-Bois (27) 41 F2
Saint-Vincent-des-Landes (44)..74 D1
Saint-Vincent-des-Prés (71) ...115 H2
Saint-Vincent-des-Prés (72) 60 C3
Saint-Vincent-d'Olargues (34)..136 C2
Saint-Vincent-du-Boulay (27) ...17 G5
Saint-Vincent-du-Lorouër (72) ..78 C1
Saint-Vincent-du-Pendit (46) .139 F6
Saint-Vincent-en-Bresse (71) ..101 H6
Saint-Vincent-Jalmoutiers (24)..136 C2
Saint-Vincent-la-Châtre (79) ..108 C4
Saint-Vincent-
-la-Commanderie (26) 144 C4
Saint-Vincent-le-Paluel (24) ..138 B5
Saint-Vincent-les-Forts (04) ...160 D3
Saint-Vincent-Lespinasse (82)..151 H6
Saint-Vincent-Rive-d'Olt (46) ..152 B3
Saint-Vincent-Sterlanges (85)...92 A5
Saint-Vincent-sur-Graon (85) ..91 G5
Saint-Vincent-sur-Jabron (04)..159 H5
Saint-Vincent-sur-Jard (85) ...106 A2
Saint-Vincent-sur-l'Isle (24) ..137 G2
Saint-Vincent-sur-Oust (56) 56 C6
Saint-Vit (25) 103 E1
Saint-Vital (73) 132 C4
Saint-Vite (47) 151 H3
Saint-Vitte (18) 112 C2
Saint-Vitte-sur-Briance (87) ..124 D4
Saint-Vivien (17) 106 D5
Saint-Vivien (24) 136 B5
Saint-Vivien-de-Blaye (33) 135 F3
Saint-Vivien-de-Médoc (33) ...120 C6
Saint-Vivien-
-de-Monségur (33) 150 B2
Saint-Voir (03) 114 B3
Saint-Vougay (29) 31 G3
Saint-Voy 143 E4
Saint-Vrain (51) 46 C5
Saint-Vrain (91) 63 G1
Saint-Vran (22) 56 A1
Saint-Vulbas (01) 130 D2
Saint-Waast (59) 11 G2
Saint-Wandrille-Rançon (76) 7 E5
Saint-Witz (95) 43 F2
Saint-Xandre (17) 106 D4
Saint-Yaguen (40) 163 G2
Saint-Yan (71) 115 E3
Saint-Ybard (19) 124 C6
Saint-Ybars (09) 183 F3
Saint-Yon (91) 63 F1
Saint-Yorre (03) 114 A6
Saint-Yrieix-la-Montagne (23)..125 G2
Saint-Yrieix-la-Perche (87) ..124 A5
Saint-Yrieix-le-Déjalat (19) ..125 F6
Saint-Yrieix-les-Bois (23) ...111 G6
Saint-Yrieix-sous-Aixe (87)...123 H2
Saint-Yrieix-sur-Charente (16)..122 B3
Saint-Ythaire (71) 116 A1
Saint-Yvoine (63) 127 G5
Saint-Yvy (29) 53 G3
Saint-Yzan-de-Soudiac (33) ..135 F3
Saint-Yzans-de-Médoc (33) ..134 D1
Saint-Zacharie (83) 191 E3
Sainte-Adresse (76) 6 A5
Sainte-Agathe (63) 128 A2
Sainte-Agathe-
-d'Aliermont (76).................8 A6
Sainte-Agathe-en-Donzy (42)..129 F2
Sainte-Agathe-
-la-Bouteresse (42) 128 D3
Sainte-Agnès (06) 177 F4
Sainte-Agnès (38) 145 H2
Sainte-Agnès (39) 117 F1
Sainte-Alauzie (46) 152 B5
Sainte-Alvère (24) 137 F5
Sainte-Anastasie (15) 141 E3
Sainte-Anastasie (30) 172 A2
Sainte-Anastasie-
-sur-Issole (83) 191 H3
Sainte-Anne 73 G2
Sainte-Anne (25) 103 F3
Sainte-Anne (32) 166 B4
Sainte-Anne (41) 79 G2
Sainte-Anne-d'Auray (56) 55 E6
Sainte-Anne-du-Portzic 30 D5
Sainte-Anne-la-Condamine ...161 F2
Sainte-Anne-Saint-Priest (87)..124 D3
Sainte-Anne-sur-Brivet (44) ..74 A3
Sainte-Anne-
-sur-Gervonde (38) 130 D5
Sainte-Anne-sur-Vilaine (35)..57 E6
Sainte-Anne d'Entremont 39 E3
Sainte-Anne la Palud 53 F1
Sainte-Aulde (77) 44 A2
Sainte-Aurence-Cazaux (32) ..181 H2
Sainte-Austreberthe (62) 9 E2
Sainte-Austreberthe (76) 7 F5
Sainte-Austremoine 154 B3
Sainte-Avoye 55 E6
Sainte-Barbe (57) 26 C5
Sainte-Barbe (88) 70 B1
Sainte-Barbe-sur-Gaillon (27)..41 F1
Sainte-Bazeille (47) 150 B2
Sainte-Beuve-en-Rivière (76) ..19 F1
Sainte-Blandine (38) 131 E5
Sainte-Blandine (79) 108 A4
Sainte-Brigitte (56) 55 E2
Sainte-Camelle (11) 184 A3
Sainte-Catherine (62) 10 B2
Sainte-Catherine (63) 127 H6
Sainte-Catherine (69) 129 G4
Sainte-Catherine-
-de-Fierbois (37) 94 D2
Sainte-Cécile (36) 96 C2
Sainte-Cécile (50) 37 F3
Sainte-Cécile (71) 116 A3

Sainte-Cécile (85) 92 A5
Sainte-Cécile-d'Andorge (30)..156 D5
Sainte-Cécile-du-Cayrou (81)..167 H2
Sainte-Cécile-les-Vignes (84)..158 B5
Sainte-Céronne-
-lès-Mortagne (61) 40 A6
Sainte-Cérotte (72) 78 D1
Sainte-Christie (32) 165 H4
Sainte-Christie-
-d'Armagnac (32) 164 D3
Sainte-Christine 31 E5
Sainte-Christine (49) 75 H4
Sainte-Christine (63) 113 E6
Sainte-Colombe 159 E6
Sainte-Colombe (05) 159 G4
Sainte-Colombe (16) 122 D2
Sainte-Colombe (17) 135 G1
Sainte-Colombe (21) 84 D5
Sainte-Colombe (25) 103 H4
Sainte-Colombe (33) 136 A5
Sainte-Colombe (35) 57 G5
Sainte-Colombe (40) 163 H4
Sainte-Colombe (46) 153 G1
Sainte-Colombe (50) 14 C4
Sainte-Colombe (69) 130 A5
Sainte-Colombe (76) 7 E3
Sainte-Colombe (77) 65 E1
Sainte-Colombe (89) 84 A4
Sainte-Colombe-
-de-Duras (47) 150 B1
Sainte-Colombe-
-de-la-Commanderie (66)..199 H3
Sainte-Colombe-
-de-Peyre (48) 155 G1
Sainte-Colombe-
-de-Villeneuve (47) 151 F4
Sainte-Colombe-des-Bois (58)..82 D6
Sainte-Colombe-
-en-Bruilhois (47) 151 E6
Sainte-Colombe-
-la-Commanderie (27) 40 C1
Sainte-Colombe-
-près-Vernon (27) 41 F2
Sainte-Colombe-
-sur-Gand (42) 129 E2
Sainte-Colombe-
-sur-Guette (11) 198 D2
Sainte-Colombe-
-sur-l'Hers (11) 184 B5
Sainte-Colombe-
-sur-Loing (89) 82 D4
Sainte-Colombe-
-sur-Seine (21) 85 E1
Sainte-Colome (64) 180 B4
Sainte-Consorce (69) 129 H3
Sainte-Croix (01) 130 B2
Sainte-Croix (02) 22 D4
Sainte-Croix (12) 153 G4
Sainte-Croix (24) 151 G1
Sainte-Croix (26) 144 D6
Sainte-Croix (46) 152 A4
Sainte-Croix (71) 117 E1
Sainte-Croix (81) 168 B2
Sainte-Croix-à-Lauze (04)..174 B2
Sainte-Croix-aux-Mines (68)..71 E2
Sainte-Croix-de-Caderle (30)..171 F1
Sainte-Croix-de-Mareuil (24)..122 D6
Sainte-Croix-
-de-Quintillargues (34)..171 F4
Sainte-Croix-de-Verdon (04)..175 E3
Sainte-Croix-du-Mont (33)..149 H2
Sainte-Croix-en-Jarez (42)..129 H5
Sainte-Croix-en-Plaine (68)..71 F5
Sainte-Croix-
-Grand-Tonne (14) 16 A4
Sainte-Croix-Hague (50)..14 B2
Sainte-Croix-sur-Aizier (27)..6 D6
Sainte-Croix-sur-Buchy (76)..19 E3
Sainte-Croix-sur-Mer (14)..16 B5
Sainte-Croix-sur-Orne (61)..38 D4
Sainte-Croix-
-Vallée-Française (48)..156 C6
Sainte-Croix-Volvestre (09)..183 E4
Sainte-Dode (32) 181 G1
Sainte-Eanne (79) 108 B3
Sainte-Engrâce (64) 179 G5
Sainte-Enimie (48) 155 H4
Sainte-Eugénie-
-de-Villeneuve (43) 142 A3
Sainte-Eulalie (07) 153 F2
Sainte-Eulalie (07) 143 E6
Sainte-Eulalie (11) 184 D3
Sainte-Eulalie (15) 140 A3
Sainte-Eulalie (33) 135 F5
Sainte-Eulalie (48) 141 H6
Sainte-Eulalie-d'Ans (24) ...137 H2
Sainte-Eulalie-
-de-Cernon (12) 170 A2
Sainte-Eulalie-d'Eymet (24)..150 D1
Sainte-Eulalie-d'Olt (12) 153 E3
Sainte-Eulalie-en-Born (40) ..148 B5
Sainte-Eulalie-en-Royans (26)..145 E3
Sainte-Euphémie (01) 130 A1
Sainte-Euphémie-
-sur-Ouvèze (26) 159 E4
Sainte-Eusoye (60) 20 B3
Sainte-Fauste (36) 96 D5
Sainte-Féréole (19) 138 D2
Sainte-Feyre (23) 111 G5
Sainte-Feyre-
-la-Montagne (23) 125 H2
Sainte-Flaive-des-Loups (85)..91 F5
Sainte-Florence (33) 136 A6
Sainte-Florence (85) 91 H3
Sainte-Florine (43) 127 G6
Sainte-Foi (09) 184 D4
Sainte-Fortunade (19) 139 E2
Sainte-Foy (40) 164 B2
Sainte-Foy (71) 115 E4
Sainte-Foy (76) 7 G3
Sainte-Foy (85) 91 E5

Sainte-Foy-d'Aigrefeuille (31)..167 F6
Sainte-Foy-de-Belvès (24) ...151 H1
Sainte-Foy-de-Longas (24) ..137 F5
Sainte-Foy-
-de-Montgommery (14) 39 G3
Sainte-Foy-
-de-Peyrolières (31) 166 C6
Sainte-Foy-la-Grande (33) ..136 C5
Sainte-Foy-la-Longue (33) ..150 A2
Sainte-Foy-l'Argentière (69)..129 G3
Sainte-Foy-lès-Lyon (69) ...130 A3
Sainte-Foy-Saint-Sulpice (42)..128 D3
Sainte-Foy-Tarentaise (73) ..133 F4
Sainte-Gauburge-
-Sainte-Colombe (61) 39 H5
Sainte-Gemme (17) 120 D3
Sainte-Gemme (32) 166 A4
Sainte-Gemme (33) 150 B2
Sainte-Gemme (36) 95 H5
Sainte-Gemme (51) 44 D1
Sainte-Gemme (79) 93 F4
Sainte-Gemme (81) 168 C1
Sainte-Gemme-
-en-Sancerrois (18) 82 B5
Sainte-Gemme-la-Plaine (85)..106 D2
Sainte-Gemme-le-Robert (53)..59 F4
Sainte-Gemme-Martaillac (47)..150 C4
Sainte-Gemme-Moronval (28)..41 F5
Sainte-Gemmes (41) 79 H2
Sainte-Gemmes-
-d'Andigné (49) 75 H1
Sainte-Gemmes-sur-Loire (49)..76 D5
Sainte-Geneviève (02) 23 E2
Sainte-Geneviève (50) 15 E2
Sainte-Geneviève (54) 48 C3
Sainte-Geneviève (60) 20 B6
Sainte-Geneviève (76) 19 E2
Sainte-Geneviève-
-des-Bois (45) 82 B2
Sainte-Geneviève-
-des-Bois (91) 42 D6
Sainte-Geneviève-
-lès-Gasny (27) 41 G2
Sainte-Geneviève-
-sur-Argence (12) 140 D6
Sainte-Gertrude 7 E5
Sainte-Hélène (33) 134 C4
Sainte-Hélène (48) 156 B3
Sainte-Hélène (56) 54 D5
Sainte-Hélène (71) 101 F5
Sainte-Hélène (88) 70 B2
Sainte-Hélène-Bondeville (76)..6 C3
Sainte-Hélène-du-Lac (73) ..132 A5
Sainte-Hélène-sur-Isère (73)..132 C4
Sainte-Hermine (85) 106 D1
Sainte-Honorine-de-Ducy (14)..38 A1
Sainte-Honorine-
-des-Pertes (14) 15 H5
Sainte-Honorine-du-Fay (14) ..16 B5
Sainte-Honorine-
-la-Chardonne (61) 38 C4
Sainte-Honorine-
-la-Guillaume (61) 38 C4
Sainte-Innocence (24) 150 D1
Sainte-Jalle (26) 159 E4
Sainte-Jamme-sur-Sarthe (72)..60 A4
Sainte-Julie (01) 130 D2
Sainte-Juliette (82) 152 A5
Sainte-Juliette-sur-Viaur (12)..154 B6
Sainte-Léocadie (66) 198 C5
Sainte-Lheurine (17) 121 G5
Sainte-Livrade (31) 166 C5
Sainte-Livrade-sur-Lot (47)..151 E4
Sainte-Lizaigne (36) 97 E3
Sainte-Luce (38) 145 H5
Sainte-Luce-sur-Loire (44) ..74 D5
Sainte-Lucie-de-Tallano (2A)..207 E2
Sainte-Lunaise (18) 97 G4
Sainte-Magnance (89) 84 B5
Sainte-Marguerite 22 B5
Sainte-Marguerite 73 F4
Sainte-Marguerite (43) 142 A2
Sainte-Marguerite (88) 70 D2
Sainte-Marguerite-
-de-Carrouges (61) 39 E6
Sainte-Marguerite-
-de-l'Autel (27) 40 C3
Sainte-Marguerite-
-de-Viette (14) 17 E6
Sainte-Marguerite-d'Elle (14)..15 F6
Sainte-Marguerite-
-des-Loges (14) 17 F6
Sainte-Marguerite-
-en-Ouche (27) 40 B2
Sainte-Marguerite-
-Lafigère (07) 156 D3
Sainte-Marguerite-
-sur-Duclair (76) 7 F5
Sainte-Marguerite-
-sur-Fauville (76) 6 D4
Sainte-Marguerite-sur-Mer (76)..7 F2
Sainte-Marie (05) 159 F3
Sainte-Marie (08) 24 A5
Sainte-Marie (15) 140 D5
Sainte-Marie (25) 88 B4
Sainte-Marie (35) 56 C6
Sainte-Marie (58) 99 F2
Sainte-Marie (65) 182 A5
Sainte-Marie (66) 201 E2
Sainte-Marie-à-Py (51) 43 H3
Sainte-Marie-au-Bosc (76) 6 B4
Sainte-Marie-aux-Chênes (57)..26 B3
Sainte-Marie-aux-Mines (68)..71 E3
Sainte-Marie-Cappel (59) 2 C3
Sainte-Marie-d'Alloix (38) ..132 A6
Sainte-Marie-d'Alvey (73) ...131 H4
Sainte-Marie-de-Chignac (24)..137 G3
Sainte-Marie-de-Cuines (73)..132 C6
Sainte-Marie-de-Gosse (40)..162 C5
Sainte-Marie-de-Ré (17)..106 B5

Sainte-Marie-
-de-Vatimesnil (27) 19 F6
Sainte-Marie-de-Vaux (87) ..123 H2
Sainte-Marie-
-des-Champs (76) 7 E4
Sainte-Marie-du-Bois (50) ...37 H6
Sainte-Marie-du-Bois (53) ...59 E1
Sainte-Marie-du-Lac-
-Nuisement (51) 46 C6
Sainte-Marie-du-Mont (38) ..131 H6
Sainte-Marie-du-Mont (50) ...15 E4
Sainte-Marie-en-Chanois (70)..88 A1
Sainte-Marie-en-Chaux (70)..87 H1
Sainte-Marie-Kerque (62) 2 A2
Sainte-Marie-la-Blanche (21)..101 G3
Sainte-Marie-la-Robert (61) ..39 E6
Sainte-Marie-Lapanouze (19)..126 A6
Sainte-Marie-Laumont (14) ...37 H3
Sainte-Marie-Outre-l'Eau (14)..37 G3
Sainte-Marie-sur-Ouche (21)..85 F6
Sainte-Marie aux-Anglais 17 E5
Sainte-Marie de Campan 181 F5
Sainte-Marie du Ménez Hom ..31 F6
Sainte-Marthe (27) 40 C3
Sainte-Marthe (47) 150 C4
Sainte-Maure (10) 66 B2
Sainte-Maure-de-Peyriac (47)..165 E1
Sainte-Maure-de-Touraine (37)..94 D2
Sainte-Maxime (83) 192 D3
Sainte-Même (17) 121 F2
Sainte-Menehould (51) 46 D1
Sainte-Mère (32) 165 H2
Sainte-Mère-Église (50) 15 E4
Sainte-Mesme (78) 62 D1
Sainte-Mondane (24) 138 B6
Sainte-Montaine (18) 81 G5
Sainte-Nathalène (24) 138 B5
Sainte-Néomaye (79) 108 A3
Sainte-Noyale 55 F2
Sainte-Odile 71 F1
Sainte-Olive (01) 116 C6
Sainte-Opportune (61) 38 C4
Sainte-Opportune-
-du-Bosc (27) 40 C1
Sainte-Opportune-la-Mare (27)..6 D6
Sainte-Orse (24) 137 H2
Sainte-Osmane (72) 78 D1
Sainte-Ouenne (79) 107 H2
Sainte-Pallaye (89) 83 G3
Sainte-Paule (69) 129 G1
Sainte-Pazanne (44) 74 B6
Sainte-Pexine (85) 91 H5
Sainte-Pience (50) 35 H2
Sainte-Pôle (54) 49 H6
Sainte-Preuve (02) 22 D2
Sainte-Radegonde (12) 154 C4
Sainte-Radegonde (17) 120 D2
Sainte-Radegonde (24) 151 F1
Sainte-Radegonde (32) 165 H3
Sainte-Radegonde (33) 136 A6
Sainte-Radegonde (71) 100 B6
Sainte-Radegonde (79) 93 F3
Sainte-Radegonde (86) 109 G1
Sainte-Radégonde-
-des-Noyers (85) 106 D3
Sainte-Ramée (17) 121 E6
Sainte-Reine (70) 87 E4
Sainte-Reine (73) 132 B4
Sainte-Reine-
-de-Bretagne (44) 73 G3
Sainte-Ruffine (57) 26 B5
Sainte-Sabine (21) 101 E1
Sainte-Sabine-Born (24) 151 F1
Sainte-Sabine-
-sur-Longève (72) 60 A4
Sainte-Savine (10) 66 B3
Sainte-Scolasse-
-sur-Sarthe (61) 39 H6
Sainte-Segrée (80) 19 H1
Sainte-Sève (29) 31 H3
Sainte-Sévère (16) 121 H3
Sainte-Sévère-sur-Indre (36)..111 H2
Sainte-Sigolène (43) 143 E2
Sainte-Solange (18) 97 H2
Sainte-Soline (79) 108 C4
Sainte-Souline (16) 122 A6
Sainte-Soulle (17) 106 D4
Sainte-Suzanne (09) 183 F3
Sainte-Suzanne (25) 88 C4
Sainte-Suzanne (53) 59 F5
Sainte-Suzanne-sur-Vire (50)..37 G1
Sainte-Terre (33) 136 A6
Sainte-Thérence (03) 112 C4
Sainte-Thorette (18) 97 F3
Sainte-Tréphine (22) 33 E6
Sainte-Trie (24) 138 A1
Sainte-Tulle (04) 174 C3
Sainte-Valière (11) 185 H3
Sainte-Vaubourg (08) 24 A4
Sainte-Verge (79) 93 F3
Sainte-Vertu (89) 84 A2
Sainteny (50) 15 E5
Saintes (17) 121 E3
Saintes-Maries-de-la-Mer (13)..189 E4
Saintines (60) 21 E5
Saintry-sur-Seine (91) 43 E6
Saints (77) 43 H5
Saints (89) 83 E3
Saints-Geosmes (52) 86 B1
Sainville (28) 62 D2
Saires (86) 94 B4
Saires-la-Verrerie (61) 38 C5
les Saisies 132 D2
Saissac (11) 184 D2
Saisseval (80) 9 F6
Saisy (71) 101 E3
Saïx (79) 108 A2
le Saix (05) 159 H3
Saïx (81) 168 C6
Saix (86) 93 H2
Saizenay (39) 103 F3

Saizerais (54) 48 C4
Saizy (58) 83 G6
Sajas (31) 182 D2
Salagnac (24) 138 A1
Salagnon (38) 130 D4
Salaise-sur-Sanne (38) 144 A1
Salans (39) 103 E1
Salasc (34) 170 B5
Salau 197 E4
Salaunes (33) 134 D4
Salavas (07) 157 G4
Salavre (01) 117 E3
Salazac (30) 157 H5
Salbris (41) 81 E5
les Salces (12) 170 C4
les Salces (48) 155 G3
Saléchan (65) 182 A5
Saleich (31) 182 C5
Saleignes (17) 108 B6
Saleilles (66) 201 E3
les Salelles (07) 157 E4
les Salelles (48) 155 G3
Salency (60) 21 G3
Salenthal (67) 50 C4
Saléon (05) 159 H4
Salérans (05) 159 H5
Salerm (31) 182 B2
Salernes (83) 175 F5
Salers (15) 140 B3
Sales (74) 131 H1
Salesches (59) 11 G3
la Salette-Fallavaux (38) 146 A5
Salettes (26) 158 C2
Salettes (43) 142 D5
Saleux (80) 9 F6
Salice (2A) 204 D4
Saliceto (2B) 205 F1
Saliès (81) 168 B3
Salies-de-Béarn (64) 163 E6
Salies-du-Salat (31) 182 C4
Salignac (04) 160 B6
Salignac (33) 135 G4
Salignac-de-Mirambeau (17) ..135 F1
Salignac-Eyvigues (24) 138 B4
Salignac-sur-Charente (17)..121 G4
Saligney (39) 102 D1
Saligny (85) 91 G3
Saligny (89) 65 E4
Saligny-le-Vif (18) 98 B3
Saligny-sur-Roudon (03) 114 C2
Saligos (65) 181 E6
Salin-de-Badon 172 C6
Salindres (30) 157 E6
Salinelles (30) 171 G3
Salins (15) 140 A2
Salins (77) 64 C2
Salins-les-Bains (39) 103 E3
Salins-les-Thermes (73) 132 D5
Salives (21) 85 G3
Sallagriffon (06) 176 B4
Sallanches (74) 133 E1
Sallaumines (62) 10 B1
la Salle (71) 116 B3
la Salle (88) 70 C2
la Salle-de-Vihiers (49) 92 D2
la Salle-en-Beaumont (38) ...145 H5
la Salle-
-et-Chapelle-Aubry (49) 75 G5
la Salle-Prunet (48) 156 B5
Sallebœuf (33) 135 F5
Sallèdes (63) 127 G4
Sallèles-Cabardès (11) 185 E2
Sallèles-d'Aude (11) 186 C3
Sallen (14) 38 A1
Sallenelles (14) 16 C4
Sallenôves (74) 118 B6
Sallertaine (85) 90 C2
Salles (33) 148 D2
les Salles (42) 128 B2
Salles (47) 151 G2
les Salles (79) 180 D5
Salles (79) 108 B3
Salles (81) 168 B1
Salles-Adour (65) 181 E3
Salles-Arbuissonnas-
-en-Beaujolais (69) 116 A6
Salles-Courbatiès (12) 153 G3
Salles-Curan (12) 154 D6
Salles-d'Angles (16) 121 G4
Salles-d'Armagnac (32) 164 C3
Salles-d'Aude (11) 186 C3
Salles-de-Barbezieux (16) 121 H6
Salles-de-Belvès (24) 151 H1
les Salles-de-Castillon (33)..136 A5
Salles-de-Villefagnan (16) 122 C1
les Salles-du-Gardon (30) 157 E6
Salles-en-Toulon 109 G2
Salles-et-Pratviel (31) 196 A5
Salles-la-Source (12) 154 B4
Salles-Lavalette (16) 122 C6
les Salles Lès Aulnay 108 A6
Salles-Mongiscard (64) 163 F6
Salles-sous-Bois (26) 158 C3
Salles-sur-Garonne (31) 183 E3
Salles-sur-l'Hers (11) 184 A2
Salles-sur-Mer (17) 106 C4
les Salles-sur-Verdon (83) ...175 F3
Sallespisse (64) 163 G6
Salmagne (55) 47 F4
Salmaise (21) 85 E5
Salmbach (67) 29 E1
Salmiech (12) 154 C6
Salomé (59) 3 C5
Salon (10) 45 F6
Salon-de-Provence (13) 173 F5
Salon-la-Tour (19) 124 C5

Salonnes (57) 49 F4
Salornay-sur-Guye (71) 115 H2
Salouël (80) 9 F6
Salperwick (62) 2 B4
Salsein (09) 182 D6
Salses-le-Château (66) 200 D1
Salsigne (11) 185 E2
Salt-en-Donzy (42) 129 C3
Salvagnac (81) 167 G3
Salvagnac-Cajarc (12) 153 F3
Salvagny 119 G5
la Salvetat-Belmontet (82) 167 F2
la Salvetat-Lauragais (31) 167 H6
la Salvetat-Peyralès (12) 153 H5
la Salvetat-Saint-Gilles (31)..166 D6
la Salvetat-sur-Agout (34) 169 F5
Salvezines (11) 199 E2
Salviac (46) 152 B1
Salvizinet (42) 129 C3
Salza (11) 185 H4
Salzuit (43) 141 H2
Samadet (40) 163 H5
Saman (31) 182 B3
Samaran (32) 181 H1
Samatan (32) 166 B6
Samazan (47) 150 B3
Sambin (41) 79 H5
Sambourg (89) 84 B2
le Sambuc 172 D6
Saméon (59) 3 H6
Samer (62) 1 F5
Samerey (21) 102 B2
Sames (64) 162 D6
Sammarçolles (86) 94 A3
Sammeron (77) 44 A3
Samoëns (74) 119 F5
Samognat (01) 117 G4
Samogneux (55) 25 E5
Samois-sur-Seine (77) 64 A2
Samonac (33) 135 E3
Samoreau (77) 64 B2
Samouillan (31) 182 C3
Samoussy (02) 22 C3
Sampans (39) 102 C2
Sampigny (55) 47 G4
Sampigny-lès-Maranges (71)..101 F4
Sampolo (2A) 205 E5
Sampzon (07) 157 F3
Samson (25) 103 E2
Samsons-Lion (64) 180 D1
Samuran (31) 182 A5
San-Damiano (2B) 205 G1
San-Gavino-
-d'Ampugnani (2B) 205 G1
San-Gavino-di-Carbini (2A) ..207 F2
San-Gavino-di-Fiumorbo (2B)..205 F5
San-Gavino-di-Tenda (2B) 203 F5
San-Giovanni-di-Moriani (2B)..205 G1
San-Giuliano (2B) 205 G2
San-Lorenzo (2B) 205 F5
San-Martino-di-Lota (2B) 203 G4
San-Nicolao (2B) 205 G1
San Pancrazio 203 G6
Sana (31) 182 D3
Sanary-sur-Mer (83) 191 F5
Sancé (71) 116 B3
Sancergues (18) 98 C2
Sancerre (18) 82 B5
Sancey-le-Grand (25) 88 B6
Sancey-le-Long (25) 88 B6
Sancheville (28) 62 B4
Sanchey (88) 69 H4
Sancoins (18) 98 C5
Sancourt (27) 19 G5
Sancourt (59) 10 D3
Sancourt (80) 21 G1
Sancy (54) 26 A3
Sancy (77) 43 H3
Sancy-les-Cheminots (02) 22 B4
Sancy-lès-Provins (77) 44 C5
Sand (67) 71 G1
Sandarville (28) 62 A3
Sandaucourt (88) 69 E3
Sandillon (45) 81 E2
Sandouville (76) 6 C5
Sandrans (01) 116 C6
Sangatte (62) 1 F2
Sanghen (62) 1 G4
Sanguinet (40) 148 B3
Sanilhac (07) 157 F3
Sanilhac-Sagriès (30) 172 B2
Sannat (23) 112 B6
Sannerville (14) 16 C4
Sannes (84) 174 A4
Sannois (95) 42 D3
Sanous (65) 181 E1
Sanry-lès-Vigy (57) 26 C4
Sanry-sur-Nied (57) 26 C6
Sans-Vallois (88) 69 F4
Sansa (66) 198 D3
Sansac-de-Marmiesse (15) 140 A5
Sansac-Veinazès (15) 154 B1
Sannes (79) 107 G4
Sansan (32) 165 H6
Sanssac-l'Église (43) 142 B4
Santa-Lucia-di-Mercurio (2B)..205 F2
Santa-Lucia-di-Moriani (2B)..205 H1
Santa-Maria-di-Lota (2B) 203 G4
Santa-Maria-Figaniella (2A) ..207 F3
Santa-Maria-Poggio (2B) 205 G2
Santa-Maria-Siché (2A) 204 D6
Santa-Reparata-
-di-Balagna (2B) 202 C5
Santa-Reparata-
-di-Moriani (2B) 205 G2
Sant'Andréa-di-Bozio (2B) ...205 F2
Sant'Andréa-di-Cotone (2B) ..205 G2
Sant'Andréa-d'Orcino (2A) ...204 C5
Santans (39) 102 D3
Sant'Antonino (2B) 202 C5

Santeau (45) 63 F5
Santec (29) 31 G2
Santenay (21) 101 F4
Santenay (41) 79 G4
Santeny (94) 43 E5
Santes (59) 3 F4
Santeuil (28) 62 C2
Santeuil (95) 42 B1
Santigny (89) 84 B4
Santilly (28) 62 D4
Santilly (71) 116 A1
Santo-Pietro-di-Tenda (2B) 203 F5
Santo-Pietro-di-Venaco (2B) ..205 E3
Santoche (25) 88 A5
Santosse (21) 101 E3
Santranges (18) 82 B5
Sanvensa (12) 153 G5
Sanvignes-les-Mines (71) 100 C6
Sanxay (86) 108 C2
Sanzay (79) 93 E3
Sanzey (54) 48 B4
Saon (14) 15 G5
Saône (25) 103 G1
Saonnet (14) 15 G5
Saorge (06) 177 G3
Saosnes (72) 60 B3
Saou (26) 158 C1
le Sap (61) 39 H3
le Sap-André (61) 39 H4
le Sapey (45) 145 H3
Sapignicourt (51) 46 C5
Sapignies (62) 10 B4
Sapogne-et-Feuchères (08) 24 B2
Sapogne-sur-Marche (08) 25 E2
Sapois (39) 103 F5
Sapois (88) 70 B5
Saponay (02) 22 B6
Saponcourt (70) 69 F6
le Sappey (74) 118 C2
le Sappey-en-Chartreuse (38) ..145 G1
Saramon (32) 166 A6
Saran (45) 62 D6
Saraz (25) 103 F3
Sarbazan (40) 164 B1
Sarcé (72) 78 B2
Sarceaux (61) 39 E5
Sarcelles (95) 42 D2
Sarcenas (38) 145 G1
Sarcey (52) 68 A5
Sarcey (69) 129 G2
Sarcos (32) 182 B2
Sarcus (60) 19 H2
Sarcy (51) 22 D6
Sardan (30) 171 G3
Sardent (23) 111 G6
Sardieu (38) 130 D6
Sardon (63) 127 F1
Sardy-lès-Épiry (58) 99 G2
Sare (64) 178 B2
Sargé-lès-le-Mans (72) 60 B5
Sargé-sur-Braye (41) 61 E6
Sari-d'Orcino (2A) 204 C5
Sari-Solenzara (2A) 205 G6
Sariac-Magnoac (65) 181 H2
Sarlabous (65) 181 G4
Sarlande (24) 124 A6
Sarlat-la-Canéda (24) 138 A5
Sarliac-sur-l'Isle (24) 137 G2
Sarniguet (65) 181 E2
Sarnois (60) 19 H2
Saron-sur-Aube (51) 45 E4
Sarp (65) 182 A5
Sarpourenx (64) 163 G6
Sarragachies (32) 164 C4
Sarrageois (25) 103 H5
Sarraguzan (32) 181 G2
Sarralbe (57) 27 H6
Sarraltroff (57) 50 A4
Sarran (19) 125 F4
Sarrance (64) 180 A4
Sarrancolin (65) 181 G5
Sarrant (32) 166 B4
Sarras (07) 144 A2
Sarrazac (24) 123 H6
Sarrazac (46) 138 D4
Sarraziet (40) 163 H4
Sarre-Union (67) 50 A2
Sarrebourg (57) 50 A4
Sarrecave (31) 182 A3
Sarreguemines (57) 27 H5
Sarreinsming (57) 27 H5
Sarremezan (31) 182 A3
Sarrewerden (67) 50 A2
Sarrey (52) 68 B5
Sarriac-Bigorre (65) 181 F1
Sarrians (84) 173 E1
Sarrigné (49) 77 F4
Sarrogna (39) 117 G2
Sarrola-Carcopino (2A) 204 C5
Sarron (40) 164 B5
Sarrouilles (65) 181 F3
Sarroux (19) 126 A6
Sarry (51) 46 A3
Sarry (71) 115 E4
Sarry (89) 84 B3
le Sars (62) 10 B4
Sars-et-Rosières (59) 11 E1
Sars-le-Bois (62) 9 H2
Sars-Poteries (59) 12 A3
Sartène (2A) 206 D3
Sartes (88) 68 D3
Sartilly (50) 35 G2
Sarton (62) 9 H4
Sartrouville (78) 42 C3
Sarzay (36) 111 G1
Sarzeau (56) 72 D2
Sasnières (41) 79 F2
Sassangy (71) 101 F6
Sassay (41) 80 A5
Sassegnies (59) 11 H3

Sassenage (38) 145 G2
Sassenay (71) 101 G5
Sassetot-le-Malgardé (76) 7 F3
Sassetot-le-Mauconduit (76) 6 D3
Sasseville (76) 7 E3
Sassey (27) 41 E2
Sassey-sur-Meuse (55) 24 D4
Sassierges-
-Saint-Germain (36) 96 D5
Sassis (65) 181 E6
Sassy (14) 16 D6
Sathonay-Camp (69) 130 A2
Sathonay-Village (69) 130 A2
Satillieu (07) 143 H3
Satolas-et-Bonce (38) 130 C3
Saturargues (34) 171 G4
Saubens (31) 183 F1
Saubion (40) 162 C4
Saubole (64) 180 D2
Saubrigues (40) 162 C5
Saubusse (40) 162 D4
Saucats (33) 149 F1
Saucède (64) 179 H2
la Saucelle (28) 40 D6
Sauchay (76) 7 H2
Sauchy-Cauchy (62) 10 D3
Sauchy-Lestrée (62) 10 D3
Saucières (12) 170 C2
Saudemont (62) 10 C3
Saudoy (51) 44 D5
Saudreville (63) 61 E1
Saudron (52) 68 A1
Saudrupt (55) 47 E5
Saugeot (39) 117 H1
Saugnac-et-Cambran (40) 163 E4
Saugnacq-et-Muret (40) 148 D3
Saugon (33) 135 F2
Saugues (43) 142 A4
Sauguis-Saint-Étienne (64) 179 G3
Saugy (18) 97 E4
Saujac (12) 153 F3
Saujon (17) 120 C3
la Saulce (05) 160 B3
Saulce-sur-Rhône (26) 158 B1
Saulces-Champenoises (08) 23 H4
Saulces-Monclin (08) 23 H3
Saulcet (03) 113 H4
Saulchery (02) 44 B3
le Saulchoy (60) 20 B2
Saulchoy (62) 8 D2
Saulchoy-sous-Poix (80) 19 H1
Saulcy (10) 67 F3
le Saulcy (88) 70 D1
Saulcy-sur-Meurthe (88) 70 D3
Saules (25) 103 G2
Saules (71) 101 F6
Saulgé (86) 109 H3
Saulgé-l'Hôpital (49) 77 E6
Saulges (53) 59 F6
Saulgond (16) 123 G1
Sauliac-sur-Célé (46) 153 E3
Saulieu (21) 100 C1
Saulles (52) 86 C2
Saulmory-et-Villefranche (55) 24 D4
Saulnay (36) 95 H4
Saulnes (54) 25 H3
Saulnières (28) 41 E5
Saulnières (35) 57 F4
Saulnot (70) 88 B3
Saulny (57) 26 B5
Saulon-la-Chapelle (21) 101 H1
Saulon-la-Rue (21) 101 H1
la Saulsotte (10) 65 F1
Sault (84) 159 F6
Sault-Brénaz (01) 131 E2
Sault-de-Navailles (64) 163 G5
Sault-lès-Rethel (08) 23 G4
Sault-Saint-Remy (08) 23 F4
Saultain (59) 11 F2
Saulty (62) 9 H3
Saulvaux (55) 47 G5
Saulx (70) 87 H2
Saulx-le-Duc (21) 85 H4
Saulx-lès-Champlon (55) 47 H1
Saulx-les-Chartreux (91) 42 D5
Saulx-Marchais (78) 42 A4
Saulxerotte (54) 69 E1
Saulxures (67) 71 E1
Saulxures-lès-Bulgnéville (88) 68 D3
Saulxures-lès-Nancy (54) 48 D5
Saulxures-lès-Vannes (54) 48 B6
Saulxures-sur-Moselotte (88) 70 C5
Saulzais-le-Potier (18) 112 C1
Saulzet (03) 113 G5
Saulzet-le-Froid (63) 127 E4
Saulzoir (59) 11 F3
Saumane (04) 159 H6
Saumane (30) 156 C6
Saumane-de-Vaucluse (84) 173 F2
Sauméjan (47) 150 B5
Saumeray (28) 61 H3
Saumont (47) 150 D6
Saumont-la-Poterie (76) 19 F3
Saumos (33) 134 C4
Saumoussay (49) 93 G1
Saumur (49) 93 G1
Saunay (37) 79 F4
la Saunière (23) 111 G5
Saunières (71) 101 H4
Sauqueville (76) 7 G2
Saurais (79) 108 B1
Saurat (09) 183 G6
Sauret-Besserve (63) 126 D1
Saurier (63) 127 E5
Sausheim (68) 89 F1
Saussan (34) 171 E6
Saussay (28) 41 E4
Saussay (76) 7 F4
Saussay-la-Campagne (27) 19 F5
la Saussaye (27) 18 C6
Saussemesnil (50) 14 D2

Saussenac (81) 168 C2
Saussens (31) 167 G5
Sausses (04) 176 B3
Sausset-les-Pins (13) 190 B4
Sausseuzemare-en-Caux (76) 6 C4
Saussey (21) 101 E2
Saussey (50) 37 E2
Saussignac (24) 136 C6
Saussines (34) 171 G4
Saussy (21) 85 G5
Sautel (09) 184 A5
Sauternes (33) 149 G2
Sauteyrargues (34) 171 F3
Sauto (66) 198 D4
Sautron (44) 74 C4
Sauvage 41 H6
la Sauvagère (61) 38 C6
les Sauvages (69) 129 F1
Sauvagnac (16) 123 F3
Sauvagnas (47) 151 F5
Sauvagnat (63) 126 C3
Sauvagnat-Sainte-Marthe (63)..127 F5
Sauvagney (25) 87 E6
Sauvagnon (64) 180 B1
Sauvagny (03) 113 E3
Sauvain (42) 128 C4
Sauvat (15) 140 B1
Sauveterre (12) 170 C2
la Sauve (33) 135 G6
Sauvelade (64) 179 H1
Sauveplantade 157 G2
Sauverny (01) 118 B3
Sauvessanges (63) 128 C6
la Sauvetat (32) 165 G3
la Sauvetat (63) 127 F4
la Sauvetat-de-Savères (47) 151 G5
la Sauvetat-du-Dropt (47) 150 D1
la Sauvetat-sur-Lède (47) 151 F3
Sauveterre (30) 172 D1
Sauveterre (32) 182 C1
Sauveterre (65) 164 D6
Sauveterre (81) 185 F1
Sauveterre (82) 152 B5
Sauveterre-de-Béarn (64) 179 F1
Sauveterre-
-de-Comminges (31) 182 A5
Sauveterre-de-Guyenne (33) ..150 A1
Sauveterre-de-Rouergue (12)..154 A5
Sauveterre-la-Lémance (47) 151 H2
Sauveterre-Saint-Denis (47) ..151 F6
Sauviac (32) 181 H1
Sauviac (33) 149 H4
Sauvian (34) 187 E2
Sauviat (63) 128 A3
Sauviat-sur-Vige (87) 124 D2
Sauvignac (16) 136 A2
Sauvigney-lès-Gray (70) 86 D5
Sauvigney-lès-Pesmes (70) 86 C6
Sauvigny (55) 68 D1
Sauvigny-le-Beuréal (89) 84 B5
Sauvigny-le-Bois (89) 84 A4
Sauvigny-les-Bois (58) 99 E4
Sauville (08) 24 B3
Sauville (88) 68 D4
Sauvillers-Mongival (80) 20 D2
Sauvimont (32) 182 C1
Sauvoy (55) 47 H5
Saux (46) 152 A4
Saux-et-Pomarède (31) 182 B4
Sauxillanges (63) 127 G5
le Sauze 161 F3
Sauze (06) 161 G6
le Sauze-du-Lac (05) 160 D3
Sauzé-Vaussais (79) 108 C5
Sauzelles (36) 95 F6
Sauzet (26) 158 B2
Sauzet (30) 171 H2
Sauzet (46) 152 B4
la Sauzière-Saint-Jean (81) ..167 G2
Sauzon (56) 72 A3
Savarthès (31) 182 B4
Savas (07) 143 H1
Savas-Mépin (38) 130 C5
Savasse (26) 158 B2
Saveille 108 C6
Savenay (44) 74 A3
Savenès (82) 166 C3
Savennes (23) 111 G6
Savennes (63) 126 B5
Savennières (49) 76 D5
Saverdun (09) 183 G3
Savères (31) 182 D2
Saverne (67) 50 C4
Saveuse (80) 9 F6
Savianges (71) 101 E6
Savières (10) 66 A2
Savigna (39) 117 G2
Savignac (12) 153 G4
Savignac (33) 150 A3
Savignac-de-Duras (47) 150 C1
Savignac-de-l'Isle (33) 135 H4
Savignac-de-Miremont (24) ..137 G4
Savignac-de-Nontron (24) 123 F5
Savignac-Lédrier (24) 138 A1
Savignac-les-Églises (24) 137 G2
Savignac-les-Ormeaux (09) ..198 B2
Savignac-Mona (32) 166 C6
Savignac-sur-Leyze (47) 151 G3
Savignargues (30) 171 G2
Savigné (86) 109 E5
Savigné-l'Évêque (72) 60 B5
Savigné-sous-le-Lude (72) 77 H3
Savigné-sur-Lathan (37) 78 B5
Savigneux (01) 116 B6
Savigneux (42) 128 D4
Savignies (60) 20 A4
Savigny (50) 37 E1
Savigny (52) 86 D2
Savigny (69) 129 G3
Savigny (74) 118 B5
Savigny (88) 69 G2

Savigny-en-Revermont (71) ..102 C6
Savigny-en-Sancerre (18) 82 B5
Savigny-en-Septaine (18) 97 H3
Savigny-en-Terre-Plaine (89) ..84 B4
Savigny-en-Véron (37) 94 A1
Savigny-le-Sec (21) 85 H5
Savigny-le-Temple (77) 43 E6
Savigny-le-Vieux (50) 37 G6
Savigny-lès-Beaune (21) 101 G2
Savigny-Lévescault (86) 109 F2
Savigny-Poil-Fol (58) 100 A5
Savigny-sous-Faye (86) 94 B4
Savigny-sous-Mâlain (21)...........85 F6
Savigny-sur-Aisne (08) 24 B5
Savigny-sur-Ardres (51) 22 D6
Savigny-sur-Braye (41) 79 E1
Savigny-sur-Clairis (89) 64 D5
Savigny-sur-Grosne (71)..........116 A1
Savigny-sur-Orge (91) 42 D5
Savigny-sur-Seille (71) 116 D1
Savilly (21) 100 C2
Savines-le-Lac (05) 160 D2
Savins (77) 64 D1
Savoillan (84) 159 E5
Savoisy (21) 84 D2
Savolles (21) 86 B5
Savonnières (37) 78 C6
Savonnières-devant-Bar (55) ..47 E4
Savonnières-en-Perthois (55) ..47 E6
Savouges (21) 101 H1
Savournon (05) 159 H3
Savoyeux (70) 86 D4
Savy (02) 10 D6
Savy-Berlette (62) 9 H2
Saxel (74) 118 D4
Saxi-Bourdon (58) 99 F3
Saxon-Sion (54) 69 F1
Sayat (63) 127 E3
Saze (30) 172 C2
Sazeray (36) 111 H3
Sazeret (03) 113 F4
Sazilly (37) 94 B2
Sazos (65) 180 D6
Scaër (29) 54 A2
Scata (2B) 205 G1
Sceau-Saint-Angel (24) 123 F5
Sceautres (07) 157 H2
Sceaux (89) 84 B4
Sceaux (92) 42 D4
Sceaux-d'Anjou (49) 76 D3
Sceaux-du-Gâtinais (45) 63 H5
Sceaux-sur-Huisne (72) 60 D5
Scey-l'Église 87 F2
Scey-Maisières (25) 103 G2
Scey-sur-Saône-
-et-Saint-Albin (70) 87 F3
Schaeffersheim (67) 71 H1
Schaffhouse-près-Seltz (67)......51 G2
Schaffhouse-sur-Zorn (67) 50 D4
Schalbach (57) 50 B3
Schalkendorf (67) 50 D3
Scharrachbergheim-
-Irmstett (67) 50 D5
Scheibenhard (67) 29 F6
Scherlenheim (67) 50 D4
Scherwiller (67) 71 F2
Schillersdorf (67) 50 D3
Schiltigheim (67) 51 E5
Schirmeck (67) 50 D6
Schirrhein (67) 51 F3
Schirrhoffen (67) 51 F3
Schleithal (67) 29 F6
Schlierbach (68) 89 G2
Schlucht 70 D4
Schmittviller (57) 28 A6
Schneckenbusch (57) 50 A4
Schnepfenriedwasen 70 D5
Schnersheim (67) 50 D4
Schœnau (67) 71 H3
Schœnbourg (67) 50 B3
Schœneck (57) 27 G4
Schœnenbourg (67) 29 E6
Schopperten (67) 50 A2
Schorbach (57) 28 A4
Schweighouse-sur-Moder (67) ..51 E3
Schweighouse-Thann (68) 89 E1
Schwenheim (67) 50 C4
Schwerdorff (57) 27 E3
Schweyen (57) 28 B4
Schwindratzheim (67) 50 D4
Schwoben (68) 89 F3
Schwobsheim (67) 71 G3
Sciecq (79) 107 H3
Scientrier (74) 118 D5
Scieurac-et-Flourès (32) 165 E6
Sciez (74) 118 D3
Scillé (79) 107 G1
Scionzier (74) 119 E5
Scolca (2B) 203 F6
Scorbé-Clairvaux (86) 94 C5
Scrignac (29) 32 B5
Scrupt (51) 46 C5
Scy-Chazelles (57) 26 B5
Scye (87) 87 F3
Séailles (32) 164 D4
la Séauve-sur-Semène (43) ..143 E1
Sébazac-Concourès (12) 154 C4
Sébécourt (27) 40 C3
Sébéville (50) 15 E4
Seboncourt (02) 11 F5
Sebourg (59) 11 G2
Sébrazac (12) 154 C3
Séby (64) 164 A6
Secenans (70) 88 B3
Séchault (08) 24 B6
Sécheras (07) 144 A3
Sécheval (08) 13 G6
Séchilienne (38) 145 H3
Séchin (25) 87 H5
Seclin (59) 3 F6
Secondigné-sur-Belle (79) ..108 A5

Secondigny (79) 107 H1
Secourt (57) 48 D2
Secqueville-en-Bessin (14) 16 B4
Sedan (08) 24 C2
Sédeilhac (31) 182 A4
Sédières 139 F2
Sedze-Maubecq (64) 180 D2
Sedzère (64) 180 D2
Seebach (67) 29 F6
Sées (61) 39 F6
Séez (73) 133 F3
Ségalas (47) 151 E2
Ségalas (65) 181 F1
la Ségalassière (15) 139 H5
Séglien (56) 54 D2
Ségny (01) 118 B3
Segonzac (16) 121 H4
Segonzac (19) 138 B2
Segonzac (24) 136 D2
Ségos (32) 164 B5
Ségoufielle (32) 166 C5
Ségreville (31) 167 G6
Ségrie (72) 59 H4
Ségrie-Fontaine (61) 38 C4
Segrois (21) 101 G2
Ségry (36) 97 E4
la Séguinière (49) 92 B2
Ségur (12) 154 D5
le Ségur (81) 168 B1
Ségur-le-Château (19) 124 B6
Ségur-les-Villas (15) 140 D2
Ségura (09) 183 H5
Séguret (84) 158 C5
Ségus (65) 180 D4
Seich (65) 181 H5
Seichamps (54) 48 D4
Seichebrières (45) 63 F6
Seicheprey (54) 48 A3
Seiches-sur-le-Loir (49) 77 F4
Seignalens (11) 184 B4
Seigné (17) 121 H1
Seignelay (89) 83 G1
Seigneulles (55) 47 F3
Seignosse (40) 162 B4
le Seignus Bas 161 F5
Seigny (21) 84 D4
Seigy (41) 96 A1
Seilh (31) 167 E4
Seilhac (19) 139 E1
Seilhan (31) 182 A4
Seillac (41) 79 G4
Seillans (83) 176 A6
Seillonnaz (01) 131 E2
Seillons-Source-d'Argens (83)..174 D6
Seine-Port (77) 63 H1
Seingbouse (57) 27 F5
Seissan (32) 165 G6
Seix (09) 183 E6
le Sel-de-Bretagne (35) 57 F4
Selaincourt (54) 69 E1
Selens (02) 21 H4
Sélestat (67) 71 G2
Séligné (79) 108 A5
Séligney (39) 102 C3
Selincourt 8 D6
la Selle 40 B4
la Selle-Craonnaise (53) 76 B1
la Selle-en-Coglès (35) 35 H5
la Selle-en-Hermoy (45) 64 B6
la Selle-en-Luitré (53) 58 A2
la Selle-Guerchaise (35) 58 A6
la Selle-la-Forge (61) 38 B5
la Selle-sur-le-Bied (45) 64 B5
Selles (27) 17 H3
Selles (51) 23 G5
Selles (62) 1 G4
Selles (70) 69 F6
Selles-Saint-Denis (41) 80 D6
Selles-sur-Cher (41) 96 B1
Selles-sur-Nahon (36) 96 A3
Sellières (39) 102 C4
Selommes (41) 79 G2
Seloncourt (25) 88 C4
Selongey (21) 86 A3
Selonnet (04) 160 D3
la Selve (02) 23 E3
la Selve (12) 169 E1
Sem (09) 197 G4
Sémalens (81) 168 B5
Semallé (61) 60 A1
Semarey (21) 101 E1
Sembadel (43) 142 B2
Sembas (47) 151 F4
Semblançay (37) 78 D4
Sembleçay (36) 96 C1
Séméac (65) 181 F1
Séméacq-Blachon (64) 164 C6
Semécourt (57) 26 B5
Sémelay (58) 99 H5
Semens (33) 149 H2
Sementron (89) 83 E3
Séméries (59) 12 A4
Semerville (41) 62 A6
Semezanges (21) 101 G1
Sémézies-Cachan (32) 166 A6
Semide (08) 24 A5
Semillac (17) 121 E6
Semilly (52) 68 B3
Semmadon (70) 87 E2
Semoine (10) 45 G5
Semond (21) 85 E2
Semondans (70) 88 B3
Semons (38) 130 D6
Semousies (59) 12 A3
Semoussac (17) 121 E6
Semoutiers-Montsaon (52) 67 H5

Semoy (45) 62 D6
Sempesserre (32) 165 H2
Sempigny (60) 21 G3
Sempy (62) 1 G6
Semur-en-Auxois (21) 84 C4
Semur-en-Brionnais (71) 115 E4
Semur-en-Vallon (72) 60 D5
Semussac (17) 120 C4
Semuy (08) 24 A4
le Sen (40) 149 F6
Sénac (65) 181 F2
Senaide (88) 69 E6
Sénaillac-Latronquière (46) ..139 G6
Sénaillac-Lauzès (46) 153 E2
Senailly (21) 84 C4
Senan (89) 83 E1
Senantes (28) 41 G5
Senantes (60) 19 H4
Sénarens (31) 182 D2
Senargent-Mignafans (70) 88 A3
Senarpont (80) 8 C6
Sénas (13) 173 F4
Senaud (39) 117 E3
Senaux (81) 169 E4
Sencenac-
-Puy-de-Fourches (24) 137 F1
Senconac (09) 198 A2
Sendets (33) 150 A3
Sendets (64) 180 C2
Séné (56) 72 D1
Sénéchas (30) 156 D4
Sénergues (12) 154 B2
Sénestis (47) 150 C3
Séneujols (43) 142 B4
Senez (04) 175 G2
Sénezergues (15) 154 B1
Sengouagnet (31) 182 B5
Séniergues (46) 152 D1
Senillé (86) 94 D5
Seninghem (62) 1 H4
Senlecques (62) 1 G5
Senlis (60) 20 D6
Senlis (62) 2 A6
Senlis-le-Sec (80) 10 A5
Senlisse (78) 42 B5
Sennecey-le-Grand (71) 101 G6
Sennecey-lès-Dijon (21) 85 H6
Sennely (45) 81 F3
Sennevières (37) 95 G2
Senneville-sur-Fécamp (76) 6 C3
Sennevoy-le-Bas (89) 84 C2
Sennevoy-le-Haut (89) 84 C2
Senon (55) 25 G5
Senonches (28) 40 D6
Senoncourt (70) 87 F1
Senoncourt-les-Maujouy (55) ..47 F2
Senones (88) 70 D1
Senonges (88) 69 F4
Senonnes (53) 76 A1
Senots (60) 20 A6
Senouillac (81) 168 A2
Sénoville (50) 14 B4
Senozan (71) 116 B3
Sens (89) 65 E4
Sens-Beaujeu (18) 82 A6
Sens-de-Bretagne (35) 35 G6
Sens-sur-Seille (71) 102 B5
Sentein (09) 182 C6
Sentelie (80) 20 A2
Sentenac-de-Sérou (09) 183 F5
Sentenac-d'Oust (09) 183 E6
Sentheim (68) 88 D1
Sentilly (61) 39 E4
la Sentinelle (59) 11 F2
Sentous (65) 181 G3
Senuc (08) 24 B5
Senven-Léhart (22) 33 E5
Sépeaux (89) 64 D6
Sepmeries (59) 11 F2
Sepmes (37) 94 D3
Seppois-le-Bas (68) 89 E3
Seppois-le-Haut (68) 89 E3
Sept-Forges (61) 59 E1
Sept-Frères (14) 37 G3
Sept-Meules (76) 8 B5
Sept-Saulx (51) 45 H1
Sept-Sorts (77) 44 A3
Sept-Vents (14) 38 A1
Septème (38) 130 D5
Septèmes-les-Vallons (13) ..190 C3
Septeuil (78) 41 H3
Septfonds (82) 152 D6
Septfontaines (25) 103 G3
Septmoncel (39) 118 A3
Septmonts (02) 22 A5
les Sept Saints 32 C3
Septsarges (55) 24 D5
Septvaux (02) 22 A3
Sepvigny (55) 48 A6
Sepvret (79) 108 B4
Sepx (31) 182 C4
Sequedin (59) 3 F5
Sequehart (02) 11 E5
le Sequestre (81) 168 B3
Serain (02) 11 E5
Seraincourt (08) 23 F2
Seraincourt (95) 42 A2
Sérandon (19) 140 A1
Séranon (06) 176 A5
Serans (60) 42 A1
Serans (61) 39 E5
Seranville (54) 70 A1
Séranvillers-Forenville (59) ..11 E4
Seraucourt-le-Grand (02) 21 H1
Seraumont (88) 68 C1
Serazereux (28) 41 F6
Serbannes (03) 114 A6
Serbonnes (89) 64 D3
Serches (02) 22 B5
Sercœur (88) 70 A3

Sercus (59) ...2 C4
Sercy (71) ...116 A1
Serdinya (66) ...199 E4
Sère ...181 E6
Sère (32) ...182 A1
Sère-en-Lavedan (65) ...180 D5
Sère-Lanso (65) ...181 E4
Sère-Rustaing (65) ...181 G3
Seréilhac (87) ...124 A3
Sérémange-Erzange (57) ...26 B3
Sérempuy (32) ...166 A4
Sérénac (81) ...168 C2
Sérent (56) ...55 H5
Sérévillers (60) ...20 C2
Serez (27) ...41 F3
Sérézin-de-la-Tour (38) ...130 D5
Sérézin-du-Rhône (69) ...130 A4
Sergeac (24) ...138 A4
Sergenaux (39) ...102 C4
Sergenon (39) ...102 C4
Sergines (89) ...65 E3
Sergy (01) ...118 B4
Sergy (02) ...44 D1
Séricourt (62) ...9 G2
Sériers (15) ...141 E4
Sérifontaine (60) ...19 G5
Sérignac (46) ...152 A4
Sérignac (82) ...166 C2
Sérignac-Péboudou (47) ...151 E2
Sérignac-sur-Garonne (47) ...151 E5
Sérignan (34) ...187 C2
Sérignan-du-Comtat (84) ...158 B6
Sérigné (85) ...107 E2
Sérigny (61) ...60 D2
Sérigny (86) ...94 B4
Sérilhac (19) ...139 E3
Seringes-et-Nesles (02) ...22 B6
Séris (41) ...80 B2
Serley (71) ...102 A5
Sermages (58) ...99 H3
Sermaise (49) ...77 G4
Sermaise (91) ...63 E1
Sermaises (45) ...63 F3
Sermaize (60) ...21 G3
Sermaize-les-Bains (51) ...46 D4
Sermamagny (90) ...88 C2
Sermange (39) ...102 D1
Sermano (2B) ...205 F2
Sermentizon (63) ...127 H3
Sermérieu (38) ...131 E3
Sermersheim (67) ...71 G2
Sermesse (71) ...101 H4
Sermiers (51) ...45 F1
Sermizelles (89) ...83 H4
Sermoise (02) ...22 B5
Sermoise-sur-Loire (58) ...98 D4
Sermoyer (01) ...116 C2
Sermur (23) ...126 A1
Sernhac (30) ...172 C2
Serocourt (88) ...69 E4
Séron (65) ...180 D2
Serpaize (38) ...130 B5
la Serpent (11) ...184 D5
Serques (62) ...2 A3
Serqueux (52) ...68 D5
Serqueux (76) ...19 F2
Serquigny (27) ...40 B1
Serra-di-Ferro (2A) ...206 C2
Serra-di-Fiumorbo (2B) ...205 G5
Serra-di-Scopamène (2A) ...207 E1
Serrabonne ...199 G3
Serralongue (66) ...199 G5
Serraval (74) ...132 C2
la Serre (12) ...169 E3
la Serre-Bussière-Vieille (23) ...112 B6
Serre-Eyrauds ...160 C1
Serre-les-Moulières (39) ...102 D1
Serre-Nerpol (38) ...145 E1
Serre-les-Sapins (25) ...87 F6
Serres (05) ...159 H3
Serres (11) ...185 E6
Serres (54) ...49 E5
Serres-Castet (64) ...180 B1
Serres-et-Montguyard (24) ...151 E1
Serres-Gaston (40) ...163 H5
Serres-Morlaàs (64) ...180 C2
Serres-Sainte-Marie (64) ...180 A1
Serres-sur-Arget (09) ...183 G5
Serreslous-et-Arribans (40) ...163 G4
Serriera (2A) ...204 B2
Serrières ...130 D3
Serrières (07) ...144 A1
Serrières (71) ...116 A4
Serrières-de-Briord (01) ...131 E2
Serrières-en-Chautagne (73) ...131 G1
Serrières-sur-Ain (01) ...117 F5
Serrigny (89) ...84 A1
Serrigny-en-Bresse (71) ...102 A5
Serris (77) ...43 G4
Serrouville (54) ...26 A3
Serruelles (18) ...97 G4
Sers (16) ...122 D4
Sers (65) ...181 E6
Servais (02) ...22 A3
Serval (02) ...22 C5
Servance (70) ...88 B1
Servanches (24) ...136 B3
Servant (63) ...113 F6
Servas (01) ...116 D5
Servas (30) ...157 F6
Servaville-Salmonville (76) ...7 H6
Serverette (48) ...155 H1
Serves-sur-Rhône (26) ...144 A3
Servian (34) ...187 E1
Servières (48) ...154 C2
Servières (48) ...155 H2
Servières-le-Château (19) ...139 G3
Serviers-et-Labaume (30) ...172 A1
Serviès (81) ...168 A5

Serviès-en-Val (11) ...185 F4
Servignat (01) ...116 D2
Servigney (70) ...87 H2
Servigny (50) ...37 E1
Servigny-lès-Raville (57) ...26 D5
Servigny-
  -lès-Sainte-Barbe (57) ...26 C5
Serville (28) ...41 G4
Servilly (03) ...114 B4
Servin (25) ...88 A6
Servins (62) ...10 A1
Servion ...23 H1
Servon (50) ...35 G4
Servon (77) ...43 E5
Servon-Melzicourt (51) ...24 B6
Servon-sur-Vilaine (35) ...57 G2
Servoz (74) ...133 E1
Séry (08) ...23 G3
Séry (89) ...83 G3
Séry-lès-Mézières (02) ...22 B1
Séry-Magneval (60) ...21 F6
Serzy-et-Prin (51) ...22 D6
Sessenheim (67) ...51 G3
Sète (34) ...187 H1
Setques (62) ...2 A4
Seugy (95) ...42 D1
Seuil (08) ...23 H4
Seuil-d'Argonne (55) ...47 E2
Seuillet (03) ...114 A5
Seuilly (37) ...94 A2
Seur (41) ...79 H4
le Seure (17) ...121 G2
Seurre (21) ...102 A3
Seux (80) ...9 F6
Seuzey (55) ...47 H2
Sevelinges (42) ...115 G6
Sevenans (90) ...88 C3
Sévérac (44) ...73 H2
Sévérac-le-Château (12) ...155 F5
Sévérac-l'Église (12) ...155 E4
Seveux (70) ...86 D4
Séviac ...165 E2
Sévignac (22) ...34 B6
Sévignacq (64) ...180 C1
Sévignacq-Meyracq (64) ...180 B4
Sévigny (61) ...39 E4
Sévigny-la-Forêt (08) ...12 D6
Sévigny-Waleppe (08) ...23 E3
Sévis (76) ...7 H4
Sevrai (61) ...39 E5
Sevran (93) ...43 E3
Sèvres (92) ...42 C4
Sèvres-Anxaumont (86) ...109 F1
Sevrey (71) ...101 G5
Sévrier (74) ...132 B2
Sévry (18) ...98 B2
Sewen (88) ...88 D1
Sexcles (19) ...139 F4
Sexey-aux-Forges (54) ...48 C5
Sexey-les-Bois (54) ...48 C4
Sexfontaines (52) ...67 H4
Seychalles (63) ...127 G3
Seyches (47) ...150 D2
Seyne (04) ...160 D4
la Seyne-sur-Mer (83) ...191 G5
Seynes (30) ...157 F6
Seynod (74) ...132 A1
Seyre (31) ...183 H2
Seyresse (40) ...162 D4
Seyssel (01) ...131 G1
Seyssel (74) ...131 G1
Seysses (31) ...167 E6
Seysses-Savès (32) ...166 C6
Seyssinet-Pariset (38) ...145 G2
Seyssins (38) ...145 G2
Seyssuel (38) ...130 A5
Seythenex (74) ...132 C3
Seytroux (74) ...119 F4
Sézanne (51) ...45 E5
Siarrouy (65) ...181 E2
Siaugues-Sainte-Marie (43) ...142 A3
Sibiril (29) ...31 G2
Sibiville (62) ...9 G2
Siccieu-Saint-Julien-
  -et-Carisieu (38) ...130 D3
Sichamps (58) ...99 E2
Sickert (68) ...88 D1
Sideville (50) ...14 C2
Sidiailles (18) ...112 B2
Siecq (17) ...121 H2
Siegen (67) ...29 F6
les Sièges (89) ...65 F4
Sierck-les-Bains (57) ...26 C2
Sierentz (68) ...89 G2
la Sierre ...145 F3
Siersthal (57) ...28 B5
Sierville (76) ...7 G5
Siest (40) ...162 D4
Sieurac (81) ...168 B4
Sieuras (09) ...183 F3
Siévoz (38) ...145 H5
Siewiller (67) ...50 B3
Sigale (06) ...176 C4
Sigalens (33) ...150 A3
Sigean (11) ...186 C5
Sigloy (45) ...81 F2
Signac (31) ...182 A6
Signes (83) ...191 G4
Signéville (52) ...68 A3
Signy-l'Abbaye (08) ...23 G2
Signy-le-Petit (08) ...12 C6
Signy-Montlibert (08) ...25 E3
Signy-Signets (77) ...43 H3
Sigogne (16) ...121 H3
Sigolsheim (68) ...71 F4
Sigonce (04) ...174 C1
Sigottier (05) ...159 G3
Sigoulès (24) ...136 D6
Sigournais (85) ...92 B6
Sigoyer (04) ...160 B4
Sigoyer (05) ...160 B3

Siguer (09) ...197 H4
Sigy (77) ...64 D1
Sigy-en-Bray (76) ...19 F3
Sigy-le-Châtel (71) ...115 H1
Silfiac (56) ...54 D2
Silhac (07) ...143 H5
Sillans (38) ...145 E1
Sillans-la-Cascade (83) ...175 F5
Sillars (86) ...109 H3
Sillas (33) ...150 A4
Sillé-le-Guillaume (72) ...59 G4
Sillé-le-Philippe (72) ...60 B5
Sillegny (57) ...48 C2
Silleron ...7 F2
Sillery (51) ...23 F6
Silley-Amancey (25) ...103 G2
Silley-Bléfond (25) ...87 H5
Silly-en-Gouffern (61) ...39 F4
Silly-en-Saulnois (57) ...26 C6
Silly-la-Poterie (02) ...21 H6
Silly-le-Long (60) ...43 G1
Silly-sur-Nied (57) ...26 D5
Silly-Tillard (60) ...20 B5
Silmont (55) ...47 F4
Siltzheim (67) ...27 H5
Silvareccio (2B) ...205 G1
Silvarouvres (52) ...67 F5
Simacourbe (64) ...180 D1
Simandre (71) ...116 C1
Simandre-sur-Suran (01) ...117 F4
Simandres (69) ...130 A4
Simard (71) ...102 A5
Simencourt (62) ...10 A2
Simeyrols (24) ...138 B5
Simiane-Collongue (13) ...190 D3
Simiane-la-Rotonde (04) ...174 A2
Simorre (32) ...182 B1
Simple (53) ...58 C6
Sin-le-Noble (59) ...10 D2
Sinard (38) ...145 G4
Sinceny (02) ...21 H3
Sincey-lès-Rouvray (21) ...84 B5
Sindères (40) ...163 E1
Singles (63) ...126 B5
Singleyrac (24) ...151 E1
Singly (08) ...24 A2
Singrist (67) ...50 C4
Sinsat (09) ...198 A2
Sinzos (65) ...181 F3
Sion (32) ...164 D4
Sion-les-Mines (44) ...57 F6
Sioniac (19) ...139 E4
Sionne (88) ...68 C2
Sion sur l'Océan ...90 C4
Sionviller (54) ...49 F5
Sireuil ...137 H5
Sireuil (16) ...122 B4
Sirod (39) ...103 F5
Siros (64) ...180 B2
Sisco (2B) ...203 G3
Sissonne (02) ...22 D3
Sissy (02) ...22 B1
Sistels (82) ...166 A1
Sisteron (04) ...160 A5
Sivergues (84) ...173 H3
Sivignon (71) ...115 H3
Sivry (54) ...48 D3
Sivry-Ante (51) ...46 D2
Sivry-Courtry (77) ...64 B1
Sivry-la-Perche (55) ...47 F1
Sivry-sur-Meuse (55) ...25 E5
Six-Fours-les-Plages (83) ...191 F6
Sixt-Fer-à-Cheval (74) ...119 G5
Sixt-sur-Aff (35) ...56 C5
Sizun (29) ...31 G5
Smarves (86) ...109 E2
Smermesnil (76) ...8 B6
Soccia (2A) ...204 D3
Sochaux (25) ...88 C4
Socoa ...178 A1
Socourt (88) ...69 G2
Socx (59) ...2 C3
Sodé (31) ...196 A4
Sœurdres (49) ...76 D2
Sognes ...65 F2
Sognolles-en-Montois (77) ...64 D1
Sogny-aux-Moulins (51) ...46 A3
Sogny-en-l'Angle (51) ...46 C4
Soignolles (14) ...16 C6
Soignolles-en-Brie (77) ...43 F6
Soilly ...44 D2
Soindres (78) ...41 H3
Soing-Cubry-
  -Charentenay (70) ...87 E3
Soings-en-Sologne (41) ...80 B5
Soirans (21) ...102 B1
Soissons (02) ...22 A5
Soisson-sur-Nacey (21) ...86 C6
Soisy-Bouy (77) ...65 E1
Soisy-sous-Montmorency (95) ...42 D3
Soisy-sur-École (91) ...63 H1
Soisy-sur-Seine (91) ...43 E6
Soize (08) ...23 G3
Soizé (28) ...61 F4
Soizy-aux-Bois (51) ...45 E4
Solaize (69) ...130 A4
Solaro (2B) ...205 G6
Solbach (67) ...71 E1
Soleilhas (04) ...176 A3
Solemont (25) ...88 C5
Solente (60) ...21 F2

Solenzara ...205 G6
le Soler (66) ...199 H3
Solérieux (26) ...158 B4
Solers (77) ...43 F5
Solesmes (59) ...11 F3
Solesmes (72) ...77 F1
Soleymieu (38) ...130 D3
Soleymieux (42) ...128 D5
Solférino (40) ...148 C6
Solgne (57) ...48 D2
Soliers (14) ...16 C5
Solignac (87) ...124 B3
Solignac-sous-Roche (43) ...142 D2
Solignac-sur-Loire (43) ...142 C4
Solignat (63) ...127 F5
Soligny-la-Trappe (61) ...40 A6
Soligny-les-Étangs (10) ...65 F2
Sollacaro (2A) ...206 D2
Sollières-Sardières (73) ...147 F1
Solliès-Pont (83) ...191 H5
Solliès-Toucas (83) ...191 H4
Solliès-Ville (83) ...191 H5
Sologny (71) ...116 A3
Solomiac (32) ...166 B3
Solre-le-Château (59) ...12 B3
Solrinnes (59) ...12 B3
Solterre (45) ...82 A1
Solutré-Pouilly (71) ...116 A4
le Somail ...186 B3
Somain (59) ...11 E2
Sombacour (25) ...103 H3
Sombernon (21) ...85 E6
Sombrin (62) ...9 H3
Sombrun (65) ...164 D6
Somloire (49) ...92 D3
Sommaing (59) ...11 F2
Sommancourt (52) ...67 G1
Sommant (71) ...100 C3
Sommauthe (08) ...24 C3
Somme-Bionne (51) ...46 C1
Somme-Suippe (51) ...46 B1
Somme-Tourbe (51) ...46 B1
Somme-Vesle (51) ...46 C3
Somme-Yèvre (51) ...46 C3
Sommecaise (89) ...82 D1
Sommedieue (55) ...47 G1
Sommeilles (55) ...46 D3
Sommelans (02) ...44 B1
Sommelonne (55) ...47 E5
Sommepy-Tahure (51) ...23 H6
Sommerance (08) ...24 C5
Sommérécourt (52) ...68 D3
Sommereux (60) ...20 A2
Sommeron (02) ...12 A5
Sommervieu (14) ...16 A3
Sommerviller (54) ...49 E5
Sommery (76) ...19 E2
Sommesnil (76) ...7 E4
Sommesous (51) ...45 G5
la Sommette (25) ...104 A1
Sommette-Eaucourt (02) ...21 G1
Sommeval (10) ...66 A4
Sommevoire (52) ...67 F2
Sommières (30) ...171 G4
Sommières-du-Clain (86) ...109 E4
Sompt (79) ...108 B5
Sompuis (51) ...46 A5
Somsois (51) ...46 B6
Son (08) ...23 G3
Sonac (46) ...153 F1
Sonchamp (78) ...42 A6
Soncourt (88) ...69 E2
Soncourt-sur-Marne (52) ...67 H3
Sondernach (68) ...70 D5
Sondersdorf (68) ...89 F4
la Sône (38) ...144 D3
Songeons (60) ...19 H3
Songeson (39) ...103 E6
Songieu (01) ...131 G1
Songy (51) ...46 A4
Sonnac (12) ...153 G3
Sonnac (17) ...121 H2
Sonnac-sur-l'Hers (11) ...184 B5
Sonnay (38) ...144 B1
Sonnaz (73) ...131 H4
Sonneville (16) ...122 A2
Sons-et-Ronchères (02) ...22 C1
Sonthonnax-la-Montagne (01) ...117 F4
Sonzay (37) ...78 C4
Soorts-Hossegor (40) ...162 B4
Sophia Antipolis ...176 C6
Soppe-le-Bas (68) ...89 E2
Soppe-le-Haut (68) ...89 E2
Sor (09) ...182 D6
Sorans-lès-Breurey (70) ...87 F5
Sorbais (02) ...12 A6
Sorbets (32) ...164 D4
Sorbets (40) ...164 A5
Sorbey (25) ...25 G4
Sorbey (57) ...26 C6
Sorbier (03) ...114 C3
Sorbiers (05) ...159 G4
Sorbiers (42) ...129 F5
Sorbo-Ocagnano (2B) ...203 D6
Sorbollano (2A) ...207 E1
Sorbon (08) ...23 G3
Sorbs (34) ...170 C3
Sorcy-Bauthémont (08) ...23 H3
Sorcy-Saint-Martin (55) ...47 H3
Sorde-l'Abbaye (40) ...162 D6
Sore (40) ...149 F4
Soréac (65) ...181 F2
Sorède (66) ...201 E4
Sorel (80) ...10 C5
Sorel-en-Vimeu (80) ...9 E5
Sorel-Moussel (28) ...41 F4
Sorèze (81) ...184 C1
Sorgeat (09) ...198 B2
Sorges (24) ...137 G1

Sorgues (84) ...173 E1
Sorigny (37) ...94 D1
la Sorinièr ...92 D1
les Sorinières (44) ...74 C5
Sorio (2B) ...203 F5
Sormery (89) ...65 H5
Sormonne (08) ...13 E6
Sornac (19) ...125 H4
Sornay (70) ...86 D6
Sornay (71) ...102 A6
Sornéville (54) ...49 E4
Sorquainville (76) ...6 D4
Sorrus (62) ...8 C1
Sort-en-Chalosse (40) ...163 E4
Sortosville (50) ...14 D3
Sortosville-en-Beaumont (50) ...14 B4
Sos (47) ...165 E1
Sospel (06) ...177 F4
Sossais (86) ...94 B4
Sost (65) ...182 A6
Sotta (2A) ...207 F3
Sottevast (50) ...14 C3
Sotteville (50) ...14 B3
Sotteville-lès-Rouen (76) ...7 G6
Sotteville-sous-le-Val (76) ...18 D5
Sotteville-sur-Mer (76) ...7 F2
Soturac (46) ...151 H3
Sotzeling (57) ...49 F3
Souain-
  -Perthes-lès-Hurlus (51) ...23 H6
Soual (81) ...168 B6
Souancé-au-Perche (28) ...61 F3
Souanyas (66) ...199 E4
Souastre (62) ...9 H3
Soubès (34) ...170 B4
Soubise (17) ...120 C1
Soublecause (65) ...164 C6
Soubran (17) ...135 F1
Soubrebost (23) ...125 E1
Soucé (53) ...58 D1
Soucelles (49) ...77 E4
la Souche (07) ...157 E2
Souchez (62) ...10 B1
Soucht (57) ...28 B6
Soucia (39) ...117 H1
Soucieu-en-Jarrest (69) ...129 H4
Soucirac (46) ...152 D1
Souclin (01) ...131 E2
Soucy (02) ...21 H5
Soucy (89) ...65 E3
Soudaine-Lavinadière (19) ...125 E5
Soudan (44) ...57 H6
Soudan (79) ...108 B3
Soudat (24) ...123 E4
Souday (41) ...61 F5
Soudé (51) ...45 H5
Soudeilles (19) ...125 G6
Soudorgues (30) ...171 E1
Soudron (51) ...45 G4
Soueich (31) ...182 B5
Soueix-Rogalle (09) ...183 E6
Souel (81) ...168 A1
Soues (65) ...181 E3
Soues (80) ...9 E5
Souesmes (41) ...81 F5
Souffelweyersheim (67) ...51 E5
Soufflenheim (67) ...51 G3
Souffrignac (16) ...123 E4
Sougé (36) ...96 A4
Sougé (41) ...79 E2
Sougé-le-Ganelon (72) ...59 H3
Sougéal (35) ...35 G5
Sougères-en-Puisaye (89) ...83 E4
Sougraigne (11) ...185 E6
Sougy (45) ...62 C5
Sougy-sur-Loire (58) ...99 F5
les Souhesmes-Rampont (55) ...47 F1
Souhey (21) ...84 D4
le Souich (62) ...9 G3
Souilhanels (11) ...184 B2
Souilhe (11) ...184 B2
Souillac (46) ...138 C5
Souillé (72) ...60 A4
Souilly (55) ...47 F2
Soula (09) ...183 H6
Soulac-sur-Mer (33) ...120 B5
Soulages (15) ...141 G3
Soulages-Bonneval (12) ...154 D1
Soulaines-Dhuys (10) ...67 F2
Soulaines-sur-Aubance (49) ...77 E5
Soulaire-et-Bourg (49) ...77 E3
Soulaines (28) ...62 B1
Soulan (09) ...183 E6
Soulanges (51) ...46 B4
Soulangis (18) ...97 H2
Soulangy (14) ...38 C3
Soulatgé (11) ...185 F6
Soulaucourt-sur-Mouzon (52) ...68 D4
Soulaures (24) ...151 H2
Soulce-Cernay (25) ...88 D5
Soulgé-sur-Ouette (53) ...59 E5
le Soulié (34) ...169 F6
Soulières (51) ...45 F3
Soulignac (33) ...149 H5
Souligné-Flacé (72) ...59 H6
Souligné-sous-Ballon (72) ...60 B4
Soulignonne (17) ...120 D3
Souligny (10) ...66 A4
Soulitré (72) ...60 C5
Soullans (85) ...90 D3
Soulles (50) ...37 F2
Soulom (65) ...180 D5
Soulomès (46) ...152 D2
Soulosse-
  -sous-Saint-Élophe (88) ...68 D2
Soultz-Haut-Rhin (68) ...71 E6
Soultz-les-Bains (67) ...50 D5
Soultz-sous-Forêts (67) ...29 E6
Soultzbach-les-Bains (68) ...71 E4
Soultzeren (68) ...71 E4
Soultzmatt (68) ...71 E5

Soulvache (44) ...57 G5
Soumaintrain (89) ...65 H5
Soumans (23) ...112 B4
Soumensac (47) ...150 D1
Souméras (17) ...135 F1
Soumont (34) ...170 B4
Soumont-Saint-Quentin (14) ...16 C6
Soumoulou (64) ...180 D2
Soupex (11) ...184 B2
Souppes-sur-Loing (77) ...64 A4
Souprosse (40) ...163 G3
Souraïde (64) ...178 C1
Sourans (25) ...88 B5
Sourcieux-les-Mines (69) ...129 H2
le Sourd (02) ...11 H6
Sourdeval (50) ...37 H5
Sourdeval-les-Bois (50) ...37 F3
Sourdon (80) ...20 C2
Sourdun (77) ...65 E1
le Sourn (56) ...55 E3
Sournia (66) ...199 F2
Sourniac (15) ...140 A2
Sourribes (04) ...160 B6
Sours (28) ...62 B2
Sourzac (24) ...136 D4
Sous-Parsat (23) ...111 G6
Sousceyrac (46) ...139 G5
Sousignac ...93 E1
Sousmoulins (17) ...135 G1
Souspierre (26) ...158 C2
Soussac (33) ...150 B1
Soussans (33) ...135 E3
Soussey-sur-Brionne (21) ...85 E6
Soustelle (30) ...156 D6
Soustons (40) ...162 C3
Sousville (38) ...145 H4
Souternon (42) ...128 D2
la Souterraine (23) ...110 D4
Soutiers (79) ...108 A1
Souvans (39) ...102 C3
Souvignargues (30) ...171 G3
Souvigné (16) ...122 B1
Souvigné (37) ...78 C4
Souvigné (79) ...108 B3
Souvigné-sur-Même (72) ...60 D4
Souvigné-sur-Sarthe (72) ...77 F1
Souvigny (03) ...113 G2
Souvigny-de-Touraine (37) ...79 G5
Souvigny-en-Sologne (41) ...81 F3
Souyeaux (65) ...181 F3
Souyri ...154 B4
Souzay-Champigny (49) ...93 H1
Souzy (69) ...129 F3
Souzy-la-Briche (91) ...63 F1
Soveria (2B) ...205 E2
Soyans (26) ...158 C2
Soyaux (16) ...122 C4
Soye (25) ...88 A4
Soye-en-Septaine (18) ...97 H3
Soyécourt (80) ...10 B6
Soyers (52) ...86 D1
Soyons (07) ...144 B5
Sparsbach (67) ...50 C3
Spay (72) ...60 A6
Spechbach-le-Bas (68) ...89 F2
Spechbach-le-Haut (68) ...89 F2
Speloncato (2B) ...202 D6
Spéracèdes (06) ...176 B6
Spézet (29) ...54 A1
Spicheren (57) ...27 G4
Spincourt (55) ...25 G5
Spontour ...139 H2
Sponville (54) ...48 B1
Spoy (10) ...67 E3
Spoy (21) ...86 A5
Spycker (59) ...2 B2
Squiffiec (22) ...33 E3
Stade de Neige de Vauplane ...175 H2
Stade de Neige du Margeriaz ...132 A4
Staffelfelden (68) ...71 F6
Stains (93) ...42 D3
Stainville (55) ...47 F5
Staple (59) ...3 F3
Station 1600 ...146 D5
Station de l'Audibergue ...176 B5
Station de Laye ...160 B1
Station de Lure ...159 H6
Station de Luz Ardiden ...180 D6
Station de Nistos Cap Nestès ...181 H5
Station de Payolle ...181 G5
Station de Puyvalador ...198 C5
Station d'Err-Puigmal ...198 C5
Station de
  Saint-Pierre-dels-Forcats ...198 D5
Station de Serre-Chevalier ...147 E4
Station de Ski de Brameloup ...155 F2
Station de Ski de Fond
  du Somport ...194 B4
Station des Orres ...161 E2
Station de Valdrôme ...159 G3
Station
  de Saint-Jean-Montclar ...160 D3
Station du Granier (38) ...131 H5
Station du Hautacam ...181 E5
Station du Mourtis ...182 B6
Station du Val d'Ese ...205 E5
Stattmatten (67) ...51 G3
Stazzona (2B) ...205 G1
Steenbecque (59) ...2 C4
Steene (59) ...2 B2
Steenvoorde (59) ...2 D3
Steenwerck (59) ...3 E4
Steige (67) ...71 E2
Steinbach (68) ...89 E1
Steinbourg (67) ...50 C4
Steinbrunn-le-Bas (68) ...89 F2
Steinbrunn-le-Haut (68) ...89 F2
Steinseltz (67) ...29 E6
Steinsoultz (68) ...89 F3

Stella-Plage	1 F6	
Stenay (55)	24 D3	
Sternenberg (68)	89 E2	
Stetten (68)	89 G2	
Stigny (89)	84 C2	
Still (67)	50 C5	
Stiring-Wendel (57)	27 G4	
Stival	55 E2	
Stonne (08)	24 C3	
Stoppia Nova	205 H1	
Storckensohn (68)	70 D6	
Stosswihr (68)	71 E4	
Stotzheim (67)	71 G1	
Strasbourg (67)	51 E5	
Strazeele (59)	2 D4	
Strenquels (46)	138 D4	
Strueth (68)	89 E3	
Struth (67)	50 B2	
Stuckange (57)	26 C3	
Stundwiller (67)	29 F6	
Sturzelbronn (57)	28 C3	
Stutzheim-Offenheim (67)	51 E5	
Suarce (90)	89 E3	
Suaux (16)	123 E2	
le Subdray (18)	97 F3	
Sublaines (37)	95 F1	
Subles (14)	15 H6	
Subligny (18)	82 B5	
Subligny (50)	35 H3	
Subligny (89)	64 D4	
Suc-et-Sentenac (09)	197 G4	
Succieu (38)	130 D5	
Sucé-sur-Erdre (44)	74 D4	
Sucy-en-Brie (94)	43 E5	
Suèvres (41)	80 A3	
Sugères (63)	127 H4	
Sugny (08)	24 A5	
Suhescun (64)	179 E2	
Suilly-la-Tour (58)	82 C6	
Suin (71)	115 H3	
Suippes (51)	46 B1	
Suisnes	43 F5	
Suisse (57)	49 F2	
Suizy-le-Franc (51)	45 E3	
Sulignat (01)	116 C5	
Sully (14)	15 H5	
Sully (60)	19 G3	
Sully (71)	100 D3	
Sully-la-Chapelle (45)	63 F6	
Sully-sur-Loire (45)	81 G2	
Sulniac (56)	55 H6	
Sumène (30)	171 E2	
Sundhoffen (68)	71 F4	
Sundhouse (67)	71 H2	
Super-Besse	126 D5	
Super-Lioran	140 C3	
Super-Pontarlier	104 A4	
le Super-Sauze	161 F3	
Superbagnères	196 A4	
Super Barèges	181 F6	
Superbolquère	198 C4	
Super Cannes	193 F1	
Superdévoluy	160 A1	
Supt (39)	103 F3	
le Suquet	177 E3	
Surat (63)	127 G1	
Surba (09)	183 G6	
Surbourg (67)	51 F2	
Surcamps (80)	9 E4	
Surdoux (87)	124 D4	
la Sure	145 F2	
Suré (61)	60 C2	
Suresnes (92)	42 C4	
Surfonds (72)	60 C6	
Surfontaine (02)	22 B1	
Surgères (17)	107 F5	
Surgy (58)	83 F4	
Suriauville (88)	69 E4	
Surin (79)	107 H2	
Surin (86)	109 E6	
Suris (16)	123 F2	
Surjoux (01)	117 H6	
Surmont (25)	88 B6	
Surques (62)	1 G4	
Surrain (14)	15 G5	
Surtainville (50)	14 B3	
Surtauville (27)	18 C6	
Survie (61)	39 G4	
Surville (14)	17 F3	
Surville (27)	18 C6	
Surville (50)	14 C5	
Survilliers (95)	43 E2	
Sury (08)	24 A1	
Sury-aux-Bois (45)	63 G6	
Sury-en-Vaux (18)	82 B6	
Sury-ès-Bois (18)	82 A5	
Sury-le-Comtal (42)	129 E5	
Sury-près-Léré (18)	82 B5	
Surzur (56)	73 E1	
Sus (64)	179 G2	
Sus-Saint-Léger (62)	9 H3	
Suscinio	72 D2	
Susmiou (64)	179 G2	
Sussac (87)	124 D4	
Sussargues (34)	171 G4	
Sussat (03)	113 G5	
Sussey (21)	100 D1	
Susville (38)	145 G4	
Sutrieu (01)	131 F1	
Suzan (09)	183 F5	
Suzanne (08)	24 A3	
Suzanne (80)	10 B5	
Suzannecourt (52)	67 H1	
Suzay (27)	19 F6	
Suze (26)	144 C6	
Suze-la-Rousse (26)	158 B5	
la Suze-sur-Sarthe (72)	77 H1	
Suzette (84)	158 D6	
Suzoy (60)	21 G3	
Suzy (02)	22 B3	
Sy (08)	24 B3	
Syam (39)	103 F5	
Sylvains-les-Moulins (27)	40 D3	
Sylvanès (12)	169 H3	
le Syndicat (88)	70 B5	

T

Tabaille-Usquain (64)	179 G1	
Tabanac (33)	149 G1	
la Table (73)	132 B5	
le Tablier (85)	91 G5	
Tabre (09)	184 B5	
la Tâche (16)	122 D2	
Tachoires (32)	182 A1	
Tacoignières (78)	41 H4	
Taconnay (58)	83 F6	
Taden (22)	34 D5	
Tadousse-Ussau (64)	164 B6	
Taglio-Isolaccio (2B)	205 G1	
la Tagna	133 E5	
la Tagnière (71)	100 C5	
Tagnon (08)	23 G4	
Tagolsheim (68)	89 F2	
Tagsdorf (68)	89 F2	
Tailhac (43)	141 H4	
Taillades (84)	173 F3	
le Taillan-Médoc (33)	135 E5	
Taillancourt (55)	48 A6	
Taillant (17)	121 E1	
Taillebois (61)	38 C4	
Taillebourg (17)	121 E2	
Taillebourg (47)	150 C3	
Taillecavat (33)	150 C1	
Taillecourt (25)	88 C4	
la Taillée (85)	107 E3	
Taillefontaine (02)	21 G5	
Taillepied (50)	14 C4	
Taillet (66)	199 G4	
Taillette (08)	12 D5	
Taillis (35)	57 H2	
Tailly (08)	24 D4	
Tailly (21)	101 G3	
Tailly (80)	9 E5	
Tain-l'Hermitage (26)	144 A3	
Taingy (89)	83 E3	
Taintrux (88)	70 C3	
Taisey	101 G5	
Taisnières-en-Thiérache (59)	11 H3	
Taisnières-sur-Hon (59)	11 H2	
Taissy (51)	23 F6	
Taïx (81)	168 B2	
Taizé (71)	116 A2	
Taizé (79)	93 G4	
Taizé-Aizie (16)	108 D6	
Taizon	93 F3	
Taizy (08)	23 G3	
Tajan (65)	181 H3	
Talairan (11)	185 G5	
Talais (33)	120 B5	
Talange (57)	26 B4	
Talant (21)	85 H6	
Talasani (2B)	205 G1	
la Talaudière (42)	129 F5	
Talazac (65)	181 E2	
Talcy (41)	80 A2	
Talcy (89)	84 B4	
Talence (33)	135 E6	
Talencieux (07)	144 A2	
Talensac (35)	56 D2	
Talissieu (01)	131 G2	
Talizat (15)	141 E3	
Tallans (25)	87 H5	
Tallard (05)	160 B3	
Tallenay (21)	87 F6	
Tallende (63)	127 F4	
Taller (40)	162 D2	
Talloires (74)	132 B2	
Tallone (2B)	205 G3	
le Tallud (79)	108 A1	
Tallud-Sainte-Gemme (85)	92 B6	
Talmas (80)	9 G5	
Talmay (21)	86 C5	
Talmont-Saint-Hilaire (85)	91 E6	
Talmont-sur-Gironde (17)	120 C5	
Talmontiers (60)	19 G5	
Taloire	175 G3	
Talon (58)	83 F6	
Talus-Saint-Prix (51)	45 E4	
Taluyers (69)	129 H4	
Tamerville (50)	14 D3	
Tamnay-en-Bazois (58)	99 H3	
Tamniès (24)	138 A4	
Tanavelle (15)	141 E4	
Tanay (21)	86 B5	
Tancarville (76)	6 C6	
Tancoigné (49)	93 E1	
Tancon (71)	115 F5	
Tanconville (54)	49 H5	
Tancrou (77)	43 H2	
Tancua (39)	118 A1	
le Tanet	70 D4	
Tangry (62)	2 B6	
Taninges (74)	119 E5	
Tanis (50)	35 G4	
Tanlay (89)	84 B1	
Tannay (08)	24 B3	
Tannay (58)	83 G6	
Tanneron (83)	193 G6	
Tannerre-en-Puisaye (89)	82 D2	
Tannières (02)	22 B5	
Tannois (55)	47 F5	
Tanques (61)	39 E5	
Tantonville (54)	69 F1	
le Tanu (50)	35 H2	
Tanus (81)	168 C1	
Tanville (61)	39 E6	
Tanzac (17)	121 E4	
Taponas (69)	116 B5	
Taponnat-Fleurignac (16)	122 D3	
Tarabel (31)	167 G6	
Taradeau (83)	175 G6	
Taradeau-le-Guérard (80)	10 C5	
Tarare (69)	129 F2	
Tarascon (13)	172 C3	
Tarascon-sur-Ariège (09)	197 H4	
Tarasteix (65)	181 E3	
Tarbes (65)	181 E3	
Tarcenay (25)	103 G1	
Tardes (23)	112 B5	
Tardets-Sorholus (64)	179 G4	
la Tardière (85)	92 C6	
Tardinghen (62)	1 F3	
Tarentaise (42)	129 G6	
Tarerach (66)	199 F3	
Targassonne (66)	198 C4	
Targé	94 D5	
Target (03)	113 F4	
Targon (33)	135 G6	
Tarnac (19)	125 F4	
Tarnès (33)	135 G4	
Tarnos (40)	162 B5	
Taron-Sadirac-Viellenave (64)	164 B6	
Tarquimpol (57)	49 G4	
Tarrano (2B)	205 G2	
Tarsac (32)	164 C5	
Tarsacq (64)	180 A2	
Tarsul (21)	85 G4	
Tart-l'Abbaye (21)	102 A1	
Tart-le-Bas (21)	102 A1	
Tart-le-Haut (21)	102 A1	
Tartaras (42)	129 H5	
Tartas (40)	163 F3	
Tartécourt (70)	87 F1	
Tartiers (02)	21 H4	
Tartigny (60)	20 C2	
le Tartre (71)	102 B5	
le Tartre-Gaudran (78)	41 G5	
Tarzy (08)	12 C6	
Tasque (32)	164 D5	
Tassé (72)	77 G1	
Tassenières (39)	102 C4	
Tassillé (72)	59 G6	
Tassin-la-Demi-Lune (69)	130 A3	
Tasso (2A)	205 E5	
Tatinghem (62)	2 A4	
le Tâtre (16)	121 H6	
Taugon (17)	107 E3	
Taulé (29)	31 H3	
Taulignan (26)	158 C3	
Taulis (66)	199 G4	
Taupont (56)	56 A4	
Tauriac (33)	135 F3	
Tauriac (46)	139 E5	
Tauriac (81)	167 F3	
Tauriac-de-Camarès (12)	169 H4	
Tauriac-de-Naucelle (12)	154 A6	
Tauriers (07)	157 F2	
Taurignan-Castet (09)	182 D5	
Taurignan-Vieux (09)	182 D5	
Taurinya (66)	199 F4	
Taurize (11)	185 F4	
Taussac (12)	140 C6	
Taussac-la-Billière (34)	169 H5	
Taussat	134 B6	
Tautavel (66)	199 H1	
Tauves (63)	126 C4	
Tauxières-Mutry (51)	45 G1	
Tauxigny (37)	95 E1	
Tavaco (2A)	204 D5	
Tavant (37)	94 B2	
Tavaux (39)	102 B3	
Tavaux-et-Pontséricourt (02)	22 D1	
Tavel (30)	172 C1	
Tavera (2A)	204 D4	
Tavernay (71)	100 C3	
Tavernes (83)	174 D5	
Taverny (95)	42 C2	
Tavers (45)	80 B2	
Tavey (70)	88 C3	
Taxat-Senat (03)	113 G5	
Taxenne (39)	102 D1	
Tayac	137 H5	
Tayac (33)	136 A4	
Taybosc (32)	166 A4	
Taye	70 C6	
Tayrac (12)	153 H6	
Tayrac (47)	151 G6	
Tazilly (58)	100 A5	
le Tech (66)	199 G5	
Tèche (38)	145 E2	
Técou (81)	168 A3	
le Teich (33)	148 C1	
le Teil (07)	158 A2	
le Teilhède (63)	127 E1	
Teilhet (09)	184 A4	
Teilhet (63)	113 E6	
Teillay (35)	57 F5	
Teillé (44)	75 E3	
Teillé (72)	60 A4	
Teillet (81)	168 D3	
Teillet-Argenty (03)	112 C4	
le Teilleul (50)	37 H6	
Teillots (24)	138 A2	
Teissières-de-Cornet (15)	140 A4	
Teissières-lès-Bouliès (15)	140 B6	
Telgruc-sur-Mer (29)	31 E6	
Tellancourt (54)	25 G3	
Tellecey (21)	86 B6	
Tellières-le-Plessis (61)	39 H6	
Teloché (72)	78 B1	
Temniac	138 A5	
le Temple (33)	134 C5	
le Temple (41)	61 F6	
le Temple-de-Bretagne (44)	74 B4	
Temple-Laguyon (24)	138 A2	
le Temple-sur-Lot (47)	151 E4	
Templemars (59)	3 F5	
Templeuve (59)	3 G6	
Templeux-la-Fosse (80)	10 C5	
Templeux-le-Guérard (80)	10 D5	
Tenay (01)	131 E1	
Tence (43)	143 F3	
Tencin (38)	146 A1	
Tende (06)	177 G2	
Tendon (88)	70 B4	
Tendron (18)	98 B4	
Tendu (36)	111 E1	
Teneur (62)	9 F1	
Tennie (72)	59 H5	
Tenteling (57)	27 G5	
Tercé (86)	109 F2	
Tercillat (23)	111 H3	
Tercis-les-Bains (40)	162 D4	
Terdeghem (59)	2 C3	
Tergnier (02)	22 A2	
Terjat (03)	112 D5	
Termes (08)	24 B5	
Termes (11)	185 F5	
Termes (48)	141 F6	
Termes-d'Armagnac (32)	164 D5	
Termignon (73)	147 F1	
Terminiers (28)	62 C5	
Ternand (69)	129 G1	
Ternant (17)	121 F1	
Ternant (21)	101 G1	
Ternant (58)	99 H5	
Ternant-les-Eaux (63)	127 F6	
Ternas (62)	9 G2	
Ternat (52)	67 H6	
Ternay (41)	79 E2	
Ternay (69)	130 A4	
Ternay (86)	93 G3	
les Ternes (15)	141 E4	
Ternuay-Melay--et-Saint-Hilaire (70)	88 B1	
Terny-Sorny (02)	22 A4	
Terramesnil (80)	9 G4	
Terrans	102 A4	
la Terrasse (38)	145 H1	
la Terrasse-sur-Dorlay (42)	129 G6	
les Terrasses	146 C3	
Terrasson-Lavilledieu (24)	138 B3	
Terrats (66)	199 H3	
Terraube (32)	165 G2	
Terre-Clapier (81)	168 C3	
Terre-Natale (52)	68 C6	
Terrebasse (31)	182 C3	
Terrefondrée (21)	85 G2	
Terrehault (72)	60 C4	
les Terres-de-Chaux (25)	88 C5	
la Terrisse (12)	154 D1	
Terroles (11)	185 E5	
Terron-sur-Aisne (08)	24 A4	
Terrou (46)	139 F6	
Tersanne (26)	144 B2	
Tersannes (87)	110 B4	
Terssac (81)	168 B2	
le Tertre-Saint-Denis (78)	41 G3	
Tertry (80)	10 D6	
Terville (57)	26 B3	
Tessancourt-sur-Aubette (78)	42 B2	
Tessé-Froulay (61)	59 F1	
Tessé-la-Madeleine (61)	38 C6	
Tessel (14)	16 A4	
Tesson (17)	121 E4	
Tessonnière (79)	93 G5	
la Tessoualle (49)	92 C3	
Tessy-sur-Vire (50)	37 G2	
Tétaigne (08)	24 D2	
Téteghem (59)	2 C1	
Téterchen (57)	27 E4	
Téthieu (40)	163 E4	
Teting-sur-Nied (57)	27 E6	
Teuillac (33)	135 F3	
Teulat (81)	167 G5	
Teurthéville-Bocage (50)	14 D2	
Teurthéville-Hague (50)	14 B2	
Teyjat (24)	123 E4	
Teyran (34)	171 F5	
Teyssières (26)	158 D3	
Teyssieu (46)	139 F5	
Teyssode (81)	168 A5	
Thaas (51)	45 E5	
Thaims (17)	120 D4	
Thairé (17)	106 D5	
Thaix (58)	99 G5	
Thal-Drulingen (67)	50 B2	
Thal-Marmoutier (67)	50 C4	
Thalamy (19)	126 B5	
Thann (68)	89 E1	
Thannenkirch (68)	71 F3	
Thanville (67)	71 F2	
Thaon (14)	16 B4	
Thaon-les-Vosges (88)	69 H3	
Tharaux (30)	157 F5	
Tharoiseau (89)	83 H5	
Tharon-Plage	73 G5	
Tharot (89)	83 H4	
Thaumiers (18)	98 A5	
Thauron (23)	125 E1	
Thauvenay (18)	82 B6	
Thèbe (65)	182 A5	
Théding (57)	27 G5	
Thédirac (46)	152 B2	
Thégra (46)	139 E6	
Théhillac (56)	73 H2	
le Theil (03)	113 G3	
le Theil (50)	14 D2	
le Theil (61)	61 E3	
le Theil-Bocage (14)	38 A3	
le Theil-de-Bretagne (35)	57 G4	
le Theil-en-Auge (14)	17 F3	
le Theil-Nolent (27)	18 A6	
Theil-Rabier (16)	108 C6	
Theil-sur-Vanne (89)	65 F4	
Theillay (41)	81 E6	
Theillement (27)	18 B5	
Theix (56)	73 E1	
Theizé (69)	129 G1	
Thel (69)	115 G5	
Théligny (72)	61 E4	
Thélis-la-Combe (42)	143 G1	
Thélod (54)	48 C6	
Thelonne (08)	24 C2	
Thélus (62)	10 B2	
Théméricourt (95)	42 A2	
Thémines (46)	153 F1	
Théminettes (46)	153 F1	
Thénac (17)	121 E4	
Thénac (24)	136 C6	
Thenailles (02)	23 E1	
Thenay (36)	110 D1	
Thenay (41)	79 H5	
Thenelles (02)	11 F6	
Thénésol (73)	132 C3	
Theneuil (37)	94 C2	
Theneuille (03)	113 E1	
Thénezay (79)	93 G6	
Thénioux (18)	96 D1	
Thenissey (21)	85 E3	
Thennelières (10)	66 B3	
Thennes (80)	20 D1	
Thenon (24)	137 H3	
Thénorgues (08)	24 C4	
Théoule-sur-Mer (06)	193 F1	
Therdonne (60)	20 B4	
Thérines (60)	19 H3	
Thermes-Magnoac (65)	182 A2	
le Théron	152 A3	
Thérondels (12)	140 D5	
Thérouanne (62)	2 B5	
Thérouldeville (76)	6 D3	
Thervay (39)	86 D6	
Thésée (41)	79 H6	
Thésy (39)	103 F4	
Theuley (70)	87 E3	
Théus (05)	160 C3	
Theuville (28)	62 B3	
Theuville (95)	42 B1	
Theuville-aux-Maillots (76)	6 D3	
Thevet-Saint-Julien (36)	111 H1	
Théville (50)	14 D2	
Thevray (27)	40 B3	
They-sous-Montfort (88)	69 E2	
They-sous-Vaudemont (54)	69 F2	
Theys (38)	146 A1	
Théza (66)	201 E3	
Thézac (17)	120 D3	
Thézac (47)	151 H4	
Thézan-des-Corbières (11)	185 H4	
Thézan-lès-Béziers (34)	186 D1	
Thèze (04)	160 A4	
Thèze (64)	164 A6	
Thézey-Saint-Martin (54)	48 D3	
Théziers (30)	172 C2	
Thézillieu (01)	131 F1	
Thézy-Glimont (80)	20 C1	
Thiais (94)	42 D5	
Thiancourt (90)	88 D3	
Thianges (58)	99 F4	
Thiant (59)	11 F2	
Thiat (87)	110 A4	
Thiaucourt-Regniéville (54)	48 B2	
Thiaville-sur-Meurthe (54)	70 C1	
Thibergey (27)	17 G5	
Thibie (51)	45 G3	
Thibivillers (60)	19 H5	
Thibouville (27)	40 C1	
Thicourt (57)	27 E6	
Thiébauménil (54)	49 F6	
Thiéblemont-Farémont (51)	46 C5	
Thiébouhans (25)	88 C6	
Thieffrain (10)	66 D4	
Thieffrans (70)	87 H4	
Thiéfosse (88)	70 B5	
Thiel-sur-Acolin (03)	114 B2	
Thiembronne (62)	1 H5	
Thiénans (70)	87 H4	
Thiennes (59)	2 C5	
Thiepval (80)	10 A4	
Thiergeville (76)	6 D3	
Thiernu (02)	22 D1	
Thiers (63)	128 A2	
Thiers-sur-Thève (60)	43 E1	
Thierville (27)	18 A6	
Thierville-sur-Meuse (55)	25 E6	
Thiéry (06)	176 C3	
Thiescourt (60)	21 F3	
Thiétreville (76)	6 D3	
le Thieulin (28)	61 G2	
Thieulloy-la-Ville (80)	19 H1	
Thieulloy-l'Abbaye (80)	20 A1	
Thieuloy-Saint-Antoine (60)	20 A2	
la Thieuloye (62)	9 H1	
Thieux (60)	20 C3	
Thieux (77)	43 F2	
Thiéville (14)	16 D6	
Thièvres (62)	9 H4	
Thièvres (80)	9 H4	
Thiézac (15)	140 C4	
Thignonville (45)	63 F3	
Thil (01)	130 B2	
Thil (10)	67 F2	
le Thil (27)	19 F5	
Thil (31)	166 D4	
Thil (51)	23 E5	
Thil (54)	26 A2	
Thil-Manneville (76)	7 G2	
le Thil-Riberpré (76)	19 F2	
Thil-sur-Arroux (71)	100 B5	
Thilay (08)	13 F6	
le Thillay (95)	43 E2	
Thilleux (52)	67 F2	
les Thilliers-en-Vexin (27)	19 F6	
Thillois (51)	23 E6	
Thillombois (55)	47 G2	
Thillot (55)	47 H2	
le Thillot (88)	70 C6	
Thilouze (37)	94 D1	
Thimert-Gâtelles (28)	41 E6	
Thimonville (57)	49 E2	
Thimory (45)	81 H1	
Thin-le-Moutier (08)	23 H1	
Thines	157 E3	
le Thiolent	142 B4	
Thiolières (63)	128 B5	
Thionne (03)	114 B3	
Thionville (57)	26 B3	
Thiors	93 F4	
Thiouville (76)	6 D4	
Thiraucourt (88)	69 F3	
Thiré (85)	106 D1	
Thiron Gardais (28)	61 F3	
This (08)	24 A1	
Thise (25)	87 F6	
Thivars (28)	62 A2	
Thivencelle (59)	11 G1	
Thiverny (60)	20 D6	
Thiverval-Grignon (78)	42 B4	
Thivet (52)	68 A5	
Thiviers (24)	123 G6	
Thiville (28)	62 A5	
Thizay (36)	96 D4	
Thizay (37)	94 A2	
Thizy (69)	115 G6	
Thizy (89)	84 B4	
Thoard (04)	160 C6	
Thodure (38)	144 C1	
Thoigné (72)	60 B3	
Thoiras (30)	171 F1	
Thoiré-sous-Contensor (72)	60 B3	
Thoiré-sur-Dinan (72)	78 C2	
Thoires (21)	67 E6	
Thoirette (39)	117 F4	
Thoiria (39)	117 H1	
Thoiry (01)	118 B4	
Thoiry (73)	132 A4	
Thoiry (78)	42 A4	
Thoissey (01)	116 B5	
Thoissia (39)	117 F2	
Thoisy-la-Berchère (21)	100 D1	
Thoisy-le-Désert (21)	101 E1	
Thoix (80)	20 A2	
Thol-lès-Millières (52)	68 C4	
Thollet (86)	110 B3	
Thollon-les-Mémises (74)	119 F2	
le Tholonet (13)	174 A6	
le Tholy (88)	70 B4	
Thomer-la-Sôgne (27)	41 E3	
Thomery (77)	64 B2	
Thomirey (21)	101 E2	
Thonac (24)	138 A4	
Thônes (74)	132 C1	
Thonnance-lès-Joinville (52)	67 H1	
Thonnance-les-Moulins (52)	68 A2	
Thonne-la-Long (55)	25 F3	
Thonne-le-Thil (55)	25 E3	
Thonne-les-Près (55)	25 E3	
Thonnelle (55)	25 E3	
Thonon-les-Bains (74)	119 E3	
les Thons (88)	69 E5	
Thonville (57)	27 E6	
le Thor (84)	173 E2	
Thorailles (45)	64 B5	
Thoraise (25)	103 E1	
Thorame-Basse (04)	161 E6	
Thorame-Haute (04)	161 E6	
Thoras (43)	142 A5	
Thoré-la-Rochette (41)	79 F2	
Thorée-les-Pins (72)	77 H3	
Thorenc-Station	176 B5	
Thorens-Glières (74)	118 C6	
Thorey (89)	84 B1	
Thorey-en-Plaine (21)	102 A1	
Thorey-Lyautey (54)	69 F1	
Thorey-sous-Charny (21)	84 D6	
Thorey-sur-Ouche (21)	101 F2	
Thorigné	108 A2	
Thorigné-d'Anjou (49)	76 D3	
Thorigné-en-Charnie (53)	59 F5	
Thorigné-Fouillard (35)	57 F2	
Thorigné-sur-Dué (72)	60 D5	
Thorigny-sur-le-Mignon (79)	107 G5	
Thorigny (85)	91 H5	
Thorigny-sur-Marne (77)	43 F3	
Thorigny-sur-Oreuse (89)	65 G3	
le Thoronet (83)	175 F6	
Thorrenc (07)	144 A2	
Thors (10)	67 F3	
Thors (17)	121 G2	
Thory (80)	20 D2	
Thory (89)	84 A4	
Thoste (21)	84 C5	
le Thou (17)	107 E5	
Thou (18)	82 A5	
Thou (45)	82 B4	
Thouarcé (49)	77 E6	
Thouaré-sur-Loire (44)	74 D4	
Thouars (79)	93 F3	
Thouars-sur-Arize (09)	183 E3	
Thouars-sur-Garonne (47)	150 D5	
Thouarsais-Bouildroux (85)	92 B6	
le Thoult-Trosnay (51)	44 D4	
le Thour (08)	23 F3	
le Thoureil (49)	77 F5	
Thourie (35)	57 G5	
Thouron (87)	124 B1	
Thourotte (60)	21 F4	
Thoury (41)	80 B3	
Thoury-Férottes (77)	64 C3	
Thoux (32)	166 B5	
le Thuel (02)	23 E2	
Thuès-Entre-Valls (66)	198 D4	
Thuès-les Bains	199 E4	

Thueyts (07) 157 F1
Thugny-Trugny (08) 23 G4
la Thuile (73) 132 A5
les Thuiles (04) 161 E3
Thuilley-aux-Groseilles (54) ..48 C6
Thuillières (88) 69 F4
Thuir (66) 199 H3
Thuisy (51) 65 H3
le Thuit (27) 19 E6
le Thuit-Anger (27) 18 C6
Thuit-Hébert (27) 18 B5
le Thuit-Signol (27) 18 B6
le Thuit-Simer (27) 18 B6
Thulay (25) 88 C4
Thumeréville (54) 25 H6
Thumeries (59) 3 F6
Thun-l'Évêque (59) 11 E3
Thun-Saint-Amand (59) ...4 A6
Thun-Saint-Martin (59) ..11 E3
Thurageau (86) 94 A5
Thuré (86) 94 C5
Thuret (63) 127 G1
Thurey (71) 102 A5
Thurey-le-Mont (25) 87 G5
Thurins (69) 129 H4
Thury (21) 101 E3
Thury (89) 83 E4
Thury-en-Valois (60) 43 H1
Thury-Harcourt (14) 16 B6
Thury-sous-Clermont (60) ..20 C5
Thusy (74) 131 H1
Thuy (65) 181 F3
Thyez (74) 119 E5
Tibiran-Jaunac (65) 181 H4
Ticheville (61) 39 G3
Tichey (21) 102 B3
Tieffenbach (67) 50 B2
Tiercé (49) 77 E3
Tiercelet (54) 25 H4
le Tiercent (35) 35 G6
Tierceville (14) 16 A3
Tieste-Uragnoux (32) 164 D6
la Tieule (48) 155 G4
Tiffauges (85) 92 A3
Tigeaux (77) 43 G4
Tigery (91) 43 E6
Tignac (09) 198 B2
Tigné (49) 93 E1
Tignécourt (88) 69 E5
Tignes (73) 133 G5
le Tignet (06) 176 B6
Tignieu-Jameyzieu (38) ..130 C3
Tigny-Noyelle (62) 8 C2
Tigy (45) 81 F2
Til-Châtel (21) 86 A4
Tilh (40) 163 F5
Tilhouse (65) 181 G4
Tillac (32) 165 E6
Tillard 20 B5
Tillay-le-Péneux (28) ...62 C4
Tillé (60) 20 B4
Tillenay (21) 102 B1
le Tilleul (76) 6 B4
Tilleul-Dame-Agnès (27) ..40 C2
le Tilleul-Lambert (27) ..40 C2
le Tilleul-Othon (27) ...40 C1
Tilleux (88) 68 D3
Tillières (49) 75 F6
Tillières-sur-Avre (27) ..40 D5
Tilloloy (80) 21 E2
Tillou (79) 108 B5
Tilloy-et-Bellay (51) ...46 B2
Tilloy-Floriville (80) ..8 C5
Tilloy-lès-Conty (80) ...20 B1
Tilloy-lès-Hermaville (62) ..9 H2
Tilloy-lès-Mofflaines (62) ..10 B2
Tilloy-lez-Cambrai (59) ..10 D3
Tilloy-lez-Marchiennes (59) ..11 E1
Tilly (27) 41 G1
Tilly (36) 110 C3
Tilly (78) 41 G3
Tilly-Capelle (62) 9 F1
Tilly-la-Campagne (14) ..16 C5
Tilly-sur-Meuse (55) 47 G2
Tilly-sur-Seulles (14) ..16 A4
Tilques (62) 2 A4
Tincey-et-Pontrebeau (70) ..87 E3
Tinchebray (61) 38 A4
Tincourt-Boucly (80) 10 C5
Tincques (62) 9 H2
Tincry (57) 49 E3
Tingry (62) 1 F5
Tinqueux (51) 23 E6
Tinténiac (35) 35 E6
Tintry (71) 101 E4
Tintury (58) 99 G3
Tiranges (43) 142 D1
Tirent-Pontéjac (32) 166 A6
Tirepied (50) 37 F5
Tissey (89) 84 A1
le Titre (80) 8 D3
Tivernon (45) 62 D4
Tiviers (15) 141 F4
Tizac-de-Curton (33) 135 G6
Tizac-de-Lapouyade (33) ..135 G3
Tocane-Saint-Apre (24) ..137 E2
Tocqueville (27) 6 D6
Tocqueville (50) 15 E2
Tocqueville-en-Caux (76) ..7 F3
Tocqueville-les-Murs (76) ..6 D4
Tocqueville-sur-Eu (76) ..7 H1
Tœufles (80) 8 C4
Toges (08) 24 B4
Togny-aux-Bœufs (51) 46 A4
Tolla (2A) 204 D5
Tollaincourt (88) 68 D4
Tollent (62) 9 E2
Tollevast (50) 14 C2
la Tombe (77) 64 D2
Tombebœuf (47) 151 E3

Tomblaine (54) 48 D5
Tomino (2B) 203 G2
les Tonils (26) 158 D2
Tonnac (81) 167 H1
Tonnay-Boutonne (17) 121 E1
Tonnay-Charente (17) 120 D1
Tonneins (47) 150 D4
Tonnerre (89) 84 A1
Tonneville (50) 14 B2
Tonnoy (54) 48 D6
Tonquédec (22) 32 C3
Torcé (35) 57 H3
Torcé-en-Vallée (72) 60 C4
Torcé-Viviers-en-Charnie (53) ..59 F5
Torcenay (52) 86 C1
Torchamp (61) 38 A6
Torchefelon (38) 131 E5
Torcheville (57) 49 H2
Torcieu (01) 131 E1
Torcy (62) 1 H6
Torcy (71) 100 D5
Torcy (77) 43 F4
Torcy-en-Valois (02) 44 B2
Torcy-et-Pouligny (21) ..84 C4
Torcy-le-Grand (10) 66 B1
Torcy-le-Grand (76) 7 H3
Torcy-le-Petit (10) 66 B1
Torcy-le-Petit (76) 7 H3
Tordères (66) 199 H4
Tordouet (14) 17 F6
Torfou (49) 92 A3
Torfou (91) 63 F1
Torigni-sur-Vire (50) ...37 G2
Tornac (30) 171 G1
Tornay (52) 86 C2
le Torp-Mesnil (76) 7 F4
Torpes (25) 103 E1
Torpes (71) 102 B4
le Torpt (27) 17 G3
le Torquesne (14) 17 F4
Torreilles (66) 201 E2
Torsac (16) 122 C5
Torsiac (43) 141 F1
Tortebesse (63) 126 C3
Tortefontaine (62) 9 E2
Tortequesne (62) 10 C2
Torteron (18) 98 C3
Torteval-Quesnay (14) ...38 A1
Tortezais (03) 113 E3
Tortisambert (14) 17 E6
Torvilliers (10) 66 A3
Torxé (17) 121 E1
Tosny (27) 19 E6
Tosse (40) 162 C4
Tossiat (01) 117 E5
Tostat (65) 181 E2
Tostes (27) 18 C6
Totainville (88) 69 E2
Tôtes (76) 7 G4
Touchay (18) 97 F6
la Touche (26) 158 B3
Touches (01) 101 F5
les Touches (44) 74 D3
les Touches-de-Périgny (17) ..121 H1
Toucy (89) 83 E2
Toudon (06) 176 D4
Touët-de-l'Escarène (06) ..177 E4
Touët-sur-Var (06) 176 C3
Touffailles (82) 151 H5
Toufflers (59) 3 G5
Touffréville (14) 16 C4
Touffreville (27) 19 E5
Touffreville-la-Cable (76) ..6 D5
Touffreville-la-Corbeline (76) ..7 E5
Touffreville-sur-Eu (76) ..8 A5
Touget (32) 166 B4
Touille (31) 182 C4
Touillon (21) 84 D3
Touillon-et-Loutelet (25) ..104 A5
Toujouse (32) 164 C3
Toul (54) 48 B5
Toulaud (07) 144 A5
Toulenne (33) 149 H2
Touligny (08) 24 A2
Toulis-et-Attencourt (02) ..22 C2
Toulon (83) 191 G5
Toulon-sur-Allier (03) ..113 H2
Toulon-sur-Arroux (71) ..100 B6
Toulongergues 153 G4
Toulonjac (12) 153 G4
Toulouges (66) 200 D3
Toulouse (31) 167 E5
Toulouse-le-Château (39) ..102 D4
Toulouzette (40) 163 G4
Toulx-Sainte-Croix (23) ..112 A4
Touques (14) 17 E3
le Touquet-Paris-Plage (62) ..1 E6
Touquettes (61) 39 H4
Touquin (77) 43 H5
la Tour (06) 176 D3
la Tour (74) 118 D5
la Tour-Blanche (24) 136 D1
la Tour-d'Aigues (84) ...174 A4
la Tour-d'Auvergne (63) ..126 C5
Tour-de-Faure (46) 153 E3
la Tour-de-Salvagny (69) ..129 H2
la Tour-de-Scay (25) 87 G5
la Tour-du-Crieu (09) ...183 H4
la Tour-du-Meix (39) 117 G1
le Tour-du-Parc (56) 73 E2
la Tour-du-Pin (38) 131 E4
Tour-en-Bessin (14) 15 H5
Tour-en-Jarez (42) 129 F5
Tour-en-Sologne (41) 80 B4
la Tour-Saint-Gelin (37) ..94 C2
la Tour-sur-Orb (34) 170 A5
Touraille (41) 79 G3
les Tourailles (61) 38 C4
Tourbes (34) 187 E1

Tourcelles-Chaumont (08) ..24 A4
Tourch (29) 53 H2
Tourcoing (59) 3 G4
Tourdun (32) 165 E6
la Tourette (42) 128 D6
la Tourette-Cabardès (11) ..185 E2
Tourette-du-Château (06) ..176 D4
les Tourettes 158 B1
Tourgéville (14) 17 E3
la Tourlandry (49) 92 D2
Tourlaville (50) 14 C2
Tourliac (47) 151 G1
Tourly (60) 19 H6
Tourmignies (59) 3 F6
Tourmont (39) 102 D4
Tournai-sur-Dive (61) ...39 F4
Tournan (32) 182 B1
Tournan-en-Brie (77) 43 G5
Tournans (25) 87 H5
Tournavaux (08) 13 F6
Tournay (65) 181 F3
Tournay-sur-Odon (14) ...16 A5
le Tourne (33) 149 G1
Tournebu (14) 16 B6
Tournecoupe (32) 166 A3
Tournedos-Bois-Hubert (27) ..40 D2
Tournedos-sur-Seine (27) ..18 D6
Tournefeuille (31) 167 E5
Tournefort (06) 176 D3
Tournehem-sur-la-Hem (62) ..1 H3
Tournemire (12) 169 H2
Tournemire (15) 140 B4
Tournes (08) 24 A1
le Tourneur (14) 38 A2
Tourneville (27) 40 D2
Tournières (14) 15 G6
Tournissan (11) 185 G4
Tournoisis (45) 62 B6
Tournon (73) 132 C3
Tournon-d'Agenais (47) ..151 H4
Tournon-Saint-Martin (36) ..95 F6
Tournon-Saint-Pierre (37) ..95 F6
Tournon-sur-Rhône (07) ..144 A3
Tournous-Darré (65) 181 G2
Tournous-Devant (65) 181 H3
Tournus (71) 116 C1
Tourny (27) 41 G1
Tourouvre (61) 40 B6
Tourouzelle (11) 185 G3
Tourreilles (11) 184 D5
les Tourreilles (31) 182 A4
Tourrenquets (32) 165 H4
Tourrette-Levens (06) ...177 E5
les Tourrettes (26) 158 B1
Tourrettes (83) 176 A6
Tourrettes-sur-Loup (06) ..176 D5
Tourriers (16) 122 C3
Tours (37) 78 D5
Tours-en-Savoie (73) 132 D3
Tours-en-Vimeu (80) 8 C4
Tours-sur-Marne (51) 45 G2
Tours-sur-Meymont (63) ..128 A4
Tour Sancy 126 C5
Tourtenay (79) 93 G3
Tourteron (08) 24 A3
Tourtoirac (24) 137 H2
Tourtour (83) 175 F5
Tourtouse (09) 182 D4
Tourtrès (47) 150 D3
Tourtrol (09) 184 A4
Tourves (83) 191 G3
Tourville-en-Auge (14) ..17 E3
Tourville-la-Campagne (27) ..18 B6
Tourville-la-Chapelle (76) ..7 H2
Tourville-la-Rivière (76) ..18 C5
Tourville-les-Ifs (76) ..6 C3
Tourville-sur-Arques (76) ..7 G2
Tourville-sur-Odon (14) ..16 B5
Tourville-sur-Pont-Audemer (27) ..17 H3
Tourville-sur-Sienne (50) ..36 D1
Toury (28) 62 D4
Toury-Lurcy (58) 99 F6
Toury-sur-Jour (58) 99 E6
Tourzel-Ronzières (63) ..127 F5
Toussaint (76) 6 C3
Toussieu (69) 130 B4
Toussieux (01) 130 A1
Tousson (77) 63 G3
la Toussuire 146 C1
Toussus-le-Noble (78) ...42 C5
Toutainville (27) 17 G3
Toutenant (71) 102 A4
Toutencourt (80) 9 H5
Toutens (31) 184 A1
Toutlemonde (49) 92 C2
Toutry (21) 84 B4
Touvérac (16) 121 H6
le Touvet (38) 131 H6
Touville (27) 18 A5
Touvois (44) 91 E2
Touvre (16) 122 C4
Touzac (16) 121 H5
Touzac (46) 152 A3
Toy-Viam (19) 125 F4
Tracy-Bocage (14) 38 A1
Tracy-le-Mont (60) 21 G4
Tracy-le-Val (60) 21 G4
Tracy-sur-Loire (58) ...82 B6
Tracy-sur-Mer (14) 16 A3
Trades (69) 115 H4
Traenheim (67) 50 D5
Tragny (57) 49 E2
Traînel (10) 65 F2
Traînou (45) 63 F6
le Trait (76) 7 E5
Traitiéfontaine (70) ...87 F5
Traize (73) 131 G3
Tralaigues (63) 126 B2
Tralonca (2B) 205 E2

Tramain (22) 34 A5
Tramayes (71) 116 A4
Trambly (71) 115 H3
Tramecourt (62) 2 A6
Tramery (51) 22 D6
Tramezaïgues (65) 195 G4
Tramolé (38) 130 D5
Tramont-Émy (54) 69 E2
Tramont-Lassus (54) 69 E2
Tramont-Saint-André (54) ..69 E2
Tramoyes (01) 130 B2
Trampot (88) 68 B2
Trancault (10) 65 F2
la Tranche-sur-Mer (85) ..106 B3
la Tranclière (01) 117 E5
Trancrainville (28) 62 D4
Trangé (72) 60 A5
le Tranger (36) 95 H4
Trannes (10) 67 E3
Tranqueville-Graux (88) ..69 E1
Trans (53) 59 F3
Trans-en-Provence (83) ..175 H6
Trans-la-Forêt (35) 35 F5
Trans-sur-Erdre (44) 75 E3
le Translay (80) 8 C5
le Transloy (62) 10 C4
Tranzault (36) 111 G1
Trappes (78) 42 B4
Trassanel (11) 185 E2
Traubach-le-Bas (68) 89 E2
Traubach-le-Haut (68) ...89 E2
Trausse (11) 185 F2
Travaillan (84) 158 B6
Travecy (02) 22 A2
Traversères (32) 165 H6
Traves (70) 87 F3
le Travet (81) 168 C3
le Trayas 193 F2
Trayes (79) 93 E6
Tré-le-Champ 119 H6
Tréal (56) 56 B5
Tréauville (50) 14 B3
Trébabu (29) 30 C5
Treban (03) 113 G3
Tréban (81) 168 D1
Trébas (81) 168 D2
Trébédan (22) 34 C5
Trèbes (11) 185 E3
Trébeurden (22) 32 B2
Trébons (65) 181 F4
Trébons-de-Luchon (31) ..196 A4
Trébons-sur-la-Grasse (31) ..184 A1
Tréboul 53 E2
Trébrivan (22) 32 C6
Trébry (22) 33 H6
Tréclun (21) 102 B1
Trécon (51) 45 G3
Trédaniel (22) 33 H6
Trédarzec (22) 33 E2
Trédias (22) 34 B6
Trédion (56) 55 H5
Trédrez-Locquémeau (22) ..32 B2
Tréduder (22) 32 B3
Trefcon (02) 10 D6
Treffendel (35) 56 D3
Treffiagat (29) 53 E4
Treffieux (44) 74 D1
Trefflléan (56) 55 G6
Treffort (38) 145 G4
Treffort-Cuisiat (01) ...117 E4
Treffrin (22) 32 B6
Tréflaouénan (29) 31 G3
Tréflévénez (29) 31 F4
Tréflez (29) 31 F3
Tréfols (51) 44 C4
Tréfumel (22) 34 D6
Trégarantec (29) 31 F3
Trégarvan (29) 31 F6
Trégastel (22) 32 C1
Trégastel-Plage (22) 32 C1
Tréglamus (22) 32 D4
Tréglonou (29) 30 D3
Trégomeur (22) 33 F4
Trégon (22) 34 C4
Trégonneau (22) 33 E3
Trégourez (29) 53 H2
Trégranteur 55 H4
Trégrom (22) 32 C3
Tréguennec (29) 53 E3
Trégueux (22) 33 G4
Tréguidel (22) 33 F3
Tréguier (22) 32 D2
Trégunc (29) 53 H4
Tréhet (41) 78 D2
Tréhorenteuc (56) 56 B3
le Tréhou (29) 31 G5
Treignac (19) 125 E5
Treignat (03) 112 B3
Treigny (89) 82 D4
Treilles (11) 186 C6
Treilles-en-Gâtinais (45) ..64 A5
Treillières (44) 74 C4
Treix (52) 68 A4
Tréjouls (82) 152 B5
Trélans (48) 155 H3
Trélazé (49) 77 E5
Trélévern (22) 32 D1
Trelins (42) 128 D3
Trélissac (24) 137 F2
Trélivan (22) 34 C5
Trelly (50) 37 E2
Trélon (59) 12 D5
Trélou-sur-Marne (02) ...44 D2
Trémaouézan (29) 31 F4
Trémargat (22) 32 D6
Trémauville (76) 6 D4
la Tremblade (17) 120 B2
Tremblay (35) 35 G5

le Tremblay (49) 75 G1
Tremblay-en-France (93) ..43 E3
Tremblay-les-Villages (28) ..41 F6
le Tremblay-Omonville (27) ..40 C1
le Tremblay-sur-Mauldre (78) ..42 A4
Tremblecourt (54) 48 B4
le Tremblois (70) 86 C5
Tremblois-lès-Carignan (08) ..25 E2
Tremblois-lès-Rocroi (08) ..12 D6
Trémeheuc (35) 35 F5
Trémel (22) 32 B3
Tréméloir (22) 33 G4
Trémentines (49) 75 H6
Tréméoc (29) 53 F3
Tréméreuc (22) 34 D4
Trémery (57) 26 C4
Tréméven (22) 33 F3
Tréméven (29) 54 B4
Trémilly (52) 67 F2
Trémoins (70) 88 B3
Trémolat (24) 137 G5
Trémons (47) 151 G4
Trémont (49) 93 E2
Trémont (61) 39 G6
Trémont-sur-Saulx (55) ..47 E4
Trémonzey (88) 69 G5
Trémorel (22) 56 B1
Trémouille (15) 140 C1
Trémouille-Saint-Loup (63) ..126 B5
Trémouilles (12) 154 C5
Trémoulet (09) 184 A4
Trémuson (22) 33 G4
Trenal (39) 102 C6
Trensacq (40) 148 D5
Trentels (47) 151 G3
Tréogan (22) 53 E1
Tréogat (29) 53 E3
Tréon (28) 41 F5
Tréouergat (29) 30 D4
Trépail (51) 45 G1
le Tréport (76) 8 A4
Trept (38) 130 D3
Trésauvaux (55) 47 H1
Tresbœuf (35) 57 F5
Trescault (62) 10 D4
Treschenu-Creyers (26) ..145 F6
Trescléoux (05) 159 H4
Trésilley (70) 87 F4
Tresnay (58) 99 F6
Trespoux-Rassiels (46) ..152 C4
Tresques (30) 157 H6
Tressan (34) 170 C6
Tressandans (25) 87 H4
Tressange (57) 26 A3
Tressé (35) 35 E5
Tresserre (66) 200 D4
Tresserve (73) 131 H3
Tresses (33) 135 F5
Tressignaux (22) 33 F3
Tressin (59) 3 G5
Tresson (72) 78 D1
Treteau (03) 114 B3
la Trétoire (77) 44 B4
Trets (13) 174 B6
Treux (80) 10 A5
Treuzy-Levelay (77) 64 B3
Trévé (22) 55 G1
Trévenans (90) 88 C3
Tréveneuc (22) 33 G3
Tréveray (55) 47 G6
Trévérec (22) 33 E3
Trévérien (35) 34 D6
Trèves (30) 170 C1
Trèves (69) 129 H5
Trèves-Cunault 77 G6
Trévien (81) 168 B1
Trévières (14) 15 G5
Trévignin (73) 131 H3
Trévillach (66) 199 F2
Tréville (11) 184 B2
Trévillers (25) 88 D6
Trévilly (89) 84 B4
Trévol (03) 113 H1
Trévou-Tréguignec (22) ..32 D1
Trévoux (01) 130 A1
le Trévoux (29) 54 A4
Trévron (22) 34 C6
Trézelles (03) 114 B4
Trézény (22) 32 D2
le Trez Hir 30 C5
Tréziers (11) 184 B5
Trézilidé (29) 31 G3
Trézioux (63) 127 H3
Triac-Lautrait (16) 122 A3
le Triadou (34) 171 F4
Triaize (85) 106 C3
Tribehou (50) 15 E6
Trichey (89) 66 B6
Tricot (60) 20 D3
Trie-Château (60) 19 H6
Trie-la-Ville (60) 19 H6
Trie-sur-Baïse (65) 181 G2
Triel-sur-Seine (78) ...42 B3
Triembach-au-Val (67) ..71 F2
Trieux (54) 26 A3
Trigance (83) 175 G3
Trignac (44) 73 G4
Trigny (51) 22 D6
Triguères (45) 64 C6
Trilbardou (77) 43 G3
Trilla (66) 199 F2
Trilport (77) 43 H3
Trimbach (67) 29 F6
Trimer (35) 34 D6

la Trimouille (86) 110 B2
Trinay (45) 62 D5
la Trinitat (15) 155 E1
la Trinité 53 H3
la Trinité (06) 177 E5
la Trinité (27) 41 E2
la Trinité (50) 37 F4
la Trinité (73) 132 B5
la Trinité-de-Réville (27) ..17 H6
la Trinité-de-Thouberville (27) ..18 B5
la Trinité-des-Laitiers (61) ..39 H4
la Trinité-du-Mont (76) ..6 D5
la Trinité-Langonnet (56) ..54 C1
la Trinité-Porhoët (56) ..55 H2
la Trinité-sur-Mer (56) ..72 B1
la Trinité-Surzur (56) ..73 E1
Triors (26) 144 C3
le Trioulou (15) 153 H1
Tripleville (41) 62 B6
Triquerville (76) 6 D5
Triqueville (27) 17 G3
Trith-Saint-Léger (59) ..11 F2
Trivy (71) 115 H3
Trizac (15) 140 B2
Trizay (17) 120 D2
Trizay-Coutretot-
   -Saint-Serge (28) 61 F3
Trizay-lès-Bonneval (28) ..62 A4
Troarn (14) 16 C4
Troche (19) 138 C1
Trochères (21) 86 B6
Trocy-en-Multien (77) ...43 H2
Troësnes (02) 44 A1
Troguéry (22) 32 D2
Trogues (37) 94 C2
les Trois-Domaines (55) ..47 F2
Trois-Fonds (23) 112 A4
Trois-Fontaines-l'Abbaye (51) ..46 D5
Trois-Monts (14) 16 B5
les Trois-Moutiers (86) ..93 H3
Trois-Palis (16) 122 B4
les Trois-Pierres (76) ..6 C5
Trois-Puits (51) 23 E6
Trois-Vèvres (58) 99 F4
Trois-Villes (64) 179 G3
Trois Épis 71 E4
Troisfontaines (57) 50 B5
Troisfontaines-la-Ville (52) ..47 E6
Troisgots (50) 37 G2
Troissereux (60) 20 A4
Troissy (51) 44 D2
Troisvaux (62) 9 G1
Troisvilles (59) 11 F4
Tromarey (70) 86 D6
Tromborn (57) 27 E4
Troncens (32) 181 F1
la Tronche (38) 145 G2
le Tronchet (35) 35 E5
le Tronchet (72) 60 A4
Tronchoy (89) 84 A1
Tronchy (71) 101 H5
le Troncq (27) 18 B6
Trondes (54) 48 A5
Tronget (03) 113 G3
le Tronquay (14) 15 G6
le Tronquay (27) 19 F4
Tronsanges (58) 98 C2
Tronville (54) 26 A6
Tronville-en-Barrois (55) ..47 F5
Troo (41) 79 E2
Trosly-Breuil (60) 21 G5
Trosly-Loire (02) 21 H3
Trouans (10) 45 H6
Troubat (65) 182 A5
Trouhans (21) 102 B2
Trouhaut (21) 85 F5
Trouillas (66) 199 H3
Trouley-Labarthe (65) ...181 F2
Troussencourt (60) 20 B3
Troussey (55) 48 A5
Troussures (60) 20 A5
Trouvans (25) 87 H5
Trouville (76) 6 D5
Trouville-la-Haule (27) ..6 D6
Trouville-sur-Mer (14) ..17 E3
Trouy (18) 97 G3
Troye-d'Ariège (09) 184 B5
Troyes (10) 66 B3
Troyon (55) 47 G2
la Truchère (71) 116 C2
Truchtersheim (67) 51 E4
Trucy (02) 22 C4
Trucy-l'Orgueilleux (58) ..83 F5
Trucy-sur-Yonne (89) 83 G3
le Truel (12) 169 F1
Trugny (21) 102 A3
Truinas (26) 158 C2
Trumilly (60) 21 F6
Trun (61) 39 F4
Trungy (14) 15 H6
Truttemer-le-Grand (14) ..37 H4
Truttemer-le-Petit (14) ..38 A4
Truyes (37) 95 E1
Tubersent (62) 1 F6
Tubœuf 40 B5
Tuchan (11) 185 G6
Tucquegnieux (54) 26 A4
Tudeils (19) 139 E4
Tudelle (32) 165 F4
Tuffé (72) 60 C5
Tugéras-Saint-Maurice (17) ..121 G6
Tugny-et-Pont (02) 21 H1
la Tuilière (42) 128 B1
Tulette (26) 158 C6
Tulle (19) 139 E2
Tullins (38) 145 E1
Tully (80) 8 B4
Tupigny (02) 11 G5
Tupin-et-Semons (69) ...130 A5
la Turballe (44) 73 E3

la Turbie (06) 177 F5
Turcey (21) 85 F5
Turckheim (68) 71 F4
Turenne (19) 138 D4
Turgon (16) 122 D1
Turgy (10) 66 B5
Turny (89) 65 G5
Turquant (49) 93 H1
Turquestein-Blancrupt (57) 50 B5
Turqueville (50) 15 E4
Turretot (76) 6 B4
Turriers (04) 160 C3
Tursac (24) 137 H4
Tusson (16) 122 B1
Tuzaguet (65) 181 H4
le Tuzan (33) 149 F3
Tuzie (16) 122 C1

U

Uberach (67) 51 E3
Ubexy (88) 69 G2
Ubraye (04) 176 A4
Ucciani (2A) 204 D5
Ucel (07) 157 G2
Uchacq-et-Parentis (40) 163 H2
Uchaud (30) 172 A4
Uchaux (84) 158 B5
Uchentein (09) 182 D6
Uchizy (71) 116 B2
Uchon (71) 100 C5
Uckange (57) 26 B4
Ueberstrass (68) 89 E3
Uffheim (68) 89 G2
Uffholtz (68) 89 E1
Ugine (73) 132 C2
Uglas (65) 181 H4
Ugnouas (65) 181 E2
Ugny (54) 25 G3
Ugny-le-Gay (02) 21 H2
Ugny-l'Équipée (80) 21 G1
Ugny-sur-Meuse (55) 48 A5
Uhart-Cize (64) 178 D3
Uhart-Mixe (64) 179 F2
Uhlwiller (67) 51 E3
Uhrwiller (67) 50 D2
Ulcot (79) 93 E3
les Ulis (91) 42 C5
Ully-Saint-Georges (60) 20 C6
les Ulmes (49) 93 G1
Umpeau (28) 62 C1
Unac (09) 198 A2
Uncey-le-Franc (21) 85 E6
Unchair (51) 22 D5
Ungersheim (68) 71 F6
Unias (42) 129 E4
Unienville (10) 67 E3
Unieux (42) 129 E6
l'Union (31) 167 F5
Unverre (28) 61 G4
Unzent (09) 183 G3
Upaix (05) 160 A4
Upie (26) 144 B6
Ur (66) 198 B5
Urau (31) 182 C5
Urbalacone (2A) 206 D1
Urbanya (66) 199 E3
Urbeis (67) 71 E2
Urbès (68) 70 D6
Urbise (42) 114 D4
Urçay (03) 112 D1
Urcel (02) 22 B4
Urcerey (90) 88 C3
Urciers (36) 112 A2
Urcuit (64) 162 C6
Urcy (21) 101 G1
Urdens (32) 165 H3
Urdès (64) 180 A1
Urdos (64) 178 D3
Urdos (64) 180 A6
Urepel (64) 178 C4
Urgons (40) 164 A5
Urgosse (32) 164 D4
Uriage-les-Bains 145 F2
Uriménil (88) 69 H3
Urmatt (67) 50 C6
Urost (64) 180 D2
Urou-et-Crennes (61) 39 F4
Urrugne (64) 178 A1
Urs (09) 198 A2
Urschenheim (68) 71 G4
Urt (64) 162 C6
Urtaca (2B) 203 E6
Urtière (25) 88 D6
Uruffe (54) 48 A6
Urval (24) 137 G6
Urville (10) 67 E4
Urville (14) 16 C6
Urville (50) 14 D4
Urville (88) 68 D4
Urville-Nacqueville (50) 14 B1
Urvillers (02) 22 A1
Ury (77) 63 H3
Urzy (58) 98 D3
Us (95) 42 B2
Usclades-et-Rieutord (07) 143 E6
Usclas-d'Hérault (34) 170 C6
Usclas-du-Bosc (34) 170 C4
Usinens (74) 118 A6
Ussac (19) 138 C2
Ussat (09) 197 H4
Usseau (79) 107 G5
Usseau (86) 94 C4
Ussel (15) 141 E3
Ussel (19) 126 A5
Ussel (46) 152 D2
Ussel-d'Allier (03) 113 G5
Usson (63) 127 G5

Usson-du-Poitou (86) 109 F4
Usson-en-Forez (42) 128 C6
Ussy (14) 38 D3
Ussy-sur-Marne (77) 43 H3
Ustaritz (64) 178 C1
Ustou (09) 197 F4
Utelle (06) 177 E3
Uttenheim (67) 71 G1
Uttenhoffen (67) 51 E2
Uttwiller (67) 50 D3
Uvernet-Fours (04) 161 F3
Uxeau (71) 100 B6
Uxegney (88) 69 H3
Uxelles (39) 117 H1
Uxem (59) 2 C1
Uz (65) 180 D5
Uza (40) 162 D1
Uzan (64) 163 H6
Uzay-le-Venon (18) 97 G5
Uzech (46) 152 C2
Uzein (64) 180 B1
Uzel (22) 33 F6
Uzelle (25) 88 A4
Uzemain (88) 69 H4
Uzer (07) 157 F3
Uzer (65) 181 F4
Uzerche (19) 124 D6
Uzès (30) 172 B1
Uzeste (33) 149 G3
Uzos (64) 180 C2

V

Vaas (72) 78 B3
Vabre (81) 168 D5
Vabre-Tizac (12) 153 H5
Vabres (15) 141 F4
Vabres (30) 171 F1
Vabres-l'Abbaye (12) 169 G2
Vacherauville (55) 25 E6
Vachères (04) 174 B2
Vachères-en-Quint (26) 144 D6
Vacheresse (74) 119 F3
la Vacheresse-
   -et-la-Rouillie (88) 68 D4
Vacheresses-les-Basses 41 G6
la Vacherie (27) 40 C2
la Vacherie (27) 41 E1
Vacognes-Neuilly (14) 16 A5
la Vacquerie (14) 37 H1
la Vacquerie-et-Saint-Martin-
   -de-Castries (34) 170 C4
Vacquerie-le-Boucq (62) 9 F2
Vacqueriette-Erquières (62) 9 F2
Vacqueville (54) 49 H6
Vacqueyras (84) 158 C6
Vacquières (34) 171 F3
Vacquiers (31) 167 F4
Vadans (39) 102 D3
Vadans (70) 86 C5
Vadelaincourt (55) 47 F1
Vadenay (51) 46 A2
Vadencourt (02) 11 G5
Vadencourt (80) 9 H5
Vadonville (55) 47 H4
Vagnas (07) 157 G4
Vagney (88) 70 B5
Vahl-Ebersing (57) 27 F6
Vahl-lès-Bénestroff (57) 49 G2
Vahl-lès-Faulquemont (57) 27 E6
Vaiges (53) 59 E5
Vailhan (34) 170 B6
Vailhauquès (34) 171 E5
Vailhourles (12) 153 F5
Vaillac (46) 152 D1
Vaillant (52) 86 A2
Vailly (10) 66 B2
Vailly (74) 119 E3
Vailly-sur-Aisne (02) 22 B4
Vailly-sur-Sauldre (18) 82 A5
Vains (50) 35 G3
Vairé (85) 90 D5
Vaire-Arcier (25) 87 G6
Vaire-le-Petit (25) 87 G6
Vaire-sous-Corbie (80) 9 H6
Vaires-sur-Marne (77) 43 F4
Vaison-la-Romaine (84) 158 D5
Vaïssac (82) 167 F1
Vaite (70) 86 D3
la Vaivre (70) 69 H6
Vaivre-et-Montoille (70) 87 F3
le Val (83) 175 E6
le Val-André 33 H4
le Val-d'Ajol (88) 70 A6
Val-d'Auzon (10) 66 C2
le Val-David (27) 41 E2
Val-de-Bride (57) 49 G3
Val-de-Chalvagne (04) 176 B4
Val-de-Fier (74) 131 H1
Val-de-Gouhenans (70) 88 A3
le Val-de-Guéblange (57) 27 G6
Val-de-la-Haye (76) 18 C5
Val-de-Mercy (89) 83 G3
Val-de-Meuse (52) 68 C5
Val-de-Reuil (27) 18 D6
Val-de-Roulans (25) 87 H5
Val-de-Saâne (76) 7 F4
Val-de-Vesle (51) 45 G1
Val-de-Vière (51) 46 C4
Val-d'Épy (39) 117 F3
Val-des-Marais (51) 45 F4
Val-des-Prés (05) 147 E4
le Val-d'Esnoms (52) 86 A3
Val-d'Isère (73) 133 G5
Val-d'Izé (35) 57 H2
Val-d'Ornain (55) 47 E4
Val-et-Châtillon (54) 50 A6
Val-Maravel (26) 159 G2

le Val-Saint-Éloi (70) 87 G2
le Val-Saint-Germain (91) 42 B6
le Val-Saint-Père (50) 35 H3
Val-Suzon (21) 85 G5
Valady (12) 154 B3
Valailles (27) 17 H5
Valaire (41) 79 H5
Valanjou (49) 92 D1
Valaurie (26) 158 B3
Valavoire (04) 160 B4
Valay (70) 86 D6
Valbeleix (63) 127 E6
Valbelle (04) 160 A6
Valberg 161 H6
Valbois (55) 47 H3
Valbonnais (38) 145 H5
Valbonne (06) 176 C6
Valcabrère (31) 182 A5
Valcanville (50) 15 E2
Val Castérino 177 F1
Valcebollère (66) 198 C5
Valcivières (63) 128 B4
Val Claret 133 G5
Valcourt (52) 46 D6
Valdahon (25) 103 H1
Valdampierre (60) 20 A5
Val d'Azun 180 C5
Valdeblore (06) 176 D2
le Valdécie (50) 14 C4
Valderiès (81) 168 C2
Valderoure (06) 176 A5
Val d'Esquières 192 D3
Valdieu-Lutran (68) 89 E3
Valdivienne (86) 109 G2
Valdoie (90) 88 C2
Valdrôme (26) 159 G3
Valdurenque (81) 168 C6
Valeille (42) 129 F3
Valeilles (82) 151 H4
Valeins (01) 116 B5
Valempoulières (39) 103 E4
Valençay (36) 96 B2
Valence (16) 122 D2
Valence (26) 144 B5
Valence (82) 166 B1
Valence-d'Albigeois (81) 168 C2
Valence-en-Brie (77) 64 B2
Valence-sur-Baïse (32) 165 F3
Valenciennes (59) 11 F2
Valencin (38) 130 B4
Valencogne (38) 131 F5
Valennes (72) 61 E6
Valensole (04) 174 D3
Valentigney (25) 88 C4
Valentine (31) 182 B4
Valenton (94) 43 E5
Valergues (34) 171 G5
Valernes (04) 160 B5
Valescourt (60) 20 D4
Valescure 193 E2
Valette (15) 140 C2
la Valette (38) 145 H4
la Valette-du-Var (83) 191 G5
Valeuil (24) 137 E1
Valeyrac (33) 120 C6
Valezan (73) 133 E4
Valff (67) 71 G1
Valfin-sur-Valouse (39) 117 F3
Valflaunès (34) 171 F3
Valfleury (42) 129 G5
Valframbert (61) 60 A1
Valfréjus 147 E2
Valfroicourt (88) 69 F3
Valgorge (07) 157 E2
Valhey (54) 49 F5
Valhuon (62) 9 G1
Valiergues (19) 125 H6
Valignat (03) 113 G5
Valigny (03) 98 B6
Valin 135 H3
Valines (80) 8 C4
Val Joly 133 E2
Valjouffrey (38) 146 A5
Valjouze (15) 141 E3
la Valla-en-Gier (42) 129 G6
la Valla-sur-Rochefort (42) 128 C3
Vallabrègues (30) 172 C3
Vallabrix (30) 172 B1
Vallan (89) 83 F2
Vallandry 133 F4
Vallangoujard (95) 42 C1
Vallans (79) 107 G4
Vallant-Saint-Georges (10) 66 A1
Vallauris (06) 193 F1
Valle-d'Alesani (2B) 205 G2
Valle-di-Campoloro (2B) 205 G2
Valle-di-Mezzana (2A) 204 C5
Valle-di-Rostino (2B) 205 F1
Valle-d'Orezza (2B) 205 G1
Vallecalle (2B) 203 F5
la Vallée (17) 120 D1
la Vallée-au-Blé (02) 11 H6
la Vallée-Mulâtre (02) 11 F5
Vallègue (31) 184 A1
Valleiry (74) 118 B5
Vallenay (18) 97 G5
Vallentigny (10) 67 E2
Vallerange (57) 49 G2
Vallérargues (30) 157 G6
Valleraugue (30) 170 D1
Vallères (37) 78 C6
Valleret (52) 67 G1
Vallereuil (24) 137 E3
Vallerois-le-Bois (70) 87 H3
Vallerois-Lorioz (70) 87 G3
Valleroy (25) 86 D2
Valleroy (52) 86 D2
Valleroy (54) 26 A4
Valleroy-aux-Saules (88) 69 F3
Valleroy-le-Sec (88) 69 F4

Vallery (89) 64 C4
Vallesvilles (31) 167 G5
Vallet (44) 75 E5
Valletot (27) 17 H3
Vallica (2B) 202 D6
la Varenne (49) 75 E4
Vallière (23) 125 G2
Vallières (10) 66 B5
Vallières (74) 131 H1
Vallières-les-Grandes (41) 79 G5
Valliguières (30) 172 C2
Valliquerville (76) 7 E4
Valloire (73) 146 D2
Vallois (54) 70 A1
les Vallois (88) 69 F4
Vallon-en-Sully (03) 112 D2
Vallon-Pont-d'Arc (07) 157 G4
Vallon-sur-Gée (72) 59 H6
Vallorcine (74) 119 H5
Vallouise (05) 146 D5
Val Louron 195 H4
Valmanya (66) 199 F4
Valmascle (34) 170 B5
Valmeinier (73) 146 D2
Valmeinier 1800 ....146 D2
Valmestroff (57) 26 C3
Valmigère (11) 185 E5
Valmondois (95) 42 C2
Valmont (57) 27 F5
Valmont (76) 6 D3
Valmorel 132 D5
Valmunster (57) 26 D4
Valmy (51) 46 C1
Valognes (50) 14 D3
Valojoulx (24) 138 A4
Valonne (25) 88 B5
Valoreille (25) 88 C6
Valouse (26) 158 D3
Valprionde (46) 152 A4
Valprivas (07) 143 D1
Valpuiseaux (91) 63 G2
Valras-Plage (34) 187 E3
Valréas (84) 158 C4
Valros (34) 187 E1
Valroufié (46) 152 C3
Vals (09) 184 A4
Vals-des-Tilles (52) 85 H2
Vals-le-Chastel (43) 142 A2
Vals-les-Bains (07) 157 G1
Vals-près-le-Puy (43) 142 C4
Valsemé (14) 17 E4
Valsenestre 146 A4
Valserres (05) 160 C2
Valsonne (69) 129 F1
Valstes 174 B2
Val Thorens 147 E1
le Valtin (88) 70 D4
Valuéjols (15) 141 E4
Valz-sous-Châteauneuf (63) 127 H6
Valzergues (12) 153 H3
Vanault-le-Châtel (51) 46 C3
Vanault-les-Dames (51) 46 C4
Vançais (79) 108 C4
Vancé (72) 78 D1
la Vancelle (67) 71 F2
Vanclans (25) 103 H2
Vandeins (01) 116 D4
Vandelainville (54) 26 A6
Vandelans (70) 87 G5
Vandeléville (54) 69 E1
Vandélicourt (60) 21 F4
Vandenesse (58) 99 H4
Vandenesse-en-Auxois (21) 101 E1
Vandeuil (51) 22 D6
Vandières (51) 45 E1
Vandières (54) 48 C2
Vandœuvre-lès-Nancy (54) 48 D5
Vandoncourt (25) 88 D4
Vandré (17) 107 F6
Vandrimare (27) 19 E5
Vandy (08) 24 A4
Vanlay (10) 66 A5
Vannaire (21) 67 E6
Vanne (70) 87 E3
le Vanneau-Irleau (79) 107 G4
Vannecourt (57) 49 F3
Vannecrocq (27) 17 G3
la Vannerie 58 D4
Vannes (56) 55 G6
Vannes-le-Châtel (54) 48 A6
Vannes-sur-Cosson (45) 81 F3
Vannoz (39) 103 F5
les Vans (07) 157 E4
Vantoux (57) 26 C5
Vantoux-et-Longevelle (70) 87 E5
Vantoux-lès-Dijon (21) 85 H5
Vanves (92) 42 D4
Vanvey (21) 85 F1
Vanvillé (77) 64 D1
Vanxains (24) 136 C2
Vany (57) 26 C5
Vanzac (17) 135 G1
Vanzay (79) 108 C4
Vanzy (74) 118 A6
Vaour (81) 167 H1
Varacieux (38) 144 D2
Varades (44) 75 G3
Varages (83) 174 D5
Varaignes (24) 123 E4
Varaire (31) 153 E4
Varaize (17) 121 G1
Varambon (01) 117 E6
Varanges (21) 102 A1
Varangéville (54) 49 E5
Varaville (14) 16 D4
Varces-Allières-et-Risset (38) 145 G3
Vareilles (23) 110 D4

Vareilles (71) 115 F4
Vareilles (89) 65 F4
Varen (82) 153 F6
Varengeville-sur-Mer (76) 7 G2
Varenguebec (50) 14 D5
la Varenne (49) 75 E4
Varennes (24) 137 F6
Varennes (31) 183 H1
Varennes (37) 95 F3
Varennes (80) 9 H4
Varennes (82) 167 F3
Varennes (86) 94 A5
Varennes (89) 83 H1
Varennes-Changy (45) 82 A1
Varennes-en-Argonne (55) 24 C6
Varennes-Jarcy (91) 43 E5
Varennes-le-Grand (71) 101 G6
Varennes-lès-Mâcon (71) 116 B4
Varennes-lès-Narcy (58) 98 C1
Varennes-Saint-Honorat (43) 142 A3
Varennes-Saint-Sauveur (71) 117 E2
Varennes-sous-Dun (71) 115 G4
Varennes-sur-Allier (03) 114 A4
Varennes-sur-Fouzon (36) 96 B1
Varennes-sur-Loire (49) 93 H1
Varennes-sur-Morge (63) 127 F1
Varennes-sur-Seine (77) 64 C2
Varennes-sur-Tèche (03) 114 B4
Varennes-sur-Usson (63) 127 G5
Varennes-Vauzelles (58) 98 D3
Varès (47) 150 D3
Varesnes (60) 21 G3
Varessia (39) 117 F1
Varetz (19) 138 C2
Varilhes (09) 183 H5
Varinfroy (60) 43 H2
Variscourt (02) 23 E4
Varize (28) 62 B5
Varize (57) 26 D5
Varmonzey (88) 69 G2
Varneville (55) 47 H3
Varneville-Bretteville (76) 7 G4
Varogne (70) 87 G2
Varois-et-Chaignot (21) 86 A6
Varouville (50) 14 D2
Varrains (49) 93 G1
Varreddes (77) 43 G2
Vars 161 F2
Vars (05) 161 F1
Vars (16) 122 B3
Vars (70) 86 C4
Vars-sur-Roseix (19) 138 B2
Varsberg (57) 27 E5
Varzay (17) 121 E3
Varzy (58) 83 E6
Vascœuil (27) 19 E4
Vasles (79) 108 C1
Vasperviller (57) 50 A5
Vassel (63) 127 G3
Vasselay (18) 97 G2
Vasselin (38) 131 E4
Vassens (02) 21 H4
Vasseny (02) 22 B5
Vassieux-en-Vercors (26) 145 E5
Vassimont-et-Chapelaine (51) 45 G4
Vassincourt (55) 47 E4
Vassivière 125 F3
Vassogne (02) 22 C4
Vassonville (76) 7 G4
Vassy (14) 38 B3
Vassy (89) 84 B4
le Vast (50) 14 D2
les Vastres (43) 143 E4
Vatan (36) 96 C3
Vathiménil (54) 49 F6
Vatierville (76) 19 F1
Vatilieu (38) 145 E2
Vatimont (57) 26 D6
Vatry (51) 45 H4
Vattetot-sous-Beaumont (76) 6 C4
Vattetot-sur-Mer (76) 6 B3
Vatteville (27) 19 E6
Vatteville-la-Rue (76) 7 E6
Vaubadon (14) 15 G6
Vauban (71) 115 F4
Vaubecourt (55) 47 E3
Vaubexy (88) 69 G3
Vaucelles (14) 15 H5
Vaucelles-et-Beffecourt (02) 22 B3
Vauchamps (25) 87 G6
Vauchamps (51) 44 D3
Vauchassis (10) 66 A4
Vauchelles (60) 21 G3
Vauchelles-lès-Authie (80) 9 H4
Vauchelles-lès-Domart (80) 9 E4
Vauchelles-lès-Quesnoy (80) 8 D4
Vauchignon (21) 101 E3
Vauchonvilliers (10) 66 D3
Vauchoux (70) 87 F3
Vauchrétien (49) 77 E6
Vauciennes (51) 45 E2
Vauciennes (60) 21 G6
Vauclaix (58) 99 H1
Vauclerc (51) 46 B5
Vaucluse (25) 88 B6
Vauclusotte (25) 88 C6
Vaucogne (10) 66 C1
Vauconcourt-Nervezain (70) 87 E3
Vaucouleurs (55) 48 A6
Vaucourt (54) 49 G5
Vaucourtois (77) 43 H3
Vaucresson (92) 42 C4
Vaudancourt (60) 19 G6
Vaudebarrier (71) 115 G3
Vaudelnay (49) 93 G2
Vaudeloges (14) 39 F3

Vaudemange (51) 45 G1
Vaudémont (54) 69 F1
Vaudes (10) 66 B4
Vaudesincourt (51) 23 G6
Vaudesson (02) 22 B4
Vaudeurs (89) 65 F4
Vaudevant (07) 143 H3
Vaudeville (54) 69 G1
Vaudéville (88) 70 A3
Vaudeville-le-Haut (55) 68 C1
Vaudherland (95) 43 E2
Vaudigny (54) 69 G1
le Vaudioux (39) 103 F6
Vaudoncourt (55) 25 G5
Vaudoncourt (88) 68 D3
le Vaudoué (77) 63 H3
Vaudoy-en-Brie (77) 44 A5
Vaudreching (57) 26 D4
Vaudrecourt (52) 68 D3
Vaudrémont (52) 67 G4
le Vaudreuil (27) 18 D6
Vaudreuille (31) 184 B1
Vaudreville (50) 14 D3
Vaudrey (39) 102 D3
Vaudricourt (62) 2 D6
Vaudricourt (80) 8 B4
Vaudrimesnil (50) 14 D6
Vaudringhem (62) 1 H5
Vaudrivillers (25) 88 A6
Vaudry (14) 37 H3
Vaufrey (25) 88 D5
Vaugines (84) 173 H3
Vaugneray (69) 129 H3
Vaugrigneuse (91) 42 C6
Vauhallan (91) 42 C5
Vaujany (38) 146 B2
Vaujours (93) 43 E3
le Vaulmier (15) 140 D2
Vaulnaveys-le-Bas (38) 145 H3
Vaulnaveys-le-Haut (38) 145 H3
Vaulry (87) 110 B6
Vault-de-Lugny (89) 83 H4
Vaulx (62) 9 F2
Vaulx (74) 132 A1
Vaulx-en-Velin (69) 130 B3
Vaulx-Milieu (38) 130 C4
Vaulx-Vraucourt (62) 10 C3
le Vaumain (60) 19 H5
Vaumas (03) 114 B3
Vaumeilh (04) 160 B4
Vaumoise (60) 21 G6
Vaumort (89) 65 F4
Vaunac (24) 137 G1
Vaunaveys-la-Rochette (26) 144 C6
Vaunoise (61) 60 C2
la Vaupalière (76) 7 G6
Vaupillon (28) 61 F2
Vaupoisson (10) 66 C1
Vauquois (55) 24 D6
Vauréal (95) 42 B2
Vaureilles (12) 153 H3
Vaurois 85 E2
le Vauroux (60) 19 H5
Vaussais (10) 108 C5
Vausseroux (79) 108 B1
Vautebis (79) 108 B2
Vauthiermont (90) 88 D2
Vautorte (53) 58 C3
Vauvenargues (13) 174 B5
Vauvert (30) 172 A4
Vauville (14) 17 E3
Vauville (50) 14 B2
Vauvillers (70) 69 F6
Vauvillers (80) 10 A6
Vaux (03) 112 D3
Vaux (31) 184 A1
Vaux (57) 26 B5
Vaux (86) 108 D4
Vaux-Andigny (02) 11 F5
Vaux-Champagne (08) 23 H4
Vaux-devant-Damloup (55) 25 F6
Vaux-en-Amiénois (80) 9 F5
Vaux-en-Beaujolais (69) 116 A6
Vaux-en-Bugey (01) 130 D1
Vaux-en-Dieulet (08) 24 C4
Vaux-en-Pré (71) 115 H1
Vaux-en-Vermandois (02) 21 H1
Vaux-et-Chantegrue (25) 103 H4
Vaux-Lavalette (16) 122 C6
Vaux-le-Moncelot (70) 87 E4
Vaux-le-Pénil (77) 64 A1
Vaux-lès-Mouron (08) 24 B5
Vaux-lès-Mouzon (08) 24 D2
Vaux-lès-Palameix (55) 47 H2
Vaux-lès-Prés (25) 103 E1
Vaux-lès-Rubigny (08) 23 F2
Vaux-lès-Saint-Claude (39) 117 H3
Vaux-Marquenneville (80) 8 D5
Vaux-Montreuil (08) 23 H3
Vaux-Rouillac (16) 122 A3
Vaux-Saules (21) 85 F5
Vaux-sous-Aubigny (52) 86 B3
Vaux-sur-Aure (14) 15 H5
Vaux-sur-Blaise (52) 67 G1
Vaux-sur-Eure (27) 41 F2
Vaux-sur-Lunain (77) 64 C4
Vaux-sur-Mer (17) 120 C4
Vaux-sur-Poligny (39) 102 D4
Vaux-sur-Saint-Urbain (52) 68 A2
Vaux-sur-Seine (78) 42 B2
Vaux-sur-Seulles (14) 16 A4
Vaux-sur-Somme (80) 9 H6
Vaux-sur-Vienne (86) 94 C4
Vaux-Villaine (08) 23 H1
Vauxaillon (02) 22 B4
Vauxbons (52) 85 H1
Vauxbuin (02) 22 A5
Vauxcéré (02) 22 C5
les Vaux de Cernay 42 B5

Vauxrenard (69)........116A5
Vauxrezis (02)........22A4
Vauxtin (02)........22C5
Vavincourt (55)........47F4
Vavray-le-Grand (51)........46C4
Vavray-le-Petit (51)........46C4
Vaxainville (54)........49G6
Vaxoncourt (88)........69H2
Vaxy (57)........49F3
Vay (44)........74C2
Vaychis (09)........198B2
Vaylats (46)........152D4
Vayrac (46)........139E5
Vayres (33)........135G5
Vayres (87)........123G3
Vayres-sur-Essonne (91)........63G2
Vazeilles-Limandre (43)........142B3
Vazeilles-près-Saugues (43)........142A5
Vazerac (82)........152B6
Veauce (03)........113F5
Veauche (42)........129E5
Veauchette (42)........129E5
Veaugues (18)........98B1
Veaunes (26)........144B3
Veauville-lès-Baons (76)........7E4
Veauville-lès-Quelles (76)........7E3
Vèbre (09)........198A2
Vebret (15)........140B1
Vebron (48)........156B5
Veckersviller (57)........50B3
Veckring (57)........26D3
Vecoux (88)........70B5
Vecquemont (80)........9H6
Vecqueville (52)........67H1
Vedène (84)........173E2
Védrines-Saint-Loup (15)........141G4
Véel........47E4
Végennes (19)........139E4
Vého (54)........49G5
Veigné (37)........79E6
Veigy-Foncenex (74)........118C4
Veilhes (81)........167H5
Veilleins (41)........80C5
Veilly (21)........101E2
Veix (19)........125E5
Velaine-en-Haye (54)........48C5
Velaine-sous-Amance (54)........49E4
Velaines (55)........47F5
Velanne (38)........131F5
Velars-sur-Ouche (21)........85G6
Velaux (13)........173G6
Velennes (60)........20B4
Velennes (80)........20B1
Velesmes-Echevanne (70)........86D5
Velesmes-Essarts (25)........103E1
Velet (70)........86C5
Vélieux (34)........185G2
Vélines (24)........136B5
Vélizy-Villacoublay (78)........42C4
Velle-le-Châtel (70)........87F3
Velle-sur-Moselle (54)........48D6
Vellèches (86)........94C4
Vellechevreux-
  -et-Courbenans (70)........88A3
Velleclaire (70)........87E5
Vellefaux (70)........87G3
Vellefrey-et-Vellefrange (70)....87E5
Vellefrie (70)........87G2
Velleguindry-et-Levrecey (70)...87F3
Velleminfroy (70)........87H2
Vellemoz (70)........87E4
Velleron (84)........173F2
Vellerot-lès-Belvoir (25)........88B5
Vellerot-lès-Vercel (25)........88A6
Velles (36)........96B6
Velles (52)........86D1
Vellescot (90)........88D3
Vellevans (25)........88A6
Vellexon-Queutrey-
  -et-Vaudey (70)........87E3
Velloreille-lès-Choye (70)........86D5
Velluire (85)........107E3
Velogny (21)........84D5
Velone-Orneto (2B)........205G1
Velorcey (70)........87G1
Velosnes (55)........25F3
Velotte-et-Tatignécourt (88)....69G3
Vélu (62)........10C4
Velving (57)........27E4
Vélye (51)........45G3
Velzic (15)........140B4
Vémars (95)........43E2
Venables (27)........19E6
Venaco (2B)........205E3
Venansault (85)........91F4
Venanson (06)........177G2
Venarey-les-Laumes (21)........84D4
Venarsal (19)........138D2
Venas (03)........113E2
Venasque (84)........173F1
Vence (06)........176D5
Vendargues (34)........171F5
Vendat (03)........113H5
Vendays-Montalivet (33)........120B6
Vendegies-au-Bois (59)........11F3
Vendegies-sur-Écaillon (59)....11F2
Vendel (35)........57H1
la Vendelée (50)........37E1
Vendelles (02)........10D6
Vendémian (34)........170D5
Vendenesse-lès-Charolles (71)..115G2
Vendenesse-sur-Arroux (71)....115E1
Vendenheim (67)........51E4
Vendes (14)........140A2
Vendes (14)........16A5
Vendeuil (02)........22A2
Vendeuil-Caply (60)........20C3
Vendeuvre (14)........16D6
Vendeuvre-du-Poitou (86)....94B6
Vendeuvre-sur-Barse (10)....66D3
Vendeville (59)........3F5

Vendhuile (02)........10D5
Vendières (02)........44C4
le Vendin-le-Vieil (62)........3E6
Vendin-lès-Béthune (62)........2D6
Vendine (31)........167G5
Vendœuvres (36)........96A5
Vendoire (24)........122C6
Vendôme (41)........79G2
Vendranges (42)........128D1
Vendrennes (85)........92A4
Vendres (34)........186D3
Vendresse (08)........24B2
Vendresse-Beaulne (02)........22C4
Vendrest (51)........44A2
Vénéjan (30)........158A5
Venelles (13)........174A5
Vénérand (17)........121F2
Venère (70)........86D5
Vénérieu (38)........130D4
Vénérolles (02)........11G5
Venerque (31)........183G1
Venesmes (18)........97G5
Vénestanville (76)........7F3
Venette (60)........21F4
Veneux-les-Sablons (77)........64B2
Venevelles........78A2
Veney (54)........70C1
Vengeons (50)........37H4
Venise (25)........87G5
Venisey (70)........87F1
Vénissieux (69)........130A3
Venizel (02)........22A5
Venizy (89)........65G5
Vennans (25)........87G5
Vennecy (45)........63E6
Vennes (25)........104B1
Vennezey (54)........69H1
Venon (27)........40D1
Venon (38)........145G2
Vénosc (38)........146B4
Venouse (89)........83G1
Venoy (89)........83G2
Vensac (33)........120C6
Vensat (63)........113G6
Ventabren (13)........173G6
Ventavon (05)........160A4
Ventelay (51)........22D5
Ventenac (09)........184A5
Ventenac-Cabardès (11)........184D3
Ventenac-en-Minervois (11)...185H3
Venterol (04)........160B3
Venterol (26)........158D4
les Ventes (27)........40D3
les Ventes-de-Bourse (61)........60B1
Ventes-Saint-Rémy (76)........19E2
Venteuges (43)........141H4
Venteuil (51)........45E2
Venthon (73)........132C3
Ventiseri (2B)........205G5
Ventouse (16)........122D2
Ventron (88)........70C5
la Ventrouze (61)........40B6
Venzolasca (2B)........203G6
Ver (50)........35H1
Ver-lès-Chartres (28)........62B2
Ver-sur-Launette (60)........43F1
Ver-sur-Mer (14)........16A3
Vérac (33)........135G4
Véranne (42)........143H1
Vérargues (34)........171G4
Véraza (11)........185E5
Verberie (60)........21E5
Verbiesles (52)........68A5
Vercel-Villedieu-le-Camp (25)..104A1
Verchain-Maugré (59)........11F2
Verchaix (74)........119F5
Vercheny (26)........159E1
les Verchers-sur-Layon (49)....93F2
Verchin (62)........2A6
Verchocq (62)........1H5
Vercia (39)........117F1
Verclause (26)........159F4
Vercoiran (26)........159E4
Vercourt (80)........8C2
Verdaches (04)........160D4
Verdalle (81)........168B6
Verdelais (33)........149H2
Verdelot (77)........44B4
Verdenal (54)........49H5
Verderel-lès-Sauqueuse (60)....20B4
Verderonne (60)........20D5
Verdes (41)........62A6
Verdèse (2B)........205F1
Verdets (64)........179H3
le Verdier (81)........167H2
la Verdière (83)........174D4
Verdigny (18)........82B6
Verdille (16)........122A2
Verdilly (02)........44C2
Verdon (24)........137E6
Verdon (51)........44D3
le Verdon-sur-Mer (33)........120B5
Verdonnet (21)........84A2
Verdun (09)........198A2
Verdun (55)........47G1
Verdun-en-Lauragais (11)....184C2
Verdun-sur-Garonne (82)....166D3
Verdun-sur-le-Doubs (71)....101H4
Vereaux (18)........98B4
Verel-de-Montbel (73)........131C4
Verel-Pragondran (73)........131H4
Véretz (37)........79E6
Vereux (70)........86D4
Verfeil (31)........167G5
Verfeil (82)........153F6
Verfeuil (30)........157G6
Vergaville (57)........49G3
Vergéal (35)........57H3

la Vergenne (70)........88A3
le Verger (35)........56D3
Vergeroux (17)........120C1
Verges (39)........102D6
Vergetot (76)........6B4
Vergezac (43)........142B4
Vergèze (30)........171H4
Vergheas (63)........112D6
Vergies (80)........8D5
Vergigny (89)........65G6
Vergisson (71)........116A4
la Vergne (17)........121F1
Vergné (17)........107G6
Vergoignan (32)........164B4
Vergoncey (50)........35H4
Vergongheon (43)........141G1
Vergonnes (49)........76A2
Vergons (04)........175H2
Vergranne (25)........87H5
Vergt (24)........137F4
Vergt-de-Biron (24)........151G2
le Verguier (02)........10D5
Véria (39)........117F2
Vérignon (83)........175F4
Vérigny (28)........61H1
Vérin (42)........130A6
Vérines (17)........106C4
Vérissey (71)........102A6
Verjon (01)........117E3
Verjux (71)........101G4
Verlans (70)........88C3
Verlhac-Tescou (82)........167F2
Verlhaguet........167E2
Verlin (89)........64D6
Verlincthun (62)........1F5
Verlinghem (59)........3F4
Verlus (32)........164B5
Vermand (02)........10D6
Vermandovillers (80)........10B6
Vermelles (62)........2D6
Vermenton (89)........83G3
le Vermont (88)........70D1
Vern-d'Anjou (49)........75H2
Vern-sur-Seiche (35)........57F3
Vernais (18)........98A5
Vernaison (69)........130A4
Vernajoul (09)........183H5
Vernancourt (51)........46C3
Vernantes (49)........77H5
Vernantois (39)........102D6
la Vernarède (30)........156D5
Vernas (38)........130D3
Vernassal (43)........142B3
Vernaux (09)........198A2
Vernay (69)........115H5
la Vernaz (74)........119E3
Verne (25)........87H5
Vernègues (13)........173G4
Verneiges (23)........112B4
le Verneil (73)........132B5
Verneil-le-Chétif (72)........78B2
Verneix (03)........112D3
la Vernelle (36)........96B1
le Vernet (03)........114A6
le Vernet (04)........160D4
le Vernet (09)........183H3
Vernet (31)........183F1
le Vernet (43)........142B4
Vernet-la-Varenne (63)........127H6
Vernet-les-Bains (66)........199E4
le Vernet-
  -Sainte-Marguerite (63)....127E4
Verneugheol (63)........126B3
Verneuil (16)........123F3
Verneuil (18)........98A5
Verneuil (51)........44D1
Verneuil (58)........99G4
Verneuil-en-Bourbonnais (03)..113H3
Verneuil-en-Halatte (60)........20D6
Verneuil-Grand (55)........25F3
Verneuil-le-Château (37)........94C3
Verneuil-l'Étang (77)........43G6
Verneuil-Moustiers (87)........110B3
Verneuil-Petit (55)........25F3
Verneuil-sous-Coucy (02)....22A3
Verneuil-sur-Avre (27)........40C5
Verneuil-sur-Igneraie (36)....111H1
Verneuil-sur-Indre (37)........95F3
Verneuil-sur-Seine (78)........42B3
Verneuil-sur-Serre (02)........22C2
Verneuil-sur-Vienne (87)....124A2
Verneusses (27)........39H3
Vernéville (57)........26A5
Vernie (72)........59H4
Vernierfontaine (25)........103H2
Verniette........59H5
Vernines (63)........126D4
Verniolle (09)........183H4
Vernioz (38)........130B6
Vernix (50)........37F5
Vernoil (49)........77F5
le Vernois (39)........102D5
Vernois-lès-Belvoir (25)........88B5
Vernois-lès-Vesvres (21)........86A3
Vernois-sur-Mance (70)........86D1
Vernols (15)........140D2
Vernon (07)........157F3
Vernon (27)........41G2
Vernon (86)........109F3
Vernonvilliers (10)........67E3
Vernosc-lès-Annonay (07)....143H2
Vernot (21)........85G4
la Vernotte (70)........87E4
Vernou-en-Sologne (41)........80C4
Vernou-la-Celle-sur-Seine (77)..64B2
Vernou-sur-Brenne (37)........79E5
Vernouillet (28)........41F5
Vernouillet (78)........42B3
Vernoux (01)........116D2
Vernoux-en-Gâtine (79)........92D6
Vernoux-en-Vivarais (07)....143H5

Vernoux-sur-Boutonne (79)....108A5
le Vernoy (25)........88B3
Vernoy (89)........64D5
Vernusse (03)........113F4
Verny (57)........26C6
Vero (2A)........204D4
Véron (89)........65E5
Véronne (26)........144D6
Véronnes (21)........86A4
Verosvres (71)........115G3
Verpel (08)........24C4
la Verpillière (38)........130C4
Verpillières (80)........21F2
Verpillières-sur-Ource (10)....67E5
Verquières (13)........173E3
Verquin (62)........2D6
Verrens-Arvey (73)........132C3
Verreries-de-Moussans (34)..185G1
Verrey-sous-Drée (21)........85F6
Verrey-sous-Salmaise (21)....85F5
Verricourt (10)........66C2
Verrie (49)........93G1
la Verrie (85)........92B3
la Verrière (78)........42B5
Verrières (08)........24B3
Verrières (10)........66B4
Verrières (12)........155F6
Verrières (16)........121H4
Verrières (51)........46D2
Verrières (61)........61E2
Verrières (63)........127E5
Verrières (86)........109G3
Verrières-de-Joux (25)........104A4
Verrières-du-Grosbois (25)....103H1
Verrières-en-Forez (42)........128D5
Verrières-le-Buisson (91)....42D5
Verrines-sous-Celles........108A4
Verrue (86)........94A4
Verruyes (79)........108A2
Vers (46)........152D3
Vers (71)........116B1
Vers (74)........118B5
Vers-en-Montagne (39)........103F4
Vers-Pont-du-Gard (30)....172B2
Vers-sous-Sellières (39)........102C4
Vers-sur-Méouge (26)........159G5
Vers-sur-Selles (80)........9F6
Versailles (78)........42C4
Versailleux (01)........130C1
Versainville (14)........38D3
la Versanne (42)........143G1
Versaugues (71)........115E3
Verseilles-le-Bas (52)........86B2
Verseilles-le-Haut (52)........86B2
Versigny (02)........22B2
Versigny (60)........43G1
Versilhac........143E3
Versols-et-Lapeyre (12)........169G3
Verson (14)........16B4
Versonnex (01)........118B3
Versonnex (74)........131H1
le Versoud (38)........145H2
Vert (40)........149E6
Vert (78)........41H3
le Vert (79)........107H5
Vert-Bois........120A1
Vert-en-Drouais (28)........41E5
Vert-le-Grand (91)........42D6
Vert-le-Petit (91)........63G1
Vert-Saint-Denis (77)........43F6
Vert-Toulon (51)........45F4
Vertain (59)........11F3
Vertaizon (63)........127G3
Vertamboz (39)........117H1
Vertault (21)........66C6
Verteillac (24)........136D1
Verteuil-d'Agenais (47)........150D3
Verteuil-sur-Charente (16)....122C1
Verthemex (73)........131G4
Vertheuil (33)........134D2
Vertolaye (63)........128B4
Verton (62)........8C1
Vertou (44)........74C5
Vertrieu (38)........130D2
les Vertus........73E1
Vertus (51)........45F3
Vervant (16)........122B2
Vervant (17)........121F1
Vervezelle (88)........70B3
Vervins (02)........12A6
Véry (55)........24D6
Verzé (71)........116A3
Verzeille (11)........185E4
Verzenay (51)........45G1
Verzy (51)........45G1
Vesaignes-sous-Lafauche (52)..68B3
Vesaignes-sur-Marne (52)....68A5
Vesancy (01)........118B3
Vesc (26)........158D2
Vescemont (90)........88C2
Vescheim (57)........50B3
Vescles (39)........117G3
Vescours (01)........116C2
Vescovato (2B)........203G6
Vesdun (18)........112C2
Vésigneul-sur-Marne (51)....46A3
Vésigneux........84A6
Vésines (01)........116B3
le Vésinet (78)........42C3
Vidai (61)........60C1
Vidaillac (46)........153F4
Vidaillat (23)........125F1
Vidauban (83)........175G6
Videcosville (50)........14D3
Videix (87)........123F3
Videlles (91)........63G2
Vidou (65)........181G2
Vidouville (50)........37H1
Vidouze (65)........180D1
Viefvillers (60)........20B3
Viel-Arcy (02)........22C5

Vétheuil (95)........41H2
Vétraz-Monthoux (74)........118C4
Vétrigne (90)........88D2
Veuil (36)........96B2
Veuilly-la-Poterie (02)........44A2
Veules-les-Roses (76)........7E2
Veulettes-sur-Mer (76)........6D2
le Veurdre (03)........98C5
Veurey-Voroize (38)........145F1
la Veuve (51)........45H2
Veuves (41)........79G5
Veuvey-sur-Ouche (21)........101F1
Veuxhaulles-sur-Aube (21)....67F6
Vevy (39)........102D6
Vexaincourt (88)........50A6
le Vey (14)........38C3
Veynes (05)........159H2
Veyrac (87)........124A2
Veyras (07)........157H1
Veyre-Monton (63)........127F4
Veyreau (12)........155G6
Veyrier-du-Lac (74)........132B1
Veyrières (15)........140A1
Veyrières (19)........126A5
Veyrignac (24)........138B6
Veyrines........143G3
Veyrines-de-Domme (24)....138A6
Veyrines-de-Vergt (24)........137F4
Veyrins-Thuellin (38)........131F4
les Veys (50)........15F5
Veyssilieu (38)........130D3
Vez (60)........21G6
Vézac (15)........140B5
Vézac (24)........138A6
Vézannes (89)........83H1
Vézaponin (02)........21H4
Vèze (15)........141C2
la Vèze (25)........103F1
Vézelay (89)........83H5
Vézelise (54)........69F1
Vézelois (90)........88D3
Vezels-Roussy (15)........140B6
Vézénobres (30)........171G1
Vézeronce-Curtin (38)........131E4
Vezet (70)........87E4
Vézézoux (43)........127G6
le Vézier (51)........44C4
Vézières (86)........94A3
Vézillon (27)........19E6
Vézilly (02)........44D1
Vezin-le-Coquet (35)........57E2
Vézinnes (89)........84A1
Vezins (49)........92C2
Vézins-de-Lévézou (12)........155E5
Vezot (72)........60B2
Vezzani (2B)........205F3
Viala-du-Pas-de-Jaux (12)....169H2
Viala-du-Tarn (12)........169G1
Vialas (48)........156D4
Vialer (64)........164B6
Viam (19)........125F4
Viane (81)........169E4
Vianges (21)........100C3
Vianne (47)........150A6
Viâpres-le-Petit (10)........45F6
Viarmes (95)........42D1
Vias (34)........187F2
Viazac (46)........153G2
Vibersviller (57)........49H2
Vibeuf (76)........7F4
Vibrac (16)........122A4
Vibrac (17)........135G1
Vibraye (72)........61E5
Vic-de-Chassenay (21)........84C5
Vic-des-Prés (21)........101E2
Vic-en-Bigorre (65)........181E1
Vic-Fezensac (32)........165F4
Vic-la-Gardiole (34)........171E6
Vic-le-Comte (63)........127G4
Vic-le-Fesq (30)........171G3
Vic-sous-Thil (21)........84C6
Vic-sur-Aisne (02)........21H4
Vic-sur-Cère (15)........140C4
Vic-sur-Seille (57)........49F4
Vicdessos (09)........197G4
Vic d'Oust........183E6
le Vicel (50)........15E2
Vichel (63)........127G6
Vichel-Nanteuil (02)........44B1
Vichères (28)........61F3
Vicherey (88)........69E2
Vichy (03)........114A5
Vico (2A)........204C4
la Vicogne (80)........9G4
la Vicomté-sur-Rance (22)....34D5
Vicq (03)........113G5
Vicq (52)........68C6
Vicq (59)........11G1
Vicq (78)........42A4
Vicq-d'Auribat (40)........163F3
Vicq-Exemplet (36)........112A1
Vicq-sur-Breuilh (87)........124C4
Vicq-sur-Gartempe (86)........95E6
Vicq-sur-Nahon (36)........96B2
Vicques (14)........39E3
Victot-Pontfol (14)........16D5

le Vieil-Dampierre (51)........46D3
le Vieil-Evreux (27)........41E2
Vieil-Hesdin (62)........9F2
Vieil-Moutier (62)........1G4
Vieille-Brioude (43)........141H2
Vieille-Chapelle (62)........2D5
Vieille-Église (62)........1H2
Vieille-Église-en-Yvelines (78)..42A5
la Vieille-Loye (39)........102D3
la Vieille-Lyre (27)........40B3
Vieille-Toulouse (31)........167E6
Vieilles-Maisons-
  -sur-Joudry (45)........81G1
Vieillespesse (15)........141F3
Vieillevie (15)........154B2
Vieillevigne (31)........183H1
Vieillevigne (44)........91G1
Vieilley (25)........87F5
Vieilmoulin (21)........85F6
Viel-Arcy (02)........22C5
Viel-Saint-Remy (08)........23H2
Viella (32)........164C5
Viella (64)........181E6
Vielle-Adour (65)........181E4
Vielle-Aure (65)........195G4
Vielle-Louron (65)........195H4
Vielle-Saint-Girons (40)....162C2
Vielle-Soubiran (40)........164C1
Vielle-Tursan (40)........164A4
Viellenave-d'Arthez (64)....180B1
Viellenave-de-Navarrenx (64)..179G2
Viellenave-sur-Bidouze (64)..179F1
Viellségure (64)........179H1
Vielmanay (58)........98D1
Vielmur-sur-Agout (81)........168B5
Vielprat (43)........142C5
Viels-Maisons (02)........44C3
Vielverge (21)........86C6
Viennay (79)........93F6
Vienne (38)........130A5
Vienne-en-Arthies (95)........41H2
Vienne-en-Bessin (14)........16A3
Vienne-en-Val (45)........81E2
Vienne-la-Ville (51)........46C1
Vienne-le-Château (51)........24C6
Viens (84)........174A2
Vienville (88)........70C3
Vier-Bordes (65)........180D5
Viersat (23)........112C4
Vierville (28)........62D2
Vierville (50)........15E4
Vierville-sur-Mer (14)........15G4
Vierzon (18)........97E1
Vierzy (02)........22A5
Viesly (59)........11F3
Viessoix (14)........38A3
Viéthorey (25)........88A5
Vieu (01)........131F1
Vieu-d'Izenave (01)........117G5
Vieure (03)........113E2
Vieussan (34)........169H6
Vieuvicq (28)........61H3
Vieuvy (53)........58C1
Vieux (14)........16B5
Vieux (81)........167H2
Vieux-Berquin (59)........2D4
Vieux-Boucau-les-Bains (40)..162B3
Vieux-Boucau-
  -Port-d'Albret-Plage........162B3
le Vieux-Bourg (14)........17F3
le Vieux-Bourg (22)........33F5
Vieux-Bourg-d'Artins........79E2
le Vieux-Cérier (16)........122D1
Vieux-Champagne (77)........44A6
Vieux-Charmont (25)........88C4
Vieux-Château (21)........84B5
Vieux-Condé (59)........4B6
Vieux-Ferrette (68)........89F4
Vieux-Fumé (14)........16D5
Vieux-lès-Asfeld (08)........23F4
Vieux-Lixheim (57)........50B4
Vieux-Manoir (76)........7H5
le Vieux-Marché (22)........32C3
Vieux-Mareuil (24)........123E6
Vieux-Mesnil (59)........11H2
Vieux-Moulin (60)........21F5
Vieux-Moulin (88)........70D1
Vieux-Pont (61)........39E6
Vieux-Pont-en-Auge (14)....39F2
Vieux-Port (27)........6D6
Vieux-Reng (59)........12A2
Vieux-Rouen-sur-Bresle (76)....8C6
la Vieux-Rue (76)........7H6
Vieux-Ruffec (16)........122D1
Vieux-Thann (68)........89E1
Vieux-Viel (35)........35G5
Vieux-Villez (27)........41E1
Vieux-Vy-sur-Couesnon (35)..35G6
le Vieux Beausset........191F5
le Vieux Bourg........75F2
Vieux Boucau........94B2
le Vieux Cannet........192B3
Vieux Rouen........7G6
Viéville (52)........67H3
Viéville-en-Haye (54)........48B2
Viévy (21)........100D3
Viévy-le-Rayé (41)........79H1
Viey (65)........181E6
Vif (38)........145G3
Viffort (02)........44C3
le Vigan (30)........170D2
le Vigan (46)........152C1
le Vigean (15)........140A2
le Vigeant (86)........109G4
Vigeois (19)........138C1
Viger (65)........180D4
Vigeville (23)........111H5
Viggianello (2A)........206D2

Viglain (45) 81 F2
Vignacourt (80) 9 F5
Vignale (2B) 203 F6
Vignats (14) 39 E4
e Vignau (40) 164 B3
Vignaux (31) 166 C5
es Vigneaux (05) 147 E5
Vignec (65) 195 G4
Vignely (77) 43 G3
Vignemont (60) 21 F4
es Vignes (48) 155 G5
Vignes (64) 164 A6
Vignes (89) 84 B4
Vignes-la-Côte (52) 68 A3
Vigneul-
  -sous-Montmédy (55) 25 E3
Vigneulles (54) 49 E6
Vigneulles-
  -lès-Hattonchâtel (55) 48 A2
Vigneux-de-Bretagne (44) 74 B4
Vigneux-Hocquet (02) 23 E1
Vigneux-sur-Seine (91) 42 D5
Vignevieille (11) 185 F5
Vignieu (38) 131 E4
Vignoc (35) 57 E1
Vignol (58) 83 G6
Vignoles (21) 101 G3
Vignolles (16) 122 A5
Vignols (19) 138 C1
Vignonet (33) 135 H5
Vignory (52) 67 H3
Vignot (55) 47 H4
Vignoux-sous-les-Aix (18) 97 G2
Vignoux-sur-Barangeon (18) 97 F1
Vigny (57) 48 D2
Vigny (95) 42 B2
Vigoulant (36) 111 H3
Vigoulet-Auzil (31) 167 E6
Vigoux (36) 110 D2
Vigueron (82) 166 C3
Vigy (57) 26 C4
Vihiers (49) 93 E2
Vijon (36) 111 H3
Vilcey-sur-Trey (54) 48 B3
Vildé-Guingalan (22) 34 C5
e Vilhain (03) 113 E2
Vilhonneur (16) 122 D4
Villabé (91) 43 E6
Villabon (18) 98 A2
Villac (24) 138 B2
Villacerf (10) 66 A2
Villacourt (54) 69 H1
Villadin (10) 65 G3
Villafans (70) 88 A3
Village-Neuf (68) 89 H2
Villaines-en-Duesmois (21) 85 E3
Villaines-la-Carelle (72) 60 B2
Villaines-la-Gonais (72) 60 D4
Villaines-la-Juhel (53) 59 F2
Villaines-les-Prévôtes (21) 84 C4
Villaines-les-Rochers (37) 94 C1
Villaines-sous-Bois (95) 42 D2
Villaines-sous-Lucé (72) 78 C1
Villaines-sous-Malicorne (72) 77 G2
Villainville (76) 6 B4
Villalet (27) 40 D3
Villalier (11) 185 E3
Villamblain (45) 62 B6
Villamblard (24) 137 E4
Villamée (35) 58 A1
Villampuy (28) 62 B5
Villandraut (33) 149 G3
Villandry (37) 78 C6
Villanière (11) 185 E2
Villanova (2A) 204 B5
Villapourçon (58) 100 A4
Villar-d'Arêne (05) 146 C3
Villar-en-Val (11) 185 F4
Villar-Loubière (05) 146 B5
Villar-Saint-Anselme (11) 184 D5
Villar-Saint-Pancrace (05) 147 E5
Villarceaux 41 H1
le Villard 155 G3
Villard (23) 111 F4
Villard (74) 118 D2
Villard-Bonnot (38) 145 H2
Villard-de-Lans (38) 145 F3
Villard-d'Héry (73) 132 B5
Villard-Léger (73) 132 B5
Villard-Notre-Dame (38) 146 A3
Villard-Reculas (38) 146 A3
Villard-Reymond (38) 146 A3
Villard-Saint-Christophe (38) 145 H4
Villard-Saint-Sauveur (39) 118 A3
Villard-Sallet (73) 132 B5
Villard-sur-Bienne (39) 118 A2
Villard-sur-Doron (73) 132 D3
Villardebelle (11) 185 E5
Villardonnel (11) 185 E2
Villards-d'Héria (39) 117 H2
les Villards-sur-Thônes (74) 132 C1
Villarembert (73) 146 C1
Villargent (70) 88 A3
Villargerel 132 D4
Villargoix (21) 84 C6
Villargondran (73) 146 C1
Villariès (31) 167 F4
Villarlurin (73) 132 D5
Villarodin-Bourget (73) 147 E2
Villaroger (73) 133 F4
Villaroux (73) 132 A5
Villars (24) 123 F6
Villars (28) 62 B4
Villars (42) 129 F6
le Villars (71) 116 C2
Villars (84) 173 H2
Villars-Colmars (04) 161 F5
Villars-en-Azois (52) 67 F5
Villars-en-Pons (17) 121 E4
Villars-et-Villenotte (21) 84 D4
Villars-Fontaine (21) 101 G2

Villars-le-Pautel (70) 69 E6
Villars-le-Sec (90) 88 D4
Villars-lès-Blamont (25) 88 D5
Villars-lès-Bois (17) 121 G2
Villars-les-Dombes (01) 116 C6
Villars-Saint-Georges (25) 103 E2
Villars-Saint-Marcellin (68) 68 D4
Villars-Santenoge (52) 85 G2
Villars-sous-Dampjoux (25) 88 C5
Villars-sous-Écot (25) 88 C4
Villars-sur-Var (06) 176 D3
Villarzel-Cabardès (11) 185 F3
Villarzel-du-Razès (11) 184 D4
Villasavary (11) 184 C3
Villate (31) 183 F1
Villaudric (31) 167 E3
Villautou (11) 184 A4
Villavard (41) 79 F2
Villaz (74) 132 B1
Villé (60) 21 F3
Villé (67) 71 F2
Ville-au-Montois (54) 25 H4
Ville-au-Val (54) 48 C3
la Ville-aux-Bois (02) 67 E2
la Ville-aux-Bois-lès-Dizy (02) 23 E2
la Ville-aux-Bois-
  -lès-Pontavert (02) 22 D4
la Ville-aux-Clercs (41) 79 G1
la Ville-aux-Dames (37) 79 E5
Ville-d'Avray (92) 42 C4
Ville-devant-Belrain (55) 47 F3
Ville-devant-Chaumont (55) 25 F5
Ville-di-Paraso (2B) 202 D6
Ville-di-Pietrabugno (2B) 203 G4
la Ville-Dieu-du-Temple (82) 166 D1
Ville-Dommange (51) 23 E6
la Ville-du-Bois (91) 42 D5
Ville-du-Pont (25) 104 A3
Ville-en-Blaisois (52) 67 G2
Ville-en-Sallaz (74) 118 D5
Ville-en-Selve (51) 45 G1
Ville-en-Tardenois (51) 45 E1
Ville-en-Vermois (54) 48 D5
Ville-en-Woëvre (55) 47 H1
la Ville-ès-Nonais (35) 34 D4
Ville-Houdlémont (54) 25 G3
Ville-la-Grand (74) 118 C4
Ville-Langy (58) 99 F4
le Ville-Marclet (80) 9 F5
Ville-Saint-Jacques (77) 64 B3
Ville-Savoye (02) 22 C5
Ville-sous-Anjou (38) 130 A6
Ville-sous-la-Ferté (10) 67 F4
la Ville-sous-Orbais (51) 44 D3
Ville-sur-Ancre (80) 10 A5
Ville-sur-Arce (10) 66 D5
Ville-sur-Cousances (55) 47 E1
Ville-sur-Illon (88) 69 G4
Ville-sur-Jarnioux (69) 129 G1
Ville-sur-Lumes (08) 24 B1
Ville-sur-Retourne (08) 23 H4
Ville-sur-Saulx (55) 47 E5
Ville-sur-Terre (10) 67 F3
Ville-sur-Tourbe (51) 24 B6
Ville-sur-Yron (54) 26 A5
Villeau (28) 62 B4
Villebadin (61) 39 F4
Villebarou (41) 79 H3
Villebaudon (50) 37 F2
Villebazy (11) 185 E4
Villebéon (77) 64 C4
Villebernier (49) 93 H1
Villeberny (21) 85 E5
Villebichot (21) 101 H2
Villeblevin (89) 64 C3
Villebois (01) 131 E2
Villebois-Lavalette (16) 122 C5
Villebois-les-Pins (26) 159 G4
Villebon (28) 61 H2
Villebon-sur-Yvette (91) 42 C5
Villebougis (89) 64 D4
Villebourg (37) 78 C3
Villebout (41) 61 G6
Villebramar (47) 151 E3
Villebret (03) 112 D4
Villebrumier (82) 167 E3
Villecelin (18) 97 F5
Villecerf (77) 64 B3
Villecey-sur-Mad (54) 26 A6
Villechantria (39) 117 F3
Villechauve (41) 79 F3
Villechenève (69) 129 F2
Villechétif (10) 66 B3
Villechétive (89) 65 F5
Villechien (50) 37 G6
Villecien (89) 65 E6
la Ville Close 53 G4
Villécloye (55) 25 E3
Villecomtal (12) 154 C3
Villecomtal-sur-Arros (32) 181 F1
Villecomte (21) 85 H4
Villeconin (91) 63 E1
Villecourt (80) 21 G1
Villecresnes (94) 43 E5
Villedaigne (11) 185 H3
Villedieu (15) 141 E4
la Villedieu (17) 108 A6
Villedieu (21) 66 D6
la Villedieu (23) 125 F3
les Villedieu (25) 103 H5
la Villedieu (48) 156 A1
Villedieu (84) 158 C5
la Villedieu-de-Comblé (79) 108 B3
la Villedieu-du-Clain (86) 109 E2
la Villedieu-en-Fontenette (70) 87 G1
Villedieu-la-Blouère (49) 75 F6
Villedieu-le-Château (41) 78 D2
Villedieu-lès-Bailleul (61) 39 F4
Villedieu-les-Poêles (50) 37 F3
Villedieu-sur-Indre (36) 96 B5

Villedômain (37) 95 H3
Villedômer (37) 79 F4
Villedoux (17) 106 D4
Villedubert (11) 185 E3
Villefagnan (16) 108 C6
Villefargeau (89) 83 F2
Villefavard (87) 110 C5
Villeferry (21) 85 E5
Villefloure (11) 185 E4
Villefontaine (38) 130 C4
Villefort (11) 184 C5
Villefort (48) 156 D3
Villefranche (32) 182 B1
Villefranche (89) 64 D6
Villefranche-d'Albigeois (81) 168 C5
Villefranche-de-Conflent (66) 199 E3
Villefranche-de-Lonchat (24) 136 B4
Villefranche-de-Panat (12) 169 F1
Villefranche-de-Rouergue (12) 153 G4
Villefranche-du-Périgord (24) 152 A2
Villefranche-du-Queyran (47) 150 C5
Villefranche-le-Château (26) 159 F5
Villefranche-sur-Cher (41) 96 C1
Villefranche-sur-Mer (06) 177 E5
Villefranche-sur-Saône (69) 129 H1
Villefrancœur (41) 79 H3
Villefranon (70) 86 D5
Villefranque (64) 162 B6
Villefranque (65) 164 D6
Villegailhenc (11) 185 E3
Villegats (16) 122 C1
Villegats (27) 41 G2
Villegaudin (21) 101 H5
Villegenon (18) 81 H5
Villegly (11) 185 E2
Villegongis (36) 96 B4
Villegouge (33) 135 G4
Villegouin (36) 96 A4
Villegusien-le-Lac (52) 86 B2
la Ville Haute 25 E3
Villeherviers (41) 80 C6
Villejésus (16) 122 B2
Villejoubert (16) 122 C2
Villejuif (94) 42 D4
Villejust (91) 42 C5
Villelaure (84) 173 H4
Villeloin-Coulangé (37) 95 H2
Villelongue (65) 180 D5
Villelongue (66) 154 A6
Villelongue-d'Aude (11) 184 D5
Villelongue-
  -de-la-Salanque (66) 201 E2
Villelongue-dels-Monts (66) 200 D4
Villeloup (10) 65 H2
Villemade (82) 166 D1
Villemagne (11) 184 C2
Villemagne-l'Argentière (34) 170 A5
Villemain (79) 108 B6
Villemandeur (45) 64 A6
Villemanoche (89) 64 D3
Villemardy (41) 79 G2
Villemaréchal (77) 64 B3
Villemareuil (77) 43 H3
Villematier (31) 167 F3
Villemaur-sur-Vanne (10) 65 G3
Villembits (65) 181 G2
Villembray (60) 19 H4
Villemer (77) 64 B3
Villemer (89) 83 F1
Villemereuil (10) 66 B4
Villemeux-sur-Eure (28) 41 F3
Villemoirieu (38) 130 D3
Villemoiron-en-Othe (10) 65 H4
Villemoisan (49) 75 G3
Villemoisson-sur-Orge (91) 42 D5
Villemolaque (66) 200 D3
Villemomble (93) 43 E3
Villemontais (42) 128 C1
Villemonteix 112 A6
Villemontoire (02) 22 A5
Villemorien (10) 66 C5
Villemorin (17) 108 A6
Villemort (86) 110 A2
Villemotier (01) 117 E3
Villemoustaussou (11) 185 E3
Villemoutiers (45) 63 H6
Villemoyenne (10) 66 C4
Villemur (65) 182 A3
Villemur-sur-Tarn (31) 167 F3
Villemurlin (45) 81 G3
Villemus (04) 174 B3
Villenauxe-la-Grande (10) 44 D6
Villenauxe-la-Petite (77) 65 E2
Villenave (40) 163 F2
Villenave-de-Rions (33) 149 G1
Villenave-d'Ornon (33) 135 F6
Villenave-près-Béarn (65) 180 D2
Villenave-près-Marsac (65) 181 E2
Villenavotte (89) 64 D3
Villeneuve 147 E4
Villeneuve (01) 116 B6
Villeneuve (04) 174 C2
Villeneuve (09) 182 C6
Villeneuve (12) 153 G4
la Villeneuve (23) 126 A2
Villeneuve (33) 135 E3
Villeneuve (63) 127 F6
la Villeneuve (71) 102 A3
la Villeneuve-au-Châtelot (10) 65 G1
Villeneuve-au-Chemin (10) 65 H5
la Villeneuve-au-Chêne (10) 66 D3
la Villeneuve-Bellenoye-
  -et-la-Maize (70) 87 G2
Villeneuve-d'Allier (43) 141 G2
Villeneuve-d'Amont (25) 103 F3
Villeneuve-d'Ascq (59) 3 G5
Villeneuve-d'Aval (39) 103 E3
Villeneuve-de-Berg (07) 157 G2

Villeneuve-de-Duras (47) 136 C6
Villeneuve-de-la-Raho (66) 200 D3
Villeneuve-de-Marc (38) 130 C5
Villeneuve-de-Marsan (40) 164 B2
Villeneuve-de-Mézin (40) 165 E1
Villeneuve-d'Entraunes (06) 161 G6
Villeneuve-d'Olmes (09) 184 A6
Villeneuve-du-Latou (09) 183 F3
Villeneuve-du-Paréage (09) 183 H4
la Villeneuve-en-Chevrie (78) 41 G2
Villeneuve-en-Montagne (71) 101 E5
Villeneuve-Frouville (41) 79 H2
Villeneuve-la-Comptal (11) 184 B2
Villeneuve-la-Comtesse (17) 107 G5
Villeneuve-la-Dondagre (89) 64 D4
Villeneuve-la-Garenne (92) 42 D3
Villeneuve-la-Guyard (89) 64 C3
Villeneuve-la-Lionne (51) 44 C2
Villeneuve-la-Rivière (66) 199 H3
Villeneuve-l'Archevêque (89) 65 F4
Villeneuve-le-Comte (77) 43 G4
Villeneuve-le-Roi (94) 42 D5
Villeneuve-Lécussan (31) 181 H2
Villeneuve-lès-Avignon (30) 172 D2
Villeneuve-
  -lès-Charleville (51) 44 D4
Villeneuve-lès-Béziers (34) 187 E2
Villeneuve-lès-Bordes (77) 64 C1
Villeneuve-lès-Bouloc (31) 167 E4
Villeneuve-lès-Cerfs (63) 127 G1
la Villeneuve-lès-Charnod (39) 117 F2
la Villeneuve-lès-Convers (21) 85 E4
Villeneuve-lès-Corbières (11) 185 H5
Villeneuve-lès-Genêts (89) 82 D2
Villeneuve-lès-Lavaur (81) 167 H5
Villeneuve-lès-Maguelone (34) 171 F6
Villeneuve-lès-Montréal (11) 184 C2
Villeneuve-lès-Sablons (60) 20 A6
Villeneuve-Loubet (06) 176 D6
Villeneuve-Minervois (11) 185 F2
Villeneuve-Renneville-
  -Chevigny (51) 45 G3
Villeneuve-Saint-Denis (77) 43 G4
Villeneuve-Saint-Georges (94) 43 E5
Villeneuve-Saint-Germain (02) 22 A5
Villeneuve-Saint-Nicolas (28) 62 B3
Villeneuve-Saint-Salves (89) 83 G1
Villeneuve-Saint-Vistre-
  -et-Villevotte (51) 45 E6
Villeneuve-sous-Charigny (21) 84 D5
Villeneuve-
  -sous-Dammartin (77) 43 F2
la Villeneuve-sous-Pymont (39) 102 C6
la Villeneuve-sous-Thury (60) 43 H1
Villeneuve-sur-Allier (03) 99 E6
Villeneuve-sur-Auvers (91) 63 F1
Villeneuve-sur-Bellot (77) 44 B4
Villeneuve-sur-Cher (18) 97 F3
Villeneuve-sur-Conie (45) 62 C5
Villeneuve-sur-Fère (02) 44 C1
Villeneuve-sur-Lot (47) 151 F4
Villeneuve-sur-Verberie (60) 21 E6
Villeneuve-sur-Vère (81) 168 B2
Villeneuve-sur-Yonne (89) 65 E5
Villeneuve-Tolosane (31) 167 E6
Villeneuvette (34) 170 C5
Villennes-sur-Seine (78) 42 B3
Villenouvelle (17) 107 H5
Villenouvelle (31) 183 H1
Villenoy (77) 43 G3
Villentrois (36) 96 A2
Villeny (41) 80 C3
Villepail (53) 59 G2
Villeparisis (77) 43 F3
Villeparois (70) 87 G3
Villeperdrix (26) 159 E3
Villeperdue (37) 94 D1
Villeperrot (89) 64 D3
Villepinte (11) 184 C3
Villepinte (93) 43 E3
Villeporcher (41) 79 F3
Villepot (44) 57 H6
Villepreux (78) 42 B4
Villequier (76) 7 E5
Villequier-Aumont (02) 21 H2
Villequiers (18) 98 B3
Viller (57) 27 E6
Villerable (41) 79 F2
Villerbon (41) 80 A3
Villeréal (47) 151 F2
Villereau (45) 63 E5
Villereau (59) 11 G2
Villerest (42) 128 D1
Villeret (02) 10 D5
Villeret (10) 67 E1
Villereversure (01) 117 F5
Villermain (41) 80 B1
Villeromain (41) 79 G2
Villeron (95) 43 E2
Villerouge-la-Crémade 185 G4
Villerouge-Termenès (11) 185 G5
Villeroy (77) 43 G3
Villeroy (80) 8 C5
Villeroy (89) 64 D4
Villeroy-sur-Méholle (55) 47 H6
Villers (88) 69 G2
Villers-Agron-Aiguizy (02) 44 D1
Villers-Allerand (51) 45 F1
Villers-au-Bois (62) 10 A1
Villers-au-Flos (62) 10 C4
Villers-au-Tertre (59) 10 D2
Villers-aux-Bois (51) 45 F3
Villers-aux-Érables (80) 20 C1
Villers-aux-Nœuds (51) 45 F1
Villers-aux-Vents (55) 46 D3
Villers-Bettnach 26 D4
Villers-Bocage (14) 16 A5

Villers-Bocage (80) 9 G5
Villers-Bouton (70) 87 F4
Villers-Bretonneux (80) 9 H6
Villers-Brûlin (62) 9 H2
Villers-Buzon (25) 103 E1
Villers-Campsart (80) 8 D6
Villers-Canivet (14) 38 D3
Villers-Carbonnel (80) 10 C6
Villers-Cernay (08) 24 C1
Villers-Châtel (62) 10 A1
Villers-Chemin-
  -et-Mont-lès-Étrelles (70) 87 E4
Villers-Chief (25) 88 A6
Villers-Cotterêts (02) 21 G6
Villers-devant-Dun (55) 24 D4
Villers-devant-le-Thour (08) 23 E3
Villers-devant-Mouzon (08) 24 C2
Villers-Écalles (76) 7 F5
Villers-en-Argonne (51) 46 D2
Villers-en-Arthies (95) 41 H2
Villers-en-Cauchies (59) 11 E3
Villers-en-Haye (54) 48 C3
Villers-en-Ouche (61) 39 H4
Villers-en-Prayères (02) 22 C5
Villers-en-Vexin (27) 19 F6
Villers-Farlay (39) 103 E3
Villers-Faucon (80) 10 D5
Villers-Franqueux (51) 23 E5
Villers-Grélot (25) 87 G5
Villers-Guislain (59) 10 D4
Villers-Hélon (02) 22 A6
Villers-la-Chèvre (54) 25 G3
Villers-la-Combe (25) 88 A6
Villers-la-Faye (21) 101 G2
Villers-la-Montagne (54) 25 H3
Villers-la-Ville (70) 88 A3
Villers-le-Château (51) 45 H3
Villers-le-Lac (25) 104 C2
Villers-le-Rond (54) 25 F4
Villers-le-Sec (02) 22 B1
Villers-le-Sec (51) 46 D4
Villers-le-Sec (55) 47 F6
Villers-le-Sec (70) 87 G3
Villers-le-Tilleul (08) 24 B2
Villers-le-Tourneur (08) 23 H2
Villers-les-Bois (39) 102 D4
Villers-lès-Cagnicourt (62) 10 C3
Villers-lès-Guise (02) 11 G5
Villers-lès-Luxeuil (70) 87 H1
Villers-lès-Mangiennes (55) 25 F4
Villers-lès-Moivrons (54) 48 D5
Villers-lès-Nancy (54) 48 D5
Villers-les-Ormes (36) 96 B4
Villers-les-Pots (21) 102 B1
Villers-lès-Roye (80) 21 E2
Villers-l'Hôpital (62) 9 F3
Villers-Marmery (51) 45 G1
Villers-Outréaux (59) 11 E4
Villers-Pater (70) 87 G4
Villers-Patras (21) 67 E6
Villers-Plouich (59) 10 D4
Villers-Pol (59) 11 G2
Villers-Robert (39) 102 C3
Villers-Rotin (21) 102 B2
Villers-Saint-Barthélemy (60) 20 A5
Villers-Saint-Christophe (02) 21 G1
Villers-Saint-Frambourg (60) 21 E6
Villers-Saint-Genest (60) 43 G1
Villers-Saint-Martin (25) 88 A5
Villers-Saint-Paul (60) 20 D6
Villers-Saint-Sépulcre (60) 20 B5
Villers-Semeuse (08) 24 B1
Villers-Sir-Simon (62) 9 H2
Villers-Sire-Nicole (59) 12 A2
Villers-sous-Ailly (80) 9 E4
Villers-sous-Chalamont (25) 103 F4
Villers-sous-Châtillon (51) 45 E1
Villers-sous-Foucarmont (76) 8 C6
Villers-sous-Montrond (25) 103 G1
Villers-sous-Pareid (55) 48 C2
Villers-sous-Prény (54) 48 C2
Villers-sous-Saint-Leu (60) 20 C6
Villers-Stoncourt (57) 26 D6
Villers-sur-Auchy (60) 19 G4
Villers-sur-Authie (80) 8 C2
Villers-sur-Bar (08) 24 B2
Villers-sur-Bonnières (60) 20 A3
Villers-sur-Coudun (60) 21 F4
Villers-sur-Fère (02) 44 C1
Villers-sur-le-Mont (08) 24 A2
Villers-sur-le-Roule (27) 19 E6
Villers-sur-Mer (14) 17 E3
Villers-sur-Meuse (55) 47 G2
Villers-sur-Nied (57) 49 F2
Villers-sur-Port (70) 87 F2
Villers-sur-Saulnot (70) 88 B3
Villers-sur-Trie (60) 19 H5
Villers-Tournelle (80) 20 D2
Villers-Vaudey (70) 86 D3
Villers-Vermont (60) 19 G3
Villers-Vicomte (60) 20 B2
Villerserine (39) 102 D4
Villersexel (70) 88 A3
Villerupt (54) 26 A2
Villerville (14) 6 A6
Villes (01) 117 H5
Villes-sur-Auzon (84) 173 G1
Villesalem 110 A2
Villeselve (60) 21 G2
Villeseneux (51) 45 G4
Villesèque (46) 152 B4
Villesèque-des-Corbières (11) 185 H5
Villesèquelande (11) 184 D3
Villesiscle (11) 184 C3
Villespassans (34) 186 B2
Villespy (11) 184 C2
Villetaneuse (93) 42 D3
la Villetelle (23) 126 A2
Villetelle (34) 171 H4
Villethierry (89) 64 C3

Villeton (47) 150 C4
la Villetour (24) 127 E5
Villetoureix (24) 136 D2
Villetritouls (11) 185 F4
Villetrun (41) 79 G2
la Villette (14) 38 B3
Villette (54) 25 F3
Villette (73) 41 H3
Villette-d'Anthon (38) 130 C2
Villette-de-Vienne (38) 130 B4
Villette-lès-Arbois (39) 103 E4
Villette-lès-Dole (39) 102 C2
Villette-sur-Ain (01) 130 D1
Villette-sur-Aube (10) 66 B1
Villettes (27) 40 C1
les Villettes (43) 143 E2
Villevallier (89) 65 E5
Villevaudé (77) 43 E3
Villevenard (51) 45 E4
Villevêque (49) 77 E4
Villeveyrac (34) 170 D6
Villevieille (30) 171 G4
Villevieux (39) 102 C5
Villevocance (07) 143 G2
Villevoques (45) 64 A5
Villexanton (41) 80 A2
Villexavier (17) 121 F6
le Villey (39) 102 C4
Villey-le-Sec (54) 48 C5
Villey-Saint-Étienne (54) 48 C4
Villey-sur-Tille (21) 85 H4
Vilez-sous-Bailleul (27) 41 F1
Vilez-sur-le-Neubourg (27) 40 C1
Villié-Morgon (69) 116 A5
Villiers 80 A2
Villiers (36) 95 G4
Villiers (86) 94 A6
Villiers-Adam (95) 42 C2
Villiers-au-Bouin (37) 78 B4
Villiers-aux-Corneilles (51) 44 D6
Villiers-Charlemagne (53) 58 D6
Villiers-Couture (17) 122 A1
Villiers-en-Bière (77) 63 H1
Villiers-en-Bois (79) 107 H5
Villiers-en-Désœuvre (27) 41 G3
Villiers-en-Lieu (52) 46 D5
Villiers-en-Morvan (21) 100 C2
Villiers-en-Plaine (79) 107 G3
Villiers-Fossard (50) 15 F6
Villiers-Herbisse (10) 45 G6
Villiers-le-Bâcle (91) 42 C5
Villiers-le-Bel (95) 42 D2
Villiers-le-Bois (10) 66 B6
Villiers-le-Duc (21) 85 F1
Villiers-le-Mahieu (78) 41 H4
Villiers-le-Morhier (28) 41 G6
Villiers-le-Pré (50) 35 H4
Villiers-le-Roux (16) 108 C6
Villiers-le-Sec (14) 16 A3
Villiers-le-Sec (52) 67 H4
Villiers-le-Sec (58) 83 F6
Villiers-le-Sec (95) 42 D2
Villiers-lès-Aprey (52) 86 A2
Villiers-les-Hauts (89) 84 B2
Villiers-Louis (89) 65 E4
Villiers-Saint-Benoît (89) 82 D2
Villiers-Saint-Denis (02) 44 B2
Villiers-Saint-Frédéric (78) 42 A4
Villiers-Saint-Georges (77) 44 C6
Villiers-Saint-Orien (28) 62 B4
Villiers-sous-Grez (77) 64 A3
Villiers-sous-Mortagne (61) 60 D1
Villiers-sous-Praslin (10) 66 C5
Villiers-sur-Chizé (79) 108 A5
Villiers-sur-Loir (41) 79 F2
Villiers-sur-Marne (94) 43 E4
Villiers-sur-Morin (77) 43 G4
Villiers-sur-Orge (91) 42 D6
Villiers-sur-Seine (77) 65 E2
Villiers-sur-Suize (52) 68 A6
Villiers-sur-Tholon (89) 83 E1
Villiers-sur-Yonne (58) 83 G5
Villiers-Vineux (89) 65 H6
Villiersfaux (41) 79 F2
Villieu-Loyes-Mollon (01) 130 D1
Villing (57) 27 E4
Villognon (16) 122 B2
Villon (89) 84 B1
Villoncourt (88) 70 A3
Villons-les-Buissons (14) 16 B4
Villorceau (45) 80 B2
Villosanges (63) 126 C2
Villotran (60) 20 A5
Villotte (88) 68 D4
Villotte-devant-Louppy (55) 47 E3
Villotte-Saint-Seine (21) 85 F5
Villotte-sur-Aire (55) 47 F3
Villotte-sur-Ource (21) 85 E1
Villouxel (88) 68 C2
Villuis (77) 65 E2
Villy (08) 24 C2
Villy (89) 83 H1
Villy-Bocage (14) 16 A5
Villy-en-Auxois (21) 85 E5
Villy-en-Trodes (10) 66 C5
Villy-le-Bois (10) 66 B4
Villy-le-Bouveret (74) 118 C6
Villy-le-Maréchal (10) 66 B4
Villy-le-Moutier (21) 101 H3
Villy-le-Pelloux (74) 118 C6
Villy-sur-Yères (76) 8 B5
Vilory (70) 87 G2
Vilosnes-Haraumont (55) 25 E5
Vilsberg (57) 50 B3
Vimarcé (53) 59 G4
Vimenet (12) 155 E4
Viménil (88) 70 B3
Vimines (73) 131 H4

Vimont (14) 16 C5
Vimory (45) 64 A6
Vimoutiers (61) 39 G3
Vimpelles (77) 64 D2
Vimy (62) 10 B1
Vinantes (77) 43 F2
Vinassan (11) 186 C3
Vinax (17) 108 A6
Vinay (38) 145 E2
Vinay (51) 45 F2
Vinça (66) 199 F3
Vincelles (39) 117 F1
Vincelles (51) 44 D2
Vincelles (71) 102 B6
Vincelles (89) 83 G3
Vincelottes (89) 83 G3
Vincennes (94) 43 E4
Vincent (39) 102 C5
Vincey (88) 69 H2
Vincly (62) 2 A5
Vincy-Manœuvre (77) 43 H2
Vincy-Reuil-et-Magny (02) 23 E2
Vindecy (71) 115 E3
Vindefontaine (50) 14 D5
Vindelle (16) 122 B3
Vindey (51) 44 D5
Vindrac-Alayrac (81) 168 A1
Vinets (10) 66 C1
Vineuil (36) 96 B4
Vineuil (41) 80 A4
Vineuil-Saint-Firmin (60) 20 D6
la Vineuse (71) 115 H2
Vinezac (07) 157 F2
Vingrau (66) 199 H1
Vingt-Hanaps (61) 60 A1
Vinnemerville (76) 6 D3
Vinneuf (89) 64 D3
Vinon (18) 98 B1
Vinon-sur-Verdon (83) 174 C4
Vins-sur-Caramy (83) 175 E6
Vinsobres (26) 158 C4
le Vintrou (81) 168 D6
Vinzelles (63) 127 G2
Vinzelles (71) 116 B4
Vinzier (74) 119 F3
Vinzieux (07) 143 H1
Viocourt (88) 69 E2
Viodos-Abense-de-Bas (64) 179 G2
Violaines (62) 3 E6
Violay (42) 129 F2
Violès (84) 158 C6
Violot (52) 86 B2
Viols-en-Laval (34) 171 E4
Viols-le-Fort (34) 171 E4
Vioménil (88) 69 G4
Vion (07) 144 A3
Vion (72) 77 G1
Vions (73) 131 G2
Vionville (57) 26 A5
Viozan (32) 181 H1
Viplaix (03) 112 B2
Vira (09) 184 A5
Vira (66) 199 F2
Virac (81) 168 B1
Virandeville (50) 14 B2
Virargues (15) 140 D3
Virazeil (47) 150 C3
Vire (14) 37 H3
Viré (71) 116 B2
Viré-en-Champagne (72) 59 F6
Vire-sur-Lot (46) 152 A3
Vireaux (89) 84 B2
Virecourt (54) 69 G1
Virelade (33) 149 G1
Vireux-Molhain (08) 13 E4
Vireux-Wallerand (08) 13 E4
Virey (50) 37 F6
Virey-le-Grand (71) 101 G4
Virey-sous-Bar (10) 66 C4
Virginy (51) 24 B6
Viriat (01) 117 E4
Viricelles (42) 129 F4
Virieu (38) 131 E5
Virieu-le-Grand (01) 131 F2
Virieu-le-Petit (01) 131 G1
Virignin (42) 129 F4
Virignin (01) 131 G3
Viriville (38) 144 D1
Virlet (63) 112 D5
Virming (57) 49 G2
Viroflay (78) 42 C4
Virollet (17) 121 E5
Vironchaux (80) 8 D2
Vironvay (27) 18 D6
Virsac (33) 135 F4
Virson (17) 107 E5
Virville (76) 6 C2
Viry (39) 117 H3
Viry (71) 115 G2
Viry (74) 118 B5
Viry-Châtillon (91) 42 D5
Viry-Noureuil (02) 21 H2
Vis-en-Artois (62) 10 C3
Visan (84) 158 C4
Viscomtat (63) 128 B2
Viscos (65) 180 D6
Viserny (21) 84 C4
Visker (65) 181 E4
Vismes (80) 8 C5
Visoncourt (70) 87 H2
Vissac (15) 142 A3
Vissac-Auteyrac (43) 142 A3
Vissec (30) 170 C3
Visseiche (35) 57 H4
Viterbe (81) 168 A5
Viterne (54) 48 C6
Vitot (27) 40 C1
Vitotel 40 C1
Vitrac (15) 140 A6
Vitrac (24) 138 A6

Vitrac (63) 126 D1
Vitrac-en-Viadène (12) 140 D6
Vitrac-Saint-Vincent (16) 123 E3
Vitrac-sur-Montane (19) 139 F1
Vitrai-sous-Laigle (61) 40 B5
Vitray (03) 112 D1
Vitray-en-Beauce (28) 62 A3
Vitré (35) 58 A4
Vitré (79) 108 B4
Vitreux (39) 102 D1
Vitrey (54) 69 F1
Vitrey-sur-Mance (70) 86 D1
Vitrimont (54) 49 E5
Vitrolles (05) 160 A3
Vitrolles (13) 173 G6
Vitrolles-en-Lubéron (84) 174 B3
Vitry-aux-Loges (45) 63 F6
Vitry-en-Artois (62) 10 C2
Vitry-en-Charollais (71) 115 E2
Vitry-en-Montagne (52) 85 H1
Vitry-en-Perthois (51) 46 B4
Vitry-la-Ville (51) 46 A4
Vitry-Laché (58) 99 G1
Vitry-le-Croisé (10) 67 E4
Vitry-le-François (51) 46 B5
Vitry-lès-Cluny (71) 115 H2
Vitry-lès-Nogent (52) 68 B5
Vitry-sur-Loire (71) 99 G6
Vitry-sur-Orne (57) 26 B4
Vitry-sur-Seine (94) 42 D4
Vittarville (55) 25 F4
Vitteaux (21) 85 E5
Vittefleur (76) 7 E3
Vittel (88) 69 E3
Vittersbourg (57) 49 H2
Vittoncourt (57) 26 D6
Vittonville (54) 48 C2
Vitz-sur-Authie (80) 9 E3
Viuz-en-Sallaz (74) 118 D5
Viuz-la-Chiésaz (74) 132 A2
Vivaise (02) 22 B2
Vivans (42) 114 D5
Vivario (2B) 205 E3
Viven (64) 164 A6
Viverols (63) 128 C6
Vivès (66) 199 H4
Vivey (52) 85 H2
le Vivier (66) 199 F2
Vivier-au-Court (08) 24 B1
le Vivier-sur-Mer (35) 35 E4
Vivières (02) 21 G5
Viviers (07) 158 A3
Viviers (57) 49 E3
Viviers (89) 84 A2
Viviers-du-Lac (73) 131 H4
Viviers-le-Gras (88) 69 E4
Viviers-lès-Lavaur (81) 167 H5
Viviers-lès-Montagnes (81) 168 B6
Viviers-lès-Offroicourt (88) 69 F3
Viviers-sur-Artaut (10) 66 D5
Viviers-sur-Chiers (54) 25 G3
Viviès (09) 184 A4
Viviez (12) 153 H2
Viville (16) 122 A5
Vivoin (72) 60 A3
Vivonne (86) 109 E3
Vivy (49) 77 G6
Vix (21) 85 E1
Vix (85) 107 E3
Vixouze 140 B5
Vizille (38) 145 G3
Vizos (65) 181 E6
Vizzavona 205 E4
Vocance (07) 143 G2
Vodable (63) 127 F5
Vœgtlinshoffen (68) 71 F5
Vœlfling-lès-Bouzonville (57) 27 E3
Vœllerdingen (67) 27 H6
Vœuil-et-Giget (16) 122 B4
Vogelgrun (68) 71 G5
Voglans (73) 131 H4
Vogüé (07) 157 G2
Voharies (02) 22 D1
Void-Vacon (55) 47 H5
Voigny (77) 67 F3
Voilemont (51) 46 C2
Voillans (25) 88 A5
Voillecomte (52) 67 F1
Voimhaut (57) 26 D6
Voinémont (54) 48 D6
Voingt (63) 126 B3
Voinsles (77) 43 H5
Voipreux (51) 45 F3
Voires (25) 103 H2
Voiron (38) 131 F6
Voiscreville (27) 18 A6
Voise (28) 62 C2
Voisenon (77) 43 F6
Voisey (52) 68 D6
Voisines (52) 86 A1
Voisines (89) 65 E3
Voisins-le-Bretonneux (78) 42 B5
Voissant (38) 131 G5
Voissay (17) 121 F1
Voiteur (39) 102 D5
la Voivre (70) 88 A1
la Voivre (88) 70 C2
les Voivres (88) 69 G5
Voivres-lès-le-Mans (72) 60 A6
Volckerinckhove (59) 2 B3
Volesvres (71) 115 F2
Volgelsheim (68) 71 G5
Volgré (89) 83 E1
Volhac 142 C4
Volksberg (67) 28 B6
Vollore-Montagne (63) 128 B3
Vollore-Ville (63) 128 A3
Volmerange-lès-Boulay (57) 26 D5
Volmerange-les-Mines (57) 26 B2
Volmunster (57) 28 B5

Volnay (21) 101 F3
Volnay (72) 60 C6
Volon (70) 86 D3
Volonne (04) 160 B6
Volpajola (2B) 203 F6
Volstroff (57) 26 C3
Volvent (26) 159 E2
Volvic (63) 127 E2
Volx (04) 174 C2
Vomécourt (88) 70 B2
Vomécourt-sur-Madon (88) 69 G2
Voncourt (52) 86 D2
Voncq (08) 24 A4
Vonges (21) 86 B6
Vongnes (01) 131 G2
Vongy 119 E2
Vonnas (01) 116 C4
Voray-sur-l'Ognon (70) 87 F5
Voreppe (38) 145 F1
Vorey (43) 142 C2
Vorges (02) 22 C3
Vorges-les-Pins (25) 103 F1
Vorly (18) 97 G4
Vornay (18) 97 H4
Vosbles (39) 117 F3
Vosne-Romanée (21) 101 G2
Vosnon (10) 65 H5
Vou (37) 95 E2
Vouarces (51) 45 F6
Voudenay (21) 100 D2
Voué (10) 66 B1
Vouécourt (52) 67 H3
Vougécourt (70) 69 F6
Vougeot (21) 101 G1
Vougrey (10) 66 C5
Vougy (42) 115 E6
Vougy (74) 119 E5
Vouharte (16) 122 B2
Vouhé (17) 107 E5
Vouhé (79) 108 A1
Vouhenans (70) 88 A2
Vouillé (79) 107 H3
Vouillé (86) 108 D1
Vouillé-les-Marais (85) 107 E3
Vouillers (51) 46 C5
Vouillon (36) 96 D5
Vouilly (14) 15 F5
Voujeaucourt (25) 88 C4
Voulaines-les-Templiers (21) 85 F1
Voulangis (77) 43 G4
Voulême (86) 108 D6
Voulgézac (16) 122 B5
Voulon (86) 108 D3
la Voulte-sur-Rhône (07) 144 A6
Voultegon (79) 93 E4
Voulton (77) 44 B6
Voulx (77) 64 C3
Vouneuil-sous-Biard (86) 109 E1
Vouneuil-sur-Vienne (86) 94 C6
Vourey (38) 145 F1
Vourles (69) 130 A4
Voussac (03) 113 F4
Voutenay-sur-Cure (89) 83 H4
Voutezac (19) 138 C2
Vouthon (16) 122 D4
Vouthon-Bas (55) 68 C1
Vouthon-Haut (55) 68 C1
Voutré (53) 59 F4
Vouvant (85) 107 F1
Vouvray (37) 79 E5
Vouvray-sur-Huisne (72) 60 D5
Vouvray-sur-Loir (72) 78 C3
Vouxey (88) 69 E2
Vouzailles (86) 93 H6
Vouzan (16) 122 D4
Vouzeron (18) 97 F1
Vouziers (08) 24 A4
Vouzon (41) 81 E3
Vouzy (51) 45 G3
Voves (28) 62 B3
Vovray-en-Bornes (74) 118 C5
Voyenne (02) 22 C2
Voyennes (80) 21 G1
Voyer (57) 50 A5
la Vraie-Croix (56) 55 H6
Vraignes-en-Vermandois (80) 10 D6
Vraignes-lès-Hornoy (80) 19 H1
Vraincourt (52) 67 H3
Vraiville (27) 18 C6
Vraux (51) 45 H2
Vrécourt (88) 68 D4
Vred (59) 10 D1
Vregille (70) 87 E6
Vregny (02) 22 B4
Vrély (80) 21 E1
le Vrétot (50) 14 B3
Vriange (38) 102 C1
Vrigne-aux-Bois (08) 24 B1
Vrigne-Meuse (08) 24 B2
Vrigny (45) 63 F5
Vrigny (51) 23 E6
Vrigny (61) 39 E5
Vritz (44) 75 F2
Vrizy (08) 24 A4
Vrocourt (60) 19 H3
Vroil (51) 46 D4
Vron (80) 8 D2
Vroncourt (54) 69 F1
Vroncourt-la-Côte (52) 68 C4
Vroville (88) 69 G3
Vry (57) 26 C4
Vue (44) 74 A5
Vue des Alpes 104 D2
Vuillafans (25) 103 G2
Vuillecin (25) 103 H3
Vuillery (02) 22 A4
Vulaines (10) 65 G4
Vulaines-lès-Provins (77) 64 D1
Vulaines-sur-Seine (77) 64 B2

Vulbens (74) 118 A5
Vulmont (57) 48 D3
Vulvoz (39) 117 H3
Vy-le-Ferroux (70) 87 F3
Vy-lès-Filain (70) 87 G4
Vy-lès-Lure (70) 88 A3
Vy-lès-Rupt (70) 87 E3
Vyans-le-Val (70) 88 C3
Vyt-lès-Belvoir (25) 88 B5

W

Waben (62) 8 C1
Wacquemoulin (60) 21 E4
Wacquinghen (62) 1 F3
Wadelincourt (08) 24 C2
Wagnon (08) 23 G2
Wahagnies (59) 3 F6
Wahlbach (68) 89 F2
Wahlenheim (67) 51 E3
Wail (62) 9 F2
Wailly 20 B1
Wailly (62) 10 B3
Wailly-Beaucamp (62) 8 C1
Walbach (68) 71 E4
Walbourg (67) 51 F2
la Walck (67) 50 D3
Waldeck 28 C6
Waldersbach (67) 71 E1
Waldhambach (67) 50 B2
Waldhouse (57) 28 B5
Waldighofen (68) 89 F3
Waldolwisheim (67) 50 D4
Waldweistroff (57) 26 D3
Waldwisse (57) 26 D2
Walheim (68) 89 F2
Walincourt-Selvigny (59) 11 E4
Wallers (59) 11 E1
Wallers-Trélon (59) 12 B4
Wallon-Cappel (59) 2 C4
Walschbronn (57) 28 B4
Walscheid (57) 50 B5
Waltembourg (57) 50 B4
Waltenheim (68) 89 G2
Waltenheim-sur-Zorn (67) 51 E4
Waly (57) 47 E2
Wambaix (59) 11 E4
Wambercourt (62) 9 E1
Wambez (60) 19 H3
Wambrechies (59) 3 F4
Wamin (62) 9 E1
Wanchy-Capval (76) 8 A6
Wancourt (62) 10 B3
Wandignies-Hamage (59) 11 E1
Wangen (67) 50 D5
Wangenbourg (67) 50 C5
Wangenbourg-Engenthal (67) 50 C5
Wannehain (59) 3 G5
Wanquetin (62) 10 A2
la Wantzenau (67) 51 F4
Warcq (08) 24 A1
Warcq (55) 25 G6
Wardrecques (62) 2 B4
Wargemoulin-Hurlus (51) 46 C1
Wargnies (80) 9 G5
Wargnies-le-Grand (59) 11 G2
Wargnies-le-Petit (59) 11 G2
Warhem (59) 2 C2
Warlaing (59) 11 E1
Warlencourt-Eaucourt (62) 10 B4
Warlincourt-lès-Pas (62) 9 H3
Warloy-Baillon (80) 9 H5
Warluis (60) 20 B5
Warlus (62) 10 A2
Warlus (80) 9 E6
Warluzel (62) 9 H3
Warmeriville (51) 23 F5
Warnécourt (08) 24 A1
Warneton (59) 3 F4
Warsy (80) 21 E2
Warvillers (80) 21 E1
Wasigny (08) 23 G2
Wasnes-au-Bac (59) 11 E2
Wasquehal (59) 3 G4
Wasselonne (67) 50 D5
Wasserbourg (68) 71 E5
Wassigny (02) 11 G5
Wassy (52) 67 G1
le Wast (62) 1 G4
Watigny (02) 12 B6
Watronville (55) 47 G1
Watten (59) 2 A3
Wattignies (59) 3 F5
Wattignies-la-Victoire (59) 12 A3
Wattrelos (59) 3 G4
Wattwiller (68) 71 E6
Wavignies (60) 20 C3
Waville (54) 26 A6
Wavrans-sur-l'Aa (62) 2 A4
Wavrans-sur-Ternoise (62) 9 G1
Wavrechain-sous-Denain (59) 11 F2
Wavrechain-sous-Faulx (59) 11 E2
Wavrille (55) 25 E5
Wavrin (59) 3 F5
Waziers (59) 10 D1
Weckolsheim (68) 71 G5
Wegscheid (68) 88 D1
Weidesheim 27 H6
Weinbourg (67) 50 C3
Weislingen (67) 50 B2
Weitbruch (67) 51 F3
Weiterswiller (67) 50 C3
Welles-Pérennes (60) 20 D3
Wemaers-Cappel (59) 2 C3
Wentzwiller (68) 89 G3
Werentzhouse (68) 89 F3
Wervicq-Sud (59) 3 F4
West-Cappel (59) 2 C2
Westhalten (68) 71 F5

Westhoffen (67) 50 D5
Westhouse (67) 71 G1
Westhouse-Marmoutier (67) 50 D4
Westrehem (62) 2 B6
Wettolsheim (68) 71 F4
Weyer (67) 50 B3
Weyersheim (67) 51 F4
Wickerschwihr (68) 71 G4
Wickersheim-Wilshausen (67) 50 D3
Wicquinghem (62) 1 H5
Wicres (59) 3 E5
Widehem (62) 1 F5
Widensolen (68) 71 G4
Wideville 42 B4
Wiège-Faty (02) 11 G6
Wiencourt-l'Équipée (80) 10 A6
Wierre-au-Bois (62) 1 F4
Wierre-Effroy (62) 1 F4
Wiesviller (57) 28 A5
Wignehies (59) 12 A5
Wignicourt (08) 24 A3
Wihr-au-Val (68) 71 E4
Wildenstein (68) 70 D5
Wildersbach (67) 71 E1
Willeman (62) 9 F2
Willems (59) 3 G5
Willencourt (62) 9 F3
Willer (68) 89 F3
Willer-sur-Thur (68) 71 E6
Willeroncourt (55) 47 G5
Willerval (62) 10 B2
Willerwald (57) 27 H6
Willgottheim (67) 50 D4
Williers (08) 25 E2
Willies (59) 12 B4
Wilwisheim (67) 50 D4
Wimereux (62) 1 F4
Wimille (62) 1 F4
Wimmenau (67) 50 C2
Wimy (02) 12 A5
Windstein (67) 28 D6
Wingen (67) 29 E5
Wingen-sur-Moder (67) 50 C2
Wingersheim (67) 51 E4
Wingles (62) 3 E6
Winkel (68) 89 F4
Winnezeele (59) 2 C3
Wintersbourg (57) 50 B3
Wintershouse (67) 51 E3
Wintzenbach (67) 29 F6
Wintzenheim (68) 71 F4
Wintzenheim-Kochersberg (67) 50 D4
Wirwignes (62) 1 F4
Wiry-au-Mont (80) 8 D5
Wisches (67) 50 C6
Wisembach (88) 71 E3
Wiseppe (55) 24 D4
Wismes (62) 1 H5
Wisques (62) 2 A4
Wissant (62) 1 F3
Wissembourg (67) 29 E5
Wissignicourt (02) 22 B3
Wissous (91) 42 D5
Witry-lès-Reims (51) 23 F5
Wittelsheim (68) 89 F1
Wittenheim (68) 89 F1
Witternesse (62) 2 B5
Witternheim (67) 71 H2
Wittersdorf (68) 89 F2
Wittersheim (67) 51 E3
Wittes (62) 2 B4
Wittisheim (67) 71 G2
Wittring (57) 27 H5
Wiwersheim (67) 51 E5
Wizernes (62) 2 A4
Woël (55) 48 A2
Wœlfling-lès-Sarreguemines (57) 28 A5
Wœrth (67) 28 D6
Woignarue (80) 8 B4
Woimbey (55) 47 G2
Woincourt (80) 8 B4
Woippy (57) 26 B5
Woirel (80) 8 D5
Wolfersdorf (68) 89 E2
Wolfgantzen (68) 71 G4
Wolfisheim (67) 51 E5
Wolfskirchen (67) 50 A3
Wolschheim (67) 50 D4
Wolschwiller (68) 89 G4
Wolxheim (67) 50 D5
Wormhout (59) 2 C3
Woustviller (57) 27 G5
Wuenheim (68) 71 E6
Wuisse (57) 49 F3
Wulverdinghe (59) 2 B3
Wy-dit-Joli-Village (95) 42 A1
Wylder (59) 2 C2

X

Xaffévillers (88) 70 A1
Xaintrailles (47) 150 C5
Xaintray (79) 107 H2
Xambes (16) 122 B2
Xammes (54) 48 B2
Xamontarupt (88) 70 B4
Xanrey (57) 49 F4
Xanton-Chassenon (85) 107 F2
Xaronval (88) 69 G2
Xermaménil (54) 49 F6
Xertigny (88) 69 H5
Xeuilley (54) 48 C6
Xirocourt (54) 69 G1
Xivray-et-Marvoisin (55) 48 A3
Xivry-Circourt (54) 25 H4
Xocourt (57) 49 E3
Xonrupt-Longemer (88) 70 D4

Xonville (54) 48 B2
Xouaxange (57) 50 A5
Xousse (54) 49 G5
Xures (54) 49 G5

Y

Y (80) 21 G1
Yainville (76) 7 F6
Yaucourt-Bussus (80) 9 E4
le Yaudet 32 C2
Ychoux (40) 148 C4
Ydes (40) 140 B1
Ydes (15) 140 A1
Yébleron (76) 6 D4
Yèbles (77) 43 G6
Yenne (73) 131 G3
Yermenonville (28) 62 B1
Yerres (91) 43 E4
Yerville (76) 7 F4
Yèvre-la-Ville (45) 63 G4
Yèvre le Chatel 63 G4
Yèvres (28) 61 H4
Yèvres-le-Petit (10) 66 D1
Yffiniac (22) 33 H4
Ygos-Saint-Saturnin (40) 163 G2
Ygrande (03) 113 F2
Ymare (76) 18 D5
Ymeray (28) 62 C1
Ymonville (28) 62 C3
Yolet (15) 140 B5
Yoncq (08) 24 C3
Yonval (80) 8 D4
Youx (63) 113 E5
Yport (76) 6 C3
Ypreville-Biville (76) 6 D4
Yquebeuf (76) 7 H5
Yquelon (50) 35 G2
Yronde-et-Buron (63) 127 G4
Yrouerre (89) 84 A2
Yssac-la-Tourette (63) 127 F1
Yssandon (19) 138 B2
Yssingeaux (43) 143 E3
Ytrac (15) 140 A5
Ytres (62) 10 C4
Yutz (57) 26 B3
Yvecrique (76) 7 E4
Yvernaumont (08) 24 A2
Yversay (86) 94 A6
Yves (17) 106 D6
les Yveteaux (61) 38 D5
Yvetot (76) 7 E4
Yvetot-Bocage (50) 14 D3
Yvias (22) 33 E2
Yviers (16) 136 A1
Yvignac-la-Tour (22) 34 C6
Yville-sur-Seine (76) 18 B4
Yvoire (74) 118 D3
Yvoy-le-Marron (41) 80 D3
Yvrac (33) 135 F5
Yvrac-et-Malleyrand (16) 122 D3
Yvrandes (31) 38 A5
Yvré-le-Pôlin (72) 78 A1
Yvré-l'Évêque (72) 60 B5
Yvrench (80) 9 E3
Yvrencheux (80) 9 E3
Yzengremer (80) 8 B4
Yzernay (49) 92 C3
Yzeron (69) 129 G3
Yzeure (03) 113 H1
Yzeures-sur-Creuse (37) 95 E5
Yzeux (80) 9 F5
Yzosse (40) 163 E4

Z

Zaessingue (68) 89 F2
Zalana (2B) 205 G2
Zarbeling (57) 49 G3
Zegerscappel (59) 2 B3
Zehnacker (67) 50 D4
Zeinheim (67) 50 D4
Zellenberg (68) 71 F3
Zellwiller (67) 71 G1
Zermezeele (59) 2 C3
Zérubia (2A) 207 E3
Zetting (57) 27 H5
Zévaco (2A) 205 E6
Zicavo (2A) 205 E6
Zigliara (2A) 204 D6
Zilia (2B) 202 C6
Zilling (57) 50 B3
Zillisheim (68) 89 F2
Zimmerbach (68) 71 E4
Zimmersheim (68) 89 G2
Zincourt (88) 69 H2
Zinswiller (67) 50 D2
Zittersheim (67) 50 C2
Zœbersdorf (67) 50 D3
Zommange (57) 49 G3
Zonza (2A) 207 F1
Zoteux 1 G5
Zouafques (62) 1 H3
Zoufftgen (57) 26 B2
Zoza (2A) 207 E2
Zuani (2B) 205 F2
Zudausques (62) 2 A4
Zutkerque (62) 1 H3
Zuydcoote (59) 2 C1
Zuytpeene (59) 2 C3